CB014470

Higiene e Vigilância Sanitária de Alimentos

Pedro Manuel Leal Germano
Professor titular de Saúde Pública Veterinária do
Departamento de Prática de Saúde Pública da
Faculdade de Saúde Pública da USP (aposentado)

Maria Izabel Simões Germano
Mestre e doutora em Saúde Pública pela Faculdade
de Saúde Pública da USP

Higiene e Vigilância Sanitária de Alimentos

6ª edição revisada e atualizada

QUALIDADE DAS MATÉRIAS-PRIMAS
DOENÇAS TRANSMITIDAS POR ALIMENTOS
TREINAMENTO DE RECURSOS HUMANOS

Manole

Copyright © 2019 Editora Manole Ltda., conforme contrato com os autores.

Editora gestora: Sônia Midori Fujiyoshi
Produção editorial: Rico Editorial
Diagramação: Luargraf Serviços Gráficos Ltda.
Fotos: Pedro Manuel Leal Germano
Capa: Rubens Lima
Imagem da capa: Istockphoto/Bojsha65

CIP-BRASIL. CATALOGAÇÃO NA PUBLICAÇÃO
SINDICATO NACIONAL DOS EDITORES DE LIVROS, RJ

G323h
6. ed.

    Germano, Pedro Manuel Leal
    Higiene e vigilância sanitária de alimentos / Pedro Manuel Leal Germano, Maria
Izabel Simões Germano. - 6. ed. - Barueri [SP] : Manole, 2019.
    864 p. ; 24 cm.

    Inclui bibliografia e índice
    ISBN 9788520454152

    1. Alimentos - Contaminação. 2. Alimentos - Manuseio - Medidas de segurança.
3. Doenças induzidas pela nutrição. 4. Vigilância sanitária. I. Germano, Maria Izabel
Simões. II. Título.

19-55210	CDD: 363.192
	CDU: 614.31

Vanessa Mafra Xavier Salgado - Bibliotecária - CRB-7/6644

Todos os direitos reservados.
Nenhuma parte deste livro poderá ser reproduzida, por qualquer
processo, sem a permissão expressa dos editores.
É proibida a reprodução por xerox.
A Editora Manole é filiada à ABDR – Associação Brasileira de Direitos Reprográficos.

3ª edição – 2008; 4ª edição – 2011
5ª edição – 2015; 6ª edição – 2019

Direitos adquiridos pela:
Editora Manole Ltda.
Avenida Ceci, 672 – Tamboré
06460-120 – Barueri – SP – Brasil
Fone: (11) 4196-6000 – Fax: (11) 4196-6021
www.manole.com.br
https://atendimento.manole.com.br/

Impresso no Brasil
Printed in Brazil

Durante o processo de edição desta obra, foram tomados todos os cuidados para assegurar a publicação de informações precisas e de práticas geralmente aceitas. Do mesmo modo, foram empregados todos os esforços para garantir a autorização das imagens aqui reproduzidas. Caso algum autor sinta-se prejudicado, favor entrar em contato com a editora.

Os autores e os editores eximem-se da responsabilidade por quaisquer erros ou omissões ou por quaisquer consequências decorrentes da aplicação das informações presentes nesta obra. É responsabilidade do profissional, com base em sua experiência e conhecimento, determinar a aplicabilidade das informações em cada situação.

Editora Manole

Sumário

Apresentação XVII
Prefácio da primeira edição. XIX
Prefácio da sexta edição XXI

Capítulo 1

Aspectos gerais da vigilância sanitária. 1

Introdução 1
A agência nacional de vigilância sanitária 3
Competências. 5
Ações sobre o meio ambiente. 6
Circulação de bens–produtos relacionados à saúde 9
Produção – serviços de saúde. 15
Vigilância sanitária do trabalho. 19
Conclusões. 21
Referências. 22

Capítulo 2

Qualidade das matérias-primas. 25

Introdução 25
O codex alimentarius. 27
Organismos internacionais de saúde pública 28
Fatores de risco 30
Prevenção. 35
Legislação 37
Fiscalização 42
Conclusões. 45
Referências. 45

Capítulo 3

Características fundamentais dos alimentos 48

Introdução 48
Aspectos gerais. 49
Riscos e consequências. 65
Alimentos mais frequentemente envolvidos em surtos 66

VI ■ HIGIENE E VIGILÂNCIA SANITÁRIA DE ALIMENTOS

Procedimentos que favorecem as toxinfecções 69
Laboratório de vigilância sanitária. 78
Conclusões. 80
Referências. 83
Anexos 87

Capítulo 4

Qualidade da ordenha 91

Introdução 91
Caracterização. 92
Etiologia 93
Aspectos peculiares 93
Fatores condicionantes. 94
Patogenia 96
Diagnóstico 96
Prevenção. 97
Implicações econômicas 98
Conclusões. 99
Referências. 101

Capítulo 5

Qualidade do leite no processamento de derivados 103

Introdução. 103
Consumo de leite fluido no Brasil 105
Elaboração de derivados 106
Qualidade industrial 109
Conclusões. 113
Referências. 114

Capítulo 6

Aflatoxina m$_1$ em leite e derivados 116

Introdução. 116
Conclusões. 121
Referências. 122

Capítulo 7

Qualidade do queijo 124

Introdução 124
Contextos socioeconômico e de saúde 126
Fatores que favorecem a contaminação 127
Alterações físico-químicas 128
Contaminação microbiológica 130
Toxinfecções no brasil 139
Conclusões. 141
Referências. 142

Capítulo 8

Qualidade do pescado 147
Introdução 147
Importância do peixe na alimentação 148
Micro-organismos 149
Endoparasitas.. 151
Biotoxinas 151
Outros riscos à saúde................................. 152
Manipulação 152
Ações do serviço de inspeção.......................... 154
Ações da vigilância sanitária 155
Laboratório de vigilância sanitária................... 156
Conclusões... 156
Referências.. 157

Capítulo 9

Qualidade dos vegetais............................... 160
Introdução... 160
Características do cultivo de vegetais................. 160
Características do abastecimento na região metropolitana de São Paulo 161
Principais patógenos em produtos vegetais 162
Agricultura orgânica 165
Vegetais hidropônicos 166
Vegetais minimamente processados 167
Agrotóxicos em alimentos vegetais 168
Cuidados com os vegetais 170
Conclusões... 171
Referências.. 171

Capítulo 10

Qualidade dos óleos, gorduras e similares............ 174

ÓLEOS
Introdução... 174
Composição... 175
Estrutura 178
Processamento da soja 180
Aspectos nutricionais................................ 188
Propriedades físicas e químicas dos ácidos graxos 190
Aspectos toxicológicos............................... 191
Mecanismo da auto-oxidação lipídica 192
Mecanismo de ação dos antioxidantes.................. 193
Deterioração microbiológica 194
Legislação para óleos e gorduras 194
Óleos de fritura 195
Comparação das vantagens e desvantagens da gordura
   vegetal em relação à animal 199

Fraude 200
Contaminantes que podem estar presentes nos óleos 201
Aflatoxinas 201
Hidrocarbonetos aromáticos policíclicos (HPA) 202
Pesticidas, herbicidas e outros 204
Traços de metais 205
Conclusões 205

MARGARINAS
Introdução 206
Composição 207
Controle de qualidade 209
Processamento 210
Qualidade da margarina 211
Legislação pertinente 213
Ácidos graxos trans 214
Margarina contendo fitosteróis 217
Conclusões 218

MAIONESE E MOLHOS CREMOSOS 219
Introdução 219
Maionese e suas características 219
Legislação 222

SUBSTITUTOS DE GORDURA 223
Considerações gerais 223
Conclusões 226
Referências 227

Capítulo 11

Qualidade das especiarias 231
Introdução 231
Importância 232
Finalidades 232
Aspectos microbiológicos 232
Relatos de casos 233
Riscos em saúde pública 234
Aspectos de hipersensibilidade 234
Tratamento 235
Conclusões 237
Referências 237
Anexo 239

Capítulo 12

Agentes bacterianos de toxinfecções 250
Introdução 250
Bacillus cereus 252
Campylobacter spp 257
Clostridium botulinum 262

Clostridium perfringens 268
Escherichia coli 272
Listeriose 278
Salmoneloses 284
Shigelose ou disenteria bacilar 289
Staphylococcus aureus 294
Vibrio spp 298
Yersinia enterocolitica 305
Conclusões..309
Referências...313

Capítulo 13

Brucelose 320

Introdução..320
Distribuição...320
Ocorrência no homem...321
Modo de contágio 322
A brucelose nos animais...323
Diagnóstico 324
Tratamento 325
Controle e prevenção...325
Conclusões..327
Referências...327

Capítulo 14

Tuberculose..328

Introdução..328
A epidemia tem de ser detida...................................329
Aspectos relevantes para a saúde pública........................331
Grupos de risco 333
Tuberculose e hiv/aids 333
Manipuladores de alimentos e a tuberculose 333
Tratamento 334
Conclusões..335
Referências...336

Capítulo 15

Protozooses 338

Introdução..338
Amebíase ou disenteria amebiana 339
Ciclosporose..341
Criptosporidiose...344
Giardíase 347
Protozooses relatadas como de menor incidência.................350
Conclusões..351
Referências...351

Capítulo 16

Doença de chagas transmissível por alimentos 354
Introdução 354
Epidemiologia 355
Reservatórios 356
Mecanismos de transmissão 356
Formas clínicas 358
Diagnóstico 359
Tratamento 360
Aspectos sociais 360
Sucos de polpa de fruta e caldo de cana como fontes de contaminação 361
Conclusões 364
Referências 365
Anexo 367

Capítulo 17

Toxoplasmose 369
Introdução 369
Características do agente 369
Epidemiologia 370
Alimentos envolvidos 371
Quadro clínico 371
Toxoplasmose congênita 371
Primoinfecção durante a gestação 372
Toxoplasmose adquirida 372
Toxoplasmose adquirida por imunodeficientes 373
Diagnóstico 373
Tratamento 374
Prevenção 374
Conclusões 375
Referências 376

Capítulo 18

Ascaridíase e tricuríase 378
Introdução 378
Aspectos epidemiológicos 378
Alimentos envolvidos 380
Ascaridíase 380
Tricuríase 381
Diagnóstico 382
Tratamento 382
Controle 382
Conclusões 383
Referências 383

Capítulo 19

Anisaquíase. . . . 385
Introdução. . . . 385
Agentes etiológicos. . . . 385
Ciclo de vida do *A. Simplex*. . . . 386
Ciclo de vida da *P. Decipiens*. . . . 386
Distribuição geográfica dos *Anisakidae*. . . . 388
Distribuição geográfica da anisaquíase. . . . 390
A infecção nos animais. . . . 391
A infecção no homem. . . . 391
Lesões. . . . 392
Sintomas. . . . 392
Diagnóstico. . . . 393
Tratamento. . . . 393
Prevenção. . . . 394
Conclusões. . . . 395
Referências. . . . 396

Capítulo 20

Cisticercose bovina. . . . 399
Introdução. . . . 399
Cadeia de transmissão. . . . 399
Distribuição geográfica. . . . 402
Prevenção. . . . 403
Tratamento. . . . 406
Controle. . . . 406
Conclusões. . . . 407
Referências. . . . 407

Capítulo 21

Cisticercose suína. . . . 411
Introdução. . . . 411
Aspectos gerais. . . . 411
Epidemiologia. . . . 412
Teníase no homem. . . . 413
Patogenia. . . . 414
Diagnóstico laboratorial. . . . 415
Distribuição geográfica. . . . 416
Formas clínicas de cisticercose. . . . 417
Importância em saúde pública. . . . 419
Prevenção. . . . 419
Tratamento. . . . 420
Legislação. . . . 420
Conclusões. . . . 422
Referências. . . . 423

XII ■ HIGIENE E VIGILÂNCIA SANITÁRIA DE ALIMENTOS

Capítulo 22

Difilobotríase 425

Introdução...425
Agente etiológico..425
Ciclo de vida 425
Distribuição geográfica 427
Infecção no homem 428
Diagnóstico 429
Tratamento 429
Prevenção..429
Conclusões...430
Referências...431

Capítulo 23

Complexo equinococose-hidatidose 433

Introdução...433
Etiologia 434
Características morfológicas 434
Ciclo biológico..436
Epidemiologia 438
Distribuição geográfica e ocorrência no Brasil.....................439
Sinais clínicos...440
Diagnóstico 441
Tratamento 441
Prevenção e controle 442
Consequências da hidatidose humana 444
Consequências da hidatidose animal 445
Conclusões...445
Referências...446

Capítulo 24

Fagicolose..451

Introdução...451
Agente etiológico..453
Infecção no homem 454
Diagnóstico 454
Tratamento 455
Prevenção..455
Conclusões...455
Referências...456

Capítulo 25

Viroses 457

Introdução...457
Aspectos epidemiológicos.......................................458
Características dos agentes.......................................458

Hepatite A 460
Hepatite E (HEV) 461
Rotavírus 462
Norovírus 463
Tratamento 466
Controle 466
Conclusões 467
Referências 467

Capítulo 26

Encefalopatia espongiforme bovina – síndrome da "vaca louca" 470
Introdução 470
Aspectos gerais 470
Etiologia 473
Patogenia 474
Patologia clínica da EEB no gado 474
Epidemiologia 475
DCJ e vDCJ em seres humanos 476
Medidas preventivas no campo da saúde animal 478
Medidas preventivas no campo da saúde pública 480
As dificuldades para o controle da EEB 481
A situação no brasil 481
Um decálogo com evidências de controle da EEB ou vaca louca
  evidências recentes 483
Futuro promissor mundial 484
Futuro promissor para o brasil 485
Conclusões 486
Referências 488

Capítulo 27

Investigação de surtos 490
Introdução 490
Método 491
Conhecimento da ocorrência 492
Investigação de campo 494
Processamento e análise de dados 500
Processamento laboratorial 501
Acompanhamento 510
Conclusões 512
Referências 513
Anexos 515

Capítulo 28

Características dos métodos diagnósticos 519
Introdução 519
Características dos métodos 519
Avaliação quantitativa dos métodos 521

XIV ■ HIGIENE E VIGILÂNCIA SANITÁRIA DE ALIMENTOS

Avaliação quantitativa das interpretações das provas diagnósticas 523
Conclusões. 525
Referências. 525

Capítulo 29

Princípios gerais de higienização 526

Introdução. 526
Princípios básicos da higienização 526
Pré-lavagem 528
Limpeza com detergentes. 528
Enxágue. 533
Desinfecção 533
Detergentes-desinfetantes. 545
Biofilmes 548
Resistência de vírus e fungos 550
Métodos de higienização 552
Conclusões. 557
Referências. 558

Capítulo 30

Irradiação de alimentos. 561

Introdução. 561
O tratamento por radiação ionizante. 563
Histórico da irradiação de alimentos 565
Aplicações do tratamento por irradiação. 569
Irradiação de produtos vegetais 570
Irradiação de produtos de origem animal 573
Segurança dos alimentos irradiados. 577
Rotulagem 578
Aceitabilidade e segurança para o consumidor 579
Conclusões. 582
Referências. 583

Capítulo 31

Forno de micro-ondas. 585

Introdução. 585
Propriedades das micro-ondas 586
Aplicações no processamento de alimentos 586
Efeitos da energia micro-ondas na microbiota dos alimentos. 589
Aplicação das micro-ondas no tratamento de efluentes de indústrias
de alimentos 592
Embalagens de alimentos para fornos de micro-ondas. 594
Conclusões. 596
Referências. 597

SUMÁRIO ■ XV

Capítulo 32

Embalagens destinadas a alimentos 600
Introdução. 600
Funções da embalagem 601
Riscos das embalagens. 604
Monômeros. 605
Aditivos. 609
Principais tipos de materiais de embalagem. 611
Legislação brasileira. 625
Metodologia de controle 629
Embalagens plásticas recicladas pós-consumo e o contato
    direto com alimentos 630
Terminologia 633
Conclusões. 634
Referências. 635

Capítulo 33

Análise comparativa de legislação de alimentos funcionais 637
Alimentos funcionais: definições, regulamentação e aspectos
    relevantes para o consumidor. 637
Definições 639
Aspectos regulatórios. 644
Situação do consumidor. 661
Considerações sobre os termos *light* e *diet* e a legislação pertinente 662
Parâmetros internacionais 674
Conclusões. 680
Referências. 681

Capítulo 34

Alimentos transgênicos. 685
Introdução. 685
Biotecnologia: histórico e evolução 686
Aplicações da biotecnologia. 688
Engenharia genética e a produção de alimentos – riscos e benefícios. 695
Avaliação da segurança de alimentos geneticamente modificados 700
Biotecnologia e segurança: instrumentos legais 703
Conclusões e recomendações 707
Referências. 708
Anexos. 711

Capítulo 35

Auditoria. 716
Introdução. 716
Informações gerais referentes às ISO 717
Qualidade total 720
O processo de mudança. 723

XVI ■ HIGIENE E VIGILÂNCIA SANITÁRIA DE ALIMENTOS

Conceituação 723
Tipos de auditoria 725
Objetivos da auditoria 726
Etapas da auditoria 726
Atributos do auditor 728
Conclusões. 729
Referências. 730

Capítulo 36

Consultoria em unidades de alimentação 732

Introdução. 732
O que faz o consultor 733
Objetivos da consultoria 734
Etapas de trabalho do consultor 735
Dificuldades enfrentadas pelo consultor. 740
Perfil do consultor 741
Contribuição das ciências humanas para a formação do consultor 741
Formas de minimizar conflitos. 743
Capacidade de comunicação 748
Outras características desejáveis em um consultor. 752
Legislação 754
Conclusões. 762
Referências. 763

Capítulo 37

Ações educativas/treinamento de pessoas 765

PARTE 1 – Reflexões. 765
Introdução 765
Conceito de educação. 766
Conceito de treinamento. 769
Características do docente 773
Noções de planejamento. 778
PARTE 2 – Considerações gerais 791
Técnicas de ensino-aprendizagem 791
Recursos multissensoriais 799
Outras ferramentas para atuar na área de treinamento. 813
Inovações para atuar na área de educação voltada para o trabalho 818
Educação a distância (EAD) 818
Conclusões. 819
Referências. 820
Anexos. 823

Sobre os autores. 827
Sobre os colaboradores 829
Índice remissivo. 833
Caderno de fotos 843

Apresentação

"Não basta saber, é preciso aplicar. Não basta querer, é preciso também agir." Sábias palavras de Goethe, parece terem sido escritas pensando na missão de todos aqueles que desenvolvem atividades na área da vigilância sanitária de alimentos. Assim, gostaríamos de fazer nossas tais palavras.

Com grande prazer apresentamos aos profissionais de saúde, especificamente aos que estudam e trabalham com a segurança e a qualidade dos alimentos, a sexta edição do livro *Higiene e Vigilância Sanitária de Alimentos*. Temos certeza que as informações que essas pessoas encontrarão nas páginas deste livro contribuirão para ampliar seu horizonte, quer como profissionais dos setores público e privado, quer como estudantes.

O conteúdo dessas páginas originou-se das disciplinas de pós-graduação, *lato e stricto sensu*, da Faculdade de Saúde Pública da Universidade de São Paulo, com textos dos próprios autores e a colaboração de alunos dos cursos de especialização e de pós-graduação, ex--orientandos de mestrado e doutorado, além de professores universitários , pesquisadores e técnicos científicos dos mais variados órgãos da administração pública e privada, tendo sempre como denominador comum a preocupação com os alimentos.

A presente edição foi revista, revisada e atualizada e foram mantidos os 37 capítulos da edição precedente, todavia cabe salientar que quatro capítulos foram reescritos por novos colaboradores: o capítulo 3 Características Fundamentais dos Alimentos passou a contar com a colaboração da Dra. Tarcila Neves Lange que, também, responsabilizou-se pelo capítulo 20, referente à Cisticercose Bovina. O capítulo 23, Equinococose e Hidatidose foi refeito pela Dra. Silvia Müler e, o capítulo 30 que diz respeito à Irradiação dos Alimentos foi reescrito pela Dra. Simone Aquino, que já era co-autora do capítulo 29.

Nos demais capítulos procurou-se incorporar atualizações no que concerne às referências técnico-científicas, assim como em relação à legislação vigente. Cabe salientar que o capítulo 37 teve seu título alterado para Ações educativas/treinamento de pessoas.

Destacamos, ainda, a inserção de um novo bloco de fotos que ressaltam alguns problemas que podem comprometer a inocuidade dos alimentos e, sobretudo, a segurança dos colaboradores e dos próprios estabelecimentos.

Este livro surgiu de um sonho de compartilhar o conhecimento acumulado no decorrer da vida profissional e acadêmica dos autores, e graças à Editora Manole e a sua equipe de colaboradores, bem como aos colegas co-autores chegamos a esta sexta edição com muito empenho e dedicação de todos.

Encerrando, gostaríamos de deixar o seguinte pensamento "Forte é aquele que não desiste de seus sonhos, mesmo que tenha dificuldades no caminho" (Victor Sousa). Nossos votos de que a leitura dessa obra contribua para melhorar a saúde dos consumidores no Brasil.

Pedro Manuel Leal Germano
Maria Izabel Simões Germano

Prefácio da
primeira edição

Inicio este prefácio realçando o quanto me honra e me é prazeroso fazê-lo. As razões que me levam a esse estado de espírito advêm tanto da criação quanto do criador.

O professor Pedro Germano, titular de nossa querida Faculdade de Saúde Pública da Universidade de São Paulo (FSP/USP), é uma personalidade que aprendi a respeitar e admirar nesses anos em que temos tido a oportunidade de trabalhar juntos e, mais recentemente, pelo decisivo apoio que ele me tem dado, engajando o Departamento de Prática de Saúde Pública em vários cursos de Vigilância Sanitária.

Mas, aqui, trata-se da criação. E aí, há que se realçar a oportunidade, a qualidade e a singularidade da obra.

A Associação Médica Americana anunciou em recente campanha que, anualmente, 76 milhões de americanos são acometidos por doenças transmitidas por alimentos – destes, 300 mil são hospitalizados e 5 mil morrem. Cito dados americanos porque no Brasil a subnotificação é vergonhosa. Oficialmente, em 2000, tivemos 7.556 casos. Mas é fundamental perceber o impacto sanitário decorrente do consumo de alimentos. O alimento sempre teve um papel de destaque nas questões sanitárias, e não só pelo seu valor nutritivo, mas também pela sua capacidade de veicular patologias. No entanto, com as transformações pelas quais passa o mundo, em particular as decorrentes do processo de urbanização e de envelhecimento da população, os hábitos alimentares e os alimentos consumidos têm assumido uma relevância absolutamente decisiva na determinação das condições sanitárias das populações. E isso se torna mais crítico por causa da industrialização que potencializa os riscos e do processo de globalização. Aqui, abro espaço para citar alguns eventos que são ilustrativos:

- Os britânicos suspenderam a alimentação do seu gado com farinha de carne, em 1988, mas continuaram a vender esse produto a terceiros durante cerca de 8 anos; hoje, mais de 100 países fora da Europa estão sob a ameaça de terem sido infectados pela doença da "vaca louca", segundo relatório da Food and Agriculture Organization (FAO). (Ricupero, Rubens. Exportadores da morte. Folha de São Paulo, 18/2/2001).

- Recente episódio de contaminação de alimentos que continham produtos lácteos infectados por dioxina, oriundos da Bélgica.
- A questão do uso de alimentos que contêm organismos geneticamente modificados (OGMs).

Os três eventos citados anteriormente são frutos das constantes mudanças que temos realizado no nosso mundo e dos fluxos comerciais aos quais estamos submetidos.

A doença da "vaca louca" trouxe um tipo de patógeno inédito. Um elemento que sem possuir material genético se reproduz e infecta, e para o qual, ainda hoje, somente se tem perguntas. As dioxinas são produtos oriundos de contaminação do meio ambiente e cujos efeitos estão ligados a patologias crônico-degenerativas, em particular neoplasias. São substâncias ainda mal estudadas e muito pouco identificadas. Os OGMs são um capítulo à parte. Vieram para aumentar a eficiência e a oferta de alimentos e até para produzir novos alimentos, medicamentos etc. Mas estão sendo justa ou injustamente crucificados. Quais consequências têm os OGMs para o nosso futuro a longo prazo?

Essas questões colocam o tema da segurança alimentar em um plano absolutamente imprescindível para a vida no planeta nos próximos anos.

Sem dúvida, a agenda sanitária será dominada por essa discussão e caberá a nós – governo, universidade e sociedade – tratar de encaminhar propostas para que a humanidade consiga ultrapassar os desafios oriundos de sua alimentação. Aqui está, portanto, cabalmente demonstrada a oportunidade desta obra e o quanto ainda se tem a fazer, o que deverá estimular o professor Germano e seus leitores a continuar criando e oferecendo novos conhecimentos.

Com relação à qualidade, esta é fruto não só da competência dos autores mas também da metodologia – além da clássica metodologia utilizada para produzir escritos, como é a pesquisa bibliográfica etc., esta obra é fruto do uso como material instrucional nos cursos do professor. É um material testado na melhor forja, a sala de aula. Portanto, o leitor pode ter certeza de que estará com um material testado e aprovado.

Por fim, a singularidade. Obviamente, tenho tido a oportunidade de consultar outras obras sobre o tema da higiene e segurança alimentar. No entanto, algumas características destacam este livro, tornando-o singular: seu enfoque prático, sua preocupação com ações de vigilância sanitária, sua atualidade ao abordar os assuntos da fronteira do conhecimento e o fato de estar voltado para a realidade brasileira.

Tem, assim, o leitor, uma obra importante para sua formação, preparação e consulta, que certamente traz fundamental contribuição para que a humanidade possa enfrentar os desafios que se lhe antepõem na área de segurança alimentar.

Gonzalo Vecina Neto
Diretor-presidente da Anvisa, 1999-2004
Docente da Faculdade de Saúde Pública da USP

Prefácio da
sexta edição

É sempre com grande expectativa que os profissionais que atuam na área de vigilância sanitária de alimentos aguardam a nova edição do livro *Higiene e Vigilância Sanitária de Alimentos*, obra que se constitui em rica fonte de consulta e aprendizado desde sua primeira edição.

O professor Germano e sua esposa, Maria Izabel, dedicaram e dedicam longas horas de estudo e pesquisa trazendo aos leitores interessados o que há de mais atual na tecnologia, ciência e legislação sanitária.

Meu apreço ao casal já vem de longa data. O médico veterinário Prof. Dr. Pedro Manuel Leal Germano, foi meu mestre na Faculdade de Medicina Veterinária da Universidade de São Paulo. Nosso reencontro se deu anos depois já na Faculdade de Saúde Pública da USP, quando tive a honra de tê-lo como meu orientador de mestrado e doutorado. A Prof. Dra. Maria Izabel, pedagoga, sempre foi muito prestativa na elucidação de questões que envolvem treinamento de recursos humanos, sua área de especialização. Juntos trabalhamos muitos anos no curso de especialização em vigilância sanitária de alimentos ministrado na Faculdade de Saúde Pública da USP.

Nessa ocasião já ocupava o cargo de Autoridade Sanitária nos serviços de vigilância sanitária de alimentos da Secretaria Municipal da Saúde de São Paulo e pude em diversas ocasiões ser recebida pelo Prof. Germano para conversarmos sobre assuntos de interesse da área, o que sempre fiz com muita satisfação pois ele sempre se mostrou muito curioso em conhecer as diversidades das atividades de fiscalização de alimentos. Creio que esse relacionamento trouxe enriquecimento para ambos e sou eternamente grata.

Higiene e Vigilância Sanitária de Alimentos é meu livro de referência para os cursos e palestras que ministro, especialmente para os cursos de pós-graduação. O conteúdo é abrangente. A 5ª edição apresentou importantes assuntos, desde aspectos gerais da vigilância sanitária, produtos de origem animal e vegetal, agentes infecciosos e zoonoses, parasitoses, investigação de surtos, meios de diagnósticos, higienização, embalagens, legislação, além de assuntos polêmicos como os transgênicos.

A importância das auditorias e consultorias e o treinamento de recursos humanos finalizam essa edição com maestria. A simplicidade dos autores é notória uma vez que trazem a coautoria com técnicos especializados nos diversos temas para que a obra trate os assuntos com profundidade e clareza, suprindo as expectativas dos leitores.

A esperada 6ª edição, atualizada e revisada traz a mesma qualidade nas informações das edições anteriores, conta com a participação de novos especialistas, que reescreveram alguns capítulos importantes tais como os dedicados às principais zoonoses transmitidas por alimentos e à irradiação dos alimentos.

Sem dúvida, trata-se de uma obra indispensável para os profissionais que atuam na área de vigilância de alimentos que encontrarão em suas páginas conteúdo fundamental para aprendizado, especialização e orientação para a difícil tarefa de controle da qualidade dos alimentos e dos serviços a eles relacionados.

Dra. Andréa Barbosa Boanova
Médica Veterinária
Autoridade Sanitária da Secretaria da Saúde do
Município de São Paulo

Aspectos gerais da vigilância sanitária

Pedro Manuel Leal Germano
Maria Izabel Simões Germano

INTRODUÇÃO

O termo vigilância sanitária tem sua origem na denominação "polícia sanitária", que a partir do século XVIII era responsável, entre outras atividades, pelo controle do exercício profissional e do saneamento, com o objetivo principal de evitar a propagação de doenças. Na realidade, naquela época, a preocupação maior dizia respeito ao crescimento acentuado e desordenado de grandes grupos populacionais, aglomerados em cidades cuja expansão provocou o surgimento de novos problemas de saúde. Assim, de simples moradores de vilarejos, os homens passaram à condição de cidadãos de grandes cidades, vivenciando todas as consequências resultantes do chamado progresso.

No início, a fiscalização limitava-se aos cemitérios, às embarcações, ao comércio de alimentos e ao combate ao charlatanismo, ignorando, entre outros aspectos de suma importância, a fiscalização das indústrias de medicamentos e de produtos alimentícios.

No Brasil, não obstante os avanços pontuais, foi somente a partir do reconhecimento do novo papel do Estado no contexto da saúde, consagrado pela Constituição de 1988, que se elaborou a Lei n. 8.080 de 19.9.90, cujo art. 1° refere:

Esta Lei regula em todo o território nacional as ações e serviços de saúde, executados isolados ou conjuntamente, em caráter permanente ou eventual, por pessoas naturais ou jurídicas de direito público ou privado.

A definição de vigilância sanitária está contida em seu art. 6°, § 1°:

Entende-se por vigilância sanitária um conjunto de ações capaz de eliminar, diminuir ou prevenir riscos à saúde e intervir nos problemas sanitários decorrentes do meio ambiente, da produção e circulação de bens e da prestação de serviços de interesse da saúde, abrangendo:

I – o controle de bens de consumo que, direta ou indiretamente, se relacionam com a saúde, compreendidas todas as etapas e processo, da produção ao consumo; e
II – controle da prestação de serviços que se relacionam direta ou indiretamente com a saúde.

Deve-se destacar que a saúde do trabalhador também está contemplada sob a égide da vigilância sanitária, tal como expresso no § 3° do mesmo artigo:

Entende-se por saúde do trabalhador, para fins desta Lei, um conjunto de atividades que se destina, através das ações de vigilância epidemiológica e vigilância sanitária, à promoção e proteção da saúde dos trabalhadores, assim como visa à recuperação e reabilitação da saúde dos trabalhadores submetidos aos riscos e agravos advindos das condições de trabalho.

De acordo com o exposto, a vigilância sanitária poderia ser definida como:

Conjunto de medidas que visam à elaboração, à aplicação, ao controle e à fiscalização, respeitada a legislação pertinente, de normas e padrões de interesse da saúde individual e coletiva, relativas ao ambiente, produtos, serviços e trabalho.

Apesar da clareza dos termos expressos na Constituição Federal de 1988 e da própria Lei n. 8.080, ainda não foi possível constatar nenhum aperfeiçoamento expressivo na atuação dos estados e municípios brasileiros no que se refere à saúde de modo geral e muito menos em relação ao controle higienicossanitário dos alimentos. Na realidade, há uma carência crônica de serviços dessa natureza na grande maioria dos municípios do país, o que compromete seriamente a segurança alimentar, a qual, por sua vez, constitui relevante fator de morbidade para a saúde pública.

Por outro lado, o país começa a criar um amplo e eficiente sistema de vigilância epidemiológica, capaz de identificar as principais doenças de origem alimentar, mensurar seu alcance, determinar suas origens e averiguar os grupos de pessoas mais suscetíveis, possibilitando a difusão de informações e estabelecendo planos no âmbito nacional, propondo medidas de controle capazes de minimizar os riscos decorrentes. As causas desse problema estão alicerçadas no sistema político vigente, no qual estados e municípios desconsideram a importância da vigilância sanitária, notadamente na área de alimentos, ao lado de outras ineficiências no campo da saúde pública.

Em função dessa situação, a Secretaria de Vigilância Sanitária, no ano de 1988, sofreu dois episódios marcantes que atestaram as dificuldades do setor público em controlar, no caso, a indústria de medicamentos. A Schering do Brasil Química e Farmacêutica Ltda. colocou à venda 650 mil cartelas do anticoncepcional Microvlar®, fabricadas a partir de 1,2 tonelada de composto de lactose e açúcar. O teste para embalagem foi feito com pílulas da mesma cor do remédio original, utilizando cartelas também iguais e, ainda mais grave, com a bula inserida dentro de cada caixa. Ainda naquele ano, foi denunciada a fabricação e a distribuição no mercado nacional de remédio falsificado – o Androcur®, indicado para pacientes portadores de neoplasias prostáticas – fabricado pela Botica ao Veado D'Ouro Ltda. Neste último caso, a falta de um sistema organizado de farmacovigilância, seguramente, retardou a descoberta da fraude. Nos dois eventos registraram-se ações de indenização, tanto das mulheres que engravidaram involuntariamente quanto das famílias cujos homens, submetidos ao tratamento com o Androcur® falsificado, morreram em decorrência do câncer.

Ambos os episódios precipitaram a alteração do *status quo* e contribuíram para a substituição da Secretaria de Vigilância Sanitária do Ministério da Saúde, com função predominantemente cartorial, pela Agência Nacional de Vigilância Sanitária (Anvisa), cujo objetivo primordial é criar uma burocracia estável para o setor da saúde.

Assim, em janeiro de 1999 foi promulgada a Lei n. 9.782, que define o Sistema Nacional de Vigilância Sanitária e cria a Agência Nacional de Vigilância Sanitária, cujo art. 1° refere:

O Sistema Nacional de Vigilância Sanitária compreende o conjunto de ações definido pelo § 1° do art. 6° e pelos arts. 15 a 18 da Lei n. 8.080 de 19/9/1990, executado por instituições da Administração Pública direta e indireta da União, dos Estados, do Distrito Federal e dos Municípios, que exerçam atividades de regulação, normatização, controle e fiscalização na área de vigilância sanitária.

Desse modo, a vigilância sanitária passou a contar com uma estrutura legal, que respalda as ações oriundas do poder público, sempre pautadas pela promoção da saúde da coletividade.

A AGÊNCIA NACIONAL DE VIGILÂNCIA SANITÁRIA

A justificativa do Governo Federal para criar a Anvisa apoiou-se em exigências sociais e políticas. Esse fato provocou a diluição do papel da administração pública como fornecedor exclusivo ou principal de serviços públicos, com o objetivo de incentivar o processo regulador das atividades produtivas de interesse público mediante o estímulo à competição e à inovação, atuando o Estado, preferencialmente, no gerenciamento de recursos e na função de controle.

A Anvisa foi criada no início de 1999, vinculada ao Ministério da Saúde (MS), como agência reguladora, caracterizada pela independência administrativa, estabilidade de seus dirigentes enquanto perdurarem seus mandatos e autonomia financeira. Provocou verdadeira convulsão nos órgãos estaduais e municipais da saúde, pela necessidade de promover a reestruturação dos serviços de vigilância sanitária, adequando-os à nova política federal. De fato, isso está sendo possível nos estados e municípios que já contavam com serviços organizados, anteriores à Agência, sendo incipiente o número de municípios capazes de implantar e manter serviços de envergadura no cenário nacional. A partir do momento em que o próprio Sistema Único de Saúde (SUS) encontra sérias dificuldades, geralmente nas regiões mais desfavorecidas economicamente, o que se pode esperar em termos de uma vigilância sanitária operante e eficiente?

É claro que, apesar das dificuldades existentes, a criação da Anvisa foi um passo muito importante para a saúde pública, notadamente na área de alimentos, na qual o comércio varejista, cada vez maior, é exercido sem os menores cuidados de segurança, sobretudo nas periferias das grandes cidades e nos municípios em que não existe nenhum tipo de ação sanitária por parte do poder público.

Já em 2009 criou-se a Agenda Regulatória (AR), instrumento de gestão que confere maior transparência, previsibilidade e eficiência para o processo regulatório da Agência, uma vez que divulga, para um determinado período, as prioridades que demandam atuação da autoridade regulatória sobre seus objetos de intervenção sanitária. O processo de construção da AR prevê momentos de participação da sociedade para identificação dos problemas enfrentados por diferentes atores sociais, afetados diariamente pelas ações da Anvisa. Também é prevista a participação do Sistema Nacional de Vigilância Sanitária como um todo, contando com representantes de vigilâncias sanitárias estaduais, distrital e municipais, e de laboratórios da Rede Nacional de Laboratórios de Vigilância Sanitária (RNLVISA).

Por exemplo, já aprovado por instâncias superiores, o objetivo da AR para o Ciclo Quadrienal 2017-2020 é aperfeiçoar o marco regulatório sanitário na esfera federal, estando, portanto, alinhado ao Planejamento Estratégico da Anvisa (2016/2019). Espera-se que a AR seja um dos instrumentos para a ação do estoque regulatório.

Deve-se destacar que o governo de Michel Temer nomeou novos diretores em três agências reguladoras, conforme decretos publicados no Diário Oficial da União (DOU) na quinta-feira, 22 de fevereiro de 2017. William Dib foi nomeado diretor da Agência Nacional de Vigilância Sanitária (Anvisa) e Leandro Fonseca da Silva, diretor da Agência Nacional de Saúde Suplementar (ANS), ambas vinculadas ao Ministério da Saúde. O mandato de cada um será de três anos.

A gestão da Anvisa é responsabilidade de uma diretoria colegiada, composta por cinco membros, o diretor-presidente, quatro diretores e cinco adjuntos de diretor. Seu relacionamento é regulado por contrato de gestão, documento oficial firmado entre o MS e a Anvisa. O contrato estabelece que a finalidade institucional da Agência é promover a proteção da saúde da população por intermédio do controle sanitário da produção e da comercialização de produtos e serviços submetidos à vigilância sanitária, dos ambientes, dos processos, dos insumos e das tecnologias. Além disso, a Anvisa ainda exerce controle de portos, aeroportos e fronteiras e a interlocução junto ao Ministério das Relações Exteriores e instituições estrangeiras para tratar de assuntos de cunho internacional na área de vigilância sanitária.

Seu organograma é constituído pela diretoria colegiada – conforme mencionado anteriormente –, a qual tem como assessoria, de um lado, o conselho consultivo e, de outro, a ouvidoria. Os resultados das decisões e recomendações passam pelo gabinete do diretor-presidente para, posteriormente, seguir os trâmites legais. São órgãos de assistência direta do diretor-presidente: corregedoria, procuradoria e auditoria interna, além das assessorias de planejamento, divulgação, comunicação, segurança institucional e, também, assessoria técnica e parlamentar. A estrutura organizacional é composta, ainda, de quatro núcleos; três gerências gerais de gestão operacional; onze gerências gerais de processos organizacionais, entre as quais se incluem alimentos e portos, aeroportos, fronteiras e recintos alfandegados; duas gerências de vínculo direto e um centro de gestão de conhecimento técnico-científico.

Quando se aborda o tema vigilância sanitária, imediatamente tem-se a ideia de fiscalização e suas inevitáveis consequências. Todavia, a ação do poder público é de suma importância, pois objetiva diminuir os riscos de transmissão de doenças por produtos alimentícios de má qualidade higienicossanitária.

Os princípios que norteiam a Agência no âmbito federal e suas congêneres nos estados e municípios, em particular na área de alimentos, são indiscutíveis. Porém, ao lado do trabalho coercitivo, fundamental por causa dos enormes riscos à sociedade, é imprescindível o papel educativo que esses órgãos devem desenvolver, com a finalidade de orientar, de um lado, os que trabalham oferecendo produtos e, do outro, aqueles que os consomem.

Conforme destacado previamente, a Anvisa tem por finalidade institucional promover a proteção da saúde da população, por intermédio do controle sanitário da produção e consumo de produtos e serviços submetidos à vigilância sanitária, inclusive dos ambientes, dos processos, dos insumos e das tecnologias a eles relacionados, bem como o controle de portos, aeroportos, fronteiras e recintos alfandegados.

Na realidade, a Anvisa é uma autarquia sob regime especial, que tem sede e foro no Distrito Federal, e está presente em todo o território nacional por meio das coordenações de portos, aeroportos, fronteiras e alfandegados.

Destaca-se, ainda, que para auxiliar a Anvisa estão integrados: o Instituto Nacional de Controle de Qualidade em Saúde (INCQS), a Fundação Oswaldo Cruz (Fiocruz), os laboratórios centrais de saúde pública, as secretarias estaduais de saúde, os centros de vigilância sanitária estaduais, as secretarias municipais e os centros municipais de saúde.

COMPETÊNCIAS

Entre as diferentes competências atribuídas à vigilância sanitária, apoiadas nos documentos legais, destacam-se:

- Ações sobre o meio ambiente: edificação e parcelamento do solo, saneamento, saúde ambiental, piscinas.
- Circulação de bens – produtos relacionados à saúde: medicamentos, alimentos, cosméticos, correlatos, saneantes domissanitários e agrotóxicos, águas minerais e de fontes.
- Produção – serviços de saúde: odontológico, clínico-terapêutico, médico-hospitalar, radiação e hemoterapia.
- Vigilância sanitária do trabalho: análise e risco, orientação e organização no trabalho, condutas de trabalho no serviço público.

AÇÕES SOBRE O MEIO AMBIENTE

Objetivos

- Saneamento do meio visando à promoção da saúde pública e à prevenção da ocorrência de condições ambientais desfavoráveis, decorrentes do uso e parcelamento do solo, das edificações, de piscinas e dos sistemas coletivos de saneamento básico dos logradouros públicos.
- Controle dos efeitos na saúde individual ou coletiva decorrentes do processo produtivo, no ambiente de trabalho ou fora dele.
- Licenciamento e cadastramento de estabelecimentos, habitações, locais e entidades abrangidas no campo de atuação do município.
- Aprovação de projetos e de obras em geral, em complementação às ações do município.

Ações e comentários

- Estabelecimentos prestadores de serviços de assistência médica; lavanderias, barbearias e afins; estabelecimentos veterinários; escolas.

  É o caso da necessidade de reforma de um hospital cuja lavanderia, necrotério, cozinha e depósito de lixo são contíguos e utilizam acesso comum para facilitar a entrada e a saída de veículos no pátio externo. Essa situação não pode ser tolerada, considerando-se os riscos que pode acarretar à cozinha, às instalações, ao pessoal e aos próprios alimentos. A edificação de uma escola deve atentar, especialmente, para a adequação das instalações, considerando: ventilação e iluminação das salas de aula, escadas, proteção nas janelas dos andares mais elevados, instalações sanitárias e refeitórios para merenda, entre outros. A preocupação com lavanderias e tinturarias diz respeito, principalmente, ao escoamento de águas sujas com resíduos de sabão, resultantes da lavagem de roupas e outros tecidos, aos produtos químicos empregados na limpeza a seco e restos de substâncias de tingimento. Nessas circunstâncias, a falta de uma rede de esgoto adequada muitas vezes provoca o lançamento direto dessas águas nas vias públicas ou mesmo em córregos das proximidades, contribuindo para a poluição e a contaminação ambiental. O mesmo problema pode ser apontado para as barbearias e cabeleireiros, nos quais a água proveniente dos diferentes procedimentos de trabalho, além de contaminadas e com resíduos químicos, são ricas em cabelos e pelos provenientes dos cortes e das depilações, o que favorece o entupimento de pias e da própria rede de esgoto.

- Estabelecimentos industriais, comerciais e de trabalho.
  No que diz respeito aos estabelecimentos industriais ou comerciais, é importante avaliar sua segurança em relação aos trabalhadores e aos consumidores e às instalações físicas, incluindo sistemas elétrico, hidráulico e de fornecimento de gás. Um exemplo digno de recordação é o do Osasco Plaza Shopping, que teve parte de sua estrutura destruída, com vítimas fatais, em razão de uma explosão por vazamento de gás.

- Cemitérios, necrotérios e velórios.
  No que concerne aos cemitérios, sua localização é muito importante, devendo-se atentar, entre outros fatores, para o tipo e a inclinação do solo e a profundidade do nível freático. Esse detalhamento técnico se impõe para evitar a contaminação das águas subterrâneas, sobretudo pelas sepulturas com menos de um ano, quando localizadas nas cotas mais baixas, próximas ao nível do lençol freático. Apesar da maior ocorrência de bactérias, também podem ser encontrados enterovírus e adenovírus, capazes de atingir maior profundidade em direção ao aquífero freático, por algumas dezenas de metros. Deve-se considerar, ainda, os poluentes químicos que provocam o aumento da concentração de íons bicarbonato, cloreto, sódio e cálcio, além de ferro, alumínio, chumbo e zinco, nas águas próximas às sepulturas.
  Em relação aos necrotérios ou institutos de medicina legal, a principal preocupação diz respeito à localização dessas instalações, ao disciplinamento do fluxo de pessoas – visitantes e pessoal técnico – e à destinação dos contaminantes ambientais, gerados pelas atividades intrínsecas desses serviços. Com relação aos velórios, também é importante atentar para as dependências físicas e para a circulação de pessoas, a fim de evitar grandes aglomerações em espaços exíguos, propiciando a saturação do ar por possíveis micro-organismos endêmicos ou epidêmicos.

- Habitações e anexos, construções e reformas de prédios; hotéis, motéis, pensões e afins; acampamentos e estâncias; locais de reunião, atividades de lazer, religião ou esporte.
  Para o encontro de adeptos de uma seita religiosa em um ginásio de esportes, deve-se considerar a capacidade da instalação para receber o número previsto de fiéis, as saídas de emergência, as instalações sanitárias e os fornecedores de

bebidas e lanches, além do estacionamento para ônibus e automóveis, bem como as vias de acesso e as saídas.

Nas estâncias e hotéis-fazenda, tão em moda na atualidade, devem ser supervisionados, além dos itens referentes à segurança e à higiene das instalações, incluindo refeitórios e cozinhas, as piscinas, principalmente no que tange à qualidade e tratamento da água disponível aos usuários.

- Água, esgoto, lixo e resíduos.

Merece destaque a captação da água de abastecimento, seu tratamento e distribuição. A coleta e destinação de resíduos e do lixo constituem fatores de importância para o saneamento do município, notadamente em relação aos problemas de degradação da paisagem, maus odores e proliferação de insetos e roedores.

A contaminação da água de sete poços artesianos por resíduos industriais em uma área da região metropolitana de São Paulo foi identificada pela Vigilância Sanitária Municipal e pela Companhia de Tecnologia de Saneamento Ambiental (Cetesb), em agosto de 2005. O terreno considerado foco da contaminação foi utilizado primeiramente, de 1960 até 1996, por uma empresa fabricante de pilhas elétricas, quando foi vendido para uma indústria que nunca havia manipulado nenhum tipo de agente químico em suas instalações. Vale considerar a eficiência da Vigilância Sanitária, aliada à Cetesb, para investigar um episódio de grandes proporções, em termos de extensão da área servida pelo aquífero contaminado por agentes químicos, altamente tóxicos para a população, entre os quais foram identificados cloreto de vinila, diclorometano, dicloroeteno, tetracloroeteno e tricloroeteno muito acima dos padrões permitidos pelo MS. Contudo, apesar da gravidade da situação, até onde se tem informação, não houve registros de casos de pessoas com sintomas de intoxicação.

Na realidade, acredita-se que a contaminação química do solo possa datar de mais de quarenta anos, embora só a partir de 2003 tenha sido detectado esse tipo de poluição, enquanto o foco principal só foi encontrado recentemente. Dada a magnitude do problema e o perigo aos trabalhadores das empresas atingidas e à população em geral, acredita-se que, para que o aquífero volte à sua condição de inocuidade, seriam necessários mais de 50 anos de tratamento.

Sabe-se que indústrias, condomínios, hotéis e residências particulares, para se livrar do problema da falta de água, diminuir os gastos e ter fornecimento ininterrupto, perfuram de forma ilegal o solo, em qualquer área livre de seus espaços, para construir poços artesianos. A Cetesb estima que existam cerca de 5 mil poços artesianos cadastrados na cidade.

- Vetores e animais sinantrópicos.

Entre os animais sinantrópicos, destacam-se três grandes grupos: morcegos, cujo risco de transmitir raiva para o homem, entre outras doenças, deve ser considerado alto, e que podem acarretar prejuízos às habitações, pois se utilizam das frestas e vãos para se abrigarem durante o dia e defecam e urinam nos forros das casas, provocando maus odores e a degradação das instalações; pombos, que também causam problemas com os excrementos, sendo seu acúmulo o responsável pelo afundamento e mesmo ruptura dos forros de casas e outros edifícios, especialmente igrejas, além disso, as fezes desses animais podem veicular agentes de doenças para o homem, por exemplo, criptococose e enteroparasitoses; e roedores, que constituem problema crônico dos centros urbanos onde lixo, água e abrigo são encontrados por todos os lados, além dos prejuízos econômicos causados pelo hábito de roer desde sacarias de alimentos até fios elétricos de alta tensão. Os roedores também são responsáveis, em saúde pública, pela transmissão da leptospirose por meio da urina e suas pulgas podem veicular a peste ao homem e aos animais, principalmente aos gatos.

Em relação aos vetores, especificamente, devem ser consideradas todas as medidas de saneamento capazes de impedir a proliferação de insetos. Dentre os vetores de maior importância, destacam-se os mosquitos, transmissores de leishmaniose, dengue e febre amarela. O combate dos vetores passa, além das medidas concernentes ao saneamento, pela educação da população, principalmente no que se refere ao acúmulo de resíduos líquidos a céu aberto, os quais constituem locais ideais para criadouro desses artrópodes.

Para esclarecer sobre a importância dos vetores prejudiciais à saúde, a Anvisa divulgou amplamente a RDC 175/2003: "Regulamento Técnico de Avaliação de Matérias Macroscópicas e Microscópicas Prejudiciais à Saúde Humana em Alimentos Embalados"; e realizou, em 2004, um programa de treinamento no âmbito de todos os laboratórios centrais de saúde pública do Brasil. Em março de 2014, a RDC n. 175/2003, obedecendo ao mesmo escopo, foi amplamente discutida e deu origem à RDC n. 14, de 28 de março de 2014, cujo Regulamento Técnico, que estabelece os requisitos mínimos para avaliação de matérias estranhas macroscópicas e microscópicas em alimentos e bebidas e seus limites de tolerância, foi devidamente aprovado.

CIRCULAÇÃO DE BENS–PRODUTOS RELACIONADOS À SAÚDE

Objetivos

- Fiscalização do exercício das profissões relacionadas à produção e à comercialização de medicamentos, alimentos, águas minerais, cosméticos, saneantes domissanitários, correlatos e de outros produtos de interesse da saúde.
- Fiscalização das entidades e dos estabelecimentos que produzem, comercializam, distribuem, armazenam e/ou aplicam os produtos citados anteriormente.

- Licenciamento e cadastramento dos profissionais, estabelecimentos e entidades que produzem, comercializam e/ou aplicam esses produtos.
- Controle, em consonância com a vigilância epidemiológica, dos efeitos desses produtos.

Ações e comentários

- Medicamentos, matérias-primas, drogas, dietéticos e embalagens; exercício da farmácia e ocupações afins.

  A vigilância do comércio de medicamentos se faz necessária principalmente no que se refere à possibilidade de falsificação, violação das embalagens com alteração do conteúdo e vencimento do prazo de validade. Nas farmácias que oferecem produtos manipulados, a responsabilidade da vigilância é ainda maior, sobretudo no que tange à qualidade das matérias-primas, à manipulação e à formulação do produto final. Neste caso, é importante destacar que o município pode recorrer ao auxílio dos laboratórios de saúde pública, integrantes do Sistema de Saúde, sem ônus maiores para a administração pública local, com a finalidade de confirmar, ou não, as suspeitas levantadas quando da fiscalização do estabelecimento responsável pela elaboração da fórmula. Do mesmo modo, é de competência da vigilância a fiscalização do exercício profissional dos responsáveis por esses estabelecimentos.

  Procedimentos endoscópicos, em qualquer estabelecimento de assistência à saúde, podem requerer variados graus de sedação dos pacientes, o que determina que os medicamentos utilizados não devam provocar efeitos adversos, particularmente relacionados à superdosagem e às interações potenciais com outros medicamentos, bem como sua formulação deverá ser executada sob rigorosas condições de boas práticas de manipulação. Entre os anestésicos utilizados, destaca-se a lidocaína, amplamente empregada nesses procedimentos, e que, no sul da Bahia, em agosto de 2005, provocou a morte de três pacientes e efeitos adversos em outros 12, submetidos à endoscopia digestiva. Este episódio levou a Anvisa a determinar a proibição do uso, em todo o país, do medicamento lidocaína na forma líquida (solução oral) para uso interno e na forma spray, que não dispunha de aplicador que garantisse a exatidão da dose. Essa determinação, de ordem legal, não compromete a realização de exames de endoscopia, contanto que a lidocaína utilizada não seja de empresas interditadas.

  Nesse contexto, também é importante a preocupação da vigilância com os denominados produtos dietéticos, responsáveis por muitos atendimentos de urgência a crianças diabéticas. O fato de ser dietético não significa ausência de açúcar – uma redução de 10% do teor de açúcar pode caracterizá-lo como *diet* – e o rótulo, ao omitir esta informação, pode induzir o usuário a adquirir o produto e fornecê-lo a diabéticos gerando consequências desastrosas para os portadores da doença.

É importante citar, ainda, o problema da manipulação artesanal que ocorre nos domicílios de pessoas que buscam renda alternativa como substituição à falta de emprego ou para complementar o salário. É o caso de indivíduos que conhecem, por exemplo, uma fórmula muito antiga para combater a acne, preparada a partir de plantas de uma região diametralmente oposta à qual residem, mas mesmo assim arriscam sua preparação, substituindo alguns dos ingredientes originais por outros sem comprovada eficácia. O resultado de sua aplicação constitui um risco à saúde dos futuros usuários, podendo-se observar desde ausência de efeito até choque anafilático de pessoas alérgicas aos princípios da "fórmula".

- Alimentos e similares, matérias-primas, alimentos *in natura*, embalagens; profissões e ocupações.

Os alimentos são outra preocupação da vigilância sanitária. Mais do que nunca é necessário manter a fiscalização sobre os estabelecimentos que comercializam alimentos industrializados e *in natura*, bem como aqueles que servem refeições comerciais ou industriais. Supermercados, açougues, mercearias, peixarias, avícolas, frutarias e feiras livres, entre outros, devem obedecer a regras e padrões previstos em leis e decretos no âmbito dos três níveis da administração pública. O mesmo se aplica para refeitórios de indústrias, creches e escolas, restaurantes, bares, lanchonetes de fast-food, padarias e sorveterias etc. A adequação, a conservação e a higiene das instalações e dos equipamentos, os técnicos responsáveis pelos estabelecimentos, a origem e a qualidade das matérias-primas e o grau de conhecimento e preparo dos manipuladores são imprescindíveis para garantir a segurança dos alimentos.

As matérias-primas, principalmente as de origem animal como carne, leite e ovos, têm de ser provenientes de distribuidores idôneos e fiscalizados pelos Serviços de Inspeção Federal ou Estadual. Produtos clandestinos expõem a população a grandes riscos de contrair doenças de caráter zoonótico (comuns entre o homem e os animais), destacando-se entre elas a tuberculose, a cisticercose e a salmonelose.

Modismos ou hábitos culturais – por exemplo, o consumo de produtos crus – também impõem uma carga suplementar de problemas para a vigilância sanitária, pois aumentam os perigos das doenças transmitidas por alimentos (DTAs), como se registrou no início de 2005, quando foram confirmados casos de difilobotríase causados pela tênia *Diphyllobothrium latum* do salmão e outras variedades de peixes no sudeste do país, sobretudo em São Paulo. Esses surtos provocaram a imediata intervenção da Anvisa, a qual determinou a utilização de procedimentos obrigatórios, apoiados em recomendações técnico-científicas rigorosas aos importadores, entrepostos e mercados distribuidores, notadamente de salmão in natura, ou seja, congelamento por, no mínimo, sete dias a –20°C ou por quinze horas a –30°C.

Do mesmo modo, a vigilância deve exercer, nos estabelecimentos que manipulam alimentos, a fiscalização em relação à qualidade e ao prazo de validade dos produtos estocados, à integridade e à adequação das embalagens, bem como às condições de higiene e saúde do pessoal.

Na área de alimentos, a preocupação com a manipulação artesanal e com os vendedores ambulantes deve exigir uma constante e intensa fiscalização, pois, na maior parte das vezes, as matérias-primas utilizadas por essas pessoas são de qualidade duvidosa e suas condições de higiene são muito precárias. Como exemplo, pode ser apontado o episódio, registrado em março de 2005, da doença de Chagas transmitida por caldo de cana em um quiosque de venda de frutas e sucos, à beira da BR-101, em Santa Catarina, quando os vetores infectados (triatomíneos conhecidos como "barbeiros") foram triturados com a cana-de-açúcar e causaram a morte de três pessoas e centenas de vítimas não fatais. Neste caso, o local de venda e preparo improvisados sem condições higienicossanitárias, manipuladores despreparados, não higienização prévia da matéria-prima, falta de manutenção da máquina de trituração (moenda) e acúmulo de sujeira foram os fatores determinantes do surto. No mesmo período, no Amapá, em circunstâncias semelhantes, o açaí, fruta muito consumida no Norte, possivelmente triturado com o vetor ou contaminado com suas fezes, causou, no mínimo, 29 infecções confirmadas. O mais grave é que, apesar de todos os incidentes amplamente divulgados pela mídia e documentados pelas autoridades de saúde, a população continua a se utilizar desses serviços, por praticidade ou pela falsa crença de que, por se tratar de produtos artesanais, a qualidade é superior à dos estabelecimentos comerciais. É inegável que esse panorama tem origem na situação econômica do país e nos altos índices de desemprego, que favorecem a proliferação de vendedores informais em todas as regiões da nação.

- Cosméticos, produtos de toucador e de higiene pessoal, perfumes e similares, embalagens; profissões e ocupações.

  Conforme já apontado para os medicamentos em geral, para esse tipo de produto valem as mesmas considerações, destacando-se a importância da procedência dos materiais, embalagens, rótulos e dos responsáveis pela sua fabricação.

- Correlatos: produtos dietéticos, ópticos, de acústica, odontológicos e outros; profissões e ocupações.

  Estão incluídos neste contexto os aparelhos que corrigem deformações e desvios da arcada dentária, como dentaduras, pontes e próteses; dispositivos para melhorar a capacidade auditiva de pessoas com deficiência de audição; óculos e lentes de contato para corrigir defeitos da visão; e demais produtos ou equipamentos que tenham a finalidade de aumentar o desempenho físico de portadores de deficiências. O principal papel da vigilância é o de fiscalizar os responsáveis pela fabricação desses produtos, impedindo que os incautos sejam lesados por propaganda enganosa ou até mesmo por equipamentos prejudiciais à saúde. Como exemplo tem-se o caso dos óculos sem precisão de grau, ditos "próprios para leitura" ou "para se ver ao longe", vendidos em qualquer tipo de loja, ou das lentes de contato oferecidas por pessoas sem treinamento adequado, entre outros. Entre os produtos dietéticos, amplamente consumidos por pessoas com tendência à obesidade, obesos e diabéticos, a fiscalização deve ser permanente, a fim de evitar que os consumidores paguem caro por algo que não atenda suas necessidades. Como exemplo, uma determinada marca de água mineral colocou na garrafa um pequeno rótulo com a palavra *diet*, a fim de "levar vantagem" em relação à concorrência, caso típico de propaganda enganosa.

- Saneantes domissanitários e agrotóxicos; profissões e ocupações.
  É muito comum ver nos centros urbanos e em suas periferias caminhões carregados de tambores contendo produtos químicos para limpeza doméstica. Eles vendem água sanitária, detergentes e desinfetantes para diversos tipos de uso. Contudo, nenhum desses produtos passou por uma inspeção dos órgãos públicos. Não se conhece sua composição, sua eficácia e quais riscos à saúde podem causar, em decorrência de sua ação corrosiva. Geralmente, são produtos provenientes de manipulação artesanal, fabricados sem o aval de um químico responsável. Até na internet é possível acessar sites que oferecem produtos dessa natureza destinados à área de alimentos, os quais são apresentados em fotos, com indicações de uso e preços, armazenados em garrafas PET, com o mesmo formato e capacidade das utilizadas para refrigerantes e águas minerais, ou em bombonas de plástico, sem rótulo ou qualquer menção a um possível responsável técnico.
  Os agrotóxicos, por outro lado, constituem um problema importante para a saúde pública, pois são amplamente utilizados tanto nos produtos agrícolas, no combate às pragas, quanto nos animais destinados ao abate, para controlar moscas e carrapatos. Existem inúmeros produtos cujo uso é proibido em alimentos, pelo risco de resíduos tóxicos. É aqui que a vigilância deve entrar em ação: investigar se os alimentos comercializados nos estabelecimentos varejistas contêm resíduos de tóxicos condenados, entre eles os mercuriais e o DDT. Novamente, surge a necessidade de acionar a rede de laboratórios integrantes do Sistema de Saúde para confirmar ou refutar as suspeitas.
  O Brasil, segundo estudo da consultoria alemã Kleffmann Group, é o maior mercado de agrotóxicos do mundo, sendo esses produtos importantes para a manutenção do setor agrícola e pecuário. Contudo, de acordo com a Anvisa

(2010), o uso abusivo de agrotóxicos acarreta inúmeros problemas para a saúde dos trabalhadores rurais e dos consumidores, além da contaminação ambiental. Desde 2001, a Anvisa vem monitorando culturas de diversos tipos de produtos vegetais, com base nos dados de consumo obtidos pelo IBGE e na disponibilidade desses alimentos no comércio das diferentes unidades da federação por meio do Programa de Análise de Resíduos de Agrotóxicos em Alimentos (Para). Assim, sob sua coordenação, em conjunto com as vigilâncias sanitárias de todos os estados mais o Distrito Federal, com a colaboração do Instituto Octávio Magalhães (MG), do Laboratório Central do Paraná e do Eurofins (SP), foi possível, no ano de 2009, examinar 1.130 amostras de 20 diferentes produtos vegetais considerados de consumo diário pela população do país. Desse total, foram identificadas 907 (28%) culturas insatisfatórias, nas quais registraram-se presença de agrotóxicos acima do Limite Máximo de Resíduos (LMR) em 88 (2,8%), utilização de agrotóxicos não autorizados (NA) em 744 (23,8%) e resíduos acima do LMR e NA em 75 (2,4%).

Vale destacar que 32 amostras (3,9%) do total que continha ingredientes ativos não autorizados apresentaram substâncias banidas no Brasil ou que nunca foram registradas no país, entre os quais estão os seguintes ingredientes ativos: heptacloro, clortiofós, dieldrina, mirex, parationa-etílica, monocrotofós e azinfós--metílico.

Assim, de acordo com os resultados fornecidos pelo Para, independentemente de sua importância econômica para o país, os produtos com maiores níveis de contaminação foram: pimentão (80%), uva (56,4%), pepino (54,8%), morango (50,8%), couve (44,2%) e abacaxi (44,1%), seguidos por outros 14 tipos de culturas vegetais, conforme Relatório de Atividades de 2009 da Gerência Geral de Toxicologia da Anvisa. No mesmo tipo de Relatório, concernente ao período de 2011-2012, as amostras de produtos vegetais detectadas com ativos irregulares de agrotóxicos foram: alface (50,0%), arroz (92,3%), cenoura (61,8%), pepino (59,1%), tomate (50,0%), uva (75,9%), feijão (100,0%) e mamão (81,6%). Vale destacar o resultado alcançado com a totalidade das amostras de feijão e arroz, o qual revelou que os produtores ainda não se adequaram ao programa e continuam ameaçando a saúde dos consumidores, uma vez que esses dois produtos constituem a base da alimentação de grande parte das famílias brasileiras.

- Águas minerais, de fonte e potáveis de mesa.
A vigilância deve estar atenta para a idoneidade das águas minerais distribuídas para o consumo da população, verificando origem, composição, rótulos e responsáveis técnicos. Por outro lado, deve zelar pela qualidade das fontes existentes nos municípios, sobretudo no que concerne ao risco de contaminação e/ou poluição dos lençóis freáticos. O controle de qualidade deve ser executado

periodicamente pela vigilância, utilizando os recursos dos laboratórios da rede pública, integrantes do Sistema de Saúde.

PRODUÇÃO – SERVIÇOS DE SAÚDE

Objetivos

- Fiscalização do exercício das profissões relacionadas à saúde e dos estabelecimentos de serviços médico-hospitalares, clínicos, diagnósticos, preventivos ou terapêuticos e outros.
- Fiscalização do exercício profissional de odontologia, das profissões e dos estabelecimentos de prestação desses serviços.
- Fiscalização e controle do uso e da dispensa de medicamentos controlados nos estabelecimentos sujeitos à fiscalização.
- Fiscalização e controle do emprego de radiações.
- Fiscalização e controle dos órgãos executores de atividade hemoterápica, hemodiálise e diálise peritonial.
- Licenciamento e cadastramento dos profissionais, estabelecimentos e entidades prestadoras de serviços à saúde.

Ações e comentários

- Hospitais, prontos-socorros, ambulatórios, clínicas especializadas, casas de repouso para idosos e excepcionais e entidades afins.

  A vigilância deve fiscalizar todos os serviços de saúde, suas condições e o nível técnico do pessoal especializado. Verificar se o hospital ou o pronto-socorro conta com médico plantonista dia e noite ou se após determinado horário este é substituído por pessoal de enfermagem ou estagiários, ainda não graduados.

  Isso também se aplica às clínicas especializadas, principalmente os centros de estética com práticas de rejuvenescimento à base de injeção de substâncias tóxicas para diminuir rugas, como a toxina botulínica. No momento, os centros destinados a emagrecimento proliferaram intensamente e procedimentos de lipoaspiração, utilizados para eliminar gorduras indesejáveis, apesar de bastante procurados, nem sempre são bem-sucedidos, tendo sido registrados acidentes em que as vítimas entraram em coma e apresentaram, posteriormente, sequelas nervosas graves e óbitos, em alguns casos. A utilização de hormônios anabolizantes, para proporcionar maior massa muscular aos atletas, constitui outra prática comum. De qualquer modo, compete à vigilância sanitária averiguar as condições desses estabelecimentos, sobretudo sua capacidade operacional para intervir nos casos de urgência, bem como a capacitação dos profissionais envolvidos, particularmente o pessoal da área médica, indispensável para a realização dos procedimentos terapêuticos e cirúrgicos.

Com relação às casas de idosos e serviços para excepcionais, aplica-se o mesmo raciocínio. A vigilância deve atentar para os aspectos relacionados às instalações, sua funcionalidade e higiene, para os cardápios prescritos aos internados e, ainda, se foram estabelecidos por nutricionista. Nesses serviços é imprescindível, no mínimo, a visitação assídua de médico especialista e a manutenção de um corpo de enfermagem à disposição dos pacientes.

Em todos esses estabelecimentos, exige-se um responsável que possa responder por todas as ocorrências registradas.

- Atividades diagnósticas ou terapêuticas: laboratórios ou institutos, fisioterapia e massagem, endoscopia e entidades afins.

  Trata-se de um contexto muito importante para o qual a vigilância deve estar atenta. Em relação aos laboratórios de análises clínicas, recentemente, no município de São Paulo, amostras de fezes contendo parasitas intestinais foram submetidas a vários laboratórios, obtendo-se diferentes resultados, desde negativos até aqueles acusando parasitas inexistentes na amostra original. Em outro caso, também em São Paulo, uma amostra de refrigerante de guaraná foi recebida como amostra de urina, emitindo-se resultado completo do exame, como se houvesse sido analisada uma amostra verdadeira. Essas situações são muito graves, pois demonstram o descaso de alguns laboratórios ao tratar as amostras recebidas para análise. Daí a necessidade de controle periódico dessas instituições e avaliação de seu pessoal técnico e de seus responsáveis.

  A mesma preocupação se aplica aos serviços de fisioterapia e de massagem, para os quais a qualificação do pessoal tem de ser exigida a fim de evitar a utilização de "procedimentos padrão" para todo e qualquer caso e paciente.

  A reutilização indevida de sondas nasogástricas e outros equipamentos destinados às técnicas de endoscopia, sem os necessários cuidados de higiene e esterilização, constituem problema apontado por pacientes que recorreram a esses serviços. Alguns responsáveis pelas clínicas chegam a culpar o excesso de exames pelas dificuldades para esterilizar o material utilizado. Outros culpam os valores pagos pelos grupos de saúde, privados ou públicos, os quais seriam insuficientes para a devida reposição de material, fornecido originalmente como descartável.

- Consultórios, clínicas, prontos-socorros e institutos de odontologia.

  A fiscalização do exercício profissional deve ser exercida com todo o rigor, evitando a substituição do pessoal especializado por charlatães e práticos. Há poucos anos, no estado de São Paulo, descobriu-se que um médico que atendia ao governador da época não tinha diploma, mas exercia a profissão livremente.

Clínicas odontológicas "populares" proliferam livremente, sobretudo nas zonas periféricas das cidades. Sua publicidade se dá, geralmente, por meio da distribuição de panfletos nos logradouros públicos, divulgando a lista de preços oferecidos aos incautos clientes: extrações, obturações e colocação de dentaduras a preços extremamente baixos – impossíveis de serem praticados por um serviço ético e de qualidade.

- Institutos abreugráficos e radiológicos e outros tipos de radiação.

É histórico o que aconteceu com substancial número de serviços de abreugrafia, idealizados a partir de 1936. Quando o Brasil estava então em plena fase epidêmica no que se refere à tuberculose, como alternativa para diagnóstico massal da infecção, os serviços, identificados como especializados, passaram a ludibriar os usuários e, por extensão, os serviços de saúde, fornecendo laudos de aptidão física mesmo com o aparelho de raio X desligado, portanto sem a obtenção da necessária chapa radiográfica. Na verdade, esses serviços inescrupulosos utilizavam cópias de uma chapa normal reproduzida inúmeras vezes, gerando economia na aquisição de material destinado à revelação e fixação, sem desgaste nem necessidade de manutenção do equipamento, o qual nem precisava estar operante.

Em resumo, o procedimento não identificava os possíveis portadores de pneumopatias.

De acordo com pesquisas sobre os possíveis danos à saúde pública gerados pela exposição a radiações, concluiu-se que é possível que a exposição a qualquer quantidade de radiação produza algum efeito biológico. Não há dados que indiquem a dose abaixo da qual não ocorram certos tipos de efeitos tardios da exposição a radiações.

A Organização Mundial da Saúde, no 9º informe do Comitê de Peritos em Tuberculose, em 1974, pronunciou-se categoricamente contra a abreugrafia em massa: "O Comitê assinalou que a exploração radiológica em massa com películas de pequenas dimensões (abreugrafia) é um procedimento de detecção de casos muito caro, mesmo quando é elevada a prevalência da tuberculose".

Deve-se destacar que atualmente não se utiliza mais abreugrafia como triagem, em razão dos perigos decorrentes da exposição de pessoas saudáveis, ou mesmo doentes por outros males ainda não diagnosticados, à radiação desnecessária, até porque existem outros métodos de diagnóstico para a tuberculose em saúde pública. Soma-se a este fato que, à exceção de determinados países da África, a tuberculose não ocorre mais no âmbito mundial em níveis epidêmicos.

A abolição de abreugrafia, radiografia ou radioscopia não significa, entretanto, a abolição do exame médico. Ele é indispensável e não será apenas simbólico como é hoje, em face da falsa segurança conferida pelo exame de raios X. A abolição de abreugrafia sistemática foi pleiteada a partir dos anos 2000 pelo Secretário de Estado da Saúde de São Paulo.

Existe sempre a necessidade de rigorosa fiscalização dos equipamentos de radioterapia, operantes ou não, a fim de evitar o sucedido em Goiânia (GO). Em setembro de 1987, catadores de sucata vasculharam antigas instalações do Instituto Goiano de Radioterapia, no centro da cidade, e em uma das salas desativadas foi encontrada uma pequena cápsula abandonada, que posteriormente foi aberta a marretadas no quintal da casa de um dos catadores para ver o que havia dentro. Infelizmente, foi encontrado um pó com brilho azulado, insípido e inodoro, mas altamente radioativo – o césio-137. Era o princípio de uma ocorrência funesta que atingiu, até setembro de 2002, de acordo com as estatísticas oficiais do governo do estado, a marca de 429 vítimas, incluídas as pessoas que tiveram contato direto com o pó radioativo, servidores, bombeiros e policiais militares que trabalharam na segurança da área atingida, na sua descontaminação e no atendimento às primeiras vítimas. Inicialmente, morreram quatro pessoas, inclusive uma menina de 6 anos que havia passado o pó brilhante pelo corpo e ingerido acidentalmente alguns resíduos ao comer pão com as mãos não higienizadas. De acordo com a Comissão Nacional de Energia Nuclear (CNEN), além dessas vítimas fatais, 112.800 pessoas tiveram de ser monitoradas e 129 apresentaram contaminação corporal interna e externa. Destas, 49 foram internadas e 21 necessitaram de tratamento médico intensivo. Outro óbito ocorreu em 1994. Atualmente, muitos dos sobreviventes sofrem de câncer, problemas de ordem digestiva, hipertensão e distúrbios psicológicos. No entanto, no decorrer de 2004, 17 anos depois, estima-se que 5 mil pessoas, incluindo familiares das vítimas, tenham sofrido contaminação, mas apenas 614 sobreviventes foram reconhecidos pelo governo do estado de Goiás como vítimas da contaminação e recebem algum tipo de assistência, pois o Governo Federal não tem manifestado nenhuma preocupação com os resultados da calamidade. As denúncias de uma onda de doenças graves como câncer, tumores no cérebro, degeneração da parede intestinal e cardiopatias que acometem as vítimas de contaminação pelo césio-137 conduziram o Conselho de Defesa dos Direitos da Pessoa Humana (CDDPH) e a CNEN a investigar o problema com maior rigor. O descuido trágico dos responsáveis pela instituição causou dor, sofrimento e muita preocupação. Em setembro de 2014, completou-se 25 anos da ocorrência desse catastrófico evento de repercussão mundial e, por esse motivo, vale destacar o pronunciamento do presidente da Associação das Vítimas do Césio (AVCésio), Odesson Alves Ferreira, que teve cerca de 50 parentes atingidos dos quais 6 morreram em consequência do acidente.

Assim, a Associação estima que, nesses 25 anos, 104 pessoas tenham morrido e 1.600 tenham sido afetadas de forma mais direta. Entre os envolvidos com a tragédia, incluem-se aqueles que trabalharam para controlar o acidente, como policiais militares, bombeiros e servidores públicos do estado. Como mencionado anteriormente, ainda há pessoas que se consideram, com justa razão, vítimas e carregam no corpo sequelas que atribuem à exposição à radioatividade e lutam na justiça por reconhecimento, diante da ausência principalmente das autoridades federais.

- Bancos de sangue, postos de coleta, agências transfusionais, bancos de órgãos e afins.
  Um exemplo importante que serve de modelo para a vigilância sanitária é o caso da modalidade urbana da doença de Chagas surgida há algumas décadas, causada pelas transfusões de sangue a partir de doadores infectados com o *Trypanosoma cruzi*. Em abril de 2000, a mídia noticiou a utilização, no Vale do Jequitinhonha, região pobre de Minas Gerais, de transfusões de emergência braço a braço, pois não havia hemocentro funcionando nas proximidades. Essa situação de coleta e transfusões de sangue sem nenhum controle de qualidade concentra-se nos estados mais pobres das regiões norte e nordeste do país. As condições também são precárias no interior do Espírito Santo e da Bahia, além de Minas Gerais. Atualmente, a preocupação maior deve ser com o sangue contaminado com o vírus da imunodeficiência adquirida (HIV), sem esquecer as hepatites e a própria sífilis. Portanto, a ação da vigilância nos bancos de sangue e postos de coleta deve ser exercida rigidamente, no intuito de garantir a qualidade do sangue. Os responsáveis devem ser profissionais qualificados para essas atividades, de modo que os receptores não corram riscos.

VIGILÂNCIA SANITÁRIA DO TRABALHO

Objetivos

- Controle dos efeitos na saúde individual ou coletiva decorrentes do processo produtivo no ambiente de trabalho, emissão de pareceres técnicos.
- Cadastramento de locais de trabalho, orientação e organização das comissões internas nos locais de trabalho – promoção da saúde e prevenção de doenças e acidentes.
- Integração com sindicatos, órgãos e entidades relacionadas à área, atividades educativas e de organização do trabalho.
- Orientação referente à legislação específica e aos dissídios coletivos de trabalho, supervisão e normatização das ações e órgãos previstos em lei(s).

Ações e comentários

- Projetos de diagnóstico e/ou controle de risco individual ou coletivo: reconhecimento e avaliação dos riscos no trabalho com a finalidade de preservar a integridade física e mental dos trabalhadores.

No campo, a grande preocupação refere-se à aplicação de agrotóxicos pelos trabalhadores rurais. Assim, em 2005, no Brasil, durante a realização do Seminário Nacional de Agrotóxicos, Saúde e Ambiente, considerou-se que o contato com essas substâncias exige, no mínimo, que o trabalhador seja alfabetizado e receba treinamento, o que é raro. Entretanto, segundo a relatora nacional de Direitos Humanos para Ambiente, Lia G. da Silva Augusto (2006), "não adianta obrigar o trabalhador a utilizar roupas enormes e impermeáveis, debaixo de um sol de meio-dia, pois isso também vai gerar um problema de saúde que pode ser até pior". A preocupação das autoridades vinculadas ao Ministério do Trabalho com o trabalhador rural abrange não só aqueles que manipulam e aplicam o produto na lavoura, mas também os encarregados pela limpeza dos equipamentos, uma vez que podem transportar resíduos tóxicos em suas roupas para o ambiente familiar.

No ambiente de trabalho deve-se fiscalizar a utilização de substâncias deletérias à saúde, como no caso das fábricas de pisos à base de amianto, cujas fibras são responsáveis por processos respiratórios crônicos nos trabalhadores (asbestose). O mesmo se aplica aos profissionais das empresas de dedetização, expostos à aplicação de venenos para controle de pragas nos mais variados tipos de ambientes, sem orientação técnica adequada. Por sua vez, o uso domiciliar de praguicidas realizado de modo indiscriminado, sem qualquer tipo de proteção, pode veicular resíduos tóxicos em suas roupas para o ambiente familiar.

Compete também à vigilância a fiscalização de equipamentos de proteção individual (EPI): óculos e máscaras de proteção para soldadores; protetores auriculares para o pessoal que lida com máquinas geradoras de ruídos acima dos limites; capacetes para os trabalhadores da construção civil; luvas com malhas de aço para os açougueiros; botas de borracha para os limpadores de bueiros; entre muitos outros.

- Capacitação e treinamento de funcionários.
  A vigilância deve organizar cursos sobre segurança do trabalho, utilização dos EPIs, primeiros socorros, procedimentos em casos de incêndio, desmoronamentos e explosões.
  É um dever da vigilância fornecer treinamento de pessoal para trabalhar com produtos alimentícios, principalmente os manipuladores, destacando as regras básicas de higiene, asseio corporal e manuseio de alimentos.

- Aplicação da legislação pertinente.
  Fazer cumprir a legislação em vigor, mediante ação fiscalizadora dos estabelecimentos industriais e comerciais. Apesar de muito criticada no início, a abertura do comércio aos domingos e feriados nos centros urbanos é uma realidade bem aceita pelos setores produtivos e pela própria sociedade. A preocupação da vigi-

lância, nesse caso, é a de que os estabelecimentos compensem a folga dos empregados em outro dia da semana e/ou paguem as horas extras correspondentes.

- Acompanhamento e incorporação dos acordos coletivos de trabalho.
  Entre aqueles referentes à saúde do trabalhador, podem ser apontados a jornada de trabalho e os benefícios, como: creche, refeitório (quando for o caso), convênio médico e outros.

- Condutas de trabalho no serviço público junto às secretarias municipais e autarquias.
  Supervisão dos funcionários no desempenho de funções que possam causar prejuízo à comunidade. Por exemplo, abertura de valetas no leito carroçável sem sinalização de advertência aos transeuntes.

CONCLUSÕES

A capacitação de recursos humanos constitui um dos maiores objetivos da Anvisa. Cursos de especialização continuam sendo incentivados em todo o país para capacitar profissionais de nível superior, a chamada massa crítica atuante, não só para integrarem-se às ações dos serviços públicos, mas, sobretudo, para atuarem como agentes multiplicadores de informações no campo da saúde pública. Discute--se, inclusive, a necessidade de capacitar técnicos de nível médio nas ações da vigilância sanitária.

A agência reconhece que a qualificação profissional, o trabalho de cooperação técnica e a produção de conhecimentos em vigilância sanitária são componentes estratégicos para o fortalecimento da vigilância sanitária e do Sistema Nacional de Vigilância Sanitária (SNVS). Por essa razão, iniciou a implantação dos denominados Centros Colaboradores de Vigilância Sanitária (Cecovisas), os quais fazem parte de um conjunto de estratégias com o objetivo de estabelecer parcerias com instituições públicas de ensino e de fomento à pesquisa, visando à formação de recursos humanos no campo da vigilância sanitária, à cooperação técnica com o SNVS e à pesquisa científica. Essa estratégia descentralizadora possibilitará a capacitação, no âmbito das três esferas de poder, dos profissionais de vigilância sanitária em todo o território brasileiro.

Atualmente, a página da Anvisa na internet (http://www.anvisa.gov.br) traz referências de todas as áreas de atuação da agência: agrotóxicos e toxicologia, alimentos, cosméticos, derivados do tabaco, farmacovigilância, inspeção, medicamentos, monitoração de propaganda, portos, aeroportos e fronteiras, produtos para a saúde, rede brasileira de laboratórios analíticos de saúde, regulação de mercado, relações internacionais e saneantes.

O acesso a cada uma dessas áreas permite colher informações atualizadas sobre legislação, consultas públicas e os mais diversos bancos de dados temáticos. É possível também consultar a própria ouvidoria da Agência e acessar o atendimento ao usuário, bem como pode-se buscar esclarecimentos na seção "Perguntas frequentes".

Quanto à legislação em vigilância sanitária, o usuário pode utilizar o Sistema de Legislação em Vigilância Sanitária (Visalegis), desenvolvido em parceria com a Biblioteca Regional de Medicina (Bireme), apoiado em um banco de dados com textos completos para pesquisa e consolidação das normas. O site era amigável e permitia ao usuário fazer uma pesquisa combinada de atos administrativos por tipo, data e número do documento legal, além de busca por palavra. Na pesquisa avançada, podia-se selecionar o tipo de documento legal, a Unidade da Federação, o alcance do ato, a área de atuação e o órgão emissor. Essa base de dados contemplava a legislação relacionada à vigilância sanitária nos âmbitos federal, estadual e municipal, e estava sendo alimentada e atualizada pela Anvisa e pelas vigilâncias sanitárias estaduais e municipais. Para outros atos normativos, pode-se consultar o MS, o Senado, o Planalto, o Conselho Nacional do Meio Ambiente e o Tesouro Nacional. Todavia, normas anteriores ao dia 16 de março de 2009 encontram-se normalmente disponíveis, na íntegra, para consulta. Mas, a partir desta data o sistema não foi mais atualizado por causa do término do convênio entre a Anvisa e a Bireme. Por fim, a Anvisa esclarece que não existe previsão para o Visalegis voltar a funcionar.

O programa da Anvisa que se refere às pesquisas de agrotóxicos em produtos vegetais de uso comum na alimentação é muito importante, pois permite presumir os perigos provocados pelo consumo de alimentos *in natura*. Embora essa iniciativa sirva como alerta para a sociedade, ainda não pode ser considerada instrumento de defesa para o consumidor, pois os intervalos entre a coleta das amostras, a execução das provas e a divulgação dos resultados são muito longos. Todavia, nem sempre reverte ações concretas de outras esferas governamentais, uma vez que a identidade dos infratores permanece no anonimato, sejam pessoas físicas ou jurídicas, nem tampouco se conhecem as eventuais medidas aplicadas com o objetivo de sanar essas transgressões de ordem sanitária.

Pelo que se depreende do exposto, muito tem sido feito, e as perspectivas continuam sendo promissoras, pois ao aumentar a massa crítica e ao divulgar as ações da vigilância sanitária propicia-se a formação de uma consciência coletiva, na qual o exercício da cidadania é fundamental. Na área de alimentos, particularmente, ela representa uma verdadeira estratégia de segurança nacional, afinal, um povo com alimentação de má qualidade é um povo sem saúde.

REFERÊNCIAS

ACIDENTES RADIOATIVOS: césio-137. Disponível em: http://www.iis.com.br/~mporto/cesio.html. Acessado em: set. 2005.

ACIDENTE RADIOATIVO DE GOIÂNIA. Disponível em: http://www.energiatomica.hpg.ig.com.br/acidgoi.html. Acessado em: set. 2005.

ACIDENTE RADIOLÓGICO COM CÉSIO-137 É CONSIDERADO O MAIOR DO MUNDO. Disponível em: http://www.unificado.com.br/calendario/09/cesio. htm. Acessado em: set. 2005.

[ANVISA] AGÊNCIA NACIONAL DE VIGILÂNCIA SANITÁRIA. Ministério da Saúde. Notícias da Anvisa. Anvisa divulga dados sobre resíduos em alimentos. Disponível em http://www.anvisa.gov.br. Acessado em: ago. 2010.

(ANVISA) AGÊNCIA NACIONAL DE VIGILÂNCIA SANITÁRIA. Ministério da Saúde. Mapa Estratégico. Portal.anvisa.gov.br/mapa-estratégico. Acessado em: fev. 2017.

_____. Regulação Sanitária, Assuntos de Interesse, Legislação Sanitária. Disponível em: http://portal.anvisa.gov.br/wps/content/Anvisa+Portal/Anvisa/regulacao+sanitaria/Assuntos+de+interesse/Legislacao+Sanitaria. Acessado em: 15/04/2013.

AUGUSTO, L.G.S. Saúde e ambiente – uma perspectiva interdisciplinar para a saúde coletiva. Revista do Ministério Público do Estado de Pernambuco, 2006, p. 125-35.

BRASIL. Lei n. 8.080, de 19/9/90. Regula, em todo o território nacional, as ações e serviços de saúde, executados isolada ou conjuntamente, em caráter permanente ou eventual, por pessoas naturais ou jurídicas de direito público ou privado. Diário Oficial da República Federativa do Brasil, Brasília, 20/9/90.

_____. Lei n. 9.782, de 26/1/99. Define o Sistema Nacional de Vigilância Sanitária, cria a Agência Nacional de Vigilância Sanitária e dá outras providências. Diário Oficial da República Federativa do Brasil, Brasília, 30/1/99.

_____. Ministério da Saúde. Agência Nacional de Vigilância Sanitária (Anvisa). Notícias da Anvisa. Áreas de atuação. Disponível em: http://www.anvisa. gov.br. Acessado em: out. 2002.

_____. Ministério da Saúde. Agência Nacional de Vigilância Sanitária (Anvisa). Notícias da Anvisa. Anvisa divulga dados sobre resíduos de agrotóxicos em alimentos. Disponível em: http://www.anvisa. gov.br. Acessado em: out. 2005.

_____. Ministério da Saúde. Agência Nacional de Vigilância Sanitária (Anvisa). Notícias da Anvisa. Brasil discute agrotóxicos, saúde e ambiente. Disponível em: http://www.anvisa.gov.br. Acessado em: out. 2005.

_____. Ministério da Saúde. Agência Nacional de Vigilância Sanitária (Anvisa). Notícias da Anvisa. Profissionais de saúde e sociedade discutem riscos de agrotóxicos. Disponível em: http://www.anvisa. gov.br. Acessado em: out. 2005.

_____. Ministério da Saúde. Agência Nacional de Vigilância Sanitária (Anvisa). Caminhos a seguir: vem aí o plano diretor da vigilância sanitária. Disponível em: http:// www.anvisa.gov.br/divulga/public/boletim/55_05.pdf. Acessado em: dez. 2006.

_____. Ministério da Saúde. Agência Nacional de Vigilância Sanitária (Anvisa). Comitê de Política de Recursos Humanos para Vigilância Sanitária. Política de Recursos Humanos para o SNVS. Centros Colaboradores – Cecovisas. Disponível em: http://www.anvisa.gov.br/institucional/snvs/coprh/cecovisas. htm. Acessado em: dez. 2006.

_____. Ministério da Saúde. Sistema Único de Saúde. Descentralização das ações e serviços de saúde: a ousadia de cumprir e fazer cumprir a lei. Brasília, 1993.

COSTA, E.A. Vigilância Sanitária: proteção e defesa da saúde. São Paulo: Hucitec, 1999.

GIKOVATE, F.; NOGUEIRA, D.P. Abreugrafia sistemática em massa: inviabilidade econômica e eventuais perigos da exposição a radiações. Rev. Saúde Pública, v. 40 n. 3, São Paulo, Jun 2006http://dx.doi.org/10.1590/S0034-89102006000300004 HEMPELMAN, M.H. Radiation injury. In: Cecil-Loeb textbook of medicine. 13.ed. Philadelphia: Saunders, 1971.

MADEIRA, M.; FERRÃO, M.E.M. Alimentos conforme a lei. Barueri: Manole, 2002.

OLIVEIRA, J. (org.). Constituição da República Federativa do Brasil. 3.ed. São Paulo: Saraiva, 1989. (Série Legislação Brasileira)

RODRIGUES, B.A. Fundamentos de administração sanitária. 2.ed. Brasília: Centro Gráfico do Senado Federal, 1979.

SÃO PAULO (Estado). Constituição 1989. Constituição do Estado de São Paulo: índice remissivo. São Paulo, Atlas, 1989. (Manuais de Legislação Atlas, 5)

_____. Centro de Vigilância Sanitária. Vigilância sanitária: aspectos gerais. São Paulo, sd.

_____. Código Sanitário: Lei n. 10.083, de 23/9/98 – Decreto n. 12.342, de 27/9/78. (Regulamento da promoção, preservação e recuperação da saúde no campo de competência da Secretaria do Estado de

Saúde) – Normas técnicas e legislação complementar. 3.ed. São Paulo, Edipro, 2000. (Série Legislação)

SÃO PAULO (Município). Lei Orgânica do Município de 4 de abril de 1990: índice remissivo. São Paulo: Atlas, 1990. (Manuais de Legislação Atlas, 31)

ORGANIZACION MUNDIAL DE LA SALUD. Comite de Expertos en Tuberculosis, Ginebra, 1973. Noveno informe. Genebra, 1974. (Ser. Inf. tecn., 552)

Qualidade das matérias-primas

2

Pedro Manuel Leal Germano
Maria Izabel Simões Germano

INTRODUÇÃO

A saúde é um direito inalienável de todo cidadão, tal como está expresso na Declaração Universal dos Direitos do Homem, promulgada em 1948 pela Organização das Nações Unidas (ONU). Mas, para que haja saúde, é fundamental que os alimentos sejam produzidos em quantidade e com qualidade apropriadas ao equilíbrio orgânico, o que representa um fator de resistência às doenças. Todavia, convém ressaltar que, para que isso possa tornar-se realidade nos dias atuais, é necessário que as populações carentes tenham acesso a esses alimentos, por meio, primordialmente, do aumento de seu poder aquisitivo. O mesmo raciocínio pode ser aplicado para as criações animais, nas quais a qualidade nutricional é extremamente importante, pois, ao final de um determinado período, estas servirão de alimentos para o homem. O valor nutritivo do leite, por exemplo, fonte indispensável de proteína para crianças, convalescentes e idosos, depende do estado de nutrição e do tipo de dieta a que são submetidas as vacas leiteiras.

Os alimentos de origem animal, entretanto, não são totalmente isentos de risco para a saúde, pois sua riqueza em proteínas e água facilita a rápida deterioração do produto, bem como a sobrevivência e multiplicação de inúmeros micro-organismos patogênicos. Assim, as enfermidades de origem alimentar podem ser causadas pela ingestão de agentes infecciosos e parasitários ou por substâncias nocivas à saúde contidas no alimento. Além disso, tanto a carência quanto o excesso de alimentos podem constituir a origem de muitas doenças.

Tuberculose, cisticercose, brucelose e toxoplasmose, infecções de elevada prevalência no Brasil, são algumas das enfermidades de caráter zoonótico que podem ser adquiridas pelo homem ao ingerir produtos de origem animal contaminados ou sem a devida inspeção sanitária das matérias-primas. Sem dúvida, as infecções e, em especial, as toxinfecções constituem os riscos mais importantes desses alimentos em saúde pública. A contaminação por agentes patogênicos pode ocorrer em qualquer das fases de destinação dos produtos ao consumo ou fazer parte da matéria-prima, por ter sido adquirida durante o período de criação dos animais, tal como ocorre, por exemplo, com a salmonelose.

Os alimentos de origem animal podem, ainda, servir de veículo para a transmissão de outros micro-organismos patogênicos que, usualmente, utilizam outras vias de transmissão como resultado de contaminação acidental, por secreções ou excreções de indivíduos portadores, como os coliformes fecais e o *Staphylococcus aureus*.

Deve-se considerar, também, o risco de os alimentos de origem animal conterem substâncias cancerígenas ou mutagênicas, principalmente hormônios e toxinas, ou terem sofrido algum tipo de irradiação, embora esses aspectos não apresentem o mesmo grau de frequência que os citados anteriormente.

A carne, o leite e os ovos procedentes de animais infectados, assim como os alimentos de origem animal que tenham sofrido contaminação durante sua elaboração, contribuem decisivamente para a incidência de infecções, geralmente de natureza diarreica. Os animais infectados e o próprio homem constituem fontes de infecção importantes na cadeia de transmissão dessas doenças, favorecendo a disseminação dos agentes patogênicos pela contaminação de águas e alimentos, a partir de matéria fecal, sobretudo nas zonas rurais dos países em desenvolvimento.

Os alimentos de origem animal constituem, na atualidade, uma fonte de proteína essencial para o desenvolvimento normal do homem e dos animais, em especial nos primeiros anos de vida. Por serem proteína altamente nobre, a produção, a manipulação e a destinação desses alimentos devem ser extremamente elaboradas, visando ao seu aproveitamento total.

De acordo com a Organização Mundial da Saúde (OMS), na década de 1980 o crescimento mínimo dos produtos de origem animal, projetado para o ano de 2000, deveria ser da ordem de 208% para que os índices de fome continuassem os mesmos daquela época. No que concerne à proteína animal, cuja necessidade gira em torno de 2.500 kcal/dia ou 21 g/dia, esse crescimento deveria ser de 350%, enquanto para os países em desenvolvimento a produção deveria aumentar em 480%, só para atender o consumo nacional. Todavia, para que esse aumento de produção pudesse ter atingido os objetivos sociais propostos, era necessário o estabelecimento de uma estrutura de armazenamento adequada com a dupla finalidade de evitar a deterioração e a contaminação, causas determinantes de sua condenação para consumo, tal como ocorreu em sucessivas ocasiões no Brasil. Infelizmente, nem todos os países em desenvolvimento conseguiram atingir essas metas e a fome ainda continua sendo um dos problemas mais sérios na África, na Ásia e mesmo em muitos países da América Latina.

O flagelo da fome atinge 777 milhões de pessoas nos países em desenvolvimento, 27 milhões nos países em transição (na ex-União Soviética e nos países do leste europeu) e 11 milhões nos países desenvolvidos. Na América Latina e no Caribe, segundo o diretor-geral da Food and Agriculture Organization (FAO), 54 milhões de pessoas passam fome. Na América do Sul, registrou-se uma redução do número de pessoas subnutridas, que passou de 42 milhões para 33 milhões, mas, na América Central, houve um aumento de 17 a 19% e, no Caribe, de 26 a 28%. Contudo, apesar dessas oscilações estatísticas, em junho de 2002, 211 milhões de latino-americanos e caribenhos viviam abaixo da linha da pobreza e até outubro de 2005 a situação não se alterou substancialmente. Essa situação pode se alterar favoravelmente como foi constatado após o encerramento da Conferência Regional da FAO, em Santiago do Chile, realizada em 9 de maio de 2014. Os 33 países da região reafirmaram sua vontade de erradicar a fome, antes do ano de 2025, por meio da Iniciativa "América Latina y Caribe sin Hambre" (América Latina e Caribe sem Fome).

O que se constatou nesta Conferência Regional, de acordo com o Diretor Geral da FAO, José Graziano da Silva, é que existe um enorme compromisso com a segurança alimentar na região, no âmbito dos governos, da sociedade civil e do setor privado, o qual se converteu em uma agenda concreta de ações para erradicar a fome.

O controle higiênico e sanitário dos alimentos, portanto, constitui fator preponderante para a prevenção das doenças de origem alimentar e relevante fator de desenvolvimento social.

Vale lembrar que, de acordo com a definição estabelecida pelo Programa de Padrões de Alimentos da FAO, a higiene dos alimentos corresponde ao conjunto de medidas necessárias para garantir segurança, salubridade e sanidade do alimento em todos os estágios de seu crescimento, produção ou manufatura até seu consumo final.

A fome, é importante destacar, expulsa o indivíduo da sociedade, o desloca de toda civilização e o isenta de todos os pecados. Transporta o ser à natureza mais primitiva. A luta por esse tipo de sobrevivência redime de qualquer culpa e de qualquer racionalidade. Constitui uma necessidade vital, tal como ursos, leoas, guepardos, entre outros. Não há lei regendo as ações predatórias de subsistência.

Recentemente, no continente africano, as crianças da província de Bié pediram aos governos africanos para desenvolverem programas com o objetivo de acabar com a fome, a miséria e outros males no continente, a fim de oferecer-lhes uma vida mais condigna e a respeitarem os seus direitos e deveres.

Em uma carta aberta, lida por um dos menores, no dia 16 de junho, "Dia da Criança Africana", eles também falaram sobre a necessidade dos governos africanos contratarem mais professores, sobretudo nas localidades mais distantes das grandes cidades, de modo a erradicar o analfabetismo e desenvolver o continente.

O CODEX ALIMENTARIUS

Os órgãos internacionais de saúde, liderados pela OMS, têm mostrado, ao longo das últimas décadas, preocupação cada vez maior com a qualidade dos alimentos e suas possíveis repercussões para a saúde dos consumidores, como também com o comércio mundial de produtos alimentícios, sejam *in natura* ou industrializados.

A fim de possibilitar a coordenação de esforços no âmbito mundial para garantir a inocuidade dos alimentos e, consequentemente, a proteção à saúde dos consumidores, em 1963 foi criado pela FAO e pela OMS o Codex Alimentarius Commission (CAC), que tem como objetivo desenvolver padrões para alimentos, guias e textos relacionados, como códigos de práticas, sob a gestão da Joint FAO/WHO Food Standards Programme.

Esse programa visa a proteger a saúde dos consumidores e assegurar práticas justas no comércio de alimentos, além de coordenar todas as atividades de padronização de produtos alimentícios acordados pelas organizações internacionais, governamentais e não governamentais.

O CAC tem operado em um ambiente de mudanças e inovações tecnológicas. O crescimento do mercado global de alimentos, os avanços das comunicações e o aumento da mobilidade das populações têm contribuído para a elevação dos perfis e significados da segurança alimentar e regulação dos alimentos.

No âmbito internacional, é grande a preocupação com o aumento da ocorrência de doenças transmitidas por alimentos, sobretudo em relação aos patógenos emergentes e reemergentes veiculados por produtos alimentícios. Na atualidade, os consumidores buscam alimentos que possam, simultaneamente, oferecer-lhes segurança e qualidade. Com essa finalidade, o CAC necessita assegurar a participação efetiva e o envolvimento de todos os seus membros no estabelecimento de padrões globais relevantes, além de fortalecer parcerias com todos os interessados, particularmente consumidores e suas organizações representativas, nos níveis global e nacional.

O Brasil é signatário do CAC e tem participação ativa em suas reuniões, realizadas periodicamente sob os auspícios da OMS. A Agência Nacional de Vigilância Sanitária (Anvisa) é a representante do Ministério da Saúde (MS) junto ao CAC, organismo internacional de máxima importância para a segurança alimentar.

ORGANISMOS INTERNACIONAIS DE SAÚDE PÚBLICA

A saúde pública, seja no âmbito dos governos, seja no da própria sociedade, vem evidenciando notável preocupação desde 1980, quando inúmeras pesquisas revelaram a reemergência de patógenos, até então desconsiderados como fonte de risco ou pretensamente erradicados, sobretudo na área de alimentos. Outros agentes de doenças foram comprovados como emergentes, por terem sido identificados e descritos pela primeira vez, graças à evolução das técnicas laboratoriais e ao intercâmbio das informações científicas, sobretudo por meio da rede mundial de computadores, identificada pela sigla World Wide Web (www).

Em ambos os casos, as causas residem no abrandamento ou mesmo no abandono das medidas básicas de prevenção e controle da saúde das populações humana e animal, bem como na precariedade das ações ambientais.

Por esses motivos, quase todos os países do globo instituíram organismos governamentais ou independentes, sejam do âmbito da saúde ou da agricultura e pecuária, para gerir os riscos e as implicações das doenças sobre a saúde pública como um todo e, em particular, aqueles concernentes à vigilância sanitária de alimentos, notadamente na esfera da segurança e qualidade das matérias-primas, animais e vegetais, e na inocuidade dos produtos alimentícios industrializados.

Na América Latina e Caribe, excluindo o Brasil (conforme referido no Capítulo 1), a maioria dos países tem alguma forma de controle governamental com o objetivo de garantir a saúde de suas populações. No Mercosul, em especial Argentina, Uruguai e Paraguai, os órgãos encarregados das atividades de saúde de modo geral estão sob a administração direta de ministérios e são identificados sob a denominação de *seguridad alimentaria*. É importante notar que a maior parte deles, agora incluindo também o Brasil, baseou-se nos preceitos constantes dos documentos legais oriundos da América do Norte e da Europa. Por esse motivo, são apresentados, a seguir, alguns dos países com maior influência técnico-científica na legislação sul--americana.

Nesse contexto, destaca-se o United States Food and Drug Administration (FDA), criado em 1906, como órgão do Departamento de Agricultura do governo norte--americano, encarregado da administração de alimentos e medicamentos, o qual tem como responsabilidades: proteger a saúde pública, assegurando segurança, eficácia e disponibilidade, entre outros, dos medicamentos – humanos e veterinários – e dos suprimentos alimentares; e orientar a população a compreender as instruções, baseadas em pesquisas científicas necessárias para o uso correto de medicamentos e alimentos para melhorar sua saúde.

No Canadá, a partir de 1997, a missão de assegurar o aprovisionamento alimentar, a saúde dos animais e a proteção das espécies vegetais, da qual depende a salubridade e a qualidade superior dos alimentos, compete à Canadian Food Inspection Agency (CFIA), agência que se reporta ao Ministro da Agricultura e do Agroalimentar, prestando contas ao parlamento canadense.

A European Food Safety Authority (EFSA) [Autoridade para a Segurança Alimentar Europeia] é uma agência independente, financiada com recursos da União Europeia (UE), que opera em separado da Comissão Europeia, do Parlamento Europeu e dos estados membros da UE. Foi estabelecida em janeiro de 2002, após uma série de episódios na área de alimentos ocorrida na última década do século XX, como uma fonte independente de advertências científicas e comunicação de riscos associados com a cadeia alimentar. A EFSA foi criada como parte de um programa abrangente para aumentar a segurança dos alimentos, assegurar um alto nível de proteção para o consumidor e restaurar e manter a confiança dos suprimentos alimentícios da UE.

Por sua vez, o European Centre for Disease Prevention and Control (ECDC) [Centro Europeu para Controle e Prevenção de Doenças] foi criado em 2005 como uma agência cujo objetivo é fortalecer as defesas da Europa contra os agentes de doenças. De acordo com o artigo 3° de seu regulamento, o ECDC tem como missão identificar, avaliar e comunicar ameaças incidentes e emergentes à saúde pública provocadas por doenças infecciosas. Para cumprir sua missão, a agência trabalha em parceria com outros órgãos europeus de proteção à saúde, a fim de fortalecer e desenvolver sistemas de ampla vigilância no continente europeu e de prevenção antecipada. Para alcançar essa meta, envolvendo os demais especialistas europeus, a ECDC utiliza o conhecimento deles na área da saúde, assim como o desenvolvimento de opiniões científicas autorizadas sobre o risco oferecido por doenças incidentes e infecciosas emergentes.

A Agencia Española de Seguridad Alimentaria y Nutrición (Aesan) [Agência Espanhola de Segurança Alimentar e Nutrição], criada em 2001, que a partir de fevereiro de 2014 passou a ser denominada como Agencia Española de Consumo, Seguridad Alimentaria y Nutrición (Aecosan) [Agência Espanhola de Consumo, Segurança Alimentar e Nutrição], constitui um novo organismo autônomo, o qual tem como objetivo assumir as competências e responsabilidades que até esta data vinham sendo desempenhadas pela Aesan. O novo organismo nasceu com uma vocação integradora e de cooperação com todos os setores, públicos e privados, envolvidos na segurança dos consumidores em um sentido mais amplo de modo a ganhar mais eficiência na gestão da Administração Geral do Estado.

No Reino Unido, o órgão encarregado da regulamentação dos alimentos em saúde pública é a Food Standards Agency (FSA), agência departamental independente do governo, criada em 2000 por um Ato do Parlamento, com o objetivo de proteger a saúde pública e os interesses dos consumidores em relação aos alimentos, ou seja, assegurar que o que se come é de fato seguro para comer. A agência inclui, complementarmente, fundos para pesquisa em segurança química, microbiológica e radiológica, tanto quanto em higiene dos alimentos e alergias.

Dentre as estratégias para 2015, a FSA relacionou as seguintes metas: quaisquer produtos alimentícios produzidos ou vendidos no Reino Unido deverão ser seguros para consumo; quaisquer tipos de alimentos importados devem ser seguros para consumo; produtores de alimentos e refeitórios devem dar prioridade aos interesses dos consumidores em relação à comida oferecida; os consumidores devem ser informados de modo a compreender qual alimento a consumir é mais seguro para a saúde.

FATORES DE RISCO

A produção de alimentos, o transporte, o tratamento industrial, a estocagem e as embalagens constituem importantes fatores de risco para a higiene das matérias-primas, podendo causar sérios prejuízos à indústria alimentícia como um todo.

Produção

A higiene dos alimentos de origem animal inicia-se nas propriedades de exploração zootécnica. Nestes locais, os rebanhos ou lotes de animais devem ser submetidos a condições de nutrição e manejo que possibilitem um nível de saúde elevado, contribuindo para a produção de matéria-prima de boa qualidade.

Muitas das doenças passíveis de serem transmitidas pelos alimentos são adquiridas ainda durante a fase de criação, como no caso da cisticercose e da tuberculose. Portanto, a profilaxia das doenças infecciosas e parasitárias nas criações é o elo inicial na grande cadeia de prevenção a que os alimentos de origem animal devem ser submetidos, desde sua origem até o consumo final.

De grande importância também são os antibióticos e hormônios utilizados como fator de engorda de animais, cujos resíduos podem ser eliminados no leite ou nos ovos, ou ainda estar presentes nos produtos cárneos.

Resíduos de pesticidas utilizados para o controle de ectoparasitas dos animais ou para o controle de pragas das lavouras podem, do mesmo modo, ser veiculados por meio dos alimentos de origem animal.

Mas, o lançamento de pesticidas no ambiente não é a exclusiva causa de riscos ambientais, e sim sua produção pelas indústrias químicas, tal como é narrado na sequência.

Em Bhopal, Índia, na madrugada de 3 dezembro de 1984, uma fábrica de pesticida da Union Carbide, projetada inicialmente para produzir Sevin, poderoso praguicida, já desativada, sobretudo por problemas financeiros, mas ainda armazenando 60 toneladas de Isocianato de metila, conhecido como MIC, provocou 30.000 mortes e 500.000 feridos, após explosão da cisterna contendo um dos mais poderosos venenos para seres vegetais, aliás sua grande finalidade, mas igualmente fatal, tanto para animais, como para os seres humanos. O acidente lançou no ar partículas altamente tóxicas, levadas pelos ventos em direção à região dos bairros mais densamente povoados, habitados pela reconhecida casta de miseráveis, e foi suficiente para causar, talvez, o maior acidente da humanidade, de impacto ambiental.

Decorridos 30 anos, centenas de crianças continuam nascendo com terríveis malfomações, nas zonas limítrofes da fábrica, sob o manto do "sigilo industrial" instaurado pela nova proprietária, a Dow Chemical, o que inviabilizou se estabelecer um protocolo para tratar com maior eficiência a síndrome de envenenamento procada pelo MIC.

A agressão ao ambiente por contaminação radioativa, como o acidente nuclear que ocorreu na usina atômica de Chernobyl, na então União Soviética, pode expor os animais a elevadas cargas de radiação, condenando-os, bem como seus derivados, para o consumo e inviabilizando sua exportação. Nas mesmas circunstâncias, tem-se o acidente na usina nuclear de Fukushima, no Japão, o qual foi considerado como o mais grave desde a catástrofe de Chernobyl, em 1986. O terremoto e o tsunami que devastaram o país em 11 de março de 2011 comprometeram o sistema de refrigeração dos reatores, o que levou no dia seguinte a incêndios e explosões. Um mês depois, o governo elevou a emergência ao nível 7, grau máximo da escala, antes atingido apenas pelo desastre de Chernobyl. Deve-se salientar a preocupação das autoridades governamentais, uma vez que inicialmente foram evacuados, aproximadamente, 3.000 residentes em um raio de 3 km do reator, e horas depois o raio de evacuação foi elevado para 10 km, afetando 45.000 pessoas.

Transporte

Os meios de transporte participam ativamente nas diferentes fases de destinação dos produtos de origem animal, podendo constituir-se em fatores predisponentes ou determinantes de deterioração e contaminação dos alimentos (Figura 2.1).

A primeira etapa de transporte inicia-se com o deslocamento dos animais das propriedades para os matadouros ou dos produtos derivados para usinas ou entrepostos. O transporte por si só constituiu um fator de agressão aos animais, agravado pela distância a ser percorrida, pelas condições climáticas e pelo tipo de veículo. Os problemas mais sérios dizem respeito, sobretudo, às contusões e fraturas, porta de entrada para uma variedade enorme de agentes bacterianos, secundados por asfixia e morte, principalmente no transporte inadequado de aves. Perda de peso e desidratação são outras consequências passíveis de registro.

No transporte do leite, a partir das propriedades leiteiras, e dos ovos, a partir das granjas avícolas, há sempre a possibilidade de deterioração e contaminação causados pelas más condições de conservação e higiene dos veículos.

A segunda etapa de transporte corresponde à transferência dos produtos brutos para o consumo direto, tal como sucede com as carcaças de carne transportadas dos frigoríficos para os açougues ou supermercados, ou como matéria-prima para a indústria alimentícia. Em ambas as fases, há sempre o risco da deterioração e contaminação, não só dos veículos, mas também dos manipuladores, sobretudo se forem portadores de enterobactérias patogênicas.

A terceira etapa de transporte refere-se à transferência dos alimentos industrializados para os armazéns de estocagem ou locais de venda. Nesta etapa, a contaminação é mais difícil, a não ser que haja violação das embalagens por manipulação imprópria ou sobrecarga de caixas. Todavia, ainda existe o risco de deterioração, por causa das más condições técnicas dos veículos de transporte, tais como má refrigeração, calor e umidade excessivos.

Outras etapas de transporte podem ser realizadas até o produto chegar ao consumidor, sujeitando-o aos riscos já comentados. Desse modo, deve-se dar uma grande parcela de atenção aos meios utilizados para o transporte dos produtos de origem animal, qualquer que seja a fase de sua destinação.

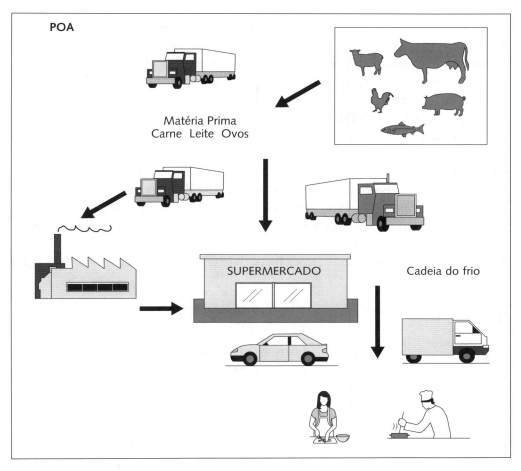

Figura 2.1 Etapas do transporte dos produtos de origem animal (POAs) desde a origem até o consumidor.

Tratamento industrial

Os alimentos de origem animal, uma vez transformados em produto bruto, são submetidos à inspeção sanitária e parte deles é selecionada para a indústria alimentícia.

No âmbito industrial, essa matéria-prima deve chegar em boas condições sanitárias, embora possa ter sido contaminada ou deteriorada no trajeto entre o matadouro, entreposto ou laticínio e a indústria propriamente dita. Em seguida, é submetida a diferentes tipos de tratamento, alguns deles esterilizantes, porém incapazes de remover ou destruir substâncias tóxicas, geralmente termorresistentes, bem como resíduos indesejáveis. O próprio tratamento industrial, se empregado de forma deficiente – por exemplo, a pasteurização de leite mal conduzida ou a esterilização incompleta de produtos cárneos enlatados –, pode constituir-se em fator de deterioração ou contaminação.

Máquinas em mau estado de conservação, higiene deficiente, manipulação e manipuladores de baixo nível técnico, utensílios contaminados, água de procedência suspeita ou não tratada de acordo com os padrões de potabilidade e substâncias de uso industrial como aditivos, conservadores, corantes, entre outros, em concentrações indesejáveis, constituem as causas mais frequentemente responsáveis por alimentos industrializados de má qualidade e, sobretudo, oferecem um potencial de risco à saúde pública e animal.

Assim, os alimentos devem ser tratados de forma que possam manter suas propriedades por tempo superior ao dos produtos in natura. As técnicas utilizadas buscam reduzir as oportunidades de contaminação e deterioração, seja por meio de agentes físicos, como calor, frio, radioisótopos e radiações, ou químicos, como cloreto de sódio, nitratos de sódio e potássio, nitritos de sódio e potássio, nitrogênio, ácido ascórbico, açúcares, formol e salicilato. Podem ainda ser utilizados agentes biológicos, como antibióticos (tetraciclinas), bactérias (lactobacilus) e enzimas (leite geleificado).

Estocagem

Os alimentos, in natura ou industrializados, podem passar determinado tempo estocados em câmaras frigoríficas, depósitos, armazéns, lojas e até mesmo residências dos consumidores. O tempo máximo de estocagem varia de acordo com o grau de perecibilidade do produto e o tipo de armazenagem, devendo esse período estar rigorosamente de acordo com as especificações dos alimentos estocados.

Nessa fase, os alimentos podem se deteriorar ou sofrer contaminação em função da inadequação do ambiente destinado à estocagem. Entre os principais fatores responsáveis por esses inconvenientes incluem-se a não obediência à temperatura e à umidade exigidas para a conservação dos produtos, a conservação precária das instalações, possibilitando infiltrações de água de chuva, a presença de artrópodes e roedores, a sobreposição de embalagens, não obedecendo às normas estabelecidas pela indústria, o empilhamento ou amontoamento, impedindo o resfriamento dos produtos localizados no centro dessas pilhas, o acesso de animais domésticos a esses locais, principalmente de gatos, portadores em potencial do Toxoplasma gondii, e o desconhecimento por parte dos manipuladores e responsáveis dos preceitos mais elementares de higiene.

Assim, produtos rigorosamente inspecionados sob o aspecto sanitário e industrializados de acordo com as técnicas mais modernas podem perder todo o valor em razão de estocagem no supermercado ou na residência do próprio consumidor, acarretando direta ou indiretamente prejuízos à saúde e à economia como um todo.

Ressalta-se a tríade de elementos que devem merecer toda a atenção possível durante o processo de estocagem: proteína, água e temperatura. Para os alimentos de origem animal, é responsabilidade do higienista cuidar dos dois primeiros itens, pois são inerentes às características do próprio alimento. A atenção fundamental deve ser dispensada, portanto, à temperatura por meio da qual pode-se protegê-lo, pois, caso não seja utilizada de forma conveniente, haverá multiplicação microbiana saprófita ou patogênica.

Embalagens

Os alimentos, de modo geral, em alguma fase da destinação ao consumo, têm de ser embalados. É o exemplo típico da carne no açougue, no momento da venda ao consumidor. Outros produtos, principalmente os industrializados, têm de ser embalados como parte obrigatória de um processo de conservação.

As embalagens utilizadas variam de acordo com o tipo de alimento, suas características e perecibilidade. Vidro, metais, madeira, plástico e papel são os materiais comumente empregados para esse fim. A indústria de embalagens representa, atualmente, uma das mais importantes atividades no campo da preservação dos produtos alimentícios.

É importante destacar que os alimentos embalados incorretamente podem ser deteriorados e contaminados, bem como adquirir elementos nocivos à saúde, principalmente de natureza química, por exemplo, pela ação de substâncias acidulantes ou pela acidez natural do próprio alimento. Em qualquer desses casos, o risco à saúde é iminente e uma matéria-prima de elevada qualidade pode ter sua destinação irremediavelmente condenada para o consumo.

PREVENÇÃO

O controle sanitário dos alimentos de origem animal tem início muito antes de os animais estarem aptos a produzir. A sanidade dos rebanhos, no sentido lato da palavra, é de suma importância para que seja possível obter alimentos de boa qualidade e o máximo de quantidade aproveitável. As perdas de carne, leite, ovos e pescado representam prejuízos à economia e à saúde, principalmente nos países em desenvolvimento. Todavia, deve-se levar em consideração que a saúde animal não depende exclusivamente do criador, mas faz parte de um contexto geral de saúde, de responsabilidade, em grande parte, dos governos.

Os órgãos da administração pública devem investir tanto na saúde pública quanto na animal, além de destinar recursos adequados para o saneamento. É fundamental que se incentive a produção animal e que se forneça assistência técnica aos produtores de forma a introduzir procedimentos de criação capazes de reduzir a ocorrência de doenças nas populações animais, principalmente as de caráter zoonótico. Quanto maior a produtividade dos rebanhos, maior poderá ser o reinvestimento na propriedade.

Portanto, pode-se afirmar que o controle higienicossanitário dos alimentos permite prevenir as enfermidades que possam atingir o homem por meio do seu consumo, além de assegurar sua qualidade e reduzir o desperdício, sobretudo nas áreas em desenvolvimento.

A partir das propriedades até a transformação em material-prima, os alimentos passam por diversas etapas até atingirem a mesa do consumidor, estando sujeitos, em todas elas, aos riscos de deterioração e contaminação.

A inspeção sanitária dos produtos de origem animal permite a retirada de um certo número de alimentos condenados para consumo, como no caso de carcaças com tuberculose e cisticercose ou leite brucélico. Contudo, a inspeção apresenta uma série de limitações, por exemplo, carcaças provenientes de animais brucélicos destinadas ao consumo, ou aquelas que contêm micro-organismos patogênicos, como *Staphylococcus* spp, *Salmonella* spp e outros, por não haver alterações macroscópicas identificáveis.

Dos estabelecimentos em que foi feita a inspeção, os alimentos próprios para consumo são expostos a inúmeras oportunidades de deterioração e contaminação em razão do transporte a que são submetidos para atingirem a indústria alimentícia ou o consumidor.

Os meios de transporte devem, desse modo, obedecer rigorosamente aos prazos de entrega e propiciar ambiente térmico de acordo com as exigências dos produtos transportados. A higiene dos veículos deve ser esmerada, utilizando-se produtos que não afetem a qualidade dos alimentos.

O controle sanitário, na esfera industrial, deve ter por objetivo inicial a manutenção e a higiene das instalações, dos equipamentos e dos utensílios e, em seguida, o treinamento do pessoal técnico com acesso à linha de produção; finalmente, os processos de industrialização propriamente ditos, sobretudo os ingredientes e as substâncias químicas adicionadas durante a preparação dos alimentos. Com relação a esses aspectos, é de fundamental importância a participação do pessoal técnico em programas educativos que esclareçam os riscos que a manipulação pode acarretar aos alimentos e como a qualidade destes pode ser afetada pela má conservação dos equipamentos. Inclui-se, nesse contexto, a necessidade de os manipuladores adotarem padrões de higiene pessoal rigorosos para não serem os responsáveis pela contaminação dos alimentos na indústria.

A estocagem dos alimentos, *in natura* ou industrializados, deve ser rigorosamente fiscalizada, sobretudo no que concerne às temperaturas de conservação. As instalações devem ser adequadamente higienizadas com produtos que não sejam deletérios aos alimentos estocados e suficientemente protegidas, a fim de impedir o acesso de insetos, roedores e outros animais. O empilhamento de caixas e sacarias deve obedecer às especificações dos fabricantes ou produtores, evitando-se que fiquem apoiadas diretamente contra paredes e sobre o solo. O afastamento das paredes evita umidade e permite ventilação, o que também se aplica na colocação de embalagens sobre estrados.

Outro aspecto importante da prevenção diz respeito às embalagens utilizadas para conservar ou transportar os alimentos. Elas devem ser resistentes, não modificar as características dos alimentos e têm de permitir sua conservação adequada pelo tempo especificado para o produto. Nas linhas de embalagem industrial é importante que sejam observados os mesmos rigores aplicados às linhas de produção.

Assim, pelo exposto, pode-se concluir que a prevenção de doenças de origem alimentar depende de uma série de elementos componentes da cadeia de destinação dos alimentos, desde sua origem até o consumidor. Cada elo dessa cadeia deve ser tratado cuidadosamente, pois não adianta, por exemplo, fazer o abate em condições de esterilidade máxima e depois destinar o produto bruto para o consumo em veículos sem refrigeração adequada ou em más condições de higiene.

Todas as medidas adotadas para que os alimentos cheguem em condições sanitárias adequadas ao consumidor são de suma importância na saúde pública e animal e contribuem tanto para a prevenção e controle de zoonoses quanto para a vigilância sanitária dos rebanhos.

LEGISLAÇÃO

Nenhuma forma de controle alimentar é eficaz sem o apoio da maioria dos interessados e o respaldo de uma opinião pública bem informada. Na verdade, a educação deve preceder a lei, pois esta, por si só, não melhora a higiene dos alimentos. Lançar regulamentos sem preparar o caminho é o mesmo que semear sem ter preparado a terra.

A legislação deve conter regulamentos passíveis de serem cumpridos e abranger todas as espécies de alimentos (crus, semipreparados e preparados), ingredientes, aditivos e a água usada para a preparação, o processamento e a produção, bem como considerar todas as fases, da destinação até o consumidor.

Para alcançar esses objetivos, junto da inspeção sanitária deve-se contar com eficientes procedimentos de laboratório para avaliação da qualidade final dos produtos. Os resultados fornecidos pelos laboratórios de controle de alimentos, somados aos dados obtidos pelos serviços de inspeção, permitem detectar se a indústria, os matadouros, os entrepostos e suas respectivas operações cumprem os códigos de higiene formulados pelas autoridades competentes.

O controle sanitário dos produtos alimentícios é atribuição das organizações de saúde pública nas diversas esferas da organização político-administrativa do país. Assim, os alimentos na sua origem, ainda na fase de criação animal, são considerados insumos e, portanto, pertencem à área econômica, isto é, à agricultura. Uma vez transformados em produto bruto, passam a ser considerados bens de consumo, fazendo parte integrante do setor social e tornando-se preocupação do setor de saúde pública.

No Brasil, há três esferas administrativas que agem no campo da saúde pública com vistas ao controle de alimentos na área dos bens de consumo: Federal ou da União, Estadual e Municipal.

A legislação sobre alimentos no Brasil iniciou-se em 1906, com a criação do Ministério dos Negócios da Agricultura, Indústria e Comércio, que tinha como objetivo primordial o estudo e a normatização de todo e qualquer assunto relacionado à indústria de produtos de origem animal. Em 1950, esse ministério editou a Lei federal n. 1.283, de 18.12.50, dispondo sobre a inspeção industrial e sanitária de produtos de origem animal. Por sua vez, essa lei conferiu poderes ao Ministério da Agricultura para editar o Decreto federal n. 30.691, de 29.3.52, regulamentando esse tipo de inspeção. Esse decreto encontra-se, ainda hoje, em plena vigência.

A Comissão Nacional de Normas e Padrões para Alimentos teve sua criação aprovada em 1967 por meio do Decreto n. 209, que lhe conferiu autoridade para emitir portarias, resoluções e estabelecer normas técnicas com o objetivo de complementar e atualizar a legislação vigente sempre que necessário.

O MS, por meio do Decreto-lei n. 986, de 11.10.69, instituiu "normas básicas sobre os alimentos", constituindo um documento minucioso nas suas definições. Por sua vez, a Lei n. 5.760, de 3.12.71, do Ministério da Agricultura, dispõe sobre a inspeção industrial e sanitária dos produtos de origem animal. Contudo, no campo do controle dos produtos alimentícios de origem animal, o Ministério da Agricultura continua a agir por delegação do MS, por não ter possibilidade material nem pessoal suficiente para fazer cumprir as exigências do Decreto-lei n. 986.

No âmbito do MS, até janeiro de 1999, atuavam: a Secretaria Nacional de Vigilância Sanitária (SNVS), tendo como principais atribuições a elaboração, o controle, a aplicação e a fiscalização do cumprimento de normas e padrões de interesse sanitário relativos a alimentos; e a Divisão de Alimentos (Diali), responsável pela área de alimentos e afins.

A Lei federal n. 7.889, de 23.11.89, segmentou a inspeção de produtos de origem animal, ficando sob o domínio federal os estabelecimentos de comércio interestadual e internacional; sob a esfera estadual, o comércio intermunicipal e os estabelecimentos atacadistas e varejistas; e atribuindo ao município a fiscalização dos estabelecimentos de comércio exclusivamente municipal.

A Lei n. 8.078, de 11.9.90, criou o Código de Defesa do Consumidor com a finalidade de assegurar seus direitos contra defeitos de fabricação, problemas de qualidade e fraudes nas mercadorias vendidas.

A Lei estadual n. 8.208, de 30.12.92, regulamentada pelo Decreto n. 36.964, de 23.6.93, e pelas normas complementares instituídas pela Resolução SAA n. 24, de 1.8.94, dispôs sobre a inspeção prévia dos produtos de origem animal. Foram criados o Serviço de Inspeção do Estado de São Paulo (Sisp) e a função de "responsável técnico" para exercer o controle de qualidade na indústria ou no estabelecimento onde se processam alimentos de origem animal. Foi conferida à Secretaria de Saúde, ainda, a competência da vigilância sanitária de alimentos em estabelecimentos varejistas que comercializem produtos de origem animal.

A descentralização das atividades de Controle Sanitário dos Alimentos, exceto na industrialização dos produtos de origem animal, que ainda pertence à área da agricultura (ministérios e secretarias de estado), foi colocada em prática a partir da criação do antigo Sistema Unificado e Descentralizado de Saúde (Suds), em 20.7.87. Posteriormente, com a implantação do Sistema Único de Saúde (SUS), a vigilância sanitária passou a ser competência dos municípios, respeitando-se as legislações federal e estaduais pertinentes – a ação fiscalizadora é exercida sobre todos os estabelecimentos varejistas de gêneros alimentícios.

Em 1993, a Portaria n. 1.428 do MS editou diretrizes e princípios para a inspeção sanitária, preconizando a adoção dos métodos de boas práticas de produção (BPP) em todos os estabelecimentos de produção e comercialização de alimentos e afins, e assegurando o controle de qualidade dos alimentos pela análise de perigos e pontos críticos de controle (APPCC).

O Sistema Nacional de Vigilância Sanitária, na esfera federal, foi definido pela Lei n. 9.782, de 26.1.99, que criou a Anvisa em substituição à SNVS, mantendo, entre suas inúmeras atribuições, a incumbência, respeitada a legislação em vigor, de regulamentar, controlar e fiscalizar os produtos e serviços que envolvem risco à saúde. São considerados entre os bens e produtos submetidos ao controle e à fiscalização sanitária pela Anvisa também os alimentos, inclusive bebidas, águas envasadas, seus insumos, embalagens, aditivos alimentares, limites de contaminantes orgânicos, resíduos de agrotóxicos e de medicamentos veterinários. Na esfera estadual, cada estado tem sua legislação própria. Para o estado de São Paulo, o Decreto-lei n. 211, de 30.3.70, constitui a base de toda a regulamentação sobre alimentos. O Decreto n. 12.342, de 27.9.78, aprovou o regulamento a que se refere o art. 22 do Decreto-lei n. 211, que dispõe sobre normas de promoção, preservação e recuperação da saúde no campo de competência da Secretaria de Estado da Saúde, em que, no Livro XI, estão contemplados os alimentos, ao longo dos arts. 375 a 468. Mais recentemente, a Lei n. 10.083, de 23.9.98, dispôs sobre o Código Sanitário do estado de São Paulo, estando os alimentos incluídos no Título III, "Produtos e Substâncias de Interesse à Saúde". Quanto à Secretaria da Saúde do Estado de São Paulo, a Portaria CVS-6, de 10.3.99, do Centro de Vigilância Sanitária, estabelece o regulamento técnico sobre os parâmetros e critérios para o controle higienicossanitário em estabelecimentos de alimentos.

Na esfera municipal, a Lei Orgânica dos Municípios impõe que cada município controle e fiscalize o comércio de alimentos quando houver recursos necessários. Assim, cada município tem sua própria legislação, geralmente inspirada naquela dos respectivos estados ou com base na promulgada pelos Ministérios da Agricultura e da Saúde. Não existem conflitos entre esses documentos legais, pois são atos legislativos com o objetivo de complementação ou adequação à realidade de cada local. No município de São Paulo, a legislação é regulamentada pela Lei municipal n. 13.725, de 9.1.2004, respeitando a legislação federal e estadual pertinentes; mas, em

2006, a Secretaria Municipal da Saúde, por meio da Coordenação de Vigilância em Saúde (Covisa), editou a Portaria SMS n. 1.210, de 2.8.2006. Esse documento legal, em conjunto com o Código de Defesa do Consumidor e o Código Sanitário Municipal, suportado pela Resolução da Anvisa RDC n. 275/2002, responsabiliza o fabricante, o distribuidor e o comerciante pela qualidade e pela segurança dos alimentos produzidos, obrigando-os a cumprir as BPP e a adotar os procedimentos operacionais padronizados (POPs). Institui, ainda, o roteiro de autoavaliação com os requisitos básicos e imprescindíveis para a garantia da qualidade e segurança dos alimentos, dirigido às micro e pequenas empresas e específico para a atividade desenvolvida do comércio varejista de alimentos.

Em 2011, o Secretário Municipal da Saúde, no uso de suas atribuições legais e, considerando as disposições contidas nos artigos 10, 45 e 46 da Lei municipal n. 13.725, de 09.01.2004 do Código Sanitário do Município de São Paulo e a necessidade de constante aperfeiçoamento das ações de vigilância em saúde, visando à proteção da saúde da população e as peculiaridades locais, fez publicar a Portaria 2.619. No anexo desta portaria, consta o regulamento de boas práticas e de controle de condições sanitárias e técnicas das atividades relacionadas à importação, exportação, extração, produção, manipulação, beneficiamento, acondicionamento, transporte, armazenamento, distribuição, embalagem, reembalagem, fracionamento, comercialização e uso de alimentos, águas minerais e de fontes, bebidas, aditivos e embalagens para alimentos.

Não obstante todos os esforços dispensados pela administração pública no sentido de garantir o controle sanitário dos alimentos de origem animal, nem sempre é possível cumprir seus objetivos. Os motivos principais são: falta de uma legislação clara e passível de ser obedecida; conflito entre as atribuições dos diferentes setores dos órgãos federais, estaduais e municipais; ausência de uma política de educação do produtor, das indústrias e, sobretudo, do consumidor; número insuficiente de técnicos para fazer cumprir a legislação; salários do pessoal técnico, muitas vezes aviltantes; ganância do produtor; falta de recursos para melhorar as criações e aprimorar a indústria; entre outros.

Ao longo do tempo, a legislação de alimentos no Brasil tem sofrido uma série de transformações que, por um lado, permitiu evoluir em algumas áreas, por outro, gerou verdadeiros conflitos jurídicos de solução quase impossível. Portanto, para amenizar essa problemática, o mais plausível seria a padronização de normas, a adoção de uma regulamentação equivalente e a uniformidade da atuação fiscal para todo o país.

Nesse sentido, a Diretoria Colegiada da Anvisa, em reunião realizada em 20.12.2000, adotou a Resolução RDC n. 12, publicada em 2.1.2001, aprovando o Regulamento técnico sobre padrões microbiológicos para alimentos, cujo objetivo foi estabelecer os padrões microbiológicos sanitários para alimentos e determinar os critérios para a conclusão e interpretação dos resultados das análises microbiológicas de alimentos destinados ao consumo humano especificados, respectivamente, nos Anexos I e II.

No Anexo I são relacionados 28 grupos de alimentos, considerando micro--organismos e tolerância para amostras indicativas e representativas. A tolerância é máxima e os padrões são mínimos para os diferentes grupos de alimentos citados no Anexo I para fins de registro e fiscalização de produtos alimentícios. Esses limites e critérios podem ser complementados quando do estabelecimento de programas de vigilância e rastreamento de micro-organismos patogênicos e de qualidade higieni-cossanitária de produtos, devendo-se, para tanto, consultar o Item 5 da RDC n. 12, "Procedimentos e Instruções Gerais", e o Anexo II.

No caso de análises de produtos não especificados no Anexo I, considera-se a similaridade da natureza e do processamento do produto como base para seu enqua-dramento nos padrões estabelecidos para um produto similar, constante no próprio Anexo I do Regulamento.

No Anexo II consta a interpretação de resultados dos produtos em condições sanitárias, satisfatórias ou insatisfatórias, além de uma conclusão na qual são espe-cificados como os produtos ou lotes podem ser considerados "de acordo com os padrões legais vigentes" ou "impróprios para o consumo humano".

Complementarmente a todos esses documentos, faz-se necessário referir as Reso-luções RDC n. 275, de 21.10.2002, RDC n. 216, de 15.9.2004, e RDC n. 218, de 29.7.2005, que dispõem, respectivamente, sobre os procedimentos operacionais padronizados aplicados aos estabelecimentos produtores/industrializadores de ali-mentos, bem como a lista de verificação das boas práticas de fabricação; sobre o regulamento técnico de boas práticas para serviços de alimentação; e sobre o regula-mento técnico de procedimentos higienicossanitários para manipulação de alimentos e bebidas preparados com vegetais, fornecendo material normativo suficiente para atender às necessidades da maioria das vigilâncias sanitárias de estados e municípios. Outra resolução digna de destaque é a RDC n. 175, de 8.7.2003, que aprovou o Regulamento Técnico de Avaliação de Matérias Macroscópicas e Microscópicas Pre-judiciais à Saúde Humana em Alimentos Embalados, enfatizando o perigo que veto-res mecânicos ou suas partes podem acarretar aos consumidores. Esta RDC de 2008 foi atualizada em janeiro de 2014, quando da aprovação de um novo Regulamento Técnico, estabelecendo os requisitos mínimos para avaliação de matérias estranhas macroscópicas e microscópicas em alimentos e bebidas e seus limites de tolerância.

Deve-se destacar que a Instrução Normativa n. 30, de 9.8.2017 estabelece os procedimentos para submissão de proposta, avaliação, validação e implementação de inovações tecnológicas a serem empregadas em qualquer etapa da fabricação de produtos de origem animal em estabelecimentos com registro no Departamento de Inspeção de Produtos de Origem Animal – DIPOA/ SDA, da Secretaria de Defesa Agropecuária – SDA/MAPA, do Ministério da Agricultura, Pecuária e Abastecimen-to – MAPA.

FISCALIZAÇÃO

A inspeção e a vigilância sanitária são exercidas em diferentes etapas do processamento dos produtos de origem animal, considerando-se as matérias-primas e os alimentos industrializados. A inspeção é de competência exclusiva dos médicos veterinários, enquanto a vigilância pode ser exercida por profissionais cuja formação contempla disciplinas da área de alimentos (Figura 2.2).

Nos estabelecimentos de comércio varejista e de consumo, dentre eles bares, lanchonetes, restaurantes, fast-foods, padarias, açougues, mercearias, supermercados e feiras livres, a fiscalização deve ser exercida por órgão da municipalidade, como preconizado pelo SUS.

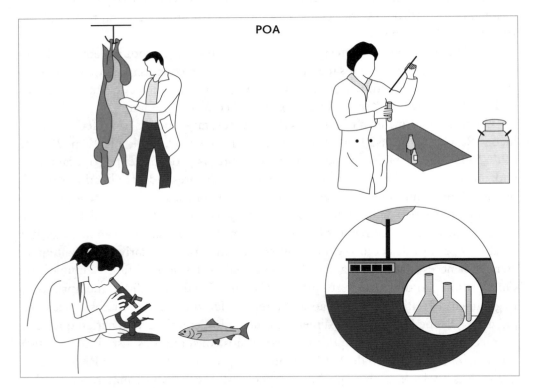

Figura 2.2 Inspeção e vigilância sanitária de POAs. No lado esquerdo, estão representadas as atividades específicas dos médicos veterinários junto aos estabelecimentos de abate e pescado. No lado direito, estão as atividades comuns a diferentes profissionais, dentre os quais podem ser mencionados os farmacêuticos bioquímicos, engenheiros de alimentos, químicos, nutricionistas, biomédicos e biólogos.

As equipes de fiscalização, independentemente da formação de seus integrantes, têm a finalidade primordial de avaliar as condições higienicossanitárias dos estabelecimentos e produtos alimentícios por eles comercializados.

De fato, nesse contexto, deve-se destacar o importante papel desempenhado particularmente por médicos veterinários na estruturação e coordenação desses serviços, como sucedeu nos municípios de Vitória, Rio de Janeiro, São Paulo, Curitiba e Porto Alegre.

Matéria-prima *in natura*

Nos estabelecimentos de abate, é ao médico veterinário que compete a responsabilidade de assegurar a qualidade higienicossanitária das matérias-primas. Incluem-se, nesse contexto, ruminantes, equídeos, suínos, aves, coelhos e pescado.

A atividade inicia-se com a inspeção *ante mortem*, no momento que os animais chegam ao abatedouro, oriundos das mais diversas procedências. Nessa fase, a observação dos animais exige conhecimentos zootécnicos e clínicos. Após o abate propriamente dito, tem início a inspeção post mortem, em que serão aplicados os conhecimentos de patologia tanto às carcaças quanto às vísceras – pesquisa de malformações, lesões traumáticas, nódulos parasitários, formações infecciosas, abscessos e de estruturas com aspecto repugnante.

Em relação ao pescado, a inspeção sanitária é imprescindível no momento em que os barcos pesqueiros atracam. O desembarque do pescado e sua destinação têm de ser avaliados pelos profissionais da inspeção, a fim de assegurar as boas condições higienicossanitárias dos peixes e frutos do mar capturados. É fundamental conhecer a procedência do pescado, se de pesca em alto-mar ou costeira, em rios, lagos ou reservatórios, pois a origem está relacionada diretamente aos níveis de contaminação das águas. Do mesmo modo, é importante conhecer as técnicas de pesca, uma vez que a qualidade do pescado depende das práticas adotadas. Novamente, são requeridos conhecimentos de patologia para pesquisar alterações observáveis macroscopicamente – decomposição, esmagamento e lesões provenientes dos mais variáveis tipos de enfermidades.

Dada a especificidade de tarefas a serem desenvolvidas nos estabelecimentos de abate e junto à indústria da pesca, fica evidente, portanto, que o profissional mais indicado para exercê-las é o médico veterinário.

Nos laticínios, a recepção do leite, oriundo das propriedades leiteiras, obrigatoriamente tem de passar por inspeção. A qualidade do leite é de extrema importância para assegurar um produto isento de fraudes e em condições higienicossanitárias adequadas ao consumo. As fraudes são prejudiciais, do ponto de vista tecnológico, para a indústria de produtos derivados, principalmente queijo, manteiga, iogurte e coalhada, representam um risco para a saúde do consumidor, além de afetarem também a economia, pois o preço do leite adulterado é o mesmo daquele de boa qualidade. De modo geral, no que se relaciona com a higiene do produto, a primeira providência é verificar seu aspecto no latão, principalmente sujidades, nível de decomposição e sinais de leite mamitoso.

A inspeção do leite é complementada por provas físico-químicas na própria plataforma, que possibilitam identificar com rapidez os latões que se apresentam fora dos padrões. Em etapas posteriores, são empregadas provas microbiológicas para monitoramento e controle dos lotes de leite.

Com base nesses aspectos, também é o médico veterinário que é solicitado para exercer essa atividade, porém não com a exclusividade e especificidade das anteriores, uma vez que provas físico-quimícas e/ou microbiológicas empregadas na avaliação da qualidade do leite podem ser realizadas por outros profissionais com experiência laboratorial. Contudo, se houver necessidade de visita técnica às propriedades leiteiras, onde forem detectados problemas de qualidade do leite de origem infecciosa, só o médico veterinário do serviço de inspeção estará habilitado a fazê-la. A higiene da ordenha e o controle sanitário do rebanho, aí incluídas as mastites, são da competência exclusiva desse profissional.

Portanto, em se tratando de matéria-prima de origem animal, a inspeção compete ao médico veterinário, apoiado na legislação vigente, qualquer que seja a natureza do estabelecimento industrial ou comercial.

Produtos industrializados

A partir do momento em que as matérias-primas de origem animal são processadas, a competência da fiscalização, a fim de assegurar a inocuidade e a qualidade das condições higienicossanitárias dos produtos, passa a ser compartilhada por profissionais de diversas formações, entre eles os farmacêutico-bioquímicos, químicos, biomédicos, biólogos, engenheiros de alimentos, nutricionistas e os próprios médicos veterinários.

Em saúde pública, o princípio de multidisciplinaridade deve ser colocado em prática sempre que possível e as equipes de vigilância sanitária devem ser integradas por profissionais com diferentes especializações. No caso específico dos produtos alimentícios industrializados, não se pode restringir a participação de profissionais que, em seus currículos, também tiveram acesso à tecnologia e à higiene dos alimentos, mesmo que com enfoques diferentes. Pode-se, por exemplo, mencionar o papel exercido pelo engenheiro de alimentos, voltado para a indústria, o do farmacêutico-bioquímico, com sua especialização em bromatologia, e o dos nutricionistas, com sua capacitação em planejamento científico de dietas.

O exposto é verdadeiro quando se consideram os grandes centros urbanos, nos quais o poder municipal conta com recursos suficientes para estruturar serviços dessa natureza e pode manter equipes multiprofissionais para exercer a vigilância sanitária de alimentos. Em contrapartida, nos pequenos municípios, com recursos escassos, geralmente a responsabilidade da vigilância compete a um único profissional. Nesse caso, o médico veterinário é o apropriado, pois poderá fiscalizar tanto matérias-primas quanto produtos alimentícios industrializados. Nessa circunstância particular, a relação custo-benefício, decorrente da contratação de um médico veterinário, será favorável à municipalidade.

CONCLUSÕES

A inspeção sanitária dos produtos de origem animal é parte integrante da vigilância sanitária dos rebanhos, permitindo, se bem feita, identificar a origem dos problemas, ou melhor, dos focos de determinadas doenças. As informações obtidas a partir de seus registros constituem dados de grande valor na apreciação do nível de saúde animal de cada região e, implicitamente, no âmbito da saúde pública.

Com base nas informações da inspeção, é possível estabelecer metas prioritárias para o controle e a prevenção de inúmeras enfermidades, zoonóticas ou não.

A condenação de alimentos de origem animal impede a propagação dos agentes patogênicos e diminui o risco de doenças, porém, quanto maior o nível de condenação, menor a quantidade de matéria-prima para a indústria ou de produto in natura para o consumidor.

É importante ressaltar que, dentro do contexto da área de alimentos, inúmeros profissionais podem fornecer assessoria ou consultoria a qualquer tipo de empresa, seja no âmbito do processamento de matérias-primas animais, seja no da comercialização e no da industrialização de produtos alimentícios.

Vale frisar que as etapas que um alimento deve superar para chegar à mesa do consumidor são longas e numerosas. Para exemplificar, até a carne suína ser transformada em linguiça ela passa pelas seguintes fases: após abate dos animais, a matéria-prima vai para a indústria em caminhão frigorífico; dentro da fábrica, a carne passa por diferentes tratamentos até ser embalada dentro do envoltório especial; lotes de unidades de linguiça são embalados em caixas apropriadas; em seguida, estocados até o momento de envio para o comércio varejista; nova etapa de transporte; armazenamento no estabelecimento comercial; e, finalmente, o momento da aquisição pelo consumidor, que também transportará o produto e o estocará em sua casa até o momento do consumo (Figura 2.1).

Todas essas etapas são passíveis de risco para a qualidade higienicossanitária dos produtos. Algumas exigem a cadeia do frio, enquanto outras a do calor, como procedimentos para conservação.

Assim, toda a problemática observada nesse contexto tem uma ação deletéria para a sociedade, resultando em menor oferta de emprego, menor quantidade de alimento disponível no mercado e preços supervalorizados, o que para os países em desenvolvimento corresponde a uma verdadeira praga social.

REFERÊNCIAS

[ANVISA] AGÊNCIA NACIONAL DE VIGILÂNCIA SANITÁRIA. Visalegis. Sistema de legislação em vigilância sanitária. Disponível em: http://www.anvisa.gov. br/legis/index.htm. Acessado em: out. 2005.

BOULOS, M.E.M.S.; BUNHO, R.M. Guia de leis e normas para profissionais e empresas da área de alimentos. São Paulo: Varela, 1999.

46 ■ HIGIENE E VIGILÂNCIA SANITÁRIA DE ALIMENTOS

BRASIL. Portaria n. 1.428 de 26.11.93. Aprova regulamento técnico para inspeção sanitária de alimentos, diretrizes para o estabelecimento de boas práticas de produção e de prestação de serviços na área de alimentos e regulamento técnico para o estabelecimento de padrão de identidade e qualidade para serviços e produtos na área de alimentos. Diário Oficial da União, Brasília, 2/12/93. Seção 1, pt. 1.

_____. Portaria SVA/MS n. 326, de 30/7/97. Regulamento técnico sobre as condições higienicossanitárias e de boas práticas de fabricação para estabelecimentos produtores/industrializadores de alimentos. Diário Oficial da União, Brasília, 1/8/97. Seção 1, pt. 1.

[CAC] CODEX ALIMENTARIUS COMMISSION. Principles for the establishment and application of microbiological criteria for foods CAC/GL 21 – 1997.

CANADÁ. Canadian Food Inspection Agency. In: Acts and Regulations. Disponível em: <http://www. inspection.gc.ca/english/toce.shtml>. Acessado em: abr. 2009.

COSTA, E.A. Vigilância Sanitária: Proteção e Defesa da Saúde. São Paulo: Hucitec, 1999.

[ECDC] EUROPEAN CENTRE FOR DISEASE PREVENTION AND CONTROL. Mission. Estocolmo, Suécia, 2005. Disponível em: <http://ecdc.europa.eu/>. Acessado em: abr. 2009.

[EFSA] EUROPEAN FOOD SAFETY AUTHORITY. Paterns and Networks. Estrasburgo, França, 2002. Disponível em: <http://www.efsa.europa.eu/EFSA/About Efsa/HowWeWork/efsa_locale-1178620753812_ KeyValues.htm>. Acessado em: abr. 2009.

ESPANHA. Agencia Española de Seguridad Alimentaria y Nutrición. Actividades Institucionales. Madrid, 2002. Disponível em: <http://www.aesan.msc.es/aesa/web/AesaPageServer?idpage=0&language=es_ES>. Acessado em: 5 abr. 2009.

[FAO] FOOD AND AGRICULTURE ORGANIZATION. Oficina Regional de la FAO para América Latina y el Caribe, Gobiernos de ALC acuerdan medidas concretas para erradicar el hambre durante la Conferencia Regional de la FAO, 2014. Disponível em: http://www.fao.org/americas/noticias/ver/ es/c/231558/. Acessado em: 22 ago. 2014.

[FDA] FOOD AND DRUG ADMINISTRATION. Protecting Consumers Promoting Public Health. Disponível em: <http://www.fda.gov/oc/opacom/fda101/sld012. html>. Acessado em: abr. 2009.

FONSECA, M.R.F. da. Fontes para a história das ciências da saúde no Brasil (1808-1930). História, Ciências, Saúde – Manguinhos, v. 9, suplemento, p. 275-88, 2002. Disponível em: <http://www.scielo. br/pdf/hcsm/v9s0/11.pdf>. Acessado em: abr. 2009.

FONTES, C. Pobreza e fome no mundo. Disponível em: http://confrontos.no.sapo. pt/page10.html. Acessado em: 18 out. 2005.

FOOD STANDARDS AGENCY. Meat Hygiene Service. Londres, 2000. Disponível em: <http://www. food.gov.uk/>. Acessado em: 7 set. 2009.

FORSYTHE, S.J.; HAYES, P.R. Higiene de los alimentos, microbiología y HACCP. 2.ed. Zaragoza: Acribia, 2002.

GERMANO, P.M.L.; GERMANO, M.I.S. Sistemas de Gestão: Qualidade e Segurança dos Alimentos. Barueri: Manole, 2013.

GERMANO, P.M.L. et al. Vigilância sanitária de alimentos. In: WESTPHAL, M.F.; ALMEIDA, E.S. Gestão de serviços de saúde. São Paulo: Edusp, 2001.

Instrução normativa nº 30, de 9 de agosto de 2017 – Ministério da Agricultura, Pecuária e Abastecimento – Secretaria de Defesa Agropecuária, DOU de 15/08/2017 (nº 156, seção 1, pág. 11)

LAPIERRE, D.; MORO, J. Meia noite em Bophal. São Paulo: Planeta do Brasil, 2014.

LEITÃO, M.F.F. Clostridium botulinum no Brasil e seu controle ao nível industrial. Revista Higiene Alimentar, n. 3, p. 34-37, 1984.

MADEIRA, M.; FERRÃO, M.E.M. Alimentos conforme a lei. Barueri: Manole, 2002.

MUCCIOLO, P. Situação da legislação sobre alimentos no Brasil. Revista Higiene Alimentar, v. 3, p. 59-62, 1984.

PANETTA, J. C. Legislação sobre os alimentos. Revista Higiene Alimentar, v. 1, p. 65-6, 1982.

_____. Controle higiênico e sanitário dos alimentos de origem animal. Importância social, econômica e de saúde pública. Revista Higiene Alimentar, v. 3, p. 135-7, 1984.

PIO BARBOSA Fome – o flagelo da humanidade. Jornal da Cidade. http://www.jornaldacidadeonline. com.br/noticias/1960/fome-o-flagelo-da-humanidade. Acesado em: fev, 2017. http://www.jornaldacidadeonline.com.br/noticias/1960/fome-o-flagelo-da-humanidade#

QUEVEDO, F. Enfermedades transmitidas por los alimentos. Revista Higiene Alimentar, v. 3, p. 167-72, 1984.

SAN MARTIN, H. Santé publique et médecine préventive. Paris: Masson, 1983.

SÃO PAULO (estado). Código Sanitário: Lei n. 10.083, de 23.9.98, Decreto n. 12.342, de 27.9.78. (Regulamento da promoção, preservação e recuperação da saúde no campo de competência da Secretaria do Estado de Saúde). Normas técnicas e legislação complementar. 3.ed. São Paulo: Edipro, 2000. (Série Legislação)

_____. Secretaria Municipal de Saúde, Covisa. Vigilância sanitária de alimentos: roteiros de Auto--Avaliação. Disponível em: http://portal.prefeitura.sp.gov.br/ secre-tarias/saude/vigilancia_saude/alimentos/0010. Acessado em: out. 2005.

_____. Secretaria Municipal da Saúde, Vigilância em Saúde, Prefeitura Municipal de Saúde de São Paulo. PORTARIA 2619/11 – SMS – Publicada em DOC 06/12/2011, página 23.

SINGH, C.M.; KOULIKOVSKII, A. El peligro nos acecha en la comida. Revista de la Organización de la Salud. Salud Mundial, s.n., Genebra, 1985.

3
Características fundamentais dos alimentos

Pedro Manuel Leal Germano
Maria Izabel Simões Germano
Tarcila Neves Lange

INTRODUÇÃO

Uma das principais consequências do desenvolvimento industrial é a migração, cada vez maior, da população rural para as zonas urbanas. Com o aumento da concentração humana nestas regiões, constata-se o aumento da demanda alimentar e o distanciamento progressivo entre as zonas produtoras de alimentos e as zonas consumidoras. A cadeia alimentar alonga-se em virtude da diversificação das fases intermediárias entre a produção da matéria-prima e o consumo do alimento.

As necessidades dos países industrializados modificaram-se, o que tornou a sociedade urbana mais consumista e exigente. Os hábitos alimentares também sofreram alterações, principalmente por causa da diminuição de tempo disponível para a preparação dos alimentos e, até mesmo, para sua ingestão. As pessoas dão preferência a refeições mais convenientes no que se refere à facilidade, seja na aquisição e no preparo, seja em seu consumo fora do domicílio. A indústria alimentícia, por exemplo, em razão do aumento do número de possuidores de fornos micro-ondas e das modificações no estilo de vida e atitudes dos compradores, tem direcionado sua produção para alimentos passíveis de serem submetidos à energia micro-ondas.

Paralelamente à mudança da demanda do consumidor, registra-se o progresso tecnológico da indústria processadora de alimentos, bem como o aumento do comércio internacional de produtos alimentícios. Há, portanto, consequentemente, uma variedade cada vez maior de alimentos disponíveis no comércio.

Nos centros urbanos, os modismos influenciam substancialmente a alimentação. As modificações no padrão alimentar da população – evidenciadas pelo consumo de dietas com alta densidade energética, ricas em gordura de origem animal e com baixo teor de fibras – associadas à maior prevalência do sedentarismo, ao tabagismo e ao abuso excessivo de álcool têm levado ao aumento da incidência de algumas doenças, entre as quais as doenças cardiovasculares, a obesidade, o diabetes melitus, as intolerâncias e as alergias alimentares.

Estima-se que a alergia alimentar acometa cerca de 8% das crianças e entre 3% e 5% dos adultos. Os portadores desse distúrbio necessitam manter uma dieta que exclua a presença de alérgenos como a lactose e o glúten, como forma de garantir seu bem-estar e sua existência digna. Em virtude de diversos fatores, como genética, hábitos de vida, consumo de alimentos ultraprocessados e excesso de higiene, o número de casos de alergia alimentar vem aumentando consideravelmente ao redor do mundo.

Ao lado de toda a problemática que envolve a saúde pública, deve-se, ainda, considerar os aspectos econômicos. Os alimentos, no Brasil, têm importância fundamental, não só pelos 206 milhões de habitantes que necessitam se alimentar, mas pelo comércio exterior, pela possibilidade de exportar excedentes e reunir divisas para o equilíbrio da balança comercial.

ASPECTOS GERAIS

As doenças transmitidas por alimentos (DTAs) podem ter, basicamente, duas origens: química e microbiológica ou parasitária.

As substâncias químicas podem aparecer de modo natural nos alimentos ou resultar da incorporação intencional ou acidental, em qualquer etapa da cadeia alimentar, de substâncias nocivas à saúde. Constituem exemplos mais frequentes: pesticidas, como os organoclorados ou organofosforados, fármacos (como os antibióticos), hormônios (como os anabolizantes), metais pesados e aditivos (Figura 3.1).

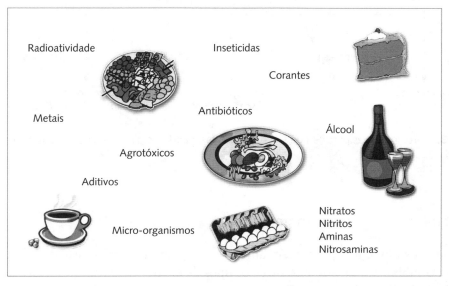

Figura 3.1 Componentes encontrados nos alimentos capazes de provocar intoxicações.

As de origem microbiológica ou parasitária são causadas por diversos agentes, podendo ser de:

- Origem endógena, na qual os agentes já se encontram nos alimentos antes de sua obtenção.
- Origem exógena, na qual os alimentos são contaminados durante o processo produtivo – do campo à mesa.

Na primeira categoria destacam-se, nos alimentos de origem animal, os agentes responsáveis por zoonoses, como o complexo teníase-cisticercose, a tuberculose e a brucelose.

Na segunda categoria incluem-se os agentes patogênicos para o homem, causadores de infecções e intoxicações alimentares, como a salmonelose e o botulismo, respectivamente (Figura 3.2).

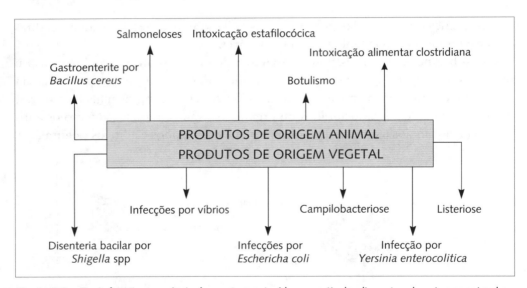

Figura 3.2 Toxinfecções passíveis de serem contraídas a partir de alimentos de origens animal ou vegetal.

Contaminação por micro-organismos

Todos os alimentos, de origem animal ou vegetal, podem apresentar, desde a origem, contaminação pelos mais diversos tipos de micro-organismos, os quais fazem parte de suas floras habituais. Para manter o processo de multiplicação, também referido como crescimento, esses micro-organismos necessitam de condições favoráveis, representadas por múltiplos fatores (Quadro 3.1 e Anexos 3.1 e 3.2). O desenvolvimento dá-se em dois níveis: em um deles a célula revigora o protoplasma e aumenta seu tamanho; no outro, o número de células da população aumenta. Assim, a grande preocupação é impedir que os micro-organismos se multipliquem e que outros tipos sejam acrescentados às matérias-primas como consequência de contaminação ambiental ou por manipulação inadequada.

Quadro 3.1 Fatores relacionados à presença de micro-organismos nos alimentos.

Presença, número e proporção	Qualidade do substrato Multiplicação preexistente Contaminação posterior Tratamento de prevenção e de conservação Agentes químicos	Bacteriostáticos Bactericidas Aditivos Acidentais
Multiplicação nos alimentos	Inerentes aos próprios alimentos	Valor nutritivo Temperatura pH Umidade Potencial de oxidorredução Estrutura biológica Interação dos micro-organismos Substâncias inibidoras ou elementos antimicrobianos
	Inerentes ao ambiente	Temperatura de armazenamento Umidade relativa

Fonte: adaptado de Evangelista (1994).

Quando os alimentos são de origem vegetal e animal, faz-se necessário considerar as características dos tecidos vegetais e animais que afetam o desenvolvimento de micro-organismos. Tanto as plantas quanto os animais apresentam evoluídos mecanismos de defesa contra a invasão e a proliferação de micro-organismos, sendo que alguns deles permanecem eficientes quando transformados em alimentos frescos. O conhecimento e o uso efetivo de cada um desses fenômenos naturais pode auxiliar a prevenir ou retardar o processo de deterioração dos alimentos mediado por micro-organismos.

Parâmetros intrínsecos

Cada uma das particularidades inerentes aos tecidos vegetais ou animais é referida como parâmetro intrínseco. São eles: pH, conteúdo em umidade, potencial de oxidorredução (Eh), conteúdo em nutrientes, constituintes antimicrobianos e estrutura biológica.

pH

A acidez ou a alcalinidade de um meio tem grande influência na estabilidade de macromoléculas, como as enzimas, o que influi tanto no crescimento como no metabolismo dos micro-organismos. Para melhor exemplificar, no Quadro 3.2 são apresentados os graus de acidez de diversos tipos de alimentos, enquanto nas Tabelas 3.1 e 3.2 constam os valores de pH de produtos de origem vegetal e animal.

Quadro 3.2   Graus de acidez de diversos tipos de alimentos.

Grau de acidez (pH)		Tipos de alimentos
Pouco ácidos	(>4,5)	Leite, carnes, pescados, alguns vegetais
Ácidos	(4,0 a 4,5)	Frutas e hortaliças
Muito ácidos	(<4,0)	Sucos de frutas, refrigerantes

Fonte: adaptado de Silva Jr. (2001).

Tabela 3.1   Valores aproximados de pH de alguns produtos vegetais.

Hortaliças, legumes e cereais	pH	Frutas	pH
Abóbora	4,8 – 5,2	Ameixa	2,8 – 4,6
Abobrinha	5,0 – 5,4	Banana	4,5 – 4,7
Aipo	5,7 – 6,0	Cereja	2,8 – 4,6
Alface	6,0	Figo	4,6
Aspargos – brotos e talos	5,7 – 6,1	*Grapefruit* (suco)	3,0
Azeitonas	3,6 – 3,8	Maçã	2,9 – 3,3
Batatas (tubérculo e doce)	5,3 – 5,6	Melão	6,3 – 6,7
Berinjela	4,5	Melancia	5,2 – 5,6
Beterraba – açúcar	4,2 – 4,4	Laranja (suco)	3,6 – 4,3
Brócolis	6,5	Limão	1,8 – 2, 0
Cebola (vermelha)	5,3 – 5,8	Uva	3,4 – 4,5
Cenoura	4,9 – 5,2; 6,0	Suco de maçã	3,3 – 4,1
Couve-de-bruxelas	6,3		

(continua)

Tabela 3.1 Valores aproximados de pH de alguns produtos vegetais. (*continuação*)

Hortaliças, legumes e cereais	pH	Frutas	pH
Couve-flor	5,6		
Espinafre	5,5 – 6,0		
Feijões	4,6 – 6,5		
Milho (doce)	7,3		
Nabo	5,2 – 5,5		
Pepino	3,8		
Repolho verde	5,4 – 6,0		
Ruibarbo	3,1 – 3,4		
Salsa	5,7 – 6,0		
Tomate	4,2 – 4,3		
Vagem (verde e seca)	4,6 – 6,5		

Fonte: adaptado de Jay (2000) e Silva Jr. (2001).

Tabela 3.2 Valores aproximados do pH de produtos lácteos e cárneos, aves e pescado.

Produtos lácteos	pH	Peixe e mariscos	pH	Carne e aves	pH
Creme	6,5	Atum	5,2 – 6,1	Carne moída	5,1 – 6,2
Leite	6,3 – 6,5	Camarão	6,8 – 7,0	Frango	6,2 – 6,4
Leitelho	4,5	Caranguejo	7	Presunto	5,9 – 6,1
Manteiga	6,1 – 6,4	Mariscos	6,5	Vitela	6,0
Queijo	4,9 – 5,9	Ostras	4,8 – 6,3		
Soro de leite	4,5	Peixe (maior parte das espécies)	6,6 – 6,8		
		Pescada branca	5,5		
		Salmão	6,1 – 6,3		

Fonte: adaptado de Jay (2000) e Silva Jr. (2001).

Vale enfatizar que o pH é igual ao logaritmo negativo da atividade dos íons de hidrogênio. Como se trata de uma escala logarítmica, as diferenças no pH de 1, 2 e 3 unidades correspondem a diferenças de 10, 100 e 1.000 vezes na concentração de íons de hidrogênio.

Está bem estabelecido que a maioria dos micro-organismos se desenvolve melhor em valores de pH próximos a 7 (6,6 – 7,5). Em geral, as bactérias multiplicam-se com maior rapidez na escala de pH compreendida entre 6 e 8; as leveduras entre 4,5 e 6; e os bolores ou mofos (fungos filamentosos) entre 3,5 e 4. Entre as exceções estão as bactérias que produzem grandes quantidades de ácidos como consequência de seu metabolismo produtor de energia, como os lactobacilos e as bactérias acéticas, cujo crescimento ótimo se dá entre 5 e 6.

É importante destacar que a maioria dos alimentos é ligeiramente ácida, uma vez que os produtos alcalinos têm, geralmente, sabor desagradável. Uma exceção é a clara de ovo, cujo pH chega a alcançar 9,2.

O pH ligeiramente ácido das hortaliças favorece a ação de bactérias de putrefação branda, como a *Erwinia carotovora* e os *Pseudomonas* spp. Nas frutas, por outro lado, o pH mais ácido impede o desenvolvimento bacteriano, sendo as leveduras e os bolores os agentes de deterioração mais importantes. Em condições de refrigeração, o pescado se altera com maior facilidade que a carne de mamíferos; o pH do pescado situa-se em 6,2 e 6,5, enquanto o dos músculos dos mamíferos, após a fase de rigidez cadavérica, é de 5,6. Portanto, a vida comercial da carne é mais duradoura que a do pescado.

Desde os tempos mais remotos emprega-se a acidificação dos alimentos como meio de conservação, utilizando-se principalmente os ácidos acético e láctico. A maioria dos alimentos deve sua acidez à presença de ácidos orgânicos débeis.

O pH adverso afeta dois aspectos da célula microbiana: o funcionamento de suas enzimas e o transporte de nutrientes no interior da célula.

Conteúdo em umidade

Um dos procedimentos mais antigos para conservação dos alimentos é a secagem ou dissecação. A preservação pela dissecação é uma consequência direta da remoção ou ligação da umidade, sem a qual os micro-organismos são incapazes de se desenvolver. As exigências de água de um micro-organismo devem ser descritas em termos de atividade aquosa (*water activity* = a_w).

A umidade do alimento relaciona-se com a quantidade de água nele existente. A necessidade de água dos micro-organismos é referida como atividade aquosa do ambiente, sendo definida pela pressão de vapor da solução (água do substrato alimentício), dividida pela pressão de vapor do dissolvente (água livre), à mesma temperatura. A a_w está associada à umidade relativa do ar (*relative humidity* = R.H.) expressa pela seguinte fórmula:

$$R.H. = 100 \cdot a_w$$

A água pura tem a_w igual a 1; uma solução de água com 22% de NaCl tem a_w igual a 0,86 e uma solução saturada de NaCl tem a_w igual a 0,75. Na Tabela 3.3 são apresentados os valores de a_w de diversos tipos de alimentos.

Tabela 3.3 Valores de atividade aquosa (a_w) de diversos tipos de alimentos.

a_w	Tipos de alimentos
0,98 – 0,99	Leite, peixes, carne fresca, vegetais em salmoura, frutas em calda leve
0,93 – 0,97	Leite evaporado, queijo processado, carne curada, carne e peixe levemente salgado, linguiça cozida, frutas em calda forte e pão
0,85 – 0,92	Leite condensado, queijo cheddar maturado, linguiça fermentada, carne seca, presunto cru e bacon
0,60 – 0,84	Farinha, cereais, nozes, frutas secas, vegetais secos, leite e ovos em pó, gelatinas e geleias, melaço, peixe fortemente salgado, alguns queijos maturados, alimentos levemente úmidos
< 0,60	confeitos, vegetais fermentados, chocolate, mel, macarrão seco, biscoitos e batatas chips

Fonte: adaptado de Silva Jr. (2001).

A a_w da maioria dos vegetais está acima de 0,99. Em geral, as bactérias exigem valores mais elevados de a_w que os fungos, já as bactérias Gram-negativas são mais exigentes que as Gram-positivas. A maior parte das bactérias deteriorantes não se desenvolve abaixo de $a_w = 0,91$, enquanto os bolores deteriorantes podem se desenvolver até $a_w = 0,8$. Em relação às bactérias causadoras de toxinfecções alimentares, por exemplo o *Staphylococcus aureus*, são capazes de se desenvolver em $a_w = 0,86$. Em relação ao grau de atividade aquosa, os micro-organismos podem ser divididos em hidrófitos, mesófitos e xerófitos (Quadro 3.3).

Quadro 3.3 Micro-organismos segundo o grau de atividade aquosa.

Micro-organismos	Umidade
Hidrófitos	Mínimo de 90%
Mesófitos	Mínimo de 80 a 90%
Xerófitos	Menos de 80%

Fonte: adaptado de Evangelista (1994).

A redução da atividade aquosa abaixo de 0,70, que impossibilita a multiplicação de micro-organismos, pode ser obtida mediante a diminuição do volume de água ou

56 ■ HIGIENE E VIGILÂNCIA SANITÁRIA DE ALIMENTOS

pela adição de compostos hidrossolúveis, sal ou açúcar, e constitui recurso importante utilizado na conservação de alimentos.

Está comprovada a existência de algumas relações entre a_w, temperatura e nutrientes. A qualquer temperatura, a capacidade de os micro-organismos se desenvolverem diminui à medida que diminui a a_w; o limite de a_w é maior à temperatura ótima de desenvolvimento; e a presença de nutrientes aumenta o limite de a_w, no qual os organismos podem sobreviver. Do mesmo modo, devem ser consideradas também as relações entre a_w, temperatura e pH (Tabela 3.4).

Tabela 3.4 Valores mínimos (min.) e máximos (máx.) de temperatura, pH e atividade aquosa (a_w) exigidos para multiplicação, segundo micro-organismos responsáveis, com maior frequência, por toxinfecções de origem alimentar.

Micro-organismo	Temperatura °C			pH			a_w
	mín.	ótima	máx.	mín.	ótimo	máx.	mín.
Bacillus cereus	4	30-40	55	5,0	6,0-7,0	8,8	0,93
Campylobacter jejuni	32	42-43	45	4,9	6,5-7,5	9,0	>0,98
Clostridium botulinum A e B	10	37	50	4,8[1]	7,0	8,5	0,95
Clostridium botulinum E	3	30	45	5,0[1]	7,0	8,5	0,97
Clostridium perfringens	12	43-47	50	5,5-5,8	7,2	80-9,0	0,96
Listeria monocytogenes	-0,4	37	45	4,39	7,0	9,4	0,92
Salmonella spp	5,2	35-43	46,2	3,8	7,0-7,5	9,5	0,94
Staphylococcus aureus	7	37	48	4,0	6,0-7,0	10,0	0,83
Vibrio cholerae	10	37	43	5,0	7,6	9.6	0,97
Vibrio parahaemolyticus	5	37	43	4,8	7,8-8,6	11	0,94
Vibrio vulnificus	8	37	43	5,0	7,8	10,0	0,96
Yersinia enterocolitica	3	30	43	4,4	7	9,6	0,97

[1] pH 4,0 em buffer borato a 90°C; pH 4,2 em sopa de tomate e outros produtos ácidos a 74°C.
Fonte: adaptado de ICMSF (1996) e de Silva Jr. (2001).

Embora os mecanismos não estejam suficientemente esclarecidos, todas as células microbianas exigem a mesma eficiência interna da a_w. Aquelas que conseguem se desenvolver em condições mínimas de a_w o fazem, aparentemente, por causa de uma habilidade particular em concentrar sais, polióis, aminoácidos e outros tipos de compostos em níveis internos suficientes não só para prevenir a célula da perda de água, mas para permitir que ela a extraia do ambiente externo mesmo quando este possuir teor reduzido de água.

Potencial de oxidorredução

O potencial de oxidorredução (Eh), ou potencial redox, pode ser definido como a facilidade com que o substrato pode ganhar (redução) ou perder (oxidação) elétrons. A alteração do valor entre os agentes oxidantes e redutores determina o Eh de uma cultura bacteriana. No Quadro 3.4 é apresentada a divisão dos micro-organismos de acordo com o potencial redox.

Quadro 3.4 Tipos de micro-organismos segundo o potencial de oxidorredução.

Potencial	Tipo de micro-organismos
Alto – oxidante	Aeróbios facultativos
Baixo – redutor	Anaeróbios facultativos

Fonte: adaptado de Evangelista (1994).

De modo simplificado, quando um elemento ou composto perde elétrons, o substrato é dito como oxidado, enquanto um substrato que ganha elétrons torna-se reduzido. No esquema a seguir, exemplifica-se a reação de oxidorredução do cobre (Cu) em relação à perda ou ganho de elétrons (e):

$$Cu \leftarrow Cu + e$$

A oxidação também pode ser obtida pela adição de oxigênio (O):

$$2\ Cu + O_2 \rightarrow 2\ CuO$$

O Eh é medido frente a uma referência externa, por meio de um eletrodo de metal inerte, geralmente de platina, submerso no meio e expresso em milivolts (mV). Se o equilíbrio dos diversos pares redox presentes favorece o estado oxidado, existirá uma tendência em aceitar os elétrons do eletrodo, que passará a registrar um potencial positivo, indicador de um meio oxidante. Se o equilíbrio é inverso, a amostra tenderá a ceder elétrons ao eletrodo, que passará a registrar potencial negativo, indicando meio redutor. O Eh de um alimento é resultado dos pares redox presentes, da proporção do oxidante em relação ao redutor, do pH, da capacidade de equilíbrio, da disponibilidade de oxigênio (estado físico, envasamento) e da atividade microbiana. A Tabela 3.5 apresenta o potencial redox de alguns alimentos e suas relações com o pH.

Tabela 3.5 Potenciais de oxidorredução de alguns alimentos e suas relações com pH.

Alimentos	Eh (mV)	pH
Carne fresca (*post* rigidez)	-200	5,7
Carne fresca picada	+225	5,9
Cevada (grão triturado)	+225	7,0
Embutidos cozidos e carnes enlatadas	-20 a -150	aprox. 6,5
Espinafre	+74	6,2
Limão	+383	2,2
Pera	+436	4,2
Trigo (grão inteiro)	-320 a -360	6,0
Tubérculo de batata	aprox. -150	aprox. 6,0
Uva	+409	3,9

aprox. = aproximado

Fonte: adaptado de Adams e Moss (1997).

O crescimento microbiano em um alimento reduz o Eh. Esse efeito pode ser atribuído à associação do esgotamento de oxigênio com a produção de compostos redutores pelos micro-organismos, por exemplo, o hidrogênio.

Conforme mostrado na Figura 3.3, os micro-organismos anaeróbios obrigatórios só tendem a desenvolver-se em potenciais redox baixos ou negativos. Por outro lado, os aeróbios obrigatórios têm necessidade de elevado Eh, por isso predominam na superfície do alimento exposta ao ar ou nas zonas onde o ar possa ser utilizado com facilidade. O *Pseudomonas fluorescens*, por exemplo, desenvolve-se a um Eh compreendido entre +100 e +500 mV, assim como outros bacilos Gram-negativos oxidativos produzem líquido viscoso e odores desagradáveis na superfície da carne.

Conteúdo em nutrientes

Com o objetivo de se desenvolver, normalmente, os micro-organismos de importância para os alimentos necessitam de água, fontes de energia e de nitrogênio, vitaminas e fatores de crescimento relacionados, além de minerais.

Deve-se destacar que nutrição é um processo pelo qual todos os seres vivos obtêm substâncias a partir do ambiente para atender suas necessidades metabólicas. Embora a fórmula química dos nutrientes varie amplamente, todos os seres vivos precisam de seis bioelementos para sobreviver, se desenvolver e se reproduzir: carbono (C), hidrogênio (H), oxigênio (O), nitrogênio (N), fósforo (P) e enxofre (S); abreviando com as iniciais de cada elemento compõe-se a sigla CHONPS. Os nutrientes são categorizados pelas quantidades exigidas – macronutrientes ou micronutrientes –, pela estrutura química – orgânica ou inorgânica –, e sua importância para a sobrevivência dos seres vivos – essencial ou não essencial.

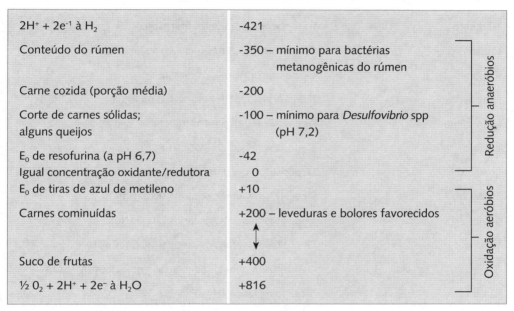

Figura 3.3 Representação esquemática do potencial de oxidorredução (mV) relativo para o desenvolvimento de certos micro-organismos.
Fonte: adaptada de Jay (2000).

Os macronutrientes são representados por proteínas, carboidratos e outras moléculas que contêm carbono, hidrogênio e oxigênio. Por outro lado, os micronutrientes (ou traços de elementos) são integrados por manganês, zinco e níquel, os quais estão presentes em mínimas quantidades e estão envolvidos com as funções de enzimas e manutenção da estrutura das proteínas.

Os nutrientes orgânicos são as moléculas que contêm átomos de carbono e hidrogênio e são, usualmente, produtos de entidades vivas. Seus limites vão, desde uma molécula orgânica simples – metano (CH_4) – até grandes polímeros (carboidratos, lipídios, proteínas e ácidos nucleicos). Os nutrientes inorgânicos (Quadro 3.5) são os átomos ou moléculas simples, compostos de alguma outra combinação de átomos, ao lado de carbono e hidrogênio, sendo reservatórios naturais os depósitos minerais na crosta da terra, corpos d'água e atmosfera – metais e seus sais (sulfato de magnésio, nitrato férrico), gases (oxigênio, dióxido de carbono) e água.

As exigências dos micro-organismos em nutrientes determinam seus respectivos nichos na rede de alimentos dos ecossistemas maiores. Os nutrientes são transportados para o interior dos micro-organismos por dois tipos de processos: os que exigem gasto de energia e os que ocorrem passivamente. O tamanho molecular e a concentração do nutriente determinam o método de transporte a ser utilizado.

Quadro 3.5 Principais reservatórios de nutrientes inorgânicos.

Elemento	Reservatório ambiental inorgânico
Carbono	CO_2 no ar; CO_3^{-2} nas rochas e sedimentos
Oxigênio	O_2 no ar, certos óxidos e água
Nitrogênio	N_2 no ar; NO_3^-, NH_4^+ no solo e na água
Hidrogênio	Água, gás H_2, depósitos minerais
Fósforo	Depósitos minerais (PO_4^{-3}, H_3PO_4)
Enxofre	Depósitos minerais, sedimentos vulcânicos (SO_4^{-2}, H_2S, S)
Potássio	Depósitos minerais, oceanos (KCl, K_3PO_4)
Sódio	Depósitos minerais, oceanos (NaCl, NaSi)
Cálcio	Depósitos minerais, oceanos ($CaCO_3$, $CaCl_2$)
Magnésio	Depósitos minerais, sedimentos geológicos ($MgSO_4$)
Cloro	Oceanos (NaCl, NH_4Cl)
Ferro	Depósitos minerais, sedimentos geológicos ($FeSO_4$)
Manganês, cobalto, molibdênio, zinco, níquel, cobre e outros micronutrientes	Vários sedimentos geológicos

Fonte: Talaro e Talaro (1999).

No que concerne às necessidades nutricionais, entre os grupos de micro-organismos, as bactérias Gram-positivas são as mais exigentes, seguidas em ordem decrescente pelas bactérias Gram-negativas, pelas leveduras e pelos bolores.

As principais fontes de energia para os micro-organismos são os açúcares, os alcoóis e os aminoácidos. As fontes primárias de nitrogênio são os aminoácidos. Entre as vitaminas, alguns micro-organismos requerem pequenas quantidades de vitamina B, facilmente encontrada na maior parte dos alimentos. As bactérias Gram-negativas e os bolores são capazes de sintetizar a maioria ou mesmo todos os compostos necessários ao seu desenvolvimento, podendo, portanto, desenvolver-se nos alimentos com baixos teores de vitamina B. As frutas tendem a apresentar um teor de vitamina B menor do que as carnes, o que, ao lado de baixo pH e Eh positivo, favorece a deterioração causada pelos bolores, mais frequentes do que pelas bactérias.

Constituintes antimicrobianos

A estabilidade de alguns alimentos, diante do possível ataque por micro-organismos, deve-se à presença de substâncias naturais que apresentam atividade antimicrobiana. Entre essas substâncias destacam-se óleos essenciais, como eugenol no cravo-da-índia, alicina no alho, aldeído cinâmico e eugenol na canela, alil isotiocianato na mostarda, eugenol e timol na salva (Salvia) e carvacrol (isotimol) e timol no orégano.

O leite de vaca contém várias substâncias antimicrobianas, como lactoferrina, conglutinina e lactoperoxidase. A própria caseína do leite e alguns ácidos graxos livres têm desempenhado ação antimicrobiana sob determinadas condições. Os ovos contêm lisozima, assim como o leite, e essa enzima associada à conalbumina aumenta o tempo de conservação dos ovos frescos. Os derivados do ácido hidroxicinâmico, encontrados no chá, no melado e em outras fontes vegetais, desempenham importante papel antimicrobiano e exercem certo grau de atividade antifúngica. Os vacúolos celulares das plantas crucíferas (repolho, couve-de-bruxelas, brócolis, nabos etc.) contêm glicosinolatos, que sob dano ou ruptura mecânica liberam isotiocianatos, alguns deles com atividade antifúngica e antibacteriana.

Estrutura biológica

A cobertura natural de alguns alimentos constitui excelente barreira física contra a entrada de micro-organismos e posterior dano causado pela ação deteriorante desses seres, como os tegumentos das sementes e as cascas das frutas, das nozes e dos ovos, entre outros. De modo geral, esses tipos de revestimento têm baixa a_w, poucos nutrientes e, frequentemente, contêm compostos antimicrobianos, como ácidos graxos de cadeia curta, como ocorre na pele dos animais, ou óleos essenciais existentes na superfície de vegetais. Uma vez lesada a película envolvente do alimento, os micro-organismos contaminantes têm acesso aos tecidos subjacentes ricos em nutrientes, favorecendo seu desenvolvimento e consequente deterioração.

As cascas íntegras dos ovos estocados em condições apropriadas de temperatura e umidade, por exemplo, constituem obstáculo eficiente contra a entrada de micro-organismos. Já as frutas e as verduras com as películas envolventes lesionadas estão sujeitas à deterioração com maior rapidez do que aquelas com o revestimento íntegro.

Parâmetros extrínsecos

Entre os inúmeros parâmetros extrínsecos que favorecem a multiplicação ou o crescimento de micro-organismos, a temperatura ocupa lugar de destaque. Assim, é de grande valor o conhecimento das faixas de temperatura de desenvolvimento dos vários micro-organismos (Tabela 3.4; Figuras 3.4 e 3.5).

O conhecimento do fator temperatura é imprescindível para a avaliação dos riscos que os alimentos podem oferecer à saúde. Os micro-organismos podem se desenvolver em temperaturas que variam de 2 a 70°C, contudo, já se constatou multiplicação a temperaturas extremas como −35°C ou próximas a 100°C. De acordo com suas exigências de temperatura, os micro-organismos são classificados em: psicrófilos, psicrotróficos, mesófilos e termófilos (Tabela 3.6).

Tabela 3.6 Divisão dos micro-organismos segundo as faixas de temperatura de desenvolvimento.

Grupo	Temperatura (° C)		
	Mínima	Ótima	Máxima
Mesófilos	5 a 15	30 a 45	35 a 47
Psicrófilos	-5 a +5	12 a 15	15 a 20
Psicrotróficos	-5 a +5	25 a 30	30 a 35
Termófilos	40 a 45	55 a 75	60 a 90

Fonte: ICMSF (1983).

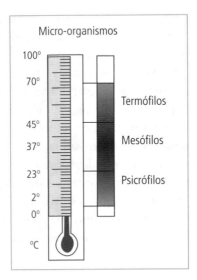

Figura 3.4 Faixas de temperatura de desenvolvimento de micro-organismos. No lado esquerdo, tem-se a divisão dos micro-organismos de acordo com os intervalos de temperatura. No lado direito, as zonas de risco para a multiplicação de micro-organismos.

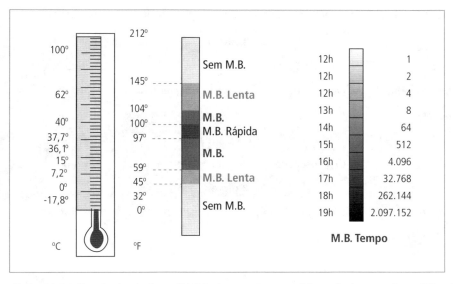

Figura 3.5 Multiplicação bacteriana (M.B.) de acordo com faixas de temperatura (°C e °F) e tempo (horas).

O termo psicrófilo é reservado para os micro-organismos que se desenvolvem entre 0 e 20°C, com um intervalo ótimo de 10 a 15°C. As bactérias dos gêneros *Achromobacter* e *Pseudomonas* constituem exemplos de psicrófilos, desenvolvendo-se abaixo dos 20°C. Os autênticos psicrófilos são, em geral, de origem marinha ou de regiões climáticas extremamente frias.

Os psicrófilos encontrados com maior frequência nos alimentos, além dos já mencionados, são: *Salmonella, Clostridium, Corynebacterium, Micrococcus, Proteus, Streptococcus, Vibrio*, algumas cepas de *Escherichia*, muitas espécies de *Aspergillus, Cladosporidium* e outros mofos. As leveduras geralmente são termófilas, mas podem comportar-se como psicrófilas, desenvolvendo-se a menos de 0°C, ou como mesófilas.

No Quadro 3.6 são apresentados 27 gêneros de bactérias, quatro de leveduras e quatro de bolores pertencentes aos psicrotróficos.

Quadro 3.6 Gêneros que incluem micro-organismos psicrotróficos.

Bactérias			
Acinetobacter	Clostridium	Lactobacillus	Pseudomonas
Aeromonas	Corynebacterium	Leuconostoc	Serratia
Alcaligenes	Enterobacter	Listeria	Streptomyces
Arthrobacter	Erwinia	Micrococcus	Streptococcus

(continua)

Quadro 3.6 Gêneros que incluem micro-organismos psicrotróficos. (*continuação*)

Bactérias			
Bacillus	Escherichia	Moraxella	Vibrio
Chromobacterium	Flavobacterium	Mycobacterium	Yersinia
Citrobacter	Klebsiella	Proteus	
Leveduras			
Candida	Cryptococcus	Rhodotorula	Torulopsis
Bolores			
Aspergillus	Cladosporidium	Penicillium	Trichothecium

Fonte: ICMSF (1983).

Os psicrotróficos, embora se desenvolvam entre 0 e 7°C, não reúnem os requisitos de temperaturas ótima e máxima dos psicrófilos, aproximando-se dos limites mínimos dos mesófilos, 20 a 45°C. São os psicrotróficos que causam a deterioração de produtos cárneos e vegetais entre 0 e 5°C. Os psicrotróficos podem não formar colônias visíveis em um período de 6 a 10 dias a 7°C, ou em 24 horas a 43°C, como sucede com *Enterobacter cloacae, Yersinia enterocolitica e Hafnia alvei*, ou formar colônias visíveis em aproximadamente 3 a 5 dias a 7°C, tal como sucede com *Pseudomonas fragi* e *Aeromonas hydrophyla*.

A maior parte dos micro-organismos patogênicos é constituída por mesófilos, sobretudo bactérias e mofos. Os mesófilos – coliformes e *Streptococcus lactis* – são capazes de se multiplicar à temperatura ambiente. Deve-se destacar que todos os micro-organismos que constituem risco para a segurança dos alimentos multiplicam-se idealmente na faixa de temperatura dos mesófilos, intervalo médio de 30 a 45°C (Figuras 3.4 e 3.5).

Os termófilos – *Lactobacillus thermophyllus, L. thermosaccha-rolyticum* e algumas espécies do gênero *Clostridium e Bacillus* – crescem entre 55 e 60°C.

A maior parte dos micro-organismos eucarióticos é aeróbia, mas as bactérias variam amplamente em suas exigências em oxigênio, desde facultativas a anaeróbias. A tensão ou pressão parcial do oxigênio, assim como o potencial de oxigênio dos alimentos, determinam os tipos de micro-organismos que neles poderão se desenvolver. No Quadro 3.7 é apresentada a classificação dos micro-organismos, segundo sua aptidão em captar oxigênio para desenvolvimento.

O antagonismo microbiano, quando a biota normal do alimento impede o desenvolvimento de outros micro-organismos, constitui fenômeno comum e bem estudado. Podem ser apontados, como exemplo, o *Clostridium botulinum* que sofre interferência da biota bacteriana aeróbia quando presente em grande quantidade nas carnes frescas e a supressão de leveduras e bolores em carnes frescas cominuídas. Entre os mecanismos que fornecem o antagonismo encontram-se: competição por nutrientes, competição por sítios de fixação ou adesão, ambiente desfavorável e combinações dessas variáveis entre si. O fenômeno mais conhecido de antagonismo é o do ácido láctico, embora o mecanismo permaneça impreciso.

Quadro 3.7 Divisão dos micro-organismos segundo a faculdade de captar oxigênio livre.

Micro-organismos	Necessidades
Aeróbios	Necessitam de oxigênio livre
	Bolores e a maioria das leveduras
	Estritos: *Pseudomonas, Acetobacter, Micrococcus* e outras
Anaeróbios	Não necessitam de oxigênio livre
	Leveduras fermentativas: *Saccharomyces*
	Estritos: *Clostridium botulinum* e *C. perfringens*
Facultativos	Necessitam ou não do oxigênio livre
	Anaeróbios facultativos: enterobactérias, *Staphylococcus, Bacillus*
Microaerófilos	Crescem melhor com teor de O_2, porém em quantidade determinada
	Campylobacter e *Listeria*

RISCOS E CONSEQUÊNCIAS

De acordo com registros da Organização Mundial da Saúde (OMS), são detectados anualmente nos países em desenvolvimento mais de 1 bilhão de casos de diarreia aguda em crianças menores de cinco anos, das quais 5 milhões chegam ao óbito. Segundo o relatório "Herdando um mundo sustentável: atlas sobre a saúde das crianças e o meio ambiente" divulgado pela Organização Mundial da Saúde (OMS), em 2017, 361 mil crianças menores de cinco anos morreram em razão de diarreia decorrente apenas do baixo acesso à água tratada, à falta de saneamento e às condições inadequadas de higiene.

Pesquisadores calculam que, por ano, de 1 a 100 milhões de indivíduos contraem doenças (infecções e intoxicações) decorrentes de alimentos e de água. A contaminação bacteriana dos alimentos é uma das causas representativas desses casos. Nos Estados Unidos são computados 12 milhões de casos de DTAs anualmente, enquanto no Reino Unido, 20 mil dos casos têm origem microbiana.

No Brasil, no período de 2007 a 2016, de acordo com a Secretaria de Vigilância em Saúde (SVS), do Ministério da Saúde (MS), ocorreram 6.632 surtos de DTAs, responsáveis por 118.104 doentes e 109 óbitos.

No Estado de São Paulo, de 2000 a 2008, segundo a Divisão de Doenças de Transmissão Hídrica e Alimentar (DDTHA), do Centro de Vigilância Epidemiológica, da Secretaria de Estado da Saúde, foram registrados 2.712 surtos envolvendo 76.797 casos e 39 óbitos. Entre 2009 e 2014, houve o registro de 2.200 surtos de DTAs com 53.825 casos confirmados por critério laboratorial e ou clínico epidemiológico e 10 óbitos.

Esta constatação mostra a carência de serviços médicos de urgência para as pessoas vitimadas. Outro aspecto a ser considerado é a ocorrência de falhas no preenchimento da documentação médica de cada surto ou até mesmo sua total inexistência. Cabe ressaltar que o Ministério da Saúde definiu a lista nacional de notificação compulsória de doenças, agravos e eventos de saúde pública, onde insere-se a notificação de surtos de DTAs.

Deve-se considerar que, de maneira geral, existe perda de informações epidemiológicas, subestimando-se o número real de doenças transmitidas por alimentos. Estima-se que apenas de 1 a 10% dos casos são computados pelas estatísticas oficiais.

Em termos de saúde pública, há indícios de que a ocorrência dessas doenças esteja aumentando de forma gradativa e de que são responsáveis por centenas de mortes, milhares de hospitalizações e, possivelmente, complicações irreversíveis, cujos números ainda são desconhecidos.

As principais DTAs possuem, como características comuns, um curto período de incubação e um quadro clínico gastrointestinal manifestado por diarreia, náuseas, vômitos e dor abdominal, acompanhado ou não de febre. Normalmente, possuem curta duração, havendo recuperação total dos pacientes. Todavia, em indivíduos muito jovens ou idosos e debilitados essas doenças podem originar complicações graves, conduzindo-os à morte.

Deve-se enfatizar a importância desses quadros em populações carentes e desnutridas e que vivem em condições higiênico-sanitárias precárias, as quais facilitam a contaminação dos alimentos. A desnutrição, associada ou não a uma DTA, deteriora acentuadamente a qualidade de vida.

ALIMENTOS MAIS FREQUENTEMENTE ENVOLVIDOS EM SURTOS

Entre os alimentos mais frequentemente relacionados a surtos de toxinfecções alimentares, destacam-se as carnes bovinas e de frango, responsáveis pela veiculação sobretudo de enterobactérias, estafilococos e clostrídios. Em seguida, aparece a maionese, principal veiculadora de salmonelas. O queijo, que ao contrário de outros alimentos, é menos frequente à mesa da população, ocupa lugar de destaque entre os produtos alimentícios incriminados em surtos de toxinfecções, na maioria das

CARACTERÍSTICAS FUNDAMENTAIS DOS ALIMENTOS ■ 67

vezes veiculando estafilococos. O mel, em crianças com idade inferior a seis meses, pode ser responsável pela intoxicação botulínica.

O leite também merece destaque como responsável por surtos de gastroenterite, notadamente por constituir-se em um alimento destinado às crianças. Em relação aos produtos lácteos em particular, pesquisas microbiológicas realizadas com queijo minas frescal têm permitido o isolamento de inúmeros patógenos, de importância em saúde pública, entre os quais destacam-se o *S. aureus*, o de maior ocorrência, secundado pelos coliformes fecais, diversos sorogrupos de *E. coli* e *Listeria monocytogenes*.

Resultados de investigações epidemiológicas realizadas na América do Norte e na Europa identificaram como principais agentes etiológicos de toxinfecções alimentares as *Salmonella* spp., o *Staphylococcus aureus* e o *Clostridium perfringens*, envolvidos em cerca de 50% dos surtos diagnosticados. Em ordem de importância seguem o *Bacillus cereus* e a *Escherichia coli*. Contudo, outras enterobactérias podem ser responsáveis por surtos alimentares, sobretudo *Shigella* spp. e *Yersinia enterocolitica*. Do mesmo modo, podem estar envolvidos o *Campylobacter jejuni*, o *Vibrio cholerae* e o *V. parahaemolyticus*, o *Clostridium botulinum* e, ainda, o *Streptococcus* spp.

De acordo com dados da SVS, do MS, no Brasil, de 2007 a 2016, foram registrados 6.632 surtos, sendo que na região Sudeste houve o maior número de notificações, 43,8%, seguida pela região Sul com 24,8%, região Nordeste com 19,5%, enquanto as demais regiões – Centro Oeste e Norte – somaram 13,2% dos casos.

Quanto aos locais de ocorrência de surtos, 38,9% deles aconteceram na própria residência, 16,2% em restaurantes/padarias, 12,0% em outras instituições (alojamentos, trabalho), 9,4% em outros locais, 7,9% em creches/escolas, 5,8% em eventos e os demais se dispersaram entre diferentes locais.

Constatou-se, ainda, que entre os tipos de alimentos envolvidos nesses surtos, destacaram-se os alimentos mistos com 9,0% das ocorrências. Observou-se que produtos de origem animal *in natura*, carne de aves, bovinos, suínos, processados e miúdos, peixes e frutos do mar perfizeram, conjuntamente, 5,8% dos casos, seguidos pelos ovos e produtos à base de ovos com 3,6% e o leite e seus derivados com 2,6% dos casos.

Neste mesmo estudo, os agentes etiológicos isolados com maior frequência revelaram a incidência de 7,5% das ocorrências por *Salmonella* spp., *Escherichia coli* (7,2%), *Staphylococcus aureus* (5,8%), *Bacillus cereus* (2,6%), coliformes (1,8%), *Clostridium perfringens* (1,7%), rotavírus (0,8%), norovírus (0,8%), *Shigella* spp. (0,8%), vírus da hepatite A (0,5%) e *Giardia* (0,2%).

De acordo com esses dados, constatou-se que a manipulação e/ou preparação inadequadas tiveram participação muito importante como fatores associados a surtos de DTAs, estando envolvidas em 40,0% dos episódios. Em seguida, foi apontada a conservação inadequada dos alimentos, tendo como possíveis causas o desrespeito ao binômio tempo-temperatura, exposição prolongada acima dos 10°C ou próxima da temperatura ambiente, intervalo entre o preparo e o consumo do alimento superior a duas horas e permanência dos alimentos em temperaturas entre 10 e 60°C. Esses resultados podem ser justificados em função da elevada porcentagem de matéria-prima considerada imprópria (20,0%).

Vale destacar que os locais de origem dos surtos, bem como os tipos de alimentos consumidos, além dos patógenos de maior ocorrência, são muito semelhantes aos apontados em relatórios referentes à períodos anteriores da SVS variando seus resultados apenas no que concerne aos números finais.

Em um estudo realizado em Minas Gerais, sobre o perfil epidemiológico e microbiológico dos surtos de DTAs ocorridos no referido Estado, entre os anos de 2010 a 2014, foram analisadas 470 amostras de alimentos provenientes de 258 surtos. Os micro-organismos mais frequentemente isolados foram o *Staphylococcus* coagulase positiva (33,2%), *Escherichia coli* (29,3%), *Clostridium* sulfito redutores (8,2%), *Bacillus cereus* (8,2%) e *Salmonella* spp. (8,2%). As preparações mistas foram indicadas como o principal veículo dos surtos, seguidas em ordem decrescente por produtos de confeitaria, leite e derivados, carnes e derivados, massas e salgados e gelados comestíveis. Observou-se, também, que as residências foram o local de maior ocorrência de surtos, porém a maior média de casos por local e a maior taxa de internação foram verificadas em eventos festivos e refeitórios industriais.

No estado de São Paulo, de 2000 a 2008, de acordo com dados do Centro de Vigilância Epidemiológica (CVE), em aproximadamente 36,1% dos surtos foi possível identificar o agente causal, como referido a seguir: 60,2% dos surtos de DTAs investigados foram causados por agentes bacterianos; outros 29,3% por vírus, dos quais 8,3% foram rotavírus; 3,3% provocados por parasitas; e somente 0,8% eram de origem química. Contudo, nas outras 63,9% ocorrências a identificação não foi possível. Com maior frequência, os principais responsáveis pelos surtos foram as denominadas refeições preparadas, comerciais ou caseiras, como: múltiplos alimentos, entre os quais não foi possível determinar a real fonte de contaminação, 23%; ovos e maioneses, 15%; tortas, salgados ou lanches, 5%; carnes ou aves, 3%; doces, bolos ou massas, 3%; e peixes, 2%. Esses resultados perfizeram 51% dos surtos associados a alimentos. Dos surtos investigados, 27% foram associados a alimentos preparados nos próprios domicílios; 24% ocorreram em estabelecimentos de refeições coletivas; 20% em estabelecimentos educacionais e prisionais; 14% dispersos por todo o município; 5% em eventos festivos; e 10% de origem desconhecida.

Em anos recentes, alguns surtos de grande magnitude foram registrados tanto dentro como fora do Brasil. Na Alemanha, em 2011, destaca-se o surto de diarreia sanguinolenta e síndrome urêmico hemolítica (SUH) ocasionada pela *E. coli* O 104:H4 produtora de *Shiga* que teve a sua ocorrência relacionada à ingestão de brotos de alfafa crus. Nesta ocasião, 3.222 casos foram notificados, havendo 32 óbitos e o desenvolvimento de SUH em 25,0% dos acometidos. Nos Estados Unidos da América (EUA), também em 2011, houve um surto de listeriose, causado pelo consumo de melão cantaloupe fresco, que abrangeu moradores de 28 Estados e levou 30 indivíduos a óbito.

No Brasil, pode-se destacar os surtos de doenças de Chagas aguda que ocorreram, no período de 2005 a 2007, nos Estados de Santa Catarina, Bahia, Pará e Amazonas. Um total de 170 casos e 10 óbitos foram identificados decorrentes da ingestão de caldo de cana, bacaba e açaí contaminados.

Ainda é preciso destacar alguns patógenos emergentes que, atualmente, estão com maior frequência relacionados às DTAs, como: *Campylobacter jejuni, Escherichia coli* (entero-hemorrágica), *Listeria monocytogenes* e *Salmonella enteritidis*.

Os alimentos mais comumente envolvidos em surtos e casos de listeriose são os de origem animal e vegetal, porém, em geral, o consumo de leite cru e seus derivados é mais associado a essa enfermidade. Pode-se apontar, ainda, como fatores correlatos, a manipulação inadequada e falhas em procedimentos de higienização de equipamentos que levam a formação de biofilmes.

Sobre a salmonelose pode-se apontar os alimentos de origem animal que são passíveis de ter contato com material fecal durante o seu processo produtivo, com destaque aos produtos avícolas como carne de aves, ovos e seus derivados. O consumo de ovo e de alimentos contendo ovos crus ou insuficientemente cozidos, por exemplo, maionese caseira e coberturas de bolos, são os principais veículos dessa enfermidade para humanos.

A campilobacteriose, por sua vez, é contraída pelo consumo de água não tratada, de leite não pasteurizado, da carne de frango crua ou malcozida e de alguns frutos do mar contaminados pelo *Campylobacter jejuni*. A água e a carne de aves são consideradas os principais veículos de transmissão dessa doença aos seres humanos.

A colibacilose é transmitida ao homem pelo consumo de alimentos de origem animal e vegetal contaminados pela *E. coli* (EHEC). São exemplos de alimentos envolvidos na cadeia de transmissão o leite cru, carne bovina malpassada, rosbifes, hambúrgueres, salsichas tipo hot-dog, alface, melão, suco de maçã, diversos tipos de saladas e maioneses industrializadas.

Os dados apresentados até o momento permitem afirmar que a maioria dos episódios de DTAs principia com o consumo de refeições preparadas a partir de produtos de origem animal, notadamente carne bovina, produtos lácteos, produtos avícolas e ovos.

PROCEDIMENTOS QUE FAVORECEM AS TOXINFECÇÕES

Neste contexto enquadram-se todos os procedimentos em que há risco de contaminação dos alimentos, os processos que permitem a sobrevivência de micro-organismos patogênicos e as práticas de armazenamento que possibilitam a multiplicação microbiana. No Anexo 3.2 são apresentadas as principais fontes de micro-organismos para os alimentos.

Origem do alimento

Os alimentos crus, tal como são recebidos nas cozinhas, podem albergar grande variedade de micro-organismos patogênicos. Carnes cruas de bovinos e de aves apresentam-se, frequentemente, contaminadas por *C. perfringens*, *S. aureus* e *Salmonella* spp. Este último agente pode ser encontrado também em ovos, sobretudo naqueles com casca rachada. Peixes, moluscos e crustáceos algumas vezes apresentam-se contaminados com *Vibrio parahaemolyticus*. Com frequência, legumes e verduras cruas apresentam elevados níveis de contaminação por enteroparasitas e determinados tipos de condimentos podem estar contaminados por *C. perfringens* e *Bacillus cereus*.

Matérias-primas de origem clandestina, como leite não pasteurizado e carnes não inspecionadas, são responsáveis pela veiculação das mais variadas espécies de micro-organismos, muitos deles patogênicos para o homem. Peixes e moluscos, provenientes de águas contaminadas pelo *Vibrio cholerae*, podem propagar a infecção, provocando surtos epidêmicos graves.

Como regra básica, a excelência de qualquer produto industrializado está condicionada à qualidade da matéria-prima utilizada, portanto esta deve atender às características essenciais da fabricação do produto e da finalidade a qual ele se destina.

Reconstituição de alimentos secos

A contaminação de alimentos secos pode ocorrer durante o processo de reconstituição, pela água, pelos recipientes e utensílios contaminados e pelos próprios manipuladores.

Descongelamento de alimentos

De maneira geral, o descongelamento não favorece o crescimento microbiano, todavia, quando os alimentos descongelados permanecem à temperatura ambiente, durante várias horas ou em refrigerador por vários dias, podem multiplicar-se bactérias psicrófilas e mesófilas patogênicas. As instalações e utensílios de uma cozinha podem ser contaminados pela água resultante do descongelamento de carnes bovina e de aves contaminadas por *Salmonella* spp. ou outros micro-organismos patogênicos.

O descongelamento deve ser conduzido de forma a evitar que as áreas superficiais dos alimentos se mantenham em condições favoráveis à multiplicação microbiana, devendo ser realizado segundo a recomendação do fabricante. Na ausência desta informação, o descongelamento deve ser efetuado em condições de refrigeração à temperatura inferior a 5°C ou em forno de micro-ondas, quando o alimento for submetido imediatamente à cocção. Após o descongelamento, o produto não deve ser recongelado.

Manipulação e processamento

Micro-organismos presentes em alimentos crus podem disseminar-se para outros produtos durante a fase de preparação. A contaminação ocorre sobretudo pelas mãos dos manipuladores e dos utensílios de cozinha. Assim, tábuas para corte, facas, cortadores, moedores, recipientes e panos de limpeza constituem veículos comuns para a transmissão de agentes de toxinfecções alimentares.

Segundo a OMS, o termo "manipuladores de alimentos", em seu sentido mais amplo, corresponde a todas as pessoas que podem entrar em contato com um produto comestível, em qualquer etapa da cadeia alimentar, desde sua fonte até o consumidor. Uma definição mais detalhada é a de que o manipulador de alimentos é qualquer pessoa que manipula alimentos embalados ou não, utensílios, equipamentos ou superfícies em contato com os alimentos e que deve cumprir as exigências de higiene alimentar.

Para que um manipulador contamine um alimento, de forma a causar uma enfermidade de origem alimentar, é necessário que uma sequência de condições seja atendida:

- Os micro-organismos devem ser excretados em quantidade suficiente (fezes, esputo, supurações de ouvido, nariz, garganta, boca, olhos e pele).
- Os micro-organismos devem passar para as mãos ou partes expostas do corpo e entrar em contato direto ou indireto com o alimento.
- Os micro-organismos devem sobreviver o suficiente para contaminar o alimento.
- O alimento contaminado não deve ser submetido a tratamento capaz de destruir os micro-organismos antes de ser consumido.
- O número de micro-organismos presentes deve constituir dose infectante, ou o tipo de alimento ou a sua condição de armazenamento deve permitir que os micro-organismos se multipliquem até a dose infectante ou produzam toxinas.

É importante ressaltar que certas condições de saúde podem determinar a desqualificação permanente de pessoas para exercer o trabalho de manipulador. É o caso da febre tifoide (*Salmonella typhi*), da qual o indivíduo se recupera, porém, torna-se portador assintomático. Outras condições podem acarretar suspensão temporária das atividades de manipulação de alimentos até que sejam satisfatoriamente corrigidas.

Cocção

O risco de toxinfecções por alimentos está diretamente relacionado ao intervalo decorrido entre a cocção e o consumo. Tempo e temperatura são imprescindíveis para a segurança microbiológica dos produtos processados, tanto no que se refere à garantia ante a microbiota deteriorante, originalmente presente na matéria-prima, quanto em relação à saúde dos consumidores.

A contaminação de um alimento – por exemplo, carnes de suíno e de aves, em especial quando volumosas – pode ocorrer caso a temperatura ou o tempo de cocção não sejam suficientes para afetar os micro-organismos contaminantes.

Dentre as tecnologias disponíveis para cozinhar alimentos, pode-se citar os métodos convencionais de cocção por ebulição em líquidos, cocção por vapor, assamento em forno, cozimento sob pressão; e, os métodos contemporâneos de cocção em micro-ondas, cocção a vácuo ou *sous vide* e cocção em forno combinado.

Em relação ao modo de cocção, as taxas de destruição microbiana são tão eficientes no aquecimento convencional quanto as verificadas no aquecimento com fornos de micro-ondas, embora para muitos pesquisadores essa redução seja questionável. Contudo, não há dúvidas de que o processamento industrial de alimentos por energia micro-ondas permite a obtenção de produtos de qualidade nutricional e microbiológica superiores àqueles preparados em fornos de micro-ondas domésticos.

Vale ressaltar que, qualquer que seja a técnica de aquecimento, a composição do produto influi decisivamente no nível de redução microbiana.

Manipulação pós-cocção

As operações e os lapsos de tempo pós-cocção constituem pontos críticos. Com frequência, os seres humanos albergam *S. aureus* no nariz e na pele e *C. perfringens* no intestino. Alguns podem estar infectados com o vírus da hepatite A, com *Shigella* spp., com *Salmonella typhi* ou outras espécies e com *Streptococcus* spp. A contaminação dos alimentos cozidos pode ocorrer, portanto, pela manipulação, bem como a partir de alimentos crus e utensílios contaminados processados simultaneamente no mesmo ambiente de trabalho.

A contaminação cruzada mencionada acima é definida como a possível transferência de micro-organismos e de sujidades de uma área ou produto para locais ou produtos anteriormente não higienizados por meio de superfícies de contato, mãos, utensílios, equipamentos, entre outros. Para evitá-la é necessário, em uma área de alimentação, a separação de diferentes atividades por meio físico ou barreiras técnicas e o respeito ao fluxo de manipulação de alimentos. A higienização, de equipamentos e da área física, deve ser realizada em momentos distintos da manipulação e os critérios e preceitos de boas práticas devem ser seguidos durante o recebimento, armazenamento e manipulação de alimentos.

Conservação pelo calor

Para comercialização, muitos alimentos cozidos são mantidos quentes em mesas com vapor, banhos-maria, estufas de ar quente ou sob lâmpadas infravermelhas até o momento de serem vendidos ou servidos. Todavia, quando o equipamento de aquecimento é malconservado ou utilizado de modo inadequado, o intervalo entre o preparo e o consumo favorece a incubação de eventuais agentes microbianos patogênicos, possibilitando sua multiplicação ou a produção de toxinas.

Resfriamento

Um dos fatores que contribui com maior frequência para a determinação de surtos de toxinfecções alimentares é a operação de resfriamento feita de maneira inadequada. A maioria dos problemas ocorre em função de o alimento cozido ser deixado à temperatura ambiente, por várias horas, antes de ser refrigerado. Outra situação propícia ocorre quando o alimento mantido pelo calor até o momento do consumo, ao ser retirado da exposição, não é imediatamente resfriado. Grandes volumes ou massas de alimento colocadas no refrigerador dificultam o processo de resfriamento, permitindo que em seu núcleo ou centro ocorra multiplicação bacteriana ou produção de toxinas.

Reaquecimento

O reaquecimento inadequado de alimentos servidos um ou mais dias após a preparação ou daqueles que restam da refeição anterior é muitas vezes identificado como veículo de toxinfecções, pois o simples aquecimento não é suficiente para eliminar as formas vegetativas das bactérias e, ainda, porque algumas enterotoxinas são estáveis ao calor, como a estafiloenterotoxina e a toxina do *B. cereus*. O reaquecimento bem executado é um ponto de controle, mais importante que a cocção inicial, sobretudo em estabelecimentos de serviços de alimentação, pois se as bactérias tiverem sobrevivido à cocção inicial ou se tiver ocorrido uma contaminação após o aquecimento ou resfriamento inadequado, as toxinas termolábeis poderão ser eliminadas durante o reaquecimento.

Aspectos ligados à higiene

A limpeza e a desinfecção dos utensílios, equipamentos e superfícies de cozinha que entram em contato com os alimentos *in natura* constituem ponto importante para a veiculação de micro-organismos patogênicos. A promiscuidade de utensílios e recipientes propicia a disseminação de agentes das toxinfecções, bem como a contaminação dos próprios manipuladores que, por outro lado, podem contaminar os alimentos ao servi-los ou embalá-los.

O estado de saúde das pessoas que trabalham em estabelecimentos de produtos alimentícios, assim como suas práticas de higiene, influenciam diretamente na qualidade final dos alimentos. Entretanto, nos alimentos consumidos imediatamente após seu preparo, o risco de contaminação é pequeno, exceto no caso de *Shigella* spp. e do vírus da hepatite A. O problema maior diz respeito à contaminação das embalagens de rotisserias e serviços de buffet que podem causar sérios transtornos à saúde.

As regras da OMS

No que diz respeito à preparação higiênica dos alimentos, a OMS enumera diferentes itens considerados fundamentais para proteção e preservação dos produtos alimentícios, denominando-os "As dez regras de ouro para a preparação de alimentos seguros".

1. Escolher alimentos tratados de forma higiênica.
2. Cozinhar bem os alimentos.
3. Consumir imediatamente os alimentos cozidos.
4. Armazenar cuidadosamente os alimentos cozidos.
5. Reaquecer bem os alimentos cozidos.
6. Evitar o contato entre os alimentos crus e os cozidos.
7. Lavar as mãos constantemente.
8. Manter escrupulosamente limpas todas as superfícies da cozinha.
9. Manter os alimentos fora do alcance de insetos, roedores e outros animais.
10. Utilizar água pura.

Complementarmente, a OMS criou o "Poster das Cinco Chaves para uma Alimentação mais Segura" que engloba todas as dez indicações mencionadas, mas que objetiva transmitir as informações de forma mais simples. As cinco chaves são: Manter a limpeza; Separar alimentos crus de alimentos cozidos; Cozinhar bem os alimentos; Manter os alimentos a temperaturas seguras; Utilizar água e matérias-primas seguras.

Medidas preventivas

A contaminação de um alimento pronto para consumo pode advir da matéria-prima que lhe deu origem ou das inúmeras e sucessivas fases de preparo. Todavia, mesmo que adequadamente preparado, o alimento apresenta sempre um risco potencial de contaminação. Portanto, faz-se necessária a adoção de medidas capazes de diminuir ao máximo esses riscos, proporcionando ao consumidor um alimento saudável.

As fontes fornecedoras de alimentos ou matérias-primas para os estabelecimentos de alimentação coletiva devem ser idôneas e trabalhar de acordo com a legislação vigente. A recepção desses produtos deve incluir a verificação de suas qualidades sensoriais, quando possível; da integridade das embalagens e da rotulagem; da data de validade; do número de registro no órgão oficial (quando cabível); da identificação de origem; e, aferição da temperatura de produtos perecíveis. Em relação aos produtos congelados, deve ser dada atenção especial ao possível descongelamento ainda durante a fase de transporte. Qualquer alteração nesses itens deve provocar a recusa do alimento ou matéria-prima por parte do estabelecimento.

Ao serem recebidos, os alimentos devem ser classificados nas seguintes categorias: com risco potencial, perecíveis ou com vida útil estável. Os produtos com risco potencial são aqueles que contêm nutrientes capazes de favorecer a multiplicação microbiana, pH superior a 4,5 e a_W maior que 0,85, e aqueles considerados perecíveis devem ser mantidos congelados ou refrigerados. As áreas de estocagem seca devem ser livres de goteiras, vazamentos, vetores e roedores. Os produtos tóxicos devem ser armazenados em setor especial, separado dos alimentos. Produtos alimentícios ácidos não devem ser armazenados em recipientes metálicos ou escoados em tubulações metálicas.

Os alimentos crus devem ser preparados separadamente dos cozidos e todos os utensílios e recipientes devem ser lavados com água e detergente. O descongelamento de alimentos deve ser realizado em vasilhas grandes, a água coletada deve ser descartada; os recipientes, lavados adequadamente. A cocção constitui outra etapa importante. A maioria dos alimentos deve ser aquecida a temperaturas iguais ou superiores a 74°C. Temperaturas inferiores podem ser utilizadas no tratamento térmico, desde que as combinações de temperatura e tempo sejam suficientes para assegurar a qualidade higiênico-sanitária dos alimentos, como 70°C por 2 minutos ou 65°C por 15 minutos.

Todos os alimentos que não forem prontamente servidos deverão ser mantidos a temperaturas acima de 60°C durante poucas horas ou imediatamente resfriados e mantidos em refrigerador por poucos dias. O processo de resfriamento de um alimento preparado deve ser realizado de forma a minimizar o risco de contaminação cruzada e a restringir a permanência do alimento em temperaturas que favoreçam a multiplicação microbiana. A temperatura do alimento preparado deve ser reduzida de 60°C a 10°C, em até 2 horas. Em seguida, o mesmo deve ser conservado sob refrigeração a temperaturas inferiores a 5°C, ou congelado à temperatura igual ou inferior a –18°C.

Os alimentos sólidos e semissólidos não devem ultrapassar as bordas dos recipientes e estes não devem ter mais de 10 cm de profundidade. Deve-se evitar colocar grandes volumes ou massas de alimentos no refrigerador para não dificultar o processo de resfriamento. Do mesmo modo, deve-se evitar que sejam colocados em camadas dentro de recipientes fechados no interior dos refrigeradores.

Alimentos preparados com antecedência ou sobras de refeições, para serem servidos, necessitam ser reaquecidos. O reaquecimento deve alcançar os 74°C ou então o alimento deve permanecer por tempo mais prolongado a uma temperatura branda.

O reaquecimento do alimento é um ponto de grande importância na prevenção de toxinfecções alimentares, visto que, se após o preparo normal, micro-organismos contaminantes tiverem se instalado e superado a conservação pelo calor ou pela refrigeração, nessa fase eles poderão ser destruídos.

Alimentos não consumidos ou conservados há muito tempo nas câmaras frigoríficas devem ser descartados. A manutenção deve ser periódica e preventiva evitando entupimentos e vazamentos.

A higiene das instalações de trabalho, das salas de preparação, das pias e mesas, das câmaras frigoríficas, dos refrigeradores e despensas é indispensável para impedir a contaminação dos alimentos. Devem, ainda, ser bem iluminadas, ventiladas, dispor de exaustores e ser rigorosamente limpas, proporcionando conforto aos funcionários. As janelas e portas devem ser protegidas com telas para evitar a entrada de vetores. Os restos de alimentos devem ser mantidos em recipientes adequadamente tampados para evitar a formação de maus odores e atrair insetos e roedores, além de dispostos em locais apropriados fora da cozinha. Os pisos e paredes devem ser de material impermeável, fáceis de higienizar.

As pias e os lavatórios das cozinhas devem sempre ter água quente, sabonete ou detergente e papel toalha para facilitar a higienização de mãos.

A manipulação é uma importante forma de contaminação ou de transferência de micro-organismos de um alimento a outro. O manipulador com sinais de diarreia, febre, icterícia, faringite, resfriado ou sinusite deve ser afastado do ambiente de trabalho até sua recuperação. Lesões cutâneas, sobretudo nas mãos, também, devem determinar o afastamento do funcionário.

Os funcionários de estabelecimentos que trabalham com alimentação precisam ser preparados para o trabalho que desempenham. A educação do manipulador deve abordar, fundamentalmente, os princípios de higiene pessoal. O treinamento dos manipuladores deve incluir, igualmente, as técnicas de preparo dos alimentos e os riscos que estes oferecem aos consumidores. De acordo com a Anvisa, o manipulador deve ser capacitado periodicamente nos seguintes temas: contaminantes alimentares, doenças transmitidas por alimentos, manipulação higiênica dos alimentos e boas práticas.

As medidas aplicáveis na prevenção de doenças transmitidas por alimentos podem ser resumidas em:

1. Vigilância de casos esporádicos e de surtos
   - Determinar as doenças de transmissão alimentar prevalentes na comunidade.
   - Identificar as principais vias de transmissão.
   - Identificar os principais fatores que contribuem para o aparecimento de surtos.
2. Utilização, nos estabelecimentos de alimentos, do sistema *Hazard Analysis and Critical Control Point*/Análise de Perigos e Pontos Críticos de Controle (HACCP/APPCC)

- Envolvimento e participação de todo o pessoal dos estabelecimentos, qualquer que seja o nível, desde a administração, passando pelos técnicos e manipuladores, até os encarregados do apoio.
3. Educação e formação em higiene dos alimentos
   - Do pessoal de direção.
   - Dos manipuladores de alimentos.
4. Educação e informação em higiene dos alimentos
   - Das autoridades que fixam as políticas e adotam decisões.
   - Do público (consumidores).
5. Instalações e serviços de higiene e manutenção dos alimentos
   - É imprescindível a supervisão constante, por pessoal pré-treinado, e a participação consciente dos demais funcionários do estabelecimento.

Ainda em relação a esses aspectos, no Quadro 3.8 são apresentados os pontos-chave que devem ser considerados na preservação e conservação de alimentos in natura ou preparados.

Quadro 3.8 Prevenção de toxinfecções alimentares: pontos-chave na preparação de alimentos.

Higiene	→	Ambiental – insetos e roedores
		Água
		Alimentos
		Mãos
		Utensílios e equipamentos
		Instalações propriamente ditas
Técnica	→	Adequação de cardápio
		Pré-preparo
		Preparo final
		Temperatura e tempo
Temperatura	→	Refrigeração
		Manipulação
		Cocção
		Aquecimento/reaquecimento
		Distribuição

(continua)

78 ■ HIGIENE E VIGILÂNCIA SANITÁRIA DE ALIMENTOS

Quadro 3.8 Prevenção de toxinfecções alimentares: pontos-chave na preparação de alimentos. (*continuação*)

Tempo	→	
		Armazenamento
		Manipulação (pré-preparo)
		Manipulação (preparo final)
		Distribuição

Como evidenciado no Quadro 3.8, higiene, técnica, temperatura e tempo são quatro fatores de importância capital na prevenção das toxinfecções de origem alimentar. O Quadro 3.9 faz uma síntese das cadeias de frio e de calor preconizadas para diferentes tipos de alimentos. Deve-se ressaltar que, embora a qualidade da matéria-prima deva ser a melhor possível, sem condições adequadas de temperatura nas diferentes etapas de preparação dos alimentos, desde o momento inicial de preparo até sua distribuição, os riscos de multiplicação microbiológica são elevados.

Quadro 3.9 Cadeias de temperatura para conservação e preservação de alimentos *in natura* e preparados.

Cadeia do frio	→	Congelamento	-18 a -15°C
	→	Refrigeração	Carnes: até 4°C
			Peixes: até 0°C
			Laticínios: 8°C
			Hortifrutigranjeiros: até 10°C
			Distribuição: 8°C
Cadeia do calor e espera			Água do banho-maria: 85 a 95°C
			Pass-through: 60°C
			Alimentos: 60°C
			Marmitas – montagem: 85°C

Fonte: adaptado de Silva Jr. (1995).

LABORATÓRIO DE VIGILÂNCIA SANITÁRIA

O laboratório constitui importante órgão de apoio às atividades de inspeção e vigilância sanitária de produtos alimentícios, detectando não só infrações de ordem higiênico-sanitária e fraudes, mas assegurando a proteção dos consumidores contra os riscos potenciais dos alimentos, seja de ordem físico-química, microbiológica ou toxicológica.

As atividades de controle sanitário de alimentos limitavam-se, antigamente, à observação visual dos produtos. Com a evolução dos conhecimentos técnicos e científicos, foram introduzidos progressos significativos nos laboratórios, iniciando--se com as primeiras análises físico-químicas, secundadas pelos exames bacteriológicos e, finalmente, as técnicas mais avançadas de pesquisa de substâncias tóxicas em concentrações até infinitesimais.

No que concerne ao planejamento e à administração de um laboratório de alimentos, deve-se considerar os seguintes aspectos:

- A estrutura física e as instalações.
- Os recursos humanos (chefia e supervisão), as equipes de analistas, de apoio e administrativa.
- Os recursos de natureza material: vidrarias; reagentes e meios de cultura; aparelhos elétricos (estufas, fornos, centrífugas); aparelhos eletrônicos (balanças, analisadores, desmineralizadores); e instrumentos analíticos (cromatógrafos, espectrofotômetros).
- Material de apoio: oficina de manutenção; central de controle de gases; almoxarifado.
- Central de processamento de dados.
- Unidade de legislação de alimentos.
- Unidade para desenvolvimento de programas internos de segurança do trabalho (riscos químicos e biológicos) e de garantia de qualidade analítica (reprodutibilidade e repetibilidade).

Os tipos de análises executadas pelos laboratórios dessa natureza estão apoiados no Decreto Federal n. 986, de 21.10.69, e devem ter o respaldo da legislação dos estados e/ou municípios aos quais se aplicam; no caso particular de São Paulo, há o Decreto Estadual n. 12.478, de 20.10.78.

Assim, o laboratório deve estar apto a realizar as análises de controle, executadas 30 dias após o registro de um novo produto, comprovando ou não as características apontadas pelo fabricante; ou executá-las para monitoramento de produtos. As denominadas análises prévias são utilizadas no processo de registro de aditivos, embalagens, produtos dietéticos e de alimentos destinados a programas institucionais. O outro tipo de análise é a fiscal, adotada em procedimentos de fiscalização, quando são colhidas três amostras: uma para permitir a análise laboratorial propriamente dita; outra que permanece em poder do detentor do produto (contraprova-detentor); e uma terceira que o laboratório mantém para efeito de contraprova. A contraprova pode ser solicitada pelo detentor quando ele não estiver de acordo com os resultados fornecidos pelo laboratório na primeira análise. Finalmente, há as análises de orientação solicitadas por indústrias, comerciantes, restaurantes ou pessoas com dúvidas quanto à qualidade ou idoneidade de um produto adquirido.

Em 2016, a Anvisa publicou um documento intitulado "Perfil Analítico dos Laboratórios Centrais de Saúde Pública", no qual disponibiliza informações sobre a capacidade analítica dos laboratórios que compõem a Rede Nacional de Laboratórios e Vigilância Sanitária (RNLVISA). Fazem parte da RNLVISA 27 Laboratórios Centrais de Saúde Pública, sendo um de cada estado da federação e do Distrito Federal, o Instituto Nacional de Controle de Qualidade em Saúde (INCQS) e 5 laboratórios municipais.

Entre as análises a serem oferecidas pelos laboratórios de vigilância sanitária de alimentos, devem constar:

- Análises microbiológicas: bactérias patogênicas; indicadoras de contaminação fecal; indicadoras das condições de higiene; bolores e leveduras.
- Análises microscópicas: partículas metálicas; sujidades; substâncias estranhas à composição; filamentos micelianos; alterações das embalagens.
- Análises físico-químicas: pH; umidade; densidade; composição centesimal (proteínas, lipídios, carboidratos e minerais); vitaminas; e provas de qualidade – alizarol e acidez em leite, gás sulfídrico em carnes, rancidez em gorduras e bases voláteis em pescado.
- Análises toxicológicas: aditivos intencionais (conservadores, corantes, espessantes, edulcorantes, estabilizantes); contaminantes inorgânicos (Hg, Pb, Cd, As, Sn).
- Tóxicos orgânicos: micotoxinas e histamina.
- Resíduos de pesticidas: organoclorados, organofosforados, carbamatos e piretroides.
- Resíduos de drogas veterinárias: antibióticos e anabolizantes.

CONCLUSÕES

Molenda (1989) afirma que "todos se alimentam, ainda que muitas pessoas saibam tão pouco sobre as doenças transmitidas pelos alimentos". Esse breve comentário resume uma problemática de âmbito mundial e de especial importância em países em desenvolvimento. O acesso ao alimento é um dos fatores que determinam a qualidade de vida e, portanto, apresenta grande importância econômica. No entanto, a negligência, o desinteresse, ou mesmo a simples desinformação sobre o assunto propiciam a ocorrência de enfermidades.

Para a saúde pública, trata-se de um problema de grande amplitude, não podendo ser desconsiderado pelas autoridades e pela população.

No Brasil, com algumas exceções, as secretarias de saúde, tanto em âmbito estadual quanto municipal, além do próprio MS, não implantaram ainda um sistema de vigilância epidemiológica em doenças veiculadas por alimentos. Apesar da obrigatoriedade da notificação de surtos de toxinfecção alimentar, prevista nos códigos sanitários municipais da maioria das cidades brasileiras, observa-se um certo grau de negligência por parte dos serviços médicos assistenciais ao não notificar à vigilância sanitária a ocorrência de episódios dessa natureza. Consequentemente, não é possível determinar com que frequência esses problemas ocorrem. Esporadicamente, vêm à tona alguns surtos de toxinfecções alimentares, apenas em razão da sua magnitude ou gravidade.

Portanto, é necessário que os serviços de inspeção, epidemiologia e os laboratórios de saúde pública se integrem e façam parte de uma estrutura de proteção de alimentos, apoiada na legislação vigente, tal como ocorre em outros países.

A situação ideal seria a do poder municipal manter um serviço de vigilância sanitária integrado por equipes volantes de fiscalização, lideradas por profissionais da área de alimentos, visitando regularmente todos os pontos de comércio varejista de alimentos, bem como os estabelecimentos de refeições coletivas, com a retaguarda do laboratório de saúde pública e a infraestrutura da administração pública (Figura 3.6), para assegurar a qualidade higiênico-sanitária dos alimentos oferecidos à população. Nesse contexto, é relevante o apoio de um serviço de treinamento de recursos humanos para dar suporte à preparação de pessoal que trabalha na área de alimentos.

As toxinfecções alimentares, de modo geral, podem ser satisfatoriamente prevenidas a partir de campanhas educativas que esclareçam aos consumidores sobre os riscos de adquirir alimentos de origem incerta. Nesses programas, deve-se contemplar as informações que possibilitem ao consumidor identificar os alimentos suspeitos e os de má qualidade.

Nos estabelecimentos de alimentação coletiva, programas de educação em saúde devem ser ministrados, tanto aos proprietários quanto aos funcionários. Deve-se ressaltar a importância da boa qualidade da matéria-prima, da higiene das instalações e utensílios e, sobretudo, dos métodos de preparo e conservação dos alimentos. É relevante, também, o padrão de saúde dos manipuladores e seus hábitos de higiene pessoal, particularmente a higiene das mãos.

A implantação do Sistema Único de Saúde (SUS) possibilitou uma real oportunidade para o aprimoramento do controle dos alimentos, em razão do processo de reformulação do sistema de saúde do país. Um sistema que valoriza a participação comunitária e a educação em saúde, respaldado por legislação específica e estrutura organizacional, coerente com o interesse local, é fundamental para a saúde pública como um todo. No âmbito municipal, e em particular em cidades de pequeno e médio porte, o SUS pode desempenhar papel essencial para a melhoria do nível de qualidade higiênico-sanitária dos alimentos.

Figura 3.6 Serviço de vigilância sanitária. Atuação da equipe volante sobre o comércio varejista e sobre os estabelecimentos de refeições coletivas, industriais e comerciais, tendo o laboratório como suporte para as análises dos alimentos suspeitos.

No que concerne à qualidade dos alimentos consumidos pela população brasileira, podem-se destacar dois fatos relevantes: a edição, pelo Ministério da Justiça, da Lei n. 8.078/90 – Código de Defesa do Consumidor – que se transformou em valioso instrumento para a proteção dos alimentos e vem tornando os consumidores mais exigentes e mais conscientes de seus direitos como cidadãos; e a criação da Agência Nacional de Vigilância Sanitária (Anvisa), mediante a Lei n. 9.782, de 26.1.99. Esta última, baseada no *Food and Drug Administration* (FDA), tem a finalidade de promover a proteção da saúde da população por intermédio do controle sanitário da produção e da comercialização de produtos e serviços. Particularmente, no que diz respeito à área de alimentos, a Câmara Técnica de Alimentos vem assumindo uma participação importante, inclusive nas reuniões do *Codex Alimentarius*.

Naturalmente, essa problemática deve permear as resoluções e metas dos governos, todavia, todo cidadão precisa estar atento para não se tornar uma vítima das DTAs e, mais que as pessoas em geral, aqueles que trabalham nas áreas de saúde e de alimentos. Urge que pesquisadores e técnicos tornem-se mais efetivos na busca de tecnologias que proporcionem alimentos de qualidade e em grande quantidade.

Segundo a OMS, os perigos alimentares que têm sido relatados atualmente são os mesmos identificados ao longa da História. Apesar dos esforços governamentais mundiais, para a promoção da melhoria da segurança da cadeia alimentar, a ocorrência de DTAS continua a ser um problema significativo de saúde pública, tanto nos países desenvolvidos como nos países em desenvolvimento.

REFERÊNCIAS

ACHA, P.N.; SZYFRES, B. *Zoonosis y enfermedades transmissibles comunes a los hombres y a los animales*. 2.ed. Washington, Organización Panamericana de la Salud, 1986 (OPS – Publicación Científica, 503).

ADAMS, M.R.; MOSS, M.O. *Microbiología de los alimentos*. Zaragoza: Acribia, 1997.

ALMEIDA, R.C. de C.; SCHNEIDER, I.S. Aspectos microbiológicos e químicos de produtos alimentícios elaborados com carnes moídas, vendidos ao varejo no município de Campinas. *Higiene Alimentar*, v. 2, p. 37-41, 1983.

AMSON, G.V.; HARACEMIV, S.M.C.; MASSON, M.L. Levantamento de dados epidemiológicos relativos a ocorrências/surtos de doenças transmitidas por alimentos (DTAs) no estado do Paraná – Brasil, no período de 1978 a 2000. *Ciênc agrotec.*, v. 30, n. 6, p. 1139-45, 2006.

ANGELILLO, I.F et al. Food handlers and foodborne diseases: knowledge, attitudes, and reported behavior in Italy. *J Food Prot.*, v. 63, n. 3, p. 381-5, 2000.

BRANDÃO, A.C.B.H. et al. Segurança alimentar nos estabelecimentos de consumo. *Higiene Alimentar*, v. 5, p. 20-22, 1991.

BRASIL. Ministério da Saúde. Agência Nacional de Vigilância Sanitária – Anvisa. *Interfaces no controle sanitário de alimentos: enfoque da vigilância epidemiológica*. Disponível em: http://www.anvisa.gov. br/alimentos/aulas/controlesanitario.htm. Acessado em: dez. 2006.

_____. Ministério da Saúde. Sistema Nacional de Vigilância em Saúde. *Relatório da Situação*; Paraná. 2.ed. Brasília, 2006. Disponível em: http://portal.saude.gov.br/ portal/arquivos/pdf/relatorio_snvs_pr_2ed. pdf. Acessado em: dez. 2006.

_____. Ministério da Saúde. Agência Nacional de Vigilância Sanitária – Anvisa. *Perfil analítico da rede nacional de laboratórios de vigilância sanitária 2016*. Disponível em: http://portal.anvisa.gov.br/resultado-de-busca?p_p_id=101&p_p_lifecycle=0&p_p_state=maximized&p_p_mode=view&p_p_col_id=column-1&p_p_col_count=1&_101_struts_action=%2Fasset_publisher%2Fview_content&_101_assetEntryId=3048077&_101_type=document. Acessado em: jul.2017.

BRYAN, F.L. Análise de risco nas empresas de alimentos. *Higiene Alimentar*, v. 3, p. 92-100, 1984.

CALIL, R.M. Papel do laboratório no controle de qualidade industrial. *Higiene Alimentar*, v. 6, n. 21, p. 8-9, 1992.

CAVADA, G.S.; PAIVA, F.F.; HELBIG, E.; BORGES, L.R. Rotulagem nutricional: você sabe o que está comendo? *Braz J Food Technology*, p.84-88, 2012.

CENTORBI, O.N.P. et al. Primer aislamiento de cepas de *Staphylococcus aureus* productores de toxina del sindrome de shock tóxico-1 en manipuladores de alimentos en Argentina. *Rev Arg Microbiol.*, v. 22, p. 142-5, 1990.

CENTRO DE VIGILÂNCIA EPIDEMIOLÓGICA. *Doenças transmitidas por alimentos*. Dados estatísticos. DTA – dados dos surtos notificados – 2003 por DIR e municípios em planilha. Disponível em: http://www.cve.saude.gov.br. Acessado em: dez. 2006.

CHADDAD, M.C.C. Informação sobre a presença de alérgenos nos rótulos de alimentos: responsabilidade do Estado na garantia dos direitos à saúde e alimentação adequada da população com alergia alimentar. *Demetra*, v. 9, n.1, p.369-392, 2014.

CRUICKSHANK, J.G. Food handlers and food poisoning. Training programmes are the best. *BMJ*, v. 300, p. 207-8, 1990.

DONNELLY, C.W. Concerns of microbial pathogens in association with dairy foods. *J Dairy Sci.*, v. 73, p. 1656-61, 1990.

EVANGELISTA, J. *Tecnologia de alimentos*. 2.ed. São Paulo: Atheneu, 1994.

FAÚLA, L.L.; SOARES, A.C.C.; DIAS, R.S. Panorama dos surtos de doenças de transmissão alimentar (DTA) ocorridos em Minas Gerais, Brasil, no período de 2010 a 2014. Gerais: *Revista de Saúde Pública do SUS/MG*. v.3,n.1,2014.

FELIX, C.W. Foodservice disposables and public health. *Dairy, Food and Environmental Sanitation*, v. 10, n. 11, p. 656-60, 1990.

FORSYTHE, S.J.; HAYES, P.R. *Higiene de los alimentos, microbiología y HACCP*. 2.ed. Zaragoza: Acribia, 2002.

FRANCO, B.D.G.M.; LANDGRAF, M. *Microbiologia dos Alimentos*. São Paulo: Atheneu, 1996.

FUNDAÇÃO CAETANO MUNHOZ DA ROCHA. Centro de Saneamento e Vigilância Sanitária. Centro de Epidemiologia do Paraná. *Doenças Veiculadas por Alimentos no Paraná (surtos) – 1978 a 1988*. Curitiba: Secretaria de Estado da Saúde, 1989. (mimeografado).

GERMANO, M.I.S. Somos o que comemos? *Higiene Alimentar*, 1992; 6(23):6-7.

_____. A questão dos alimentos no terceiro milênio. *Higiene Alimentar*, v. 10, n. 46, p. 10, 1996.

GERMANO, P.M.L. Comércio clandestino de produtos animais prejudica Saúde Pública. *Higiene Alimentar*, v. 5, p. 11-2, 1991.

_____. Controle de pontos críticos para análise de riscos na produção de alimentos. In: *Anais do 2º Encontro Nacional de Higienistas de Alimentos*, 1992, São Paulo. (Colégio Brasileiro de Médicos Veterinários Higienistas de Alimentos).

GERMANO, P.M.L.; GERMANO, M.I.S. *Sistema de Gestão: Qualidade e Segurança dos Alimentos*. Barueri: Manole, 2013.

GERMANO, P.M.L. et al. Prevenção e controle das toxinfecções de origem alimentar. *Higiene Alimentar*, v. 7, n. 27, p. 6-11, 1993.

GONÇALVES, R.C. et al. Micro-organismos emergentes de importância em alimentos: uma revisão de literatura. SaBios: *Rev. Saúde e Biol.*, v.11, n.2, p.71-83, 2016.

HECHT, H. Residuos en la carne y los problemas que ello origina. *Fleischwirtschaft*, v. 2, p. 44-51, 1989.

HOBBS, B.C.; ROBERTS, D. *Toxinfecções e controle higiênico-sanitário de alimentos*. São Paulo: Varela, 1999.

[ICMSF] INTERNATIONAL COMMISSION ON MICROBIOLOGICAL SPECIFICATIONS FOR FOODS. *Ecologia microbiana de los alimentos: factores que afectan a la supervivencia de los micro--organismos en los alimentos*. Zaragoza, Acribia, 1983.

_____. *Microorganisms in foods: characteristics of microbial pathogens*. Londres: Black Academic & Professional, 1996.

JAY, J.M. *Modern Food Microbiology*. 6.ed. Nova York: International Thomson Publishing, 2000.

JOHNSTON, A.M. Foodborne illness. Veterinary sources of food illness. *Lancet*, v. 336, p. 856-8, 1990.

JOURNAL OF THE SOCIETY FOR A OCCUPATIONAL MEDICINE. Health standars for work in the food industry, food retailing and stablishments involved in catering. *Journal of the Society for Occupational Medicine*, v. 37, p. 4-9, 1987.

LEDERER, L. *Enciclopédia moderna da higiene alimentar*. São Paulo: Manole, 1991, v. 4. Intoxicações alimentares.

MAHON, C.R. Foodborne illness: is the public at risk? *Clin Lab Sci.*, v. 11, n. 5, p. 291-7, 1998.

MEJIDO, M.J. *Métodos de cocção*. Rio de Janeiro: Editora Multifoco, 2012. 58 p.

McBEAN, L.D. Perspective on food safety concerns. *Dairy and Food Sanitation*, v. 8, n. 3, p. 112-8, 1988.

MINISTÉRIO DA SAÚDE. Secretaria de Vigilância em Saúde. Coordenação de Vigilância das Doenças de Transmissão Hídrica e Alimentar. Surtos de doenças transmitidas por alimentos no Brasil. Disponível em: http://portalarquivos.saude.gov.br/images/pdf/2016/junho/08/Apresenta----o-Surtos-DTA-2016.pdf. Acessado em: jul.2017.

MINISTÉRIO DA SAÚDE. Secretaria de Vigilância em Saúde. Coordenação de Vigilância das Doenças de Transmissão Hídrica e Alimentar. Situação atual da VEDTA no Brasil, 2008. Disponível em: http://portal.saude.gov.br/portal/arquivos/ pdf/surtos_dta_15.pdf. Acessado em: mar. 2010.

MINISTÉRIO DA SAÚDE. Portaria 204, de 17 de fevereiro de 2016. Define a Lista Nacional de Notificação Compulsória de doenças, agravos e eventos de saúde pública nos serviços de saúde públicos

CARACTERÍSTICAS FUNDAMENTAIS DOS ALIMENTOS ■ 85

e privados em todo o território nacional, nos termos do anexo, e dá outras providências. Disponível em: http://bvsms.saude.gov.br/bvs/saudelegis/gm/2016/prt0204_17_02_2016.html. Acessado em: jul.2017.

MOBERG, L. Good manufacturing practices for refrigerated foods. *Journal of Food Protection*, v. 52, n. 5, p. 363-7, 1989.

MOLENDA, J.R. Veterinary public health and the challenge of effective foodborne disease control education-training-information programs. *Dairy, Food and Environmental Sanitation*, v. 9, n. 10, p. 558-62, 1989.

MOSSEL, D.A.A.; DRAKE, D.M. Processing food for safety and reassuring the consumer. *Food Technology*, v. 44, n. 12, p. 63-7, 1990.

MOSSEL, D.A.A.; MORENO GARCIA, B. *Microbiologia de los alimentos*. Zaragoza: Acribia, 1982.

NORRIS, J.R. Modern approaches to food safety. *Food Chemistry*, v. 33, n. 1, p. 1-13, 1989.

NUNES, I.A.; GERMANO, M.I.S.; GERMANO, P.M.L. Forno de micro-ondas: solução ou problema para a saúde pública? *Higiene Alimentar*, v. 10, n. 42, p. 9-13, 1996.

OLIVEIRA, C.A.F.; GERMANO, P.M.L. Estudo da ocorrência de enteroparasitas em hortaliças comercializadas na Região Metropolitana de São Paulo – SP, Brasil. I Pesquisa de helmintos. *Rev saúde pública*, v. 26, n. 4, p. 283-9, 1992.

_____. Estudo da ocorrência de enteroparasitas em hortaliças comercializadas na Região Metropolitana de São Paulo – SP, Brasil. II – Pesquisa de protozoários intestinais. *Rev saúde pública*, São Paulo, v. 26, n. 5, p. 332-5, 1992.

OLIVEIRA, M.E.B. *Surtos de doenças transmitidas por alimentos no Estado de São Paulo, 2008-2010*. Dissertação de mestrado. Santa Casa de São Paulo. São Paulo, 2013.

OLIVEIRA, P.G.; LEITE, L.L.F.; COELHO, K.O. Perfil histórico das doenças transmitidas por alimentos no Brasil. *Anais da semana do curso de zootecnia* – SEZUS, v.10, n.1, 2016.

ORGANIZACIÓN MUNDIAL DE LA SALUD. *Importancia de la inocuidad de los alimentos para la salud y el desarrollo*. Genebra: OMS, 1984 (Serie de informes técnicos, 705).

ORGANIZAÇÃO MUNDIAL DA SAÚDE. *Herdando um mundo sustentável: Atlas sobre a saúde das crianças e o Meio Ambiente*. Genebra: OMS, 2017.

ORGANIZAÇÃO MUNDIAL DA SAÚDE. *Cinco chaves para uma alimentação mais segura*. Genebra: OMS, 2006.

_____. *Métodos de vigilancia sanitaria y de gestión para manipuladores de alimentos*. Genebra: OMS, 1989 (Serie de informes técnicos, 785).

PANETTA, J.C. Controle higiênico e sanitário dos alimentos de origem animal. Importância social, econômica e de saúde pública. *Higiene Alimentar*, v. 3, p. 135-7, 1984.

PETERSEN, K.E.; JAMES, W.O. Agents, vehicles, and causal inference in bacterial foodborne disease outbreaks: 82 reports (1986-1995). *J Am Vet Med Assoc.*, v. 212, n. 12, p. 1874-81, 1998.

PIMENTEL, E.P.; piccolo, r.c. Doenças veiculadas por alimentos. *Picollo*, v. 6, p. 4, 1992 (Sociedade Paulista de Medicina Veterinária).

PINTO, P.S.A.; GERMANO, M.I.S.; GERMANO, P.M.L. Queijo Minas: problema emergente da vigilância sanitária. *Higiene Alimentar*, v. 10, n. 44, p. 22-7, 1996.

POWELL, S.C.; ATTWELL, R. The use of epidemiological data in the control of foodborne viruses. *Rev Environ Health*, v. 14, n. 1, p. 31-7, 1999.

PRESCOT, L.M.; HARLEY, J.P.; KLEIN, D.A. *Microbiology*. 4.ed. Boston: WCB/McGraw-Hill, 1999.

QUEVEDO, F. Enfermedades transmitidas por los alimentos. *Higiene Alimentar*, v. 3, p. 167-72, 1984.

RIEDEL, G. *Controle sanitário dos alimentos*. São Paulo: Loyola, 1987.

ROSENBERG, U.; BÖGL, W. Microwave pasteurization, sterilization, blanching and pest control in the food industry. *Food Technol.*, v. 41, n. 6, p. 92-9, 1987.

SÃO PAULO. Secretaria de Estado da Saúde, Centro de Vigilância Epidemiológica, Divisão de Doenças de Transmissão Hídrica e Alimentar. *Monitorização da Doença Diarreica Aguda (MDDA): dados gerais de 2000 a 2005*. Disponível em: www.cve. saude.sp.gov.br/htm/hidrica/mdda/MDDA_IFNET05.ppt. Acessado em: dez. 2006.

SÃO PAULO. Secretaria Municipal da Saúde. Vigilância em Saúde. Prefeitura Municipal de São Paulo. PORTARIA 2619/11 – SMS – Publicada em DOM 06/12/2011, página 23.

SECRETARIA DE ESTADO DA SAÚDE DE SÃO PAULO. Coordenadoria de Controle de Doenças. Centro de Vigilância Epidemiológica. Divisão de Doenças de Transmissão Hídrica e Alimentar (DDTHA). Segurança dos alimentos: ocorrência e controle de doenças transmitidas por água e alimentos. *II Seminário*

Técnico Estadual de Promoção e Proteção à Saúde do Servidor, 2009. Disponível em: http:// www. docstoc.com/docs/13603481/Palestra-Seg_Alim_DDTHA_out_09-para-CD. Acessado em: mar. 2010.

SECRETARIA DE ESTADO DA SAÚDE DE SÃO PAULO. Coordenadoria de Controle de Doenças. Centro de Vigilância Epidemiológica. Divisão de Doenças de Transmissão Hídrica e Alimentar (DDTHA). Segurança dos alimentos: ocorrência e controle de doenças transmitidas por água e alimentos. II SEMINÁRIO TEMÁTICO ESTADUAL DE PROMOÇÃO E PROTEÇÃO À SAÚDE DO SERVIDOR, out. 2009. Disponível em: ftp://ftp.cve.saude.sp.gov.br/doc_tec/hidrica/doc/dta09_pergresp.pdf. Acessado em: mar. 2010.

SECRETARIA DE ESTADO DA SAÚDE DE SÃO PAULO. Coordenadoria de Controle de Doenças. Centro de Vigilância Epidemiológica. Divisão de Doenças de Transmissão Hídrica e Alimentar (DDTHA). *Dados estatísticos de doenças transmitidas por alimentos.* Disponível em: http://www.saude.sp.gov.br/ cve-centro-de-vigilancia-epidemiologica-prof.-alexandre-vranjac/areas-de-vigilancia/doencas-de-trans-missao-hidrica-e-alimentar/dados-estatisticos/surtos-de-dtas/surtos-dta. Acessado em: jul.2017.SCOTT, E. Relationship between cross-contamination and the transmission of food-borne pathogens in the home. *Pediatr Infect Dis J.*, v. 19, Suppl 10, p. S111-3, 2000.

SCHWABE, C.W. *Veterinary medicine and human health.* 3.ed. Baltimore: Williams & Wilkins, 1984.

SHINOHARA, E.M.G.; GERMANO, M.I.S.; GERMANO, P.M.L. Contaminação de alimentos por chumbo. *Higiene Alimentar*, v. 5, n. 18, p. 29-31, 1991.

SILVA Jr., E.A. *Manual de controle higiênico-sanitário em alimentos.* São Paulo: Varela, 1995.

_____. *Manual de controle higiênico-sanitário em alimentos.* 4.ed. São Paulo: Varela, 2001.

TALARO, K.; TALARO, A. *Foundations in microbiology.* 3.ed. Boston: WCB/ McGraw-Hill, 1999.

TODD, E.C. Foodborne illness. Epidemiology of foodborne illness: North America. *Lancet*, v. 336, p. 788-93, 1990.

_____. Epidemiology of foodborne diseases: a worldwide review. *World Health Stat.* Q., v. 50, n. 1/2, p. 30-50, 1997.

UNGAR, M.L.; GERMANO, M.I.S.; GERMANO, P.M.L. Riscos e consequências da manipulação de alimentos para a Saúde Pública. *Higiene Alimentar*, 1992, v. 6, n. 21, p. 14-7.

VAN SAENE, R.; DAMJANOVIC, V.; WILLIETS, T. Food handlers and food poisoning. *BMJ*, v. 300, p. 748, 1990.

Von SONNENBURG, F. et al. Risk and aetiology of diarrhoea at various tourist destinations. *Lancet.*, v. 356, n. 9224, p. 133-4, 2000.

WALKER, A. Action on food poisoning. *BMJ*, v. 301, p. 196, 1990.

Anexos

Anexo 3.1 Linguagem sobre as adaptações microbianas [português/(inglês)]

Prefixos/sufixos	Significado
Auto (*auto*)	Próprio (*self*)
Hetero (*hetero*)	Outro (*other*)
Foto (*photo*)	Luz (*light*)
Quimio (*chemo*)	Químico (*chemical*)
Trófico (*troph*)	Alimentar-se (*to feed*)
Sapro (*sapro*)	Em decomposição, podre (*rotten*)
Halo (*halo*)	Sal (*salt*)
Filo (*phile*)	Gostar de, amar (*to love*)
Termo (*thermo*)	Calor (*heat*)
Psicro (*psychro*)	Frio (*cold*)
Meso (*meso*)	Intermediário (*intermediate*)
Acro (*acro*)	Ar (*air*)
Anaero (*anaero*)	Sem ar (*no air*)
Baro (*baro*)	Pressão (*pressure*)
Bio (*bios*)	Vida, sustento (*living*)

Exemplos

- Fotoautotrófico (*photoautotroph*) – autoalimentar-se utilizando a luz do sol (*it feeds itself using the sun*).
- Quimio-heterotrófico (*chemohetero troph*) – alimenta-se dos compostos químicos dos outros (*it feeds on the chemicals of others*).
- Termófilo (*thermophile*) – gosta de calor (*it loves heat*).
- Mesófilo (*mesophile*) – gosta de temperaturas intermediárias (*it loves intermediate temperatures*).
- Psicrófilo (*psycrrhophile*) – gosta de frio (*it loves cold*).
- Aeróbio (*aerobe*) – "depende" do ar (*it lives in air – it "depends" on air*).
- Anaeróbio (*anaerobe*) – vive sem ar (*it lives without air*).
- Heterotrófico (*heterotroph*) – obtém carbono na forma de matéria orgânica a partir dos corpos de outros organismos e, em consequência, depende de outras formas de vida.

(continua)

88 ■ HIGIENE E VIGILÂNCIA SANITÁRIA DE ALIMENTOS

Anexo 3.1 Linguagem sobre as adaptações microbianas [português/(inglês)] (*continuação*)

> Termos que auxiliam a expressar como os micro-organismos lidam com as alterações nutricionais ou ecológicas
>
> - Obrigatório (*obligate*) ou estrito (*strict*): micro-organismo que está limitado a estreita faixa de desenvolvimento ou estilo de vida. Exemplos: vírus são parasitas intracelulares obrigatórios (*viruses are obligate intracellular parasites*); os seres humanos e a maioria dos animais são aeróbios estritos (*humans and most animals are strict aerobes*).
> - Facultativo (*facultative*): micro-organismo com menores restrições e que pode ajustar-se a uma larga faixa de condições de desenvolvimento – esse termo deve ser utilizado no sentido de "pode adaptar-se a" (*it can adapt to*). Exemplo: um halófilo facultativo (*facultative halophile*) pode adaptar-se a concentrações de sal maiores que as usuais, mas ele não exige sal em condições normais nem exige viver em um ecótopo salgado. Igualmente, um anaeróbio facultativo (*facultative anerobe*) pode metabolizar e desenvolver-se na ausência de ar, mas é mais eficiente se estiver em presença de ar.
> - Tolerante (*tolerant*) e "dúrico" (*duric*): denotam sobrevivência, mas não desenvolvimento sob certas condições. Uma bactéria termodúrica (*thermoduric bacterium*) pode sobreviver ao calor durante um breve período, mas não pode, habitualmente, desenvolver-se em altas temperaturas.

Fonte: Adaptado de Talaro e Talaro (1999).

Anexo 3.2 Fontes importantes de micro-organismos para os alimentos.

Micro-organismos	Gram	A/S	P/PV	U	TGI	M	RA	PA	A/P
Bactérias									
Acinetobacter	G -	**	*	*				*	*
Aeromonas	G -	**a	*					*	
Alc aligenes	G -[+]	*	*	*	*			*	
Alteromonas	G -	**a							
Bacillus	G +	**s	*	*		*	*	*	**
Brochothrix	G +		**	*					
Campylobacter	G -				**	*			
Carnobacterium	G +	*	*	*					
Citrobacter	G -	*	**	*	**				

(*continua*)

Anexo 3.2 Fontes importantes de micro-organismos para os alimentos. (*continuação*)

Micro-organismos	Gram	A/S	P/PV	U	TGI	M	RA	PA	A/P
Bactérias									
Clostridium	G +	**s	*	*	*	*	*	*	**
Corynebacterium	G +	**s	*	*		*		*	*
Enterobacter	G -	*	**	*				*	
Enterococcus	G +	*	*	*	**	*	*	*	*
Erwinia	G -	*	**	*					
Escherichia	G -	*	*		**	*			
Flavobacterium	G -	*	**					*	
Hafnia	G -	*	*		**				
Kocuria	G +	*	*	*		*		*	*
Lactobacillus	G +		**	*	*			*	
Lactococcus	G +		**	*	*			*	
Leuconostoc	G +		**	*	*			*	
Listeria	G +	*	**		*	*	*	*	
Micrococcus	G +	*	*	*	*	*	*	**	
Moraxella	G -	*	*					*	
Paenibacillus	G +	**	*	*					**
Pantoea	G -	*	*		*				
Pediococcus	G +		**	*	*			*	
Proteus	G -	*	*	*	*	*		*	
Pseudomonas	G -	**	*	*			*	*	
Psychrobacter	G -	**	*	*				*	
Salmonella	G -				**		**		
Serratia	G -	*	*	*	*		*	*	
Shewanella	G -	*	*						
Shigella	G -				**				
Staphylococcus	G +				*	**		*	

(*continua*)

Anexo 3.2 Fontes importantes de micro-organismos para os alimentos. (*continuação*)

Micro-organismos	Gram	A/S	P/PV	U	TGI	M	RA	PA	A/P
Bactérias									
Vagococcus	G +	**			**				
Vibrio	G -	**a			*				
Weissella	G +		**	*					
Yersinia	G -	*	*		*				
Protozoários									
Cryptosporidium parvum		**a			*	*			
Entamoeba histolytica		**a			*	*			
Giardia lamblia		**a			*	*			
Toxoplasma gondii		*			**				

A/S = água e solo; P/PV = plantas/produtos vegetais; U = utensílios; TGI = trato gastrointestinal; M = manipuladores; RA= reações animais; PA = pele dos animais; A/P = ar e poeira.
* está presente; ** fonte muito importante; a = água – fonte primária; s = solo – fonte primária.

Fonte: Adaptado de Jay (2000).

4

Qualidade da ordenha

Pedro Manuel Leal Germano
Maria Izabel Simões Germano

INTRODUÇÃO

O leite é considerado o alimento mais completo que existe para o ser humano. Crianças de todas as idades, idosos e convalescentes compõem os grupos para os quais o leite deve fazer parte integrante da dieta.

A indústria leiteira compreende diversas fases, desde a origem do leite, ainda nas propriedades rurais, até sua chegada ao comércio varejista como produto industrializado, na forma de leite pasteurizado ou produto derivado, como queijo, iogurte e outros. Embora todas as fases sejam importantes para a preservação da qualidade do leite, a de maior relevância é a da produção. Nessa fase, todos os cuidados são direcionados para as fêmeas, de modo que cada animal é considerado uma pequena indústria.

Os rebanhos leiteiros são, em geral, constituídos por animais selecionados geneticamente, de modo que apresentam padrões anatômicos e fisiológicos que asseguram um nível de produção elevado e de boa qualidade.

Os problemas com a produção nas propriedades rurais iniciam-se com a ocorrência de processos inflamatórios nas mamas, grande parte dos quais não apresenta manifestação clínica visível. O único indicador dessa problemática é a queda de produção. Assim, a ordenha é o momento mais indicado para avaliar a produção individual quantitativa e qualitativa.

Na fazenda, a fase de ordenha constitui um dos pontos críticos de maior relevância para os animais e uma séria ameaça para a qualidade do leite. A higiene, a adequação dos equipamentos e os próprios funcionários podem levar a lesões internas da glândula mamária dos animais e propiciar sua invasão por micro-organismos patogênicos. Como consequência, o rebanho passará a conviver com mastites, fator determinante de prejuízos econômicos para o produtor e para a indústria de laticínios como um todo.

CARACTERIZAÇÃO

Denominam-se mastites ou mamites os processos inflamatórios agudos ou crônicos das glândulas mamárias, caracterizados pelo aumento de leucócitos no leite proveniente da glândula afetada, geralmente superior a 200 mil células/mL.

As mastites caracterizam-se, ainda, por alterações físicas, químicas e bacteriológicas do leite e distúrbios patológicos do tecido glandular. As modificações mais importantes observadas no leite incluem, além do aumento do número de células leucocitárias, a alteração da cor e a presença de grumos.

Levantamentos epidemiológicos realizados em diversos países situam a prevalência das mastites em rebanhos leiteiros bovinos em torno de 40%. No Brasil, em particular, talvez esse percentual seja mais elevado.

A importância das mastites está diretamente relacionada com a indústria leiteira por meio dos seguintes fatores:

- Diminuição da produção total do rebanho.
- Leite impróprio para o consumo humano.
- Leite impróprio para a fabricação de produtos derivados.

Os prejuízos econômicos dos produtores podem ser, assim, distribuídos em relação aos valores:

- Das perdas da produção (70%).
- Das perdas das vacas, enviadas prematuramente para o abate (14%).
- Do leite desprezado ou rebaixado de classificação (7%).
- Do tratamento e honorários médico-veterinários (8%).

Algumas pesquisas demonstram que os prejuízos com as perdas de produção leiteira atingem 84%, dos quais menos de 10% são relativos a honorários medico-veterinários. Essa estimativa não leva em consideração a incidência de diarreia nos bezerros alimentados com leite mamitoso.

Deve-se destacar que, ao considerar os problemas econômicos, as mastites subclínicas ou crônicas são mais prejudiciais aos produtores do que as agudas, pois, nas primeiras, os animais atingidos podem passar despercebidos e, com isso, retardar a identificação da doença. Nos casos agudos, após o diagnóstico, as vacas são afastadas de imediato da linha de produção e submetidas a tratamento adequado, com maior possibilidade de sucesso. Nos casos crônicos, dependendo do momento em que se diagnostica o processo inflamatório, o tratamento poderá ser ineficaz, havendo a perda dos quartos afetados ou mesmo de todo o úbere.

Nas áreas endêmicas, nas quais o risco de mastite é maior e os animais são mantidos sob controle periódico, a ocorrência de casos subclínicos é baixa e, consequentemente, as perdas econômicas são de menor monta.

ETIOLOGIA

As mastites primárias apresentam uma variada gama de agentes etiológicos, porém, a maior parte dos casos é causada por bactérias. O *Staphylococcus aureus* é um dos maiores responsáveis por mastites, variando sua prevalência entre 7 e 40% nos rebanhos afetados. *Streptococcus agalactiae* e *S. dysgalactiae*, *Corynebacterium bovis*, *Micoplasma* spp também são responsáveis por grande número de casos clínicos e subclínicos de mastites. Com menor frequência, identificam-se *Escherichia coli* e *Pasteurella multocida*; ocasionalmente, *Streptococcus pyogenes*, *Spherophorus necrophorus*, *Proteus* spp e *Clostridium* spp.

Uma pesquisa de campo no estado de São Paulo relativa à etiologia de agentes de mastite bovina revelou *Corynebacterium* spp em 51,4% das amostras; *Staphylococcus* spp em 40,3%, sendo 71,9% coagulase-positiva; *Streptococcus* spp em 17,5%, dos quais 63,8% eram *St. galactiae*; *Escherichia coli* em 50% das bactérias Gram-negativas identificadas e *Streptococcus uberis* em 69,7%. Nesse mesmo trabalho, observou-se que, nas mastites subclínicas, predominavam os micro-organismos *Staphylococcus* spp, *Streptococcus* spp, *Nocardia* spp e leveduras.

Entre os agentes de mastites fúngicas, destacam-se *Cryptococcus* spp, *Rhodotorula* spp e *Candida* spp, além de *Aspergillus* e *Penicillium*, entre outros.

As mastites secundárias de maior importância são: brucélica, tuberculosa e variólica.

ASPECTOS PECULIARES

A glândula mamária (Figura 4.1) pode ser comparada a uma indústria constituída de milhares de oficinas de fabricação: os ácinos. A glândula capta sua matéria-prima a partir do sangue e realiza um importante trabalho de síntese, que conduz à produção do leite.

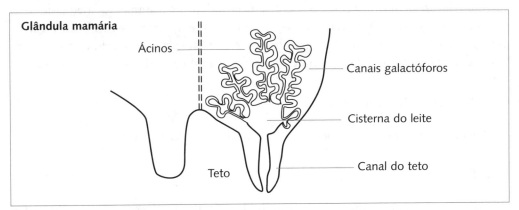

Figura 4.1 Representação esquemática de um quarto da glândula mamária de bovinos.

As lesões mediadas pelas enzimas ou toxinas dos micro-organismos perturbam o bom funcionamento da glândula. Alguns ácinos perdem a capacidade de produção, às vezes definitivamente, outros reduzem sua atividade. Isso se traduz, de modo evidente, pela queda da produção, que pode atingir até 50% por quarto afetado.

A diminuição da atividade da glândula mamária ocorre mesmo quando as lesões provocadas pela infecção não são visíveis. Deve-se ressaltar que as mastites subclínicas, sem dúvida as mais frequentes, acarretam maiores perdas de leite do que as mastites clínicas.

Em um rebanho de tamanho médio, essas infecções escondidas são, com efeito, responsáveis por 75% ou mais da baixa de produção, ocasionadas pelas mastites. Ante essa queda de produção, a quantidade de leite não aproveitado em função dos resíduos de antibióticos deixados pelo tratamento das mastites clínicas é insignificante.

As estatísticas consideram que, para cada dez vacas com mastite, uma alimenta-se sem produzir absolutamente nada.

As mastites subclínicas não provocam aumento do número de micro-organismos totais do leite, salvo casos excepcionais. Também não afetam a classificação do leite em A, B ou C. Contudo, conduzem à modificação da composição do leite no que concerne, particularmente a:

- Diminuição do teor de gordura.
- Alteração da qualidade do teor de proteínas – menos caseína e mais proteínas solúveis –, o que se traduz por problemas técnicos para a indústria de derivados.

A diminuição gradual e definitiva da produção leiteira, um quarto perdido ou uma mastite clínica sem esperanças de sucesso terapêutico, é um fator determinante para enviar o animal ao abate precoce. Substituir uma vaca leiteira antes do tempo previsto custa caro, na medida em que o animal deve ser abatido antes de ter alcançado um número suficiente de lactações para cobrir o valor de sua aquisição.

Em relação às mastites clínicas, existe a necessidade de tratamento adequado. Isso significa visitas do médico veterinário, compra de medicamentos geralmente caros, perda do leite produzido durante o tratamento por estar contaminado por antibióticos e, em alguns casos, exames complementares de laboratório, às vezes onerosos.

FATORES CONDICIONANTES

Diversos tipos de fatores podem ser relacionados. Assim, tem-se:

Anatômicos

Além das diferenças morfológicas individuais existentes, devem ser consideradas também aquelas de origem hereditária. Úberes grandes ou muito desenvolvidos, flácidos ou pendentes apresentam maior predisposição a infecções e traumas, principalmente. Tetos grossos ou muito finos, relaxamento ou contratilidade exagerados dos esfíncteres, conformação do canal galactóforo podem favorecer a instalação de processos infecciosos.

Fisiológicos

Os animais idosos são mais suscetíveis às mastites em decorrência de lesões internas produzidas no úbere e/ou relaxamento sofrido pelos esfíncteres dos tetos durante os primeiros anos de vida. As mastites são mais frequentes nas vacas cuja idade varia entre 7 e 9 anos.

No início da lactação, o edema fisiológico propicia maior suscetibilidade das vacas às mastites. No final da lactação, essa suscetibilidade é ocasionada pelo esgotamento irregular e pela consequente retenção do leite.

Manejo

A alimentação desempenha papel importante no contexto das mastites, pois teores de proteína acima dos recomendados, fornecidos ao rebanho com o intuito de aumentar a produção de leite, podem predispor ao processo inflamatório. Por outro lado, as suplementações com nutrientes, que contêm antioxidantes, podem favorecer o aumento da imunorresistência contra infecções. Do mesmo modo, são importantes o selênio e as vitaminas A e E.

O tipo de vegetação espessa dos pastos e/ou a topografia acidentada predispõem os animais a traumas sobre a glândula mamária, favorecendo o desenvolvimento, a posteriori, de processos infecciosos.

Precárias condições de estabulação e higiene deficiente são frequentes fatores condicionantes de mastites.

Em estudo realizado na região nordeste do estado de São Paulo, evidenciou-se que a água utilizada na produção do leite pode ser via de transmissão de micro-organismos patogênicos. Levantamento amostral de água das fontes, dos reservatórios e dos estábulos de trinta propriedades leiteiras dessa região revelou que as amostras de água dos estábulos estavam contaminadas com Staphylococcus coagulase-negativa e Staphylococcus aureus.

A ordenha manual em condições precárias de higiene, sem desinfecção do úbere, bem como das mãos do ordenhador, a utilização de panos sujos e pressão inadequada sobre os tetos favorecem a ocorrência de mastites infecciosas.

A ordenha mecânica sofre a influência dos mesmos fatores, complicada pela utilização de copos de ordenhadeira contaminados. Copos mal ajustados, velhos, sem flexibilidade ou deixados por muito tempo nos tetos, vácuo muito intenso ou irregular, pulsações muito rápidas ou deficientes por oscilações de voltagem traumatizam a glândula mamária, possibilitando a instalação de inflamações do tecido. Daí a importância da constante manutenção da ordenhadeira mecânica.

A ordenha incompleta favorece a instalação de mastites subclínicas ou crônicas, pois o leite retido na cisterna do úbere constitui um excelente meio de cultura, o que propicia o desenvolvimento de micro-organismos, notadamente, os piogênicos.

Traumáticos

As lesões provocadas nos tetos por certas doenças infecciosas, como febre aftosa, varíola bovina e papilomatose, facilitam o aparecimento de mastites por comprometerem a ordenha normal e também pelo agravamento das lesões pela ação das mãos do ordenhador.

PATOGENIA

A porta de entrada principal para instalação das mastites são os orifícios dos tetos. Em regra, os agentes bacterianos estão presentes na superfície externa dos tetos, no ambiente ou nas mãos dos ordenhadores. Desse modo, os micro-organismos penetram na glândula mamária via orifício do teto, correspondendo esse mecanismo à fase de invasão.

Após a penetração, encontrando condições favoráveis para a sua instalação – fatores condicionantes –, esses micro-organismos multiplicam-se rápida e intensamente já no canal galactóforo, disseminando-se, pela via ascendente, por todo o tecido mamário: é a fase de infecção (Figura 4.2).

Em função da suscetibilidade do hospedeiro, intensidade dos fatores condicionantes e natureza dos micro-organismos envolvidos, haverá o comprometimento de tecido glandular – fase de inflamação –, o qual será responsável pela intensidade da manifestação clínica.

DIAGNÓSTICO

É realizado mediante o controle da produção leiteira do rebanho e de cada animal individualmente. A queda na produção é um fator de suspeição, que deve ser averiguado de diferentes modos. Assim, deve-se considerar o diagnóstico clínico, associado a provas laboratoriais, realizadas no próprio estábulo e no laboratório de análises físico-químicas e bacteriológicas.

Os sistemas Petrifilm® e o SimPlate® para contagem total de bactérias aeróbias mesófilas e coliformes apresentam forte correlação com os métodos convencionais, para ambos os micro-organismos, e podem ser empregados como alternativa prática dada sua boa relação entre custo e benefício.

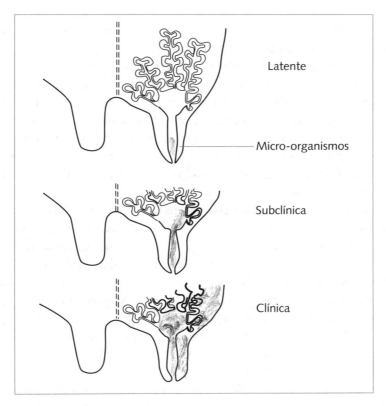

Figura 4.2 Tipos de mastites.

PREVENÇÃO

A higiene da ordenha é o fator de maior importância para o sucesso de qualquer programa de prevenção das mastites em animais leiteiros, seja manual ou mecânica. Em ambas as técnicas, é imperativo que o úbere seja lavado com jato de água e desinfetado para reduzir a carga bacteriana presente nas mamas. Em seguida, deve-se proceder às técnicas para detecção de mamites, caneca de fundo preto e prova do California Mastitis Test (CMT).

Na ordenha, manual ou mecânica, o ordenhador deve lavar as mãos com água limpa, escovar as unhas para retirar sujidades dos leitos subungueais e, em seguida, aplicar uma solução desinfetante.

Na ordenha mecânica, além dos cuidados de higiene das mãos, deve-se atentar para a prática da desinfecção de teteiras de um animal para o outro, utilizando-se dicloroisocianurato de sódio como fonte de cloro, que apresenta maior estabilidade do que o hipoclorito de sódio. Esses métodos de desinfecção reduzem a contaminação dos equipamentos, diminuindo o risco de transmissão de micro-organismos patogênicos durante os procedimentos de ordenha e, consequentemente, aumentam a qualidade microbiológica do leite produzido.

No que se refere à saúde dos rebanhos leiteiros, um programa de prevenção de mastites é a conduta mais acertada, contudo, deve ser de simples execução, aplicável em larga escala e, sobretudo, econômico. Estudos conduzidos nos Estados Unidos revelaram que a aplicação de medidas preventivas custava US$ 14,50/vaca/ano, enquanto os prejuízos com casos de mastite atingiam US$ 37,91/vaca/ano. Basicamente, um programa dessa natureza apoia-se em medidas de higiene na ordenha e nos cuidados ao final da lactação, no modo de secagem e no tipo de tratamento a ser adotado durante o período seco.

Na realidade, a prevenção das mastites em um rebanho leiteiro inicia-se com as vacas primíparas, as quais devem, entre outras medidas, ser isoladas das adultas e afastadas de seus bezerros após o parto para evitar a amamentação. Os animais, nessas circunstâncias, podem apresentar elevada frequência de mastite clínica, de acordo com estudo sobre a etiologia de infecções intramamárias em vacas da raça holandesa primíparas no período pós-parto, sendo o *Staphylococcus* spp coagulase-positiva o micro-organismo de maior prevalência (8,52%). De forma complementar, medidas de vigilância sanitária nas propriedades e programas de educação sanitária voltados para os proprietários e, sobretudo, aos ordenhadores, com ênfase nos princípios de higiene e nos aspectos práticos e técnicos da ordenha, são medidas indispensáveis para assegurar o controle das mastites e contribuir não só para o aumento da produção, mas, em especial, para a garantia da qualidade do leite.

IMPLICAÇÕES ECONÔMICAS

O Brasil tem na indústria leiteira uma fonte importante de rendimentos. Em 2007, conforme dados da Empresa Brasileira de Pesquisa Agropecuária (Embrapa), foram produzidos 25.327 bilhões de litros. Esse resultado coloca o país como o maior produtor da América Latina e Caribe, com uma produção 2,4 vezes superior à da Argentina – 10.500 bilhões de litros; e no 6º posto da classificação mundial dos países produtores de leite, liderada pelos Estados Unidos, com 84.189 bilhões de litros, de acordo com dados de 2008 da Food and Agriculture Organization (FAO).

Leite em pó, leite *in natura*, iogurte, queijos, requeijão, soro de leite, manteiga e derivados são exportados para diversas nações do continente americano, da África, da Ásia e da Oceania. Em contrapartida, a mesma linha de produtos é importada a partir dos países do Mercosul, Chile, Canadá, Estados Unidos e Europa.

Em termos de consumo per capita, o índice do Brasil é superado apenas na América do Norte, pelos Estados Unidos e Canadá, mas na Europa supera os da Alemanha, Bélgica e Itália; e na Ásia, os da China, Japão e Índia.

O Brasil investiu R$ 2,3 milhões para promover a exportação do leite nacional. A meta era exportar, até o final de 2014, mais de US$ 82 milhões de leite e derivados.

Para alcançar esse resultado, o Ministério do Desenvolvimento Agrário (MDA), a Agência Brasileira de Promoção de Exportações e Investimentos (Apex-Brasil) e a Organização das Cooperativas Brasileiras (OCB) firmaram convênio em 21 de fevereiro de 2013.

Essa decisão prendeu-se ao fato de que, desde 2008, o país deixou de ser exportador de leite e passou à condição de importador. A crise internacional provocou recuo nas compras e aumento do protecionismo no mercado mundial. A expectativa do governo é que, em uma década, a exportação de leite, queijos, manteiga e demais derivados chegue a R$ 1 bilhão, superando os valores de 2008 (Canuto, 2014).

Com base em informes da Embrapa, o Ministro da Agricultura, Pecuária e Abastecimento assinou a Instrução Normativa n. 51, de 18.09.2002, a qual aprovou os regulamentos técnicos de produção, identidade e qualidade dos leites tipo A, B e C, do leite pasteurizado e do leite cru refrigerado e o regulamento técnico da coleta de leite cru refrigerado e seu transporte a granel, em conformidade com os anexos a este documento.

Essa legislação estabeleceu critérios rígidos para produção, identidade e qualidade dos leites tipo A, B e C, além dos leites pasteurizado e cru. Os critérios técnicos de coleta de leite cru refrigerado e seu transporte a granel também foram regulamentados, conforme a Instrução Normativa n. 22, de 7.07.2009, que estabeleceu as normas técnicas para utilização de tanques comunitários, visando à conservação da qualidade do leite cru, proveniente de diferentes propriedades rurais.

A legislação, desse modo, atendeu às reivindicações de produtores e da própria indústria de laticínios, pois estabeleceu parâmetros para o resfriamento do leite após a ordenha e o transporte para laticínios, incluindo o uso de caminhões com tanques isotérmicos e a contagem de células somáticas, uma das formas de atestar a saúde do úbere em relação às mastites.

Do ponto de vista econômico, o controle da qualidade do leite ainda constitui condição essencial para o sucesso da produção seja para o consumo interno, seja para atender ao mercado externo. No que se refere à saúde pública, deve-se considerar que, apesar de o país ter um grande potencial de produção leiteira, o comércio ilegal de leite cru é uma realidade e constitui um perigo significativo ao ser consumido por uma parcela expressiva da população, sobretudo na zona rural. Portanto, ao lado da preocupação com a balança comercial, deve-se garantir a inocuidade do leite e de seus derivados para os consumidores locais.

CONCLUSÕES

As mastites constituem, em qualquer parte do globo, uma ameaça constante à produção leiteira. Assim, o diagnóstico precoce das mastites subclínicas é de máxima importância, pois pode evitar a perda definitiva de quartos afetados e o envio prematuro do animal para o abate.

O tratamento das mastites requer precauções e só deve ser aplicado sob recomendação profissional, uma vez que o emprego exagerado e despropositado de antibióticos conduz ao aumento da resistência bacteriana. Contudo, a probabilidade de cura diminui com o avançar da idade do animal, de modo que as vacas com mais de um quarto afetado apresentam menos possibilidade de cura que aquelas com um único quarto atingido. A substituição dos animais com mastite pode ser economicamente viável, sobretudo quando se considera a relação custo-benefício entre tratamento e produção leiteira.

É importante lembrar que, a partir do momento em que há queda da produção leiteira, provocada pela ocorrência de mastites nos rebanhos, o preço final do produto no mercado tende a sofrer elevações. Na entressafra, essa situação é ainda mais crítica.

A instabilidade do mercado brasileiro de leite força pequenos produtores a procurarem alternativas para comercializar sua produção, o que inclui a venda de leite cru e a fabricação artesanal de queijos, bem-aceitas pela parcela da população que 'dá preferência a esse tipo de produtos.

No Brasil, é necessária a realização de mais pesquisas que forneçam os números de recém-nascidos alimentados com leite de vaca para dimensionar a importância desse alimento para a população infantil. Também são prioritários dados que permitam identificar a incidência de mastites por região do país para direcionar as ações das autoridades de saúde de forma geral na elaboração e na aplicação de programas de prevenção e educação sanitária nessas regiões.

Vale insistir que todas as iniciativas relacionadas às propriedades leiteiras, à distribuição para as indústrias de laticínios e para o mercado distribuidor são da alçada do Ministério da Agricultura, Pecuária e Abastecimento, suportadas por ampla legislação. No que se refere ao comércio varejista, compete às vigilâncias sanitárias, no âmbito das três esferas de poder, garantir a inocuidade do leite in natura e dos demais laticínios, observando a legislação vigente. Além dos problemas decorrentes das más condições higienicossanitárias dos produtos, da refrigeração inadequada e do transporte em condições irregulares, há que se considerar a possibilidade de fraudes de ordem econômica. Em saúde pública, indiscutivelmente, o leite é uma importante fonte de proteína para todos os grupos populacionais, independentemente da faixa etária; contudo, pode se transformar na origem de muitas patologias infecciosas graves ao veicular micro-organismos patogênicos adquiridos a partir dos animais produtores ou durante a cadeia de produção e/ou distribuição.

É importante destacar que o Ministério da Agricultura lançou, em 29 de janeiro deste ano, o Programa Leite Saudável, com o objetivo de beneficiar até 80 mil produtores. A proposta é auxiliar a ampliação da quantidade e da qualidade do leite produzido. O objetivo é atingir o mesmo volume diário por animal obtido em países líderes mundiais como Argentina (16 litros por vaca) e Nova Zelândia (11 litros).

Para isso, serão investidos R$ 387 milhões em 466 cidades de Goiás, Minas Gerais, Paraná, Santa Catarina e Rio Grande do Sul, responsáveis por 72,6% de todo o leite nacional.

Com todas estas medidas aplicadas, espera-se que o programa impulsione as exportações dos derivados como leite em pó, manteiga e queijo de US$ 345 milhões, como registrado em 2014, para US$ 825 milhões, em 2018.

REFERÊNCIAS

AMARAL, L.A. et al. Ocorrência de Staphylococcus spp em água utilizada em propriedades leiteiras do Estado de São Paulo. Arquivo brasileiro de medicina veterinária e zootecnia, v. 55, n. 5, p. 620-3, 2003.

_____. Avaliação da eficiência da desinfecção de teteiras e dos tetos no processo de ordenha mecânica de vacas. Pesqui. Vet. Bras., v. 24, n. 4, p. 173-7, 2004.

BARANCELLI, G.V. et al. Avaliação de métodos para enumeração de microrganismos aeróbios mesófilos e coliformes em leite cru. Higiene alimentar., v. 18, n. 120, p. 70-84, 2004.

BUENO, V.F.F. et al. Etiologia e suscetibilidade a antimicrobianos dos agentes da mastite bovina isolados na região de Pirassununga – SP-Brasil. Revista Patol. trop., v. 32, n. 1, p. 33-43, 2003.

CANUTO, L. Brasil quer exportar US$ 82 milhões em lácteos até 2014. Disponível em: http://exame. abril.com.br/economia/noticias/brasil-quer-exportar-us-82-milho-es-em-lacteos-ate-2014. Acessado em: 8 ago. 2014.

CAPUCO, A.V. et al. Influence of pulsationless milking on teat canal keratin and mastitis. J. Dairy Sci., v. 77, n. 1, p. 64-74, 1994.

CORREIO DO ESTADO Brasil lança plano para dobrar exportação de leite em 3 anos. Acessado em: fev de 2007. http://www.correiodoestado.com.br/economia/brasil-lanca-plano-para-dobrar-exportacao--de-leite-m-3-anos/25907

COSTA, E.O. da et al. Etiologia bacteriana da mastite bovina no Estado de São Paulo, Brasil. Rev. Microbiol., v. 17, n. 2, p. 107-12, 1986.

_____. Survey of bovine mycotic mastitis in dairy herds in the State of São Paulo, Brazil. Mycopathologia, v. 124, n. 1, p. 13-7, 1993.

DAHL, J.C.; HARRINGTON, B.D.; JARRETT, J.A. Milking machine function and analysis. Vet. Clin. North Am. Food Anim. Pract., v. 9, n. 3, p. 531-6, 1993.

DEGRAVES, F.J.; FETROW, J. Economics of mastitis and mastitis control. Vet. Clin. North Am. Food Anim. Pract., v. 9, n. 3, p. 421-34, 1993.

[EMBRAPA] Empresa Brasileira de Pesquisa Agropecuária. Gado de Leite. Disponível em: http://www. cnpgl.embrapa.br. Acessado em: 5/10/2005.

ERSKINE, R.J. Nutrition and mastitis. Vet. Clin. North Am. Food Anim. Pract., v. 9, n. 3, p. 551-61, 1993.

[FAO] FOOD AND AGRICULTURE ORGANIZATION. The world food summit five years later. Mobilizing the political will and resources to banish world hunger. Roma: FAO, 2004.

FOX, L.K.; GAY, J.M. Contagious mastitis. Vet. Clin. North Am. Food Anim. Pract., v. 9, n. 3, p. 475-87, 1993.

HOBLET, K.H. et al. Costs associated with selected preventive practices and with episodes of clinical mastitis in nine herds with low somatic cell counts. J. Am. Vet. Med. Assoc., v. 199, n. 2, p. 190-6, 1991.

HOGAN, J.S.; WEISS, W.P.; SMITH, K.L. Role of vitamin E and selenium in host defense against mastitis. J. Dairy Sci., v. 76, n. 9, p. 2795-803, 1993.

ISHIZUKA, M.M.; GERMANO, P.M.L.; ERBOLATO, E.B. Mastites. Departamento de Medicina Veterinária Preventiva e Saúde Animal da Faculdade de Saúde Pública da Universidade de São Paulo, 1983. Apostila.

JONSSON, P. et al. Bacteriological investigations of clinical mastitis in heifers in Sweden. J. Dairy Res., 1991; 58(2):179-85.

MILLER, G.Y. et al. Costs of clinical mastitis and mastitis prevention in dairy herds. J. Am. Vet. Med. Assoc., v. 202, n. 8, p. 1230-6, 1993.

MINISTRO DA AGRICULTURA, PECUÁRIA E ABASTECIMENTO. Instrução Normativa n. 51, de 18 de setembro de 2002. Publicado no Diário Oficial da União de 20/09/2002, Seção 1, p.13
_____. Instrução Normativa n. 22, de 07 de julho de 2009. Publicado no Diário Oficial da União de 08/07/2009, Seção 1, p.8.

NADER Filho, A.; ROSSI Jr., O.D.; SCHOCKEN ITURRINO, R.P. Pesquisa de Staphylococcus aureus enterotoxigênicos em leite de vacas com mastite subclínica. Rev. Microbiol., v. 19, n. 4, p. 369-73, 1988.

NERO, L.A. Listeria monocytogenes e Salmonella spp em leite cru produzido em quatro regiões leiteiras no Brasil: ocorrência e fatores que interferem na sua detecção. São Paulo, 2005. Tese de doutorado. Faculdade de Ciências Farmacêuticas da USP.

NERO, L.A. et al. Hazards in non-pasteurized milk on retail sale in Brazil: prevalence of Salmonella spp, Listeria monocytogenes and chemical residues. Braz. J. Microbiol., v. 35, n. 3, p. 211-5, 2004.

PARDO, P.E. et al. Etiologia das infecções intramamárias em vacas primíparas no período pós-parto. Pesqui. Vet. Bras. v. 18, n. 3/4, p. 115-8, 1998.

REIS, S.R; SILVA, N.; BRESCIA, M.V. Antibioticoterapia para controle da mastite subclínica de vacas em lactação. Arq. Bras. Med. Vet. Zootec., v. 55, n. 6, p. 651-8, 2003.

SEARS, P.M. et al. Procedures for mastitis diagnosis and control. Vet. Clin. North Am. Food Anim. Pract., v. 9, n. 3, p. 445-68, 1993.

SHEARER, J.K.; HARMON, R.J. Mastitis in heifers. Vet. Clin. North Am. Food Anim. Pract., v. 9, n. 3, p. 583-95, 1993.

SMITH, K.L.; HOGAN, J.S. Environmental mastitis. Vet. Clin. North Am. Food Anim. Pract., v. 9, n. 3, p. 489-98, 1993.

SOL, J. et al. Factors associated with bacteriological cure after dry cow treatment of subclinical staphylococcal mastitis with antibiotics. J. Dairy Sci., v. 77, n. 1, p. 75-9, 1994.

SOUZA, DDP. Consumo de produtos lácteos informais, um perigo para a saúde pública. Estudo dos fatores relacionados a esse consumo no município de Jacareí – SP. São Paulo, 2005. Dissertação (mestrado em Epidemiologia Experimental Aplicada às Zoonoses). Universidade de São Paulo.

STOT, A.W.; KENNEDY, J.O. The economics of culling diary cows with clinical mastitis. Vet. Rec., v. 133, n. 20, p. 494-9, 1993.

Qualidade do leite no processamento de derivados

5

Carlos Augusto Fernandes de Oliveira

INTRODUÇÃO

O leite é considerado o mais completo alimento e possui elevado valor biológico na alimentação humana, particularmente nos primeiros estágios de vida, quando constitui alimento exclusivo. Os elementos nutricionais, sobretudo proteínas, carboidratos, vitaminas e minerais contidos no leite, transformam-no em um excelente substrato para o crescimento de micro-organismos. Por esse motivo, o leite deve ser obtido com máxima higiene e mantido em baixa temperatura, desde a ordenha até a ocasião de seu beneficiamento, visando a garantir as características físicas, químicas e nutricionais do produto final.

No Brasil, a indústria de laticínios é bastante expressiva, apresentando elevado nível de desenvolvimento tecnológico, o que pode ser demonstrado pela grande variedade de produtos derivados existentes no mercado. O leite produzido no Brasil é destinado principalmente à fabricação de queijos, leite em pó e leite longa vida ou esterilizado (Figura 5.1). Nos últimos anos, conforme se observa na Figura 5.2, houve um notável aumento da produção de leites esterilizados (UHT), resultante da crescente demanda por produtos de maior praticidade, sobretudo nas grandes cidades. Desse modo, em termos individuais, o leite pasteurizado, subdividido nos tipos A, B e C até o ano de 2011, passou a representar a segunda maior parte do leite beneficiado. Entretanto, deve-se destacar que cerca de 62% do leite produzido no país é destinado à elaboração de produtos industrializados, principalmente queijos e leite em pó, conforme se observa na Tabela 5.1.

Até julho de 2005, o leite utilizado na elaboração de derivados, incluindo o leite UHT, seguia as mesmas normas estabelecidas para o leite tipo C produzido em fazendas leiteiras, recolhido por caminhões, levado até postos de refrigeração e, finalmente, transportado até a usina de beneficiamento. Essa cadeia foi utilizada por várias décadas como a principal forma de captação de leite pelas indústrias. Entretanto, esse modelo sofreu uma profunda revisão a partir do início da década de 1990, quando foram implementados os primeiros programas de qualidade total pelas empresas de laticínios, por meio dos quais as indústrias passaram a exigir melhor qualidade do leite in natura. Uma das estratégias mais empregadas, desde então, é a utilização de um incentivo ao produtor: o estabelecimento de preços variáveis em função da qualidade do leite, a exemplo do que anteriormente ocorria com relação ao pagamento diferenciado pelo teor de gordura do leite.

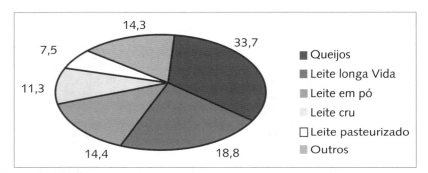

Figura 5.1 Industrialização do leite inspecionado no Brasil em 2010 (porcentagem do total).

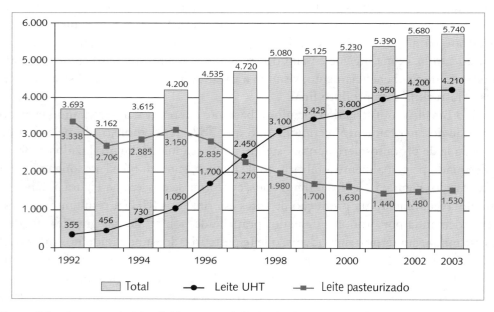

Figura 5.2 Consumo de leite fluido no Brasil de 1992 a 2003.
Fonte: ABLV (2004).

Tabela 5.1 Produção de leite e derivados no Brasil (milhões de L ou kg).

Produto	1990	2003	2013
Leite ordenhado	13.885	22.300	33.715
Leite pasteurizado	4.666	1.540	1.650
Leite esterilizado	168	4.213	6.156
Leite em pó	231	357	680
Iogurtes	206	430	750
Queijos	198	450	710
Manteiga	56	nd	82
Requeijão	18	45	84
Outros lácteos*	nd	2.925	4.036

*Incluem: iogurtes, leites aromatizados, creme de leite, leite condensado e sobremesas lácteas.
nd = não determinado

Fonte: Anuário Milkbizz (1999); ABLV (2004); Conab (2013).

CONSUMO DE LEITE FLUIDO NO BRASIL

Tendo em vista a necessidade de regulamentação dessa nova realidade do setor leiteiro, o Ministério da Agricultura, Pecuária e Abastecimento (Mapa) reformulou, por meio da Instrução Normativa n. 51 (IN51), de 18.9.2002, atualizada posteriormente pela IN62/2011, os itens utilizados para a avaliação da qualidade do leite. A IN51 instituiu a obrigatoriedade de refrigeração do leite em todas as propriedades leiteiras e a necessidade de transporte em tanques isotérmicos para manutenção da temperatura do leite resfriado, conhecido como transporte a granel do leite. Além disso, a IN51 revisou os limites permitidos para micro-organismos mesófilos no leite in natura e incluiu, pela primeira vez no Brasil, a contagem de células somáticas (CCS) como um dos critérios para aceitação do leite. Assim, ficou estabelecido na época que o limite máximo legal fixado a partir de 1.7.2005 seria de 1.000.000 CCS/mL nas regiões sul, sudeste e centro-oeste; e, a partir de 1.7.2007, para as regiões norte e nordeste (Ministério da Agricultura, 2002).

A IN62/2011 atualizou os prazos para adequação aos limites microbiológicos e para CCS, com o objetivo de possibilitar aos produtores alcançar os critérios de qualidade necessários para o leite produzido e entregue nas indústrias de laticínios do país. Essas regulamentações do Maapa ocasionaram, também, uma mudança nos critérios de classificação dos leites de pasteurizados, que resultou na extinção dos leites B e C. Sendo assim, desde julho de 2012, classificam-se os leites in natura em tipo A e leite resfriado sem designação, cujos limites estabelecidos e válidos em todo o território nacional a partir de julho/2017, para contagem global de bactérias mesófilas e CCS, são 1,0 x 10^5 unidades formadoras de colônias e 4,0 x 10^5 células/mL, respectivamente.

ELABORAÇÃO DE DERIVADOS

Existe consenso, atualmente, de que o controle da qualidade do leite utilizado como matéria-prima é fundamental para garantir a qualidade dos produtos derivados. Isso é válido mesmo para aqueles produtos que sofrem processos térmicos mais intensos, como é o caso dos leites concentrados e esterilizados, nos quais a eficiência desses procedimentos alcança praticamente 100%. Desse modo, as indústrias devem concentrar esforços junto aos seus setores de captação de leite, uma vez que a produção representa, sob o ponto de vista microbiológico, o primeiro ponto crítico de controle no processamento de qualquer produto lácteo. Existe uma correlação direta entre o número de micro-organismos presentes no leite cru e o número de micro-organismos no leite processado. Dessa forma, leites com contagens elevadas de micro-organismos podem comprometer seriamente a qualidade de certos produtos, tais como iogurtes, bebidas lácteas e leites desidratados, principalmente os modificados para a alimentação infantil.

A qualidade do leite cru é influenciada por múltiplas condições, entre as quais destacam-se os fatores zootécnicos e aqueles relacionados à obtenção do produto. Os primeiros incluem aspectos associados ao manejo, à alimentação e ao potencial genético dos rebanhos e são responsáveis pelas características de composição do leite, bem como pela produtividade. A obtenção do leite, por outro lado, relaciona-se diretamente com a qualidade microbiológica do produto, determinando, inclusive, o prazo de sua vida útil. Podem-se enumerar três fatores principais que participam dessa relação: condições de higiene na ordenha, temperatura do leite após a ordenha e durante o transporte até a usina. Para o leite C, a legislação brasileira estabelecia o intervalo máximo de 12 horas entre a ordenha e a chegada na plataforma da usina. Contudo, esse tempo podia ser dilatado por até 24 horas, caso o leite fosse resfriado a cerca de 10°C na fazenda ou a 5°C nos postos de refrigeração. Esses valores não atendiam totalmente aos requisitos básicos de qualidade do leite in natura, pois as relações de tempo e temperatura favorecem o desenvolvimento de micro-organismos. Esse foi o principal motivo para a extinção do leite C no Brasil. De acordo com a IN51, o ideal é que o leite seja resfriado logo após a ordenha em resfriadores fechados (tanques de expansão), até atingir 5°C ou menos e, posteriormente, seja transportado em caminhões-tanque isotérmicos até a usina.

Entre os principais problemas que afetam a produção de leite destaca-se a mastite – inflamação da glândula mamária –, caracterizada por causar alterações significativas na composição do leite e pelo aumento na concentração de células somáticas. A mastite tem sido considerada mundialmente a doença de maior impacto nos rebanhos leiteiros em decorrência da elevada prevalência e dos prejuízos econômicos que determina. Paralelo a isso, a mastite exerce um efeito extremamente negativo sobre a indústria de laticínios, em função do impacto que causa sobre a qualidade do leite.

As infecções que acometem a glândula mamária provocam aumento na CCS do leite. Essas células estão presentes normalmente no leite e são constituídas, em sua grande maioria, por leucócitos, sobretudo neutrófilos, e células de descamação do epitélio secretor da glândula. Durante a evolução da mastite, há um influxo maior dessas células para a glândula mamária, conduzindo à elevação do seu número.

O aumento na CCS está associado a diversas consequências negativas sobre o leite fluido e derivados, com destaque para as perdas no rendimento industrial de fabricação de produtos lácteos e para a diminuição do seu respectivo "tempo de prateleira" (shelf-life). Na elaboração de queijos semiduros, por exemplo, a diminuição no rendimento industrial é particularmente drástica, podendo alcançar valores de até 4%. Isso significa uma perda final de 400 kg de queijo para cada 100.000 L de leite processado, se for considerado o rendimento médio de 1 kg de queijo para cada 10 L de leite utilizado. Há também referências que atestam o aumento do prazo necessário para a coagulação do queijo, a perda de proteína no soro e o aumento na probabilidade de ocorrência de sabor rançoso no queijo e na manteiga.

As alterações no tempo de prateleira ocorrem no leite fluido e em produtos derivados. Esse fenômeno deve-se, principalmente, à ação de enzimas proteolíticas, as quais em grande parte são termoestáveis, e permanecem ativas mesmo após os processos usuais de pasteurização do leite. Os principais efeitos dessas enzimas manifestam-se na forma de alterações no sabor dos produtos lácteos. As enzimas proteolíticas geram um sabor amargo no leite armazenado e seus derivados, enquanto as enzimas lipolíticas predispõem a ocorrência de sabor rançoso, em função da quebra dos ácidos graxos de cadeia longa em ácidos graxos de cadeia curta.

A ocorrência de mastite também pode afetar a qualidade microbiológica do leite. Primeiramente, os próprios patógenos causadores da mastite podem gerar aumento na contagem global de micro-organismos em placa (CGP) do leite entregue à indústria. Isso é particularmente importante em rebanhos que apresentam alta prevalência da doença causada por Streptococcus agalactiae e S. uberis. Além disso, outras bactérias causadoras de mastite, como Staphylococcus aureus e Escherichia coli, podem gerar toxinas termorresistentes, o que representa um risco considerável à saúde humana.

O tratamento das mastites, por outro lado, apresenta sérias implicações em saúde pública, em decorrência, sobretudo, da presença de resíduos de antibióticos no leite. Alguns estudos têm demonstrado que a maior fonte desses resíduos é representada pela frequente inoculação intramamária de antibióticos utilizados no combate à mastite.

Os valores de CCS estão diretamente relacionados ao aumento na contagem de bactérias psicrotróficas do leite. Essa associação advém do fato de que a principal fonte desses micro-organismos é a superfície externa dos tetos. Assim, quanto melhor a desinfecção dos tetos, mais baixa a CCS e menor a concentração de bactérias psicrotróficas no leite produzido. Deve-se ressaltar que os critérios de higiene da glândula mamária tornam-se ainda mais importantes à medida que se intensificam as ações para o resfriamento do leite na propriedade rural, imediatamente após a ordenha, a exemplo do que vem ocorrendo no país.

A composição do leite também sofre modificações decorrentes de mastites, conforme pode ser observado na Tabela 5.2. Essas alterações conduzem à diminuição do valor nutritivo dos produtos lácteos, especialmente em relação aos teores de cálcio. Além disso, o leite adquire um sabor salgado, em decorrência do aumento dos níveis de sódio e cloro e da queda do percentual de lactose.

Os efeitos das mastites sobre a proteína do leite são de natureza qualitativa, uma vez que os valores absolutos de proteína bruta não sofrem alterações significativas. Assim, o leite proveniente de vacas com mastite apresenta menor teor de caseína, a proteína nobre do leite, acompanhado do aumento dos níveis de proteínas séricas, como soroalbuminas e imunoglobulinas. As consequências mais importantes dessas alterações manifestam-se sobre o rendimento industrial e o valor nutritivo dos produtos lácteos, sobretudo queijos e iogurtes.

No Brasil, atualmente, as atividades de controle da qualidade do leite incluem prevenção de fraudes e adulterações do produto in natura.

Tabela 5.2 Percentuais de alterações na composição do leite associadas ao aumento da CCS.

Constituintes	Leite normal	Leite com CCS elevada	Variação
Sólidos desengordurados	8,90	8,80	99
Gordura	3,50	3,20	91
Lactose	4,90	4,40	90
Proteína total	3,61	3,56	99
Caseína total	2,80	2,30	82
Proteína do soro	0,80	1,30	162
Albumina sérica	0,02	0,70	350
Lactoferrina	0,02	0,10	500
Imunoglobulinas	0,10	0,60	600
Sódio	0,06	0,11	184
Cloro	0,09	0,15	161
Potássio	0,17	0,16	91
Cálcio	0,12	0,04	33

Fonte: adaptado de Kitchen (1981).

Assim, os parâmetros oficiais utilizados para esse controle incluem acidez, densidade a 15°C, índice crioscópico, percentual de gordura e de extrato seco desengordurado (ESD). Os parâmetros microbiológicos (contagem global de micro-organismos, exclusivamente) foram revisados pela IN51, no leite fresco, aplicando-se aos tipos A, B e leite cru resfriado, constituindo este último a matéria-prima utilizada tanto para a produção de leite pasteurizado sem denominação específica quanto para a fabricação do leite longa vida e dos demais derivados lácteos.

Em países da Europa e da América do Norte, os parâmetros de qualidade incluem, além de contagem global e índice crioscópico, a contagem de células somáticas e o percentual de proteínas do leite, os quais são fortemente relacionados ao rendimento industrial e à qualidade do produto final. Entretanto, essas análises apresentam custo elevado em função dos equipamentos que requerem, o que dificulta sua absorção plena por parte dos setores envolvidos. É importante destacar também que os parâmetros de qualidade do leite a serem adotados, para diferenciar o preço pago ao produtor, devem ser condizentes com a realidade do país. Isso se aplica particularmente no caso do Brasil, onde o setor de produção de leite, principalmente do tipo C, não conseguiu acompanhar a evolução tecnológica das indústrias de laticínios ocorrida nas últimas décadas.

QUALIDADE INDUSTRIAL

No início da década de 1990, algumas indústrias de grande porte passaram a estabelecer novos requisitos para o recebimento de leite e a remuneração do produtor com vistas à instituição progressiva de programas de pagamento diferenciado do leite por qualidade. Entre os critérios utilizados, foram incluídos prova de redutase, sedimentos e condições sanitárias do rebanho. A escolha desses parâmetros levou em consideração a simplicidade e a praticidade das provas, que podiam ser efetuadas nos próprios postos de refrigeração das empresas, além de constituírem instrumentos universalmente aceitos para estimar a qualidade higiênica do leite.

A prova de redutase é utilizada como estimativa do número total de micro-organismos. Consiste em colorir o leite com uma solução de azul de metileno a 0,005%, descorado pela ação enzimática microbiana. O tempo necessário para essa descoloração é inversamente proporcional ao número de germes presentes no leite e pode ser interpretada, de acordo com Behmer, mediante a escala apresentada no Quadro 5.1.

A prova de sedimentos fornece informações sobre os cuidados higiênicos na ordenha. Consiste na passagem de um determinado volume de leite, sob pressão, por intermédio de um filtro (por exemplo, filtro de Minit), o qual contém um disco de porosidade suficiente para reter as sujidades presentes no leite, como terra, esterco, palha e pelos, entre outros. As partículas retidas no disco são, então, isoladas e pesadas, sendo os resultados dessa prova interpretados de acordo com a escala apresentada no Quadro 5.2.

Quadro 5.1 Classificação do leite segundo os resultados da prova de redutase.

Resultado	Interpretação
Bom	Descoloração em mais de 330 minutos, o que equivale à presença de até 500.000 de germes/mL
Regular	Descoloração entre 120 e 330 minutos, o que equivale à presença de 500.000 a 4.000.000 de germes/mL
Péssimo	Descoloração em menos de 120 minutos, o que equivale à presença de mais de 4.000.000 de germes/mL

Quadro 5.2 Classificação do leite segundo os resultados da prova de sedimentos.

Resultado	Interpretação
Ótimo	Ausência de sujidades/L de leite
Bom	Cerca de 0,5 mg/L de sujidades/L de leite
Regular	Cerca de 2,5 mg de sujidades/L de leite
Ruim	Cerca de 5 mg de sujidades/L de leite
Péssimo	Cerca de 10 mg de sujidades/L de leite

Com relação às condições sanitárias do rebanho, diversos critérios podem ser definidos, destacando-se as atividades de controle de zoonoses, como brucelose e tuberculose, além da incidência de mastites.

O objetivo principal dos programas foi o de estabelecer um sistema de pontuação aos produtores, de maneira a classificar o leite entregue nas usinas de acordo com a qualidade do produto. Desse modo, após o levantamento de dados históricos dos produtores para o estabelecimento de médias das variáveis mencionadas, foram confeccionadas escalas de premiação, exemplificadas na Tabela 5.3.

É importante destacar que o estabelecimento do sistema de pontos teve por finalidade estimular os produtores a melhorar a qualidade do leite por meio da incorporação de um percentual de bonificação sobre o preço pago pela indústria, escalonado de acordo com a pontuação alcançada. Essa abordagem difere completamente do sistema tradicional de controle do leite recebido, que apenas previa penalidades para a perda dos atributos do leite, porém não contemplava vantagens para a melhoria da qualidade do produto entregue às usinas. Esse princípio foi responsável, em grande parte, pelo sucesso dos programas em diversos países e que, atualmente, têm sido aplicados por várias empresas no Brasil.

Tabela 5.3 Exemplo de pontuação (P) atribuída pela qualidade do leite produzido, segundo os resultados das provas de redutase e sedimentos, bem como das condições sanitárias do rebanho.

Parâmetros	Critérios	P
Redutase	< 180	0
	180 – 240	4
	241 – 300	7
	> 300	10
Sedimentos	1	5
	2	3
	3	1
	4	0
	5	0
Condições sanitárias	Brucelose e mastite	2
	Brucelose ou mastite	1

Outro fator que contribui de maneira relevante para o desenvolvimento dos programas de melhoria da qualidade do leite é o oferecimento, por parte do setor industrial, de atividades de orientação, apoio e pelos serviços de assistência aos produtores. Tais atividades devem contemplar, sobretudo, elementos de educação sanitária e transferência de novas tecnologias, com destaque para:

- Limpeza e desinfecção dos utensílios da ordenha, como baldes, coadores e mesmo ordenhadeiras, incluindo a substituição ou aquisição de utensílios.
- Limpeza e desinfecção das instalações de ordenha, incluindo melhorias na estrutura, pequenas reformas de estábulos e provisão adequada de água.
- Limpeza e desinfecção do úbere dos animais.
- Diagnóstico de mastites e vacinação contra brucelose.
- Introdução de resfriadores de expansão nas propriedades.

A obtenção de resultados favoráveis em programas de melhoria das condições higiênicas do leite pode ser ilustrada pela evolução dos valores médios anuais de redutase do leite recebido por uma indústria situada na região noroeste do estado de São Paulo, os quais passaram de 177, em 1992, para 248, em 1996 (Figura 5.3). Contudo, o impacto desses valores sobre a qualidade dos derivados produzidos ou sobre o rendimento industrial do leite ainda necessita ser mais bem compreendido.

Para garantir as características do leite no período de transporte e atender às normas contidas na IN62, as empresas têm implementado o sistema de coleta de leite resfriado, cujo objetivo principal é racionalizar o transporte do leite nas fazendas diretamente até a usina de beneficiamento, sem a necessidade de veículos de coleta de latões e postos de refrigeração. Esse procedimento recebe o nome de granelização e foi adotado no Brasil a exemplo do que ocorre há várias décadas em diversos países da Europa, além dos Estados Unidos e da Argentina. Sob o aspecto da qualidade do leite, as vantagens da granelização são evidentes, pois garantem o transporte do leite resfriado a cerca de 4°C em caminhões-tanque isotérmicos, com um mínimo de manipulações.

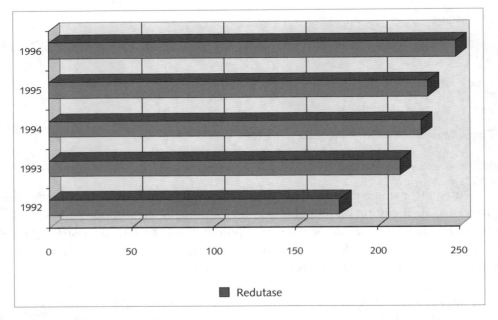

Figura 5.3 Valores médios anuais de tempo de redutase obtidos em indústrias de laticínios do estado de São Paulo.
Fonte: ANPL (2002).

Deve-se ressaltar, por último, que a iniciativa dos citados programas pelas empresas brasileiras certamente contribuiu para estimular a consciência de que a melhoria da qualidade do leite é imprescindível para o desenvolvimento da pecuária leiteira e sua manutenção como atividade economicamente viável e lucrativa. Os reflexos da evolução do setor lácteo nos últimos anos, que culminaram com a recente implementação da nova legislação, já exercem influência na economia do Brasil, que em 2004 passou a exportar, pela primeira vez em sua história (Figura 5.4), produtos lácteos com qualidade internacionalmente reconhecida.

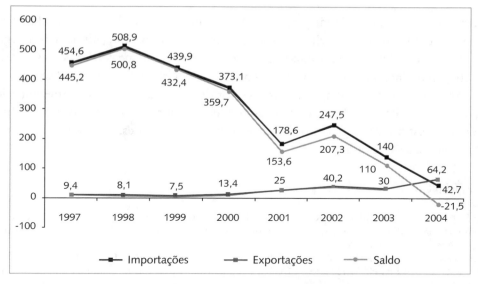

Figura 5.4 Balança comercial do agronegócio do leite (milhões de litros).
Fonte: Carvalho et al. (2006).

CONCLUSÕES

Do ponto de vista da saúde pública, o leite ocupa lugar de destaque em nutrição humana. Contudo, ao lado da indiscutível qualidade intrínseca, há o permanente risco de o leite servir como veiculador de micro-organismos patogênicos ou ser alvo de fraudes durante o processamento. Em ambas as circunstâncias, o produto passa a ser prejudicial à saúde do consumidor.

A venda de leite e produtos derivados direto do produtor ao consumidor, sem qualquer tratamento prévio, sobretudo a pasteurização, expõe a população ao risco de doenças como tuberculose e brucelose, entre outras, além de não assegurar a distribuição de um produto integral.

O controle higiênico-sanitário dos rebanhos e da ordenha é fundamental para garantir a composição ideal do leite e reduzir o risco de transmissão de agentes de doença. A refrigeração pós-ordenha e o transporte para as usinas leiteiras permitem aumentar a durabilidade do produto. Posteriormente, a avaliação da qualidade do leite in natura, mediante provas físico-químicas complementadas por exames microbiológicos, possibilita a identificação dos produtores com problemas zootécnicos e até mesmo os inidôneos. Por fim, a pasteurização do leite com qualidade controlada assegura a distribuição de um produto isento de riscos maiores à população, o que se aplica a todos os produtos dele derivados.

Compete às autoridades constituídas – representadas no âmbito das esferas federal e estadual pelos serviços de inspeção dos produtos de origem animal, e na esfera municipal pelos órgãos de vigilância sanitária – fiscalizar as atividades da indústria e do comércio varejista, respectivamente. É importante, ainda, não relegar ao plano secundário a necessidade de realizar campanhas periódicas de esclarecimento à população para que evitem o consumo de leite de origem clandestina.

Portanto, iniciativas empresariais do setor de laticínios são de fundamental relevância, não só para adequar a produção de leite às normas brasileiras, mas, sobretudo, para estimular os produtores a investir nas propriedades, de modo a obter leite com qualidade assegurada.

REFERÊNCIAS

[ABLV] ASSOCIAÇÃO BRASILEIRA DE LEITE LONGA VIDA. Brasil – mercado total de leite fluido. Comportamento das vendas internas de leite longa vida 1990/2004. Disponível em: http://www.ablv. org.br. Acessado em: out. 2006.

ALLISON, J.R.D. Antibiotics residues in milk. British Veterinary Journal, v. 141, p. 9-16, 1995.

AMERICAN PUBLIC HEALTH ASSOCIATION. Standard methods for the examination of dairy products. 15.ed. Washington: Apha, 1984.

[ANPL] ASSISTÊNCIA NESTLÉ AOS PRODUTORES DE LEITE. Observatório social. Nestlé Brasil, 2002. 41p.

ANUÁRIO MILK-BIZZ. Anuário Milkbizz 1999/2000. São Paulo: Milkbizz, 1999.

BARBANO, D.M. et al. Influence of milk somatic cell count and milk age on cheese yield. Journal of Dairy Science, v. 74, n. 2, p. 369-88, 1991.

BEGUIN, M. La qualité du lait: point de vue des transformateurs et conséquences sur le système de paiement. Récueil de Médecine Vétérinaire, v. 170, p. 345-51, 1994.

BEHMER, M.L.A. Tecnologia do leite. 10.ed. São Paulo: Nobel, 1980.

BIBALKE, D. The effect of high somatic cell count on the quality of dairy products. Dairy, Food and Environmental Sanitation, v. 15, p. 67-8, 1994.

CARVALHO, M.P; ALVIN, R.S.; MARTINS, M.C. Considerações sobre a inserção do Brasil no mercado mundial de lácteos. Confederação da Agricultura e Pecuária do Brasil (CNA Brasil). 24/11/2006. 15p. Disponível em: http://www.cna.org.br/cna/ publicacao/down_anexo.wsp?tmp.arquivo=E15_14570. Acessado em: jul. 2007.

[CONAB] Companhia Nacional de Abastecimento. Perspectivas para a agropecuária na safra 2013/2014. Disponível em: http://www.conab.gov.br/OlalaCMS/uploads/arquivos/13_09_12_17_50_23_10_lacteos. pdf.

GRIFFITHS, M.W. et al. The quality of skim-milk powder produced from raw milk stored at 2 degree. Food Microbiology, v. 5, p. 89-96, 1988.

HARDING, F. Milk Quality. Glasgow: Chapman & Hall, 1995.

HARRIS Jr., B.; BACHMAN, K.C. Nutritional and management factors affecting solid-non-fat, acidity and freezing point of milk. Gainesville: Institute of Food and Agricultural Sciences, 1988 (Florida Cooperative Extension Service, DS25).

[ICMSF] INTERNATIONAL COMMISSION ON MICROBIOLOGICAL SPECIFICATIONS FOR FOODS. El sistema de análisis de riesgos y puntos críticos: su aplicación a las industrias de alimentos. Zaragoza: Acribia, 1991.

KITCHEN, B. J. Review of progress of dairy science; bovine mastitis: milk compositional changes and related diagnostic tests. Journal of Dairy Research, v. 48, p. 167, 1981.

LÜCK, H. Control de la calidad de la industria lactologica. In: ROBINSON, R.K. (ed.). Microbiologia lactologica. Zaragoza: Acribia, 1987. v.2. p.255-94.

MINISTÉRIO DA AGRICULTURA. Regulamento da inspeção industrial e sanitária de produtos de origem animal. Brasília: MA, 1980.

_____. Instrução Normativa n. 51, de 18/9/2002. Disponível em: http://www.agricultura.gov.br/sda/ dipoa/in51.htm. Acessado em: set. 2003.

QUALIDADE DO LEITE NO PROCESSAMENTO DE DERIVADOS ■ 115

_____. Instrua.g Normativa n. 62, de 29/12/2011. Di9/12/2011. r/sda/dipoa/in51.htm. Acessado em: set.A,987. v.2.itis: nd freezing pointMURPHY, S.C. Influence of bovine mastitis on lipolysis and proteolysis in milk. Journal of Dairy Science, 1989; 72:620-6.

NICKERSON, S.C. Bovine mammary gland: structure and function; relationship to milk production and immunity to mastitis. Agri-Practice, v. 15, p. 11-8, 1994.

POLITIS, I.; NG-KWAI-HANG, K.F. Effect of somatic cell count and milk composition on cheese composition and cheesemaking efficiency. Journal of Dairy Science,v. 71, n. 7, p. 1711-9, 1988.

RENEAU, J.K.; PACKARD, V.S. Monitoring mastitis, milk quality and economic losses in dairy fields. Dairy, Food and Environmental Sanitation, v. 11,p. 4-11, 1991.

SCHULTZ, L.H. Somatic cell in milk-physiological aspects and relationship to amount and composition of milk. Journal of Food Protection,v. 40, p. 125, 1997.

SENYK, G.F.; CRANKER, K.M.; SHIPE, W.F. Relationship between milk somatic cell count anf flavour, chemical and bacteriological quality after processing. Journal of Dairy Science, v. 69, Suppl. 1, p. 64 (Abstract), 1986.

SILVESTRINI, P. Panorama da distribuição e consumo do leite. In: PEIXOTO, A.M.; MOURA, J.C.; FARIA, V.P. (eds.). Caracterização e implementação de uma política para o leite. Piracicaba: Fealq, 1985, p.73-83.

SPREER, E. Lactologia industrial. 2.ed. Zaragoza: Acribia, 1991.

6

Aflatoxina M_1 em leite e derivados

Carlos Augusto Fernandes de Oliveira
Pedro Manuel Leal Germano

INTRODUÇÃO

A aflatoxina M_1 (AFM_1) é um potente hepatocarcinógeno excretado no leite de vacas alimentadas com rações contaminadas por aflatoxina B_1 (AFB_1), principal metabólito produzido por fungos do gênero *Aspergillus*. A contaminação do leite de consumo humano por AFM_1 assume destacada relevância em saúde pública, considerando-se que seus efeitos tóxicos agudos e carcinogênicos têm sido extensivamente demonstrados em diversas espécies, sobretudo em animais jovens.

A ocorrência de fungos do gênero *Aspergillus*, bem como das aflatoxinas nos alimentos e rações animais, apresenta distribuição mundial, com predomínio nas regiões de clima tropical e subtropical, inclusive no Brasil. Produtos agrícolas como amendoim, milho, feijão, arroz e trigo, entre outros, podem ser contaminados por meio do contato com os esporos do fungo, presentes no ambiente, sobretudo no solo, durante os procedimentos de colheita e secagem. O armazenamento inadequado, em locais úmidos e sem ventilação, favorece não apenas a contaminação, mas também o desenvolvimento fúngico nos produtos já contaminados. Consequentemente, a ocorrência de resíduos de aflatoxinas em alimentos de origem animal ocorre a partir da biotransformação da AFB_1 presente nesses ingredientes utilizados na formulação de rações administradas aos animais.

Biotransformação da Aflatoxina b_1 Emaflatoxina M_1

As aflatoxinas são absorvidas no trato gastrointestinal e biotransformadas primariamente no fígado por enzimas microssomais relacionadas ao citocromo P450. A biotransformação da AFB_1 constitui processo complexo, com múltiplas vias, entre as quais destacam-se a epoxidação e a hidroxilação. A epoxidação conduz à formação do derivado AFB_1-8,9, epóxido responsável pela atividade tóxica da AFB_1. Esse composto é altamente eletrofílico e capaz de reagir rapidamente com macromoléculas, como DNA, RNA e proteínas. A formação desses complexos altera completamente a homeostase celular, originando, assim, os efeitos tóxicos agudos, mutagênicos e carcinogênicos da AFB_1.

A hidroxilação, por outro lado, forma derivados menos tóxicos e hidrossolúveis, como a AFM_1, o que possibilita sua excreção por meio dos fluidos corporais. A AFM_1, entretanto, também pode ser epoxidada e ativada para formar derivados mutagênicos, o que explica sua toxicidade apreciável em modelos experimentais.

A excreção de AFM_1 no leite tem sido estudada com particular interesse em vacas leiteiras, uma vez que esse alimento é o mais vulnerável para a concentração dos resíduos de aflatoxinas. As taxas prováveis de conversão de AFB_1 na ração para AFM_1 ou AFB_1 residual, em produtos de origem animal, encontram-se na Tabela 6.1.

A concentração de AFM_1 no leite pode variar amplamente de um animal para outro e até de uma fase de lactação para outra. A AFM_1 pode ser detectada no leite de 12 a 24 horas após a ingestão inicial de AFB_1, atingindo o equilíbrio com máxima concentração após 3 a 6 dias de ingestão constante e diária. Por outro lado, a AFM_1 torna-se indetectável no leite 2 a 4 dias depois de cessar a exposição à ração contaminada.

Pesquisadores calcularam a quantidade de AFM_1 excretada no leite como uma porcentagem da AFB_1 ingerida na ração, encontrando estimativas entre 0 e 4%, com média de 1%. Esses autores compilaram resultados de vários estudos efetuados em vacas leiteiras, observando uma relação linear entre a ingestão de AFB_1 e a excreção de AFM_1 no leite, com a respectiva equação de regressão regida por $Y = 2,55 + 0,84.X$ ($r^2 = 0,73$; $n = 43$), em que Y representa a concentração de AFM_1 no leite ($\mu g/ml$), e X, a ingestão de AFB_1 (mg/dia).

Tabela 6.1 Taxas de conversão de AFB_1 na ração para AFM_1 ou AFB_1 residual em produtos de origem animal.

Animal	Produto	Tipo de aflatoxina	Taxa de conversão*
Bovinos de corte	Fígado	B_1	14.000
Bovinos leiteiros	Leite	M_1	75
Suínos	Fígado	B_1	800
Galinhas poedeiras	Ovo	B_1	2.200
Frangos	Fígado	M_1	1.200

* Nível de AFB_1 na ração dividido pelo nível de AFM_1 ou AFB_1 residual, no produto especificado.

Fonte: Park e Pohland (1986).

É importante destacar que as taxas de conversão descritas anteriormente foram resultantes de experimentos realizados com animais submetidos à ingestão de doses elevadas de AFB_1 (acima de 5 mg/dia). Desse modo, a equação de Sieber e Blanc não é aplicável para estimar a concentração de AFM_1 no leite de animais expostos a baixos níveis de AFB_1 na ração. Esse fato é comumente encontrado no campo e caracteriza a exposição crônica dos animais à AFM_1.

Os estudos sobre a conversão de AFB_1 em AFM_1 em condições de exposição a baixas doses de AFB_1 são escassos. Pesquisadores dividiram vacas em quatro grupos, cada um deles recebendo 0,09; 0,18; 0,86 e 2,58 mg/animal/dia, respectivamente, e observaram a excreção de AFM_1 no leite de vacas em fase inicial de lactação, na proporção média de 0,78% do total de AFB_1 ingerida.

Em trabalho de campo, por outro lado, constatou-se que vacas alimentadas com rações contendo 10 mg/kg de AFB_1 (0,15-0,23 mg/animal/dia) excretaram AFM_1 no leite na proporção média de 2,2% da AFB_1 ingerida.

Ocorrência de Aflatoxina M_1

Diversos estudos sugerem que a AFM_1 no leite associa-se à fração proteica (caseína), ficando nela retida mesmo após a pasteurização e o beneficiamento para a produção de derivados. A concentração da matéria-prima, como a que se obtém na fabricação do leite em pó, leite condensado, requeijão e queijos, consequentemente pode aumentar a proporção de AFM_1 no produto final, em função da diminuição do teor de água.

A maioria dos estudos disponíveis sobre a ocorrência de AFM_1 no leite foi realizada na década de 1980. Assim, em 1989, foram consolidados os resultados de 28 trabalhos realizados em diversos países, principalmente europeus, no período de 1980 a 1988, demonstrando a grande variabilidade dos percentuais de amostras positivas para AFM_1 que, em alguns casos, atingiram 100%. Esse fato pode ser atribuído à diversidade de critérios metodológicos adotados nesses trabalhos, sobretudo com relação à amostragem, métodos analíticos utilizados e época de realização dos estudos. As concentrações médias de AFM_1 referidas, no entanto, situaram-se, de modo geral, entre 0,01 e 0,10 µg/L. Em 2001, a Organização Mundial da Saúde (OMS) realizou uma atualização das informações referentes à ocorrência de AFM_1 no leite fluido, confirmando os baixos níveis da toxina reportados por países europeus e da América do Norte (WHO, 2001).

No Brasil, a ocorrência de aflatoxinas tem sido observada com frequência, principalmente no estado de São Paulo, em alimentos utilizados para consumo humano e animal, como amendoim e derivados, milho e rações destinadas aos animais. As pesquisas e levantamentos sobre a ocorrência de AFM_1 no leite, entretanto, são em menor número. A Tabela 6.2 relaciona os resultados dos trabalhos disponíveis, os quais evidenciam, apesar das variações observadas nos percentuais de amostras positivas, níveis de ocorrência de AFM_1 próximos aos reportados em outros países dos continentes europeu e norte-americano. Deve-se destacar a possibilidade de

AFLATOXINA M₁ EM LEITE E DERIVADOS ■ 119

ocorrência concomitante de outras micotoxinas no leite além da AFM_1, conforme constatado por pesquisadores em 2005, quando se encontrou ácido ciclopiazônico (toxina também produzida por *Aspergillus flavus*) em duas amostras de leite pasteurizado comercializado no município de São Paulo.

Tabela 6.2 Resultado de pesquisas sobre a ocorrência de AFM_1 em leite, realizadas no Brasil.

Produto	Local	N° de amostras*	Níveis de AFM_1 (µg/L)	Referência
Leite *in natura*	Santa Maria/RS	1/50	Traços	Pozzobon et al. (1976)
Leite pasteurizado	São Paulo/SP	1/100	0,2	Sabino (1988)
Leite *in natura*	Vale do Paraíba/SP	9/50	0,10 – 1,68	Sabino (1988)
Leite pasteurizado	São Paulo/SP	4/224	0,0025	Martins (1984)
Leite *in natura*	Viçosa/MG	57/92	0,13 – 0,18	Parreiras et al. (1987)
Leite *in natura*	Varginha/MG	2/20	0,65 – 1,30	Prado et al. (1994)
Leite em pó	Belo Horizonte/MG	0/60	–	Prado et al. (1994)
Leite em pó	São Paulo/SP	33/300	0,10 – 1,00**	Oliveira et al. (1997)
Leite pasteurizado	Campinas/SP	4/52	0,073 – 0,370	Sylos et al. (1996)
Leite pasteurizado, esterilizado e em pó	Belo Horizonte/MG	50/61	0,006 – 0,077	Prado et al. (1999)
Leite pasteurizado e esterilizado	São Paulo/SP	7/116	0,024 – 0,101	Jussara (2000)
Leite pasteurizado e esterilizado	Ribeirão Preto/SP	29/139	0,050 – 0,240	Garrido et al. (2003)
Leite pasteurizado e esterilizado	São Paulo/SP	37/48	0,011 – 0,251***	Oliveira et al. (2006)
Leite *in natura*	Região Nordeste/SP	21/87	0,010 – 0,645	Oliveira et al. (2008)
Leite UHT	São Paulo/SP	40/40	0,01 – 0,50	Shundo et al. (2009)

* Amostras positivas/total de amostras analisadas;
** Os valores referem-se ao produto reconstituído a 1:8;
*** Duas amostras de leite pasteurizado continham, também, ácido ciclopiazônico nas concentrações de 6,4 e 9,7 µg/L.

Aspectos da legislação para Aflatoxinas

Considerando a toxicidade e a ocorrência frequente das aflatoxinas, muitos países têm estabelecido limites máximos de tolerância para grãos, cereais e produtos de origem animal. O Brasil fixou limites para aflatoxinas em alimentos destinados ao consumo humano pela primeira vez em 1977, por intermédio da Resolução n. 34, da Comissão Nacional de Normas e Padrões para Alimentos (CNNPA). Essa resolução estabeleceu a concentração máxima de 30 µg/kg, correspondente à soma das aflatoxinas B_1 e G_1 somente para produtos vegetais. Os limites para aflatoxinas em alimentos foram revistos em outubro de 2002, com a publicação da Resolução RDC n. 274, da Agência Nacional de Vigilância Sanitária (Anvisa). Por meio dessa resolução, foram incluídas as demais frações de aflatoxinas, de modo que o limite máximo permitido em produtos de amendoim e milho passou a ser de 20 µg/kg, correspondente à soma das aflatoxinas B_1, G_1, B_2 e G_2. Outra importante atualização dessa norma foi a inclusão de limites de tolerância para AFM_1 no leite, estabelecendo o valor de 0,5 µg/L para o leite fluido e 5,0 µg/kg para o leite em pó. Esses limites para AFM_1 já haviam sido adotados para os produtos comercializados entre os países membros do Mercosul desde 1995, conforme a Resolução Mercosul/GMC n. 56, de 1.1.95. Deve-se ressaltar, também, que o valor de 0,5 µg/L para o leite fluido foi adotado considerando o limite estabelecido para AFM_1 nos Estados Unidos pela Food and Drug Administration (FDA), em 1977. Atualmente, a legislação válida no Brasil é a estabelecida pela ANVISA, por intermédio da Resolução RDC n. 07/2011, que atualizou os limites para aflatoxinas fixados anteriormente na RDC n. 274 e incluiu limites para outras micotoxinas em alimentos, tais como fumonisinas, ocratoxina A e zearalenona. Esta norma manteve os valores de 0,5 µg/L e 5,0 µg/kg para AFM_1 em leite fluido e leite em pó, respectivamente, além de incluir o limite de 2,5 µg/kg para queijos no Brasil.

De acordo com levantamento realizado pela Food and Agriculture Organization (FAO, 2004), a maior parte dos países que apresentam legislação para a AFM_1 em leite concentra-se na Europa. A julgar pelos níveis de tolerância estabelecidos, geralmente 0,05-0,10 µg/L, deduz-se que muitos foram adotados com base nos limites de detecção dos métodos analíticos disponíveis. A Holanda constitui exceção, seu limite de 0,05 µg/L baseou-se nos resultados obtidos em pesquisa realizada em 1974, sobre os efeitos carcinogênicos da AFB_1 em ratos e, posteriormente, ajustado de acordo com as diferenças entre AFB_1 e AFM_1, observadas em 1984.

É importante ressaltar que a imposição de limites de tolerância para a AFM_1 também deve levar em consideração aspectos da aplicabilidade das normas. Desse modo, os limites definidos devem ser realistas e condizentes com os meios tecnológicos atualmente disponíveis para diminuir a contaminação, uma vez que a produção de alimentos vegetais totalmente isentos de aflatoxinas não é viável.

A redução da ocorrência de AFM_1 no leite, entretanto, está condicionada ao menor nível prático da AFB_1 na ração utilizada na alimentação do gado leiteiro. Por esse motivo, considera-se fundamental a imposição de limites também para esses produtos, a exemplo do que ocorre em outros países. No estado de São Paulo, essa necessidade já havia sido evidenciada em pesquisas realizadas em 1988, cujos resultados referentes à análise de 308 amostras de rações animais revelaram AFB_1 em 10,4% delas, com níveis médios de 241,2 µg/kg.

Os Estados Unidos e o Canadá fixaram o limite de 20 µg/kg para rações destinadas ao gado leiteiro, baseando-se na soma das quatro frações produzidas pelo fungo $(B_1+B_2+G_1+G_2)$. Os países da União Europeia adotam legislação menos tolerante, fixando o limite máximo em 10 µg/kg apenas para AFB_1. Esse limite foi estabelecido com base nos resultados obtidos por pesquisadores, segundo os quais cerca de 0,78-2,2% da AFB_1 ingerida é excretada sob a forma de AFM_1 no leite. De acordo com esse raciocínio, é possível admitir que vacas alimentadas com 6 kg diários de ração contaminada com 10 µg/kg de AFB_1 e com uma produção média de 20 L/dia podem excretar AFM_1 no leite em níveis que variam de 0,02-0,07 µg/L.

A legislação brasileira contempla apenas a exportação de torta de amendoim e estabelece o limite de tolerância para esse produto em 50 µg/kg, relativo à soma das quatro frações.

A imprecisão dos valores de conversão, por outro lado, reforça a importância da realização de análises rotineiras no leite e em seus derivados como fator imprescindível para o controle da ocorrência da AFM_1.

CONCLUSÕES

Fungos, sobretudo do gênero *Aspergillus*, produtores de aflatoxinas, altamente tóxicas para o homem e para os animais são veiculados, em geral, por alimentos de origem vegetal e, principalmente, pela ingestão de leite de vacas alimentadas com rações contaminadas.

A ocorrência de aflatoxinas tem sido observada, com elevada frequência, em inúmeros países do globo em produtos utilizados para consumo humano e animal – sob forma de rações, conforme mencionado anteriormente.

Considerando que a aflatoxina identificada como AFM_1 é, aparentemente, resistente aos processos usuais de beneficiamento do leite, bem como de seus derivados, as ações para seu controle em saúde pública devem ser orientadas no sentido de prevenir a contaminação das rações.

O incentivo às boas práticas agrícolas, no que se refere à produção e ao armazenamento de grãos e cereais destinados à alimentação animal, é fundamental para minimizar a contaminação e o desenvolvimento dos fungos, que poderão constituir risco à saúde dos consumidores humanos.

REFERÊNCIAS

APPLEBAUM, R.S. et al. Aflatoxin: toxicity to dairy cattle and occurrence in milk and milk products – a review. J Food Protec., v. 45, p. 752-77, 1982.

BIEHL, M.L.; BUCK, W.B. Chemical contaminants: their metabolism and their residues. J Food Protec., v. 50, p. 1058-73, 1987.

BRASIL. Comissão Nacional de Normas e Padrões para Alimentos. Resolução n. 34/76. Fixa limites de tolerância para as aflatoxinas em alimentos. Diário Oficial da União, Brasília, 19/1/77. Seção I, p.710.

_____. Agência Nacional de Vigilância Sanitária. Resolução RDC n. 274/02. Aprova o Regulamento Técnico sobre limites máximos de aflatoxinas admissíveis no leite, no amendoim e no milho. Diário Oficial da União, Brasília, 16/10/2002.

_____. Agência Nacional de Vigilância Sanitária. Resolução RDC n. 07/11. Aprova o Regulamento Técnico sobre limites máximos tolerados (LMT) para micotoxinas em alimentos. Diário Oficial da União, Brasília, 18/02/2011.

[FAO] FOOD AND AGRICULTURE ORGANIZATION. Worldwide regulations for mycotoxins in food and feed in 2003. Roma: FAO, 2004. (FAO Food and Nutrition Paper, 81).

GARRIDO, N.S. et al. Occurrence of aflatoxins M_1 and M_2 in milk commercialized in Ribeirão Preto-SP, Brazil. Food Addit Contam.,v. 20, p. 70-3, 2003.

HSIEH, D.P.H.; ATKINSON, D.N. Bisfuranoid mycotoxins: their genotoxicity and carcinogenicity. Adv Exp Med Biol., v. 283, p. 525-32, 1991.

HSIEH, D.P.H.; CULLEN, J.M.; RUEBNER, B.H. Comparative hepatocarcinogenicity of aflatoxins B_1 and M_1 in the rat. Food Cosmet Toxicol., v. 22, p. 1027-8, 1984.

JUSSARA, A.T. Ocorrência de aflatoxina M_1 em amostras de leite comercializado na cidade de São Paulo. São Paulo, 2000. Dissertação (mestrado). Faculdade de Ciências Farmacêuticas da USP.

KIERMEIER, F.; REINHARDT, V.; BEHRINGER, G. Zum Vorkommen von Aflatoxinen in Rohmilch. Dtsch Lebensm Rdsch., v. 71, p. 35-8, 1975.

LAFONT, P. et al. Étude de la contamination du lait de vache lors de l'ingestion de faibles quantités d'aflatoxine. Ann Nutr Alim., v. 34, p. 699-708, 1980.

MARTINS, J.L.S. Aflatoxina e inibidores bacterianos no leite tipo "B" comercializado em São Paulo. Levantamento das quatro marcas de maior consumo. São Paulo, 1984. Tese (doutorado). Faculdade de Saúde Pública da USP.

OLIVEIRA, C.A.F. et al. Immunochemical assessment of aflatoxin M_1 in milk powder consumed by infants in São Paulo, Brazil. Food Addit Contam., v. 14, p. 7-10, 1997.

_____. Aflatoxin M_1 and cyclopiazonic acid in fluid milk traded in São Paulo, Brazil. Food Addit Contam., v. 23, p. 196-201, 2006.

_____. Aflatoxina and cyclopiazonic acid in feed and milk from dairy farms in São Paulo, Brazil. Food Addit Contam.: Part B, v. 1, p. 147-152, 2008.

ORGANIZACIÓN PANAMERICANA DE LA SALUD. Micotoxinas. Washington, 1983 (Critérios de Salud Ambiental, 11).

PARK, D.L.; POHLAND, A.E. A rationale for the control of aflatoxin in animal feeds. In: STEYN, P.S.; VLEGGAAR, R. (eds.). Mycotoxins and phycotoxins. Amsterdam: Elsevier Applied Science, 1986, p.473-82.

PARREIRAS, J.F.M.; GOMES, J.C.; BRANDÃO, S.C.C. Ocorrência de aflatoxinas M_1 e B_1 em leite e forragens na microrregião de Viçosa/MG. Arq Biol Tecnol., v. 30, p. 253-65, 1987.

PATTERSON, D.S.P.; GLANCY, E.M.; ROBERTS, B.A. The carryover of aflatoxin M_1 into milk of cows fed rations containing a low concentration of aflatoxin B_1. Food Cosmet Toxicol., v. 18, p. 35-7, 1980.

POZZOBON, E.D.T. et al. Aflatoxina M_1 em leite cru consumido na cidade de Santa Maria. Rev Centro Ciências Rurais, v. 6, p. 423-5, 1976.

PRADO, G.; NICÁCIO, M.A.S.; LARA, M.A. Incidência de aflatoxina M_1 em leite cru e em pó no estado de Minas Gerais. Higiene Alimentar, v. 8, p. 34-6, 1994.

PRADO, G. et al. Ocorrência de aflatoxina M_1 em leite consumido na cidade de Belo Horizonte – Minas Gerais/Brasil – agosto/98 a abril/99. Ciênc Tecnol Aliment., v. 19, p. 420-3, 1999.

SABINO, M. Inquérito sobre aflatoxina "M" no leite de vaca comercializado no estado de São Paulo. Padronização de método analítico por HPLC. São Paulo, 1983. Dissertação (mestrado). Faculdade de Ciências Farmacêuticas da USP.

SABINO, M.; PRADO, G.; COLEN, G. Ocorrência de aflatoxinas, ocratoxina A e zearalenona em milho de Minas Gerais. Parte 1. Rev Inst Adolfo Lutz, v. 46, p. 65-71, 1986.

SABINO, M. et al. Ocorrência de aflatoxina B_1 em produtos alimentícios e rações animais, consumidos no estado de São Paulo e em várias regiões do Brasil, no período de 1980 a 1987. Rev Inst Adolfo Lutz, v. 48, p. 81-5, 1988.

_____. Incidência de aflatoxinas em amendoim e produtos derivados consumidos na cidade de São Paulo, no período de 1980 a 1987. Rev Inst Adolfo Lutz, v. 49, p. 41-4, 1989.

SHUNDO, L. et al. Estimate of aflatoxin M_1 exposure in milk and occurrence in Brazil. Food Control. v.20, n.7, 2009.

SIEBER, R.; BLANC, B. Zur Ausscheidung von Aflatoxin M_1 in die Milch und dessen Vorkommen in Milch und Milchprodukten – eine Literaturübersicht. Mitt Gebiete Lebensm Hyg., v. 69, p. 477-91, 1978.

STOLOFF, L. Aflatoxin M in perspective. J Food Protec., v. 43, p. 226-30, 1980.

STOLOFF, L.; VAN EGMOND, H.P.; PARK, D.L. Rationales for the establishment of limits and regulations for aflatoxins. Food Addit Contam., v. 8:213-22, 1991.

SYLOS, C.M., RODRIGUEZAMAYA, D.B.; CARVALHO, P.R. Occurrence of aflatoxin M_1 in milk and dairy products commercialized in Campinas, Brazil. Food Addit Contam., v. 13, p. 169-72, 1996.

VAN EGMOND, H.P. Aflatoxin M_1: occurrence, toxicity, regulation. In: Van Egmond, H.P. (ed). Mycotoxins in dairy products. Londres: Elsevier Applied Science, p.1155, 1989.

WAKHISI, J. Exposure of rat offsprings to aflatoxin risks through suckling mothers dosed with aflatoxin B_1. J Toxicol Toxin Rev., v. 8, p. 275-80, 1989.

[WHO] World Health Organization. Evaluation of certain mycotoxins. Genebra: World Health Organization, 2001 (WHO Food Additive Series, 47).

WISEMAN, D.W. et al. Distribution and resistance to pasteurization of aflatoxin M_1 in naturally contamined whole milk, cream and skim milk. J Food Protec., v. 46, p. 530-2, 1983.

WOGAN, G.N.; PAGLIALUNGA, S.; NEWBERNE, P.M. Carcinogenic effects of low dietary levels of aflatoxin B_1 in rats. Food Cosmet Toxicol., v. 12, p. 681-5, 1974.

WOOD, G.E. Aflatoxin M_1. In: SHARMA, R.P.; SALUNKE, D.K. (eds.). Mycotoxins and phytoalexins. Boca Raton: CRC Press, 1991, p.14564.

YOUSEF, A.E & MARTH, E.H. Stability and degradation of aflatoxin M_1. In: VAN EGMOND, H.P. (ed.). Mycotoxins in dairy products. Londres: Elsevier Applied Science, 1989, p. 12761.

7 | Qualidade do queijo

Paulo Sérgio de Arruda Pinto
Luís Augusto Nero
Luana Martins Perin
Maria Izabel Simões Germano
Pedro Manuel Leal Germano

INTRODUÇÃO

A indústria de laticínios no Brasil identifica-se, basicamente, pela exploração de quatro tipos de produtos: leite pasteurizado, leite em pó, queijos e produtos especiais (como iogurtes e sobremesas). Em geral compete às indústrias de menor porte a produção dos queijos tipo minas e muçarela, enquanto as de maior porte dedicam-se à fabricação de produtos lácteos mais sofisticados, direcionados ao mercado de poder aquisitivo mais elevado.

A partir da década de 1980, a produção do queijo minas frescal registrou um impulso significativo, ultrapassando em volume outros tipos de queijo. Esse fenômeno ocorreu devido a modificações nos perfis de produção industrial e do mercado consumidor, provocadas por alterações econômicas no Brasil. A escolha de produção desse tipo de queijo foi determinada por vários fatores, como maior rendimento do produto, fácil processamento e estocagem dispensável. Consequentemente, a indústria passou a fabricar um produto com menor exigência de capital de giro ao optar pela produção do queijo minas frescal, adequando-se à queda do poder aquisitivo dos consumidores.

Outro produto muito apreciado no Brasil é o queijo Minas artesanal produzido a partir de leite cru. Produzido no Estado de Minas Gerais, as diferentes variedades dos queijos são nomeadas de acordo com a microrregião onde são produzidos, por exemplo, Serro, Canastra, Serra do Salitre, Araxá e Campos das Vertentes. A produção de queijo Minas artesanal foi regulamentada em 2002 (Lei n. 14.185/2002) que determina a produção dos queijos a partir do leite cru sem uso de técnicas industriais e segundo procedimentos próprios de tecnologia de produção. Basicamente, os queijos Minas artesanais são produzidos a partir da adição do "pingo" obtido do soro da produção anterior e de quimosina seguido por período de maturação de 5 a 10 dias em temperatura ambiente nas queijarias. Em 2008 o modo de produção do queijo Minas artesanal foi reconhecido como patrimônio histórico imaterial do Brasil pelo IPHAN (Instituto do Patrimônio Histórico e Artístico Nacional) (National Institute of Historical and Cultural Heritage, 2008). É importante destacar que, apesar do processo de produção dos queijos ser o mesmo, as características sensoriais de cada variedade são influenciadas pela diversidade microbiana do leite, resultado das características ambientais de cada microrregião (EMATER, 2016). Ainda, Perin et al. (2017) constataram que a microbiota dos queijos não é influenciada apenas pela sua localização geográfica, mas também pelas condições de produção em cada queijaria. Queijo Minas artesanal possui diversas vantagem para os produtores rurais: além do modo simples de produção e do baixo custo, são muito apreciados pelos consumidores, devido às suas características sensoriais típicas. Assim, possui um grande significado econômico, social e cultural no Brasil, por isso o interesse de preservar e incentivar a produção de queijo Minas artesanal.

Contudo, é importante destacar que o leite cru pode representar uma importante via de transmissão para inúmeros agentes etiológicos de enfermidades zoonóticas e de toxinfecções alimentares, entre os quais podem ser destacados: *Mycobacterium* spp., *Brucella* spp, *Coxiella burnetii*, *Salmonella* spp., *Listeria monocytogenes*, *Campylobacter* spp., *Staphylococcus* spp., *Streptococcus* spp. e cepas patogênicas de *Escherichia coli*. Por isso, as normas regulamentadoras determinam que somente é permitida a produção de queijos Minas artesanal nas propriedades rurais cujos proprietário e propriedade sejam cadastrados no IMA (Instituto Mineiro de Agropecuária), sendo usado leite produzido somente na propriedade cujo rebanho leiteiro atenda a todas as especificações previstas em Regulamento específico (incluindo controle sanitário do rebanho; condições de higiene; padrões físico-químicos e microbiológicos; dentre outros).

Em 2017, o Regulamento de Inspeção Industrial e Sanitária de Produtos de Origem Animal – RIISPOA (MAPA, 2017) foi atualizado e normas relacionadas aos queijos produzidos com leite cru foram expressamente adicionadas. Segundo esse Regulamento, se o leite destinado à produção de queijos for submetido a maturação não inferior a 60 dias e em temperatura superior a 5 °C fica excluído da obrigação de pasteurização ou outro tratamento térmico. Ainda, o RIISPOA estabelece que o período de 60 dias de maturação pode ser alterado/reduzido se estudos científicos comprovarem a inocuidade do produto ou nos casos previstos em regulamento técnico para fixação de identidade e qualidade (RTIQ). Essa nova norma parte do pressuposto que, mesmo se os micro-organismos patogênicos estiverem presentes no leite cru, eles serão inibidos e/ou destruídos durante o período de maturação, devido a alterações que ocorrem nos queijos, como redução do pH, redução da atividade de água, adição de sal e pela competição gerada por uma matriz com alta complexidade microbiana (Mata et al., 2016).

Desse modo, o queijo Minas assume considerável importância em saúde pública, dadas suas condições peculiares de produção, o que exige maior atenção na fiscalização por órgãos oficiais, principalmente no que se refere ao controle higiênico--sanitário do produto.

CONTEXTOS SOCIOECONÔMICO E DE SAÚDE

O tradicional queijo minas é produzido no Brasil desde o período colonial. Sua fabricação originou-se no estado de Minas Gerais, com procedimentos caseiros desenvolvidos principalmente na cidade do Serro e na região da Serra da Canastra. O processo de produção era passado de geração para geração, tendo uma grande importância cultural nas regiões produtoras. Hoje a técnica foi disseminada por todo Brasil, por isso queijos produzidos em diferentes regiões ou Estados podem apresentar particularidades próprias.

Muitas vezes, para as agroindústrias, a produção e venda de queijos é mais rentável do que a venda do leite in natura, gerando aumento da receita sem aumento do custo operacional (Vinha et al., 2010). Um exemplo seria a produção de queijo frescal, o qual gera um retorno de investimento rápido por apresentar alto rendimento de fabricação, e ausência de período de maturação (Furtado, 2005).

A fiscalização e a inspeção industrial e sanitária de produtos de origem animal são de competência da União e executada pelo Ministério da Agricultura Pecuária e Abastecimento (MAPA) e devem observar as normas prescritas pelo Sistema Nacional de Vigilância Sanitária (SNVS). O comércio interestadual de queijos só pode ser executado por estabelecimentos sob o Serviço de Inspeção dos Estados, do Distrito Federal e dos Municípios, desde que haja reconhecimento de equivalência desses serviços junto ao MAPA, conforme legislação do Sistema Unificado de Atenção à Sanidade Agropecuária – SUASA (Lei n. 8171/1991 e Lei n. 9712/1998). A qualidade do leite destinado à fabricação de produtos lácteos deve estar de acordo com regulamento próprio e essa qualidade está associada ao estado sanitário do rebanho, às condições de obtenção do leite, ao acondicionamento em temperatura adequada, ao transporte. O tratamento térmico do leite usado para produção de queijos, como a pasteurização e uso de Ultra Alta Temperatura (UAT), tem como objetivo eliminar micro-organismos patogênicos e deteriorantes com o mínimo de alteração possível em sua estrutura e composição.

É de grande importância a adequação da legislação sanitária e o estímulo da constituição do Sistema de Inspeção Municipal – SIM nos Municípios brasileiros a fim de incentivar e apoiar a legalização das agroindústrias da agricultura familiar, o que favorece a comercialização de produtos dentro dos padrões de qualidade possibilitando a competição com outros produtos. Apesar disso, atualmente ainda é comum a produção e comercialização de queijos informais (sem selo de inspeção), sem garantia de qualidade sanitária e microbiológica constituindo um risco à saúde do consumidor. Alguns fatores levam à produção informal de queijos, como a demanda crescente da população por produtos naturais, que não se submetem a processamentos térmicos, e flutuações na economia. Moraes et al. (2009) investigaram a qualidade microbiológica de queijo frescal comercializado informalmente na cidade de Viçosa (MG) e constataram a ausência de patógenos, porém uma alta contagem de

Staphylococcus coagulase positivo e micro-organismos indicadores demonstrando condições inadequadas de produção.

FATORES QUE FAVORECEM A CONTAMINAÇÃO

A elevada proporção de casos de mastite no rebanho leiteiro, ao lado das deficiências na higiene da ordenha, são as principais causas da produção de leite com elevados níveis de contaminação por patógenos. Entre esses micro-organismos, destaca-se o *Staphylococcus aureus*, que permanece nos derivados produzidos com essa matéria-prima (como o queijo minas), associado a outros micro-organismos contaminantes. Além de mastites e condições inadequadas de ordenha, vários outros fatores também contribuem para a má qualidade desses produtos, como processos improvisados de fabricação (geralmente em instalações deficientes e sem higiene), além de armazenamento, transporte e exposição a altas temperaturas, desde a produção até a comercialização. No comércio varejista, a contaminação pode ocorrer, ainda, por manipulação inadequada, durante o fracionamento do produto e o processo de embalagem ou no armazenamento em depósitos ou balcões não refrigerados.

O processo de fabricação do queijo minas frescal é composto pelas seguintes fases: pasteurização do leite, coagulação, corte, dessoragem, enformagem, salga, embalagem e refrigeração. Cada uma dessas etapas deve obedecer a normas operacionais preestabelecidas, de modo a impedir que falhas técnicas ou negligência propiciem a contaminação do produto. Vale destacar o surto de toxinfecção alimentar nos Estados Unidos, em 1965, em razão da contaminação de queijo fresco com *S. aureus*, causada pela falha de uma válvula situada entre o pasteurizador e o tanque de coagulação. De acordo com o Ministério da Saúde, *Staphylococcus* é o segundo maior causador de toxinfecção alimentar no Brasil, ficando atrás apenas de surtos causados por *Salmonella*. Micro-organismos do gênero *Staphylococcus* podem produzir enterotoxinas responsáveis por doenças gastrointestinais quando ingeridas em altas concentrações. No caso de queijos macios que não são submetidos a nenhum tratamento durante a maturação, estes podem ser contaminados por *Staphylococcus* por falta de higiene durante o manuseio, por armazenamento em condições inadequadas, uso de leite contaminado ou por características físico-químicas do próprio queijo que podem propiciar seu desenvolvimento, como alto pH, alta atividade de água, baixas concentrações de sal (Nunes et al., 2016, Viana et al., 2009).

No Brasil, a ocorrência de *L. monocytogenes* na linha de produção do queijo tipo minas frescal já havia sido verificada, podendo indicar o risco de contaminação do produto final por esse patógeno, representando um potencial risco aos consumidores.

O risco de transmissão de *Listeria* e outros patógenos é obviamente maior em queijos produzidos de modo artesanal, usando leite cru. Loncarevic et al. (1995) encontraram *L. monocytogenes* em 42% de queijos de leite cru e em 2% de queijos de leite pasteurizado. Apesar de *Listeria* ser sensível à temperatura de pasteurização, a contaminação de queijos pode ocorrer pós-pasteurização, durante o seu processamento, e por ser um micro-organismo psicrotrófico é capaz de se desenvolver em baixas temperaturas e permanecer viável durante a vida de prateleira de queijos. *L. monocytogenes* foi incluída na lista de organismos sujeitos a monitoramento no sistema de Análise de Perigos e Controle de Pontos Críticos (HACCP) para garantir a segurança alimentar. É fundamental o controle constante de certos fatores durante a produção de queijos, como garantia da qualidade microbiológica do leite cru e sua pasteurização e prevenção da recontaminação pós-pasteurização (Zottola and Smith, 1993).

Em estudo realizado em Uberlândia (MG), em 2010, verificou-se que 88% das amostras de queijo minas frescal analisadas apresentaram altas contagens de *Staphylococcus* coagulase-positiva, em níveis acima dos permitidos pela legislação. Por outro lado, uma pesquisa realizada no mesmo ano revelou que o queijo minas frescal produzido com leite não beneficiado não estava contaminado por *L. monocytogenes* nem por *Salmonella* spp, porém tinha apresentado elevados níveis de micro-organismos indicadores de higiene.

A manipulação e a higiene de balcões e utensílios em feiras livres e supermercados são apontadas como as principais causas de contaminação por *S. aureus*, *Salmonella* spp e *Escherichia coli* em queijos ralados comercializados a granel, confirmando a relevância das práticas de trabalho nas atividades desse segmento comercial para a saúde pública. A possibilidade de contaminação cruzada de queijos por *L. monocytogenes* por causa de embalagens rompidas e contato com produtos contaminados por esse patógeno (carne, aves, pescados) associada à multiplicação deste mesmo sob refrigeração demonstram a importância do armazenamento adequado na manutenção da qualidade e da segurança microbiológica desses produtos.

Tanto na produção de queijos artesanais como daqueles produzidos com leite pasteurizado é essencial a adoção, nos estabelecimentos, de Boas Práticas de Fabricação e do sistema HACCP para evitar a contaminação de alimentos e a transmissão de doenças de origem alimentar.

ALTERAÇÕES FÍSICO-QUÍMICAS

A composição físico-química do queijo minas é muito variada. Muitas pesquisas demonstram essa grande variação, especialmente nos produzidos artesanalmente, o que demonstra a necessidade de padronização desse produto por parte dos órgãos responsáveis pelo controle de alimentos. Os fatores ambientais de cada uma das microrregiões produtoras de queijo Minas artesanal proporciona o desenvolvimento de uma microbiota específica que interfere com as características sensoriais e fornece sabores específicos em cada queijo. Perin et al. (2017) demonstraram que a composição microbiana presente nos queijos Minas artesanais dependia também da propriedade produtora, indicando possível falta de padronização na produção gerando características físico-químicas diferentes.

O queijo minas produzido no Brasil e sua matéria-prima frequentemente apresentam resíduos de substâncias químicas que podem representar sérios riscos à saúde pública. Altas concentrações de chumbo, superiores ao nível máximo tolerado pela legislação brasileira para alimentos (cerca de 0,05 ppm), foram encontradas em uma pesquisa: entre as amostras analisadas, 17 a 33% estavam fora do padrão. Em ambos os casos os produtos analisados podem ser considerados como perigosos aos consumidores.

O grau de contaminação de queijos por resíduos químicos depende da concentração dessas substâncias no leite, sejam elas de origem intrínseca ou extrínseca. Na atualidade, o problema principal é representado pelos antibióticos que são administrados aos animais portadores de infecções, sobretudo aqueles com mastites. Essas substâncias ainda são frequentemente utilizadas de forma indiscriminada, aplicadas diretamente no leite, com a função de atuar inibindo o desenvolvimento bacteriano.

Deve-se destacar que os antibióticos causam inibição da microbiota láctica responsável pelos processos de fermentação normal do queijo, favorecendo desenvolvimento de coliformes, leveduras, mofos, parasitas e micro-organismos putrefativos, que provocam a deterioração do produto. Como resultado, verifica-se a má dessoragem da coalhada e a produção de gás por fermentação indesejável. Considerando a ingestão de antibióticos via alimentos (como o queijo), os efeitos sobre os consumidores são bem graves e variados: reações alérgicas pela penicilina, lesões da medula óssea pelo cloranfenicol, distúrbios ósseos e dentários em crianças pela ação das tetraciclinas e, ainda, o risco do desenvolvimento de resistência em cepas bacterianas, como ocorre com cepas de *Salmonella* com múltipla resistência a diferentes antimicrobianos, obtidas de alimentos, como S. Newport e S. Typhimurium DT104 R-tipo ACSSuT em bovinos e outras espécies animais. Nero et al. (2007) analisaram a presença de resíduos de antibióticos em leite cru de quatro regiões leiteiras no Brasil e identificaram 13, 4, 4 e 3 amostras contaminadas em Londrina (PR), Botucatu (SP), Viçosa (MG) e Pelotas (RS), respectivamente. Esses resultados indicam o uso inadequado de antimicrobianos em animais em lactação sem o devido respeito ao período de carência para utilização do leite.

A presença de resíduos de pesticidas também é um fator importante na produção leiteira e de queijos. Devido à intensificação da agricultura e pecuária, a partir de 1960, houve um aumento na produção e utilização de pesticidas no combate a pragas de lavoura. Ainda, seu uso em animais evita acometimentos parasitários e perdas de produção prevenindo o estresse e queda da produção leiteira. Ainda, pode ocorrer contaminação de cursos de água utilizados nas propriedades rurais, sendo outra importante fonte desses resíduos. O uso inadequado dos agrotóxicos na agricultura e agropecuária leva à contaminação de produtos de origem animal.

A excreção de pesticidas ocorre usualmente em substâncias com componentes líquidos produzidas pelos animais, urina, fezes e soro do leite, no caso de compostos lipossolúveis, na fase gordurosa do leite (organoclorados e organofosfatos não polares) e pequenas porções são excretadas via duas fases do leite, o soro e a gordura.

Uma vez presente no leite, os derivados produzidos a partir dessa matéria-prima também possuirão resíduos desses pesticidas. Dessa forma, estarão presentes nesses produtos importantes perigos químicos, o que pode representar um grave risco aos consumidores. Assim como para os antibióticos, é importante respeitar o período de carência para utilização do leite.

Em estudo realizado em quatro regiões leiteiras no Brasil Nero et al. (2007) constatou-se alta frequência de amostras de leite cru com resíduos de organofosforados e carbamatos, indicando condições insatisfatórias de produção, além de risco químico associado a esse produto e seus possíveis derivados. Dos Santos et al. (2006) pesquisaram o nível de organoclorados em queijos produzidos no Estado do Rio Grande do Sul e verificaram que todas as 18 amostras analisadas foram positivas e 11 estavam acima dos limites permitidos pela legislação. Esses estudos mostram a necessidade de constante e eficiente controle no emprego de pesticidas na produção agropecuária brasileira, pois o processo de beneficiamento do leite não é capaz de eliminar essas substancias, permanecendo como contaminantes no leite e derivados.

É importante ressaltar que mesmo os pesticidas ou antibióticos potencialmente nocivos somente permitem tal condição quando ultrapassam o valor de concentração conhecido como limite de tolerância, limite de segurança ou limite máximo de resíduo (LMR), que o alimento pode conter, sem prejuízo da integridade orgânica de seres humanos e animais. No Brasil, estabelecer LMR é competência do Ministério da Saúde. O MAPA adota uma ferramenta de gerenciamento de risco chamado Plano Nacional de Controle de Resíduos e Contaminantes – PNCRC/Animal que visa a garantir a segurança química de alimentos de origem animal (leite, carne, ovos e mel). São elaborados planos anuais de amostragem e teste de drogas veterinárias agrotóxicos, contaminantes inorgânicos, micotoxinas e dioxinas.

CONTAMINAÇÃO MICROBIOLÓGICA

Deterioração

Os principais micro-organismos deterioradores de queijo são os coliformes, causadores do estufamento precoce, e os micro-organismos esporulados anaeróbios do gênero *Clostridium*, que provocam o estufamento tardio. O estufamento precoce ocorre nos primeiros dias de fabricação, quando o número de coliformes chega a $10^7/g$. Os coliformes podem se desenvolver com facilidade durante ou após a fabricação do queijo minas frescal. O estufamento tardio nos queijos é causado por *Clostridium butyricum*, *C. sporogenes* e, sobretudo, pelo *C. tyrobutyricum*. Essa alteração geralmente aparece após duas semanas de fabricação, em decorrência da degradação do lactato e da produção de CO_2, H_2, ácidos butírico e acético, que se expandem no interior do queijo, provocando o seu abaulamento, além do aparecimento de trincas e alterações do sabor.

A presença de coliformes e *Clostridium* spp no queijo está diretamente associada à higiene de produção e à qualidade da matéria-prima. Um levantamento realizado com amostras de leite revelou a presença destes micro-organismos em percentuais que variaram de 27,5 a 57,5%, comprovando que a indústria de queijos opera com matéria-prima de qualidade duvidosa.

Os micro-organismos esporulados assumem grande importância na indústria de queijos por serem contaminantes encontrados facilmente no solo, nas fezes e na silagem, em altos níveis de contaminação. Por outro lado, são resistentes aos produtos químicos empregados na sanitização de utensílios, por isso a importância de se evitar o acúmulo de resíduos de leite em latões, baldes e ordenhadeiras mecânicas. Entre os métodos empregados para reduzir o teor de esporulados do leite destacam-se a seleção da matéria-prima, a bactofugação e o desnate natural.

Além dos fatores propiciadores de deterioração, diretamente ligados à higiene da produção leiteira e da própria fabricação do produto, há que se considerar também os tipos de micro-organismos contaminantes envolvidos, esporulados ou não, além da presença ou ausência de inibidores naturais ou intencionais, atividade da cultura láctica, pH, temperatura de maturação, potencial de oxido-redução, concentração de sal e atividade de água.

Ocorrência de patógenos

No Brasil, o padrão microbiológico de qualidade de queijos é definido tanto na produção (Mapa, Portaria n. 146, de 7.3.96) como no comércio varejista (ANVISA, Resolução RDC n. 12, de 2.1.2001). Em ambos os casos existe o controle da presença de patógenos de importância nesses produtos, além de outros parâmetros microbiológicos de qualidade (Tabelas 7.1, 7.2 e 7.3). A definição desses parâmetros teve como principal objetivo assegurar a qualidade e a segurança microbiológica de queijos destinados ao comércio nacional e internacional, adequando-os às exigências do Mercosul.

Ainda, o regulamento da Lei n. 14.185/2002 (MAPA, 2002) dispõe sobre o processo de produção de queijo minas artesanal e determina que o leite atenda os seguintes padrões microbiológicos e físico-químicos:

1) Microbiológicos
    a) Contagem bacteriana total ≤ 100.000 ufc/ml;
    b) Células somáticas ≤ 400.000 unidades/ml;
    c) *Staphylococcus aureus* ≤ 100 ufc/ml;
    d) *Escherichia coli* ≤ 100 ufc/ml;
    e) *Salmonella* ausência/ 25 ml;
    f) *Streptococcus*-hemolíticos (Lancefield A, B, C, G e L) ausência/0,1 ml:.
2) Físico-Químicas:
    a) Características organolépticas normais;

b) Teor de gordura: mínimo de 3%;

c) Acidez em graus Dornic: de 15 a 20°D;

d) Densidade a 15°C: de 1.028 a 1.033;

e) Lactose: mínimo de 4,3%;

f) Extrato seco desengordurado: mínimo 8,5%;

g) Extrato seco total: mínimo 11,5%;

h) Índice crioscópio: de -0,550° H a -0,530°H (-0,530°C a - 0,512°C);

i) Livre de resíduos de antibióticos, agrotóxicos e quimioterápicos

Tabela 7.1 Padrões microbiológicos para diversos tipos de queijos produzidos no Brasil, estabelecidos para tolerância em amostras representativas de lotes de produção, de acordo com o Ministério da Agricultura, Pecuária e Abastecimento (Mapa), Portaria n. 146, de 07.03.96.

Micro-organismo (unidade)	Tipos de queijos[a,b]					
	A (n,c,m,M)	B (n,c,m,M)	C (n,c,m,M)	D (n,c,m,M)	E (n,c,m,M)	F (n,c,m,M)
Coliformes a 30°C (NMP/g)	5, 2, 200, 1.000	5, 2, 1.000, 5.000	5, 2, 5.000, 10.000	5, 2, 10.000, 100.000	5, 3, 100, 1.000	5, 2, 100, 1.000
Coliformes a 45°C (NMP/g)	5, 2, 100, 500	5, 2, 100, 500	5, 2, 1.000, 5.000	5, 2, 1.000, 5.000	5, 2, 10, 100	5, 2, 50, 500
Estafilococos coagulase positiva (UFC/g)	5, 2, 100, 1.000	5, 2, 100, 1.000	5, 2, 100, 1.000	5, 2, 100, 1.000	5, 2, 10, 100	5, 1, 100, 500
Fungos e leveduras	–	–	–	–	5, 2, 500, 5.000	5, 2, 500, 5.000
Salmonella spp (em 25 g)	5, 0, aus.	5, 0, aus.	5, 0, aus.	5, 0, aus.	5, 0, aus.	5, 0, aus.
Listeria monocytogenes (em 25 g)	–	5, 0, aus.	5, 0, aus.	5, 0, aus.	5, 0, aus.	5, 0, aus.

[a] Tipos de queijo segundo classificação do Ministério da Agricultura, Pecuária e Abastecimento (Mapa), Portaria n. 146 de 07.03.96:
A: Queijos de baixa umidade (< 36%);
B: Queijos de baixa umidade (entre 36 e 46%);
C: Queijos de alta umidade (entre 46 e 55%), exceto queijos quartirolo, cremoso, crioulo e minas frescal;
D: Queijos quartirolo, cremoso, crioulo e minas frescal (umidade entre 46 e 55%);
E: Queijos de umidade muito alta, com bactérias lácticas em forma viável e abundantes (umidade > 55%);
F: Queijos de umidade muito alta, sem bactérias lácticas em forma viável e abundantes (umidade > 55%);
[b] Planos de amostragem:
n: número de unidades a serem colhidas aleatoriamente de um mesmo lote e analisadas individualmente; c: número máximo aceitável de unidades de amostras com contagens entre os limites de m e M;
m: limite que, em plano de três classes, separa o lote aceitável do produto ou lote com qualidade intermediária aceitável;
M: limite que, em plano de duas classes, separa o produto aceitável do inaceitável.

QUALIDADE DO QUEIJO ■ 133

Tabela 7.2 Padrões microbiológicos para diversos tipos de queijos produzidos no Brasil, estabelecidos para tolerância em amostras representativas de lotes de produção, de acordo com a Agência Nacional de Vigilância Sanitária (Anvisa), Resolução RDC n. 12, de 02.01.2001.

Micro-organismo (unidade)	Tipos de queijos[a,b]						
	A (n,c,m,M)	B (n,c,m,M)	C (n,c,m,M)	D (n,c,m,M)	E (n,c,m,M)	F (n,c,m,M)	G (n,c,m,M)
Coliformes a 45°C (NMP/g)	5, 2, 100, 500	5, 2, 500, 1.000	5, 2, 1.000, 5.000	5, 2, 1.000, 5.000	5, 2, 50, 500	5, 2, 100, 500	5, 2, 50, 100
Estafilococos coagulase positiva (UFC/g)	5, 2, 100, 1.000	5, 2, 100, 1.000	5, 2, 100, 1.000	5, 2, 100, 1.000	5, 1, 100, 500	5, 1, 500, 1.000	5, 1, 500, 1.000
Salmonella spp (em 25 g)	5, 0, aus.	5, 0, aus.	5, 0, aus.	5, 0, aus.	5, 0, aus.	5, 0, aus.	5, 0, aus.
Listeria monocytogenes (em 25 g)	–	5, 0, aus.	5, 0, aus.	5, 0, aus.	5, 0, aus.	–	–

[a] Tipos de queijo segundo classificação do Ministério da Agricultura, Pecuária e Abastecimento (Mapa), Portaria n. 146 de 07.03.96:
A: queijos de baixa umidade;
B: queijos de média umidade ou de consistência semidura (36 a 45,9%);
C: queijos quartirolo, cremoso, crioulo e muçarela (umidade 46%);
D: queijos de umidade alta (46%) e de umidade muito alta (55%) com bactérias lácticas abundantes (incluindo minas frescal correspondente);
E: queijos de umidade muito alta (55%), sem bactérias lácticas abundantes (incluindo minas frescal correspondente);
F: queijos de baixa ou média umidade, condimentados;
G: queijos de muito alta umidade, condimentados;
[b] Planos de amostragem:
n: número de unidades a serem colhidas aleatoriamente de um mesmo lote e analisadas individualmente; c: número máximo aceitável de unidades de amostras com contagens entre os limites de m e M;
m: limite que, em plano de três classes, separa o lote aceitável do produto ou lote com qualidade intermediária aceitável;
M: limite que, em plano de duas classes, separa o produto aceitável do inaceitável; aus.:ausente.

Tabela 7.3 Padrões microbiológicos para diversos tipos de queijos produzidos no Brasil, estabelecidos para tolerância em amostras indicativas de lotes de produção, de acordo com a Agência Nacional de Vigilância Sanitária (Anvisa), Resolução RDC n. 12, de 02.01.2001.

Micro-organismo (unidade)	Tipos de queijos						
	A (n,c,m,M)	B (n,c,m,M)	C (n,c,m,M)	D (n,c,m,M)	E (n,c,m,M)	F (n,c,m,M)	G (n,c,m,M)
Coliformes a 45°C (NMP/g)	500	1.000	5.000	5.000	500	500	100
Estafilococos coagulase positiva (UFC/g)	1.000	1.000	1.000	1.000	500	1.000	1.000

(*continua*)

Tabela 7.3 Padrões microbiológicos para diversos tipos de queijos produzidos no Brasil, estabelecidos para tolerância em amostras indicativas de lotes de produção, de acordo com a Agência Nacional de Vigilância Sanitária (Anvisa), Resolução RDC n. 12, de 02.01.2001. (*continuação*)

Micro-organismo (unidade)	Tipos de queijos						
	A (n,c,m,M)	B (n,c,m,M)	C (n,c,m,M)	D (n,c,m,M)	E (n,c,m,M)	F (n,c,m,M)	G (n,c,m,M)
Salmonella spp (em 25 g)	Ausente	Ausente	Ausente	Ausente	Ausente	Ausente	Ausente
Listeria monocytogenes (em 25 g)	–	Ausente	Ausente	Ausente	Ausente	–	–

A: queijos de baixa umidade;
B: queijos de média umidade ou de consistência semidura (36 a 45,9%);
C: queijos quartirolo, cremoso, crioulo e muçarela (umidade 46%);
D: queijos de umidade alta (46%) e de umidade muito alta (55%) com bactérias lácticas abundantes (incluindo minas frescal correspondente);
E: queijos de umidade muito alta (55%), sem bactérias lácticas abundantes (incluindo minas frescal correspondente);
F: queijos de baixa ou média umidade, condimentados;
G: queijos de umidade muito alta, condimentados.

Pesquisas microbiológicas realizadas com queijo tipo minas frescal têm permitido o isolamento de inúmeros patógenos de importância em saúde pública, além de constatar a baixa qualidade microbiológica principalmente daqueles fabricados artesanalmente. Entre os patógenos destacam-se o *S. aureus*, de maior ocorrência, além de coliformes fecais, diversos sorogrupos de *E. coli* e *L. monocytogenes*.

Em estudo realizado em Poços de Caldas (MG), 80 amostras de queijo tipo minas frescal foram analisadas e 50% apresentaram contagens de *S. aureus* superiores a 10^3 UFC/g, em desacordo com o padrão estabelecido pela Anvisa. Em estudo similar em Cuiabá (MT), de 30 amostras de queijo minas analisadas, 29 apresentaram contagens de *S. aureus* superiores a 10^3 UFC/g, além de 28 apresentarem níveis de contaminação por coliformes fecais acima de 10^2 NMP/g, indicando falhas no controle higiênico-sanitário da produção e baixa qualidade do produto destinado ao consumo, que pode apresentar importantes perigos microbiológicos.

Por muito tempo, pensou-se que *S. aureus* (coagulase positivo) seria a única espécie patogênica do gênero *Staphylococcus*, enquanto que as espécies coagulase negativo eram negligenciados como contaminantes alimentares. A legislação brasileira, como mostram as Tabelas acima, estabelecem limites máximos de contagem apenas para estafilococos coagulase positiva (10^3 ufc/g). Nunes and Caldas (2017) realizaram uma estimativa do risco microbiano de enterotoxinas produzidas por *Staphylococcus* em queijo Minas frescal e concluíram que seu consumo pela população brasileira é provavelmente seguro. A partir de um levantamento de estudos feito pelos autores, foi demonstrado que *S. aureus* é uma das bactérias mais frequentemente isoladas de queijo Minas, porém o número de estudos de investigação de produção de enterotoxinas pelos isolados é ainda muito limitado. Segundo os artigos reportados pelos autores, as enterotoxinas mais comumente envolvidas em surtos de toxinfecção por queijo minas em Minas Gerais foram as SEA, SEB, SEC, SED e SEE (do Carmo et al., 2002, Sabioni et al., 1988). Já em surto ocorrido no Distrito Federal, os isolados de *S. aureus* foram identificados como não enterotoxigênicos. Veras et al. (2008) isolaram 8 cepas de estafilococos coagulase negativo enterotoxigênicos em amostras de queijo minas frescal procedentes de Ouro Preto, também em Minas Gerais, além de 41,1% de contaminação por *S. aureus* com 10^6 UFC/g. Na capital do estado, Belo Horizonte, 21,5% das amostras contaminadas por esse patógeno apresentavam contagens de 10^5 UFC/g, enquanto 87,1% apresentavam altos níveis de coliformes fecais. Ainda em Minas Gerais, 43,3% das amostras de queijo não inspecionado, coletadas no comércio varejista de Belo Horizonte, revelaram-se fora do padrão para *S. aureus*. Trabalho semelhante, realizado na cidade do Rio de Janeiro, identificou que 38,4% das amostras examinadas apresentavam *S. aureus* e 98,1% continham coliformes fecais. Em queijo não pasteurizado vendido no comércio ambulante, 60% das amostras examinadas apresentavam *S. aureus* e de 80% das mesmas amostras isolaram-se coliformes fecais, demonstrando o elevado nível de contaminação do produto.

Perin et al. (2017) ao analisarem a qualidade microbiológica de queijo minas artesanal observaram que algumas amostras apresentaram contagens de coliformes acima de 3 log UFC/G. Coliformes são indicadores de contaminação fecal do alimento, sugerindo problemas durante a produção dos queijos, como contaminação do leite durante a ordenha, deficiência de refrigeração durante armazenamento e transporte. Por outro lado, alguns autores sugerem que coliformes podem contribuir com a geração de aromas específicos em alguns queijos. Os mesmos autores ainda relataram a presença de amostras com contagens de estafilococos coagulase positivo acima de 4 log ufc/g, podendo ser devido ao excessivo manuseio da massa do queijo durante a produção espalhando bactérias associadas à superfície em todo o queijo (Mounier et al., 2005).

Em Ribeirão Preto (SP), 92,3% (12/13) de amostras apreendidas entre 1989 e 1990 pelo Serviço de Vigilância Sanitária da prefeitura local estavam em desacordo com os padrões físico-químicos e microbiológicos estabelecidos para esse produto. Nessas amostras foram detectados níveis elevados de *S. aureus*, coliformes, bolores e leveduras, além da presença de *Bacillus cereus*, *Salmonella* spp e clostrídios sulfito redutores.

Estudo realizado com amostras de queijo minas frescal, coletadas em bares, supermercados, padarias e feiras livres da cidade de Viçosa (MG), provenientes de fazenda (78,5%) e de laticínios (21,5%), constatou os seguintes níveis médios de contaminação: $3,2.10^7$ UFC/g para *Staphylococcus* spp; $2,3.10^5$ NMP/g para coliformes fecais; e $2,8.10^9$ UFC/g para aeróbios mesófilos. Esses resultados indicam contaminação extremamente elevada do queijo, sendo que 89,2% das amostras estavam em desacordo com o padrão para coliformes fecais. Nessa mesma pesquisa, todas as amostras apresentaram níveis elevados de *Staphylococcus* spp, considerando que níveis entre 10^6 e 10^8 UFC/g desse micro-organismo são o suficiente para que ocorra produção significativa de enterotoxinas em alimentos. De forma geral, *S. aureus* triplicam-se nas primeiras 24 horas após a fabricação dos queijos, contudo, não se multiplicam durante a fase de maturação. Por outro lado, à medida que se eleva a concentração de sal ou se reduz a atividade de água, preserva-se a capacidade de multiplicação desse micro-organismo, porém ocorre inibição da produção de enterotoxina.

A presença de *Escherichia coli* em alimentos é considerada um indicador de contaminação com fezes animais e da possível presença de micro-organismos patogênicos (Ghafir et al., 2008). Yoon et al. (2016) fizeram um levantamento global de surtos de doenças associadas a consumo de queijo de leite cru e de leite pasteurizado e observaram que a prevalência de *E. coli* produtor de Shiga toxina (STEC) em queijos de leite cru são atribuídos ao leite cru contaminado com fezes de animais. Além disso, quase todas as doenças associadas ao STEC após o consumo de queijo foram relacionadas com queijo de leite cru, em vez de queijo de leite pasteurizado. Segundo dados do CDC (2014), um surto nos EUA foi provocado por *E. coli* enterohemorrágica O157:H7 após ingestão de queijo Gouda produzido com leite cru e levou à morte de 38 pessoas.

A ocorrência de *E. coli* enteropatogênica (EPEC) em queijo minas frescal em Ouro Preto (MG) foi constatada em 9,8% das amostras submetidas à pesquisa bacteriológica, tendo sido isolados os sorogrupos O26, O86, O125 e O127 (sendo este último o mais frequente). *E. coli* enteroinvasiva (EIEC), sorogrupo O28ac, também foi isolada em 5,9% das mesmas amostras. Embora a patogenicidade dos sorogrupos isolados seja discutível, cabe registrar o envolvimento dos sorogrupos O86 e O28ac em surtos na Romênia e em São Paulo, respectivamente. Contudo, os sorogrupos O111 e O119 são os mais detectados como causadores de gastroenterites infantis. Durante a fabricação do queijo pode haver triplicação do número de bactérias, continuando esta multiplicação até o sétimo dia de maturação, quando passa a haver decréscimo no processo. Até o presente momento, é importante ressaltar que ainda não houve confirmação da ocorrência de *E. coli* enterohemorrágica sorotipo O157:H7 em queijos no Brasil ou no exterior, embora sua sobrevivência possa ser observada nos primeiros dias de estocagem. A literatura científica registra diversos surtos de listeriose envolvendo o consumo de queijos macios, inclusive vários deles com casos fatais. A qualidade da matéria-prima para a fabricação desses produtos é muito importante, uma vez que o isolamento de *L. monocytogenes* em queijos fabricados com leite cru é mais frequente que em queijos fabricados com leite pasteurizado. Esse patógeno pode sobreviver durante todas as fases de processamento, maturação e estocagem. Em queijos moles, a *Listeria* spp ainda ocorre na superfície e sua permanência na parte interna depende do pH do produto.

A contaminação de queijos minas por *L. monocytogenes* no Brasil tem sido demonstrada por meio de pesquisas de campo. Assim, esse patógeno é detectado em proporções que variaram de 2 a 25%. Em amostras do produto não inspecionado, coletadas no comércio de Belo Horizonte, em 10% foi detectada a presença de *Listeria* spp.

Oxaran et al. (2017) encontram indícios de que a taxa de contaminação por *L. monocytogenes* está diminuindo nos laticínios nas regiões Sudeste e Centro-Oeste do Brasil. De 437 amostras, três amostras (0,7%) de varejo e apenas uma amostra (0,2%) dos laticínios foram positivas para *L. monocytogenes*. Amostras positivas demonstram que medidas de higiene devem ser mantidas rígidas nos estabelecimentos.

L. monocytogenes pode ser transmitida para o leite e queijo a partir do contato com fezes devido a práticas de higiene insuficientes ou pode ser transmitida diretamente do animal acometido de doenças como listeriose ou mastite (Schoder et al., 2011). Porém *L. monocytogenes* também pode contaminar os queijos após o processamento, dessa forma o risco de contaminação entre queijos de leite cru e de leite pasteurizado pode ser considerado similar (Rudolf and Scherer, 2001). Além disso, queijos de leite cru possuem uma microbiota complexa e altamente competitiva que acabam por inibir o desenvolvimento de listeria. Outros autores verificaram a ausência de patógenos em queijos minas frescal vendidos informalmente na cidade de Viçosa (MG) (Moraes et al., 2009).

A presença de *Salmonella* em queijos pode ser devido à pasteurização insuficiente do leite, de modo geral essa bactéria é capaz de sobreviver mesmo em condições desfavoráveis, como baixas temperaturas, baixa umidade e alta concentração de sal (Yoon et al., 2016). Grande parte dos surtos de salmonelose no mundo foram causados por *S.* Enteritidis, *S.* Typhimurium, *S.* Dublin e *S.* Montevideo, o quais foram associados ao consumo de queijos macios e duros produzidos com leite cru (Yoon et al., 2016).

Segundo dados da CCDR (Agencia de Saúde Pública do Canadá) CCDR (1999), em 1998 houve um surto de salmonelose causado por *S.* Enteritidis pela ingestão de queijo Cheddar produzido com leite pasteurizado que matou aproximadamente 700 pessoas.

A análise de 3.849 amostras de queijos, entre eles o minas frescal, demonstrou que esse produto oferece pequena possibilidade de transmissão de *Salmonella* spp, dada a baixa frequência de isolamento (1 a 1,7%). Admite-se a possibilidade do ácido láctico exercer um efeito adverso sobre esse patógeno. Em trabalho semelhante, *Salmonella* spp. e *Shigella* spp não foram detectados em amostras de queijo, provavelmente em função das características próprias desse produto, como pH entre 4,0 e 6,5, além da presença de bactérias competidoras. Sabe-se que pode haver duplicação do número de bactérias durante a fabricação do queijo, todavia há redução desse número durante a fase de maturação, a qual depende da temperatura. Essa redução é lenta em temperaturas baixas.

García-Fulgueiras et al. (2001) relataram surtos na Espanha, entre 1995 e 1996, causado por *S. sonnei* após ingestão de queijo fresco pasteurizado causando a morte de mais de 200 pessoas.

Em estudo realizado com queijo tipo minas, a presença de *Salmonella* spp não foi detectada em 168 amostras analisadas. Entretanto, a maior parte das amostras apresentou altas contagens de coliformes fecais, indicando condições insatisfatórias de produção e baixa qualidade do produto destinado ao consumo. Resultados similares foram obtidos em outra pesquisa realizada em 2010, quando não foram identificadas *Salmonella* spp nem *L. monocytogenes* nas amostras de queijo minas frescal analisadas, apesar dos altos níveis de contaminação por micro-organismos indicadores de higiene.

O risco de transmissão de *Clostridium perfringens*, pelo consumo de queijo minas frescal, foi considerado como quase nulo em razão do baixo percentual de contaminação, inferior a $2x10^3$ UFC/g. Todavia, sua presença indica condições deficitárias de higiene no processamento e na manipulação do produto.

Yersinia enterocolitica e *Campylobacter jejuni*, patógenos considerados emergentes, são sensíveis ao pH ácido dos queijos (pH < 5), contudo o significado desses micro-organismos para a indústria de laticínios ainda não está devidamente esclarecido. *Campylobacter* é um patógeno associado à ingestão de alimentos crus ou prontos para consumo ("ready-to-eat), incluindo leite cru e seus derivados (Hussain et al., 2007, Yoon et al., 2016).

Embora a campilobacteriose humana tenha sido registrada como a segunda maior incidência de todos os patógenos transmitidos por alimentos, cepas de *Campylobacter* raramente são isoladas de alimentos, uma vez que não têm a capacidade de se adaptar a condições ambientais desfavoráveis, como baixa temperatura, alto teor de NaCl e presença de oxigênio, sendo difícil seu desenvolvimento em *in vitro* (Medeiros et al., 2008, Yoon et al., 2015, Yoon et al., 2016). Já *Y. enterocolitica* é uma bactéria psicrotrófica relacionada a doenças gastrointestinais e algumas cepas virulentas possuem o gene *ail* relacionado à invasão e adesão ao hospedeiro (Hanifian and Khani, 2012).

Em relação a *Brucella* spp, sabe-se que esse patógeno conserva-se em queijos moles por 18 a 57 dias, enquanto que nos duros por apenas 6 dias. O número de bactérias decresce durante a fabricação e, principalmente, na fase de maturação. Méndez et al. (2003) relataram um surto na Espanha causado por *B. melitensis* serovar 311 a partir da ingestão de queijo de cabra de leite cru, causando a morte de 22 pessoas. *Brucella* é bactéria causadora da brucelose humana e o leite cru é um importante veículo para transmissão da doença. Por outro lado, estudos mostram que o período de maturação de queijos pode ser capaz de impedir inibir a presença de *Brucella* se usadas altas temperaturas (24 °C), baixo pH (5,0) e baixa atividade de água (0,89) (Méndez-González et al., 2011, Yoon et al., 2016).

Coxiella burnetii causadora da febre Q pode também ser veiculada pelo leite, porém a proporção de casos de febre Q associados ao consumo de leite cru é muito baixa, sendo ainda menor para produtos lácteos, como queijos (Gale et al., 2015).

Ainda, animais acometidos por tuberculose (causada por *Mycobacterium tuberculosis*) podem excretar a bactéria pelo leite ou pelas fezes que podem contaminar o leite. Um surto de tuberculose humana nos EUA, em 2001, foi associado ao consumo de queijo mole mexicano de leite cru contaminado com *M. bovis* (Harris et al., 2007, Yoon et al., 2016).

A presença de bactérias ácido lácticas (BAL) pode exercer efeito antagonista sobre outros micro-organismos, impedindo sua proliferação nos queijos não pasteurizados. BAL são capazes de produzir substâncias antimicrobianas, principalmente bacteriocinas, que inibem a multiplicação de bactérias patogênicas e deteriorantes presentes no alimento, sendo de particular interesse pelas indústrias para aplicação como bioconservantes em alimentos. Bacteriocinas são pequenos peptídeos termorresistentes de síntese ribossomal, biologicamente ativos que variam no seu espectro e modo de ação, massa molecular, origem genética, e propriedades bioquímicas (Abee et al., 1995). As bacteriocinas produzidas por BAL podem possuir amplo ou limitado espectro de ação, mas geralmente possuem ação contra bactérias Gram-positivas, que são intimamente relacionadas ao micro-organismo produtor, e também são capazes de inibir patógenos como *L. monocytogenes*, *S. aureus*, *C. perfringens* e *B. cereus* (Castellano et al., 2008, De Martinis et al., 2002). Evidentemente, o micro-organismo produtor possui mecanismos de imunidade contra a sua bacteriocina produzida (De Vuyst and Leroy, 2007). Bacteriocinas possuem ação restrita contra bactérias Gram-negativas, devido à presença da membrana externa (Deegan et al., 2006, Ortolani et al., 2010).

Inúmeros outros patógenos podem ser encontrados ocasionalmente no queijo minas. Vale ressaltar o caso de uma alga aclorofilada, do gênero *Prototheca* spp, encontrada em vacas com mastite e detectada em queijo fresco, que desencadeou distúrbio gastroentérico em um consumidor 12 horas após a ingestão voluntária do produto. Esse episódio demonstra a importância da higiene da matéria-prima e dos produtos lácteos na prevenção de toxinfecções em saúde pública.

É importante destacar que as pesquisas realizadas com queijos tipo minas frescal, pasteurizados e não pasteurizados revelaram que os níveis de contaminação por diferentes agentes microbianos patogênicos para o homem são maiores nos produtos fabricados a partir da matéria-prima *in natura*.

TOXINFECÇÕES NO BRASIL

Apesar da possibilidade de veiculação de patógenos pelo queijo minas, especialmente os produzidos com leite cru, os maiores problemas em saúde pública relacionados a esse alimento são as toxinfecções alimentares causadas por ingestão de enterotoxinas estafilocócicas. Essas substâncias podem estar presentes até mesmo nos produtos fabricados com leite pasteurizado, uma vez que podem ser pré-formadas na matéria-prima antes do beneficiamento e por serem termorresistentes. Dessa forma, condições inadequadas na manutenção do leite podem permitir o desenvolvimento de *S. aureus* com consequente produção de enterotoxinas, que permanecerão ativas mesmo após o processamento dessa matéria-prima e fabricação do queijo.

Pesquisas realizadas em 2002 revelaram dois surtos de toxinfecção alimentar ocorridos em cidades do interior de Minas Gerais causados pelo consumo de queijos minas contaminados com elevados níveis de *S. aureus*, produtores de enterotoxinas A, B e C e de *Staphylococcus* coagulase-negativa, produtores de enterotoxinas C e D.

Trabalhos realizados com queijo minas frescal contaminado têm sido objeto de inúmeras pesquisas, publicadas por vários autores, ao longo dos últimos anos, revelando, além de ampla gama de patógenos, contagens de micro-organismos indicadores de más condições higiênico-sanitárias acima dos limites toleráveis, como será descrito a seguir. *S. aureus* foi detectado como causa de surto de intoxicação alimentar em quatro pessoas de uma família, das quais duas tiveram internação hospitalar. Além de *S. aureus*, o número de coliformes fecais excedia os padrões, confirmando o alto nível de contaminação do queijo consumido. Foram encontradas as toxinas A, B, D e E, sendo 80% do tipo A. Outro caso apresentou 18 surtos de toxinfecções alimentares causadas por *S. aureus*, envolvendo o consumo de queijos e bolos confeitados, consumo de queijo minas não pasteurizado, fabricado na fazenda e comercializado pelo próprio fabricante, sem qualquer refrigeração. O surto atingiu 11 pessoas, das quais 3 foram hospitalizadas. A análise do queijo revelou níveis da ordem de 10^8 UFC/g, indicando o *S. aureus* como agente causador – 10^6 UFC/g indica alto risco de intoxicação. Foram identificadas as toxinas A, B e D. Um terceiro caso envolveu surto de toxinfecção alimentar na cidade de Contagem (MG), a partir do consumo de queijo minas, abrangendo 14 pessoas entre 15 expostas (taxa de ataque 93,3%); 9 dos acometidos ficaram hospitalizados, sendo que 3 deles ficaram internados, por períodos de 3 a 6 dias, sob tratamento à base de antibióticos. O curso da doença variou de 3 a 5 dias e o período de incubação de 3 horas e 30 minutos a 27 horas – média de 16 horas e 50 minutos. As análises microbiológicas do alimento e das fezes das pessoas envolvidas revelaram números elevados – fora do padrão do queijo – de coliformes fecais e *S. aureus*, além da presença de *Salmonella* spp do grupo D.

Esses resultados, associados ao curto período de incubação em algumas das pessoas acometidas, sugerem intoxicação estafilocócica e também infecção por *Salmonella* spp. Vinte e um surtos de toxinfecção alimentar em 11 municípios do estado de Minas Gerais, entre 1992 e 1994, comprovaram como principal alimento envolvido o queijo minas, incluindo o tipo frescal; 218 pessoas, entre 239 expostas (91,3%), apresentaram sintomatologia característica e 49 (20,5%) foram hospitalizadas. As más condições higiênico-sanitárias dos queijos ficaram evidentes por sua alta contaminação com coliformes fecais, pois 61,9% das amostras apresentaram valores entre 10^3 e 10^5 NMP/g. Nenhuma amostra revelou a presença de *Salmonella* spp, mas o *S. aureus* foi encontrado em 85,7% das amostras, sendo apontado como o agente etiológico potencial dos surtos analisados, com evidente participação da toxina pré-formada no alimento.

CONCLUSÕES

Dada a diversidade dos fatores relacionados à qualidade do queijo minas, sobretudo do ponto de vista higiênico-sanitário, bem como a ocorrência elevada de micro--organismos patogênicos observados em levantamentos específicos e em surtos de toxinfecção após consumo do produto, torna-se evidente a necessidade de que os serviços de vigilância sanitária passem a atuar com maior rigor na fiscalização da comercialização desse alimento no mercado varejista. Em paralelo, é necessário que os setores de inspeção sanitária de produtos de origem animal, no âmbito federal, estadual ou mesmo municipal, exerçam ação fiscalizadora sobre os produtores de leite e, principalmente, sobre as indústrias de laticínios que operam em condições artesanais, de modo a limitar a fabricação de queijos a partir de leite *in natura*. Está comprovado que a pasteurização do leite destinado à fabricação do queijo nas pequenas indústrias exerce efeito relevante no controle microbiológico do queijo minas. Dessa forma, a produção de queijos de leite cru, permitidos por legislação, deve ser constantemente monitorada e fiscalizada e as queijarias devem seguir os manuais de Boas Práticas de Fabricação (BPF) e o sistema de Análise de Perigos e Pontos Críticos de Controle (APPCC); assim como devem ser asseguradas a sanidade do rebanho e as condições higiênico-sanitárias na obtenção do leite usado na fabricação.

Contudo, as estratégias de prevenção dependem da situação local e nacional. A solução ideal e mais abrangente consiste na exigência de pasteurização do leite que se vende, tanto para consumo quanto para posterior processamento, e na proibição da venda de leite cru e no caso de seus produtos derivados, seguindo a legislação vigente. Nos locais onde essas regras foram aplicadas, a transmissão de doenças infecciosas foi reduzida. Em termos de educação sanitária, as autoridades devem comunicar claramente à população os riscos de aborto séptico provocado por listeriose em gestantes e septicemia e óbito em pessoas imunocomprometidas. Os produtores que produzem queijo em seus domicílios também devem ser abrangidos nesse conjunto de medidas, principalmente no que se relaciona à necessidade de pasteurizar o leite produzido e adotar rigorosas condições de higiene nas diferentes etapas de produção.

Porém, o principal entrave ao controle dos riscos sanitários que o queijo minas e outros alimentos oferecem à saúde pública consiste na falta de estrutura que grande parte dos municípios do país, notadamente os pequenos, apresentam em relação ao exercício das ações de vigilância sanitária na área de alimentos. Como quadro geral, verifica-se que a problemática não é dimensionada e a notificação de surtos é ignorada. Apesar da obrigatoriedade da notificação de surtos de toxinfecção alimentar, prevista nos Códigos Sanitários Municipais da maioria das cidades brasileiras, observa-se certo grau de negligência por parte dos serviços médicos assistenciais ao não notificar à vigilância sanitária a ocorrência de episódios dessa natureza, especialmente pelo consumo do queijo minas.

Nos últimos anos vislumbra-se uma real oportunidade para o aprimoramento do controle dos alimentos em virtude da reformulação do sistema de saúde do país, por meio da implantação do Sistema Único de Saúde (SUS). Um novo sistema que valorize a participação comunitária e a educação em saúde, coerente com o interesse local, é fundamental para a saúde pública, respaldado por legislação específica e estrutura organizacional. No âmbito municipal, e em particular em cidades de pequeno e médio porte, o SUS pode desempenhar papel essencial para a melhoria do nível de qualidade higiênico-sanitária dos alimentos, aí incluídos os queijos tipo minas, que ocupam lugar de destaque no contexto socioeconômico e cultural do Brasil.

REFERÊNCIAS

[OPAS] ORGANIZAÇÃO PAN-AMERICANA DA SAÚDE. HACCP: instrumento
Abee, T., L. Krockel, and C. Hill. 1995. Bacteriocins: modes of action and potentials in food preservation and control of food poisoning. International Journal of Food Microbiology 28(2):169.
ALMEIDA FILHO, E.S.; NADER FILHO, A. Ocorrência de Staphylococcus aureus em queijo tipo "frescal". Revista de Saúde Pública, v. 34, n. 6, p. 578-580, 2000.
BECKERS, H.J. et al. The occurrence of Listeria monocytogenes in soft cheeses and raw milk and its resistance to heat. Int J Fd Microbiol., v. 4, n. 198, p. 249-56, 1987.
CARMO, L.S. et al. Food poisoning due to enterotoxigenic strains of Staphylococcus present in Minas cheese and rawmilk in Brazil. Food Microbiology, v. 19, p. 9-14, 2002.
CARMO, L.S.; BERGDOLL, M.S. Staphylococcal food poisoning in Belo Horizonte (Brazil). Rev Microbiol., v. 21, n. 4, p. 320-3, 1990.
CASTELLANO, P., C. BELFIORE, S. FADDA, e G. VIGNOLO. 2008. A review of bacteriocinogenic lactic acid bacteria used as bioprotective cultures in fresh meat produced in Argentina. Meat Science 79(3):483-499.
CASTRO, A. et al. Presencia de Salmonelas en quesos. Rev Cubana Hig Epidemiol., v. 29, n. 1, p. 66-71, 1991.
CCDR. 1999. *Salmonella enteritidis* outbreak due to contaminated cheese e Newfoundland., http://www.hc-sc.gc.ca/pphb-dgspsp/publicat/ccdr-rmtc/99vol125/dr2503ea.html.
CDC, C. f. D. a. P.-. 2014. Nonpasteurized disease outbreaks, 1993-2006., http://www.cdc.gov/foodsafety/rawmilk/nonpasteurized-outbreaks.html.
CERQUEIRA, M.M.O.P.; LEITE, M.O. Doenças transmissíveis pelo leite e derivados. Cad Téc Esc Vet. UFMG, Belo Horizonte, v. 13, p. 5-93, 1995.
CERQUEIRA, M.M.O.P. et al. Frequência de Listeria sp e de Staphylococcus aureus em queijo minas produzido artesanalmente. In: Congresso Nacional de Laticínios, 8°, Juiz de Fora, 1995. Anais. Juiz de Fora, 1995, p.95-7.
COSTA, E.O. et al. In: I Simpósio Brasileiro de Pesquisa em Medicina Veterinária. Anais. s.n.t, p.55.
DE MARTINIS, E., V. ALVES, e B. FRANCO. 2002. Fundamentals and perspectives for the use of bacteriocins produced by lactic acid bacteria in meat products. Food Reviews International 18(2-3):191-208.
DE VUYST, L. e F. LEROY. 2007. Bacteriocins from lactic acid bacteria: production, purification, and food applications. Journal of Molecular Microbiology and Biotechnology 13(4):194-199.
DEEGAN, L. H., P. D. COTTER, C. HILL, e P. ROSS. 2006. Bacteriocins: Biological tools for bio-preservation and shelf-life extension. International Dairy Journal 16(9):1058-1071.
DESTRO, M.T.; SERRANO, A.M. Listeria sp em alimentos. Bol Soc Bras Cienc Tecnol Alim., v. 24, n. 1/2, p. 13-37, 1990.
DIAS, et al. Surtos de toxinfecção alimentar provocados por queijos comercializados em Minas Gerais, no período de 1992 a 1994. In: Congresso Nacional de Laticínios, 8°, Juiz de Fora, 1995. Anais. Juiz de Fora, 1995, p.143-4.

DO CARMO, L. S., R. S. DIAS, V. R. LINARDI, M. J. DE SENA, D. A. DOS SANTOS, M. E. DE FARIA, E. C. PENA, M. JETT, e L. G. HENEINE. 2002. Food poisoning due to enterotoxigenic strains of Staphylococcus present in Minas cheese and raw milk in Brazil. Food Microbiology 19(1):9-14.

DOS SANTOS, J. S., A. A. O. XAVIER, E. F. RIES, I. H. COSTABEBER, e T. EMANUELLI. 2006. Níveis de organoclorados em queijos produzidos no Estado do Rio Grande do Sul. Ciência Rural 36(2):630-635.

ECHANDI et al. Analisis bacteriológico de helados, queso y empanadas de venta ambulante. Rev Cost Cienc Méd., v. 11, n. 3/4, p. 7-11, 1990.

EMATER, M. 2016. Artisanal Minas cheese. Vol. 2016. EMATER, Minas Gerais, Brazil.

essencial para a inocuidade de alimentos. Buenos Aires, Argentina: OPAS/INPPAZ, 2001. ORTOLANI, M.B.T. et al. Microbiological quality and safety of raw milk and soft cheese and detection of autochthonous lactic acid bacteria with antagonistic activity against Listeria monocytogenes, Salmonella spp., and Staphylococcus aureus. Foodborne Pathogens and Disease, v. 7, n. 2, p. 175-180, 2010.

FAGUNDES, C.M.; MOLIN, L. Interferência dos resíduos de antibióticos no controle de qualidade do leite e derivados. Informe Agropecuário, v. 13, n. 155, p. 24-30, 1988.

FELICIO FILHO, A. Eficiência econômica de estocagem de queijos. Informe Agropecuário, v. 10, n. 115, p. 6-11, 1984.

FERNÁNDEZ ESCARTÍN et al. Antagonismo de cepas de Streptococcus, Lactobacillus y Leuconostoc procedentes de quesos frescos no pasteurizados contra algunas bacterias enteropatógenas. Rev Latinoam Microbiol., v. 25, n. 1, p. 47-51, 1984.

FERNÁNDEZ ESCARTÍN et al. Destino de Staphylococcus aureus nativo y de Salmonella artificialmente inoculada en la leche durante la elaboración y almacenamiento de quesos frescos no pasteurizados. II. Influencia del pH, de la flora asociada y del nivel original de contaminación del patógeno. Rev Latinoam Microbiol., v. 25, n. 2, p. 79-86, 1983.

FONSECA et al. Alguns parâmetros físico-químicos de queijo Minas produzido artesanalmente. In: XIII Congresso Nacional de Laticínios, Juiz de Fora, 1995. Anais. Juiz de Fora, 1995, p.117-9.

FRANCO, R.M.; ALMEIDA, L.E.F. Avaliação microbiológica de queijo ralado, tipo parmesão, comercializado em Niterói-RJ. Higiene alimentar, v. 6, n. 2, p. 33-6, 1992.

FURTADO, M. M. 2005. Principais problemas dos queijos: causas e prevenção. São Paulo: Fonte Comunicação e Editora.

GALE, P., L. KELLY, R. MEARNS, J. DUGGAN, e E. L. SNARY. 2015. Q fever through consumption of unpasteurised milk and milk products–a risk profile and exposure assessment. Journal of Applied Microbiology 118(5):1083-1095.

GARCÍA-FULGUEIRAS, A., S. SÁNCHEZ, J. GUILLÉN, B. MARSILLA, A. ALADUEÑA, e C. NAVARRO. 2001. A large outbreak of *Shigella sonnei* gastroenteritis associated with consumption of fresh pasteurised milk cheese. European Journal of Epidemiology 17(6):533-538.

GENIGEORGIS, C. et al. Growth and survival of Listeria monocytogenes in market cheeses stored at 4 to 30°C. J Fd Prot., v. 54, n. 9, p. 662-8, 1991.

GERMANO, P.M.L.; GERMANO, M.I.S. Higiene do leite: aspectos gerais das mastites. Higiene Alimentar, v. 9, n. 36, p. 12-6, 1995.

GHAFIR, Y., B. CHINA, K. DIERICK, L. DE ZUTTER, e G. DAUBE. 2008. Hygiene indicator microorganisms for selected pathogens on beef, pork, and poultry meats in Belgium. Journal of Food Protection 71(1):35-45.

HANIFIAN, S. e S. KHANI. 2012. Prevalence of virulent Yersinia enterocolitica in bulk raw milk and retail cheese in northern-west of Iran. International journal of food microbiology 155(1):89-92.

HARRIS, N. B., J. PAYEUR, D. BRAVO, R. OSORIO, T. STUBER, D. FARRELL, D. PAULSON, S. TREVISO, A. MIKOLON, e A. RODRIGUEZ-LAINZ. 2007. Recovery of *Mycobacterium bovis* from soft fresh cheese originating in Mexico. Applied and Environmental Microbiology 73(3):1025-1028.

HUSSAIN, I., M. S. MAHMOOD, M. AKHTAR, e A. KHAN. 2007. Prevalence of *Campylobacter* species in meat, milk and other food commodities in Pakistan. Food Microbiology 24(3):219-222.

JUNIOR, V.E. Algumas considerações sobre o mercado de queijos no Brasil. Informe Agropecuário, v. 10, n. 115, p. 3-6, 1984.

KOMATSU, R.S. et al. Occurrence of Staphylococcus coagulase positiva in fresh minas cheese produced in Uberlandia-MG. Bioscience Journal, v. 26, n. 2, p. 316-321, 2010.

LAICINI, Z.M. et al. Avaliação dos laudos analíticos das amostras de alguns tipos de queijos recebidos pelo Instituto Adolfo Lutz de Ribeirão Preto. Rev Inst Adolfo Lutz, v. 53, n. 1/2, p. 17-20, 1993.

LOGUERCIO, A.P.; ALEIXO, J.A.G. Microbiologia de queijo tipo Minas Frescal produzido artesanalmente. Ciência Rural, v.31, n.6, p.1063-7, 2001.

LONCAREVIC, S., M.-L. DANIELSSON-THAM, e W. THAM. 1995. Occurrence of *Listeria monocytogenes* in soft and semi-soft cheeses in retail outlets in Sweden. International Journal of Food Microbiology 26(2):245-250.

MAPA. 2002. Regulamento da lei n° 14.185, de 31 de janeiro de 2002 que dispõe sobre o processo de produção de queijo minas artesanal., Dou.

MAPA. 2017. Regulamento de inspeção industrial e sanitária de produtos de origem animal – RIISPOA. DOU.

MATA, G. M. S. C., E. MARTINS, S. G. MACHADO, M. S. PINTO, A. F. D. CARVALHO, e M. C. D. Vanetti. 2016. Performance of two alternative methods for *Listeria* detection throughout Serro Minas cheese ripening. Brazilian Journal of Microbiology 47(3):749-756.

MEDEIROS, D. T., S. A. SATTAR, J. M. FARBER, e C. D. CARRILLO. 2008. Occurrence of *Campylobacter* spp. in raw and ready-to-eat foods and in a Canadian food service operation. Journal of Food Protection 71(10):2087-2093.

MÉNDEZ, M. C., J. A. PÁEZ, M. CORTÉS-BLANCO, C. E. SALMORAL, M. E. MOHEDANO, C. PLATA, B. A. VARO, e N. F. MARTÍINEZ. 2003. Brucellosis outbreak due to unpasteurized raw goat cheese in Andalucia (Spain), January-March 2002. Euro surveillance: bulletin Europeen sur les maladies transmissibles – European communicable disease bulletin 8(7):164-168.

MÉNDEZ-GONZÁLEZ, K. Y., R. HERNÁNDEZ-CASTRO, E. M. CARRILLO-CASAS, J. F. MONROY, A. LÓPEZ-MERINO, e F. SUÁREZ-GÜEMES. 2011. *Brucella melitensis* survival during manufacture of ripened goat cheese at two temperatures. Foodborne Pathogens and Disease 8(12):1257-1261.

MORAES, J.M. Desnate natural do leite: um método de combate ao estufamento tardio dos queijos. Informe Agropecuário, v. 70, n. 115, p. 22-6, 1984.

MORAES, J.M.; HAJDENWURCEL, J.R. Importância das contaminações no estufamento tardio do queijo. Informe Agropecuário, v. 10, n. 88, p. 23-6, 1982.

MORAES, P. M., G. N. VIÇOSA, A. K. YAMAZI, M. B. T. ORTOLANI, e L. A. NERO. 2009. Foodborne pathogens and microbiological characteristics of raw milk soft cheese produced and on retail sale in Brazil. Foodborne Pathogens and Disease 6(2):245-249.

MOUNIER, J., R. GELSOMINO, S. GOERGES, M. VANCANNEYT, K. VANDEMEULEBROECKE, B. HOSTE, S. SCHERER, J. SWINGS, G. F. FITZGERALD, e T. M. COGAN. 2005. Surface microflora of four smear-ripened cheeses. Applied and Environmental Microbiology 71(11):6489-6500.

NASCIMENTO, D. et al. Frequência de Escherichia coli enteropatogênica clássica (EPEC) e enteroinvasora (EIEC) em queijo tipo Minas-Frescal da cidade de Ouro Preto-MG. Rev Microbiol, São Paulo, v. 79, n. 3, p. 258-61, 1988.

National Institute of Historical and Cultural Heritage, I. 2008. Immaterial heritage. Registered goods. 13. Artisan way to make Minas cheese in Serro, Canastra and Salitre regions.

NERO, L. A., M. RODRIGUES DE MATTOS, V. BELOTI, M. AGUIAR FERREIRA BARROS, e B. D. G. DE MELO FRANCO. 2007. Resíduos de antibióticos em leite cru de quatro regiões leiteiras no Brasil. Ciência e Tecnologia de Alimentos 27(2).

NERO, L.A. et al. Hazards in non-pasteurized milk on retail sale in Brazil: prevalence of Salmonella spp, Listeria monocytogenes and chemical residues. Brazilian Journal of Microbiology, v.35, n.3, p.211-215, 2004.

NERO, L.A. Listeria monocytogenes e Salmonella spp em leite cru produzido em quatro regiões leiteiras do Brasil: ocorrência e fatores que interferem em sua detecção. Tese (Doutorado). FCF-USP, 2005, 141p.

NUNES, M. M. e E. D. CALDAS. 2017. Preliminary Quantitative Microbial Risk Assessment for *Staphylococcus* enterotoxins in fresh Minas cheese, a popular food in Brazil. Food Control 73:524-531.

NUNES, R. S. C., C. P. DE SOUZA, K. S. PEREIRA, E. M. DEL AGUILA, e V. M. F. PASCHOALIN. 2016. Identification and molecular phylogeny of coagulase-negative staphylococci isolates from Minas Frescal cheese in southeastern Brazil: Superantigenic toxin production and antibiotic resistance. Journal of Dairy Science 99(4):2641-2653.

ORTOLANI, M. B. T., A. K. YAMAZI, P. M. MORAES, G. N. VIÇOSA, e L. A. NERO. 2010. Microbiological quality and safety of raw milk and soft cheese and detection of autochthonous lactic acid bacteria with antagonistic activity against *Listeria monocytogenes*, *Salmonella* spp., and *Staphylococcus aureus*. Foodborne Pathogens and Disease 7(2):175-180.

OXARAN, V., S. H. I. LEE, L. T. CHAUL, C. H. CORASSIN, G. V. BARANCELLI, V. F. ALVES, C. A. F. DE OLIVEIRA, L. GRAM, e E. C. P. DE MARTINIS. 2017. *Listeria monocytogenes* incidence changes and diversity in some Brazilian dairy industries and retail products. Food Microbiology.

PEREIRA, M.L. et al. Avaliação de ensaios analíticos para detecção de coliformes fecais em queijo minas. Arquivo Brasileiro de Medicina Veterinária e Zootecnia, v. 51, n. 5, p. 427-4431, 1999.

PERIN, L. M., M. L. S. SARDARO, L. A. NERO, E. NEVIANI, e M. GATTI. 2017. Bacterial ecology of artisanal Minas cheeses assessed by culture-dependent and-independent methods. Food Microbiology 65:160-169.

RODRIGUES, F.T. et al. Características microbiológicas de queijo tipo minas frescal comercializados em Viçosa-MG. In: XIII Congresso Nacional de Laticínios, Juiz de Fora, 1995. Anais. Juiz de Fora, 1995, p.233-5.

RUDOLF, M. e S. SCHERER. 2001. High incidence of *Listeria monocytogenes* in European red smear cheese. International Journal of Food Microbiology 63(1):91-98.

SAAD, S.M. et al. Influence of lactic acid bacteria on survival of Escherichia O157:H7 in inoculated Minas cheese during storage at 8.5 degrees C. J Food Prot., v. 64, n. 8, p. 1151-5, 2001.

SABIONI, J. G., E. Y. HIROOKA, e M. L. R. SOUZA. 1988. Food-poisoning from Minas type cheese, contaminated with *Staphylococcus aureus*. Revista Saúde Pública 22:458-461.

SABIONI, J. G.; NASCIMENTO, D. Ocorrência de Clostridium perfringens em queijo tipo minas frescal em Ouro Preto (MG), Higiene Alimentar, v. 4, n. 4, p. 219-22, 1985.

SABIONI, J.G. et al. Intoxicação alimentar por queijo minas contaminado com Staphylococcus aureus. Rev Saúde públ., São Paulo, v. 22, n. 5, p. 458-61, 1988.

SABIONI, J.G. et al. Intoxicação estafilocócica causada por queijo tipo minas em Ouro Preto (MG), 1992. Higiene Alimentar. v. 8, n. 33, p. 22-3, 1994.

SANTOS, E.C. et al. Fabriqueta artesanal de laticínios. Informe Agropecuário, v. 8, n. 88, p. 26-28, 1982.

SCHODER, D., D. MELZNER, A. SCHMALWIESER, A. ZANGANA, P. WINTER, e M. WAGNER. 2011. Important vectors for *Listeria monocytogenes* transmission at farm dairies manufacturing fresh sheep and goat cheese from raw milk. Journal of Food Protection 74(6):919-924.

SILVA, I.M.M. et al. Occurrence of Listeria spp. in critical control points and the environment of Minas Frescal cheese processing. International Journal of Food Microbiology, v. 81, p.241-248, 2003.

SILVA, M.C.C.; CASTRO, D.G. Ocorrência de surto de toxinfecção alimentar causada por queijo tipo "minas". In: VIII Congresso Nacional de Laticínios, Juiz de Fora, 1995. Anais. Juiz de Fora, 1995, p.145-7

SIMAO, A.M. Aditivos para alimentos sob aspecto toxicológico. São Paulo: Nobel, 1985.

SPAHR, U.; URL, B. Behaviour of pathogenic bactéria in cheese – A synopsis of experimental data. Bulletin of the IDF, v. 298, p. 2-16, 1994.

TOLLEFSON, L. Microbial food borne pathogens. In: The veterinary clinics of North America. Food animal practice. Philadelphia, W.B. Sauders. v. 14, n. 1, 1998. 176p.

VARGAS, et al. Parecer CDLD N° 08/93 – Normas e padrões de identidade e qualidade/microbiologia de queijos. Reunião do grupo CDLD/Microbiologia de Laticínios. Centro de Pesquisa e Ensino – Instituto de Laticínios Cândido Tostes. Juiz de Fora, 1993.

VENTURA, R.F. A importância dos produtos lácteos artesanais. Informe Agropecuário, v. 8, n. 88, p. 29-32, 1982.

VENTURA, R.F. Ejetor de vapor: pasteurizador para pequenas indústrias de queijo. Informe Agropecuário, v. 70, n. 115, p. 16-21, 1984.

VERAS, J. F., L. S. DO CARMO, L. C. TONG, J. W. SHUPP, C. CUMMINGS, D. A. DOS SANTOS, M. M. O. P. CERQUEIRA, A. CANTINI, J. R. NICOLI, e M. JETT. 2008. A study of the enterotoxigenicity of coagulase-negative and coagulase-positive staphylococcal isolates from food poisoning outbreaks in Minas Gerais, Brazil. International Journal of Infectious Diseases 12(4):410-415.

VIANA, F. R., A. D. L. OLIVEIRA, L. S. CARMO, e C. A. ROSA. 2009. Occurrence of coagulase-positive Staphylococci, microbial indicators and physical-chemical characteristics of traditional semihard cheese produced in Brazil. International journal of dairy technology 62(3):372-377.

VIEIRA, S.D.A.; NETO, J.P.M.L. Elaboração de queijos frescais em pequena escala. Informe Agropecuário, v. 8, n. 88, p. 28-9, 1982.

VINHA, M. B., C. L. DE OLIVEIRA PINTO, M. R. DE MIRANDA SOUZA, e J. B. P. CHAVES. 2010. Fatores socioeconômicos da produção de queijo minas frescal em agroindústrias familiares de Viçosa, MG. Ciência Rural 40(9):2023-2029.

YOKOMIZO, Y. et al. Avaliação da contaminação de produtos de laticínios por resíduos de pesticidas e contaminantes metálicos. Bol Inst Tecnol Alim., Campinas, v. 27, n. 4, p. 469-88, 1984a.

YOON, Y., H. LEE, S. LEE, S. KIM, e K.-H. CHOI. 2015. Membrane fluidity-related adaptive response mechanisms of foodborne bacterial pathogens under environmental stresses. Food Research International 72:25-36.

YOON, Y., S. LEE, e K.-H. CHOI. 2016. Microbial benefits and risks of raw milk cheese. Food Control 63:201-215.

ZOTTOLA, E. A. e L. B. SMITH. 1993. Growth and survival of undesirable bacteria in cheese. Pages 471-492 in Cheese: Chemistry, physics and microbiology. Springer.

Qualidade do pescado

8

Pedro Manuel Leal Germano
Maria Izabel Simões Germano
Carlos Augusto Fernandes de Oliveira

INTRODUÇÃO

A indústria brasileira, em termos de potencial de produção de pescado, vem passando por um processo difícil. Reivindicam-se ações efetivas da Secretaria Especial de Aquicultura e Pesca da Presidência da República (SEAP/PR) criada em 1º de janeiro de 2003, por meio da Medida Provisória n. 103, para se ocupar dos problemas do setor. A Secretaria, presumivelmente, seria responsável por gerar 1 milhão de empregos diretos e uma renda anual de R$ 5 bilhões, no entanto, a situação dos pequenos produtores ainda é bastante delicada. Por outro lado, a atividade pesqueira no país necessita de reformulações urgentes, envolvendo racionalização dos processos de captura, manuseio a bordo e desembarque.

A atividade de captura restringe-se a uma faixa de 80 milhas do mar territorial, o que facilita para que outros países possuidores de barcos mais modernos e tecnologia mais avançada ocupem o espaço de 200 milhas. Quanto aos recursos marinhos capturados, estes ainda são limitados, com predominância de sardinha, atum, cação, corvina, camarão e lagosta.

Em comparação com seus vizinhos sul-americanos, nos últimos anos o Brasil tem sido ultrapassado em termos de produção e constitui um dos grandes importadores de pescado no mercado internacional.

Ao lado dessa problemática, deve-se considerar que, no país, por razões culturais e socioeconômicas, o consumo de pescado ainda é pouco expressivo. Apesar da extensa costa marítima e da abundância de bacias hidrográficas que recortam o território nacional, apenas cerca de 10% da população incorpora o pescado em sua alimentação. O hábito de ingerir pescado varia de região para região, oscilando entre 21% no Norte e Nordeste e 2% na região Sul.

Isso é verdade na medida em que, por exemplo, na cidade de São Paulo, é raro encontrar estabelecimentos comerciais dedicados à venda de pescado – peixarias. Em geral, a população serve-se nas feiras livres, mercados municipais e, mais recentemente, nos sacolões e lojas em área de mercado, dentro dos *shoppings*.

Todavia, tem-se observado uma mudança no perfil nutricional da população nos últimos anos e a oferta de pescado de qualidade, no mercado interno, pode direcionar o consumo, em especial pela oferta de novas formas de apresentação desse alimento perecível, que não seja a enlatada, tradicional.

O hábito de ingerir peixes, em especial crus, é recente no cardápio dos estabelecimentos de alimentos nas grandes cidades brasileiras. As lojas especializadas em *sashimi* e *sushi*, anteriormente restritas a regiões onde predominavam imigrantes asiáticos, tornaram-se comuns nos bairros das classes mais elevadas, estando presentes em quase todos os *shoppings* dentro da categoria dos *fast-food*, existindo até as lojas especializadas na modalidade de entrega em domicílio (*delivery*).

Cabe salientar que, no Brasil, o universo de consumidores divide-se em dois polos distintos: a população de baixa renda, que habita regiões ribeirinhas ou litorâneas; e a de alta renda, que tem no pescado um alimento alternativo considerado *diet*, *soft* ou *light*, o qual permite manter uma dieta rica em nutrientes e com baixos índices calóricos, portanto, melhor para a saúde.

IMPORTÂNCIA DO PEIXE NA ALIMENTAÇÃO

Na nutrição humana, o peixe constitui fonte de proteínas de alto valor biológico, sendo tão importante quanto a carne bovina. Em muitos países, principalmente da Europa e da Ásia, é a proteína de origem animal mais consumida. O teor proteico das diferentes espécies de peixe varia de 15 a 20%.

De acordo com Lederer (1991), o valor calórico dos peixes como alimento depende do teor de gordura. Assim, tem-se:

- Peixes magros, com menos de 1% de gordura: bacalhau (0,14%), carpa (0,5%), pescada (0,6%), truta (0,7%), linguado (0,8%) e outros.
- Peixes meio gordos, com 7 a 8% de gordura: salmão, arenque, cavala, congro e outros.
- Peixes gordos, com mais de 15% de gordura: atum, enguia e outros.

Deve-se destacar que o valor biológico das gorduras é importante na prevenção do ateroma, em razão da presença de grande número de ácidos graxos poli-insaturados, além dos ácidos palmitoleico, linoleico, linolênico e araquidônico. Trabalhos de pesquisa sobre infarto do miocárdio, em homens entre 50 e 55 anos, revelam que a mortalidade é maior nos países onde há grande consumo de gordura de mamíferos, tal como ocorre na França, na Inglaterra, na Finlândia e nos Estados Unidos. Na Dinamarca, por exemplo, a ingestão diária de gordura é da ordem de 140 g contra 125 g nos Estados Unidos, mas a taxa de infarto é 33% menor do que a americana, pois são os óleos de peixe que constituem a maior parte da gordura ingerida pelos dinamarqueses.

Apesar dessas constatações, alguns trabalhos têm colocado em dúvida esses resultados. Assim, Becker (1995), em estudo conduzido por mais de seis anos, compreendendo 45 mil homens que comiam peixe várias vezes por semana, constatou que o risco de doença cardiovascular não diminuía em relação a outros que consumiam peixe menos de uma vez por mês; ainda, Ascherio et al. (1995), estudando homens, sugerem que o aumento de refeições que contêm peixe (5 a 6 por semana) não reduz o risco de doença coronariana em pessoas que, inicialmente, não apresentavam doença cardiovascular.

Mas a polêmica não se encerra nesse ponto. Em estudo realizado na Itália, em 2002, concluiu-se que o suplemento diário de 1 g de ácidos graxos poli-insaturados ômega-3, encontrados no óleo de peixe, reduziu significativamente o risco de morte súbita em pessoas convalescentes de ataques cardíacos. No mesmo ano, outra pesquisa, que também avaliava os ácidos graxos do ômega-3, concluiu que o consumo de peixe beneficia as pessoas sob alto risco de doença cardíaca isquêmica.

Em 2002, no País de Gales, Reino Unido, cientistas da Universidade de Cardiff confirmaram que o óleo de fígado de bacalhau é eficiente no tratamento das dores articulares e pode diminuir as consequências da osteoartrite. Os efeitos benéficos desse óleo são atribuídos, igualmente, aos ácidos gráxos do ômega-3, os quais inativam as enzimas que destroem a cartilagem das articulações.

No entanto, sabe-se que 100 g de peixe, por exemplo, contêm 80 calorias, enquanto a mesma quantidade de carne bovina magra representa 210 calorias. Para essa mesma quantidade, os valores das proteínas são, respectivamente, 16 e 18.

Em virtude da quantidade mínima de tecido conjuntivo, os peixes são de alta digestibilidade, a qual apresenta relação inversa com o teor de gordura, ou seja, os peixes considerados magros são os mais digestíveis. Por outro lado, contêm quantidade significativa de fósforo, 250 g/100 g de tecido, e iodo (peixes de água salgada), e pouco cálcio e ferro. Nos peixes com teores de gordura acima de 15% são encontrados níveis elevados de vitaminas A e D na musculatura (carne); nos demais, a concentração é sempre elevada no fígado. Apesar de a carne conter quantidades apreciáveis de vitamina B1, apenas nos peixes muito frescos é possível aproveitá-la, pois a tiaminase, presente na musculatura, cinde rapidamente a B1 em pirimidina e em tiazol. Não há diferença entre o teor de sódio dos peixes do mar e dos rios.

MICRO-ORGANISMOS

O pescado pode ser veiculador de uma gama enorme de micro-organismos patogênicos para o homem, a maior parte deles fruto da contaminação ambiental. O lançamento de esgotos nas águas de reservatórios, lagos, rios e no próprio mar é a causa poluidora mais comum registrada no mundo inteiro. No caso particular da pesca marítima, a captura em águas costeiras oferece maiores riscos do que a realizada em alto-mar.

Outra fonte de contaminação importante é o manejo do pescado, desde o momento da captura, ainda nos barcos pesqueiros, até sua destinação final, após passar por inúmeras fases de processamento e transporte.

Entre os micro-organismos mais importantes, destacam-se os do gênero *Vibrio*. O *V. parahaemolyticus* é comum na água do mar, principalmente em regiões costeiras, e pode estar associado a processos infecciosos do pescado, afetando em particular as criações de camarão marinho. No homem, causa gastroenterite aguda caracterizada por quadro disentérico, principalmente após consumo de peixe *in natura*, mariscos, camarões e ostras. Inúmeros casos, com isolamento do agente, foram registrados nas regiões litorâneas do sul de São Paulo – Cananeia –, norte do Paraná e nas zonas de pesca da região metropolitana de Florianópolis.

O *V. cholerae*, de origem humana, atinge a água dos mares, rios e lagos pelo despejo de esgotos. Do ponto de vista da saúde pública, é de suma importância, pois, além de ser responsável por verdadeiras pandemias, pode apresentar-se com mortalidade elevada na dependência da população acometida. Em 1991, através do Peru, o agente atingiu a região Amazônica, disseminando-se rapidamente pelo Norte e pelo Nordeste do Brasil, onde ainda persiste, ocorrendo em forma de focos, sobretudo no estado de Alagoas.

Ostras, mariscos e caranguejos são os veículos naturais do *V. cholerae* por causa de suas características filtradoras que conduzem à concentração de solutos e do acúmulo de micro-organismos. A ingestão de peixe *in natura* ou em conservas cruas tem sido apontada, também, como causa de cólera.

Em seguida, merecem destaque as bactérias do gênero *Salmonella*, tanto as de origem humana, *S. typhi* e *S. paratyphi*, quanto as de origem animal, bem como as *Shigella spp*, todas elas encontradas em águas poluídas por esgotos ou excretas animais. Nessas circunstâncias, também são as ostras, os mexilhões e os mariscos os mais envolvidos.

Como consequência direta da manipulação inadequada, são apontados os *Streptococcus* spp e o *Staphylococcus aureus*, ambos de origem humana, presentes nas mucosas e superfície da pele, e que encontram no pescado ambiente favorável para sua multiplicação.

Outro micro-organismo importante é o *Proteus morgagnii*, que integra 0,1 a 1% de toda a flora superficial do pescado. A contaminação por essa bactéria pode levar à formação de histamina, por descarboxilação da histidina, em peixes de carne vermelha, como atum, cavalinha e arenque. A ingestão de pescado nessas condições pode resultar em intoxicação com sintomas nervosos, dada a estimulação vagal, a partir da ingestão de 100 mg de histamina/100 g de peixe.

Inúmeros agentes bacterianos podem, ainda, contaminar o pescado e causar riscos à saúde. Assim, cepas psicrotróficas de *Bacillus cereus* produzem enterotoxina nos preparados de peixe, sobretudo em pH superior a 6, acarretando surtos caracterizados por diarreia. O *Clostridium perfringens* tipo C pode causar enterite necrótica.

Clostrídios sulfito redutores, *Klebsyela* spp, *Citrobacter* spp, *Enterobacter* spp, *Yersinia enterocolitica*, *Escherichia coli*, *Pseudomonas* spp, *Aeromonas* spp, *Alcaligenes* spp, *Flavobacterium* spp, enterococos e coliformes fecais podem ser encontrados nos peixes frescos ou congelados, frutos do mar e produtos industrializados. A maioria desses micro-organismos está relacionada com a qualidade da água e, principalmente, do gelo utilizado na conservação e/ou com os procedimentos pós-captura.

O vírus da hepatite infecciosa pode ser encontrado em águas poluídas e contaminadas por esgotos. Embora não cause alterações no pescado, pode veicular a infecção para o homem.

ENDOPARASITAS

Deve-se destacar inicialmente a *Phagicola longa*, trematoda de grande importância em saúde pública, responsável por elevadas porcentagens de infestação em tainhas, paratis e paratispema. No homem, é responsável por quadro clínico caracterizado por diarreia, dores abdominais e emagrecimento. As receitas do tipo *sashimi* constituem a via de transmissão preferencial.

De identificação mais recente, tem-se os nematoides da família *Anisakidae*, gêneros *Contracaecum*, *Phocanema* e *Anisakis*. Isolados a partir de peixe-espada, cavala, salmão e atum, causam no homem a denominada anisaquíase, cujo quadro clínico se caracteriza por granulomas eosinofílicos no aparelho gastrointestinal. Dadas as características de evolução, faz-se necessário estabelecer o diagnóstico diferencial com úlcera péptica ou duodenal, apendicite ou câncer.

BIOTOXINAS

Dentro do contexto das biotoxinas encontram-se diferentes grupos químicos capazes de determinar envenenamentos graves no homem. Essas toxinas, de modo geral, são resistentes à maioria dos processos utilizados para a conservação do pescado, como: secagem, salga, defumação e mesmo o congelamento.

Denominam-se ficotoxinas as biotoxinas produzidas por organismos aquáticos, particularmente por algas marinhas, capazes de se acumular em diversos tecidos de uma ampla variedade de peixes e frutos do mar, os quais são frequentemente envolvidos em surtos de intoxicação por essas substâncias. Uma das ficotoxinas mais comuns é a saxitoxina (STX), produzida por algumas espécies de dinoflagelados do gênero *Gonyaulax*, as quais multiplicam-se rapidamente, tornando-se visíveis na água do mar por meio do fenômeno das marés vermelhas. A STX acumula-se, preferencialmente, em caranguejos e moluscos bivalves. As concentrações capazes de originar efeitos tóxicos no homem geralmente são acima de 80 mg/100 g de pescado. A tetrodoxina (TTX), por outro lado, acumula-se no chamado peixe-globo (ou Fugu), principalmente no fígado, nos ovários e ovos das fêmeas dessa espécie.

STX e TTX são neurotóxicas por excelência, provocando envenenamentos paralisantes. Essas toxinas agem na superfície externa dos nervos e músculos, como oclusores dos canais de sódio dependentes de voltagem da membrana plasmática. A ingestão de mariscos e peixes, como peixe-lua ou baiacus, constitui a via de transmissão mais comum.

Os ácidos ocadaico e dinofisistoxina, encontrados em mariscos, produzem diarreias e predispõem ao câncer do trato digestivo no homem. As brevetoxinas, produzidas por dinoflagelados do plâncton, são neurotóxicas como a TTX e a STX: em aerossóis de água do mar, provocam tosse, corrimento nasal e espirros. O ácido domoico é um agonista glutamatérgico que produz vômitos, diarreia, confusão mental e perda da memória, levando ao coma e à morte nos casos graves.

Por fim, vale mencionar as ciguatoxinas, as quais estabelecem ligações nos canais de sódio, produzindo efeitos neurológicos e sintomas gastrointestinais.

OUTROS RISCOS À SAÚDE

Entre os poluentes químicos, o mercúrio assume grande relevância em saúde pública, dado que é um metal pesado, de efeito cumulativo para o homem. Nos casos graves, provoca dificuldade de locomoção, perda de cabelo e cegueira. Geralmente, é eliminado nas águas pelos efluentes industriais.

Os pesticidas provenientes das atividades agropecuárias englobam uma grande diversidade de compostos químicos, todos eles, em maior ou menor grau, prejudiciais ao homem e aos animais, aí incluídos os próprios seres aquáticos.

Determinadas variedades de pescado podem induzir a reações alérgicas nos consumidores após sua ingestão. De modo geral, a principal responsável por esses quadros urticariformes é a histamina, produzida a partir da descarboxilação da histidina durante os processos de decomposição de certos tipos de pescado por bactérias mesófilas. Os peixes e frutos do mar mais envolvidos com esses fenômenos alérgicos são atum, cavalinha, bonito e camarão. Sardinhas enlatadas também podem apresentar teores de histamina capazes de causar distúrbios em indivíduos suscetíveis.

São comuns as infecções das mãos de manipuladores, após acidentes por cortes com as lâminas das facas ou pelas espinhas dos peixes, quando do filetamento ou da simples manipulação. Isso ocorre por causa da alta contaminação da pele dos peixes, além do mais, a maioria dos ferimentos dos manipuladores são perfurantes, propiciando a inoculação dos micro-organismos diretamente nas camadas mais profundas da pele.

MANIPULAÇÃO

O pescado é altamente perecível, por isso, exige cuidados especiais em sua manipulação e no preparo, principalmente em cozinhas de refeições coletivas, industriais ou comerciais.

A matéria-prima a ser utilizada deve ser preferencialmente nacional, evitando-se produtos procedentes de outros países, sobretudo com incidência de cólera, e adquirida a partir de fornecedores idôneos. Importações de pescado podem propiciar a introdução de diversos agentes parasitários no país, em especial a partir da Ásia e da costa do Pacífico, destacando-se entre eles: trematodas, principalmente *Paragonimus westermani, Clonorchis sinensis, Heterophydae* spp, *Metagonimus yokogawai, Opisthorchis* spp; cestoides como o *Diphyllobothrium latum*, e nematoides, nos quais incluem-se o *Angiostrongylus cantonensis*, o *Gnathostoma spinigerum* e a *Capillaria philippinensis*.

Como todos esses parasitas são transmitidos ao homem pela ingestão de pescado cru ou insuficientemente cozido, ao lado de toda uma gama de micro-organismos contaminantes, não é aconselhável a inclusão de pratos dessa natureza no cardápio dos restaurantes industriais, sobretudo frutos do mar.

A primeira operação importante dentro de uma cozinha diz respeito ao recebimento da matéria-prima *in natura* e seu imediato armazenamento a temperaturas de –15°C ou inferiores, para conservação prolongada, ou entre –5 e 0°C, por no máximo 72h. O congelamento é uma prática importante, pois inibe, parcial ou totalmente, a ação prejudicial dos micro-organismos e das enzimas, porém sua adequada utilização depende do tipo de pescado. Temperaturas baixas por muito tempo podem causar alterações marcantes no sabor e na cor de peixes e frutos do mar. Portanto, o pescado deve ser adquirido na quantidade suficiente para atender a uma refeição, evitando-se grandes estoques, sendo o ideal a aquisição de peixe cortado em filés congelados.

Outra regra que deve ser respeitada é a relacionada com o preparo. Manipulação, tempero e consumo devem ser, sempre que possível, realizados no prazo máximo de 24h, a fim de impedir a decomposição e, principalmente, diminuir a possibilidade de contaminação cruzada. A temperatura de cocção é extremamente importante, daí a recomendação de se utilizar porções pequenas, de preferência filés, com no máximo 1 cm de espessura, para que a massa interna possa alcançar os 73°C: três minutos a essa temperatura são suficientes para diminuir consideravelmente os riscos de contaminação.

A preparação de pratos à base de peixe, portanto, envolve algumas etapas consideradas críticas. Inicialmente, há a necessidade de se descongelar a matéria-prima – no caso do exemplo a ser seguido, filés congelados a 4°C em refrigerador –, nunca à temperatura ambiente *over-night*. Uma vez descongelado, segue-se para a etapa de tempero. Devem ser retiradas do refrigerador pequenas quantidades de filés, de modo que a matéria-prima fique exposta o menor tempo possível à temperatura ambiente, sempre elevada nas cozinhas. Depois de temperados, devem voltar, imediatamente, para o refrigerador a 4°C, podendo ficar aí armazenados por no máximo 24h. Essa etapa é chamada de pré-preparo.

No dia seguinte, deve-se retirar da geladeira os filés temperados, sempre em pequenas porções, empanados ou não, e levar rapidamente à cocção – frito, grelhado ou assado. O acúmulo de porções ainda cruas sobre os balcões possibilita a multiplicação bacteriana preexistente nos filés, manipulados e temperados no dia anterior, bem como facilita a contaminação cruzada com outros alimentos. Daí a importância da temperatura de cocção atingir a massa interna do alimento.

Desse modo, os filés preparados devem ser servidos dentro dos quinze minutos pós-cocção ou mantidos em estufa, ou *pass through*, a 60°C no máximo por trinta minutos. Deve-se destacar que, após mais de quinze minutos em assadeira, no vapor do balcão de distribuição, inicia-se a multiplicação de micro-organismos e/ou a produção de toxinas.

Nos restaurantes industriais, não se deve armazenar as sobras da refeição para reaproveitamento posterior, pois o risco de o alimento ter permanecido à temperatura ambiente por demasiado tempo, possibilitando a multiplicação bacteriana, é muito grande. De fato, o reaquecimento pode diminuir esse risco, quando a contaminação for por micro-organismos ou toxinas termolábeis, se a temperatura e o tempo seguirem as mesmas recomendações da cocção. Os riscos são muito grandes quando se consideram os micro-organismos e as toxinas termorresistentes, que exigem temperaturas muito elevadas para sua destruição.

A temperatura de reaquecimento sempre é problemática, qualquer que seja o meio empregado (forno convencional ou de micro-ondas). O binômio tempo-temperatura deve propiciar o aquecimento da massa interna do alimento de modo a reduzir ao máximo a possível contaminação microbiana. Contudo, quando se trata de pescado, o grande inconveniente desse processo é que o reaquecimento à mesma temperatura empregada para a cocção (73°C) pode prejudicar a qualidade do alimento, podendo ocorrer o amolecimento exagerado do produto ou seu ressecamento demasiado. Na verdade, o que se constata na prática é o reaquecimento à temperatura branda, inferior a 45°C, por alguns minutos, para que o alimento não sofra alterações significativas de textura, umidade e sabor.

AÇÕES DO SERVIÇO DE INSPEÇÃO

A inspeção do pescado inicia-se nos cais de desembarque, no momento em que os barcos pesqueiros fazem o descarregamento. O desembarque do pescado e sua destinação têm que ser avaliados pelos profissionais da inspeção, a fim de assegurar as boas condições higiênico-sanitárias dos peixes e frutos do mar capturados.

Um dos pontos mais importantes a ser considerado é o que se refere à procedência do pescado, pois ela está relacionada diretamente com os níveis de contaminação das águas, quando proveniente de pesca em alto mar ou área costeira, rios, lagos ou reservatórios. Do mesmo modo, é importante considerar as técnicas de pesca, uma vez que a qualidade do pescado depende das práticas adotadas. Nessa etapa, são avaliadas as alterações observáveis macroscopicamente, como decomposição, esmagamento e lesões provenientes dos mais variados tipos de enfermidades.

O pescado considerado em condições satisfatórias é destinado para os entrepostos, para posterior distribuição, e então segue para o comércio varejista ou os diferentes tipos de indústrias. O transporte é uma etapa importante e deve ser realizado em caminhões frigoríficos. Em todas essas fases, a inspeção tem que se fazer presente, assegurando principalmente que a cadeia do frio, indispensável para a conservação do pescado, seja mantida com rigor.

AÇÕES DA VIGILÂNCIA SANITÁRIA

No âmbito do comércio varejista, o pescado integra o grupo dos alimentos altamente perecíveis e, como tal, as ações da vigilância sanitária são de extrema importância para assegurar aos consumidores produtos com boa qualidade higiênico-sanitária.

A fiscalização é exercida nos estabelecimentos que comercializam matéria-prima *in natura* ou produtos industrializados – mercados municipais, supermercados, peixarias, feiras livres, entre outros. Compete, ainda, à vigilância sanitária fiscalizar os estabelecimentos fornecedores de refeições coletivas, comerciais e industriais.

No comércio, a fiscalização deve estar atenta para as características externas do pescado que refletem qualidade do produto, a seguir descritas.

- Análise de características externas:
  - ► Consistência: musculatura resistente, ventre cilíndrico sem alterações ou flacidez e aberturas naturais bem vedadas.
  - ► A pele apresenta coloração variada e brilhante, de acordo com a espécie considerada; as escamas devem ser brilhantes e estar bem aderidas; as guelras, úmidas e intactas. Contudo, deve-se atentar para o fato de que peixes de tonalidades delicadas podem sofrer descoloração em contato com o gelo, sem que isso represente qualquer tipo de decomposição.
  - ► O reconhecimento das brânquias é muito importante – percebem-se ao levantar-se o opérculo. Devem ser vermelhas, de tonalidade variável, mais ou menos intensa, mas sempre brilhantes. As lâminas branquiais são visíveis e diferenciáveis.
  - ► Os olhos devem ser brilhantes e vivos, preenchendo a órbita por completo. Córnea clara, transparente e lustrosa, íris cor-de-rosa amarelada e cristalino transparente. Embora esses parâmetros sejam comuns para a maioria dos peixes, algumas espécies podem apresentar discrepâncias não relacionadas à decomposição.
  - ► O odor do pescado fresco é peculiar, não incomoda nem causa mal-estar. Porém, quando em fase de decomposição, o odor torna-se forte e intenso, repugnante.

- Análise de características internas:
  - ▶ Corte ao longo da região ventral: os músculos devem ser consistentes, sulcados por vasos sanguíneos que se destacam; vísceras abdominais devem estar limpas e perfeitamente diferenciadas.
  - ▶ Corte longitudinal da região dorsal: a espinha dorsal deve apresentar cor branca por igual, com gotas de sangue fresco.

LABORATÓRIO DE VIGILÂNCIA SANITÁRIA

As ações de inspeção e vigilância sanitária são complementadas, normalmente, por meio do apoio laboratorial, com vistas à realização de análises que certifiquem a qualidade do pescado.

Os exames laboratoriais efetuados no pescado devem estar relacionados aos parâmetros de qualidade previstos na legislação, os quais podem ser englobados em físico-químicos, microbiológicos e microscópicos, além das características toxicológicas mencionadas anteriormente. Os exames físico-químicos incluem as provas de avaliação do estado de conservação do pescado, como pH, reação de gás sulfídrico e bases voláteis totais.

Os parâmetros microbiológicos adotados para o pescado *in natura* compreendem a contagem de coliformes fecais, *Staphylococcus aureus*, *Vibrio parahaemolyticus* e pesquisa de *Salmonella* em 25 g de amostra. É importante ressaltar que a colheita de amostras deve ser efetuada de acordo com os princípios dos programas de Análise de Perigos e Pontos Críticos de Controle (APPCC), aplicados no processamento do pescado.

No pescado *in natura*, as análises microscópicas são recomendadas para a pesquisa de formas parasitárias e alterações histopatológicas que comprometam a integridade do peixe como alimento.

CONCLUSÕES

O pescado constitui alimento de origem animal, de fácil digestibilidade, com teor satisfatório de proteínas, gorduras insaturadas, vitaminas e minerais. É um produto que pode ser indicado para pessoas de qualquer idade, principalmente crianças, adolescentes e idosos. Tem sua indicação também recomendada para pacientes convalescentes.

É altamente indicado para prevenir o ateroma, particularmente nos países onde as taxas de infarto do miocárdio são elevadas, em decorrência da alta ingestão de gordura animal procedente de mamíferos. Nesse caso, a substituição pelos peixes classificados como gordos seria extremamente benéfica. Constitui, ainda, fonte importante de vitaminas A e D, principalmente a partir do óleo de fígado de bacalhau ou da ingestão da carne dos peixes gordos.

Por ser um alimento de fácil decomposição, exige cuidados especiais, sobretudo os relacionados à conservação pelo frio. Do mesmo modo, está sujeito à contaminação pelos mais variados micro-organismos, adquiridos já no ambiente aquático ou durante as diferentes etapas de captura, transporte e distribuição. Por esse motivo, não é aconselhável servir peixe cru, notadamente no âmbito dos estabelecimentos de refeições coletivas industriais.

A manipulação assume importância capital para a qualidade higiênico-sanitária do pescado, seja como matéria-prima ou como produto industrializado. Nos estabelecimentos de refeições coletivas, os cuidados começam com a origem e procedência do produto, passam pela conservação e pelo modo de preparo, até culminar com a distribuição do alimento aos comensais. Nesses locais, os pontos críticos devem ser identificados e monitorados constantemente, utilizando-se, sempre que possível, provas laboratoriais para identificação e confirmação de contaminações.

O controle da qualidade do pescado inicia-se com a inspeção sanitária da matéria-prima, estendendo-se aos entrepostos e sistemas de transporte, atingindo por último as indústrias processadoras. A vigilância sanitária atua no âmbito do comércio varejista, de venda ao público, e nos estabelecimentos de refeições coletivas de alimentos, zelando pela qualidade higiênico-sanitária dos produtos colocados à disposição dos consumidores.

Apesar das reconhecidas vantagens do pescado na alimentação, no Brasil, o hábito de consumo ainda está abaixo das expectativas. Por outro lado, a indústria pesqueira padece de sérias dificuldades para manter-se e enfrentar a concorrência de outros países, até do próprio continente sul-americano. Mesmo sendo possuidor de uma extensão de costa litorânea invejável, corre-se o risco de importar peixes do exterior, principalmente do continente asiático, onde proliferam inúmeros agentes de doenças importantes, ainda exóticos no Brasil.

Portanto, é de suma importância que haja um redirecionamento na política de pesca, de modo a permitir a modernização da frota pesqueira. Isso permitiria o desenvolvimento de uma infraestrutura capaz de propiciar a ampla distribuição do produto ao mercado interno, com toda sua diversidade, e mesmo a exportação dos excedentes. À medida que forem oferecidas ao público diferentes opções em matéria de pescado, a preços competitivos com outras proteínas de origem animal, o consumo, fatalmente, sofrerá um impulso quantitativo.

REFERÊNCIAS

ADAMS, A.M. et al. Anisakid parasites, *Staphylococcus aureus* and *Bacillus cereus* in sushi and sashimi from Seattle area restaurants. *Journal of Food Protection*, v. 57, n. 4, p. 311-7, 1994.
AMERICAN HEART ASSOCIATION. Ácido graxo do óleo de peixe combate a arritmia e a morte súbita. *Circulation, Medix Notícias*, abr. 2002. Disponível em: <www.emedix.com.br>. Acesso em: set. 2002.

AMERICAN JOURNAL OF CLINICAL NUTRITION. Ácidos graxos do ômega-3 podem prevenir a doença cardíaca. *Medix Notícias*, jul. 2002. Disponível em: <www.emedix.com.br>. Acesso em: set. 2002.

ANTUNES, S.A.; DIAS, E.R.A. *Phagicola longa* (trematoda: Heterophydae) em mugilídeos estocados resfriados e seu consumo cru em São Paulo, SP. *Higiene Alimentar*, v. 8, n. 31, p. 41-2, 1994.

ASCHERIO, A. et al. Dietary intake of marine n-3 fatty acids, fish intake, and the risck of coronary disease among men. *New England Journal of Medicine*, v. 332, n. 15, p. 977-82, 1995.

BECKER, W. Skyddar riklig fiskkonsumtion mot hjantinfarkt. *Var Foda*, v. 47, n. 7, p. 58-9, 1995.

BERSOT, L.S.; SÃO CLEMENTE, S.C.; SANTOS, N.N. Avaliação dos teores de histamina em sardinha enlatada (*Sardella aurita*, Valenciennes, 1847). *Higiene Alimentar*, v. 10, n. 45, p. 38-43, 1996.

CARDONHA, A.M.S.; CASIMIRO, A.R.S.; VIEIRA, R.H.S.F. Identificação de bactérias psicotróficas em caudas de lagosta, durante processo industrial com tripolifosfato de sódio. *Higiene Alimentar*, v. 8, n. 31, p. 29-34, 1994.

CATSARAS, M.; ROSSET, R. Anisakiase et poisson cru. *Bulletin de la Académie Vétérinaire de France*, v. 66, n. 3, p. 353-9, 1993.

CHIEFFI, P.P. et al. Human infection by *Phagicola* spp (Trematoda, Heterophyidae) in the municipality of Registro, São Paulo State, Brazil. *Journal of Tropical Medicine and Hygiene*, v. 95, n. 5, p. 346-8, 1992.

CHORD-AUGER, S.; MIEGEVILLE, M.; LE PAPE, P. L'anisakiase dans la région Nantaise de l'étal du poissonier au cabinet du médecin. *Parasite*, 1995; 2:395-400.

CONNELL, J.J. *Control de la calidad del pescado*. Zaragoza: Acribia, 1988.

CONSTANTINIDO, G. A saúde do pescado depende diretamente da saúde do ambiente. *Higiene Alimentar*, 1994; 8(32):5-6. [Apresentado no 1º Seminário de Vigilância Sanitária Pesqueira: Qualidade dos Pescados. São Paulo, 1994]

CUYCK, G.H. et al. Detection of hepatitis A virus in oysters. *International Journal of Food Science and Technology*, v. 29, n. 2, p. 185-93, 1994.

DAMS, R.; BEIRÃO, L.H.; TEIXEIRA, E. Práticas de higiene e sanificação na indústria de pescado congelado. *Higiene Alimentar*, v. 10, n. 44, p. 40-3, 1996.

DIAS, E.R.A.; WOICIECHOVSKI, E. *Phagicola longa* (trematoda: Heterophydae) em mugilídeos e no homem, em Registro e Cananeia, SP. *Higiene Alimentar*, v. 8, n. 31, p. 43-6, 1994.

EIRAS, J.C. A importância econômica dos parasitas de peixes. *Higiene Alimentar*, v. 8, n. 31, p. 11-3, 1994.

FERRETTI, R. et al. Aterosclerose e ácidos graxos ômega-3. *Acta Médica*, v. 15, p. 557-74.

FOGAÇA, F.H.S. A importância do manejo higiênico-sanitário na qualidade do pescado. Ministério da Agricultura, Pecuária e Abastecimento. Empresa Brasileira de Pesquisa Agropecuária. 17 jun. 2009. Disponível em: <http://www.embrapa.br/ imprensaartigos/2009/a-importancia-do-manejo-higienico-sanitario-na-qualidade-do-pescado/>. Acesso em: fev. 2010.

FREITAS J.C. Organismos marinhos portadores de potentes toxinas e suas relações com a saúde pública. *Higiene Alimentar*, v. 7, n. 28, p. 12-8, 1993.

GERMANO, P.M.L.; GERMANO, M.I.S. Comércio varejista de pescado: qualidade higiênico--sanitária. In: SILVA-SOUZA, A.T. *Sanidade de Organismos Aquáticos no Brasil*. São Paulo: Abrapoa, 2006.

GERMANO, P.M.L.; OLIVEIRA, J.C.F.; GERMANO, M.I.S. O pescado como causa de toxinfeções bacterianas. *Higiene Alimentar*, v. 7, n. 28, p. 40-5, 1993.

HAMDAM, M.; WAGNER, J. Anisakiase pseudotumorale de l'estomac revelée par une hemorragie digestive. À propos d'un cas et revue de la littérature. *Semaine des Hopitaux de Paris*, v. 68, n. 19, p. 559-61, 1992.

HEALY, G.R. et al. Foodborne parasites. In: SPECK, M.L. (ed.) *Compendium of methods for the microbiological examination of foods*. 2.ed. Washington: American Public Health Association, 1984, p.542-56.

INAN/FIBGE/IPEA. Pesquisa nacional sobre saúde e nutrição (PNSN). Brasília, 1990.

LEDERER, J. *Enciclopédia moderna de higiene alimentar*. São Paulo: Manole Dois, 1991.

LIMA, F.C. Víbrios marinhos: 1. *Vibrio parahaemolyticus*. *Higiene Alimentar*, v. 11, n. 47, p. 14-22, 1997.

MACEDO, M.V. de A. *A retomada do desenvolvimento do setor pesqueiro nacional*. Brasília: Grupo Executivo do Setor Pesqueiro (Gespe), 1996. [Mimeografado].

MARQUES, M.C. et al. Utilização do frio (resfriamento e congelamento) na sobrevivência de larvas de nematoides anisakídeos em *Trichiurus lepturus* (L.). *Higiene Alimentar*, v. 9, n. 39, p. 23-8, 1995.

MEDIX NOTÍCIAS. Ciência aposta no óleo de fígado de bacalhau para curar artrite. Cardiff University, Wales, 20 fev. 2002. *Medix Notícias*. Disponível em: <www.emedix.com.br>. Acesso em: set. 2002.

[MA] MINISTÉRIO DA AGRICULTURA. *Métodos analíticos oficiais para controle de produtos de origem animal e seus ingredientes*. II – Métodos físicos e químicos. Brasília: MA, 1981.

MINISTÉRIO DA SAÚDE. Secretaria Nacional de Vigilância Sanitária. Portaria n. 001/87. *Diário Oficial*, Brasília, 12 fev. 1987.

NOVAK, S.M. Parasitas associados aos alimentos exóticos. *Higiene Alimentar*, v. 48, p. 9-11, 1997.

NUNES, A.M.N. Qualidade do pescado é fator primordial para o prestígio do setor. *Higiene Alimentar*, v. 8, n. 32, p. 6-7, 1994. [Apresentado no 1º Seminário de Vigilância Sanitária Pesqueira: Qualidade dos Pescados. São Paulo, 1994].

OSSA, P. Enfermedad coronaria y dieta de pescado. *Boletim do Hospital San Juan de Dios*, v. 32, n. 5, p. 341-4, 1985.

PAREDES, L.E. Aspectos Sanitários do cultivo do camarão marinho no Equador. *Higiene Alimentar*, v. 7, n. 28, p. 8-10, 1993.

PÉREZ, A.C.A. de. Perigos biológicos e químicos em pescado: toxinas em pescado. III SIMCOPE – Simpósio de Controle do Pescado – Segurança Alimentar, Inovação Tecnológica e Mercado, 4-6 jun. 2008, São Vicente (SP). Disponível em: <ftp:// ftp.sp.gov.br/ftppesca/3simcope/3simcope_mini--curso4.pdf>. Acesso em: fev. 2010.

QUEVEDO, F.; THAKUR, A.S. *Alimentos*: parasitosis transmitidas por alimentos. Ramos Mejia: Centro Panamericano de Zoonosis, 1980. (CPZ – Serie de Monografias y Tecnicas, 12).

RUIVO, U.E. Comprar de um fornecedor idôneo, com prestígio no mercado e inspecionado pelo sistema oficial, já é um fator de garantia da qualidade. *Higiene Alimentar*, v. 8, n. 32, p. 8-9, 1994. [Apresentado no 1º Seminário de Vigilância Sanitária Pesqueira: Qualidade dos Pescados. São Paulo, 1994].

SÃO CLEMENTE, S.C. Inspeção sanitária do pescado. *Higiene Alimentar*, v. 7, n. 28, p. 7, 1993.

SHIBAMOTO, T.; BJELDANES, L.F. *Introducción a la toxicología de los alimentos*. Zaragoza: Acribia, 1996.

SILVA Jr., E.A. *Manual de controle higiênico-sanitário em alimentos*. São Paulo: Varela, 1995.

SILVA, A.M.A. A legislação é importante, mas a ação é muito mais e deve ser integrada, em todos os níveis. *Higiene Alimentar*, v. 8, n. 32, p. 7-8, 1994. [Apresentado no 1º Seminário de Vigilância Sanitária Pesqueira: Qualidade dos Pescados. São Paulo, 1994].

TEIXEIRA, C.G. Produtos alimentícios da atividade pesqueira. *Higiene Alimentar*, v. 7, n. 28, p. 24-6, 1993.

[WHO] WORLD HEALTH ORGANIZATION. *Control of foodborne trematode infections*. Genebra, 1995. (WHO – Technical Report Series, 849).

ZICAN, C.A. O Ministério da Agricultura iniciou o controle sanitário através do sistema de pontos críticos. O pescado é o carro-chefe desse sistema. *Higiene Alimentar*, v. 8, n. 31, p. 9-10, 1994. [Apresentado no 1º Seminário de Vigilância Sanitária Pesqueira: Qualidade dos Pescados. São Paulo, 1994].

9

Qualidade dos vegetais

Pedro Manuel Leal Germano
Maria Izabel Simões Germano
Carlos Augusto Fernandes de Oliveira

INTRODUÇÃO

Em saúde pública, grande parte dos agentes etiológicos de enfermidades entéricas é veiculada por intermédio de hortaliças, legumes e frutas contaminadas principalmente com helmintos, protozoários, bactérias, fungos e vírus.

A contaminação fecal de produtos vegetais, sobretudo daqueles que são ingeridos *in natura*, constitui o fator de maior relevância na epidemiologia das enteroparasitoses. Isso se deve principalmente ao elevado grau de resistência das diferentes formas dos organismos às condições ambientais, pois podem persistir por longos períodos na água, no solo e mesmo nas próprias culturas.

No Brasil, em particular na região metropolitana de São Paulo, diversos pesquisadores demonstraram o precário nível higiênico-sanitário das hortaliças oferecidas ao consumo humano. Um estudo realizado na década de 1990 revelou elevados níveis de contaminação por helmintos e protozoários em alfaces, agrião e escarola produzidos no denominado "cinturão verde" dessa região e comercializados na Companhia de Entrepostos e Armazéns Gerais de São Paulo (Ceagesp).

Deve-se salientar que esse é um problema mundial, e mesmo nos países industrializados cerca de 5% das doenças transmitidas por alimentos (DTAs) têm origem no consumo de produtos vegetais, folhas, talos ou mesmo frutos contaminados a partir do solo, da água de irrigação, dos adubos orgânicos, das condições de transporte e armazenagem, ou durante a manipulação, utilizando recipientes, tábuas, balcões e utensílios não higienizados, facilitando a contaminação cruzada.

CARACTERÍSTICAS DO CULTIVO DE VEGETAIS

O solo desempenha papel importante na disseminação de alguns tipos de parasitas, em especial daqueles que exigem para sua evolução um período fora do hospedeiro para se tornarem infectantes, como ocorre com os ancilostomídeos e os ascarídeos.

Nas culturas de produtos vegetais, quase sempre faz-se necessária a adubação dos solos. Entretanto, a utilização de adubos orgânicos, constituídos de fezes humanas, favorece a contaminação, sobretudo de hortaliças, legumes e frutas rasteiras, veiculando, entre outros agentes, micro-organismos e helmintos. A utilização de matéria fecal proveniente de criações domésticas também oferece riscos, porque muitos parasitas de animais são patogênicos para o homem. Embora essa prática esteja atualmente em declínio, ainda ocorre no estado de São Paulo, por exemplo, entre pequenos chacareiros, o uso de fezes liquefeitas aspergidas sobre as verduras para adubação.

O cultivo de produtos vegetais, em especial de hortaliças, necessita de ambiente permanentemente úmido, o que requer irrigação constante das culturas, especialmente nos meses de seca. Essas condições, associadas à arquitetura particular das folhagens, propiciam a formação de ecótopos extremamente favoráveis à sobrevivência e ao desenvolvimento das formas de transmissão de organismos patogênicos, caracterizados sobretudo por umidade elevada e baixa luminosidade.

Outro problema que afeta a qualidade higiênico-sanitária das plantações consiste na irrigação das culturas a partir de águas provenientes de rios, córregos e lagos adjacentes às hortas, bombeadas ou levadas por meio de canais de irrigação ou transportadas em caminhões-tanque, sem nenhum tratamento prévio. Algumas chácaras contam com água de poço ou cisterna, mas raramente encontram-se propriedades que utilizam água da rede pública por causa do alto custo, uma vez que o consumo exigido para a irrigação de hortas é bastante elevado.

Atualmente, recomenda-se que essas águas apresentem padrões de qualidade mínimos, não somente sob o aspecto microbiológico, como também parasitológico, admitindo-se como limite máximo aceitável o encontro de um ovo de helminto por litro de água (em termos de ovos de *Ascaris* spp, *Trichocephalus* spp ou de ancilostomídeos).

Nas localidades com saneamento básico deficiente, a destinação dos esgotos domésticos e de águas servidas é frequentemente feita em rios e riachos, acarretando a contaminação das águas superficiais e até dos lençóis freáticos por matéria fecal.

CARACTERÍSTICAS DO ABASTECIMENTO NA REGIÃO METROPOLITANA DE SÃO PAULO

Hortaliças e legumes comercializados na cidade de São Paulo provêm, em grande parte, de pequenas propriedades localizadas nas proximidades da área urbana da capital ou até mesmo pertencentes a ela.

A região produtora de hortaliças, tradicionalmente denominada de cinturão verde, teve sua constituição formalizada em 1952, quando foi criado o programa de assistência e fomento à produção agrícola e animal do município de São Paulo e arredores. A medida teve por finalidade evitar o deslocamento dessas atividades para regiões mais distantes, a fim de reduzir os custos de produção e transporte.

162 ■ HIGIENE E VIGILÂNCIA SANITÁRIA DE ALIMENTOS

Com o crescimento da zona urbanizada dos municípios, observou-se, no entanto, um afastamento do cinturão verde a partir de 1980, principalmente das propriedades mais próximas da capital, sugerindo uma intersecção de áreas produtoras vegetais com áreas recém-urbanizadas. Esse fato, aliado às deficiências de infraestrutura de saneamento das áreas periféricas da Grande São Paulo, ocasionou a contaminação de rios e riachos utilizados para a irrigação das hortas, contribuindo para a contaminação dos produtos vegetais por agentes patogênicos.

A Ceagesp é a responsável pela comercialização da quase totalidade de hortaliças, legumes e frutas produzidos no cinturão verde e cidades adjacentes. Os permissionários das lojas compram os produtos vegetais diretamente dos produtores para depois revendê-los aos varejistas de alimentos da capital e municípios vizinhos.

PRINCIPAIS PATÓGENOS EM PRODUTOS VEGETAIS

As doenças transmitidas por alimentos estão usualmente associadas com produtos cárneos, todavia, os Centers for Disease Control (CDC) dos Estados Unidos estimam que 5% de todos os surtos acontecidos no território norte-americano são causados por hortaliças, legumes e frutas. O solo fertilizado a partir de excretas de origem animal é considerado a principal fonte de contaminação para esses produtos. Como grande variedade de hortaliças, legumes e frutas são ingeridos crus, a carga de micro-organismos, bem como de formas larvares e ovos de helmintos, presentes no solo contaminado não sofre qualquer tipo de alteração e adentra no organismo dos novos hospedeiros por meio da cavidade bucal.

Helmintos e protozoários

A verificação da presença de enteroparasitas, sobretudo helmintos e protozoários, especialmente em hortaliças, reveste-se de grande interesse para a saúde pública, pois fornece subsídios para a vigilância sanitária sobre o estado higiênico desses produtos e permite o controle retrospectivo das condições em que foram cultivados.

No Brasil, não obstante a relevância e a atualidade do problema, são poucos os trabalhos que estabelecem graus de contaminação de produtos vegetais por enteroparasitas. Pesquisa realizada em 12 hortas do município de Biritiba Mirim, um dos principais produtores de verduras do estado de São Paulo, evidenciou a presença de ovos de *Ascaris* spp e de ancilostomídeos nas hortaliças amostradas. Do mesmo modo, foi detectada a ocorrência de elevados níveis de ovos e/ou larvas de ancilostomídeos e de *Strongyloides* spp em hortaliças comercializadas na cidade de São Paulo.

Em estudo mais abrangente, constatou-se a ocorrência de altos percentuais de enteroparasitas em amostras de alface, escarola e agrião comercializados na região metropolitana de São Paulo. Os níveis de contaminação variaram de 40% para a alface lisa, 58% para a alface crespa, 62% para a escarola e 78% para o agrião.

É importante destacar que o cultivo do agrião é realizado em terrenos permanentemente inundados. Esse fato pode ter contribuído para os percentuais significativamente maiores encontrados no agrião, uma vez que os ovos de helmintos e os cistos de protozoários sobrevivem por períodos mais prolongados no meio aquático.

Entre os parasitas encontrados com maior frequência destacaram-se *Ascaris* spp, ancilostomídeos, *Entamoeba* spp e *Giardia* spp, cujas prevalências são igualmente elevadas na população residente nessa região, o que evidencia a contaminação de origem humana. Recuperaram-se, igualmente, cistos de *Endolimax* spp, *Iodamoeba* spp, bem como ovos de *Trichocephalus* spp, *Hymenolyis* spp e *Taenia* spp, entre outros. Desse modo, os resultados obtidos confirmam a possibilidade de transmissão de cisticercose por meio de hortaliças.

Esses fatos comprovam a existência de riscos potenciais à saúde humana, considerando-se a possibilidade de transmissão de uma ampla variedade de enteroparasitas, bem como de outros agentes de enfermidades entéricas à população consumidora.

As formas de transmissão de enteroparasitas, por outro lado, constituem excelentes indicadores da contaminação fecal de hortaliças. Por essa razão, ressalta-se a importância dos exames parasitológicos como instrumentos fundamentais para a avaliação das condições higiênico-sanitárias dos alimentos de origem vegetal.

Mais recentemente, nos Estados Unidos, morangos e framboesas foram responsabilizados como vias de transmissão do protozoário *Cyclospora cayetanensis*, sobretudo nos produtos importados da América Latina, inclusive de produtores brasileiros, sendo apontada como fonte de contaminação a má qualidade da água de irrigação. Deve-se ter atenção especial também em relação ao *Cryptosporidium* spp em hortaliças, protozoário patogênico para os seres humanos, dada sua resistência aos produtos clorados.

Deve-se considerar, por último, que a solução definitiva dos problemas apontados baseia-se na melhoria das condições de saneamento ambiental.

Bactérias

Em relação aos agentes bacterianos, como contaminantes dos produtos de origem vegetal, o problema passou a constituir preocupação maior para os países industrializados, por causa da crescente necessidade de importação, geralmente realizadas a partir de países agrícolas não industrializados. Assim, por exemplo, nos Estados Unidos, identificou-se em inhame, tomates, mamão da variedade papaya, melões de diferentes tipos e melancia a presença de *Salmonella* spp e *Shigella* spp. A *Escherichia coli* O157:H7, por sua vez, foi encontrada em alfaces, pepinos, cenouras e sucos de maçã. Da mesma forma, em produtos estocados em armazéns, *Aeromonas* spp e *Listeria monocytogenes* têm sido identificados nos vegetais em geral, principalmente nas crucíferas (couves e repolhos). Por outro lado, a *L. monocytogenes* tem sido encontrada em alfaces, aspargos, brócolis, couve-flor e batatas, produtos nos quais a bactéria consegue se multiplicar, independentemente da atmosfera da embalagem em que estão contidas. O *Aeromonas* spp, por sua vez, tem sido identificado em tomates em armazenamento. A *Yersinia enterocolitica* também pode ser encontrada nos vegetais em geral, sobretudo nos produtos estocados em armazéns.

No Brasil, registraram-se três casos humanos de botulismo, a partir de palmito importado mal processado, contaminado com esporos de *Clostridium botulinum*, adquiridos pelo contato direto com o solo, em condições precárias de higiene.

Em julho de 2002, nos Estados Unidos, o Food and Drug Administration (FDA) advertiu a população sobre o perigo de consumir alface tipo romana após a constatação de um surto provocado por uma salada de alface contaminada por *E. coli* sorotipo O157:H7. A hortaliça era distribuída pela empresa Food Service of America em diversos tipos de embalagens e fornecida para restaurantes e instituições de diferentes estados norte-americanos. Embora até o momento não tenha sido possível identificar a fonte da contaminação, a empresa deixou de distribuir o produto, aguardando maiores esclarecimentos das autoridades sanitárias, a fim de colaborar com a segurança alimentar.

A contaminação desses produtos pode ser consequência de técnicas de cultivo de má qualidade sanitária, uso de águas provenientes de esgotos domésticos ou de córregos contaminados, adubação das plantações com matéria orgânica animal, sem nenhum tratamento prévio, estocagem de produtos recém-colhidos em caixas não higienizadas ou armazenamento em instalações inadequadas e com restos de produtos vegetais deteriorados.

Considerando-se o quadro apresentado, bem como a sempre possível ameaça de reintrodução do vibrião colérico no território brasileiro, por causa da extensão das fronteiras do país com seus vizinhos, menos dotados de condições higiênico-sanitárias, torna-se imprescindível a adoção de medidas, por parte dos órgãos de vigilância sanitária, que favoreçam a melhoria da qualidade higiênica desses produtos. Portanto, deve-se atuar sobre as técnicas de cultivo, procurando impedir o uso das fezes humanas, ainda que tratadas, na adubação, assim como orientar os produtores sobre a correta utilização do esterco de origem animal, visando a minimizar os riscos advindos dessa prática.

Em resumo, pode-se afirmar que os vegetais são nichos ecológicos para a ampla microflora desses produtos, a qual usualmente não inclui grande diversidade de patógenos para os humanos. Nos legumes e hortaliças, a flora normal de deterioração inclui as bactérias *Erwinia* e *Pseudomonas*, que habitualmente competem com outros micro-organismos que poderiam ser nocivos ao homem. Bactérias patogênicas dos gêneros *Clostridium*, *Yersinia* e *Listeria* encontradas em hortaliças e legumes, em condições de temperatura e umidade favoráveis, podem desenvolver-se nos produtos minimamente processados. O aumento dos danos provocados pelos cortes conduz à maior utilização dos nutrientes das células, os quais fornecem condições de desenvolvimento aos micro-organismos, em número e tipos.

Outros patógenos transmissíveis por vegetais

As fontes de contaminação dos vegetais por fungos estão diretamente relacionadas com o armazenamento, embora sua contaminação possa ocorrer durante o processo de colheita. O transporte do campo para os armazéns, realizado em caminhões mal higienizados, constitui outra possível fonte de contaminação, bem como as más condições de limpeza e desinfecção dos armazéns para onde são destinados antes da comercialização.

De modo geral, os fungos são responsáveis pela deterioração dos produtos de origem vegetal, sobretudo batatas, batatas-doces, tomates, abóboras, cebolas, cenouras, aipo, couves e repolhos, além de ampla variedade de frutas, causando sérios prejuízos aos comerciantes por causa da necessidade de desprezar grandes quantidades de produtos impróprios ao consumo humano.

A irrigação dos produtos vegetais, especialmente verduras e legumes, exige água de qualidade sanitária, pois inúmeras viroses têm sido diagnosticadas, tais como hepatite A, diarreia por rotavírus e casos de norovírus. No Brasil, ainda se discute se esse último patógeno é realmente endêmico na população.

AGRICULTURA ORGÂNICA

A existência de um mercado de produtos orgânicos crescente e rentável tem atraído novos empreendedores, tanto no campo da agricultura quanto da pecuária, com o objetivo essencial do lucro que pode advir dessas atividades. Embora sejam mantidos os preceitos técnicos, a produção de orgânicos distancia-se cada vez mais da filosofia que deu origem ao movimento, iniciado no século XIX na Alemanha, com a finalidade de promover uma alimentação natural capaz de proporcionar uma vida saudável para os seres humanos. Ao longo do século XX surgiram diferentes correntes alternativas na Europa, encabeçadas pela própria Alemanha, além de Áustria, Grã-Bretanha, França, Holanda e Suíça, seguidas também nos Estados Unidos, na Austrália e no Japão.

Nos anos de 1970 falava-se em agricultura alternativa, e nos anos de 1980, nos Estados Unidos e na América Latina, passou-se a utilizar a denominação agroecologia, tão somente para diferenciá-la da agricultura convencional, mesmo que essas denominações não constituíssem uma corrente ou uma filosofia. A partir do final dos anos de 1980 e início de 1990, passou-se a adotar o termo agricultura sustentável, embora se considere que essa expressão seja prejudicada por seu amplo significado e consequente banalização.

A denominada corrente orgânica tem como princípios básicos a preservação da fertilidade e a vida do solo, instruindo os produtores a utilizarem apenas matéria orgânica nas plantações e a recusarem o uso de adubos artificiais, químicos ou minerais químicos. Como particularidade, possui normas bem definidas, podendo ser considerada sinônimo de agricultura biológica, por englobar as práticas agrícolas que levam em consideração a relação solo-planta-animal-homem. Sempre que possível, baseia-se no uso de estercos animais, rotação de culturas, adubação verde, compostagem e controle biológico de pragas e doenças, buscando manter a estrutura e a produtividade do solo, trabalhando em harmonia com a natureza.

Todos esses preceitos, embora sejam favoráveis para a produção de vegetais livres de substâncias químicas, não isentam completamente o cultivo dos perigos biológicos. Desse modo, as boas práticas agrícolas continuam a ser fator indispensável para a qualidade higiênico-sanitária de frutas, legumes e verduras e, portanto, as exigências com a qualidade da água, cuidados técnicos e, sobretudo, manipulação pós-colheita continuam válidos.

Atualmente, a agricultura orgânica não está limitada a pequenos agricultores nem tampouco constitui uma prática artesanal ou familiar, porque as técnicas de cultivos continuam as mesmas, mas a atividade vem se fortalecendo e se inserindo cada vez mais no contexto do agronegócio.

Os produtos orgânicos de origem vegetal têm preços elevados, pois ainda não estão suficientemente inseridos nos hábitos culturais de consumo da população; portanto, a demanda ainda é escassa. Da mesma forma, os custos de produção são altos, pois há necessidade de acompanhar as condições edafoclimáticas (preservação do solo em função das condições climáticas), sazonalidade e uso de mão de obra qualificada, o que encarece a produção em até 30%. Além disso, as perdas na produção de orgânicos são maiores que na produção convencional, porque estão mais suscetíveis à ação de pragas, comuns nas lavouras, que provocam danos físicos aos produtos. Ainda, a produção orgânica também precisa ser certificada, o que acarreta custos aos produtores, como taxa de filiação nos órgãos certificadores, atendimento às exigências de tamanho da área a ser certificada, despesas com inspeção incluindo transporte, alimentação e hospedagem dos técnicos, elaboração de relatórios, análises laboratoriais de solo e água e acompanhamento e emissão do certificado.

A certificação traz como vantagens a confiança no produto comercializado com a garantia do produtor, confirmada por uma agência certificadora de reconhecida idoneidade, a qual confirma a veracidade das informações sobre método de produção, por meio do fornecimento de um selo especial que deve fazer parte da embalagem, na qual deverá conter também a palavra "orgânico".

VEGETAIS HIDROPÔNICOS

Hidroponia é a ciência de cultivar vegetais na ausência de solo – as raízes podem estar suspensas em meio líquido ou apoiadas em substrato inerte, como areia lavada, e recebem uma solução nutritiva balanceada que contém água e todos os nutrientes essenciais para o desenvolvimento das plantas. Dessa forma, os vegetais são cultivados em ambiente controlado, com menor probabilidade de contaminação por agentes patogênicos. Contudo, ao contrário da agricultura orgânica, essa técnica exige fertilizantes químicos e excesso de nutrientes não orgânicos.

Um dos segredos da alta produtividade das plantas no cultivo hidropônico é o correto equilíbrio das soluções utilizadas. É de fundamental importância um bom equilíbrio das soluções, garantindo segurança e alta qualidade na produção.

Por serem cultivados em estufas, os produtos hidropônicos são mais suscetíveis às doenças de natureza fúngica, cujos agentes, uma vez instalados no ambiente, são muito difíceis de serem removidos. Em razão desse problema, têm sido realizadas pesquisas para desenvolver soluções biológicas, visando ao controle dessas pragas. Os vegetais mais acometidos por problemas de ordem fitossanitária são as alfaces e a rúcula. Para o controle biológico do *Pythium*, uma das piores pragas das alfaces, o *Bacillus subtilis* é considerado um agente promissor. Outros micro-organismos contra os patógenos ainda estão em fase experimental, com resultados preliminares favoráveis. Contudo, sua importação para aplicação nas lavouras hidropônicas do Brasil depende da legislação do país, a qual exige registro prévio do produto para sua comercialização.

A produção hidropônica requer rigoroso controle da qualidade da água, a qual deve ser submetida à análise química, para avaliar o teor de nutrientes e o grau de salinidade. Complementarmente, é indispensável sua avaliação microbiológica, sobretudo no que concerne aos coliformes fecais.

Os nitratos, amplamente utilizados nos cultivos hidropônicos, embora sejam considerados cancerígenos para os seres humanos, nunca foram responsabilizados por nenhuma condição de natureza tóxica ou patológica mais grave, devido ao consumo de vegetais produzidos pela técnica de hidroponia. Por outro lado, os adubos recomendados para esse tipo de cultivo devem apresentar alta solubilidade em água e alto grau de pureza.

VEGETAIS MINIMAMENTE PROCESSADOS

Na sociedade moderna, a economia de tempo e a necessidade de incorporar hábitos saudáveis na alimentação tornaram-se fundamentais e são essas as principais justificativas para explicar o crescente consumo de vegetais e, entre eles, os denominados minimamente processados. No Brasil, em particular, esses tipos de produtos de origem vegetal começaram a ser comercializados a partir da década de 1990.

Frutas, legumes e verduras disponíveis no comércio varejista previamente lavados, cortados e embalados, identificados como minimamente processados na sua grande maioria, continuam sendo originários de culturas convencionais, salvo os que são de procedência de produção orgânica certificada e embalados com a palavra "orgânico" com o selo de uma instituição certificadora.

O fato de esses produtos serem submetidos a etapas de manipulação pós-colheita, nas quais há a necessidade de lavar os vegetais, fatiá-los e embalá-los adequadamente, é de preocupação das autoridades de vigilância sanitária, pois aos perigos oriundos da lavoura convencional somam-se os da unidade processadora. A qualidade da água utilizada e o processo de lavagem e desinfecção são pontos críticos para a higiene dos produtos, bem como os utensílios ou equipamentos empregados para fracionamento de cada unidade. Em resumo, é necessário que as empresas que produzem produtos minimamente processados tenham o Manual de Boas Práticas em conformidade com a RDC da Agência Nacional de Vigilância Sanitária (Anvisa) n. 216/2004. Agregados a todos esses fatores está a questão das embalagens, que também devem estar de acordo com a legislação vigente.

Em 2004, o Instituto de Defesa do Consumidor (Idec) avaliou 162 amostras, incluindo alface lisa, agrião e cenoura provenientes de 12 fabricantes do estado de São Paulo e adquiridas no comércio varejista, feiras livres, supermercados, hipermercados e sacolões. O exame microbiológico das amostras revelou que nove marcas dos produtos estavam contaminadas por coliformes fecais. De acordo com o Idec, essa constatação revelou uma situação inadmissível, pois o consumidor, além de adquirir um vegetal teoricamente pronto para consumo, acredita que eles sejam mais seguros.

Diante desse quadro, todo e qualquer tipo de consumidor, inclusive as Unidades de Alimentação e Nutrição (UANs) comerciais e industriais, deve considerar esses produtos como meramente pré-higienizados, ou seja, apenas as sujidades macroscópicas mais evidentes, como terra, larvas, pedras, fezes e insetos, entre outros, foram removidas. Após a recepção, esses produtos devem ser submetidos a todos os procedimentos de higiene e desinfecção, pois será a única forma de garantir de fato a inocuidade desses vegetais.

AGROTÓXICOS EM ALIMENTOS VEGETAIS

O Programa de Análise de Resíduos de Agrotóxicos em Alimentos (Para), no âmbito federal, por meio da Anvisa, teve início em 2001 com a finalidade de avaliar continuamente os níveis de resíduos de agrotóxicos nos alimentos *in natura* que chegam à mesa do consumidor, de forma a atender a segurança alimentar, evitando possíveis agravos à saúde da população.

Desde então, vem sendo empregado o método analítico multirresíduos, a mais difundida e reconhecida técnica para monitoramento de resíduos de agrotóxicos, herbicidas, fungicidas e inseticidas em alimentos, utilizada nos programas de monitoramento dos Estados Unidos, Canadá, Alemanha, Holanda e Austrália.

A Anvisa, em conjunto com as Coordenadorias de Vigilância Sanitária (Covisas) dos 25 estados da Federação, mais o Distrito Federal, obteve o envolvimento de todas as unidades no programa, as quais vêm realizando os procedimentos de coleta dos alimentos nos supermercados, para posterior envio aos Laboratórios Centrais (Lacens). A escolha das culturas baseou-se nos dados de consumo obtidos pelo Instituto Brasileiro de Geografia e Estatística (IBGE) e na disponibilidade desses alimentos no comércio das diferentes Unidades da Federação.

Os laboratórios envolvidos nos procedimentos foram: Instituto Octávio Magalhães da Fundação Ezquiel Dias (MG); Laboratório Central do Paraná (Lacen/PR); e o Eurofins (SP). Até 2009 o programa havia examinado um total de 3.130 amostras, de 20 diferentes produtos vegetais considerados de consumo diário pela população do país. Desse total, foram identificadas 907 (28,0%) culturas insatisfatórias, nas quais registraram-se: presença de agrotóxicos acima do Limite Máximo de Resíduos (LMR) em 88 (2,8%), utilização de agrotóxicos não autorizados (NA) em 744 (23,8%), e resíduos acima do LMR e NA em 75 (2,4%). Vale destacar que 32 amostras (3,9%) do total de amostras que continham ingredientes ativos não autorizados apresentaram substâncias banidas no Brasil ou que nunca foram registradas no país. Entre os agrotóxicos banidos encontrados estão os seguintes ingredientes ativos: heptacloro, clortiofós, dieldrina, mirex, parationa-etílica, monocrotofós e azinfós-metílico.

Os resultados obtidos pelo Para permitiram sugerir que as Boas Práticas Agrícolas (BPAs) não vêm sendo aplicadas pelos agricultores e que medidas mais eficientes deveriam ser implementadas com a máxima urgência. Ainda, de acordo com esses resultados, independentemente de sua importância econômica para o país, os produtos com maiores níveis de contaminação foram: alface (50,0%), arroz (92,3%), cenoura (61,8%), pepino (59,1%), tomate (50,0%), uva (75,9%), feijão (100,0%) e mamão (81,6%), conforme informações da Gerência Geral de Toxicologia da Anvisa.

É importante destacar que o maior índice de irregularidade nas amostras analisadas é ocasionado pela presença de agrotóxicos não autorizados para a cultura. Os agrotóxicos não autorizados para a cultura compreendem as seguintes situações: ingrediente ativo com registro para outras culturas e não autorizado para a cultura monitorada ou ingrediente ativo banido ou sem nunca ter tido registro no país.

Por outro lado, o Ministério da Agricultura, com o objetivo de garantir a utilização de produtos agrotóxicos de uso autorizados pelos órgãos internacionais da área agrícola, instituiu o tratamento quarentenário de produtos vegetais, como ação de defesa. Esse procedimento deve ser realizado por empresas credenciadas, que após as devidas análises, poderão conceder a Certificação Fitossanitária da NIMF 15 da FAO (ISPM 15 – FAO), referente ao tratamento que foi utilizado. Esses procedimentos serão acompanhados pelos fiscais federais agropecuários. Deve-se destacar que o tratamento quarentenário evita o ingresso de pragas não existentes no país.

Para identificar as empresas credenciadas para prestação de serviços de tratamento fitossanitário e quarentenário em cada estado, basta consultar o *site* do Ministério da Agricultura na internet, em <http://www. agricultura.gov.br>.

Ressalta-se que a utilização de agrotóxicos faz parte da cultura de todos os povos que buscam, na agricultura, o seu sustento alimentar ou financeiro. Ações que pro-

CUIDADOS COM OS VEGETAIS

Frutas, legumes e hortaliças são essenciais para compor uma dieta nutritiva e equilibrada. No entanto, surtos de DTAs consequentes à ingestão de alfaces, melões e morangos, entre outros vegetais, têm deixado muitos consumidores preocupados quanto à real segurança no que se refere à ingestão desses produtos *in natura*.

Embora a preocupação seja procedente, há muitas maneiras de evitar esses problemas e tornar os vegetais seguros. O consumo de frutas, legumes e hortaliças é importante para uma dieta equilibrada em vitaminas e princípios inibidores de células cancerígenas, além de fibras que auxiliam a controlar as funções digestivas. Não se deve adquirir produtos em más condições de conservação, amassados, cortados ou com sinais de picadas de insetos, a não ser que sejam destinadas para uso imediato, pois essas lesões na superfície dos vegetais criam aberturas que permitem aos micro-organismos e enzimas acelerarem o processo de deterioração.

A refrigeração da maioria dos produtos vegetais antes da manipulação é uma estratégia de conservação adequada, pois desacelera o processo de deterioração e de multiplicação de organismos nocivos à saúde. Contudo, alguns cuidados devem ser tomados conforme o produto. Assim, tomates e batatas-doces devem ser conservados entre 12 e 16ºC; abóboras devem ser mantidas em locais secos, entre 10 e 12ºC; batatas e couves devem ser estocadas em locais frios sob umidade moderada; e algumas frutas devem amadurecer à temperatura ambiente antes do consumo, tais como banana, damasco, melão, kiwi, nectarina, pêssego, pera e ameixa.

Como os procedimentos de cortar e descascar vegetais podem provocar o aumento de micro-organismos de deterioração ou patogênicos, é aconselhável mantê-los no refrigerador até o momento de preparação ou de servir. Outra recomendação importante consiste em manter esses produtos em prateleiras nos refrigeradores, sempre acima dos produtos cárneos crus, a fim de prevenir contaminação cruzada.

Deve-se lavar corretamente os vegetais destinados ao consumo *in natura*. Isso também se aplica para as frutas que serão descascadas antes do consumo, tais como abacaxi, mamão, melão e laranja, entre outras. A lavagem ou a imersão em água, e até a utilização de uma escova, removem grande número de organismos de folhas, talos, raízes e frutos. O branqueamento também é um procedimento recomendado para alguns vegetais, os quais são colocados em água à temperatura de ebulição por um minuto e removidos logo em seguida. Nesse processo, o número de micro--organismos é reduzido drasticamente na superfície dos vegetais frescos. Para as hortaliças, especificamente, técnicos da Empresa Brasileira de Pesquisa Agropecuária (Embrapa) recomendam um procedimento simples e bem eficiente contra a contaminação: colocar esses produtos de molho em água com vinagre por 30 minutos – três colheres de sopa de vinagre por litro de água filtrada ou fervida –, devendo ser lavados em água corrente antes e depois de ficarem de molho na água com vinagre. A cloração também constitui um procedimento indicado, observando-se com rigor as indicações dos fabricantes, relativas a tempo de imersão e quantidade de produto a ser utilizado, para garantir a eficiência do cloro.

Apesar da importância nutricional de legumes, hortaliças e frutas, seu consumo cru deve ser desaconselhado para pessoas imunocomprometidas, às quais esses produtos somente devem ser servidos após tratamento térmico.

CONCLUSÕES

Como ficou bem claro, ao longo dessa exposição, os produtos vegetais são extremamente benéficos à saúde dos consumidores, independentemente de idade, sexo e condição física. Contudo, as autoridades da agricultura, da saúde e do meio ambiente devem se congregar em um mesmo objetivo, ou seja, contribuir para a preservação da saúde da população.

É público e notório que os produtores agrícolas enfrentam, constantemente, perigos de diferentes naturezas estando os fatores climáticos em primeiro plano, secundados por dificuldades na obtenção de água não contaminada e pela necessidade de utilizar fertilizantes químicos, na busca de maior produtividade em terras de diminuta fertilidade. Outra causa de prejuízos à lavoura refere-se ao parasitismo, desde ervas daninhas até verdadeiras pragas causadas pelas mais diversas espécies de agentes biológicos, como, por exemplo, bactérias, vírus e fungos, além de uma diversa gama de insetos, presentes no entorno das plantações. Contudo, nada pode justificar a utilização de drogas condenadas em saúde pública, os conhecidos agrotóxicos, por oferecerem riscos, não só de intoxicação química, mas sobretudo favorecer a ocorrência de casos de doenças cancerígenas na população consumidora.

Assim, os órgãos governamentais, listados anteriormente, devem exercer rigoroso controle sobre a toxicidade dos produtos utilizados nas lavouras, além de divulgar para o público todos os riscos ao adquirir produtos de origem vegetal e fornecer amplas medidas para diminuir esse risco.

Em conclusão, a população não precisa abandonar o consumo de frutas, legumes e verduras, mas, sim, exigir das autoridades o necessário cumprimento das regras de boas práticas agrícolas e passar a adquirir produtos apenas de fornecedores confiáveis.

REFERÊNCIAS

[AAO] Associação de Agricultura Orgânica. *O que é agricultura orgânica*. Disponível em: <http://www.aao.org.br>. Acesso em: nov. 2005.
[ANVISA] AGÊNCIA NACIONAL DE VIGILÂNCIA SANITÁRIA. Ministério da Saúde. Notícias da Anvisa. Anvisa divulga dados sobre resíduos de agrotóxicos em alimentos. Disponível em: <http://www.anvisa.gov.br>. Acesso em: ago. 2010.

172 ■ HIGIENE E VIGILÂNCIA SANITÁRIA DE ALIMENTOS

BRANCO, S.M. *Poluição*: a morte de nossos rios. 2.ed. São Paulo: Ascetesb, 1983.

BUCK, J.W.; WALCOTT, R.R.; BEUCHAT, L.R. Recent trends in Microbiological safety of fruits and vegetables, 2003. Disponível em: <http://www.apsnet.org/online/ feature/safety/top.asp>. Acesso em: nov. 2003.

CAVENAGUE, C.C. Benefícios da certificação eurepgap para a agricultura orgânica. *Planeta Orgânico*. Disponível em: <http://www.planetaorganico.com.br>. Acesso em: nov. 2005.

CHRISTOVÃO, D.A.; IARIA, S.T.; CANDEIAS, J.A.N. Condições sanitárias das águas de irrigação de hortas do Município de São Paulo. I – Determinação da intensidade de poluição fecal através dos NMP de coliformes e de *E. coli. Revista de Saúde Pública*, v. 1, p. 3-11, 1967.

CORNELL UNIVERSITY. College of Agriculture and Life Sciences. *Food safety begins on the farm.* Disponível em: <http://www.hort.cornell.edu/>. Acesso em: nov. 2002.

EMBRAPA. *Embrapa alerta para riscos de hortaliças contaminadas*. Disponível em: <http://www.cnph. embrapa.br/noticias/not_2.htm>. Acesso em: nov. 2002.

FILGUEIRA, F.A.R. *Manual de olericultura*: cultura e comercialização de hortaliças. 2.ed. v.2. São Paulo: Agronômica Ceres, 1982.

GELDREICH, E.E.; BORDNER, R.H. Fecal contamination of fruits and vegetables during cultivation and processing for market: a review. *Journal of Milk and Food Technology*, v. 34, p. 184-95, 1971.

GELLI, D.S. et al. Condições higiênico-sanitárias de hortaliças comercializadas na cidade de São Paulo, SP, Brasil. *Revista do Instituto Adolfo Lutz*, v. 39, p. 37-43, 1979.

HERNANDES, N. et al. Estudo da contaminação de verdura no Município de Biritiba Mirim. In: *Congresso Brasileiro de Parasitologia*, 6, 1981, Belo Horizonte. Resumos. Belo Horizonte: Sociedade Brasileira de Parasitologia, 1981, p.219.

HIROTANI, H. et al. Demonstration of indicator microorganisms on surface of vegetables on the market in the United States and Mexico. *Journal of Food Science*, v. 67, n. 5, p. 1847-50, 2001.

HORTA E ARTE. Alimentação orgânica: quem garante a pureza?. Disponível em: <http://www.hortaearte.com.br>. Acesso em: nov. 2005.

KINGSTON GENERAL HOSPITAL. Infection Control Service. Food Poisoning. *Beware what you eat!!* 2002. Disponível em: <clinlabs.path.queensu.ca/ic/foodpois.htm>. Acesso em: nov. 2002.

MICHE, M.P.; MORGANTI, L.E. Parasitas em alfaces comercializadas na cidade de São Paulo. In: *Congresso da Federación Latinoamericana de Parasitólogos*, 6° Congresso da Sociedade Brasileira de Parasitologia, VIII Jornada Paulista de Parasitologia, 5. 1983, São Paulo. Resumos. São Paulo: Sociedade Brasileira de Parasitologia, 1983, p.120.

MIDEI, D.; NOGUEIRA Jr., L.R.; MIDEI, W. *Agricultura orgânica*. Disponível em: <http://www.agroecologia.com.br>. Acesso em: nov. 2005.

OLIVEIRA, C.A.F.; GERMANO, P.M.L. Estudo da ocorrência de enteroparasitas em hortaliças comercializadas na Região Metropolitana de São Paulo – SP, Brasil. I – Pesquisa de helmintos. *Revista de Saúde Pública*, v. 26, n. 3, p. 283-9, 1992a.

_____. Estudo da ocorrência de enteroparasitas em hortaliças comercializadas na Região Metropolitana de São Paulo – SP, Brasil. II – Pesquisa de protozoários intestinais. *Revista de Saúde Pública*, v. 26, n. 5, p. 332-5, 1992b.

PATOLI, D.; PAIM, G.V. Enteroparasitas de água de irrigação de hortas que abastecem o Município de São Paulo. *Revista Paulista de Medicina*, v. 68, p. 241, 1966.

PEREIRA, K.S.; PEREIRA, J.L.; MIYA, N.T.N. Análises microbiológicas de manga, cultivar Palmer, congelada e minimamente processada. *Higiene Alimentar*, v. 18, n. 119, p. 47-50, 2004.

PLANETA ORGÂNICO. Produtos orgânicos: introdução ao sistema orgânico de produção. Disponível em: <http://www.planetaorganico.com.br>. Acesso em: 23 nov. 2005.

SCHAFER, W.; MUNSON, S.T. *Freezing fruits and vegetables*. Disponível em: <http://www.extension. umn.edu/distribution/nutrition/dj0555.html>. Acesso em: nov. 2002.

SHUVAL, H.I.; YEKUTIEL, P.; FATTAL, B. Epidemiological evidence for helminth and cholera transmission by vegetables irrigated with wastewater: Jerusalem – a case study. *Water Science & Technology*, v. 17, p. 433-42, 1984.

SNYDER Jr., O.P. *Growth of microorganisms in food*. Disponível em: <http://www.hi-tm.com/Documents/Grow-micro.html>. Acesso em: nov. 2002.

TOUSSAINT, V. et al. *Hygiene measures in fruit and vegetable storage warehouse*. Disponível em: <http://res.agc.ca/riche/crdh.htm>. Acesso em: nov. 2002.

UENO, L.H. Estudo sobre alterações na localização do cinturão verde de São Paulo, no período de 1979-84. *Agricultura em São Paulo*, v. 36, p. 97-154, 1989.

UNIVERSITY OF CALIFORNIA. Cooperative Extension. Vegetable Research and Information Center. *Microbial food safety is your responsability!* 2002. Disponível em: <http://vric.ucdavid.edu/veginfo/foodsafety/foodsafety.htm>. Acesso em: 10 nov. 2002. VALLADA, E.P.; SEIXAS, A.S.S.; CARRARO, K.M.A. Contribuição ao estudo da transmissão das enteroparasitoses. *Revista Brasileira de Farm*ácia, v. 68, p. 102-8, 1987.

[WHO] WORLD HEALTH ORGANIZATION. Scientific Group on Health Aspects of Use of Treated Wastewater for Agriculture and Aquaculture, Geneva, 1987. *Report*, Genebra, 1989. (Technical Report Series, 7780).

10

Qualidade dos óleos, gorduras e similares

Emy Takemoto
Jacira Hiroko Saruwtari
Pedro Manuel Leal Germano

ÓLEOS

INTRODUÇÃO

As gorduras são um dos nutrientes mais importantes na dieta. Fornecem energia, ácidos graxos essenciais, transportam vitaminas lipossolúveis, influem na sensação de saciedade e palatabilidade dos alimentos etc.

Estão presentes em quantidades variáveis em muitos alimentos. As principais fontes de gorduras da dieta são: carnes, produtos lácteos, pescado, frutos secos, gorduras e óleos vegetais. A maioria das verduras e frutas frescas contém pequenas quantidades de gordura.

São fontes de gorduras todos os animais, vegetais e até microorganismos. Contudo, para ser industrialmente aproveitada, a matéria-prima deve apresentar um conteúdo de óleo superior a 12%, além de ser abundante. Isso, naturalmente, restringe muito o número de fontes viáveis de óleos e gorduras.

Algumas sementes, polpas de certos frutos e gérmens de alguns cereais colocam-se como as mais importantes fontes de óleo na atualidade. A Tabela 10.1 mostra doze dos principais vegetais oleaginosos que contribuem com mais de 95% da produção mundial de óleos vegetais.

Tabela 10.1 Principais vegetais oleaginosos e seus respectivos conteúdos de óleo (%).

Material oleaginoso	Conteúdo de óleo
Copra	66 – 68
Babaçu	60 – 65
Gergelim	50 – 55
Polpa de palma (dendê)	45 – 50
Caroço de palma	45 – 50
Amendoim	45 – 50
Colza	40 – 45
Girassol	35 – 45
Açafrão	30 – 35
Oliva	25 – 30
Algodão	18 – 20
Soja	18 – 20

Fonte: Hartman e Esteves (s.d.).

COMPOSIÇÃO

As gorduras são formadas a partir da condensação entre triésteres de ácidos graxos e Glicerol, chamados de triacilgliceróis. Além destes, incluem-se monoacilgliceróis, diacilgliceróis, fosfatídios, cerebrosídios, esteróis, terpenos, alcoóis graxos, vitaminas lipossolúveis e outras substâncias. Elas são insolúveis em água e solúveis na maioria dos solventes orgânicos. Sua consistência sob temperatura ambiente varia desde líquida a sólida. São chamadas de "óleos", no estado líquido, e de "gorduras", quando permanecem sólidas ou pastosas. O termo gordura pode ser aplicado indistintamente para ambos e o termo lipídios engloba uma enorme gama de substâncias químicas.

Os óleos e as gorduras contêm cerca de 95% de triacilgliceróis e pequenas quantidades de componentes como monoacilgliceróis, diacilgliceróis, fosfatídios, cerebrosídios, esteróis, terpenos, alcoóis graxos, vitaminas lipossolúveis e outras substâncias.

Um triacilglicerol compõe-se de glicerol e ácidos graxos. Quando os ácidos graxos em um triacilglicerol são iguais, ele é chamado de simples, e de composto quando os ácidos graxos presentes na molécula são diferentes. Exemplos:

H₂C – ácido esteárico
|
H₂C – ácido esteárico
|
H₂C – ácido esteárico

Triacilglicerol simples – triestearoilglicerol ou triestearina

H₂C – ácido palmítico
|
H₂C – ácido oleico
|
H₂C – ácido palmítico

Triacilglicerol composto – 2-oleoildipalmitoilglicerol ou beta-oleodipalmitina

Os componentes presentes em pequenas quantidades são: monoacilgliceróis e diacilgliceróis, ácidos graxos livres, fosfatídios, esteróis, alcoóis graxos, tocoferóis, carotenoides e clorofilas e vitaminas.

Monoacilgliceróis e diacilgliceróis

Os monoacilgliceróis e diacilgliceróis são mono e diésteres de ácidos graxos e glicerol. São importantes como agentes emulsificantes e por possuírem essa propriedade são utilizados na indústria de alimentos. Exemplos:

H2C – ácido esteárico
|
HC – OH
|
H2C – OH

1-estearoilglicerol ou alfa-monoestearina

H2C – ácido palmítico
|
HC – ácido esteárico
|
H2C – OH

1-palmitoil-2-estearoil glicerol ou beta-estearopalmitina

São obtidos comercialmente por meio da reação do glicerol com triacilgliceróis ou pela esterificação do glicerol com ácidos graxos.

Ácidos graxos livres

São ácidos graxos não esterificados presentes na gordura. Os óleos não refinados podem conter ácidos graxos livres e estes níveis são reduzidos no processo de refino.

Fosfatídios

São poliálcoois (geralmente glicerol) esterificados com ácidos graxos, ácido fosfórico e um composto nitrogenado. A lecitina e a cefalina são os fosfatídios mais comuns das gorduras comestíveis. Exemplo:

$$H_2C - OOCR$$
$$|$$
$$RCOO - CH$$
$$| \quad\quad O$$
$$\quad\quad ||$$
$$H_2C - O - P - O - CH_2 - N(CH_3)_3$$
$$| \quad\quad\quad\quad +$$
$$O^-$$

Fosfatidil colina ou alfa-lecitina

Todas as gorduras brutas contêm uma variedade de fosfatídios. Além da grande importância nutricional, constituem o principal componente da chamada lecitina comercial, largamente utilizada como emulsificante em sorvetes, chocolates, margarinas etc.

Os fosfatídios geralmente são removidos em grande parte do óleo bruto no processo denominado degomagem. As gomas, resíduo desse processo, são fontes de lecitina comercial. O óleo refinado é praticamente isento de fosfatídios.

Esteróis

Os esteróis são alcoóis cristalinos, de elevado ponto de fusão e de estrutura bastante complexa.

O colesterol é o principal esterol de origem animal. Os esteróis de origem vegetal são denominados fitosteróis. O b-sitosterol, o campesterol e o estigmasterol são os fitosteróis de maior ocorrência nos óleos comestíveis.

Alcoóis graxos

Ocorrem nos óleos e gorduras quase sempre esterificados com ácidos graxos e são chamados de ceras, por exemplo, o palmitato de cetila.

Tocoferóis

Os tocoferóis estão presentes nos óleos e gorduras de origem vegetal e servem como antioxidantes e fonte de vitamina E. Entre eles, o alfa-tocoferol tem atividade de vitamina E mais elevada e menor atividade antioxidante. A atividade antioxidante dos tocoferóis decresce nesta ordem: delta, beta, gama e alfa.

Carotenoides e clorofilas

Os carotenoides são substâncias coloridas presentes nos óleos e gorduras, sua coloração varia de amarelo a vermelho intenso. Já a clorofila é o pigmento verde das plantas que desempenha um papel essencial no processo fotossintético.

Os principais responsáveis pela coloração amarelo-vermelho na maioria dos óleos e gorduras são os carotenoides. A clorofila confere aos óleos uma cor esverdeada. Os níveis desses pigmentos reduzem-se durante o processo de refino, principalmente na fase de clarificação.

Vitaminas

A principal fonte de vitaminas A, D, E e K (vitaminas lipossolúveis) são os óleos e gorduras, sendo que as vitaminas A e D geralmente são adicionadas em alimentos que contêm gorduras, como margarina e leite.

ESTRUTURA

Os triacilgliceróis, como citado anteriormente, compõem-se de três ácidos graxos e uma molécula de glicerol. Em 100 g de gordura temos aproximadamente 95 g de ácidos graxos. Consequentemente, as propriedades físicas e químicas das gorduras dependem do tipo, da proporção dos ácidos graxos presentes e de como eles se distribuem na estrutura do glicerol.

Os ácidos graxos predominantes são os de cadeia alifática saturadas e um radical carboxílico, em que n é o número de carbonos, como mostra a fórmula a seguir:

$$-CH2 - (CH3)n - COOH$$

cadeia alifática radical carbolíxico

Os ácidos graxos presentes nas gorduras comestíveis classificam-se por seu grau de saturação em ácidos graxos saturados – aqueles que contêm somente ligações carbono-carbono simples. A Tabela 10.2 mostra os ácidos graxos saturados com o seu respectivo ponto de fusão.

$$-CH_2-CH_2-$$

ligação saturada

Os ácidos graxos que contêm uma ou mais duplas ligações carbono-carbono denominam-se insaturados.

$$-CH = CH-$$

ligação insaturada

Tabela 10.2 Ácidos graxos saturados.

Nome sistemático	Nome comum	Nº de átomos de carbono	Ponto de fusão (°C)	Alimento de origem
Etanoico	Acético	2	—	—
Butanoico	Butírico	4	-7,9	Manteiga
Hexanoico	Caproico	6	-3,4	Manteiga
Octanoico	Caprílico	8	16,7	Óleo de coco
Decanoico	Cáprico	10	31,6	Óleo de coco
Dodecanoico	Láurico	12	44,2	Óleo de coco
Tetradecanoico	Mirístico	14	54,4	Manteiga/óleo de coco
Hexadecanoico	Palmítico	16	62,9	A maioria de óleos/gorduras
Octadecanoico	Esteárico	18	69,6	A maioria de óleos/gorduras
Eicosanoico	Araquídico	20	75,4	Óleo de cacau
Docosanoico	Behênico	22	80,0	Óleo de cacau

Fonte: Ziller (1996).

Quando se tem uma única dupla ligação em um ácido graxo, ele é chamado de monoinsaturado e, se contém mais de uma dupla ligação, denomina-se poli-insaturado. A Tabela 10.3 apresenta alguns ácidos graxos insaturados. Exemplos de ácidos graxos:

```
1 2   3 4
H₃C-CH₂-CH-COOH
Ácido butírico C4:0
```

```
1 2  3  4  5  6  7  8  9
H₃C-CH₂-CH₂-CH₂-CH₂-CH₂-CH₂-CH₂-CH = CH-(CH₂)₇-COOH
Ácido oleico C18:1n9
```

C4:0 indica que o ácido graxo é formado por
    4 carbonos
    zero indica nenhuma dupla ligação

C18:19 indica que o ácido graxo é formado por:
    18 carbonos
    1 ligação dupla
    n9 – a primeira dupla ligação está no carbono
      9 a partir do grupo terminal metila

180 ■ HIGIENE E VIGILÂNCIA SANITÁRIA DE ALIMENTOS

Tabela 10.3 Alguns ácidos graxos insaturados de óleos e gorduras.

Nome sistemático	Nome comum	N° duplas ligações	Ponto de fusão (°C)	Origem alimentar
9-Decenoico	Caproleico	1	—	Margarina
9-Dodecenoico	Lauroleico	1	—	Margarina
9-Tetradecenoico	Miristoleico	1	18,5	Margarina
9-Hexadecenoico	Palmitoleico	1	—	Alguns óleos de pescado, gordura de gado vacum
9-Octadecenoico	Oleico	1	16,3	A maioria de óleos e gorduras, margarina
9-Octadecenoico	Elaídico	1	43,7	Margarina
11-Octadecenoico	Vacênico	1	44,0	A maioria de óleos e gorduras
9,12-Octadeca-dienoico	Linoleico	2	– 6,5	Óleos de soja e canola
9,12,15-Octadeca-trienoico	Linolênico	3	– 12,8	Manteiga de gordura animal (porco)
9-Eicosenoico	Gadoleico	1	—	—
5,8,11,14--Eicosatetraenoico	Araquidônico	4	– 49,5	Alguns óleos de pescado
5,8,11,14,17-Eicosa-pentaenoico	Erúcico	5	33,4	Óleo de canola pentaenoico
13-Docosenoico	—	1	—	Alguns óleos de pescado
4,7,10,13,16, 19--Docosahexaenoico	—	6	—	Alguns óleos de pescado

Fonte: Ziller (1996).

PROCESSAMENTO DA SOJA

O processamento da soja consiste em operações básicas para converter esse grão em produtos acabados. Todas as fases de processamento do óleo consistem em operações independentes e cada qual com seu grau de importância para o desempenho geral. Essas operações podem ou não ser contínuas, tendo entre cada fase uma etapa de armazenamento, na qual todos os cuidados devem ser tomados para a menor exposição do produto a condições que possam prejudicar sua qualidade.

As fases básicas de processamentos são definidas como:

- Recebimento.
- Limpeza/secagem.
- Armazenamento.
- Extração.
- Armazenamento.
- Degomagem.
- Refino cáustico.
- Branqueamento.
- Hidrogenação.
- Desodorização.
- Armazenamento.

Recebimento

No recebimento (Figura 10.1), os grãos de soja são entregues à indústria por meio de carros graneleiros por rodovia, ferrovia ou hidrovia. Devem ser pesados, amostrados e descarregados nas unidades de recebimento, sendo posteriormente enviados a unidades de limpeza e secagem (quando a quantidade de água for maior que 12%) para estocagem. Complementarmente, nas unidades de recebimento deve existir um programa efetivo de controle de insetos e outros vetores, como pombos e ratos.

É de suma importância a classificação e a separação do grão nessa fase de processamento, na qual a amostra homogeneizada é avaliada, determinando-se principalmente seu teor de umidade e classificando os grãos (Tabela 10.4). O carregamento deve ser classificado, por meio da medição dos teores de:

- Ardidos.
- Brotados.
- Podres.
- Carunchados.
- Mofados.
- Quebrados.
- Impurezas (sementes tóxicas).
- Umidade.
- Aflatoxina.

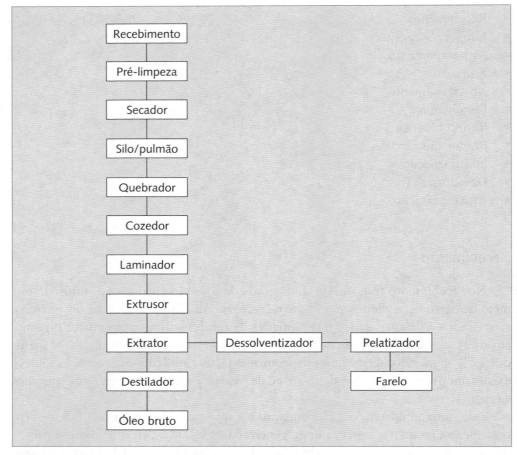

Figura 10.1 Etapas iniciais do processamento.

Tabela 10.4 Especificação básica para a semente de soja.

Variáveis (%)	Especificação
Umidade	14,0 – 16,0
Teor de óleo	19,5 – 20,5
Grãos ardidos	0,5 – 1,0
Grãos imaturos	0,5 – 1,0
Grãos quebrados	3,0 – 5,0
Impurezas	1,0 – 1,5

Fonte: Manzatto (1994).

Os grãos ardidos são os danificados por intempéries, por umidade elevada ou por temperatura excessiva. Esses grãos contêm óleo escuro com alta acidez e alto teor de oxidantes. Os classificados como grãos imaturos correspondem aos colhidos precocemente, contendo óleo com alto teor de clorofila.

Qualquer material estranho é considerado impureza, como grãos de outras sementes, vagens, detritos, grãos chochos e enrugados, além de pequenos fragmentos de soja.

Limpeza/Secagem

É de grande importância a operação de limpeza porque durante sua execução são removidas as impurezas (pedras, vagens, detritos) por meio de um conjunto de peneiras vibratórias com orifícios de diferentes diâmetros e sucção de ar. Esta operação tem por objetivo a retirada de cascas de semente. Assim, os grãos em bom estado são conduzidos ao secador (quando a quantidade de água for maior que 12%), devendo ainda existir um sistema magnético para retirada de impurezas metálicas.

O processo de secagem fundamenta-se em insuflar ar quente em contrafluxo da semente, sendo que a temperatura não deve ser superior a 90°C. O controle é realizado por meio de exaustores que se encarregam de enviar o volume de ar quente suficiente para a operação. Após cumprida esta etapa, o produto vai para o armazenamento.

Armazenamento

Os tanques e silos de armazenagem devem ser periodicamente limpos e desinsetizados de maneira que, pelo efeito residual dos inseticidas, o acesso das diversas pragas que normalmente proliferam nessas áreas seja evitado, modificando a estrutura organoléptica desses ingredientes.

Os grãos devem ser cuidadosamente armazenados, a fim de garantir ao produto qualidade por tempo prolongado, pois, estando com o teor de água dentro da faixa exigida, impede-se assim as reações enzimáticas. Também deve estar isento de impurezas, para que a probabilidade de reações secundárias seja muito remota, haja vista que a semente está protegida por seu invólucro, que contém um alto índice de antioxidantes naturais para preservar o óleo, porém pequenas alterações de acidez ainda podem ocorrer.

Quando há incidência de um alto índice de grãos quebrados e descontrole na umidade do grão (acima de 16%) pode ocorrer o autoaquecimento dos grãos, provocando o aparecimento de grãos ardidos, que contêm, em seu interior, óleo escuro com alto índice de oxidados e elevada acidez, produzindo assim um farelo escuro. Portanto, o controle de temperatura e umidade nos silos é de fundamental importância. Os silos devem ser providos de insufladores de ar e de fácil remanejamento dos grãos, evitando presença de luz, umidade e garantindo condições de carga e descarga e controle de temperatura monitorados por painéis.

Preparação

Os grãos são reduzidos a 20% de seu tamanho em quebradores munidos de peneiras e as cascas separadas por sucção. É importante, nesta fase, a quebra dos grãos dentro dos padrões para facilidade operacional no extrator posteriormente e facilidade na remoção das cascas; dessa forma, estas poderão ser adicionadas ao farelo para ajuste no valor proteico.

Cozimento

A fase que antecede a laminação é o cozimento, que tem por objetivo tornar a soja plástica e o óleo fluido entre as células para facilitar a operação de laminação. A temperatura nessa fase deve ser em torno de 75 a 80°C.

Laminação

Nesta etapa, a soja passa por rolos cilíndricos, providos de lâminas de 0,3 mm de espessura, provocando, assim, a ruptura das células e a formação de uma grande área superficial para o ataque do solvente; lâminas de grande espessura provocam alto teor de óleo residual no farelo.

Expansão

Esta fase é realizada com o auxílio do expander, equipamento que visa à expansão das células da lâmina, tornando-as mais permeáveis ao solvente e as micelas mais concentradas. O expander basicamente umedece, aquece e expande o grão pela diferença de pressão antes e depois do equipamento. Esta fase pode ou não ser utilizada dentro do processo, porém, sabe-se que ela corrige falhas de laminação e auxilia na dissolução do farelo. Além disso, pesquisas não confirmadas associam o uso do expander à inibição da enzima fosfolipase, responsável pelos fosfatídios não hidratáveis.

Extração

No caso da soja, o método recomendado é a extração por solvente, sendo o n-hexano o mais indicado pela solubilidade do óleo e por suas propriedades, no entanto, esse método apresenta o inconveniente da alta inflamabilidade, devendo-se, portanto, tomar os devidos cuidados dentro da planta quando em operação ou nas manutenções.

A extração é realizada por meio de lavagens da massa expandida com solvente, onde posteriormente a micela é concentrada. O solvente destilado retorna ao processo, ocorrendo pequenas perdas de seu volume. O floco desengordurado segue para o dessolventizador-tostador, onde é removido o resíduo de solvente no farelo e inibida a ação de enzimas e segue para a peletização, podendo ocorrer, antes dessa fase, ajustes no teor de óleo e outras características do farelo.

É realizado controle do óleo bruto e do farelo por intermédio do flash test para verificação da eficiência do sistema e prevenção de acidentes provocados pela concentração excessiva de solvente.

O farelo, conforme as especificações da Tabela 10.5, deve seguir para os silos, onde os cuidados são os mesmos aplicados à soja em grão, e o óleo segue para a degomagem.

Tabela 10.5 Especificações para o farelo de soja.

Especificação	Variáveis (%)
Umidade	11,5 – 12,5
Teor de óleo	1,0 – 2,0
Proteína	45,0 – 47,0
Fibras	6,0 – 7,0
Cinzas	6,0 – 7,0
Sílica	0,5 – 1,0

Fonte: Manzatto (1994).

Degomagem

A degomagem é um processo de tratamento que tem por objetivo principal a remoção de fosfatídios, utilizando-se agentes de floculação (água/ácido), criando-se, assim, condições para que haja a precipitação das gomas, arrastando consigo compostos metálicos, coloridos, com eliminação por intermédio de centrífuga separadora, conforme mostrado na Figura 10.2.

Portanto, a degomagem consiste em tratar o óleo bruto com água à temperatura de ±85°C, submetendo a mistura a um reator com tempo de residência determinado, sendo submetido à centrífuga separadora e retirando-se, assim, o óleo e baixando o teor de fosfatídios.

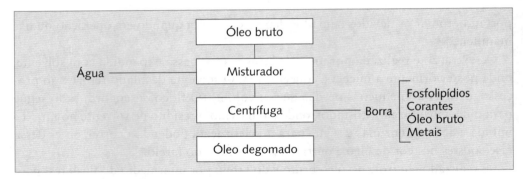

Figura 10.2 Etapas para a obtenção do óleo degomado.

Neutralização

A neutralização tem como principal fundamento o acondicionamento do óleo para abastecimento da centrífuga separadora. Este processo se divide basicamente em quatro etapas: condicionamento, neutralização, lavagem e secagem (Figura 10.3).

A neutralização é uma das etapas de maior importância no processo. Tem como objetivo principal a remoção dos ácidos livres e dos fosfatídios a níveis aceitáveis, com o menor prejuízo possível dos tocoferóis (antioxidantes naturais) e do óleo neutro; porém, como será demonstrado adiante, outros compostos também são removidos por arraste.

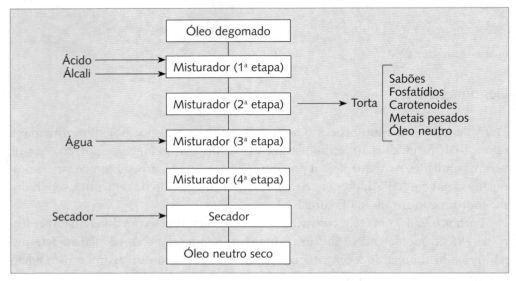

Figura 10.3 Etapas do processo de neutralização do óleo bruto degomado.

No misturador adiciona-se ácido ao óleo bruto degomado (1ª etapa), a fim de precipitar algumas impurezas antes da neutralização. Em seguida, faz-se adição estequiométrica de lixívia de soda cáustica, com concentração e excesso determinados em função da qualidade do óleo e objetivos necessários. Esse procedimento gera substâncias insolúveis no óleo, compostas basicamente de sais de ácidos graxos, fosfatídios, corantes e materiais oxidados que, por possuírem peso específico diferenciado do óleo, podem ser separados por centrifugação (2ª etapa). Após a separação, o óleo já neutralizado é conduzido à lavagem, que consiste em adição de água (3ª etapa). O objetivo principal dessa etapa é a remoção do sabão residual proveniente da neutralização. Realiza-se novamente uma centrifugação, podendo ocorrer arraste de óleo e fosfatídios. Essa operação é necessária para que as etapas subsequentes não sejam prejudicadas na qualidade e no aspecto econômico. A etapa final visa à secagem a vácuo, a fim de reduzir os teores de umidade remanescentes da lavagem do óleo.

Branqueamento

A terra é adicionada continuamente por dosadores automáticos nos sistemas atuais para um vaso que contém óleo aquecido a ± 105°C sob vácuo e munido de agitador e dispositivo de controle de nível, que proporcionará o tempo estabelecido de retenção. Em seguida, a mistura é bombeada aos filtros onde a argila é retida, passando, posteriormente, em filtros de polimento para retenção dos finos (Figura 10.4).

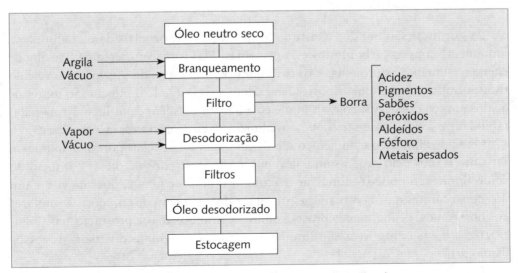

Figura 10.4 Etapas do processo de branqueamento do óleo neutralizado.

No branqueamento ocorre a adsorção dos contaminantes solúveis no óleo, por argila ativada, não ativada, carvão ativado e sílicas sob condições de dosagem, tempo de contato e temperatura variáveis, de acordo com processamento, procedência e natureza do óleo tratado. Alterações no processamento em todas as aplicações devem ser realizadas quando se utilizam sílicas ou, conjuntamente, sílicas/argilas. Portanto, deve-se elaborar novo parecer técnico-econômico para cada condição de processamento.

Nesse processo devem ser observados parâmetros como: carotenos, clorofila, compostos de oxidação, sabões, acidez e fósforo.

Desodorização

Esta é a última etapa do processamento e tem como objetivo principal melhorar o paladar, a cor e a estabilidade oxidativa. Para que isso seja possível, é necessário que os processos anteriores sejam eficientes.

A desodorização tem a finalidade de remover, de modo eficaz, ácidos graxos, pigmentos carotenoides e compostos de oxidação (peróxidos, aldeídos, cetonas, alcoóis e hidrocarbonetos). Neste processo utiliza-se alta temperatura e produção de vácuo, essencialmente para a operação de destilação a vapor.

Portanto, o refinador deve observar e ter cuidados com tipo, construção e operação do equipamento, pois estes também têm influência decisiva na remoção dos contaminantes e, como consequência, na qualidade do produto final.

ASPECTOS NUTRICIONAIS

As gorduras são um dos constituintes principais e essenciais da dieta humana, juntamente com os carboidratos e as proteínas. Elas fornecem cerca de 9 kcal/g de energia, enquanto as proteínas e os carboidratos, 4 kcal/g cada. Agem como veículo transportador de vitaminas lipossolúveis como a A, D, E e K. Também são fontes de ácidos graxos essenciais, como o linoleico e linolênico, além de influenciar na palatabilidade e sensação de saciedade dos alimentos, entre outras características.

Os ácidos linoleico e linolênico são denominados essenciais porque não podem ser sintetizados pelo organismo e devem ser administrados na dieta. Por meio do ácido linolênico pode-se sintetizar o ácido araquidônico. Este, por sua vez, é um dos constituintes das membranas e precursor de um grupo de compostos similares aos hormônios, denominados prostaglandinas, tromboxanas e prostaciclinas (Figura 10.5). Esses compostos são importantes porque regulam diversos processos fisiológicos.

As deficiências desses ácidos, linoleico e linolênico, podem causar esclerose múltipla (deficiência materna), problemas epidérmicos e crescimento anormal, além de outros problemas.

Embora a maioria dos ácidos graxos poli-insaturados (AGPI) não seja essencial, eles desempenham um papel importante na diminuição do colesterol no sangue. Trabalhos recentes têm demonstrado que em alguns países do Mediterrâneo há uma baixa ocorrência de doenças cardíacas, apesar do alto consumo de gorduras. Descobriu-se que o consumo difuso de óleo de oliva e produtos similares proporciona uma absorção substancial de ácidos graxos monoinsaturados, por exemplo, ácido oleico. Como resultado, ficou demonstrada a ocorrência de uma diminuição de colesterol no sangue comparada àquelas dietas pobres em gorduras.

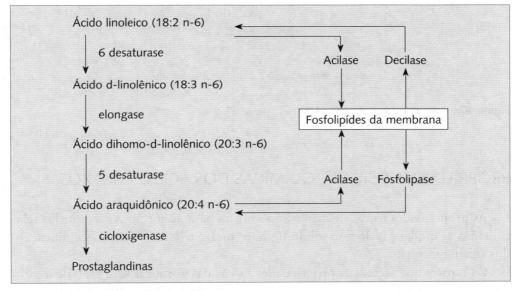

Fonte: Adaptado de Kinsella *et al*. (1981).

Figura 10.5 Via metabólica do ácido linoleico em prostaglandinas.

As dietas com muitos peixes, particularmente peixes gordurosos, ricos em ácidos graxos poli-insaturados ômega-3, como o ácido eicosapentaenoico (EPA) e o docosahexaenoico (DHA), têm demonstrado um efeito protetor contra derrames cerebrais, doenças cardíacas e diabetes. A ingestão elevada de ácidos graxos ômega-3 aumenta os níveis desses ácidos na forma de fosfolipídios plaquetários e estes, por sua vez, são responsáveis pela formação de prostaglandinas que servem para reduzir a agregação plaquetária e a possibilidade de formação de trombos.

A Figura 10.6 apresenta a síntese dos EPAs e DHA a partir de ácidos graxos poli-insaturados (AGPI).

Muitos dos trabalhos realizados nessa área relacionam o consumo de pescado aos aspectos benéficos para a saúde e desconhece-se qualquer relação desfavorável com outras enfermidades.

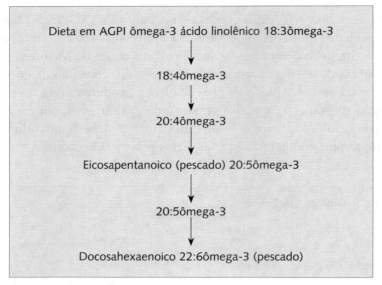

Figura 10.6 Síntese dos EPAs e DHA a partir de AGPI.

PROPRIEDADES FÍSICAS E QUÍMICAS DOS ÁCIDOS GRAXOS

As propriedades físicas de maior importância para as gorduras são aquelas relacionadas às mudanças da fase sólido-líquido (fusão) e líquido-sólido (solidificação) dos triacilgliceróis.

Os fatores que afetam as propriedades físicas das gorduras são: grau de insaturação, comprimento da cadeia, formas isoméricas dos ácidos graxos, configuração molecular e técnicas de processamento. Por exemplo, enquanto os triacilgliceróis puros apresentam ponto de fusão nitidamente definido, as gorduras naturais e processadas, por causa da mistura de triacilgliceróis, fundem-se ao longo de uma faixa de temperatura. Essa alteração na propriedade física é importante para a obtenção de gorduras para vários fins nas indústrias alimentícias.

As propriedades químicas de maior importância são certas reações químicas dos triacilgliceróis e dos ácidos graxos utilizados em muitos métodos analíticos e em processos industriais de óleos e gorduras. Podem-se citar as reações de hidrólise, esterificação, oxidação e hidrogenação, entre outras. Dessas reações, a de oxidação é de grande importância, não somente sob o aspecto econômico, por meio de perdas pelo desenvolvimento de odor e sabor desagradáveis e diminuição de vida de prateleira, mas também por diminuir o valor nutricional dos alimentos, formando compostos tóxicos para o organismo humano e animal.

A oxidação lipídica é uma das principais causas da deterioração de alimentos e ocorre na fração gordurosa. Os fatores que promovem a oxidação lipídica são: calor, luz, traços de metais (ferro ou cobre), grau de insaturação dos ácidos graxos, presença de resíduos de pigmentos e disponibilidade de oxigênio.

A oxidação lipídica, também denominada auto-oxidação, é uma reação em cadeia iniciada com a formação de radicais livres e tem como produto primário os hidroperóxidos. Esses hidroperóxidos são clivados em compostos orgânicos menores – como aldeídos, cetonas, alcoóis e ácidos –, que resultam na liberação de odor e sabor característicos de óleos e gorduras rancificados (rancidez oxidativa). Para prevenir ou retardar a oxidação, a indústria de alimentos tem utilizado algumas ferramentas, entre elas a adição de substâncias denominadas antioxidantes, que podem ser componentes naturalmente presentes nos alimentos ou substâncias intencionalmente adicionadas, que prolongam a vida útil de diversos tipos de alimentos.

Os antioxidantes sintéticos têm sido usados desde 1940, quando estudos mostraram que o butilhidroxianisol (BHA) retardava a oxidação em alimentos. Pouco tempo depois, constatou-se que alguns ésteres alquílicos do ácido gálico também possuíam potencial como antioxidante. Dos sintéticos, os mais utilizados em alimentos são BHA, butilhidroxitolueno (BHT), galato de propila (PG) e tercbutilhidroquinona (TBHQ), os quais são compostos de origem fenólica que, por sua toxicidade, têm seu uso regulamentado na maioria dos países, necessitando de análises para garantir que sejam usados dentro dos limites seguros de utilização.

ASPECTOS TOXICOLÓGICOS

Nos últimos anos, cresceu a preocupação com os efeitos toxicológicos decorrentes da ingestão diária dos antioxidantes sintéticos. Estudos a longo prazo demonstraram que os antioxidantes sintéticos BHA e BHT podem produzir tumores em animais; o PG mostrou redução no consumo de alimentos, retardo no crescimento e hiperplasia no estômago; e o TBHQ demonstrou potencial mutagênico em determinados ensaios.

O Joint Expert Committee on Food Additives (JECFA) – comitê conjunto entre Food and Agriculture Organization/Organização Mundial da Saúde (FAO/OMS) de peritos em aditivos alimentares e contaminantes – bem como normas publicadas pelo *Codex Alimentarius*, estabeleceram um limite de ingestão para o aditivo. Esse valor é representado pela Ingestão Diária Aceitável (IDA), expressa em mg do antioxidante por kg de peso corpóreo. O conceito de IDA implica na ingestão diária do aditivo por toda vida, sem risco apreciável à saúde humana, à luz dos conhecimentos toxicológicos disponíveis na época da avaliação. As IDAs de 0 a 0,5 e de 0 a 0,3 mg/kg por peso corpóreo (pc) foram estabelecidas para o BHA e o BHT, respectivamente, e para o PG de 0 a 2,5 mg/kg pc. O galato de octila (OG) e o galato de dodecila (DG) não tiveram suas IDAs estabelecidas por falta de informações toxicológicas, e para o TBHQ atribui-se uma IDA temporária de 0 a 0,7 mg/kg pc, até que se finalizem os estudos.

MECANISMO DA AUTO-OXIDAÇÃO LIPÍDICA

O mecanismo da auto-oxidação pode ser descrito como uma reação em cadeia formada por três etapas distintas: iniciação, propagação e terminação (Figura 10.7).

Acredita-se que a auto-oxidação dos lipídios é iniciada com a formação de radicais livres. Essas moléculas podem ser geradas na presença de catalisadores, como luz, presença de traços de metais, irradiação e calor. A presença de quantidades de traços de hidroperóxidos no alimento antes mesmo do início da oxidação também pode gerar radicais livres por meio de sua decomposição, formando radicais alcóxi (Figura 10.7, equação 2).

Os hidroperóxidos são formados por vários caminhos, incluindo a reação do oxigênio singlet com um ácido graxo insaturado ou por meio da reação catalisada pela enzima lipoxigenase.

Na etapa de iniciação, os radicais livres são formados por meio da abstração do átomo de hidrogênio de um grupamento metil, adjacente à dupla ligação do ácido graxo insaturado presente na molécula do triacilglicerol, formando um radical lipídico (Figura 10.7, equação 1).

Os radicais lipídicos formados na etapa de iniciação passam para a etapa de propagação (Figura 10.7, equações 3 e 4). Esses radicais reagem ao oxigênio formando radicais peróxi livres. Estes, por sua vez, abstraem um átomo de hidrogênio de uma outra molécula de ácido graxo insaturado, produzindo hidroperóxidos e outro radical lipídico, que irão reagir com outras moléculas de lipídios, dando continuidade à reação até que não existam mais moléculas de ácidos graxos insaturados disponíveis.

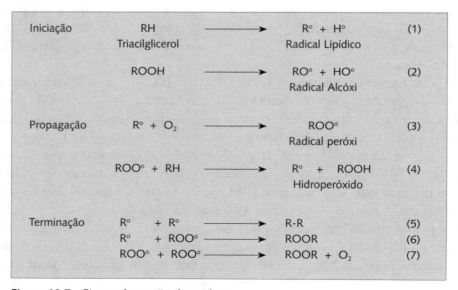

Figura 10.7 Etapas da reação de oxidação.

Quando ocorre a redução da quantidade de lipídios insaturados ou ácidos graxos insaturados presentes, os radicais se ligam uns aos outros, formando compostos estáveis, os não radicais (Figura 10.7, equações 5, 6 e 7). Dessa forma, a reação de terminação leva à interrupção da sequência repetitiva da etapa de propagação da reação em cadeia.

MECANISMO DE AÇÃO DOS ANTIOXIDANTES

Os antioxidantes são classificados, segundo sua forma de atuação, em primários e secundários. Os primários atuam interrompendo a cadeia da reação por meio da doação de elétrons ou hidrogênio aos radicais livres, resultando em produtos termodinamicamente estáveis e/ou reagindo com os radicais livres formando o complexo lipídio-antioxidante que pode reagir com outro radical livre. Pertencem a este grupo os antioxidantes BHA, BHT, TBHQ, tocoferóis e galatos.

Os antioxidantes primários podem tanto retardar ou inibir a etapa de iniciação reagindo com um radical lipídico livre quanto inibir a etapa de propagação reagindo com radicais peróxi ou alcóxi. O radical de antioxidante livre formado pode, posteriormente, interferir nas reações de propagação da cadeia de oxidação, formando peróxido (Figura 10.8).

Os antioxidantes secundários atuam retardando a etapa de iniciação da auto-oxidação por diferentes mecanismos, como quelantes, formando complexos com metais, ou como sequestrantes, que reagem com o oxigênio livre removendo-o do sistema. Como exemplos de quelantes etileno diamino tetracético (EDTA), pode-se citar ácido cítrico, ácido tartárico, polifosfatos e lecitina. As substâncias mais utilizadas como sequestrantes são os ácidos ascórbico e eritórbico, sulfitos e o palmitato de ascorbila. Temos também substâncias que atuam por meio da decomposição de hidroperóxidos para formar espécie não radical, absorvendo a radiação ultravioleta e desativando oxigênio *singlet*.

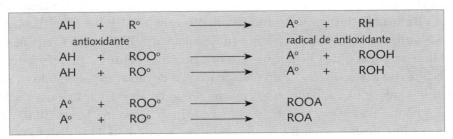

Figura 10.8 Reação do radical antioxidante com o radical lipídico.

A mistura de dois ou mais antioxidantes pode causar o aumento da atividade dos antioxidantes isolados, num efeito chamado sinergismo. Por esta razão, é comum a mistura de várias substâncias antioxidantes na formulação de alimentos.

Os sequestrantes de oxigênio e quelantes de metais exibem efeito sinergista, uma vez que atuam como doadores de hidrogênio para o radical fenoxil, regenerando o antioxidante primário ou inativando íons metálicos, neutralizando seu efeito pró--oxidante.

O efeito sinergístico pode ser observado entre antioxidantes primários e secundários e também com compostos não fenólicos, como ácido ascórbico e lecitina.

DETERIORAÇÃO MICROBIOLÓGICA

Um dos parâmetros mais importantes que influenciam o desenvolvimento dos micro-organismos é a disponibilidade de água. Sendo os óleos e gorduras substâncias insolúveis em água e com atividade de água abaixo de 0,6, não há menção de crescimento de nenhum tipo de micro-organismo, sendo o produto considerado microbiologicamente estável. A sobrevivência de células vegetativas de bactérias, bolores e leveduras é variável, pode estender-se de dias a meses, ao passo que os esporos bacterianos podem permanecer viáveis durante anos.

LEGISLAÇÃO PARA ÓLEOS E GORDURAS

A Resolução RDC n. 270 de 22.09.2005, da Agência Nacional de Vigilância Sanitária (Anvisa) do Ministério da Saúde (MS), que revogou a Resolução n. 482 de 23.09.99, fixa a identidade e as características mínimas de qualidade que devem obedecer os óleos vegetais, as gorduras vegetais e o creme vegetal. A identidade de óleos vegetais, incluindo azeites de oliva e de gorduras vegetais, deve atender também aos requisitos de composição estabelecidos em normas do *Codex Alimentarius* para óleos vegetais (2003a) e para o óleo de oliva e óleo de bagaço de oliva (2003b).

Em 22 de dezembro de 2006, o Ministério da Agricultura, Pecuária e Abastecimento (Mapa) aprovou o Regulamento Técnico de Identidade e Qualidade dos Óleos Vegetais Refinados (Instrução Normativa n. 49) e, em 30.01.2012, publicou a Instrução Normativa n. 1, correspondente ao Regulamento Técnico do Azeite de Oliva e do Óleo de Bagaço de Oliva, que tem por objetivo definir o padrão oficial de classificação do azeite de oliva e do óleo de bagaço de oliva, considerando os requisitos de identidade e qualidade, amostragem, modo de apresentação e marcação ou rotulagem, nos aspectos referentes à classificação do produto. E, em 30.07.2012, publicou a Instrução Normativa n. 19, alterando o artigo 30 da Instrução Normativa n. 1.

Anteriormente, existiam conflitos de legislações para os óleos refinados de soja, canola, algodão, girassol e milho. Agora, temos também para azeite de oliva, pois existem dois regulamentos técnicos em vigor: um do Ministério da Agricultura e outro do MS.

Na Tabela 10.6 há a comparação das características de qualidade para óleo de soja refinado. Assim, tanto quem trabalha com análise de alimentos quanto os fabricantes não sabem a quem obedecer de fato. Na verdade, deveria haver um acordo para definir as competências da legislação, a fim de evitar essa confusão.

Tabela 10.6 Comparação das características de qualidade para óleo de soja refinado.

Órgão oficial	Ministério da Agricultura[a]		Ministério da Saúde[b]
	Tipo 1	Tipo 2	
Acidez livre (mg KOH/g)	0,03	0,06	0,3*
Índice de peróxido (meq/kg) máximo	2,5	5,0	10

[a] Portaria n. 795 de 15.12.93.
[b] Resolução n. 270 de 22.09.2005.
* Equivalente a 0,6 mg KOH/g, conforme estabelecido na Resolução n. 270 de 22.09.2005.

ÓLEOS DE FRITURA

No processo de fritura, o alimento é submerso no óleo quente em presença de ar e, assim, o óleo é exposto a três agentes que causam mudanças em sua estrutura: água proveniente do próprio alimento, que leva às alterações hidrolíticas; oxigênio, que entra em contato com o óleo a partir de sua superfície levando a alterações oxidativas; e, finalmente, a temperatura em que o processo ocorre, resultando em alterações térmicas.

O diagrama ilustrado na Figura 10.9 revela as várias reações que ocorrem no óleo de fritura, sendo que as principais formas de deterioração são hidrólise, oxidação e polimerização.

A hidrólise é uma reação que ocorre em razão da presença da água quebrando ligações éster no glicerídio com formação de ácidos graxos livres, monoacilgliceróis, diacilgliceróis e glicerol, e é mais rápida quando se frita alimentos com alto teor de água. A reação é catalisada pela presença de ácidos graxos livres e, portanto, é melhor que se inicie o processo de fritura com óleo novo, com baixo teor desses ácidos. Os produtos da hidrólise são bastante voláteis e quimicamente mais reativos.

A oxidação, como visto anteriormente, é um processo degradativo decorrente da ação do oxigênio atmosférico ou daquele que está dissolvido no óleo. Este reage com ácidos graxos insaturados presentes, formando produtos organolepticamente inaceitáveis (odores e sabores estranhos) em seus estágios mais avançados. A velocidade da oxidação é acelerada pela temperatura. Portanto, as reações oxidativas que acontecem a temperaturas altas podem seguir o mesmo caminho e mecanismos que as produzidas em temperatura ambiente.

A polimerização acontece em virtude das alterações que ocorrem no processo de oxidação e utilização de altas temperaturas. Duas ou mais moléculas de ácidos graxos se combinam formando polímeros, estes promovem aumento na viscosidade do óleo, podendo formar compostos cíclicos. Monômeros cíclicos podem ocorrer independentemente da polimerização e são nutricionalmente indesejáveis, uma vez que esses compostos podem ser absorvidos pelo organismo juntamente com os ácidos graxos e são prontamente assimilados pelos sistemas digestivo e linfático.

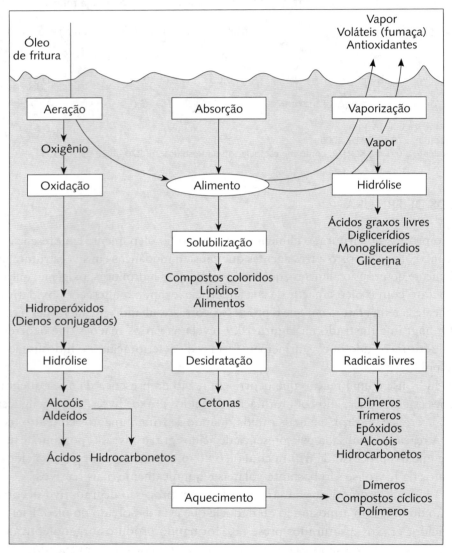

Figura 10.9 Diagrama das alterações que ocorrem durante a fritura.
Fonte: Berger (1984).

Portanto, a hidrólise, a oxidação e a polimerização estão na verdade inter-relacionadas, tornando mais complexo o processo de fritura. Para avaliar as alterações em fritura é necessário considerar as diversas reações que ocorrem entre o alimento e o óleo, como a solubilização de compostos do alimento e os produtos de reação destes com o óleo.

Durante o processo de fritura, são eliminados os compostos voláteis responsáveis pelas características organolépticas do óleo e do alimento que está sendo frito. Há, também, os compostos não voláteis, muito importantes dos pontos de vista nutricional por estarem presentes na dieta, e do analítico, por se acumularem desde o início do processo, sendo que sua concentração está relacionada com a alteração do óleo. A presença dos compostos não voláteis de degradação resulta em uma série de modificações no óleo que muitas vezes podem ser facilmente observadas:

- Tendência à formação de espuma, relacionada à presença de produtos de polimerização e surfactantes.
- Aumento de viscosidade e densidade relacionadas também a compostos de polimerização.
- Mudanças nas características organoléticas caracterizadas pelo desenvolvimento de odores e sabores típicos de óleos aquecidos a altas temperaturas ou dos alimentos neles fritos.
- Escurecimento atribuído à presença de compostos carbonílicos insaturados ou a compostos não polares do alimento solubilizados no óleo.

A alteração do óleo pode ser determinada de várias formas, entretanto, é muito difícil de encontrar um método analítico que forneça o verdadeiro estado de alteração em que se encontra o óleo.

As características principais que uma gordura precisa ter para garantir um bom processo de fritura de alimentos são:

- Alta estabilidade à oxidação.
- Maior durabilidade.
- Não interferir no sabor do alimento.
- Reúso após ser filtrado.
- Não fazer fumaça à temperatura de fritura.
- Não formar espuma durante a fritura.
- Odor e sabor neutros.
- Tempo prolongado de vida de prateleira do alimento frito.

Como todo processo industrial, a fritura deve obedecer algumas regras para que se obtenha um produto de qualidade, seguindo as boas práticas de fritura, que são:

- Não sobrecarregar a fritadeira.
- Não manter a gordura a alta temperatura por mais tempo que o necessário.
- Manter a taxa de produção no máximo.

- Preferir fritar por períodos longos ao invés de utilizar a fritadeira por vários períodos curtos.
- Evitar a adição de óleo novo ao usado.
- Realizar filtração do óleo quando quantidades apreciáveis de resíduos de alimentos fritos forem liberadas para o meio de fritura.

Tavares *et al.* (2007) avaliaram a qualidade de óleos e gorduras utilizados para fritura no comércio da região metropolitana da Baixada Santista (SP). Os pesquisadores colheram 76 amostras de óleo vegetal (soja) e 24 outras de gordura vegetal hidrogenada. Do total de 100 amostras, 50 foram colhidas antes da fritura e 50 no momento da fritura dos alimentos. Verificou-se que durante a colheita a maioria das fritadeiras das pastelarias e dos vendedores ambulantes não dispunha de qualquer controle de temperatura, 41 amostras apresentaram valores acima de 180°C. A pesquisa revelou que 20 amostras haviam superado o limite máximo de 25%, recomendado pela legislação brasileira, para os compostos polares; que a acidez para as amostras antes da fritura estava de acordo com a legislação; e 9 amostras apresentaram resultado insatisfatório no momento da fritura.

Esses resultados reforçam a necessidade de monitoramento, inspeção do descarte de óleos/gorduras de fritura, estabelecendo critérios mais rígidos por parte da legislação brasileira.

Legislação para óleo de fritura

No âmbito federal, não se dispõe ainda de leis e regulamentos que determinem a utilização de óleos e gorduras para frituras, dificultando o controle dos produtos a serem utilizados, bem como do momento correto de se fazer o descarte da gordura/óleo que está em operação.

A Alemanha, desde 1973, instituiu um conjunto de normas que controlam o óleo utilizado para frituras. Segundo a recomendação alemã, da German Society for Fat Research (DGF), um óleo de fritura está deteriorado se, sem nenhuma dúvida, seu odor e sabor são inaceitáveis ou se, em caso de haver dúvidas sobre sua qualidade sensorial, a concentração de ácidos graxos insolúveis em éter de petróleo for igual ou superior a 0,7% e o ponto de fumaça menor que 170 °C ou se o teor de ácidos graxos oxidados insolúveis em éter de petróleo for de 1% ou mais. Após 1979, foi proposto o método de cromatografia de compostos polares totais como complemento à análise organolética, com limite máximo permitido para esses compostos de 27%, recentemente alterado para 24%.

Vários países da Europa e os Estados Unidos seguem, com algumas alterações, as mesmas regras propostas pela DGF.

Na América do Sul, em 1996, o Chile colocou em seu regulamento sanitário (Decreto Supremo n. 977, título X, § V) três artigos que se referem a óleos e gorduras usados em fritura. Segundo o art. 265, os óleos e gorduras utilizados na produção industrial e institucional de alimentos fritos deverão ter um conteúdo máximo de ácido linolênico de 2%. Deverão estar acrescidos de antioxidantes e sinergistas autorizados no regulamento. E o art. 266 diz que não deverão ser utilizados óleos e gorduras quando ultrapassarem os seguintes limites:

- Acidez livre expressa como ácido oleico superior a 1%.
- Ponto de fumaça inferior a 170°C.
- Ácidos graxos oxidados insolúveis em éter de petróleo superiores a 1% e, no máximo, de 25% de compostos polares.

O último artigo, n. 267, proíbe o uso de óleos e gorduras provenientes de processos de frituras, descartados ou reprocessados, em outros alimentos para uso humano.

No Brasil, o Informe Técnico n. 11 estabelece recomendações de descarte de óleos e gorduras para fritura, determinando que: a quantidade de ácidos graxos livres não seja superior a 0,9%; o teor de compostos polares não seja maior que 25%; os valores de ácido linolênico presentes nas frituras não ultrapassem o limite de 2%; e devam ser atendidas recomendações de boas práticas de fabricação.

A Resolução RDC n. 216/2004, que regulamenta as boas práticas para serviços de alimentação, que no item 4.8.11 estabelece que

> "os óleos e gorduras utilizados devem ser aquecidos a temperaturas não superiores a 180°C, sendo substituídos imediatamente sempre que houver alteração evidente das características físico-químicas ou sensoriais, tais como aroma e sabor, e formação intensa de espuma e fumaça".

Em São Paulo existe um decreto municipal (Decreto n. 35.911, de 26.02.96) que veda a reutilização de óleos comestíveis em bares, restaurantes e similares. Entretanto, este decreto gera polêmicas porque é economicamente inviável descartar grandes volumes de óleo após o processo de fritura; muitas vezes faz-se necessária somente uma filtração para o reúso.

COMPARAÇÃO DAS VANTAGENS E DESVANTAGENS DA GORDURA VEGETAL EM RELAÇÃO À ANIMAL

Nas gorduras animais predominam os seguintes ácidos graxos: esteárico e palmítico. Esses ácidos são sólidos sob temperatura ambiente e conhecidos como ácidos graxos saturados.

A gordura animal, além de ter um alto teor de ácidos graxos saturados, é rica em colesterol, utilizado no organismo para a fabricação das membranas celulares e de alguns hormônios, sendo transportado na corrente sanguínea pelas lipoproteínas, destacando-se a lipoproteína de baixa densidade (LDL) e a lipoproteína de alta densidade (HDL).

A primeira é conhecida como "colesterol ruim", dada a sua associação com o desenvolvimento da arteriosclerose. Portanto, uma dieta rica em gordura animal eleva os níveis sanguíneos de colesterol-LDL, podendo causar, em consequência, doenças cardiovasculares.

Os óleos e gorduras de origem vegetal são ricos em ácidos graxos: oleico, linoleico e linolênico, sendo quase inexistente a presença de colesterol (Tabela 10.7). Os ácidos linoleico e linolênico são considerados ácidos graxos essenciais, e sua importância já foi relatada anteriormente.

Tabela 10.7 Teor de colesterol de alguns alimentos (mg/100 g).

Alimento	Colesterol
Óleos e gorduras vegetais	< 5
Óleos de peixe	500 – 800
Banha de porco	98
Leite	12
Leite em pó	96
Manteiga	280
Carne de porco (carne magra)	> 59 – 67
Ovo	41
Gema de ovo	1.600 – 1.750

Fonte: Bockisch (1998).

FRAUDE

O azeite de oliva, bastante difundido na classe média alta brasileira, entre os óleos comestíveis é o que registra maior nível de fraudes. Restaurantes e cadeias de fast-foods colocam azeite de oliva disponível nas mesas para degustação de petiscos, pizzas, saladas e de alguns pratos principais. O consumo do azeite tem aumentado em decorrência da abertura do mercado brasileiro a importações causada pelo plano econômico implantado pelo Governo (Plano Real), isso favoreceu a entrada de um grande número de fornecedores, aumentando o risco de fraude com outros óleos vegetais.

Em pesquisa com 236 amostras de azeite de oliva analisadas no período de 1993 a 2000, observou-se adulterações em 43 delas, sendo o principal tipo de fraude a adição de óleos vegetais de menor valor comercial, principalmente soja.

Além do óleo de soja, são utilizados como adulterantes o próprio azeite do bagaço (torta) de oliva, os ácidos graxos esterificados com glicerina, o óleo de girassol com alto conteúdo de ácido oleico e, em geral, outros óleos e gorduras.

Estudo realizado com outro óleo de alto valor comercial mostrou, por meio da composição de tocoferóis, que óleo de gergelim comercializados no Brasil sofrem adição de outros óleos vegetais de baixo valor comercial, tais como o de soja, de girassol e de milho.

CONTAMINANTES QUE PODEM ESTAR PRESENTES NOS ÓLEOS

O termo contaminantes pode ser definido como qualquer substância ou agente que esteja presente no alimento e seja considerada indesejável. Podem estar presentes em quantidades que não coloquem em risco e devem ser removidos, se possível, tecnologicamente. Em muitos casos, eles têm sido reduzidos para um limite mínimo.

Como em todos os outros produtos agrícolas, sementes oleaginosas e óleos de frutos também podem conter vários contaminantes. Parte destes são carregadas da semente para o óleo. Estas substâncias podem ser os pesticidas, fungicidas e herbicidas, hidrocarbonetos aromáticos policíclicos (HPA), traços de metais e outros.

As diferentes etapas do refino podem reduzir consideravelmente esses contaminantes. Na degomagem, eles são carregados juntamente com as gomas, já na neutralização eles são precipitados com o sabão, durante o branqueamento são absorvidos, especialmente pelo carvão ativo, e removidos com o agente de branqueamento, bem como são separados durante a desodorização.

AFLATOXINAS

Micotoxinas são compostos produzidos por fungos que são tóxicos para os animais e para o homem quando consumidos nos alimentos. Entre as micotoxinas, as mais estudadas são as aflatoxinas. A B_1 (AFB_1) é considerada um potente carcinógeno químico e um dos mais poderosos hepatotóxicos (Figura 10.10, composto de peso molecular – PM – 312). A presença de aflatoxinas em produtos alimentícios depende de sua formação por algumas cepas de *Aspergillus flavus* e todas as cepas de *A. parasiticus*. Usualmente, a contaminação por aflatoxinas está relacionada a problemas de estocagem das sementes oleaginosas, principalmente no amendoim.

Entretanto, mesmo que os grãos estejam contaminados com aflatoxinas, durante a lavagem com soda cáustica (alcalina), 90 a 98% das aflatoxinas são inativadas pelo rompimento do anel da lactona, formando um composto de PM 347 no processo de neutralização do óleo (Figura 10.10). O residual de 2% da quantidade inicial é quase completamente removido durante o branqueamento. Isso é alcançado mesmo que sua concentração seja especialmente alta. Portanto, as aflatoxinas não são encontradas no óleo refinado, mas ocorrem somente em óleos que não sofreram refino. Por exemplo, óleos prensados a frio não passam por todas as etapas de refino e purificação.

HIDROCARBONETOS AROMÁTICOS POLICÍCLICOS (HPA)

Em 2001, as autoridades sanitárias da Espanha emitiram um alerta proibindo a comercialização do aceite de orujo de oliva, óleo de bagaço e/ou caroço de oliva, em razão da presença de compostos aromáticos policíclicos, benzopirenos. A presença desses compostos estava relacionada ao processo de obtenção desse tipo de óleo. Considerando esse alerta, a Anvisa/MS aprovou em 06.08.2001 a Resolução RE n. 156. Essa resolução foi revogada pela Resolução RDC n. 281, de 06.10.2003, a qual exige como procedimento de importação para aceite de orujo de oliva a apresentação do laudo de análise do produto quanto à presença de HPA, especificamente o alfa-benzopireno, com identificação do lote e da data de produção ou fabricação e estabelece também o limite de tolerância de alfa-benzopireno de 2 µg/kg.

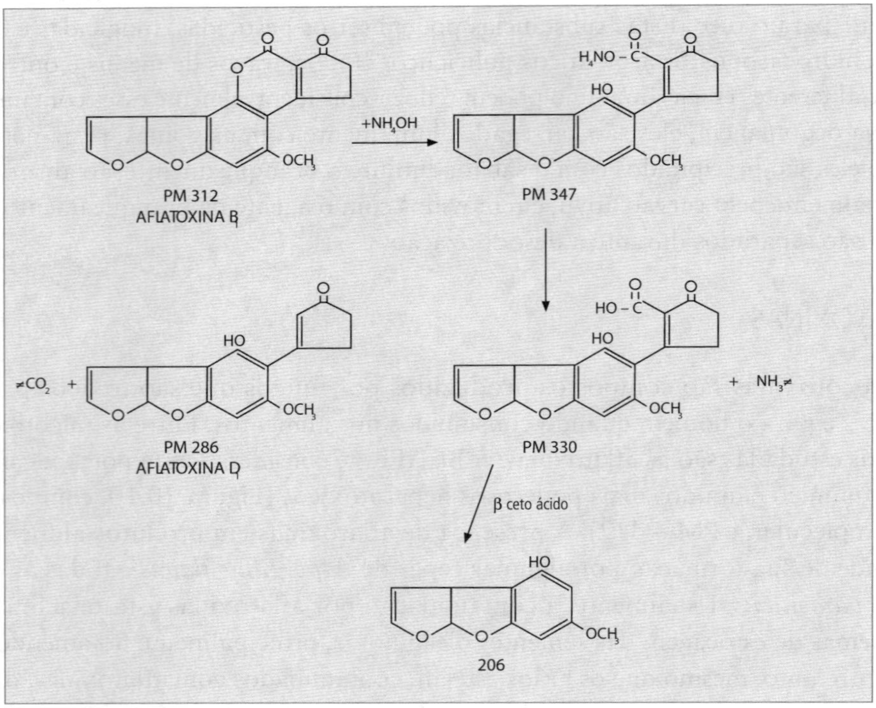

Figura 10.10 Esquema proposto para formação do maior produto da amoniação da aflatoxina B_1.

Fonte: Stanley *et al.* (1976).

Os HPA são de grande interesse em decorrência de sua toxicidade. São substâncias potencialmente carcinogênicas que pertencem à classe dos pró-carcinogênicos, necessitando de ativação metabólica para formar o carcinógeno ativo. Porém, nem todo HPA apresenta atividade biológica, como é o caso do fluoranteno e pireno. Benzo(a)antraceno, benzo(b)fluoranteno, benzo(k)fluoranteno, benzo(a)pireno, dibenzo(a,h) antraceno e indeno(1,2,3 cd-pireno) têm sido identificados como capazes de provocar uma resposta carcinogênica efetiva em animais experimentais. Desses compostos, o benzo(a)pireno é o mais conhecido e o que tem sido exaustivamente estudado nos últimos anos.

Os HPA apresentam elevada solubilidade em solventes orgânicos e baixa solubilidade em água. Na presença de outros compostos orgânicos e de detergentes aniônicos, a solubilidade em água pode aumentar sensivelmente, facilitando sua passagem tanto para o meio ambiente como para a cadeia alimentar.

Os HPA são compostos orgânicos formados por dois ou mais anéis benzênicos fundidos, podendo ou não conter grupos substituintes ligados. As estruturas químicas de alguns HPA são mostradas na Figura 10.11.

Os HPA podem ser produzidos por todos os processos que envolvem combustão incompleta ou pirólise. O contágio por HPA em alimentos geralmente ocorre por meio de: contaminação do solo onde é efetuado o plantio; poluição atmosférica; contaminação acidental durante o processamento do alimento e do tratamento térmico e secagem direta de sementes oleaginosas com combustão de gases, provenientes de solventes à base de petróleo utilizados na extração de óleos. Na Tabela 10.8, são apresentados os teores de HPA encontrados em óleos vegetais.

Em 1968, foi determinado pela primeira vez o nível de HPA em óleos vegetais. Níveis de HPA excedendo 2.000 µg/kg têm sido encontrados nos óleos de coco bruto, enquanto em comparação com outros óleos vegetais raramente os níveis de HPA ultrapassam 100 µg/kg.

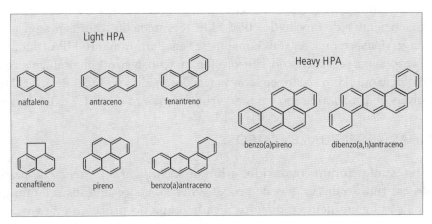

Figura 10.11 Estrutura química de alguns HPAs.

Tabela 10.8 Níveis de HPAs (µg/kg) encontrados em óleos vegetais virgem.

Tipo de óleo	Light HPA[a]	Heavy HPA[b]	Total HPA
Coco	992,2	47,0	1.039,0
Colza	30,1	3,9	34,0
Girassol	66,5	11,8	78,3
Palmiste	97,5	4,7	102,2
Palma	21,1	1,4	22,5
Amendoim	21,0	2,4	56,4
Algodão	20,8	1,6	22,4
Linhaça	33,3	1,6	34,9
Soja	18,1	1,9	20,0

[a] média: fluoranteno, pireno, criseno, benzo(a)antraceno;
[b] média: fluorantenobenzo(a)pireno, anatreno, dibenzo(a,h)antraceno.

Fonte: Grimmer e Hildebrandt (1968).

No Brasil, estudos com óleos vegetais revelaram que o óleo de milho, entre as amostras analisadas, era o mais contaminado, com níveis de benzo(a)pireno na faixa de 1,6 a 58,9 µg/kg.

Pesquisadores monitorando por dois anos a presença de benzo(a)pireno em óleos de milho verificaram que durante o processamento a etapa de secagem foi a que mais contribuiu para a contaminação dos grãos e, consequentemente, dos óleos. O processo de secagem, empregado pela maioria das indústrias brasileiras, usa calor gerado pela queima de madeira associado à não utilização de carvão ativo durante o refino, que contribuiria para a redução da contaminação, sendo este adsorvente altamente eficiente na remoção de HPA. Mais recentemente, outras pesquisas analisando margarinas, cremes vegetais e maioneses encontraram oito HPA (fluoranteno, pireno, benzo(a)antraceno, criseno, benzo(b)fluoranteno, benzo(k)fluoranteno, benzo(a) pireno e dibenzo(ah)antraceno) em concentrações médias na faixa de 1,0 a 21,7 µg/kg. Os níveis de benzo(a)pireno em margarinas variaram entre 1,7 e 3,9 µg/kg.

PESTICIDAS, HERBICIDAS E OUTROS

Vários estudos foram conduzidos a fim de identificar a presença de pesticidas em óleos em função das etapas de processamento. Os resultados relatam que os pesticidas são ligeiramente reduzidos a cada etapa do processo e drasticamente durante a desodorização, sendo então concentrados no destilado. Entretanto, na desodorização a temperatura é muito mais importante que o tempo.

TRAÇOS DE METAIS

Os traços de metais devem ser cuidadosamente removidos, pois promovem a oxidação, afetando a qualidade do óleo. Na degomagem, eles são carreados com as gomas que se precipitam. Também podem ser carregados juntamente com os sabões formados durante a neutralização.

A adição do ácido cítrico permite que os traços de metais se liguem, formando um complexo que pode ser "lavado" com água. No refino químico, muitos deles formam hidróxidos que se precipitam durante a neutralização, alguns deles em condições neutras ou ácidas e, desta maneira, são removidos durante a degomagem juntamente com os fosfatídios e sabões. Podem também ser absorvidos pela terra do branqueamento. O refino fornece uma redução drástica dos metais.

CONCLUSÕES

As gorduras estão presentes em quase todos os alimentos, direta ou indiretamente. Em margarinas, molhos cremosos, maioneses, biscoitos, pães, doces, balas, sorvetes e leite, entre outros, constituem matéria-prima muito forte para a base e formulação desses produtos. Portanto, é importante que a matéria-prima utilizada para extração dos óleos seja de boa qualidade e que as boas práticas de produção/fabricação sejam obedecidas para que se obtenha um produto final de alta qualidade, não afetando assim sua composição, sua utilização direta ou indireta e seu valor nutricional.

MARGARINAS[1]

INTRODUÇÃO

A margarina, chamada pelo seu criador Monsieur Mouries de magarites, foi criada em 1860, época de alta demanda de azeites e gorduras e escassez de manteiga na Europa. Reconhecida mundialmente como nutriente de primeira categoria, participa da dieta diária fornecendo calorias, agindo como veículo para as vitaminas como A, D, E e K, principalmente para a vitamina A. Também é fonte de ácidos graxos essenciais como o linoleico, linolênico e araquidônico, além de influenciar na palatabilidade dos alimentos.

A produção de margarinas é baseada no processo de hidrogenação dos óleos vegetais (compostos principalmente de ácidos graxos saturados e insaturados). Por meio deste processo podem-se produzir gorduras hidrogenadas com texturas definidas e com maior estabilidade diante dos processos oxidativos. Portanto, as gorduras hidrogenadas, em função da presença dos ácidos graxos trans, são sólidas em temperatura ambiente e são utilizadas no preparo de vários tipos de alimentos, como a margarina. A Tabela 10.9 mostra os pontos de fusão de ácidos graxos e seus isômeros.

A reação de hidrogenação consiste na adição de hidrogênio às duplas ligações dos ácidos graxos insaturados, catalisada por um metal, originando a saturação (Figura 10.13, ver p. 252). Essa reação aparentemente simples é, na realidade, uma reação muito complexa que inclui, além da saturação, outras reações paralelas. Durante o contato com o catalisador níquel, o mais usado, algumas ligações podem adquirir a configuração trans e variar a posição, além de formar ligações duplas conjugadas.

A ingestão de ácidos graxos trans por meio de gorduras hidrogenadas desperta um grande interesse por parte dos cientistas, principalmente com relação aos aspectos metabólicos, incluindo digestibilidade, absorção, acumulação nos tecidos, catabolismo e incorporação nas membranas, pois os ácidos graxos têm um papel fundamental nas funções do organismo.

Tabela 10.9 Pontos de fusão de ácidos graxos e seus isômeros.

Símbolo	Nome sistemático	Nome comum	Ponto de fusão (°C)
C 12:0	Dodecanoico	Láurico	44,2
C 16:0	Hexadecanoico	Palmítico	63,1
C 18:0	Octadecanoico	Esteárico	69,6

(continua)

---

[1] Texto elaborado por Emy Takemoto, Jacira Hiroko Saruwtari e Pedro Manuel Leal Germano.

Tabela 10.9 Pontos de fusão de ácidos graxos e seus isômeros. (*continuação*)

Símbolo	Nome sistemático	Nome comum	Ponto de fusão ($_o$C)
C 18:1(6c)	6c-octadecenoico	Petroselínico	29,0
C 18:l(6t)	6t-octadecenoico	Petroselaídico	54,0
C 18:1(9c)	9c-octadecenoico	Oleico	16,0
C 18:1(9t)	9t-octadecenoico	Elaídico	45,0
C 18:1(11c)	11c-octadecenoico	Cis-vacênico	15,0
C 18:1(11t)	11t-octadecenoico	Trans-vacênico	44,0
C 18:2(9c,12c)	9c,12c-octadecadienoico	Linoleico	-5,0
C 18:2(9c,12t)	9c,12t-octadecadienoico	Linoelaídico	28,0
C 18:2(9t,11t)	9t,11t-octadecadienoico	–	54,0
C18:3(9c,12c,15c)	9c,12c,15c-octadecatrienoico	Linolênico	-11,0
C18:3(9t,12t,15t)	9t,12t,15t-octadecatrienoico	–	30,0
C18:3(9c,11t,13t)	9c,11t,13t-octadecatrienoico	á-eleosteárico	49,0
C18:3(9t,11t,13t)	9t,11t,13t-octadecatrienoico	â-eleosteárico	71,5

Ainda existem controvérsias, mas pesquisas relatam que uma das principais implicações nutricionais da ingestão dos ácidos graxos trans é o aumento do colesterol-LDL e a diminuição do colesterol-HDL, ambas consideradas situações aterogênicas. Ou seja, comportam-se biologicamente como ácidos graxos saturados.

O processo de hidrogenação utilizado na fabricação de margarinas exige matéria-prima de qualidade; portanto, se forem obedecidas as boas práticas de fabricação, o produto final deverá estar isento de contaminação microbiológica. Geralmente, o elevado conteúdo de gordura e a escassa quantidade de água fazem com que a margarina fique mais suscetível a sofrer alterações por bolores que por bactérias. A presença de bolores não implica diretamente risco à saúde do consumidor, mas faz com que o produto se deteriore mais depressa (rancidez), podendo sofrer perdas nutricionais.

COMPOSIÇÃO

As margarinas são compostos constituídos basicamente de:

- Gorduras vegetais hidrogenadas.
- Óleos vegetais.
- Leite.
- Água.

- Sal.
- Aditivos.

Gorduras vegetais hidrogenadas

As gorduras vegetais hidrogenadas são o constituinte principal das margarinas e dos cremes vegetais, em cerca de 82 e 64%, respectivamente, e em menor proporção nas halvarinas, aproximadamente 40%, porém é efetivamente o que representa o maior custo no produto. Sua composição, por meio da mistura de gorduras de pontos de fusão diversos, determina maior ou menor untabilidade do produto e a maior resistência a temperaturas ambiente elevadas.

Óleos vegetais

A adição de certo percentual de óleo vegetal à gordura que irá compor a margarina tem como função:

- Diminuir o custo pela redução da quantidade de produto hidrogenado.
- Aumentar a untabilidade do produto, pois o óleo age como lubrificante entre os cristais de gordura.
- Diminuir o teor de gordura, caracterizando o produto como *diet*.

Os óleos comumente utilizados são o de algodão, o de milho e o de palma, por serem mais saturados.

Leite

O leite tem como única função tornar o produto mais similar à manteiga, dando um sabor próprio, apesar da porcentagem relativamente pequena em que entra na formulação.

Água

A água entra na formulação para que se obtenha a emulsão característica no produto e diminua o teor de gordura, o que tem sido buscado nos cremes vegetais e halvarinas.

Sal

Entra na composição em teores da ordem de 1,5% para os produtos com teor normal e 0,5% para produtos "sem sal". É importante pela formação do eletrólito que, dada a ingestão do produto, facilita a quebra da emulsão, realçando o sabor da margarina.

Aditivos

Os aditivos básicos são os emulsificantes, estabilizantes, vitaminas e corantes. Os aditivos são classificados como hidrossolúveis e lipossolúveis, ou seja, solúveis em água ou solúveis em gordura, o que determina a maneira como são preparados para entrarem na formulação.

Os emulsificantes são responsáveis pela mistura entre a fase aquosa e a gordurosa; os estabilizantes, pela manutenção da emulsão; as vitaminas, pelas características alimentícias do produto e os corantes servem para que a margarina esteja mais próxima da manteiga.

CONTROLE DE QUALIDADE

O controle de qualidade é considerado frequentemente sob os seguintes aspectos:

- Controle da matéria-prima.
- Controle do processamento.
- Inspeção do produto acabado.
- Pessoal do controle de qualidade.

Uma análise do produto acabado não permite alterar sua qualidade, de modo que seu exame somente permite verificar a aceitabilidade ou não dentro de um padrão estabelecido.

Quanto ao controle de processamento, deve-se dar atenção especial aos processos alternativos para utilização de diferentes matérias-primas. Isso permite a utilização de materiais que, num processo rígido, podem não ser aceitáveis em razão da existência de características que estejam fora do padrão.

Controle da matéria-prima

Todos os ingredientes utilizados no processamento devem, assim, ser considerados nas indústrias alimentícias, além do produto vegetal ou animal utilizado, como ingrediente principal. Atenção especial deve ser dada à água destinada ao uso nas formulações e nas fases finais de processamento.

Controle de processamento

No controle do processamento deve-se identificar inicialmente os pontos críticos da linha. A maioria das medidas e análises desse controle é feita no próprio local de operação, por exemplo, a determinação do peso do produto embalado, teor de sólidos e inspeção da recravação.

Inspeção do produto acabado

Algumas informações são necessárias para a inspeção do produto:

- Se a qualidade sensorial do produto acabado é similar àquela prevista pelo teste de controle da matéria-prima.
- Se o produto é saudável do ponto de vista bacteriológico.
- Se a amostra apresenta falhas imprevistas como ferrugem externa, defeito na colocação de rótulos, corpos estranhos no produto e outros.
- Se o produto é atrativo ao consumidor.

Pessoal do controle de qualidade

Além da gerência do controle de qualidade, há a necessidade de uma equipe de auxiliares especialmente treinada para operação deste controle, tanto no laboratório como nos pontos críticos da linha de processamento.

PROCESSAMENTO

O objetivo de fabricar uma margarina é produzir um alimento higiênico que substitua a manteiga em seus usos, porém, com características próprias, constantes e superiores. Seus constituintes básicos são óleos vegetais hidrogenados até um ponto de fusão similar ou menor que o da manteiga e leite pasteurizado de alta qualidade (Figura 10.12).

O óleo hidrogenado, uma vez desodorizado e aprovado pelo controle de qualidade, é pesado e enviado a um tanque de aço inox, provido de agitador e meios de aquecimento e resfriamento, para dar a temperatura adequada ao óleo que será posteriormente misturado com o leite pasteurizado e cultivado. A esse óleo adicionam-se os componentes óleo-solúveis: vitaminas e emulsificantes.

Por outro lado, o leite cultivado é preparado da seguinte forma: inicia-se um cultivo láctico em laboratório, inoculando uma pequena quantidade de fermentos lácticos selecionados a uma amostra de leite pasteurizado, que é mantido em condições ideais para a fermentação até uma graduação tal que os sabores e odores desenvolvidos no leite sejam os mais adequados para a margarina. Uma quantidade desse leite é novamente inoculada em outra amostra e deixada fermentar mais uma vez. Repete-se esse procedimento várias vezes, com o objetivo de habituar perfeitamente os fermentos ao tipo de leite usado e para que eles desenvolvam durante a fermentação o melhor sabor e aroma. Essas amostras de leite fermentado (culturas-mães) são adicionadas nos tanques de leite pasteurizado, onde a fermentação continuará até ponto ótimo de sabor e odor. O leite cultivado é resfriado a uma temperatura adequada e adicionam-se o sal e os conservantes. Em um tanque chamado churn, mistura-se o leite preparado com o óleo hidrogenado, por meio de uma vigorosa agitação, a fim de obter-se uma emulsão estável e brilhante, chamada margarina. A margarina é resfriada, batida e cristalizada em uma forma cremosa, por meio de um resfriador tubular chamado votator. Depois de passar pelo votator, a margarina é recebida pelas máquinas de embalagem onde é moldada em tabletes ou posta em potes ou latas. Então, ela deve repousar durante um mínimo de 48 horas em câmaras de temperagem antes de ser distribuída ao mercado. Nesse estágio, ela adquire suas características físicas finais, dentro de condições de temperatura adequadas.

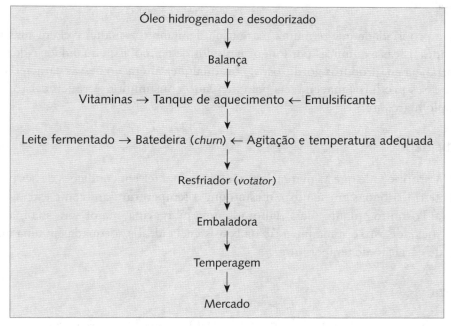

Figura 10.12 Fluxograma do processamento.

QUALIDADE DA MARGARINA

Odor e sabor

A conclusão imediata mais importante sobre a qualidade de um produto alimentício baseia-se nas características de seu sabor e odor. Sendo negativas, não importa que todos os outros fatores se apresentem no mais alto grau qualitativo, seu conceito geral já foi rebaixado.

Cor

A cor da margarina é muito importante do ponto de vista da aparência. As margarinas, uma vez fundidas, demonstram uma cor amarelo clara, semelhante à do óleo. Contudo, a adição de corantes naturais ou sintéticos sem qualquer valor nutritivo para acentuar a cor natural, estabelecendo nova coloração, caracteriza fraude do produto e pode ser responsável por intoxicações ou fenômenos de natureza alérgica nos consumidores.

Estabilidade

É a propriedade que tem uma margarina de manter-se inalterável em suas propriedades físicas e químicas por longos períodos de tempo. Esta qualidade é de suma importância em produtos gordurosos, pois qualquer alteração nessas características torna esses produtos inaceitáveis pelo mercado consumidor. A rancificação é um exemplo marcante.

Plasticidade

É a propriedade que as margarinas têm de se manter em condições de ser perfeitamente trabalhadas em seu uso, mesmo que a temperatura ambiente esteja baixa ou alta. Portanto, quanto mais elaborada uma margarina, maior será sua margem de plasticidade, isto é, a manutenção da consistência ideal e adequada em uma maior faixa de variação de temperatura.

Pureza

A importância desta qualidade é evidente. O consumidor busca produtos sadios e, além disso, espera encontrar o valor alimentício e o desempenho que o produto deve ter.

Ponto de fusão capilar

É a temperatura na qual a margarina funde completamente, passando ao estado líquido.

Homogeneidade

É, talvez, a qualidade mais difícil de se obter em uma margarina, um alto grau de homogeneidade.

LEGISLAÇÃO PERTINENTE

A margarina é o produto gorduroso em emulsão estável com leite ou seus constituintes ou derivados, e outros ingredientes, destinados à alimentação humana com cheiro e sabor característico. A gordura láctea, quando presente, não deverá exceder 3 % (m/m) do teor de lípídios totais.

A margarina está regulamentada pelo Regulamento da Inspeção Industrial e Sanitária de Produtos de Origem Animal (Riispoa) do Ministério da Agricultura, aprovado pelo Decreto n. 30.691, de 29.03.1952, alterado pelo Decreto n. 2.244, de junho de 1997, revogado pelo Decreto n. 9.013, de 29.3.2017 e pela Portaria n. 372, de 04.09.97, do Ministério da Agricultura e do Abastecimento.

As principais mudanças na legislação foram:

- Permitir a existência de margarinas nos diversos teores de gordura até um máximo de 95%. Os produtos teriam a indicação do teor de gordura declarado no painel principal.
- Obrigatoriedade de presença de "leite, seus constituintes ou derivados" nos produtos.
- Limite de 3% para a gordura láctea, caso esta esteja presente em uma margarina.
- Produtos com teores de gordura láctea superiores a 3% passam a se classificar na categoria de compostos de gordura mista.
- Vitamina A como ingrediente opcional na quantidade mínima de 1.500 UI por 100 g de produto e de, no máximo, 5.000 UI por 100 g do produto.

As características físicas e químicas exigidas pela Legislação são:

- Lipídios totais (a classificação ocorre de acordo com este teor): máximo de 95%.
- Umidade: de acordo com o teor de lipídios e outros ingredientes.

O creme vegetal deve obedecer ao estabelecido na Resolução RDC n. 270 de 22.09.2005 da Anvisa/MS, que fixa a identidade e as características mínimas de qualidade a que devem obedecer os óleos vegetais, as gorduras vegetais e o creme vegetal.

Da mesma forma que a margarina, a manteiga também está regulamentada pelo Riispoa desde 1952, entretanto, teve sua regulamentação atualizada em 1996. Continua definida como produto com teor de gordura láctea mínimo de 82%.

O consumidor poderá distinguir a margarina de seus derivados observando o selo do Serviço de Inspeção Federal (SIF), ligado ao Ministério da Agricultura. Somente manteigas e margarinas possuem essa identificação.

O rótulo ideal deve apresentar as seguintes informações:

- Os tipos de óleos vegetais utilizados (no caso das margarinas e derivados).
- A proporção na qual entram na composição.

- O percentual de gordura que o produto contém.
- A composição das gorduras (saturadas, poli-insaturadas e monoinsaturadas, incluindo as trans).
- O teor de colesterol (no caso das manteigas).
- O valor calórico, tomando-se por base uma porção padrão de consumo.

Em relação à vitamina A, a legislação pertinente exige a adição de, no mínimo, 15.000 UI e, no máximo, 50.000 UI por quilograma. Pelos dados da literatura, o teor de vitamina A estava abaixo do exigido pela legislação. Portanto, em termos de valor nutricional da margarina, o consumidor é lesado se não houver adição de vitamina A. Se quando era obrigatória a adição da vitamina A os teores encontrados estavam sempre abaixo do exigido, como estarão agora que são considerados um ingrediente opcional? Além disso, a legislação exige padrões microbiológicos adequados para manteiga e margarina conforme estabelecido na Resolução RDC n. 12, de 02.01.2001, da Anvisa/MS, que aprovou o regulamento técnico sobre padrões microbiológicos para alimentos.

ÁCIDOS GRAXOS TRANS

A hidrogenação é uma forma prática de se converter óleos líquidos em semissólidos ou gorduras plásticas para uso na manufatura de margarinas e *shortenings*.

Nesse processo ocorre a hidrogenação, como mostra a reação a seguir, e as duplas ligações dos ácidos graxos insaturados, transformando-os em saturados (Figura 10.13). Entretanto, uma parcela dos ácidos graxos insaturados pode ocorrer isomerizada, tanto pela troca de configuração cis para trans como podem ser produzidos isômeros trans durante o processo.

Do ponto de vista tecnológico, a presença dos ácidos graxos trans altera o ponto de fusão (Tabela 10.9) para temperaturas mais altas e melhora a estabilidade no processo de oxidação (rancidez).

Consumo de ácidos graxos trans

O conteúdo de ácidos graxos trans não era fornecido pelas tabelas de composição dos alimentos, tampouco por seus rótulos até há pouco tempo. Entretanto, estudos científicos têm demonstrado cada vez mais que o consumo desses ácidos pode trazer sérias implicações nutricionais.

Recentemente, a Anvisa, do MS, por intermédio da Resolução RDC n. 360, de 23.12.2005, aprovou regulamento técnico sobre rotulagem nutricional de alimentos embalados, tornando obrigatória na rotulagem nutricional a declaração da quantidade de gorduras trans.

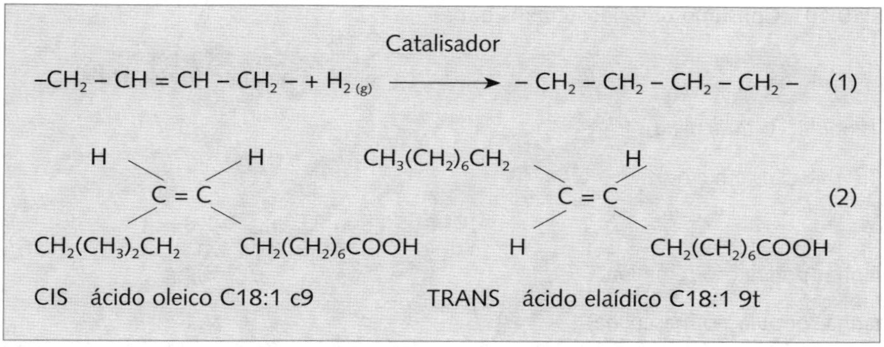

Qualidade dos óleos, gorduras e similares ■ 215

Catalisador

$$-CH_2 - CH = CH - CH_2 - + H_{2\,(g)} \longrightarrow - CH_2 - CH_2 - CH_2 - CH_2 - \quad (1)$$

(2)

CIS   ácido oleico C18:1 c9   TRANS   ácido elaídico C18:1 9t

Figura 10.13   Reação de hidrogenação (1) e estruturas dos ácidos graxos de 18 carbonos com variações da conformação geométrica (2).

O consumo médio de ácidos graxos trans nos Estados Unidos é de aproximadamente 12 g/dia, sendo 4,8% de origem animal e 95,2% de óleos vegetais parcialmente hidrogenados, consumidos indiretamente em alimentos preparados. Essa quantidade de ácidos trans representa 8% da gordura ingerida. No Brasil, não existem dados sobre o consumo de gorduras hidrogenadas, mas estima-se que o consumo de margarina alcance 2,27 kg/pessoa/ano. A Tabela 10.10 mostra o consumo diário de ácidos graxos trans e a Tabela 10.11 mostra a variação do conteúdo de ácidos graxos trans em margarinas e gorduras hidrogenadas de alguns países.

Implicações Nutricionais dos Ácidos Graxos Trans

Existem controvérsias, mas suspeita-se que a presença desses isômeros trans, além de alterar as características físico-químicas, ocasiona problemas e alterações do ponto de vista nutricional e de saúde pública.

Os ácidos graxos insaturados, o linoleico e o linolênico, são considerados essenciais para o organismo humano, isto é, há necessidade de fornecê-los na dieta, pois o organismo não tem condições de sintetizá-los, sendo esses ácidos graxos importantes porque, por meio de processos enzimáticos (elongases, dessaturases, cicloxigenases e lipoxigenases), formam os eicosanoides. Entre os eicosanoides, encontram-se as prostaglandinas, tromboxanas, prostaciclinas, leucotrienos, lipoxigenases e outros. Essas substâncias são moduladoras de muitas funções vitais, participando de processos secretórios, digestivos, reprodutivos, imunológicos e circulatórios.

216 ■ HIGIENE E VIGILÂNCIA SANITÁRIA DE ALIMENTOS

Tabela 10.10 Consumo de ácidos graxos trans.

País	Consumo (pessoa/dia)
EUA (população masculina)	13,3 g
EUA (população feminina)	8,1 g
Japão	1,8 g
Alemanha (população feminina)	3,4 g
Alemanha (população masculina)	4,1 g
Canadá	10,6 g
Brasil (estimativa)	2,27 kg/pessoa/ano

Tabela 10.11 Conteúdo de ácidos graxos trans em margarinas e gorduras hidrogenadas.

País	N° amostras	Tipo de produto	% isômero trans
EUA	26	Margarina suave	10,7 – 21,0
	60	Margarina dura	14,8 – 30,1
	13	Margarina suave	6,8 – 17,6
	24	Margarina dura	15,9 – 31,0
	7	Gordura hidrogenada	8,7 – 35,4
Japão	15	Margarina suave	13,7
	26	Gordura hidrogenada	14,7
Alemanha	60	Margarina suave-dura	0 – 12,9
	24	Gordura hidrogenada	0 – 19,9
Itália	7	Margarina suave	0,6 – 21,2
	7	Margarina dura	0,4 – 34,6
Inglaterra	18	Margarina suave-dura	4,1 – 42,3
Dinamarca	30	Margarina suave-dura	2,6 – 29,0
	21	Margarina suave	14,4 – 31,3
	12	Margarina dura	25,0 – 42,9
Brasil	9	Creme vegetal	14,1 – 31,3
	3	Gordura hidrogenada	37,8 – 42,3
	9	Creme vegetal	15,9 – 25,1

Pesquisas relatam que os ácidos graxos trans estão relacionados com algumas alterações metabólicas que resultam na fragilidade dos eritrócitos, no inchaço das mitocôndrias e na alteração dos cardiomiócitos, as quais puderam ser observadas em ensaios biológicos com animais que consumiram dietas contendo ácidos graxos trans. Essas alterações possivelmente são ocasionadas pela modulação das características físico-químicas da membrana celular, induzidas pela presença de ácidos graxos trans. No entanto, um dos principais efeitos desses ácidos no processo metabólico é a competição com os ácidos graxos essenciais. O ácido linoleico é o ácido graxo de preferência como substrato das dessaturases na sequência de formação dos ácidos graxos poli-insaturados de cadeia longa. Contudo, se os ácidos graxos trans estão presentes em elevadas concentrações, eles passam a ser substrato alternativo das dessaturases, resultando na formação de eicosanoides sem atividade biológica. Além disso, eles podem, também, atuar como inibidores das dessaturases.

Outros autores correlacionam a presença dos ácidos graxos trans em dietas com a incidência de doenças cardiovasculares. Demonstra-se que os ácidos graxos trans comportam-se biologicamente como ácidos graxos saturados. Isto é, aumentam o colesterol-LDL e diminuem simultaneamente o colesterol-HDL, sendo consideradas ambas situações aterogênicas.

Alternativas Tecnológicas para Obtenção de Gorduras Modificadas com Baixos Teores de Ácidos Graxos Trans

Várias alternativas têm sido propostas, tais como:

- Utilização de óleos vegetais naturalmente mais saturados, como: coco, babaçu e palmiste, entre outros.
- Óleos modificados geneticamente.
- Hidrogenação seletiva.
- Hidrogenação completa.
- Fracionamento.
- Interesterificação.

MARGARINA CONTENDO FITOSTERÓIS

Os fitosteróis são esteróis presentes em vegetais. A absorção desses compostos pelo organismo humano é bastante baixa, cerca de 5 a 10%, enquanto a absorção do colesterol é de aproximadamente 50%.

Os fitosteróis competem com os receptores de absorção, reduzindo seus efeitos sobre o colesterol, resultando em diminuição do nível de colesterol total no sangue e dos níveis de LDL, sem alterar os níveis de HDL.

Em 1995 foi lançada na Finlândia uma margarina com 80% de gordura, sendo que 10% eram compostas por ésteres de sitostanol. Pesquisas realizadas com esta margarina na alimentação de finlandeses com moderada hipercolesterolemia mostraram que uma dieta diária de 1,8 a 2,6 g de ésteres de sitostanol (25 a 30 g de margarina), após quatro semanas, reduziu os níveis de colesterol total e LDL em níveis de 10 e 14%, respectivamente. No Brasil, já existe no mercado uma margarina que contém fitosteróis.

CONCLUSÕES

A ingestão de ácidos graxos trans tem sido cada vez mais discutida, mas, apesar das controvérsias, é recomendável uma diminuição. Mais estudos devem ser realizados procurando elucidar os efeitos dos ácidos graxos trans sobre o metabolismo humano.

Os rótulos dos alimentos industrializados já apresentam a declaração da quantidade de gorduras trans. Ainda, faz-se necessário avaliar o real nível de consumo dos ácidos graxos trans pela população e muitos estudos devem ser realizados para poder enquadrá-los em uma categoria específica e determinar suas recomendações dietéticas.

MAIONESES E MOLHOS CREMOSOS[2]

INTRODUÇÃO

A maionese tem uma textura agradável, macia, rica e um sabor neutro que se comporta bem com muitos ingredientes para temperos. É um molho emulsificante frio feito de gemas de ovos e óleo e temperado com vinagre, sal, pimenta e mostarda; pode ser servido como acompanhamento para pratos frios e, ainda, usado para decoração.

Alguns pesquisadores atribuem o nome ao Duque de Richelieu. O duque e seu chef teriam criado o molho em 28 de junho de 1756 e nomeado-o Mahonnaise. Outros acreditam que o molho era originalmente uma especialidade da cidade de Bayonne, conhecido como molho de bayonnaise, e que fora modificado para mayonnaise. Entretanto, Carême defende que a palavra é derivada do verbo francês manier (misturar). Finalmente, Prosper Motagné sugeriu que a palavra era uma "popular corrupção" de mayeunaise, derivada do antigo francês moyeu, que significa gema de ovo.

De acordo com os padrões de identidade estabelecidos pela Food and Drug Administration (FDA), a maionese deve conter no mínimo 65% de óleo vegetal e apenas gema de ovo como ingrediente emulsificante. Semelhantemente, no Brasil, o produto deve conter no mínimo 65% de óleo e três gemas de ovos por quilo do produto industrializado (ou não menos de 30% de ovos inteiros ou gemas de ovos desidratados). Muitos tipos diferentes de óleo podem ser utilizados para preparar a maionese, como o óleo de soja, o óleo de algodão, óleo de milho ou de girassol. O mais comumente utilizado é o óleo de soja.

A maionese contém, também, um ou mais ingredientes acidificantes (vinagre, limão ou ácido cítrico – este último para contribuir apenas com parte da acidez) e pode conter EDTA dissódico como antioxidante. A função do vinagre, além de acidificante, é a de conservante. Sal, açúcares, glutamato monossódico e temperos (exceto cúrcuma ou açafrão) são também opcionais, contanto que eles não promovam coloração sugestiva de gema de ovo.

A incorporação de ingredientes complementares na maionese permite uma vasta variedade de molhos. Os molhos emulsionados, como a maionese, são preparações relativamente recentes.

MAIONESE E SUAS CARACTERÍSTICAS

A maionese consiste em uma emulsão semissólida de óleos vegetais comestíveis, vinagre, suco de limão e gema de ovo, contendo, ainda, um ou mais dos seguintes

---

[2] Texto elaborado por Emy Takemoto.

ingredientes: sal, edulcorantes, mostarda, páprica e outros condimentos e glutamato de sódio. O produto final é um alimento com pH na faixa de 3,6 a 4. O ácido acético é o ácido predominante e representa de 0,29 a 0,50% do produto final. A fase aquosa contém 9 a 11% de sal e 7 a 10% de açúcar.

A maionese tem atividade aquosa, *water activity* (a_w), em torno de 0,93, sendo que para as amostras *diet* os valores estão em torno de 0,95, pois a concentração de sal na fase aquosa é menor.

A consistência apresentada pela emulsão depende dos ingredientes utilizados na formulação, bem como do tipo de equipamento e modo de operação durante a fabricação do produto.

Qualidade dos ingredientes e produto final

O cuidado com a qualidade do produto deve ser observado em todas as etapas de produção. O óleo vegetal deve ser de boa qualidade, os ovos devem ser pasteurizados e os outros ingredientes devem estar isentos de matéria estranha (insetos, fragmentos de insetos, ácaros e pelos ou excrementos de roedores, entre outros) e de material inorgânico (principalmente areia, terra, vidro e metal).

A sala de preparação de ingredientes deve possuir câmaras frias para acondicionar, por exemplo, os ovos, que necessitam de refrigeração, e outros tanques onde ficam ingredientes como óleos, vinagre e açúcar. Cada um desses ingredientes passa por uma bomba dosadora que mede a quantidade exata de cada um deles de acordo com a fórmula. Em seguida, eles vão para o pré-mixer, que mistura os ingredientes em uma ordem considerada correta e predeterminada. Caso não se obedeça essa ordem, o produto não obterá a consistência desejada. A etapa seguinte é ganhar viscosidade em um outro equipamento.

A produção da maionese é toda comandada automaticamente por Controladores Lógicos Programáveis (CLP). Há apenas um funcionário que verifica se a abertura das bombas está ocorrendo adequadamente, se a alimentação está correta.

O enchimento e o tamponamento da maionese em potes de vidro são feitos por meio de um equipamento, também automático, que necessita do acompanhamento de um funcionário. Já o enchimento e tamponamento dos baldes usa uma outra linha, ainda num processo manual, com três funcionários para o enchimento e dois para o encaixotamento. A sala toda é mantida à temperatura ideal de 8°C, para evitar contaminações durante esses processos.

Nas indústrias de maionese, a preocupação com a qualidade é tamanha que a cada meia hora são recolhidas amostras de maionese para análises. Existe também uma sala, uma espécie de lavanderia, destinada para a lavagem e esterilização das roupas dos funcionários, para evitar que um eventual contato com o alimento possa causar alguma contaminação. Há, ainda, um rigoroso controle das matérias-primas utilizadas.

Alterações que podem ocorrer à maionese

A maionese é um produto semiperecível e pode sofrer alterações durante o *shelf--life* por meio da oxidação dos ácidos graxos e lipídios do ovo.

Sabe-se que o óleo vegetal, em especial o óleo de soja refinado, utilizado como matéria-prima para produção dos condimentos preparados, apresenta alto teor de ácidos graxos insaturados. Uma vez que o processo de obtenção da maionese é feito por meio de batimento, há incorporação de oxigênio atmosférico. Consequentemente, os ácidos graxos com alta susceptibilidade à oxidação iniciam um processo de rancificação do produto, por meio da formação de hidroperóxidos.

Durante as fases de estocagem, distribuição e comercialização haverá uma degradação da qualidade por causa da incorporação de mais oxigênio atmosférico, que permeia a embalagem, bem como pela ação da luz, do calor e de metais como cobre, níquel e ferro.

A formação de hidroperóxidos ocorre independentemente do modo como se processa a reação entre o oxigênio e os ácidos graxos insaturados. Os hidroperóxidos decompõem-se e dão origem a aldeídos, cetonas, ácidos orgânicos e outros compostos causadores de alterações organolépticas no produto. Mesmo em baixas concentrações, da ordem de 1 ppm, há a ocorrência de sabor e aroma do óleo rançoso. Assim, a rancidez oxidativa pode ser considerada a alteração química mais crítica dos condimentos preparados do tipo maionese e molhos cremosos.

A maionese e outros produtos similares tradicionalmente têm sido acondicionados em potes de vidro transparente, com fechamento hermético por meio de tampas metálicas (folhas de flandres ou folha cromada) do tipo rosqueável ou de garras e torção (twist off). Essas tampas sempre possibilitaram um fechamento hermético da embalagem, minimizando a oxidação do produto pela entrada de oxigênio atmosférico e podendo ser aplicadas em equipamentos automáticos de alta velocidade de produção.

Em função de requisitos mercadológicos e redução de custos, foram introduzidas as tampas plásticas injetadas, em diversos modelos e dimensões. Entre as diversas marcas comerciais disponíveis, destaca-se o uso de um disco de polietileno expandido como elemento de vedação para o sistema frasco/tampa. A utilização de um selo de papel/alumínio revestido para colagem a frio sobre a superfície de acabamento do frasco com adesivo específico pode minimizar sensivelmente a permeabilidade global do sistema de fechamento. Além disso, garante a inviolabilidade do recipiente nos pontos de venda do tipo autosserviço.

A partir de 1985, verificam-se diversos lançamentos de embalagens totalmente plásticas para o acondicionamento de maioneses e molhos. Em razão das características mais limitadas de proteção desses frascos, foram introduzidas algumas modificações na formulação do produto, inclusive o emprego temporário de aditivos que melhoram a conservação da maionese (ácido sórbico).

As propriedades de barreira a gases e as características de proteção física oferecidas pelas resinas plásticas são mais limitadas e exigem um profundo conhecimento de seu desempenho nas condições às quais serão submetidas.

Entretanto, por se tratar de um produto altamente suscetível à oxidação, mesmo com a adição dos antioxidantes permitidos no Brasil, a maionese acondicionada em embalagens mais permeáveis ao oxigênio poderá ter vida última reduzida e, eventualmente, um nível de qualidade final mais baixo.

Alteração microbiológica

O crescimento microbiológico pode acontecer em uma maionese ou um molho cremoso. A introdução de micro-organismos pode ocorrer por meio dos ingredientes. O produto é estável à deterioração microbiana, podendo esta estabilidade ser atribuída ao alto teor de sal (na fase aquosa) e ao baixo pH, decorrente do ácido acético (vinagre), o que torna difícil a sobrevivência de bactérias.

Os micro-organismos envolvidos nesse tipo de produto correspondem àqueles que são capazes de crescer em pH baixos, alto teor de sal e/ou altas concentrações de açúcar. Os micro-organismos predominantes pertencem aos seguintes gêneros: *Lactobacillus, Betabacterium, Debaromyces, Pichia, Rhodotorula, Zygosaccharomyces* e *Bacillus*.

LEGISLAÇÃO

A maionese, assim como os molhos, encontra-se incluída na Resolução RDC n. 276, de 22.09.2005, da Anvisa/MS, que aprovou o regulamento técnico para especiarias, temperos e molhos. Nesse regulamento, os molhos são definidos como produtos em forma líquida, pastosa, emulsão ou suspensão à base de especiaria(s) e/ou tempero(s) e/ou outro(s) ingrediente(s), fermentados ou não, utilizados para preparar e/ou agregar sabor ou aroma aos alimentos e bebidas. A maionese é definida como produto cremoso em forma de emulsão estável, óleo em água preparado a partir de óleo(s) vegetal(is), água e ovos, podendo ser adicionados outros ingredientes desde que não descaracterizem o produto, que deve, ainda, ser acidificado.

SUBSTITUTOS DE GORDURA

CONSIDERAÇÕES GERAIS

A indústria de alimentos, preocupada com os novos hábitos alimentares da população, vem buscando alternativas que reduzam ou evitem o colesterol no organismo. Dentro desse conceito, nos últimos vinte anos se tem pesquisado diversos produtos utilizados como substitutos de gorduras.

O Quadro 10.1 relaciona diversos desses produtos, alguns em fase de desenvolvimento ou aprovação pela FDA.

Quadro 10.1   Produtos utilizados como substitutos de gorduras.

Tipo/Nome	Composição	Companhia
Olestra	Poliéster de sacarose de ácidos graxos com 6 a 8 ácidos graxos	Procter & Gamble Co. FDA aprovação pendente (1987), Akoh & Swanson
Capranin	Caprocaprilobehenina-triglicerídio modificado (Behênico $C_{22:0}$)	P&G
Salatrim	$C_{18:0}$, $C_{3:0}$,$C_{4:0}$- Triglicerídio estruturado	Nabisco Foods Co.
EPG	Propoxilato esterificado de glicerol	ARCO Chemical Co.
DOM	Dialquil dihexadecilmalonato	Frito-Lay Co.
TATCA	Trialcoxitricarbalilato	CPC international
TAG	Trialcoxicitrato	CPC International
Poliéster de alquilglicosídio	Alquilglicosídio-ácidos graxos	Akoh & Swanson, Curtice Burns, Inc.
Trehalose, poliésteres de rafinose e estaquiose	Carboidrato + ácidos graxos (similar a Olestra)	Akoh & Swanson, Curtice Burns, Inc.
P&E	Poliglicerol éster/emulsificantes	
Ésteres de sacarose	Sacarose com 1-4 ácidos graxos emulsificantes	Mitsubishi-Kasei, Crodesta
TGE	Trialcoxigliceril éter	CPC International
MCT	Triglicerídio de cadeia média/ ácidos graxos de 6 a 10 carbonos	Karlshamns Food Ingredients and Stepan Co.
Fenilmetilpolisiloxano	Derivativos orgânicos de sílica	DowCorningCorp.

As aplicações potenciais ou usos de substitutos de gorduras não digestíveis são:

- Substituir gorduras saturadas na dieta.
- Fornecer baixo nível ou zero calorias.
- Reduzir a ingestão total de gordura na dieta.
- Reduzir o colesterol total porque provoca sua dissolução em poliéster de sacarose com a subsequente eliminação nas fezes.
- Reduzir o nível de triacilglicerol no soro e no plasma.
- Reduzir o LDL-colesterol.
- Manter o peso ideal ou promover perda de peso – auxiliam pessoas obesas a perder peso.

A Olestra é um exemplo de produto disponível para comércio, embora altos níveis de consumo possam acarretar inúmeros distúrbios de saúde, como os resumidos a seguir:

- Perda de óleo pelo ânus.
- Decréscimo ou perda de vitamina E e de outros alimentos, pode-se suplementar 1 mg de acetato de a-tocoferol para vitamina e por grama de Olestra ou adicionar retinil palmitato para vitamina A.
- Em geral, decréscimo de vitaminas A, D, E e K (algumas referências reportam que vitamina D e K não são muito afetadas).
- Fezes liquefeitas.
- Diarreia.
- Aumento do peristaltismo.

Para se ter uma ideia tecnológica da produção de ésteres de poliéster de sacarose (SPE), pode-se descrevê-la como uma reação inicial de interesterificação da sacarose com ácidos graxos de cadeias longas (8 a 22 carbonos). A reação é livre de solvente e exige etapas de refino e extração após interesterificação.

O Quadro 10.2 mostra a relação de produtos disponíveis comercialmente à base de proteína, carboidratos, gomas e fibras, com suas derivações e fabricantes. Podem-se considerá-los lipídios estruturados e fat mimetics.

O Quadro 10.3 apresenta uma comparação entre as propriedades de Olestra e de Simplesse.

Qualidade dos óleos, gorduras e similares ■ 225

Quadro 10.2 Tipos de substitutos de gorduras.

Tipo/Nome	Composição	Companhia responsável
Baseado em proteína		
Simplesse	Proteína de leite ou de clara de ovo microparticulada	NutraSweet Co.
Traieblazer	Clara de ovo, leite, proteína de leite adicionada a goma xantana	Kraft General Foods.
Lita	Zeína/proteína de milho	Opta Food Ingredients
Ultra-Freeze	Proteína de leite e de clara de ovo	A.E. Staley
Supro	Isolado proteico de soja	Protein Technology
Baseado em carboidrato		
Litesse- Polydextrose	Polidextrose	Pfizer, Inc.
Maltrim	Amido de milho e maltodextrina	Grain Processing Corp.
N-Oil, Instant N-Oil, Instant N-Oil II	Dextrinas de tapioca	National Starch. & Chem. Corp.
Paselli SA-2	Maltodextrinas de amido de batata	Avebe America, Inc.
Sta-Slim	Amido de batata modificado	A.E. Staley
Stellar	Amido de milho modificado/carbohydrate crystallites	A.E.Staley
Remyrise AP	Amido pregelatinizado de arroz	Remy A&B Ingredients
Rice Trim	Maltodextrina de arroz	Zumbro Inc.
Oatrim	Farelo de aveia/lifra/b-glicana	USDA, ConAgra,Quaker/ Rhône-Poulenc
Amalean	Amilose de milho modificada	American Maize Products
Fribrex	Extrato de *Sugar beal*	Delta Fibre Foods
Nutrilat	Mistura de dextrina de trigo, batata, milho e tapioca	Reach Associates
Gomas e baseados em gomas		
Kel-life	Mistura de goma xantana	Kelco
Slendid	Pectina de casca de cítricos	Hercules, Inc.
Avicel C/CL Cellulose gel	Celulose microcristalina	FMC Corp.

(continua)

HIGIENE E VIGILÂNCIA SANITÁRIA DE ALIMENTOS

Quadro 10.2 Tipos de substitutos de gorduras. (*continuação*)

Tipo/Nome	Composição	Companhia responsável
Bintex	Carragena/protein	Sanofi
Methocel	Celulose	Dow Chemical
Colloid Fat	Mistura de hidrocoloides	TIC-Gum
Gelatin	Gelatina	Leiner
Baseado em fibra		
Slendid	Pectina de cascas cítricas	Hercules, Inc.
Fibercel	Glicana leveduras b	Alpha-Beta Technol.
Avicel	Celulose microcristalina coloidal	FMC Corp.
Microfibrillated Cellulose	ITT-*Rayonnier*	ITT-*Rayonnier*

Quadro 10.3 Comparação das propriedades de Olestra e Simplesse.

Propriedade	Olestra (base lipídica)	Simplesse (base proteica)
Derivação	Açúcar, óleo vegetal ou gordura	Albumina de ovo, leite
Estrutura molecular	Ésteres de ácidos graxos de sacarose com 6 a 8 ácidos	Proteína hidratada em micro-esfera
Digestão	Não absorvida	Absorvida
Densidade calórica	0 kcal/g	1 – 4 kcal/g
Propriedades de cozimento	Estável ao calor	Não estável ao calor
Usos propostos	Em óleos e hidrogenados (substituição 35 – 75%)	Sorvetes e sobremesas congeladas
Outras aplicações potenciais	Frituras, bolos, alimentos, produtos assados, molhos para saladas	Sobremesas congeladas, molhos para salada, maionese

CONCLUSÕES

Os produtos substitutos de gordura, embora em expansão, ainda hoje estão pendentes de aprovação da FDA. Portanto, fazem-se necessárias mais pesquisas nesta área para mais esclarecimentos aos consumidores, tais como:

QUALIDADE DOS ÓLEOS, GORDURAS E SIMILARES ■ 227

- Efeitos destes substitutos no sistema imunológico.
- Níveis de tolerância.
- Dosagens.
- Disponibilidade no solo.
- Legislação específica.

Esses itens não são totalmente abordados em pesquisas e necessitam de esforços para serem resolvidos.

REFERÊNCIAS

ANONIMOUS. Margarines or spreads? Óleos e Grãos, v. 8, p. 32, 1992.

AUED-PIMENTEL, S. et al. Monitoramento da qualidade de azeites de oliva comercializados na cidade de São Paulo. In: Proceedings of the Latin American Congress and Exhibit on Fats and Oils Processing. 25-28/9/95, Campinas, Brasil, 1995, p. 217-22.

_____. Azeite de oliva: incidência de adulterações entre os anos de 1993 a 2000. Rev. Inst. Adolfo Lutz, v. 61, n. 2, p. 1-6, 2002.

_____. Composition of Tocopherols in sesame seed oil: an indicative of adulteration. Grasas y Aceites, v. 57, n. 2, p. 205-10, 2006.

BARRERA-ARELLANO, D.; BLOCK, J.M. Ácidos Graxos trans en aceites hidrogenados: implicaciones técnicas y nutricionales. Grasas y Aceites, v. 44, n. 4/5, p. 286-93, 1993.

BELITZ, H.D.; GROSCH, W. Química de los alimentos. Zaragoza: Acribia, 1992. BERGER, K.G. The practice of frying. Porim Technology, v. 9, n. 5, p. 1-34, 1984. BOCKISCH, M. Fats and oils handbook. Champaign: AOCS Press, 1998.

BRASIL. Leis, decretos etc. Decreto n. 30.691 de 29/03/52, alterado pelo Decreto n. 1.255 de 25/07/62. Aprova o Regulamento da Inspeção Industrial e Sanitária de Produtos de Origem Animal, Brasília, Ministério da Agricultura, 1980, p.65-8, revogado pelo decreto nº 9.013, de 29.3.2017

_____. Leis, decretos, etc. Resolução RDC n. 216, de 15 de setembro de 2004 da Agência Nacional de Vigilância Sanitária do Ministério da Saúde que aprova Resolução de Boas Práticas para Serviços de Alimentação. Disponível em: http:// www.anvisa.gov.br. Acessado em: jan. 2013.

_____. Leis, decretos, etc. Informe Técnico n. 19, de 05 de outubro de 2004 da Agência Nacional de Vigilância Sanitária do Ministério da Saúde que estabelece recomendações de descarte de óleos e gorduras para fritura. Disponível em: http:// www.anvisa.gov.br. Acessado em: jan. 2013.

_____. Leis, decretos, etc. Instrução Normativa n. 1, de 30 de janeiro de 2012 do Ministério da Agricultura, Pecuária e Abastecimento que estabelece Regulamento Técnico do Azeite de Oliva e do Óleo de Bagaço de oliva. Disponível em: http:// www.agricultura.gov.br. Acessado em: jan. 2013.

_____. Leis, decretos, etc. Instrução Normativa n. 19, de 30 de julho de 2012 do Ministério da Agricultura, Pecuária e Abastecimento altera o artigo 30 da Instrução Normativa n. 1, de 30 de janeiro de 2012. Disponível em: http://www.agricultura. gov.br. Acessado em: jan. 2013.

_____. Leis, decretos, etc. Resolução RDC n. 12, de 02/01/2001 da Agência Nacional de Vigilância Sanitária do Ministério da Saúde que aprova Regulamento técnico sobre padrões microbiológicos para alimentos. Disponível em: http://www. anvisa.gov.br. Acessado em: out. 2005.

_____. Leis, decretos, etc. Resolução RDC n. 360, de 23/12/2003 da Agência Nacional de Vigilância Sanitária do Ministério da Saúde que aprova Regulamento técnico sobre rotulagem nutricional de alimentos embalados. Disponível em: http:// www.anvisa.gov.br. Acessado em: ago. 2005.

_____. Leis, decretos, etc. Resolução RDC n. 270, de 22/09/2005 da Agência Nacional de Vigilância Sanitária do Ministério da Saúde que aprova Regulamento técnico para óleos vegetais, gorduras vegetais e creme vegetal. Disponível em: http:// www.anvisa.gov.br. Acessado em: out. 2005.

_____. Leis, decretos, etc. Resolução RDC n. 276, de 22/09/2005 da Agência Nacional de Vigilância Sanitária do Ministério da Saúde que aprova Regulamento técnico para especiarias, temperos e molhos. Disponível em: http://www.anvisa.gov.br. Acessado em: out. 2005.

228 ■ HIGIENE E VIGILÂNCIA SANITÁRIA DE ALIMENTOS

_____. Leis, decretos, etc. Resolução RDC n. 281, de 06/11/2003 da Agência Nacional de Vigilância Sanitária do Ministério da Saúde que aprova Resolução que exige como procedimentos de importação para aceite de orujo de oliva ou óleo de bagaço e/ou caroço de oliva. Disponível em: http://www.anvisa.gov.br. Acessado em: out. 2005.

_____. Leis, decretos etc. Instrução Normativa n. 49 de 22/12/2006 do Ministério da Agricultura, Pecuária e Abastecimento que aprova Regulamento técnico de identidade e qualidade de óleos vegetais refinados, a amostragem, os procedimentos complementares e o roteiro de classificação de óleos vegetais refinados... Disponível em: http://www.agricultura.gov.br. Acessado em: jan. 2007.

BRISSON, G.J. Lipids in human nutrition. 2.ed. Lancaster: MTP Press, 1982.

CAMARGO, M.C.R.; TOLEDO, M.C.F. Hidrocarbonetos policíclicos aromáticos – uma revisão. Bol SBCTA, v. 36, n. 1, p. 69-78, 2002.

CAMARGO, M.S.F.O.; TOLEDO, M.C.F. Efeito do processamento na contaminação de óleo refinado de milho por benzo(a)pireno. Brazilian Journal of Food Technology, v. 1, n. 2, p. 97-106, 1998.

_____. Hidrocarbonetos policíclicos aromáticos em margarinas, creme vegetal e maionese. Ciênc Tecnol Sliment., v. 20, n. 1, p. 51-5, 2000.

CERT, A.; MOREDA, W.; PÉREZ-CAMINO, M.C. Chromatographic analysis of minor constituents in vegetable oils. Journal of Chromatography A, v. 881, p. 131-48.

CHILE. Decreto Supremo n. 977, Regulamento sanitário de los alimentos – Título X, § 5º – De los aceites y mantecas usados en fritura, 1996. 182p.

CHIRIFE, J. et al. Water activity and chemical composition of mayonnaises. Journal Food Science, 1989; 54(6):1658-9.

CLAYTON, A. Compêndio prático de tecnologia e aplicação. Óleos e gorduras vegetais. s.n., A.L. Magalhães, 1975, p.33-47.

CODEX ALIMENTARIUS (FAO/WHO). Codex standard for named vegetable oils, codex stan 210 (Amended 2003). Roma: Codex Alimentarius, 2003a.

_____. Codex standard for olive oils, and olive pomace oils, codex stan 33, 1981. Roma: Codex Alimentarius, 2003b.

EMKEN, E.A. Influence of trans-9-, trans-12-, and cis-12-octadecenoic acid isomers on fatty acid composition of human plasma lipids. Progress in Lipid Reserch, v. 20, p. 135-41, 1981.

ENIG, M.G. et al. Isomeric trans fatty acids in the U.S.Diet. J Am College of Nutr., v. 9, n. 5, p. 471-86, 1990.

GIOIELLI, L.A. Misturas óleos e gorduras na formulação de produtos gordurosos. Óleos & grãos, v. 32, p. 24-8, 1996.

GONÇALVES, L.A.G.; GRIMALDI, R. Substitutos de gordura. In: Seminário sobre ingredientes e qualidade aplicados à indústria de óleos e derivados. Campinas, 1997, p.119-24.

GRIMMER, G.; HILDEBRANDT, A. Gas Chromatography. Archiv fur Hygiene, v. 152, p. 255, 1968.

HARTMAN, L.; ESTEVES, W. Tecnologia de óleos e gorduras vegetais. São Paulo, Secretaria de Indútria, Comércio, Ciência e Tecnologia. Coordenadoria da Indústria e Comércio, s.d, p.1-169. (Série Tecnologia Agroindustrial, 13)

HOLMAN, R.T. Influence of hydrogenated fats on the metabolism of polynsaturated fatty acids in the role of fats in human nutrition. England: Padley and Podmore, 1985, p.48.

HUNTER, J.E.; APPLEWHITE, T.H. Reassessment of trans fatty acid availability in the U.S. Diet. Am J Clin Nutr., v. 54, p. 363-9, 1991.

INSTITUTO BRASILEIRO DE DEFESA DO CONSUMIDOR. Revista Independente em Defesa do Consumidor – Consumidor S.A. v. 5, p. 6-10, 1996.

[JECFA] Joint Expert Committee on Food Additives. Monographs and evaluations. Disponível em: http://www.inchem.org/pages/jecfa.html. Acessado em: dez. 2004.

JORGE, N. Alterações em óleos de frituras. Higiene Alimentar, v. 52, n. 11, p. 15-21, 1997.

JUNQUEIRA, V.C.A. Atividade de água e estabilidade microbiológica de óleos e gorduras. Óleos & Grãos, v. 25, p. 29-30, 1995.

KINSELLA, J.E. et al. Metabolism of trans fatty acids with emphasis on the effects of trans, trans-octadecadienoate on lipid composition essential fatty acid and prostaglandins an overview. Am J Clin Nutr., v. 34, p. 2307-18, 1981.

LAWSON, H. Food oils and fats: technology, utilization and nutrition. Nova York: Chapman & Hall, 1995.

LIMA, J.R.; GONÇALVES, L.A.G. Avaliação da qualidade de óleo de soja utilizado para fritura. In: Seminário sobre qualidade tecnológica e nutricional de óleos e processos de fritura. São Paulo, 1997, p.3-25.

MANCINI FILHO, J.; CHEMIN, S. Implicações nutricionais dos ácidos graxos trans. In: Óleos & Grãos, v. 1, p. 41-5, 1996.

MANZATTO, G.M. Processamento de óleos vegetais. In: Curso de avaliação das características de óleos e farelos vegetais. Campinas, 1994, p. 1-10.

MOREIRA, R.N.C.; GONÇALVES, L.A. O azeite de oliva no Brasil. Óleos & Grãos, v. 17, p. 17-23, 1998.

MORETTI, R.B. Alimentos funcionais: uma panaceia mundial. In: SEMINÁRIO SOBRE ÓLEOS E GORDURAS: TENDÊNCIAS E INOVAÇÕES. São Paulo, 1999, p.73-84.

NOGUEIRA, B.T.C.P.; FRANCO, B.D.G.M. Sobrevivência de Staphylococcus aureus e de Salmonella typhimurium em maionese: estudo do efeito do pH e da temperatura e avaliação de metodologias para isolamento das células injuriadas pelo pH ácido. São Paulo, 1991. Dissertação (mestrado). Faculdade de Ciências Farmacêuticas, USP.

ORTIZ, S.A. et al. Estudo comparativo de embalagens para maionese e molhos cremosos. Colet ITAL, v. 21, n. 2, p. 249-63, 1991.

OVESEN, L.; LETH, T. Trans fatty acids: time for legislative action? Nutr Food Science, v. 3, p. 16-9, 1995.

PHILIPPI, S.T.; FISBERG, R.M. Projetos de pesquisa em técnica dietética elaborados pelos alunos do curso de nutrição. São Paulo: FSP-USP, 1997.

PUPIN, A.M.; TOLEDO, M.C.F. Benzo(a)pyrene in Brazilian vegetables oils. Food Additives and Contaminants, v. 13, n. 6, p. 639-46, 1996.

QUIJANO, J.A.T.; COSTA, P. Critérios de pureza em azeites de oliva. Óleos & Grãos, v. 22, p. 17-24, 1995.

SABARENSE, C.M.; FILHO, J.M. Ácidos graxos trans em alimentos: formação, consumo e métodos de análise. Food Ingredients, v. 25, p. 80-3, 2003.

SABINO, M. et al. Incidência de aflatoxinas em amendoim e produtos derivados consumidos na cidade de São Paulo, no período de 1980 a 1987. Rev Inst Adolfo Lutz, v. 49, n. 1, p. 41-4, 1989.

SÃO PAULO. Leis, decretos, etc. Decreto n. 12.486 de 20/10/78, Diário Oficial, São Paulo, 21/10/1978, p.302-3 (NTA.70). Aprova normas técnicas especiais relativas a alimentos e bebidas.

_____. Leis, decretos etc. Decreto n.12.486 de 20/10/78. Diário Oficial, São Paulo, 21/10/78. p.257-63 (NTA 50). Aprova normas técnicas especiais relativas a alimentos e bebidas.

_____. Leis, decretos, etc. Decreto n. 35.911 de 26/2/96. Diário Oficial do Município. São Paulo. Reutilização de Óleos Comestíveis.

SCHRIJVER, R.; PRIVET, O.R. Interrelationship between dietary trans fatty acid and 6-and 9-desaturases in the rat. Lipids, v. 17, p. 27-34, 1982.

SILVA, S.M.C.S. Implicações nutricionais das gorduras rancificadas. Óleos & Grãos, v. 37, p. 35-7, 1997.

SILVEIRA, N.V.V.; DUARTE, M.; INOMATA, E.I. Determinação de umidade, lipídios e vitamina A em margarinas. Bol Inst Adolfo Lutz, v. 4, p. 2, p. 70-3, 1994.

STANLEY, J.B. et al. Ammoniation of aflatoxin B_1: isolation and characterization of a product with molecular weight 206. J Agric Food Chem., v. 24, n. 2, p. 408-10, 1976.

STEINHART, H.; PFALZGRAF, A. Trans fatty acids in foods trans–Fettsäuren in Lebensmitteen. Fett Wissenschaff Technologie, v. 96, n. 2, p. 42-4, 1994.

SWETMAN, T.; HEAD, S.; EVANS, D. Contamination of coconut oil by PAH. Inform., v. 10, n. 7, p. 706-12, 1999.

TAKEMOTO, E. Determinação simultânea de antioxidantes sintéticos em óleos vegetais, margarinas e gorduras hidrogenadas por cromatografia líquida de alta eficiência. Campinas, 2005. Dissertação (mestrado). Faculdade de Engenharia de Alimentos, Unicamp.

TAKEMOTO, E.; FILHO, T. F.; GODOY, H.T. Validação de metodologia para a determinação simultânea dos antioxidantes sintéticos em óleos vegetais, margarinas e gorduras hidrogenadas por CLAE/UV. Quim. Nova, v. 32, n. 5, p. 1189-94, 2009.

TAVARES, M. et al. Avaliação da qualidade de óleos e gorduras utilizados para fritura no comércio da região metropolitana da Baixada Santista, estado de São Paulo. Rev Inst Adolfo Lutz, v. 66, n. 1, p. 40-44, 2007.

TURATTI, J.M. Óleos vegetais como fonte de alimentos funcionais. Óleos & Grãos, v. 56, p. 20-7, 2000.

WAHLE, K.W.J.; JAMES, W.P.T. Isomeric fatty acids and human health. Eur J of Clin Nutr., v. 47, p. 828-39, 1993.

YOKOYA, F. Controle de qualidade nas fábricas de alimentos. Série Tecnologia Agroindustrial, s.d., v. 3, p. 5-10.

ZILLER, S. Grasas y aceites alimentarios. Zaragoza: Acribia, 1996.

11

Qualidade das especiarias

Pedro Manuel Leal Germano
Maria Izabel Simões Germano

INTRODUÇÃO

O vocábulo especiaria é comumente empregado no plural. Segundo o *International dictionary of food and cooking*, editado em 1998, as especiarias podem ser definidas como substâncias de origem vegetal, indígenas ou exóticas, aromáticas ou de sabor forte, utilizadas para realçar o sabor dos alimentos ou adicionar os princípios estimulantes nelas contidos.

A história dos aromas, assim como a dos perfumes, se confunde com as viagens e grandes descobertas, com o nascimento e a queda de impérios, mas também com o intercâmbio cultural. Pode-se afirmar que quatro valores essenciais estão relacionados a estas substâncias: religioso, alimentar, médico e erótico.

Segundo Faure, os sete aromas mais empregados na Antiguidade foram: salvia, canela, mirra, âmbar, açafrão, valeriana e benjoim.

Algumas especiarias como o *curry*, utilizado amplamente na culinária indiana, são o resultado da mistura de especiarias simples, sem adição de outros ingredientes. Portanto, o termo especiaria aplica-se a produtos naturais de origem vegetal ou à sua mistura, estabilizados, inteiros, fragmentados ou em pó, sem adição de matérias de outras naturezas. São utilizadas na prática culinária como condimento ou tempero para conferir sabor e aroma, não tendo, a maior parte delas, qualquer valor nutritivo.

A especiaria em si pode estar contida no fruto, na flor, na semente, na raiz ou no córtex de uma planta. A pimenta-preta, a baunilha e o pimentão, por exemplo, são frutos; já a canela é originária do córtex; os cravos são botões florais e o açafrão é o estigma dourado da rosa da *Crocus sativus*; o gengibre e a cúrcuma, ou açafrão-da-terra, *Curcuma longa*, são rizomas ou raízes; o cardamomo, a mostarda, a noz-moscada, o cominho e o anis são sementes (ou grãos).

Além das propriedades apontadas, as especiarias são reconhecidas por seus efeitos eupépticos, pois estimulam a secreção gástrica e aumentam o tono e a mobilidade dos órgãos digestivos. No entanto, em quantidades excessivas podem acarretar distúrbios gastrointestinais, sendo contraindicadas nas nefropatias.

IMPORTÂNCIA

As especiarias são muito utilizadas na cozinha oriental, como é o caso do gengibre, na China, e da canela, no Oriente Médio. Do mesmo modo, são consideradas fundamentais para inúmeros pratos da cozinha ocidental. O açafrão para o *bouillabaisse* francês e para a *paella* espanhola; a páprica (pimentão) para o *goulash* húngaro; os cravos moídos e a canela para o *mincemeat* inglês; a pimenta-preta em grãos para o *steak au poivre* francês; as pimentas vermelhas nas cozinhas baiana e capixaba; o gengibre para o vinho quente e quentão na Europa e no Brasil; e o cominho e o gergelim para os pães, tortas e pastéis. No Quadro Geral de especiarias e aromatizantes (ver p. 285) são relacionadas as principais especiarias e aromatizantes empregados na preparação de alimentos.

Constituem, ainda, ingrediente importante para molhos, ketchups, embutidos e salames, além de serem utilizadas como ingredientes em produtos curtidos e em conservas.

FINALIDADES

Na culinária, as especiarias passaram a ser utilizadas notadamente no ocidente a partir do conhecimento de suas propriedades – estimular o apetite e conferir aroma antes e durante a cocção. Impregnam em carnes, pescados e verduras um sabor picante e também proporcionam excelentes azeites de cozinha, como o de gergelim.

De fato, tornam o gosto dos preparados mais agradável e adicionam uma característica exclusiva ao alimento. Se usadas com habilidade transformam a cozinha em arte e fornecem cor e sabor picante ou exótico. Ao lado de sua utilização culinária, as especiarias são largamente empregadas também como aromatizantes de licores, destacando-se entre eles: Absinto, *Anisette* (anis), *Bénédictine* (composto por 27 ervas), *Kümmel* (cominho e erva-doce), *Pernod* (anis) e o *Ouzo* (anis).

ASPECTOS MICROBIOLÓGICOS

As especiarias podem ser contaminadas na origem, na estocagem, no transporte ou mesmo durante a manipulação por esporos, fungos e leveduras, os quais nas indústrias de alimentos podem causar danos sobretudo aos produtos enlatados. Do mesmo modo, podem ser contaminadas por insetos.

A notoriedade das especiarias estimulou sua importação, contudo, podem chegar ao consumidor com baixa qualidade, causada pela perda de essências voláteis, pela contaminação por micro-organismos ou pela infestação de insetos. Como são oriundas de diversos órgãos de vegetais, colhidas em regiões tropicais e subtropicais e submetidas a variações climáticas e secas de modo artesanal, estão sujeitas, com relativa facilidade, à fermentação e/ou à proliferação de micro-organismos.

As condições sanitárias das plantações influem nos níveis de contaminação, tanto quanto os cuidados com a colheita. Por outro lado, o armazenamento em galpões velhos, úmidos, mal ventilados ou com paredes cobertas de bolor propiciam a multiplicação das espécies contaminantes e/ou a invasão por novas espécies a partir do ambiente.

A perda de qualidade das especiarias traduz-se por diminuição das propriedades sensoriais como: cor, odor e sabor, geralmente causada pelo mofo.

RELATOS DE CASOS

Inúmeros são os trabalhos que apontam problemas relacionados com as especiarias. Assim, a mistura de coentro e pimenta contaminada com micro-organismos esporulados foi responsável pelo estufamento de latas de presunto fatiado. A mistura de especiarias em picles ocasionou o extravasamento das embalagens.

Uma constatação importante diz respeito à mostarda em grãos, cuja microflora era superior à das sementes inteiras (fungos, leveduras e certas bactérias), azedando os alimentos. Do mesmo modo, em um caso em que a pimenta vermelha continha 4.10^4 bactérias/g, após mistura com outras especiarias, o produto final passou a apresentar $6,7.10^7$ bactérias/g, evidenciando a somatória de carga bacteriana. A pimenta-preta com esporos aeróbios provocou o aumento da contagem de esporos em salsichas. A sálvia e outras especiarias com bactérias foram responsáveis pela deterioração rápida em salsichas de porco. Termófilos aeróbios e anaeróbios podem ser encontrados em grande número de especiarias.

O tempo de estocagem pode interferir no nível de contaminação microbiana, porém o efeito é lento, como ficou demonstrado com amostras frescas de pó para *curry*, contendo $5,4.10^7$ bactérias/g, e que, após dois meses em temperatura ambiente, ainda continham 4.10^5 bactérias/g.

Entre os micro-organismos encontrados nas especiarias, o *Clostridium perfringens* causa preocupação, pois estava presente em 5% das amostras de pimenta-preta, açafrão, coentro e mostarda; aeróbios formadores de esporos estavam presentes no aipo e coliformes (10/g) na pimenta. *Bacillus subtilis* e *B. mesentericus* foram detectados em 94% de amostras de especiarias: contagens mais altas em páprica, pimenta e cardamomo. No açafrão, foram encontrados 20.10^5/g de mesófilos aeróbios e 55.10^6/g na contagem global de micro-organismos. Coliformes foram encontrados, ainda, na pimenta-preta, no coentro (2.400/g), na mostarda, no *curry* em pó e no cominho. Mesófilos putrefativos foram identificados no coentro (920/g).

Além dos casos mencionados, foram isolados *Bacillus cereus* e *B. thuringiensis* a partir de especiarias envolvidas em surto de gastroenterite de origem alimentar.

Leveduras e fungos podem ser encontradas nas especiarias, tal como descrito na pimenta-preta (9.800/g). Entre os fungos invasores mais frequentes destacam-se: *Mucor*, *Aspergillus*, *Penicillium* e *Rhizopus*. Aliás, o *Aspergillus flavus* é comum nas pimentas--pretas, devendo-se atentar para o fato de que certas cepas produzem aflatoxinas.

Análises microbiológicas realizadas em indústria de especiarias e condimentos do interior do estado de São Paulo revelaram que apenas 15,4% das amostras estavam em condições higienicossanitárias de acordo com a legislação brasileira em vigor.

Um estudo que analisou 53 amostras de especiarias e ervas aromáticas, como tomilho e orégano, detectou que 20% das primeiras e 26% das segundas estavam contaminadas por bactérias dos gêneros: *Acinetobacter, Enterobacter, Shigella Yersinia intermedia, Staphylococcus aureus e Hafno alvei* (QUALYFOOD, 2017).

Outro achado de interesse, desse mesmo estudo, refere-se ao fato de as amostras de tomilho apresentarem boa qualidade higienicossanitária, provavelmente devido à presença de óleos essenciais com propriedades antimicrobianas.

Em Teresina (PI), 36 amostras de urucum (*Bixa orellana*), cominho (*Cuminum cy minum L.*), açafrão (*Curcuma longa L.*) e pimenta-do-reino (*Piper nigrum L.*), provenientes de feiras livres e supermercados, foram avaliadas quanto à presença de fungos. Das amostras, 28 (77,8%) apresentaram resultado positivo, tendo sido identificadas 12 espécies fúngicas. *Aspergillus* foi o gênero predominante, seguido de *Penicilium*. Esses fungos patogênicos são produtores de micotoxinas de risco para a saúde dos consumidores (Silva, Alves, Borba e Mobin, 2012).

RISCOS EM SAÚDE PÚBLICA

Em relação aos riscos oferecidos à saúde, no que concerne a culinária familiar, em que o consumo se dá logo após o preparo, há pouco perigo. O problema maior diz respeito à indústria de alimentos, na qual a utilização é em larga escala e os produtos são consumidos após um prazo variável de estocagem.

Assim, conservas insuficientemente esterilizadas, pratos cozidos, embutidos, queijos e massas constituem substrato favorável para os micro-organismos contidos nas especiarias. Outro risco que pode ser apontado relaciona-se à utilização das especiarias como guarnição de alimentos, quando colocadas em sua superfície, podendo propiciar o desenvolvimento de bolores.

Deve-se considerar que a umidade e a temperatura de armazenamento de certos produtos, como queijos, embutidos, salsichas e doces, favorecem a multiplicação dos micro-organismos. Além disso, a contaminação pode ocorrer às expensas das mãos do manipulador, por exemplo, quando adicionada salsa crua picada sobre pratos prontos.

ASPECTOS DE HIPERSENSIBILIDADE

Em relação a outros tipos de risco à saúde pública, merece destaque o fato de algumas especiarias serem responsáveis pelo desencadeamento de manifestações alérgicas, o que vem sendo investigado com maior rigor nos últimos anos. Isso é particularmente perigoso, uma vez que sua presença nos alimentos é mascarada pela presença de outros ingredientes e, na maior parte das vezes, o consumidor não sabe o que está ingerindo. Açafrão, funcho, anis, coentro, cominho, páprica e pimenta- -de-caiena são frequentemente apontados como envolvidos em casos de alergia alimentar, podendo variar desde reações localizadas de média intensidade até sistêmicas graves; há até relatos de choque anafilático.

Outros riscos relacionados às especiarias são de ordem ocupacional e ocorrem predominantemente com os trabalhadores das indústrias, durante as fases de manipulação e processamento das matérias-primas vegetais que lhes dão origem. É o caso, por exemplo, da sensibilização de trabalhadores ao pólen e aos estames do açafrão, manifestada por crises de asma e rinoconjuntivite, entre outras.

Reações de hipersensibilidade em manipuladores de alimentos em cozinhas são relativamente raras. Contudo, em alguns dos casos relatados constatou-se dermatites alérgicas de contato, localizadas nas mãos e nos dedos e, entre as especiarias envolvidas, destacaram-se gengibre, cravo e pimenta-da-jamaica.

TRATAMENTO

- Moagem
  A moagem, geralmente realizada sob temperaturas de 80 a 90°C, reduz a carga bacteriana de modo considerável. Os exemplos a seguir demonstram o resultado prático deste procedimento.
  Cominho: de 3.10^8 para 5.10^3
  Coentro: de 8.10^{11} para 1.10^5
  Pimentão picante: de 5.10^{10} para 1.10^5
  Pimenta-preta: de $3,5.10^9$ para $1,2.10^6$

- Processamento ou cocção
  A eficácia do método depende da temperatura e do tempo de tratamento; contudo, na maior parte das vezes não é possível submeter as especiarias ao calor excessivo, a fim de salvaguardar suas propriedades. Em experiência realizada com *curry* em pó, a 37°C, não houve redução da carga bacteriana e só a 55°C por 12 dias a contagem global diminuiu consideravelmente, mas sem destruição completa dos micro-organismos.

- Acidificação (pH), salga e cocção
  A associação de procedimentos pode e deve ser utilizada sempre que se desejar preservar a qualidade das especiarias. Assim, outra pesquisa realizada com *curry* em pó acidificado, com extrato de tamarindo ou tomate, em água quente (pH 5-5,5), comprovou a destruição total dos micro-organismos contidos no produto. Deve-se destacar que somente a adição de sal, mesmo após 60 minutos de aquecimento, não se mostrou muito eficaz na redução da carga bacteriana.

- Esterilização a frio por irradiação
  A grande vantagem das radiações ionizantes é que são capazes de reduzir a contaminação por bactérias patogênicas, eliminar parasitas, diminuir a germinação pós-colheita e aumentar o tempo de prateleira (*shelf-life*) de alimentos frescos perecíveis sem que os substratos sejam alterados; contudo, os resultados são altamente dependentes dos procedimentos, técnicas e cargas de irradiação, bem como dos próprios produtos.

- Fumigação a vácuo
  O óxido de etileno e o dióxido de carbono são utilizados com o objetivo de reduzir a carga microbiana, enquanto o metilbrometo é recomendado para o controle de insetos.
  O óxido de etileno é eficaz, destrói esporos, principalmente quando a especiaria está no estado normal seco, mas deve ser usado com precaução, pois reduz o teor de óleos essenciais em mais de 1%, modificando sabor e cor, e favorecendo a formação de toxinas como as cloridrinas. Por outro lado, sempre há a ocorrência de resíduos do óxido de etileno, razão pela qual seus limites de tolerância máxima são da ordem de 50 ppm. Sua grande vantagem está no fato de prolongar o tempo de vida útil do produto industrializado: experimentalmente comprovou-se que salsichas tratadas com o óxido de etileno duraram 33% a mais do que as não tratadas, mesmo contendo menos bactérias e fungos.
  Alguns limites para micro-organismos estão contemplados na Resolução RDC n. 12, de 2.1.2001, em que, para especiarias íntegras e moídas, grãos, folhas, raízes ou outras partes do vegetal, isoladas ou em mistura, são aceitos até 5.10^2 coliformes a 45°C/g e ausência de *Salmonella* spp./25 g.
  Várias técnicas de fumigação a vácuo são referidas, podendo ser realizadas com o produto já embalado, a granel ou em série.

- Tratamento térmico
  Permite a esterilização, mas elimina os constituintes voláteis com diminuição considerável do sabor.
  O calor úmido (121°C por 15 minutos) pode levar à deterioração das especiarias por perda de voláteis. Para reduzir esses efeitos, foram propostos outros procedimentos como o aquecimento sob vácuo na própria embalagem e a utilização de lâmpada de infravermelho.

- Cloração
  Muitos aromatizantes, correntemente empregados na culinária, são utilizados in natura e podem estar contaminados por inúmeros micro-organismos, sobretudo aqueles de origem fecal, por causa da utilização de água de baixa qualidade

higienicossanitária na irrigação das plantas. Assim, recomendam-se a lavagem das folhas e a imersão em solução clorada para torná-los inócuos.

CONCLUSÕES

Por mais saborosas que sejam as especiarias, sobretudo ao proporcionar o incremento das propriedades sensoriais dos alimentos, elas não são, de todo, isentas de efeitos nocivos à saúde, uma vez que podem veicular micro-organismos patogênicos ao ser humano, entrando, assim, no rol dos possíveis fatores responsáveis por doenças transmitidas pelos alimentos.

Ao contrário do que se propaga, por outro lado, a atividade antimicrobiana das especiarias é de pouca relevância para a preservação dos alimentos, pois a concentração de óleos essenciais nelas contidos não é suficiente para impedir o desenvolvimento bacteriano nos produtos aos quais são adicionadas. Contudo, reconhece-se que, em algumas circunstâncias, esses óleos sejam capazes de potencializar outros agentes antimicrobianos presentes nos alimentos, contribuindo para sua conservação.

Deve-se destacar que, à flora microbiana natural das especiarias soma-se aquela adquirida em decorrência de precárias práticas agrícolas e de más condições higienicossanitárias da manipulação, assim como de locais de processamento inadequados.

Em síntese, a utilização de especiarias como prática culinária nas unidades de alimentação e nutrição, comerciais ou industriais, é salutar, mas deve ser precedida de rigorosos cuidados no que diz respeito à seleção de fornecedores, para garantir a aquisição de produtos inócuos à saúde dos consumidores.

REFERÊNCIAS

ANDREWS, L.S. et al. Food preservation using ionizing radiation. Rev Environ ContamToxicol., v. 154, p. 1-53, 1998.

BISSON, M.-C. La bonne cuisine française. Paris: France Loisirs, 1983.

BOM APETITE: Manual prático de cozinha. São Paulo: Abril Cultural, 1979. BORNHAUSEN, R.L. As ervas do sítio: história, magia, saúde, culinária e cosmética. BEI Comunicação, 2008.

BOXER, M.; ROBERTS, M.; GRAMMER, L. Cumin anaphylaxis: a case report. J-Allergy Clin Immunol, v. 99, n. 5, p. 722-3, 1997.

BRASIL. Ministério da Saúde. Agência Nacional de Vigilância Sanitária (Anvisa). Resolução RDC n. 12, de 2/1/2001. Aprova o Regulamento Técnico sobre padrões microbiológicos para alimentos. Diário Ofic Bial da União (DOU); Poder Executivo, de 10/1/2001.

COX, J. Ervas culinárias/Jeff Cox & Marie-Pierre Moine; (traduzido por Dafne Melo) – São Paulo: Publifolha, 2011.

FAURE, P. Parfums e aromates de l'antiquité. Paris: Fayard, 1987.

FEO, F. et al. Occupational allergy in saffron workers. Allergy, v. 52, n. 6, p. 633-41, 1997.

FRAJ, J. et al. Occupational asthma induced by aniseed. Allergy, v. 51 n. 5, p. 337-9, 1996.

FUFA, H.; URGA, K. Screening of aflatoxins in Shiro and ground red pepper in Addis Ababa. Ethiop Med J., v. 34, n. 4, p. 243-9, 1996.

HOFFMANN, F.L.; GARCIA-CRUZ, C.H.; VINTURIM, T.M. Qualidade higienicossanitária de condimentos e especiarias produzidas por uma indústria da cidade de São José do Rio Preto. Bol Centro Pesqui Process Aliment., v. 12, n. 2, p. 81-8, 1994.

JACKSON, S.G. et al. Bacillus cereus and Bacillus thuringiensis isolated in a gastroenteritis outbreak investigation. Lett Appl Microbiol., v. 21, n. 2, p. 103-5, 1995.

JENSEN-JAROLIM, E. et al. Characterization of allergens in Apiaceae spices: anise, fennel, coriander and cumin. Clin Exp Allergy, v. 27, n. 11, p. 1299-306, 1997.

_____. Hot spices influence permeability of human intestinal epithelial monolayers. J Nutr., v. 128, n. 3, p. 577-81, 1998.

KANERVA, L.; ESTLANDER, T.; JOLANKI, R. Occupational allergic contact dermatitis from spices. Contact Dermatitis, v. 35, n. 3, p. 157-62, 1996.

LAW B. 50 plantas que mudaram o rumo da história [tradução de Ivo Korytowski]. Rio de Janeiro: Sextante, 2013.

MARANCA, G. Plantas aromáticas na alimentação. São Paulo: Nobel, 1985.

OLIVEIRA, L.A.; FRANCO, R.M.; CARVALHO, J.C.A.P. Enterobacteriaceae em especiarias utilizadas na elaboração de embutidos cárneos. Revista Higiene Alimentar, v. 6, n. 22, p. 27-33, 1992.

PLANTAS QUE CURAM: A natureza a serviço de sua saúde. São Paulo: Três Livros e Fascículos, 1993. 4v.

PRUTHI, J.S. Spices and condiments: chemistry, microbiology, technology. Nova York: Academic Press, 1980.

QUALFOOD Base de Dados de Qualidade e Segurança Alimentar, Ambiental e HST. Ervas aromáticas e especiarias contaminadas com bactérias. Disponível em: http://aqualfood.com/index.php?option=not icia&task=show&id=11941. Acesso em: 10 mar. 2017.

RICHARDSON, R. Especias exóticas. El Cuerno de la Abundancia. Barcelona, José J. de Olañeta, 1987.

SILVA L.P. de; ALVES A.R.; BORBA C.de M.; MOBIN M. Contaminação fúngica em condimentos de feiras livres e supermercados. Rev. Inst. Adolfo Lutz v. 71 n. 1. São Paulo, 2012.

SINCLAIR, C.G. International dictionary of food and cooking. Teddington: Peter Collin Publishing, 1998.

STOBART T. Ervas, temperos e condimentos: de A a Z. Coordenação: Rosa Nepomuceno. Rio de Janeiro: Jorge Zahar, 2009.

TORO SANTA MARÍA, M.A.; DÍAZ S.R.A.; PIAZZE M.P.F. Microhongos filamentosos y levaduriformes asociados a pimienta negra, piper nigrum 1. Bol Micol, v. 8, n. 1/2, p. 77-83, 1993.

WUTHRICH, B.; SCHMID-GRENDELMEYER, P.; LUNDBERG, M. Anaphylaxis to saffron. Allergy, v. 52, n. 4, p. 476-7, 1997.

QUADRO GERAL DE ESPECIARIAS E AROMATIZANTES

Nome	Origem	Apresentação	Utilização
Açafrão	Planta originária da Grécia e da Ásia Menor, o *Crocus sativus* já era conhecido no tempo de Salomão (960 a.C.), além de muito consumida pelos fenícios. Da família das iridáceas, é considerada a especiaria mais cara do mundo.	Em pó. São necessários cerca de 225 mil estigmas para fazer 500 g desse caríssimo tempero.	De seus estigmas secos é feito um pó, de cor amarela forte, que, diluído em água quente, é colocado em pães, arroz e outros alimentos, além de bebidas alcoólicas, para dar sabor e cor. Constitui corante vital utilizado na culinária e para tingir tecidos.
Aipo ou salsão	Erva de folhas muito cortadas, sustentadas por hastes muito largas, carnosas e aromáticas. Família das umbelíferas.	Em ramos e em pó.	Cozido ou cru em saladas, guisados, caldos e sopas. Aipo em ramos: com molhos cremosos e brancos, *sauté*, na brasa, refogado. Sal de aipo: suco de tomate.
Alcarávia, *kümmel* ou cominho-das-pradarias	Planta europeia. Nome científico: *Carum carvi*.	Semente.	Usada em pães, bolos e biscoitos de queijo Tilsit, licores e chucrute, mais conhecida no Brasil como *kümmel*.
Alfavaca	Erva perene de até 1 m de altura, cujas folhas e flores aromáticas, além de estimulantes, são sudoríparas e expectorantes. Planta da família das labiadas.	Folhas e flores.	É muito usada para temperar carnes.
Allspice ou pimenta-da-jamaica	Árvore nativa da América Central e do México, cujos frutos verdes constituem um condimento fortemente aromático e picante.	Frutos.	Usados, principalmente, para curtir picles, em marinadas (molho de vinagre, alho, cebola, louro) e bolos de frutas.
Angélica	Umbelífera do norte da Europa, da Rússia, da Escandinávia e da Groenlândia.	Caules cilíndricos e ocos.	Os talos desta planta têm sabor semelhante ao do zimbro e podem ser empregados no preparo de gim. Sobremesas, peixes, vinagre, glaçados, licores digestivos (*Bénédictine*, *Grande-Char-treuse*) e em confeitaria. Existem duas variedades de pera com esse mesmo nome.

(*continua*)

QUADRO GERAL DE ESPECIARIAS E AROMATIZANTES *(continuação)*

Nome	Origem	Apresentação	Utilização
Anis-estrela (estrelado), badiana ou badiana-de-cheiro	Fruto de uma árvore exótica da família das magnoliáceas: originário da China meridional.	Fruto em forma de estrela, seco e duro.	No preparo do *curry*, de cerveja, infusões com *ginseng*, licores (vermute, *Anisette*, quinquina). Seu chá, sedativo e digestivo, é feito na proporção de 15 g de sementes para 1 L de água.
Anis-verde	Fruto de uma umbelífera anual, originária da Ásia Menor, de coloração azulada.	Grãos secos partidos e ensacados.	Em sobremesas, sopas de peixe (*bouillabaisse*), peixes refogados, carnes, caças, molhos, saladas, cremes, sou-fflés, tortas, *bretzels* ao anis, pães de especiarias, balas, licores, licor *Anisette*. Também chamada erva-doce ou pimpinela.
Basílico, alfavaca, alfavaca-cheirosa, piston (Provença – França), manjericão, ou manjericão-branco	Labiada oriunda da Índia, cultivada no Egito e na Grécia; anual.	Fresco ou seco, folhas e ramos.	Folhas: saladas – combina muito bem com tomate, pimentão e berinjela; ramos: vinagre.\nSeco: composição de *bouquet garni** para ensopados, molhos, caldos de peixe, sopa provençal com legumes cozidos. Indispensável para o molho italiano pesto, particularmente o pesto *genovese*. Óleo muito utilizado em banhos e fricções de propriedades estimulantes.
Baunilha	A *Vanilla planifolia* é um fruto originário da floresta úmida costeira do México e América Central. Fava aromática ou essência. Da família das orquidáceas.	Vagem e essência.	A baunilha (vagem) é usada em sorvetes, cremes ou mousses; deve ser colocada para cozer na calda do alimento e retirada antes dos doces serem enformados ou servidos. Líquido usado moderadamente para dar gosto de baunilha a doces, cremes, sorvetes, pudins, manjares, por causa do seu aroma e sabor muito ativos, associado ao café e ao cacau. Usada em perfumes e pasta de dentes. Licor: creme de baunilha.
Canela	Casca do caneleiro, árvore perene. Da família das lauráceas, proveniente do Sri Lanka (Ceilão) e da China, conhecida desde 2500 a.C. Faz-se uma diferença entre a canela-cássia (China) e a canela-verdadeira (Ceilão).	Tubos de casca enrolados, secos e em pó.	Entradas, cremes, marmeladas, caldas, compotas de ameixa, pera, maçã, doces (pastelaria), crepes, bolinhos, vinho quente. Chá de efeito calmante e descongestionante.

(continua)

Nome	Origem	Apresentação	Utilização
Cardamomo	Grão de uma planta com rizomas originário da Índia e Vietnã, era utilizado na Babilônia em 700 a.C. Da família das zingiberáceas, a mesma do gengibre. Nome científico: *Elettaria cardamomum*, conhecido como cardamomo do Malabar.	Grãos esbranquiçados e retirados da vagem; em pó.	Composição do *curry* e caril, em carnes e peixes à indiana, em *bouquet garni**, para caldos, bolos, pães de especiaria, vinho quente. Nos países nórdicos é usado para dar sabor a bolos, pães, tortas e biscoitos, por exemplo, o pão pulla finlandês. Muitas vezes é empregado no lugar da canela em maçãs assadas, uvas descascadas ou saladas de frutas. Mastigado, tira o odor do alho. Desde o século XII foi utilizado para encorpar a cerveja e dar um toque picante ao vinho.
Caril ou *curry* em pó (*Umrraya koenigii*)	Originário da Índia, onde cada família tem seu próprio modo de prepará-lo. Os *curries* da Ásia costumam conter também: cebola, alho, sal e um agente ácido (tamarindo, limão-taiti, manga verde ou outro).	Em pó.	Mistura de anis, louro, pimenta-da-jamaica, pimenta-vermelha, cardamomo, canela, *chilli*, coentro, cominho, gengibre, noz-moscada, mostarda, pimenta-branca e pimenta-preta em grãos, açafrão e cúrcuma. Tudo isso deve ser seco ao sol ou tostado em forno brando e depois moído. Conserva-se por um mês em vidro fechado. Existe pronto para vender. Usado para temperar carnes, peixes, arroz e outros alimentos. Muito aromático e de sabor levemente picante.
Cebolinha (*Allium schoenoprasum*)	Da família das liliáceas, é originária da China.	Bulbos e folhas.	Como enfeite para vários pratos e para dar sabor à manteiga; é muito empregada crua. Tem sabor levemente adocicado. Usada para temperar ovos, saladas e sopas.
Cerefólio (*Anthriscus cerefolium*)	Planta de horta oriunda da Grécia, da família das umbelíferas. Do fruto se extrai óleo comestível. Suas folhas frescas são usadas como condimento e têm um leve sabor de anis.	Erva e grãos.	Uma das ervas finas para temperar saladas, omeletes, vinagretes, sopas, *bouquet garni** para ensopados e molhos. Grãos: na salada, ao azeite e ao vinagre. É preciso que se tenha o cuidado de colocar imediatamente antes de servir, pois seu sabor desaparece rapidamente.
Chilli ou pimenta-cumari	Planta estritamente tropical, de sabor picante.	Seca, inteira ou moída.	Ingrediente principal do molho de tabasco. É essencial em alguns pratos indonésios e chineses. Zanzibar (África) tem reputação de fazer um bom *chilli*, mas diz-se que o melhor de todos é o mexicano.

(continua)

ANEXO ■ 241

Nome	Origem	Apresentação	Utilização
Chocolate	Da família das esterculiáceas, era utilizado pelos astecas (México) antes dos descobrimentos. Significa "alimento dos deuses". O cacaueiro é nativo dos trópicos. Nome científico: *Theobroma cacao*.	As sementes ou amêndoas do cacau, retiradas dos frutos maduros, são fermentadas, em seguida secas e, posteriormente, tostadas. Após a torrefação, são quebradas em lascas, a casca é desprezada e, então, são moídas. Van Houten descobriu como retirar a manteiga de cacau (gordura), e, mais tarde M. Peter inventou o chocolate ao leite.	O chocolate, tradicionalmente, é utilizado como aromatizante em pratos doces (bolos, caldas, molhos) e como bebida, inclusive licores. Na Europa (Espanha e Itália) é empregado como condimento, com cebola, alho, tomate e outras especiarias em pratos à base de carne e pescado (polvo). Na culinária internacional é usado com pimenta-vermelha.
Coentro (*Coreandrum sativum*)	Condimento verde da família das umbelíferas. Nativo do sul da Europa e do Oriente Médio. Seu uso remonta a milhares de anos no oriente (Índia e China). Também conhecido como salsa chinesa.	Folhas.	Uso diário na cozinha brasileira, com forte influência da culinária portuguesa, para temperar peixes, camarões ou para substituir a salsa, sobretudo na moqueca capixaba, pratos que utilizem leite de coco, guacamole. Entra na confecção de pães e bolos (Alemanha), para temperar couve-flor e aipo (França), e no *curry* (Índia).
Cominho (*Cuminum cyminum*)	Planta anual, originária da Ásia Central e do Turquemenistão. Os romanos utilizavam como substituto da pimenta e na confecção de pães. É essencial nos *curries* e nas culinárias oriental e mexicana.	Grãos e em pó.	Tem sabor forte e terroso. Embutidos, salsichas, chucrute, queijo, pó de curry e pão. Licores: creme de Munique.
Cominho-das-pradarias	Planta umbelífera bianual, proveniente da Ásia Menor, Europa Central e Setentrional.	Raízes e grãos.	Raízes: usadas como legume. Grãos: para aromatizar sopas, cozidos e, sobretudo, chucrute, queijos, pães, doces, balas e licores.
Coriandro	Erva proveniente do Oriente, naturalizada na região do Mediterrâneo. Da família das umbelíferas, a mesma do coentro.	Grãos e em pó.	Composição do *curry*. Macerada no vinagre para carnes e embutidos. Caça, champignons, cerveja, pães, bolos, licores: água de Melissa, base do Chartreuse, do Izarra, do licor de Hendaye e do cordial.

(continua)

QUADRO GERAL DE ESPECIARIAS E AROMATIZANTES *(continuação)*

Nome	Origem	Apresentação	Utilização
Cravo ou cravo-da--Índia	Botão de flor, colhido antes de aberto nas Ilhas Molucas. Cresce apenas em locais próximos ao mar. Usado na China milhares de anos antes de Cristo. Foi monopólio dos portugueses e, posteriormente, dos holandeses. Na atualidade, Zanzibar é a mais famosa ilha produtora.	Seco.	Espetado em cebolas de ensopados, sopas e caldos, com caças para atenuar o sabor do alho, no chucrute, em pepininhos em conserva e licores caseiros. Entra na composição da maior parte das receitas de vinho com especiarias. Seu óleo essencial, que contém eugenol – cujo sabor frequentemente é associado aos tratamentos odontológicos –, é bastante usado na doçaria brasileira.
Cúrcuma ou açafrão-da-terra	Tubérculo da Malásia e da Índia, cultivado no Vietnã, nas Antilhas e na América Central. Atualmente, é cultivado em regiões tropicais do mundo todo. No Brasil, as primeiras culturas datam do século XVII. O mais precioso é o de Bengala. Erva de forma capsular da família das zingiberáceas empregada na culinária e na medicina.	Seco, reduzido a pó, de cor amarela forte, obtido da pulverização dos rizomas (caules subterrâneos). Fornece óleo, essência, amido e matéria corante.	Ingrediente do caril; entra na composição do *curry*, nos pratos das Antilhas, ou serve para colorir o arroz dando-lhe um sabor próximo ao do gengibre. De sabor semelhante ao do açafrão e do gengibre, é usado para colorir e perfumar sopas e peixes, carnes e molhos. Dá aos alimentos cor amarelada e sabor ameno. É conhecido como açafrão-da-Índia, açafroa e gengibre-amarelo.
Endro, ancho, aneto ou dill *(Naethum graveolens)*	Planta delicada de sementes e sabor semelhantes ao do cominho, muito apreciada nos países nórdicos. Da família das umbelíferas, é originária do sul da Europa ou do oeste da Ásia.	Folhas e sementes.	Usam-se suas folhas para fazer um chá calmante e suas sementes para aromatizar picles (pepinos) e outras conservas. Entra ainda nos pratos de peixe (particularmente salmão) e ovos, no molho branco e queijos.
Estragão, estragão russo ou artemisia *(Artemisia drucunculus)*	Oriundo da Rússia Meridional, da Tartária e da Sibéria, cultivada em jardins, na França (considerado o verdadeiro estragão). Da família das compostas.	Erva de folhas verdes e claras. Tem sabor semelhante ao do anis.	Substitui sal e pimenta para aromatizar saladas, vinagre. Entra na composição de *bouquets* garni*, molhos, frangos e aves. O creme de estragão serve para acompanhar aves, em particular, galinha. O vinagre de estragão e a erva fresca são essenciais para o molho *bearnaise*. Entra, ainda, na fabricação de licores. Se houver preferência por sabor de anis, deve-se optar pela variedade francesa.

(continua)

Nome	Origem	Apresentação	Utilização
Funcho, anis ou erva-doce (*Foeniculum Vulgare "Purpureum"*)	Planta do Mediterrâneo, Egito, China e Índia, muito usada em Portugal. Da família das umbelíferas.	Talos, grãos, umbelas cortadas antes de amadurecer.	Talos: peixes grelhados. Picado: molhos, legumes e chucrute. Grãos: conserva de pepininhos, abobrinha, alcaparra, azeitonas, pão, queijo e bolos. Licores: *Anisette* e *pasitis* (França), ouzo (Grécia), arrack (países do leste do Mediterrâneo), *Chartreuse* e absinto. Usado também em doces, cremes, bolos e pães. Na Itália, é conhecido como finoquio e entra nos pratos à base de porco, javali e vitela.
Gengibre (*Zingiber officinale*)	Tubérculo originário da Índia e da Malásia. Cultivado no Vietnã, Jamaica e Antilhas e, na atualidade, na maioria dos países tropicais. Da família das zingiberáceas, foi uma das primeiras especiarias a chegar à Europa.	Fresco: de coloração cinza com casca exterior branca. Em pó.	Fresco, ralado: aromatiza saladas, entradas e molhos. Pode, ainda, ser utilizado em sucos, bolos, biscoitos, chás e sobremesas à base de chocolate. Em pedaços, com vinagre: utiliza-se como picles. Em compota: com rum e limão para acompanhar pratos frios; glaçado e cristalizado como sobremesa. Em pó: aromatiza bolos e pãezinhos. Certas cervejas e tônicos são perfumados com gengibre. A parte mais próxima do talo tem sabor mais delicado e deve ser conservada em uma calda cristalizada ou grossa, o que acentua seu sabor. A raiz é a fonte do gengibre em pó. O gengibre verde vem das partes mais baixas da planta e não deve ser seco. Deve ser descascado e picado antes de ser adicionado a ensopados ou molhos.
Gergelim	Da família das pedaliáceas, nativo da Índia, era conhecido desde a época dos gregos, egípcios e persas.	Óleo vegetal, pó, grãos e sementes vermelhas, marrons, pretas ou douradas, dependendo da variedade.	Na Europa, o gergelim é um dos ingredientes das margarinas. Usa-se na fabricação de pães, bolos, no doce halva e na pasta conhecida como tahine, além de molhos de salada para dar sabor ao homus – purê de grão de bico (Oriente Próximo). Na culinária vegetariana brasileira, é misturado ao sal marinho e dá origem ao gersal.

(continua)

QUADRO GERAL DE ESPECIARIAS E AROMATIZANTES *(continuação)*

Nome	Origem	Apresentação	Utilização
Hissopo (*Hyssopus officinalis*)	Planta medicinal de aroma forte e adocicado e paladar ligeiramente amargo da região do Mediterrâneo e da Ásia Meridional; da família das labiadas.	Folhas e ramos.	Folhas: sobre fatias de pão integral cobertas de leite e polvilhadas de sal. Ramos: molhos, refogados, e em *bouquets garni**. As flores podem ser utilizadas em receitas com frutas e saladas, com moderação. Usado na destilação de diversos licores, o mais famoso é o *Bénédictine*. Também entra na composição do elixir da Grande Chartreuse.
Junípero (*Juniperus communis*) ou zimbro	Comum na França; da família das pináceas.	Grãos.	Os frutos podem ser empregados para aromatizar gim e outros drinques. Madeira: para defumar carnes. Grãos: aromatizam carnes, caças (de pelo e de penas). Bebidas alcoólicas: genebra e gim.
Losna, absinto ou artemísia	Planta ramificada, de folhas prateadas e sedosas. Da família das compostas.	Óleo verde e volátil produzido por destilação.	É a base do licor de absinto. Suas folhas, em infusão, dão um chá recomendado para os males do estômago e do fígado.
Louro, lauro ou loureiro (*Laurus nobiis*)	Planta da Ásia Menor, usada para aromatizar alimentos, folha do loureiro. Na Grécia antiga era utilizada para coroar os vencedores. Da família das lauráceas.	Folhas, vendidas frescas, secas e em pó.	Molhos, caldos, marinadas, bouquets garni*, carne de vaca, salsichão e presunto. No Brasil, é essencial às receitas de peixes, vinhas-d'alhos e feijões.
Malagueta	Grãos marrom-avermelhados extraídos de uma planta africana selvagem. Da família das solanáceas.	Vendida fresca ou em conserva; seca e em pó.	Entra na composição de certas especiarias industriais.

(continua)

Nome	Origem	Apresentação	Utilização
Menta ou hortelã	Planta perene considerada a mais fria e refrescante das ervas. Há muitas espécies, a maioria nativa das regiões temperadas da Europa. Da família das labiadas, sua classificação é difícil por causa do grande número de híbridos. As hortelãs variam também de sabor de acordo com o solo e clima em que crescem. Empregada na medicina científica e doméstica em razão de seus princípios ativos. Os tipos mais conhecidos são a hortelã miúda (chá contra males intestinais) e a hortelã-pimenta (estimula o estômago e ativa a digestão), desta se extrai um óleo cujo agente ativo é o mentol.	Folhas.	A hortelã é muito usada em culinária, sendo bastante apreciada no Brasil. É ingrediente do licor de menta, do quibe cru, de molhos que acompanham carne de carneiro ou cordeiro (sobretudo na culinária inglesa), saladas e chás. Molho de menta à francesa e à inglesa, ervilhas, batatas, saladas, xaropes, cremes, álcool e licores (*Bénédictine*). Pode ser utilizada em sobremesas à base de frutas e chocolate.
Moscada (noz-mos-cada) ou macis	Amêndoa do fruto do moscadeiro das Ilhas Molucas, árvore cultivada na Malásia, na Reunião, nas Antilhas, em Madagascar e no Brasil. Da família das miristicáceas.	Seca, sob a forma de bola oblonga; em pó.	Raspada, para auxiliar na digestão de carnes pesadas ou gordas. Molhos, notadamente molho branco. Legumes como espinafre, couve-flor; féculas, purê de batatas. Composta de frutas, cremes, doces (pastelaria), vinho quente e licores caseiros. O macis constitui uma especiaria mais cara e, em geral, não é comercializado no Brasil, sendo utilizado para aromatizar bolos, sopas e cozidos.
Mostarda (*Brassica* spp.)	Grão da mostardeira, usa-se como condimento.	Grão, pasta e em pó.	Existem muitas variedades. A pasta, picante e de cor amarela, é usada na culinária. Existem ainda a mostarda preta (Oriente Médio) e a marrom (Índia). Na França, a mais famosa das mostardas preparadas é a de Dijon. A mostarda escura é mais forte e a amarela é mais amarga.

(continua)

QUADRO GERAL DE ESPECIARIAS E AROMATIZANTES *(continuação)*

Nome	Origem	Apresentação	Utilização
Orégano (*Origanum vulgare*), manjerona (*Origanum majorana*), orégano onito, orégano grego ou orégano de Creta (variedades)	Da família das labiadas, é oriundo da região do Mediterrâneo e da Ásia Menor.	Folhas frescas ou secas.	Tem sabor semelhante ao do tomilho, sendo mais doce e perfumado. Na confecção de diversas especiarias, refogados, molhos, tomates, embutidos, grãos, saladas, cerveja, chá e licor. Seu sabor é melhor quando acrescentado ao prato no final do cozimento ou cru, picado com suco de limão, sobretudo para temperar anchovas. É indispensável às pizzas da culinária italiana.
Papoula	Planta anual cujas sementes secas são azuis ou brancas. Da família das papaveráceas.	Sementes.	De sabor parecido com o de nozes, é usada dentro e sobre pães, bolos e tortas, principalmente na cozinha eslava.
Pimenta (*Capsicum* spp.)	Nome genérico para um tempero picante, excelente quando bem dosado. Existem mais de 3.000 variedades de pimenta no mundo. As pimentas diferem pelo aroma, pungência do sabor, tamanho e cor dos grãos. Fruto de várias espécies de plantas da família das mirtáceas (pimenta-da-jamaica), piperáceas (pimentas-trepadeiras) e solanáceas (pimenta-de-caiena, pimentões, páprica, entre outros). São muito conhecidas nas Américas, especialmente no Brasil e no México, mas já eram empregadas na Índia antes dos descobrimentos.	Crua: pimenta malagueta, páprica, pimentão, pimiento jalapeño. Seca em grão. Pimenta-preta, pimenta-do-reino *Piper nigrum* fruto recoberto de seu envelope, colhido antes de maduro. Pimenta-branca: fruto maduro sem envelope. Em pó. Conservada em azeite ou vinagre.	Usada no tempero da maioria dos pratos, entradas, saladas e até em queijos. Na atualidade, tem sido empregada em bombons.

(continua)

Nome	Origem	Apresentação	Utilização
Pimentão	Fruto de uma planta herbácea, anual nos países do Mediterrâneo, perene nos países tropicais: cultivada na Ásia, África e Europa.	Fresco: pimentões da Espanha ou Itália. Em conserva, no vinagre. Em pó – pimenta-de-caiena, páprica na Hungria, *harissa* na África do Norte, colorau no Brasil e em Portugal. Seco. Na Espanha é chamado de *pimentón*.	Fresco: em saladas, entradas, legumes fritos em *ratatouille*. Refogado: acompanhando carnes. No vinagre: com picles. Em pó (de acordo com a origem): saladas brasileiras ou orientais, bolinho do diabo, *chilli* com carne, *goulash*, cuscuz, caldos de peixe e frutos do mar, molhos etc.
Rosmarinho, rosmaninho, rosmaninho ou alecrim (*Rosmarinus officinalis*)	Labiada da região Mediterrânea, cresce em dunas e costas. Cultivada em jardins.	Talos e flores.	Aperitivo obtido da destilação da planta em vinho moscado. Dá *bouquet* aos vinhos comuns. Aromatiza caça, peixes, carneiro, cordeiro e cabrito (sobretudo na Itália), presunto de Bayonne (França). É utilizado em sopas e guisados e pode ser incluído no *bouquet garni**. Flores: infusões.
Salsa (*Petroselinum* spp.)	Umbelífera oriunda da Sardenha, segundo Lineu, ou do leste do Mediterrâneo, de acordo com outros botânicos; é cultivada em jardins.	Folhas lisas ou crespas e talos.	Guarnição decorativa, sopas, base dos *bouquets garni**, peixes e croquetes, carnes, refogados, ensopados, caça, frutos do mar, molhos, omeletes, saladas.
Salva ou sálvia (*Salvia officinalis*)	Planta espontânea nativa das costas secas do Mediterrâneo. Da família das labiadas, é cultivada em jardim e possui muitas variedades.	Ramos, secos ou frescos.	Composição do *bouquet garni**. Botões em salada. Ramos: ensopado de carneiro, porco assado, muito empregada na salsicharia alemã, além de em vinhos e cerveja. Pode substituir a canela no vinho quente. Muito utilizada em molhos para massas. É utilizada em omeletes, carnes brancas e queijos na Europa, sendo essencial ao ganso de Natal. Infusão apreciada no extremo oriente.

(continua)

QUADRO GERAL DE ESPECIARIAS E AROMATIZANTES *(continuação)*

Nome	Origem	Apresentação	Utilização
Segurelha (*Satureja* spp.)	Da família das labiadas, é originária da região do Mediterrâneo. Existem mais de 30 variedades diferentes conhecidas.	Toda a erva seca ou fresca.	De sabor picante, lembra o tomilho, é utilizada no *bouquet garni**. Condimenta linguiças e recheios e é tradicionalmente usada na França, Suíça e Alemanha como tempero para feijões e ervilhas. Combina com verduras, legumes, peixe, fígado e ovos. O vinagre é indicado para maioneses, vinagretes e outros molhos para saladas.
Tomilho (*Thymus vulgaris*)	Da família das labiadas, é originário da região Mediterrânea, particularmente Portugal e Espanha, sendo utilizado desde a antiguidade. Cultivado em terras leves e pedregosas. É conhecido como uma das ervas da Provença (França).	Folha aromática usada fresca ou seca.	Composição dos *bouquets garni** para carnes, embutidos, sopas, ensopados, sopas de peixe, marinadas para caça. Dá sabor a galantinas, salmouras e ao pão assado em forno aquecido com tomilho. Usado na Grécia Antiga para aromatizar vinhos. Entra na composição do licor *Bénédictine*. Erva de sabor bem marcante, não perde o sabor quando cozida.
Urucum ou urucu	Fruto do urucuzeiro, vermelho-salmão, inodoro.	Pó que dá cor a vários alimentos.	Participa da composição de queijos, óleos e risotos sem alterar seu sabor. Encontrado à venda com o nome de colorífico, é um ingrediente importante da moqueca de peixe típica do Espírito Santo.

* *Bouquet garni*: designa um ramalhete feito de ervas amarradas juntas, ou embrulhadas em um pedaço de musseline ou filó, de maneira que possam ser removidas ao final do preparo de um prato. Sua composição pode variar (salsa, tomilho, louro, entre outros).

Nota importante: para todos os aromatizantes, quando utilizados *in natura*, recomenda-se a lavagem das folhas e a imersão em solução clorada para torná-los inócuos.

12

Agentes bacterianos de toxinfecções

Pedro Manuel Leal Germano
Maria Izabel Simões Germano

INTRODUÇÃO

A biodiversidade é uma expressão significativa das características dos seres vivos que contribui para a diferenciação e seleção das espécies. No meio ambiente, estabelecem-se diferentes tipos de relações, geralmente entre duas espécies distintas, como descritas a seguir:

- Simbiose ou comensalismo, em que cada partícipe é capaz de proliferar, de modo independente, sem prejuízo para nenhum deles, mesmo que tenha havido algum tipo de proveito recíproco.
- Mutualismo, quando ambas as espécies interagem, resultando em benefício comum, caso da vitamina K2 ou menaquinona, obtida por meio da síntese que ocorre no organismo humano, a partir de bactérias intestinais, sobretudo a *Escherichia coli*, ou seja, nem o homem nem a bactéria podem viver isoladamente.
- Parasitismo, cujo significado se resume à exploração de um ser pelo outro, também denominado dependência unilateral, sendo os responsáveis mais comuns e frequentes reconhecidos como microparasitas (bactérias, protozoários, espiroquetas, vírus, micoplasmas, clamídias e fungos) e macroparasitas (helmintos e ácaros).
- Citofilismo, representado pela preferência de habitat que certos agentes exigem para a sua sobrevivência, como os vírus, as clamídias e as riquétsias, que são obrigatoriamente intracelulares, a *Salmonella typhi* que é facultativa, podendo ou não desenvolver-se dentro das células ou, ao contrário, o *Streptococcus* spp., que não sobrevive no interior das células.

Os micro-organismos que melhor se adaptam ao homem são os simbióticos, uma vez que protegem seus hospedeiros da invasão por agentes patogênicos, pela competição pelos mesmos nutrientes (interferência) e receptores das células do hospedeiro (tropismo), produção de bactericinas ou substâncias antimicrobianas (interferência) e fatores imunológicos (anticorpos naturais).

As bactérias patogênicas, por sua vez, utilizam vários mecanismos para atingirem seu habitat natural, aproveitarem as reservas metabólicas de seu hospedeiro, se reproduzirem, se disseminarem pelos organismos parasitados e serem eliminadas, para atingir novos hospedeiros, de modo a garantir sua perpetuação no ambiente. Nessa luta, a bactéria pode destruir o hospedeiro ou ser destruída pela ação das barreiras imunológicas. Mas ainda pode conviver em latência (sem se manifestar) ou ser depurada (eliminada), podendo, em sua evolução, ser responsável por sequelas de intensidade variável, com reflexos anatomofuncionais, como a síndrome de Guillain-Barré, provocada pelo *Campylobacter jejuni*.

As diarreias de natureza infecciosa, principalmente aquelas provocadas por agentes bacterianos, constituem um dos mais importantes problemas de saúde pública de repercussão mundial e continuam a representar a principal causa de óbito entre crianças que habitam países em desenvolvimento. Essas patologias fazem parte das denominadas doenças transmitidas por alimentos (DTAs), que ao lado das doenças de veiculação hídrica são responsáveis pelas elevadas taxas de mortalidade populacional, sobretudo nas regiões com condições precárias de saúde, educação e saneamento.

Todos os alimentos destinados ao consumo humano – dos vegetais às mais refinadas iguarias de origem animal, como o caviar e os queijos – raramente são obtidos em estado estéril ou descontaminado.

As DTAs são indistintamente referidas como envenenamentos alimentares, sejam causadas por agentes biológicos ou químicos. Entre as causas de origem química podem ser apontadas principalmente as plantas tóxicas, os metais pesados presentes ou lançados no ambiente e os resíduos de pesticidas utilizados nas práticas agropecuárias, além dos antibióticos e substâncias hormonais utilizados largamente nas criações animais.

Os envenenamentos alimentares de origem biológica podem ser divididos em:

- Intoxicações, quando resultam da ingestão de uma exotoxina secretada por células microbianas durante o processo de multiplicação em um alimento.
- Infecções, quando resultam da ingestão de células microbianas intactas, presentes no alimento, que prosseguiram o processo de desenvolvimento no trato intestinal.

No caso das intoxicações alimentares, as toxinas absorvidas atingem diretamente um alvo particular; por exemplo, o intestino (enterotoxina) ou o sistema nervoso (neurotoxina). Os sintomas das intoxicações variam desde acessos de vômitos e diarreia (intoxicação estafilocócica) até o comprometimento grave da função muscular (botulismo).

Nas infecções de origem alimentar, os micro-organismos podem infectar a superfície intestinal ou invadir o intestino e outras estruturas do organismo dos hospedeiros. A maioria das infecções alimentares manifesta-se por diarreia de grau variável e desconforto abdominal. É importante considerar que esses sintomas podem ocorrer às expensas de toxinas microbianas liberadas no intestino do hospedeiro durante a fase de seu desenvolvimento nos tecidos invadidos.

Com base nesses aspectos teóricos, eminentemente científicos, na prática da clínica médica, bem como na de outras atividades relacionadas com a epidemiologia dessas doenças (Quadro 12.1), utiliza-se a denominação única de toxinfecção alimentar para caracterizar um quadro gastroentérico causado por micro-organismos patogênicos veiculados por um determinado tipo de alimento. Isso é importante, pois no início de uma manifestação clínica dessa natureza é difícil, apenas apoiado no quadro clínico, diferenciar uma infecção de uma intoxicação. Quase sempre após uma investigação mais precisa das circunstâncias que envolveram o episódio, ou a partir dos resultados laboratoriais dos exames nos doentes ou em amostras de restos de alimentos suspeitos, é possível concluir definitivamente o diagnóstico: infecção ou intoxicação alimentar.

No contexto da vigilância sanitária de alimentos, as toxinfecções ocupam lugar de destaque por causa do grande número de micro-organismos envolvidos, da diversidade de períodos de incubação, da variabilidade dos quadros clínicos e, principalmente, da elevada quantidade de produtos de origem animal ou vegetal que podem veicular esses agentes.

BACILLUS CEREUS

O *B. cereus*, como micro-organismo causador de toxinfecções alimentares, é de recente reconhecimento no mundo científico. Assim, os primeiros surtos, caracterizados por diarreia aquosa iniciada 8 a 16 horas após a ingestão do alimento contaminado, foram descritos na década de 1950, embora o agente tenha sido isolado e descrito somente em 1887. Apenas 20 anos depois, confirmou-se a existência de outra síndrome, com período de incubação de 30 minutos a 5 horas, caracterizada por náuseas e vômitos.

Como esse micro-organismo encontra-se amplamente disseminado na natureza e pode ser encontrado em uma variedade muito grande de produtos de origem animal e vegetal, a incidência de casos em saúde pública é estimada em até 25% do total de surtos de DTAs registrados em âmbito mundial. Todavia, acredita-se que a subnotificação também seja alta em razão das características da manifestação clínica, comum a outros micro-organismos, e da evolução rápida para a cura, na grande maioria dos casos em 12 a 24 horas.

O *B. cereus* apresenta notável capacidade para sobreviver em condições ambientais estressantes. Assim, a presença desse micro-organismo em instalações industriais e comerciais de alimentos é preocupante, pois favorece a contaminação cruzada no ambiente de trabalho, sobretudo a observada entre superfícies não higienizadas e manipuladores sem treinamento adequado.

Aspectos gerais

O agente é um bacilo Gram-positivo, aeróbio facultativo, formador de esporos e produtor de uma exoenterotoxina. Sua diferenciação com outras espécies de Bacillus ocorre por causa de sua motilidade e atividade hemolítica.

A síndrome diarreica é provocada por uma proteína de elevado peso molecular (50 kDa), passível de inativação a 56°C por 5 minutos, instável em pH inferior a 4 e superior a 11, e temperatura ótima de 32 a 37°C. A síndrome emética, por sua vez, é atribuída a uma proteína de baixo peso molecular (inferior a 5 kDa), termoestável a 126°C por 90 minutos, sem perda da estabilidade entre pH 2 e 11, e temperatura ótima de 25 a 30°C.

Em um alimento, a presença de quantidades de *B. cereus* superiores a 10^6 organismos/g é um indício de multiplicação do agente e constitui um fator de elevado risco à saúde. É durante a fase exponencial de multiplicação do micro-organismo no alimento que são produzidas as toxinas entérica e emética, além da fosfolipase e das hemolisinas I e II.

Reservatórios

O agente encontra-se amplamente distribuído na natureza. É isolado com relativa frequência do solo, das poeiras, da água, dos sedimentos, da vegetação, das colheitas de cereais e dos pelos de animais.

No Brasil, em Minas Gerais, trabalho realizado em unidade de alimentação e nutrição evidenciou a presença do micro-organismo em 27% das superfícies de 24 bancadas utilizadas eventualmente para alimentos crus e cozidos, sobretudo as do setor de pré-preparo de vegetais. Esse estudo reforça a necessidade de higienização adequada, especialmente em locais onde a contaminação pode atingir alimentos prontos para consumo. Em São Paulo, em uma pesquisa sobre contaminação ambiental realizada em dois restaurantes institucionais, isolou-se o micro-organismo em 84,4% das amostras de ar ambiente e 44,8% das superfícies de bancadas e equipamentos, reforçando a importância do risco de contaminação de alimentos a partir dessas fontes. Essa elevada disseminação significa que o *B. cereus* é um componene habitual da flora intestinal temporária do homem.

Epidemiologia

Levantamentos estatísticos indicam que a incidência dos surtos provocados pelo *B. cereus* tem diminuído consideravelmente em todo o mundo, sobretudo em comparação com outros agentes de toxinfecções. As razões apontadas para essa diminuição são inúmeras e referem desde a melhoria das práticas de higiene nos estabelecimentos de produção de refeições e indústrias de alimentos, passando pela diminuição da contaminação das especiarias até a simples falta de notificação dos surtos.

A intoxicação por *B. cereus* apresenta distribuição mundial. A contaminação inicial dos alimentos ocorre por meio dos esporos, nos alimentos preparados ou sobras alimentares, mantidas entre 10 e 50°C; há germinação e posterior multiplicação bacteriana. A toxinfecção ocorre por ingestão de alimentos que contenham células vegetativas de *B. cereus*, as quais no intestino do homem produzem a enterotoxina responsável pelo quadro diarreico. Por outro lado, a toxina emética é produzida durante a fase estacionária de multiplicação.

Na década de 1980, nos Estados Unidos, foram notificados 17 surtos de toxinfecção alimentar causados por *B. cereus* que envolviam alimentos como carne bovina, peru e comidas mexicanas, além de refeições à base de arroz e mariscos.

Alimentos envolvidos

A síndrome diarreica está associada a uma longa lista de alimentos, entre os quais se incluem produtos cárneos, pescados, hortaliças, leite e derivados, cremes, sopas e molhos, além de purê de batatas e saladas de legumes. Ervas secas e especiarias utilizadas como condimentos são apontadas como a origem da contaminação dos alimentos por esporos do *B. cereus*.

A síndrome emética está relacionada com produtos amiláceos e cereais, em especial o arroz. Esse alimento preparado em grandes quantidades contém os esporos termorresistentes do agente, os quais sobrevivem à pré-cocção e germinam, multiplicam-se e produzem toxina emética durante o tempo de reserva ou armazenamento quando mantidos entre 10 e 50°C. O posterior reaquecimento não é capaz de inativar a toxina produzida. Os surtos verificados com arroz cozido estão diretamente relacionados com restaurantes orientais, daí a manifestação da doença ter recebido a denominação "síndrome dos restaurantes chineses".

A capacidade de formar esporos assegura ao agente a possibilidade de sobreviver durante as diferentes etapas de processamento dos alimentos: em circunstâncias normais o *B. cereus* é encontrado em concentrações inferiores a $10^2/g$. Nessas quantidades, o agente pode ser considerado inócuo, uma vez que se estima em mais de 10^5 micro-organismos/g a dose infectante.

Os alimentos prontos para consumo e os vegetais minimamente processados, em particular, são também fontes consideráveis de contaminação para a população. Assim, em Taiwan, 48,9% das amostras analisadas de produtos prontos para o consumo estavam contaminadas com o *B. cereus*. O mesmo observou-se com esses tipos de produtos comercializados em diferentes localidades no Brasil, sendo registrado, no Recife, 19,2% e, em São Paulo, 12,5% de amostras contaminadas pelo patógeno. Em relação aos vegetais frescos, em amostras de hortaliças minimamente processadas, comercializadas em supermercados de Belo Horizonte e Campinas foram identificadas 33,3% de casos positivos para *B. cereus*. Estudo com diferentes tipos de arroz, adquiridos na cidade de Viçosa, revelou que 100% das amostras de arroz integral estavam contaminadas com o micro-organismo, contra 50% do arroz polido.

Características

A multiplicação do *B. cereus* ocorre entre 4 e 55°C, sendo de 30 a 40°C o intervalo ótimo para desenvolvimento, sempre na dependência das cepas consideradas. Do mesmo modo, no que se refere ao pH, o agente consegue se desenvolver em valores mínimos, de 6 a 5, dependendo do acidulante do substrato, e suporta até um máximo de 8,8, sendo de 6 a 7 o ótimo. O efeito da atividade aquosa (*water activity* = aw) não está plenamente documentado, por causa das diferenças observadas entre as cepas e da diversidade de substâncias químicas adicionadas aos substratos, como cloreto de sódio, ácido sórbico, sorbato de potássio, entre outros. Mesmo assim, tem-se a aw mínima como 0,93.

A resistência dos esporos do *B. cereus* é similar à da maioria das bactérias mesofílicas formadoras de esporos e constitui foco de atenção por parte da indústria de alimentos. A termorresistência dos esporos é muito variável, pois depende da cepa envolvida; assim, com valor D a 95°C, o tempo de redução decimal necessário para destruir 90% dos micro-organismos em tampão de fosfato varia de 1 a 36 minutos. Contudo, no caso particular de cepas termorresistentes, um experimento realizado no Japão utilizando coalhada de soja contaminada com esporos do *B. cereus*, com técnica de aquecimento a 70°C, por 20 minutos, seguida de um intervalo de 1,5 a 2 horas a 35°C, mostrou eficiência no controle de esporos do patógeno, sem provocar diferenças substanciais de sabor no produto, antes e depois do tratamento a 70°C, conforme foi demonstrado pela cromatografia a gás.

No estado do Maranhão, uma pesquisa realizada com leite em pó obtido no comércio varejista revelou que das 75 amostras do produto 13 (17,3%) foram positivas para bactérias do grupo *B. cereus*, sendo 3 (4%) com nível de contaminação superior ao máximo permitido pela legislação; portanto, inadequadas para o consumo.

A atividade patogênica do *B. cereus* é atribuída à produção de lecitinase B, amina biogênica, hemolisina e, sobretudo, da enterotoxina. Em princípio, duas toxinas, uma agindo sobre a porção superior do trato digestivo (síndrome emética) e outra sobre o intestino (síndrome diarreica).

Pessoas expostas

Dado o elevado grau de disseminação ambiental do *B. cereus*, é correto concluir que a população em geral está permanentemente exposta ao agente e suscetível à toxinfecção, uma vez que não existe nenhuma resposta imune à presença do agente no organismo do hospedeiro que possibilite resistência a infecções subsequentes.

Quadro clínico

Na forma diarreica, os sintomas iniciam-se 8 a 16 horas após a ingestão de grande número de células ou toxina presentes no alimento contaminado. A diarreia aquosa profusa é o sinal mais característico, acompanhada de dores abdominais e náuseas, assemelhando-se à infecção clostridiana. A evolução favorável do quadro clínico ocorre em 12 a 24 horas. Essa síndrome, causada por grande variedade de alimentos, tanto pelo consumo de produtos crus como pela utilização de condimentos contaminados, tem sido registrada com mais frequência na Bulgária, na Finlândia, na Hungria e na Noruega.

Na síndrome emética, o período de incubação varia de apenas 30 minutos até 6 horas, com predomínio de náuseas e vômitos, embora ocasionalmente possam registrar-se episódios de diarreia e/ou cólicas abdominais com duração máxima de 24 horas, assemelhando-se à intoxicação estafilocócica. Nos países asiáticos, onde é frequente o consumo de arroz, a incidência dessa síndrome é comum.

É importante considerar que um mesmo alimento pode apresentar contaminação por cepas produtoras de toxinas do patógeno, responsáveis pelos quadros emético e diarreico, concomitantemente.

Apesar de complicações específicas associadas às toxinas diarreicas e eméticas produzidas pelo *B. cereus* não se registrarem de modo habitual, algumas manifestações clínicas dignas de nota foram observadas, como infecções piogênicas graves e sistêmicas, gangrena, meningite séptica, celulite, panoftalmite, abscessos pulmonares, endocardite e até mesmo óbitos infantis.

Diagnóstico

A manifestação clínica dos pacientes – diarreia aquosa profusa ou vômitos – pode ser confundida com a de outras toxinfecções alimentares, notadamente a infecção por *Clostridium perfringens* (síndrome diarreica) e a intoxicação estafilocócica (síndrome emética), o que dificulta o diagnóstico clínico. Porém, ao se considerar a evolução benigna da doença, o período de incubação e, sobretudo, o tipo de alimento envolvido no surto, é possível diagnosticar a toxinfecção por *B. cereus*.

O isolamento seletivo e a identificação do micro-organismo em alimentos suspeitos e fezes ou vômitos dos doentes é o procedimento que permite a confirmação diagnóstica.

Tratamento

Para a maioria dos pacientes, tudo o que é necessário consiste no tratamento de suporte, geralmente à base de antiespasmódicos, antidiarreicos e, sobretudo, soluções hidratantes. Uma medida salutar para grupos de risco consiste em aconselhar sua permanência no leito com a troca sistemática dos lençóis e facilidade para acesso ao banheiro, para aqueles que podem se locomover.

Solução oral contendo carboidratos ou glicose a 2% e 50 a 90 mEq/L de sódio, é altamente recomendada para prevenir a desidratação ou mesmo tratar aquela de média intensidade, em pacientes acima de 5 anos de idade. Dieta hídrica – caldos de legumes, carne ou de frango – é indicada mesmo na síndrome emética, quando o paciente deve receber, repetidamente, mínimas porções desses alimentos. Em casos especiais a reidratação deve ser realizada por via intravenosa.

As crianças são mais suscetíveis à desidratação e devem receber essas soluções o mais prontamente possível, sendo que algumas delas estão disponíveis comercialmente. Antibióticos são desaconselhados, pois são ineficazes nos casos de gastroenterites tóxicas.

Controle

O cozimento em temperaturas apropriadas e o pronto consumo dos alimentos ainda quentes são procedimentos que lhes conferem segurança. Na maioria dos alimentos cozidos por vapor sob pressão, fritos, grelhados e assados, geralmente as células vegetativas são destruídas, assim como é provável que o mesmo tenha ocorrido com os esporos, desde que a temperatura tenha atingido mais de 100°C. Portanto, as principais medidas de controle apoiam-se no tratamento térmico dos alimentos durante o preparo e, sobretudo, durante sua armazenagem. Desse modo, o resfriamento deve ser rápido, evitando-se o armazenamento de grandes blocos de alimento, e a manutenção deve ocorrer abaixo dos 4°C ou, se a conservação for pelo calor, a temperatura deve ser mantida acima dos 60°C. O reaquecimento deve ser realizado em temperatura acima de 72°C.

CAMPYLOBACTER SPP

Atualmente, a campilobacteriose é classificada dentro do contexto das doenças emergentes de origem alimentar, tendo sido reconhecida como de importância em saúde pública apenas a partir de 1970, estando associada ao consumo de leite cru ou insuficientemente pasteurizado. É também um patógeno encontrado com relativa facilidade como contaminante de carcaças ou retalhos de aves.

O gênero *Campylobacter* compreende inúmeras bactérias patogênicas para o homem, sendo a mais importante delas o *C. jejuni*, isolado com frequência em pessoas com quadros de gastroenterite. Essas bactérias, no início do século XX, estavam agrupadas no gênero Vibrio, em que se destacavam patógenos responsáveis por diferentes patologias abortivas em ovinos e bovinos. Em razão das diferenças bioquímicas e sorológicas observadas entre os principais componentes do grupo, foi proposta sua separação e a criação de um novo gênero na década de 1960. Na década seguinte, com o desenvolvimento de meios de cultura seletivos mais apropriados, foi possível demonstrar que os *Campylobacter spp.* eram uma causa frequente de doenças diarreicas no homem, tão comum como as *Salmonella* spp. e *Shigella* spp.

Aspectos gerais

O *C. jejuni*, de acordo com levantamentos estatísticos, é responsável por até 90% dos casos de campilobacteriose, enquanto o *C. coli* não excede 5% dos casos de infecção no homem, embora isso dependa da região considerada. O *C. laridis*, por sua vez, tem sido isolado ocasionalmente dos pacientes.

A dose infectante do *C. jejuni* é variável, dependendo do grau de higidez dos acometidos, da suscetibilidade individual, da virulência da cepa e do tipo de alimento veiculador do agente. De modo geral, acredita-se que a ingestão de 500 a 800 células bacterianas no leite seja suficiente para causar a doença.

A bactéria adere à mucosa da porção terminal do intestino delgado, íleo, próximo à junção com o cólon; multiplica-se e produz uma enterotoxina citotóxica, provocando diarreia aquosa profusa semelhante à da cólera. Quando a invasão ocorre no intestino grosso, cólon e reto, a diarreia pode ser sanguinolenta. A grande maioria das cepas de *C. jejuni* e *C. coli* provenientes de material animal ou humano produz citotoxina, a qual pode ser responsável pelas lesões hemorrágicas da mucosa intestinal.

Reservatórios

O *C. jejuni* é uma bactéria comensal do trato gastrointestinal de grande variedade de animais silvestres e domésticos, particulamente os utilizados para a alimentação do homem, como bovinos, caprinos, ovinos, suínos e aves. Entre estas últimas, destacam-se galinhas, patos, perus e pombos, com 30 a 100% de ocorrência. O *C. lari* integra a flora intestinal de aves aquáticas, enquanto o *C. coli* é mais comum em suínos. Os animais de estimação – cães e gatos – também podem ser reservatórios do agente para os seus proprietários, e o risco de transmissão aumenta à medida que o contato torna-se mais íntimo.

No Brasil, em 2002, no estado de São Paulo, foi investigada a presença de *C. jejuni* nas diferentes etapas da linha de abate durante o processamento industrial de um abatedouro avícola de pequeno porte, registrando-se o isolamento do agente em 26,6% das amostras de água do tanque de escaldamento, em 61,3% da água de lavagem das carcaças após a evisceração, em 36% das carcaças pós-evisceração, em 42% das fezes frescas obtidas na plataforma de recebimento dos frangos, em 38% de fígado e em 38% das penas colhidas após a depenação, o que demonstra a importância do patógeno para a saúde pública. Por outro lado, no ano de 2005, pesquisa realizada com carcaças e cortes de frangos provenientes de abatedouros evidenciaram 6,8% (5/74) de amostras positivas para C. *jejuni* pela técnica de Reação de Polimerase em Cadeia (PCR).

Deve-se destacar que todos os reservatórios animais, e mesmo o próprio homem, contribuem decisivamente para a contaminação dos suprimentos de água, sobretudo quando as condições de saneamento ambiental são precárias. O mesmo aplica-se para as indústrias de alimentos e unidades de preparação de refeições, em que as boas práticas de fabricação apresentam falhas.

Epidemiologia

O C. *jejuni* é apontado como causador de enterocolite em vários países do globo, inclusive no Brasil. A transmissão ocorre por contato direto com animais infectados ou doentes, ou de modo indireto, mediante a ingestão de água, leite e produtos cárneos. Ocorre também o contato sexual por meio da via anal-oral.

As águas superficiais dos rios, lagos e mesmo do mar junto à costa apresentam contagens elevadas da bactéria, acima de 230/100 mL das amostras, como observado em algumas investigações, ocorrendo os picos no fim do outono e inverno, particularmente nos países do hemisfério norte. É importante lembrar que os Campylobacter spp. podem sobreviver durante quatro semanas, ou mais, em águas geladas, a 4°C.

O maior surto registrado nos Estados Unidos, envolvendo 2 mil pessoas, foi consequente ao consumo de água não clorada fornecida temporariamente pelo serviço de abastecimento municipal. Casos de campilobacteriose são observados em crianças, após viagens escolares de recreação a fazendas onde consumiram leite cru. Outros surtos comprovaram que a toxinfecção era causada pelo consumo de carne de frango mal passada, pela recontaminação da carne de frango – contaminação cruzada – ou mesmo pelo simples manuseio de aves. O consumo de mariscos crus também foi apontado como origem de um surto da infecção.

Nos Estados Unidos, a campilobacteriose constitui a doença diarreica mais comum, ocorrendo como casos isolados e esporádicos. Assim, apesar das dificuldades da vigilância, 10 mil casos são notificados por ano ao Center for Disease Control and Prevention (CDC). As autoridades norte-americanas estimam que a campilobacteriose afete 2 milhões de pessoas a cada ano. Mesmo não sendo uma bactéria potencialmente letal, as autoridades de saúde pública acreditam que ela possa ser responsável por 500 óbitos por ano.

Alimentos envolvidos

O leite cru ou insuficientemente pasteurizado é o alimento apontado com mais frequência como responsável por surtos de campilobacteriose, o que também se aplica para os produtos derivados. A contaminação do leite pode ser de origem fecal, por causa de problemas com a higiene da ordenha, ou proveniente de mastite provocada pelo agente. O animal infectado pode produzir leite contaminado por até 12 semanas.

As carnes de aves, sobretudo as comercializadas em pedaços (retalhadas), atualmente ocupam lugar de destaque em saúde pública na transmissão da infecção, pois estima-se em 100% o nível de contaminação dessas matérias-primas, o qual é muito superior ao das carnes vermelhas, embora haja relatos da presença do agente em carne moída crua (hambúrguer). A contaminação é maior nas peças refrigeradas que nas carcaças congeladas. Por outro lado, as gemas de ovos também podem veicular os *Campylobacter* spp.

A ingestão de água não clorada, obtida a partir de mananciais contaminados e distribuída via rede de abastecimento para a população, sem tratamento prévio, tem sido responsável por surtos de campilobacteriose de grandes proporções, atingindo centenas de pessoas. É importante ressaltar que as gemas de ovos e as carnes em geral propiciam melhores condições de sobrevivência para a bactéria do que o leite e a água.

Características

Os *Campylobacter* spp. são bacilos Gram-negativos não esporogênicos, oxidase--positivos, espiralados, muito finos e compridos, de rápida mobilidade. As diferenças entre as espécies são baseadas em testes bioquímicos. Exigem baixa tensão de oxigênio para a multiplicação, por serem microaerófilos. A atmosfera ideal é a que contém 5 a 10% de oxigênio e 3 a 5% de gás carbônico. São sensíveis ao pH ácido, menor que 4,9, e à desidratação, a a_w ideal é de 0,997.

Todas as espécies do agente desenvolvem-se a 37°C, a temperature ótima é de 42 a 43°C, sendo a mínima de 32°C e a máxima de 45°C. Não são capazes de se multiplicar abaixo dos 28°C e não conseguem se adaptar à temperatura ambiente. As temperaturas de cocção e pasteurização são letais para as células bacterianas. Não se multiplicam em meios com 2% de cloreto de sódio entre 30 e 35°C. As temperaturas de −15 a −70°C são prejudiciais para o desenvolvimento do micro-organismo, registrando-se diminuição do número de células viáveis em até 10^{-5} vezes, já no primeiro dia de congelamento.

Os *Campylobacter* spp. sobrevivem melhor nos alimentos resfriados que naqueles congelados ou mantidos em temperatura ambiente. A irradiação de alimentos, por ultravioleta ou raios gama, inativa com facilidade a bactéria.

Pessoas expostas

Qualquer indivíduo pode contrair a campilobacteriose, contudo são particularmente sensíveis à infecção as crianças menores de 4 anos, os jovens entre 15 e 24 anos, os idosos e os imunocomprometidos. Os manipuladores de alimentos constituem outro grupo de risco, pois podem se infectar nas operações de corte de carnes, ao levar as mãos contaminadas à boca.

Quadro clínico

O período de incubação varia de 2 a 5 dias, mas pode durar até dez. Os sintomas prodrômicos são semelhantes aos da gripe, duram mais ou menos um dia e caracterizam-se por febre, cefaleia, mal-estar e dores musculares. A seguir aparecem diarreia aquosa ou mucosa, podendo ser acompanhada de sangue, cólicas e vômitos. A doença pode se estender por duas semanas, mas geralmente ao final de 6 dias o paciente consegue se recuperar. Embora a maioria das infecções seja autolimitante, são comuns as recidivas do quadro clínico. Nos pacientes com bacteremia, pode haver risco de vida.

Nos indivíduos com campilobacteriose, o material diarreico, na maioria das vezes, apresenta odor pestilento, é eliminado em grande quantidade e contém quantidade variável de células bacterianas, da ordem de 10^6 a 10^9/g.

A longo prazo, sérias complicações pós-infecção podem se manifestar, entre as quais se incluem: apendicite, colecistite, pancreatite e edema do cólon, o qual pode provocar o impedimento do trânsito intestinal. São relatadas também manifestações de artrite. O *C. jejuni* está intimamente associado à síndrome de Guillain-Barré, doença caracterizada por extenso comprometimento dos tecidos do sistema nervoso, uma vez que se evidenciou que mais da metade dos pacientes com essa sintomatologia tiveram, anteriormente, campilobacteriose.

Diagnóstico

O isolamento da bactéria a partir dos pacientes e dos alimentos suspeitos constitui o método mais adequado para diagnosticar a campilobacteriose. Todavia, dadas as características do agente, notadamente em relação aos meios de cultura e suas características particulares para desenvolvimento, é necessário que o material suspeito seja encaminhado para laboratórios qualificados, a fim de evitar resultados falsos-negativos.

Tratamento

A remissão de muitas das infecções gastroentéricas causadas pelo *Campylobacter* spp. são espontâneas, contudo, nos casos de maior dificuldade de recuperação do paciente recomenda-se a administração de eritromicina, durante 5 dias.

Controle

A primeira medida que se impõe é o controle da qualidade da água de abastecimento, sobretudo a que será utilizada na preparação de alimentos, devendo ser tratada de modo adequado com cloro. As superfícies onde os alimentos serão preparados devem estar limpas e desinfetadas com produtos clorados, do mesmo modo que os utensílios.

Todas as matérias-primas de origem animal devem ser manipuladas de modo a evitar a contaminação cruzada entre alimentos crus e preparados. Os alimentos devem ser mantidos à temperatura de refrigeração ou acima dos 50°C até serem servidos. O congelamento é um método eficaz de destruição da bactéria, assim como a cocção dos alimentos.

Deve-se evitar o consumo de alimentos crus, incluindo carnes, ovos e leite. A higiene pessoal é um fator importante, principalmente o hábito de lavar as mãos antes e depois da manipulação de alimentos. Atenção especial deve ser dada às crianças em suas relações com animais de estimação, obrigando-as a lavar as mãos cuidadosamente antes das refeições.

CLOSTRIDIUM BOTULINUM

O botulismo é uma intoxicação alimentar provocada pelo *Clostridium botulinum* de extrema gravidade e evolução aguda. Caracteriza-se por distúrbios digestivos e neurológicos em consequência da ingestão de diversos tipos de alimentos, embutidos ou enlatados, de origem animal ou vegetal, insuficientemente esterilizados ou conservados em substratos com pH superior a 4,6. Nesses alimentos, há condições adequadas para o agente produzir uma potente neurotoxina capaz de levar os intoxicados ao óbito.

Aspectos gerais

O agente etiológico do botulismo é o *Clostridium botulinum*, encontrado no solo, nos sedimentos aquáticos e no intestino de herbívoros e peixes. Embora presente no solo, propiciando a contaminação de inúmeros produtos agrícolas, e amplamente distribuído na natureza, o nível de contaminação é baixo.

As células vegetativas do *C. botulinum*, em condições de anaerobiose, produzem esporos ovais ou esféricos que com frequência dilatam a parede celular. A germinação dos esporos também exige anaerobiose estrita e pH superior a 4,6 para que haja produção de toxinas.

Existem oito tipos de *C. botulinum*, classificados como A, B, Cα, Cβ, D, E, F e G, com base na especificidade antigênica de suas toxinas. Os tipos A, B, E e F são responsáveis por surtos de botulismo no homem, enquanto os tipos A, B, Cα, Cβ, D e E provocam doenças nos animais. Com o tipo G não houve registro de surtos em animais; experimentalmente, produziu intoxicação fatal em camundongos.

As células vegetativas de todos os tipos de *C. botulinum* são destruídas rapidamente pelas temperaturas de pasteurização e cocção culinária. As toxinas botulínicas são as mais ativas que se conhece, podendo determinar a morte, mesmo em quantidades ínfimas, como 0,1 a 1 mg. Por esse motivo, muitos países têm considerado sua produção para fins estratégicos como arma biológica. Essas toxinas são termolábeis e a temperatura necessária para sua destruição depende do tipo considerado; de modo geral, a 80°C a destruição ocorre entre 10 e 30 minutos; e a 100°C são necessários 3 minutos. Em saúde pública, para efeito de campanhas de esclarecimento sobre o risco da intoxicação botulínica, recomenda-se a temperatura de 100°C, por no mínimo 10 minutos.

Reservatórios

Na natureza, mamíferos, aves e peixes são os principais reservatórios do agente. Estão envolvidos na cadeia de transmissão o solo e as águas, sobretudo as estagnadas.

A contaminação dos alimentos ocorre pelas fezes de animais, pelo contato com o solo contaminado ou mesmo pela água utilizada para sua higienização ou seu preparo.

Epidemiologia

Apresenta distribuição mundial (Quadro 12.1), ocorrendo com maior frequência no hemisfério norte, porém a incidência é baixa, por causa do aprimoramento tecnológico das indústrias de alimentos. Particularmente no Brasil, o botulismo tem sido considerado de ocorrência rara e, na maior parte das vezes, colocado em dúvida quanto à veracidade das informações disponíveis. Os episódios maiores deveram-se à conserva caseira de peixe e patê de galinha industrializado. Porém, entre 1997 e 1999, ocorreram três casos indiscutíveis no país, todos com origem no consumo de palmito importado da Bolívia.

Na Argentina, a análise de 240 amostras de solo, originárias da Província de Entre Rios, evidenciou que 35 (17,6%) resultaram positivas para clostrídios produtores de toxina botulínica.

Nos Estados Unidos, de acordo com as autoridades de saúde, são registrados anualmente 100 casos de botulismo: 25% são de origem alimentar; o botulismo infantil corresponde a 75% desses casos e 5% têm origem em feridas contaminadas.

Quadro 12.1 Toxinas do *C. botulinum* segundo tipos, espécies afetadas, modos de veiculação e distribuição geográfica.

Tipos	Espécies mais afetadas	Veiculação mais comum	Distribuição geográfica
A	Homem (além de ferimentos e botulismo infantil); galinhas ("pescoço flácido – *limberneck*").	Conservas domésticas de frutas, vegetais, carnes e pescado.	Partes da América do Norte e da antiga URSS.

(continua)

Quadro 12.1 Toxinas do *C. botulinum* segundo tipos, espécies afetadas, modos de veiculação e distribuição geográfica. (*continuação*)

Tipos	Espécies mais afetadas	Veiculação mais comum	Distribuição geográfica
B	Homem (além de ferimentos e botulismo infantil); equinos e bovinos.	Carnes preparadas, especialmente produtos de origem suína.	América do Norte, antiga URSS e Europa (cepas não proteolíticas).
Cá	Aves aquáticas (*Western duck sickness*).	Vegetação podre dos pântanos alcalinos; invertebrados.	Américas do Norte e do Sul, África do Sul e Austrália.
Câ	Gado (*Midland cattle disease*); equinos ("envenenamento das forragens").	Alimentos tóxicos, carne podre, fígado de porco.	América do Norte, Europa, África do Sul e Austrália.
D	Gado (*lamziekte*).	Carne podre.	África do Sul e Austrália.
E	Homem; peixes.	Produtos marinhos e pescado.	Norte do Japão, Columbia Britânica, Labrador, Alasca, Grandes Lagos, Suécia, Dinamarca, antiga URSS, Oriente Médio (Egito e Irã).
F	Homem (além do botulismo infantil).	Produtos cárneos.	Américas do Norte e do Sul, Dinamarca e Escócia.
G[1]	Desconhecidas – homem?	Solo.	Argentina.

[1] *Clostridium argentinense*
Fonte: ICMSF (1996).

No Brasil, de 1999 a 2005, foram registrados onze casos de botulismo, oito deles no estado de São Paulo, de acordo com a Secretaria de Vigilância em Saúde (SVS), do Ministério da Saúde e do Centro de Vigilância Epidemiológica, da Secretaria de Estado da Saúde.

Alimentos envolvidos

Ao longo da história, os produtos de origem animal têm sido envolvidos com relativa frequência em surtos de botulismo, destacando-se entre eles os embutidos, como salsichas, salames, presuntos, chouriços e patês. Derivados de leite, enlatados e queijos, bem como produtos fermentados, também são passíveis de provocar a intoxicação. O mesmo sucede com os peixes em conserva ou defumados e com produtos vegetais como palmito, espinafre, aspargos, cogumelos, milho, vagens, figos, azeitonas e ervilhas. No caso particular do mel, são suscetíveis apenas as crianças com menos de um ano.

As conservas artesanais ou caseiras constituem o maior risco para o homem em razão dos procedimentos inadequados para sua preparação. As conservas industriais, elaboradas em empresas com rigor tecnológico, representam um perigo mínimo em saúde pública, embora não estejam totalmente isentas de risco.

Os esporos contidos no alimento mal processado germinam, dando origem às formas vegetativas, que se multiplicam e produzem a toxina botulínica. No entanto, determinados fatores podem impedir a produção da toxina, como teores de umidade inferiores a 30%, que impedem sua produção, da mesma forma que o pH abaixo de 4,6 e concentrações de cloreto de sódio superiores a 8%.

Características

O *C. botulinum* é um bacilo Gram-positivo formador de endósporos, anaeróbio estrito, comum no solo e nas águas ambientais.

Os tipos A e B apresentam comportamento em meios de cultura e morfologia quase idênticos, mas produzem toxinas distintas do ponto de vista imunológico: as cepas do tipo A são proteolíticas, independente da origem geográfica, as do tipo B, isoladas na América do Norte, são proteolíticas, enquanto que na Europa foram isoladas duas cepas não proteolíticas. O tipo A é o mais tóxico e mais frequente no homem, embora o tipo B seja o mais difundido.

O tipo C, não proteolítico, é constituído pelas cepas Cá, que afetam as aves, e pela Câ, que atinge o gado. O tipo D, também não proteolítico, considerado o mais anaeróbio e, por isso, de difícil cultivo em laboratório, é encontrado nas forragens e atinge o gado, estando restrito à África do Sul e Austrália. Ambos os tipos são raros no homem.

O tipo E, não proteolítico, é bastante tóxico para o homem. Encontra-se nos peixes e a intoxicação é decorrente quase que exclusivamente do hábito de ingestão de peixe cru ou mal cozido, pois a toxina não suporta as temperaturas usuais de cocção. O tipo F é semelhante ao A e ao B, tendo sido isolado primeiramente na Dinamarca.

O tipo G está restrito à Argentina e, embora tenha sido isolado a partir de casos de morte súbita de adultos e crianças, o verdadeiro papel do agente nesses óbitos nunca foi esclarecido. Complementarmente, não foi possível, ainda, seu isolamento a partir de alimentos. Por não ter sido possível neutralizá-lo com nenhuma antitoxina do *C. botulinum*, monovalente ou polivalente, o agente foi reclassificado como *C. argentinense*.

Pessoas expostas

O espectro de alimentos passíveis de causar a intoxicação botulínica é amplo, por isso, qualquer pessoa, independentemente da idade e do estado de saúde prévio à ingestão de um produto contaminado, está exposta ao risco da doença. Aliado a esse fato, deve-se considerar que a dose infectante é ínfima, o que garante a intoxicação do indivíduo mesmo diante da ingestão de frações mínimas de um alimento contaminado.

O botulismo infantil registra-se em crianças menores de 12 meses de idade e ocorre às expensas da ingestão de esporos do *C. botulinum*, os quais germinam dando origem a células vegetativas que produzem a toxina, enquanto colonizam o trato digestivo (botulismo intestinal tóxico). Isso se deve ao fato de a microflora intestinal das crianças não ser capaz de impedir a colonização da bactéria. O mel tem sido o alimento mais implicado em casos de botulismo infantil, sendo considerado um dos reservatórios alimentares de esporos do *C. botulinum*, daí a recomendação de não ser ministrado a crianças com menos de um ano.

Quadro clínico

O homem intoxica-se após a ingestão de alimento contaminado com a toxina botulínica. A absorção da toxina ocorre nas porções superiores do intestino delgado, atingindo o sistema nervoso periférico via circulação sanguínea. Sua atividade neurotóxica é exercida tanto sobre o sistema nervoso autônomo como sobre o somático. Atua ainda impedindo a liberação de acetilcolina nas porções terminais das neurofibrilas. No entanto, tanto o cérebro como a medula espinal não são afetados. Quanto ao sistema neuromuscular, as paralisias podem afetar um único músculo ou grupos musculares.

O período de incubação do botulismo é muito variável, em média manifesta-se 1 a 2 dias após a ingestão do alimento contaminado, e o quadro clínico pode ser tão breve quanto duas horas ou tão longo quanto seis dias. Fraqueza, fadiga, vertigem, náuseas e vômitos são os primeiros sinais da intoxicação dependendo do tipo de toxina envolvida. Na evolução, os sintomas são originados no comprometimento do sistema nervoso que conduz a distúrbios:

- Oculares: midríase, diplopia, ptose e estrabismo.
- Secretórios: secura da boca, constrição faríngea, ausência de sudorese.
- Motores progressivos: diminuição da motricidade da língua, mastigação e deglutição difíceis, enfraquecimento dos músculos respiratórios e do diafragma, paralisia dos intestinos, da bexiga e dos esfíncteres.

O paciente mantém a percepção sensorial apesar da gravidade dos sintomas nervosos. Nos casos fatais, a morte pode ocorrer entre 3 e 10 dias, em 50 a 60% dos doentes, por paralisia do centro respiratório. Nos casos com remissão dos sintomas, podem persistir paralisias parciais por meses.

Outra forma clínica de botulismo em adultos é conhecida sem que haja identificação de um alimento específico ou de feridas, a qual é creditada à possibilidade de colonização intestinal do agente, com produção in vivo de toxinas.

Diagnóstico

O procedimento mais adequado consiste na pesquisa da toxina botulínica nos alimentos suspeitos, o que, na grande maioria das vezes, é praticamente impossível, pois ou não há sobras ou elas foram destinadas para o lixo.

Os pacientes suspeitos devem ser submetidos à colheita de soro sanguíneo, fezes e vômito para pesquisa da toxina. Nos casos de óbito, são importantes para efeito de diagnóstico o conteúdo estomacal e amostras de tecidos obtidos durante a autópsia. Qualquer que seja o material a ser pesquisado, basicamente procura-se preparar suspensões das amostras para subsequente inoculação em camundongos utilizando as antitoxinas botulínicas.

Tratamento

O sucesso do tratamento do botulismo está diretamente relacionado com o intervalo de tempo entre o diagnóstico e o início da terapêutica específica, que, por sua vez, depende das condições de suporte oferecidas pelo local em que o atendimento médico será realizado.

Assim, o tratamento deve ser conduzido em unidade hospitalar que disponha de terapia intensiva (UTI), para possibilitar, além de medidas de âmbito geral, aquelas que realizam monitorização cardiorrespiratória, ambas condutas de alta relevância na remissão da intoxicação botulínica. Por sua vez, a soroterapia específica com soro antibotulínico objetiva a eliminação da toxina circulante, impedindo que a mesma, uma vez na corrente sanguínea, se instale no sistema nervoso.

Deve-se considerar que no botulismo de origem alimentar, a administração de antibióticos ainda não está suficientemente bem esclarecida.

Controle

Consiste, primordialmente, na adoção de procedimentos capazes de evitar a germinação, multiplicação e consequente produção da toxina do *botulinum* nos alimentos. Todos os produtos alimentícios cujo pH se situa entre 4,6 e 8,9, com w_a mínima de 0,96 e que estejam contidos em embalagens completamente livres de oxigênio são potencialmente botulinogênicos. A subesterilização dos alimentos propicia que os esporos do agente permaneçam viáveis, possibilitando, assim, em condições de sub-refrigeração, sua germinação, multiplicação e produção de toxina. No caso particular do *C. botulinum* tipo E, o de maior virulência para os seres humanos, a temperatura mínima de 3,3°C não é suficiente para impedir sua multiplicação.

Desse modo, devem ser preteridas as conservas caseiras ou os produtos artesanais, em favor daqueles provenientes de indústrias alimentícias idôneas, em que as técnicas usuais de preparo de alimentos são suficientemente eficazes para destruir os esporos do *C. botulinum*. A esterilização constitui assim um fator decisivo para a prevenção do botulismo, bem como a conservação dos alimentos em temperaturas de refrigeração ou congelamento, além de processos como salga ou secagem e fermentação ou acidificação.

São eficientes, portanto, a autoclavagem de enlatados, a cocção prolongada de conservas, a cura dos alimentos com sal, a adição de acidificantes e a refrigeração abaixo dos 4°C. Por outro lado, latas estufadas ou com a tampa abaulada, ou com odor de manteiga rançosa devem ser rejeitadas e condenadas. Em qualquer dessas situações, o alimento envolvido não deverá ser fornecido a animais.

CLOSTRIDIUM PERFRINGENS

Desde o final do século XIX, o *Clostridium perfringens*, antigamente *C. welchii*, está associado a quadros diarreicos no homem, apesar de somente em 1943 ter sido considerado micro-organismo transmitido por alimentos. Na atualidade, é reconhecido como um dos agentes mais frequentemente envolvidos em surtos de toxinfecções alimentares no mundo todo, secundando apenas as salmoneloses.

Aspectos gerais

O *C. perfringens* é um bacilo Gram-positivo, anaeróbio, eventualmente aerotolerante e formador de esporos, pertencente à família *Enterobacteriaceae*. Esse organismo é agrupado em cinco tipos, identificados por A a E, de acordo com as exotoxinas produzidas. Os tipos A, C e D são patogênicos para o homem, enquanto os animais são suscetíveis aos tipos B a E e, possivelmente, ao tipo A.

As enterotoxinas A e C do *C. perfringens* são as responsáveis pelo quadro agudo de diarreia, característico das toxinfecções clostridianas. As cepas do tipo A são as mais comuns, sendo responsáveis também pela gangrena gasosa (celulite anaeróbica e mionecrose). O tipo C é o responsável pela enterite necrótica, doença grave e frequentemente fatal, mas de ocorrência rara. São conhecidas ainda outras exotoxinas não associadas com toxinfecções de origem alimentar, mas relacionadas primordialmente com ferimentos por instrumentos cirúrgicos, fraturas expostas, úlceras diabéticas, abortos sépticos, entre outros.

A dose infectante para que o *C. perfringens* possa causar a infecção alimentar no homem é de 106 bactérias/g ou a fração ingerida do alimento contaminado deve conter uma quantidade superior a 108 células vegetativas. A toxina é produzida no trato digestivo e está associada com a esporulação.

Reservatórios

O *C. perfringens* tipo A está amplamente distribuído no ambiente e ocorre com frequência no intestino do homem e dos animais. Nas fezes de indivíduos normais, é comum encontrar esporos do micro-organismo.

Os esporos podem estar no solo, na água, nos sedimentos e nas áreas passíveis de contaminação por matéria fecal humana ou animal. As células vegetativas do micro-organismo são detectadas nos alimentos contaminados, tanto crus como cozidos.

Epidemiologia

O *C. perfringens* tipo A apresenta distribuição mundial. A principal via de transmissão é representada pelos alimentos contaminados por fezes ou sujidades do solo e armazenados em condições que permitam a multiplicação do agente em meio anaeróbio. A contaminação ocorre pelas mãos dos manipuladores, por roedores e moscas. A infecção é causada pela ingestão de células vegetativas que ultrapassam a barreira gástrica, resistindo ao pH ácido, e atingem o intestino delgado, onde se desenvolvem, esporulam e liberam a enterotoxina. A ingestão de toxina pré-formada nos alimentos é muito rara.

A mortalidade ocasionada pelas cepas do tipo A é muito baixa, embora tenham sido relatados alguns óbitos causados por desidratação e outras complicações dos pacientes. Para o tipo C, a doença é quase sempre fatal.

Os surtos de infecção clostridiana podem ocorrer em qualquer época do ano e, geralmente, estão relacionados com refeições preparadas para grande número de comensais, como ocorre com merendas escolares, refeitórios de hospitais, fábricas e mesmo restaurantes.

Deve-se ressaltar que condições precárias de higiene nesses locais podem facilitar a ocorrência de surtos, como sucedeu em Salvador, BA, durante a realização de um encontro de estudantes, quando 160 pessoas foram acometidas por diarreia e cólicas. Nas coproculturas das vítimas, foram isolados *E. coli* e *Enterococcus* spp., mas o resultado mais contundente foi o isolamento de *C. perfringens* a partir dos alimentos que foram servidos no dia seguinte, comprovando que as péssimas condições higienicossanitárias do estabelecimento e as falhas graves na manipulação foram determinantes para a ocorrência do surto.

Alimentos envolvidos

Carnes e produtos cárneos, aves e molhos de carne nos quais o agente se multiplicou. Um período de resfriamento prolongado ou armazenamento não refrigerado são fatores que contribuem para a proliferação do agente. Com frequência, esses alimentos são preparados com antecedência e servidos a elevado número de pessoas. São comuns casos de carnes requentadas. O micro-organismo tem preferência por alimentos com elevado teor de umidade e alta porcentagem de proteína. Embutidos, conservas de peixes, patês, queijos fermentados e ostras também oferecem boas condições para o desenvolvimento do *C. perfringens*.

É importante considerar que os endósporos termorresistentes sobrevivem à cocção, porém esse procedimento inativa outros agentes competidores e reduz a concentração de oxigênio, propiciando um ambiente de anaerobiose. Contudo, quando o alimento é mantido refrigerado e posteriormente reaquecido, os endósporos germinam e crescem.

Características

O agente é catalase negativo, proliferando no alimento contaminado em condições de anaerobiose, todavia pode sobreviver e multiplicar-se acidentalmente em presença de oxigênio.

A multiplicação do *C. perfringens* ocorre entre 12 e 50°C, embora abaixo dos 20°C esse processo seja muito lento. Entre 43 e 47°C está situada a temperatura ótima para desenvolvimento das células vegetativas, quando a multiplicação é extraordinariamente rápida, como é o caso das carnes, em que o tempo de geração é inferior a 10 minutos. A bactéria é sensível ao congelamento. A −23°C, durante 14 dias, o nível de sobrevivência das células vegetativas declina a 6%.

Em peças volumosas de carne e em porções grandes de carne moída, os esporos do micro-organismo naturalmente presentes não são eliminados pelas práticas de higiene e podem sobreviver à cocção, multiplicando-se durante os procedimentos de resfriamento e armazenagem, sobretudo se praticados abaixo dos 50°C. A temperatura suficiente para destruição dos esporos é variável e depende também do substrato considerado.

A inativação térmica da enterotoxina em caldo de carne ocorre entre 59 e 65°C, variando o tempo de cocção entre 1,5 e 72,8 minutos.

As células vegetativas resistem a um pH mínimo de 5,5 até um máximo de 9,0. O pH ótimo é 7,2. A aw está compreendida na faixa de 0,93 a 0,97, e em concentrações de cloreto de sódio a 6% não há multiplicação. Nos produtos curados, essas formas não são capazes de se multiplicar, nem os esporos são capazes de germinar, por causa dos teores de cloreto de sódio e nitritos.

Pessoas expostas

A população em geral está exposta ao risco da infecção, principalmente aqueles que se utilizam de serviços de alimentação coletiva em cantinas de escolas, refeitórios de hospitais, indústrias, instalações correcionais, entre outros.

Os jovens e idosos são as vítimas mais frequentes da infecção alimentar clostridiana.

Quadro clínico

A infecção, em geral autolimitante, ocorre às expensas do grande número de células vegetativas do *C. perfringens* (maior do que 10^8), presentes no alimento ingerido. No intestino delgado, após o desenvolvimento e esporulação do agente, há produção de enterotoxina, responsável pela manifestação do quadro clínico.

O período de incubação varia de 8 a 24 horas, sendo a média de 12 horas. O início da sintomatologia é brusco, com intensas cólicas abdominais e diarreia aquosa. Geralmente, não se observam vômitos nem febre. A evolução é de curta duração, 1 a 2 dias na maioria dos pacientes, exceto em lactentes, idosos e enfermos, quando pode persistir, com sintomas mais brandos, por até duas semanas.

O quadro de enterite necrótica, provocado por cepas do C. perfringens tipo C, é causado por infecção e necrose da mucosa intestinal, resultando em septicemia e consequente óbito do paciente.

Diagnóstico

O isolamento do C. perfringens em laboratório é realizado por meios de cultura usuais, empregando a metodologia para clostrídio sulfito redutor a 46°C, por 24h.

É importante considerar os sinais clínicos, o período de incubação e, principalmente, o tipo de alimento ingerido. A confirmação do diagnóstico é obtida por meio do isolamento bacteriológico do agente em laboratório, a partir de amostras de restos dos alimentos suspeitos ou das fezes dos pacientes. Do mesmo modo, pode-se detectar a toxina nas fezes dos doentes.

Tratamento

Deve-se reafirmar que os antibióticos não são eficazes contra agentes tóxicos gastrointestinais e que seu uso indiscriminado propicia o surgimento de organismos resistentes a eles.

No caso específico do Cl. perfingens, deve-se levar em consideração que ele, ocasionalmente, determina reação inflamatória grave no intestino delgado, sobretudo ao nível do jejuno e do íleo, com a formação de áreas com vários graus de hemorragia e necrose.

No entanto, o procedimento de eleição para aqueles casos de extrema gravidade, talvez 50% dos casos – identificando-se entre eles os de perfuração ou de obstrução intestinal persistente –, é o ato cirúrgico, com o objetivo de remover as áreas afetadas, acompanhado da administração de metronidazol, durante 10 dias. Para crianças, a dose de metronidazol deve levar em consideração a idade e o peso, também devendo ser administrada durante 10 dias.

Controle

A infecção clostridiana está intimamente associada ao consumo de produtos cárneos cozidos que foram resfriados lentamente ou armazenados sob temperaturas abusivas e consumidos, posteriormente, sem reaquecimento suficiente para destruir as células vegetativas desenvolvidas. Nessas circunstâncias, o resfriamento dos alimentos cozidos deve ser efetuado rapidamente, de modo a fazê-lo cair abaixo dos 10°C em 2 ou 3 horas. Como medida complementar, é fundamental que a temperatura mínima interna dos alimentos frios ou refrigerados, quando reaquecidos, seja superior a 70°C para que o alimento possa ser consumido com segurança.

A conservação dos alimentos, sobretudo daqueles com molhos de carne, acima de 60°C ou abaixo de 4°C é uma das medidas mais importantes para prevenir a multiplicação bacteriana.

ESCHERICHIA COLI

O nome dado a esta bactéria quando descrita pela primeira vez, no final do século XIX, foi *Bacterium coli commune* por ser uma bactéria encontrada no cólon (porção do intestino grosso) e extremamente comum nos animais e no homem. Desde as primeiras pesquisas com este micro-organismo, ficou clara sua associação com a diarreia, particularmente em crianças.

Durante a maior parte do século XX, a indústria de alimentos considerou a contaminação por *E. coli* meramente um problema relacionado a práticas insatisfatórias de higiene – contaminação de origem fecal. Todavia, nas últimas décadas, comprovou-se que muitos tipos da bactéria eram altamente patogênicos para o homem e podiam provocar infecções graves, levando os pacientes ao óbito. Isso ocorreu por causa do aprofundamento dos estudos e da identificação de diferentes cepas de E. coli associadas a quadros clínicos de colite hemorrágica, disenteria, cistite, nefrite, infecção de feridas cirúrgicas, septicemia e, especialmente, da síndrome urêmica-hemolítica.

Atualmente, entre os agentes de doenças transmitidas por alimentos, a *E. coli* passou a merecer especial atenção da indústria de produtos alimentícios, das autoridades de saúde e também da própria sociedade, todos preocupados com suas graves consequências.

Aspectos gerais

A *E. coli* é membro da família *Enterobacteriaceae*, gênero bacteriano com apenas uma única espécie e, aproximadamente, mil tipos antigênicos. Os sorotipos dessa bactéria são definidos com base nos antígenos: somáticos (O); flagelares (H) e capsulares (K).

As doses infectantes de *E. coli*, que permitem a colonização do micro-organismo nas células intestinais dos indivíduos infectados, e a consequente produção de toxina, variam de acordo com o tipo de cepa considerada e com a idade do indivíduo exposto, bem como seu estado imune. Assim, admite-se que, no caso da cepa enteropatogênica, a dose necessária para causar a infecção em crianças com menos de 5 anos é muito pequena, enquanto para adultos é superior a 1 milhão de células. Nas infecções êntero-hemorrágicas e enteroinvasivas, a dose infectante é de apenas dez células, semelhante ao que acontece com a shigelose. Por outro lado, para haver manifestação clínica da forma enterotoxigênica, estima-se que haja necessidade da ingestão de 100 milhões a 10 bilhões de bactérias.

Reservatórios

A *E. coli* é encontrada normalmente nos intestinos dos animais e do homem. É um comensal do intestino: suprime bactérias nocivas e participa da síntese de diversas vitaminas. Representa 80% da flora intestinal aeróbia, sendo eliminada nas fezes, o que propicia a contaminação do solo e das águas.

Em particular, a *E. coli* êntero-hemorrágica (EHEC), sorotipo O157: H7 verotoxigênica, está presente no intestino de bovinos de corte sadios, seus reservatórios naturais, sobretudo nos Estados Unidos. Acredita-se que esse agente seja, na verdade, uma mutação genética de outro sorotipo de *E. coli* adaptado às condições ambientais do rúmen dos bovinos alimentados predominantemente com rações, como ocorre nos países desenvolvidos. Nos rebanhos bovinos, cujas gramíneas prevalecem na alimentação, como observado nos países não industrializados, a ocorrência desse sorotipo não tem sido comum.

Epidemiologia

Apesar do elevadíssimo número de tipos antigênicos, apenas uma minoria de cepas é capaz de provocar doença no homem. As diarreias causadas pela *E. coli* apresentam distribuição mundial; contudo, a real extensão da incidência não está dimensionada, principalmente por causa da elevada subnotificação de casos. São conhecidas quatro classes enterovirulentas do patógeno, responsáveis por quadros de gastroenterites no homem:

- Enteropatogênica (EPEC) – acomete recém-nascidos e lactentes.
- Enterotoxigênica (ETEC) – provoca as diarreias em crianças e viajantes.
- Enteroinvasiva (EIEC) – acomete jovens e adultos.
- Êntero-hemorrágica (EHEC) – acomete com bastante gravidade, preferencialmente, crianças e idosos.

Há ainda outras duas classes, a difusamente aderente (DAEC), que acomete os indivíduos cujo sistema imunológico ainda não está totalmente formado e as crianças mal nutridas, e a enteroagregativa (EAggEC), responsável por quadros agudos e persistentes de diarreia. Do ponto de vista epidemiológico, são as menos estudadas.

Entre as inúmeras cepas enterovirulentas do micro-organismo, a que constitui maior preocupação para as autoridades de saúde é a *E. coli* O157:H7, responsável pela forma êntero-hemorrágica da infecção, identificada em 1982 e associada com surtos de colite hemorrágica.

Na área de segurança alimentar, particularmente, os surtos por EIEC, ETEC e EHEC são os mais documentados. Nos países desenvolvidos, as epidemias de EPEC, EIEC e ETEC são pouco frequentes. As irrupções de EHEC, sorotipo O157:H7, têm ocorrido com maior frequência nos Estados Unidos, Canadá, Reino Unido e Japão.

Contudo, outros países da comunidade europeia podem, também, ser surpreendidos por uma variante letal de *E. coli*, como a registrada na Alemanha no ano de 2012, quando morreram 52 pessoas, 50 delas na própria Alemanha, deixando mais de 4 mil doentes. A epidemia foi provocada pela *E. coli* êntero-hemorragica, identificada como O104:H4. Os focos mais graves da doença foram registrados no norte da Alemanha e em Bordeaux, no sul da França. O ápice da epidemia foi registrado no fim de maio de 2012.

No início de julho do mesmo ano, a Autoridade Europeia para a Segurança Alimentar (EFSA, sigla em inglês) aventou a hipótese de que um dos lotes de sementes de feno grego importado do Egito estaria entre os prováveis focos da bactéria, apesar dos veementes protestos dos exportadores, uma vez que de acordo com autoridades sanitárias locais não foram registrados casos semelhantes aos ocorridos na comunidade europeia.

Em particular no Brasil, tem havido registro de inúmeros casos de ECEH, mas nenhum comprovadamente provocado por esse sorotipo.

A incidência de infecções é maior nas regiões tropicais, onde predominam grandes aglomerações populacionais, condições sanitárias precárias e onde a contaminação dos suprimentos de água é uma constante. Nessas circunstâncias, o homem, após sucessivas infecções com diferentes tipos da bactéria, adquire imunidade e passa a ser portador de cepas patogênicas, propiciando a contaminação do ambiente e o contágio de pessoas suscetíveis.

As principais vias de transmissão são os alimentos de origem animal e vegetal, principalmente quando consumidos crus ou insuficientemente cozidos, além da água de abastecimento não tratada.

Alimentos envolvidos

A água contaminada com despejos de esgoto é uma das mais importantes vias de transmissão do agente na natureza. Por outro lado, qualquer alimento exposto à contaminação fecal, seja por meio da água de preparo ou dos manipuladores infectados, é capaz de veicular a *E. coli*.

A carne bovina moída (hambúrguer) é a maior responsável pela ocorrência de surtos de *E. coli*, sobretudo quando consumida crua ou insuficientemente cozida.

Ela constitui também a causa mais comum das infecções êntero-hemorrágicas e enteroinvasivas. Em 66 amostras de carne moída comercializada na região Sul do Brasil, uma análise mostrou que 72,7% encontravam-se contaminadas com *E. coli*, a maioria confirmada como EPEC, e apenas duas isoladas como O157. Contudo, cinco das cepas estudadas apresentaram capacidade hemolítica.

Nas mesmas condições, a carne de aves, em especial a de galinha, tem sido apontada como causa de surtos de toxinfecção alimentar, principalmente a EPEC.

A contaminação de carcaças durante o abate, principalmente nas plantas com condições higienicossanitárias precárias, em particular nos Estados Unidos, tem sido apontada como crucial via de transmissão da *E. coli* sorotipo O157:H7 para os seres humanos. As peças de carne moída nessas plantas podem dar origem à fabricação de hambúrgueres contaminados, possibilitando ao agente disseminar-se a partir da superfície dos cortes para o interior do produto que, quando ingerido mal passado, ocasiona a infecção no consumidor, com todas as suas consequências.

Os produtos lácteos – especialmente o leite cru e, em menor extensão, os queijos – são vias de transmissão importantes para o patógeno. O leite cru, em particular, tem sido responsável por surtos de toxinfecções de EHEC e HEIEC. Do mesmo modo, sucos de frutas não pasteurizados têm sido causa de surtos da infecção de EHEC. Os produtos de origem vegetal consumidos crus também constituem relevante perigo em saúde pública, principalmente se oriundos de culturas irrigadas com águas de despejos contaminados com matéria fecal. Legumes e hortaliças minimamente processados são muito procurados no comércio varejista, por causa da praticidade para preparo e da necessidade de se adotar uma dieta mais natural por parte da população, porém coliformes termotolerantes e *E. coli* são patógenos comuns nesses produtos. A contaminação provoca visíveis alterações sensoriais por causa das elevadas contagens microbianas, afetando inclusive a qualidade nutricional desses vegetais.

Pesquisa realizada na Venezuela, com sucos de frutas vendidos por ambulantes, demonstrou que 95% de um total de 139 amostras analisadas microbiologicamente estavam em desacordo com a legislação local, destacando-se entre os micro-organismos identificados coliformes fecais e *E. coli*, oferecendo risco potencial aos consumidores.

Características

A *E. coli* é uma enterobactéria Gram-negativa, catalase positiva e oxidase negativa não esporogênica. Geneticamente, apresenta relação íntima com o gênero Shigella, embora sua atividade bioquímica seja mais intensa. É um mesófilo típico capaz de se desenvolver entre 7 e 46°C, sendo 37°C a temperatura ótima, embora existam cepas que possam se multiplicar a 4°C. Não apresenta termorresistência, sendo destruída a 60°C em poucos segundos, mas é capaz de resistir por longo tempo em temperaturas de refrigeração.

O pH próximo do neutro propicia condições ótimas para o desenvolvimento da *E. coli*. A multiplicação pode ocorrer abaixo de 4,4, desde que os demais fatores intrínsecos e extrínsecos sejam ótimos. A aw mínima exigida para desenvolvimento é de 0,95. Todas as cepas patogênicas de *E. coli* são destruídas por desinfetantes clorados e radiações gama.

No caso particular da *E. coli* O157:H7, a de maior risco para a saúde pública, devem ser observadas as seguintes condições favoráveis a seu desenvolvimento e resistência:

- Temperatura ótima de 37°C (8 a 44-45°C), embora possa sobreviver até 9 meses a –20°C, em carne moída, e resistir até 68°C.
- pH ótimo de 7,5, apesar de apresentar grande tolerância a variações.
- Desenvolvimento em caldo com 6,5% de NaCl, embora lentamente.
- Sobrevivência e desenvolvimento em vegetais como alface e cenoura picadas ou pepino em cubos mantidos entre 12 e 21°C a 3% de O_2, com 97% de N_2.
- Sobrevivência por longos períodos em alimentos fermentados ou ácidos.

A partir da *E. coli* O157:H7, foram identificadas duas verotoxinas citotóxicas para células Vero (de rim de macacos-verdes). A VT 1 ou toxina de Shiga, por ser estrutural e imunologicamente indistinguível daquela produzida por *Shigella* spp., tem duas subunidades A e B, ambas neutralizadas pela toxina anti-Shiga; e a VT 2, também com duas subunidades A e B, nenhuma das duas neutralizada pela toxina anti-Shiga. O mecanismo de ação proposto para essas toxinas consiste na teoria de que a subunidade B ocuparia os receptores glicolipídicos das células e possibilitaria a internalização da toxina. Por outro lado, a subunidade A provocaria a redução da atividade enzimática, conduzindo à inibição da síntese proteica, resultando na morte da célula.

Pessoas expostas

Todas as pessoas estão expostas ao risco da infecção, sobretudo as que têm por hábito consumir carnes bovinas e de aves cruas ou mal cozidas, bem como leite e sucos de fruta não pasteurizados. A gravidade da manifestação clínica depende da cepa de *E. coli* envolvida; contudo, as crianças e os idosos são os grupos que padecem mais intensamente com a infecção.

Quadro clínico

Os sinais e sintomas das infecções causadas por *E. coli* dependem da cepa e de sua patogenicidade e virulência, bem como da idade e do estado imune dos pacientes.

A infecção EPEC tem período médio de incubação de 36 horas (17 a 72 horas) e caracteriza-se por diarreia aquosa com grande quantidade de muco, náuseas, dores abdominais, vômitos, cefaleia, febre e arrepios. Não é comum a ocorrência de diarreia com sangue. A remissão dos sintomas ocorre, geralmente, em 24 horas, mas pode variar entre 6 horas e 3 dias.

O período de incubação da forma ETEC varia de 8 a 44 horas, com média de 26 horas, e os sintomas principais são diarreia aquosa, febrícula, cólicas abdominais, mal-estar e náuseas. Nos casos mais graves, a intensidade e aspecto da diarreia assemelham-se ao quadro clínico de cólera, levando o paciente à desidratação. A duração da doença pode variar de 3 a 19 dias.

Nas infecções EHECs, a manifestação dos primeiros sintomas acontece, em geral, quatro dias após a ingestão do alimento contaminado, mas pode variar de 3 a 9 dias. O quadro de colite hemorrágica caracteriza-se por diarreia sanguinolenta profusa, dor abdominal intensa e vômitos, com ausência de quadro febril. A síndrome urêmica-hemolítica (SUH) apresenta pródromos com diarreia sanguinolenta, evoluindo para nefropatia aguda, provocando convulsões e conduzindo ao coma e à morte. A púrpura trombocitopênica trombótica é similar à SUH, caracterizando-se por febre e alterações do sistema nervoso central. Os pacientes que conseguem superar a doença recuperam-se em 2 a 9 dias.

Nos casos das infecções EIEC, o período médio de incubação é de apenas onze horas, embora possa variar de 8 a 24 horas. Os sintomas principais são: diarreia profusa ou disenteria, cólicas abdominais, arrepios, febre, cefaleia e mialgia. Muco e vestígios de sangue podem ser encontrados nas fezes dos pacientes. A recuperação, de modo geral, é lenta e pode demorar até algumas semanas.

Diagnóstico

A confirmação dos casos provenientes de surtos de toxinfecção alimentar deve ocorrer, sempre que possível, mediante o isolamento da bactéria das fezes do paciente e do alimento incriminado. Embora o número de procedimentos bacteriológicos disponíveis para identificação da *E. coli* seja grande, a detecção e enumeração das diversas cepas da bactéria a partir de alimentos é muito difícil.

No caso específico da infecção EHEC, o isolamento em alimentos pode ser obtido por meio de:

- Elisa, com anticorpo monoclonal altamente específico para O157:H7 e O26:H11, combinado com enriquecimento overnight – é possível obter resultado em menos de 24 horas.
- EHEC-Tek (Organon Teknika) – Elisa modificado.
- Placas para contagem, utilizando Petrifilm 3M (USDAFSIS), com diagnóstico presumível em 26 a 28 horas.
- Isolamento de *E. coli* O157:H7 e teste direto para verotoxinas em pacientes a partir das fezes diarreicas.

Tratamento

Os pacientes acometidos pela infecção, provocada por qualquer um dos diferentes sorovares de *Escherichia coli*, devem ser avaliados clinicamente quanto à possibilidade de agravamento do quadro clínico. Assim, podem ser observados desde casos de pronto restabelecimento, em geral em dois dias, até aqueles considerados de média intensidade, exigindo maior atenção do médico ou até mesmo alguns dias de internação hospitalar. Nos casos de doentes mais graves, atingidos pala síndrome urêmica-hemolítica, o tratamento requer maiores cuidados ainda, pois o risco de falência dos órgãos é muito grande, devendo se instituir a reidratação com fluidos intravenosos isotônicos, para atenuar o comprometimento renal.

Nas enterites clinicamente diagnosticadas como sendo causadas por *E. coli*, é fundamental procurar confirmar o sorovar responsável pela infecção do paciente, mediante os resultados dos testes de suscetibilidade ao antibiograma.

Muitos sorovares são resistentes à ampicilina e à tetraciclina, motivo pelo qual outras drogas poderão ser utilizadas, como: cefalosporinas; aminoglicosídeos, como a gentamicina; trimetroprina/sulfametoxazol; e fluorquinolonas. Qualquer que seja o antimicrobiano selecionado, deve-se sempre administrá-lo de acordo com a gravidade do quadro clínico.

Em todos os casos deve-se levar em consideração os cuidados de suporte, particularmente, naqueles observados na síndrome urêmica-hemolítica.

Controle

A prevenção e o controle passam obrigatoriamente pela higiene do abate e da ordenha; pela conservação das matérias-primas abaixo de 7°C; pela pasteurização dos produtos lácteos e sucos de fruta; pela adoção das Boas Práticas de Fabricação (BPF) e pela Análise de Perigos e Pontos Críticos de Controle (APPCC) nas indústrias; pelos cuidados na manipulação de alimentos de origem animal crus; pela higiene de instalações e equipamentos nas cozinhas; pelo tratamento térmico dos alimentos cárneos e pelo resfriamento rápido dos alimentos processados abaixo de 7°C.

LISTERIOSE

A *Listeria monocytogenes*, agente etiológico da listeriose, é reconhecida como entidade patogênica para os animais desde 1926; contudo, somente na década de 1980 ela passou a merecer maior consideração em saúde pública, quando se reconheceu a importância dos alimentos na cadeia de transmissão da infecção ao homem. É uma bactéria patogênica oportunista, capaz de sobreviver e multiplicar-se fora do organismo dos hospedeiros em meios com nutrientes simples; nos animais e no homem multiplica-se intracelularmente.

A relevância da listeriose em saúde pública diz respeito, de um lado, à gravidade da manifestação clínica, resultante do comprometimento do sistema nervoso central; e, do outro, pelo fato de a infecção acometer preferencialmente as gestantes, com nefastas consequências para os fetos. No Brasil, a doença provocada pela *L. monocytogenes* em seres humanos, veiculada por alimentos, ainda é pouco relatada, talvez por causa do elevado nível de subnotificação de DTAs ou das dificuldades de diagnóstico diferencial com outras infecções nervosas ou decorrentes da gravidez. Contudo, no Rio Grande do Sul, em 2003, pesquisas que envolveram 148 amostras provenientes de material abortado, placentas e restos fetais revelaram a presença do agente em 34% das amostras analisadas, por meio de métodos imuno-histoquímicos.

Em 1988, um grupo de trabalho informal da Organização Mundial da Saúde (OMS), reunido para tratar da listeriose como doença de origem alimentar, entre outras conclusões e recomendações, afirmou que:

> A *L. monocytogenes* é um contaminante ambiental amplamente distribuído, cujo modo de transmissão primário para o homem é através da contaminação dos alimentos em qualquer ponto da cadeia alimentar, desde a origem até a cozinha. A eliminação total da *L. monocytogenes* de todos os alimentos é impraticável e pode ser impossível.

Essa afirmação fornece uma clara dimensão do grau de dificuldade que o controle da infecção representa em saúde pública.

Nos últimos anos, as técnicas moleculares de sequenciamento genético, e principalmente as análises genéticas comparativas, vêm promovendo um grande avanço na precisão e na rapidez para a obtenção de resultados diagnósticos, seja in vitro ou in vivo.

Aspectos gerais

O gênero *Listeria* compreende, além da *L. monocytogenes* – a de maior importância em saúde pública, por ser a mais patogênica para o homem –, outras espécies claramente distintas, identificadas como: *L. innocua* e *L. grayi*, não patogênicas; e *L. welshimeri*, *L. seeligeri* e *L. ivanovii*, que raramente acometem o homem.

A dose infectante da *L. monocytogenes* não está determinada, mas sabe-se que varia com a cepa e a suscetibilidade do indivíduo, sobretudo o estado imune anterior à infecção. Nos casos de transmissão por leite, considera-se que é necessária uma quantidade ligeiramente superior a mil células da bactéria para que haja a invasão do epitélio gastrointestinal. Ao adentrar nas células fagocitárias (monócitos, macrófagos e leucócitos polimorfonucleares), multiplica-se e por meio da corrente sanguínea (septicemia) alcança o cérebro. Nas gestantes, ocorre a migração transplacentária com a consequente infecção do feto.

Reservatórios

As listérias são encontradas no ambiente em uma ampla variedade de ecótopos, onde podem sobreviver e multiplicar-se. Incluem-se nesse contexto: solo, silagem, montes de esterco, pasto, fardos úmidos de feno, locais de processamento de alimentos, carnes cruas e fezes de animais e de seres humanos.

As listérias acometem diversas espécies animais, além do homem, sendo isoladas a partir de aproximadamente 40 espécies de mamíferos domésticos e selvagens, de quase 20 espécies de aves e de algumas espécies de pescado e rãs. São relatados também isolamentos de artrópodes e larvas de insetos.

Na espécie humana, é possível o isolamento da bactéria a partir de indivíduos assintomáticos, provavelmente como consequência da colonização no trato intestinal; 1 a 10% da população hígida pode ser portadora da bactéria.

Epidemiologia

A *L. monocytogenes* está amplamente disseminada na natureza, sendo isolada em diversos países, inclusive no Brasil. O agente penetra no organismo do suscetível por meio da ingestão de alimentos contaminados, atinge o trato intestinal aderindo-se à mucosa e invadindo-a e, em seguida, é fagocitado por macrófagos.

A letalidade atinge 25% nos adultos com idade inferior a 60 anos e 40% naqueles com mais de 60 anos, 84% dos casos de listeriose ocorrem abaixo dos 50 anos, enquanto 40% se verificam acima dos 70 anos de idade. Durante os surtos, a letalidade pode atingir 40% dos acometidos pela infecção. Nos casos de meningite, essa taxa pode atingir 70% e nas septicemias 50%. Nas infecções perinatais ou neonatais, a letalidade pode ser superior a 80%.

A listeriose, atualmente, é um problema muito mais sério nos países desenvolvidos que naqueles em desenvolvimento, nos quais a doença ocorre com menor frequência. Assim, nos Estados Unidos, estima-se que 2.500 pessoas por ano sejam acometidas com gravidade pela infecção, registrando-se 500 óbitos.

Alimentos envolvidos

A *L. monocytogenes* é isolada a partir de uma grande variedade de alimentos, entre os quais se destacam os produtos lácteos, leite cru ou pasteurizado, sorvetes e queijos, produtos cárneos crus ou termoprocessados de diversas origens (bovina, ovina, caprina, suína e de aves), peixes crus ou defumados e embutidos preparados a partir de carne crua fermentada. Além desses, há casos ainda de produtos crus de origem vegetal, de origem marinha e refeições preparadas. Vale destacar que a bactéria também pode ser eliminada no leite dos animais infectados.

Estudo realizado no Ceará, sobre a incidência de *L. monocytogenes* em queijo tipo coalho, produzido industrialmente e comercializado sob refrigeração, demonstrou que das 84 amostras examinadas, 19% estavam contaminadas pelo patógeno.

É importante considerar que o agente frequentemente é isolado de carnes cruas, incluindo as de frango, como resultado da ampla contaminação cruzada em plantas industriais. No Brasil, no estado do Rio Grande do Sul, pesquisa com linguiça tipo frescal evidenciou a presença de *L. monocytogenes* em 41 das amostras procedentes dos equipamentos da linha de processamento e do produto final, o que demonstra a necessidade de aumentar as práticas higienicossanitárias das plantas analisadas. No estado de São Paulo, em 45 amostras de salames fatiados embalados a vácuo, prontos para consumo, três estavam contaminadas com *L. monocytogenes*, o que reforça a necessidade da adoção de sistemas que garantam a inocuidade dos produtos.

Por outro lado, os surtos de listeriose são causados com relativa frequência por consumo de couve crua, leite contaminado provavelmente após pasteurização, patê, língua de porco em gelatina, salsichas tipo Frankfurt e queijos tipo brie e camembert produzidos com leite não pasteurizado. Na Costa Rica, a avaliação da qualidade microbiológica de 92 amostras de refeições servidas em hospital público revelou a presença de *L. monocytogenes* em 13% das amostras de verduras cozidas.

As superfícies úmidas das plantas processadoras de alimentos podem albergar a *L. monocytogenes*, o que, ao lado da capacidade de multiplicação a baixas temperaturas, possibilita sua ocorrência em refrigeradores e câmaras frias.

A contaminação dos alimentos por *L. monocytogenes* pode ser tanto de natureza ambiental, considerando-se os reservatórios naturais do agente, como proveniente das próprias instalações agroindustriais.

Nessas instalações, em particular, a bactéria, por causa da elevada capacidade de sobrevivência no solo, piso, ralos, superfícies, água e alimentos, multiplica-se com relativa facilidade, mesmo sob condições adversas. Esses fatos contribuem para que a *L. monocytogenes* seja considerada um dos micro-organismos patogênicos de grande preocupação para a indústria alimentícia.

Características

A *Listeria monocytogenes* é um bacilo Gram-positivo, não formador de esporos, catalase positivo e anaeróbio facultativo. Apresenta mobilidade a 25°C, caracterizada por "saltos", mas a 35°C torna-se imóvel.

A principal característica da bactéria é a capacidade de se multiplicar à temperatura de refrigeração, em meios simples sem grandes exigências nutricionais. Assim, é capaz de multiplicar-se entre 2,5 e –44°C (a 0°C também é possível). Resiste a sucessivos congelamentos e descongelamentos. O tempo de geração a 35°C varia de minutos a horas, na dependência do meio em que se encontra. O intervalo de pH ótimo é de 6 a 8, mas pode crescer entre 5 e 9. Pode sobreviver por mais de 100 dias a 4°C, em concentrações entre 10,5 e 30,5% de cloreto de sódio. Pode se desenvolver em alimentos com aw baixa (0,83). Na carne, resiste ao tratamento habitual com nitrato de sódio (120 mg/kg) e cloreto de sódio a 3%.

Em um abatedouro avícola do estado de São Paulo, a partir de 74 amostras de frango submetidas à pesquisa laboratorial, utilizando meios de enriquecimento e seletivos, além da reação em cadeia de polimerase (PCR), somente se obteve um único isolamento de *L. monocytogenes*. Esse resultado foi atribuído à ação antimicrobiana de descontaminantes utilizados nos tanques de resfriamento.

Pessoas expostas

Um terço das infecções por listeriose são perinatais, envolvem gestantes, fetos ou recém-nascidos. Os outros dois terços ocorrem na população em geral. Todavia, consideram-se em ordem decrescente de risco os seguintes grupos: enfermos submetidos a transplantes de órgãos, pacientes com Aids, indivíduos infectados pelo HIV, gestantes, doentes com câncer e idosos.

Quadro clínico

O período de incubação é muito variável, de 1 dia até 3 semanas, embora se considere a possibilidade de ser tão longo quanto alguns meses. Na forma gastrointestinal, acredita-se que esse período seja superior a 12 horas. É importante considerar que a maioria das pessoas em boas condições de saúde, sobretudo em relação ao estado imune, quando expostas ao agente, provavelmente não desenvolve sintomas da infecção. Contudo, alguns estudos epidemiológicos sugerem que pessoas sadias, usuárias de antiácidos ou cimetidina, estão mais predispostas aos sintomas gastrointestinais da listeriose. Na verdade, a expressão mais comum da doença são as complicações.

Nas gestantes, podem ocorrer abortos espontâneos no segundo ou terceiro trimestre da gravidez, morte neonatal ou nascimento de crianças gravemente doentes, por causa da infecção intrauterina e da cérvix. Os recém-nascidos podem contrair a listeriose pós-natal a partir das mães portadoras da infecção ou de outras crianças infectadas nos berçários. A manifestação clínica nas gestantes é rara, pois a infecção parece localizar-se preferencialmente no feto.

Nos demais indivíduos da população, a listeriose manifesta-se pela meningite (ou meningoencefalite), encefalite e septicemia. O início desse quadro é geralmente precedido por sintomas semelhantes aos da gripe, incluindo febre persistente. Sinais gastrointestinais caracterizados por náuseas, vômitos e diarreia podem preceder as formas mais graves de listeriose ou ser a única manifestação da doença. A investigação de surtos de listeriose de origem alimentar demonstrou a ocorrência de casos em que a presença de quantidades extremamente elevadas da bactéria, superiores a

107/mL, provocou a rápida aparição dos sintomas, vômitos e diarreia, semelhantes à manifestação da maioria das toxinfecções, não se observando muitos casos aparentes de listeriose clássica.

Diagnóstico

O método mais empregado para o diagnóstico da listeriose em saúde pública consiste no isolamento do agente a partir do sangue e liquor dos pacientes, ou da placenta e feto das gestantes, em meios de cultura comuns empregados em bacteriologia. Os testes imunoenzimáticos, disponíveis no comércio, apesar de requererem enriquecimento preliminar das amostras, são úteis porque fornecem resultados mais rápidos do que os métodos tradicionais. Entre os métodos de laboratório, que permitem a identificação do agente, uns são específicos para *L. monocytogenes*, enquanto outros detectam *Listeria* spp. Um teste positivo para o gênero é útil como indicador de condições que favorecem a sobrevivência e o desenvolvimento da *L. monocytogenes*.

Os métodos para isolamento da bactéria a partir dos alimentos, por enquanto, são complexos e demorados, geralmente necessitam de 5 a 7 dias para se obter o resultado. Todavia, novas técnicas que empregam a tecnologia do DNA recombinante devem abreviar substancialmente esses prazos.

Tratamento

O antibiótico recomendado com maior frequência é a ampicilina associada com um aminoglicosídeo, como a gentamicina. Nos pacientes infectados com quadro de meningite, recomenda-se a aplicação intravenosa de ampicilina, por duas semanas, podendo ser associada ou não com um aminoglicosídeo. Nas endocardites provocadas por essa bactéria, o mesmo tratamento deverá ser mantido por seis semanas até a febre desaparecer. Nas crianças, a dose do mesmo antibiótico depende da idade e do peso.

Deve-se atentar para o seguinte fato: a cefalosporina é contraindicada para tratamento da listeriose, qualquer que seja sua modalidade. Contudo, trimetropina/sulfametoxazol constitui uma alternativa satisfatória quando administrada por via intravenosa, bem como na dermatite causada por listeriose, a qual deve ser associada à eritromicina, cujo tratamento com ambos os tipos de antimicrobianos deverá perdurar enquanto houver manifestação febril.

Controle

Deve-se dificultar ao extremo a contaminação dos locais de processamento dos alimentos. São de grande utilidade as barreiras destinadas a impedir o acesso de animais e insetos por meio da adoção de práticas de controle integrado de pragas. As práticas de controle de segurança e qualidade dos alimentos são muito importantes; contudo, não se pode descuidar do ambiente, tampouco dos manipuladores.

As regras básicas de higiene para estabelecimentos de refeições coletivas podem ser assim resumidas:

- Separar os alimentos de origem animal crus dos prontos para servir.
- Higienizar e desinfetar os produtos vegetais destinados a saladas.
- Limpar e desinfetar, em intervalos regulares, o equipamento de fatiar, utensílios, vitrines, mesas e balcões.
- Manter matérias-primas estocadas adequadamente abaixo dos 5°C.
- Manter acima dos 50°C os produtos prontos para servir.
- Preparar a quantidade necessária para atender o fluxo de demanda.
- Atentar para o prazo de validade dos produtos estocados.
- Utilizar o método de BPF e o sistema de APPCC.

Os cuidados principais que a população em geral deve observar em relação ao consumo e preparo de refeições são os seguintes:

- Evitar a ingestão de alimentos de origem animal crus ou encruados.
- Evitar a contaminação cruzada na preparação e estocagem dos alimentos.
- Reaquecer as sobras até 73°C e, no micro-ondas, homogeneizar a porção.
- Evitar patês e queijos macios maturados (*camembert* e *brie*) e não maturados (tipo mexicano).
- Lavar vegetais crus antes de servir.
- Observar as seguintes informações das embalagens dos alimentos:
  - ▸ consumir antes de...
  - ▸ fabricado em...
  - ▸ produzido por...
- Preparar ou manipular os alimentos de acordo com as instruções do fabricante.
- Manter o refrigerador sempre limpo.
- Armazenar os alimentos perecíveis, de preferência abaixo dos 5°C.
- Evitar manter alimentos perecíveis por mais de três dias no refrigerador.

SALMONELOSES

As infecções provocadas pelas bactérias do gênero *Salmonella* são universalmente consideradas as causas mais importantes de doenças transmitidas por alimentos. A maior parte dessas bactérias é patogênica para o homem, apesar das diferenças quanto às características e à gravidade da doença que provocam.

Aspectos gerais

As salmonelas são bacilos Gram-negativos, não formadores de esporos, anaeróbios facultativos, catalase positivos, oxidase negativos, redutores de nitratos a nitritos e, geralmente, móveis com flagelos peritríquios, com exceção da *S. gallinarum* e da *S. pullorum*, pertencentes à família *Enterobacteriaceae*. Não são organismos exigentes, podendo se multiplicar em diversas condições ambientais externas aos seres vivos. Desenvolvem-se facilmente em alimentos, assim como em águas contaminadas com restos de alimentos ou fezes.

A classificação das salmonelas é muito complexa e, apesar das inúmeras discussões ao longo de vários anos, só na década de 1970 se alcançou um considerável progresso. Assim, antes dessa época as espécies do gênero *Salmonella* eram classificadas de acordo com sua epidemiologia, reações bioquímicas e estrutura antigênica, o que, aliás, continua prevalecendo até hoje, na grande maioria dos laboratórios de diagnóstico. Embora ainda existam divergências sobre as denominações sorovar e sorotipo, bem como sobre a melhor forma de apresentar um resultado, empregando nomes ou fórmulas antigênicas, alcançou-se um consenso, de que todos os sorovares ou sorotipos de Salmonella pertencem a duas espécies: *Salmonella bongori*, a qual contém 18 sorovares, e *Salmonella enterica*, a qual contém 2.460 ou mais sorovares, divididos em 6 subespécies:

- *Salmonella enterica* subespécie *enterica* (I ou 1).
- *Salmonella enterica* subespécie *salamae* (II ou 2).
- *Salmonella enterica* subespécie *arizonae* (IIIa ou 3a).
- *Salmonella enterica* subespécie *diarizone* (IIIb ou 3b).
- *Salmonella enterica* subespécie *houtenae* (IV ou 4).
- *Salmonella enterica* subespécie *indica* (VI ou 6).

De acordo com essas normas, a título de exemplificação, o nome correto da *Salmonella cholerasuis* passa a ser *Salmonella enterica* subespécie enterica sorovar Cholerasuis, ou *Salmonella Cholerasuis*, pois os nomes dos sorovares não são escritos em itálico, e têm a inicial em letra maiúscula. Complementarmente, os sorovares ou sorotipos do agente são definidos com base em sua estrutura antigênica, divididos em antígenos somáticos (O), flagelares (H) e capsular (Vi) circundante da parede celular. Na apresentação de resultados laboratoriais, o antígeno O é listado primeiro, seguido pelo antígeno H. Os principais antígenos são separados por dois pontos (:), e outros antígenos por vírgulas. A fórmula antigênica 1,4,5,12:i:1,2 (*Salmonella typhimurium*) indica que a cepa tem antígeno O, fatores 1,4,5 e 12 e antígenos flagelares fase 1(i) e fase 2.

A sorotipagem de Kauffman-White é a técnica de maior utilidade para a diferenciação de sorotipos dentro do gênero, com base na hibridação DNA/DNA e em propriedades bioquímicas. A técnica permite diferenciar cada subespécie em sorovares com base nos antígenos somáticos (O), flagelares (H) e capsulares (Vi).

A *S. typhi*, agente etiológico da febre tifoide, e as *S. paratyphi* A e *S. paratyphi* C, além da *S. sendai*, são espécies específicas do homem e as responsáveis, usualmente, pela síndrome septicêmica-tifoide nos seres humanos. Os demais sorovares causam quadros clínicos de gastroenterite no homem, sendo o sorovar typhimurium relatado com maior frequência.

A dose infectante para que uma salmonela possa causar a infecção no homem é referida como da ordem de 15 a 20 células, todavia, isso depende do sorovar considerado e da idade e do grau de higidez do hospedeiro. Acredita-se que, em determinadas circunstâncias, uma única célula da bactéria poderia causar a manifestação clínica da infecção.

Reservatórios

As salmonelas localizam-se primordialmente no trato gastrointestintal das aves em geral, de mamíferos domésticos e silvestres, bem como de répteis, sem provocar, na maioria das espécies hospedeiras, manifestação de sintomas. Isso ocorre, por exemplo, com *S. enteritidis* PT4 (fagotipo 4), *S. pullorum* e *S. gallinarum* em aves e a *S. choleraesuis* em suínos.

No Brasil, pesquisa laboratorial de *Salmonella* spp., em um abatedouro avícola, em amostras colhidas em diferentes etapas da linha de abate, revelou 26,1% positivas. Esse resultado sugere que as aves infectaram-se quer nas granjas de produção, quer em decorrência da contaminação cruzada ao longo do processo de abate.

Epidemiologia

As salmoneloses apresentam distribuição mundial, com ocorrência de sorovares regionais, sendo reconhecidas universalmente como zoonoses. A maior disseminação dos agentes verifica-se nas aves e nos suínos.

A transmissão ocorre por um ciclo de infecção entre o homem e os animais pelas fezes, água e pelos alimentos, particularmente os de origem animal, bem como aqueles submetidos à irrigação, com águas contaminadas por esgotos ou diretamente com matéria fecal utilizada como fertilizante, nos casos de variedades de produtos de origem vegetal.

A mortalidade nos casos de febre tifoide pode atingir 10%, enquanto para os demais integrantes do gênero não excede 1%. Em termos epidemiológicos, a infecção continua sendo um sério problema de saúde pública, sobretudo para muitos países em desenvolvimento. Apesar de ser difícil avaliar o real impacto da febre tifoide no âmbito mundial, a OMS estima que se registram anualmente 17 milhões de casos da doença e 700 mil óbitos em sua consequência. Todavia, essas taxas podem ser maiores, dependendo da associação de determinados sorovares com a idade dos acometidos, como ocorre com a *S. enteritidis* em surtos com idosos em hospitais, onde a mortalidade pode atingir até 3,6% dos doentes. Em particular, os pacientes com Aids são os acometidos com mais frequência, estima-se em 20 vezes a mais que a população em geral, e padecem de episódios recorrentes.

Alimentos envolvidos

Todos aqueles com alto teor de umidade e alta porcentagem de proteína, como produtos lácteos (leite e queijos cremosos), ovos (pudins, gemadas, licores de ovos, maioneses), carnes (de bovinos, suínos e aves) e seus derivados. São apontados ainda como responsáveis pela ocorrência de surtos de salmonelose: peixes, camarões, pernas de rã, levedura de cerveja, coco, molhos e temperos de salada, misturas para bolos, sobremesas recheadas com cremes, gelatina em pó, manteiga de amendoim, cacau, chocolate e até mesmo suco de laranja não pasteurizado. A presença do patógeno em produtos cárneos crus, incluindo os de frango, é resultado da ampla contaminação cruzada nas plantas industriais.

Produtos de origem vegetal, como verduras e frutas, podem ser contaminados durante as diferentes etapas de cultivo, em razão das práticas agrícolas deficientes ou incorretas, sobretudo as relativas à adubação com excrementos não tratados e águas servidas.

Em pesquisa sobre avaliação microbiológica de hortaliças e frutas minimamente processadas comercializadas no Ceará, comprovou-se a presença de *Salmonella* spp. em 66,6% das amostras de hortaliças/tubérculos e em 26% das frutas.

Características

As salmonelas multiplicam-se em temperaturas entre 7 e 49,5°C, sendo 37°C a temperatura ótima para desenvolvimento. Em 4 horas, o alimento contaminado transforma-se em alimento infectante. A temperatura de destruição do agente depende de inúmeros fatores, mas está fundamentalmente ligada ao substrato, além do sorovar contaminante. Abaixo de 7°C, para a maioria dos sorotipos, não há multiplicação.

A aw afeta diretamente o desenvolvimento da bactéria. Embora o limite mínimo seja de 0,94, as salmonelas podem sobreviver por até mais de um ano em alimentos com baixa aw, como chocolate, pimenta-do-reino, manteiga de amendoim e gelatina em pó.

O pH mínimo para desenvolvimento é de 3,8. Abaixo ou acima deste valor há diminuição da atividade de multiplicação do agente. A natureza do ácido orgânico também influencia os valores dos limites para o desenvolvimento bacteriano.

Um exemplo com a *S. typhimurium* permite compreender esses mecanismos. Assim, após ter sido ingerida, a sobrevivência da bactéria no estômago depende do seu grau de tolerância ao pH do ácido clorídrico. A salmonela tem dois sistemas de resposta ácido-tolerante dependentes do período de desenvolvimento bacteriano, na fase log ou na fase estacionária. As bactérias que sobrevivem à acidez gástrica invadem o intestino delgado, onde são expostas a altas concentrações de bile. Nesse ambiente, não invadem as células, porém, quando alcançam a porção distal do íleo, a baixa concentração de bile ativa o sinal para a expressão de genes das espécies virulentas, essenciais para permitir a invasão das células epiteliais do intestino e a multiplicação intracelular. Esses genes também estimulam os macrófagos a absorver as salmonelas, protegendo-as contra os mecanismos bactericidas normais delas mesmas, prolongando inclusive seu tempo de vida no interior das células invadidas.

Pessoas expostas

Os apreciadores de alimentos insuficientemente cozidos ou crus, notadamente carnes e gemas de ovos, estão expostos às infecções causadas por *Salmonella*, assim como aqueles que trabalham na agricultura, na manufatura de produtos animais, na silvicultura, em clínicas e laboratórios; os profissionais de saúde, quando em investigações de campo; e as pessoas em contato com animais de estimação ou silvestres no meio urbano. Do mesmo modo, estão sujeitos ao risco todos aqueles que habitam áreas com precárias condições de saneamento ambiental e que consomem água não tratada.

Quadro clínico

Os alimentos contaminados são as fontes mais comuns de infecção para os seres humanos. Esse fato foi constatado em estudo de caso controle realizado no Reino Unido, em que a infecção no homem por *S. typhimurium* DT104 foi adquirida com maior frequência a partir de alimentos contaminados do que pelo contato com animais doentes.

Após a ingestão do alimento infectante, as salmonelas, na luz intestinal, penetram o epitélio do intestino delgado provocando inflamação. Há evidências de que uma enterotoxina possa ser produzida, talvez no interior dos enterócitos.

O período de incubação médio é de 18 horas. Embora geralmente a doença ocorra entre 12 e 36 horas, os sintomas podem se manifestar a partir de 6 horas da ingestão do alimento contaminado ou até depois de 72 horas.

A manifestação clínica aguda é traduzida por cólicas abdominais, náuseas, vômitos, diarreia, calafrios, febre e cefaleia. O quadro clínico pode persistir por 1 a 2 dias, e a recuperação ocorre, na maior parte dos casos, após 3 dias do início da infecção.

Esses prazos dependem, sobretudo, da dose infectante ingerida, do sorovar envolvido e das condições do próprio hospedeiro. O risco maior é para os lactentes, idosos e enfermos ou convalescentes, sobretudo os imunocomprometidos.

Nas infecções crônicas, podem ser observados sintomas de artrite, 3 a 4 semanas após o início da manifestação do quadro agudo.

Diagnóstico

Devem-se levar em consideração os sinais clínicos, o período de incubação e os tipos de alimentos ingeridos; em paralelo, cultivo direto e determinação dos sorotipos e/ou fagotipos mediante identificação sorológica. Vale destacar que, ao lado das técnicas convencionais de cultura que requerem em média até cinco dias para obtenção de resultados presuntivos, há vários métodos rápidos que abreviam esse tempo para apenas dois dias.

De qualquer modo, dada a complexidade dos integrantes do gênero Salmonella, a identificação correta dos sorovares exige, em geral, a remessa das amostras suspeitas para laboratórios de referência, sobretudo quando se tratar de um espécime exótico.

Tratamento

A gastroenterite causada por salmonela é tratada sintomaticamente com substâncias reidratantes, seja por via oral ou intravenosa, e tratamento de suporte com o objetivo de diminuir a eventual severidade de alguns dos sintomas, principalmente cólicas, vômitos e diarreia.

Para pacientes adultos de alto risco ou com infecções focais sistêmicas, recomenda-se ciprofloxacina, durante 3 a 5 dias, de acordo com a evolução do quadro clínico. Para crianças, pode ser indicada a trimetroprina/sulfametoxazol, por via oral, de acordo com a idade e o peso, também, durante 3 a 5 dias, conforme a evolução da infecção.

Controle

É feito com tratamento dos efluentes e dejetos de origem animal, higiene do abate, pasteurização do leite, manipulação adequada de alimentos, conservação e cocção em temperaturas corretas, tratamento dos animais enfermos e prescrição cuidadosa de antibióticos nos casos humanos (e animais) a fim de diminuir a ocorrência de cepas resistentes.

SHIGELOSE OU DISENTERIA BACILAR

As bactérias do gênero *Shigella* são causa de doenças diarreicas no homem resultantes de uma inflamação aguda do trato intestinal. Os agentes etiológicos da shigelose estão restritos à espécie humana e, raramente, ocorrem em outras espécies animais, exceto primatas não humanos.

Aspectos gerais

O gênero *Shigella* é integrado por quatro espécies distintas, diferenciadas com base em características bioquímicas e sorológicas, altamente infecciosas, todas elas patogênicas para o homem. A *S. dysenteriae* é a mais patogênica, sendo responsável pela forma grave da disenteria bacilar, por outro lado a *S. sonnei* é a que causa a forma mais benigna da infecção, enquanto as *S. boydii* e *S. flexneri* determinam um quadro clínico de gravidade intermediária.

A dose infectante é muito baixa, da ordem de 10 a 100 células do micro-organismo, mas a manifestação clínica da doença depende da idade e das condições prévias de saúde dos infectados.

Reservatórios

As *Shigella* spp. estão altamente adaptadas ao homem, o qual constitui seu principal reservatório na natureza. Os primatas não humanos, macacos e chimpanzés, constituem exceção entre as espécies animais que podem padecer da infecção e ser reservatório do micro-organismo.

Essas bactérias são encontradas com relativa frequência em águas poluídas com fezes humanas.

Epidemiologia

As *Shigella* spp. apresentam distribuição mundial. A *S. dysenteriae* ocorre, preferencialmente, nos países tropicais, enquanto a *S. sonnei* é mais comum na América do Norte e Europa.

A transmissão ocorre primariamente pessoa a pessoa, pela via oral-fecal, pela contaminação da água e dos alimentos. Os maiores responsáveis pela disseminação das *Shigella* spp. na natureza são os doentes na fase aguda da infecção e convalescentes com sintomas clínicos atípicos, os quais eliminam a bactéria nas fezes; o estado de portador pode persistir por vários meses. Apesar de em alguns países a água ser apontada como a principal causa da infecção, os alimentos ainda são considerados a via de transmissão mais comum para o micro-organismo. As moscas também participam da cadeia de transmissão da infecção, carregando o agente dos locais contaminados com matéria fecal para os alimentos.

Em 2001, na área urbana de San José, Costa Rica, registraram-se mais de 7 mil casos de shigelose por veiculação hídrica, afetando com maior incidência crianças menores de 10 anos e adultos acima dos 60, evidenciando a importância do gênero *Shigella* como causa de diarreia na população infantil e entre os idosos.

Dadas as características particulares de veiculação do agente nos países de língua inglesa, resume-se o mecanismo de transmissão da shigelose por quatro letras F: *food* (alimento), *fingers* (dedos), *feces* (fezes) e *flies* (moscas).

Alimentos envolvidos

As *Shigella* spp. alcançam os alimentos por meio da contaminação com matéria fecal humana, seja pela água, seja pelas mãos dos manipuladores. A presença do agente em vários tipos de alimentos está diretamente relacionada com o papel desempenhado pelo próprio homem como disseminador da bactéria, principalmente quando as condições de higiene pessoal são limitadas.

Frequentemente, diferentes tipos de saladas têm sido envolvidos em surtos de shigelose, como as de batata, atum, camarão, macarrão, peru e galinha. Do mesmo modo, vegetais crus, especialmente alfaces e frutas, em particular morangos, podem disseminar o micro-organismo após lavagem com água contaminada ou manipulação com mãos contaminadas. Leite, queijo, manteiga, arroz cozido, hambúrguer, galinha, peixe e frutos do mar, além da própria água, têm sido identificados como responsáveis por casos da infecção.

Características

O gênero *Shigella* pertence à família *Enterobacteriaceae*. As bactérias são bacilos Gram-negativos, catalase positivos (exceto a *S. dysenteriae* sorotipo 1), oxidase negativos, anaeróbios facultativos e, taxonomicamente, são idênticas ao gênero *Escherichia*.

São mesófilos típicos, desenvolvendo-se em geral entre 6,1 e 47,1°C (*S. sonnei*), embora os valores extremos variem de uma espécie para a outra. Contudo, em temperaturas superiores a 65°C são destruídas rapidamente. O mesmo aplica-se para a faixa de pH ótima, compreendida entre 6 e 8, suportando variações de 4,9 a 9,3 (*S. sonnei*), mas não resistindo a valores inferiores a 4,5 e, para as concentrações máximas de cloreto de sódio, 3,7% para a *S. flexneri* e 5,1 para a *S. sonnei*. Contudo, essas duas espécies podem sobreviver por longos períodos de tempo a temperatura ambiente, em alimentos ácidos como sucos de frutas e em bebidas carbonatadas não alcoólicas. Por outro lado, *S. dysenteriae* em suco de laranja a 4°C pode sobreviver por 170 horas, e em suco de uva, a 20°C por 2 a 28 horas. Não sobrevivem à pasteurização, são sensíveis à radiação ionizante, mas não são afetadas pela redução da aw. Em superfícies inanimadas, são capazes de sobreviver a temperaturas entre −20 e 37°C. Os desinfetantes clorados, bem como o iodo e o quaternário de amônia, são eficientes na destruição do micro-organismo.

De uma maneira geral, são capazes de sobreviver por tempo prolongado em farinhas, no leite pasteurizado, nos ovos e mariscos, bem como em superfícies mal higienizadas das instalações.

Pessoas expostas

Todos os seres humanos são suscetíveis à infecção, porém a disenteria bacilar é mais severa nas crianças entre 1 e 4 anos, nos idosos e nas pessoas debilitadas. A shigelose faz parte do complexo de doenças que acometem homens homossexuais hígidos. É um problema de bastante relevância nas creches, nos albergues e nas instituições prisionais, por causa da aglomeração, das condições precárias de higiene e da promiscuidade.

Quadro clínico

A doença é causada após a bactéria aderir e penetrar nas células epiteliais da mucosa do intestino grosso, no cólon. A multiplicação ocorre intracelularmente, e a disseminação faz-se por contiguidade para as células vizinhas, resultando em lesões ulcerativas na mucosa intestinal. As propriedades invasivas da bactéria podem ser manifestadas em outros tecidos epiteliais, como o geniturinário e o da córnea. Nesse último, observa-se um quadro de ceratoconjuntivite purulenta.

Algumas cepas produzem endotoxinas e enterotoxinas, as quais não se disseminam além do epitélio do cólon. À medida que a bactéria se multiplica, há produção de endotoxina, com o desenvolvimento de quadro febril, e de enterotoxina, a qual produz inflamação da parede intestinal, degeneração das vilosidades e erosão local, responsáveis pela presença de muco e sangue nas fezes dos pacientes com as formas graves da infecção. A *S. dysenteriae* tipo 1 produz a denominada Shiga-toxina, polipeptídeo termolábil, com atividades citotóxica, enterotóxica e neurotóxica. *S. sonnei* e *S. flexneri* produzem baixos níveis de toxina semelhante à Shiga-toxina, mas neutralizada pela anti-Shiga-toxina.

O período de incubação varia de 12 horas a 4 dias em média, mas existem registros de casos em que os sintomas se iniciaram 7 horas após a ingestão do alimento contaminado. O quadro clínico dura de 4 a 7 dias, é autolimitante, sobretudo nos adultos, e nas crianças menores de 12 anos, principalmente nas mal nutridas, a infecção é grave e pode ser fatal. A eliminação do agente nas fezes dos acometidos pode persistir por até duas semanas, mesmo após a remissão dos sintomas.

Dores abdominais, cólicas, diarreia, febre e vômitos, além de sangue, pus ou muco nas fezes e tenesmo, são os sintomas observados com maior frequência nas disenterias bacilares causadas por *S. dysenteriae*, *S. flexneri* e *S. boydii*. A diarreia provocada pela *S. sonnei* é do tipo aquosa. As complicações neurológicas e as síndromes de insuficiência renal são observadas especialmente nas crianças.

Diagnóstico

O isolamento do agente a partir dos alimentos e da água é difícil, pois o desenvolvimento da bactéria é afetado pela competição com outros micro-organismos, sobretudo coliformes e *Proteus* spp. Daí a necessidade de utilização de meios de cultura enriquecidos, complementados por meios seletivos. Para a identificação são recomendados vários métodos bioquímicos e sorológicos. A pesquisa do agente em amostras de água requer, previamente, a técnica de filtração em membrana, a mais empregada para a concentração de bactérias em água.

O isolamento e a identificação da bactéria em matéria fecal seguem os protocolos usuais, empregados na pesquisa de micro-organismos intestinais, sendo recomendadas as técnicas de aglutinação para os exames dos pacientes.

Tratamento

A terapia consiste, basicamente, nas medidas de reidratação, seja por via oral ou intravenosa, além do tratamento de suporte, sendo que antibióticos só devem ser recomendados em casos especiais.

Quando o paciente passa a tolerar a ingestão de caldos preparados à base de carnes ou de vegetais, sem vomitar, e o apetite reaparece, mesmo que de modo discreto, a alimentação deverá ser reiniciada gradualmente. A administração de alimentos insípidos (sem qualquer tipo de tempero) durante a fase de tratamento não oferece nenhum benefício. Antidiarreicos podem ser indicados para crianças menores de 5 anos, principalmente, quando apresentam disenteria aquosa. A loperamida é um antidiarreico efetivo, que pode ser administrado por via oral, até a remissão dos sintomas, não ultrapassando a dose máxima diária preconizada pelo médico.

Controle

Por se tratar de uma doença restrita à espécie humana, cujo agente é eliminado pelas fezes, a prevenção da doença apoia-se sobre práticas de higiene e saneamento ambiental.

Os hábitos de boa higiene pessoal, sobretudo a lavagem das mãos após a utilização dos sanitários, antes de lidar com ou alimentar animais, de manipular alimentos e de fazer as próprias refeições, são essenciais para reduzir o risco de disseminação do agente nos domicílios e locais de trabalho. A higiene das instalações sanitárias, com disponibilidade de água, sabão, toalhas descartáveis e papel higiênico, é uma medida da mais extrema importância para o controle da shigelose em qualquer ambiente.

Em relação à manipulação de alimentos, deve-se dar preferência ao uso de utensílios higienizados, em vez das mãos, sempre que possível. Do mesmo modo, alimentos já submetidos à cocção não devem ser tocados com as mãos, a não ser em condições excepcionais. Todos aqueles que apresentam quadros diarreicos devem ser excluídos prontamente da manipulação de alimentos.

O saneamento ambiental, traduzido pela destinação adequada das excretas humanas, é fundamental para evitar a contaminação do solo e da água e, por extensão, dos produtos hortifrutícolas. Na mesma linha, é importante o controle integrado de pragas, sobretudo de moscas.

STAPHYLOCOCCUS AUREUS

As bactérias do gênero *Staphylococcus* são habitantes usuais da pele, das membranas mucosas, do trato respiratório superior e do intestino do homem, destacando-se dentre elas o *S. aureus*, o de maior patogenicidade, responsável por considerável proporção de infecções humanas, principalmente no âmbito hospitalar. A importância das demais espécies tem aumentado em razão do crescimento do número de casos de infecções oportunistas, sobretudo nos imunocomprometidos. Do mesmo modo, integram a flora bacteriana das diferentes espécies de animais domésticos e silvestres.

Os estafilococos, em conjunto com os pneumococos e os estreptococos, compõem o grupo de cocos invasivos, conhecidos como piogênicos, sendo responsáveis por diversos tipos de processos supurativos, como furúnculos, abscessos e foliculite, entre outros.

Em saúde pública, particularmente na área de vigilância sanitária de alimentos, o *S. aureus* é considerado um dos mais frequentes causadores de surtos de toxinfecção, em razão do importante papel desempenhado pelos manipuladores durante as diferentes etapas de processamento dos alimentos somado aos riscos de contaminação das matérias-primas desde sua origem e das temperaturas abusivas de conservação pós-cocção.

Aspectos gerais

O *S. aureus* é um coco Gram-positivo que, ao exame microscópico, pode aparecer aos pares, em cadeias curtas ou agrupado em cachos, semelhantes aos de uva. Algumas cepas produzem uma enterotoxina, proteína altamente termoestável, responsável no homem pelos quadros de estafiloenterotoxemia ou estafiloenterotoxicose. Essa enterotoxina é dividida em seis tipos: A, B, C1, C2, D e E. A maioria dos surtos é provocada pelas toxinas A e D, as quais são formadas nos alimentos dentro de uma larga faixa de valores de pH, aw e Eh superiores, por exemplo, àquelas dos tipos B e C. Os biotipos humanos de *S. aureus* produzem enterotoxinas com maior frequência do que as de outros biotipos animais.

A dose tóxica mínima da enterotoxina, capaz de provocar a manifestação clínica da intoxicação estafilocócica é inferior a 1 mg. Esse nível de toxina é alcançado quando o número de células bacterianas, contaminantes de um alimento, ultrapassa 100.000/g.

Reservatórios

O *S. aureus*, apesar do alto grau de virulência, está intimamente associado ao homem. A bactéria está presente na maioria dos ambientes frequentados pelos seres humanos e é facilmente isolada de fômites, motivo pelo qual o homem é um dos principais reservatórios do agente na natureza. Nos recém-nascidos, a colonização do agente inicia-se poucas horas após o nascimento e continua por toda a vida. Em pesquisa realizada na Espanha, considerando questões epidemiológicas e genéticas de amostras toxigênicas do *S. aureus*, os isolamentos a partir das narinas de manipuladores saudáveis e de alimentos manipulados com as mãos revelaram, respectivamente, 23,9 e 26% de cepas produtoras de enterotoxina estafilocócica. Esse resultado demonstra que o homem, mesmo em bom estado de saúde, constitui fonte de contaminação para os alimentos por ele preparados, e estes, por sua vez, oferecem risco significativo para os consumidores.

Os animais também podem ser portadores de cepas humanas, principalmente os domésticos. No caso particular dos bovinos, as mastites estafilocócicas geralmente têm origem em cepas humanas e são transmitidas durante os procedimentos de ordenha.

No Brasil, em Goiás, foram isoladas 419 linhagens de *S. aureus* a partir de amostras de queijo tipo mozarela, colhidas em diferentes etapas do processamento industrial, entre as quais 62,1% eram de provável origem humana e 23,4% de origem bovina, ressaltando a importância do homem como fonte de contaminação do patógeno para os alimentos.

Epidemiologia

O *S. aureus* apresenta distribuição mundial. Estima-se que de 20 a 60% da população humana possa ser portadora da bactéria sem apresentar qualquer tipo de doença. Nessas circunstâncias, os portadores humanos, mesmo em condições normais de saúde, sempre representam risco quando lidam com alimentos, pois podem contaminá-los durante as diferentes fases de preparação, pelas mãos e secreções oronasais. Já os portadores de infecções purulentas, sobretudo nas mãos, devem se abster de lidar com quaisquer tipos de alimentos. Em Taiwan, um manipulador de uma cantina de estudantes, com uma lesão na mão, foi apontado como possível fonte de contaminação de *S. aureus*, produtor de enterotoxina. Outras cepas do patógeno, identificadas por meio de técnicas de genotipagem, foram isoladas a partir de sete pacientes, de um manipulador sem sinais aparentes de infecção e de sobras de alimentos – salada e pão – de uma padaria local.

A transmissão ocorre pela ingestão de alimentos, inicialmente contaminados com a bactéria, submetidos a temperaturas de cocção insuficientes para provocar sua destruição e depois mantidos a temperaturas abusivas para conservação: há multiplicação bacteriana e consequente produção de enterotoxina. O mesmo aplica-se para os alimentos contaminados após preparação correta, mas mantidos a temperaturas abusivas de conservação.

A real incidência das intoxicações estafilocócicas é desconhecida, sobretudo pelo fato de a recuperação dos pacientes ocorrer um a dois dias após o início dos sintomas, e de nem sempre o diagnóstico médico ser possível, por causa da semelhança do quadro clínico com outras toxinfecções que também causam êmese.

As estafiloenterotoxemias raramente levam os pacientes à morte, embora haja citações de casos fatais entre crianças, idosos e pessoas gravemente debilitadas.

Estudo epidemiológico realizado na Venezuela com pessoas acometidas por toxinfecções alimentares provocadas por consumo de pescado e moluscos revelou que 77% das vítimas eram crianças menores de 10 anos, e que todas elas haviam apresentado transtornos gastrointestinais, comprovando a alta suscetibilidade desse grupo etário ao *S. aureus*.

No Japão, 13.420 pessoas foram vítimas de um surto, de características incomuns, provocado pela ingestão de produtos lácteos manufaturados com leite em pó desnatado, produzido por uma indústria de laticínios. Nesse episódio, o processo térmico eliminou o *S. aureus*, mas não foi suficiente para inativar completamente a toxina estafilocócica, responsável pelo surto.

Alimentos envolvidos

São aqueles com elevado teor de umidade e alta porcentagem de proteína, como as carnes e os produtos derivados de bovinos, suínos e aves, além de ovos. O *S. aureus* pode ser isolado a partir de carcaças de frango in natura e resfriadas, bem como de peixes e frutos do mar.

Outro grupo importante de alimentos é o de leite e seus derivados, como os queijos cremosos e produtos de confeitaria. As tortas e doces recheados de creme e as bombas de chocolate frequentemente são incriminados em surtos de intoxicação estafilocócica.

De modo geral, todos os alimentos que requerem considerável manipulação durante o seu preparo e cuja temperatura de conservação é inadequada, como acontece, por exemplo, com saladas e recheios de sanduíches, são passíveis de causar intoxicação.

Características

O *S. aureus* é a mais resistente de todas as bactérias patogênicas não formadoras de esporos. É um organismo coagulase positivo, catalase positivo, oxidase negativo e anaeróbio facultativo. Multiplica-se entre 7 e 48°C, sendo 37°C a temperatura ótima para desenvolvimento. A enterotoxina é produzida entre 10 e 48°C; contudo, a faixa de 40 a 45°C é considerada ótima para sua produção.

As faixas de pH e aw suportadas pela bactéria são muito amplas, o mesmo sucedendo com a produção de toxina, embora os limites desta sejam ligeiramente inferiores. O pH situa-se entre 4 e 10; enquanto a aw, entre 0,83 e 0,99 ou superior. Deve-se destacar que esses valores variam de acordo com os substratos e a quantidade de oxigênio do meio.

Um fato importante é a tolerância do *S. aureus* ao sal e à aw reduzida, multiplicando-se com facilidade nos meios que contêm entre 5 e 75% de cloreto de sódio.

Pessoas expostas

Não existe um grupo de risco em particular, pois a bactéria está presente no ambiente, nos animais e no próprio homem, onde desempenha uma função útil, ao metabolizar produtos da pele e, possivelmente, evitando a colonização de outros micro-organismos patogênicos.

Em oito surtos investigados no estado de São Paulo, no período de dezembro de 2001 a abril de 2003, envolvendo 59 pessoas, 50% dos episódios foram confirmados, laboratorialmente, como sendo provocados por *S. aureus* em razão do consumo de produtos de confeitaria, como doces e salgados.

Quadro clínico

O período de incubação médio é de 2 a 4 horas (30 minutos a 8 horas). O início dos sintomas é, geralmente, rápido e naturalmente agudo, dependente da suscetibilidade individual à toxina, da quantidade de alimento contaminado ingerido, da quantidade de toxina ingerida com o alimento contaminado e do estado pregresso de saúde do paciente.

Os sintomas mais frequentes são náuseas, vômitos, ânsia de vômitos, cólicas abdominais e diarreia. Em geral, não há febre. Nos casos mais graves, pode-se observar cefaleia e prostração. A recuperação da maior parte dos casos ocorre em 24 a 48 horas. Inspira maiores cuidados em lactentes, idosos e enfermos.

Diagnóstico

Os sinais clínicos, o período de incubação e os tipos de alimentos ingeridos são importantes no diagnóstico presuntivo da intoxicação, embora não sejam conclusivos.

A cultura bacteriana e a detecção da toxina em filtrados do cultivo ou em extratos de alimentos, quando é possível recuperar amostras de restos alimentares, são os procedimentos mais adequados para o diagnóstico.

Tratamento

Os pacientes vitimados pela toxina estafilocócica devem receber quantidade adequada de líquidos e nos casos com maior gravidade dos sintomas, pode-se prescrever medicamentos antieméticos, injetáveis ou mesmo sob forma de supositórios para vômitos. Quando a perda de líquidos for muito intensa, é altamente recomendável que ela seja reposta por via endovenosa. A administração rápida de soros ricos em eletrólitos por via endovenosa, proporciona, muitas vezes, uma grande melhora do quadro clínico.

Controle

O treinamento de manipuladores é um dos procedimentos de maior relevância para a prevenção da contaminação de alimentos durante as diferentes fases de preparo, aí incluídas todas as medidas de higiene pessoal, utensílios e instalações.

Em relação à conservação dos alimentos, é extremamente importante a faixa de temperatura, compreendida entre 7 e 60°C, que deve ser evitada, a fim de impedir a multiplicação do *S. aureus* e a consequente produção de enterotoxina.

VIBRIO SPP

No gênero *Vibrio*, pertencente à família *Vibrionaceae*, estão agrupadas inúmeras bactérias patogênicas para o homem, causando desde gastroenterites autolimitantes até quadros graves de septicemia, podendo levar os pacientes ao óbito.

O mais importante membro do gênero é o *V. cholerae*, agente etiológico da cólera, de ocorrência pandêmica em sete ocasiões desde o século XIX, acometendo inicialmente a Ásia, de onde se estendeu para a Europa, África e as Américas. Tanto a água não tratada quanto os alimentos têm participação determinante na transmissão do agente em saúde pública. O *V. parahaemolyticus* é responsável por surtos de toxinfecção alimentar intimamente associados ao consumo de pescado, sobretudo frutos do mar. O *V. vulnificus* também é encontrado em produtos marinhos e causa septicemia no homem, cuja evolução pode ser fatal. Embora outras espécies de víbrios de origem marinha possam ser transmitidas por alimentos, a baixa frequência de isolamentos não tem sido suficiente para caracterizar esses agentes como causadores, de fato, de gastroenterites no homem.

Aspectos gerais

O *V. cholerae* apresenta vários sorogrupos, contudo só o O1 e o O139 têm sido responsáveis por epidemias. O sorogrupo O1 divide-se em três sorotipos – Inaba, Ogawa e Hikojima (não comum) – e em dois biotipos – o clássico e o El Tor. O agente está associado frequentemente à ingestão de água contaminada com despejos, embora os alimentos contaminados sejam a via de transmissão primária da maioria dos surtos e os maiores veículos de disseminação da doença durante as epidemias.

V. parahaemolyticus e *V. vulnificus* são tolerantes ao sal, habitam as águas costeiras e estão associados aos invertebrados marinhos. No inverno, abrigam-se no sedimento do fundo do mar, e nas estações mais quentes, após ressuspensão nas águas, incorporam-se na cadeia alimentar, desenvolvendo-se em peixes, frutos do mar e outros produtos marinhos comestíveis.

As doses infectantes dos víbrios variam conforme a espécie do micro-organismo. Suspeita-se de que para o *V. cholerae* e *V. parahaemolyticus* são necessários mais de um milhão de células bacterianas para que a doença se manifeste. No caso específico desse último patógeno, a dose infectante pode ser menor se o alimento contaminado exercer efeito tampão sobre o pH do estômago. No que concerne ao *V. vulnificus*, sabe-se apenas que em pessoas predispostas são necessárias menos de 100 células do micro-organismo.

Reservatórios

Os víbrios são habitantes naturais do ambiente aquático, principalmente o marinho. Os moluscos bivalves, sobretudo as ostras, são as principais vias de transmissão para o homem, por serem concentradores biológicos dessas bactérias.

No caso particular da cólera, a doença é estritamente humana e não existe comprovação de reservatórios animais. Inúmeras evidências apontam o solo e a água de dois rios da Índia, o Ganges e o Brahmaputra, como reservatórios naturais do *V. cholerae*. Nessas áreas endêmicas, a transmissão e a disseminação da cólera estão associadas à peregrinação aos rios e à prática religiosa de banhar-se nessas águas.

Epidemiologia

Os víbrios apresentam distribuição mundial, mas têm maior frequência nos países em desenvolvimento. A cólera está diretamente relacionada às más condições de saneamento ambiental; a ausência de tratamento da água de abastecimento e do esgoto determinam a disseminação do agente. O *V. cholerae* pode ser isolado em águas temperadas, subtropicais ou tropicais em qualquer região do globo, porém só nos meses mais quentes do ano.

O *V. parahaemolyticus* foi encontrado pela primeira vez em leitos de ostras, na Baía de Galveston, Estados Unidos, em 1998, após ter causado um surto epidêmico de diarreia em pessoas que haviam consumido ostras cruas. As investigações realizadas evidenciaram que os leitos de ostras ficavam muito próximos às linhas marítimas, sugerindo que a bactéria havia sido levada pela água de lastro dos navios-tanques e dos cargueiros provenientes de portos distantes.

A possibilidade de ocorrência da gastroenterite por *V. parahaemolyticus* é mais perturbadora onde o hábito de comer pescado cru é muito grande, por isso é comum em países asiáticos como Japão e Coreia. Todavia, como esse hábito atualmente constitui modismo em muitos outros países, nos quais essa tradição não existia, é possível que sua ocorrência seja maior do que a relatada.

Do mesmo modo que sucede com o *V. parahaemolyticus*, também para o *V. vulnificus* são os produtos de origem marinha as principais vias de transmissão, uma vez que o mar é o ecótopo natural dessas duas espécies de micro-organismos. A veiculação do *V. vulnificus* é associada a águas salobras provenientes de lagos.

Na região nordeste do Brasil, especialmente em Pernambuco, no período de fevereiro de 1999 a janeiro de 2000, foram analisadas ostras provenientes do comércio varejista, observando-se inúmeras espécies de *Vibrio*, entre elas *V. parahaemolyticus*, *V. vulnificus* e *V. cholerae* não O1, além de outros micro-organismos. Diante dos resultados, a forma incorreta de estocagem foi considerada fator determinante da contaminação e a possibilidade de interferência sazonal foi descartada. Nessa mesma região, no Maranhão, entre setembro de 2001 e agosto de 2002, a análise de espécies de moluscos sururu (*Mytella falcata*) e sarnambi (*Anomalocardia brasiliana*), capturados no estuário do rio Anil, revelaram *V. parahaemolyticus*, respectivamente, em 51,5 e 61,4% das amostras. Isso demonstra a necessidade de aplicação de ações de cunho ambiental, visando à recuperação dessas áreas, para diminuir o risco de toxinfecções da população local. No Ceará, entre fevereiro e maio de 2003, a partir de 90 exemplares de caranguejos (*Ucides cordatus*), expostos à venda no comércio varejista, foram isoladas, entre outras espécies de micro-organismos patogênicos, 45 cepas de *Vibrio* spp., das quais oito eram de *V. parahaemolyticus*. Essa constatação reforça a importância da cocção dos crustáceos, em geral, para evitar riscos à saúde dos consumidores. Em outra pesquisa, também no Ceará, para a qual foram colhidas 300 ostras (*Crassostrea rhizophorae*) do estuário do rio Cocó em um período de oito meses, as análises revelaram o *V. cholerae* em 33,3% das amostras. Considerando-se que as ostras são alimentos marinhos frequentemente ingeridos crus ou parcialmente cozidos, o risco para a saúde pública é relevante. Na Bahia, uma tese que utilizou métodos microbiológicos e moleculares sobre *Vibrio* spp., potencialmente patogênicos, em moluscos bivalves comestíveis comercializados entre 2000 e 2002, identificou 1.077 cepas, sendo 17 de V. cholerae não O1 e não O139; 216 de *V. parahaemolyticus* e 14 de *V. vulnificus*, demonstrando que há elevado risco de se contrair gastroenterite pelo consumo desses frutos do mar crus, mal cozidos ou preparados em más condições de higiene.

No estado do Rio de Janeiro, pesquisa sobre a ocorrência de *Vibrio* spp. utilizando métodos microbiológicos e moleculares (PCR; ERIC-PCR), com 107 amostras de moluscos bivalves comestíveis, isolou 1.077 cepas, sendo 17 de *Vibrio cholerae* não O1 e não O139; 216 de *V. parahaemolyticus*; 64 de *V. alginolyticus*; 24 de *V. fluvialis* e 14 de *V. vulnificus*, entre outras. Esclarece-se que as amostras provinham de moluscos comercializados entre 2000 e 2002 em municípios da orla marinha, além de 15 amostras de zooplâncton. Esses resultados comprovam o risco de se contrair gastroenterite infecciosa pelo consumo de moluscos bivalves crus, mal cozidos ou preparados em más condições de higiene.

Alimentos envolvidos

O *V. cholerae* é mais comum em moluscos (ostras e mexilhões) do que em outros crustáceos e produtos marinhos, sendo apontados como causa de inúmeras epidemias de cólera. Nem todos os surtos de cólera são causados pelo consumo desses produtos, algumas epidemias tiveram origem na água contaminada com despejos.

O *V. parahaemolyticus* está frequentemente associado a camarões e caranguejos, mas também é isolado de peixes. Acredita-se que 98% desses isolamentos correspondam a cepas não patogênicas da bactéria. Apesar de ocorrer predominantemente em pescado, os alimentos conservados com sal, contaminados com o agente, propiciam condições para sua sobrevivência. A maior parte dos surtos tem sido causada pelo consumo de moluscos marinhos crus (ostras e mexilhões) e crustáceos cozidos (camarões, caranguejos e lagostas).

O *V. vulnificus* é isolado de crustáceos e águas costeiras de diferentes países. Apesar de o micro-organismo ser encontrado com relativa facilidade no ambiente marinho, são as ostras consumidas cruas as maiores responsáveis por casos de infecção em indivíduos suscetíveis.

Características

Os víbrios são bacilos Gram-negativos, pleomórficos, curvados ou retos, móveis, catalase e oxidase positivos, anaeróbios facultativos e extremamente sensíveis às temperaturas de cocção. O cloreto de sódio estimula o desenvolvimento de todas as espécies, sendo indispensável para algumas delas. Na Tabela 12.1 são apresentados os valores de temperatura, pH, aw e concentração de cloreto de sódio para multiplicação dos *V. cholerae*, *V. parahaemolyticus* e *V. vulnificus*.

O *V. vulnificus*, em particular, não é isolado de crustáceos ou águas marinhas abaixo de 15°C; por outro lado, não resiste às temperaturas usuais de cocção. Embora o número de bactérias na água do mar não seja elevado, em ostras, a concentração é grande, sobretudo quando a temperatura das águas supera os 21°C.

O hipoclorito, desinfetante muito utilizado na indústria de alimentos e nas cozinhas de modo geral, é eficaz contra os víbrios, quando não houver matéria orgânica envolvida.

Tabela 12.1 Víbrios e respectivos parâmetros de temperatura, pH, a_w e concentração de cloreto de sódio (NaCl).

Parâmetros	V. cholerae		V. parahaemolyticus		V. vulnificus	
	Ótimo	Intervalo	Ótimo	Intervalo	Ótimo	Intervalo
Temperatura (°C)	37	10-43	37	5-43	37	8-43
pH	7,6	5,0-9,6	7,8-8,6	4,8-11,0	7,8	5,0-10,0
a_w	0,984	0,970-0,998	0,981	0,940-0,996	0,980	0,960-0,997
NaCl (%)	0,5	0,1-4,0	3,0	0,5-10,0	2,5	0,5-5,0

Fonte: adaptado de ICMSF (1996).

Pessoas expostas

As populações de países em desenvolvimento que vivem em locais com condições precárias de saneamento, onde não há tratamento da água de abastecimento e não existe esgoto, são as mais expostas ao risco da infecção pelo *V. cholerae*. O mesmo aplica-se para aqueles que, em áreas endêmicas, se alimentam de pescado cru ou insuficientemente cozido.

As pessoas que têm por hábito cultural ou modismo comer produtos marinhos crus, principalmente moluscos bivalves, constituem grupo de altíssimo risco para as toxinfecções por *V. parahaemolyticus*.

Em relação ao *V. vulnificus*, não só estão expostas ao risco da infecção as pessoas que se alimentam com produtos marinhos crus, como também aquelas que lidam com o pescado, limpando-o e preparando-o para processamento, podendo ferir os dedos e as mãos com espinhas dos peixes e fragmentos cortantes das cascas ou conchas de crustáceos. Os mais suscetíveis à infecção são os que apresentam doença hepática, diabetes, leucemia, alcoólatras, bem como todos aqueles que estão sob tratamento imunossupressor ou os imunocomprometidos por doenças como a Aids.

Quadro clínico

O período de incubação da cólera é de aproximadamente 48 horas. Uma vez ultrapassada a barreira gástrica, o agente adere às células do intestino delgado. Embora a patogenia da infecção não esteja bem esclarecida, suspeita-se ou da produção de uma enterotoxina ou de mecanismo invasivo. O início da manifestação clínica da infecção é abrupto, caracterizado por intensa diarreia líquida, cólicas abdominais e febre, atingindo, nas áreas endêmicas, grande número de indivíduos. Vômitos acontecem em aproximadamente 25% dos pacientes, sangue e muco nas fezes podem ser observados também em 25% dos doentes. O quadro diarreico pode durar até sete dias. A excessiva perda de fluidos orgânicos conduz o paciente à desidratação e proporciona a contaminação de despejos com elevadíssimas concentrações do micro-organismo.

A infecção por *V. parahaemolyticus* manifesta-se após um período de incubação de 24 horas, também abruptamente, por meio de diarreia aquosa, cólicas abdominais, náuseas, cefaleia e, ocasionalmente, vômitos. Os sintomas em geral apresentam evolução moderada, e a maioria dos pacientes recupera-se em menos de uma semana (1 a 3 dias). Uma característica importante da doença é sua ocorrência sob forma de surtos em grupos expostos ao consumo do mesmo tipo de refeição composta de frutos do mar. Complicações advindas da infecção não são frequentes, mas podem ser observadas entre pacientes idosos. A desidratação também é possível na evolução da manifestação clínica.

O *V. vulnificus*, altamente invasivo, é responsável por um quadro particular de toxinfecção alimentar denominado septicemia fulminante ou explosiva, de evolução fatal, cujo período de incubação é de 38 horas, com limites compreendidos entre 12 horas e vários dias. Esse quadro ocorre primordialmente nos indivíduos expostos com disfunções hepáticas, nos quais a letalidade atinge de 40 a 60% dos pacientes. Nos casos de infecções dos membros ou das extremidades, via ferimentos cutâneos provocados por acidentes com partes cortantes ou perfurantes de peixes e frutos do mar contaminados com o agente, pode haver necessidade de amputação do membro afetado, em decorrência da gravidade do quadro clínico. A manifestação clínica mais comum é a febre seguida de arrepios e náuseas. Diarreia não é um sintoma frequente. As lesões de pele localizam-se nas extremidades ou no tronco, e podem se apresentar como semelhantes a gangrena, úlceras necróticas, vesículas ou bolhas, erupções papulares ou macropapulares, entre outras. A evolução da infecção é rápida e de difícil tratamento.

Diagnóstico

Isolamento do organismo a partir das fezes dos doentes e dos restos dos alimentos suspeitos, sempre que for possível. A diferenciação entre as espécies é realizada mediante provas bioquímicas.

Tratamento

A cólera, provocada pelo *V. cholerae*, exige tratamento imediato com soro fisiológico ou mesmo soro caseiro, preparado a partir de uma solução aquosa de açúcar e sal de cozinha, para repor a perda intensa de água e sais minerais. No ambiente hospitalar, os doentes são tratados, emergencialmente, com solução salina por via endovenosa. A doxiciclina é o antibiótico de eleição responsável pela remissão do quadro clínico e deve continuar a ser administrada até 24 a 48 horas após o desaparecimento da febre e dos sintomas intestinais. Antidiarreicos não devem ser administrados aos pacientes de cólera, pois diminuem o peristaltismo intestinal, o que facilita a multipicação da bactéria.

Antibióticos como a ciprofloxacina ou a doxiciclina (tetraciclina semisintética) por via oral, também em dose única, são altamente recomendáveis para as infecções intestinais causadas por víbrios não coléricos. Nos casos acompanhados por quadros diarreicos, faz-se necessária a imediata reposição dos eletrólitos necessários à recuperação dos doentes.

Nos casos de ferimentos infectados por *V. vulnificus*, recomenda-se a doxiciclina. Pesquisas com a utilização de cefalosporina de terceira geração em associação com doxiciclina forneceram resultados promissores no tratamento de pacientes atingidos pela infecção.

Controle

A ingestão de água de procedência desconhecida ou sem qualquer tratamento prévio deve ser evitada, sobretudo nas regiões onde o saneamento ambiental é precário ou simplesmente não existe. Do mesmo modo, deve-se evitar sua utilização para higienizar frutas e vegetais, que serão consumidos crus, ou para lavagem de utensílios, recipientes e superfícies, pois pode propiciar a veiculação dos víbrios, sobretudo o *V. cholerae*. Nesses casos, a água deverá ser previamente fervida ou tratada com cloro antes de sua utilização.

A contaminação cruzada entre pescado cru e alimentos já submetidos à cocção é uma possibilidade que deve ser resguardada das unidades de preparação de refeições coletivas, comerciais ou industriais, e das cozinhas domiciliares, separando as áreas para cada tipo de prática.

Nos mercados, não se deve misturar o pescado oriundo de águas costeiras nas épocas mais quentes do ano – ricos em víbrios, sobretudo *V. parahaemolyticus* – com produtos marinhos capturados em águas mais profundas – com nível de contaminação insignificante –, a fim de impedir a disseminação do agente por todos os lotes a serem comercializados. Se esses produtos, por sua vez, forem resfriados de modo insuficiente, a multiplicação bacteriana ocorrerá rapidamente, agravando as condições higienicossanitárias desses lotes.

A prevenção da toxinfecção por *V. parahaemolyticus* é muito difícil nos países onde o hábito de consumir pescado cru ou insuficientemente cozido é cultural. Naqueles onde esse hábito constitui mero modismo, deve-se incentivar o consumo exclusivo de produtos marinhos cozidos.

As pessoas que lidam com pescado frequentemente, sobretudo manipuladores na indústria de alimentos ou pessoal de cozinha, devem utilizar luvas resistentes à perfuração por espinhas e ao corte por fragmentos de cascas ou conchas para sua proteção.

Os alcoólatras e portadores de doenças hepáticas, diabetes, leucemia e imuno-comprometidos por tratamento ou doença devem se abster de consumir pescado cru ou parcialmente cozido.

YERSINIA ENTEROCOLITICA

O gênero *Yersinia* reúne um conjunto de bactérias responsável por ampla varie-dade de patologias, tanto em saúde pública quanto em saúde animal. A *Y. enteroco-litica* e a *Y. pseudotuberculosis* estão associadas a quadros gastroentéricos no homem e são transmitidas pelos alimentos, mas a bactéria de maior impacto para a huma-nidade, pertencente a esse gênero, é a *Y. pestis*, agente etiológico da peste, doença que dizimou um quarto da população da Europa durante o século XIV.

Aspectos gerais

As *Yersinia* spp. pertencem à família *Enterobacteriaceae*, por causa de suas características bioquímicas, sorológicas e de desenvolvimento em meios de cultura. Tanto a *Y. enterocolitica* como a *Y. pseudotuberculosis* causam no homem infecções entéricas de caráter zoonótico. A mais importante em saúde pública, porém, é a *Y. enterocolitica*, por causa da ampla distribuição geográfica e do maior grau de pato-genicidade para o homem.

No contexto das toxinfecções de origem alimentar, a yersiniose é uma condição pouco frequente, ocorrendo como casos esporádicos, nos quais nem sempre os alimentos suspeitos são confirmados como responsáveis pela transmissão. Por outro lado, desconhece-se a dose infectante capaz de provocar a infecção nos suscetíveis.

Reservatórios

A *Y. enterocolitica* é encontrada no intestino de diferentes espécies animais em condições normais de saúde ou doentes, entre os quais os suínos ocupam lugar de destaque como portadores crônicos dos sorotipos mais comumente implicados na infecção humana. Os animais destinados ao abate, os de estimação, os silvestres, as aves, os répteis e o pescado de modo geral são reservatórios do agente na natureza. A bactéria pode ser isolada, também, a partir de frutas e vegetais, além do solo e da própria água.

Epidemiologia

Em saúde pública, são notificados com pouca recorrência surtos de toxinfecções alimentares causados por *Y. enterocolitica*, sobretudo na América do Norte e na

Europa, todavia em quantidade muito superior à dos casos provocados por *Y. pseudotuberculosis*, cujos relatos se restringem, por enquanto, ao Japão.

A transmissão pela via oral-fecal é a mais comum, sobretudo entre os animais e o homem. Entre seres humanos, tem sido constatada em hospitais e entre membros de uma mesma família, mas em situações muito particulares. Em termos de surtos populacionais, a causa está nos alimentos ou na água consumida. Transfusões de sangue realizadas a partir de doadores com infecção assintomática provocaram sepsia por *Y. enterocolitica* nos receptores.

Os animais de estimação – cães e gatos – podem transmitir o agente a seus proprietários, dependendo do grau de intimidade existente entre eles. Do mesmo modo, levantamentos sorológicos específicos para *Y. enterocolitica* apontam como grupos de risco todos aqueles que lidam, direta ou indiretamente, com animais de produção, sobretudo criadores, veterinários, magarefes e açougueiros.

Alimentos envolvidos

A ingestão de carne suína contaminada com *Y. enterocolitica* é a maior via de transmissão do agente para o homem, embora as carnes de boi, de carneiro, e mesmo o pescado também possam veicular o agente, assim como o leite, responsável por alguns surtos da infecção. Do mesmo modo, a veiculação hídrica do agente, por meio de águas de nascentes e de ribeirões contaminados, é responsável pela ocorrência de surtos. Todavia, a maioria das notificações de yersiniose comprova que a manipulação inadequada e os utensílios e recipientes mal higienizados, utilizados nas práticas de preparação, conservação ou no transporte de alimentos, são os maiores responsáveis pela veiculação do agente.

Características

A *Y. enterocolitica* é um bacilo Gram-negativo, anaeróbio facultativo, catalase positivo e oxidase negativo. É capaz de se multiplicar entre –1,3 e 42°C, e a faixa ótima de desenvolvimento é entre 25 e 37°C. Portanto, como os demais psicrófilos, é capaz de se desenvolver em temperaturas de refrigeração, embora lentamente. Por outro lado, as temperaturas usuais de cocção empregadas para a maioria dos alimentos destroem o agente. É sensível à irradiação.

O pH mínimo suportado é de 4,2 e o ótimo é de 7,2. Acima de pH 9,6 não há multiplicação. Consegue se desenvolver em concentrações a 5% de cloreto de sódio, sob temperatura de refrigeração (3°C), mas não a 7%.

O micro-organismo é resistente a condições extremas de estocagem, podendo sobreviver em carnes a –16°C durante alguns meses, ou a 4°C, por algumas semanas, na parte externa de embalagens contaminadas. Esse tipo de resistência propicia a contaminação de equipamentos, utensílios e recipientes.

Pessoas expostas

Os apreciadores de iguarias preparadas a partir de carne suína crua são os mais expostos ao risco de contrair a infecção por *Y. enterocolitica*, bem como os manipuladores de produtos de origem suína, sobretudo os que lidam com as vísceras intestinais destinadas ao preparo de embutidos.

Até certo ponto, a yersiniose poderia ser enquadrada dentro das doenças profissionais, uma vez que as pessoas que exercem atividades de contato direto com animais, nas criações, ou com as carcaças nos estabelecimentos de abate, são as que apresentam risco considerável de adquirir a infecção.

Na população, de modo geral, os mais suscetíveis à infecção e às suas complicações são as crianças menores de sete anos, seguidas pelas pessoas debilitadas, pelos idosos e pelo grupo dos imunocomprometidos.

O quadro de gastroenterite e linfadenite mesentérica é observado com mais frequência nos indivíduos com menos de 20 anos; o de distúrbios abdominais agudos, diarreia e artrite, nas pessoas entre 20 e 60 anos; e o de eritema nodoso, naqueles com mais de 60 anos.

Quadro clínico

A yersiniose de origem alimentar é o resultado de um processo infeccioso provocado pela *Y. enterocolitica*, cuja dose infectante mínima permanece indeterminada.

O período de incubação é de 24 a 48 horas, podendo variar de 1 a 11 dias, com o desenvolvimento de uma enterocolite autolimitante, geralmente com 5 a 14 dias de duração, embora possa persistir por vários meses.

Após a ingestão, com o alimento ou água contaminada, a célula bacteriana alcança o intestino, onde adere às células da mucosa do íleo, após algumas etapas, invade as células fagocitárias e multiplica-se, extracelularmente, produzindo reação inflamatória local, que conduz ao aparecimento de diarreia.

Assim, os sintomas mais comuns caracterizam-se por dores abdominais, febre e diarreia, a qual pode persistir por várias semanas. Pode-se observar, também, em grau variável, dor de garganta, fezes com sangue, erupções cutâneas, náuseas, cefaleia, mal--estar, dores articulares e vômitos. Nas crianças maiores de sete anos, nos adolescentes e jovens adultos, pode-se manifestar um quadro clínico semelhante ao da apendicite aguda, com febre, dor abdominal, sensibilidade no quadrante inferior direito e leucocitose. Isso decorre da inflamação aguda do íleo e da linfadenite mesentérica.

A sintomatologia da yersiniose pode envolver três fases distintas: a primeira corresponde aos sinais típicos de gastroenterite ou linfadenite mesentérica; a segunda pode ocorrer 7 a 14 dias após manifestação de enterocolite e caracteriza-se, sobretudo, por comprometimento inflamatório das articulações, embora possa atingir, com menos frequência, a pele (eritema nodoso ou multiforme), os olhos (iridociclite) e os rins (glomerulonefrite); a terceira corresponde ao desenvolvimento de artrite reumatoide ou espondilite anquilosante e é a continuação da segunda fase não curada. Nessas duas últimas fases, não é possível isolar o agente, mas os anticorpos específicos estão presentes. A evolução da primeira para a segunda fase atinge um doente em cada 20 casos; da segunda para a terceira fase, apenas um paciente para cada mil casos.

Diagnóstico

O micro-organismo pode ser isolado a partir das fezes dos pacientes com quadro agudo de enterocolite, mas dificilmente dos portadores assintomáticos. O isolamento é realizado sem grandes dificuldades, utilizando meios de cultura enriquecidos. Resultados presuntivos podem ser obtidos em até 2 dias, contudo a confirmação pode demorar de 14 a 21 dias. Já os procedimentos para determinação de patogenicidade podem ser mais demorados por causa da complexidade das provas. A identificação das colônias deve ser feita por reações bioquímicas.

Tratamento

As infecções intestinais por *Y. enterocolitica* são normalmente autolimitadas, não requisitando qualquer antibioticoterapia específica. Nas pessoas portadoras de deficiências do sistema imune, pode ser prescrita a administração de doxiciclina ou a associação trimetoprina-sulfametoxazol, por via oral. Esta prescrição também é indicada para portadores de outras complicações gastrointestinais e mesmo de infecções extraintestinais.

Do ponto de vista clínico, a utilização de cefalosporinas de amplo espectro, praticada em combinação com aminoglicosídeos, provoca a remissão da maioria dos casos de pacientes com infecções extraintestinais, incluindo septicemia. Fluoroquinolonas (ciprofloxacina) e cefalosporinas de amplo espectro, como cefotaxima e ceftriaxona, podem ser consideradas os agentes antimicrobianos mais efetivos para o tratamento da infecção por *Y. enterocolitica* sorogrupo O:3.

Controle

O maior reservatório da *Y. enterocolitica* na natureza é o porco, portanto, no âmbito das criações, é difícil a adoção de práticas capazes de erradicar a infecção, pois o animal é portador assintomático da bactéria. Assim, é nos matadouros que se pode atacar o problema, por meio da adoção de medidas higiênicas rigorosas no abate, com o objetivo de reduzir a carga bacteriana contaminante das carcaças e vísceras destinadas ao consumo e à indústria de alimentos. Os cuidados maiores dizem respeito à possibilidade de contaminação cruzada com matéria fecal.

Embora a refrigeração de produtos contaminados, crus ou cozidos, não seja eficiente para prevenir a ocorrência da infecção, temperaturas de congelamento podem retardar o processo de multiplicação da bactéria, sobretudo se contiverem sal ou acidificantes. O método mais eficiente de conservação do alimento pronto para servir é por meio do calor (acima dos 50°C) e devidamente protegido da contaminação ambiental.

A higiene de equipamentos, refrigeradores e câmaras frias, utensílios, recipientes e instalações é um dos métodos importantes na prevenção da yersiniose.

O controle também pode ser feito mediante o treinamento dos manipuladores de alimentos e campanhas educativas do público em geral, no que concerne ao preparo de carnes suínas, com especial atenção para os riscos decorrentes do contato de produtos crus com os prontos para servir. Deve-se evitar o consumo de carne suína crua, principalmente por parte de crianças e adolescentes.

CONCLUSÕES

Os agentes bacterianos, apresentados ao longo deste capítulo, constituem os principais e os mais importantes responsáveis pelas DTAs em todo o globo e, em particular, no Brasil. Na Tabela 12.2, são apresentados os períodos de incubação e remissão dos quadros clínicos ocasionados por esses agentes.

A seguir, destacam-se aqueles com maior frequência de ocorrência: *Salmonela* spp., veiculada sobretudo pela carne de frango; *Staphylococcus aureus*, carregado pelas mãos dos manipuladores e causador da intoxicação estafilocócica; diferentes tipos de *Escherichia coli*, eliminados nas fezes do homem, podem determinar desde quadros benignos de infecção gastrointestinal até quadro mórbido, extremamente grave, que pode conduzir a vítima ao óbito; diferentes espécies de *Vibrio*, presentes como contaminantes dos esgotos, podem causar desde pandemias – como o *V. cholerae* – até graves septicemias fulminantes, como as causadas pelo *V. vulnificus*, ou surtos de gastroenterite em populações consumidoras de frutos do mar; *Clostridium botulinum*, contaminante sobretudo de conservas de má qualidade industrial/artesanal, de incidência não muito elevada, mas cuja gravidade dos sintomas pode conduzir ao óbito; *Bacillus cereus*, presente nos cereais, em especial no arroz; e *Clostridium perfringens*, contaminante frequente nos serviços de alimentação coletiva, causador de surtos de toxinfecção alimentar.

Embora envolvidos em surtos populacionais de menor intensidade, uma vez que podem acarretar sérias consequências às suas vítimas, ainda devem ser considerados: *Listeria monocytogenes*, veiculada principalmente por produtos lácteos e carnes frescas, de consumo contraindicado para gestantes; *Campylobacter jejuni*, também relacionado à carne de frangos e causador de sequelas preocupantes nos convalescentes; *Shigella* spp., contaminante fecal, veiculada por causa da não observância das boas práticas de fabricação; e *Yersinia enterocolitica*, contaminante de produtos de origem suína.

310 ■ HIGIENE E VIGILÂNCIA SANITÁRIA DE ALIMENTOS

Tabela 12.2 Aspectos epidemiológicos concernentes aos períodos de incubação e de remissão de quadros clínicos provocados por agentes bacterianos patogênicos causadores de DTAs.

Agente bacteriano	Período de incubação	Remissão do quadro
Bacillus cereus		
Síndrome entérica	8 a 16 horas	12 a 24 horas
Síndrome emética	30 minutos a 6 horas	24 horas
Clostridium perfringens	8 a 24 horas (média de 12 horas)	1 a 2 dias
Clostridium botulinum	6 horas a 2 dias	Depende da evolução da infecção
Campylobacter jejuni	2 a 5 dias (até 10 dias)	6 dias a 2 semanas
Escherichia coli		
Enteropatogênica	17 a 72 horas (média de 36 horas)	6 horas a 3 dias (média de 24 horas)
Enterotoxigênica	8 a 44 horas (média 24 horas)	3 a 19 dias
Êntero-hemorrágica	3 a 9 dias	Depende da evolução da infecção
Enteroinvasiva	8 a 24 horas	Lenta, até por algumas semanas
Listeria monocytogenes	1 dia a 3 semanas (ou até meses)	Depende da evolução da infecção
Salmonella enteretidis	12 a 36 horas (média de 18 horas)	3 dias
Shigella dysenteriae	12 horas a 4 dias	4 a 7 dias
Staphylococcus aureus	30 minutos a 8 horas (média de 2 a 4 horas)	24 a 48 horas
Vibrio cholerae	48 horas	7 dias ou mais
Vibrio parahaemolitycus	24 horas	1 a 3 dias
Vibrio vulnificus	12 horas a vários dias (média de 38 horas)	Rápida, mas de difícil tratamento
Yersinia enterocolitica	1 a 11 dias (média de 24 a 48 horas)	5 a 14 dias

Além desses agentes patogênicos, passíveis de serem encontrados nos alimentos, podem ser consideradas, ainda, as seguintes bactérias não conclusivamente provadas como patogênicas para pessoas hígidas/sadias:

Aeromonas hydrophila e espécies relacionadas

O gênero *Aeromonas* compreende várias espécies de bastonetes Gram-negativos, com 0,3-1,0 μm por 1,0-3,5 μm, embora formas cocobacilares e filamentosas também ocorram. São aerofacultativos e móveis por causa do flagelo polar. Estão presentes no ambiente, em especial na água, sendo, com frequência, encontrados no intestino do homem, tanto em condições normais quanto em quadros diarreicos. Relatados como causa de diarreia em seres humanos, particularmente em crianças nos primeiros anos de vida, frequentemente ocorrem durante os meses de verão, quando são descritos diversos tipos de patogenia. Vários surtos têm sido apontados em inúmeros países, todavia seus registros documentais carecem de consistência, uma vez que a causa da diarreia tem sido questionada por não preencher os postulados de Koch.

Enterococcus spp

As bactérias do gênero *Enterococcus* são Gram-positivas, comuns no intestino do homem e usadas como indicadores de contaminação da água. Constituem aeróbios facultativos e algumas espécies são móveis. Resistem ao pH 9,6 e a 6,5% de cloreto de sódio. Têm sido associadas com infecções do trato urinário, infecções de ferimentos e bacteremia em pessoas severamente debilitadas, sobretudo em instalações nosocomiais. Têm sido apontadas com frequência como causadoras de diarreia em seres humanos, embora não tenham conseguido provocar o mesmo quadro nos testes com pessoas voluntárias. A transmissão por meio dos alimentos e da água é possível, mas ainda não foi suficientemente comprovada.

Plesiomonas shigelloides

Bactéria em forma de bastonete retilíneo, Gram-negativa, com 0,8-1,0 µm por 3,0 µm, ocorrendo isoladamente, em pares ou em cadeias curtas e móveis às custas do flagelo polar. Pertencente à família *Enterobacteriaceae*, mundialmente comum no ambiente aquático, como em águas não tratadas utilizadas para beber ou lavar alimentos – ou mesmo em águas recreacionais. Encontrada em seres humanos com diarreia aquosa ou com septicemia, muitas vezes acompanhada por meningite. Apesar de sua participação como agente determinante de diarreia não ter sido provada, seu envolvimento foi constatado em dois surtos no Japão como doença de veiculação hídrica.

Pseudomonas aeruginosa

Bactéria Gram-negativa aeróbica, que se apresenta sob a forma de bastonetes isolados ou aos pares, movidos por flagelos polares. É comum no solo, na água e nos vegetais, integrando parte da microbiota normal dos seres humanos: pele, orofaringe e fezes de indivíduos sadios. Como bactéria oportunista, está associada a uma ampla variedade de infecções como bacteremias, infecções do trato urinário e do trato respiratório, além de infecções de ouvido e oculares, resultando, muitas vezes, em septicemia fatal. Pode acometer principalmente indivíduos imunocomprometidos e complicar severamente procedimentos invasivos, como queimaduras e feridas operatórias. Supõe-se que possa causar gastroenterite no homem, se ingerida em doses infectantes elevadas, embora sua transmissão via alimentos e ingestão de água contaminada não esteja suficientemente comprovada.

Como agente microbiano, raramente transmitido através de alimentos, merece destaque especial a bactéria *Streptococcus pyogenes*, descrita a seguir.

Streptococcus pyogenes

Bactéria Gram-positiva, com morfologia de cocos esféricos ou ovoides, com crescimento em cadeias e pertencente ao gênero *Streptococcus*, do grupo A de Lancefield. Não apresenta motilidade nem forma esporos. Encontra-se distribuída mundialmente e a via de transmissão mais comum tem sido o leite de vaca não pasteurizado, embora qualquer alimento possa ser contaminado por manipuladores infectados. As infecções humanas podem ser traduzidas por dores de garganta severas, algumas vezes por escarlatina ou febre reumática.

Dentro do contexto analisado, é importante mencionar ainda as cepas enterotoxigênicas de *Bacillus fragilis*, da família *Bacillace*; e *Edwarsiella* tarda e *Klebsiella pneumoniae*, ambas da família *Enterobacteriaceae*, identificadas também como causadoras de diarreia em seres humanos, embora sua patogênese precise ser mais bem definida.

Bactérias resistentes a antibióticos

Pela primeira vez em sua história, a Organização Mundial da Saúde (OMS) publicou em 2017 uma lista de bactérias que são resistentes a antibióticos e que devem ter prioridade nas pesquisas por novos medicamentos contra micro-organismos.

A seguir, consta a lista completa das bactérias envolvidas com DTAs segundo seu grau de periculosidade:

CRÍTICA
Pseudomonas aeruginosa, resistente a carbapenema;
Enterobacteriaceae, resistente a carbapenema, produtoras de Beta-Lactamase de Espectro Estendido (**ESBL**).

ALTA
Enterococcus faecium, resistente à vancomicina;
Staphylococcus aureus, resistente à meticilina, com sensibilidade intermediária e resistência à vancomicina;
Campylobacter spp., resistente às fluoroquinolonas;
Salmonellae, resistentes às fluoroquinolonas.

MÉDIA
Shigella spp., resistente às fluoroquinolonas.

REFERÊNCIAS

ACHA, P.N.; SZYFRES, B. Zoonosis y enfermedades transmisibles comunes al hombre y a los animales. 3.ed. v.1. Organización Panamericana de la Salud, 2003. (Publicación Científica y Técnica n.580).

ACKERS, M.L. et al. An outbreak of Yersinia enterocolitica O:8 infections associated with pasteurized milk. J Infect Dis., v. 181, n. 5, p. 1834-7, 2000.

ADAMS, M.R.; MOSS, M.O. Microbiología de los alimentos. Zaragoza: Acribia, 1997.

AHMED, R. et al. Epidemiologic typing of Salmonella enterica serotype enteritidis in a Canada-wide outbreak of gastroenteritis due to contaminated cheese. J Clin Microbiol., v. 38, n. 6, p. 2403-6, 2000.

ALBERT, M.J. et al. Case-control study of enteropathogens associated with childhood diarrhea in Dhaka, Bangladesh. J Clin Microbiol., v. 37, n. 11, p. 3458-64, 1999.

ALTEKRUSE, S.F. et al. Vibrio gastroenteritis in the US Gulf of Mexico region: the role of raw oysters. Epidemiol Infect., v. 124, n. 3, p. 489-95, 2000.

ALTEKRUSE, S.F.; COHEN, M.L.; SWERDLOW, D.L. Emerging food borne diseases. Emerging Inf Dis., v. 3, n. 3, p. 285-93, 1997.

AMERICAN MEDICAL ASSOCIATION. Foodborne illness table: bacterial agents. Disponível em: www. ama-assn.org/ama/pub/article/3707-3897.htm. Acessado em: out. 2002.

ANDERSSON, A.; GRANUM, P.E.; RONNER, U. The adhesion of Bacillus cereus spores to epithelial cells might be an additional virulence mechanism. Int J Food Microbiol., v. 39, n. 1/2, p. 93-9, 1998.

ANGULO, F.J.; SWERLOW, D.L. Salmonella enteritidis infections in the United States. J Am Vet Med Assoc., v. 213, n. 12, p. 1729-31, 1998.

ANGULO, F.K. et al. A large outbreak of botulism: the hazardous baked potato. J Infect Dis., v. 178, n. 1, p. 172-7, 1998.

ARAKAWA, E. et al. Emergence and prevalence of a novel Vibrio parahaemolyticus O3:K6 clone in Japan. Jpn J Infect Dis., v. 52, n. 6, p. 246-7, 1999.

ARCIERI, R. et al. Direct detection of Clostridium perfringens enterotoxin in patients' stools during an outbreak of food poisoning. FEMS Immunology & Medical Microbiology., v. 23, n. 1, p. 45-8, 1999.

ARNEDO, A. et al. Brotes epidémicos de salmonelosis por consumo de huevos. Enferm Infecc Microbiol Clin., v. 16, n. 9, p. 408-12, 1998.

ARRUDA, G.A. et al. Listéria e listeriose: perigo para as gestantes. 2.ed. São Paulo: Ponto Crítico, 2006.

ASAO, T. et al. An extensive outbreak of staphylococcal food poisoning due to low-fat milk in Japan: estimation of enterotoxin A in the incriminated milk and powdered skim milk. Epidemiol Infect., v. 130, p. 33-40, 2003.

ASBURY, A.K. New concepts of Guillain-Barre syndrome. J Child Neurol., v. 15, n. 3, p. 183-91.

AURELI, P. et al. An outbreak of febrile gastroenteritis associated with corn contaminated by Listeria monocytogenes. N Engl J Med., v. 342, n. 17, p. 1236-41, 2000.

AURELI, P.; FRANCIOSA, G.; POURSHABAN, M. Foodborne botulism in Italy. Lancet., v. 348, n. 9041, p. 1594, 1996.

AUSTIN, J. W. Botulism. In: CABALLERO, B.; TRUGO, L.; FINGLAS, P. (eds.). Encyclopedia of food sciences and nutrition. Londres: Academic Press, 2003.

BALDASSI, L. et al. Prevalência de Listeria spp. em amostras de carne de frango obtidas em abatedouros do Estado de São Paulo. Hig Aliment., 2005; 19(130): 81-4.

BALSLEV, T. et al. Infant botulism. The first culture-confirmed Danish case. Neuropediatrics., v. 28, n. 5, p. 287-8, 1997.

BARBONI, S. DE A.V. Ocorrência de Vibrio spp. potencialmente patogênicos em moluscos bivalves comestíveis comercializados nos anos 2000 a 2002 nos municípios da área de influência da Baía de Todos os Santos e Valença, Bahia – Brasil. São Paulo, 2003. Tese (Doutorado). Faculdade de Saúde Pública da USP.

BARLOW, R.S. et al. A novel serotype of enteropathogenic Escherichia coli (EPEC) as a major pathogen in an outbreak of infantile diarrhoea. J Med Microbiol., v. 48, n. 12, p. 1123-5, 1999.

BARRANTES, K.; PARDO, V.; ACHÍ, R. Brote de diarrea asociado a Shigella Sonnei debido a contaminación hídrica, San José, Costa Rica, 2001. Rev Costarric Cienc Méd., v. 25, n. 1/2, p. 15-24, 2004.

BEERS, M.H.; PORTER, R.S.; JONES, T.V. (ed) The Merck Manual of Diagnosis and Therapy 18.ed. Wiley, John and Sons, 2006.

BERNARDI, E.; ARMAS, R.D. de; RIBEIRO, G.A. Caracterização microbiológica e sorológica de linhagens de Escherichia coli, isolada de carne moída comercializada em Pelotas, RS. Hig Aliment., v. 18, n. 125, p. 182-6, 2004.

BRANCO, M.A. de A.C. et al. Incidência de Listeria monocytogenes em queijo de coalho refrigerado produzido industrialmente. Bol Centro Pesqui Process Aliment., v. 21, n. 2, p. 398-408, 2003.

BRUNO, L.M. et al. Avaliação microbiológica de hortaliças e frutas minimamente processadas comercializadas em Fortaleza (CE). Bol Centro Pesqui Process Aliment., v. 23, n. 1, p. 75-84, 2005.

CARVALHO, A.C.F.B; LIMA, V.H.C; PEREIRA, G.T. Determinação dos principais pontos de risco de contaminação de frangos por Campylobacter, durante o abate industrial. Hig aliment., v. 16, n. 99, p. 89-94, 2002.

[CDC] Center for Disease Control. Disease information. Foodborne infections. Disponível em: http://www.cdc.gov/ncidod/dbmd/diseaseinfo/foodbornein-fections_g. htm. Acessado em: 18 out. 2002.

CLIVER, D.O.; RIEMANN, H.P. Fooborne Diseases. 2.ed. London: Academic Press/Elsevier Science, 2002.

COSTA, F.N.; OLIVEIRA, E.M. de; BORGES, R.G. Ocorrência de bactérias da espécie Bacillus cereus em amostras de leite em pó integral obtidas no comércio varejista da cidade de São Luís, MA. Hig Aliment., v. 18, n. 121, p. 104-7, 2004.

De VALK, H. et al. A community-wide outbreak of Salmonella enterica serotype typhimurium infection associated with eating a raw milk soft cheese in France. Epidemiol Infect., v. 124, n. 1, p. 1-7, 2000.

DELAZARI, I.; D'AVILLA, Z.S. Botulismo: ocorrência, diagnóstico e medidas terapêuticas. Higiene Alimentar, v. 2, p. 132-149, 1983.

DELGADO, R.; GUTIÉRREZ, C.; HURTADO, A. Enfermedades transmitidas por alimentos (ETA) de origen marino en Nueva Esparta II: características clínicas y etiológicas. Rev Inst Nac Hig., v. 34, n. 2, p. 11-6, 2003.

DIAS, J.P. et al. Investigação de um surto de toxinfecção alimentar em Salvador, BA. Rev Baiana Saúde Públ., v. 28, n. 2, p. 191-202, 2004.

DICKEL, E.L. et al. Ocorrência de Salmonella em abatedouros de aves com tecnologia totalmente automatizada, semiautomazidada de grande porte e semiautomatizada de pequeno porte. Hig aliment., v. 19, n. 131, p. 62-7, 2005.

DONNELLY, C.W. Concerns of microbial pathogens in association with dairy foods. J Dairy Sci., v. 73, p. 1656-61, 1990.

DOYLE, M.P. Foodborne illness. Pathogenic Escherichia coli, Yersinia enterocolitica and Vibrio parahaemolyticus. Lancet, v. 336, p. 1111-5, 1990.

DUARTE, G. et al. Efficiency of four secondary enrichment protocols in differentiation and isolation of Listeria spp. and Listeria monocytogenes from smoked fish processing chains. Int J Food Microbiol., v. 52, n. 3, p. 163-8, 1999.

DUFFY, L.L.; GRAU, F.H.; VANDERLINDE, P.B. Acid resistance of enterohaemorrhagic and generic Escherichia coli associated with foodborne disease and meat. Int J Food Microbiol., v. 60, n. 1, p. 83-9, 2000.

ENCINAS, J.P. et al. Behavior of Listeria spp in naturally contaminated chorizo (Spanish fermented sausage). Int J Food Microbiol., v. 46, n. 2, p. 167-71, 1999.

FALCÃO, J.P.; FALCÃO, D.P. Importância de Yersinia enterocolitica em microbiologia médica. Rev. Ciênc. Farm. Básica Apl., v. 27, n. 1, p. 9-19, 2006.

FALCÃO, J.P; et al. Plesiomonas shigelloides: um enteropatógeno emergente? Rev ciênc farm básica apl, v. 28, n. 2, p. 141-151, 2007.

FELIX, C.W. Foodservice disposables and public health. Dairy, Food and Environmental Sanitation, v. 10, n. 11, p. 656-60, 1990.

FERREIRA, M.S. Diarreias infecciosas. In: ROCHA, M.O. da C.; PEDROSO, E.R.P. Fundamentos em infectologia. Rio de Janeiro: Rubio, 2009.

FRANCIOSA, G. et al. Recovery of a strain of Clostridium botulinum producing both neurotoxin A and neurotoxin B from canned macrobiotic food. Appl Environ Microbiol., v. 63, n. 3, p. 1148-50, 1997.

_____. Clostridium botulinum spores and toxin in mascarpone cheese and other milk products. J Food Prot., v. 62, n. 8, p. 867-71, 1999.

FRANCO, B.D.G.M. Escherichia coli e os alimentos. Higiene Alimentar, v. 2, p. 13-9, 1983.

FRANCO, B.D.G.M.; LANDGRAF, M. Microbiologia dos Alimentos. São Paulo: Atheneu, 1996.

FREITAS, M.F.L. de et al. Ocorrência de Staphylococcus aureus em carcaças de frango. Bol Centro Pesqui Process Aliment., v. 22, n. 2, p. 271-82, 2004.

FUEYO, J.M.; MENDOZA, M.C.; CRUZ MARTIN, M. Enterotoxins and toxic shock syndrome toxin in Staphylococcus aureus recovered from human nasal carriers and manually handled foods: epidemiological and genetics findings. Microbes and Infection, v. 7, n. 2, p. 187-94, 2005.

GALLAY, A. et al. How many foodborne outbreaks of Salmonella infection occurred in France in 1995? Application of the capture-recapture method to three surveillance systems. Am J Epidemiol., v. 152, n. 2, p. 171-7, 2000.

GAULIN, C.; VIGER, Y.B.; FILLION, L. An outbreak of Bacillus cereus implicating a part-time Banquet cateter. Can J Public Health., v. 93, n. 5, p. 353-5, 2002.

GERMANO, P.M.L. Aspectos epidemiológicos da intoxicação botulínica. Higiene Alimentar, v. 1, p. 139-42, 1982.

GERMANO, P.M.L. et al. Prevenção e controle das toxinfecções de origem alimentar. Higiene Alimentar, v. 7, n. 27, p. 6-11, 1993.

GIOVANNACCI, I. et al. Listeria monocytogenes in pork slaughtering and cutting plants. Use of RAPD, PFGE and PCR-REA for tracing and molecular epidemiology. Int J Food Microbiol., v. 53, n. 2/3, p. 127-40, 1999.

GOMEZ, T.M. et al. Foodborne salmonellosis. World Health Stat Q., v. 50, n. 1/2, p. 81-9, 1997. Review.

GONZALEZ, I. et al. Thermal inactivation of Bacillus cereus spores formed at different temperatures. Int J Food Microbiol., v. 51, n. 1, p. 81-4, 1999.

GORDON, R.C. Listeria monocytogenes infections. Indian J Pediatr., v. 62, n. 1, p. 33-9, 1995.

GOURDON, F. et al. Human and animal epidemic of Yersinia enterocolitica O:9, 1989-1997, Auvergne, France. Emerg Infect Dis., v. 5, n. 5, p. 719-21, 1999.

GUERRA, M.M.; BERNARDO, F. de A. Fontes de contaminação dos alimentos por Listeria monocytogenes. Hig aliment. v. 18, n. 120, p. 12-8, 2004.

HARVEY, R.B. et al. Prevalence of Campylobacter, Salmonella, and Arcobacter species at slaughter in market age pigs. Adv Exp Med Biol., v. 473, p. 237-9, 1999.

HAYES, S. et al. Undercooked hens eggs remain a risk factor for sporadic Salmonella enteritidis infection. Commun Dis Public Health, v. 2, n. 1, p. 66-7, 1999.

HILBORN, E.D. et al. An outbreak of Escherichia coli O157:H7 infections and haemolytic uraemic syndrome associated with consumption of unpasteurized apple cider. Epidemiol Infect., v. 124, n. 1, p. 31-6, 2000.

HILL, S.L. et al. Prevalence of enteric zoonotic organisms in cats. J Am Vet Med Assoc., v. 216, n. 5, p. 687-92, 2000.

HOBBS, B.C.; ROBERTS, D. Toxinfecções e controle higienicossanitário de alimentos. São Paulo: Varela, 1999.

HONISH, L. Restaurant-associated outbreak of Salmonella typhimurium phage type 1 gastroenteritis – Edmonton, 1999. Can Commun Dis Rep., v. 26, n. 4, p. 25-8, 2000.

HOOK, D.; JALALUDIN, B.; FITZSIMMONS, G. Clostridium perfringens food--borne outbreak: an epidemiological investigation. Aust N Z J Public Health, v. 20, n. 2, p. 119-22, 1996.

[ICMSF] INTERNATIONAL COMMISSION ON MICROBIOLOGICAL SPECIFICATIONS FOR FOODS. Microorganisms in foods: characteristics of microbial pathogens. Londres: Black Academic & Professional, 1996.

INTERLAB. Salmonella: nova nomenclatura. Inter News Industrial, v. 1, n. 2, p. 4, 2001. Disponível em: http://www.interlabdist.com.br/ind_htm/internews_ind_2_4. htm. Acessado em: out. 2005.

IRIARTE, M. Perfil de indicadores microbiológicos de bebidas vendidas en la vía pública: Isla de Margarita Venezuela. Rev Inst Nac Hig., v. 33, p. 19-24, 2002.

JAY, J.M. Modern Food Microbiology. Nova York: International Thomson Publishing, 1997.

JIMÉNEZ, F. et al. Evaluación de la presencia de bacterias en alimentos y en el ambiente de una sección de oncología de un Hospital Nacional San José Costa Rica. Arch Latinoam Nutr., v. 54, n. 3, p. 303-7, 2004.

JOHNSTON, A.M. Foodborne illness. Veterinary sources of food illness. Lancet, v. 336, p. 856-8, 1990.

KIST, M.J.; FREITAG, S. Serovar specific risk factors and clinical features of Salmonella enterica spp. enterica serovar Enteritidis: a study in South-West Germany. Epidemiol Infect., v. 124, n. 3, p. 383-92, 2000.

KOTIRANTA, A.; LOUNATMAA, K.; HAAPASALO, M. Epidemiology and pathogenesis of Bacillus cereus infections. Microbes Infect., v. 2, n. 2, p. 189-98, 2000.

LARSEN, H.D. JORGENSEN, K. Growth of Bacillus cereus in pasteurized milk products. Int J Food Microbiol., v. 46, n. 2, p. 173-6, 1999.

LEDERER, L. Enciclopédia moderna da higiene alimentar. São Paulo: Manole Dois, 1991, v. 4, Intoxicações alimentares.

LEGUERINEL, I.; COUVERT, O.; MAFART, P. Relationship between the apparent heat resistance of Bacillus cereus spores and the pH and NaCl concentration of the recovery medium. Int J Food Microbiol., v. 55, n. 1-3, p. 223-7, 2000.

LEVINE, W.C. et al. Foodborne disease outbreaks in nursing homes, 1975 through 1987. JAMA, v. 266, n. 15, p. 2105-9, 1991.

LINDQVIST, R. et al. A summary of reported foodborne disease incidents in Sweden, 1992 to 1997. J Food Prot., v. 63, n. 10, p. 1315-20, 2000.

LONG, K. et al. The impact of infant feeding patterns on infection and diarrheal disease due to enterotoxigenic Escherichia coli. Salud Publica Mex., v. 41, n. 4, p. 263-70, 1999.

LOPEZ, E.L. et al. Shigella and Shiga toxin-producing Escherichia coli causing bloody diarrhea in Latin America. Infect Dis Clin North Am., v. 14, n. 1, p. 41-65, 2000.

LOPEZ-ORTIZ, W.; SOLIVAN, R.A. Campylobacter jejuni among patients with gastroenteritis: incidence at a reference microbiology laboratory in San Juan, Puerto Rico. P R Health Sci J., v. 18, n. 3, p. 273-6, 1999.

LÚQUEZ, C. et al. Presencia de clostridios productores de toxina botulínica en suelos de Entre Rios. Rev argent microbiol., v. 35, n. 1, p. 45-8, 2003.

LUZZI, I. Direct detection of Clostridium perfringens enterotoxin in patients' stools-during an outbreak of food poisoning. FEMS Immunol Med Microbiol., v. 23, n. 1, p. 45-8, 1999.

LYYTIKAINEN, O. et al. Outbreak of Escherichia coli O157:H7 leading to the recall of retail ground beef-Winnipeg, Manitoba, May 1999. Can Commun Dis Rep., v. 26, n. 13, p. 109-11, 2000.

_____. An outbreak of Listeria monocytogenes serotype 3a infections from butter in Finland. J Infect Dis., v. 181, n. 5, p. 1838-41, 2000.

MATA, P.T.G., ABEGG, M.A. Descrição de caso de resistência a antibióticos por Pseudomonas aeruginosa. Arq Mudi., v. 11, n. 2, p. 20-25, 2007.

McBEAN, L.D. Perspective on food safety concerns. Dairy and Food Sanitation, v. 8, n. 3, p. :112-8, 1988.

MENDES, E.S. et al. Sazonalidade dos microorganismos em ostras consumidas na grande Recife, PE / Sazonalidade of the microrganisms in oysters consumed in the Recife, PE. Hig aliment., v. 18, n. 116/117, p. 79-87, 2004.

MENDES, R.A. et al. Contaminação ambiental por Bacillus cereus em unidade de alimentação e nutrição. Rev Nutr., v. 17, n. 2, p. 255-61, 2004.

MIWA, N. et al. Bacteriological investigation of an outbreak of Clostridium perfringens food poisoning caused by Japanese food without animal protein. Int J Food Microbiol., v. 49, n. 1/2, p. 103-6, 1999.

MOSSEL, D.A.A.; DRAKE, D.M. Processing food for safety and reassuring the consumer. Food Technology, v. 44, n. 12, p. 63-7, 1990.

MOSSEL, D.A.A.; MORENO GARCIA, B. Microbiologia de los alimentos. Zaragoza: Acribia, 1982.

MOTA, C.C.S. da et al. Toxinfecção alimentar por Salmonella enteritidis. Relato de um surto ocorrido em Curitiba – PR. Brasil/julho de 1981. Higiene Alimentar, v. 2, p. 123-31, 1983.

MURASE, T. et al. Fecal excretion of Salmonella enterica serovar typhimurium following a food-borne outbreak. J Clin Microbiol., v. 38, n. 9, p. 3495-7, 2000.

MUSHER, D.M.; MUSHER, B.L. Contagious acute gastrointestinal infections. New England J Med., v. 351, n. 23, p. 2417-27 e 2466, 2004.

NERO, L.A. Listeria monocytogenes e Salmonella spp. em leite cru produzido em quatro regiões leiteiras no Brasil: ocorrência e fatores que interferem na sua detecção. São Paulo, 2005. Tese (Doutorado). Faculdade de Saúde Pública da USP.

NICOLAU, E.S. et al. Staphylococcus aureus no processamento de queijo muçarela: detecção e avaliação da provável origem das linhagens isoladas. Hig Aliment., v. 18, n. 125, p. 51-6, 2004.

NORRIS, J.R. Modern approaches to food safety. Food Chemistry, v. 33, n. 1, p. 1-13, 1989.

NORRUNG, B.; ANDERSEN, J.K.; SCHLUNDT, J. Incidence and control of Listeria monocytogenes in foods in Denmark. Int J Food Microbiol., v. 53, n. 2/3, p. 195-203, 1999.

NOTHERMANS, S.; BATT, C.A. A risk assessment approach for foodborne Bacillus cerus and its toxins. Soc Appl Bacteriol Symp Ser.,v. 27, p. 51S-61S, 1998.

NYLEN, G.; FIELDER, H.M.; PALMER, S.R. An international outbreak of Salmonella enteritidis associated with lasagne; lessons on the need for cross-national cooperation in investigating foodborne outbreaks. Epidemiol Infect., v. 123, n. 1, p. 31-5, 1999.

OKEKE, I.N. et al. Heterogeneous virulence of enteroaggregative Escherichia coli strains isolated from children in Southwest Nigeria. J. Infect. Dis., v. 181, n. 1, p. 252-60, 2000.

OMSBR Nações Unidas do Brasil. OMS publica lista inédita de bactérias resistentes a antibióticos. Publicado em 01/03/2017 Atualizado em 01/03/2017. Disponível em: https://nacoesunidas.org/oms--publica-lista-inedita-de-bacterias-resistentes-a-antibioticos/. Acessado em junho de 2017

[OMS] ORGANISATION MONDIALE DE LA SANTÉ. Groupe de Travail de l'OMS sur les Listérioses Alimenraires. Genebra, 1988.

[OPAS] ORGANIZAÇÃO PAN-AMERICANA DA SAÚDE. HACCP: Instrumento essencial para a inocuidade de alimentos. Buenos Aires: Opas/In-pazz, 2001.

PAREDES, P. et al. Etiology of travelers diarrhea on a Caribbean island. J Travel Med., v. 7, n. 1, p. 15-8, 2000.

PARISH, M.E. Coliforms, Escherichia coli and Salmonella serovars associated with a citrus-processing facility implicated in a salmonellosis outbreak. J Food Prot., v. 61, n. 3, p. 280-4, 1998.

PARK, S.; WOROBO, R.W.; DURST, R.A. Escherichia coli O157:H7 as an emerging foodborne pathogen: a literature review. Crit Ver Food Sci Nutr., v. 39, n. 6, p. 481-502 1999.

PARMA, A.E. et al. Toxigenic Escherichia coli isolated from pigs in Argentina. Vet Microbiol., v. 72, n. 3/4, p. 269-76, 2000.

PAZZAGLIA, G. et al. Campylobacter jejuni versus Campylobacter coli in developing countries: how accurate are prevalence estimates? J Infect Dis., 1990; 162:570.

PEARSON, A.D. et al. Continuous source outbreak of campylobacteriosis traced to chicken. J Food Prot., v. 63, n. 3, p. 309-14, 2000.

PEDROSO, E.R.P. Relação hospedeiro-parasita. IN: ROCHA, M.O. DA C.; PEDROSO, E.R.P. Fundamentos em infectologia. Rio de Janeiro: Rubio, 2009.

PERESI, J.T.M. et al. Surtos de doenças transmitidas por alimentos contaminados por Staphylococcus aureus, ocorridos no período de dezembro de 2001 a abril de 2003, na região de São José do Rio Preto-SP. Rev Inst Adolfo Lutz, v. 63, n. 2, p. 232-37, 2004.

PERESI, J.T. et al. Surtos de enfermidades transmitidas por alimentos causados por Salmonella enteritidis. Ver Saúde Pública, v. 32, n. 5, p. 477-83, 1998.

PILON, J.; HIGGINS, R.; QUESSY, S. Epidemiological study of Yersinia enterocolitica in swine herds in Quebec. Can Vet J., v. 41, n. 5, p. 383-7, 2000.

PIMENTEL, E.P.; piccolo, r.c. Doenças veiculadas por alimentos. Picollo, v. 6, p. 4, 1992. (Sociedade Paulista de Medicina Veterinária).

POURSHAFIE, M.R. et al. An outbreak of food-borne botulismo associated with contaminated locally made cheese in Iran. Scand J Infect Dis., v. 30, n. 1, p. 92-4, 1998.

POWEL, J.L. Vibrio species. Clin Lab Med., v. 19, n. 3, p. 537-52, 1999.

PRESCOT, L.M.; HARLEY, J.P.; KLEIN, D.A. Microbiology. 4.ed. Boston: WCB/McGraw-Hill, 1999.

PROULX, J.F.; MILOR-ROY, V.; AUSTIN, J. Four outbreaks of botulism in Ungava Bay, Nunavik, Quebec. Can Commun Dis Rep., v. 23, n. 4, p. 30-2, 1997.

QADRI, F. et al. Prevalence of toxin types and colonization factors in enterotoxigenic Escherichia coli isolated during a 2-year period from diarrheal patients in Bangladesh. J Clin Microbiol., v. 38, n. 1, p. 27-31, 2000.

QUEVEDO, F. Enfermedades transmitidas por los alimentos. Higiene Alimentar, v. 3, p. 167-72, 1984.

RATNAM, S. et al. Salmonella enteritidis outbreak due to contaminated cheese Newfoundland. Can Commun Dis Rep., v. 25, n. 3, p. 17-9, 1999.

RIEMANN, H.P.; CLIVER, D.O. Foodborne infections and intoxications. Amsterdã: Academic Press, 2006.

RIDELL, J. et al. Prevalence of the enterotoxin gene clonality of Clostridium perfringens strains associated with food-poisoning outbreaks. J Food Prot., v. 61, n. 2, p. 240-3, 1998.

RIEDEL, G. Controle sanitário dos alimentos. São Paulo: Loyola, 1987.

ROBERTS, J.A.; UPTON, P.A.; AZENE, G. Escherichia coli O157:H7; an economic assessment of an outbreak. J Public Health Med., v. 22, n. 1, p. 99-107, 2000.

ROCOURT, J. et al. Quantitative risk assennment of Listeria monocytogenes in ready-to-eat foods: the FAO/WHO approach. FEMS Immunol Med Microbiol., v. 35, p. 263-7, 2003.

ROELS, T.H. et al. A food-borne outbreak of Campylobacter jejuni (O:33) infection associated with tuna salad: a rare strain in an unusual vehicle. Epidemiol Infect., v. 121, n. 2, p. 281-7, 1998.

RUDGE, A.C. Determinação de toxinas produzidas pelo Clostridium perfringens em produtos cárneos colocados a venda para o consumo humano. Hig Alim., v. 1, p. 110-3, 1982.

RUSSELL, J.B.; DIEZ-GONZALEZ, F.; JARVIS, G.N. Potential effect of cattle diets on the transmission of pathogenic Escherichia coli to humans. Microbes Infect., v. 2, n. 1, p. 45-53, 2000.

SAKATE, R.I. et al. Quantificação de Listeria monocytogenes em salames fatiados embalados a vácuo. Arch latinoam nutr., v. 53, n. 2, p. 184-7, 2003.

SANTOS, H. de S.; MURATORI, M.C. S.; LOPES, J.B. Condições higienicossanitárias de cenoura minimamente processada comercializada em supermercados de Teresina, PI. Hig aliment., v. 19, n. 131, p. 86-90, 2005.

SATIN, M. Food Alert! The ultimate sourcebook for food safety. Nova York: Facts On File, 1999.

SATTERTHWAITE, P. et al. A case-control study of Yersinia enterocolitica infections in Auckland. Aust N Z J. Public Health., v. 23, n. 5, p. 482-5, 1999.

SCARCELLI, E. et al. Detecção de Campylobacter jejuni em carcaças e cortes de frangos, pela reação da polimerase em cadeia. Hig Aliment., v. 19, n. 129, p. 71-5, 2005.

SCHOCKEN-ITURRINO, R.P. et al. Study of the presence of the spores of Clostridium botulinum in honey in Brazil. FEMS Immunol Med Microbiol., v. 24, n. 3, p. 379-82, 1999.

SCHWAB, J.P.; EDELWEISS, M.I.A. Identificação de Listeria monocytogenes em placentas humanas e espécimes de aborto pela técnica de imunohistoquímica. Jornal Brasileiro de patologia e Medicina Laboratorial, v. 39, n. 2, p. 111-4, 2003.

SEAS, C. et al. Surveillance of bacterial pathogens associated with acute diarrhea in Lima, Peru. Int J Infect Dis., v. 4, n. 2, p. 96-9, 2000.

SERRA, C.L.M. et al. Detection of PCR products of the ipaH gene from Shigella and enteroinvasive Escherichia coli by enzyme linked immunosorbent assay. Diagn Microbiol Infect Dis., v. 37, n. 1, p. 11-6, 2000.

SERRA, C.L.M. et al. Ocorrência de Vibrio parahaemolyticus em sarnambi (Anomalocardia brasiliana) e sururu (Mytella falcata) capturados no estuário do rio Anil, São Luís, MA. Hig aliment., v. 18, n. 116/117, p. 73-8, 2004.

SILVA Jr., E.A. Manual de controle higienicossanitário em alimentos. 3. ed. São Paulo: Varela, 1999.

SILVA, W.P. da et al. Listeria spp. no processamento de linguiça frescal em frigoríficos de Pelotas, RS, Brasil. Ciênc. rural, v. 34, n. 3, p. 911-16, 2004.

SION, C. et al. Nosocomial outbreak of Salmonella enteritidis in a university hospital. Infect Control Hosp Epidemiol., v. 21, n. 3, p. 182-3, 2000.

SOARES, C.M. Bacillus cereus produtores de toxinas diarreicas em serviços de alimentação: análise da contaminação ambiental e detecção na linha de processamento de produtos cárneos. Campinas, 2005. Tese (Doutorado). Faculdade de Engenharia de Alimentos da Unicamp.

SOUSA, O.V. de et al. Detection of Vibrio parahaemolyticus and Vibrio cholerae in oyster, Crassostrea rhizophorae, collected from a natural nursery in the Cocó river estuary, Fortaleza, Ceará, Brazil. Rev Inst Med Trop. v. 46, n. 2, p. 59-62, 2004.

SPENCER, J.; SMITH, H.R.; CHART, H. Characterization of enteroaggregative Escherichia coli isolated from outbreaks of diarrhoeal disease in England. Epidemiol Infect., v. 123, n. 3, p. 413-21, 1999.

SQUARCIONE, S.; PRETE, A.; VELLUCCI, L. Botulism surveillance in Italy: 1992-1996. Eur J Epidemiol., v. 15, n. 10, p. 917-22, 1999.

STEPHAN, R.; RAGETTLI, S.; UNTERMANN, F. Prevalence and characteristics of verotoxin-producing Escherichia coli (VTEC) in stool samples from asymptomatic human carriers working in the meat processing industry in Switzerland. J Appl Microbiol., v. 88, n. 2, p. 335-41, 2000.

STOJEK, N.M. Seroepidemiologic study on the occurrence of antibodies against Yersinia enterocolitica and Yersinia pseudotuberculosis in urban and rural population of the Lublin region (eastern Poland). Ann Agric Environ Med., v. 6, n. 1, p. 57-61, 1999.

STROM, M.S.; PARANJPYE, R.N. Epidemiology and pathogenesis of Vibrio vulnificus. Microbes Infect., v. 2, n. 2, p. 177-88, 2000.

TALARO, K.; TALARO, A. Foundations in microbiology. 3. ed. Boston: WCB/McGraw-Hill, 1999.

TALLIS, G. et al. A nursing home outbreak of Clostridium perfringens associated with pureed food. Aust N Z J Public Health, v. 23, n. 4, p. 421-3, 1999.

TANAKA, K.; MOTOI, H.; HARA-KUDO, Y. Heat treatment for the control of Bacillus cereus spores in foods. Shokuhin Eiseigaku Zasshi. v. 46, n. 1, p. 1-7, 2005.

TEUNIS, P.F.; NAGELKERKE, N.J.; HAAS, C.N. Dose response models for infectious gastroenteritis. Risk Anal., v. 19, n. 6, p. 1251-60, 1999.

THE PEDIATRIC BULLETIN. Bacterial Pathogens in Food\Waterborne Disease. Disponível em: http://home.coqui.net/myrna/index.htm. Acessado em: ago. 2005.

TODD, E.C.D. Foodborne illness. Epidemiology of foodborne illness: North America. Lancet, v. 336, p. 788-93, 1990.

_____. Escherichia coli O157:H7 infections associated with ground beef and their control in Canada. Can Commun Dis Rep., v. 26, n. 13, p. 111-6, 2000.

TRANTER, H.S. Foodborne illness. Foodborne staphylococcal illness. Lancet, v. 336, p. 1044-6, 1990.

TREPKA, M.J. et al. An increase in sporadic and outbreak-associated Salmonella enteritidis infections in Wisconsin: the role of eggs. J Infect Dis., v. 180, n. 4, p. 12149, 1999.

TUTTLE, J. et al. Lessons from a large outbreak of Escherichia coli O157:H7 infections: insights into the infectious dose and method of widespread contamination of hamburger patties. Epidemiol Infect., v. 122, n. 2, p. 185-92, 1999.

VARGAS, M. et al. Prevalence of Shigella enterotoxins 1 and 2 among Shigella strains isolated from patients with traveler's diarrhea. J Clin Microbiol., v. 37, n. 11, p. 3608-11, 1999.

VARNAM, A. H.; EVANS, M.G. Foodborne pathogens: an illustrated text. Londres: Wolfe Publishing, 1991.

VAZ, A. et al. Diarrhoea, fever, shock and bullous skin lesions after ingestion of raw oysters. Postgrad Med J., v. 75, n. 887, p. 565-7, 1999.

VIEIRA, R.H.S.F. et al. Vibrio spp and Salmonella spp., presence and susceptibility in crabs Ucides cordatus. Rev Inst Med Trop., v. 46, n. 4, p. 179-82, 2004.

VON SONNENBURG, F. et al. Risk and aetiology of diarrhoea at various tourist destinations. Lancet., v. 356, n. 9224, p. 133-4., 2000.

WADA, A. et al. Nosocomial diarrhoea in the elderly due to enterotoxigenic Clostridium perfringens. Microbiol. Immunol., v. 40, n. 10, p. 767-71, 1996.

WALLACE, D.J. et al. Incidence of foodborne illnesses reported by the foodborne diseases active surveillance network (FoodNet) – 1997. FoodNet Working Group. J Food Prot., v. 63, n. 6, p. 807-9, 2000.

WANG, S.M. et al. Vibrio vulnificus infection complicated by acute respiratory distress syndrome in a child with nephrotic syndrome. Pediatr Pulmonol., v. 29, n. 5, p. 400-3, 2000.

WASSENAAR, T.M.; BLASER, M.J. Pathophysiology of Campylobacter jejuni infections of humans. Microbes Infect., v. 1, n. 12, p. 1023-33, 1999.

WEI, H.L.; CHIOU, C.S. Molecular subtyping of Staphylococcus aureus from an outbreak associated with a food handler. Epidemiol Infect., v. 128, p. 15-20, 2002.

WONG, H.C. et al. Incidence of highly genetically diversified Vibrio parahaemolyticus in seafood imported from Asian countries. Int J Food Microbiol., v. 52, n. 3, p. 181-8, 2002.

13 Brucelose

Pedro Manuel Leal Germano
Maria Izabel Simões Germano

INTRODUÇÃO

A brucelose é provocada por bactérias do gênero *Brucella*. São reconhecidas como as mais importantes, do ponto de vista da saúde pública: *B. melitensis*, *B. abortus*, *B. suis* e *B. ovis*. Além dessas, também podem ser mencionadas *B. canis* e *B. neotomae*.

De acordo com características bioquímicas e/ou comportamento após a utilização de soros monoespecíficos, *B. melitensis*, *B. abortus* e *B. suis*, consideradas como brucelas clássicas, foram subdivididas em diferentes biotipos.

Os bovinos são os hospedeiros preferenciais da *B. abortus* (Figura 13.1), assim como outros mamíferos, destacando-se entre eles os búfalos (*Bos bubalis*), os iaques (*Bos grunniens*), os camelídeos e os equídeos. Os caprinos são acometidos pela *B. melitensis*, o mesmo ocorrendo com os ovinos, embora com menor frequência (Figura 13.2). A *B. suis* é o agente principal da brucelose entre os suínos e também entre os equinos. Os cães podem infectar-se com as brucelas clássicas e são os reservatórios da *B. canis*, enquanto os gatos são resistentes a todas as espécies do agente.

O homem é suscetível à infecção pelas brucelas clássicas, além da *B. canis*. A espécie mais patogênica e invasora para o homem é a *B. melitensis*, seguindo-se em ordem decrescente de patogenicidade as *B. suis*, *B. abortus* e *B. canis*.

DISTRIBUIÇÃO

A brucelose tem distribuição mundial, embora cada espécie apresente suas próprias características de difusão. A maioria dos países europeus está livre da brucelose bovina, sendo esses: Bélgica, Holanda, Alemanha, Áustria, Bulgária, República Checa, Hungria, Romênia, Suíça, Dinamarca, Noruega, Suécia e Finlândia. Por sua vez, Estados Unidos, Canadá, Austrália, Nova Zelândia, Grã-Bretanha e França, entre outros grandes produtores de carne bovina, têm amplos programas de controle da infecção e, se ainda não erradicaram de todo a infecção de seus rebanhos, estão em vias de fazê-lo. Brasil, Argentina e México, outros três países com elevada produção pecuária, têm programas de controle de alcance limitado.

Assim, a *B. abortus* é mais amplamente distribuída, a *B. melitensis* e a *B. suis* têm distribuição irregular, a *B. ovis* está difundida pelo globo e sua prevalência é alta, sobretudo nas regiões onde as criações de ovinos são importantes; a *B. canis* é universal e a *B. neotomae* está restrita a focos naturais em roedores dos Estados Unidos.

É na produção leiteira, todavia, que se registra a maior prevalência de animais portadores da infecção, tanto bovinos quanto ovinos e caprinos. Considerada a importância do gado bovino como maior produtor de leite, matéria-prima essencial para todos os produtos lácteos, a brucelose é uma doença especialmente importante, seja para os países da América Latina, inclusive Brasil, seja para aqueles de outras zonas de desenvolvimento pré-industrial. É certo que quanto mais primitivas as condições de desenvolvimento das explorações zootécnicas dessas regiões, maior a oportunidade de permanência e difusão do agente na natureza.

OCORRÊNCIA NO HOMEM

A infecção no homem ocorre diretamente, mediante o contato com animais, ou indiretamente, por ingestão de produtos de origem animal, além da possibilidade de inalação de aerossóis em laboratórios ou nas dependências dos próprios abatedouros. O período de incubação varia de 1 a 3 semanas, podendo prolongar-se por vários meses. A duração da doença é muito variável, em alguns casos persiste por semanas, meses e até mesmo por vários anos.

É uma doença infecciosa septicêmica de início repentino ou insidioso, com febre contínua, intermitente ou irregular. Os tecidos do sistema reticuloendotelial, como linfonodos, medula óssea, baço e fígado, são o alvo preferencial da bactéria, localizando-se intracelularmente.

A sintomatologia da brucelose é variável, pois depende da resistência do hospedeiro e da espécie de brucela que o paciente alberga. De modo geral, a manifestação é aguda e consiste em calafrios, suores intensos e elevação da temperatura, a exemplo do que ocorre em outras enfermidades febris. Astenia, febre vespertina de 40°C e suores noturnos constituem sintomas comuns da infecção. Podem ser observados ainda insônia, impotência sexual, constipação, anorexia, cefaleia, artralgia e dores generalizadas. Na evolução do quadro clínico, o paciente pode manifestar irritação, nervosismo e depressão em decorrência de seu próprio estado. Muitos pacientes apresentam, além do aumento dos linfonodos, esplenomegalia e hepatomegalia. O quadro clínico pode se complicar seriamente em alguns pacientes, evoluindo para encefalite, meningite, neurite periférica, espondilite, artrite supurativa ou endocardite vegetativa.

MODO DE CONTÁGIO

Os queijos frescos e o leite cru, de cabra ou de ovelha, contaminados por *B. melitensis*, são as principais vias de transmissão do agente para o homem, e mesmo para outros animais. Às vezes um leite de vaca isento de brucela pode ser contaminado, na propriedade ou em estabelecimentos clandestinos, quando se mistura com leite de cabra que contenha *B. melitensis*. Do mesmo modo, podem acontecer surtos epidêmicos originados a partir de leite de vacas infectadas por *B. suis*.

O leite de vaca e os produtos lácteos contaminados por *B. abortus* podem ocasionar casos esporádicos de brucelose no homem. Nos produtos lácteos acidificados, leite, cremes e manteiga, bem como nos queijos fermentados e mantidos em repouso por três meses, é rara a sobrevivência das brucelas.

Verduras cruas e água contaminada com excretas de animais infectados também são mencionadas como possíveis vias de transmissão. A contaminação do ambiente ocorreria às expensas de material fecal procedente de bezerros alimentados com leite contaminado, visto que no trato digestivo desses animais nem todas as brucelas são destruídas.

Nas áreas enzoóticas de brucelose bovina e suína, o contato com animais é a forma predominante de transmissão da doença. O homem adquire a infecção quando entra em contato com fômites contaminados, sobretudo quando é obrigado a intervir nos trabalhos de parto, ao manipular fetos e envoltórios fetais, ou ao entrar em contato com secreções vaginais e excreções de animais infectados. Nessas circunstâncias, a bactéria penetra por lesões na pele ou pode ser levada pelas mãos à conjuntiva.

A transmissão por aerossóis, observada particularmente em frigoríficos e matadouros, é considerada mais frequente do que pelo contato direto com tecidos contaminados. Por outro lado, como fator agravante, tudo leva a crer que a dose mínima infectante para o homem por via respiratória seja baixa.

A transmissão de brucelose entre humanos, embora esporádica, tem registro na literatura médica. Uma criança de apenas 30 dias de vida adquiriu *B. melitensis* a partir do leite materno, a mãe adoecera duas semanas antes do início dos sintomas da filha. Outro episódio ocorreu no laboratório de um hospital nos Estados Unidos, quando oito técnicos foram expostos à dispersão acidental de uma amostra clínica em aerossol de *B. melitensis* – isolou-se o agente em cinco deles. A esposa de uma das vítimas também adoeceu, acometida pelo mesmo patógeno, seis meses após o marido haver contraído a infecção, suspeitando-se que tenha havido transmissão sexual. Por fim, relata-se um caso de provável transmissão durante o parto, cuja parturiente apresentou febre no primeiro dia do pós-parto, sendo isolada a *B. melitensis* – as hemoculturas de mãe e filha foram positivas, mas a criança não apresentou sintomas até 13 dias de vida, quando se detectou esplenomegalia, como consequência da infecção. Transfusões ou transplantes de medula óssea também foram responsáveis pela transmissão de brucelose entre seres humanos.

A BRUCELOSE NOS ANIMAIS

As taxas mundiais de infecção são muito variáveis de um país para o outro e mesmo em diferentes regiões de um mesmo país. Observa-se maior prevalência da brucelose bovina no gado leiteiro.

Na brucelose, as vacas infectadas, aparentemente sadias, eliminam a brucela no leite. A infecção transmite-se de um animal ao outro quando o suscetível entra em contato com os doentes, com fômites contaminados ou com o produto de um aborto brucélico (Figura 13.1).

A fêmea portadora pode propiciar a infecção do macho durante a monta, transformando-o em fonte de infecção para outras fêmeas. Nos touros e nos carneiros, as brucelas podem se localizar nos órgãos genitais. No caso dos touros, quando a doença se manifesta, um ou ambos os testículos aumentam de volume, provocando diminuição da libido e conduzindo à infertilidade.

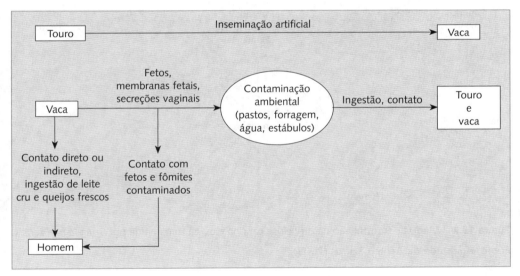

Figura 13.1 Modo de transmissão da brucelose bovina transmitida por *Brucela abortus*.
Fonte: Adaptado de Acha e Szifres (2003).

A porta de entrada mais frequente é o trato gastrointestinal, por ingestão de pastos, forragens e água contaminada com brucelas. O hábito de lamber membranas fetais, fetos e bezerros recém-nascidos constitui importante fator de risco. Do mesmo modo, o hábito de lamber os órgãos genitais de outras vacas também favorece a transmissão da infecção.

Vale lembrar que todas as espécies de mamíferos, domésticos e silvestres, são suscetíveis às bactérias do gênero Brucella e padecem das mesmas consequências resultantes da infecção (Figura 13.2). Se essa diversidade de hospedeiros por um lado dificulta a erradicação da brucelose, por outro contribui para a disseminação e perpetuação do agente na natureza.

DIAGNÓSTICO

Nos seres humanos, ao lado das manifestações clínicas e das evidências epidemiológicas, deve-se submeter os pacientes a provas sorológicas de confirmação da infecção. O isolamento e a tipificação do agente constituem prova definitiva e podem dar indicação segura da fonte de infecção. Contudo, nem sempre é possível colher material do paciente na fase mais adequada da infecção, principalmente quando medicado previamente com antibióticos.

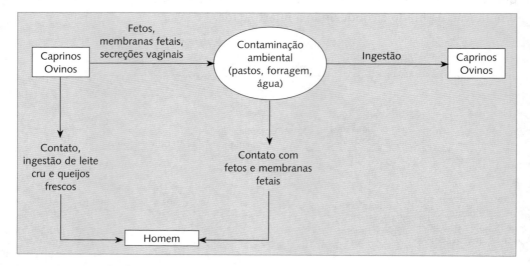

Figura 13.2 Modo de transmissão da brucelose caprina e ovina transmitida por *Brucela melitensis*. *Fonte*: Adaptado de Acha e Szifres (2003).

A soroaglutinação é a prova sorológica mais simples e a mais largamente empregada em todo o mundo. Outras provas podem ser utilizadas, destacando-se entre elas a fixação do complemento, o teste ELISA, 2-mercapto-etanol e rivanol.

O diagnóstico da infecção por *B. melitensis*, *B. suis* e *B. abortus* é realizado com antígeno padronizado de *B. abortus*. No entanto, para a infecção por *B. ovis* deve-se utilizar o antígeno ovino padronizado.

Para o diagnóstico da brucelose animal são recomendadas as mesmas provas sorológicas indicadas para os seres humanos, destacando-se a soroaglutinação como a mais prática de todas.

TRATAMENTO

Nas crises agudas de brucelose, o doente deve permanecer em repouso absoluto com bastante líquido à disposição, para facilitar a conveniente reidratação.

Para diminuir a possível recidiva da infecção, preconiza-se a aplicação de estreptomicina por via intramuscular, durante 14 dias, tanto para adultos, associada à doxiciclina por via oral, quanto para crianças, menores de 6 anos, associada à timetoprina/sulfametoxazol, por via oral, durante 3 a 6 semanas.

A associação de gentamicina, tetraciclina e doxiciclina, administrados ao longo de 6 semanas para provocar a remissão do quadro infeccioso tem sido bem-sucedida.

Assim, a administração parenteral de gentamicina deve ser preconizada para adultos, por via intramuscular ou por infusão intravenosa. As doses pediátricas usuais devem considerar a idade da criança e o peso corpóreo. No caso específico da tetraciclina, é recomendada a administração, por via oral, para adultos, durante 3 semanas, e para crianças acima de 8 anos, a dose recomendada depende do peso corpóreo.

Outra conduta terapêutica sugere, além do uso de doxiciclina, como referido anteriormente, a administração de rifampicina, por via oral, tanto para adultos como para crianças, de acordo com sua idade e peso.

Em ambos os grupos deve-se prolongar o tratamento por mais alguns dias, mesmo após o desaparecimento dos sintomas.

CONTROLE E PREVENÇÃO

O papel desempenhado pelos animais na epidemiologia da brucelose é essencial, por essa razão é fundamental o controle da doença nas áreas consideradas enzoóticas.

Assim, o regulamento técnico do Programa Nacional de Controle e Erradicação da Brucelose e Tuberculose (PNCEBT), instituído em 2001, recentemente foi revisto pela Instrução Normativa SDA n. 19, de 10/10/2016. O programa tem por objetivo reduzir a prevalência e a incidência dessas doenças em bovinos e bubalinos, visando à erradicação.

A brucelose, causada pela *Brucella abortu*s, vem sendo registrada em todo território nacional, conforme verificado em estudos de caracterização epidemiológica realizados em diversos estados do país.

A estratégia de atuação do PNCEBT é baseada na classificação das unidades federativas quanto ao grau de risco para essas doenças e na definição e aplicação de procedimentos de defesa sanitária animal, de acordo com a classificação de risco.

É também preconizado um conjunto de medidas sanitárias compulsórias, associadas a ações de adesão voluntária. As medidas compulsórias consistem na vacinação de bezerras entre os 3 e 8 meses de idade contra a brucelose e o controle do trânsito de animais, as voluntárias consistem na certificação de propriedades livres de brucelose ou de tuberculose.

Com base na classificação de risco das unidades federativas, o saneamento de focos dessas doenças será obrigatório e deverá ser realizado por médico veterinário habilitado e fiscalizado pelo serviço veterinário oficial.

Os principais segmentos envolvidos no PNCEBT são: o serviço veterinário oficial SVO, o médico veterinário privado (cadastrado e habilitado pelo SVO) e o setor produtivo, que desenvolvem atividades fundamentais para a melhoria da situação sanitária do país.

A eficácia de um programa nacional de promoção de saúde animal, qualquer que seja a doença, depende em parte da qualidade e padronização dos meios de diagnósticos utilizados. No contexto do PNCEBT, são determinados os testes de diagnóstico indireto aprovados, seus critérios de utilização e interpretação.

Assim, como pode se depreender de todos estes documentos, o controle higieni-cossanitário dos rebanhos é importante, preconizando-se que todos os animais sejam submetidos às provas sorológicas para identificação de reagentes. Animais positivos nas provas sorológicas devem ser afastados dos plantéis e substituídos, sempre que possível, por outros não reagentes. Cuidados especiais devem ser observados nas técnicas de reprodução para impedir que reagentes entrem em contato sexual com não reagentes. A higiene dos partos é outra medida a ser observada com rigor, impedindo-se o contato dos animais com secreções, membranas e placentas das fêmeas recém-paridas, bem como os fetos ou produtos abortados.

A vacinação é outro procedimento de grande valor na atualidade, contribuindo para o controle da brucelose animal quando adequadamente utilizada pelos criadores ou pelos serviços de saúde animal.

Em relação à população humana, pode-se evitar a infecção mediante a obrigatoriedade de se colocar no comércio apenas produtos lácteos pasteurizados. Nos locais onde não há pasteurização, deve-se adotar estratégias de educação sanitária, de modo que a população adote o procedimento de ferver o leite cru e que seja desestimulado o consumo de queijos frescos, sobretudo os de origem artesanal.

O controle da brucelose como doença ocupacional é mais difícil e deve se basear sobretudo em educação sanitária. Nos estabelecimentos de abate, a utilização dos equipamentos de proteção individual deve ser rigorosamente supervisionada, de modo a diminuir o risco de infecção durante as diferentes operações com sangue, carcaças e vísceras.

É importante ressaltar que mesmo após a adoção de programas bem-sucedidos de erradicação da brucelose, há possibilidade de introdução de animais infectados nos rebanhos, por conta do abrandamento das ações precedentes. Desse modo, faz-se necessária a contínua vigilância das zonas de produção animal, sobretudo nas bacias leiteiras.

Vale destacar que o recente isolamento e a caracterização de espécies não clássicas de *Brucella* spp. demonstram que ainda há muito a ser descoberto sobre esse gênero.

CONCLUSÕES

O processo de pasteurização do leite, seja de vaca, cabra ou ovelha e de seus subprodutos, principalmente os diversos tipos de queijos oferecidos ao público consumidor diminuiu de modo considerável os casos de brucelose em saúde publica.

É claro que a brucelose continuará a afetar os rebanhos leiteiros, por todo o globo, mesmo diante das medidas de profilaxia hoje disponíveis. Contudo, para que essas medidas sejam bem-sucedidas e se tornem de fato efetivas é necessário que os produtores assumam a responsabilidade pelo controle da infecção em seus rebanhos, principalmente, impedindo o ingresso de animais de propriedades sem suficientes práticas de higiene e sanidade.

Por outro lado, os órgãos responsáveis pela saúde animal têm de manter em observação os rebanhos leiteiros e suas condições de saúde, ou seja, zelando pelo cumprimento dos calendários de vacinação e dispensando para o abate os animais com soro aglutinação positiva para brucelose.

O eventual envio de leite brucélico para as usinas, por sua vez, não trará nenhuma vantagem, pois o produto será considerado como condenado e, portanto, não será aproveitado para nenhuma finalidade, além do que o produtor terá de descartar esse ou esses animais de seu rebanho.

REFERÊNCIAS

ACHA, P.N.; SZYFRES, B. Zoonosis y enfermedades transmisibles comunes al hombre y a los animales. 3. ed. v.1. Organización Panamericana de la Salud, 2003. (Publicación Científica y Técnica n. 580)

BLAHA, T. Epidemiología especial veterinaria. Zaragoza: Acribia, 1995.

CLIVER, D.O.; RIEMANN, H.P. Foodborne diseases. 2. ed. Amsterdã: Academic Press, 2002.

JOHNSTON, A.M. Foodborne illness. Veterinary sources of food illness. Lancet, v. 336, p. 856-8, 1990.

LEDERER, L. Enciclopédia moderna da higiene alimentar. São Paulo: Manole Dois, 1991. v.4, Intoxicações alimentares.

LUBANI, M.; SHARDA, D.; HELIN, I. Probable transmission of brucelosis from breast milk to a newborn. Trop. Geogr. Méd., v. 40, p. 151-2, 1988.

MINISTÉRIO DA AGRICULTURA, PECUÁRIA E ABASTECIMENTO SECRETARIA DE DEFESA AGROPECUÁRIA – INSTRUÇÃO NORMATIVA N. 19, DE 10 DE OUTUBRO DE 2016 – DOU de 03/11/2016 (n. 211, Seção 1, p. 7).

PINTO, P.S.A.; GERMANO, M.I.S.; GERMANO, P.M.L. Queijo minas: problema emergente da vigilância sanitária. Hig Alim., v. 10, n. 44, p. 22-7, 1996.

QUEVEDO, F. Enfermedades transmitidas por los alimentos. Hig Alim., v. 3, p. 167-72, 1984.

RIEDEL, G. Controle sanitário dos alimentos. São Paulo: Loyola, 1987.

RUBEN, B. et al. Person-to-person transmission of Brucella melitensis. Lancet, v. 337, p. 14-5, 1991.

SCHWABE, C.W. Veterinary medicine and human health. 3. ed. Baltimore/Londres: Williams & Wilkins, 1984.

TORTORA, G.J.; BERDELL, R.F.; CASE, C.L. Microbiologia. 8. ed. São Paulo: Artmed, 2005.

XAVIER, M.N.; COSTA, É.A.; PAIXÃO, T.A.; SANTOS, R.L. The genus Brucella and clinical manifestations of brucellosis. Ciênc rural, v. 39, n. 7, p. 2252-60, 2009.

14 | Tuberculose

Pedro Manuel Leal Germano
Maria Izabel Simões Germano

INTRODUÇÃO

Há alguns anos, a tuberculose (Tb) era apontada como uma doença do passado, restrita aos países mais pobres do globo. Entretanto, recentemente, sobretudo a partir da expansão da epidemia da síndrome da imunodeficiência adquirida (Aids) causada pelo vírus da imunodeficiência humana (HIV), o número de casos de Tb aumentou de modo significativo em todo o mundo, mesmo nos países industrializados, demonstrando que a doença não pode ser relegada a segundo plano na hierarquia dos problemas de saúde.

Na verdade, não foi a Aids a responsável pelo aumento de casos da doença, e sim a retomada de padrões culturais vigentes no passado, em particular aqueles relacionados com aglomerações e subnutrição. Por outro lado, nas grandes metrópoles, as migrações de pessoas em busca de melhores condições de vida permitiram a importação de casos e sua disseminação na população. As dificuldades enfrentadas por muitos países para a prevenção de doenças e a assistência médica, complementarmente, contribuíram para agravar o quadro de moléstias endêmicas e, em especial, o da ocorrência da Tb.

Ao lado desses problemas de saúde humana, surge a questão da recrudescência da Tb animal, em particular nos rebanhos bovinos, motivada pela diminuição das ações de prevenção e de diagnóstico.

Por essas razões, o exame macroscópico meticuloso das carcaças e órgãos dos animais suspeitos, associado à elevada especificidade do exame histopatológico dos tecidos amostrados, são procedimentos recomendados como ferramentas diagnósticas complementares que podem e devem ser utilizadas para confirmar os casos duvidosos no abatedouro.

Muitas vezes, movidos por pressões econômicas, os criadores consideram mais vantajoso manter os animais infectados nos plantéis do que enviá-los para o abate. Isso aumenta o risco de transmissão entre os animais e os tratadores e coloca em risco a saúde dos consumidores de produtos de origem animal, especialmente naqueles locais onde a pasteurização do leite e derivados não é praticada de modo adequado.

Esse fato é tão verdadeiro que, em pleno século XXI, questões que eram comuns no início do século passado ainda costumam ser formuladas pelos produtores de leite, mais preocupados com as possíveis repercussões econômicas da tuberculose bovina do que com a saúde da população humana. Assim, as interrogações mais frequentes são:

- O ser humano pode contrair tuberculose pela ingestão do leite de vacas infectadas?
- Os queijos fabricados a partir de leite cru também podem ser contagiosos?
- O diagnóstico e o controle da tuberculose bovina são eficazes para a proteção do homem?
- O abate de animais positivos contribui para a erradicação da infecção nos rebanhos?

A única resposta para cada uma dessas perguntas é sim, pois qualquer outra proposição, com o objetivo de contornar a problemática, denotará irresponsabilidade dos produtores, com graves consequências para a saúde pública.

A EPIDEMIA TEM DE SER DETIDA

Segundo dados divulgados pela Organização Mundial da Saúde (OMS), em 2010, foram diagnosticados e notificados 6,2 milhões de casos de tuberculose no mundo, sendo 5,4 milhões de casos novos, equivalentes a 65% dos casos estimados para o mesmo ano. A Índia e a China representaram 40% dos casos notificados, e o Brasil está entre os 22 países que concentram 82% dos casos de tuberculose no mundo.

Nesse mesmo ano, a incidência estimada de tuberculose (Tb) no mundo foi de 9 milhões de casos (equivalente a 128 casos/100.000 habitantes) com 1,7 milhões de óbitos, a maioria dos casos na Ásia e África. A Tb continua sendo uma doença da pobreza, intimamente ligada à superlotação, desnutrição, consumo de álcool e tabagismo.

Estima-se que, aproximadamente, 2 bilhões de pessoas no mundo apresentem Tb latente, o que representa um grande potencial para desenvolvimento da doença. Nas últimas décadas, têm aparecido casos de Tb por *Mycobacterium tuberculosis* resistentes à isoniazida e à rifampicina (TB MDR). Estima-se que já existam 5 milhões de pessoas com TB MDR, concentradas principalmente na Índia, China, Rússia e África do Sul.

Dados divulgados em 12 de março de 2014, no Dia Mundial de Luta contra a Tuberculose, mostraram que o Brasil registrou 71.123 novos casos da doença, em 2013. Segundo o Ministério da Saúde, a taxa de incidência no país ficou em 35,4 casos para cada 100 mil habitantes, o que indica queda de 20,3% em relação a 2003, quando a taxa era 44,4 casos para cada 100 mil pessoas.

O número de mortes por tuberculose, divulgados pela pasta, são referentes a 2012 e indicam um total de 4.406 óbitos provocados pela doença. A taxa de mortalidade no país foi 2,3 óbitos para cada 100 mil habitantes.

Ainda, de acordo com a mesma fonte, moradores de rua representam a população mais vulnerável à tuberculose – o risco de infecção é 44 vezes maior que na população geral. Em seguida, estão as pessoas HIV/AIDS (risco 35 vezes maior); população carcerária (risco 28 vezes maior) e indígenas (risco três vezes maior).

Estima-se que um terço da população mundial esteja infectada com o bacilo da Tb e que a cada segundo alguém seja infectado pelo agente. Por outro lado, é possível que mais de 50 milhões de pessoas tenham sido infectadas com bacilos resistentes a drogas. Mais de 4 mil crianças morrerão por ano, desnecessariamente, vítimas de Tb e centenas de milhares tornar-se-ão órfãs (OMS, 2005).

O custo da Tb é muito alto para a sociedade, pois 80% das vítimas encontram-se na fase de maior produtividade de suas vidas. Dos casos mundiais de Tb, 40% vivem em regiões do sudeste asiático, sendo que 95% dos casos ocorrem em Bangladesh, Índia, Indonésia, Myanmar e Tailândia – regiões nas quais a situação tem se deteriorado com a rápida disseminação do HIV e com a proliferação de cepas resistentes aos quimioterápicos habituais.

O Brasil é um dos países com o maior número de casos de Tb nas Américas, todavia, dados dos anos recentes indicam uma estabilidade decrescente de sua incidência em virtude da utilização da estratégia Directly Observed Therapy Short-course (Dots), a qual pode ser traduzida por terapia de curta duração ministrada sob observação direta. Essa estratégia, adotada a partir de 1998, e agora em franco desenvolvimento, é a melhor solução para o país controlar a Tb.

- Mesmo com os avanços alcançados nos últimos anos, o Brasil de acordo com a Organização Mundial da Saúde, ocupa a incômoda 20ª posição na classificação de incidência da doença e a 19ª posição quanto à infecção da doença concomitante ao HIV.

No que concerne à população bovina, há carência de dados fidedignos, mas o Brasil possui rebanho superior a 200 milhões de cabeças e uma prevalência de tuberculose variável de 1 a 3%. Isso significa 52 milhões de animais infectados, e nada sugere uma tendência de diminuição. Esse fato ocasiona prejuízos econômicos elevados, sobretudo para a balança comercial do país.

As estatísticas comprovam que a Tb gera mais órfãos do que qualquer outra doença infecciosa, sendo ainda a principal causa de óbitos entre pacientes com HIV/Aids.

Todos os países são vulneráveis às consequências das práticas inadequadas de tratamento anti-Tb utilizadas em razão do turismo, da imigração e da importação de animais ou de produtos de origem animal clandestinos, entre outros.

ASPECTOS RELEVANTES PARA A SAÚDE PÚBLICA

O *M. bovis* pode causar as mesmas formas clínicas e lesões provocadas pelo *M. tuberculosis*; contudo, a forma pulmonar causada pelo bacilo bovino ocorre com menor frequência (Figura 14.1).

A Tb no homem por *Mycobacterium bovis* diminuiu acentuadamente após a adoção da rotina de pasteurização do leite e das campanhas de controle e erradicação da infecção bovina. Todavia, sempre existe a possibilidade de indivíduos infectados há alguns anos disseminarem o bacilo para outras pessoas ou mesmo para o gado por via aerógena.

O homem é hospedeiro acidental do *M. bovis*. O bacilo responsável pela Tb no homem, o *M. tuberculosis*, tem grande semelhança com o *M. bovis*, mas a infecção humana a partir dos bovinos não atinge proporções muito elevadas, pois pacientes com a forma pulmonar causada por *M. bovis* não eliminam no esputo grande número de bacilos, como ocorre na infecção por *M. tuberculosis*.

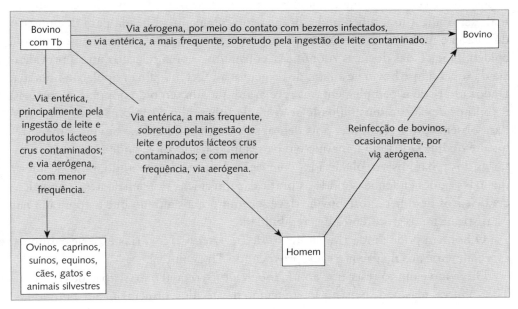

Figura 14.1 Modo de transmissão da tuberculose de origem bovina provocada pelo *Mycobacterium bovis*.
Fonte: Adaptada de Acha e Szifres (2003).

Historicamente, as formas mais prevalentes de Tb de origem bovina são as extrapulmonares, sendo as crianças as mais afetadas, sobretudo em decorrência da ingestão de leite ou de produtos lácteos contaminados, provocando adenite cervical, infecções geniturinárias, manifestações ósseas e articulares e meningites. No momento, a forma de maior prevalência é a geniturinária (Dumars et al., 1995), com consequências sérias para o gado, sobretudo por meio das mãos do ordenhador contaminadas pela própria urina ou pelo hábito de urinar nos estábulos sobre a palha.

A forma pulmonar, com origem na infecção bovina, está relacionada a grupos ocupacionais e resulta, com maior frequência, do contato com animais infectados nos estábulos ou suas carcaças nos abatedouros. A transmissão aerógena, outra via de transmissão importante, afeta sobretudo as crianças e os idosos.

Deve-se destacar que, uma vez contraída a infecção, o homem pode persistir como reservatório do bacilo bovino para outros animais do rebanho por muitos anos. Por outro lado, o indivíduo com Tb por *M. Tuberculosis*, nas formas pulmonar ou geniturinária, pode infectar e sensibilizar os bovinos, de maneira transitória, provocando confusão no momento da interpretação das provas de tuberculina, podendo essa situação perdurar por 6 a 8 meses.

Um aspecto de grande relevância diz respeito ao fato de que em muitos países a exposição direta ou indireta do homem à tuberculose bovina é uma fonte importante de sensibilização à tuberculina, prática correntemente utilizada para diagnóstico da infecção no homem. Na Dinamarca, país industrializado com eficiente controle epidemiológico das doenças zoonóticas, constatou-se uma relação entre a prevalência da tuberculose bovina e a taxa de reagentes à tuberculina na população humana. Dados estatísticos complementares revelaram que um terço da população entre 30 e 35 anos devia sua sensibilidade ao teste da tuberculina à infecção por *M. bovis*. Essa observação é relevante, pois demonstra que a tuberculose bovina é mais frequente do que se acredita, mesmo em países industrializados, onde as práticas sanitárias dos rebanhos são obedecidas com rigor. A partir desse estudo, pode-se inferir que nas regiões endêmicas, onde as práticas zootécnicas são deficientes, a prevalência de casos de tuberculose bovina deve ser muito mais alta do que a apontada nas estatísticas, também carentes de credibilidade.

O homem pode ainda transmitir o *M. Tuberculosis* a várias espécies animais, especialmente aos macacos e cães, provocando Tb evolutiva.

O bovino é muito resistente ao *M. Tuberculosis*, o qual não é capaz de ocasionar Tb evolutiva, mas pode persistir longo tempo nos tecidos, principalmente linfonodos, o que propicia o estado de sensibilização. Raramente se constatou a eliminação do *M. tuberculosis* pelo leite.

A contaminação das pastagens não é uma via de transmissão importante para os animais, pois o agente não suporta por muito tempo as reais condições do ambiente; além disso, o número de micro-organismos eliminados não é suficiente para provocar infecção por via digestiva. Contudo, onde existe estreita relação entre animais de criação e animais silvestres suscetíveis é muito difícil erradicar a Tb do gado bovino.

GRUPOS DE RISCO

Pessoas em contato íntimo com portadores da infecção tuberculosa constituem um dos principais grupos de risco da Tb. A probabilidade de contrair o bacilo é maior nos nascidos em áreas onde a infecção é endêmica.

Grupos cujos integrantes encontram-se debilitados fisicamente, como os idosos, sobretudo acima dos 65 anos, ou submetidos a aglomeração e/ou estresse – como ocorre com pessoas que moram ou trabalham em casas de repouso, instalações correcionais, abrigos e centros de tratamento antidrogas – apresentam alto risco de contrair a infecção.

As pessoas de baixa renda constituem um grupo particular por causa do acesso limitado aos serviços de saúde. Por outro lado, os usuários de drogas e os portadores da infecção por HIV/Aids são os mais expostos à Tb no momento, talvez em razão dos padrões de comportamento particulares aos grupos em que convivem.

Os trabalhadores rurais que lidam com bovinos, principalmente rebanhos leiteiros, estão expostos ao risco de contrair o *M. bovis* por causa do confinamento maior com as reses e da inadequabilidade das instalações, onde as condições de higiene são precárias, tornando o ambiente insalubre. Do mesmo modo, todos os que trabalham em matadouros, em contato íntimo com as carcaças e órgãos de animais contaminados sofrem essa exposição.

TUBERCULOSE E HIV/AIDS

Pessoas infectadas com *M. Tuberculosis* e HIV têm um risco de desenvolver Tb igual a 7 a 10% a cada ano. Para os infectados apenas pelo *M. tuberculosis* o risco de desenvolver Tb é de 10% por toda a vida.

Estudos epidemiológicos comprovam a conexão entre a epidemia de HIV e o aumento das taxas de Tb. As áreas mais afetadas pelo HIV também relatam os maiores aumentos no número de casos de Tb, normalmente entre pessoas na faixa dos 25 aos 44 anos, exatamente o grupo mais afetado pela Aids.

Deve-se destacar que a Tb é comum entre os pacientes com Aids e que, em contrapartida, a infecção por HIV é comum entre os pacientes com Tb, comprovando a nítida inter-relação entre ambas as infecções. Aproximadamente 60% dos casos de Aids desenvolvem Tb, ratificando que esta última é a ameaça oportunística mais comum associada à infecção por HIV. No Brasil, a taxa de casos de Tb associada ao HIV é da ordem de 3,8 para cada 100 mil habitantes/ano.

MANIPULADORES DE ALIMENTOS E A TUBERCULOSE

Os responsáveis técnicos e os proprietários de estabelecimentos que produzem e servem refeições coletivas devem estar atentos aos manipuladores de alimentos no que concerne a serem ou não portadores de tuberculose. De acordo com a legislação, os exames de admissão e periódicos não contemplam essa doença, portanto, casos positivos podem ocorrer.

Sabe-se que a tuberculose constitui-se como uma doença reemergente, sobretudo nos grandes centros urbanos. As aglomerações de pessoas favorecem a transmissão do bacilo e, muitas vezes, o indivíduo é portador assintomático.

Apesar de indivíduos de todos os extratos sociais poderem estar infectados, aqueles que têm piores condições de moradia e transporte podem ter maior probabilidade de contágio. A grande maioria dos manipuladores de alimentos que trabalham nos estabelecimentos, em razão dos salários reduzidos e da baixa escolaridade, são pessoas que preenchem justamente os dois quesitos mencionados.

Deve-se, portanto, atentar aos funcionários com tosse constante ou que apresentam outros sintomas passíveis de estarem relacionados a essa patologia, sobretudo magreza excessiva, providenciando seu encaminhamento para os serviços de saúde e afastando-os da manipulação de alimentos, a fim de garantir a segurança alimentar.

TRATAMENTO

De acordo com o Manual de Recomendações para o Controle da Tuberculose no Brasil, do Programa Nacional de Controle da Tuberculose (2010), a recomendação e apresentação farmacológica preconizadas pela Organização Mundial da Saúde e utilizada, na maioria dos países, para adultos e adolescentes, passou a ser em comprimidos de doses fixas combinadas dos quatro medicamentos, R (Rifampicina), H (isoniazida), Z (pirazinamida) e E (Etambutol), nas seguintes dosagens: R 150 mg, H 75 mg, Z 400 mg e E 275 mg. Para as crianças abaixo de 10 anos, permanece a recomendação do Esquema RHZ.

Na atualidade, reconhece-se que a tuberculose humana é uma doença curável em praticamente 100% dos casos novos, sensíveis aos medicamentos anti-Tb. A associação medicamentosa adequada, as doses corretas e o uso por tempo suficiente são os princípios básicos para o adequado tratamento, evitando a persistência bacteriana e o desenvolvimento de resistência aos fármacos, assegurando, assim, a cura do paciente. A esses princípios soma-se o Tratamento Diretamente Observado (*direct observed therapy*) como estratégia fundamental para o sucesso.

Nesta estratégia, o paciente recebe a medicação e a ingere diante do profissional de saúde habilitado para tal, seja no ambiente domiciliar ou ambulatorial, a fim de diminuir, drasticamente, o abandono do tratamento.

Contudo, os indicadores de tuberculose, que atingem 70 mil pessoas por ano no país, foram retirados da listagem de atendimentos monitorados pelo Sistema Único de Saúde (SUS) sem justificativa.

É por meio do acompanhamento desses dados que o SUS planeja suas ações. E, no Brasil, a tuberculose é tratada apenas na rede pública de saúde. Além disso, o país registra casos multirresistentes de tuberculose que não respondem aos tratamentos conhecidos.

CONCLUSÕES

A Tb tem de ser controlada nos rebanhos, notadamente os leiteiros, para que o risco de transmissão do bacilo mediante a ingestão de leite seja o menor possível. Está comprovado que a pasteurização do leite é capaz de destruir o bacilo da tuberculose. Na realidade, o processo de pasteurização foi aplicado com o objetivo específico de destruir micro-organismos, sobretudo os patogênicos, embora os formadores de esporos possam, em geral, sobreviver. A pasteurização do leite, por sua vez, foi idealizada originalmente para eliminar qualquer quantidade previsível de *Mycobacterium bovis*, o agente responsável pela tuberculose bovina. Assim, presume-se que nos locais onde a pasteurização é efetuada com rigor técnico o leite não oferece risco aos consumidores, independentemente de sua idade.

O maior problema reside no fato de que a falta de controle da infecção no rebanho propicia a entrada de animais portadores do bacilo e a consequente disseminação pelo plantel. Como a doença é de evolução crônica, muito antes do diagnóstico o animal já está eliminando o agente.

Nessas circunstâncias, os tratadores e até mesmo os proprietários estão correndo sério risco de contrair o bacilo da Tb de origem animal. Mais grave ainda, se as técnicas de pasteurização forem empíricas, o agente poderá se disseminar.

O controle da Tb animal passa obrigatoriamente pelo controle sanitário dos rebanhos e pela aplicação periódica da prova de tuberculina. Os animais positivos, embora seja uma questão bastante polêmica, devem ser descartados (abatedouro). O tratamento, além de caro, pode não ser tão eficiente como se espera, possibilitando que o animal tratado continue no rebanho albergando e disseminando o bacilo.

Essas medidas, embora altamente eficazes, não impedem a reintrodução de animais portadores do agente nas áreas consideradas como erradicadas da tuberculose bovina. Em geral, essa constatação ocorre de tempos em tempos e é por esse motivo que se faz necessária a contínua vigilância das propriedades rurais e de seus rebanhos, assim como jamais deve-se descuidar da pasteurização do leite, qualquer que seja sua finalidade.

Em síntese, no homem a prevenção da infecção por *M. bovis* consiste, além da pasteurização do leite e do controle/erradicação da tuberculose bovina, na vacinação com BCG.

Contudo, o quadro da enfermidade no país e o não monitoramento dos indicadores configuram um risco para a população. "A retirada da tuberculose como indicador de metas a serem pactuadas com municípios e estados proporcionará queda dos recursos financeiros e humanos voltados para as atividades de controle de tuberculose, e por conseguinte ocorrerá uma piora expressiva dos indicadores epidemiológicos da tuberculose", diz a nota da Rede Brasileira de Pesquisa em Tuberculose.

REFERÊNCIAS

ACHA, P.N.; SZYFRES, B. Zoonosis y enfermedades transmisibles comunes al hombre y a los animales. 3.ed. v.1. Organización Panamericana de la Salud, 2003. (Publicación Científica y Técnica n.580).

BADALIK, L. et al. Surveillance of tuberculosis caused by Mycobacterium bovis in Slovakia. J R Soc Health, v. 115, p. 310-3, 1995.

BIAZEVIC, M.G.H.; WALDMAN, E.A.; CORRÊA, M.O.A. Tuberculose e leite: elementos para a história de uma polêmica. História, Ciências, Saúde: Manguinhos, v. 9, n. 3, p. 609-23, 2002.

BUTCHER, P. D. et al. The application of melecular techniques to the diagnosis and epidemiology of mycobacterial diseases. Soc Appl Bacteriol Symp Ser., v. 25, p. 53S-71S, 1996.

CLIVER, D.O.; RIEMANN, H.P. Foodborne diseases. 2. ed. Amsterdã: Academic Press, 2002.

COSIVI, O. et al. Epidemiology of Mycobacterium bovis infection in animals and humans, with particular reference to Africa. Rev Sci Tech, v. 14, p. 733-46, 1995.

COTTER, T.P. et al. Tuberculosis due to Mycobacterium bovis in humans in the south-west region Ireland: is there a relationship with infection prevalence in cattle? Tuber Lung Dis., v. 77, p. 545-8, 1996.

DUMARS, A. et al. Disseminated Mycobacterium bovis tuberculosis in aged female patient without HIV infection. Vet Med Interne, v. 16, p. 143-5, 1995.

FORDHAM-VON-REYN, C. The international epidemiology of disseminated Mycobacterium avium complex infection in Aids. AIDS, v. 10, p. 1025-32, 1996.

FRÁGUAS, S. de A. et al. Estudo comparativo de métodos complementares para o diagnóstico da tuberculose bovina em animais reagentes à tuberculinização. Rev Bras Ciênc Vet., v. 15, n. 3, p. 117-21, 2008.

FUNDAÇÃO ATAULPHO DE PAIVA. Relatório da OMS pede ações urgentes contra tuberculose no mundo, 2013. Disponível em: http://www.fundacaoataulphodepaiva.com.br/blog/relatorio-da-oms-pede--acoes-urgentes-contra-tuberculose-no-mundo/. Acessado em: 8 ago. 2014.

GRANGE, J.M.; YATES, M.D. Zoonotic aspects of Mycobacterium bovis infection. Vet Microbiol, v. 40, p. 137-51, 1994.

KANTOR, I.; RITACCO, V. de. Bovine tuberculosis in Latin America and the Caribbean: current status, control and eradication programs. Vet Microbiol., v. 40, p. 5-14, 1994.

LISS, G.M. et al. Occupational exposure to Mycobacterium bovis infection in deer and elk in Ontario. Can J Publ Health, v. 85, p. 326-9, 1994.

MINISTÉRIO DA SAÚDE. Secretaria de Vigilância em Saúde. Departamento de Vigilância Epidemiológica. Programa Nacional de Controle da Tuberculose PNCT – Brasil. 2009. Disponível em: http://www.cve. saude.sp.gov.br/htm/tb/eventos/ forum/04TB09_Brasil_DBarreira.pdf. Acessado em: fev. 2010.

_____. Secretaria de Vigilância em Saúde. Manual de Recomendações para o Controle da Tuberculose no Brasil. Programa Nacional de Controle da Tuberculose, 2010. Disponível em: http://portal.saude. gov.br/portal/arquivos/pdf/manual_de_ recomendacoes_controle_tb_novo.pdf. Acessado em: dez. 2012.

_____. Incidência de tuberculose no Brasil cai 20,3% em dez anos, Ministério da Saúde anunciou a inclusão do teste rápido da doença no Sistema Único de Saúde (SUS), 2014.

GONÇALVES, J. Ministério da Saúde ignora índices de tuberculose e ameaça tratamento – The Intercept. Publicado em: 01/02/2017 – 13h24. Última modificação em: 01/02/2017 – 13h39.

MODA, G. The zoonotic importance of Mycobacterium bovis. Tuber Lung Dis., v. 77, p. 103-8, 1996.

MORONI, M. et al. Mycobacterial infections in Aids: an overview of epidemiology, clinical manifestations, therapy and prophylaxis. Monaldi Arch Chest Dis., v. 49, p. 432-8, 1994.

MORRIS, R.S. et al. The epidemiology of Mycobacterium bovis infections. Vet Microbiol., v. 40, p. 153-77, 1994.

MYRVANG, B. Mycobacterial infections in Norway. Scand J Infec Dis Suppl. v. 98, p. 12-4, 1995.

[OMS] ORGANIZAÇÃO MUNDIAL DA SAÚDE. Online Tuberculosis Database. WHO Report 2005. Disponível em: www.who.int/globalatlas/dataQuery/ reportData.Asp?rptType=1. Acessado em: ago. 2005.

_____. Tuberculosis (TB), Control mundial de la tuberculosis – Informe 2013. Disponível em: http://

www.who.int/tb/publications/global_report/es/. Acessado em: 8 ago. 2014.

O'REILLY, L.M.; DABORN, C.J. The epidemiology of Mycobacterium bovis infections in animal and man: a review. Tuber Lung Dis Suppl. v. 1, p. 1-46, 1995.

ROXO, E. Tuberculose humana e animal. 2008. Artigo em Hypertexto. Disponível em: <http://www.infobibos.com/Artigos/2008_1/tuberculose/index.htm>. Acessado em: fev. 2010.

STETTER, M.D. et al. Epizootic of Mycobacterium bovis in a zoologic park. J Am Vet Med Assoc., v. 15, p. 1618-21, 1995.

SZEWZYK, R. et al. Molecular epidemiological studies of Mycobacterium bovis infections in humans and animals in Sweden. J Clin Microbiol., v. 33, p. 3183-5, 1995.

15 Protozooses

Pedro Manuel Leal Germano
Maria Izabel Simões Germano

INTRODUÇÃO

Os protozoários ocupam lugar de destaque em saúde pública como causadores de quadros infecciosos, sobretudo nos indivíduos imunocomprometidos, embora todos os seres humanos sejam suscetíveis às infecções por eles determinadas.

A via de transmissão mais frequente das protozooses para o homem é a água, seja a das redes de abastecimento, submetidas a tratamento, seja a de outras fontes de captação, por exemplo, poços e reservatórios. Os alimentos também constituem via de transmissão significativa, embora de menor impacto do que a água.

É importante destacar que os protozoários não são capazes de se multiplicar nos alimentos, mas suas formas císticas podem manter a infecciosidade por longos períodos de tempo, e que a dose infectante necessária para provocar doença no homem é muito baixa: na dependência do agente, um único cisto é capaz de desencadear a manifestação clínica da infecção.

A *Entamoeba histolytica*, agente etiológico da amebíase, é considerada patogênica para o homem desde o final de século XIX, enquanto outros protozoários só tiveram a patogenicidade reconhecida mais recentemente, como *Cryptosporidium parvum*, *Giardia lamblia* e *Cyclospora cayetanensis*, este último no final do século XX. Todos esses protozoários apresentam, atualmente, distribuição mundial e são reconhecidos como agentes de diarreia.

Em creches comunitárias do estado do Rio de Janeiro, estudo coproparasitológico com 218 crianças mostrou que 120 (55,0%) estavam infectadas por diferentes enteroparasitas. Entre os protozoários identificados, a *G. lamblia* (38,3%) teve a maior frequência, seguida por *Entamoeba coli* (26,6 %), *Endolimax nana* (17,5%), *Entamoeba histolytica* (11,6 %) e *Blastocystis hominis* (2,5 %).

Embora os métodos diagnósticos de laboratório utilizados nas investigações de protozooses de origem alimentar ainda careçam de sensibilidade e de meios de cultura ricos em nutrientes, capazes de proporcionar condições adequadas para o desenvolvimento dos organismos, eles continuam tendo grande valor para a avaliação dos níveis endêmicos de ocorrência do parasitismo no âmbito populacional. Por outro lado, essa circunstância explica por que um número elevado de quadros diarreicos, provocados por protozoários ingeridos com alimentos contaminados, deixam de ser diagnosticados, agravando ainda mais a problemática de subnotificação.

AMEBÍASE OU DISENTERIA AMEBIANA

O protozoário responsável pela amebíase intestinal e extraintestinal é a *E. histolytica*, transmitido com frequência por via oral-fecal, embora possa ocorrer também pela água, por manipuladores de alimentos e pelos próprios alimentos contaminados.

A infecção acomete, predominantemente, os seres humanos e outros primatas. Cães e gatos podem se infectar, mas normalmente não eliminam cistos nas fezes, não contribuindo, desse modo, de forma significativa para a transmissão.

É importante considerar que está suficientemente documentado na literatura médica que as práticas sexuais que incluem os contatos anal-oral e anal-genital-oral são fatores de alto risco de infecção.

Características do agente

Os estágios ativos (móveis) do parasita (trofozoítas) existem apenas nos hospedeiros e nas fezes frescas, os cistos sobrevivem fora dos hospedeiros na água, no solo e nos alimentos, especialmente sob condições de umidade. Quando ingeridos, causam infecção depois do desencistamento no trato digestivo – estágio de trofozoítas. É um anaeróbio aerotolerante. A forma cística pode perdurar por três meses no lodo dos esgotos.

O doente pode eliminar até $4,5 \times 10^7$ cistos por dia nas fezes. No estágio de trofozoítos, os organismos induzem a infecções traduzidas por abscessos nas células da mucosa intestinal e úlceras no cólon. O encistamento ocorre no íleo e os cistos podem ocorrer livremente na luz intestinal. O parasita produz uma proteína enterotóxica. Em poucos casos o protozoário invade os tecidos moles, mais comumente o fígado. Casos fatais são raros.

Em relação à dose infectante, do ponto de vista teórico, a ingestão de uma única célula viável pode determinar a infecção no homem; contudo, os imunocomprometidos são os mais vulneráveis.

Epidemiologia

A frequência das infecções registra-se tanto nos trópicos como nos círculos polares, mas também em situações de aglomerados populacionais de higiene precária nos ambientes urbanos das zonas temperadas. A possibilidade de contaminação dos alimentos por manipuladores aumenta quando os hábitos de higiene nos sanitários são precários, uma vez que a transmissão pode ocorrer por meio das mãos ou de fômites (utensílios) contaminados. As moscas, por sua vez, são importantes vetores dos cistos eliminados nas fezes pastosas dos doentes. É frequentemente diagnosticada em homossexuais do sexo masculino, em razão da transmissão pelo contato sexual.

A amebíase é a segunda causa de morte entre as doenças parasitárias no mundo. Estatísticas mais conservadoras estimam que ocorra a cada ano entre 400 a 500 milhões de casos de amebíase no mundo, e que dentre esses, 100 milhões apresentam quadro clínico manifestado por colite amebiana ou abscessos hepáticos. Vale destacar que a prevalência da infecção, nas últimas décadas do século XX, diminuiu acentuadamente nos países industrializados, todavia continua sendo causa de morbidade e mortalidade elevadas nos países em desenvolvimento.

Quadro clínico

O período de incubação varia de 2 a 4 semanas, mas os sintomas podem persistir por vários meses. Os primeiros sintomas são, com frequência, insidiosos, com fezes soltas e, geralmente, sem febre – muco e sangue são característicos nas fezes dos doentes. Sintomas tardios consistem em dor abdominal pronunciada, febre, diarreia severa, vômitos e lumbago – lembrando sintomas da shiguelose. Perda de peso é comum e todos os pacientes têm a prova de sangue oculto nas fezes positiva.

Amebíase fulminante com ulceração do cólon e efeitos tóxicos ocorre em 6 a 11% dos casos, em particular em mulheres estressadas por gestação ou amamentação. No cólon podem se formar massas de amebas e muco, conduzindo à obstrução intestinal. Muitas infecções ocorrem no trato digestivo, mas outros tecidos também podem ser invadidos.

A infecção pode perdurar em muitos indivíduos por anos, em contraste com a giardíase, cujos sintomas raramente excedem três meses. Sob condições especiais, a infecção pode resultar de uma relação sinérgica com certas bactérias intestinais.

Em resumo, as infecções por *Entamoeba histolytica* podem ser assintomáticas, vago mal-estar intestinal ou até episódios de disenteria com sangue e muco. Como complicações podem-se observar dor, consequentes ulcerações e abcessos e, com menor frequência, obstrução intestinal.

O início dos sintomas está relacionado à cepa do protozoário, ao estado imune do hospedeiro e à associação com bactérias e até vírus.

Diagnóstico

O quadro clínico por si não é suficiente para diferenciar a disenteria amebiana de outras patologias entéricas. Assim, o diagnóstico é realizado mediante a identificação de trofozoítos e cistos nas fezes ou raspados de mucosa. Vários procedimentos de flutuação e sedimentação foram desenvolvidos com o objetivo de recuperar os cistos a partir de material fecal; e os corantes, inclusive o anticorpo fluorescente, são auxiliares importantes na visualização dos cistos na microscopia. É importante distinguir os cistos da *E. histolytica* daqueles de protozoários intestinais não patogênicos por sua aparência.

São de utilidade os métodos imunológicos, como hemaglutinação indireta, imunofluorescência indireta, aglutinação em látex e teste imunoenzimático, os quais são sensíveis nos casos de amebíase extraintestinal, um título igual a 64 pela hemaglutinação indireta é considerado significante.

Controle

A manutenção de um programa permanente de educação sanitária, visando ao treinamento de manipuladores de alimentos nas boas práticas de higiene, assim como o controle de vetores mecânicos, sobretudo moscas, são medidas importantes para o controle da amebíase, seja nas unidades de refeições comerciais ou industriais, seja na própria indústria.

A preservação ambiental, mediante a destinação adequada de fezes, lixo e de outros poluentes orgânicos é fundamental para a prevenção da amebíase. O controle da água de abastecimento, como medida complementar, também é de extrema relevância, e sempre que houver suspeita de que os tratamentos utilizados não estão sendo eficazes, é necessário submeter amostras de água a exames laboratoriais específicos para identificação do protozoário.

Tratamento

Todos os pacientes com infecção por *E. histolytica* devem ser tratados – não importa se sintomáticos ou completamente assintomáticos, pois além da cura daqueles do primeiro grupo faz-se necessário eliminar os portadores crônicos, membros do segundo grupo, responsáveis pela disseminação do agente na natureza.

Para os pacientes acometidos pela forma intestinal de amebíase, o medicamento de eleição é metronidazol, na dose de 30 a 50 mg/kg/dia, três vezes ao dia, durante dez dias. Para as formas assintomáticas da infecção, há várias alternativas medicamentosas que incluem drogas como a paromomicina, o furoato de diloxanida, o iodoquinol ou o teclozan. Nas formas extraintestinais, quando há presença comprovada de abscessos hepáticos avançados, é recomendada a intervenção cirúrgica.

CICLOSPOROSE

O protozoário responsável pelo quadro clínico da ciclosporose é a *Cyclospora cayetanensis*, coccídio de transmissão oral-fecal, de recente descoberta e ainda não suficientemente estudado. Embora se acredite que o agente já havia sido isolado em 1979, na Nova Guiné, identificado simplesmente como um coccídio semelhante à Isospora, em 1990 foi publicada a descrição morfológica completa do protozoário por pesquisadores da Universidade Cayetano Heredia de Lima, Peru. Considera-se, hoje em dia, a distribuição geográfica como de âmbito mundial, pois há casos da infecção registrados em todos os continentes. Assim, inúmeros casos foram descritos na América do Norte, Central, e Sul, Caribe, África, Bangladesh, Sudeste da Ásia, Austrália, Inglaterra e Leste Europeu. Seres humanos parecem ser os únicos hospedeiros do agente.

Surtos esporádicos de ciclosporíase são causa comum de diarreia prolongada nas populações dos países não industrializados, mas frequentemente não detectados ou não diagnosticados nos industrializados.

Em 2001, no Canadá, registrou-se pela primeira vez um surto de ciclosporíase, provocado pelo consumo de manjericão importado da Tailândia, via Estados Unidos, em um grupo étnico constituído por imigrantes asiáticos.

Características do agente

O homem é infectado ao ingerir oocistos que contenham os estágios infectantes do protozoário. No intestino delgado do hospedeiro, preferencialmente no jejuno, ocorre a ruptura do oocisto e os esporozoítos penetram nas células intestinais, onde sofrem múltiplas fissões até a formação dos merozoítos. Essas formas penetram novas células para dar origem a gametas, os quais podem ser encontrados no próprio jejuno: no interior das células intestinais, os gametas diferenciam-se em formas femininas (macrogametas) e masculinas (microgametas). A fecundação dos macrogametas dá origem ao oocisto, constituído por uma membrana resistente que envolve o zigoto. Durante o processo natural de descamação epitelial, o oocisto passa para a luz do intestino e é eliminado nas fezes.

A maturação ou esporulação dos oocistos da *C. cayetanensis* demora de 7 a 12 dias, na temperatura de 30°C, na presença de elevadas concentrações de oxigênio atmosférico; desse modo, são as estações mais quentes do ano que propiciam as melhores condições ambientais para se tornarem infectantes.

Epidemiologia

A transmissão ocorre, preferencialmente, por meio dos alimentos ou da água contaminados por fezes com cistos do agente provenientes de pessoas infectadas. Pequenas frutas frescas, como morangos, e verduras, como a alface, podem ser as fontes mais prováveis de *C. cayetanensis*. A contaminação desses produtos vegetais ocorre durante as diferentes fases de cultivo, sobretudo em razão dos processos de irrigação com águas contaminadas ou de adubação com matéria orgânica, inclusive dejetos animais e humanos não tratados. Do mesmo modo, a manipulação desses materiais – do produtor até a distribuição em feiras e mercados, passando pela colheita, embalagem e transporte – possibilita inúmeras oportunidades de contaminação por pessoas portadoras dos cistos do protozoário.

A participação dos animais como possíveis reservatórios do agente para o homem ainda permanece desconhecida. A transmissão pessoa a pessoa é improvável porque os oocistos excretados nas fezes necessitam de dias a semanas, sob condições favoráveis, para esporularem e tornarem-se infecciosos.

No hemisfério norte, sobretudo nos Estados Unidos, onde há relatos mais frequentes, a maioria dos casos ocorre na primavera e no verão, épocas em que aumentam as importações de frutas e verduras provenientes dos países das Américas Central e do Sul.

Quadro clínico

O período de incubação médio é de uma semana e a manifestação clínica, consequência da infecção do intestino delgado pela ingestão das formas infectantes do parasita, caracteriza-se primordialmente por diarreia aquosa intensa e prolongada, a qual pode durar de dias a semanas. Os sintomas podem incluir ainda anorexia, edemaciação, perda de peso, cólicas gástricas, vômitos e febre. A remissão da doença pode ocorrer espontaneamente, da mesma forma que podem acontecer recaídas do quadro infeccioso.

A sintomatologia é decorrente das lesões provocadas no intestino delgado, caracterizadas por inflamação da mucosa, atrofia das vilosidades e hipertrofia das criptas, interferindo nos processos de absorção.

Diagnóstico

Os exames parasitológicos de fezes, executados na rotina dos laboratórios, podem não identificar os oocistos, por causa da escassa quantidade de oocistos imaturos eliminados. Embora seja possível visualizá-los na microscopia convencional, com o auxílio da microscopia de fase, a utilização de corantes ácido-fixadores modificados ou a autofluorescência com microscopia epifluorescente de ultravioleta, constituem técnicas que facilitam o diagnóstico laboratorial da infecção, sendo esta última tão sensível quanto a técnica do Polymerase Chain Reaction (PCR), considerada a mais eficiente para detectar o agente.

Os médicos deverão considerar a possibilidade de Cyclospora quando diante de quadros diarreicos crônicos de longa duração, atentando para o fato de que é necessário alertar o laboratório para que este proceda ao exame com meticulosidade ou utilize técnicas microscópicas mais sensíveis do que a microscopia convencional.

Controle

Por se tratar de uma infecção veiculada por produtos vegetais, sobretudo frutas e hortaliças cruas, a higienização antes do preparo ou do consumo deve ser executada com todo o rigor, embora essa prática não seja sempre suficiente para eliminar totalmente o risco de transmissão do agente.

As complexas rotas de distribuição e as precárias condições de higiene da manipulação e da conservação dos alimentos vegetais, sobretudo nas regiões ou países onde a maioria dos produtos é importada, dificultam o rastreamento até sua verdadeira origem e impedem a identificação de aspectos-chave para as investigações.

Não obstante as inúmeras pesquisas sobre diferentes aspectos do manejo da infecção por *C. cayetanensis*, muitas dúvidas permanecem, como os fatores relacionados ao próprio protozoário, ao ambiente e ao suscetível.

Tratamento

Os pacientes acometidos pela infecção provocada pela *C. cayetanensis* devem ser submetidos a tratamento com a utilização de trimetoprina/sulfametoxazol, na dose de 2 comprimidos, com 80 e 400mg, respectivamente, dos princípios ativos, a cada 12 horas, por até 14 dias.

CRIPTOSPORIDIOSE

A criptosporidiose é causada pelo *Cryptosporidium parvum*, protozoário patogênico para aproximadamente quarenta espécies de mamíferos, incluindo o homem, e uma ampla variedade de répteis e aves.

A criptosporidiose é uma doença considerada como autolimitante nos indivíduos imunocompetentes, mas é um problema extremamente sério para os imunocomprometidos, principalmente os portadores do HIV, ou acometidos pela Aids, os quais constituem um grupo de alto risco no que se refere à possibilidade de contrair infecções intestinais veiculadas por água e alimentos.

Características do agente

É um coccídio intracelular obrigatório que realiza o ciclo de vida completo em um único hospedeiro. Após a ingestão dos oocistos, caracterizados pela parede espessa, eles se desencistam no intestino delgado e os esporozoítos livres penetram na região das microvilosidades dos enterócitos do hospedeiro, onde a reprodução sexual leva ao desenvolvimento dos zigotos. Estes invadem as células do hospedeiro, mediante a ruptura tanto de suas próprias membranas quanto as do próprio hospedeiro.

Aproximadamente 80% dos zigotos formam oocistos que esporulam dentro das células do hospedeiro. Os oocistos resistentes às condições adversas do trato digestivo são eliminados nas fezes e a infecção é transmitida a outros hospedeiros quando ingeridos pela água ou por alimentos.

Cada oocisto esporulado contém quatro esporozoítos. Os oocistos são altamente resistentes ao ambiente natural e podem permanecer viáveis por vários meses quando mantidos em locais frios e úmidos. Temperaturas superiores a 60°C ou inferiores a –20°C são letais para os oocistos.

Tratamentos com 50% ou mais de amônia ou 10% ou mais de formalina por 30 minutos destroem os oocistos. A manutenção a 45°C, por 5 a 20 minutos, pode destruir sua infectividade. Por outro lado, compostos clorados e ozone não são eficientes sobre os oocistos. Eles resistem a 1 ppm de ozone por 5 minutos, às concentrações de 80 ppm de cloro e monocloramina por 90 minutos e a 1,3 ppm de dióxido de cloro por 60 minutos.

A dose infectante para seres humanos é desconhecida. Um experimento realizado com primatas não humanos demonstrou que dez oocistos administrados por via oral foram capazes de provocar a infecção em dois animais dos quatro estudados.

Epidemiologia

A infecção apresenta distribuição mundial, sendo responsável por 1 a 4% dos casos entre os pacientes com diarreia. Estatísticas hospitalares estimam que esse protozoário possa acometer 7 a 38% dos pacientes com Aids. Os números apontados, nos diferentes levantamentos de saúde, indicam que a infecção estaria em franca expansão. A frequência de envolvimento do agente como causa de doenças transmitidas por alimentos (DTAs), na dependência das circunstâncias, pode ser considerada esporádica, endêmica e, ocasionalmente, epidêmica.

A via oral-fecal é a mais importante, embora a transmissão indireta pelos alimentos e pelo leite seja suspeita. O protozoário é considerado como um dos agentes da diarreia dos viajantes.

A maioria dos surtos registrados nos Estados Unidos e no Reino Unido teve origem na água de bebida, tratada e não tratada, de poço artesiano, e inúmeras pessoas infectaram-se a partir de água de piscina. Nos Estados Unidos, durante a primavera de 1993, 403 mil pessoas foram infectadas a partir do consumo de água tratada contaminada; foi o maior surto já registrado de criptosporidiose. Na Inglaterra, um homem de 32 anos adquiriu a criptosporidiose clínica a partir de uma situação bastante particular: a ingestão de uma víscera (dobrada – estômago) de bovino crua gelada. Os oocistos foram observados nos restos da dobrada.

Com base nos diversos aspectos considerados, podem-se resumir os modos de transmissão mais comuns do *C. parvum* em saúde pública:

- De animais vertebrados ao homem – natureza zoonótica.
- De pessoa a pessoa.
- Por meio da água potável, inclusive de poços artesianos e da rede tratada, além das utilizadas em piscinas.
- Nosocomial, adquirida por pacientes de hospitais.
- Alimentar, talvez a condição menos frequente, pelo consumo de leite e suco de maçã não pasteurizados e produtos hortifrutigranjeiros contaminados.

Quadro clínico

A evolução clínica da infecção depende do estado imune do paciente. Nos imunocompetentes o protozoário parasita, primariamente, o epitélio intestinal e, após um período de incubação de 6 a 14 dias, provoca diarreia, às vezes acompanhada por muco, mas raramente com sangue. Dores abdominais, náuseas, vômitos e febre inferior a 39°C são menos frequentes que a diarreia. Os sintomas típicos perduram de 9 a 23 dias; a doença é autolimitante.

Nos imunocomprometidos a diarreia é profusa e aquosa, registrando-se até 71 evacuações diárias, equivalente a mais de 17 litros de perda de líquido por dia. Os sintomas podem durar mais de 30 dias.

Diagnóstico

A eliminação dos oocistos geralmente persiste além do estágio diarreico. O diagnóstico da infecção requer a identificação dos oocistos nas fezes dos pacientes. Para tal, utilizam-se métodos de coloração que incluem procedimentos modificados de ácido-fixação, coloração negativa e flutuação em açúcar.

Controle

As boas práticas de higiene constituem a base fundamental para o controle da criptosporidiose, uma vez que em saúde pública a principal via de transmissão é a oral-fecal. Isso se aplica diretamente aos manipuladores de alimentos. Do mesmo modo, deve-se evitar o contato inadequado com animais, sobretudo os de estimação.

Com relação à água, esse é um aspecto de difícil solução, uma vez que, mesmo tratada, ela ainda pode oferecer risco à população. A medida mais adequada, nessas circunstâncias, é manter a água de abastecimento sob permanente monitoração, com o objetivo de identificar a presença do protozoário. Deve-se evitar, sempre que possível, a ingestão de água proveniente de fontes naturais desconhecidas.

Nos hospitais, é fundamental que os padrões de higiene sejam seguidos com rigor e que haja permanente supervisão sobre as equipes em contato direto com os pacientes.

Tratamento

Nitazoxanida, comercializada no Brasil como Annita, é um antiparasitário de amplo espectro indicado para tratamento de todas as espécies de *Criptosporidium* de acometimento em humanos.

GIARDÍASE

A *Giardia lamblia*, agente etiológico da giardíase, é um protozoário flagelado encontrado principalmente na água, mas que também pode ser recuperado a partir de amostras de solo, alimentos e de superfícies.

O micro-organismo tem sido isolado de animais domésticos, principalmente cães e gatos. A giardíase humana ocorre às expensas da ingestão de cistos do parasita, os quais correspondem às formas de resistência ao ambiente e aos estágios infectantes.

Características do agente

A análise de proteínas e de DNA possibilitou o isolamento e a identificação de diversas cepas de *G. lamblia*. Vale destacar que não há associação entre a severidade da infecção e o tipo de cepa, assim como a mesma cepa pode provocar diversos graus de sintomas e/ou tempo de duração em indivíduos diferentes.

A giardíase é associada, com maior frequência, ao consumo de água contaminada. Todavia, há relatos de surtos comprovadamente relacionados com a ingestão de alimentos preparados por manipuladores infectados ou contaminados com as formas infectantes do protozoário. Alimentos vegetais ingeridos crus merecem atenção especial, sobretudo por poderem ser lavados com águas contaminadas ou manuseados por manipuladores sem asseio.

Os pacientes eliminam diariamente nas fezes mais de $9,0 \times 10^8$ cistos, os quais são capazes de sobreviver por até três meses, por exemplo, no lodo do esgoto. Condições de umidade e temperatura não elevada favorecem a sobrevivência do protozoário.

A dose infectante do parasita é muito pequena, pois a ingestão de uma única célula pode causar a manifestação clínica da infecção.

Epidemiologia

A giardíase apresenta distribuição mundial, sendo a taxa de infecção humana bastante elevada, podendo atingir, de acordo com inúmeras estatísticas, níveis de até 67,5%, dependendo da população considerada. A doença é altamente contagiosa e é agravada quando as condições higiênicas são precárias, particularmente nos locais de habitação coletiva.

A infecção é mais prevalente em crianças do que em adultos. Afeta mais os homens homossexuais, tanto HIV-positivos como HIV-negativos, em decorrência da transmissão sexual. A doença é comum em creches, especialmente naquelas em que há crianças que ainda usam fraldas.

O maior surto ocorreu na Ilha da Madeira (Portugal), em 1976, envolvendo 1.400 turistas americanos. As possíveis vias de transmissão foram atribuídas à água de torneira, ao sorvete e a vegetais crus.

Em 1979, 29 dos 60 empregados de uma escola rural de Minnesota (EUA) contraíram a infecção a partir de salmão enlatado caseiramente por um funcionário. Momentos antes de preparar o peixe, esse funcionário havia trocado a fralda de uma criança, a qual posteriormente foi identificada como portadora assintomática de giardíase. Esse foi o primeiro caso bem documentado da infecção transmitida por alimentos.

Em 1985, 13 dos 16 participantes de um piquenique em Connecticut (EUA) manifestaram sintomas de giardíase entre 6 e 20 dias pós-ingestão de salada de talharim servida no encontro e considerada o alimento provavelmente responsável pelo surto. O manipulador que havia preparado a salada adoeceu no dia seguinte ao do piquenique, com giardíase. Este é o segundo caso mais bem documentado.

No Brasil, a *Giardia* spp. também oferece o mesmo risco para todas as camadas da população, sobretudo para os residentes em áreas com saneamento ambiental precário por causa do consumo de água não tratada. No entanto, como esse protozoário pode ser transmitido mediante o consumo de saladas preparadas com vegetais crus, que podem provir de plantações com práticas agrícolas deficientes, mesmo em áreas com saneamento adequado o homem está sujeito ao risco de contrair a infecção. Isso é reforçado pelos resultados obtidos no Espírito Santo, em bairro provido de saneamento básico, em que uma pesquisa de enteroparasitas com 60 plantas de alface e 100 amostras de fezes de crianças revelou *G. duodenalis* em 24% dos vegetais e 8,3% das crianças, o que, inclusive, ressalta a importância do diagnóstico e o tratamento da população suscetível.

Quadro clínico

Após uma semana da ingestão dos cistos, a giardíase pode se manifestar por meio de diarreia, o sintoma mais característico da infecção. Outros sintomas frequentes, paralelos à diarreia, são cólicas abdominais e náuseas, as quais podem conduzir à perda de peso e à desidratação. Ocorrem, ainda, distensão abdominal, fadiga, febre e vômitos. Contudo, nem todos os infectados manifestam sintomas. O quadro clínico persiste por 1 a 2 semanas na maioria dos casos, podendo prolongar-se por 4 a 6 semanas, mas nas pessoas com infecção crônica pode perdurar por meses ou anos. Os casos crônicos, mais comuns em adultos que em crianças, são de difícil tratamento tanto nos imunocompetentes como nos imunocomprometidos.

A obstrução mecânica da superfície de absorção do trato intestinal tem sido proposta para explicar a patogenia da infecção. Outra tese propõe que a ação patogênica do protozoário decorre de uma relação sinérgica com determinados componentes da flora intestinal. A *Giardia lamblia* geralmente não é invasiva e os sintomas são decorrentes de fenômenos de má absorção. O desenvolvimento do organismo é favorecido pela grande quantidade de bile encontrada no duodeno e na porção alta do jejuno.

Diagnóstico

O prolongamento do quadro diarreico é um sinal de alerta importante para o médico, sobretudo nos imunocompetentes, devendo encaminhá-los para exames complementares, principalmente de fezes. Também a idade é relevante, uma vez que a infecção é mais frequente em crianças.

A doença é diagnosticada classicamente a partir da identificação, por microscopia comum, do micro-organismo em esfregaços corados de matéria fecal: os cistos aparecem nas fezes 3 a 4 semanas pós-infecção.

Controle

Acredita-se que a giardíase de origem alimentar deva ser mais frequente que a relatada, uma vez que a subnotificação deve ser muito elevada, em razão do período de incubação ser longo e da possibilidade de recuperar sobras dos alimentos suspeitos ser praticamente impossível. Além do mais, o exame protoparasitológico não constitui rotina na grande maioria dos surtos de gastroenterite de origem alimentar. Por outro lado, a elevada incidência de protozooses em creches e instituições escolares reforça a hipótese de transmissão interpessoal, sobretudo entre as crianças, aliada à contaminação de origem ambiental ou mesmo a decorrente de ingestão de alimentos contaminados, principalmente os de origem vegetal e/ou água.

As boas práticas de higiene e manipulação constituem medidas de extrema importância para a redução do risco de infecção por meio da ingestão de alimentos, em especial os destinados a saladas. Em relação à água utilizada para consumo ou preparo de alimentos, considerando que o agente pode ser encontrado mesmo em água tratada, ela deve ser fervida caso haja suspeita quanto à qualidade higienicos-sanitária ou se for destinada a imunocomprometidos. Na verdade, o grande problema da presença de *G. lamblia* em águas de lençóis aquíferos está relacionado à real possibilidade de contaminação, consequente das precárias condições de saneamento, seja por redes de esgoto mal conservadas, seja por águas de superfície residuais ou de reúso não tratadas.

Esses fatos ressaltam a relevância do saneamento básico e a necessidade de intensificar os programas comunitários de educação sanitária, com o objetivo de propiciar melhores condições de vida, sobretudo para as crianças, proporcionando-lhes o aumento da capacidade de aprendizado e desenvolvimento.

Tratamento

Os medicamentos considerados mais eficazes para o tratamento da giardíase são o metronidazol, na dose de 250 mg, 3 vezes ao dia, durante 5 dias; e a nitazoxanida, anti-helmíntico antiparasitário, de amplo espectro, na dose de 7,5 mg por kg, a cada 12 horas, por 3 dias.

PROTOZOOSES RELATADAS COMO DE MENOR INCIDÊNCIA

Isospora belli e *Balantidium coli* são também protozoários que, embora de menor incidência nos seres humanos, podem causar quadros clínicos graves, a partir da transmissão oral-fecal, mediante seus cistos, como forma principal de contágio, os quais localizam-se, respectivamente, no cólon e nas porções superiores do intestino delgado.

Os casos de isosporíase humana são, geralmente, assintomáticos, todavia alguns pacientes podem apresentar febre, diarreia e cólicas abdominais.

Quando a doença acomete pessoas com sistema imunológico comprometido, sobretudo portadores do HIV ou da Aids, essas manifestações tornam-se crônicas. O diagnóstico laboratorial é realizado mediante a pesquisa de oocistos do protozoário nas fezes. Os pacientes devem ser submetidos ao cotrimoxazol ou à associação de sulfametoxazol mais trimetoprina, durante 10 dias, sob esquema profilático mantido ao longo de 3 semanas.

Nos casos de balantidiose, a infecção caracteriza-se por anorexia, náuseas, vômitos, febre e diarreia ou disenteria, caracterizada pela presença de muco, pus e sangue nas fezes. Nos casos graves, as complicações maiores são desidratação e hemorragias intestinais. A doença pode assumir forma crônica. No exame coprológico dos pacientes podem ser vizualizados os trofozoítos e/ou cistos do protozoário. Para tratamento das infecções são recomendados 30 a 50 mg/kg/por dia de tetraciclina, durante 10 dias alternados, para adultos; ou 20 mg/kg por dia de metronidazol, por 7 dias, para crianças.

Água e alimentos contaminados por matéria fecal são, desse modo, as principiais fontes de contaminação para os seres humanos em qualquer faixa etária. Nos estalecimentos de refeições coletivas, as caixas de água impropriamente higienizadas e os manipuladores mal instruídos que adotam más práticas de higiene pessoal são os fatores preponderantes para a disseminação dos protozoários e sua persistência no ambiente, sobretudo pelas características de cronicidade dos quadros infecciosos. Assim, também para esses patógenos, a prevenção pode ser obtida mediante a adoção dos princípios básicos de higiene e dos cuidados de ingestão de água e alimentos.

O hábito de lavar as mãos exerce papel fundamental ao impedir a disseminação da infecção para outras pessoas e dificultar a contaminação de roupas, superfícies e utensílios compartilhados no mesmo ambiente de trabalho ou de lazer.

CONCLUSÕES

Como se pode constatar ao longo do texto, apesar de os protozoários analisados não se multiplicarem nos alimentos, eles os alcançam por meio do contato com mãos ou águas contaminadas, em geral procedentes de locais com precário saneamento ou mesmo sua total inexistência como sucede na maioria dos ambientes naturais.

Uma vez doente, o paciente pode manifestar uma ampla diversidade de sintomas, os quais dificultam o diagnóstico diferencial. Em geral, os casos iniciam-se por um quadro clínico de gastroenterite, após alguns dias ou até mesmo semanas de incubação.

A evolução da infecção vai depender de diversos fatores, sobretudo o estado imune dos infectados. O controle, basicamente, repousa, de um lado, sobre educação ambiental, na qual são traçadas normas visando à proteção dos mananciais aquíferos e, depois, a educação sanitária de todos os envolvidos na esfera de alimentos, desde a produção de matérias-primas, armazenamento e distribuição, para depois serem processados nas diversas unidades de alimentação, domésticas ou profissionais.

Neste conjunto de medidas não se deve minimizar a importância do ser humano como partícipe do processo, seja como manipulador, seja como consumidor. No contexto geral, o saneamento ambiental é da máxima relevância e deve constar da agenda de prioridades das autoridades governamentais para garantir a saúde pública.

REFERÊNCIAS

ACHA, P.N.; SZYFRES, B. Zoonosis y enfermedades transmisibles comunes al hombre y a los animales. 3.ed. v.3. Organización Panamericana de la Salud, 2003. (Publicación Científica y Técnica n. 580)

ALTEKRUSE, S.F.; COHEN, M.L.; SWERDLOW, D.L. Emerging foodborne diseases. Emerging Inf Dis., v. 3, n. 3, p. 285-93, 1997.

ALMIRALL, P.; ESCOBEDO, A.; CIMERMAN, S. Cyclospora cayetanensis: un protozoo intestinal emergente. Rev panam infectol., v. 10, n. 1, p. 24-29, 2008.

ATWILL, E.R.; MCDOUGALD, N.K.; PEREA, L. Cross-sectional study of faecal shedding of Giardia duodenalis and Cryptosporidium parvum among packstock in the Sierra Nevada Range. Equine Vet J., v. 32, n. 3, p. 247-52, 2000.

BERN, C. et al. Epidemiologic studies of Cyclospora cayetanensis in Guatemala. Emerging Inf Dis., v. 5, n. 6, p. 766-74, 1999.

BOUHOUM, K.; AMAHMID, O. Health effect of wastewater reuse in agriculture. Schriftenr Ver Wasser Boden Lufthyg., v. 105, p. 241-7, 2000.

CENTERS FOR DISEASE CONTROL AND PREVENTION. Cyclosporiasis Outbreak Investigations — United States, 2013 (Final Update), Atlanta, GA, USA. CHALMERS, R.M.; NICHOLS, G.; ROONEY, R. Foodborne outbreaks of cyclosporiasis have arisen in North America, is the United Kingdon at risk? Commun Dis Public Health., v. 3, n. 1, p. 50-5, 2000.

CLIVER, D.O.; RIEMANN, H.P. Foodborne diseases. 2. ed. Amsterdã: Academic Press, 2002.

DENADAI, W. Aspectos da prevalência de enteroparasitoses em crianças do bairro Santo André, Vitória – ES. São Paulo, 2005. Tese (Doutorado). Faculdade de Saúde Pública da USP.

DENG, M.Q.; CLIVER, D.O. Cryptosporidium parvum studies with dairy products. Int J Food Microbiol., v. 46, n. 2, p. 113-21, 1999.

DOLEJS, P. et al. Monitoring of Cryptosporidium and Giardia in Czech drinking water sources. Schriftenr Ver Wasser Boden Lufthyg., v. 105, p. 147-51, 2000.

ESPINOSA-CANTELLANO, M.; MARTINEZ-PALOMO, A. Pathogenesis of intestinal amebiasis: from molecules to disease. Clin Microbiol Rev., v. 13, n. 2, p. 318-31, 2000.

FAYER, R. et al. Cryptosporidium parvum in oysters from commercial harvesting sites in the Chesapeake Bay. Emerg Infect Dis., v. 5, n. 5, p. 706-10, 1999.

FRASER, D. et al. Giardia lamblia carriage in Israeli Bedouin infants: risk factors and consequences. Clin Infect Dis., v. 30, n. 3, p. 419-24, 2000.

FREIRE-SANTOS, F. et al. Study of the combined influence of environmental factors on viability of Cryptosporidium parvum oocysts in water evaluated by fluorogenic vital dyes and excystation techniques. Vet Parasitol., v. 89, n. 4, p. 253-9, 2000.

FURNESS, B.W.; BEACH, M.J.; ROBERTS, J.M. Giardiasis surveillance – United States, 1992-1997. Mor Mortal Wkly Rep CDC Surveill Summ., v. 49, n. 7, p. 1-13, 2000.

GERMANO M.I.S. Segurança alimentar: a arma pode estar nas suas mãos. Higiene das mãos: um trabalho de construção e desconstrução. Higiene Alimentar, v. 21, maio/jun. 2007.

GIBSON, C.J.; HAAS, C.N.; ROSE, J.B. Risk assessment of waterborne protozoa: current status and future trends. Parasitology, v. 117, Suppl, p. S205-12, 1998.

HAVELAAR, A.H. Balancing the risks and benefits of drinking water disinfection: disability adjusted life-years on the scale. Environ Health Perspect., v. 108, n. 4, p. 315-21, 2000.

HERWALDT, B.L.; BEACH, M.J. The return of Cyclospora in 1997: another outbreak of cyclosporiasis in North America associated with imported raspberries. Cyclospora Working Group. Ann Intern Med., v. 130, n. 3, p. 233-4, 1999.

HOANG, L.M.N. et al. Outbreak of cyclosporiasis in British Columbia associated with imported Thai basil. Epidemiol Infect., v. 133, p. 23-7, 2005.

HUNTER, P.R.; WAITE, M.; RONCHI, E. Drinking water and infectious disease: establishing the links. Boca Raton: CRC Press, 2003.

[ICMSF] INTERNATIONAL COMMISSION ON MICROBIOLOGICAL SPECIFI-CATIONS FOR FOODS. Micro-organismos de los alimentos. Análisis microbiológico en la gestión y la seguridad alimentaria. Acribia: Zaragoza. 2002.

JAY, J.M. Modern Food Microbiology. Nova York: International Thomson Publishing, 1997.

LAURENT, F. et al. Pathogenesis of Cryptosporidium parvum infection. Microbes Infect., v. 1, n. 2, p. 141-8, 1999.

LEITE, L.H.M.; WAISSMANN, W. Enteroparasitoses em pacientes ambulatoriais portadores de HIV/Aids e abastecimento domiciliar de água. Rev ciências médicas, v. 13, n. 4, p. 363-9, 2004.

MANUEL, D.G. et al. The first reported cluster of foodborne cyclosporiasis in Canada. Can J Public Health, v. 90, n. 6, p. 399-402, 1999.

MARJOLIJN BLANS, C.A. et al. Cyclosporiasis outbreak, Indonesia. Emerging Inf Dis., v. 11, n. 9, p. 1453-5, 2005.

MAYHEW, K.M. et al. Inguinal lymphadenitis caused by Entamoeba histolytica: case report and literature review. Mayo Clin Proc., v. 75, n. 5, p. 513-6, 2000.

OLIVEIRA, C.A.F.; GERMANO, P.M.L. Estudo da ocorrência de enteroparasitas em hortaliças comercializadas na Região Metropolitana de São Paulo – SP, Brasil. II – Pesquisa de protozoários intestinais. Rev Saúde Pública, São Paulo, v. 26, n. 5, p. 332-5, 1992.

PEDROSO, R.P. Relação hospedeiro-parasita IN: ROCHA, M.O. da C.; PEDROSO, E.R.P. Fundamentos em infectologia. Rio de Janeiro: Rubio, 2009.

PRESCOT, L.M.; HARLEY, J.P.; KLEIN, D.A. Microbiology. 4. ed. Boston: WCB/McGraw-Hill, 1999.

QUIROZ, E.S. et al. An outbreak of cryptosporidiosis linked to a foodhandler. J Infect Dis., v. 181, n. 2, p. 695-700, 2000.

QUY, R.J. et al. The Norway rat as a reservoir host of Cryptosporidium parvum. J Wildl Dis., v. 35, n. 4, p. 660-70, 1995.

REYNOLDS, D.T. et al. Detection of Cryptosporidium oocysts in water: techniques for generating precise recovery data. J Appl Microbiol., v. 87, n. 6, p. 804-13, 1999.

ROSE, J.B.; SLIFKO, T.R. Giardia, Cryptosporidium, and Cyclospora and their impact on foods: a review. J Food Prot., v. 62, n. 9, p. 1059-70, 1999.

SANTOS, F.L.N.; SOARES, N.M. Mecanismos fisiopatogênicos e diagnóstico laboratorial da infecção causada pela Entamoeba histolytica. J bras patol med lab, v. 44, n. 4, p. 249-61, 2008.

SATIN, M. Food Alert! The ultimate sourcebook for food safety. Nova York: Facts On File, 1999.

SLIFKO, T.R.; HUFFMAN, D.E.; ROSE, J.B. A most-probable-number assay for enumeration of infectious Cryptosporidium parvum oocysts. Appl Environ Microbiol., v. 65, n. 9, p. 3936-41, 1999.

TALARO, K.; TALARO, A. Foundations in microbiology. 3. ed. Boston: WCB/ McGraw-Hill, 1999.

THE MAYO CLINIC DIET ONLINE. *Cryptosporidium* infection. Disponível em: http://www.mayoclinic.org/diseases-conditions/cryptosporidium/home/ovc-20272940. Acesso em: fev. 2017.

UCHÔA, C.M.A. et al. Parasitoses intestinais: prevalência em creches comunitárias da cidade de Niterói, Rio de Janeiro – Brasil. Rev Inst Adolfo Lutz, v. 60, n. 2, p. 97-101, 2001.

VARNAM, A.H.; EVANS, M.G. Foodborne pathogens: an illustrated text. Londres: Wolfe Publishing, 1991.

VERGARA-CASTIBLANCO, C.A. et al. Viability and infectivity of two Cryptosporidium parvum bovine isolates from different geographical location. Vet Parasitol., v. 89, n. 4, p. 261-7, 2000.

VITORIA, M.A.A.; MOURA, V.T.L.; OLIVEIRA, M.S. Parasitoses intestinais. In: ROCHA, M.O.C.; PEDROSO, E.R.P. Fundamentos em infectologia. Rio de Janeiro: Rubio, 2009.

WELCH, T.P. Risk of giardiasis from consumption of wilderness water in North America: a systematic review of epidemiologic data. Int J Infect Dis., v. 4, n. 2, p. 100-3, 2000.

WIANDT, S. et al. Efficiency of wastewater treatment plants at removing Giardia sp. cysts in southern France. Schriftenr Ver Wasser Boden Lufthyg., v. 105, p. 35-42, 2000.

16

Doença de Chagas transmissível por alimentos

Pedro Manuel Leal Germano
Maria Izabel Simões Germano

INTRODUÇÃO

A doença de Chagas (DC) ou tripanossomíase americana é uma zoonose clássica de transmissão vetorial, cujos aspectos da epidemiologia – agente etiológico, vetor, modo de transmissão e reservatórios na natureza – foram descritos por Carlos Chagas.

Limitada às Américas, a manifestação clínica, geralmente de evolução crônica, é provocada pelo *Trypanosoma Cruzi*, protozoário flagelado da superclasse *Mastigophora*, transmitido por triatomíneos.

Entre os inúmeros meios de transmissão da DC – que incluem a picada pelo inseto infectado, as transfusões de sangue, as infecções acidentais em laboratórios, os transplantes de órgãos e a forma congênita –, a transmissível por alimentos, embora de incidência excepcional, é preocupante. As frutas podem ser contaminadas pelas fezes dos insetos infectados e consumidas sem prévia lavagem, em geral nas áreas endêmicas. Os caldos de cana obtidos por moagem dos caules não higienizados das gramíneas em equipamentos desgastados e sujos podem incorporar fragmentos ou partes do corpo dos insetos infectados, transformando-se em verdadeiros pool de tripanossomas. Dependendo do local de comercialização, esses produtos poderão atingir grande número de pessoas, inclusive crianças, com consequências nefastas.

Em saúde pública, a DC, qualquer que seja a modalidade de transmissão, apresenta grande importância, especialmente para populações rurais das áreas endêmicas, em decorrência da elevada prevalência e das altas taxas de morbidade e mortalidade. De fato, essa zoonose situa-se entre as entidades vinculadas ao subdesenvolvimento sociocultural e econômico, estando intimamente relacionada às más condições de habitação, ao subemprego, à falta de terra e à carência de bens de produção.

EPIDEMIOLOGIA

O *T. cruzi*, agente etiológico da doença, é encontrado nos mais diversos tipos de hospedeiros vertebrados – seres humanos, animais domésticos e silvestres – completando o ciclo biológico em hospedeiros invertebrados, os triatomíneos hematófagos.

A DC ocorre de forma endêmica desde o sul dos Estados Unidos, da Califórnia a Maryland, até Argentina e Chile. Vetores e reservatórios também são encontrados na maior parte da região do Caribe, antes considerada indene. Estima-se que no continente americano de 16 a 18 milhões de pessoas estejam infectadas, que 30% delas morrem a cada ano e que outras 65 milhões estejam expostas ao risco de contrair a infecção.

A mais alta prevalência da infecção, veiculada por triatomíneos, ocorre nas populações das áreas rurais e periurbanas, embora sua distribuição não seja uniforme, pois depende da presença do vetor, que este seja domiciliado e que a habitação favoreça o contato íntimo do homem com o vetor.

Surtos provocados pela ingestão da forma infectante do *T. Cruzi* em humanos por via oral foram registrados no Brasil, predominantemente na região amazônica e nos estados do Pará e Paraíba, e no sul do país, no Rio Grande do Sul e, recentemente, em Santa Catarina. Casos semelhantes foram também observados no México, na Colômbia e na Argentina.

Os vetores da DC são insetos hemípteros hematófagos, pertencentes à família dos reduviídeos, subfamília triatomíneos, conhecidos popularmente como "barbeiros", pois em geral picam a face da pessoa durante o sono. São conhecidas aproximadamente 100 espécies, das quais apenas um pequeno número interessa à saúde pública pelo perigo que representa como vetor da doença ao homem.

De modo geral, esses insetos são lentos, pouco agressivos e de pequena mobilidade. Sua fonte de alimento deve estar relativamente próxima ao seu abrigo. O voo é curto, sendo comum serem transportados, passivamente, nas penas das aves em cujo ninho habitam, nos pelos de animais com quem repartem o abrigo ou mesmo, com frequência, no transporte de frutas e cana-de-açúcar, bem como escondidos nos mais variados utensílios domésticos ou trastes carregados pelo próprio homem durante suas mudanças.

Os vetores são classificados em categorias de acordo com a capacidade de invasão e colonização de ambientes domiciliares e peridomiciliares e, consequentemente, com suas interações com o homem e com os animais. Assim, as espécies domiciliadas adaptaram-se ao ambiente doméstico em grau máximo, de tal modo que praticamente deixaram de ser observadas no meio silvestre. O exemplo clássico é representado pelo *Triatoma infestans*, principal vetor da DC na região centro-sul do continente sul-americano, abrangendo Brasil, Peru, Paraguai, Argentina e Chile.

As espécies semidomiciliadas, por outro lado, pressionadas por alterações do ambiente natural, em maior ou menor grau, invadiram e formaram colônias nos domicílios. Em geral, os maiores focos são observados junto aos ninhos de aves ou abrigos de mamíferos silvestres, especialmente roedores e marsupiais (gambás), ou mesmo dos animais domésticos que frequentam o domicílio. São encontrados também nas propriedades rurais, no interior de palheiros, depósitos de frutas, cana-de-açúcar, cereais e sacarias. No Brasil constituem exemplos os *Triatoma sordida*, *T. brasiliensis* e *T. pseudomaculata*. Desse modo, a distribuição da DC em uma determinada área depende fundamentalmente da população de vetores dessa mesma área. No Brasil, de acordo com Barata (1986), os triatomíneos mais comuns por ordem de importância para a transmissão, considerando os estados ou regiões onde são encontrados com maior frequência, são:

- *Triatoma infestans* – Rio Grande do Sul, Paraná, São Paulo, Minas Gerais e Bahia.
- *Triatoma sordida* – São Paulo, Minas Gerais e Bahia.
- *Panstrongylus megistus* – regiões nordeste, centro-oeste e sul.
- *Triatoma brasiliensis* – região nordeste.
- *Triatoma pseudomaculata* – região nordeste.

RESERVATÓRIOS

Conhecem-se aproximadamente 150 espécies de mamíferos suscetíveis ao *T. Cruzi*, desde marsupiais, como o gambá, até os primatas. Os mamíferos, principalmente os de pequeno e médio porte, constituem os reservatórios mais importantes na natureza para a cadeia de transmissão da DC.

Outros animais que podem albergar naturalmente o *T. Cruzi* são cães, gatos, roedores, morcegos, coelhos e lebres. Esses animais, na dependência da região considerada, podem apresentar níveis de prevalência elevados e por isso propiciam boas condições para a manutenção do vetor na natureza. As aves, por sua vez, embora refratárias à infecção, são importantes para a preservação dos triatomíneos que delas se aproveitam para fazer seus repastos de sangue.

MECANISMOS DE TRANSMISSÃO

Na natureza, os vetores infectados não transmitem o parasita às proles, o que permite o encontro de triatomíneos livres da infecção, sobretudo aqueles que só se alimentam do sangue de aves, pois estas não albergam o *T. Cruzi*. A infecção do vetor ocorre após o repasto sanguíneo em um hospedeiro, humano ou animal, portador do parasita na corrente circulatória (Figura 16.1). Os amastigotas – formas circulantes do *T. Cruzi* – ingeridos pelo vetor, transformam-se em epimastigotas no sistema digestivo (mesogástrio) e, 15 a 30 dias após a infecção inicial, já no estágio de "tripomastigotas", alcançam a porção retal do intestino, passando a ser eliminados com as fezes do triatomíneo.

O homem e os animais, em condições naturais, contraem a infecção pela penetração do *T. Cruzi*, eliminado nas fezes de triatomíneos, junto à microferida provocada na pele pelo aparelho bucal do vetor imediatamente após o repasto sanguíneo. Algumas espécies de vetores, sobretudo o *T. infestans*, defecam enquanto sugam o sangue de suas vítimas. A inflamação que se segue acarreta prurido local e a reação do hospedeiro ao coçar a região afetada propicia a contaminação da microferida, e como as fezes do vetor contêm o parasita, possibilitam a penetração do agente no organismo do hospedeiro. Uma vez ultrapassada a barreira da pele, o parasita alcança a corrente circulatória e, após passar por diferentes estágios de desenvolvimento amastigotas e tripomastigotas, atinge diversos órgãos do hospedeiro, sobretudo coração, esôfago e intestino, provocando, ao longo do tempo, lesões de intensidades variáveis. Os parasitas penetram também no organismo dos hospedeiros pelas mucosas bucal, nasal e oftálmica após contaminação com as fezes dos vetores infectados.

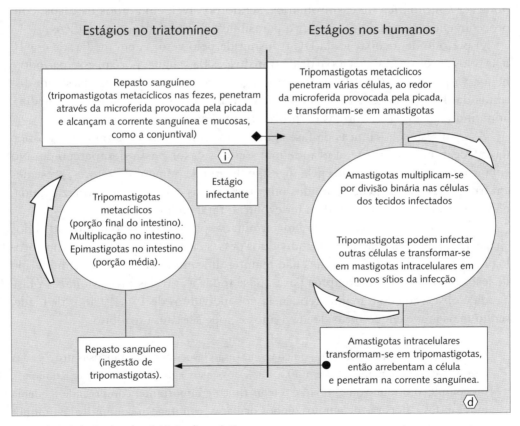

i = Estágio infectante; d = Estágio diagnóstico.

Figura 16.1 Ciclo biológico do *Trypanosoma Cruzi* adaptado de Center for Disease Control (CDC).

A infecção pode ainda ser contraída por meio do aleitamento materno e das vias digestivas – alimentos contaminados com fezes de vetores – e transplacentária. Os acidentes laboratoriais constituem outro tipo menos frequente de mecanismo de transmissão, ao lado dos transplantes de rins.

Com a migração das populações rurais para as grandes cidades, contudo, a infecção passou a ser transmitida por transfusões de sangue, dentro do ambiente hospitalar, caracterizando a urbanização da doença e constituindo um sério problema de saúde pública. Outra forma de transmissão, esporádica, mas grave, é a provocada pela ingestão acidental de frutas contaminadas com fezes do vetor ou triatomíneos infectados triturados. Essa modalidade coloca a DC na lista de doenças transmissíveis por alimentos.

FORMAS CLÍNICAS

Qualquer que seja a via de transmissão do *T. Cruzi* para o homem, a infecção pode ser sintomática ou assintomática, sendo possível, em ambos os casos, com procedimentos adequados, detectar o parasita e/ou os anticorpos específicos.

O período de incubação da DC transmitida pelo vetor é, em média, de 4 a 10 dias. Nos casos originados a partir de transfusões de sangue, porém, esse período é maior, variando de 20 a 40 dias. De modo geral, reconhecem-se três fases bem distintas da doença, a aguda (inicial, rápida), a indeterminada e a crônica (tardia), admitindo-se diferentes formas do processo em cada fase.

As manifestações clínicas da fase aguda nem sempre possibilitam o diagnóstico da infecção e, certamente, a grande maioria dos casos passa desapercebida. No entanto, nos casos provocados pela ingestão de grande número de vetores, presentes em frutas ou cana-de-açúcar, moídos ou triturados, os casos são de natureza aguda, não importando a idade, e podem ter evolução fatal em poucos dias.

A forma da DC, subclínica ou indeterminada, persiste em pelo menos 30% dos chagásicos por toda sua vida. Os indivíduos nessas circunstâncias apresentam sorologia positiva para o *T. Cruzi*, mas não manifestam sintomas nem têm nenhum tipo de lesões viscerais, estando aptos para quase todas as tarefas profissionais. A fase aguda é observada com maior frequência nos indivíduos de 15 a 20 anos de idade, sendo mais grave em crianças de até 5 anos e pode ser causa de óbito.

Os "sinais de porta de entrada", ou chagomas, são lesões cutâneo-mucosas provocadas pelo vetor e são encontradas em 60 a 80% dos casos agudos. O "sinal de Romaña", ou complexo oftalmoganglionar, é o mais típico e importante; compreende o edema indolor das pálpebras de um dos globos oculares, com reação conjuntival e linfonodular satélite. Os demais chagomas podem ser encontrados em qualquer região da pele.

Ao lado desses sinais podem ser relatados febre prolongada (2 a 4 semanas), edema, hipertrofia de linfonodos, hepatomegalia e esplenomegalia. Nos pacientes mais jovens, é frequente a cardiopatia aguda, caracterizada por miocardite difusa e intensa.

A evolução da fase aguda geralmente é benigna, com remissão gradativa do quadro entre 30 e 90 dias. A letalidade oscila de 2 a 7%. O diagnóstico da infecção chagásica durante essa fase é de extrema importância, pois possibilita o tratamento específico do paciente no período em que as drogas tripanossomicidas são mais eficazes.

Após a fase aguda, a grande maioria dos pacientes passará para uma fase sem manifestações clínicas detectáveis, a qual poderá persistir indefinidamente entre 30 e 40% dos indivíduos. Porém, uma parcela significativa de chagásicos, 10 a 20 anos após a infecção, apresenta comprometimento visceral, caracterizado pelas formas cardíacas e digestivas de DC.

A cardiopatia crônica chagásica, em aproximadamente 60% dos pacientes, é a lesão mais grave e pode conduzir à insuficiência cardíaca congestiva, a arritmias e a distúrbios de condução, bem como a fenômenos tromboembólicos, de hipoatividade miocárdica e isquêmicos. São importantes também as megavísceras, principalmente do esôfago e do cólon.

DIAGNÓSTICO

O exame clínico de indivíduos com sintomas, quer da forma aguda, quer da forma crônica da DC, expostos ao risco de infecção, em qualquer momento de sua vida, possibilita um diagnóstico preventivo, havendo, contudo, a necessidade de provas complementares para sua confirmação.

Nas formas agudas, o parasita pode ser encontrado no sangue dos pacientes por meio de diferentes técnicas: exame a fresco, gota espessa, método de Strout e esfregaço sanguíneo corado. Destes, o exame a fresco é o mais simples e apresenta, nos casos positivos, já no primeiro exame, 50 a 80% de sensibilidade. O método de Strout, amplamente utilizado na Argentina, alcança 95% de sensibilidade, porém é mais trabalhoso que o primeiro.

A biópsia de linfonodos e músculos não constitui procedimento de rotina, mas pode ser aconselhada quando ocorrer adenopatias febris. A sensibilidade da prova depende do miotropismo periférico da cepa.

O xenodiagnóstico consiste na reprodução artificial do ciclo do parasita na natureza, mediante a utilização de triatomíneos, criados em cativeiro e livres do parasita, colocados em caixas especiais fixadas à pele dos antebraços e das panturrilhas do paciente suspeito por 30 minutos. Nas formas agudas, o resultado pode ser obtido em 15 a 30 dias por meio da recuperação do tripanossomo nas fezes dos vetores, situando-se a sensibilidade da prova entre 95 e 100%. Nos casos crônicos, o exame dos insetos deverá ser realizado entre 30 e 60 dias pós-exposição ao paciente suspeito, porém a sensibilidade da prova é da ordem de 15 a 40%.

A hemocultura, nas formas crônicas, é superior ao xenodiagnóstico, obtendo-se níveis de 55% de sensibilidade.

A inoculação em animais suscetíveis é utilizada, preferencialmente, em casos agudos e, sobretudo, em trabalhos experimentais, visando ao isolamento de cepas de tripanossomo.

Os procedimentos imunológicos têm indicação maior nas formas crônicas. A prova de imunofluorescência indireta é a que possibilita resultados mais precoces, 3 a 4 semanas antes que haja a fixação de complemento (Prova de Machado Guerreiro), hemaglutinação indireta e aglutinação direta. Quaisquer dessas provas apresenta em torno de 96% de sensibilidade e 97% de especificidade. Contudo, a Organização Mundial da Saúde (OMS) adota como critério para definir o diagnóstico os resultados de duas provas sorológicas diferentes, praticadas sobre a mesma amostra de soro de um paciente.

Como métodos auxiliares na avaliação da extensão das alterações provocadas pela doença, referem-se o eletrocardiograma e a radiologia.

TRATAMENTO

Nos casos agudos, em sua fase inicial, o tratamento instituído com nifurtimox ou benzonidazol impede o risco de cronicidade da infecção em 80% dos casos. Esses medicamentos, quando administrados na dose recomendada, durante 2 meses, promovem a eliminação do *Tripanosoma Cruzi* do sistema circulatório sanguíneo. A administração desses medicamentos, contudo, pode causar, em grande número de pacientes, efeitos colaterais exagerados, como intensa dor abdominal, dor de cabeça, alergias na pele, insuficiência do fígado e dos rins, entre outros, obrigando, em alguns casos, a suspensão do tratamento.

Deve-se ressaltar que o benzonidazol, na formulação pediátrica, lançado em 2011 e já registrado pela Agência Nacional de Vigilância Sanitária (Anvisa), é o único fármaco indicado para crianças menores de 2 anos de idade com a doença de Chagas, contraída após infecção congênita.

Por sua vez, a fase crônica da infecção não é passível de remissão, pois os danos provocados em órgãos viscerais, principalmente ao coração e ao sistema nervoso, são irremediáveis. Para as demais patologias provocadas pelo parasita, a única alternativa é recorrer a tratamento paliativo, na tentativa de fornecer melhor qualidade de vida aos pacientes.

ASPECTOS SOCIAIS

A participação do homem na cadeia epidemiológica da DC inicia-se quando este invade e modifica o ambiente silvestre. As evidências demonstram que a infecção já assolava a população sertaneja do país há séculos, principalmente nas áreas em que a exploração de riquezas naturais e práticas agrícolas primitivas provocaram o desmatamento irracional, com repercussões nefastas para a fauna silvestre. Infelizmente, essa situação, que teve origem no Brasil colonial, perdura até hoje e é típica nas regiões de maior endemicidade da DC.

Os núcleos populacionais assim originados ainda vivem em condições econômicas miseráveis, caracterizando-se pelo baixo padrão sociocultural. São constituídos, na grande maioria, por meeiros, boias-frias ou empregados sem-terra. A precariedade da habitação, a cafua de pau a pique com suas paredes de barro cheias de frestas e cobertas de sapê ou capim, onde os triatomíneos podem encontrar abrigo, são elos comuns nesse tipo de sociedade.

A análise dos fatos sociais relevantes para o entendimento do processo de disseminação da DC, em especial nas décadas de 1920 a 1930, destaca a expansão das fronteiras agrícolas determinadas principalmente pela criação de grandes lavouras de insumos. Suas consequências geraram um conjunto de fatores que conduziu à domiciliação dos triatomíneos por modificação de seus ecótopos e pela redução de suas fontes alimentares naturais. Ao lado dessas circunstâncias, a má remuneração dos trabalhadores rurais e as condições de vida, em níveis subumanos, aumentaram as oportunidades de contato entre o homem e os vetores.

A mecanização da lavoura e a industrialização dos centros urbanos, em oposição às dificuldades do homem do campo, foram os responsáveis pelo êxodo rural em direção às grandes cidades a partir dos anos de 1970. O custo social desse êxodo, em relação à epidemiologia da DC, teve seu reflexo imediato em saúde pública a partir do momento em que imigrantes chagásicos passaram a doar sangue em troca de remuneração, sobretudo nas cidades mais progressistas do país.

Como resultado dessa situação peculiar, estimava-se, já em 1981, a ocorrência de 10 a 20 mil novos casos de DC transmitidos do *T. Cruzi* via transfusional por ano no país. Inquéritos epidemiológicos demonstraram uma prevalência de 0,5 a 15% da infecção chagásica entre doadores de sangue de grandes cidades brasileiras, com valores próximos a 2% para São Paulo e Belo Horizonte, o que representa um risco de 12,5 a 25% para os receptores.

SUCOS DE POLPA DE FRUTA E CALDO DE CANA COMO FONTES DE CONTAMINAÇÃO

Depois que a contaminação de alimentos se tornou a principal forma de transmissão da doença de Chagas no Brasil, muitas pesquisas passaram a ter como alvo esse tipo de infecção. Estes estudos apontaram que 70% dos casos agudos dessa doença, no país, são resultado da transmissão por alimentos, principalmente açaí e caldo de cana. Com base nestas evidências o protocolo mais usado nos estudos de infecção oral realizados com animais pode estar longe de reproduzir o que ocorre no corpo humano – pelo menos, mais do que os cientistas acreditavam até agora.

Liderado por pesquisadores do Instituto Oswaldo Cruz (IOC/Fiocruz), um artigo pioneiro publicado na revista internacional Plos Neglected Tropical Diseases aponta que a inoculação de parasitas diretamente no estômago de camundongos – usados como modelo para o estudo da infecção – tem um resultado muito diferente da ingestão dos patógenos pela boca. Ou seja, quando os parasitas entram pela cavidade oral, a doença é mais grave. O fato de que a via de infecção pode alterar a intensidade e as manifestações da doença de Chagas é alvo de debate entre os cientistas há algum tempo.

No entanto, nos últimos anos, o país passou a registrar surtos de quadros agudos de Chagas em diferentes estados, principalmente na região amazônica. A importância da transmissão oral da infecção foi constatada nestas situações.

O consumo de sucos batidos, como o de açaí, ou do caldo de cana, foi identificado em diversos casos como origem da doença, porque barbeiros (vetores ao agente) são triturados, acidentalmente, com as bebidas. Deve-se destacar que o mesmo sucede com diferentes frutos populares na Amazônia.

Sequencialmente, deve-se destacar que a precária situação financeira de grande parte da população das zonas rurais e periurbanas e a expansão da malha de rodovias impulsionaram a criação de pontos de comércio ao longo das estradas para venda de frutas, sucos de fruta e caldo de cana. A grande maioria desses pontos de venda ou quiosques não oferece condições mínimas de higiene: a carência de água é total, não há onde nem como lavar mãos, utensílios, recipientes, equipamentos nem as próprias matérias-primas. Não há como dispor adequadamente detritos, excretas e lixo.

Nas lavouras, as frutas colhidas são geralmente colocadas em recipientes improvisados, quando não mantidas no solo, até serem transportadas pelos mais diversos meios, desde tração animal até caminhões, para os diferentes centros comerciais do país. O mesmo se aplica para o corte da cana-de-açúcar, em que os caules permanecem no solo, até serem amarrados em feixes para facilitar o transporte.

Quando essas matérias-primas atingem os centros comerciais, os cuidados de manejo são mais adequados, a fim de evitar a recusa dos consumidores diante de produtos deteriorados e/ou sujos. Contudo, nos quiosques improvisados, o armazenamento é grosseiro e no momento de preparar um suco de frutas ou um caldo de cana não há qualquer tipo de cuidado, por desconhecimento total de perigos à saúde pública e por não se dispor de condições mínimas de higiene.

No Brasil, embora a incidência seja ocasional, há registros de surtos de DC provocados pela ingestão acidental, sobretudo de sucos de frutas e de caldo de cana contaminados. Todavia, dada a prevalência da infecção humana e a densidade da população vetorial aliadas a todos os demais fatores socioeconômicos, é possível que a real incidência dessa modalidade de transmissão da DC nem seja considerada como hipótese diagnóstica.

Em 1986, no Piauí, durante um churrasco, 30 convidados foram infectados com o *T. cruzi* após beberem caldo de cana contaminado; foram registrados dois óbitos.

A máquina de espremer a cana-de-açúcar era mantida em espaço coberto com palha infestada de triatomíneos, ocasionando que os insetos aninhados nas engrenagens fossem triturados e se misturassem ao líquido.

Em 1988, foram relatados oito casos de provável transmissão oral da DC no Amapá. Em 2001, no Pará, microepidemias da DC foram atribuídas à contaminação do suco de açaí por triatomíneos, provavelmente causadas pelo espremedor de frutas contaminado com fezes e insetos inteiros. Por esses motivos, nos últimos anos, o Instituto Evandro Chagas – órgão de pesquisa vinculado ao governo federal –, no Pará, vem realizando trabalhos de prevenção na região Norte do país, enfatizando a importância da higienização e do armazenamento adequados dessas matérias-primas, entre elas, o tradicional açaí.

Em 2002, pesquisa da Fundação Oswaldo Cruz, no Rio de Janeiro, comprovou a antiga suspeita de que plantações poluídas com urina ou secreções de animais como gambás seriam possíveis focos de *T. Cruzi*, pois constituíam simultaneamente abrigo (folhas e troncos) e fonte de alimento (sangue dos animais) para o triatomíneo.

Em 2005, em Santa Catarina, um surto de DC causou a morte de 5 pessoas, entre os 31 casos confirmados da infecção. Na ocasião, a estimativa apontava 50 mil pessoas passíveis de terem consumido caldo de cana contaminado com *T. Cruzi* nos quiosques situados em Navegantes e Joinville, às margens da rodovia BR-101. Como resultado desse surto, até o final de abril de 2005, foram cadastrados mais de 18 mil expostos e colheu-se sangue para análise de 12.335 pessoas, o que para os serviços públicos de saúde representou um ônus elevado. O surto assumiu proporções preocupantes em razão do grande número de expostos procedentes de inúmeros outros estados do país e, inclusive, turistas estrangeiros. Entre as hipóteses para explicar o episódio considerou-se: presença de triatomíneos infectados com o patógeno moídos com a cana-de-açúcar momentos antes do consumo; caules de cana-de-açúcar prontos para passar pelo espremedor contaminados com fezes de triatomíneos infectados; caldo de cana contaminado com urina de marsupiais, sobretudo gambás, ou até mesmo de morcegos infectados com *T. Cruzi*; e matéria-prima poluída e albergando triatomíneos infectados, transportada de regiões endêmicas de outros estados. A partir das ações tomadas pela vigilância sanitária do estado, com o suporte da Anvisa, no que se refere ao conhecimento da origem da matéria-prima, ao controle higiênico-sanitário de instalações e equipamentos, à educação dos comerciantes e dos consumidores, com base nas hipóteses averiguadas, Santa Catarina não voltou a registrar casos desde aquele surto.

Vale considerar que o aprimoramento dos laboratórios regionais de vigilância sanitária da região Norte possibilitou o diagnóstico com maior confiabilidade da infecção, o que gerou como resultado o aumento significativo da notificação de casos de doença de Chagas transmitida por alimentos. Por isso, a região amazônica continua sendo considerada como a mais acometida pela doença, a partir do consumo de açaí in natura ou processado de modo artesanal em péssimas condições de higiene, apesar de todas as campanhas educativas promovidas pelas vigilâncias estaduais e pela própria Anvisa.

CONCLUSÕES

A DC era uma enzootia silvestre, que se transmitia na natureza apenas entre animais silvestres e artrópodes triatomíneos. As modificações introduzidas pelo homem no ambiente silvático para a exploração do solo conferiram à tripanossomíase americana o caráter atual de antropozoonose.

A domiciliação dos triatomíneos deu-se, em princípio, como consequência da destruição dos ecótopos e da redução da fauna silvestre, provocada pelo desflorestamento irracional e predatório e, em seguida, pela existência de habitações que reuniam condições ideais para o abrigo desse artrópode. Os animais domésticos e o homem, em uma terceira etapa, passaram a constituir suas fontes de alimento, possibilitando ao *T. Cruzi* a manutenção de seu ciclo biológico.

A DC transfusional, por outro lado, constitui o elemento final de toda uma problemática gerada tanto para a zona rural como para a urbana por uma estrutura social em que a exploração do ser humano atingiu seu ponto mais elevado.

Em alguns estados do país a DC está sob controle, sobretudo nas áreas consideradas endêmicas; porém, a modalidade urbana, apesar do controle dos bancos de sangue sobre os doadores, ainda constitui um risco elevado para a população suscetível.

Com base nesses eventos, a Anvisa, órgão do Ministério da Saúde, intensificou o controle da DC (Anexo 16.1) para garantir a segurança dos produtos oferecidos aos consumidores, especialmente sucos preparados com polpa de frutas e caldo de cana, disciplinado pela Resolução RDC n. 218, de 29.7.2005, que dispõe sobre o Regulamento Técnico de Procedimentos Higiênico-Sanitários para Manipulação de Alimentos e Bebidas Preparados com Vegetais. Esse documento complementa a Resolução RDC n. 216, de 15.9.2004, que dispõe sobre o Regulamento Técnico de Boas Práticas para Serviços de Alimentação.

De uma maneira geral, o controle da DC passa pela luta antivetorial, necessitando, contudo, de uma ampla reforma social, no sentido de reverter as condições de trabalho do homem do campo e, assim, reduzir o êxodo rural, além de propiciar condições mínimas de vida aos migrantes nos centros urbanos, de tal modo que eles não se vejam obrigados a fazer do sangue um comércio de subsistência.

Há ainda a necessidade de a população evitar consumir qualquer tipo de produto alimentício de origem duvidosa e/ou bebidas não industrializadas, em pontos de venda não confiáveis.

No entanto, o grande problema diz respeito àquelas regiões em que o consumo de polpas consideradas de alto risco – como o açaí, no qual o vetor encontra refúgio e pode se nutrir – apresentam importância econômica, seja para o mercado interno, seja para o externo. Destaca-se que, para as populações nativas, o valor nutritivo do açaí tem papel relevante em sua dieta, e o fato de o colherem na natureza, sem necessidade de sobrecarregar o insuficiente orçamento doméstico, não pode ser ignorado pelas autoridades sanitárias.

REFERÊNCIAS

ACHA, P.N.; SZYFRES, B. Zoonosis y enfermedades transmisibles comunes al hombre y a los animales. 3.ed. v.3. Organización Panamericana de la Salud, 2003. (Publicación Científica y Técnica n.580).

AGÊNCIA FIOCRUZ DE NOTÍCIAS. 70% dos casos agudos da doença de Chagas no Brasil são resultado da transmissão por alimentos como açaí e caldo de cana. Disponível em: http://www.ibes.med.br/70-dos-casos-agudos-de-doenca-de-chagas-no-brasil-sao-resultado-da-transmissao-por-alimentos--como-acai-e-caldo-de-cana/#. Acesso em: fev. 2017.

ARCOVERDE, C.A. de C. Surtos de doença de Chagas de provável transmissão oral: uma análise de possibilidades. Sociedade Brasileira de Análises Clínicas. Portal QualiNews, 2005. Disponível em: http://www.sbac.org.br/pdfs/surtos_doen%E7a_ chagas.pdf. Acessado em: set. 2005.

BARATA, J.M.S. Distribuição geográfica dos triatomíneos domiciliados no Brasil quanto ao comportamento em relação à preferência alimentar e a infecção natural. Ver Fund Sesp, v. 31, p. 143-6, 1986.

BARRETO, M.P.; FERRIOLLI FILHO, F. Estudo sobre reservatórios e vetores silvestres do Trypanosoma cruzi. IV. Infecção natural do Triatoma infestans, encontrado em ecótopos silvestres, por tripanossomos semelhantes ao T. cruzi. Ver Inst Méd Trop S Paulo, v. 6, p. 219-24, 1964.

CALDAS Jr., A.L. Epidemiologia e controle da doença de Chagas: relação com a estrutura agrária na região de Sorocaba, SP. São Paulo, 1980. Dissertação (Mestrado). Faculdade de Medicina, Universidade de São Paulo.

[CDC] CENTER FOR DISEASE CONTROL. Life cycle of Trypanosoma cruzi. Disponível em: http://www.cdc.gov/ncidod/dpd/parasites/chagasdisease/index.htm. Acessado em: maio 2007.

COURA, J.R. Doença de Chagas como endemia urbana. In: CANÇADO, J.R.; CHUSTER, M. Cardiopatia chagásica. Belo Horizonte: Fundação Carlos Chagas, 1985, p. 362-6.

DIAS, J.C.P. História natural. In: CANÇADO, J.R.; CHUSTER, M. Cardiopatia chagásica. Belo Horizonte: Fundação Carlos Chagas, 1985, p. 99-113.

_____. Epidemiologia e controle da doença de Chagas no Brasil: panorama atual. In: CONGRESSO DA SOCIEDADE BRASILEIRA DE MEDICINA TROPICAL; IV CONGRESSO DA SOCIEDADE BRASILEIRA DE INFECTOLOGIA. Curitiba,

1987. Programas e Resumos. Curitiba, PUC-Paraná, 1987, p.155.

_____. Doença de Chagas: clínica e terapêutica. Brasília: Sucam, 1990.

_____. Notas sobre o Trypanosoma cruzi e suas características bioecológicas, como agente de enfermidades transmitidas por alimentos. Rev Soc Bras Med Trop., v. 39, n. 4, p. 370-5, 2006.

DIAS. J.C.P.; DIAS, R.B. Aspectos sociais econômicos e culturais da doença de Chagas. Ci e Cult., v. 31, p. 105-17, 1979.

EUZEBY, J. Les parasitoses humaines d'origine animale: caracteres épidémiologiques. Paris: Flamarion Medicine-sciences, 1984.

FREITAS, J.L.P. Aspectos da epidemiologia da moléstia de Chagas no estado de São Paulo. Rev Clin S Paulo, v. 26, p. 181-91, 1961.

_____. Importância do expurgo seletivo dos domicílios e anexos para a profilaxia da moléstia de Chagas pelo combate aos triatomídeos. Arq Hig Saúde públ., v. 28, p. 217-72, 1963.

GERMANO, P.M.L. et al. Aspectos socioeconômicos da doença de Chagas: a problemática no estado de São Paulo. Comum Cient Fac Méd Vet Zootec Univ S Paulo, v. 15, n. 2, p. 85-91, 1991, .

GOLDBAUM, M. Doença de Chagas e trabalho em área urbana. São Paulo, 1976. Dissertação (Mestrado). Faculdade de Medicina, Universidade de São Paulo.

GORLA, D. E.; SCHOFIELD, C.J. Population dynamics of Triatoma infestans under natural climatic conditions in the Argentina Chaco. Med Vet Entomol., v. 3, p. 179-94, 1989.

Albuquerque, J.B.; Santos, D.S.; Pérez, A.R.; Berbert, L.R.; van-Vliet, L.S.; Oliveira, D.A.F.; et al.

Trypanosoma cruzi infection through the oral route promotes a severe infection in mice: new disease form from an old infection? Published: June 19, 2015 Disponível em: http://dx.doi.org/10.1371/journal.pntd.0003849.

LAURICELLA, M.A. et al. Natural Trypanosoma cruzi infection in dogs of endemic areas of Argentine Republic. Rev Inst Med Trop S Paulo, v. 31, p. 63-70, 1989.

LEONARD, J. Carlos Chagas, health pioneer of the Brazilian backlands. Bull Pan Amer Health Organ., v. 24, p. 226-39, 1990.

MANSON-BAHR, P.E.C.; APTE, F.I.C. Manson's tropical diseases. 18.ed. Londres: Baillière Tindall, 1984.

MARCONDES, C.B. et al. Surtos de doenças de Chagas com provável infecção oral na Paraíba: Observações preliminares. Resumo de Tema Livre. XXIII Congr Bras Med Trop., 1987.

MEDINA-LOPES, M.D. Transmissão do Trypanosoma cruzi em um caso, durante aleitamento, em área não endêmica. Rev Soc Bras Méd Trop., v. 21, p. 151-3, 1988.

MINISTÉRIO DA SAÚDE. Agência Nacional de Vigilância Sanitária. Anvisa intensifica controle à doença de Chagas. 2005.

ORGANIZACIÓN PANAMERICANA DE LA SALUD. Situación de la enfermedad de Chagas en la región de las Américas. Bol Epidem., México, v. 5, n. 2, p. 5-9, 1984.

RODRIGUES, I.C.S. et al. Registro de oito casos autóctones em Macapá. Rev Soc Bras Med Trop., v. 9, p. 201-9, 1988.

SCHENONE, H.; CONTRERAS, M.C.; ROJAS, A. Problemas relacionados con el diagnóstico de enfermedad de Chagas. Bol Chil Parasit., v. 44, p. 24-9, 1989.

SHIKANAI-YASUDA, M.A. et al. Doença de Chagas aguda: vias de transmissão, aspectos clínicos e resposta à terapêutica específica em casos diagnosticados em um centro urbano. Rev Inst Trop S Paulo, v. 32, p. 16-27, 1990.

SILVA, G.R. Aspectos da epidemiologia da doença de Chagas. Ci e Cult., v. 31, p. 81-103, 1979.

SILVA, L.J. Evolução da doença de Chagas no estado de São Paulo. Ribeirão Preto, 1981. Tese (Doutorado). Faculdade de Medicina de Ribeirão Preto, Universidade de São Paulo.

SILVEIRA, A.C.; FEITOSA, V.R.; BORGES, R. Distribuição de triatomíneos capturados no ambiente domiciliar, no período de 1975/83, Brasil. Rev Bras Malariol Doen Trop., v. 36, p. 5-312, 1984.

TAFURI, W.L. Patogênese. In: CANÇADO, J.R.; CHUSTER, M. Cardiopatia chagásica. Belo Horizonte: Fundação Carlos Chagas, 1985, p.1-9.

[WHO] WORLD HEALTH ORGANIZATION. Chagas disease: frequency and geographical distribution. Wkly Epidem Rec., v. 65, p. 257-61, 1990.

Anexo
Anexo 16.1

ANVISA INTENSIFICA CONTROLE À DOENÇA DE CHAGAS
Brasília, 29 de março de 2005.

Em decorrência do grave surto de doença de Chagas Aguda ocorrido no estado de Santa Catarina a partir da suspeita de transmissão por caldo de cana, a Agência Nacional de Vigilância Sanitária (Anvisa) informa que está acompanhando os trabalhos de investigação desenvolvidos pelo órgão de vigilância sanitária estadual, visando a avaliar a situação e a propor medidas de controle de âmbito nacional:

1. A Gerência-geral de Sangue, Outros Tecidos, Células e Órgãos (GGSTO/Anvisa) e a Coordenação da Política Nacional de Sangue e Hemoderivados (DAE/SAS/Ministério da Saúde), visando ao controle de risco de contaminação através de transfusão sanguínea, considera:

   - A relevância da transmissão sanguínea desse agravo.
   - O espectro do quadro clínico que pode variar desde formas inaparentes a quadros com manifestações graves.
   - O período de latência para a detecção de anticorpos que pode ser de até 60 dias.
   - A possibilidade de visitantes de outros municípios e/ou estados terem sido expostos à fonte de infecção.
   - A necessidade de adotar medidas de prevenção e controle no âmbito dos serviços de hemoterapia.

2. A Anvisa e o Ministério da Saúde alertam e recomendam aos órgãos de Vigilância Sanitária estaduais e municipais e aos Serviços de Hemoterapia de sua área de abrangência, particularmente os que realizam coleta de sangue, para que incluam no procedimento de triagem clínica:

   - A identificação de candidatos com histórico de consumo de caldo de cana na área de possível contaminação do produto, no estado de Santa Catarina, no período considerado para exposição (1/2 a 23/3/2005), considerando-os inaptos para doação.
   - Encaminhamento dos indivíduos sob suspeita de contaminação aos serviços de referência para avaliação clínica e laboratorial.
   - Notificação dos casos suspeitos ao órgão de Vigilância Epidemiológica local.

3. Considerando a gravidade da doença e a alta letalidade apresentada, os serviços de vigilância sanitária dos estados e dos municípios deverão, em caráter emergencial, avaliar, dentro de sua área de atuação, os eventuais riscos e propor as medidas necessárias.

   - Essas medidas devem, no mínimo, contemplar os seguintes aspectos:

- verificar se, no local, existe a prática de processamento (extração) e consumo de caldo de cana;
- avaliar as condições higiênicas desse processamento, em especial, a limpeza e o enxágue da cana-de-açúcar com água limpa;
- verificar a presença de tela que impeça a entrada de insetos no local de processamento.

- Caso não sejam atendidas as condições acima especificadas deve ser adotada, de forma cautelar, a suspensão do processamento e da comercialização do caldo de cana.
- As boas práticas para serviços de alimentação – determinadas pela Resolução RDC n. 216/2004 serão exigidas dos estabelecimentos passíveis de fiscalização e inspeção.

4. A Anvisa, em conjunto com a Caixa Econômica Federal (CEF) e o Serviço Brasileiro de Apoio às Micro e Pequenas Empresas (Sebrae), dará suporte técnico-financeiro para atender as adequações necessárias e garantir a produção e comercialização do caldo de cana em condições higiênico-sanitárias satisfatórias.

Toxoplasmose

17

Pedro Manuel Leal Germano
Maria Izabel Simões Germano

INTRODUÇÃO

A toxoplasmose é uma protozoose de caráter zoonótico, cujo agente etiológico é o *Toxoplasma gondii* e é considerada uma infecção universal. Acomete, além do homem, quase todas as espécies animais, incluindo tanto mamíferos domésticos e silvestres como as aves, os anfíbios, os répteis e os peixes.

Em saúde pública, a infecção assume relevante importância em razão da gravidade com que se manifesta na forma congênita de transmissão, bem como pelo fato de ser fatal para indivíduos imunocomprometidos.

A infecção humana tem origem no consumo de alimentos de origem animal, primordialmente carnes e leite crus. A real prevalência de casos de toxoplasmose provocados por alimentos é desconhecida; contudo, tem-se certeza de que é elevada, uma vez que levantamentos epidemiológicos realizados com diversos tipos de populações, em diferentes regiões do globo, revelaram altos percentuais de indivíduos com anticorpos contra o *T. gondii*.

CARACTERÍSTICAS DO AGENTE

O *Toxoplasma gondii* é um protozoário intracelular obrigatório, cujo ciclo biológico apresenta uma fase enteroepitelial, de ocorrência exclusiva nos felinos domésticos e silvestres, e outra, extraintestinal, sistêmica ou generalizada, comum aos felinos e a todas as demais espécies animais, inclusive o homem.

Na fase enteroepitelial, ocorre, na mucosa intestinal, a reprodução sexuada do agente com a formação de oocistos, posteriormente eliminados nas fezes. Na dependência das condições ambientais de temperatura e umidade, os oocistos levam de 1 a 21 dias para se tornarem infectantes e podem sobreviver por mais de um ano. Cada oocisto maduro contém dois esporocistos com quatro esporozoítos cada.

Na fase extraintestinal, os estágios assexuados do protozoário, taquizoítos ou zoítos de proliferação rápida são disseminados por vias hematógena e/ou linfática para diferentes tecidos do hospedeiro, preferencialmente sistema nervoso central (SNC), músculos e pulmões. Os taquizoítos, após penetrarem as células dos tecidos, primariamente os macrófagos, multiplicam-se formando os bradizoítos ou zoítos de proliferação lenta, os quais preenchem toda a célula, originando os cistos. Quando há ruptura de um cisto, os bradizoítos, liberados no espaço intercelular, passam a taquizoítos e procuram alcançar células vizinhas ou de outros tecidos para dar origem a novos cistos que contenham bradizoítos. Desse modo, os felinos são os únicos hospedeiros definitivos do *T. gondii*, sendo os responsáveis por sua transmissão, enquanto as demais espécies animais, aí compreendida a humana, constituem-se apenas em hospedeiros acidentais ou terminais, as quais, uma vez infectadas, passam a albergar cistos do parasita na intimidade dos tecidos.

EPIDEMIOLOGIA

A distribuição geográfica é mundial, com elevada incidência nos países tropicais por causa da influência favorável do clima quente e úmido sobre os oocistos. A prevalência da infecção humana, na maioria dos países, situa-se entre 40 e 50%. No Brasil, esse coeficiente atinge até 80%, dependendo da área estudada.

O gato assume importância primordial na cadeia de transmissão, por ser o hospedeiro definitivo do protozoário, eliminando-o nas fezes durante a fase de infecção primária.

O homem pode contrair a infecção acidentalmente por meio da ingestão de oocistos infectantes presentes no solo ou na água, ou de alimentos, sobretudo de origem animal, crus ou mal cozidos, contaminados por diferentes formas do protozoário, cistos ou zoítos. A placenta constitui via de transmissão decisiva para os fetos quando a primoinfecção da mulher ocorre durante a gestação. A mucosa do trato digestivo é a principal e a mais importante porta de entrada para o agente; raramente entra pela mucosa do aparelho respiratório.

Todas as espécies animais domésticas, sobretudo as de produção econômica, sejam mamíferos ou aves, infectam-se por rações e água contaminadas com oocistos do *T. gondii*, geralmente oriundos de gatos domésticos. No ambiente natural, os animais predadores infectam-se a partir da ingestão de carcaças contaminadas com cistos e da água dos mananciais com oocistos eliminados nas fezes de felinos silvestres. As demais espécies, sobretudo as herbívoras, infectam-se pela ingestão de oocistos presentes nas pastagens. Os gatos, por sua vez, por causa do instinto predatório, também podem se infectar a partir da ingestão de roedores e pequenas aves infectados com cistos do parasita.

A dose infectante capaz de produzir a manifestação clínica da infecção é estimada em um pouco menos de 100 oocistos.

ALIMENTOS ENVOLVIDOS

Entre os produtos de origem animal, as carnes suína e ovina insuficientemente cozidas (mal passadas) são as maiores responsáveis por casos de toxoplasmose de origem alimentar. O hábito de servir carnes encruadas a crianças e convalescentes, apoiado na crença de que esses alimentos são mais saudáveis, não só predispõe os indivíduos à infecção, como pode, efetivamente, provocá-la. O leite de cabra cru tem sido frequentemente apontado como responsável por casos de toxoplasmose, tanto em crianças como em adultos.

Estudo epidemiológico realizado em Londrina (PR) em 2005, com o objetivo de verificar a presença de cistos de *T. gondii* em linguiças de origem suína tipo frescal e de anticorpos específicos no soro de trabalhadores de indústrias produtoras, pelo Serviço de Inspeção Municipal, forneceu os seguintes resultados: 8,7% (13/149) das amostras de linguiça foram positivas e 76,6% (36/47) dos trabalhadores soroposi-tivos atuavam na produção deste alimento. Esses resultados permitem inferir que esse produto é importante na cadeia epidemiológica da toxoplasmose, quando con-sumido cru ou insuficientemente cozido.

Vários estudos demonstraram que o principal mecanismo de transmissão do *T. gondii*, em países industrializados, ocorre por meio do consumo de carnes cruas ou malcozidas que contenham cistos do parasita. Estudos sorológicos em diferentes regiões revelaram que não há correlação entre o fato de possuir um gato e ser soro-positivo, evidenciando que a transmissão da doença ocorre, preponderantemente, por ingestão de alimentos contaminados. A infecção pela carne, em especial a suína, pode suceder não somente pelo consumo do produto mal passado, mas também pela manipulação da matéria-prima crua, mediante contaminação cruzada, pelo contato com as mãos, superfícies de preparação, recipientes e outros utensílios.

QUADRO CLÍNICO

A sintomatologia, a evolução e a gravidade da toxoplasmose são variáveis e altamente dependentes da idade, do estado imunológico prévio do paciente e, sobre-tudo nas mulheres, do estado fisiológico. A fase da vida em que a infecção foi con-traída também é outro aspecto que merece atenção, podendo ser congênita ou adquirida. Nos imunocompetentes, a infecção poderá ser subclínica, sem manifesta-ção de sinais ou sintomas, enquanto nos imunocomprometidos poderá ser fatal.

TOXOPLASMOSE CONGÊNITA

A manifestação pode ocorrer como doença neonatal ou evidenciar-se nos pri-meiros meses de vida. Podem ser observadas sequelas ou mesmo haver reativação da infecção congênita não diagnosticada previamente na infância. As infecções subclínicas são frequentes. Estimativas indicam que 5 a 10% morrem, 8 a 10% têm lesões cerebrais ou oftálmicas, 10 a 13% têm danos na visão e muitos dos restantes, 58 a 72%, que eram normais no nascimento, desenvolvem infecções ativas posteriormente.

PRIMOINFECÇÃO DURANTE A GESTAÇÃO

No primeiro terço da gestação, 17% dos fetos são atingidos, 80% deles gravemente. No segundo terço, são acometidos 25%, caindo para 30% a proporção de casos graves e, no terço final da gestação, as infecções fetais são inúmeras, porém sem sinais aparentes ao nascer.

Nos recém-nascidos com manifestações graves, destacam-se os sinais sistêmicos, caracterizados por esplenomegalia, icterícia, febre, anemia, hepatomegalia, linfoadenopatia, pneumonia e erupções cutâneas. Entre os sinais neurológicos, observam-se retinocoroidite, convulsões, calcificação intracraniana, hidrocefalia e erupções cutâneas.

As sequelas adversas, que podem ser observadas ao longo de períodos de acompanhamento de até quatro anos, são: retardo mental, convulsões, paralisias, distúrbios visuais graves, hidrocefalia, microencefalia e surdez.

Em relação à visão, as sequelas são tardias, sendo observadas geralmente nas segunda e terceira décadas de vida, tornando-se raras após os 50 anos. Entre elas, destacam-se a retinocoroidite necrótica centro-focal bilateral, podendo ser notada, também, a acentuada uveíte anterior.

Está provado que quase todas as crianças com infecção subclínica desenvolvem algum tipo de sequela, sendo que 85% em algum momento manifestarão retinocoroidite. Deve-se destacar que infecções cerebrais latentes podem influenciar o comportamento, a habilidade e a capacidade intelectual das crianças.

TOXOPLASMOSE ADQUIRIDA

A maioria das infecções nos adultos é subclínica e de evolução autolimitante, de modo que o agente induzia o sistema imunológico dos indivíduos imunocompetentes à seroconversão.

A infecção primária caracteriza-se por febre e linfoadenopatia transitória 2 a 4 semanas pós-infecção, sobretudo dos linfonodos da cadeia cervical posterior, com aumento bilateral, mas sem alteração da consistência e sem supuração. Ocasionalmente, constatam-se mal-estar, fadiga, mialgia, cefaleia e dor de garganta. A imunidade é permanente, coincidindo com o aparecimento de anticorpos com o término da parasitemia. A manutenção do título de anticorpos está, aparentemente, associada à presença continuada de organismos vivos no interior dos cistos teciduais.

TOXOPLASMOSE ADQUIRIDA POR IMUNODEFICIENTES

Todos os pacientes imunocomprometidos que passam a manifestar sinais de encefalopatias difusas ou de lesões cerebrais podem ser considerados como suspeitos de toxoplasmose, pois essa infecção oportunista é a mais comum do SNC entre os pacientes acometidos pela síndrome da imunodeficiência adquirida (Aids) – 10 a 50% das lesões relacionadas com o vírus da imunodeficiência humana (HIV).

Nos doentes com Aids, observam-se cefaleia, convulsões, confusão mental, sonolência, diminuição da função intelectual, hemiparesia, déficit neurológico focal com evolução para o coma e posterior óbito. Nos pacientes submetidos à quimioterapia, em razão de câncer ou de transplantes, pode-se desenvolver a forma generalizada.

É importante destacar que muitos pacientes são soropositivos antes da imunossupressão, havendo como consequência a recrudescência da infecção subclínica pregressa. Por outro lado, a forma generalizada pode ocorrer em receptores, soronegativos, após transplante de órgãos que contenham cistos, provenientes de doadores soropositivos.

DIAGNÓSTICO

Ao contrário de outras protozooses, a toxoplasmose no homem não pode ser diagnosticada por meio da pesquisa de oocistos nas fezes, uma vez que estes só ocorrem nas fezes dos felinos. Os métodos mais utilizados para o diagnóstico da infecção são os sorológicos, destacando-se, entre eles, a hemaglutinação indireta, a imunofluorescência indireta e a imunoeletroforese.

Para a infecção aguda, preconiza-se a pesquisa de anticorpos imunoglobulina M (IgM), que surge durante a primeira semana da doença, atinge um pico da segunda até a quarta semana, quando declina acentuadamente. Os anticorpos imunoglobulina G (IgG) surgem a partir do sétimo dia de infecção e aumentam rapidamente para níveis elevados, geralmente quatro ou mais diluições acima das fornecidas por soros provenientes de indivíduos convalescentes. Essa diferença de título de IgG é muito importante para o diagnóstico da infecção aguda. Títulos elevados de IgG, sem resposta de IgM, na ausência de sintomas, em imunocompetentes, indicam que o indivíduo teve contato anterior com o agente, provavelmente infecção subclínica, e está imune a uma reinfecção.

Atualmente, a elevada sensibilidade das técnicas sorológicas revelou a presença de IgMs residuais responsáveis, muitas vezes, pela dificuldade de interpretação de um diagnóstico final. Por esse motivo, as técnicas moleculares, sobretudo a reação em cadeia da polimerase (PCR), são consideradas a melhor solução para a correta interpretação do estado real da interação parasita-homem, embora não estejam ainda suficientemente validadas para aplicação prática na rotina de diagnóstico laboratorial da toxoplasmose.

Em termos de laboratórios das redes oficiais de saúde pública, a determinação de anticorpos IgG anti-*T. gondii*, como prova diagnóstica no controle pré-natal de gestantes, pode ser obtida com segurança mediante a utilização dos testes de Imunofluorescência Indireta (IFI) ou de Elisa (*Enzyme Linked Immuno Sorbent Assay*), dada a quase perfeita concordância entre ambos os métodos. No entanto, quando não se dispõe da infraestrutura necessária para executar a IFI, a qual requer equipamentos mais dispendiosos, pode-se substituí-la pelo Elisa, embora se deva considerar que esse método está fundamentado no grau de afinidade dos anticorpos por um antígeno determinado, não medindo seu nível real na amostra de soro analisada, como acontece na IFI.

O método *Western Blotting* apresenta maior sensibilidade do que a detecção de IgM anti-*T. gondii*. Pelos achados, os pesquisadores recomendam seu uso para o diagnóstico em associação com outros marcadores de infecção congênita.

TRATAMENTO

As pessoas imunocompetentes com infecção aguda, em geral, passam desapercebidas por causa da similaridade da sintomatologia com outras patologias de menor gravidade e nem chegam a ser tratadas. Contudo, aquelas com infecção aguda adquirida ou causada por reativação de infecção crônica devem ser medicadas com os fármacos resultantes da associação sulfadiazina-piremetamina.

As gestantes, quando expostas à infecção aguda, qualquer que seja sua origem, devem ser medicadas sempre, principalmente com espiramicina, para diminuir a oportunidade de infecção fetal. Contudo, uma vez comprovada a infecção do feto, há necessidade de terapêutica com antibióticos ou sulfonamídicos, mesmo que eles possam ser prejudiciais ao desenvolvimento fetal.

Os imunocomprometidos também devem ser submetidos a tratamento, merecendo, todavia, especial atenção o grupo de portadores do HIV-1, para os quais há um protocolo especial considerando dose e tempo de medicação.

Na toxoplasmose ocular, o tratamento varia de acordo com a localização e o grau de infecção nos olhos, mas também com o estado clínico do paciente, podendo durar até 3 meses em indivíduos com sistema imunológico diminuído. A cura é feita com uma mistura de remédios antibióticos, sendo mais utilizados a clindamicina, pirimetamina, sulfadiazina, sulfametoxazol-trimetoprima e espiramicina.

Após o tratamento, pode ser necessário realizar cirurgia para resolver outros problemas provocados pela toxoplasmose ocular, como o descolamento de retina, por exemplo.

PREVENÇÃO

Mãos e superfícies de corte, pias de cozinha e utensílios devem ser muito bem lavados com água e sabão após contato com carne crua ou insuficientemente cozida para evitar o risco de contaminação cruzada. Evitar ovos crus, bem como leite de cabra in natura. Frutas e vegetais devem ser lavados antes da ingestão.

A temperatura de cocção interna de produtos cárneos deve atingir 72°C durante três minutos. Não se deve experimentar o sabor da carne ainda durante a fase de cocção (encruada). Deve-se ter atenção especial com os produtos de origem suína, sobretudo embutidos.

Os gatos de estimação devem ser alimentados exclusivamente com rações ou produtos enlatados especiais e impedidos de exercer a predação de roedores. As caixas sanitárias, utilizadas para destinação de excretas, devem ser limpas todos os dias e desinfetadas regularmente: as excretas devem ser dispostas de modo higiênico. É importante que pessoas dos grupos de risco evitem esse tipo de tarefa, sobretudo as gestantes. Após essas operações, deve-se lavar muito bem as mãos com água e sabão, de preferência antisséptico, e escovar as unhas. O mesmo se aplica para todos os que lidam com gatos, especialmente os de estimação, com os quais o convívio é íntimo.

As atividades de jardinagem devem ser executadas de preferência com luvas, devendo as gestantes, suscetíveis à infecção, absterem-se dessa prática. As caixas de areia utilizadas para recreação em escolas, parques e jardins devem ser cobertas, quando não utilizadas, com plásticos ou lonas. Contudo, o procedimento ideal seria impedir o acesso de gatos a esses locais. Por isso, recomenda-se que as crianças não utilizem essas áreas sem roupas e muito menos que façam refeições nesses locais.

Os felinos, jovens ou adultos, com sinais de enterite ou de comprometimento respiratório devem ser imediatamente afastados do convívio com pessoas dos grupos de risco até a plena recuperação dos animais.

Em atividades campestres, como acampamentos, piqueniques, entre outros, a água de rios e lagos destinada para o consumo deve ser fervida antes de ser consumida, do mesmo modo que aquela utilizada para lavar frutas e verduras.

CONCLUSÕES

A toxoplasmose, protozoose de caráter zoonótico, provocada pelo *Toxoplasma gondii*, é uma infecção de âmbito global acometendo, além do homem, quase todas as espécies animais vertebradas tanto domésticos, quanto silvestres. Em saúde pública, a infecção é de relevante importância em razão da gravidade com que se manifesta na forma congênita de transmissão, bem como, pelo fato de ser fatal para indivíduos imunocomprometidos.

A infecção humana tem origem no consumo de alimentos de origem animal, primordialmente carnes e leite crus. A real prevalência de casos da infecção provocados por alimentos é desconhecida, contudo, tudo leva a crer ser elevada, uma vez que levantamentos epidemiológicos realizados com diversos tipos de populações, em diferentes regiões do globo, revelaram altos percentuais de indivíduos com anticorpos contra o *T. gondii*.

376 ■ HIGIENE E VIGILÂNCIA SANITÁRIA DE ALIMENTOS

O controle em saúde pública deve considerar o perigo provocado pelo consumo de produtos de origem animal crus ou mal cozidos, sejam caprinos ou bovinos. Complementarmente, devem-se dispor as fezes dos gatos, sobretudo dos animais com sinais de enterite, na lixeira, da mesma forma que estes animais, em particular, não devem utilizar as caixas de areia até voltarem à normalidade.

Outra medida importante diz respeito ao ato de lavar as mãos, após manipular carnes cruas ou após cuidar de áreas externas utilizadas por populações de gatos abandonados; o trabalho de jardinagem, também, pode ser prejudicial à saúde em razão do risco de terra contaminada.

De qualquer modo, a maior preocupação diz respeito a evitar o contato de grávidas com gatos, sobretudo os de pouca idade, geralmente os mais suscetíveis à primo-infecção pelo agente.

Assim, as circunstâncias comprovam que as medidas sanitárias baseiam-se, fundamentalmente, em princípios básicos de educação, evitando ao máximo a "adoção" de animais em parques e jardins públicos, que podem favorecer a disseminação do protozoário, por meio do aumento potencial do número de fontes de infecção.

REFERÊNCIAS

ACHA, P.N.; SZYFRES, B. Zoonosis y enfermedades transmisibles comunes al hombre y a los animales. 3.ed. v. 3. Organización Panamericana de la Salud, 2003. (Publicación Científica y Técnica n.580).

ALLAIN, J.P.; PALMER, C.R.; PEARSON, G. Epidemiological study of latent and recent infection by Toxoplasma gondii in pregnant women from a regional population in the U.K. J Infect., v. 36, n. 2, p. 189-96, 1998.

FRAZÃO, F. Tratamento para toxoplasmose ocular. Tua Saúde › Doenças Infecciosas, 2016. Disponível em: https://www.tuasaude.com/tratamento-para-toxoplasmose/. Acesso em: mar. 2017.

BEAZLEY, D.M.; EGERMAN, R.S. Toxoplasmosis. Semin Perinatol., v. 22, n. 4, p. 332-8, 1998.

COOK, A.J. et al. Sources of toxoplasma infection in pregnant women: European multicentre case-control study. European Research Network on Congenital Toxoplasmosis. B.M.J., v. 321, n. 7254, p. 142-7, 2000.

CHAVES, S.O. de C.; DINIZ, D.B. Risco potencial da toxoplasmose, veiculada por alimentos. Hig aliment. v. 18, n. 121, p. 38-41, 2004.

CHOI, W.Y. et al. Foodborne outbreaks of human toxoplasmosis. J Infect Dis., v. 175, n. 5, p. 1280-2, 1997.

CONTENTE, A.P, A.; DOMINGUES, P.F; SILVA, R.C. da. Prevalence of Toxoplasma gondii antibodies in ostriches (Struthio camelus) from commercial breeding facilities in the state of São Paulo, Brazil, Braz j vet res anim sci., v. 46, n. 3, p. 175-80, 2009.

CORTÉS, L.J. Concordancia entre ELISA e IFI para la determinación de anticuerpos tipo IgG contra Toxoplasma gondii. Infectio, v. 13, n. 2, p. 76-82, 2009.

DEORARI, A.K. et al. Incidence, clinical spectrum, and outcome of intrauterine infections in neonates. J Trop Pediatr., v. 46, n. 3, p. 155-9, 2000.

DIAS, R.A.F. et al. Toxoplasma gondii in fresh pork sausage and seroprevalence in butchers from factories in Londrina, Paraná State, Brazil. Rev Inst Med Trop. São Paulo, v. 47, n. 4, p. 185-9, 2005.

DUBEY, J.P. Toxoplasmosis. J Am Vet Med Assoc., 1994; 205(11):1593-8.

DUBEY, J.P. et al. Sources and reservoirs of Toxoplasma gondii infection on 47 swine farms in Illinois. J Parasitol., v. 81, n. 5, p. 723-9, 1995.

DUBEY, J.P.; LINDSAY, D.S.; SPEER, C.A. Structures of Toxoplasma gondii tachyzoites, bradyzoites, and sporozoites and biology and development of tissue cysts. Clin Microbiol Rev., v. 11, n. 2, p. 267-99, 1998.

_____. Sources of Toxoplasma gondii infection in pregnancy. Until rates of congenital toxoplasmosis fall, control measures are essential. B.M.J., v. 321, n. 7254, p. 127-8, 2000.

ECKERT, J. Workshop summary: food safety: meatand fish-borne zoonoses. Vet Parasitol., v. 64, n. 1/2, p. 143-7, 1996.

_____. Veterinary parasitology and human health. Schweiz Med Wochenschr., v. 127, n. 39, p. 1598-608, 1997.

EDELHOFER, R. Prevalence of antibodies against Toxoplasma gondii in pigs in Austria – an evaluation of data from 1982 and 1992. Parasitol Res., v. 80, n. 8, p. 642-4, 1994.

ENG, S.B. et al. Computer-generated dot maps as an epidemiologic tool: investigating an outbreak of toxoplasmosis. Emerg Infect Dis., v. 5, n. 6, p. 815-9, 1999.

GAMBLE, H.R. Parasites associated with pork and pork products. Rev Sci Tech., v. 16, n. 2, p. 496-506, 1997.

GERMANO, P.M.L. Toxoplasmose. Compacta Infectológica, v. 11, p. 15-22, 1995. HESTON, R. Goat's milk and infant feeding. Med J Aust., v. 144, n. 5, p. 279, 1986. HOHLFELD, P. et al. Toxoplasma gondii infection during pregnancy: T lymphocyte subpopulations in mothers and fetuses. Pediatr Infect Dis J., v. 9, n. 12, p. 878-81, 1990.

HO-YEN, D.O. Toxoplasmosis in humans: discussion paper. J R Soc Med., v. 83, n. 9, p. 571-2, 1990.

JOUBERT, J.J.; EVANS, A.C. Current status of food-borne parasitic zoonoses in South Africa and Namibia. Southeast Asian J Trop Med Public Health., v. 28, Suppl 1, p. 7-10, 1998.

KOMPALIC-CRISTO, A.; BRITTO, C.; FERNANDES, O. Diagnóstico molecular da toxoplasmose: revisão. J Bras Patol Med Lab., v. 41, n. 4, p. 229-35, 2005.

LAMMERDING, A.M.; PAOLI, G.M. Quantitative risk assessment: an emerging tool for emerging foodborne pathogens. Emerg Infect Dis., v. 3, n. 4, p. 483-7, 1997.

LINDSAY, D.S.; CARRUTHERS, V.B. Current status of research on Toxoplasma gondii: report from the Sixth International Workshops on Opportunistic Protists. J Eukaryot Microbiol., v. 46, n. 5, p. 69S-70S, 1999.

MARCONDES-MACHADO, J.; MEIRA, D.A. Toxoplasmose. In ROCHA, M.O. da; PEDROSO, E.R.P. Fundamentos em Infectologia. Rio de Janeiro: Rúbio, 2009.

MORRIS Jr., J.G. Current trends in human diseases associated with foods of animal origin. Arch Pathol Lab Med., v. 121, p. 869-73, 1997.

MUNOZ, C. et al. Recommendation for prenatal screening for congenital toxoplasmosis. Eur J Clin Microbiol Infect Dis., v. 19, n. 4, p. 324-5, 2000.

PÉREZ BERRÍOS, J.; CARO CASSALI, L. Toxoplasmosis cerebral como manifestación de Síndrome de Inmunodeficiencia Adquirida (Sida). Neuroeje; v. 18, n. 3, p. 52-5, 2004.

RIEMANN, H.P. et al. Toxoplasmosis in an infant fed unpasteurized goat milk. J Pediatr., v. 87, n. 4, p. 573-6, 1975.

SAARI, K.M.; RAISANEN, S.A. Transmission of toxoplasmosis by trophozoites. Lancet., v. 2, n. 8047, p. 1077, 1977.

SMITH, J.L. Foodborne infections during pregnancy. J Food Prot., v. 62, n. 7, p. 818-29, 1999.

WALSH, C.P. et al. Survival of Toxoplasma gondii tachyzoites in goat milk: potential source of human toxoplasmosis. J Eukaryot Microbiol., v. 46, n. 5, p. 73S-74S, 1999.

WALLON, M. et al. Congenital toxoplasmosis: systematic review of evidence of efficacy of treatment in pregnancy. B.M.J., v. 318, n. 7197), p. 511-4, 1999.

WARNEKULASURIYA, M.R.; JOHNSON, J.D.; HOLLIMAN, R.E. Detection of Toxoplasma gondii in cured meats. Int J Food Microbiol., v. 45, n. 3, p. 211-5, 1998.

THEES, W. Método Western Blotting é o mais indicado para diagnóstico de toxoplasmose congênita? WB White Book Cinical Diseases. Disponível em: http://pebmed.com.br/2017/01/06/metodo-western--blotting-e-o-mais-indicado-para-diagnostico-de-toxoplasmose-congenita/. Acesso em: mar. 2017.

WEIGEL, R.M. et al. Risk factors for infection with Toxoplasma gondii for residents and workers on swine farms in Illinois. Am J Trop Med Hyg., v. 60, n. 5, p. 793-8, 1999.

18

Ascaridíase e tricuríase

Pedro Manuel Leal Germano
Maria Izabel Simões Germano

INTRODUÇÃO

As doenças entéricas, resultantes do parasitismo provocado por helmintos, constituem problema de saúde pública de dimensões mundiais, agravando ainda mais os problemas sociais e econômicos, sobretudo em populações carentes dos países não industrializados.

De acordo com estimativas da Organização Mundial da Saúde (OMS), para todos os países, as helmintíases mais comuns e de maior prevalência em saúde pública são a ascaridíase, provocada pelo *Ascaris lumbricoides*, responsável por 1 bilhão de vítimas e a tricuríase, causada pelo *Trichuris trichiura*, que atinge outros 900 milhões de seres humanos, ambos parasitas pertencentes ao *phylum* nematoda.

Os ovos de *Ascaris* spp. e de *Trichuris* spp. são encontrados nas águas não tratadas, provenientes de esgotos, utilizadas na irrigação de culturas de produtos vegetais e no solo onde, após o processo de maturação, tornam-se infectantes.

Uma das características desses helmintos de máxima importância em saúde pública está associada ao fato de os ovos serem recobertos por uma substância viscosa, permitindo fácil aderência às mãos e partes do corpo, propiciando a contaminação de roupas, objetos e, sobretudo, de alimentos.

ASPECTOS EPIDEMIOLÓGICOS

A ascaridíase e a tricuríase estão amplamente distribuídas pelo globo, sendo que no caso particular da ascaridíase, estima-se que 25% da população mundial esteja infectada. Na América do Norte, sobretudo nos Estados Unidos, a ascaridíase é mais comum, enquanto a tricuríase apresenta maior prevalência na Europa.

Na América do Sul, particularmente na Argentina, pesquisa realizada com amostras de fezes humanas revelou que a frequência de parasitoses foi maior na população rural (78,4%), seguida pela da área suburbana (35%), enquanto na zona urbana a incidência foi de 5,7%. Destaca-se que *Ascaris lumbricoides* e *Trichuris trichiura* foram os parasitas mais frequentes nas amostras provenientes de uma das zonas suburbanas da Província de Buenos Aires.

No Brasil, pesquisas realizadas em vários estados comprovaram a relevância desses dois parasitas na população em diferentes condições. No Espírito Santo, amostras de fezes de 100 crianças de 1 a 4 anos de idade revelaram *A. lumbricoides* e *T. trichiura* em 15 e 5% dos exames, respectivamente. Na Bahia, um estudo transversal com 1.709 crianças e adolescentes mostrou uma prevalência de infecção por *T. trichiura* e *A. lumbricoides*, respectivamente, da ordem de 74,8 e 63%. A avaliação da prevalência de parasitoses intestinais em creches comunitárias no Rio de Janeiro comprovou *A. lumbricoides* (30%), seguido pelo *T. trichiura* (26,6%) como os de maior frequência. A incidência de parasitoses em crianças de 4 a 6 anos de escola municipal de educação infantil de Minas Gerais evidenciou, também, como de maior ocorrência, *A. lumbricoides* (27,8%) e *T. trichiura* (11,1%).

O *A. lumbricoides* e o *A. suum* são os áscaris de maior importância epidemiológica, embora o homem não propicie condições de vida às formas adultas do áscaris de origem suína. Em relação à tricuríase, tem-se aproximadamente 60 espécies do parasita, mas em saúde pública *T. trichiura* é o agente mais importante da infecção, embora o *T. vulpis*, específico do cão, também possa ser encontrado nas fezes de modo esporádico.

No sudeste do estado de Pernambuco, pesquisa sobre a contaminação da areia por enteroparasitas em duas praias de alto valor turístico – Porto de Galinhas e Muro Alto – revelou que 42% das amostras da primeira praia estavam contaminadas com larvas de *Ancylostoma* spp. e 13% da segunda com ovos de *Trichuris* spp.

Em saúde pública, o homem é a principal fonte de infecção do *A. lumbricoides* e do *T. trichiura*, dando-se a transmissão pela via oral-fecal. Crianças são as principais vítimas dessas infecções, traduzidas por quadros diarreicos debilitantes acompanhados de desidratação. Jovens e adultos, igualmente, podem ser infectados, de modo geral sob forma menos insidiosa; contudo, o grupo dos imunocomprometidos apresenta maior suscetibilidade à infecção. Em estudo com pacientes ambulatoriais, portadores do vírus da imunodeficiência adquirida/síndrome da imunodeficiência adquirida (HIV/Aids), evidenciou uma prevalência de 47,3% de infectados, com no mínimo um enteroparasita, sendo de 22,4% a ocorrência de *A. lumbricoides* e de apenas 1% de *T. trichiura*. Esse fato alerta para a importância de se aumentar a disponibilidade de informações, especialmente para portadores de doenças imunossupressoras ou submetidos a tratamentos imunossupressores, sobre os perigos oferecidos pela água de bebida e pelo consumo de vegetais crus não higienizados e desinfetados.

Especificamente na área de alimentos, os portadores da infecção, sobretudo os assintomáticos, são os grandes responsáveis pela contaminação dos produtos, qualquer que seja a etapa de processamento. Por outro lado, a contaminação cruzada, nas unidades de preparação de refeições coletivas, entre produtos vegetais e outras matérias-primas, constitui uma das vias de transmissão mais importantes na cadeia epidemiológica dessas parasitoses.

ALIMENTOS ENVOLVIDOS

Todas as plantações de produtos vegetais, sobretudo verduras, constituem áreas de risco para ambas as helmintíases. A irrigação das culturas com águas servidas não tratadas ou a adubação direta com matéria fecal de origem humana são práticas que favorecem a contaminação do solo e dos próprios vegetais, frutos, folhas e talos. O homem adquire a infecção a partir da ingestão desses produtos crus, sem prévia higienização. Do mesmo modo, a infecção pode ocorrer por meio da ingestão de alimentos crus ou cozidos, de origem animal ou vegetal, sem contaminação parasitária anterior, após manipulação por indivíduos parasitados por um desses helmintos.

ASCARIDÍASE

Ciclo biológico

As formas adultas do *A. lumbricoides*, machos e fêmeas, localizam-se no intestino delgado do homem, onde se reproduzem. Uma única fêmea é capaz de produzir 200 mil ovos por dia, os quais são eliminados pelas fezes do hospedeiro. Duas semanas após a eliminação, os ovos tornam-se infectantes, contendo as larvas de segundo estágio ou juvenis do parasita. Uma vez ingeridos, por alimentos ou pela água, os ovos eclodem no intestino delgado e as larvas juvenis atravessam a parede intestinal e penetram no sistema circulatório. Em seguida, algumas dessas larvas penetram nos pulmões migrando para os bronquíolos e/ou alvéolos pulmonares. Nos pulmões, os estágios juvenis evoluem para larvas de terceiro estágio, migram para a faringe e são deglutidas pelo hospedeiro – uma vez no intestino delgado, desenvolvem-se até a fase adulta (larvas de quinto estágio).

Quadro clínico

Quando o hospedeiro alberga apenas uns poucos exemplares do parasita, a infecção pode ser inaparente, até que haja eliminação de parasitas nas fezes ou migração pulmonar, na tentativa de eliminar as larvas pelo trato respiratório superior, com manifestação de tosse. De modo geral, os indivíduos com ascaridíase podem apresentar discreto desconforto digestivo.

Nos casos de parasitismo intenso, os sintomas de natureza digestiva caracterizam-se por dor abdominal, vômitos, náuseas e protuberância do abdome. Paralelamente, pode ocorrer pneumonia, por causa da migração das larvas por meio do parênquima pulmonar, causando hemorragia e resposta inflamatória, com o consequente acúmulo de fluidos nos pulmões. Outra complicação decorrente do parasitismo intenso é a obstrução intestinal, provocada pelo grande número de exemplares presentes na luz intestinal, associada ao tamanho do parasita.

A migração de parasitas adultos no interior do intestino delgado, embora não muito frequente, pode determinar a obstrução dos ductos biliar e pancreático; do mesmo modo, eventualmente, pode provocar a perfuração da parede intestinal e a consequente instalação de peritonite aguda. Esse fato pode ser consequência da ação irritante de drogas anti-helmínticas provocando a tentativa de "fuga" do parasita.

As complicações da ascaridíase por pneumonia ou por peritonite são graves e podem ser fatais para os hospedeiros, sobretudo a provocada por perfuração intestinal. Quando larvas do parasita conseguem instalar-se em tecidos de outros órgãos do hospedeiro pode haver manifestação febril, além de outras possíveis complicações. A obstrução intestinal é mais comum em crianças de pouca idade, mesmo naquelas parasitadas com apenas alguns exemplares do áscaris, em razão do tamanho da forma adulta. Nesses casos, a infecção manifesta-se com frequência pela eliminação espontânea do parasita pela boca, nariz ou ânus, acompanhada por distensão e dor abdominal, além de vômitos e desidratação.

Pacientes cirúrgicos com ascaridíase, durante a fase de recuperação anestésica, podem eliminar parasitas pela boca e pelo nariz, após migração do intestino delgado para o estômago e orofaringe, em virtude da sensibilidade dos áscaris em relação às drogas empregadas na anestesia.

O *A. suum*, parasita comum dos suínos, apresenta ciclo biológico idêntico ao *A. lumbricoides*, e pode acometer o homem. Contudo, as larvas do *A. suum* não conseguem sobreviver nos pulmões dos hospedeiros humanos, todavia podem determinar pneumonia de caráter mais grave do que aquela provocada pelo *A. lumbricoides*. Não existe desenvolvimento até a fase adulta no intestino delgado do homem.

TRICURÍASE

Ciclo biológico

As formas adultas, machos e fêmeas, de *T. trichiura* são encontradas no intestino grosso dos hospedeiros humanos, fixadas no epitélio intestinal pela extremidade anterior – os adultos podem sobreviver por vários anos. Após a fase de reprodução, os ovos são eliminados com as fezes, cada fêmea pode produzir até 10 mil ovos por dia.

A maturação dos ovos ocorre no ambiente em aproximadamente três semanas. Os ovos que contêm as larvas infectantes, após a ingestão, eclodem no intestino delgado do hospedeiro e as larvas juvenis migram para o intestino grosso, onde alcançam a maturidade sexual e iniciam o processo de reprodução.

Quadro clínico

A maioria das infecções por *T. trichiura* é assintomática, porém o hospedeiro pode manifestar discreta indisposição digestiva. Contudo, como o tempo de sobrevivência dos tricurídeos é longo e os indivíduos podem se reinfectar constantemente, há aumento excessivo do número de exemplares do parasita.

Quando o parasitismo é intenso, o indivíduo passa a apresentar emagrecimento acentuado, diarreia mucoide e anemia. Em crianças, essa mesma situação pode conduzir ao retardo físico e mental.

Nos casos graves, a tricuríase pode ser causa de prolapso retal, sobretudo em crianças, quando os parasitas poderão ser observados, a olho nu, fixados à parede do reto.

Problemas dermatológicos, como ressecamento da pele e reações alérgicas ou tóxicas são complicações frequentes nos casos de infecções maciças e crônicas.

DIAGNÓSTICO

Em saúde pública, tanto a ascaridíase quanto a tricuríase são diagnosticadas por meio da pesquisa de ovos dos parasitas nas fezes dos pacientes, empregando os métodos clássicos de microscopia, entre eles o método de Faust, que utiliza a centrífugo-flutuação dos ovos "leves" e o método de Lutz ou de Hoffman, Pons e Janer, no qual a concentração de ovos, nas fezes amostradas, faz-se por sedimentação espontânea. Larvas e mesmo formas adultas podem ser encontradas nas fezes, sobretudo nas infecções maciças. No caso particular do *A. lumbricoides*, as larvas do parasita podem ser expelidas também por meio da orofaringe, da boca e das narinas.

TRATAMENTO

Diante de um quadro clínico causado pela ascaridíase, deve-se instituir um tratamento à base de anti-helmínticos, sendo indicados produtos como a piperazina, o pamoato de pirantel ou o mebendazol. Nos casos de parasitismo intestinal provocado pela tricuríase, as drogas recomendadas podem ser o mebendazol ou o albendazol.

CONTROLE

O controle da ascaridíase e da própria tricuríase deve ser iniciado nas propriedades agrícolas, com a utilização de procedimentos básicos de higiene, evitando-se a utilização direta de água proveniente de despejos e adubos orgânicos de origem fecal, sem tratamento prévio.

Os produtos vegetais, sobretudo verduras e frutas rasteiras, consumidos em geral crus, necessitam de lavagem prévia com água corrente e posterior desinfecção com soluções cloradas, para que o risco de transmissão dessas parasitoses diminua consideravelmente.

Em relação a todos aqueles que manipulam alimentos, são de extrema importância as boas práticas de higiene pessoal para prevenir a contaminação dos produtos, dos utensílios e mesmo das superfícies das instalações. Assim, a higienização das mãos, sobretudo após a utilização de instalações sanitárias, e os cuidados com as roupas ou uniformes são indispensáveis.

Como forma de evitar a contaminação de alimentos, todos aqueles que os manipulam devem ser submetidos, periodicamente, a exames protoparasitológicos de fezes: os casos positivos devem ser imediatamente submetidos a tratamento com drogas anti-helmínticas específicas ou de amplo espectro, sempre de acordo com recomendações médicas.

CONCLUSÕES

Em saúde pública, o *Ascaris lumbricoides* e o *Trichuris trichiura* são os helmintos mais comuns e de maior prevalência em saúde pública. Os ovos de *Ascaris* spp. e de *Trichuris* spp. são encontrados nas águas não tratadas, provenientes de esgotos, utilizadas na irrigação de culturas de produtos vegetais e, no solo, onde, após o processo de maturação, tornam-se infectantes.

Uma substância viscosa que recobre os ovos desses parasitas possibilita a fácil aderência às mãos e partes do corpo, propiciando a contaminação das roupas, objetos e, sobretudo, de alimentos.

O controle de ambas as parasitoses deve iniciar-se nas propriedades agrícolas com a utilização de procedimentos básicos de higiene, evitando-se a utilização direta de água proveniente de despejos e adubos orgânicos de origem fecal, sem tratamento prévio.

No âmbito das empresas de alimentação coletiva, os responsáveis devem atentar para os fornecedores, evitando adquirir produtos de propriedades suspeitas ou que simplesmente ignoram as boas práticas agrícolas, privilegiando os procedimentos de auditoria de fornecedores.

REFERÊNCIAS

ACHA, P.N.; SZYFRES, B. Zoonosis y enfermedades transmisibles comunes al hombre y a los animales. 3.ed. v.3. Organización Panamericana de la Salud, 2003. (Publicación Científica y Técnica n.580).

ALVES, M.S. et al. Incidência de parasitoses em escolares da Escola Municipal de Educação Infantil Sant'Ana Itatiaia, Juiz de Fora-MG e sua possível correlação com a qualidade da água para consumo. Rev bras anal clin., v. 30, n. 4, p. 185-7, 1998.

APPLETON, C.C.; MAURIHUNGIRIRE, M.; GOUWS, E. The distribution of helminth infections along the coastal plain of Kwazulu-Natal province, South Africa. Ann Trop Med Parasitol., v. 93, n. 8, p. 859-68, 1999.

BOTEMBE, N. et al. A rare cause of biliary pain in Belgium. Acta Gastroenterol Belg., v. 62, n. 4, p. 443-5, 1999.

BRITO, L.L. et al. Fatores de risco para anemia por deficiência de ferro em crianças e adolescentes parasitados por helmintos intestinais. Rev Panam Salud Púb., v. 14, n. 6, p. 422-31, 2003.

CIFUENTES, E. et al. Health risk in agricultural villages practicing wastewater irrigation in central Mexico: perspectives for protection. Schriftenr. Ver Wasser Boden Lufthyg., v. 105, p. 249-56, 2000.

DENADAI, W. Aspectos da prevalência de enteroparasitoses em crianças do bairro Santo André, Vitória – ES. São Paulo, 2005. Tese (Doutorado). Faculdade de Saúde Pública da USP.

GAMBOA, M.I. et al. Asociación entre geohelmintos y condiciones socioambientales en diferentes poblaciones humanas de Argentina. Rev Panam Salud Pública = Pan Am. J. Public Health. v. 26, n. 1, p. 1-8, jul. 2009.

GANDHI, D. et al. Radiological demonstration of ascaris in esophagus. Indian Pediatr., v. 36, n. 12, p. 1270-2, 1999.

HALL, A. et al. The distribution of Ascaris lumbricoides in human hosts: a study of 1765 people in Bangladesh. Trans R Soc Trop Med Hyg., v. 93, n. 5, p. 503-10, 1999.

LEITE, L.M.; WAISSMANN, W. Enteroparasitoses em pacientes ambulatoriais portadores de HIV/AIDS e abastecimento domiciliar de água. Rev Ciências Médicas, v. 13, n. 4, p. 363-9, 2004.

MISRA, S.P.; DWIVEDI, M. Clinical features and management of biliary ascariasis in a non-endemic area. Postgrad Med J., v. 76, n. 891, p. 29-32, 2000.

OGATA, H. et al. Multilocular pyogenic hepatic abscess complicating ascaris lumbricoides infestation. Intern Med., v. 39, n. 3, p. 228-30, 2000.

OLIVEIRA, C.A.F.; GERMANO, P.M.L. Estudo da ocorrência de enteroparasitas em hortaliças comercializadas na Região Metropolitana de São Paulo, SP, Brasil. I – Pesquisa de helmintos. Rev Saúde Pública, São Paulo, v. 26, n. 4, p. 283-9, 1992. QUEVEDO, F.; THAKUR, A.S. Parasitosis transmitidas por alimentos. Ramos Mejia: Centro Panamericano de Zoonoses, 1980. (Serie de Monografias Científicas y Técnicas, C.P.Z. – 12).

RIEDEL, G. Controle sanitário dos alimentos. São Paulo: Loyola, 1987.

SATIN, M. Food Alert! The ultimate sourcebook for food safety. Nova York: Facts On File, 1999.

SCOLARI, C. et al. Prevalence and distribution of soil-transmitted helminth (STH) infections in urban and indigenous schoolchildren in Ortigueira, State of Parana, Brasil: implications for control. Trop Med Int Health., v. 5, n. 4, p. 302-7, 2000.

SILVA, P.F. da et al. Common beach sand contamination due to enteroparasites on the southern coast of Pernambuco State, Brazil. Rev Inst Med Trop São Paulo, July-Aug. v. 51, n. 4, p. 217-8, 2009.

SUAREZ-HERNANDEZ, M. et al. Prevalence of intestinal parasitic infections in nursery schools from Ciego de Avila Province, Cuba. 1989-1993. Bol Chil Parasitol., v. 54, n. 1/2, p. 37-40, 1999.

UCHÔA, C.M.A. et al. Parasitoses intestinais: prevalência em creches comunitárias da cidade de Niterói, Rio de Janeiro – Brasil. Rev Inst Adolfo Lutz, 2001; 60(2):97-101.

VARNAM, A. H.; EVANS, M.G. Foodborne pathogens: an illustrated text. Londres: Wolfe Publishing, 1991.

VITORIA, M.A. de A.; MOURA, V.T.L. de; OLIVEIRA, M.S. de. Parasitoses intestinais. In: ROCHA, M.O. da C.; PEDROSO, E.R.P. Fundamentos em infectologia. Rio de Janeiro: Rubio, 2009.

WU, M.L.; JONES, V.A. Ascaris lumbricoides. Arch Pathol Lab Med., v. 124, n. 1, p. 174-5, 2000.

19

Anisaquíase

Pedro Manuel Leal Germano

INTRODUÇÃO

A anisaquíase é uma parasitose do trato digestivo provocada por nematódeos da família *Anisakidae*, sobretudo *Anisakis simplex* e *Pseudoterranova decipiens*, os de maior importância em saúde pública; bem como *Contracaecum* (*Phocascaris*) spp, prejudicial apenas do ponto de vista estético do peixe como produto comercial. Apontam-se, também, as larvas de *Thynnascaris* spp e *Hysterothylacium* spp, com predominância nos países do Oriente, principalmente na China. A única forma do parasita encontrada nos peixes e no próprio homem é a larvar, sem características específicas que permitam sua identificação. De acordo com resultados de pesquisas eletroforéticas, esses nematódeos são assim classificados: *A. simplex* tipos I, II e III, e *P. decipiens* e *Thynnascaris* spp tipos A, B e C.

AGENTES ETIOLÓGICOS

O *A. simplex* é um nematódeo que, em sua forma larvar, é comumente encontrado nos peixes marinhos; a forma adulta localiza-se no estômago e intestino delgado de mamíferos marinhos ictiófagos, particularmente nas águas polares e regiões mais frias das zonas temperadas. Assim, mais de 26 espécies de cetáceos (baleias e golfinhos) e 13 de pinípedes (focas, morsas e leões-marinhos) são os hospedeiros definitivos, enquanto os peixes marinhos, principalmente os arenques (família dos clupeídeos) e as merluzas (família dos gadídeos), constituem os hospedeiros paratênicos (ou intermediários, como muitos autores se referem). O homem torna-se hospedeiro acidental da forma larvar (L_3) ao ingerir peixe cru ou insuficientemente cozido, salgado ou parcialmente defumado.

Larvas de A. simplex têm sido encontradas em ampla variedade de espécies de peixes marinhos (mais de duas centenas), na maioria dos oceanos e mares; sobretudo no Atlântico e nos mares do Norte, no Mediterrâneo, no Amarelo e no mar da China.

386 ■ HIGIENE E VIGILÂNCIA SANITÁRIA DE ALIMENTOS

A *P. decipiens*, nematódeo também de peixes, com menor importância em saúde pública do que o *A. simplex*, ao longo dos últimos 50 anos teve várias designações: *Ascaris decipiens, Porrocaecum decipiens, Terranova decipiens* e *Phocanema decipiens*. As formas adultas parasitam sobretudo focas, seus hospedeiros definitivos. Contudo, são muitas as espécies capazes de albergar o parasita, como hospedeiros paratênicos, destacando-se entre elas o bacalhau (*Gadus morhua*) e as espécies piscívoras bentônicas de grande porte; as larvas podem sobreviver muitos anos na musculatura, aumentando em número com o tempo de vida do peixe.

CICLO DE VIDA DO *A. SIMPLEX*

Os ovos eliminados pelos parasitas adultos, alojados no estômago e intestino delgado dos mamíferos marinhos, são expulsos com as fezes para o meio aquático, onde embrionam (Figura 19.1). A formação das larvas, de M_3 a M_4 e de L_3 a L_4, ocorre em um período de 4 a 8 dias com temperatura que varia de 13 a 18°C, ou de 20 a 27 dias de 5 a 7°C; a primeira muda (M_1) ocorre no interior dos ovos, dando origem à L_1 – a larva resultante é a L_2, com grande atividade, podendo sobreviver de 3 a 4 semanas, de 13 a 18°C, ou 6 a 7 semanas de 5 a 7°C. Os eufausídeos, pequenos crustáceos, exercem o papel de hospedeiros intercalados: ao ingerirem as L_2, estas migram para o hemocele, onde mudam para L_3, permanecendo livres e não encapsuladas. Esses crustáceos representam importante fonte de alimentação para peixes teleósteos, arenque e chicarro (família dos carangídeos). Diferentes espécies de peixes, bem como lulas (cefalópodes), predam os crustáceos que albergam as L_3 e passam a infectar-se com essa forma larvar. Nos hospedeiros paratênicos, as L_3 não sofrem mudanças e são encontradas encapsuladas nas vísceras, às vezes em grandes quantidades, na superfície do fígado, quando são facilmente identificáveis ou, com menor frequência, encapsuladas no músculo. Contudo, esses peixes e as lulas podem ser predados por exemplares maiores. No tubo digestivo destes últimos, as L_3 libertam-se, movem-se vigorosamente e são capazes de se restabelecer nos novos hospedeiros paratênicos, sem sofrer qualquer mudança.

CICLO DE VIDA DA *P. DECIPIENS*

As fêmeas do parasita liberam seus ovos no trato digestivo de focas, leões--marinhos e morsas, os quais são expulsos pelas fezes para o meio aquático (Figura 19.2). Os ovos, já parcialmente embrionados, sedimentam-se com rapidez e aderem ao substrato, desenvolvendo-se de acordo com a temperatura ambiente – 140 dias a 17°C ou 9 dias a 22°C. Ainda dentro do ovo, a L_1 muda para L_2, e talvez mesmo para L_3, e torna-se livre após a eclosão: fixa-se pela extremidade a um substrato e, com movimentos oscilatórios, favorece a atração dos primeiros hospedeiros intermediários. Assim, os macroinvertebrados desempenham papel fundamental no ciclo de vida do parasita, pois é a partir deles que os peixes se infectam.

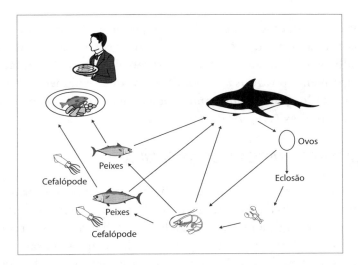

Figura 19.1 Ciclo de vida do *Anisakis simplex*.
Fonte: Eiras (1994).

Nos hospedeiros paratênicos, as larvas de *P. decipiens* atravessam a parede do estômago e acessam a cavidade visceral, atingindo o músculo em que se encapsulam; essa é a principal localização, embora possam ser observadas também nas vísceras. Nos hospedeiros de pequeno porte, ocorrem na musculatura dorsal e ventral, muitas vezes livres; nos de maior porte, localizam-se nas regiões próximas ao estômago, quase sempre encapsuladas.

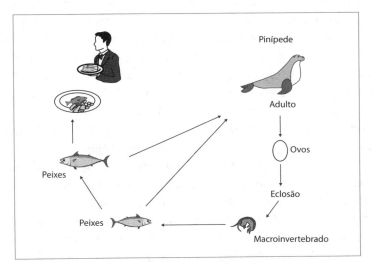

Figura 19.2 Ciclo de vida da *Pseudoterranova decipiens*.
Fonte: Eiras (1994).

É provável que qualquer espécie de peixe possa ser hospedeira paratênica do Anisakis e da Pseudoterranova caso prede um hospedeiro intermediário ou outro peixe que já albergue o nematódeo. Por essa razão, os peixes planctófagos são parasitados principalmente por *Anisakis*, enquanto os que se alimentam da fauna bentônica são parasitados por *Pseudoterranova*; e aqueles que se alimentam de outros peixes albergam, muitas vezes, os dois agentes.

DISTRIBUIÇÃO GEOGRÁFICA DOS *ANISAKIDAE*

A prevalência de *Anisakis* em peixes é maior e bem mais uniforme do que a de *Pseudoterranova*, principalmente no norte do Atlântico, no norte e no sudoeste do Pacífico, na Groenlândia e na região central do Mar do Norte. Peixes marinhos e lulas pescados no Golfo de Tongking, leste do Mar da China, apresentaram prevalência de 30% para larvas de *Anisakis* tipo I, enquanto nos capturados no Mar Amarelo foi de 60%, tendo sido detectadas também larvas de *Pseudoterranova* tipo I e de *Hysterothylacium*. Em levantamento realizado em 1992, no mar de Bohai, China, em 156 peixes, de 19 espécies capturadas, em 121 (63,4%) exemplares pertencentes a 15 espécies, foram detectados *A. simplex*, enquanto apenas um exemplar albergava larvas de *P. decipiens*; 4 espécies de peixes estavam parasitadas por larvas tipo B de *Thynnascaris* e 13 outras por larvas do tipo C, e 4 espécies albergavam *Hysterothylacium China* tipo IV. Em anchovas (*Engrauris japonica*), referidas também como sardinhas, descarregadas no porto de Maizuru, Japão, encontrou-se uma prevalência média de 34% de Anisakidae para os meses de março e abril de 1992. Nos exemplares desse mesmo tipo de peixe, capturados no mar da Coreia, foram encontradas larvas de *Anisakis* tipos I e II e de *Contracaecum* tipos B e C, em 7% dos exemplares examinados.

A infecção por *Anisakidae* ocorre de modo natural em centenas de espécies de peixes, porém a prevalência varia de acordo com a época do ano e conforme o ambiente marinho. As variações geográficas e temporais de abundância de larvas desses nematódeos nos peixes parecem estar ligadas à distribuição e grande quantidade de focas e cetáceos, bem como às variações da temperatura da água. No Báltico, por exemplo, em certos períodos do ano, 95% da população de arenques apresentou-se infectada, com média de 14 larvas por exemplar.

Entre 1990 e 1992, levantamento da fauna piscívora do Golfo de São Lourenço, Canadá, revelou que o parasitismo de bacalhau e linguado (*Hipoglossoides platessoides*) por *P. decipiens* era maior nos exemplares provenientes da Baía de São Jorge, Nova Escócia, enquanto *A. simplex* e *Contracaecum/Phocascaris* spp eram mais abundantes no bacalhau capturado a nordeste do Golfo. De 1983 a 1994, na mesma região, foram encontradas 38 baleias brancas (*Delphinapterus leucas*) parasitadas por nematódeos, sendo 73,7% por *A. simplex*, 15,8% por *Contracaecum* spp e 2,6% por *Pseudoterranova* spp; em uma fêmea, com idade estimada em 17 anos, foram encontrados 3.158 exemplares de *A. simplex*.

No Canal da Mancha, estudo realizado com aproximadamente 10 mil arenques (*Clupea harengus* L.) capturados de 1981 a 1986, revelou uma taxa de prevalência entre 78 e 97% para larvas de *A. simplex*. As variações da taxa de prevalência estão relacionadas com as capturas em si, o tamanho dos peixes e o tempo decorrido entre a captura e a pesquisa de larvas.

Na França, entre 1990 e 1991, foram isoladas larvas em três exemplares de robalo (família dos serranídeos), comercializados em estabelecimentos varejistas da região de Grenoble. Ainda nesse país, de abril de 1993 a fevereiro de 1994, pesquisa de *A. simplex* em peixes comercializados na região de Nantes, evidenciou-se a ocorrência de larvas desse nematódeo em dois tipos de pescada, 30% em Pollachius virens e 44% em Merlangius merlangus; apenas um exemplar de bacalhau (*Gadus morhua*) estava parasitado.

Larvas de *Anisakis* spp, *P. decipiens*, *Contracaecum* spp, bem como formas larvares e adultas de *Hysterothylacium*, foram encontradas em 43 espécies de peixes teleósteos da fauna das Ilhas Faroe, no Atlântico Norte.

Na Espanha, em 1990, no mercado de Granada, foram pesquisados nematódeos em 360 chicharros (*Trachurus trachurus*) capturados em águas territoriais do país, constatando-se que 142 (39,4%) apresentavam-se parasitados por larvas de *Anisakidae*, sendo 26,1% por *A. simplex* e 31,1% por *Hysterothylacium aduncum*; os níveis de contaminação dos exemplares pescados em águas do norte do país eram maiores que os capturados no sul e sudeste e que aqueles provenientes do Mediterrâneo. Ainda na Espanha, de 1992 a 1995, foram examinados exemplares pertencentes a dez espécies de cefalópodes, dos quais cinco apresentavam larvas de *Anisakis* encistadas no trato digestivo e nas gônadas.

No sul do Mar Báltico, na Zona Econômica Exclusiva da Polônia, entre 1987 e 1993, foram encontradas em bacalhau (*Gadus morhua*) as seguintes prevalências para nematódeos: 2,6% para *Contracaecum* spp; 0,92% para *A. simplex*; 0,2% para *Hysterothylacium* spp; e 0,03% para *Pseudoterranova* spp.

Na região costeira do Peru e do Chile, Oceano Pacífico, larvas de *Anisakidae* foram encontradas em diversas espécies da fauna local e em espécimes dos gêneros *Trachurus*, ao qual pertence o chicharro, e *Merluccius*, no qual se destaca a merluza.

No Brasil, pesquisas realizadas com anchovas (*Pomatomus saltatrix*) do Rio de Janeiro revelaram 42% dos exemplares parasitados por *Contracaecum* spp e 33% por *Pseudoterranova* spp. De janeiro de 1993 a dezembro de 1994, de 70 peixes-espada (*Trichiurus lepturus*), pescados no litoral do Rio de Janeiro, 20% estavam parasitados por formas larvares de *A. simplex*, 70% apresentavam-se com *Pseudoterranova* spp e 100% com *Contracaecum* spp. Em pargos (*Pargus pargus*) pescados na costa brasileira, foi encontrada prevalência de 78 a 100% para *Contracaecum* spp e 44% para *Pseudoterranova* spp.

Larvas de terceiro estágio (L_3) de *P. decipiens* foram encontradas em exemplares de bacalhau (*Notothenia neglecta*) capturados no Oceano Antártico, Polo Sul.

Nos Estados Unidos, levantamento realizado em aproximadamente 50 restaurantes da área de Seattle revelou que 10% dos pratos de sushi preparados com salmão (família dos salmonídeos) continham até três larvas de *Anisakidae*. À exceção de duas larvas, as demais estavam mortas, por causa da prática de congelamento prévio do peixe, enquanto 5% das porções preparadas com cavala (família dos escombrídeos) apresentavam-se contaminadas com uma única larva do nematódeo.

DISTRIBUIÇÃO GEOGRÁFICA DA ANISAQUÍASE

O termo anisaquíase é empregado genericamente para caracterizar a doença aguda no homem, provocada pelas larvas dos parasitas da *família Anisakidae*. A prevalência maior da infecção em seres humanos é observada nos países em que o hábito de ingerir peixe de origem marinha cru ou semicru é tradicional, como no caso do Japão. Levantamento global, realizado no país em 1988, revelou a ocorrência de 11 mil casos, sendo a faixa etária dos 20 aos 50 anos aquela com taxa mais elevada.

Muitos outros países da Ásia com os mesmos hábitos alimentares apresentam taxas consideráveis de infecção. Assim, na Coreia, por exemplo, acredita-se que o número de casos de anisaquíase registrado no país seja subestimado. Em pesquisa realizada de 1989 a 1992, com 107 portadores de anisaquíase entre 30 e 49 anos de idade, *A. simplex* foi isolado da maioria dos pacientes, enquanto *P. decipiens* foi encontrado com menor frequência.

Na Europa, em particular na Holanda, o hábito de comer arenque ligeiramente defumado foi responsável pela ocorrência de 160 casos de anisaquíase na população entre 1955, data da notificação do primeiro caso, e 1968, quando se adotou o congelamento prévio do peixe, a –20°C por 24 horas antes do consumo do produto; a partir de então a incidência passou a ser esporádica.

Na França, em Nantes, a partir de 1986, foram registrados três casos de abdome agudo por *Anisakis sp*. Um dos casos foi provocado pela ingestão de pescado cru. Pesquisa realizada, ainda no mesmo país, apresenta cinco casos agudos de anisaquíase, com a visualização de larvas fixadas à mucosa gástrica por gastroscopia, e 20 casos crônicos com diagnóstico sorológico: todos os pacientes estudados tinham em comum o hábito de consumir peixe cru.

Na Espanha, são relatados três casos de anisaquíase por consumo de sardinhas cruas, dois deles por *A. simplex* e outro por *P. decipiens*.

Em Londres, no Reino Unido, durante um ato cirúrgico para a remoção do apêndice de uma paciente do sexo feminino de origem japonesa, com 43 anos e diagnóstico de abdome agudo, foi encontrada larva de *Anisakis* spp localizada em porção do íleo.

Casos isolados de anisaquíase têm sido observados também em outros países da Europa, como Bélgica, Dinamarca e Alemanha.

Na América do Norte, até 1983, haviam sido registrados 23 casos de anisaquíase, distribuídos entre Alasca, Canadá e Estados Unidos. A partir de então, encontram-se na literatura registros esporádicos de casos isolados nesses países. No Canadá, em Alberta, foi relatado um caso de anisaquíase por ingestão de sushi, em paciente de etnia chinesa, do qual foi isolada uma larva L_4 de *Anisakis* spp. Nos Estados Unidos, os casos humanos de anisaquíase, diagnosticados na costa oeste, têm sido ocasionados com maior frequência por *P. decipiens*. Antes de 1983, haviam sido documentados onze casos na Califórnia e cinco no Alasca.

Na América Latina, o relato de casos da infecção por *Anisakidae* no homem restringe-se exclusivamente ao Chile, embora o nematódeo tenha sido isolado de diferentes espécies de peixes no Oceano Pacífico e mesmo no Atlântico Sul (Chai et al., 1995), mais especificamente na costa do Brasil.

Assim, a partir de 1976, no Chile, quatro casos de anisaquíase foram relatados. O primeiro por larvas de *Anisakis* spp; dois outros por *Pseudoterranova* spp; e, inclusive o último deles, em 1996, teve origem no consumo de peixe defumado. Houve ainda o caso de uma turista belga, em que as larvas não foram recuperadas.

A INFECÇÃO NOS ANIMAIS

Nos peixes e cefalópodes vivos, as larvas de terceiro estágio (L_3) permanecem fixadas às mucosas das paredes gástrica e intestinal, podendo ser encontradas também no fígado. No momento da captura e consequente morte dos hospedeiros, as larvas atravessam as paredes do trato digestivo e alcançam o tecido muscular, onde sobrevivem por tempo indeterminado. Assim, quando os peixes são eviscerados logo após a captura, no próprio barco pesqueiro, não há tempo suficiente para a migração das larvas aos tecidos; todavia, a partir da adoção de novas técnicas de conservação, principalmente a instalação de câmaras frigoríficas nos barcos, o procedimento passou a ser executado após o desembarque, nas fábricas, favorecendo a migração larvar.

As larvas somente são afetadas por temperaturas de congelamento, $-20^{\circ}C$ durante 24 horas, embora se afirme que para alguns tipos de *Anisakidae* seriam necessárias 72 horas a essa temperatura, a fim de que as larvas fossem inativadas completamente. Deve-se destacar ainda que as larvas resistem à salmoura, à defumação e à marinada, bem como podem sobreviver durante 51 dias no vinagre.

A INFECÇÃO NO HOMEM

A infecção humana ocorre geralmente pela presença de uma única larva no trato digestivo, nas mucosas gástrica ou intestinal; há casos com algumas dezenas de larvas de *Anisakidae*, porém são raros. Do mesmo modo, as larvas encontradas com maior frequência são as pertencentes ao terceiro estágio de desenvolvimento do nematódeo (L_3); contudo, parasitismo por L_4 já foi encontrado em algumas ocasiões.

A localização extragastrointestinal também não é comum; todavia, há registro de casos de larvas encontradas na orofaringe, no músculo lingual, no pulmão e no linfonodo mesocólico.

Na anisaquíase, é possível que a larva ingerida não consiga se fixar às mucosas digestivas, sendo eliminada pelo vômito ou pelas fezes das pessoas infectadas, seriam os casos considerados assintomáticos. Essa pode ser uma das razões da subnotificação ou mesmo da ausência de relatos de casos em muitos países em que o hábito de consumir pescado cru ou semicru, apesar de não ser tradicional, é adotado por determinados grupos da população.

LESÕES

As lesões dos pacientes geralmente são observadas mediante os exames endoscópicos aos quais são submetidos. Na maior parte dos casos, há edema, erosão ou úlcera da mucosa gástrica e hemorragia; é frequente o espessamento da parede do estômago, especialmente da submucosa.

Em um caso no qual se observou múltiplo parasitismo por larvas de *Anisakis simplex*, a parede gástrica apresentava-se com protrusões pequenas, vermelhas e erosivas no interior das quais se encontravam as larvas do parasita.

O granuloma eosinofílico, resultado da resposta inflamatória do organismo à presença do parasita, necrosado ou não, dependendo do tempo de evolução do quadro clínico, pode ser observado na parede do estômago, na região da pequena ou grande curvatura, bem como no intestino, preferencialmente no jejuno ou íleo e, com menor frequência, no cólon; a larva do parasita ou fragmentos de sua cutícula podem ser encontrados no interior do granuloma.

SINTOMAS

O início da manifestação clínica ocorre entre duas horas, ou menos, até duas semanas após a ingestão de pescado marinho contaminado pelas larvas L_3 de *Anisakidae*.

A principal queixa, relatada pela maioria dos pacientes, é a dor epigástrica aguda com sensação de náuseas, pouco tempo após a ingestão de peixe cru ou semicru; algumas pessoas apresentam pirexia. Com a evolução do quadro, pode ocorrer hemorragia gástrica, perda de peso e até mesmo obstrução intestinal. A maior parte dos casos relatados é de evolução aguda.

Nas infecções crônicas, os pacientes queixam-se da sensação intermitente de mal-estar e dor abdominal por várias semanas ou meses, com perda de peso, quadros que são frequentemente confundidos com outras enfermidades gastrointestinais, sobretudo apendicite, câncer gástrico e carcinoma do cólon.

Em um caso de anisaquíase, com localização no músculo lingual e orofaringe, a paciente relatava uma sensação pruriginosa ou de formigamento na garganta, além de tosse e dor discreta no palato; após exame clínico, duas larvas de *Anisakis* tipo I foram removidas da porção posterior da língua da paciente duas horas após a ingestão de sashimi preparado a partir de lulas cruas.

Os pacientes com anisaquíase podem apresentar leucocitose e eosinofilia, dependendo do tempo de evolução da infecção, bem como aumento da IgE.

DIAGNÓSTICO

O início súbito de dor epigástrica, principalmente algumas horas após a ingestão de pescado cru, semicru, salgado ou defumado, é sugestivo de anisaquíase, principalmente quando se tratar de pacientes sem antecedentes de distúrbios digestivos. Contudo, nos casos com evolução de dois ou mais dias, caracterizados por dor abdominal difusa e diante de um quadro febril acompanhado de leucocitose, pode-se confundir a síndrome com apendicite aguda, como tem sido registrado na literatura médica. Do mesmo modo, nos pacientes com hemorragia gástrica, provocada pela larva do parasita, o quadro clínico pode ser confundido com úlcera péptica.

O exame endoscópico propicia, na maior parte dos casos, o diagnóstico de anisaquíase, pois permite visualizar, além do tipo de lesão, a própria larva do nematódeo fixada à mucosa do estômago ou da porção alta do intestino, bem como sua remoção. O exame radiológico também pode ser de utilidade sobretudo no diagnóstico das lesões, porém há necessidade da endoscopia para se confirmar a infecção.

A sorologia é importante, notadamente nos casos subagudos e crônicos, constituindo a única evidência do parasitismo. Exemplo digno de menção é o caso de uma paciente de 32 anos com eosinofilia e problemas digestivos crônicos ao longo de vários anos, que se alimentava com peixe cru, no mínimo uma vez por mês em restaurantes japoneses, e que se revelou seropositiva para anisaquíase.

As provas sorológicas recomendadas são o Elisa (Enzyme Linked Immunosorbent Assay), preparado a partir de L_3 de *A. simplex*, imuno-eletroforese (IEF) e o Western blotting, extrato total de L_3 de A. simplex, o qual é superior à IEF e à técnica de Ouchterlony. Está comprovado que a resposta humoral de anticorpos IgA e IgE aos antígenos larvares excretórios-secretórios constitui um valioso indicador da infecção, superior ao da IgG. Contudo, sempre há o risco de falsos-positivos em razão de anticorpos estimulados por uma infecção prévia subclínica com *A. simplex* ou por reação cruzada com outros agentes parasitários, como *Dirofilaria immitis*, *Toxocara canis*, *Toxocara cati*, *Fasciola hepatica*, *Ascaris suum* e *Paragonimus westermani*.

TRATAMENTO

A maioria dos casos é submetida à endoscopia como parte do procedimento diagnóstico; ao se encontrar a larva fixada à parede gástrica, faz-se sua remoção imediata. Outra parte dos pacientes é submetida à cirurgia abdominal, às vezes como laparotomia de emergência, seja por suspeita de tumor do estômago ou do intestino, seja por confundir-se com apendicite aguda; nesses casos, o cirurgião procura extirpar as massas pseudotumorais, os granulomas reacionais ou as áreas sede de abscessos.

Trabalhos experimentais, realizados in vitro com larvas de *A. simplex* em meios de cultura, comprovaram a sensibilidade de L_3 e L_4 aos seguintes anti-helmínticos: nitroxinil, noclofolan, bitionol, closantel, rafoxanida, praziquantel, nitroscanato e ivermectina. De acordo com os mesmos autores, mebendazol, oxibendazol, albendazol, flubendazol, oxfendazol, febendazol e pamoato de pirantel agiram como impedientes da transição de L_3 a L_4. Nesse mesmo estudo, constatou-se que o triclabendazol age apenas nas L_3, enquanto o citrato e o dihidroclorato de piperazina, além da dietilcarbamazina, não apresentaram atividade anti-helmíntica. Do mesmo modo, já havia sido constatada ausência de efeito larvicida do pamoato de pirantel e do tiabendazol.

Pesquisas realizadas *in vitro* comprovaram a eficácia do extrato de folhas de *Perilla frutescens*, usado tradicionalmente na medicina chinesa, nos casos de toxicoses provocadas pela carne de peixe; o perilaldeído inibe a motilidade espontânea de 90% das larvas em 8 horas e causa sua morte após 24 horas de contato. O gengibre (*Zingiber officinale*), originário do sudoeste da Ásia e da China – utilizado como estimulante da digestão e antidispéptico, entre outras propriedades medicinais – mostrou-se eficaz *in vitro* contra as larvas de *A. simplex*, inibindo sua motilidade. Do mesmo modo, o (+)arturmeron, princípio ativo extraído da cúrcuma ou açafrão--da-terra (*Curcuma longa*) – planta perene natural dos trópicos, que tem propriedades medicinais recomendada nas afecções das vias urinárias, nos casos de icterícia e em determinadas doenças do fígado – mostrou-se eficaz contra as L_3 do parasita na concentração de 25 mg/mL.

A utilização de antibióticos na anisaquíase, apontada por muitos autores como parte do tratamento, é recomendada apenas nos casos de infecções secundárias.

PREVENÇÃO

Está comprovado que os anisakidae podem ser encontrados nas mais variadas espécies de pescado marinho, em todas as partes do globo, nos mais diversos níveis de ocorrência. Por outro lado, o consumo de peixe cru, semicru ou parcialmente defumado, hábito alimentar diretamente ligado a fatores culturais, é o principal responsável pela infecção do homem por larvas do terceiro ou quarto estágios dos parasitas.

Do ponto de vista da prevenção, nos países em que o consumo de pescado, nas condições apontadas, é cultural, a alteração ou substituição desse padrão é muito difícil. No Japão, por exemplo, líder mundial em incidência de anisaquíase, a população continua consumindo naturalmente pescado cru, sem a menor preocupação com as eventuais consequências. Contudo, o problema assumiu maiores proporções a partir do momento em que muitos países passaram a adotar essa prática culinária e o consumo de pescado cru tornou-se modismo. A primeira medida a ser adotada em tais países é a tentativa de desestimular o consumo de pescado marinho cru, semicru ou parcialmente defumado; campanhas alarmistas foram bem-sucedidas na Alemanha e Itália.

A União Europeia, a fim de evitar discriminação ou constrangimento entre seus membros, propôs alguns procedimentos considerados eficazes na diminuição do risco de infecção: evisceração imediatamente após a captura nos barcos pesqueiros e congelamento a −20°C durante três dias.

Outro procedimento importante refere-se à inspeção dos filés de pescado, no momento do preparo, mediante a técnica de transluminiscência, para detecção de larvas fixadas nos tecidos. Porém, para matar as larvas dos anisakidae, tornando o alimento inócuo, o procedimento mais adequado é a cocção do pescado a 73°C, controlando-se para que o interior da massa (ou centro geométrico) assim permaneça por 3 minutos.

A ausência de regras internacionais em relação a essa problemática resulta no não cumprimento dos procedimentos de prevenção, sobretudo os relativos à pesca (Bouree et al., 1995). Os países que adotaram leis que regulamentam o comércio de pescado tiveram redução drástica na ocorrência de casos de anisaquíase, como aconteceu na Holanda, quando se adotou o congelamento obrigatório (−20°C) durante as 24 horas que antecedem a venda.

CONCLUSÕES

A anisaquíase é uma doença parasitária de distribuição mundial. No Brasil, ainda não existem registros de sua ocorrência no homem, embora larvas de *Anisakidae* tenham sido identificadas em peixes-espada, anchovas e pargos capturados na costa do Rio de Janeiro.

Com base em tal constatação, pode-se considerar a anisaquíase como zoonose emergente no país, principalmente em razão da vulgarização e do aumento do consumo de pescado marinho cru, sob forma de sushi e sashimi, em restaurantes orientais e em fast-food, sobretudo nas áreas de alimentação dos shopping centers, além dos inúmeros estabelecimentos especializados na entrega em domicílio.

A maior facilidade de deslocamento, a turismo ou a negócios, para países em que o consumo de pescado marinho cru faz parte dos hábitos alimentares é outro fator predisponente para a infecção. Por outro lado, a abertura de mercado, favorecendo a importação de produtos marinhos, sobretudo os defumados e os salgados, pode também propiciar a ocorrência de casos.

Por se tratar de infecção ainda não diagnosticada no Brasil e em razão da dificuldade de diagnóstico diferencial com câncer gástrico, carcinoma do cólon, úlcera gástrica, apendicite e outras patologias, pode estar ocorrendo subnotificação de casos por parte dos serviços médicos.

Por essas razões, a legislação de alimentos, no âmbito da vigilância sanitária, deveria prever normas e procedimentos específicos para o preparo de pratos à base de pescado marinho cru ou semicru, a exemplo do que foi adotado em países da Europa e nos Estados Unidos.

REFERÊNCIAS

ADAMS, A.M. et al. Anisakid parasites, Staphylococcus aureus and Bacillus cereus in sushi and sashimi from Seattle area restaurants. J of Food Protec., v. 57, n. 4, p. 311-7, 1994.

ADROHER, F.J. et al. Larval anisakids (Nematoda: Ascaroidea) in horse mackerel (Trachurus trachurus) from the fish market in Granada (Spain). Parasitol Resea., v. 82, n. 3, p. 253-6, 1996.

AKAO, N.; OHYAMA, T.A.; KONDO, K. Immunoblot analysis of serum IgG, IgA and IgE responses against larval excretory-secretory antigens of Anisakis simplex in patients with gastric anisakiasis. J of Helmi., v. 64, n. 4, p. 310-8, 1990.

ASH, L.R. et al. Human anisakiasis misdiagnosed as abdominal angiostrongyliasis. Clinical Infectious Diseases, v. 16, n. 2, p. 332-4, 1993.

BARROS, G.C.; CAVALCANTI, J.W. Larvas infectantes de Anisakídeos em peixes de elevado consumo, provenientes do litoral nordeste do Brasil. Hig Alim., v. 12, n. 58, p. 71-5, 1998.

BARROS, C. et al. Anisakiasis humana en España por consumo de sardinas crudas. Alimentaria, v. 28, n. 233, p. 57-61, 1992.

BOILY, F.; MARCOGLIESE, D.J. Geographical variations in abundance of larval anisakine nematodes in Atlantic cod (Gadus morhua) and American plaice (Hippoglossoides platessoides) from the Gulf of St. Lawrence. Can J Fish Aquat Sci., v. 52, Suppl. 1, p. 105-15, 1995.

BOUREE, P.; PAUGAM, A.; PETITHORY, J.C. Anisakidosis: report of 25 cases and review of the literature. Comp Immun Microbiol Infecti Dis., v. 18, n. 2, p. 75-84, 1995.

CHAI, J.Y. et al. Recovery of Pseudoterranova decipiens (Anisakidae) larvae from codfish of the Antarctic Ocean. Korean J Parasitol., v. 33, n. 3, p. 231-4, 1995.

CHORD-AUGER, S.; MIEGEVILLE, M.; LE PAPE, P. L'anisakiase dans la région Nantaise de l'étal du poissonier au cabinet du médecin. Parasite, v. 2, p. 395-400, 1995.

DECLERCK, D. Présence de larves de Anisakis simplex dans le hareng (Clupea harengus L.). Revue de l'Agriculture, v. 41, n. 4, p. 971-80, 1988.

EIRAS, J.C. Elementos de ictioparasitologia. Porto: Fundação Engenheiro Antônio de Almeida, 1994.

FUJISHIMA, H. et al. Endoscopic ultrasonography findings in acute gastric anisakiasis. American J of Gastroen., v. 87, n. 11, p. 1618-23, 1992.

GOTO, C. et al. Lethal efficacy of extract from Zingiber officinale (traditional Chinese medicine) or [6]-shogaol and [6]-gingerol in Anisakis larvae in vitro. Parasitology-Research, v. 76, n. 8, p. 653-6, 1990.

GUTIERREZ-RAMOS, R.; TSUJI, M. Detection of antibodies to Anisakis simplex larvae by enzyme--linked immunosorbent assay and immunoelectrophoresis using crude or purified antigens. J Helminth., v. 68, n. 4, p. 305-9, 1994.

HAMDAN, M.; WAGNER, J. Anisakiase pseudo-tumorale de l'estomac révélée par une hémorragie digestive. A propos d'un cas et revue de la littérature. Semaine des Hôpitaux de Paris, v. 68, n. 19, p. 559-61, 1992.

IGLESIAS, R. et al. Anisakis simplex: antigen recognition and antibody production in experimentally infected mice. Para Immunol., v. 15, p. 243-50, 1993.

IKEDA, K.; KUMASHIRO, R.; KIFUNE, T. Nine cases of acute gastric anisakiasis. Gastrointestinal Endoscopy, v. 35, n. 4, p. 304-8, 1989.

IM, K.I. et al. Gastric anisakiasis cases in Cheju-do, Korea. Korean J Parasitol., v. 33, p. 3, p. 179-86, 1995.

KAGEI, N.; ISOGAKI, H. A case of abdominal syndrome caused by the presence of a large number of Anisakis larvae. Intern J for Parasitol., v. 22, n. 2, p. 251-3, 1992.

KAGEI, N. et al. A case of hepatic anisakiasis with a literal survey for extra-gastroin-testinal anisakiasis. Japanese J of Parasitol., v. 44, n. 4, p. 346-51, 1995.

KARK, A.E.; MCALPINE, J.C. Anisakiasis ('herring worm disease') as a cause of acute abdominal crisis. British J Clin Practice, v. 48, n. 4, p. 216-7, 1994.

KASUYA, S. et al. Lethal efficacy of leaf extract from Perilla frutescens (traditional Chinese medicine) or perillaldehyde on Anisakis larvae in vitro. Japanese J of Parasitol., v. 39, n. 2, p. 220-5, 1990.

KIM, H.J.; PARK, C.; CHO, S.Y. A case of extragastrointestinal anisakiasis involving a mesocolic lymph node. Korean J Parasitol., v. 35, n. 1, p. 63-6, 1997.

KIM, L.S. et al. A case of anisakiasis causing intestinal obstruction. Korean J of Parasitol., v. 29, n. 1, p. 93-6, 1991.

KINO, H. et al. Occurrence of anisakiasis in the western part of Shizuoka Prefecture, with special reference to the prevalence of anisakid infections in sardine, Engraulis japonica. Japanese Journal of Parasitology, v. 42, n. 4, p. 308-12, 1993.

KOIE, M. Nematode parasites in teleosts from 0 to 1540 m depth off the Faroe Islands (the north Atlantic). Ophelia, v. 38, n. 3, p. 217-43, 1993.

KOWALEWSKA-GROCHOWSKA, K. et al. A case of anisakiasis – Alberta. Canada Diseases Weekly Report, v. 15, n. 44, p. 221-3, 1989.

MA, H.W. et al. The infection status of anisakid larvae in marine fish and cephalopods from the Bohai Sea, China and their taxonomical consideration. Korean J Parasitol., v. 35, n. 1, p. 19-24, 1997.

MATSUMOTO, T. et al. Anisakiasis of the colon: radiologic and endoscopic features in six patients. Radiology, v. 183, n. 1, p. 97-9, 1992.

MATSUOKA, H. et al. A case report of serologically diagnosed pulmonary anisakiasis with pleural effusion and multiple lesions. Am J Trop Hyg., v. 5, n. 6, p. 819-22, 1994.

MEASURES, L.N. et al. Helminths of na endangered population of belugas, Del-phinapterus leucas, in the St. Lawrence estuary, Canada. Canadian J of Zool., v. 73, n. 8, p. 1402-9, 1995.

MERCADO, R.; TORRES, P.; MAIRA, J. Human case of gastric infection by a fourth larval stage of Pseudoterranova decipiens (Nematoda, Anisakidae). Rev Saúde Pública, v. 31, n. 2, p. 178-81, 1997.

MIRA-GUTIERREZ, J.; GARCIA-MARTOS, P.; HILARIO-MADRID, L.M. Anisaquiasis, una parasitosis emergente en nuestro ambiente. Rev Clin Española, v. 195, n. 2, p. 105-8, 1995.

MONTIGNY, S. de et al. Anisakiase gastrique: guérison par extraction endoscopique retardée. Presse Médicale, v. 20, n. 4, p. 180, 1991.

MYJAK, P. et al. Anisakid larvae in cod from the southern Baltic Sea. Archive of Fishery and Marine Research, v. 42, n. 2, p. 149-61, 1994.

PASCUAL, S. et al. Parasites in commercially-exploited cephalopods (Mollusca, Cephalopoda) in Spain: un updated perspective. Aquaculture, v. 142, p. 1-10, 1996.

PELLOUX, H.; PINEL, C.; AMBROISE-THOMAS, P. Larves d'Anisakidae: detection dans la chair des poissons et préventions de l'anisakiase humaine. Méd Mal Infect., v. 22, p. 939-40, 1992.

PETITHORY, J.C. et al. Anisakis simplex, a co-factor of gastric cancer? Lancet, British edition, v. 336, n. 8721, p. 1002, 1990.

PETITHORY, J.C.; ROUSSEAU, M.; SIODLAK, F. Données séroépidémiologiques sur l'anisakiase. Conséquences prophylactiques pour les produits de la peche. Annales de Gastroenterologie et d'Hepatologie, v. 27, n. 6, p. 285-7, 1991.

PETITHORY, J.C.; VERRIER, F.; GUYET-ROUSSET, P. Étude biologique d'un cas d'anisakiase colique. Revue de la littérature. Pathologie Biologie, v. 40, n. 1, p. 47-51, 1992.

REGO, A.A. et al. Parasitos de anchovas Pomatomus saltatriz, do Rio de Janeiro. Cien e Cult., v. 35, n. 9, p. 1329-36, 1983.

SÃO CLEMENTE, S.C. et al. Análise do parasitismo de peixe espada Trichiurus lepturus L. do litoral do Rio de Janeiro – Brasil. Parasitol al Dia, v. 19, n. 3/4, p. 146-9, 1995.

SHIRAHAMA, M. et al. Colonic anisakiasis simulating carcinoma of the colon. American J of Roent., v. 155, n. 4, p. 895, 1990.

SONG, S.B. et al. Infection status of anisakid larvae in anchovies purchased from local fishery market near southern and eastern sea in Korea. Korean J Parasitol., v. 33, n. 2, p. 95-9, 1995.

SUN, S.Z.; KOYAMA, T.; KAGEI, N. Anisakidae larvae found in marine fishes and squids from the Gulf of Tongking, the East China Sea and the Yellow Sea. Japanese J of Med Sci and Biol., v. 44, n. 3, p. 99-108, 1991.

SUZUKI, J. et al. Effects of Chinese medicine for hrlminth (VII). Minimun lethal concentration on 3rd stage larvae of Anisakis simplex with the natural compounds, isolated from crude drugs and several kinds of derivatives. Annual Report of the Tokio Metropolitan Research Laboratory of Public Health, v. 45, p. 35-41, 1994.

TANABE, M. et al. A case report of ectopic anisakiasis. Japanese J of Parasitol., v. 39, n. 4, p. 397-9, 1990.

TOJO, J. et al. In vitro effect of antihelminthics on Anisakis simplex survival. Japanese J of Parasitol., v. 41, n. 6, p. 473-80, 1992.

20

Cisticercose bovina

Pedro Manuel Leal Germano
Maria Izabel Simões Germano
Tarcila Neves Lange

INTRODUÇÃO

A ocorrência da teníase no homem é diretamente influenciada por princípios de higiene. A cisticercose bovina, por sua vez, tem origem nas más condições de manejo e, sobretudo, na contaminação ambiental provocada pelo próprio homem, hospedeiro da forma adulta da *Taenia saginata*, endêmica em países subdesenvolvidos.

No contexto epidemiológico, o complexo teníase-cisticercose, determinado pela *T. saginata*, apresenta vários elementos dignos de menção, sobretudo aqueles pertinentes à relação hospedeiro/parasita.

Cumpre destacar que a cisticercose bovina é um problema que, na atualidade, é considerado sinônimo de inadequação técnica em relação à adoção das Boas Práticas Agropecuárias, determinando prejuízos econômicos nos matadouros e frigoríficos responsáveis pelo abate, além de representar um fator de risco para a saúde pública.

Portanto, dada a relevância dos fatos, é necessário analisar os diferentes elos da cadeia de transmissão da cisticercose bovina, determinar as medidas preventivas principais e estabelecer os aspectos primordiais para o controle da infecção, tanto no homem como nos bovinos.

CADEIA DE TRANSMISSÃO

O homem é o único hospedeiro definitivo da forma adulta da *T. saginata*. A forma larvar tem como principais hospedeiros os bovinos domésticos (*Bos taurus* e *Bos indicus*) e búfalos (*Bubalus bubalus*), podendo também ser encontrada em ruminantes silvestres, como lhama, rena, girafa, gnu, antílope e gazela. Deve-se destacar que há relatos no homem sobre o encontro de cisticercos com ausência de ganchos no escólice, característica do *Cysticercus bovis*; porém, na maioria dos casos, não se dispõe de dados conclusivos.

O homem adquire a infecção ao ingerir carne bovina crua ou insuficientemente cozida que contenha cisticercos viáveis (Figura 20.1). Estudo realizado com 2.500

pessoas infectadas revelou que 90% dos casos resultaram da decisão consciente de ingerir carne crua. Esse hábito alimentar é característico de indivíduos e famílias e pode ser influenciado por profissão, idade, sexo e estado civil. O fator cultural, também, pode influir no hábito alimentar, visto que, em algumas regiões do mundo, há pratos típicos da culinária preparados com carne crua ou mal cozida, como bife tártaro (steak tartar), quibe cru e carpaccio. A degustação da carne crua, durante sua preparação e antes de estar totalmente cozida, constitui outro hábito que propicia a infecção.

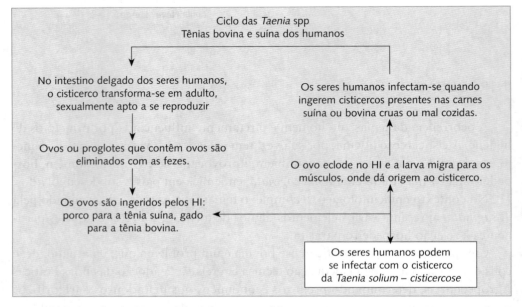

ID = Intestino Delgado; HI = Hospedeiro Intermediário

Figura 20.1 Ciclo das tênias bovina e suína adaptado de *Parasites and Parasitological Resources*. Fonte: Acha e Szyfres (2003).

Ao ser ingerido, o cisticerco é ativado por sucos gástricos e sais biliares, ocorrendo a desinvaginação do escólex, que se fixa à mucosa do jejuno por meio de suas ventosas. Em algumas semanas, o parasita atinge o estágio adulto. Geralmente, encontra-se apenas um único parasita na luz intestinal – comumente designado de solitária – podendo aí permanecer por 25 a 35 anos. Apresenta de 4 a 12 metros de comprimento e de 5 a 7 milímetros de largura máxima nos últimos segmentos. O estróbilo (corpo da tênia) é formado por uma cadeia de 1 mil a 2 mil segmentos ou proglótides, classificados em imaturos, maduros e grávidos ou ovígeros. Estes, que se encontram na porção terminal do parasita, possuem milhares de ovos ou embrióforos (50 mil a 100 mil), que contêm o embrião denominado oncosfera.

Diariamente, 10 a 15 proglótides grávidas destacam-se do estróbilo, podendo ser expelidas pela evacuação. No entanto, a *T. saginata* apresenta uma particularidade, pois as proglótides podem ser expulsas espontaneamente, por movimentos próprios, forçando o esfíncter anal. Nesse caso, frequentemente, os segmentos se rompem, liberando os ovos. A cada dia, de 500 mil a 1 milhão de ovos (30 a 40 µm de diâmetro) são eliminados por um único hospedeiro, seja nas proglótides ou livres nas fezes, contaminando o meio ambiente.

A maioria dos casos de teníase humana é assintomática. Quando há sintomatologia, ela é variável e não específica, podendo ocorrer alterações no apetite (anorexia ou apetite exagerado), náusea, vômitos, dor abdominal, diarreia ou constipação, prurido anal, perda de peso, debilidade geral, manifestações de alergia cutânea, cefaleia e tontura. Observa-se processo inflamatório discreto na mucosa, no ponto de fixação da tênia. O sinal patognomônico primário é a eliminação espontânea das proglótides.

A longevidade da *T. saginata* e sua grande produção de ovos são características importantes na epidemiologia da doença. Casos de cura espontânea ocorrem raramente, sendo que a duração da infecção é regulada basicamente pela terapêutica instituída. Os ovos podem ser encontrados nas mãos do hospedeiro, na região perianal e perineal, nas roupas, nos lençóis e até mesmo na mobília da residência.

Os principais fatores que favorecem a contaminação do meio ambiente com ovos abrangem a higiene pessoal deficiente e o saneamento público ou local precários, associados ao fácil deslocamento do homem, representado sobretudo pelas viagens em massa e migrações de trabalhadores.

A longevidade dos ovos no ambiente é determinada, principalmente, pela umidade relativa do ar e pela temperatura. De uma forma geral, sob diversas condições ambientais, os ovos podem permanecer viáveis por um período de 4 a 12 meses.

Os bovinos infectam-se ao ingerirem os ovos. A transmissão direta horizontal pode ocorrer quando um homem com teníase estimula bezerros para o aleitamento artificial, colocando seus dedos contaminados com ovos na boca dos animais. Essa forma de transmissão ocorre particularmente em confinamentos onde apenas uma fonte de infecção pode gerar um surto de cisticercose. Alguns autores citam a possibilidade da transmissão direta vertical ou transplacentária, porém sua importância epidemiológica em condições naturais ainda não foi confirmada.

A transmissão indireta é característica da doença e as vias de transmissão abrangem a água, o solo, o vento, os alimentos (silagem, feno, pastagem), os vetores mecânicos e os carreadores.

A água pode transportar os ovos por longas distâncias, sobretudo quando se trata de inundações, podendo contaminar a água de bebida e as pastagens. A dispersão de ovos no meio hídrico é altamente favorecida pelos rios. Estudo epidemiológico realizado em localidades distribuídas nas margens de um rio, receptor de descargas de esgoto de um centro urbano, revelou a ocorrência de casos de cisticercose bovina em 100% das localidades, distanciadas em até 40 km a jusante; em 80% dessas localidades, não foi identificado um único caso de teníase humana durante os 5 anos posteriores.

A água de esgoto não tratada é uma importante via de transmissão da cisticercose bovina, sobretudo em decorrência de sua utilização como fertilizante em pastagens ou, então, quando contamina a fonte de abastecimento de água dos animais, podendo causar surtos de cisticercose nas criações. Mesmo quando submetidos a tratamento, os efluentes permanecem como via de transmissão potencial, uma vez que os ovos não são totalmente eliminados pelos métodos convencionais.

Assim, a implementação de Boas Práticas Agropecuárias torna-se uma importante ferramenta para o controle dessa zoonose. A aplicação de medidas como a proibição do abate clandestino, a construção de instalações sanitárias adequadas, a utilização de fossas higiênicas, o tratamento de esgoto e a vermifugação de todos os envolvidos na criação animal podem prevenir a contaminação ambiental por ovos do parasita e a consequente ingestão destes pelos bovinos.

Os vetores mecânicos e carreadores, apesar de não serem essenciais na transmissão da doença, favorecem a disseminação dos ovos. Entre os vetores mecânicos, têm-se como exemplos os besouros coprófagos, moscas, minhocas, formigas, ácaros, pulgas e baratas; e, entre os carreadores, as aves, como gaivotas, galinhas, pardais e corvos.

Uma vez ingeridos pelos hospedeiros intermediários, os ovos eclodem pela atuação de enzimas digestivas e bile, liberando os embriões. Estes penetram pela mucosa intestinal e, por meio da circulação sanguínea, estabelecem-se em vários órgãos, onde realizam o processo de encistamento, tornando-se infectantes em 10 a 11 semanas. O *C. bovis* é uma vesícula ovoide (6 a 8 mm por 3 a 5 mm), de parede delgada e translúcida, que contém líquido claro de coloração rosada. Em seu interior, encontra-se o escólex com quatro ventosas e inerme, invaginado. Esses cistos localizam-se preferencialmente nas massas musculares, podendo ser encontrados na língua, no miocárdio, nos músculos masseteres e pterigóideos internos, músculos intercostais, diafragma, músculos do ombro, músculos adutores da perna e esôfago. A longevidade do cisticerco, em um mesmo hospedeiro, varia de acordo com sua localização, apresentando média de um ano. Podem-se encontrar cistos vivos ou mortos (calcificados) em um mesmo hospedeiro, e os bezerros estão sempre mais parasitados do que os adultos, sendo que neles é frequente a infecção massiva.

DISTRIBUIÇÃO GEOGRÁFICA

O complexo teníase-cisticercose apresenta distribuição cosmopolita, com regiões de alta endemicidade como América Latina, África, Oriente Médio e Ásia central. Sua prevalência é moderada na Europa, no sul da Ásia, no Japão e nas Filipinas, e baixa na Austrália e na América do Norte. Na década de 1970, estimou-se que 45 milhões de pessoas eram portadoras da *T. saginata*: 11 milhões na Europa, 15 milhões na Ásia, 18 milhões na África e 1 milhão na América do Sul. Estimativa mais recente indica que há cerca de 60 milhões de casos humanos no mundo.

Apesar da importância econômica e de saúde pública dessa zoonose, sua verdadeira ocorrência no Brasil não é conhecida, em razão da escassa divulgação dos dados obtidos em estabelecimentos de abate com serviço de inspeção federal e nos laboratórios de saúde pública, além do fato de não haver obrigatoriedade de notificação dos casos humanos. Os dados disponíveis referem-se a trabalhos realizados por pesquisadores em diferentes regiões e períodos.

A respeito da prevalência, a faixa aceitável para a porcentagem de casos existentes de cisticercose em uma determinada população, em países em desenvolvimento, é de 1% a 3%. Resultados de investigações de prevalência, realizados a partir de dados oficiais de abate, disponíveis em algumas publicações, demonstraram que as prevalências de cisticercose nos diferentes territórios do Brasil variam conforme a região: Nordeste de 0,01% a 0,70%, Sul de 1,09% a 3,17%, Sudeste de 0,56% a 4,80%, Norte de 0,001% a 0,07% e Centro Oeste de 0,063% a 3,23%. Destaca-se que Goiás, Mato Grosso, Mato Grosso do Sul, São Paulo, Minas Gerais, Pará e Rondônia são responsáveis por 72% dos bovinos abatidos em todo o Brasil.

Em uma revisão sistemática da literatura realizada por Laranjo-González et al (2016), entre os anos de 1990 a 2014, a partir de dados da inspeção *post mortem*, constatou-se uma prevalência menor do que 6,2% de cisticercose bovina em países europeus. Entretanto, percebeu-se uma grande variabilidade nos dados obtidos entre os 23 países pesquisados, sendo a prevalência de cisticercose abaixo de 1% majoritariamente encontrada.

Vale ressaltar que, os dados de prevalência de cisticercose tendem a ser subestimados, uma vez que se baseiam em registros da inspeção *post mortem*, o qual é considerado um método de baixa sensibilidade, principalmente em infecções leves.

Estima-se que o complexo teníase-cisticercose (*T. saginata*) cause no Brasil perdas anuais de US$ 11,5 milhões, considerando os gastos com medidas de controle e prevenção, as perdas na produtividade de alimentos (por causa da condenação ou do aproveitamento condicional das carcaças) e os custos com tratamento de casos humanos. Apesar de ser um problema de âmbito global, a maioria dessas perdas ocorre em países em desenvolvimento.

A Organização Mundial da Saúde (OMS) incorporou a teníase humana e as infecções por cisticercose na lista das Doenças Tropicais Negligenciadas (DTNs). Desta maneira, em 2016, líderes de saúde dos países membros da Organização Pan-Americana da Saúde (OPAS) concordaram com um plano de ação para eliminar e ou interromper a transmissão da doença até 2022.

PREVENÇÃO

Os programas de prevenção e controle do complexo teníase/cisticercose abrangem medidas aplicáveis às populações humana e bovina e ao ambiente. Para sua eficácia, os programas devem ser implantados respeitando a diversidade cultural, religiosa e educacional das populações, assim como as suas condições socioeconômicas. Contudo, deve-se considerar que a experiência em relação à execução desses programas é mínima e o efeito da aplicação das medidas de prevenção no seu conjunto necessita de confirmação, seja pela redução dos casos de teníase humana, seja pela diminuição do número de carcaças contaminadas por cisticercos nos abatedouros.

Prevenção em saúde pública

As medidas aplicáveis à população humana são basicamente três: educação sanitária, diagnóstico e tratamento quimioterápico.

A educação sanitária é imprescindível para que haja o esclarecimento da população a respeito do modo de transmissão e prevenção da doença. A orientação deve enfatizar a não ingestão de carne crua ou insuficientemente cozida, bem como daquela proveniente de abate clandestino, ou seja, sem a devida inspeção oficial. Durante sua preparação, as carnes devem ser submetidas a temperaturas acima de 60ºC, inclusive na porção interna de pedaços espessos.

Para aqueles que já contraíram a infecção, a orientação deve ser no sentido do autodiagnóstico – reconhecimento das proglótides eliminadas e da consequente procura da confirmação de infecção mediante a realização de exames coproparasitológicos para posterior tratamento. A pesquisa de ovos nas fezes, ou pela técnica da fita gomada na região perineal, não é suficiente para a realização de um diagnóstico específico, pois os ovos de *T. solium* e *T. saginata* são morfologicamente indistinguíveis. É necessário realizar a identificação da proglote, por meio de exame microscópico das ramificações uterinas. Atualmente, tem sido utilizada também a pesquisa de antígenos parasitários da *T. saginata* nas fezes (coproantígenos) pelo método de Elisa (*Enzyme Linked Immuno Sorbent Assay*).

O diagnóstico e tratamento dos casos positivos são medidas aplicáveis às populações de áreas endêmicas, todavia sua aplicação em âmbito massal não é indicada em razão da dificuldade de realização e dos custos econômicos.

Os quimioterápicos indicados para o tratamento da teníase humana são a niclosamida ou o praziquantel, em virtude da boa tolerância e da eficácia, correspondentes a 85-95 e 96%, respectivamente. Como são drogas cestocidas e não ovicidas, recomenda-se que durante o tratamento haja higiene pessoal cuidadosa para prevenir que o ambiente, principalmente domiciliar, seja contaminado por ovos.

Prevenção em saúde ambiental

As medidas aplicáveis ao ambiente visam a evitar a dispersão de ovos e são baseadas, primordialmente, na educação sanitária. Esta tem como objetivo a orientação da população quanto ao destino adequado das excretas humanas, evitando-se a contaminação de água, solo e alimentos; e também no que concerne a evitar o uso de efluentes de esgotos para irrigação de pastagens.

Prevenção em saúde animal

As medidas de uso corrente, aplicáveis à população bovina, abrangem o diagnóstico em matadouros e a destinação adequada das carcaças e dos órgãos afetados. A imunização, o diagnóstico in vivo e o tratamento quimioterápico correspondem a outras medidas potencialmente aplicáveis, cujos resultados ainda não estão completamente definidos.

A aplicação sistemática de uma vacina eficaz no gado bovino de corte contribuiria de forma significativa para a redução da transmissão da doença, constituindo-se em um instrumento importante nos programas de controle. Vacinas contra cestoides, extremamente eficientes, têm sido desenvolvidas utilizando-se antígenos não vivos e, entre as cisticercoses, o maior progresso tem sido obtido com vacinas contra *T. ovis* nos ovinos e *T. saginata* nos bovinos. Vacina produzida a partir de antígenos recombinantes da oncosfera de *T. saginata* tem apresentado resultados encorajadores, observando-se proteção nos animais acima de 90% em desafios pós-vacinais. Apesar dos bons resultados, as pesquisas devem ser ampliadas a fim de se investigar a duração da imunidade adquirida e a proteção de novilhos pelo colostro de fêmeas vacinadas e animais jovens ainda sob a proteção dos anticorpos maternos.

Os métodos diagnósticos in vivo são representados por provas sorológicas, como fixação de complemento, hemaglutinação indireta, teste imunoenzimático e outras. No que concerne especificamente ao Elisa, a utilização de três tipos de antígenos de larva de *Taenia solium* total, de escólex e de membrana, permitiu concluir que sua combinação deve ser considerada no diagnóstico da cisticercose bovina, em atividades de rotina ou de padronização desse tipo de teste.

Os resultados dos ensaios de immunoblot, com as amostras de soros-controle de bovinos, comprovadamente negativos e amostras coletadas de bovinos infectados, experimentalmente com ovos de *Taenia saginata*, evidenciaram elevado potencial do método como alternativa de diagnóstico da cisticercose bovina, incluindo sua aplicação em animais vivos, e como auxiliar de diagnóstico em estudos epidemiológicos da doença. De maneira geral, todos esses métodos apresentam falhas, sobretudo na detecção de infecções discretas, as quais ocorrem com maior frequência nos animais naturalmente infectados, e reação cruzada com outros parasitas.

Os quimioterápicos mais eficazes são o mebendazol (25 a 50 mg/kg de peso) e o praziquantel (50 a 100 mg/kg de peso), ao lado de outras drogas de desenvolvimento recente. A quimioterapia massal aplicada à população bovina pode ser uma medida efetiva na prevenção da teníase humana, porém o critério para sua aplicação está estreitamente relacionado aos custos econômicos.

TRATAMENTO

Na realidade, o tratamento dos seres humanos objetiva combater a teníase, que é a responsável pela manifestação clínica da infestação. Assim, pode preconizar-se um dos seguintes anti-helmínticos: albendazol, niclosamida, praziquantel ou mebendazol.

CONTROLE

A inspeção de carnes, realizada em matadouros, possibilita o diagnóstico de cisticercose bovina mediante o exame *post mortem*. Neste exame, são realizadas incisões na musculatura esquelética e em órgãos nos quais os cistos são encontrados com maior frequência, e o diagnóstico é feito por meio da visualização macroscópica. Porém, o fato de a cisticercose apresentar-se, na maioria dos casos, sob forma de infecção moderada, e a impossibilidade de se realizar um grande número de incisões em carcaças e órgãos, determinam que muitos casos positivos deixem de ser diagnosticados. Apesar dessa limitação, em muitos países, a inspeção de carnes é a única medida aplicada, rotineiramente, no controle e na prevenção do complexo teníase--cisticercose.

A destinação adequada de carcaças e órgãos contaminados depende do seu grau de infestação. O critério para classificação e os tipos de destinação previstos na legislação variam de acordo com cada país.

Segundo o RIISPOA, decreto n. 9.013, de 29 de março de 2017, as carcaças com infecção intensa por *Cysticercus bovis* devem ser condenadas, entendendo-se por infecção intensa quando são encontrados, pelo menos, oito cistos, viáveis ou calcificados, assim distribuídos: I – dois ou mais cistos localizados, simultaneamente, em pelo menos dois locais de eleição examinados na linha de inspeção (músculos da mastigação, língua, coração, diafragma e seus pilares, esôfago e fígado), totalizando pelo menos quatro cistos; e II – quatro ou mais cistos localizados no quarto dianteiro (músculos do pescoço, do peito e da paleta) ou no quarto traseiro (músculos do coxão, da alcatra e do lombo), após pesquisa no Departamento de Inspeção Final (DIF), mediante incisões múltiplas e profundas.

Quando for encontrado mais de um cisto, viável ou calcificado, e menos do que o fixado para infecção intensa, considerando a pesquisa em todos os locais de eleição examinados na linha de inspeção e na carcaça correspondente, esta deve ser destinada ao aproveitamento condicional pelo uso do calor, após remoção e condenação das áreas atingidas. Quando for encontrado um cisto viável, considerando a pesquisa em todos os locais de eleição examinados na linha de inspeção e na carcaça correspondente, esta deve ser destinada ao tratamento condicional pelo frio ou pela salga, após a remoção e a condenação da área atingida. Quando for encontrado um único cisto já calcificado, considerando todos os locais de eleição examinados, rotineiramente, na linha de inspeção e na carcaça correspondente, esta pode ser destinada ao consumo humano direto sem restrições, após a remoção e a condenação da área atingida. O diafragma e seus pilares, o esôfago e o fígado, bem como outras partes passíveis de infecção, devem receber o mesmo destino dado à carcaça.

De modo geral, a condenação total é indicada para os casos de infestação generalizada. Nos casos de infestação moderada ou localizada, as carcaças e os órgãos afetados podem ser aproveitados, após serem removidas e condenadas as áreas atingidas, e depois de serem submetidos a um dos seguintes procedimentos: tratamento pelo frio à temperatura de –10°C por 10 a 14 dias; tratamento pelo calor à temperatura mínima de 60°C até atingir o centro geométrico da peça; ou tratamento pela salga à temperatura de 10°C por 21 dias.

CONCLUSÕES

A prevenção da teníase humana provocada pela ingestão de carne bovina contaminada por cisticercos depende fundamentalmente de programas com ênfase em educação sanitária. O sucesso dessas ações contribuirá, por outro lado, de modo decisivo para a diminuição da ocorrência da cisticercose bovina.

O matadouro e, mais particularmente, a inspeção veterinária desempenham papel de relevante destaque na prevenção da teníase humana e no controle da própria cisticercose bovina, como aferidores da qualidade dos programas propostos.

REFERÊNCIAS

ABDUSSALAM, M. El problema de la teniasis-cisticercosis. In: Reunión interamericana sobre el control de la fiebre aftosa y otras zoonosis, 7. 1974, Puerto España. Washington: Organización Panamericana de la Salud, 1975, p.117-29. (Publicación Científica, 295)

ABDUSSALAM, M. et al. Research needs in teniasis-cysticercosis (memorandum). Bull Wld Hlth Org., v. 53, p. 67-73, 1976.

ACHA, P.N.; SZYFRES, B. Zoonosis y enfermedades transmisibles comunes al hombre y a los animales. 3.ed. Washington: Organización Panamericana de la Salud, 2003, p.222-30. (Publicación Científica y Técnica n.580)

ALMEIDA, L.P. et al. Cisticercose bovina: um estudo comparativo entre animais abatidos em frigoríficos com Serviço de Inspeção Federal e com Inspeção Municipal. Hig Aliment., v. 16, n. 99, p. 51-5, 2002.

AQUINO, F. M. de. Prevalência e distribuição espacial da cisticercose e fasciolose bovina no Estado de Goiás. Dissertação de mestrado. Universidade Federal de Goiás. Goiânia, 2017.

ARUNDEL, J.H.; ADOLPH, A.J. Preliminary observations on the removal of the Taenia saginata eggs from sewage using variou processes. Aust vet J., v. 5, p. 492-5, 1980.

BARBOSA, F.C. et al. Eficácia do sulfóxido de albendazole na cisticercose bovina. A Hora Veterinária, v. 22, n. 132, p. 18-20, 2003.

BILY, S.; STERBA, J.; DYKOVA, I. Results of an artificial feeding of eggs of Taenia saginata Goeze, 1782, to various beetle species. Folia Parasit., Praga, v. 25, p. 257- 60, 1978.

BLAZEK, K. et al. Contribution to the knowledge of the reability of some serological tests in detecting spontaneous bovine cysticercosis. Folia Parasit., Praga, v. 29, p. 253-8, 1982.

BOTERO, D. et al. Taeniasis and cysticercosis. Parasit Dis, v. 7, n. 3, p. 683-97, 1993.

BRASIL. Ministério da Agricultura. Regulamento da inspeção industrial e sanitária de produtos de origem animal. Brasília, 1980. 174p.

CRAIG, P.S.; RICKARD, M.D. Evaluation of 'crude' antigen from Taenia saginata for serological diagnosis of T. saginata cysticercosis in cattle using the enzyme-linked immunosorbent assay (ELISA). Z Parasitenk., v. 61, p. 287-97, 1980.

DELPYA, R.; GUISSETA, M.; KLOTZB, F. Cestodes adultes. Mal Infect., v. 2, n. 1, p. 11-32, 2005.

DIAS, M.D.S. et al. Ocorrência de Taenia sp na população atendida no Laboratório Central do Instituto Adolfo Lutz, São Paulo, SP, Brasil (1960/1989). Rev Inst Méd Trop São Paulo, v. 33, n. 2, p. 147-51, 1991.

EUZÉBY, J. Los parásitos de las carnes: epidemiología, fisiología, incidencias zoonósicas. Zaragoza: Acribia, 2001, p.102-271.

[FAO] Food and Agriculture Organization. Animal health yearbook 1995. Roma: FAO, 1997. (FAO Animal Production and Health Series)

FERNANDES, J.O.M.; BUZETTI, W.A.S. Prevalência de cisticercose bovina em animais abatidos em frigoríficos sob Inspeção federal, da 9ª região administrativa de Araçatuba, SP. Hig Aliment, v. 15, n. 87, p. 30-7, 2001.

FERTIG, D.L.; DORN, C.R. Taenia saginata cysticercosis in Ohio cattle feeding operation. J Am Vet Med Ass., v. 186, p. 1281-5, 1985.

FLISSER, A. et al. (eds.). Cysticercosis: present state of knowledge and perspectives. Nova York: Academic Press, 1982, p.69-85.

FREITAS, J.A.; PALERMO, E.N. Complexo teníase-cisticercose. Avaliação parcial da situação no Estado do Pará. Braz J Vet Res Anim Scie., v. 33, supl., p. 270-5, 1996.

FUKUDA, R.T. et al. Evolução da cisticercose bovina em animais abatidos no estado de São Paulo. Hig Aliment, v. 17, n. 108, p. 21-31, 2003.

GATHUMA, J.M.; WAIYAKI, P.G. Comparative studies of the indirect fluorescent antibody tests in the diagnosis of bovine cysticercosis. Bull Anim Health Prod Afr., v. 29, p. 11-8, 1981.

GEERTS, S. et al. Serodiagnosis of Taenia saginata cysticercosis in experimentally and naturally infected catlle by enzime linked immunosorbent assay. Res Vet Sci., v. 30, p. 288-93, 1981.

GEERTS, S.; KUMAR, V.; VERCRUYSSE Jr., J. 'In vivo' diagnosis of bovine cysticercosis. Vet Bull., v. 47, p. 653-64, 1977.

GEMMEL, M.A. Perspectiva de las possiblidades de control de la hidatidosis y cisticercosis. Not Méd Vet., Muchen., v. 1, p. 3-48, 1978.

GEMMEL, M.A.; JOHNSTONE, P.D. Experimental epidemiology of hydatidosis and cysticercosis. Advanc Parasit., v. 15, p. 311-69, 1977.

GIROTTO, A.; PINTO, P.S.A.; DIAS, J.C.O. et al. Detecção de peptídeos importantes para o diagnóstico da cisticercose bovina no immunoblot. Ciênc rural, jul. v. 39, n. 4, p. 1147-1151, 2009.

GRACEY, J.F. Meat hygiene. 8.ed. Londres: Baillière Tindall, 1986, p.393-401.

HARRISON, L.J.S.; PARKHOUSE, R.M.E.; SEWELL, M.M.H. Variation in target antigens between appropriate and in appropriate hosts of Taenia saginata metacestodes. Parasitology, v. 88, p. 659-63, 1984.

HARRISON, L.J.S.; SEWELL, M.M.H. The antigenic activity of chromatographic fractions of a saline extract of Taenia saginata (Goeze, 1782) proglottides. Vet Immunopath., v. 1, p. 361-9, 1980.

_____. Antibody levels in cattle naturaly infected with Taenia saginata metacestodes in Britain. Res vet Sci., v. 31, p. 62-4, 1981.

HILWIG, R.W.; CRAMER, J.D. Delayed-type dermal hypersensitivity respondes in catlle infected or sensitized with Taenia saginata. Vet Parasi., v. 11, p. 141-7, 1982.

HOBERG, E.P. Taenia tapeworms: their biology, evolution and socioeconomic significance. Microbes Infect., v. 4, n. 8, p. 859-66, 2002.

KOZAKIEWICZ, B. Examination on the possibility of penetration of Taenia saginata to foetuses following the experimental infection of cows. Med Weteryn., v. 31, p. 334-5, 1975.

LARANJO-GONZÁLES. M. et al. Epidemiology, impact and control of bovine cysticercosis in Europe: a systematic review. Parasites & Vectors, v. 9, n. 81, 2016.

LAWSON, J.R.; GEMMEL, M.A. Hydatidosis and cysticercosis: the dinamic of transmission. Advanc Parasit., v. 22, p. 261-308, 1983.

LIGHTOWLERS, M.W. et al. Vaccination against cysticecosis and hydatid disease. Parasit Today, v. 16, n. 5, p. 191-6, 2000.

LIGHTOWLERS, M.W.; GAUCI, C.G. Vaccines against cysticercosis and hydatidosis. Vet Parasitol, v. 101, p. 337-52, 2001.

LONC, E. The possible role of the soil fauna in the epizootiology of cysticercosis in catlle. I. Earth-worms – a biotic factor in the transmission of Taenia saginata eggs. Angew Parasit., v. 21, p. 133-9, 1980.

_____. The possible role of the soil fauna in the epizootiology of cysticercosis in catlle. II. Dung beetles – a biotic factor in the transmission of Taenia saginata eggs. Angew Parasit., v. 21, p. 139-44, 1980.

MACHADO, M.I. Teníase e himenolepíase. In: CIMERMAN, S.; CIMERMAN, B. Medicina tropical. São Paulo: Atheneu, 2003, p.195-204.

MACHNICKA, B.; STERBA, J.; SCHANDL, V. Intradermal test in the diagnosis of bovine cysticercosis (Cysticercus bovis). Folia Parasit., Praga, v. 28, p. 71-81, 1981.

MANHOSO, F.F.R.; PRATA, L.F. Prevalência de cisticercose bovina na região oeste do estado de São Paulo. Hig Aliment., v. 18, n. 121, p. 42-9, 2004.

MAPA. Ministério da Agricultura, Pecuária e Abastecimento. Decreto n. 9.013, de 29 de março de 2017. Regulamenta a Lei n.1.283, de 18 de dezembro de 1950, e a Lei n. 7.889, de 23 de novembro de 1989, que dispõem sobre a inspeção industrial e sanitária de produtos de origem animal.

McMANUS, D. Prenatal infection of calves with Cysticercus bovis. Vet Rec., v. 72, p. 847-8, 1960.

MINOZZO, J.C. et al. Experimental bovine infection with Taenia saginata eggs: recovery rates and cysticerci location. Braz Arch Biol Techno., v. 45, n. 4, p. 451-5, 2002.

MITCHELL, J.R. Guide to meat inspection in the tropics. 2.ed. Farnham Royal: Common wealth Agricultural Bureaux, 1980, p.59.

MONTEIRO, L.L. et al. Antígenos de larva de Taenia solium em ELISA para diagnóstico da cisticercose bovina. Arq Bras Med Vet Zootec., ; v. 59, n. 1, p 21-25, fev. 2007.

MOREIRA, M.D. et al. Zoonoses reemergentes: a cisticercose bovina em matadouros de Uberlândia, MG. Hig Aliment., v. 15, n. 85, p. 16-9, 2001.

_____. Cisticercose bovina: um estudo com bovinos abatidos em Matadouro Municipal de Uberlândia, MG. Hig Aliment., v. 16, n. 100, p. 37-41, 2002.

NASCIMENTO, E. Teníase e cisticercose. In: NEVES, D.P. Parasitologia humana. 6.ed. Rio de Janeiro: Atheneu, 1985, p.209-19.

ORGANIZACIÓN MUNDIAL DE LA SALUD. Zoonosis parasitárias. Informe de un comité de expertos de la OMS, con la participación de la FAO. Genebra, 1979. (Série de Informes Técnicos, 637)

ORGANIZACIÓN PANAMERICANA DE LA SALUD. El control de las enfermedades transmisibles en el hombre. 14.ed. Washington, 1987. p.425-8. (Publicación Científica, 507)

PAWLOWSKI, Z. On control of taeniarrhinchosis in urban population. J Parasit., v. 56, p. 261-2, 1970.

_____. Taeniasis and cysticercosis. In: JACOBS, L.; ARAMBULO, P. (eds.). Parasitic zoonosis. Boca Raton: CRC Press, 1982. v.1. p.313-48. (CRC Handbook Series in Zoonosis, Section C)

PAWLOWSKI, Z.; SCHULTZ, M.G. Taeniasis and cysticercosis (Taenia saginata). Advanc Parasit., v. 10, p. 269-343, 1972.

PAWLOWSKI, Z.; KOZAKEIWICZ, B.; WROBLEWSK, H. The efficacy of mebendazole and praziquantel against Taenia saginata cysticercosis in catlle. Vet Sci Comm., v. 2, p. 137-9, 1978.

PFUETZENREITER, M.R.; ÁVILA-PIRES, F.D. Epidemiologia da teníase/cisticercose por Taenia solium e Taenia saginata. Ciênc Rural, Santa Maria, v. 30, n. 3, p. 541-8, 2000.

PROKOPIC. J.; MINAR, J. Dermestes maculatus De Geer, 1774 (Coleptera, Dermatidae) as potential distributor of Taenia saginata Goeze, 1782, eggs. Folia Parasit., Praga, v. 27, p. 37-8, 1980.

REIS, D.O.; RAGHIANTE, F. Cisticercose bovina: tendência da doença em animais abatidos em um frigorífico de Uberlândia, MG, sob Inspeção federal, 1994-1998. Hig Aliment., v. 14, n. 78, p. 20-2, 2000.

RICKARD, M.D. Vaccination against cysticercosis. Parasit Today, 1986; 2(7):S12.

RICKARD, M.D.; ADOLPH, A.J.; ARUNDEL, J.H. Vaccination of calves against Taenia saginata infection using antigens collected during 'in vitro' cultivation of larvae: passive protection via colostrum from vaccinated cows and vaccination of calves protected by maternal antobody. Res Vet Sci., v. 23, p. 365-7, 1977.

_____. A preliminary field trial to evaluate the use of immunization for the control of naturally acquired Taenia saginata infection in catlle. Res Vet Sci., v. 30, p. 104-8, 1981.

RICKARD, M.D.; BRUMLEY, J.L. Immunization of calves against Taenia saginata infection using antigens collected 'in vitro' incubation of Taenia saginata oncosphe res or ultrasonic desintegration of Taenia saginata and T. hydatigena on-cospheres. Res Vet Sci., v. 30, p. 99-103, 1981.

ROBERTS, T.; MURRELL, K.D.; MARKS, S. Economic losses caused by foodborne parasitic diseases. Parasit Today, v. 10, n. 11, p. 419-23, 1994.

ROSSI, G.A.M.; GRISÓLIO, A.P.R.; PRATA, L.F. et al. Situação da cisticercose bovina no Brasil. Semina: Ciência Agrárias, v.35, n.2, p.927-938, 2014.

SASAKI, M.G.M.; BRIOSCHI, M.L. Teníase. In: VERNESI, R.; FOCACCIA, R.

Tratado de infectologia. v.2. 2.ed. São Paulo: Atheneu, 2002, p.1459-61.

SCHULTZ, M.G. et al. An epizootic of bovine cysticercosis. J Amer Vet Ass., v. 155, p. 1708-17, 1969.

SOULSBY, E.J.L. Teniasis y cisticercosis: el problema en el viejo mundo. In: Reunión interamericana sobre el control de la fiebre aftosa y otras zoonosis, 7. 1974, Puerto España. Washington: Organización Panamericana de la Salud, 1975, p.136-42. (Publicación Científica, 295)

_____. Helminths, arthropods and protozoa of domesticated animals. 7.ed. Filadélfia: Baillière Tindall, 1982.

UNGAR, M.L.; GERMANO, P.M.L. Prevalência da cisticercose bovina no Estado de São Paulo (Brasil). Rev Saúde Públ., v. 26, n. 3, p. 167-72, 1992.

VALLE, E.R. do. Embrapa Gado de Corte. Manual de orientações: Brazilian Gap – Boas Práticas Agropecuárias – Bovinos de Corte, Embrapa, 2011. Disponível em: http://cloud.cnpgc.embrapa.br/bpa/files/2013/02/MANUAL_de_BPA_NACIONAL.pdf.

VIEIRA, M.I. Cisticercose bovina: um problema de saúde pública! Rev Cient Rural, v. 5, n. 2, p. 171-6, 2000.

WILLIAMS, J.F. Recent advances in the immunology of cestode infections. J Parasit., v. 65, p. 337-49, 1979.

Cisticercose suína

21

Pedro Manuel Leal Germano
Iracema de Albuquerque Kimura
Cássia Maria Lobanco
Maria Izabel Simões Germano

INTRODUÇÃO

A cisticercose suína é uma doença parasitária originada a partir da ingestão de ovos de *Taenia solium*, cujas formas adultas têm o homem como hospedeiro final; normalmente, os suínos apresentam apenas a forma larvar (*Cysticercus cellulosae*).

O homem adquire teníase quando ingere carne suína, crua ou parcialmente cozida, contendo cisticercos. De outra parte, os suínos adquirem cisticercose quando ingerem ovos de *T. solium*, presentes no ambiente contaminado por matéria fecal de seres humanos infectados.

Do mesmo modo que o suíno, o homem pode adquirir cisticercose a partir da ingestão de ovos de *T. solium*, presentes em alimentos contaminados com matéria fecal de origem humana, sobretudo verduras cruas, ou por autoinfecção, pelas mãos e roupas contaminadas com as próprias fezes.

A cisticercose suína é um problema de grande importância em saúde pública, pois, além de provocar a teníase, pode conduzir, como consequência de maior repercussão, à cisticercose humana, cuja localização cerebral é sua manifestação mais grave. No âmbito da saúde animal, a cisticercose suína ocupa lugar de destaque entre as preocupações dos criadores, sobretudo os de médio e grande porte, pois sua ocorrência nos plantéis acarreta prejuízos de ordem econômica, no momento do abate dos animais em estabelecimentos com serviço de inspeção veterinária. Contudo, as pequenas propriedades são a causa de maior preocupação para as autoridades sanitárias, por causa do total desconhecimento das técnicas de manejo dos animais, da ausência de princípios mínimos de higiene, das precárias condições físicas dos criatórios e da inexistência de saneamento, responsáveis pela alta incidência da infecção nos suínos desses sítios.

ASPECTOS GERAIS

É importante destacar que os ovos das tênias dos suínos e bovinos são microscopicamente impossíveis de se diferenciar. No Quadro 21.1 pode-se constatar as principais diferenças entre a *T. solium* e a *T. saginata* dos bovinos. Assim, os ovos são constituídos por um embrião hexacanto ou oncosfera, provido de três pares de acúleos e encerrado em espessa casca, o embrióforo.

Quadro 21.1 Principais diferenças entre *Taenia solium* e *Taenia saginata*.

Estrutura	*Taenia solium*	*Taenia saginata*
Escólex	Globoso	Quadrangular
	Com rostro	Sem rostro
	Com dupla fileira de acúleos	Sem acúleos
Proglotes	Ramificações uterinas pouco numerosas, de tipo dendrítico	Ramificações uterinas muito numerosas, de tipo dicotômico
	Saem passivamente com as fezes	Saem ativamente no intervalo das defecações
Cysticercus	*C. cellulosae*	*C. bovis*
	Apresenta acúleos	Não apresenta acúleos
Cisticercose humana	Possível	Não comprovada
Ovos	Indistinguíveis	Indistinguíveis

Fonte: Nascimento (1991).

Os cistos da *T. solium*, os cisticercos, podem ser encontrados em diferentes tecidos, principalmente no celular subcutâneo, muscular, cardíaco, cerebral e no próprio globo ocular dos suínos.

O cão, o gato e o macaco, a exemplo do próprio homem, também podem se tornar hospedeiros intermediários do parasita, adquirindo cisticercose ao ingerirem diretamente ovos de *T. solium*.

EPIDEMIOLOGIA

Pesquisa desenvolvida no período de janeiro de 2000 a dezembro de 2002, em dois abatedouros municipais do Paraná, ambos com Sistema de Inspeção Municipal (SIM), revelou que dos 1.571 suínos abatidos, originários de criações zootécnicas planificadas, apenas um animal estava com cisticercose. Esse resultado evidencia que a cisticercose em animais criados sob boas condições de manejo é uma condição patológica de baixa prevalência.

Ao contrário, quando diante de condições menos tecnificadas, a cisticercose suína revela-se um problema maior para a saúde pública, conforme se observou em estudo epidemiológico realizado com o objetivo de identificar possíveis áreas endêmicas da parasitose, por meio do teste sorológico em soro sanguíneo de 855 animais provenientes de criação doméstica no Mato Grosso. Nessa pesquisa, registrou-se uma frequência de 34,4% de reatividade para o teste *Enzyme Linked Immunoabsorbent Assay* (Elisa). A precariedade das condições sanitárias dessas criações, aliadas ao baixo nível socioeconômico e cultural, favoreceram a persistência do parasita, bem como sua disseminação.

Um estudo soroepidemiológico com suínos abatidos em diferentes localidades do Brasil revelou que no grupo originário de criações zootécnicas, abatido sob inspeção sanitária *post mortem*, constituído por 322 animais, a soroprevalência de cisticercose foi da ordem de 3,4%; enquanto no grupo criado livre no ambiente, abatido sem qualquer tipo de inspeção, composto por 322 animais, a soropositividade foi de 16,3%. Esse resultado comprovou que a oportunidade de contrair a cisticercose suína é 5,5 vezes maior entre os animais criados livremente, com acesso a águas servidas e ao esgoto (p < 0,0001).

TENÍASE NO HOMEM

O quadro clínico da teníase no homem pode acarretar dor abdominal, anorexia e outras manifestações gastrointestinais, sem provocar consequências mais sérias. No entanto, a cisticercose no homem é uma doença grave, podendo levar o indivíduo à morte. Por essa razão, a importância médica da *T. solium* é maior que a infecção por *T. saginata*.

O homem pode adquirir a cisticercose de três modos:

- Por transferência direta dos ovos da *T. solium* das fezes de um indivíduo com teníase para sua própria boca ou a de outras pessoas.
- Por movimentos retroperistálticos do intestino, em que proglotes de uma tênia poderiam alcançar o estômago para, em seguida, retornar ao intestino delgado, liberando as oncosferas (autoinfecção).
- Indiretamente, pela ingestão de alimento (geralmente verduras) ou água contaminada com os ovos da *T. solium*.

O período de incubação da cisticercose pode variar de 1 a 35 anos, mas geralmente o quadro clínico da cisticercose manifesta-se entre 2 e 5 anos após a infecção.

A infecção pode permanecer assintomática durante muitos anos e nunca se manifestar. Nas formas cerebrais, a sintomatologia pode ter início por crises convulsivas em 50 a 70% dos pacientes; o quadro clínico tende a se agravar à medida que aumenta a hipertensão intracraniana, ou na dependência das estruturas acometidas, evoluindo para meningoencefalite e distúrbios de comportamento.

Levantamentos realizados nas comunidades rurais da América Latina (México) e da África (Togo) indicaram que as taxas de epilepsia nesses países eram três ou quatro vezes maiores do que nos países industrializados, sendo que os exames sorológicos colocaram a neurocisticercose como causa de, no mínimo, 25 a 33% dos casos.

Crianças com neurocisticercose, diagnosticadas por tomografia computadorizada e submetidas a tratamento antiepiléptico, apresentaram uma interação significativa entre os estágios da parasitose e o número de lesões, mostrando que aquelas que apresentavam mais de cinco lesões nos estágios ativos ou transacionais da infecção têm maior frequência de crises epileptiformes, prenunciando um prognóstico desfavorável a curto prazo.

PATOGENIA

Quando os ovos da tênia são ingeridos (Figura 21.1), sofrem a ação dos sucos digestivos, primeiro no estômago e depois no intestino, onde ocorrem a desintegração dos embrióforos e a resultante ativação dos embriões (oncosferas). Somente aqueles ovos cujas cascas resistiram à acidez gástrica é que, no meio alcalino intestinal, darão eclosão às oncosferas. Com o auxílio dos acúleos e da secreção de suas glândulas de penetração, as oncosferas penetram na parede intestinal e, posteriormente, alcançam a circulação sanguínea, distribuindo-se pelos diversos tecidos, nos quais se desenvolvem, provocando a cisticercose.

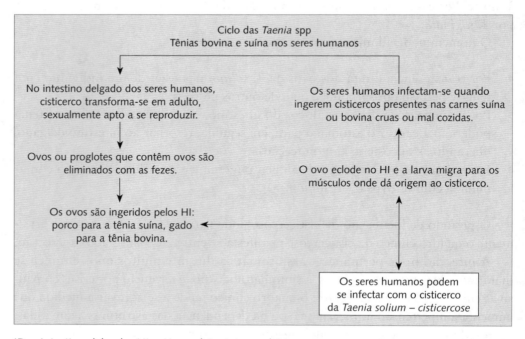

ID = Intestino delgado; HI = Hospedeiro intermediário

Figura 21.1 Ciclo das tênias bovina e suína adaptado de Parasites and Parasitological Resources.
Fonte: Acha e Szyfres (2003).

No tecido-alvo, o embrião perde os acúleos e desenvolve-se no interior de sua própria membrana vascularizada, com o escólice invaginado. Há, por parte do hospedeiro, uma resposta imune que conduz à proliferação de fibroblastos e formação de uma cápsula fibrosa. Entre 60 e 70 dias, formam-se os cisticercos, cujos tamanhos podem variar de 5 a 30 mm.

A larva, na realidade, é o estágio final de desenvolvimento, não podendo se reproduzir nos tecidos do hospedeiro; quando morre, naturalmente ou por resultado de tratamento, a cápsula dissolve-se e, como consequência, tem-se uma reação imunológica intensa, dando origem aos sintomas. Quando a larva morre, pode haver calcificação do cisto no local de seu desenvolvimento ou sua total desintegração.

Do mesmo modo, como sucede com os suínos, os embriões tendem a se alojar nos músculos, olhos, cérebro, coração, pulmões, sendo a cisticercose cerebral ou neurocisticercose a forma mais grave.

DIAGNÓSTICO LABORATORIAL

Entre os exames laboratoriais que permitem diagnosticar a cisticercose no homem, destacam-se:

- Exame do líquido cefalorraquidiano (LCR), o qual fornece elementos consistentes para o diagnóstico, pois o parasita determina alterações compatíveis com o processo inflamatório crônico.
- Provas sorológicas com resultados limitados, pois não permitem localizar os parasitas ou estimar a carga parasitária; além disso, a simples presença de anticorpos não significa que a infecção seja atual. As provas mais utilizadas são:
  - ▸ Elisa, com sensibilidade aproximada de 80%.
  - ▸ Imunoeletroforese, que, embora não forneça resultados falsos-positivos, revela apenas 54 a 87% dos pacientes com cisticercose.
  - ▸ Imunofluorescência indireta, altamente específica, mas pouco sensível.
- Exame radiológico, realizado mediante imagens dos cistos calcificados, cujo aspecto é relativamente característico – a calcificação só ocorre após a morte do parasita.
- Tomografia computadorizada, que auxilia na localização das lesões, sobretudo no sistema nervoso central (SNC), tanto para os cistos viáveis como para os calcificados.
- Exame anatomopatológico, realizado *ante mortem*, quando eventuais nódulos subcutâneos permitem biópsia e a análise histopatológica, ou *post mortem*, na realização de autópsias ou necrópsias.

Para os animais, em particular, em razão das altas taxas de desempenho, a técnica de immunoblot é útil para confirmar o diagnóstico de cisticercose suína e é mais eficaz do que outras provas empregadas para esse propósito, como exame da língua, exame anatomopatológico e Elisa.

DISTRIBUIÇÃO GEOGRÁFICA

A cisticercose humana é frequente na América Latina, na Europa Oriental, na África, no sudeste da Ásia e, consequentemente, em imigrantes dessas regiões. O ciclo da infecção-transmissão ocorre preferencialmente em comunidades nas quais o saneamento é deficiente. Constitui enfermidade rara nos Estados Unidos e Canadá; e extremamente rara no Reino Unido e na Escandinávia. Na literatura médica, cita--se o caso de uma dinamarquesa que adquiriu neurocisticercose após ter viajado para a Malásia e Tailândia.

No Peru, onde a doença é altamente endêmica, existe um grupo de trabalho especial sobre a cisticercose: de acordo com ele, aproximadamente 65% de toda a carne de porco consumida no país provém do abate clandestino; na cidade de Huancayo, região crítica, estimou-se que 23% dos suínos colocados à venda no comércio varejista e 48% da carne destinada às indústrias processadoras estivessem contaminados com a cisticercose.

A doença também é endêmica no Brasil. Em São Paulo, no período de 1929 a 1992, foram analisados 139 mil casos, submetidos à pesquisa de anticorpos anti--*Cysticercus cellulosae* no LCR, tendo sido encontrados 1.573 (1,13%) positivos: o paciente mais jovem tinha 1 ano e o mais idoso, 92. Ainda de acordo com essa pesquisa, a prevalência maior verificou-se na faixa de 21 a 40 anos, sendo mais elevada entre as mulheres de 21 a 30 anos e nos homens de 31 a 40 anos: a incidência aumentou nas últimas décadas, sendo de 1% a média para os 50 anos de observação (Tabela 21.1).

Tabela 21.1 Teste imunodiagnóstico do líquido cefalorraquidiano para cisticercose do sistema nervoso central: incidência em cinco décadas consecutivas.

Década	Incidência
1942–1951	0,22
1952–1961	0,90
1962–1971	1,10
1972–1981	1,29
1982–1991	1,47
Média	0,996

Fonte: Spina-França et al. (1993).

Na cidade de Lagamar, Minas Gerais, foi encontrada prevalência de 1,9% para a neurocisticercose em 1.080 indivíduos examinados; os autores destacaram que pacientes com convulsões, especialmente as iniciadas na vida adulta, podem servir como orientação no diagnóstico da neurocisticercose.

FORMAS CLÍNICAS DE CISTICERCOSE

No período de 1971 a 1993, foram analisados 2.862 laudos de autópsias em Uberlândia, Minas Gerais, tendo-se encontrado 1,4% de casos de cisticercose, a maior parte deles (89,7%) com comprometimento do SNC, isolado ou associado a outras formas clínicas da doença; 23% apresentavam a forma cardíaca, também isolada ou associada; em 17,9%, a cisticercose foi a causa do óbito; a idade variou de 16 a 83 anos, sendo 66,6% dos casos em indivíduos do sexo masculino.

Nesse mesmo trabalho, a localização preferencial dos cistos foi o SNC (Tabela 21.2), todavia os autores consideraram que as lesões musculares, cutâneas e de outras vísceras não seriam raras na cisticercose; na verdade, acreditam que essas formas são subdiagnosticadas, particularmente quando encistadas no tecido muscular esquelético, por causa da grande massa da musculatura corporal e ausência, ou escassez, de sintomas quando aí localizadas. Foi o caso particular de uma paciente de 23 anos, com uma manifestação nodulosa e indolor no dorso da língua, cujo exame histopatológico revelou uma cavidade cística que continha uma larva do parasita no seu interior, comprovando a dificuldade de diagnóstico diante de uma verdadeira raridade clínica.

Tabela 21.2 Cisticercose por órgãos de bovinos necropsiados em Uberlândia, MG (1971-1993).

Localização	N°	%
SNC	28	71,7
SNC + coração	4	10,1
SNC + pâncreas	1	2,6
SNC + coração + musculatura esquelética	1	2,6
SNC + coração + musculatura esquelética + pulmão	1	2,6
Coração	1	2,6
Musculatura esquelética*	1	2,6
Coração + musculatura esquelética	1	2,6
Coração + pulmão + pâncreas	1	2,6
Total	39	100

SNC = sistema nervoso central. *Encéfalo não analisado.

Fonte: Costa Cruz et al. (1995).

418 ■ HIGIENE E VIGILÂNCIA SANITÁRIA DE ALIMENTOS

A frequência da forma musculocutânea da cisticercose foi estudada em exames anatomopatológicos realizados a partir de autópsias e de pacientes clínicos, em Brasília (DF), no período de 1967 a 1984: a cisticercose foi observada em 0,05% dos casos, sendo que em 90% os cistos estavam localizados no tecido musculocutâneo. Em 5,3% dos pacientes, as provas de imunofluorescência indireta e Elisa foram positivas para cisticercose; 2,8% apresentaram cistos calcificados ao exame radiográfico de partes moles (tórax, quadril e coxas), além do crânio, mas apresentaram-se como não reagentes a ambas as provas sorológicas; nos reagentes, a neurocisticercose foi diagnosticada em 66,2%; a cisticercose muscular, em 42,4%; a cutânea, em 20,4%; e a visceral, em 3,4% (Tabela 21.3).

Tabela 21.3 Localização dos parasitas em pacientes humanos sororreagentes nos testes imunológicos (imunofluorescência indireta e Elisa) para cisticercose.

Estrutura	Nº	%
SNC	26	44,1
Muscular	12	20,3
Cutânea	4	6,8
SNC + muscular	8	13,6
Cutânea + muscular	4	6,8
SNC + cutânea	1	1,7
SNC + visceral	1	1,7
SNC + cutânea + visceral	1	1,7
SNC + cutânea + muscular	1	1,7
SNC + mucosa + cutânea	1	1,7
Total	59	100,1

SNC = sistema nervoso central.

Fonte: Viana et al. (1991).

Ainda de acordo com o estudo mencionado, nos protocolos de autópsias obtidos no período de 1967 a 1980, a cisticercose foi diagnosticada em 1,6% dos óbitos, sendo 96% com neurocisticercose, isolada ou associada a outras formas da doença. Com base nesses resultados, os autores concluíram que a forma musculocutânea pode ser considerada frequente entre os pacientes com cisticercose.

No período de setembro de 1993 a junho de 1995, a incidência da neurocisticercose em Campina Grande, Paraíba, foi pesquisada por tomografias computadorizadas: 1,02% dos pacientes apresentou infestação cerebral por C. *cellulosae*, representando 1,86 caso por mês, o que permitiu concluir que esse município é uma área endêmica. Vale ressaltar que, nas condições do trabalho mencionado, o diagnóstico da cisticercose foi facilitado pela implantação da tomografia computadorizada, uma vez que, em 1991, o serviço de radioimagem ainda não havia sido criado e nenhum caso de neurocisticercose foi diagnosticado.

IMPORTÂNCIA EM SAÚDE PÚBLICA

Ao contrário da tênia dos suínos, a infecção causada pela *T. saginata* dos bovinos não acarreta consequências graves ao homem, porém a ocorrência da cisticercose suína e/ou bovina é um forte indicador das más condições sanitárias dos plantéis. Por outro lado, os animais infectados normalmente não apresentam sintomas alarmantes, o que dificulta sua identificação nas criações.

Assim, percebe-se que as cisticercoses são um sério problema de saúde pública, principalmente em relação à cisticercose humana, o que torna imperativa a adoção de medidas capazes de controlar ou mesmo erradicar a doença. Reconhecendo a relevância da enfermidade no contexto da saúde, em 1993, a International Task Force for Disease Eradication colocou a cisticercose entre as seis doenças potencialmente erradicáveis.

Com base nos conhecimentos atuais, a erradicação das tênias, *T. solium* e *T. saginata*, é perfeitamente possível pelas seguintes razões:

- Os ciclos de vida necessitam do homem como hospedeiro definitivo.
- A única fonte de infecção para os hospedeiros intermediários é o homem portador de teníase.
- Os animais domésticos, como hospedeiros intermediários, podem ser controlados.
- Não existe reservatório selvagem significativo.
- Existem drogas seguras e eficazes para combater a teníase.

PREVENÇÃO

Considerando-se as dúvidas existentes quanto ao sucesso da medicação instituída, por piores que sejam seus efeitos colaterais, a prevenção da neurocisticercose continua apoiada firmemente na prevenção da infestação.

Assim, para o controle desses parasitas e da cisticercose, os métodos devem ser baseados em:

Medidas preventivas

- Informar às pessoas para que evitem a contaminação fecal do solo, da água e dos alimentos destinados ao consumo humano e animal; não utilizar águas servidas para a irrigação das pastagens; e cozer totalmente as carnes de suínos e bovinos.

- Identificar e tratar imediatamente os indivíduos infectados com a *T. solium* para evitar a cisticercose, tomando precauções para proteger os pacientes de si próprios, bem como de seus contatos.
- Congelar as carnes suína e bovina a temperaturas abaixo de –5°C, por no mínimo quatro dias; ou irradiar a 1 kGy, a fim de que os cisticercos sejam destruídos eficazmente.
- Submeter à inspeção as carcaças, nos abatedouros de suínos e bovinos, destinando-as conforme os níveis de contaminação: condenação total ou parcial, congelamento, irradiação ou envio para as indústrias de reprocessamento.
- Impedir o acesso de suínos e bovinos a fezes humanas, latrinas e esgotos.

Controle do paciente, contatos e meio ambiente

- Informar à autoridade sanitária local.
- Colaborar na desinfecção; dispor as fezes de maneira higiênica; enfatizar a necessidade de saneamento rigoroso e higienização das instalações; investir em educação em saúde, promovendo mudanças de hábitos, como a lavagem das mãos após defecar e antes de comer.
- Investigar os contatos e as fontes de infecção; avaliar os contatos com sintomas.

TRATAMENTO

Medicar com niclosamida e praziquantel, drogas eficazes no tratamento das teníases; intervir cirurgicamente para aliviar o desconforto do paciente; hospitalizar e tratar com praziquantel ou albendazole os pacientes com cisticercose ativa no SNC, controlando o edema cerebral causado pela morte do cisticerco, com uma série curta de corticosteroides.

O uso de anticonvulsivantes às vezes se impõe, pois cerca de 62% dos pacientes são portadores de epilepsia associada.

LEGISLAÇÃO

No Brasil, a Lei n. 1.283, de 18.12.1950, regulamentada pelo Decreto n. 30.691, de 29.3.1952, do Ministério da Agricultura, ainda constitui a base para a inspeção industrial e sanitária de carnes e derivados. Como as práticas da inspeção para suínos e bovinos são muito próximas, será apresentada a seguir a técnica de exame para cisticercose, considerando ambas as espécies, destacando os artigos mais específicos. Assim, na Seção I – Generalidades – Bovídeos, capítulo III, inspeção *post mortem*, art. 176, tem-se:

Art. 176 – Cisticercoses (Cysticercus bovis) – Serão condenadas as carcaças com infestações intensas pelo "Cysticercus bovis" ou quando a carne for aquosa ou descorada.

§1° – Entende-se por infestação intensa a comprovação de um ou mais cistos em incisões praticadas em várias partes da musculatura e em uma área correspondente aproximadamente à palma da mão.

§2° – Faz-se rejeição parcial nos seguintes casos:

1. quando se verifique infestação discreta ou moderada, após cuidadoso exame sobre o coração, músculos da mastigação, língua, diafragma e seus pilares, bem como sobre músculos facilmente acessíveis. Nesses casos devem ser removidas e condenadas todas as partes com cistos, inclusive os tecidos circunvizinhos; as carcaças são recolhidas às câmaras frigoríficas ou desossadas e a carne, tratada com salmoura, pelo prazo mínimo de 21 dias em condições que permitam, a qualquer momento, sua identificação e reconhecimento. Esse período pode ser reduzido para 10 dias, desde que a temperatura nas câmaras frigoríficas seja mantida sem oscilação e no máximo a 1°C;

2. quando o número de cistos for maior do que o mencionado no item anterior, mas a infestação não alcançar generalização, a carcaça será destinada à esterilização pelo calor;

3. podem ser aproveitadas para consumo as carcaças que apresentem um único cisto já calcificado, após remoção e condenação dessa parte.

§3° – As vísceras, com exceção dos pulmões, coração e porção carnosa do esôfago, e a gordura das carcaças destinadas ao consumo ou à refrigeração não sofrerão qualquer restrição, desde que consideradas isentas de infestação. Os intestinos podem ser aproveitados para envoltório, depois de trabalhados como normalmente.

§4° – Quando se tratar de bovinos com menos de 6 meses de idade, a pesquisa do "*Cysticercus bovis*" pode ficar limitada a um cuidadoso exame da superfície do coração e de outras superfícies musculares normalmente visíveis.

§5° – Na rotina de inspeção, obedecem-se as seguintes normas:

1. Cabeça – observam-se e incisam-se os masseteres e pterigóideos internos e externos;

2. Língua – o órgão deve ser observado externamente, palpado e praticados cortes quando surgir suspeita quanto à existência de cistos ou quando encontrados cistos nos músculos da cabeça;

3. Coração – examina-se a superfície externa do coração e faz-se uma incisão longitudinal, da base à ponta, através do ventrículo esquerdo e do septo interventricular, examinando-se as superfícies de cortes, bem como as superfícies mais internas dos ventrículos. A seguir, praticam-se largas incisões em toda a musculatura do órgão, tão numerosas quanto

possível, desde que já tenha sido verificada a presença de "*Cysticercus bovis*", na cabeça ou na língua.

4. Inspeção final – na inspeção final identifica-se a lesão parasitária inicialmente observada e examinam-se sistematicamente os músculos mastigadores, coração, porção muscular do diafragma, inclusive seus pilares, bem como os músculos do pescoço, estendendo-se o exame aos intercostais e a outros músculos, sempre que necessário, devendo-se evitar tanto quanto possível cortes desnecessários que possam acarretar maior depreciação à carcaça.

No caso dos suínos, na Seção III, aplicam-se as disposições cabíveis estabelecidas na Seção I – Generalidades – Bovídeos, além do disposto no art. 206:

Art. 206 – cisticercose – É permitido o aproveitamento de tecidos adiposos procedentes de carcaças com infestações intensas por "*Cysticercus cellulosae*" para o fabrico de banha, rejeitando-se as demais partes do animal.

CONCLUSÕES

A cisticercose comprovadamente é um problema de saúde animal, consequência das más condições higiênico-sanitárias das criações de suínos. O despreparo técnico dos criadores, aliado a dificuldades econômicas, é fator determinante da prevalência da infecção nos rebanhos.

Portanto, somente a tecnificação das criações, o financiamento das propriedades e, sobretudo, o investimento na educação sanitária poderão propiciar a melhoria das condições zootécnicas de criação.

Em saúde pública, a cisticercose suína é um problema da máxima relevância, notadamente nas áreas onde há comercialização de carne de porco sem prévia aprovação pelos serviços públicos de inspeção sanitária. Também, nessas circunstâncias, a educação sanitária constitui uma das mais importantes armas da luta contra a cisticercose, se não a única. O consumidor precisa ser alertado sobre os riscos de ingerir carne de porco de origem clandestina, sobretudo se mal cozida ou encruada, bem como conhecer o perigo que os vegetais apresentam quando lavados apenas superficialmente com água, sem qualquer produto desinfetante.

Enquanto não houver conscientização da sociedade como um todo, inclusive do poder público, sobre os riscos da infecção, será muito difícil controlar a cisticercose suína no Brasil.

Do ponto de vista estritamente médico, deve-se destacar que a forma neural da infecção é uma das patologias de diagnóstico mais frequente nos serviços neurocirúrgicos dos países da América Latina. Contudo, em razão do polimorfismo clínico da doença, não é possível instituir um único esquema terapêutico eficaz para todos os casos, por isso, a viabilidade e a localização dos parasitas é fundamental como forma de planejar o tratamento mais adequado.

REFERÊNCIAS

ACHA, P.N.; SZYFRES, B. Zoonosis y enfermedades transmisibles comunes al hombre y a los animales. 3.ed. Washington: Organización Panamericana de la Salud, 2003, p.222-30. (Publicación científica y técnica n.580).

BENENSON, A.S. (ed.). Control of communicable diseases manual. Washington: American Public Health Association, 1995, p.456-9.

BORBÓN GARZÓN, A.; PÉREZ, Á.J.; PINTO SCHMIDT, V. Neurocisticercosis: hallazgos imagenológicos en tomografía computarizada. Revisión de la literatura y reporte de dos casos. Rev Colomb Radiol, v. 19, n. 4, p. 2528-2533, 2008.

BRASIL. Ministério da Agricultura. Regulamento da inspeção industrial e sanitária de produtos de origem animal. Brasília, 1980, p.39-40 e 44.

COELHO, T.D.G.; COELHO, M.D.G. Cerebral cysticercosis in Campina Grande, Paraíba – Northern Brazil. Computerized tomograph diagnosis importance. Arq Neuropsiquiatr., v. 54, n. 1, p. 94-7, 1996.

COSTA CRUZ, J.M. et al. Ocorrência de cisticercose em necrópsias realizadas em Uberlândia, Minas Gerais, Brasil. Arq Neuropsiquiatr., v. 53, n. 2, p. 227-32, 1995.

CURE, G.C. et al. Neurocisticercosis. Acta neurol colomb., ene.-mar. v. 25, n. 1, p. 42-53, 2009.

DAL MOLIN, C.; SILVEIRA, S.M. da. Ocorrência de cisticercose suína e bovina em animais abatidos no município de Realeza, PR sob serviço de inspeção municipal. Hig aliment., v. 19, n. 133, p. 28-32, 2005.

ELIAS, F.M. et al. Oral cysticercosis: case report and review of the literature. Rev Inst Med Trop. São Paulo, v. 47, n. 2, p. 95-8, 2005.

FERREIRA, L.S. et al. Number and viability of parasite influence seizure frequency in children with neurocysticercosis. Arq Neuropsiquiatr., v. 60, n. 4, p. 909-11, 2002.

GRUPO DE TRABAJO SOBRE CISTICERCOSIS EN EL PERU. La comercialización de cerdos cisticercóticos en la Sierra del Peru. Bol Oficina Sanit Panam., v. 116, n. 5, p. 427-34, 1994.

HANSEN, N.J.D.; HAGELSKJAER, L.H.; CHRISTENSEN, T. Neurocysticercosis: a short review and presentation of a scandinavian case. Scand J Infect Dis., v. 24, p. 255-62, 1992.

NASCIMENTO, E. Teníase e cisticercose. In: NEVES, D.P. Parasitologia humana. 8.ed. São Paulo: Atheneu, 1991, p.230-42.

NAVARRO, I.T. Manual de Zoonoses. Programa de Zoonoses Região Sul. v. II, 1.ed., 2011.

PESSOA, S.B.; MARTINS, A.V. Parasitologia médica. 11.ed. Rio de Janeiro: Guanabara Koogan, 1982, p.448-64.

PINTO, P.S. de A. et al. Cysticercosis ocurrence and sanitary risk in groups of inspected and non-inspected swine in Brazil. Parasitol latinoam., v. 57, n. 3/4, p. 129- 33, 2002.

PINTO, P.S. de A. et al. Immunoblot analysis using antigen from taenia crassiceps cysticerci in the diagnosis of swine cysticercosis. Bol Chil Parasitol., v. 56, n. 1/2, p. 36-42, 2001.

QUEVEDO, F.; THAKUR, A.S. Alimentos – parasitoses transmitidas por alimentos. Oficina Sanitaria Panamericana; Centro Panamericano de Zoonoses, 1980, p. 16-9.

REIS, L. Bases da parasitologia médica. Rio de Janeiro: Guanabara Koogan, 1992, p. 194-9.

ROCHA, K. da C.; MIRANDA, Z.B. Estudo epidemiológico da cisticercose suína no Estado de Mato Grosso. Hig Alim., v. 18, n. 119, p. 29-35, 2004.

SCHANTZ, P.M. et al. Potential eradicability of taeniasis and cysticercosis. Bulletin of PAHO, v. 27, n. 4, p. 397-403, 1993.

SILVA-VERGARA, M.L. et al. Achados neurológicos e laboratoriais em população de área endêmica para teníase-cisticercose, Lagamar: Brasil (1992-1993). Rev Inst Med Trop São Paulo, v. 36, n. 4, p. 335-42, 1994.

SPINA-FRANÇA, A.; LIVRAMENTO, J.A.; MACHADO, L.R. Cysticercosis of the central nervous system and cerebrospinal fluid. Arq Neuropsiquiatr., v. 51, n. 1, p. 16-20, 1993.

TSANG, V. C. W.; WILSON, M. Taenia solium cysticercosis: an under-recognized but serious public health problem. Parasitology today, v. 11, n. 3, p. 124-5, 1995.

UNGAR, M.L.; GERMANO, P.M.L. Epidemiologia e controle da cisticercose bovina. Comun Cient Fac Med Vet Zootec Univ S. Paulo, v. 15, n. 1, p. 15-20, 1991.

_____. Etiopatogenia da cisticercose bovina. Comun Cient Fac Med Vet Zootec Univ S. Paulo, v. 15, n. 1, p. 43-9, 1991.

_____. Prevalência da cisticercose bovina no Estado de São Paulo (Brasil). Rev Saúde Públ., v. 26, n. 3, p. 67-72, 1992.

VIANNA, L.G.; MACEDO, V.; COSTA, J.M. Cisticercose músculo-cutânea e visceral – doença rara?. Rev Inst Med Trop São Paulo, v. 33, n. 2, p. 129-36, 1991.

Difilobotríase

22

Pedro Manuel Leal Germano
Maria Izabel Simões Germano

INTRODUÇÃO

A difilobotríase é uma zoonose, originalmente uma parasitose do trato intestinal de peixes de água doce ou salgada, mas que pode ser transmitida ao homem pelo consumo de pescado cru ou parcialmente cozido, contendo larvas do parasita. O agente responsável pela infecção humana é um céstodo, taxonomicamente identificado como *Diphyllobothrium latum*, um dos mais importante tenídeos gigantes.

A maioria das pessoas infectadas por essa tênia não apresenta sintomas, o que permite ao parasita desenvolver-se ao longo dos anos, atingindo mais de 10 metros de comprimento. Há relatos de casos de infecções humanas que duraram até 30 anos. Nas pessoas com sintomas agudos, a manifestação clínica é semelhante à da maioria das doenças parasitárias que acometem preferencialmente o trato digestivo.

AGENTE ETIOLÓGICO

O número de espécies reconhecidas de *Diphyllobothrium* é de aproximadamente 80, no âmbito mundial, distribuídas por diferentes regiões geográficas. Todavia, apenas cerca de 15 acometem o homem.

A forma adulta do parasita vive no intestino delgado dos hospedeiros definitivos: homem, cães, gatos, ursos e outros animais silvestres. O escólex, porção de fixação da tênia, não apresenta ganchos nem ventosas, mas tem dois sulcos para sucção denominados botrias. O comprimento pode variar de 3 a 12 metros, por 10 a 20 mm na porção mais larga, com 3 mil a 4 mil proglótides ou anéis.

CICLO DE VIDA

As tênias do gênero *Diphyllobothrium* apresentam ciclo de vida complexo, envolvendo vários hospedeiros (Figura 22.1). Assim, nos hospedeiros da forma adulta, as proglótides grávidas lançam os ovos na luz intestinal, os quais são eliminados nas fezes, junto a cadeias desprendidas de proglótides vazias ou com poucos ovos.

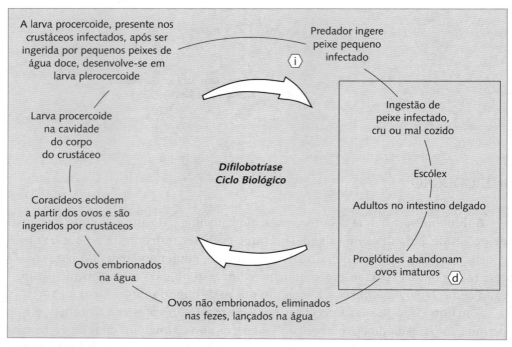

i = Estágio infectante; d = Estágio diagnóstico

Figura 22.1 Ciclo biológico do *Diphyllobothrium latum*.
Fonte: Acha e Szyfres (2003).

Uma única tênia adulta pode eliminar 1 milhão de ovos por dia, cada um deles com um embrião imaturo, que, depois de 10 a 15 dias de incubação em água doce, com temperatura entre 15 e 25°C, dá origem ao coracídio ou embrião ciliado, o qual, após abandonar a casca do ovo, necessita ser ingerido para não perder a infectividade dentro de 24 horas pelo primeiro hospedeiro do ciclo de vida, um crustáceo copépodo – ser quase microscópico, pertencente a diversos gêneros, habitante do chamado zooplâncton, comunidade que vive em suspensão nas águas doces, salobras e marinhas. Os embriões das espécies que têm peixes marinhos como hospedeiros intermediários podem sobreviver nas águas semissalobras dos estuários ou na água salobra do mar. A partir dessa fase, tem início o ciclo de vida propriamente dito, dentro da grande cadeia alimentar do pescado, até alcançar o homem.

Os coracídios, presentes nas águas de rios, represas ou lagos e suas margens, contaminados com fezes contendo ovos de *Diphyllobothrium* spp., ao serem ingeridos pelos crustáceos, em 10 a 20 dias na cavidade celômica, transformam-se em procercoides, larvas sólidas com 6 a 10 mm de comprimento, com um apêndice caudal circular.

Na sequência da cadeia alimentar, esses crustáceos são ingeridos por peixes pequenos que, por sua vez, são predados por outros maiores e assim, consecutivamente, até serem capturados por mamíferos, incluindo o homem.

Quando os peixes ingerem os crustáceos contaminados com essas larvas, os procercoides migram para os músculos e outros órgãos e transformam-se em plerocercoides ou espárganos em aproximadamente um mês. Um peixe de porte grande pode albergar até mil plerocercoides.

Na cadeia alimentar dos peixes, os plerocercoides são transportados simplesmente de um animal para o outro, daí a denominação de hospedeiros de transporte ou paratênicos, e só quando ingeridos por um hospedeiro definitivo é que essa forma se fixa no intestino delgado até sua maturação, para em 25 a 30 dias iniciar a postura.

DISTRIBUIÇÃO GEOGRÁFICA

O *D. latum* é uma espécie cosmopolita das zonas temperadas, compreendidas entre as subárticas e subtropicais, sobretudo nas regiões lacustres. Na verdade, a doença não é nenhuma raridade, pois o parasita *D. latum* é uma tênia bastante conhecida, principalmente em certos países da Europa, no Extremo Oriente, na África, e mesmo na América do Norte, onde consumir peixe cru faz parte dos hábitos alimentares de parcela importante da população.

Para se ter uma dimensão do problema, nos anos de 1940, só na Península Escandinava, a prevalência da infecção era de 20% da população. Em 1973, acreditava-se que 9 milhões de pessoas estivessem infectadas, a maioria na Europa e na Ásia. Nas Américas, porém, nessa mesma época, a taxa de infecção era estimada em 100 mil pessoas.

Nos últimos 30 anos, casos de difilobotríase têm sido identificados, do Alasca à Patagônia, sempre em números discretos, provavelmente por causa da não notificação por parte dos serviços públicos de saúde e pelo baixo grau de virulência da infecção.

Na América do Sul, Chile e Peru, coprólitos e esqueletos fósseis, assim como múmias, com 4 mil a 5 mil anos de idade, permitiram evidenciar sinais de ovos de *Diphyllobothrium* spp. Os mesmos resultados, ao lado de indícios de outros tipos de helmintos, foram confirmados por outros achados paleoparasitológicos, coletados em sítios arqueológicos no novo e no velho mundos. Esses fatos demonstram que as doenças parasitárias, aí incluída a difilobotríase, são muito mais antigas do que se pode imaginar. Na atualidade, a doença tem caráter endêmico no extremo sul da Argentina e ao longo da costa chilena e peruana.

No Brasil, em particular, o primeiro surto reconhecido da infecção foi registrado no município de São Paulo, em 2005, por meio de exames de fezes de pacientes

428 ■ HIGIENE E VIGILÂNCIA SANITÁRIA DE ALIMENTOS

clínicos, o que totalizou 27 pessoas acometidas pela tênia, além de outros 20 casos, assinalados no Rio de Janeiro, todos eles atribuídos ao salmão importado do Chile. Contudo, desde março de 2004, alguns casos esporádicos de difilobotríase já haviam sido diagnosticados em São Paulo, sem que houvesse qualquer tipo de notificação. Ainda em 2005, uma paciente com 29 anos de idade, de Salvador, Bahia, adquiriu a infecção a partir da ingestão de sushi.

Em 2010, na região do litoral sul de São Paulo, houve uma grande produção de tainha. Para estimular o consumo, fizeram uma festa da tainha e incentivaram a população a criar receitas diversas com o peixe, o que deu origem ao sashimi de tainha. Depois disso, apareceram vários casos na literatura médica de infecções gastrointestinais em pessoas que consumiram o peixe na forma crua. Outro caso em São Paulo: nos idos de 2008, houve um surto muito grave de parasitoses a partir do consumo cru de salmão, no bairro da Liberdade. Foi uma epidemia que reduziu em até 40% o consumo do peixe.

INFECÇÃO NO HOMEM

A difilobotríase no homem pode ser causada pela ingestão de uma variada gama de peixes crus, insuficientemente cozidos ou que passaram por um processo de defumação parcial, tanto de água doce quanto salgada, contendo larvas infectantes do cestódio *D. latum*. Entre esses peixes, destacam-se: os salmões (*Salmo salar*), encontrados sobretudo nos mares europeus; as percas (*Perca fluviatilis*), dos rios do hemisfério Norte; os lúcios (*Esox lucius*), semelhantes às percas, habitantes de rios e lagos da Europa; algumas espécies de trutas, salmonídeos que habitam rios de águas claras e frias, no hemisfério norte; e espécies de salmonídeos anádromos, que permanecem no mar por longo tempo, subindo os rios na época da desova, como a truta-comum e a truta-salmoneja.

O indivíduo infectado, em geral, alberga uma só tênia no intestino, porém há casos de parasitismo múltiplo. O parasita prende-se com maior frequência na mucosa do íleo, contudo a manifestação clínica é muito discreta, caracteriza-se por um mal-estar passageiro e discretas perdas de apetite e peso.

Na manifestação aguda da infecção, os sintomas anteriores acentuam-se e são acompanhados de náuseas, vômitos e diarreia, dor abdominal causada pela obstrução intestinal provocada pela extensão da tênia ou do aglomerado de tênias.

Como problema maior, decorrente do parasitismo, as pessoas infectadas podem desenvolver, além de dor abdominal decorrente da obstrução intestinal provocada pelas tênias, anemia megaloblástica, em razão da interferência e competição pela absorção de vitamina B12, na mucosa gástrica. Com frequência, os pacientes apresentam fadiga causada por anemia, febre, glossite, subicterícia, edema, hemorragia, intumescimento e parestesia das extremidades e até confusão ou demência.

As pessoas infectadas algumas vezes eliminam ativamente o proglótide, de fácil visualização nas fezes, e a detecção de ovos nos pacientes pode ser realizada por meio de esfregaços a partir de matéria fecal. A anemia macrocítica pode ser constatada pelo hemograma dos pacientes.

DIAGNÓSTICO

O exame parasitológico das fezes dos suspeitos da infecção, ou pacientes clínicos, permite comprovar a presença de ovos do céstodo, os quais são caracterizados pelo tamanho (55-75 × 40-55 µm), pela presença de opérculo, por não serem embrionados e pela pequena pera na extremidade abopercular. O exame dos ovos não permite distinguir qual a espécie infectante, todavia, o estudo das proglótides, eliminadas espontaneamente pelos pacientes ou após medicação, pode permitir a identificação da espécie do *Diphyllobothrium* envolvido.

No exame microscópico do sedimento da matéria fecal, a concentração e o número de ovos é tão grande que nem há necessidade de utilizar a técnica de sedimentação por formol-éter.

TRATAMENTO

Por se tratar de um parasita de baixa virulência, nas infecções incipientes e agudas, de modo geral, prescreve-se niclosamida ou praziquantel, anti-helmínticos que podem ser administrados em dose única para eliminar a infecção pela tênia.

Nos casos crônicos de parasitismo, sobretudo diante do quadro clínico de anemia megaloblástica, o tratamento pode exigir suplementos de vitamina B12, além de medidas de suporte para aliviar sintomas e sinais clínicos de maior intensidade.

PREVENÇÃO

Dois pontos merecem ser considerados. Por um lado, em relação ao homem, o hábito enraizado, culturalmente ou por modismo social, de se alimentar com peixe cru servido sem cuidados prévios, como verificar a procedência e realizar o congelamento anterior ao consumo. Por outro lado, a questão do ambiente, a contaminação de águas, sobretudo as de baixo fluxo como lagos, represas, barragens e margens de rios, por ovos do parasita, eliminados nas fezes dos hospedeiros definitivos, principalmente o homem.

Vale destacar que países do Báltico e da Escandinávia, que outrora apresentavam altas taxas de infecção pelo *D. latum*, conseguiram diminuir o hábito cultural de consumir peixe cru, em virtude das ações educativas e da introdução de medidas de tratamento prévias a seu consumo, o que resultou na redução da incidência da parasitose. No entanto, a infecção é emergente na França e na Itália, por causa do modismo do sushi e de outras receitas que utilizam peixe cru sem qualquer tipo de tratamento prévio, assim como da proliferação de restaurantes especializados nesses tipos de preparações.

O Brasil atualmente vivencia esse mesmo fenômeno, pois, nos últimos anos, o consumo de peixe cru por parte da população aumentou consideravelmente, transformando-se em modismo, acompanhado pelo crescimento significativo no número de restaurantes e fast-foods especializados.

De modo geral, a prevenção maior diz respeito ao controle da contaminação ambiental, mediante a disposição adequada de excretas, evitando o lançamento de dejetos nas águas de lagos e mesmo de rios, em especial por causa da presença de velejadores, iatistas e pescadores, além de outras espécies de mamíferos, que garantam ao parasita a continuidade de seu ciclo de vida.

Para os apreciadores de peixe cru, é possível garantir sua inocuidade mediante tratamento prévio com gelo, pois, de acordo com grande número de citações técnico-científicas, o congelamento por no mínimo 7 dias a -20°C ou por 15 horas a -30°C é eficiente e inviabiliza as larvas plerocercoides, presentes na musculatura dos peixes armazenados nessas condições. Por outro lado, para os estabelecimentos importadores e distribuidores é de suma importância identificar a origem dos peixes comercializados, com o objetivo de rastrear os produtos, na ocorrência de surtos na população. A cocção, por sua vez, a 55°C por 5 minutos mata as larvas plerocercoides. A defumação do peixe, entretanto, não é eficiente para matar o parasita.

Ainda em termos de prevenção, os consumidores de peixe cru devem estar atentos para o risco de contrair a difilobotríase. Sempre que possível, devem procurar um serviço de saúde ao manifestarem algum tipo de desconforto abdominal, emagrecimento inexplicável ou perda de apetite.

CONCLUSÕES

Quando ocorreram casos de difilobotríase no Brasil, particularmente no estado de São Paulo, as autoridades de saúde, lideradas pelos ministérios da Agricultura e da Saúde, prontamente tomaram providências que se iniciaram pela proibição da importação de peixe do Chile – país identificado como origem do surto –, até ações comandadas pelos serviços de vigilância sanitária para avaliar as condições de venda no comércio varejista de pescado, desde os balcões das peixarias e das feiras livres, passando pelos mercados municipais até os grandes supermercados.

O incidente mereceu, na época, ampla divulgação por parte da mídia, mesmo quando se informou que as pessoas com a parasitose não corriam risco de vida. Mas só a partir da colocação em prática de recomendações com maior rigor técnico--científico, sobretudo a importação de salmão previamente submetido na origem a congelamento, é que se reverteu a situação, tanto para consumidores como para comerciantes, e mesmo para as autoridades de saúde pública.

Vale destacar que o hiperdimensionamento do episódio refletiu-se de imediato sobre o comércio varejista de peixe, em especial o de salmão, dada a reação dos consumidores, os quais aboliram de suas mesas todo e qualquer tipo de peixe. Contudo, despertou-se nos comerciantes a necessidade imperativa de atentar com maior cuidado para seus fornecedores e exigir um produto submetido a tratamento, capaz de eliminar o perigo acarretado pelo *Diphyllobothrium* spp., ou seja, adquirir produtos previamente submetidos a temperaturas e tempos preconizados pela legislação vigente.

No que concerne aos hábitos alimentares, deve-se atentar para o exemplo fornecido por Dupouy-Camet e Peduzzi (2004), que referem terem sido identificados ovos do parasita em sedimentos arqueológicos de cidades da era neolítica, situadas às margens de lagos. A mudança desses costumes, culturalmente arraigados nas tradições da população, constitui uma dificuldade a ser enfrentada pelos especialistas em educação.

REFERÊNCIAS

ACHA, P.N.; SZYFRES, B. Zoonosis y enfermedades transmisibles comunes al hombre y a los animales. 3.ed. v.3. Organización Panamericana de la Salud, 2003. (Publicación Científica y Técnica n. 580).

BUTT, A.A.; ALDRIDGE, K.E.; SANDERS, C.V. Infections related to the ingestion of seafood. Part II parasitic infections and food safety. Lancet Infect Dis, v. 4, n. 5, p. 294-300, 2004.

CABRERA C.R.; TANTALEÁN, M.; ROJAS MARABOLI, R.O. Diphyllobothrium pacificum Nybelin 1931, Margolis 1956 en canis familiaris de la ciudad de Chincha Peru. Bol Chil Parasitol., v. 56, n. 1/2, p. 26-8, 2001.

CLIVER, D.O.; RIEMANN, H.P. Foodborne diseases. 2. ed. Amsterdã: Academic Press, 2002.

DUPOUY-CAMET, J.; PEDUZZI, R. Current situation of human diphyllobothriasis in Europe. Euro Surveill. v. 9, n. 5, p. 31-5, 2004.

EDUARDO, M.B. de P.et al. Diphyllobothrium spp um parasita emergente em São Paulo associado ao consumo de peixe cru – sushis e sashimis. Boletim Epidemiológico Paulista, v. 2, n. 15, 2005.

GONÇALVES, M.L.C.; ARAÚJO, A.; FERREIRA, L.F. Human intestinal parasites in the past: new findings and a review. Mem Inst Oswaldo Cruz, v. 98, supl.1, p. 103-18, 2003.

GONZÁLEZ B.A. et al. Difilobotriasis humana por diphyllobothrium pacificum: un nuevo caso en Antofagasta, norte de Chile. Rev Méd Chile, v. 127, n. 1, p. 75-7, 1999.

GUARA NOTÍCIAS. Grupo Mattos Leão de Comunicação. Peixes crus que podem colocar sua saúde em risco, 15/02/2016. Disponível em em: http://www.guaranoticias.com.br/noticias/ler/id/31649/. Acesso em: mar. 2017.

MARTÍNEZ, F.A. et al. Frecuencia de infección por diphyllobothrium sp cestoda diphyllobothriidae en carnívoros silvestres de Argentina. Bol Chil Parasitol., v. 55, n. 3/4, p. 100-3, 2000.

MEDINA FLORES, J.P.; TANTALEAN VIDAURRE, M.; CANO ROSALES, M. Diphyllobothrium pacificum en niños del Perú/Diphyllobothrium pacificum in peruvian children. Diagnóstico (Perú), v. 41, n. 4, p. 161-4, 2002.

REINHARD, K.; URBAN, O. Diagnosing ancient Diphyllobothriasis from Chinchorro mummies. Mem Inst Oswaldo Cruz, v. 98, supl.1, p. 191-3, 2003.

SAGUA F.H. et al. Diphyllobothriosis humana por infección por Diphyllobotrhium pacificum en un niño de 3 años en Antofagasta, Chile. Rev Chil Pediatr., v. 71, n. 5, p. 427-9, 2000.

_____. Nuevos casos de infección humana por diphyllobothrium pacificum Nybelin 1931, Margolis 1956 en Chile y su probable relación con el fenómeno de El Niño 1975-2000. Bol Chil Parasitol., v. 56, n. 1/2, p. 22-5, 2001.

SANTOS, F.; FARO, L.B. de. The first confirmed case of Diphyllobothrium latum in Brazil. Mem Inst Oswaldo Cruz, v. 100, n. 6, p. 585-6, 2005.

SANTOS, K.R. et al. First report of Diphyllobothrium mansoni (Cestoda, Diphyllobothridae) infecting Cerdocyon thous (Mammalia, Canidae) in Brazil. Arq Bras Med Vet Zootec., v. 56, n. 6, p. 796-8, 2004.

SEMENAS, L.; UBEDA, C. Difilobotriasis humana en la Patagonia, Argentina. Rev Saúde Pública, v. 31, n. 3, p. 302-7, 1997.

SEMENAS, L.A.; KREITER, A.; URBANSKI, J. New cases of human diphyllobothriosis in Patagonia, Argentine. Rev saúde pública, v. 35, n. 2, p. 214-6, 2001.

TORRES, M. et al. Teniosis: serie clínica en 35 pacientes/Teniosis: a clinical serie of 35 human cases. Parasitol día, v. 25, n. 1/2, p. 55-9, 2001.

TORRES, P. et al. Infección por helmintos parásitos en salmón coho, oncorhynchus kisutch, durante su retorno al río Simpson, Chile. Bol Chil Parasitol., v. 55, n. 1/2, p. 31-5, 2000.

23

Complexo equinococose-hidatidose

Pedro Manuel Leal Germano
Maria Izabel Simões Germano
Silvia Müller Gentil

INTRODUÇÃO

O complexo equinococose-hidatidose é uma importante zoonose cuja história remonta à Antiguidade. Há mais de 2.000 anos foi descrito, pela primeira vez, o tumor líquido por Hipócrates, filósofo grego considerado o pai da medicina. Somente nos estudos de Goeze, zoologista alemão, chegou-se à conclusão que os protoescólices observados nos tumores se tratavam de cestódeos.

Em 1786, Batsch identificou a forma adulta do verme no intestino de um cachorro e denominou-o *granulosus*. Passados alguns anos, em 1805, o nome *Echinococcus* foi dado ao gênero. Somente em 1972 Rausch identificou a espécie *E. vogeli* na América do Sul e os primeiros casos humanos, originários de países amazônicos, foram diagnosticados em 1979, na Colômbia e Equador. No Brasil, a primeira referência à hidatidose data de 1869, na Bahia, contudo o primeiro registro oficial foi em um seringueiro da Amazônia, somente no ano de 1986.

As espécies mais relevantes do gênero *E. granulosus* e *E. multilocularis* afetam o homem em sua fase cística e representam zoonoses de especial importância econômica e de saúde pública, seja por sua distribuição geográfica e espectro de hospedeiros intermediários ou por sua patogenicidade.

As consequências para a pecuária refletem-se na condenação de vísceras e carcaças de ovinos, bovinos e suínos, hospedeiros intermediários usualmente acometidos, acarretando consideráveis prejuízos aos frigoríficos, ocasionando elevadas perdas econômicas à indústria de alimentos em geral. No que concerne à saúde pública, o estreito contato entre o homem e o cão doméstico contribui para a elevada frequência da hidatidose humana nas áreas endêmicas. A doença pode comprometer seriamente a saúde dos enfermos já que, de todos os cestoides que parasitam seres humanos, aqueles pertencentes à família *Taeniidae* são considerados os mais patogênicos e letais.

Essa zoonose apresenta distribuição cosmopolita, revestindo-se de relevância cada vez maior, pois, excetuando-se algumas áreas do globo onde se obteve seu controle efetivo, os fatos evidenciam a ampla disseminação de seus agentes etiológicos.

ETIOLOGIA

A equinococose-hidatidose é uma zoonose parasitária causada pelos helmintos do filo *Platyhelminthes*, classe *Cestoidea*, subclasse *Cestoda*, ordem *Cyclophyllidea*, família *Taenidae*, pertencentes ao gênero *Echinococcus* spp.

A taxonomia desses cestoides está submetida à constante revisão. Até 2012 havia dez espécies aceitas para o gênero. A Organização Mundial da Saúde – OMS reconhece as espécies a seguir: *E. granulosus*, *E. multilocularis*, *E. oligarthus* e *E. vogeli*. Anos depois de descobertas essas espécies, devido a ferramentas moleculares, foram caracterizadas as espécies *E. equinus* e *E. ortleppi*. Essas seis espécies são as mais importantes no que concerne à saúde humana.

Em 2005, na China, foi descrita a espécie *E. shiquicus* em raposas tibetanas, que junto com a *E. canadensis*, *E. intermedius* e *E. felidis* faz parte do grupo sem relevância a humanos. Recentemente novas espécies vêm sendo descritas, contudo, devido à pouca informação epidemiológica disponível, os estudos acabam sendo abandonados.

A maior parte dos trabalhos e estudos é dedicada às espécies *E. multilocularis*, causadora da equinococose alveolar e *E. granulosus*, responsável pela equinococose cística. Já as informações sobre o *E. oligarthrus* (equinococose unicística) e *E. vogeli* (equinococose policística) são insuficientes, mesmo sendo, a última espécie citada, a mais patogênica do gênero.

CARACTERÍSTICAS MORFOLÓGICAS

Os helmintos do gênero *E. granulosus* fazem parte da família das tênias e possuem três fases de vida: ovo, larva e adulto.

O ovo (ou embrióforo) possui tamanho microscópico (32 a 36 μm) e é formado por uma membrana externa que protege uma estrutura chamada de embrião hexacanto, composto por uma oncosfera com seis ganchos, que servem para perfurar a parede intestinal. Ao alcançar vários órgãos e tecidos, por meio da corrente sanguínea há o desenvolvimento do estágio larvar.

A forma larvária caracterizada como cisto hidático, também conhecida como hidátide, é uma vesícula aquosa ou bolha d'água, esbranquiçada, esférica, tensa e elástica, podendo alcançar até 10 cm. Possui membranas externas que atuam como protetoras dos componentes internos: *membrana adventícia*, formada por tecido conjuntivo, produzida pelo próprio hospedeiro em reação à presença da larva; *membrana anista*, denominada também laminada ou hialina, funciona como uma barreira defensiva contra o hospedeiro; e *membrana prolígera* ou *germinativa*, responsável por secretar o líquido hidático e de sua parede interna brotam as vesículas prolígeras com os protoescólices (cabeças da tênia). Essas vesículas podem aderir-se à membrana germinativa por curtos pedículos, desprender-se ou romper, acumulando-se no fundo do cisto, como um depósito esbranquiçado, denominado areia hidática. O líquido hidático é transparente e cristalino e possui a função de banhar, alimentar e proteger as estruturas infectantes presentes na hidátide.

Os cistos hidáticos com protoescólices inviáveis ou ausentes são chamados de cistos inférteis ou estéreis. Já os cistos férteis são aqueles que possuem protoescólices viáveis que evaginam-se no hospedeiro até alcançarem o estágio adulto. Um único cisto pode originar milhares de cestoides adultos devido à grande quantidade de protoescólices em seu interior.

Por ser uma vesícula globulosa, com uma única cavidade, a fase larvar do *E. granulosus* é tipicamente unilocular. Em razão da morfologia da hidátide do *E. multilocularis* ser semelhante a uma esponja, o cisto é chamado de multilocular ou alveolar.

As hidátides de *E. oligarthrus* e *E. vogeli* formam vesículas prolígeras externas à vesícula original e apresentam, em seu interior, líquido e protoescólices abundantes. Contrariamente ao *E. multilocularis*, seu crescimento não possui característica invasora. Devido à sua morfologia são comumente denominadas hidátides policísticas.

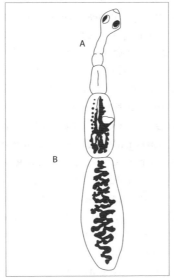

Figura 23.1 Representação do verme adulto *Echinococcus granulosus*: escólex (A) e proglote gravídica (B).

Fonte: Mendes *et al*.

Os vermes adultos medem de 3 mm a 6 mm, podem chegar a 9 mm (aproximadamente o tamanho de um grão de arroz) e têm seu corpo dividido em: *escólex ou pedúnculo fixador*, de formato piriforme formado por quatro ventosas e um rostro com duas fileiras de 30 a 40 ganchos ou acúleos (este número varia de acordo com a espécie), que têm função de fixação; *colo* delgado e curto (também chamado de região proglotogênica); e *estróbilo* formado por três a cinco proglótides sendo que na segunda é possível observar os órgãos reprodutores masculinos e femininos, caracterizando as tênias como hermafroditas. A última é gravídica, com contornos dilatados e forma oval alongada, podendo conter em seu útero de 500 a 800 ovos. Os embrióforos podem ser eliminados através da ruptura da última proglote do restante do corpo do parasita e consequente desintegração do tegumento nas fezes ou por poros genitais localizados na margem da proglote.

CICLO BIOLÓGICO

O ciclo biológico das espécies do gênero *Echinococcus* inicia-se com a eliminação de centenas de ovos nas fezes do hospedeiro definitivo contaminando o meio ambiente (solo, pasto, água, verduras). Os ovos são ingeridos pelos hospedeiros intermediários e pela ação de enzimas digestivas, como a pancreatina e a bile, eclode o embrião hexacanto composto pela oncosfera.

A oncosfera atravessa então a mucosa gastrointestinal com o auxílio dos acúleos, penetra nos vasos linfáticos e sanguíneos, e pode se alojar em diversos tecidos, ocorrendo com maior frequência nos pulmões e fígado (podendo atingir rins, coração e ossos) e inicia o processo de formação da hidátide (ou cisto hidático). A velocidade com que o cisto cresce depende de fatores físicos do hospedeiro, como seus mecanismos imunológicos e composição da bile, com interferência também da localização das hidátides. Pode-se dizer que no intervalo de 6 a 12 meses da infecção se dá a maturação, ou seja, a conclusão da fase larvar.

As hidátides variam muito sua forma e tamanho e um único órgão pode conter inúmeros cistos. No fígado e nos pulmões, a hidátide pode ter diâmetro de até 20 cm, contudo em locais mais raros, como a cavidade abdominal, onde é possível crescimento irrestrito, pode ser muito grande e conter litros de líquido em seu interior.

Os hospedeiros definitivos infectam-se ao ingerir vísceras cruas que contenham cistos hidáticos férteis, geralmente com numerosas formas infectantes, e ao devorarem presas parasitadas. O homem, que é o hospedeiro acidental, contamina-se a partir do contato com o ambiente ou em contato direto com os ovos. O período pré-patente, intervalo entre a infecção e a manifestação das formas jovens do parasita no hospedeiro, é de aproximadamente 40 a 50 dias.

Os protoescólices, contidos no interior dos cistos, evaginam-se no duodeno estimulados pela bile, fixando-se posteriormente entre as vilosidades da mucosa intestinal, onde ocorre a autofecundação dos proglótides e a evolução do parasita até alcançar o estágio adulto, completando seu ciclo biológico. O processo de formação de vermes adultos dura aproximadamente 2 meses e seu tempo de vida no hospedeiro é de 3 a 4 meses. A produção de ovos infectantes tem início de 47 a 61 dias após a infecção.

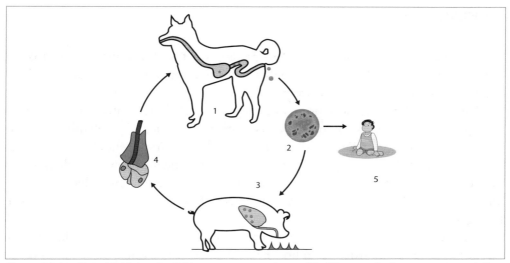

Figura 23.2 Ciclo biológico do *Echinococcus granulosus*: (1) Cão parasitado por vermes adultos. (2) Ovos eliminados para o exterior contaminando pastos, alimentos ou as mãos de uma criança. (3) Ovino ingerindo ovos nas pastagens. (4) Desenvolvimento do cisto hidático nas vísceras de ovino (que podem ser ingeridas por cães). (5) Criança ingerindo ovos.

Fonte: Mendes *et al.*

Os termos equinococose e hidatidose são utilizados distintamente para descrever a doença no hospedeiro definitivo e intermediário, respectivamente. A equinococose ocorre em mamíferos carnívoros, pertencentes às famílias dos canídeos e felídeos domésticos e silvestres. Já a hidatidose se dá em diferentes órgãos e tecidos de diversos mamíferos herbívoros e onívoros, incluindo o homem.

Tabela 23.1 Espécies de *Echinococcus* e respectivos hospedeiros

PARASITA	HOSPEDEIRO INTERMEDIÁRIO	HOSPEDEIRO DEFINITIVO
E. multilocularis	Roedores, suínos, canídeos, primatas e homem	Raposas, gatos, canídeos, raccon, coiotes
E. vogeli	Roedores silvestres (paca) e homem	Canídeos silvestres
E. oligarthus	Roedores silvestres (cotia) e homem	Felídeos silvestres (como puma, jaguar, lince, jaguarundi e gato dos pampas)
E. granulosus	Ovinos, suínos, bovinos, bubalinos, caprinos, camelos, lhamas, cervídeos e homem	Canídeos (cachorro, raposa, dingo, jacal, hiena, lobo, coiotes, chacais)
E. equinus	Equídeos	Cão
E. ortleppi.	Bovinos e homem	Cão
E. shiquicus	Lagomorfos	Raposa tibetana

EPIDEMIOLOGIA

A relação predador-presa entre hospedeiros definitivos e intermediários é a grande responsável pela manutenção dos ciclos doméstico e silvestre do complexo equinococose-hidatidose na natureza.

A existência e perpetuação do ciclo doméstico, estabelecido entre animais domésticos-parasita-homem é consequência das práticas de manejo dos rebanhos e largamente influenciada por fatores socioculturais (*E. granulosus*). Já o ciclo silvestre, restrito aos mamíferos silvestres e parasitas, afeta o homem e/ou animais domésticos quando estes invadem as áreas naturais e entram em contato com ambientes contaminados ou se alimentam de órgãos acometidos (*E. multilocularis, E. oligarthrus* e *E. vogeli*).

A endemicidade da zoonose é maior nas áreas rurais, onde os cães domésticos são utilizados para guardar rebanhos, principalmente de ovinos, alcançando taxas de infecção superiores a 30%. Como esses animais são frequentemente abatidos em ambiente domiciliar para consumo interno, as vísceras cruas contaminadas servem de alimento para os cães, constituindo-se nos maiores reservatórios da infecção para o homem e para os animais de criação.

Os cães, quando infectados, carreiam os ovos de *Echinococcus* nos pêlos ao redor do ânus, períneo, focinho e língua, devido ao hábito de deitar no chão e lamber superfícies. Dessa maneira os transmitem, facilmente, para as mãos dos humanos, principalmente crianças, que costumam brincar com esses animais. O fato é agravado quando há falta de hábitos higiênicos, por exemplo, a assepsia constante das mãos. A frequência da ocorrência do cisto hidático em humanos está relacionada diretamente com a frequência de parasitismo nos cães da região.

Um cão infectado pode liberar aproximadamente 400 ovos por semana se infectado por apenas um verme da espécie *E. granulosus*, sendo que normalmente o animal pode estar infectado por milhares de parasitas.

Os cestoides adultos podem permanecer no intestino delgado dos hospedeiros definitivos por quase um ano, o que favorece a disseminação do agente e a manutenção dos ciclos. O período de fertilidade é mantido por 6 a 10 meses.

Os ovos no ambiente são consideravelmente resistentes às variações de temperatura, mantendo-se viáveis por até 1 ano, entre 4 a 15°C. Sua viabilidade pode ser mantida por 2 anos e meio, em temperaturas de 0 a 2°C. Sobrevivem 24 horas a -70°C, mais de 200 dias a 6°C, 21 dias em água a 30°C, 10 minutos a 60°C, 6 minutos a 70°C e 1 minuto a 100°C, temperatura de fervura da água. No entanto, são pouco resistentes à dessecação e a temperaturas extremas. Sua dispersão ocorre por meio dos ventos, águas pluviais e fluviais, aves, artrópodes, moluscos, pelos e patas de animais. Como exemplo é possível citar que dípteros e besouros coprófagos podem disseminar os ovos em áreas de até 30.000ha.

DISTRIBUIÇÃO GEOGRÁFICA E OCORRÊNCIA NO BRASIL

A hidatidose cística apresenta uma distribuição geográfica à escala mundial e as taxas de infecção variam muito de acordo com as regiões. As prevalências mais altas são observadas especialmente em países de exploração pecuária – sobretudo a criação ovina – no meio rural e na camada da população onde os habitantes vivem em condições sanitárias precárias com escassos recursos econômicos e culturais.

A prevalência da hidatidose humana fundamenta-se basicamente em informes médicos como os registros das intervenções cirúrgicas dos hospitais, das investigações sorológicas e dos diagnósticos por ultrassonografia. Com relação aos hospedeiros intermediários animais, as taxas de infecção são calculadas a partir dos casos de hidatidose diagnosticados no exame *post mortem* das carcaças, obtidos em estabelecimentos de abate com fiscalização veterinária.

A hidatidose, principalmente quando causada pelas espécies *E. granulosus*, *E. multilocularis*, *E. vogeli* e *E. oligarthrus*, é considerada altamente endêmica. A América do Sul é apontada como uma área hiperendêmica e apresenta prevalência de equinococose cística em 20% a 95% dos animais abatidos. A doença é encontrada, principalmente em áreas pastoris, na Argentina, Chile, regiões andinas do Peru, Uruguai e sul do Brasil com registros de prevalência de 5% a 10%.

O *E. granulosus* é a espécie que apresenta maior distribuição ocorrendo praticamente no mundo todo. Sua ocorrência abrange países da Europa e Ásia, como Espanha, Inglaterra, Itália, Bulgária, Croácia, Sérvia, Turquia, Grécia, Líbano, Irã, Iraque, Rússia, China, Mongólia, Tibete e Índia. Prevalece em países da África, como Tunísia, Líbia, Argélia, Marrocos, Quênia, Sudão, Uganda e Etiópia. Também existem focos em regiões do Canadá, do Alasca e da Califórnia.

E. multilocularis ocorre ao longo da maior parte do Hemisfério Norte, principalmente na Europa Central, Rússia, Sibéria, China, Ásia Central, Japão, Alasca, Canadá e vários estados dos Estados Unidos estendendo-se do Wyoming e das Dakotas até o meio oeste superior. *E. oligarthrus* e *E. vogeli* apresentam distribuição limitada às Américas do Sul e Central, restringindo-se às áreas silvestres onde há ocorrência de seus hospedeiros.

A doença tem sido considerada emergente ou reemergente em regiões da China, na Ásia Central (Mongólia, Cazaquistão), no Leste Europeu e em Israel.

Em relação ao Brasil, de acordo com dados da FAO, em 1995, a hidatidose apresentava ocorrência enzoótica, estendida por todo o país, nos bovinos, ovinos e caprinos, e ocorrência rara e esporádica, limitada a certas regiões, em suínos. Na região Sul é comum a ocorrência de *E. granulosus* nos ovinos e bovinos e no norte do país está mais presente nas pacas e cutias, hospedeiros intermediários o *E. vogeli*.

Entre os estados da Federação, o Rio Grande do Sul é o que apresenta a maior prevalência da doença, muito comum na região meridional do estado, onde a criação de bovinos e ovinos representa a maior atividade econômica. Atualmente, o rebanho

HIGIENE E VIGILÂNCIA SANITÁRIA DE ALIMENTOS

ovino do estado é constituído por aproximadamente 3 milhões de cabeças e a doença afeta pelo menos 15% do efetivo da espécie.

Os registros dos matadouros, sob controle do Serviço de Inspeção Federal (SIF), constituem a principal fonte de dados sobre a prevalência da hidatidose animal no país. De acordo com dados do SIF do Rio Grande do Sul, coletados entre 2005 e 2010, de 4.935.447 bovinos abatidos e inspecionados, foi observada a prevalência de 10,28% demonstrando que o estado mantém altos índices da doença.

SINAIS CLÍNICOS

A hidatidose é uma parasitose cuja sintomatologia se manifesta tardiamente devido ao crescimento lento dos cistos. Enquanto forem pequenos, a infecção é assintomática. Normalmente a doença se revela quando o tamanho dos cistos já é considerável ou acidentalmente por meio da realização de algum exame diagnóstico, de rotina ou para confirmar outra enfermidade. No entanto, muitos casos podem permanecer assintomáticos por toda a vida.

Dada a evolução dos cistos, a infecção pode manifestar-se de diferentes formas em função do tamanho e localização dos cistos e de complicações clínicas subsequentes, como, por exemplo, o rompimento do cisto hidático. Esta ocorrência facilita a liberação de material antigênico, causando uma reação de hipersensibilidade, severa e rápida, que pode terminar em choque anafilático e consequente morte do paciente.

Outras possíveis complicações são decorrentes da ação mecânica de compressão do cisto em diferentes estruturas, deformações nas alterações nas funções dos órgãos acometidos, ruptura da cavidade abdominal e pleural e infecção da hidátide.

A localização dos cistos hidáticos no homem é variável, sendo principalmente hepática, pulmonar e óssea. Quando a localização é hepática, pode variar de pequenos focos de poucos milímetros até áreas de infiltração de 15 a 20 cm de diâmetro. Ocorre hepatomegalia e dor abdominal (à direita, junto às costelas) acompanhada do aparecimento de massas palpáveis. A icterícia pode ocorrer se o ducto biliar estiver obstruído e a fraqueza e emaciação podem ocorrer como resultado de cistos crescidos. Os sintomas podem mimetizar aqueles de câncer e cirrose hepáticos.

Se a ocorrência é pulmonar, os sintomas mais frequentes quando os cistos se rompem são a tosse, dor torácica, hemoptise e dispneia. A hidatidose alveolar (por *E. multilocularis)* é uma doença muito grave, de crescimento muito lento e caracteriza-se por apresentar uma estrutura infiltrativa, semelhante a uma formação tumoral, consistida por pequenas vesículas. Os casos de localização óssea produzem destruição das trabéculas, estrutura linear que reforça a estabilidade do osso, levando à necrose e consequente fratura espontânea.

O prognóstico se agrava quando a localização do cisto ocorre em órgãos vitais como os do sistema nervoso, coração e rins. Quando renal, pode gerar hipertensão arterial sistêmica e em caso de hidatidose cefálica, diferentes sinais neurológicos focais e hipertensão intracraniana.

Nos animais domésticos, a hidátide no fígado ou nos pulmões geralmente é tolerada sem sinais clínicos. Nos ovinos, cerca de 70% dos cistos ocorrem nos pulmões, 25% no fígado e o restante, em outros órgãos. Em equinos e bovinos, mais de 90% das hidátides são comumente diagnosticadas no fígado.

DIAGNÓSTICO

O diagnóstico é difícil devido ao quadro clínico pouco acentuado, tanto em hospedeiros definitivos como em hospedeiros intermediários. E ainda, em humanos, os cistos podem se apresentar encobertos por tecidos orgânicos do doente ou podem estar profundamente localizados.

Baseia-se na maior parte das vezes na sintomatologia do doente e em circunstâncias epidemiológicas e a confirmação é obtida por meio dos exames radiológicos (radiografia convencional, cintilografia, tomografia computadorizada, ultrassonografia, ecografia bidimensional e ressonância magnética); provas imunológicas (teste imunoenzimático, hemaglutinação indireta, imunoeletrotransferência, dupla difusão em gel); exame parasitológico (visualização de elementos parasitários, como escólices e acúleos, no sedimento urinário, no produto da expectoração brônquica e no líquido resultante de uma punção cirúrgica).

Em cães não há indicação eficaz para o diagnóstico da doença no animal vivo. Para buscar a confirmação é possível realizar o exame parasitológico ou administrar o tenífugo Bromidato de Arecolina a fim de, na análise das fezes, evidenciar a presença de proglotes íntegras ou vermes adultos.

TRATAMENTO

Em humanos, a escolha do tratamento de eleição depende da quantidade e localização dos cistos e estado geral do paciente. A terapia medicamentosa deve ser a primeira alternativa indicada, ainda que as opções atuais (mebendazol e albendazol) não apresentem a eficácia desejada. Assim, fazem-se necessários mais estudos comprobatórios de efetividade e especificação de efeitos colaterais no uso.

A extirpação do cisto intacto é a intervenção mais utilizada nos casos de cistos únicos hepáticos ou pulmonares (infecção por *E. granulosus*), sintomatologia de compressão ou obstrução de vísceras e ruptura de cistos. No tratamento cirúrgico radical é feita a ressecção de tecido sadio juntamente ao cisto, quando o órgão está difusamente comprometido.

Outra possibilidade e a adoção da técnica PAIR, proveniente da língua inglesa *Puncture-Aspiration-Injection-Reaspiration*, que consiste em executar uma punção com agulha no cisto e aspirar seu conteúdo. A seguir faz-se a instilação de escolicida e reaspira-se com irrigação final. Como complemento a esta opção e à remoção cirúrgica do cisto recomenda-se o tratamento com albendazol antes e depois dos procedimentos.

Nos casos de hidatidose policística (infecção por *E. vogeli*) com cistos em várias localizações e alcançando grandes extensões dos órgãos acometidos além de sua disseminação pelo peritônio, não é indicada a remoção cirúrgica, apresentando-se como opção única o tratamento quimioterápico de longa duração, podendo chegar a 2 anos.

Deve-se salientar que a hidatidose, em qualquer uma de suas manifestações, é considerada grave.

O vermífugo praziquantel tem se mostrado eficaz no tratamento de infecção por cestódeos nos hospedeiros definitivos domésticos, ou seja, a população canina. É necessário repetir o tratamento mensalmente, a fim de eliminar os parasitas durante o período pré-patente. Como o praziquantel é tenicida e não ovicida recomenda-se que os animais tratados fiquem presos por 2 a 3 dias, para se evitar a contaminação do meio por intermédio dos ovos eliminados com as fezes. Para garantir o sucesso na destruição dos ovos recomenda-se que as fezes sejam incineradas.

PREVENÇÃO E CONTROLE

A hidatidose é uma zoonose fácil de conseguir sua erradicação. Entretanto é necessário que todas as medidas de controle sejam executadas rigorosa e concomitantemente, para serem evidenciados os resultados.

A estratégia primordial para iniciar a prevenção da hidatidose humana é a educação sanitária, elucidando como ocorre o ciclo evolutivo das espécies do gênero *Echinococcus*. O esclarecimento à população é indispensável, principalmente a rural, uma vez que a manutenção e propagação da infecção são resultantes de fatores socioculturais e do completo desconhecimento do homem em relação ao problema.

No que concerne aos hospedeiros intermediários que sejam de importância econômica, as únicas medidas atualmente eficazes e aplicáveis referem-se ao abate. A inspeção *post mortem* nos matadouros permite o diagnóstico da hidatidose. No entanto, os órgãos condenados devem ser descartados de modo a não servir de alimento a carnívoros domésticos ou silvestres. Nesse contexto, deve-se ainda considerar como medidas de relevância a modernização dos abatedouros, o combate ao comércio de carne de abate clandestino de animais e a inspeção de carnes realizada por órgãos sanitários.

Várias pesquisas, em diferentes regiões, têm sido realizadas na investigação de vacinas para a proteção de ovinos, caprinos e bovinos. Os bons resultados alcançados, principalmente em ovinos, têm indicado que a vacinação pode contribuir significativamente na redução da transmissão da doença. Sugere-se que, nas visitas às propriedades para administração de vermífugos aos cães, os veterinários poderiam aproveitar a oportunidade para vacinar os animais, diminuindo os custos do programa.

Para os cães, hospedeiros definitivos do parasita, resultados promissores têm sido obtidos em pesquisas de indução de imunidade também por meio da vacinação, ainda que não tenha sido desenvolvida uma vacina eficaz contra o estágio adulto do *E. granulosus*. Para esses animais, além disso, é essencial atuar no controle e tratamento quimioterápico sistemático, com vermífugo adequado e prevenir a sua reinfecção. O controle da população canina errante e de animais domesticados pela esterilização constitui uma medida complementar.

Os medicamentos utilizados no tratamento não são ovicidas. A destruição dos ovos, extraordinariamente resistentes aos fatores ambientais e à ação dos desinfetantes físicos e químicos, é uma questão importante para evitar a disseminação. Com eficácia, é possível destruir os ovos em:

- Temperaturas superiores a 60°C;
- Temperaturas inferiores a -20°C;
- Hidróxido potássio 5% (24 horas);
- Hipoclorito sódico (0,05%);
- Cloreto de benzalcônio (1/1000, 1 hora);
- Glicerina (20%).

O complexo equinococose-hidatidose por *E. granulosus* foi erradicado em países e territórios insulares, como Islândia, Nova Zelândia, Tasmânia e Chipre. A incidência da doença tem sido reduzida no Uruguai, na Espanha e na província da Terra do Fogo (Argentina). Programas de controle estão em desenvolvimento na China, na Argentina, nas províncias de Rio Negro e Chubut, e em algumas regiões do Chile.

Para que programas de controle tenham êxito, é necessário que haja participação de órgãos federais envolvidos diretamente com a zoonose, como saúde, agricultura e educação, contando com os apoios administrativo, legal, técnico e econômico adequados. Além disso, países continentais não podem trabalhar isoladamente dos países limítrofes; é necessário que haja cooperação entre os governos para que se alcancem bons resultados. Exemplo disso é o empenho que o Uruguai vem realizando desde 2005, por meio da Comissão Nacional de Zoonoses do Ministério de Saúde Pública, na implementação do programa de prevenção e controle da equinococose cística, enfermidade endêmica no país. Outros países da América do Sul participam ativamente em cooperação ao projeto.

Quanto à proteção humana individual, algumas medidas preventivas são recomendadas:

- Implantar o saneamento básico em áreas rurais;
- Após tocar em animais de estimação, sempre lavar as mãos;

- Substituição de cães de pastoreio por métodos mais modernos de manejo de rebanhos;
- Destruição das vísceras parasitadas impedindo que sejam utilizadas para alimentação de cães ou tratamento de cozimento durante 40 minutos ou congelamento a -18 /-20°C durante um mínimo de 48 horas para destruição dos cistos;
- Não colher nem ingerir frutas silvestres ou verduras diretamente do solo. Todas devem ser lavadas cuidadosamente ou cozidas antes da ingestão;
- Não ingerir água que possa ter sido contaminada por fezes de cães, principalmente em propriedades em que há criação de ovinos;
- Não tocar em hospedeiros definitivos silvestres, vivos ou mortos, (Se o fizer, utilize luvas de proteção);
- Não manter animais silvestres, especialmente canídeos, como animais de estimação. Mantenha-os distantes das propriedades domésticas. Se necessário, construa cercas para impedir a aproximação;
- Não permitir que gatos e cães de estimação circulem livremente nem capturem e se alimentem de roedores;
- Não abandonar nem enterrar animais mortos no campo.

CONSEQUÊNCIAS DA HIDATIDOSE HUMANA

No homem, a hidatidose pode se apresentar de duas formas: primária e secundária. A *primária* corresponde à hidátide formada a partir da ingestão do embrião hexacanto. A hidatidose *secundária* é caracterizada pela ruptura dos cistos primários, ocorrendo o extravasamento dos componentes internos, por via hemática ou contiguidade, e possível contaminação e desenvolvimento de larvas em outros órgãos, originando novos cistos. A ruptura do cisto pode, ainda, ser decorrente de procedimentos de tratamentos invasivos, como manobra cirúrgica para sua extração.

Cerca de 80% dos indivíduos apresentam hidatidose primária, com a seguinte frequência: fígado (50-70%), pulmão (20-30%), músculos (5%), ossos (3%), rins (2%), cérebro (1-2%), baço (1%) e outros órgãos (1%). Entre as hidatidoses secundárias, a mais frequente é a do peritônio, sendo menos frequente a pleural ou pericárdica.

A infecção por *E. granulosus* é geralmente adquirida na infância, quando ocorre um contato mais próximo entre as crianças e os cães infectados. Por causa do crescimento lento do cisto hidático é provável que a maioria dos casos adquiridos precocemente só venha a ser diagnosticada na adolescência ou idade adulta.

Um dos reflexos principais da doença é a diminuição progressiva da capacidade de trabalho, mesmo após o diagnóstico e a instituição do tratamento. Para o paciente e seus familiares, a hidatidose gera problemas de ordem emocional e socioeconômica, principalmente se a doença tiver atingido o chefe da família.

Os casos de hidatidose constituem um ônus elevado para os serviços de saúde, pois os pacientes têm de ser submetidos a diferentes tipos de exames, clínicos e de laboratório, e o tratamento, quase sempre, exige a remoção cirúrgica dos cistos, com internação hospitalar obrigatória, a qual pode ser bastante prolongada e onerosa. Há também o perigo da ocorrência de cistos secundários disseminados, com frequência inoperáveis, podendo levar o paciente ao óbito. O coeficiente de letalidade varia de 2 a 4%, mas pode aumentar consideravelmente se os cuidados e o tratamento médico forem inadequados.

CONSEQUÊNCIAS DA HIDATIDOSE ANIMAL

A suscetibilidade à infecção e o consequente desenvolvimento dos cistos hidáticos variam de acordo com as espécies de hospedeiros intermediários. Nos animais de exploração zootécnica, de modo geral, não se tem descrição de quadros clínicos típicos da infecção. Esse fato é atribuído ao estabelecimento de uma relação hospedeiro-parasita estável e ao curto período de vida dos animais de corte, sobretudo os ovinos.

Todavia, a doença pode causar danos à produção animal, representados pelas reduções no ganho de peso, na produção de leite, na taxa de fertilidade e na qualidade da lã e de outros produtos. Embora algumas dessas perdas possam ser de difícil estimativa, sugere-se que elas sejam potencialmente significativas no cálculo dos efeitos econômicos decorrentes da doença. A condenação de carcaças apresentando caquexia e de órgãos contaminados com cistos, principalmente fígados e pulmões, é o maior problema da hidatidose animal e acarretam substanciais perdas econômicas nos mercados de carne interno e externo.

Países com hidatidose geralmente sofrem restrições à exportação, o que, indiretamente, conduz ao prejuízo do produtor. Os prejuízos econômicos advindos da condenação de vísceras são representativos, tendo sido objeto de levantamentos em diversos países. No Cone Sul, por exemplo, calcula-se que sejam descartadas, anualmente, as vísceras de 2 milhões de bovinos e de 3,5 milhões de ovinos.

CONCLUSÕES

O complexo equinococose-hidatidose, apesar de ser uma zoonose proveniente da Antiguidade, ainda constitui importância mundial por sua vasta distribuição geográfica e por suas implicações em saúde pública e animal.

As regiões de elevada endemicidade são caracterizadas por áreas rurais onde o ciclo biológico se conclui facilmente, dada a extensa lista de animais hospedeiros intermediários e definitivos e pelos hábitos da população local. A contaminação acidental por humanos se dá, principalmente, pelas precárias condições de saneamento e pela falta de informação em relação à enfermidade.

No Brasil, reconhece-se que a doença apresenta elevada prevalência nos rebanhos do Rio Grande do Sul e que não há avanço nas políticas de controle da enfermidade no local. Contudo, desconhece-se a real situação do problema neste e em outros estados por absoluta falta de pesquisas nas áreas endêmicas e informações e estatísticas dos casos escassas, fragmentadas ou inexistentes.

O tratamento desta zoonose é complexo e geralmente caro, pois envolve, na maioria dos casos, intervenção cirúrgica e terapêutica longa, que pode se estender por longos períodos, o que torna a doença ainda mais preocupante. Do ponto de vista econômico, devido às perdas em carcaças acometidas e órgãos afetados, o Brasil conhecido como maior exportador de carnes do mundo, é largamente afetado.

O complexo equinococose-hidatidose é mais fácil ser controlado que tratado, portanto a educação sanitária é essencial. Desse modo, no Brasil, é necessário reexaminar a problemática à luz dos fatos e propor ações capazes de diagnosticar a doença com eficácia e levantar dados estatísticos concisos em relação à situação da hidatidose humana e animal, a fim de estabelecer posteriormente programas eficientes de prevenção e controle da zoonose.

REFERÊNCIAS

[CDC] Center for Disease Control. Parasites and health: Echinococcosis. Desenvolvido por DPD (laboratory Identificaion of Parasites of Public Health Concern). Disponível em: <www. dpd.cdc.gov/dpdx/ HTML/Echinococcosis.htm>. Acessado em: nov.2005.

[DPD] Division of Parasitic Diseases. Centers for Disease Control and Prevention (CDC). Alveolar echinococcosis. Disponível em: <www.cdc.gov/ncidod/dpd/parasites/ alveolarhydatid/default.htm>. Acessado em: nov. 2005.

[FAO] Food and Agriculture Organization of the United Nations. *Animal health yearbook 1995*. Roma: FAO, 1997. (FAO Animal Production and Health Series) GEMMELL, M.A.; LAWSON, J.R. Epidemiology and control of hydatid disease. In: THOMPSON, R.C.A. (ed.). The biology of Echinococcus and hydatid disease. Londres: George Allen & Unwin, 1986, p.189-216.

ACHA P. N.; SZYFRES, B. *Zoonosis y enfermedades transmisibles comunes al hombre y a los animales*. 3. ed. Washington: Organización Panamericana de la Salud, 2003, p.195-210. (Publicación Científica y Técnican. 580)

ALMEIDA, F., *et al*. Echinococcus granulosus. *Revista Científica Eletrônica de Medicina Veterinária*, ano VI n. 11. Jul. 2008.

ALMEIDA, L. F. P.; RODRIGUES, P. C. Hidatidose em suínos: aspectos morfológicos e parasitológicos de interesse na inspeção sanitária de carnes. *Rev. Bras. Med. Vet.*, v. 6, n. 4, p. 120-2, 1984.

AREND, A. C. *Averiguação da localização sub-telomérica dos genes do antígeno B de Echinococcus*, 2005. Dissertação (Mestrado em Genética e Biologia Molecular) – Universidade Federal do Rio Grande do Sul (UFRGS), Rio Grande do Sul, 2005.

BAPTISTA, F.; MOREIRA, F. B. Causas de condenação de fígados bovinos em frigoríficos de Minas Gerais e perdas econômicas associadas. *Hig. Alim.*, v. 13, n. 62, p. 22-7.

BARUCH, W. A. Hidatidose e equinococose. In: CIMERMAN, B.; CIMERMAN, S. *Parasitologia humana e seus fundamentos gerais*. São Paulo: Atheneu, 1999, p.253-61.

BARZONI, C. S.; MATTOS, M. J. T.; MARQUES, S. M. T. Prevalência de hidatidose bovina na fronteira oeste do rio grande do sul, extremo sul do Brasil (1999-2007). *Revista da FZVA Uruguaiana*, v.19, n.1, p.79-87. 2013.

BONESI, G.L. *et al*. Lesões hepáticas em bovinos abatidos em matadouro-frigorífico. *Hig. Alim.*, v. 17, n. 106, p. 78-83, 2003.

COMPLEXO EQUINOCOCOSE-HIDATIDOSE ■ 447

CAMPOS, J. M. N. Hidatidose é doença complicada e desconhecida. *Revista DBO*, Nov. 2006. Disponível em: bvs1.panaftosa.org.br/local/file/textoc/DBO_RURAL_HIDATIDOSE_NOV2006.pdf. Acessado em: 25/06/2017.

CHARRO, F. D. *Metacestodas em ovinos no estado do mato grosso do sul*. 2013. 58 p. Dissertação (Mestrado em Biologia Animal) – Fundação Universidade Federal de Mato Grosso do Sul, Mato Grosso do Sul, 2013.

COSTA, G.M. *et al*. Projection to hydatidosis cattle and sheep in the Rio Grande do Sul (Brazil). In: *14º Congresso internacional de hidatidologia*. Porto Alegre: Universidade Federal de Santa Maria, 1989, p.19.

CRAIG, P.S.; ROGAN, M.T.; ALLAN, J.C. Detection, screening and community epidemiology so taeniid cestode zoonoses: cystic echinococcosis, alveolar echinococcosis and neurocysticercosis. *Advanc. Parasit*. v. 38, p. 169-250, 1996.

D'ALESSANDRO, A.; RAUSCH, R. L. New Aspects of Neotropical Polycystic (Echinococcus vogeli) and Unicystic (Echinococcus *oligarthrus*) Echinococcosis. *Clinical Microbiology Reviews*. PMC, v.21, n.2, p.380–401. 2008. Disponível em: <https://www.ncbi.nlm.nih.gov/pubmed/18400802>. Acesso em: 01/06/2017.

DE LA RUE, M. L. Cystic echinococcosis in southern Brazil. *Rev. Inst. Med*. Trop. São Paulo. Jan-Feb. v. 50, n. 1, p. 53-56, 2008.

DIAS, L. C. S. Hidatidose. In: CIMERMAN, S. & CIMERMAN, B. *Medicina tropical*. São Paulo: Atheneu, 2003, p.211-24.

DUARTE, R. S. Prejuízos econômicos por condenações de vísceras de bovinos com hidatidose em matadouros-frigoríficos do município de Farroupilha/ RS. Monografia (Especialização em Produção, Tecnologia e Higiene de Alimentos de Origem Animal) – Universidade Federal do Rio Grande do Sul (UFRGS), Rio Grande do Sul, 2015.

EBRIGHT, J. R.; ALTANTSETSEG, T.; OYUNGEREL, R. Emerging infectious diseases in Mongolia. *Emerg Infect Dis.*, v. 9, n. 12, p. 1509-15, 2003.

Echinococcus granulosus homepage. Desenvolvido por CAL (Computer Aided Learning). School of Veterinary Medicine. University of Pennsylvania. Disponível em: www.cal.vet.upenn.edu/dxendopar/parasitepages/cestodes/e_granulosus.htmL.Acessado em: nov.2005.

Echinococcus: towards a taxonomic revision of the genus. *Advanc Parasitol.*, v. 35, p. 145-76, 1995.

ECKERT, J. Historical aspects of echinococcosis. *Advances in Parasitology*, v. 95, p. 1-64. Set, 2016. Disponível em: <https://www.ncbi.nlm.nih.gov/pubmed/28131361>. Acesso em: 02/06/2017.

ECKERT, J. Historical aspects of echinococcosis: An ancient but still relevant zoonosis. *Schweiz Arch Tierheilkd*, v. 149, n.1, p. 5-14, Jan. 2007. Disponível em: <https://www.ncbi.nlm.nih.gov/pub-med/17243445>. Acesso em: 02/06/2017.

EUZÉBY, J. *Los parásitos de las carnes: epidemiología, fisiopatología, incidencias zoonósicas*. Zaragoza: Acribia, 2001, p.275-345.

FARIAS, L. N. *et al*. Echinococcosis in southern Brazil: efforts toward implementation of a control program in Santana do Livramento, Rio Grande do Sul. *Rev. Inst. Med. Trop*. São Paulo, v. 46, n. 3, p. 153-6, 2004.

FERNÁNDEZ, H. Perspectivas para lá eliminación de la hidatidosis em El Cono Sur [on line]. In: *12ª Reunión interamericana a nivel minesterial en salud y agricultura*. São Paulo. 2001. Washington: Paho, 2001 (Rimsa 12/16). Disponível em: www. paho.org/Spanish/AD/DPC/VP/rimsa12_16-s.pdf. Acessado em: nov.2005.

FERREIRA, M. S. *et al*. Hidatidose. In: VERONESI, R.; FOCACCIA, R. *Tratado de infectologia*. 2.ed. São Paulo: Atheneu, 2002. v. 2.p.1425-43.

FERREIRA, M. S., *et al*. Um caso de hidatidose policística autóctone de Minas Gerais, Brasil. *Revista da Sociedade Brasileira de Medicina Tropical*. v.20, n.3: p. 181-186, Jul-Set, 1987.

GILLESPIE, S.; PEARSON, R. D. *Principles and practice of clinical parasitology*. John Wiley & Sons, 2003. Guidelines for treatment of cystic and alveolar echinococcosis in humans. *Bul WHO*, v. 74, n. 3, p. 231-42, 1996.

HEATH, D. D.; JENSEN, O.; LIGHTOWLERS, M.W. Progress in control of hydatidosis using vaccination – a review of formulation and delivery of the vaccine and recommendations for practical use in control programmes. *Acta Trop.*, v. 85, n. 2, p. 133-43, 2003.

IRABEDRA, P., *et al*. Control programme for cystic echinococcosis in Uruguay. Memórias do Instituto Oswaldo Cruz. Rio de Janeiro, v. 111, n. 6, p. 372-377. Jun, 2016. Disponível em: <http://www.scielo.

br/scielo.php?script=sci_arttext&pid=S0074-02762016000600372&lng=en&nrm=iso>. Acesso em: 25/06/2017.

LARRIEU E.; MERCAPIDE, C.; DEL CARPIO, M.; SALVITTI, JC.; COSTA, M.T.; ROMEO, S. Evaluation of the losses produced by hidatidosis and cost/benefit analisis of different strategic interventions of control in the Province of Rio Negro, Argentina. *Bol. Chil. Parasitol.*, v. 55, p. 8-13, 2000.

LARRIEU, E. *et al.* Echinococcosis quística: epidemiología y control en América del Sur. *Parasitol Latinoam.*, v. 59, n. 1/2, p. 82-9,2004.

LIGHTOWLERS, M. W.; GAUCI, C. G. Vaccines against cysticercosis and hydatidosis. *Vet Parasitol.*, v. 101, n. 337-52, 2001.

MACHADO, M. M. *et al.* Qual o seu diagnóstico? Radiologia Brasileira, São Paulo, v. 36, n. 2, p. 3-4, Mar. 2003. Disponível em: <http://www.scielo.br/scielo.php?script=sci_arttext&pid=S0100--39842003000200002&lng=en&nrm=iso>. Acesso em: 01/06/2017.

MARTINS, M. V. *et al.* Ocorrência de hidatidose em matadouro. In *Jornadas de Saúde Pública Veterinária*, 2010.

MAZZUTTI, K. C.; CERESER, N. D.; CERESER, R. D. Ocorrência de cisticercose, fasciolose e hidatidose em bovinos abatidos sob inspeção federal no Rio Grande do Sul, Brasil – 2005 a 2010. Trabalho apresentado no 38º Congresso Brasileiro de Medicina Veterinária – Conbravet. Florianópolis, Nov. 2011. Disponível em:<http://www.sovergs.com.br/site/38conbravet/resumos/427.pdf.>. Acessado em: 29/06/2017.

McMANUS, D.P. *et al.* Echinococcosis. The Lancet, v. 362, n. 9392, p. 1295-304, 2003. MORAES, L. L. A hidatidose no Rio Grande do Sul. *Rev Centro Cienc Rurais*, Santa Maria, v. 16, n. 2, p. 161-70, 1986.

MENDES, A., *et al.* Hidatidose: riscos à saúde pública e causa de prejuízo aos frigoríficos. *Boletins de Extensão*, Universidade Federal de Lavras (UFLA). Disponível em: <://www.editora.ufla.br/index.php/component/phocadownload/category/56-boletins-de-extensao?download=1131:boletinsextensao>. Acessado em: 29/05/2017.

MENEGHELLI, U. G. *et al.* Manifestações clínicas da doença hidática policística apresentadas por 26 pacientes atendidos no Hospital das Clínicas de Ribeirão Preto, Estado de São Paulo, Brasil. *Revista Pan-Amazônica de Saúde*. Ananindeua, v.4, n.4: p. 19-36, Dez, 2013. Disponível em <http://scielo.iec.pa.gov.br/scielo.php?script=sci_arttext&pid=S2176-62232013000400003&lng=pt&nrm=iso>. Acessado em: 15/06/2017.

MINISTÉRIO DA SAÚDE. *Hidatidose Humana no Brasil: Manual de procedimentos técnicos para diagnóstico parasitológico e imunológico*. Brasília: 2011.

MOREIRA, F. B. Causas de condenação de fígados bovinos em frigoríficos de Minas Gerais e perdas econômicas associadas. *Hig Alim.*, v. 13, n. 62, p. 22-7, 1999.

MUNDIM, M. J. C. *et al.* Bovine hydatidosis: analysis of a ten-year period of the ocurrence of zoonoses in slaughtered animals in Uberlandia, MG, Brazil. In: 14º Congresso internacional de hidatidologia. Porto Alegre, Santa Maria: Universidade Federal de Santa Maria, 1989, p.18.

MUÑOZ, J. P.; SIEVERS, G. Estudio de la fertilidad y viabilidad de quistes hidatídicos bovinos en Chile. *Parasitol Latinoam.*, v. 60, p. 69-73,2005.

MURRAY, P. R.; ROSENTHAL, K. S.; PFALLER, M. A. *Microbiologia Médica*. 7ª Edição. Elsevier Editora Ltda: 2014.

NEGHME, R. A. Enfoque epidemiológico de la hidatidosis. *Bol. Oficina Sant Panam.*, v. 102, n. 2, p. 175-80, 1987.

OKU, Y. *et al.* Control program against hydatidosis and decreased prevalence in Uruguay. Int Congr Ser., v. 1267, p. 98-104, 2004.

PANAMERICAN HEALTH ORGANIZATION. Negleted diseases in neglected populations, with enphasis on zoonoses [on line]. In: 14º Inter-american meeting, at minesterial level, on health and agriculture. 2005, Cidade do México. Washington, Paho, 2005 (Rimsa 14/18). Disponível em: www.paho.org/ English/AD/DPC/VP/ rimsa14-18-e.pdf. Acessado em: nov.2005.

PASSOS, E. C. *et al.* Investigação epidemiológica sobre zoonoses de maior constatação em matadouros. I. Suínos. *Rev. Fac. Med. Vet. Zootec.* Univ. São Paulo, v. 26, n. 1, p. 39-51, 1989.

PINHEIRO, L. A. P. *Atenção: hidatidose*. A Granja, Porto Alegre, v. 444, p. 54-6, 1985.

PLAN of action for the pan American Foot-and-mouth Disease Center, 2006-2007 [on line]. In: *14º Inter-american meeting, at minesterial level, on health and agriculture*, 2005, Cidade do México. Washington: Paho, 2005 (Rimsa 14/4). Disponível em: <www.paho.org/English/AD/DPC/VP/rimsa14-04-e.pdf>. Acessado em: nov.2005.

PORTAL SÃO FRANCISCO. Filo Platelmintos. Disponível em: <http://www.portalsaofrancisco.com.br/biologia/filo-platelmintos>. Acesso em: 29/05/2017.

PRATES, D. da F. *et al*. Prevalência de Hidatidose em Matadouros-Frigoríficos da Região de Pelotas-Rs no Período de 2005 A 2007. XVIII CIC – XI ENPOS – I MOSTRA CIENTÍFICA – Universidade Federal de Pelotas. 2009. Disponível em: http://www.ufpel.tche.br/cic/2009/cd/pdf/CA/CA_01614.pdf. Acessado em: jan. 2010.

R.C.A. (ed.). *The biology of Echinococcus and hydatid disease*. Londres: George Allen & Unwin, 1986, p.5-43.

RASIER, D. S. S. *et al*. Ocorrência de Echinococcus granulosus em cães dos municípios de Santa Vitória do Palmar, Herval e Jaguarão, RS. In: 18º Congresso brasileiro de medicina veterinária. Balneário Camboriú, 1982. Anais. p.207.

RAUSCH, R. L. Parasitology: retrospect and prospect. *J Parasitol.*, v. 71, n. 2, p.139-51,1985.

REIS, D. O. *et al*. Prevalência de hidatidose em bovinos abatidos no município de Uberlândia, MG. In: Congresso da federação latinoamericana de parasitólogos, 6; Congresso da sociedade brasileira de parasitologia, 8; Jornada de parasitologia, 5. São Paulo, 1983. Resumos. p.93.

REIS, Denio Oliveira; CABRAL, Dagmar Diniz; COSTA, Julia Maria; CANDELORI, Ignez. Distribuição geográfica da hidatidose em bovinos, procedentes de Minas Gerais, Goiás e Mato Grosso. *Arq. Bras. Med. Vet. Zootec.*, v. 38, n. 6, p. 55-64, 1986.

REIS, T. *et al*. Hidatidose quística humana: análise retrospetiva de casos diagnosticados e em monitorização entre 2008 e 2013. *Boletim Epidemiológico Observações*, v. 3, p. 30-33.

RICCETTI, R. V.; VASCONCELLOS, S. A.; CORTES, J. A. Investigação epidemiológica sobre zoonoses de maior constatação em matadouros. II. Bovinos. *Rev. Fac. Med. Vet. Zootec.* Univ. São Paulo, v. 26, n. 1, p. 61-8, 1989.

RODRIGUES, D. S. A.; ALENCAR, D. F.; MEDEIROS, B. L. N. Aspectos epidemiológicos, clínicos e patológicos da hidatidose. *Publicações em Medicina Veterinária e Zootecnia* – PUBVET, v.10, n.1, p.87-90. Jan, 2016.

SÁ, M. J. S. *et al*. Hidatidose bovina: frequência no Estado de Minas Gerais – 1996. *Hig. Aliment.*, v. 12, n. 56, p. 19-22,1998.

SANTOS, A. S. *ET al*. Prevalência de Echinococcus spp. em cães de propriedades rurais nos municípios de Uruguaiana e Quaraí, RS. In: 18º Congresso brasileiro de medicina veterinária. Balneário Camboriú, 1982. Anais. p.205.

SCHANTZ, P. M. Echinococcosis. In: STEELE, J. H. (ed.). *Parasitic zoonosis*. Boca Ratón: CRC Press, 1982. v. 1. p. 231-77. (CRC handbook series in zoonosis, C).

SCHENK, M. A. M.; SCHENK, J. A. P. Prevalência de tuberculose, cisticercose e hidatidose em bovinos abatidos nos matadouros-frigoríficos do estado de Mato Grosso do Sul, Brasil (1974/1979). *Cent. Nac. Pesqui. Gado Corte*, n. 11, p. 1-5, 1982.

SCHWABE, C.W. Current status of hydatis disease: a zoonosis of increasing importance. In: THOMPSON, R.C.A. (ed.). *The biology of Echinococcus and hydatid disease*. Londres: George Allen & Unwin, 1986, p.81-113.

SEVERO, J. E. Hidatidose: prejuízo de milhões. *A Granja*, Porto Alegre, v. 39, n. 423, p. 22-8, 1983.

TAPPE, D.; AUGUST, S.; MATTHIAS, F. Emergence of Polycystic Neotropical Echinococcosis. *Emerging Infectious Diseases*. PMC. v.14, n.2, p.292–297. Fev, 2008. Disponível em: https://www.ncbi.nlm.nih.gov/pmc/articles/PMC2600197/. Acesso em: 30/05/2017.

TESSELE, B.; BRUM, J. S.; BARROS, C. S. L. Lesões parasitárias encontradas em bovinos abatidos para consumo humano. *Revista Pesquisa Veterinária Brasileira*, v.33 n.7, p. 873-889, Jul. 2013.

THOMPSON, R. C. A.; ALLSOP, C. B. *Hydatidosis: veterinary perspectives and annotated bibliography*. Oxon: CAB International, 1988.

THOMPSON, R. C. A.; LYMBERY, A. J. The nature, extent and significance of variation within the genus Echinococcus. Adv. Parasitol., v. 27, p. 210-58, 1988.

THOMPSON, R.C.A. *Biology and systematics of Echinococcus*. In: THOMPSON,

THOMPSON, R.C.A.; LYMBERY, A.J.; CONSTANTINE, C.C. Variation in

TORGERSON, P.R. Economic effects of echinococcosis. *Acta Trop.*, v. 85, n. 2, p. 113-8, 2003.

TORGERSON, P.R.; HEATH, D.D. Transmission dynamics and control options for Echinococcus granulosus. *Parasitology*, v. 127, p. 143-158, 2003.

450 ■ HIGIENE E VIGILÂNCIA SANITÁRIA DE ALIMENTOS

URQUHART, G. M. *et al. Parasitologia veterinária,* 1998. 2ª Edição. Guanabara Koogan: Rio de Janeiro, 1998. 273 p.

W.E.; MARSH, R.E. (eds.). Parasites, pets and predators. Amsterdã: Elsevier, 1985, p.219-35. (World animal science, B2)

WILLIAMS, J. F.; VAN VEEN, T. W. S. Tapeworms. In: GAAFAR, S.M.; HOWARD, [WHO]WORLD HEALTH ORGANIZATION. La importancia mundial de las zoonosis parasitarias: factores socioeconómicos y de otra índole que influyen en la prevalencia. *Crónica de la OMS,* v. 34, n. 4, p. 144-51,1980.

WORLD HEALTH ORGANIZATION. Media Centre, *Fact sheet.* Mar.2017. Disponível em: <http://www.who.int/mediacentre/factsheets/fs377/en/>. Acesso em: 25/06/2017.

Fagicolose

24

Pedro Manuel Leal Germano
Maria Izabel Simões Germano

INTRODUÇÃO

A fagicolose (ou fagicoliase) é uma parasitose adquirida pelo consumo de peixes frescos crus ou semicrus parasitados por *Phagicola longa*, um trematoda da família *Heterophyidae*. Os peixes envolvidos na transmissão dessa zoonose (Figuras 24.1 e 24.2) pertencem à família dos *Mugilidae*: tainhas (*Mugil* spp.), paratis (*M. curema*) e paratis-pema (*Mugil* spp.).

Os mugilídeos são comuns nas águas tropicais e subtropicais, sobretudo na região costeira estuarina, sendo muito importantes do ponto de vista econômico para as populações litorâneas. Em particular no Brasil, é nas regiões sul e sudeste que se encontram os grandes cardumes.

Figura 24.1 Ilustração de um exemplar de tainha (*Mugil brasiliensis*).
Fonte: Santos (1992).

Figura 24.2 Ilustração de um exemplar de parati (*Mugil curema*).
Fonte: Santos (1992).

A *P. longa*, como parasita específico dos peixes mugilídeos, é encontrada no litoral da região de Cananeia (SP), desde 1982.

As infecções humanas foram constatadas a partir de 1987. No mapa-múndi (Figura 24.3) constam as infecções por trematodas veiculadas por alimentos e suas localizações geográficas, incluindo as ocorrências no Brasil.

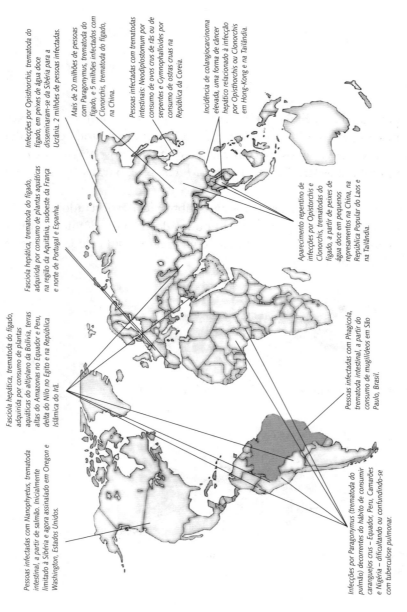

Figura 24.3 Infecções por trematoda transmitidas por alimentos.
Fonte: WHO (1995).

AGENTE ETIOLÓGICO

A *P. longa* foi relatada pela primeira vez em 1957, nos Estados Unidos, em peixes mugilídeos. Desde então, o parasita tem sido identificado em várias regiões do globo, aí compreendido o litoral brasileiro.

O ciclo biológico da *P. longa* ainda não foi esclarecido. Não se sabe ao certo qual é o segundo hospedeiro da forma larvar. Acredita-se que seja um molusco gastrópode. Na Figura 24.4 é apresentado o ciclo do parasita.

As cercárias do parasita encontram-se encistadas no fígado, coração e tecido muscular dos peixes. Os ovos são digeneanos (ootecas com 10-20 mm) dotados de opérculo, dando origem às larvas ciliadas, denominadas miracídio. No interior de um molusco, formam-se as cercárias. Nos peixes mugilídeos são encontrados os cistos de metacercárias.

Nas fezes do homem e das aves piscívoras são eliminados os ovos do parasita, possibilitando a recontaminação do ambiente. Nos peixes estocados sob refrigeração a 0°C, a motilidade mantém-se por no mínimo três dias.

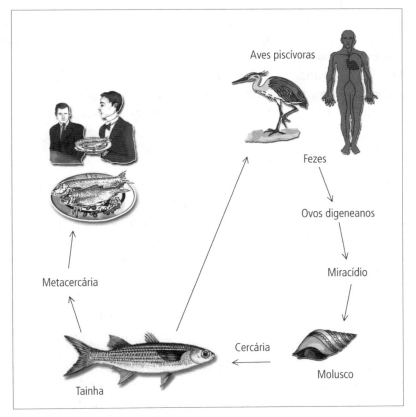

Figura 24.4 Ciclo de vida *Phagicola longa*.
Fonte: Dias e Woicechovski (1994).

No Brasil, levantamento epidemiológico realizado em Santos e no Guarujá revelou *P. longa* em 100% dos mugilídeos descarregados.

O mesmo sucedeu com tainhas pescadas no litoral do Rio de Janeiro, onde a prevalência do parasita atingiu 89%. Ainda na Baixada Santista, um estudo com tainhas coletadas pelo Serviço de Vigilância Municipal e analisadas na unidade Laboratorial de Referência de Tecnologia do Pescado de Santos (SP), revelou, igualmente, nos fragmentos de vísceras, fígado e baço, cistos de metacercária do parasita em 100% das amostras, comprovando que a fagicolose é uma zoonose trasmitida por pescado.

Nas regiões Sul e Sudeste, por sua vez, foi constatada a presença de *Ascocotyle* (*Phagicola*) *longa* em 100% das amostras de musculatura; sendo 80,43% (74/92) referentes ao pool de vísceras das amostras pesquisadas.

INFECÇÃO NO HOMEM

A prevalência é desconhecida, mas sabe-se que sua ocorrência é esporádica. Nem todos os que consomem sashimi de mugilídeos adquirem a infecção. De 102 pessoas consumidoras de sashimi, em 10 foram encontrados ovos do parasita nas fezes, correspondendo a 8,8%. Destas, duas eram do município de Cananeia e 8 de Registro (SP), sendo 9 de origem japonesa.

Os sintomas são comuns à maioria das enterites parasitárias. São relatados com mais frequência: cólicas, flatulência, diarreia, dores abdominais, anorexia e emagrecimento. Não são descritas lesões provocadas pelo parasitismo.

DIAGNÓSTICO

De acordo com pesquisas realizadas com tainhas, capturadas no estuário de Cananeia (SP), as principais lesões provocadas pelas metacercárias de *Phagicola* longa localizavam-se no coração, onde pôde ser observado, em aproximadamente 21% dos casos, um granuloma parasitário constituído por uma cápsula de tecido conjuntivo ao redor do parasita, sendo esta lesão a responsável pelo edema generalizado do peixe infectado. Outros órgãos parasitados foram o fígado e os rins, respectivamente, 20% e 59%. No mesmo estudo, alevinos de tainha foram capturados nas entradas de córregos da região estuarino-lagunar e, após eviscerados, a pesquisa de metacercárias comprovou ausência total de infecção nos espécimes analisados.

O diagnóstico clínico do homem é baseado no relato dos sintomas associado à história de consumo de pescado cru ou semicru, o sashimi. O diagnóstico laboratorial é realizado mediante o exame de fezes (pesquisa dos ovos do parasita) e o diagnóstico diferencial deve ser estabelecido com gastroenterites de outras origens.

TRATAMENTO

Não existem dados a respeito de possíveis drogas que possam ser específicas contra a *P. longa*. Empiricamente, têm sido utilizados anti-helmínticos de largo espectro.

PREVENÇÃO

Deve-se considerar e respeitar os fatores ligados aos hábitos culturais, mas, mesmo assim, é importante desestimular o consumo de peixe cru ou semicru.

As medidas mais importantes para a prevenção da infecção no homem consistem em estocar o pescado a 0°C, no mínimo por 7 dias antes do consumo, ou congelá-lo a –20°C por mais de 24 horas. Já a cocção do pescado a 73°C por 3 minutos, no centro geométrico do alimento, parece não ser eficaz na eliminação do risco de transmissão do parasita – pesquisa com larvas de *P. longa* em *M. platanus* comprovou que só a 100°C, durante 60 minutos, é que se obtinha a inviabilidade das formas larvares.

CONCLUSÕES

A fagicolose, embora restrita a uma faixa particular do litoral brasileiro, por enquanto, carece de maiores pesquisas. Isso se deve ao fato de a infecção humana não constituir, até o momento, um problema emergente em saúde pública, dada a baixa prevalência na população. Por outro lado, como a manifestação clínica da infecção no homem confunde-se com a de outras parasitoses intestinais e parece não exigir tratamento especial, a quase totalidade dos casos não é diagnosticada como entidade nosológica específica, sobretudo por causa do desconhecimento da existência do agente etiológico e de sua patogenia, pela grande maioria dos serviços médicos.

A resistência das metacercárias ao frio e ao calor é muito preocupante em saúde pública e torna os mugilídeos, de maneira geral, uma fonte de perigo para o homem, não só para os apreciadores do peixe cru, expostos ao risco maior, mas também para os consumidores de pratos à base de peixe cozido superficialmente, ou por lapso de tempo muito pequeno.

Assim, em 2010, na região do litoral sul de São Paulo, houve uma grande produção de tainha. Para estimular o consumo, fizeram a Festa da Tainha e incentivaram a população a criar receitas diversas com o peixe, o que deu origem ao sashimi de tainha. Depois disso, apareceram vários casos na literatura médica de infecções gastrointestinais em pessoas que consumiram essa preparação.

Antes era preciso ir a um restaurante de comida oriental para encontrar sashimis, sushis e outras versões de peixes crus. Hoje, qualquer restaurante que ofereça um buffet variado traz opções com pescado cru. Quanto mais peixe se ingere sob a forma crua, maior é o risco de desenvolver infecções causadas pelo pescado contaminado, as quais podem passar despercebidas, como se fossem uma verminose comum e não deixassem sequelas. São sintomas brandos, de natureza gastrointestinal, mas outras vezes podem provocar choque anafilático em pessoas sensíveis, que podem levar à morte.

REFERÊNCIAS

ANTUNES, S.A.; DIAS, E.R.A. Phagicola longa (Trematoda: Heterophyidae) em mugilídeos estocados resfriados e seu consumo cru em São Paulo, SP. Hig Alim., v. 8, n. 31, p. 41-2, 1994.

CASTRO, J.M. Extração de cistos de metacercárias de Phagicola Faust, 1920 (Trematoda: Heterophydae) dos tecidos de tainha Mugil Linnaeus, 1758 (Pisces: Mugilidae) mediante emprego das técnicas de digestão enzimática e homogeneização. São Paulo, 1994. 63p. Dissertação (Mestrado em Epidemiologia Experimental e Aplicada a Zoonoses). Faculdade de Medicina Veterinária e Zootecnia, Universidade de São Paulo.

CHIEFFI, PP. et al. Human infection by Phagicola sp. (Trematoda, Heterophyidae) in the municipality of Registro, São Paulo State, Brazil. J of Trop Med and Hyg., v. 95, n. 5, p. 346-8, 1992.

CITTI, A. L.; PÉREZ, A. C A, de; ORISAKA, F.M.; RODRIGUES, M. V.; TELLES, E. O.; BALIAN, S. de C. Tainhas (Mugil liza, valenciennes, 1836) infectadas por Ascocotyle (Phagicola) longa em São Paulo: ocorrência, importância na saúde pública, estratégias de controle e sua representatividade cultural. Trabalho científico para o 38º Conbravet 2011. Área de concentração: saúde.

COELHO, M.R.T.; SÃO CLEMENTE, S.C. de; GOTTSHALK, S. Ação de diferentes métodos de conservação na sobrevivência de matacercárias de Phagicola longus (Ranson, 1920) Price, 1932, parasito de mugilídeos capturados no litoral do Estado do Rio de Janeiro. Hig Alim., v. 11, n. 52, p. 39, 1997.

DIAS, E.R.A.; WOICIECHOVSKI, E. Ocorrência da Phagicola longa (Trematoda: Heterophyidae) em mugilídeos e no homem, em Registro e Cananeia, SP. Higiene Alimentar, v. 8, n. 31, p. 43-6, 1994.

GUARA NOTÍCIAS. Grupo Mattos Leão de Comunicação Peixes crus que podem colocar sua saúde em risco, 15/02/2016. Disponível em: http://www.guaranoticias.com.br/noticias/ler/id/31649/. Acesso em: mar 2017.

OLIVEIRA, S.A. de et al. Metacercárias de Ascocotyle (Phagicola) longa Ransom, 1920 (Digenea: Heterophyidae), em Mugil platanus, no estuário de Cananeia, SP, Brasil. Cienc Rural, v. 37, n. 4, jul./ago. 2007.

PEREIRA, R. Peixes de nossa terra. São Paulo: Nobel, 1976.

PEREZ, A. C. A. Fagicolose, uma zoonose emergente transmitida por tainhas. In: VI CONPAVET – Congresso Paulista de Medicina Veterinária, Santos, 2004.

SANTOS, E. Nossos peixes marinhos: vida e costume dos peixes do Brasil. v. 1. Belo Horizonte: Villa Rica, 1992. (Col. Zoologia Brasílica).

[WHO] WORLD HEALTH ORGANIZATION. Control of foodborne trematode infections. Report of a WHO Study Group. Genebra, 1995. (WHO Technical Report Series, 849).

Viroses

25

Pedro Manuel Leal Germano
Maria Izabel Simões Germano

INTRODUÇÃO

As viroses têm incidência pouco conhecida em alimentos por várias razões. Por serem parasitas obrigatórios, não se desenvolvem em meios de cultura como as bactérias e os fungos. Os meios usuais para isolamento consistem em culturas de tecidos e técnicas com embriões de aves. Os vírus não se replicam nos alimentos, portanto são necessários métodos para extração e concentração. É difícil recuperar mais de 50% de partículas virais, por exemplo, de carne moída.

Nem todos os vírus de potencial interesse para os microbiologistas de alimentos podem ser cultivados pelos métodos de rotina. É o caso do norovírus (cuja antiga denominação era vírus Norwalk). Por outro lado, as técnicas virológicas convencionais não são empregadas na rotina da maioria dos laboratórios de alimentos.

O desenvolvimento da metodologia de detecção RT-PCR (*Reverse Transcription-Polymerase Chain Reaction*) permitiu a detecção direta de alguns vírus, especialmente em tecidos de ostras e mariscos, mas ainda não está disponível para outros tipos de alimentos. De fato, a aplicabilidade dos métodos disponibilizados para monitorar a contaminação viral dos alimentos é desconhecida.

Qualquer patógeno bacteriano intestinal, sob condições sanitárias insatisfatórias, pode ser encontrado em produtos alimentícios. O mesmo se aplica para os vírus intestinais, embora não sejam capazes de proliferar nos alimentos. Assim, qualquer tipo de alimento pode servir de veículo de transmissão de vírus para o homem. O vírus da hepatite A (HAV), por exemplo, é transmitido preferencialmente por via oral-fecal.

Nos alimentos, é possível isolar qualquer tipo de micro-organismo bacteriano, contudo o mesmo não ocorre com os vírus. Assim, somente os enterovírus são passíveis de isolamento, talvez em razão das afinidades teciduais.

Em saúde pública, a água, de um modo geral, constitui uma das vias de transmissão mais importantes dos enterovírus para o homem.

As viroses intestinais com alto potencial de transmissão pelos alimentos são os enterovírus e, entre estes, destacam-se os vírus da HAV, os poliovírus, os coxsackie vírus e os echovírus, todos agrupados nas picornaviroses. Tem-se, também, os reovírus e os rotavírus, agrupados nas reoviroses, além das papoviroses, adenoviroses e parvoviroses. Existe ainda um grupo particular de vírus estruturados, pequenos e redondos no qual se destaca o norovírus.

ASPECTOS EPIDEMIOLÓGICOS

As gastroenterites virais são extremamente frequentes e ocupam o segundo lugar na incidência de viroses, perdendo apenas para o resfriado comum. Na atualidade, os vírus reconhecidos como patógenos de maior importância, no contexto das doenças transmitidas por alimentos (DTAs), são o norovírus e o HAV, em razão das elevadas quantidades de surtos e pessoas afetadas no mundo ocidental.

As fontes mais comuns de gastroenterites virais são os produtos marinhos, sobretudo os moluscos, por serem organismos filtradores. Algumas espécies podem reter, pela filtração da água, mais de 900 vezes o número de partículas virais contidas por qualquer outro ser vivo no mesmo ambiente. Os crustáceos (caranguejos) de águas contaminadas albergam partículas virais, mas não as concentram. Após a ingestão, são disseminadas pelas fezes das pessoas infectadas.

Não há correlação consistente entre a presença de micro-organismos indicadores – por exemplo, bacteriófagos e *Escherichia coli* – e vírus. Portanto, a taxa de coliformes fecais, considerada o melhor indicador de patógenos bacterianos intestinais na água, não tem a mesma utilidade no que se refere aos enterovírus, os quais são mais resistentes às condições adversas do ambiente. Esse fato foi comprovado no Golfo do Texas, nos Estados Unidos, quando foram detectados enterovírus em 43% das vezes em que a taxa de coliformes indicava amostras de água aceitáveis. Consequentemente, os padrões de coliformes para águas não refletem a presença de vírus.

A associação de vírus é comum, principalmente em comunidades semifechadas, como hospitais, enfermarias, lares para idosos, hotéis, navios de cruzeiro e mesmo da marinha mercante, e nas forças navais, tal como ocorreu com a tripulação de um navio da British Royal Fleet no norte do Golfo Arábico. Nesse surto, em particular, entre 400 tripulantes, ocorreram 37 casos e, dos 13 casos amostrados, detectaram-se seis enterovírus pela RT-PCR, incluindo três genótipos de norovírus, um rotavírus e um saporovírus. A fonte do surto como maior risco relativo (3,41) foi a salada preparada na cozinha do navio contaminada com matéria fecal, o que explica a diversidade de vírus detectados e caracterizados. Não foram detectadas infecções múltiplas nos doentes.

CARACTERÍSTICAS DOS AGENTES

Os vírus, de modo geral, são resistentes à maioria das condições adversas para micro-organismos bacterianos, sobretudo tempo e temperatura. São estáveis na faixa de pH de 2 a 9, toleram 65°C por 30 minutos e, aparentemente, resistem a 1 mg/L de cloro livre. Em águas frias, podem manter a infectividade por mais de um ano. Apresentam também, graus variados de resistência às radiações ionizantes.

Assim, em condições experimentais, os enterovírus foram capazes de persistir na carne moída por mais de 8 dias em temperaturas de 23 a 24°C, não sendo afetados por bactérias de deterioração. Nas mesmas circunstâncias, coxsackie vírus B5 sobreviveram em amostras de vegetais, durante 5 dias, a 4°C; em amostras de alface, não houve perda de atividade após 16 dias, a 4°C, em ambiente úmido.

Ainda em condições experimentais, vários tipos de enterovírus não conseguiram sobreviver na superfície de frutas, tampouco foi observada sua ocorrência em condições naturais.

Estudo realizado com ostras contaminadas com poliovírus revelou sobrevivência dos agentes mesmo após terem sido submetidos às temperaturas de cozimento, fritura, forno e vapor.

No que se refere à resistência de vírus em alimentos, observou-se que em caranguejos fervidos, 99,9% das partículas de poliovírus foram inativadas, em oito minutos houve destruição de echovírus e rotavírus e, em 90 segundos, a 90°C, houve inativação do vírus da HAV.

Em hambúrguer grelhado, mal passado (60°C na massa interna), em 8 de 24 amostras foram encontrados enterovírus, quando colocados de imediato a 23°C. Quando deixadas à temperatura ambiente por três minutos, todas as amostras foram negativas. Esse experimento demonstra, de um lado, que o consumo imediato pode propiciar a ingestão de partículas virais infectantes e, do outro, que os vírus não conseguem sobreviver à temperatura ambiente por muito tempo.

Os norovírus e o HAV são altamente infecciosos e apresentam níveis variáveis de resistência ao calor e aos desinfetantes, contudo, ambos são inativados a 100°C.

Em relação ao pH dos substratos, deve-se destacar que o HAV é menos estável em ambientes ácidos do que os demais enterovírus. De maneira geral, os vírus são sensíveis aos desinfetantes clorados.

A probabilidade de adquirir e consumir alimentos contaminados com vírus não é tão rara. Complementarmente, em saúde pública, os riscos decorrentes da presença de vírus em alimentos não são desprezíveis. Por esse motivo, é muito importante a monitoração periódica dos produtos alimentícios, sejam in natura ou industrializados.

Vários trabalhos realizados nos Estados Unidos revelaram echovírus, 4 na proporção de 1 a cada 17 amostras de ostras cruas, e poliovírus, 3 sendo 1 a cada 24 amostras. Em relação à indústria de alimentos, não foram encontrados enterovírus em 7 amostras de produtos de origem vegetal nem em 3 amostras de produtos de origem animal. No que concerne ao mercado de alimentos, não se registraram enterovírus em 60 amostras de vários produtos alimentícios pesquisados.

HEPATITE A

Essa infecção é provocada por um RNA vírus, pertence à família *Picornaviridae*, do grupo dos enterovírus, e a transmissão ocorre pela via oral-fecal. Reconhece-se apenas um único sorotipo do vírus, isolado e identificado em diferentes partes do globo.

O período de incubação médio é de 30 dias, porém pode variar de 15 a 45 dias. Esse período depende da quantidade de partículas virais ingeridas, diminuindo à medida que aumenta a dose infectante. Embora essa dose não esteja bem determinada, acredita-se que de 10 a 100 partículas virais sejam suficientes para causar a doença.

No início da manifestação clínica da infecção, o paciente passa por um estágio prodrômico de mal-estar, seguido de fadiga, febre, perda de apetite e náuseas. Na evolução da doença, observam-se dor abdominal na área do fígado, vômitos e fezes de cor mais clara do que a habitual; em uma fase mais adiantada, icterícia e escurecimento da urina.

Os principais alimentos envolvidos em surtos são os pratos à base de ostras, saladas, sanduíches, frutas e sucos de frutas, leite e produtos lácteos e doces confeitados. Entre os alimentos marinhos, os mariscos são os maiores responsáveis pelas infecções no homem, pois, na maioria das vezes, são oriundos de águas contaminadas. Em síntese, a água, os moluscos e as saladas são as vias de transmissão mais comuns para as populações humanas e os manipuladores infectados são as maiores fontes de infecção.

A HAV apresenta distribuição mundial. Historicamente, é reconhecida como a mais importante das viroses transmitidas por alimentos. É uma doença primariamente dos países em desenvolvimento. Nos países industrializados, como acontece nos Estados Unidos, a infecção está restrita às zonas urbanas pobres e a grupos de risco, como trabalhadores das redes de esgoto e homossexuais.

Em 1988, em Xangai, China, durante as festas de fim de ano, registraram-se 300 mil casos de HAV, atribuídos ao consumo de mariscos crus, cujos leitos de criação haviam sido contaminados por água de esgoto. Em 1997, nos Estados Unidos, mais de 200 pessoas, na maioria crianças, distribuídas por diferentes estados, adquiriram a HAV a partir do consumo de morangos congelados, provenientes in natura de culturas do México e processados termicamente em San Diego, Califórnia.

No Brasil, no período de 1999 a 2011, foram registrados 138.305 casos da infecção por HAV, com a ocorrência de 31 óbitos só em 2011, de acordo com o Sistema Único de Saúde (SUS), Ministério da Saúde (MS). Porém, de acordo com dados obtidos em 2012 e 2013, verificou-se queda da incidência da doença, sobretudo em adultos, mas não em crianças e adolescentes.

De qualquer modo, mesmo diante dos resultados auspiciosos que vêm sendo alcançados, a infecção pelo HAV continua representando um perigo potencial para a população, sobretudo a de baixa renda, residente nas áreas com maior deficiência de saneamento, onde a água nem sempre é tratada, a coleta de lixo é deficiente e não há rede de esgoto.

Até 2009, 97% dos municípios brasileiros dispunham de água tratada, em aproximadamente 70% dos domicílios, porém apenas um terço do esgoto era recolhido, e somente 30% deste era tratado, de acordo com a coordenação do Programa de Despoluição das Bacias Hidrográficas (Prodes) da Agência Nacional de Águas (ANA). Segundo a mesma fonte, perto de 83% da população eram moradores de cidades; entretanto, apenas 56% eram atendidos por estações de tratamento de esgoto. Esses dados parecem indicar que 44% das habitações, provavelmente, despejam o esgoto in natura em córregos, rios ou praias.

Vale destacar que, apesar de todos os problemas apontados, o HAV confere, geralmente, imunidade para toda a vida nos imunocompetentes.

Embora não faça parte do Programa Nacional de Imunizações (PNI), da Secretaria de Vigilância em Saúde, do MS, a vacina contra a HAV deve ser administrada a partir do primeiro ano de vida, porque sua eficácia é menor abaixo desta faixa etária.

HEPATITE E (HEV)

O HEV é o principal agente etiológico das hepatites não A e não B, transmitidas pela via intestinal, de ocorrência mundial.

É uma doença muito importante nas áreas menos favorecidas do mundo e com saneamento de má qualidade, sobretudo na Índia e no sudeste da Ásia, África e Américas Central e do Sul, e é com muito maior frequência transmitida pela água de bebida contaminada por esgoto que propriamente pelos alimentos, com exceção ao consumo de moluscos crus. O agente etiológico, um RNA vírus, apresenta certa semelhança aos calicivírus humanos e geralmente assemelha-se à HAV, principalmente no que concerne à sintomatologia.

A HEV, provavelmente a partir do trato gastrointestinal, penetra na corrente circulatória e atinge o parênquima hepático, onde se replica e é eliminado a partir dos hepatócitos na bile e, em seguida, excretado nas fezes. O período de incubação varia de 15 a 62 dias, com média compreendida entre 26 e 42 dias, conforme as circunstâncias, e a transmissão ocorre pela via oral-fecal. Assim como na HAV, sua evolução segue um curso benigno e é autolimitante, não provocando doença hepática crônica.

Os adultos jovens apresentam maior suscetibilidade do que as crianças. A infecção pode ser letal para gestantes – mortalidade superior a 20% – quando infectadas nos últimos três meses de gestação; o óbito ocorre por insuficiência hepática fulminante.

Como amostras de soro colhidas de vários animais domésticos provenientes de áreas endêmicas da infecção em seres humanos apresentam atividade anti-HEV, pressupõe-se que essa doença possa ser uma zoonose emergente.

462 ■ HIGIENE E VIGILÂNCIA SANITÁRIA DE ALIMENTOS

As medidas de prevenção passam obrigatoriamente pela adoção das boas práticas de higiene e saneamento, sobretudo nas áreas afetadas.

ROTAVÍRUS

O quadro infeccioso é provocado por um RNA vírus, pertencente à família Reovírus, sendo a via oral-fecal a principal forma de transmissão. A infecção está associada com a diarreia dos viajantes. O primeiro isolamento de rotavírus deu-se em 1973, na Austrália. Dos seis grupos sorológicos identificados, três infectam o homem; o A é responsável pela diarreia infantil endêmica, de distribuição mundial, B e C ocorrem preferencialmente em países asiáticos (China e Japão). A infecção é mais frequente no inverno, porém, nos trópicos, ocorre durante o ano todo.

Estima-se que um terço de todas as hospitalizações por diarreia em crianças com menos de 5 anos são causadas por rotavírus, sendo a faixa etária dos 6 meses aos 2 anos a de maior suscetibilidade.

A maioria das pessoas adquire imunidade após os 5 anos, mas formas brandas da infecção podem ser observadas acima dessa idade e mesmo em adultos, em geral, ocorrem por causa de elevados inóculos do vírus e/ou da queda de resistência por parte dos expostos. A dose infectante presumível varia de 10 a 100 partículas virais, mas, como a quantidade excretada pelos doentes atinge 10^8 a 10^{10} partículas/mL de fezes, a infecção pode ser disseminada com facilidade pelas mãos dos manipuladores, por contato com utensílios e superfícies contaminados.

O período de incubação é de apenas dois dias. Os sintomas incluem vômitos durante três dias, diarreia aquosa que pode persistir de 3 a 8 dias, dores abdominais e febre. Embora a remissão do quadro clínico na maioria das vezes seja completa, alguns casos graves, traduzidos por diarreia e alto grau de desidratação, podem levar as crianças ao óbito. A intercorrência do vírus com outros patógenos intestinais pode agravar o quadro clínico dos doentes.

Os surtos de rotavirose estão relacionados primordialmente à água, os alimentos não têm participação muito grande na transmissão. Nos Estados Unidos, entre 1979 e 1985, 500 crianças, em média, morreram de diarreia, sendo 20% dos casos causados por rotavírus. As creches ainda são os locais de maior risco. A mortalidade infantil, em termos mundiais, atinge 1 milhão de casos por ano.

No Brasil, de 1999 a 2005, foram observados 159 casos de rotavirose, representando apenas 3,4% do total de casos de DTAs declarados pela SVS do MS. Esses números podem ser o resultado: da carência de diagnóstico preciso, por parte dos serviços de assistência médica; de dificuldades dos laboratórios, sobretudo os públicos, para emitir laudos confiáveis; e da resistência da população em procurar assistência médica especializada. Todos esses fatores aumentam a subnotificação e interferem nos resultados das estatísticas de saúde, mostrando um quadro muito distante da realidade.

O perigo maior para a disseminação da infecção, sobretudo na população infantil, diz respeito à contaminação de alimentos por águas poluídas e pela não observância de boas práticas de fabricação, em razão da deficiência de treinamento dos manipuladores.

No Brasil, a partir de 2006, foi incluída a vacina oral de rotavírus humano, destinada à população infantil com idade entre 45 dias e 5 meses e 15 dias de vida, para proteger antecipadamente as crianças da faixa etária de 6 a 24 meses, nas quais se observa que as complicações decorrentes da infecção pelo rotavírus são mais graves.

NOROVÍRUS

A infecção é causada por vírus da família Caliciviridae, identificado pela primeira vez em 1972, após um surto de doença gastrointestinal ocorrido na cidade de Norwalk (Ohio, Estados Unidos); daí sua denominação original como Norwalk virus. Posteriormente, foram descritos outros vírus com características similares, os quais foram denominados Norwalk-like viruses (vírus Norwalk-semelhante) e hoje são reconhecidos apenas como norovírus.

O vírus apresenta como particularidade o fato de não poder ser cultivado em condições de laboratório. É um RNA vírus, de aspecto similar ao calicivírus, e integra um grupo de patógenos humanos, pertencentes aos *Caliciviridae*, entre os quais se destaca a Hepatite E.

Esses vírus, apesar da presumível baixa dose infectante, provocam manifestações digestivas, 1 a 2 dias após a ingestão de alimentos ou água contaminada com fezes de pessoa infectada. A manifestação clínica caracteriza-se por náusea, vômito, diarreia e gastralgia. Os doentes recuperam-se, em geral, 2 a 3 dias após o início dos sintomas, sem apresentar efeitos prolongados ou sequelas, porém podem excretar partículas virais por duas ou mais semanas, o que é de utilidade para a identificação do agente após o episódio. Os adultos e crianças com mais de 12 anos são atingidos com maior frequência. De modo geral, casos graves ou hospitalizações são raros.

A doença está distribuída amplamente pelo globo e sua incidência, frequentemente relacionada a grandes aglomerações de pessoas, como acampamentos, escolas, instituições de desabrigados, comunidades e famílias, todavia, a real prevalência é desconhecida.

Em novembro de 2002, de acordo com as autoridades de Fort Lauderdale, Flórida, um navio em cruzeiro pelo Caribe registrou, em três viagens consecutivas, 400 turistas atingidos pela infecção. Um outro navio de cruzeiro, na mesma época, teve 163 passageiros e 18 membros da tripulação acometidos pela virose, mas, em viagem anterior, já registrara 41 passageiros e oito membros da tripulação atingidos pelo norovírus.

Ainda em 2002, no prazo de uma semana, vários pacientes de origem nórdica com psoríase e a equipe de suporte de uma casa de saúde nas Ilhas Canárias (Espanha) adoeceram acometidos por diarreia, vômitos ou ambos. Nesse episódio, a partir da investigação epidemiológica, suspeitou-se – com base nas manifestações clínicas, nas características do surto e no fato de nenhum agente bacteriano ter sido isolado – que o patógeno envolvido era o norovírus e que, no início do surto, os prováveis alimentos envolvidos eram frutas secas e geleia de morangos – riscos relativos iguais a 3,1 e 1,9, respectivamente – quando comparadas com as taxas de ataque entre os expostos e os não expostos. Os casos complementares, registrados a seguir, certamente ocorreram às expensas da transmissão pessoa a pessoa. A causa do surto foi atribuída a manipuladores que confessaram ter adoecido antes do início do surto.

Na Holanda, em 2002, um levantamento epidemiológico sobre surtos de gastroenterite realizado em âmbito nacional pelos Public Health Services e Food Inspection Services, revelou que 54% dos episódios registrados foram provocados pelo norovírus.

Os surtos observados nos Estados Unidos estão diretamente relacionados à ingestão de frutos do mar crus – mariscos e ostras. Os crustáceos contaminam-se com as fezes dos manipuladores doentes ou a partir de restos de alimentos crus lançados por cima da borda dos barcos, recreativos ou comerciais. Gelo preparado a partir de água contaminada ou saladas lavadas com água nas mesmas condições, além de alimentos prontos para consumo, são as vias de transmissão mais comuns.

De acordo com o informe sobre surtos de DTA por agente etiológico da SVS do MS, de 1999 a 2005 notificaram-se apenas três casos de norovírus no país. Contudo, em 2006, para surpresa geral, surgiram notícias de um surto de proporções inéditas de norovírus na Bahia, o qual teria acometido mais de 13 mil moradores de Salvador. Pesquisadores do Instituto de Saúde Coletiva da Universidade Federal da Bahia (UFBA) divulgaram que o norovírus foi, de fato, o responsável pela diarreia e vômito que acometeu milhares de baianos, em períodos que variavam, em média, de 2 a 3 dias e confirmaram oficialmente os números divulgados pela imprensa local.

Entre dezembro de 2009 e fevereiro de 2010, surtos de gastroenterite, inicialmente sem registro de casos graves, considerados de etiologia desconhecida, acometeram um grande número de pessoas nas regiões sudeste e centro-oeste do país, particularmente os povoados da costa atlântica e um número considerável de veranistas. No estado de São Paulo, mesmo em uma cidade distante do epicentro do surto – Olímpia, a mais de 400 km – também foi observado um surto semelhante que atingiu mais de 700 pessoas, segundo as autoridades locais.

Análises sobre qualidade higiênico-sanitária e potabilidade da água de consumo, executadas pelos laboratórios oficiais, não revelaram a presença de bactérias nem protozoários como contaminantes capazes de provocar o surto, todavia exames microbiológicos mais aprofundados, realizados pelo Instituto Adolfo Lutz, da Secretaria de Estado da Saúde de São Paulo, detectaram a presença de norovírus nas amostras examinadas.

A partir desses resultados laboratoriais e considerando: o curto período de incubação, um a dois dias; a baixa patogenicidade da infecção; a remissão dos sintomas, no máximo em três dias; e a ausência de casos graves da doença, ficou bem caracterizado o diagnóstico como surto de norovirose.

Vale considerar que o diagnóstico de doenças virais não constitui rotina na maioria dos laboratórios de análises de alimentos, por isso a dificuldade de se consolidar dados estatísticos sobre a infecção e avaliar a real incidência no país.

Deve-se destacar um aspecto importante na epidemiologia desta infecção, que diz respeito à procura, cada vez maior, por cruzeiros marítimos, de curta ou longa duração. As companhias de navegação, por sua vez, aumentaram a capacidade de seus navios para atender ao fluxo de passageiros. A aglomeração de pessoas de todas as idades favorece a disseminação do norovírus, sendo a grande responsável pela ocorrência de casos da infecção entre pessoas presumivelmente sadias.

As autoridades portuárias integrantes das vigilâncias sanitárias estão alertas, mas a complexidade de cada excursão e, sobretudo, as etapas de cada percurso, distante dos grandes centros, onde há comprometimento com a qualidade da água e dos alimentos oferecidos aos passageiros e à própria tripulação, torna quase impossível garantir que o navio não ofereça qualquer tipo de risco sanitário, excluídos os acidentes individuais ou coletivos que são fruto do acaso.

Não há tratamento específico, contudo, as pessoas atingidas podem ser submetidas a tratamento sintomático, principalmente de hidratação. Atenção particular deve ser dispensada aos idosos, sobretudo quando hospedados em casas de repouso ou asilos.

As principais medidas preventivas a serem adotadas são:

- Lavar as mãos com água quente e sabão após utilizar o banheiro e antes de preparar uma refeição ou comê-la.
- Cozinhar bem os frutos do mar antes de ingeri-los.
- Lavar os vegetais crus, a serem usados como salada, generosamente e colocá-los em solução clorada, de acordo com as especificações do fabricante do produto.
- Dispor todos os restos de maneira sanitária, não lançando-os na água de rios, lagos ou do mar.
- Proibir os manipuladores com sintomas da infecção de preparar ou mesmo tocar os alimentos.

Deve-se também destacar os procedimentos a serem seguidos quando em contato com uma pessoa infectada ou compartilhando o mesmo espaço físico:

- Afastar-se quando o doente estiver vomitando.

- Não dividir comida, muito menos comer usando os mesmos talheres.
- Cuidar da pessoa doente obedecendo às regras mínimas de higiene e segurança.
- Não apertar as mãos de ninguém enquanto estiver cuidando do doente.
- Lavar as mãos depois de cuidar do doente ou ajudá-lo a se alimentar.

No caso específico de uma vacina contra o norovírus, os pesquisadores acreditam que somente em alguns anos será possível dispor de um imunógeno capaz de proteger os seres humanos contra essa infecção.

TRATAMENTO

As viroses gastrointestinais requerem tratamento sintomático, como: analgésicos para aliviar as dores disseminadas por todo o corpo; antitérmicos, quando a infecção for campanhada por quadro febril; e antieméticos, nos casos de doentes com vômitos, de acordo com as prescrições usuais.

Para aqueles pacientes apresentando diarreia intensa, deve-se recomendar a ingestão de bastante líquido, por via oral, ou a administração de soro fisiológico, por via endovenosa, no próprio serviço hospitalar, para evitar o agravamento do quadro clínico por desidratação.

CONTROLE

A contaminação dos alimentos por vírus pode acontecer em qualquer lugar ou momento do processo de produção e também pode estar relacionada a pessoas infectadas que manipularam o alimento, o qual não passou por tratamento térmico conveniente ou por qualquer outro procedimento que o torne inócuo.

Os alimentos, sobretudo a água, constituem as principais vias de transmissão da maioria das viroses. A via oral-fecal, todavia, é que possibilita a contaminação ambiental e favorece a disseminação do agente na natureza.

O controle das gastroenterites virais está relacionado basicamente à adoção das Boas Práticas Agrícolas (BPA), Boas Práticas de Fabricação (BPF) e do Sistema de Análise de Perigos e Pontos Críticos de Controle (APPCC), a fim de evitar a introdução de vírus nos alimentos crus e no ambiente da fábrica ou da cozinha (industrial ou comercial) e assegurar a adequada manipulação, durante as diversas etapas do processo. Deve-se destacar que, se partículas virais permanecerem nos alimentos após o processamento, elas continuarão infecciosas por vários dias ou semanas, dependendo do tipo de alimento, particularmente se mantidos a 4°C.

Em relação à água, deve-se estar atento para a possibilidade de contaminação dos reservatórios por efluentes de esgoto ou mesmo dejetos humanos e animais. Nos locais onde esses riscos são altos, deve-se proceder ao tratamento da água captada ou fornecida pela própria rede pública com substâncias cloradas antes de sua utilização.

Por todos esses motivos, no treinamento de manipuladores de alimentos, deve-se dar ênfase à necessidade de ser rigoroso no aspecto de higiene pessoal, especialmente das mãos. Deve-se, ainda, enfatizar a maneira como os vírus podem se disseminar a partir dos próprios manipuladores e alcançar os alimentos.

A prevenção das doenças virais, no âmbito das unidades de alimentação e nutrição e da indústria de alimentos, passa obrigatoriamente pelos controles de qualidade em segurança alimentar e pelos sistemas de manipulação, especialmente Procedimentos Operacionais Padronizados (POPs) de BPF e APPCC. Qualidade da água, disposição adequada de lixo, águas residuais e esgoto são preceitos da maior relevância para o controle das viroses transmitidas pelos alimentos, qualquer que seja o tipo de população considerada, a atividade desenvolvida e o local de produção ou preparação de produtos alimentícios.

CONCLUSÕES

As viroses têm incidência pouco conhecida em alimentos, por vários motivos. O primeiro deles é explicado pelo fato de serem parasitas obrigatórios e não se desenvolvem, laboratorialmente, em meios de cultura como as bactérias e os fungos. Assim, os meios usuais para isolamento consistem em culturas de tecidos e técnicas com embriões de aves.

Em saúde pública, a água, de modo geral, constitui uma das vias de transmissão mais importantes dos enterovírus para o homem. As fontes mais comuns de gastroenterites virais são os produtos marinhos, sobretudo os moluscos por serem organismos filtradores. O vírus da Hepatite A, o rotavírus e o vírus Norwalk são os patógenos mais frequentes.

Em relação à água, deve-se estar atento para a possibilidade de contaminação dos reservatórios por efluentes de esgoto ou mesmo dejetos humanos e animais. Nos locais onde esses riscos são altos, deve-se proceder ao tratamento da água captada ou fornecida pela própria rede pública, com substâncias cloradas, antes de sua utilização. Nas Unidades de Alimentação e Nutrição, com ênfase nas creches, escolas e asilos, deve-se dar especial atenção à higienização das caixas d'água e às análises de potabilidade da água para consumo.

REFERÊNCIAS

ADAMS, M.R.; MOSS, M.O. Microbiología de los alimentos. Zaragoza: Acribia, 1997. AGBOATWALLA, M. et al. Enteric viral infections in pre-school children in Karachi, Pakistan. Indian J Pediatr., v. 62, n. 3, p. 345-51, 1995.
ALLEN, C.J.; FERSON, M.J. Notification of infectious diseases by general practitioners: a quantitative and qualitative study. Med J Aust. v. 172, n. 7, p. 325-8, 2000.
ANTAKI, N.; KEBBEWAR, M.K. Hepatitis A seroprevalence rate in Syria. Trop Doct., v. 30, n. 2, p. 99-101, 2000.
[ASTDHPPHE] Association of State and Territorial Directors of Health Promotion and Public Health

Education. Norwalk virus. Disponível em: http://www.astdhpphe. org//norwalk.asp. Acessado em: nov. 2002.

BARROS, H.; OLIVEIRA, F.; MIRANDA, H. A survey on hepatitis A in Portuguese children and adolescents. J Viral Hep at., v. 6, n. 3, p. 249-53, 1999.

BARZAGA, B.N. Hepatitis A shifting epidemiology in South-East Asia and China. Vaccine, v. 18, Suppl 1, p. S61-4, 2000.

BRUGHA, R. et al. A community outbreak of food-borne small round-structured virus gastroenteritis caused by a contaminated water supply. Epidemiol Infect., v. 122, n. 1, p. 145-54, 1999.

CALDERON-MARGALIT, R. et al. A large-scale gastroenteritis outbreak associated with Norovirus in nursing homes. Epidemiol Infect., v. 133, p. 35-40, 2005.

CIOCCA, M. Clinical course and consequences of hepatitis A infection. Vaccine, v. 18, Suppl 1, p. S71-4, 2000.

CHITAMBAR, S.D. et al. Hepatitis A in a day care centre. J Pediatr., v. 63, n. 6, p. 781-3, 1996.

COOKSLEY, W.G. What did we learn from the Shanghai hepatitis A epidemic? J Viral Hepat., v. 7, Suppl 1, p. 1-3, 2000.

DUTTA, A.K. et al. Seroepidemiology of hepatitis A in Delhi. Indian J Pediatr., v. 62, p. 77-9, 2000.

ELLETT, M.L. Hepatitis A, B, and D. Gastroenterol Nurs., v. 22, n. 6, p. 236-44, 1999.

ERIKSEN, H.M. et al. Gastroenterites outbreak among Nordic patients with psoriasis in a health centre in Gran Canaria, Spain: a coort study. BMC Infect Dis., v. 4, p. 8, 2004.

FORD-JONES, E.L. et al. Rotavirus-associated diarrhea in outpatient settings and child care centers. The greater Toronto area/peel region PRESI study group. Pediatric rotavirus epidemiology study for immunization. Arch Pediatr Adolesc Med., v. 154, n. 6, p. 586-93, 2000.

FORSYTHE, S.J. Microbiologia da segurança alimentar. Porto Alegre: Artmed, 2005. FROOM, P. et al. Risk of hepatitis A virus infection among sewage workers in Israel. Arch Environ Health, v. 55, n. 1, p. 7-10, 2000.

FAGUNDES, P.R.S. Qualidade das materias-primas: vegetal in: Germano, P.M.L.; Germano, M.I.S. Sistema de gestão: qualidade e segurança de alimentos – 1ª Edição, 2013

GABBAY, Y.B. et al. An outbreak of group C rotavirus gastroenteritis among children attending a day--care centre in Belem, Brazil. J Diarrhoeal Dis Res., v. 17, n. 2, p. 69-74, 1999.

GALLIMORE, C. I. et al. Detection of multiple enteric virus strains within a food-borne outbreak of gastroenteritis: an indication of the source of contamination. Epidemiol Infect., v. 133, p. 41-7, 2005.

GAULIN, C.D. et al. Épidémie de gastro-entérite d'origine virale associée à la consommation de framboises importée. Can J Public Health, v. 90, n. 1, p. 37-40, 1999.

GROVER, S.F.; MEYERHOFF, A.S.; PAIVANA, T.A. Cost effectiveness of vaccinating food service workers against hepatitis A infection. J Food Prot., v. 63, n. 6, p. 768-74, 2000.

Hunter, P.R. Principles and components of surveillance systems. In: Hunter, P.R.; Waite, M., Ronchi, E. (eds.). Drinking water and infectious disease: establishing the links. Boca Raton: CRC Press, 2002, p.3-11.

[ICMSF] INTERNATIONAL COMISSION ON MICROBIOLOGICAL SPECIFICATIONS FOR FOODS. Microorganisms in foods: characteristics of microbial pathogens. v.5. Londres: Blackie Academic & Professional, 1996.

JONES, M.E. et al. Foodborne hepatitis A – Alaska, Florida, North Carolina, Washington, MMWR, v. 39, p. 228-32, 1990.

KOOPMANS, M.; DUIZER, E. Foodborne viruses: an emerging problem. Intern J Food Microbiol., v. 90, n. 1, p. 23-41, 2004.

LEMOS, P. Surto de diarreia. Norovírus Salvador (BA). Disponível em: http://www. parasitologia.org. br/noticia.php?id=328. Acessado em: dez. 2006.

LEVIN, M.; FRJAY, J.M. Modern food microbiology. Nova York: International Thomson Publishing, 1997.

LIU, C.C. et al. An outbreak of enterovirus 71 infection in Taiwan, 1998: epidemiologic and clinical manifestations. J Clin Virol., v. 17, n. 1, p. 23-30, 2000.

LOPEZ, H. et al. Prevalence of anti-hepatitis A antibodies in an urban middle class area of Argentina: some associated factors. Int J Infect Dis., v. 4, n. 1, p. 34-7, 2000.

MINISTÉRIO DA SAÚDE – SECRETARIA DE VIGILÂNCIA EM SAÚDE DEPARTAMENTO DE VIGILÂNCIA EPIDEMIOLÓGICA. Doença Diarreica por Rotavírus: Vigilância Epidemiológica e Prevenção pela Vacina Oral de Rotavírus Humano – VORH. Informe Técnico. Brasília, 01 de março de 2006.

O'CONNOR, J.A. Acute and chronic viral hepatitis. Adolesc Med., v. 11, n. 2, p. 279-92, 2000.

OTSU, R. Outbreaks of gastroenteritis caused by SMSVs from 1987 to 1992 in Kyushu, Japan: four outbreaks associated with oyster consumption. Eur J Epidemiol., v. 15, n. 2, p. 175-80, 1999.

PORTAL ECODEBATE. Cidadania e Meio Ambiente. Surtos de hepatite e outras doenças por falta de saneamento ameaçam Marsilac, SP. 23 mar. 2009. Disponível em: http://www.ecodebate.com.br/2009/03/23/surtos-de-hepatite-e-outras-doencas-por-falta-de-saneamento-ameacam-marsilac-sp/. Acessado em: fev. 2010.

POWELL, S.C.; ATTWELL, R. The use of epidemiological data in the control of foodborne viruses. Rev Environ Health, v. 14, n. 1, p. 31-7, 1999.

PRESCOT, L.M.; HARLEY, J.P.; KLEIN, D.A. Microbiology. 4. ed. Boston: WCB/McGraw-Hill, 1999.

RAEBEL, M.A.; OU, B.S. Rotavirus disease and its prevention in infants and children. Pharmacotherapy, v. 19, n. 11, p. 1279-95, 1999.

RIEMANN, H.P.; CLIVER, D.O. Foodborne infections and intoxications. Amsterdã: Academic Press, 2006.

SÃO PAULO. Secretaria de Estado da Saúde, Centro de Vigilância Epidemiológica, Divisão de Doenças de Transmissão Hídrica e Alimentar. Monitorização da Doença Diarreica Aguda (MDDA): dados gerais de 2000 a 2005. Disponível em: http:// www.cve.saude.sp.gov.br/htm/hidrica/mdda/MDDA_IFNET05.ppt. Acessado em: dez. 2006.

SATIN, M. Food Alert! The ultimate sourcebook for food safety. Nova York: Facts On File, 1999.

SAWYER, M.H. Enterovirus infections: diagnosis and treatment. Pediatr Infect Dis J., v. 18, n. 12, p. 1033-9, 1999.

SOHN, Y.M. et al. The changing epidemiology of hepatitis A in children and the consideration of active immunization in Korea. Yonsei Med J., v. 41, n. 1, p. 34-9, 2000.

STAES, C.J. et al. Sources of infection among persons with acute hepatitis A and no identified risk factors during a sustained community-wide outbreak. Pediatrics., v. 106, n. 4, p. E54, 2000.

SUNDKVIST, T. et al. Outbreak of hepatitis A spread by contaminated drinking glasses in a public house. Commun Dis Public Health, v. 3, n. 1, p. 60-2, 2000.

TALARO, K.; TALARO, A. Foundations in microbiology. 3. ed. Boston: WCB/ McGraw-Hill, 1999.

TANAKA, J. Hepatitis A shifting epidemiology in Latin America. VaccineI, v. 18, Suppl 1, p. S57-60, 2000.

TAPIA-CONYER, R. et al. Hepatitis A in Latin America: a changing epidemiologic pattern. Am J Trop Med Hyg., v. 61, n. 5, p. 825-9, 1999.

TROUT, D. et al. Evaluation of occupational transmission of hepatitis A virus among wastewater workers. Occup Environ Med., v. 42, n. 1, p. 83-7, 2000.

VAN DUYNHOVEN, Y.T. et al. A one year intensified study of gastroenteritis in the Netherlands. Epidemiol Infect., v. 133, n. 1, p. 9-21, 2005.

VARNAM, A.H.; EVANS, M.G. Foodborne pathogens: an illustrated text. Londres: Wolfe Publishing, 1991.

YAN, J.J. et al. An outbreak of enterovirus 71 infection in Taiwan 1998: a comprehensive pathological, virological, and molecular study on a case of fulminant encephalitis. J Clin Virol., v. 17, n. 1, p. 13-22, 2000.

26

Encefalopatia espongiforme bovina – síndrome da "vaca louca"

Pedro Manuel Leal Germano
Maria Izabel Simões Germano

INTRODUÇÃO

"Vaca louca" é o nome popular da encefalopatia espongiforme bovina (EEB), conhecida desde novembro de 1986, sobretudo na Grã-Bretanha, local onde foi descrita pela primeira vez. A doença recebeu essa denominação em razão da sintomatologia apresentada pelos animais afetados. Considerada de início como entidade nosológica restrita ao rebanho bovino, passou a integrar o elenco das zoonoses, ou seja, das doenças transmissíveis entre os animais e o homem, a partir de 1996, quando foram confirmados no território britânico os casos humanos de uma variante da doença de Creutzfeldt-Jakob (vDCJ), atribuída ao consumo de produtos cárneos contaminados com tecidos oriundos do sistema nervoso central (SNC). Desde então, a preocupação com a EEB e com a possibilidade de transmissão ao homem tem aumentado gradativamente apesar das medidas sanitárias adotadas no Reino Unido e demais países europeus. Os animais criados na Grã-Bretanha, com toda a certeza, ainda não podem ser confiáveis do ponto de vista sanitário, pois muitos dos casos registrados na parte continental da Europa devem-se à importação de gado ou de subprodutos bovinos provenientes desse território.

Até o momento, os casos humanos da vDCJ não atingiram, em termos numéricos, nenhuma proporção alarmante. Contudo, por se tratar de uma patologia das mais severas, uma vez que o quadro clínico neurológico é irreversível e conduz os doentes ao óbito, a doença é considerada uma das mais graves zoonoses existentes, sobretudo pela não disponibilidade de qualquer tipo de vacina ou tratamento capazes de deter a evolução do mal.

ASPECTOS GERAIS

A EEB constitui uma doença crônica degenerativa que afeta o SNC do gado vacum. Em conjunto com a doença de Creutzfeldt-Jakob clássica (DCJ) e sua variante (vDCJ), a EEB integra o quadro das doenças neurológicas degenerativas progressivas reconhecidas como Encefalopatias Espongiformes Transmissíveis (EET), entre as quais se destacam, em diferentes espécies animais, o scrapie nos ovinos e caprinos – doença conhecida desde a metade do século XVIII, de ocorrência predominante na Grã-Bretanha, e que se caracteriza por intenso prurido que conduz os animais à automutilação, arrancando a lã e os pelos –, a encefalopatia espongiforme felina, a encefalopatia transmissível da marta (observada em fazendas de criação) e a doença crônica debilitante de cervídeos, restrita a áreas limitadas da parte ocidental dos Estados Unidos. Na Europa foram descritos casos de EET em animais selvagens mantidos em cativeiro, em ruminantes, em felinos e em primatas não humanos, sendo a origem de todos os casos atribuída a rações contaminadas com o agente da EEB.

No homem, relatam-se a síndrome de Gerstmann-Sträussler-Scheinker, caracterizada por perda da coordenação muscular, a insônia familiar fatal, na qual o quadro de demência é secundado pela dificuldade de dormir, o kuru, observado em tribos da Nova Guiné – onde havia o costume, durante as cerimônias fúnebres, de comer o cérebro dos parentes mortos – e a síndrome de Alpers, nome dado às doenças provocadas por príons na infância.

A principal característica das EET é a longa duração do período de incubação: 3 a 8 anos para a EEB nos bovinos e aproximadamente 13 anos nos portadores humanos da DCJ. Durante esse período, não são observados indícios da doença, no entanto, a evolução do quadro clínico é relativamente curta e a mortalidade atinge 100% das vítimas.

Uma das grandes preocupações atuais da humanidade refere-se à produção de alimentos em quantidades suficientes, com o objetivo de minimizar a má distribuição, pois ao lado de regiões de abundância ainda persistem "bolsões" de fome, além de garantir a subsistência das próximas gerações.

Esse fato, aliado à globalização, que propiciou a diminuição das barreiras e grande circulação de matérias-primas e produtos, torna-se relevante na medida em que novos hábitos, inclusive alimentares, são difundidos e adotados por muitos indivíduos – teoricamente, quanto maior a variedade de alimentos oferecidos e melhor o aproveitamento das matérias-primas, menos pessoas padecerão de fome.

Alia-se a esses dados, no caso específico da doença da "vaca louca", um aspecto de destaque para a saúde pública, que diz respeito à bioética, entendida como um ramo da filosofia que enfoca as questões referentes à vida humana, pois essa patologia acomete homens e animais, levando-os à morte. Entretanto, em razão dos interesses econômicos, desconsiderou-se os aspectos éticos ao se sonegar informações relevantes aos consumidores que utilizaram suplementos alimentares contaminados, provenientes da Grã-Bretanha, afetando os rebanhos produtores de carne e, consequentemente, aqueles que ingeriram a carne desses animais.

No caso em pauta, por falha ou omissão, o risco foi mal calculado e conduziu a uma falta de credibilidade nas autoridades que permitiram a exportação de produtos contaminados, propiciando a disseminação de uma doença que se encontrava restrita ao espaço físico de uma ilha, onde certamente seria mais facilmente controlada.

De acordo com a Organização Mundial para a Saúde Animal (OIE), a EEB apresenta distribuição mundial, tendo sido registrados, até junho de 2009 quase 200.000 casos confirmados da doença, dos quais 96,7% foram observados no Reino Unido. Por outro lado, outros 21 países europeus registraram casos de EEB, com diferentes números de ocorrências.

Fora do continente europeu, casos esparsos de EEB foram registrados nas Américas: 18 no Canadá, 2 nos Estados Unidos e 1 nas Ilhas Malvinas. No Oriente Médio, aconteceram 3 casos, sendo 1 em Israel e 2 em Omã. Na Ásia, o Japão registrou 36 casos no período de 2001 a 2009. Vale destacar que grande parte dos casos registrados fora do Reino Unido teve origem em animais infectados, importados desse país.

Na realidade, nem os países da Europa Continental nem o próprio Reino Unido conseguiram até agora controlar a EEB, como comprovado pelos 74 casos da doença, registrados apenas em 2009. Embora esse número seja inferior aos 127 casos diagnosticados no ano anterior, a doença ainda continua a flagelar seus rebanhos, tanto bovinos, como ovinos, de acordo com as estatísticas da OIE.

Em junho de 1997, a Food and Drug Administration (FDA) dos Estados Unidos publicou uma regulação final, proibindo o uso de proteínas de mamíferos (com certas exceções) na manufatura de rações animais fornecidas a animais ruminantes, como bovinos, ovinos e caprinos. A regulação também exigia processos e sistemas de controle para assegurar que rações (alimentos) para ruminantes não contivessem tecidos mamíferos proibidos. Trata-se de medida preventiva, designada para proteger animais a partir das doenças neurológicas degenerativas transmissíveis como a EEB, e minimizar qualquer risco potencial aos seres humanos.

A partir de 1990, a FDA intensificou sua revisão microbiológica de aplicação de novas drogas para produtos humanos derivados de fontes bovinas. Exigiu-se dos fabricantes documentos que garantam que os tecidos animais usados na manufatura desses produtos não fossem originários de países em que o gado nativo fosse diagnosticado com EEB, os animais fossem inspecionados pelas autoridades veterinárias da fonte, tanto antes quanto após o abate, e que esses animais fossem apropriados para uso alimentar. Para os fabricantes de drogas farmacêuticas, derivadas de bovinos, passou a ser condição de aprovação o relato de surtos de EEB nos países de onde o material bovino era originário. A partir de 1992, em especial após 1996, a FDA encaminhou uma série de cartas advertindo os fabricantes de produtos derivados de bovinos regulados pela FDA, que as fontes de material não deveriam proceder de gado que tivesse residido em países com EEB.

Pode-se lamentar que outros países, inclusive o Brasil, não tenham imitado tais ações, que viriam a poupar constrangimentos públicos, assim como, e principalmente, a ocorrência de casos.

Atualmente, os Estados Unidos, por pressões comerciais, começaram a diminuir o rigor dessas medidas, apoiados no fato de que desde 1997 não há nenhum registro de casos humanos da vDCJ e só em setembro de 2005 ocorreu o terceiro episódio da doença em bovinos criados no país, mas importados do Canadá. Contudo, essas decisões estão sendo duramente criticadas por amplos setores da sociedade, preocupados muito mais com a saúde pública que com a balança comercial. O quarto episódio foi registrado em abril de 2012, na Califórnia, contudo, de acordo com o Departamento de Agricultura dos Estados Unidos, o animal foi infectado por uma variante atípica da doença, uma vez que este não havia sido alimentado com alimentos de origem animal contaminados. Por essa razão, as autoridades descartaram que haja perigo para o consumo humano de carne bovina produzida no país.

Em 2014, a Organização Mundial de Saúde Animal, ainda conhecida pela sigla OIE (Organização Internacional de Epizootias), apresentou a lista dos países com Risco Insignificante de EEB, entre os quais situa-se o Brasil, ao lado de outros países do Mercosul. Dentre os países com Risco Controlado, cita-se o próprio Reino Unido, onde tudo começou, bem como diversos países da Europa. Ao final do documento, refere-se a República Popular da China como Zona com Risco Insignificante de EEB, cuja zona particular foi criada em novembro de 2013, excluindo Hong Kong e Macao.

ETIOLOGIA

Prusiner (1998), há quase duas décadas, propôs a existência de agentes infecciosos constituídos tão somente por uma proteína, sem material genético composto por ácido nucleico (RNA ou DNA). Até então, todos os organismos considerados patogênicos ou não, tanto no mundo animal quanto no vegetal, reproduziam-se gerando cópias deles próprios, baseados em material genético – DNA ou RNA. Os tipos de agentes particulares propostos foram relacionados com doenças degenerativas do SNC de animais e, mais raramente, no próprio homem. Essas partículas infecciosas proteicas passaram a ser conhecidas como príons, e a elas se atribuiu a possibilidade de constituírem a base de doenças hereditárias, bem como de enfermidades transmissíveis. Na atualidade, essas suspeitas estão confirmadas e, até onde se sabe, os príons são os responsáveis, entre outras patologias, pelas EET.

Os príons, por definição, são pequenas partículas infecciosas proteicas que resistem aos procedimentos de inativação que modificam os ácidos nucleicos, capazes de se multiplicar em uma progressão incrível, induzindo as moléculas normais a alterar sua forma, convertendo-as em moléculas perigosas para o organismo dos hospedeiros. Deve-se enfatizar que o material genético (DNA ou RNA) pode ser degradado geralmente pelas radiações ultravioletas ou ionizantes, como as utilizadas, entre inúmeras finalidades, para esterilização de instrumentos cirúrgicos. No entanto, isso não se aplica aos príons, pois estes resistem aos processos normais de esterilização, incluindo as mais altas temperaturas e pressão em atmosferas.

PATOGENIA

Os príons, ingeridos por meio de alimentos contaminados, são absorvidos no interior do tubo digestivo pela mucosa intestinal, nas placas de Peyer, e a seguir fagocitados pelas células linfáticas e, então, transportados pelos linfócitos para os nódulos linfáticos, baço e tonsilas. Acredita-se que essa seja a via mais provável de disseminação do agente no organismo do novo hospedeiro, do mesmo modo que se crê que a replicação dos príons aconteça nos tecidos linfáticos, especialmente no baço. Muitos dos órgãos linfáticos são inervados e, eventualmente, o agente ganha acesso a um nervo propagando-se por meio do axônio, via retrógrada, até a medula espinhal e dessa maneira alcança o cérebro. Hoje em dia sabe-se que os linfócitos B maduros são igualmente necessários ao desenvolvimento da doença e em seguida à infecção, a partir da via periférica.

Uma vez que os linfócitos transportam os príons, é razoável deduzir que o sangue também possa favorecer a infecção cerebral. Aliás, essa hipótese tem provocado a proibição do uso de sangue humano e de produtos derivados a partir de doadores suspeitos de exposição ao agente infeccioso.

O sangue e mesmo a gordura bovina têm sido incorporados às rações animais destinadas às criações como suplementos por pressões dos próprios criadores e das indústrias de nutrição animal. No entanto, deve-se enfatizar que a biologia dos príons não está completa e definitivamente elucidada e que muitas teorias ainda permanecem no campo das suposições.

No gado infectado naturalmente com EEB, o agente foi encontrado no tecido cerebral, na medula espinal e no globo ocular, na retina. Bioensaios com tecidos contaminados, procedentes de bovinos experimentalmente infectados por via oral, injetados em camundongos, confirmaram a presença do agente. Além dessas estruturas, também foram encontrados na raiz do gânglio dorsal, do íleo distal e da medula óssea, o que sugere que todos esses tecidos representam o maior risco de transmissão. Porém, nos estágios finais da doença clínica, acredita-se que as maiores quantidades de partículas infectantes sejam encontradas no cérebro e na medula espinal. Não obstante, a presença de tecidos infectantes, como pele e glândulas salivares, sugere possíveis vias de transmissão direta do patógeno na natureza, conforme os encontrados em um bovidae selvagem (Grande Kudu – Tragelaphus strepsiceros), confinado em um zoológico de Londres, vítima de encefalopatia espongiforme.

PATOLOGIA CLÍNICA DA EEB NO GADO

O período de incubação varia de 2 a 8 anos, mas a evolução para o óbito, por falência dos órgãos, pode levar de 2 semanas a 6 meses. Muitos casos da EEB ocorreram em gado leiteiro, com animais na faixa etária compreendida entre 3 e 6 anos de idade.

As principais características clínicas dos bovinos acometidos pela infecção relacionam-se às alterações de temperamento como: irritabilidade ou agressividade; postura anormal; incoordenação e dificuldade para levantar; emagrecimento apesar da manutenção do apetite; e diminuição da produção de leite.

O quadro neurológico debilitante progressivo é decorrente das lesões não inflamatórias, caracterizadas pela formação no SNC de grandes vacúolos no córtex e no cerebelo, de depósitos proteico-amiloides e de astrocitose, conferindo ao cérebro o aspecto de uma esponja.

As EET não provocam respostas inflamatórias nem induzem a produção de resposta imune específica nos hospedeiros, o que tem dificultado o desenvolvimento de testes diagnósticos nos animais ainda em vida.

EPIDEMIOLOGIA

Estudos epidemiológicos, realizados sobretudo na Grã-Bretanha, sugerem que os animais contraiam a doença mediante a ingestão de rações contaminadas, preparadas a partir de farinhas de carne e ossos utilizadas como suplementos proteicos. Todas as hipóteses levam a crer que essas rações haviam sido preparadas a partir de carcaças e restos de vísceras provenientes de ovinos portadores de scrapie e bovinos com EET não identificados. Na atualidade, há indícios suficientes de que as alterações nos processos de fabricação de rações animais nesse país, nos anos de 1980, potencializaram a sobrevivência do agente nas farinhas de carne e ossos.

Na realidade, acredita-se que a tentativa de reduzir os custos na fabricação de suplementos proteicos e farinhas de origem de ovinos com scrapie entre os anos de 1970 e 1980, quando o processo adotado possibilitava a "esterilização" desses produtos com a utilização de solventes e altas temperatura e umidade (calor e vapor), permitiu que esse agente infectasse o gado bovino. Foi a alteração dos procedimentos que, embora tenha conferido melhor qualidade aos produtos, provocou a diminuição da temperatura do processo para menos de 75°C.

Um aspecto epidemiológico importante refere-se ao declínio do número de casos da EEB no Reino Unido e, em contrapartida, ao aumento nos demais países da Europa. A explicação para esse fenômeno encontra apoio no aperfeiçoamento das investigações dos casos de EET, suportadas pela vigilância ativa e por métodos imunológicos recém-desenvolvidos.

Outro fator contribuinte para o aumento do número de casos, sobretudo na Irlanda e Europa continental, deve-se à utilização, nas criações de gado, de suplementos proteicos de origem animal, indicados para suínos e aves, contaminados com o agente da EEB.

Embora em muitos países a EEB tenha sido diagnosticada em gado nativo nascido localmente, fora do Reino Unido não há qualquer caso da infecção em animais autóctones. Por outro lado, nos casos de EEB, por enquanto, não foram registradas ocorrências de transmissão horizontal.

Aqueles países que historicamente não são importadores de gado ou o fazem em mínimas quantidades e que não adquirem produtos cárneos nem suplementos nutricionais a partir do Reino Unido não têm registrado casos de EEB em seus rebanhos e muito menos casos humanos da vDCJ, mesmo produzindo rações ou farinhas proteicas de origem animal com tecnologia similar à adotada na Grã-Bretanha nos anos de 1970.

No que se refere à transmissão do agente pelos alimentos de origem bovina, não se comprovou, até o momento, a possibilidade de contrair a infecção pelos músculos esqueléticos e pelo leite. Na realidade, a preocupação reside no abate e nos métodos empregados nos açougues, com a finalidade de preparar a carne e os subprodutos, que podem propiciar a mistura de peças livres do agente com outras que contenham partículas infectantes. Há de se considerar, porém, a problemática dos produtos étnicos, em cuja formulação continuam sendo utilizados tecidos condenados, como a parte distal do intestino delgado, íleo, para confecção de alguns tipos de embutidos comercializados em charcutarias. De qualquer forma, o leite e os produtos lácteos não são considerados alimentos de risco para a transmissão do agente da EEB ao homem.

Vale considerar que os sistemas adotados, bem como as medidas de segurança para prevenir a doença na população animal, têm funcionado na maioria dos países que os colocaram em prática. Esses procedimentos resultaram na queda drástica de casos humanos da doença, estimada em 99%, quando se compara o ápice da epidemia em 1992, quando se registraram 37.311 casos.

DCJ E vDCJ EM SERES HUMANOS

A DCJ é uma doença degenerativa da espécie humana limitada ao SNC, caracterizando-se por disfunção nervosa evidente, perda do controle motor, demência progressiva e degeneração vacuolar cerebral. Os casos típicos de DCJ atingem pessoas, em média, aos 68 anos, manifestando-se geralmente 10 anos após o acometimento cerebral da infecção, por isso o quadro de demência é tão comum nos portadores e o tempo de sobrevivência atinge, em média, 4 a 5 meses.

A DCJ ocorre com a mesma frequência em todos os países do globo, com 1 a 2 casos por 1 milhão de pessoas nos países indenes da EEB, tanto nos indivíduos vegetarianos como nos que se alimentam de carne. Até onde se conhece a patologia, sua ocorrência é esporádica em 90% dos casos, transmitida geneticamente em 9% das vezes, e em menos de 1% dos pacientes é iatrogênica. Vale destacar que estimativas apontam que 1 de cada 10 mil pessoas seja portadora da DCJ no momento do óbito; contudo, é provável que esses números sejam subestimados em razão das doenças causadas por príons serem confundidas com outros distúrbios neurológicos.

Em março de 1996, o governo britânico admitiu oficialmente a possibilidade de conexão entre a EEB e 10 casos de uma forma vDCJ, cujo início da doença havia ocorrido em 1994 e 1995. Esses casos tinham aspecto clínico e patológico diverso daqueles observados na rotina dos indivíduos com a DCJ, residindo as divergências: na baixa idade dos acometidos, entre 12 e 52 anos (média de 28 anos); nos sintomas de alteração comportamental; na longa duração da doença, entre 4 e 14 meses; no traçado distinto da atividade elétrica do eletroencefalograma; e nas diferentes lesões observadas, ao exame microscópico, no tecido cerebral, caracterizadas por grandes agregados de placas proteicas de príons. É importante destacar que todas as vítimas haviam comido carne ou produtos cárneos nos 10 anos anteriores à manifestação da infecção, mas nenhuma delas havia consumido tecido cerebral; uma dessas pessoas havia se tornado vegetariana há 5 anos.

Em abril do mesmo ano, um grupo de consultores da Organização Mundial da Saúde (OMS) sugeriu que a exposição ao agente da EEB fosse a explicação mais provável para os casos dessa patologia no Reino Unido e, em outubro, resultados de pesquisas com cepas de príons, consideradas transmissoras da EEB, sugeriram que a vDCJ assemelhava-se mais à EEB do que à DCJ. Estudos realizados com animais transgênicos deram suporte à hipótese de que o gado infectado com EEB fosse o responsável pela vDCJ. Complementarmente, a inoculação de camundongos transgênicos com os agentes de ambas as doenças não permitiu evidenciar qualquer característica que pudesse distinguir a EEB da vDCJ.

Portanto, todas as evidências sugerem que a vDCJ é, clínica e patologicamente, uma nova entidade nosológica e, do ponto de vista epidemiológico, suportado por extensas pesquisas laboratoriais, é referente à EEB.

Vale referir que a vigilância epidemiológica no Reino Unido identificou três fatores de risco ou características comuns à maioria, se não à totalidade, de pessoas que foram vítimas: residência no Reino Unido, suscetibilidade genética particular e idade.

Assim, com base nas estatísticas disponíveis das diversas entidades internacionais de pecuária e saúde, encarregadas pela vigilância da EEB, de 1995 a agosto de 2005, relataram-se: 157 casos de vDCJ no Reino Unido; 13 na França; e apenas um no Japão, na Itália, em Portugal, na Holanda, Espanha, Irlanda, no Canadá e nos Estados Unidos. As vítimas fatais desses três últimos países haviam morado no Reino Unido na ocasião do pico epidêmico de exposição à EEB. No entanto, em dois outros casos franceses, as vítimas não haviam viajado para a Grã-Bretanha, nem a passeio nem a negócios, mas como a França era um dos principais importadores de produtos bovinos, durante o período de 1980 a 1996, presume-se que a infecção tenha ocorrido às expensas do consumo de carnes ou embutidos de origem britânica.

Em fevereiro de 2004, investigação realizada no Reino Unido sobre a possibilidade de transmissão da vDCJ por transfusão de sangue constatou que dois receptores haviam contraído a infecção a partir de doadores infectados. Uma das vítimas, com 62 anos de idade, 6,5 anos após a transfusão, manifestou a infecção e morreu

478 ■ HIGIENE E VIGILÂNCIA SANITÁRIA DE ALIMENTOS

13 meses depois; o doador, com 24 anos de idade, só manifestou o quadro clínico da doença mais de 3 anos após a doação.

No Brasil, o estado de São Paulo, por meio da Divisão de Doenças de Transmissão Hídrica e Alimentar, do Centro de Vigilância Epidemiológica da Secretaria de Estado da Saúde, informou que, no período de 1996 a 2005, foram registrados 36 casos da doença de Creutzfeldt-Jacob, dos quais onze foram notificados em 2005. Esses resultados podem indicar que a infecção foi adquirida no exterior, provavelmente durante visita a algum país com incidência da doença no gado bovino, ao consumir, anos antes, alimentos de origem animal contaminados pelo agente etiológico da EEB, uma vez que o período de incubação pode ser superior a cinco anos, conforme referido anteriormente.

MEDIDAS PREVENTIVAS NO CAMPO DA SAÚDE ANIMAL

A partir do conhecimento da ocorrência da EEB, imediatamente aventaram-se hipóteses sobre possíveis riscos da infecção para o homem. Assim, à medida que a epidemia se propagava no território britânico, diversas providências foram tomadas com o objetivo de erradicar a EEB do gado vacum e de prevenir que tecidos animais potencialmente infecciosos pudessem adentrar a cadeia alimentar do homem. Desse modo, a EEB tornou-se uma doença notificável na Grã-Bretanha, em junho de 1988, e dois anos depois em toda a União Europeia. Vale mencionar que essa medida foi tomada nos Estados Unidos, ao final de 1987, reforçando a preocupação das autoridades americanas com a seriedade da doença.

Na Grã-Bretanha, uma série de medidas importantes foi adotada, desde a confirmação da gravidade da doença: em julho de 1988, passou-se a proibir a fabricação de rações com proteínas procedentes de ruminantes; em setembro de 1990, baniu-se a utilização de miúdos de bovinos (cérebro, medula espinhal, timo, tonsilas, baço e intestinos procedentes de animais com mais de 6 meses de idade) em nutrição animal, e proibiu-se a exportação desses produtos para os países da União Europeia. Contudo, essa medida só teve alcance mundial a partir de julho de 1991. Em novembro desse mesmo ano, passou-se a proibir a adição de farinhas de carne e ossos aos resíduos bovinos especificados utilizados como fertilizantes. Tais medidas contribuíram decisivamente para o controle da epidemia na espécie bovina com a redução de casos novos da doença, a partir de 1992, ao lado do sacrifício de 4,5 milhões de animais assintomáticos, com idade superior a 30 meses.

A partir de 1994, ao confirmar-se que a EEB de fato atingia o homem por meio da cadeia alimentar, foram tomadas medidas complementares ainda mais rigorosas. Dessa maneira, em novembro desse mesmo ano, as proteínas de mamíferos foram proibidas de serem integradas às rações para mamíferos. À medida que se constatavam novos casos humanos, outras providências foram adotadas. Assim, a partir de 1996, as farinhas de carne e ossos de origem mamífera foram banidas de todas as rações e fertilizantes de origem animal, o gado abatido com mais de 30 meses de idade passou a ser considerado impróprio para uso animal, exceto o couro para curtimento, e foi realizado o recall de todas as farinhas de carne e ossos produzidas até aquela data. Em setembro de 1998, aprimorou-se o sistema de rastreamento do gado e, em agosto de 1999, permitiu-se a exportação de carne desossada de bovinos com mais de 30 meses de idade, nascidos após julho de 1996.

Com a eliminação da maior parte do rebanho suspeito, ao lado das mudanças de ordem alimentar impostas ao gado vacum, sobretudo às expensas da composição de rações e suplementos proteicos sem resíduos de origem animal, foi possível controlar a infecção na Grã-Bretanha a um custo financeiro extraordinariamente alto, tanto para a pecuária, quanto para a indústria de produtos cárneos e de subprodutos.

Nesse mesmo período, a União Europeia, acompanhando de perto a problemática, proibiu a partir de julho de 1989 a importação, pelos países-membros, de gado nascido no Reino Unido antes de julho de 1988 e alimentado com rações banidas; em março de 1990, a medida atingiu os animais com mais de 6 meses de idade. A partir de 1994, as providências de ordem legal passaram a visar os produtos destinados à alimentação do gado vacum, destacando-se a necessidade da adoção de testes imunológicos para as proteínas de ruminantes acrescentadas a rações animais (1995) e a proposição de técnicas para a esterilização das rações (1996). Tais medidas culminaram, em dezembro de 2000, na proibição do uso de proteínas animais, incluindo as farinhas de carne e ossos nas rações para as espécies de criação (com efeito a partir de 1º de janeiro de 2001); foram excluídas dessa medida o leite e as farinhas de peixe para ruminantes.

Nos Estados Unidos, as medidas adotadas anteciparam, em algumas providências, a própria Grã-Bretanha e a União Europeia. Por exemplo, entre julho e novembro de 1989, foi banida a importação de ruminantes vivos e a maioria de seus produtos, provenientes de todos os países com EEB. A justa preocupação americana é notada com a severidade das leis exaradas desde novembro de 1987, culminando com a proibição da importação de produtos com material proteico ou desperdícios reciclados processados na Europa.

De acordo com os dados epidemiológicos, constata-se que as providências foram, de certo modo, eficazes na redução da EEB no Reino Unido, mas não na República da Irlanda e Europa continental, onde o problema está presente e, em termos de saúde animal, constitui séria preocupação para os criadores e autoridades de saúde, pois, além dos prejuízos econômicos, a doença representa uma ameaça à saúde pública.

Ao analisar as diferenças de incidência de casos de EEB nos países europeus e na própria Grã-Bretanha, deve-se considerar que nem todos os membros da União Europeia adotaram as mesmas providências nas mesmas datas. O mesmo se aplica à defasagem na implementação das leis para controle da EEB entre Irlanda do Norte e Escócia, em relação à Inglaterra e ao País de Gales.

MEDIDAS PREVENTIVAS NO CAMPO DA SAÚDE PÚBLICA

As medidas para prevenir a disseminação da EEB ao homem iniciaram-se anos antes de sua confirmação como zoonose – havia uma preocupação velada por parte das autoridades sanitárias britânicas de que a doença pudesse atingir o ser humano. Assim, na Grã-Bretanha, no segundo semestre de 1988, foi determinado o abate compulsório do gado afetado pela EEB, bem como a destruição do leite proveniente desses animais, exceto o utilizado para alimentação dos próprios bezerros. No final de 1989, proibiu-se o consumo de miúdos de bovinos; contudo, sua exportação, assim como a de linfonodos, pituitárias e soro, estas últimas destinadas à indústria farmacêutica, só foi banida na União Europeia em abril de 1990; em junho desse mesmo ano, proibiu-se a exportação de animais vivos, exceto os bezerros com idade inferior a 6 meses. Em março de 1992, abandonou-se a utilização da carne da cabeça, após a abertura do crânio dos bovinos abatidos. A carne, mecanicamente separada da coluna vertebral de bovinos, só foi banida e teve sua exportação proibida em dezembro de 1995.

A partir de 1996, com o reconhecimento oficial do governo britânico de que a EEB era transmissível ao homem pelo consumo de carne e produtos derivados de origem bovina, as medidas adotadas na Grã-Bretanha, União Europeia e nos Estados Unidos aumentaram de severidade. As proibições de exportação por parte do Reino Unido e as importações pelos países europeus e norte-americanos, ao longo dos últimos anos, atingiram não só os produtos destinados ao mercado de alimentos, mas também os destinados às indústrias de medicamentos e cosméticos.

A maior parte dessas medidas passou a ser aplicada também contra os países com casos registrados de EEB, mas a partir de agosto de 1999 a União Europeia voltou a autorizar as exportações britânicas de carne desossada, proveniente de animais entre 6 e 30 meses de idade, criados em explorações zootécnicas livres de EEB. No entanto, na França, contrariamente àquela decisão, um mês depois, decidiu-se em nome do "princípio de precaução" manter o embargo às carnes do Reino Unido.

Em dezembro de 2000, a União Europeia estabeleceu que todos os bovinos com idade superior a 30 meses, antes de serem colocados na cadeia alimentar, deveriam ser submetidos a exames para detectar a possível presença da proteinase resistente, característica da EEB.

Os programas de vigilância, sobretudo nos Estados Unidos, envolvem o uso do teste rápido de triagem seguido da prova confirmatória, "teste imuno-histoquímico", para qualquer resultado inconclusivo como alternativa prática, mas nem sempre de fácil utilização, para a identificação de bovinos nas seguintes circunstâncias: encaminhados para a rotina de abate; exibindo comportamento compatível com distúrbios nervosos; mostrando outros sinais que podem estar associados à EEB, como emaciação ou injúrias; e investigando óbitos por qualquer causa.

AS DIFICULDADES PARA O CONTROLE DA EEB

Apesar de todas as recomendações em circulação na União Europeia concernentes à EEB, até dezembro de 2000 poucos países as haviam implantado de fato. Isso ocorreu por causa das reclamações de alguns países membros de que não havia registro da EEB em seus territórios ou que havia sido evidente que os casos observados provieram de animais importados. Os acordos econômicos, no âmbito dos governos, constituem barreiras difíceis de serem transpostas, sobretudo com a rapidez que seria necessária, pois envolvem muitas organizações e setores produtivos da sociedade; porém, a não adoção imediata das recomendações favoreceu a disseminação do agente. Pior ainda, há fortes evidências de que os países europeus conviveram com fatores de alto risco para a disseminação da EEB, por vários anos, e não adotaram qualquer medida de segurança apropriada. Na França, há um clima de revolta contra essa situação e acredita-se que a população tenha sido superexposta ao risco da infecção, uma vez que o país era o maior importador de carne proveniente do Reino Unido.

Na Grã-Bretanha, toda a carne de animais com mais de 30 meses de idade, passando posteriormente para 40 meses, foi banida como produto alimentício. Mesmo assim, acredita-se que uma quantidade desconhecida de animais, sem sintomas da EEB, possa ter escapado para a cadeia de produção de alimentos. Outra preocupação refere-se à possibilidade do comércio, além fronteiras, de animais vivos, órgãos, vísceras e alimentos processados. No caso particular da França, fraudes maciças, concernentes à importação de farinhas animais de carne e ossos, fabricadas na Grã-Bretanha, no início dos anos de 1990, propiciaram a infecção de rebanhos bovinos, comprovada pelo elevado número de casos registrados da doença. Todas as evidências levam a crer que, nos países com incidência baixa de EEB, a proporção de animais infectados adentrando a cadeia alimentar não seja nula. Admite-se que muitas pessoas na União Europeia estão comendo produtos cárneos potencialmente perigosos, sobretudo embutidos.

Os testes para identificar a EEB nas carcaças dos bovinos nos estágios iniciais da infecção ainda não são de todo confiáveis, embora na atualidade apresentem maior grau de sensibilidade. Contudo, a remoção das partes dos animais consideradas de risco reduz o potencial de infecções humanas. É bem provável que o não cumprimento dessas medidas possa expor um grande número de consumidores a um risco desnecessário, sobretudo naqueles países em que a infecção pode ser considerada presumivelmente endêmica.

A SITUAÇÃO NO BRASIL

No país, não existe qualquer registro de casos de EEB no rebanho bovino, mesmo nos animais importados da Europa. De acordo com informações do Departamento de Defesa Animal, do Ministério da Agricultura, Pecuária e Abastecimento, e com base na Portaria Ministerial n. 516, de 9.12.97, "o Brasil declarou-se livre da EEB, de acordo com o que estabelece o Código Zoossanitário Internacional", tornando a doença de notificação obrigatória. Deve ser considerado que 2.900 animais com sintomatologia nervosa não apresentaram qualquer evidência da infecção ao exame histopatológico, entre janeiro de 1990 a outubro de 2000. Em razão da alta incidência de raiva no país, a maior parte dos bovinos com manifestações neurológicas é submetida a diagnóstico diferencial.

Considerando os riscos da EEB para a produção nacional, desde 1990, foram suspensas as importações de bovinos, caprinos e ruminantes silvestres a partir do Reino Unido; as importações de ovinos já estavam proibidas desde 1985. Essas medidas foram estendidas aos países que passaram a notificar casos da infecção em seus territórios.

No período de 1989-1990, o Brasil importou 179 bovinos do Reino Unido, época em que a situação epidemiológica da doença estava em progressão acentuada. Como resultado dessa situação, uma missão brasileira confirmou in loco que os rebanhos exportados não tinham registrado qualquer caso da doença até aquela época. Esses animais destinavam-se à reprodução, por causa do alto padrão genético. Por outro lado, nenhum dos animais apresentou a mais leve suspeita de ser portador da infecção até o momento, e a possibilidade de que manifestem a doença é improvável, pois o período de incubação já foi excedido em mais de 7 anos.

Mais importante ainda, na alimentação dos bovinos, no Brasil, são utilizados suplementos de natureza vegetal e pastagens naturais ou cultivadas. Farinhas de carne e ossos, originárias de ruminantes, são produzidas exclusivamente no país e destinadas apenas a animais não ruminantes. Em 1996, foi proibido oficialmente seu uso para bovinos, ovinos e caprinos.

Apesar das medidas adotadas no Brasil e notadamente pelo tipo de criação zootécnica empregada, o Canadá intempestivamente embargou a carne bovina procedente do Brasil, atitude que causou sérios embaraços às autoridades sanitárias e a necessidade de intervenção do governo, no sentido de esclarecer os fatos e provocar o cancelamento imediato dessa proibição arbitrária. Depois de um período de alguns anos de aparente calma nas relações entre ambos os países, em 2005, o Canadá voltou a insistir nessa mesma política, demonstrando claramente que suas motivações são de pura retaliação aos negócios de outras esferas comerciais em que o Brasil tem sido mais bem-sucedido – é a guerra pela primazia das balanças comerciais.

A medida unilateral e discricionária do Canadá tem levado as autoridades brasileiras a manter regras severas em relação à importação de produtos cárneos e derivados, a partir da Europa. Assim, o Ministério da Saúde, por meio da Resolução RE n. 58 de 15.03.2001, proibiu, em todo o território nacional, a importação, comercialização e exposição ao consumo de alimentos embalados e prontos para consumo produzidos em 19 países e regiões da Europa: Inglaterra, Escócia, País de Gales, Irlanda do Norte, Ilha de Man, Jersey, Guernsey, República da Irlanda, Alemanha, Bélgica, Dinamarca, Espanha, França, Itália, Liechtenstein, Luxemburgo, Holanda, Portugal e Suíça. Com base nessa recomendação, os importadores, distribuidores, comerciantes, varejistas e proprietários de quaisquer outros estabelecimentos que comercializem esses produtos tiveram de recolhê-los do ponto de venda imediatamente.

Assim, até que algo em contrário ou excepcional aconteça, a carne do gado vacum brasileiro é segura, e as medidas tomadas no âmbito do governo são corretas; contudo, espera-se que os pecuaristas não cometam imprudências e, na ânsia de melhorar o padrão genético de seus rebanhos, possibilitem a entrada ilegal de animais procedentes de áreas endêmicas de EEB.

A partir de outubro de 2011, o Brasil, após avaliação pelo grupo *ad hoc* EEB, obteve o reconhecimento como país com risco insignificante da doença, em conformidade com o Código Sanitário dos Animais Terrestres.

Como exportador, o país enviou para 46 países importadores 609 mil toneladas de carne bovina, no período de janeiro a setembro de 2011, perfazendo um total de 3 milhões de dólares. No mesmo intervalo de tempo, em 2012, foram 678 mil toneladas com um ganho superior a 3,2 milhões de dólares.

UM DECÁLOGO COM EVIDÊNCIAS DE CONTROLE DA EEB OU VACA LOUCA EVIDÊNCIAS RECENTES

O Ministério da Agricultura da França confirmou em 28/03/2016 a descoberta de um caso de encefalopatia espongiforme bovina (EEB), na região nordeste de Ardennes. O animal infectado tinha cinco anos.

O país, maior exportador de carnes da Europa, não registrava casos da doença desde 2004. Com a confirmação, a França poderá perder seu status de país livre do mal e enfrentar barreiras aos embarques de seus mercados para o exterior. Em 2015, as exportações francesas de carnes alcançaram 915 milhões de euros (US$ 1,02 bilhão).

A confirmação de um caso de encefalopatia espongiforme bovina (EEB) na França é mais uma demonstração de competência do sistema de controle sanitário do país do que um problema, na opinião do analista do Rabobank, Adolfo Fontes.

Para Fontes, este deve ser identificado como mais um caso atípico da enfermidade, que acomete naturalmente animais mais velhos e é designado como "marcação priônica". Nestas situações, o contágio só aconteceria se os ossos e o sangue da vaca infectada fossem usados como ração para outros animais, o que é proibido na maioria dos países da Europa. A EEB clássica é transmitida por alimentos contaminados com o príon – presente em matéria-prima, como ossos e miúdos bovinos, obtida a partir de animais infectados.

FUTURO PROMISSOR MUNDIAL

As importações libanesas, embargadas desde 2012, foram reiniciadas em agosto de 2016. Em 2014, o Líbano importou US$ 343 milhões de gado vivo. Desse total, US$ 128 milhões foram do Brasil. Sendo US$ 14,2 milhões de carne in natura.

Com o fim do embargo, a importação de gado vivo e carne pelos libaneses seguirá as normas fixadas nos acordos sanitários existentes entre o Brasil e aquele país.

Em 16/08/2016 o Serviço de Inspeção Sanitária Animal e Vegetal (APHIS) do Departamento de Agricultura dos Estados Unidos (USDA) disse que revisou e concorda com a determinação da Organização Mundial para Saúde Animal (OIE), de que 14 países agora têm risco insignificante para encefalopatia espongiforme bovina (EEB).

Esses países são: Bulgária, Chipre, República Tcheca, Estônia, Índia, Coreia, Hungria, Letônia, Liechtenstein, Luxemburgo, Malta, Portugal, Eslováquia e Suíça.

O APHIS considera que todos os países do mundo se encaixam em uma das três categorias de risco para EEB: risco insignificante, risco controlado ou risco indeterminado. Qualquer região não classificada pelo APHIS como apresentando ou risco insignificante ou controlado para EEB é considerada como tendo um risco indeterminado.

Em setembro de 2016, o USDA disse que o mercado americano se recuperou da queda nas vendas gerada pelo caso de EEB, ocorrido em 2003, que levou a uma queda nas exportações de US$ 3 bilhões para US$ 1,1 bilhão em um ano. O USDA conseguiu eliminar as restrições às exportações relacionadas à EEB em 16 países, desde janeiro de 2015: Brasil, Colômbia, Costa Rica, Egito, Guatemala, Iraque, Líbano, Macau, Nova Zelândia, Peru, Filipinas, Santa Lúcia, Cingapura, África do Sul, Ucrânia e Vietnã.

A OIE também aumentou o status dos Estados Unidos para "risco desprezível para EEB", o que o USDA usou para liberar a carne bovina.

Em dezembro de 2016, comunicou-se que os incidentes de encefalopatias espongiformes transmissíveis (TSEs) foram raros em 2015, de acordo com a Autoridade de Segurança Alimentar Europeia (EFSA).

No primeiro relatório de dados da União Europeia (UE) sobre a vigilância de ruminantes para a presença de TSEs, em 2015, descobriu-se que houve taxas baixas de incidentes nos estados membros e nos demais países.

Em 2015, 1,4 milhão de bovinos foram testados e cinco casos foram detectados em quatro estados membros (Irlanda: um caso; Eslovênia: um caso; Espanha: um caso; e Reino Unido: dois casos), além de um caso na Noruega. O número de amostras testadas representou uma queda de 40% com relação ao ano anterior, com os testes feitos em animais de mais de 48 meses de idade.

Os casos na Irlanda e no Reino Unido foram afetados por encefalopatia espongiforme bovina (EEB) e ambos os casos foram de animais nascidos após a ampla barreira às rações impostas na UE em 2001. Desde 2001, aproximadamente 114 milhões de bovinos na UE foram testados para EEB.

Em janeiro de 2017, os Estados Unidos anunciaram o fim de um embargo às importações de carne bovina da França, que estava em vigor há 19 anos devido a preocupações com a EEB. A França tornou-se o quarto país europeu sob restrições relacionadas com a EEB a receber a aprovação dos EUA, que reabrira seu mercado, anteriormente, a Irlanda, Lituânia e Holanda. A Comissão Europeia ficou satisfeita com a decisão, chamando-a de "excelente notícia para os produtores franceses". O organismo disse que continuará a trabalhar com todos os estados membros da União Europeia (UE) para obter igual acesso ao mercado dos EUA.

FUTURO PROMISSOR PARA O BRASIL

Em novembro de 2016, uma comissão de monitoramento e controle de sanidade animal sacrificou no Mato Grosso, na última semana de outubro, o último animal de origem estrangeira no Estado.

A ação aconteceu em uma fazenda, há 96 quilômetros de Porto Esperidião, e é indicada para animais que venham de países que registraram casos de EEB, internacionalmente conhecida pela sigla BSE (*Bovine Spongiform Encephalopathy*). Nos últimos dois anos, a Comissão de Sacrifício Animal de Mato Grosso (MT) rastreou, monitorou e sacrificou 11 animais que vieram de outros países para o Estado. O animal, uma vaca originária dos Estados Unidos, entrou no Brasil ainda bezerra, em 2004, e com 14 anos estava fora de vida produtiva.

Seguindo o protocolo de sanidade animal, é obrigatória a análise de tecido encefálico para se excluir o risco de EEB. O material coletado é enviado para o Laboratório Nacional Agropecuário (Lanagro), em Pernambuco, e os resultados são devolvidos ao Ministério de Agricultura, Pecuária e Abastecimento (MAPA) e Instituto de Defesa Agropecuária do Estado de Mato Grosso (Indea), para comprovação de não ocorrência da doença e manutenção do status sanitário brasileiro de risco insignificante para EEB.

O controle de entrada de animais estrangeiros no Mato Grosso é realizado pela Secretaria de Defesa Agropecuária do Ministério da Agricultura, Pecuária e Abastecimento (SDA/MAPA) e Indea, via SISBOV – sistema de rastreamento da bovino. Desde os primeiros casos de EEB, qualquer animal estrangeiro que entra no Estado é avaliado e os técnicos orientam o proprietário do animal sobre os protocolos de sanidade.

Em dezembro de 2016, quatro anos após a suspeita de ocorrência da "doença da vaca louca" em um bovino no município de Sertanópolis, no Norte do Paraná, o laboratório de referência da Organização Mundial da Saúde Animal (OIE), em Weybridge, no Reino Unido, emitiu laudo confirmando, mais uma vez, que houve uma manifestação atípica da doença. A emissão do laudo ocorreu em 21 de novembro do mesmo ano, após realização de ensaios "in vivo" com camundongos e testes moleculares complementares.

O laudo mantém o Brasil com status de "risco insignificante" para a doença junto ao órgão internacional, que é o status de maior segurança. De acordo com o laudo, o serviço veterinário oficial do Paraná, representado pela Agência de Defesa Agropecuária do Paraná (Adapar), autarquia vinculada à Secretaria da Agricultura e Abastecimento, "cumpriu rigorosamente o que é preconizado no Código Sanitário para Animais Terrestres da OIE, quanto às ações de vigilância para a "doença da vaca louca" – EEB.

Os estudos realizados na Inglaterra mostram que a chance de ocorrência da doença na forma atípica, como foi verificada no Paraná, é de 0,35 casos por um milhão de bovinos testados. Portanto, o fato de o Paraná ter sido capaz de detectar a ocorrência da doença nesta forma comprova a lisura e a sensibilidade da vigilância sanitária para a doença.

CONCLUSÕES

A EEB integra o conjunto das doenças emergentes transmissíveis por alimentos. Não se pode falar ainda de uma epidemia da doença da "vaca louca"; entretanto, a real dimensão do problema não pode ser estimada em razão do período de incubação da patologia. Como quando ocorreu o diagnóstico dos primeiros casos da síndrome da imunodeficiência adquirida (Aids), talvez se esteja diante da ponta de um iceberg.

Cabe um alerta importante aos sistemas de registro e informação de doenças para mobilizar os profissionais de saúde no sentido de comunicar todo e qualquer caso fora dos padrões identificados, de maneira a favorecer a busca retroativa das fontes de contaminação. Essa preocupação deve também incluir-se no dia a dia dos profissionais de portos e fronteiras, ligados à vigilância sanitária de maneira a evitar a disseminação dessa e de outras patologias.

A grande lição que se pode tirar de toda essa problemática relaciona-se ao predomínio dos interesses econômicos sobre a valorização da vida, pois não é possível mensurar até onde irão as consequências da venda de suplementos alimentares contaminados, provenientes da Grã-Bretanha, para países do continente europeu. Esse procedimento infringiu o princípio ético da não maleficência, pois houve sonegação de informação relevante. É verdade que o ônus para os pecuaristas de um país verem seu gado dizimado é extremamente elevado, todavia, no presente caso, a solução não poderia ter sido outra.

A importação de animais vivos a partir de países onde a EEB é epidêmica deve continuar proibida. Quanto ao gado importado, é necessário que os órgãos públicos façam o rastreamento dos animais, avaliem suas idades e as datas de chegada ao país, e não permitam seu aproveitamento para o consumo humano, quando forem descartados ao final do período de vida produtiva. Isso se prende ao fato de os dados epidemiológicos revelarem que os casos da variante de DCJ só ocorreram em países em que houve o registro de EEB no gado vacum.

Todos os produtos cárneos e subprodutos destinados à alimentação humana, bem como à indústria farmacêutica, além dos subprodutos indicados para a alimentação do gado, preparados a partir de matéria-prima originada de ruminantes, provenientes de países com registro de casos de EEB, devem ter sua importação proibida. O mesmo se aplica aos fertilizantes preparados a partir de restos animais, sobretudo ruminantes.

A inspeção *ante mortem*, no âmbito dos matadouros, é de extrema relevância para identificar os animais que, no momento do abate, aparentem manifestações de ordem neurológica. Estes deverão ser abatidos à parte e submetidos a rigoroso exame anatomopatológico para constatar se estão presentes lesões compatíveis com EEB. As carcaças desses animais deverão ser totalmente destruídas. Exames de rotina, para detectar a possível presença da proteinase resistente nos bovinos abatidos, devem ser aplicados naqueles países em que a EEB foi ou está sendo registrada.

É imperativo que se faça a divulgação da EEB e suas implicações para a saúde pública, para os médicos veterinários, bem como que se difunda no seio da classe médica a necessidade de redobrar a atenção sobre os pacientes com manifestações nervosas antes dos 50 anos de idade.

A erradicação da EEB em saúde animal e, consequentemente, em saúde pública, só é possível com a aplicação de medidas drásticas, antipáticas e de elevado custo financeiro, como as adotadas no Reino Unido e outros países europeus. No entanto, é necessário que os governos e a sociedade como um todo, sobretudo os setores pecuário e industrial dos países com a doença, aceitem levar essas medidas ao extremo e evitem subterfúgios para burlar a vigilância, impingindo seus produtos a países menos aquinhoados economicamente. O que se deseja são atitudes responsáveis que não firam os princípios da bioética, nem envenenem as relações comerciais entre os povos e, muito menos, sejam prejudiciais à saúde pública e animal.

É importante destacar que mesmo na ausência de EEB nos rebanhos bovinos e sem registro de ocorrências de vDCJ no Brasil e nos países da América do Sul e Caribe, com exceção das Ilhas Malvinas, a infecção deve ser considerada uma doença emergente transmissível por alimentos, sobretudo pelo fato de o patógeno não ser destruído pelos métodos térmicos convencionais (congelamento e aquecimento).

Considerando o elevado consumo de carne bovina e seus derivados, particularmente no Brasil, enquanto a EEB não for erradicada, o perigo sempre estará presente, até porque há fortes evidências de que os países europeus conviveram com fatores de alto risco para a disseminação da EEB por vários anos, na ausência de qualquer medida de segurança apropriada. Isso reforça a teoria de que o futuro modelo epidêmico, incluindo uma segunda onda de casos da vDCJ, vitimando subgrupos populacionais geneticamente mais suscetíveis, permanece incerto.

O episódio de dezembro de 2012 demonstra que mesmo um país seguindo rigorosamente todas as recomendações internacionais nunca poderá ser considerado como tendo erradicado a EEB, uma vez que ainda permanecem muitas dúvidas não esclarecidas sobre a verdadeira patogênese dos príons nos organismos animais.

Ao longo dos últimos anos, o controle da EEB tem apresentado muito bons resultados, como pôde ser visualizado no decálogo apresentado no item anterior, e países que haviam sido prejudicados intensamente no comércio mundial de carne bovina começam a sentir-se mais aliviados em relação à exportação de carne in natura e mesmo na importação de matrizes para integrar seus rebanhos.

REFERÊNCIAS

ABIEC – Associação Brasileira das Indústrias Exportadoras de Carne. Exportações brasileiras de carne bovina SECEX-MDIC. jan/2012 – set/2012. Disponível em: http://www.abiec.com.br. Acessado em: dez. 2012.

AGRICULTURE DEPARTMENT. Animal production and health division. Bovine spongiform encephalopathy – BSE. Disponível em: http://www.fao.org/ag/againfo/ subjects/en/health/bse/default.html. Acessado em: set. 2005.

BEEFPOINT. Arquivo da Tag: eeb. Disponível em: http://www.beefpoint.com.br/tag/eeb/page/4/. Acesso em: mar. 2017.

BELAY, E.D. et al. Variant Creutzfeldt-Jakob Disease, United States. Emerg Infect Dis., v. 11, n. 9, p. 7, 2005.

BROWN, P. et al. Further studies of blood infectivity in an experimental model of transmissible spongiform encephalophaty, with an explanation of why blood components do not transmit Creutzfeldt-Jakob disease in humans. Transfusion, v. 11-12, p. 1169-78, 1999.

_____. Iatrogenic Creutzfeldt-Jakob Disease at the millennium. Neurology, v. 8, p. 1075-81, 2000.

BRUCE, M.E. et al. Transmissions to mice indicate that 'new variant' CJD is caused by the BSE agent. Nature, v. 6650, p. 498-501, 1997.

[CDC] CENTER FOR DISEASE CONTROL AND PREVENTION. vCJD (Variant Creutzfeldt-Jakob Disease), questions and answers about vCJD and BSE (mad cow disease). Disponível em: http://www. cdc.gov/ncidod/EID/vol10no6/03615. htm. Acessado em: set. 2005.

_____. vCJD (Variant Creutzfeldt-Jakob Disease). Epidemiology of vCDJ and BSE. Disponível em: http://www.cdc.gov/ncidod/dvdr/vcjd/epidemiology.htm. Acessado em: set. 2005.

COLLEE, J.G.; BRADLEY, R. BSE: a decade on – Part 1. Lancet, 1997; 9052: 636-41.

_____. BSE: a decade on – Part 2. Lancet, v. 9053, p. 715-21, 1997.

COSTA, L.M.C. da; BORGES, J.R.J. Encefalopatia espongiforme bovina (Doença da vaca louca). Revista CFMV, v. 21, p. 8-15, 2000.

CUNNINGHAM, A.A. et al. Bobine spongiformis encephalopathy infectivity in greater kudu (Tragelaphus strepsiceros). Emerg Infect Dis., v. 10, n. 6, p. 10, 2004.

GERMANO, P.M.L.; GERMANO, M.I.S. Aspectos patológicos e bioéticos da doença da 'vaca louca' nos animais e no homem. Bioética, v. 8, p. 153-66, 2000.

_____. Encefalopatia espongiforme bovina – síndrome da "vaca louca": doença emergente transmissível por alimentos. Rev Hig Aliment., v. 89, p. 45-52, 2001.

MANUELIDIS, L. Decontamination of Creutzfeldt-Jakob Disease and others transmissible agents. J Neurovirol, v. 1, p. 62-5, 1997.

Moreira, A. Europa tem 62 casos da doença da vaca louca. Valor Econômico, 2009. Disponível em: http://www.agron.com.br/v/97-europa-tem-62-casos-da-doenca-da- vaca-louca. Acessado em: fev. 2010.

OIE – World Organization for Animal Health. World animal health situation. Number of reported cases of bovine spongiform encephalopathy (BSE) in farmed cattle worldwide (excluding the United Kingdom). 2010. Disponível em: http://www. oie.int/Eng/info/en_esbru.htm Acessado em: fev. 2010.

OIE – World Organization for Animal Health. World animal health situation. Number of cases of bovine spongiform encephalopathy (BSE) reported in the United Kingdom. 2010. Disponível em: http://www. oie.int/Eng/info/en_esbru.htm. Acessado em: fev. 2010.

ORGANIC CONSUMERS ASSOCIATIONS. Campaigning for food safety, organic agriculture, fair trade and sustainability. Mad deer disease spreads into West Virginia. Disponível em: http://www.organicconsumers.org/madcow/westva09 0805. cfm. Acessado em: set. 2005.

_____. Campaigning for food safety, organic agriculture, fair trade and sustainability. Mad cow via feeding calves blood and fat from cattle. Disponível em: http:// www.organicconsumers.org/madcow/blood071505.cfm. Acessado em: set. 2005.

_____. Campaigning for food safety, organic agriculture, fair trade and sustainability. Spain reports first case of human mad cow disease. Disponível em: http://www. organicconsumers.org/madcow/spain080105. cfm. Acessado em: set. 2005.

_____. Campaigning for food safety, organic agriculture, fair trade and sustainability. USDA eases slaughter rules on mad cow. Disponível em: http://www.organic-consumers.org/madcow/easingrules091105. cfm. Acessado em: set. 2005.

_____. Campaigning for food safety, organic agriculture, fair trade and sustainability. Third case of mad cow disease in the U.S. Disponível em: http://www.organicconsumers.org/madcow/third072805.cfm. Acessado em: set. 2005.

_____. Campaigning for food safety, organic agriculture, fair trade and sustainability. NY Times mad cow editorial; Reuters on mad cow violations. Disponível em: http://www.organicconsumers.org/madcow/reuters081605.cfm. Acessado em: set. 2005.

PINOCHET, F.F. Detectan Encefalopatia Espongiforme Bovina Atípica en USA. HACCP Assessorias. INTA Universidad de Chile. Disponível em: http://haccpconsul- tores.blogspot.com.br. Acessado em: dez. 2012.

PORTAL BRASIL. Brasil conquista status de risco insignificante para doença da vaca louca. 23/05/2012. Disponível em: http://www.brasil.gov.br. Acessado em: fev. 2012.

PRION. Dicionário de biologia celular, biologia dos tecidos e processos patológicos gerais. Disciplina de patologia geral, Universidade Federal do Triângulo Mineiro (UFTM). Disponível em: http://www. uftm.edu.br/instpub/fmtm/patge/ index.htm. Acessado em: mai. 2007.

PRUSINER, S.B. Prions. In les Prix Nobel 1997, p.262-323. Nobel Foundation, Estocolmo, Suécia. Reprinted in Proc Nat Acad Sci. USA, v. 95, p. 13363-86, 1998.

SÃO PAULO. Secretaria de Estado da Saúde, Centro de Vigilância Epidemiológica, Divisão de Doenças de Transmissão Hídrica e Alimentar. Monitorização da doença diarreica aguda (MDDA): dados gerais de 2000 a 2005. Disponível em: http://www. cve.saude.sp.gov.br/htm/hidrica/mdda/MDDA_IFNET05. ppt. Acessado em: dez. 2006.

WEITHL, C.C.; ROOS, R.P. Creutzfeldt-Jakob Disease, new variant Creutzfeldt-Jakob Disease, and Bovine Spongiform Encephalophaty. Neurol Clin, v. 4, p. 835-59, 1999.

27

Investigação de surtos

Pedro Manuel Leal Germano
Maria Izabel Simões Germano

INTRODUÇÃO

Considera-se um surto de doença transmitida por alimentos (DTA) a ocorrência de dois ou mais casos de uma manifestação clínica semelhante, relacionados entre si no tempo e no espaço, e caracterizados pela exposição comum a um alimento suspeito de conter micro-organismos patogênicos, toxinas ou venenos.

Na eventualidade particular de ocorrência de botulismo, cólera ou outra patologia grave ou inusitada, a constatação de um único caso deve ser considerada como surto.

A investigação de um surto tem por objetivo identificar o alimento responsável, o agente etiológico envolvido, os fatores determinantes e o quadro clínico predominante. O resultado da investigação é de extrema importância, pois fornecerá subsídios úteis para o tratamento dos doentes. Por outro lado, identificadas as causas que favoreceram a ocorrência do surto, será possível propor medidas capazes de corrigir as falhas que lhe deram origem.

Deve-se destacar que cada surto deve ser considerado como um episódio com características próprias e, portanto, tem de ser investigado nos mínimos detalhes. Pode-se apontar como exemplo dois surtos, diferentes no tempo e no espaço, provocados por um mesmo agente etiológico, a toxina do *Staphylococcus aureus* encontrada em ambos os casos no mesmo tipo de alimento (maionese), e com quadros clínicos idênticos. A diferença entre os dois episódios foi constatada nos procedimentos utilizados no preparo do prato: no primeiro surto, embora a maionese fosse adquirida de indústria confiável, o manipulador encarregado de sua preparação apresentava um ferimento supurado na mão, enquanto, no segundo caso, a maionese era preparada na própria cozinha, por volta das 7 horas, e deixada à temperatura ambiente até o momento de ser servida, a partir das 11h30.

MÉTODO

A metodologia de investigação de surto de DTA teoricamente compreende quatro fases: conhecimento da ocorrência; investigação de campo; processamento e análise de dados; e acompanhamento. É necessário ressaltar, preliminarmente, que a investigação exige o envolvimento de grande número de pessoas e abrange o trabalho de diferentes instituições, além da colaboração dos próprios envolvidos no episódio.

O exemplo apresentado a seguir possibilita a compreensão das diferentes fases de investigação, bem como de sua complexidade.

Assim, pode-se referir um surto ocorrido durante uma festa servida por um buffet, oportunidade em que 50 pessoas adoeceram em consequência da ingestão de um dos pratos servidos. A partir da notificação, portanto com o conhecimento da ocorrência, a vigilância sanitária responsabiliza-se pela investigação de campo, devendo visitar o buffet para avaliar as condições de saúde dos funcionários, os aspectos higiênico-sanitários das instalações propriamente ditas, e colher, quando possível, amostras das sobras dos alimentos servidos na festa ou das matérias-primas a partir das quais os pratos foram preparados, bem como da água utilizada para higienização e preparo dos alimentos, remetendo-as para os competentes laboratórios de análises.

Ainda nessa fase, é necessário entrar em contato com os serviços médicos que atenderam os doentes para averiguar as características do quadro clínico e determinar o período de incubação aproximado da doença. Deve-se, também, entrevistar as pessoas presentes na festa e que não apresentaram queixas de distúrbios de saúde após a ingestão dos alimentos, ou cujas manifestações não exigiram tratamento médico. A investigação pode atingir também os fornecedores do estabelecimento.

A partir dos resultados obtidos, inicia-se a terceira fase, correspondente ao processamento e análise de dados. Nessa oportunidade, são compiladas todas as informações obtidas nas entrevistas, os dados dos registros de atendimento médico, além de todas as observações anotadas quando ocorrem as visitas ao buffet. Após a compilação dos dados, cálculos de taxas de ataque, determinação do período de incubação médio do surto e caracterização do quadro clínico mediante a identificação dos sintomas mais frequentes, apresentam-se as conclusões preliminares.

A última fase da investigação de surto corresponde ao acompanhamento, em que outros serviços, como a vigilância epidemiológica, acompanham a evolução do episódio, mesmo porque a evolução dos doentes, para a plena recuperação ou para o óbito, bem como o surgimento de casos novos, pode demorar dias ou até semanas. Nessa fase, são acrescentados os resultados dos laboratórios de análises obtidos tanto nos exames da água e dos alimentos ou matérias-primas colhidas no buffet, quanto nos exames dos doentes. A partir desse momento, faz-se a análise global de todos os fatos envolvidos no episódio e apresenta-se a conclusão final.

CONHECIMENTO DA OCORRÊNCIA

A problemática do caso isolado

O recebimento de uma notificação de um caso de manifestação clínica compatível com DTA deve atender a alguns preceitos.

Se for um caso considerado comum ou banal, sem relação no tempo e no espaço com outras ocorrências, não será objeto de registro nem de investigação. Contudo, se for um caso raro, grave ou fortuito, deve-se proceder ao registro da notificação e desencadear o processo de investigação normal, comparando-se com outros registros de notificação, para averiguar se há semelhança ou pontos comuns com outros episódios, como tipo de alimento ou local da ingestão do alimento, na tentativa de caracterizar um surto; caso se confirme a hipótese, dá-se continuidade ao processo de investigação.

Deve-se fazer uma ressalva importante em relação aos denominados casos comuns: em determinadas circunstâncias, o alimento infectante foi distribuído a diferentes estabelecimentos dentro de uma região. Nessas circunstâncias, os doentes constituirão casos isolados e serão atendidos em hospitais ou prontos-socorros distribuídos pela região; portanto, em princípio, os casos não terão relação uns com os outros. Na mesma linha de raciocínio, pessoas que fazem suas refeições em um mesmo estabelecimento, e não têm nada em comum, quando adoecem, vítimas de um alimento infectante, procuram o tratamento sem conhecer se há outros doentes; torna-se muito difícil estabelecer um elo entre elas. Em ambas as situações, a possibilidade de investigar um surto de DTA é praticamente impossível, na medida em que não existem bancos de dados que permitam cruzamento das informações.

A notificação de surto

De modo geral, considera-se um surto quando duas ou mais pessoas manifestam quadro clínico compatível com DTA e existe uma relação de tempo e espaço entre elas. Como referido anteriormente, um único caso inusitado ou uma patologia muito grave, também compatível com DTA, pode e deve ser considerado surto.

Assim, faz-se o registro da notificação, procedendo-se em seguida à confirmação mediante a obtenção de informações mais detalhadas e fidedignas, junto ao notificante e a outras fontes dignas de crédito, comparando-as com informações que porventura estejam disponíveis, principalmente data e local da ocorrência, bem como outras pessoas envolvidas; na eventualidade de não se caracterizar um surto, não se prossegue a investigação.

Se as informações prestadas e os fatos analisados permitirem concluir que se está diante de um surto, todavia não de DTA, repassa-se a informação ao pessoal ou serviço mais capacitado a atender esse tipo de ocorrência.

Uma vez caracterizado o surto e confirmado que teve origem em uma DTA, deve-se tomar as seguintes providências de ordem prática:

- Solicitar a coleta de amostras das pessoas envolvidas, se possível ou necessário.
- Solicitar amostras de alimentos e água quando possível, orientando o notificante para que utilize recipientes adequados e esterilizados, bem como a manutenção das amostras sob refrigeração até o momento de envio para o laboratório.
- Providenciar, quando for o caso, que os alimentos suspeitos não continuem sendo oferecidos a outros consumidores.
- Recolher e manter sob refrigeração, se pertinente, as sobras dos alimentos suspeitos, se ainda houver, nas embalagens em que se encontravam acondicionados, até serem recolhidas pelo grupo de investigação.

O planejamento inicial

O planejamento da investigação inicia-se a partir da confirmação do surto compatível com DTA e do conhecimento dos aspectos concernentes aos locais em que se encontram as pessoas envolvidas, concentradas ou dispersas em clínicas, hospitais, prontos-socorros ou outros tipos de serviços e a localização do estabelecimento(s) que serviu(ram) o alimento suspeito.

É imprescindível a colaboração dos diferentes tipos de serviços envolvidos na apuração dos fatos, bem como do pessoal da vigilância sanitária convocado para a investigação propriamente dita.

Recomenda-se a realização de uma reunião prévia para definir as estratégias a serem seguidas pelo grupo de investigação. Há necessidade de inteirar todos os participantes dos dados já disponíveis e atribuir as responsabilidades de cada membro da equipe. Faz-se necessário providenciar veículos para deslocamento da(s) equipe(s) para os diversos locais onde serão realizadas visitas e entrevistas, fornecer formulários para cada tipo de atividade e material para eventual coleta de amostras.

A documentação fotográfica é uma estratégia importante, notadamente quando realizada nas instalações do estabelecimento envolvido no surto.

Deve haver uma linha de comunicação com o laboratório que será encarregado de realizar as análises dos alimentos suspeitos, para que ele possa planejar seu trabalho sem prejuízo de terceiros, providenciar meios de cultura e reagentes para as diferentes provas que deverão ser executadas e distribuir as tarefas para o pessoal, sem sobrecarga individual, sobretudo se houver a possibilidade do envio do material ocorrer no final de semana ou em algum feriado.

A comunicação dos acontecimentos deve ser levada ao conhecimento de outros órgãos afins da administração e, caso a magnitude da ocorrência seja muito grande, deve-se solicitar o auxílio de funcionários de outras unidades para colaborar na investigação.

INVESTIGAÇÃO DE CAMPO

O deslocamento

Deve-se atentar sempre para a urgência da investigação, pois quanto mais precoce seu resultado menor o prazo para implantar as ações de controle. Portanto, é muito importante que as equipes se desloquem rapidamente para os diferentes locais que são objeto de investigação.

A visita ao estabelecimento, para colher eventuais sobras de alimentos suspeitos, deve ser realizada imediatamente, não só para evitar que eles sejam destinados ao lixo, mas também para impedir o consumo por outras pessoas, clientes ou mesmo funcionários.

Do mesmo modo, os serviços de atendimento médico devem ser visitados com a maior brevidade possível, procurando chegar antes da alta dos doentes, no caso de haver internações; o ideal seria colher amostras dos pacientes antes do início do tratamento com antibióticos.

O planejamento no local

Essa é uma etapa importante, pois ainda é possível que a denúncia não proceda ou que a ocorrência não seja compatível com DTA. Contudo, uma vez confirmado o surto, no próprio local em que a visita está sendo feita (estabelecimento que preparou/serviu os alimentos suspeitos), com base nas informações colhidas até esse momento, nas observações da equipe e nos recursos disponíveis, reavaliam-se as atividades a serem desenvolvidas, revendo prioridades e atribuições para tornar a investigação mais eficiente.

Deve-se levar em consideração que os doentes podem estar internados em hospitais da região, sendo medicados em qualquer outro serviço de saúde ou mesmo recuperando-se em seus domicílios. Também, os não doentes devem estar dispersos, uns nos locais de trabalho, outros nos próprios domicílios e alguns até no próprio estabelecimento envolvido no surto. Portanto, nessa fase, devem ser levados em consideração todos os aspectos mencionados.

É importante, antes de prosseguir, fazer alguns comentários sobre a ocorrência de surtos. Assim, têm-se diversos cenários possíveis:

- O surto ocorreu em uma festa em um estabelecimento (buffet, por exemplo), onde todos os comensais foram convidados por "alguém" (pessoa física ou jurídica); nessas circunstâncias, há uma lista dos participantes ou conhece-se a maioria dos presentes, direta ou indiretamente, permitindo que se agendem entrevistas com os doentes e os não doentes. Essa condição aplica-se para os refeitórios de empresas, indústrias, unidades de ensino, entre outros.

- O surto teve origem em restaurante ou lanchonete, onde os comensais não são identificáveis, exceto os doentes internados em hospitais ou os atendidos em serviços de saúde com registro médico; nessas circunstâncias, é quase impossível identificar os não doentes, no mínimo em número aceitável capaz de auxiliar na investigação e possibilitar a determinação do alimento infectante.
- O surto teve origem em diferentes bares ou lanchonetes, servidos por um mesmo fornecedor de matéria-prima, na qual os comensais não são identificáveis, e os doentes internados em hospitais ou os atendidos em serviços de saúde com registro médico não guardam entre si relação de espaço (diferentes locais de consumo); nessas circunstâncias, a própria caracterização do surto é comprometida, e a identificação dos não doentes é impraticável.
- O surto teve origem em um serviço de alimentação coletiva, cujas refeições são entregues em diferentes empresas, indústrias ou unidades de ensino, nos quais todos os comensais são conhecidos; nessas circunstâncias, há possibilidade de identificar todos os comensais, doentes e não doentes.
- O surto ocorre após a ingestão de alimento adquirido pronto em estabelecimento comercial (rotisseria, por exemplo) ou industrializado; nessas circunstâncias, acontecem nos domicílios dos comensais em diferentes horas do dia, distribuindo os possíveis casos clínicos de doença ao longo de um período de tempo amplo, dificultando a caracterização da ocorrência e identificação dos expostos, tanto dos doentes quanto dos não doentes.

A investigação com os comensais

Nessa fase, deve-se utilizar um formulário que permita registrar o máximo de informações objetivas do entrevistado/comensal, no qual conste:

- Número de identificação do entrevistado no inquérito.
- Nome do entrevistado.
- Idade.
- A condição de saúde após a ingestão da refeição suspeita (doente ou não doente).
- Se doente, o tipo de serviço de saúde procurado (hospital, pronto-socorro).
- Dia e hora da refeição suspeita.
- Dia e hora dos primeiros sintomas.
- Período de incubação (determinado pelo próprio entrevistador).
- Alimentos consumidos na refeição suspeita.
- Sintomas/sinais apresentados (diarreia, diarreia com sangue, náuseas, vômitos, cólicas, tonturas, febre, cefaleia).
- Data, tipo e resultado dos exames laboratoriais.

A avaliação do quadro clínico dos doentes é importante, sobretudo dos acometidos de forma mais severa; a descrição dos sintomas auxiliará na formulação do diagnóstico, permitindo a instituição de terapêutica adequada. A descrição do quadro clínico dos doentes, na realidade, é o que permitirá confirmar se o surto é, de fato, compatível com DTA.

Em seguida, procede-se à entrevista propriamente dita, anotando-se na ficha de inquérito as respostas às questões formuladas. Deve-se dar preferência à denominada ficha de inquérito coletivo, na qual cada linha do formulário corresponde a um entrevistado, pois ter-se-á uma visão mais ampla da ocorrência em seu conjunto, facilitando posteriormente a transferência das informações para um banco de dados eletrônico. Por outro lado, a utilização de uma ficha padronizada, além de facilitar ao entrevistador, obriga todos os entrevistados a responderem às mesmas questões.

O sucesso do inquérito, ou a qualidade dos resultados, depende do número de entrevistados, em ambas as categorias (doentes e não doentes); portanto, deve-se identificar o maior número de pessoas expostas à refeição suspeita, sempre que possível. Para tanto, deve-se contatar todos os serviços de atendimento médico, centros de informação toxicológica e buscar, por todos os meios disponíveis, a relação dos expostos.

O papel do entrevistador é primordial para o sucesso da investigação. Assim, ele deve ter muito tato ao abordar pessoas que estão internadas ou que serão atendidas por um serviço de saúde. O desconforto causado pela doença em si é um fator de rejeição a qualquer tipo de abordagem; contudo, o entrevistador tem de executar sua missão. Assim, deve demonstrar para a pessoa sua preocupação com o ocorrido e deixar patente que, a partir do conhecimento dos fatos, tudo será feito para evitar novos casos, ou seja, que a sua "história" será decisiva nesse processo.

As perguntas devem ser feitas de modo claro e nunca induzir o entrevistado a responder algo de que ele não tenha certeza; o entrevistador pode e deve auxiliar a pessoa, restringindo-se apenas a explicar o significado de algumas das questões, evitando qualquer comentário sobre o possível desdobramento legal do inquérito.

A coleta de material para exames laboratoriais é muito importante, embora muitas vezes os doentes tenham sido previamente medicados com antibióticos (no serviço médico ou por meio de automedicação), o que pode dificultar a obtenção de resultados. Os laboratórios conveniados com o serviço de vigilância sanitária devem fornecer todo o equipamento necessário para a coleta de amostras, bem como as instruções para sua obtenção junto ao doente e para conservação das amostras até o envio ao laboratório. O objetivo dos exames laboratoriais é a tentativa de identificar o agente etiológico responsável pelo surto, na grande maioria das ocorrências de origem bacteriana. É importante que comensais não doentes sejam submetidos às mesmas provas de laboratório, constituindo o grupo controle, e assegurando base científica para a pesquisa. Deve-se ressaltar que a solicitação do tipo de provas deve ser feita com base no quadro clínico dos doentes; contudo, deve-se manter contato com o laboratório conveniado quando a suspeita do agente etiológico envolver um micro-organismo não usual; nesse caso, deve-se averiguar qual instituição tem condições de pesquisar esse organismo.

A coleta de amostras, quando possível, deve ser realizada de acordo com as técnicas preconizadas pelos vários manuais de microbiologia, utilizando-se os meios de cultura fornecidos pelo laboratório. Nas fezes, serão pesquisadas enterobactérias patogênicas (*Salmonella* spp, diferentes tipos de *Escherichia coli*, *Yersinia enterocolitica*, *Campylobacter jejuni*, entre outras) e rotavírus. Por outro lado, as amostras de sangue serão submetidas à hemocultura.

A investigação com os manipuladores

Nessa etapa específica do inquérito epidemiológico, oportunidade em que o pessoal diretamente ligado ao preparo da refeição suspeita será entrevistado, deve-se utilizar um formulário que permita registrar o máximo de informações objetivas do manipulador, no qual conste:

- Número de identificação do manipulador no inquérito.
- Nome do manipulador.
- Tempo que trabalha no estabelecimento.
- História de doença recente, absenteísmo ou lesões.
- Cargo ou função no estabelecimento.
- Tipo de participação na refeição suspeita.
- Data, tipo e resultados de exames laboratoriais.

A avaliação individual de cada manipulador, independentemente do grau de envolvimento com a refeição suspeita, é muito importante, pois permite aquilatar a experiência no local de trabalho, as condições de saúde e a função ou o cargo ocupado. Deve-se atentar para o fato de as entrevistas serem realizadas sem a presença de colegas ou supervisores, a fim de facilitar ao entrevistado respostas espontâneas, mesmo que comprometedoras para o estabelecimento.

Há necessidade de se realizar exames clínicos individuais, com o objetivo de detectar lesões cutâneas, como: pústulas, furúnculos, dermatites, queimaduras, ferimentos infectados, micoses, entre outros; notadamente nos dedos, mãos, braços, bem como na face e no pescoço. Presença de sinais respiratórios, como tosse e espirros, caracteriza infecções do trato respiratório. Embora esses exames devam ser feitos preferencialmente por médico, na sua ausência, os profissionais da própria equipe podem averiguar as condições com relativa facilidade.

Outra informação importante é a relativa a distúrbio gastrointestinal recente, às vezes responsável por absenteísmo, dias ou semanas antes do surto.

Se o manipulador também for comensal, ele deve responder às questões da ficha do inquérito epidemiológico como os demais expostos à refeição suspeita.

Os exames laboratoriais a que os manipuladores devem ser submetidos incluem coleta de secreções orofaringeanas e das cavidades nasais (pesquisa de *Staphylococcus* spp), das lesões cutâneas eventuais (pesquisa de *Staphylococcus* spp) e do leito subungueal (pesquisa de *Escherichia coli*, *Salmonella* spp, *Shigella* spp, *Staphylococcus* spp). É importante ressaltar que o fato de isolar micro-organismos patogênicos não permite concluir que o manipulador tenha sido o responsável direto pela contaminação do alimento infectante, todavia essa constatação deve ser levada em consideração na investigação epidemiológica, quando se cruzam todas as informações.

A investigação do local

A investigação do local de preparação, elaboração ou ingestão da refeição suspeita tem o objetivo de permitir a constatação de possíveis irregularidades nas instalações, nos equipamentos e utensílios, nos procedimentos de preparação e proteção dos alimentos, bem como nos hábitos (e vícios) dos manipuladores. Durante a visita, deve-se atentar para as atitudes de defesa do gerente ou supervisor e mesmo do pessoal para cada detalhe questionado. Por exemplo, constata-se que há alimentos descongelando à temperatura ambiente; o encarregado imediatamente informa que a matéria-prima foi retirada do congelador momentos antes da chegada da equipe para simples conferência, apesar de haver, nas caixas, peças em diferentes fases de descongelamento.

Para facilitar o trabalho dos membros da equipe e padronizar as informações, e até para ter condições de estabelecer um termo de comparação com outros estabelecimentos em circunstâncias semelhantes, deve-se seguir o Roteiro de vigilância sanitária de serviços de refeições coletivas (vide Anexo 27.3), no qual devem constar detalhes sobre: conduta dos manipuladores em relação ao asseio pessoal, hábitos de higiene e condição de saúde; aspectos sobre proteção e manipulação dos alimentos e matérias-primas; e condições sobre equipamentos como maquinarias, móveis, utensílios e instalações propriamente ditas.

O principal objetivo da investigação é o de avaliar a conduta do pessoal encarregado da preparação dos alimentos em relação ao controle dos diferentes pontos críticos. Para tanto, deve-se solicitar de cada manipulador a descrição dos procedimentos utilizados, por ele e por seus colegas, na preparação dos diferentes pratos da refeição suspeita. As questões devem ser formuladas de modo a obter respostas com detalhes mínimos, os quais podem ser de grande relevância quando se procura identificar apenas uma pequena falha na manipulação.

Deve-se atentar para o fato de o entrevistado nem sempre se lembrar de todos os fatos acontecidos, no momento do preparo da refeição suspeita. Contudo, geralmente ao descrever sua "técnica" de preparo de alimentos, pode-se constatar desde pequenos erros operacionais até a falta de preparo do indivíduo para a função. O conjunto das entrevistas permitirá o cruzamento de informações, revelando os "bastidores da cozinha". Como as entrevistas são feitas em separado, é muito comum um manipulador comentar, com naturalidade, um deslize de seu colega, sem a conotação de denúncia, até porque ele desconhece o modo correto de executar determinadas tarefas.

A avaliação dos fornecedores e das condições em que as matérias-primas chegam ao estabelecimento deve ser considerada para determinar a possibilidade de contaminação na origem dos produtos, seja durante os processos de industrialização, nos entrepostos ou mesmo no transporte.

Nessa fase, deve-se proceder à colheita de amostras, de acordo com as técnicas preconizadas pelos vários manuais de microbiologia, utilizando-se os meios de cultura fornecidos pelo laboratório, de sobras de alimentos, matérias-primas, ingredientes e bebidas. Esses exames incluem as seguintes provas: contagem padrão de mesófilos; coliformes totais e fecais; *Staphylococcus aureus*; *Bacillus cereus*; clostrídios sulfito redutores a 46°C; *Salmonella* spp; pesquisa de bolores e leveduras. Os exames da água e do gelo devem incluir contagens padrão, coliformes totais e fecais. Do mesmo modo, devem-se colher também amostras das superfícies de pias, balcões e tábuas, bem como de equipamentos e utensílios, para avaliar a eficiência das técnicas de higienização adotadas.

A análise prévia

Com os resultados preliminares obtidos na investigação e principalmente nas entrevistas, a equipe deve reunir-se para fazer um balanço da situação e idealizar a estratégia a ser seguida nas próximas etapas. Na reunião, deve-se apontar os alimentos suspeitos, as possíveis causas determinantes, o agente etiológico mais provável, a gravidade e o prognóstico da doença, o número aproximado de expostos e doentes e as medidas imediatas para impedir a propagação do surto.

As medidas de controle imediatas

Entre as medidas que devem ser imediatamente aplicadas, após a confirmação do surto, podem-se incluir: interdição do local; apreensão de matérias-primas suspeitas e de eventuais sobras de alimentos; inutilização dos alimentos impróprios para consumo; determinação da higienização do local, dos utensílios e equipamentos; e providências para que os comensais expostos sejam advertidos para procurar um serviço de assistência médica quando ocorrer a manifestação de sintomas.

A remessa das amostras para o laboratório

Uma vez estabelecidas as estratégias de trabalho complementar, um dos membros da equipe é encarregado de levar para o laboratório as amostras colhidas, acondicionadas de acordo com as normas.

PROCESSAMENTO E ANÁLISE DE DADOS

A informação do surto

Com base nos resultados obtidos na análise prévia, a equipe faz o relato dos acontecimentos ao superior hierárquico da vigilância sanitária, para as providências necessárias, dentro do próprio serviço e junto a outros órgãos da administração pública, sobretudo o de vigilância epidemiológica.

A divulgação pela mídia

A divulgação pública do ocorrido ou sua confirmação pela mídia deve ser feita com muito equilíbrio e ponderação. No caso do surto não ser conhecido do público em geral, as vantagens e desvantagens de sua divulgação devem ser consideradas. Assim, se a divulgação do surto favorecer a localização de outros expostos, sobretudo doentes, possibilitando mais subsídios para a investigação, o fato deve ser comunicado e divulgado pela mídia, salvaguardando-se, porém, o sensacionalismo e os exageros típicos dessas situações críticas.

Se o fato já é do conhecimento público, compete à vigilância sanitária informar de maneira correta a ocorrência e os possíveis riscos para os expostos, evitando causar pânico. Deve-se informar o local, a refeição servida, o alimento provável e o quadro clínico manifestado pelos doentes.

Em ambas as situações, é fundamental que o serviço coloque à disposição do público um telefone para comunicação, com pessoal preparado para fornecer instruções sobre como proceder e a quem recorrer no caso de manifestação de doença.

A divulgação de um surto pode ter como finalidade impedir que outras pessoas se exponham ao alimento suspeito, como no caso de determinada marca de produto enlatado envolvido com surto de botulismo; faz-se necessário retirar imediatamente a mercadoria do mercado e prevenir os que ainda mantêm estoque do produto para que não o utilizem. Outro cenário é o do alimento suspeito, adquirido em rotisseria, mantido em geladeira para ser utilizado apenas no dia seguinte; nesse caso, a divulgação pela mídia do local de venda e do tipo de alimento envolvido poderá prevenir sua ingestão por outras pessoas.

INVESTIGAÇÃO DE SURTOS ■ 501

PROCESSAMENTO LABORATORIAL

Definição de caso

Com os dados obtidos durante a fase de investigação, lançados na ficha de inquérito epidemiológico, é possível definir o "caso" característico do surto a partir da descrição do quadro clínico, de sinais e sintomas, e suas frequências de manifestação nos doentes, além do período de incubação.

Os sinais e sintomas, que se repetem com maior frequência nos doentes, constituem o quadro clínico peculiar ao surto, que, aliados ao período de incubação médio da manifestação da doença, fornecem subsídios importantes para a caracterização do diagnóstico mais provável. Tais evidências clínicas só poderão ser confirmadas posteriormente, mediante os resultados do laboratório, tanto dos doentes quanto dos demais exames já descritos, permitindo o diagnóstico definitivo.

Devem-se destacar a importância do período de incubação, intervalo de tempo entre a ingestão do alimento suspeito e a manifestação dos primeiros sintomas na avaliação das ocorrências. Substâncias tóxicas, toxinas de micro-organismos ou venenos caracterizam-se por apresentar períodos de incubação curtos, inferiores a uma hora e, em algumas situações, até poucos minutos após a ingestão do alimento. Períodos de incubação maiores, 12 ou mais horas, geralmente relacionam-se à contaminação por micro-organismos, em que há necessidade de multiplicação do agente, no organismo do hospedeiro (comensal), para produzir manifestação.

Cálculo do período de incubação

Para a determinação do período de incubação, pode-se utilizar a média aritmética, a mediana ou a moda. Entre essas medidas de posição, dá-se preferência à mediana, pois é a que sofre menor influência dos valores extremos das distribuições de frequências.

Exemplo 1

Tabela 27.1 Quinze doentes e os respectivos períodos de incubação.

Identificação do doente	1	2	3	4	5	6	7	8	9	10	11	12	13	14	15
Período de incubação (h)	10	20	20	12	11	15	12	11	12	10	24	36	20	5	20
Valores ordenados															
Identificação do doente	14	1	10	5	8	4	7	9	6	2	3	13	15	11	12

(continua)

502 ■ HIGIENE E VIGILÂNCIA SANITÁRIA DE ALIMENTOS

Tabela 27.1 Quinze doentes e os respectivos períodos de incubação. (*continuação*)

Período de incubação (h)	5	10	10	11	11	12	12	12	15	20	20	20	20	24	36
Ordenação dos valores	1	2	3	4	5	6	7	8	9	10	11	12	13	14	15

O posto no qual se encontra o valor da mediana corresponde à 8ª posição; portanto, o período mediano de incubação do surto exemplificado foi de 12 h.
O limite mínimo foi de 5 h; o máximo, de 36 h; e a amplitude, de 31 h.
A média foi de aproximadamente 16 h; e a moda foi de 20 h.

A mediana é uma medida que, como a média e a própria moda, procura caracterizar o centro da distribuição de frequências, porém utilizando como critério a ordem dos valores que formam o conjunto de dados.

No Exemplo 1 tem-se uma distribuição de frequências com n valores, em que n é ímpar; após a ordenação dos valores, a mediana corresponderá ao valor de ordem $\frac{n+1}{2}$ deste conjunto.

De acordo com o Exemplo 1, constata-se que a mediana não foi afetada pelos valores 5 e 36 horas, mantendo-se a uma distância mais equitativa dos extremos, o que não sucedeu com a média e a moda.

No Exemplo 2 tem-se uma distribuição de frequências com n valores, em que n é par; após a ordenação dos valores, a mediana poderá ser qualquer valor situado entre $\frac{n}{2}$ e $\frac{n}{2}+1$.

Exemplo 2

Tabela 27.2 Dezesseis doentes e os respectivos períodos de incubação.

Identificação do doente	1	2	3	4	5	6	7	8	9	10	11	12	13	14	15	16
Período de incubação (h)	10	20	20	12	11	15	12	11	12	10	24	36	20	5	20	13
Valores ordenados																
Identificação do doente	14	1	10	5	8	4	7	9	16	6	2	3	13	15	11	12
Período de incubação (h)	5	10	10	11	11	12	12	12	13	15	20	20	20	20	24	36
Ordenação dos valores	1	2	3	4	5	6	7	8	9	10	11	12	13	14	15	16

Os postos entre os quais se encontra o valor da mediana correspondem às 8ª e 9ª posições; portanto, o período mediano de incubação do surto exemplificado foi de 12h30.
O limite mínimo foi de 5 h; o máximo, de 36 h; e a amplitude, de 31 h.
A média foi de aproximadamente 16 h; e a moda foi de 20 h.

Para o Exemplo 2, valem as mesmas considerações apresentadas para o Exemplo 1.

No Exemplo 3, tem-se uma distribuição em classes de frequência em que a mediana será calculada pela expressão:

$$md = L_i + \frac{\frac{n}{2} - F_a}{f_{md}}.h_{md}$$

em que:

L_i = limite inferior da classe que contém a mediana.
n = número de elementos do conjunto de dados (tamanho da amostra).
F_a = soma das frequências das classes anteriores à da mediana.
f_{md} = frequência da classe que contém a mediana.
h_{md} = amplitude da classe que contém a mediana.

Exemplo 3

Tabela 27.3 Períodos de incubação registrados em um surto de DTA.

Classes		f	fac
Limites aparentes	Limites reais		
< 6		3	3
6 ⊢—— 9	5,5 —— 8,5	8	11
9 ⊢—— 12	8,5 —— 11,5	16	27
12 ⊢—— 15	11,5 —— 14,5	12	39
15 ⊢—— 18	14,5 —— 17,5	7	46
18 ⊢—— 21	17,5 —— 20,5	3	49
> 21		1	50
Total		50	

f = frequência; fac = frequencia acumulada.

Com base nos valores da Tabela 27.3, calcula-se o valor da mediana:

$$md = 8,5 + \frac{\frac{50}{2} - 11}{16}.3 = 11,125$$

Portanto, a mediana do período de incubação da distribuição apresentada corresponde a aproximadamente 11 horas.

A distribuição de frequências representada na Tabela 27.3 apresenta os extremos abertos (do tipo "menor que" ou "maior que"), o que inviabiliza o cálculo da média; nesse caso, a mediana é a solução para determinar o centro da distribuição. A mediana pode ser utilizada também se os extremos forem fechados (0 |— 6 e 21 |— 24), só que nesse caso a média pode ser calculada.

Definição de refeição suspeita

Corresponde à refeição pela qual se registrou o maior número de comensais com manifestação clínica de doença. Um mesmo buffet serve três refeições simultâneas, em três salões distintos, nos quais os pratos principais foram diferentes. Apenas em um dos salões registraram-se casos de DTA. Nesse tipo de exemplo, considera-se refeição suspeita aquela em que houver a maior diferença percentual entre os expostos e não expostos (taxas de ataque para as refeições). Na prática, é comum encontrar apenas uma refeição suspeita.

Definição de alimento suspeito

A partir dos pratos servidos na refeição suspeita, calculam-se as taxas de ataque para cada tipo de alimento servido e aquele que apresentar a maior diferença percentual entre os expostos e não expostos será considerado alimento suspeito. Muitas vezes, as taxas de ataque são altas para mais de um alimento. Para eliminar alguns dos alimentos suspeitos, utiliza-se o cálculo da taxa de ataque entre os não expostos, pois, caso ela seja alta nesse grupo, dificilmente o alimento poderá ser considerado suspeito.

As taxas de ataque dos alimentos, entre os que não os ingeriram, é o melhor modo de controlar os resultados obtidos entre aqueles que os ingeriram. Deve-se atentar para o fato de que, em alguns casos, as taxas de ataque não são capazes de identificar o alimento suspeito; quando isso ocorre, deve-se considerar a possibilidade de outras causas.

É importante comentar que, quando ocorre um surto, sempre se registram pessoas que consumiram o alimento suspeito e não apresentam nenhuma manifestação clínica de DTA; em contrapartida há aqueles que não ingeriram o alimento suspeito mas apresentaram o quadro clínico típico da doença. Essa possibilidade pode ser explicada com base nas seguintes constatações:

- Resistência e suscetibilidade do hospedeiro.
- Consumo de porções com doses não infectantes.
- Consumo de porções não contaminadas.
- Contaminação cruzada no preparo dos alimentos.
- Não há ingestão do alimento suspeito, porém foram utilizados talheres ou pratos contaminados para servir um outro alimento não infectante.
- Coincidência de alguns comensais, pertencentes ao mesmo grupo na época, terem adquirido DTA em outro local.

- Comensais influenciáveis que desejam participar a todo custo do grupo dos doentes.
- Comensais com tendências hipocondríacas que se consideram também doentes.
- O comensal entrevistado sonega informação por medo, vergonha ou mesmo esquecimento.
- Erro na definição de caso.
- Erro na definição do alimento e refeição suspeita.
- Erro no inquérito ao trocar doentes por não doentes, ou o contrário.

Determinação das taxas de ataque

Com base nos resultados das taxas de ataque, calculadas a partir do número de doentes ou não doentes, em relação ao total de pessoas que ingeriram ou não um alimento vulnerável, pode-se determinar o alimento suspeito de ter provocado uma DTA (Exemplo 4).

Exemplo 4

Jantar de confraternização servido por um buffet de São Paulo, para 110 funcionários de uma empresa de informática, resultou em 49 pessoas com quadro clínico de gastroenterite aguda. Dos alimentos servidos na festa, foram listados todos aqueles considerados vulneráveis, com a finalidade de auxiliar na identificação dos alimentos infectantes: presunto cru, pudim de caramelo, gelatina de morango, couve-flor empanada, berinjela temperada e salada de batatas com maionese. Em paralelo, o serviço de vigilância sanitária entrevistou todos os comensais presentes na festa, doentes e não doentes, e determinou quais os alimentos vulneráveis ingeridos por eles. Assim chegou-se aos resultados da Tabela 27.4

Tabela 27.4 Resultados de pesquisa sobre o tipo de alimento vulnerável ingerido ou não e a manifestação ou não de quadro de gastroenterite por 110 pessoas que jantaram em buffet de São Paulo, dezembro de 1996.

Alimento vulnerável	Comeram		Não comeram	
	D	ND	D	ND
Presunto cru	19	56	30	5
Pudim de caramelo	45	15	4	46
Gelatina de morango	20	35	29	26
Couve-flor empanada	48	58	1	3
Berinjela temperada	45	55	4	6
Salada de batata com maionese	25	45	24	16

D = doente; ND = não doente

(continua)

506 ■ HIGIENE E VIGILÂNCIA SANITÁRIA DE ALIMENTOS

Exemplo 4 (continuação)

Com base nos resultados obtidos, devem-se calcular as taxas de ataque para cada alimento, considerando ambos os grupos, os que comeram e os que não comeram. Na Tabela 27.5, constam todos os dados obtidos no levantamento realizado junto aos comensais, bem como as respectivas taxas de ataque.

Tabela 27.5 Resultados de pesquisa sobre o tipo de alimento vulnerável ingerido ou não, a manifestação ou não de quadro de gastroenterite e as respectivas taxas de ataque por 110 pessoas que jantaram em buffet de São Paulo, dezembro de 1996.

Alimento vulnerável	Comeram			Não comeram		
	D	ND	Taxa (%)	D	ND	Taxa (%)
Presunto cru	19	56	25,3	30	5	85,7
Pudim de caramelo	45	15	75,0	4	46	8,0
Gelatina de morango	20	35	36,4	29	26	52,7
Couve-flor empanada	48	58	45,3	1	3	25,0
Berinjela temperada	45	55	45,0	4	6	40,0
Salada de batata com maionese	25	45	35,7	24	16	60,0

D = doente; ND = não doente

Para o pudim de caramelo, por exemplo:
- 60 pessoas ingeriram o alimento e 45 adoeceram; portanto, a taxa de ataque para esse alimento foi da ordem de 75%.
- 50 pessoas não ingeriram o alimento, mas 4 adoeceram; portanto, a taxa de ataque para esse alimento foi de 8%.

Assim, após os cálculos das taxas de ataque para cada alimento, constata-se que o pudim de caramelo foi o alimento que apresentou a maior taxa de ataque entre os que "comeram" e, em contrapartida, o que registrou a menor taxa de ataque entre os que "não comeram". Nessas condições, pode-se afirmar que o alimento suspeito é o pudim de caramelo.

Portanto, de acordo com o exemplo apresentado, o alimento suspeito é sempre aquele que apresenta a maior taxa de ataque entre os que "comeram" e a menor taxa de ataque entre os que "não comeram".

Medidas de associação doença-exposição

As medidas mais comuns de associação de uma doença transmitida por alimentos são os riscos relativo e atribuível. O risco relativo (RR) é calculado em estudos de coorte, enquanto o risco atribuível (RA) é avaliado em estudos de caso-controle. Utiliza-se para tanto, em ambas as situações, uma tabela de associação (2x2), para comparar grupos de doentes expostos e não expostos.

Cálculo do RR

Assim, com base na Tabela 27.5, em relação às pessoas que comeram (C) ou não comeram (NC) pudim de caramelo, tem-se:

Tipo de alimento	Adoeceram	Não adoeceram	Total
C pudim de caramelo	(a) 45	(b) 15	(a+b) 60
NC pudim de caramelo	(c) 4	(d) 46	(c+d) 50

$$RR = \frac{a \, / \, (a + b)}{c \, / \, (c + d)} = \frac{45 \, / \, 60}{4 \, / \, 50} = \frac{0,75}{0,08} = 9,4$$

A interpretação do RR para as pessoas que jantaram no buffet em São Paulo mostra que o grupo exposto, que comeu pudim de caramelo, teve um risco muito mais alto de adoecer do que aquele que não se expôs, não comeu a sobremesa, ou seja, aproximadamente nove vezes mais, conforme o resultado obtido no cálculo.

O resultado demonstra que existe uma associação entre expostos e doentes, apesar disso não constituir uma prova de causalidade. Para as pessoas que comeram ou não salada de batata com maionese, tem-se:

Tipo de alimento	Adoeceram	Não adoeceram	Total
C salada de batata com maionese	(a) 25	(b) 45	(a+b) 70
NC salada de batata com maionese	(c) 24	(d) 16	(c+d) 40

$$RR = \frac{a \, / \, (a + b)}{c \, / \, (c + d)} = \frac{25 \, / \, 70}{24 \, / \, 40} = \frac{0,36}{0,6} = 0,6$$

Portanto, para o grupo que jantou no mesmo buffet e comeu salada de batata com maionese, o RR foi menor do que 1, isto é, o risco de esse grupo adoecer foi menor do que o daquele que não comeu a salada.

Para as pessoas que comeram ou não berinjela temperada, tem-se:

Tipo de alimento	Adoeceram	Não adoeceram	Total
C berinjela temperada	(a) 45	(b) 55	(a+b) 100
NC berinjela temperada	(c) 4	(d) 6	(c+d) 10

$$RR = \frac{a \, / \, (a + b)}{c \, / \, (c + d)} = \frac{45 \, / \, 100}{4 \, / \, 10} = \frac{0,45}{0,40} = 1,1$$

Assim, para o grupo que se expôs, o RR foi igual a 1, ou seja, não existe diferença de doença entre as pessoas expostas e as não expostas, conforme o resultado obtido no cálculo.

Cálculo do Odds Ratio (OR)

O risco OR é aplicado quando não é possível obter dados de todos os expostos a um perigo potencial. No caso da Tabela 27.5, por exemplo, todos os 110 comensais foram entrevistados; contudo, pode ser que, na noite em que ocorreu o surto, outras pessoas que também foram servidas pelo buffet não tivessem sido localizadas nos dias seguintes à investigação. Nesses estudos, as histórias dos casos de exposição ao agente da doença (comeu um tipo de prato suspeito) são comparadas com as histórias de exposição de uma população similar, participantes do mesmo evento, bairro, mesma idade (que também ingeriram a comida suspeita), mas que não adoeceram.

$$OR = \frac{\text{Odds de exposição entre os casos}}{\text{Odds de exposição entre os controles}} = \frac{a/c}{b/d} = \frac{ad}{bc}$$

Utilizando procedimento similar ao anterior, para a determinação do RR, com uma tabela de associação (2x2), pode-se verificar se as pessoas que adoeceram tiveram maior probabilidade de ter comido o alimento suspeito do que as pessoas que não adoeceram.

Assim, adotando-se o exemplo do pudim de caramelo, tem-se:

$$OR = \frac{ad}{bc} = \frac{45.46}{4.15} = \frac{2070}{60} = 34,5$$

Com base no resultado obtido, o risco de exposição foi maior para os casos do que para os controles. Desse modo, o OR da exposição (pudim de caramelo) foi mais elevado para o grupo que adoeceu e, portanto, é presumível que a sobremesa tenha sido a via de transmissão para o agente etiológico.

Interpretação

OR = 1: há diferença na exposição entre casos e controles, ou a exposição avaliada não foi associada à doença.

OR < 1: os casos tiveram menor probabilidade de ter sido expostos que os controles do agente suspeito.

OR > 1: os casos tiveram maior probabilidade de ter sido expostos ao agente suspeito.

Definição de fatores determinantes

A análise dos riscos e a avaliação dos pontos críticos têm de ser consideradas com muita atenção, pois são imprescindíveis para a identificação dos fatores que determinaram o surto.

A análise é feita com base nas informações obtidas na investigação com os manipuladores, somadas aos dados da investigação no local, repassando-se todos os procedimentos utilizados e o conhecimento, propriamente dito, dos manipuladores, como: as relações tempo-temperatura, durante toda a preparação dos alimentos; os equipamentos utilizados e suas condições de funcionamento; e a adequação dos utensílios. Se possível, é recomendável estabelecer o fluxograma de elaboração de cada alimento, identificando os respectivos pontos críticos e anotando os procedimentos utilizados, ou não, para controlá-los.

Conclusões preliminares

Com base na estratégia adotada na investigação do surto, é possível estabelecer hipóteses que deverão nortear a conduta a ser seguida desse ponto em diante, seja em relação à aplicação de medidas de controle, seja para direcionar o acompanhamento da evolução das ocorrências. Assim, pode-se concluir preliminarmente sobre características gerais do surto, magnitude e implicações no tempo e espaço, número de comensais expostos e doentes, alimento infectante, possível agente etiológico, provável diagnóstico da patologia, bem como gravidade e prognóstico, e, finalmente, fatores determinantes.

É importante destacar que a comprovação dessas hipóteses poderá ser obtida, a posteriori, a partir dos resultados dos exames de laboratório.

As medidas de controle mediatas

Uma vez estabelecidas as conclusões preliminares, deve-se informar os serviços de saúde envolvidos no atendimento dos doentes sobre o possível agente etiológico envolvido no surto e sua patogenia; essa informação é muito importante, pois poderá servir para orientar a conduta terapêutica.

Em relação ao estabelecimento envolvido, essas medidas têm a finalidade de impedir que os fatores determinantes continuem a interferir na segurança dos alimentos. Na dependência das condições do estabelecimento, pode-se lavrar um auto de infração; apreender mercadorias suspeitas ou em más condições de conservação e exigir a imediata higienização do local. Caso as condições do estabelecimento sejam precárias, como medida extrema, deve-se fazer a interdição do local para que os responsáveis possam fazer as reformas ou modificações necessárias exigidas pela vigilância sanitária, como: reparo das instalações, higienização, dedetização e substituição de equipamentos quebrados ou fora de especificações.

O relatório preliminar de surto

Corresponde à descrição sucinta do ocorrido, tendo como base as *conclusões preliminares*, e tem por finalidade documentar o surto.

O relatório deverá ser encaminhado ao superior hierárquico, a outros órgãos da administração pública, sobretudo o de vigilância epidemiológica, bem como aos serviços de atendimento de saúde e laboratórios de análises. Cópia do documento deve ser encaminhada ao responsável pelo estabelecimento envolvido no surto.

No caso particular do alimento infectante ser um produto industrializado, importado ou não, faz-se necessário alertar as autoridades competentes para que procedam à imediata apreensão dos estoques e/ou proíbam sua importação.

Cópia do relatório poderá ser colocada à disposição da mídia, para que haja divulgação do ocorrido com a população. A publicação dos fatos que originaram o surto é importante, na medida em que serve para alertar o público em geral sobre os riscos que os alimentos podem oferecer, principalmente quando preparados sem os devidos cuidados higiênico-sanitários.

Processamento laboratorial

O prazo para fornecimento dos resultados dos exames laboratoriais, das amostras de origem humana, dos alimentos suspeitos, bem como das avaliações das instalações e dos equipamentos, é relativamente longo e excede o da própria investigação. Contudo, na maior parte das vezes, os resultados são conclusivos e permitem fechar o diagnóstico em relação ao agente etiológico do surto.

Apesar da veracidade desses fatos, é necessário fazer uma ressalva porque, em condições muito particulares, pode ser impossível o isolamento do micro-organismo responsável pelo surto, principalmente quando não há sobras de alimentos suspeitos, e os doentes doadores de amostras, em pequeno número, já tenham sido submetidos a drogas antibacterianas. Por outro lado, ao contrário, pode-se isolar mais de uma espécie de micro-organismo patogênico do grupo de doentes ou de alimentos suspeitos, dificultando a caracterização do verdadeiro agente etiológico do surto.

ACOMPANHAMENTO

Vigilância

Uma vez que a situação tenha sido teoricamente controlada, é necessário acompanhar a evolução dos acontecimentos: o registro de novos doentes, os casos internados com gravidade, possíveis óbitos e casos em outras áreas geográficas. A evolução de um surto pode levar alguns dias, semanas ou até mesmo meses, na dependência do agente etiológico envolvido e da suscetibilidade dos próprios acometidos.

Processamento

Com as análises laboratoriais concluídas, pode-se confirmar ou refutar as hipóteses formuladas nas conclusões preliminares. É importante destacar que nos casos particulares, em que não há isolamento ou mais de um micro-organismo é isolado, deve-se aceitar as hipóteses baseadas em evidências clínicas epidemiológicas.

Os dados de investigações complementares devem ser, após análise competente, acrescentados aos já existentes. Uma investigação complementar, realizada em clima menos emergencial, pode fornecer importantes subsídios para o esclarecimento, por exemplo, dos fatores determinantes.

A análise global dos acontecimentos é realizada, após a consolidação de todos os resultados, por todos os membros da equipe e demais envolvidos, direta ou indiretamente, na ocorrência, devendo dar origem à conclusão final do surto.

As medidas de controle finais

Com a conclusão final do surto, deve-se proceder à avaliação das medidas de controle imediatas e mediatas adotadas preliminarmente. Assim, há necessidade de verificar se essas medidas foram atendidas pelos responsáveis e se de per si são suficientes para prevenir a ocorrência de novos surtos, ou se há necessidade de interditar o estabelecimento. Em muitos casos, é necessário que o estabelecimento adapte as instalações ao porte de sua atividade, adquira equipamentos modernos, principalmente de refrigeração, institua manual de Boas Práticas, reveja o fluxo de trabalho, atente para o controle de pontos críticos e providencie treinamento para seus funcionários, em especial os manipuladores.

No que se refere aos doentes, deve-se considerar a condição de portador, sobretudo quando os convalescentes pertencerem ao grupo de comensais-manipuladores.

O relatório final

O surto deve ser muito bem documentado, constando todos os detalhes da investigação e referindo todos os dados processados sobre frequência de sintomas, período mediano de incubação, taxas de ataque para os diferentes alimentos servidos na refeição suspeita, locais onde foi preparada e servida a refeição suspeita, além dos fatores determinantes mais prováveis.

A critério do órgão responsável pela investigação (serviço de vigilância sanitária) podem-se anexar ao relatório a planta física do estabelecimento, as fotos obtidas durante a visita para documentar as condições higiênico-sanitárias encontradas, os recortes de notícias publicadas pela mídia e tantos outros documentos que forem julgados relevantes para instruir o processo.

Como das vezes anteriores, uma vez completo o relatório final, cópias deverão ser encaminhadas ao superior hierárquico e a outros órgãos da administração pública interessados, bem como à vigilância epidemiológica e aos laboratórios de análises que participaram do processo. Os serviços de saúde que se envolveram no atendimento de vítimas do surto também deverão receber cópias do relatório, além dos próprios responsáveis pelo estabelecimento onde o surto teve origem.

A divulgação dos resultados finais para a mídia deve ser considerada com grande atenção, pois a publicação dos fatos incentiva outras pessoas a denunciar ocorrências semelhantes, colaborando espontaneamente com a vigilância sanitária – é a retroalimentação do sistema de notificação. De acordo com as proporções do surto, é muito importante que se possa ter acesso ao rádio e à televisão para obter divulgação mais ampla e de maior impacto.

O arquivamento

Toda a documentação, levantada durante o inquérito epidemiológico do surto, deve ser arquivada no acervo de documentos da vigilância sanitária para poder servir de base para outras investigações.

O *feedback* aos responsáveis

Na dependência da magnitude do surto, finalmente, deve-se reunir todo o pessoal do estabelecimento onde ocorreu o surto e fazer uma apresentação aos responsáveis, gerentes, supervisores, manipuladores e demais funcionários sobre o desenrolar dos acontecimentos.

A finalidade dessa apresentação é mostrar os fatores determinantes que favoreceram o surto e as medidas que devem ser adotadas para que não haja repetição dessas falhas. A reunião não deve ter caráter de repreensão coletiva, mas de crítica construtiva, para que o pessoal possa ser sensibilizado pelo ocorrido e passe a trabalhar com mais atenção e cuidado.

CONCLUSÕES

A investigação de surtos provocados por organismos patogênicos transmitidos por alimentos, de acordo com o Outbreak Response and Surveillance Unit do Centers for Disease Control and Prevention (CDC), pode conduzir tanto a medidas de controle de curta duração quanto contínuas, mantidas por longo período de tempo, a fim de prevenir episódios similares na população humana. Essa investigação constitui método crítico para identificar patógenos novos ou emergentes e possibilita a constante atualização a respeito do comportamento dos diversos micro-organismos responsáveis por surtos, aí compreendidos entre muitos aspectos: sua caracterização, origem, hospedeiros, patogenicidade, virulência, alimentos envolvidos e consequências em saúde pública. A partir do conhecimento desses aspectos, é possível estabelecer as medidas de prevenção e controle.

Ainda de acordo com a mesma fonte, a análise, por vários anos consecutivos, dos dados relatados de DTAs permitiram aos epidemiologistas monitorar tendências ao longo do tempo, no que concerne à prevalência de surtos causados por agentes etiológicos específicos, alimentos envolvidos com maior frequência e erros mais comuns na manipulação de produtos alimentícios. Tais informações dão suporte às bases de dados das agências reguladoras, bem como sinalizam as mudanças necessárias para melhorar a segurança alimentar.

Por outro lado, o espectro das DTAs está em constante mudança. No início do século XX, por exemplo, febre tifoide, tuberculose e cólera eram de incidência habitual. Todavia, o desenvolvimento de novas técnicas destinadas a garantir maior segurança alimentar, como pasteurização do leite, esterilização dos produtos enlatados e tratamento dos reservatórios de água destinada para consumo humano, foi determinante para o controle dessas doenças e a consequente redução de sua incidência.

Com base nesses aspectos, pode-se depreender como são importantes os métodos de investigação de surtos de DTAs para as vigilâncias epidemiológica e sanitária de alimentos, sobretudo no momento em que têm sido identificados novos patógenos, bem como a reemergência de outros considerados sob controle.

REFERÊNCIAS

ACHA, P.N. Alimentos, consumo e higiene. Ramos Mojia, Argentina, Centro Pan-americano de Zoonosis, OPS/OMS, 1971. (Monografias Científicas y Técnicas 2)

ACHA, P.N.; SZYFRES, B. Zoonosis y enfermedades transmisibles comunes al hombre y a los animales. 3.ed. v.3. Organización Panamericana de la Salud, 2003. (Publicación Científica y Técnica n. 580)

BRYAN, F.L. Guide for investigating foodborn disease outbreaks and analysing surveillance data. Atlanta: Center for Disease Control, Training Program, 1973.

CAMARGO, N.J. de. Sistema de vigilância epedimiológica de enfermidades transmitidas por alimentos: guia metodológica para el nivel aplicativo. OPS/PMS, 1986. (Apostila)

[CDC] CENTER FOR DISEASE CONTROL. Disease information. Foodborne infections. Disponível em: http://www.cdc.gov/ncidod/dbmd/diseaseinfo/foodbor-neinfections_g.htm. Acessado em: out. 2002.

_____. Outbreak response and surveillance unit. Outbreak investigations play a critical role in public helath. Disponível em: http://www.cdc.gov/ncidod/dbmd/ out-break/default.htm. Acessado em: out. 2002.

ECO/OPS/OMS. Toxicologia de alimentos. Lecturas complementarias. Metepec. México, 1986. 87p.

[FAO] FOOD AND AGRICULTURE ORGANIZATION. Manual de inspection de los alimentos. Roma: Estudios FAO Alimentacion y Nutricion, 14/5, 1984.

FAO/OMS. Evaluación de ciertos aditivos alimentarios y contaminantes de los alimentos. Genebra, OMS, Série de Informes Técnicos, 710, 1983. 47p.

_____. Importância de la inocuidad de los alimentos para la salud y el desarrollo. Ginebra, OMS, Série de Informes Técnicos, 705, 1983. 86p.

FRANCO B.D.G.M.; LANDGRAF, M. Microbiologia dos alimentos. São Paulo: Atheneu, 1996.

FRAZIER, W.C. Microbiologia de los alimentos. Zaragoza: Acribia, 1976. 512p. FUNDAÇÃO CAETANO MUNHOZ DA ROCHA. Centro de saneamento e vigilância sanitária. Centro de epidemiologia do

Paraná. Doenças veiculadas por alimentos no Paraná (surtos) – 1978 a 1988. Curitiba, Secretaria de Estado da Saúde, 1989. (mimeografado)

HOBBS, B.C.; GILBERT, R.J. Higiene y toxicologia de los alimentos. Zaragoza: Acribia, 1986. 441p.

JOHNSTON, A.M. Foodborne illness. Veterinary sources of food illness. Lancet, v. 336, p. 856-8, 1990.

LEDERER, L. Enciclopédia moderna da higiene alimentar. Intoxicações alimentares. v.4. São Paulo: Manole Dois, 1991.

MONTES A. L. Microbiologia de los alimentos (Curso Teórico y Práctico). v.1. São Paulo: Resenha Universitária, 1977. 576p.

_____. Microbiologia de los alimentos (Curso Teórico y Práctico). v.2. São Paulo: Resenha Universitária, 1977. 513p.

MOSSEL, D.A.A.; GARCIA, B. M. Microbiologia de los alimentos. Zaragoza:Scribia, 1975. 375p.

MOSSEL, D.A.A.; QUEVEDO, F. Control microbiologico de los alimentos. Métodos recomendados. Lima: Universidad Nacional Mayor de San Marcos, 1967.

[OMS] ORGANIZAÇÃO MUNDIAL DA SAÚDE. Aspectos microbiológicos de la higiene de los alimentos. Genebra, OMS, Série de Informes Técnicos, 598, 1976. 117p.

OMS/FAO. Principios orientadores para la evaluación de programas de garantia de la inocuidad de los alimentos. Edición Provisional, Genebra, 1986.

OPAS. GuiaVeta – Guia de sistemas de vigilância das enfermidades transmitidas por alimentos (Veta) e a investigação de surtos. Buenos Aires: Opas/INPPAZ, 2001. 207p.

OPS/OMS. Procedimientos para la investigación de enfermidades transmitidas por el água. Washington, Publicación Científica, n. 398, 1980. 77p.

_____. Procedimientos para la investigación de enfermidades transmitidas por alimentos. 2.ed. Washington: Publicación Científica n.367, 1978.

PIMENTEL, E.P.; piccolo, r.c. Doenças veiculadas por alimentos. Picollo, v. 6, p. 4, 1992. (Sociedade Paulista de Medicina Veterinária).

QUEVEDO, F. Contaminación de alimentos proteinicos con toxinas de origen microbiana. Buenos Aires: Centro Panamericano de Zoonozis, OPS/OMS, 1979. 197p.

_____. Problems and needs in training and education in food protection for Latin America and the Caribbean. Washington: PAHO/WHO Veterinary Public Health Program, 1985.

QUEVEDO, F.; THAKUR, A.S. Alimentos, parasitosis transmitidas por alimentos. Buenos Aires: Série de Monografias Científicas y Tecnicas, Centro Panamericano de Zoonosis, 12. 1980.

RIEDEL, G. Controle sanitário dos alimentos. São Paulo: Loyola, 1987.

SCHWABE, C.W. Veterinary medicine and human health. 3.ed. Baltimore: Williams & Wilkins, 1984.

SESB/FSCMR. Normas técnicas para coleta de amostas. Curitiba: Laboratório de Pesquisas Biológicas SESB/FSCMR, 1984.

_____. Programa de Higiene e Controle de Alimentos. Curitiba: Fundação de Saúde Caetano Munhoz da Rocha, Departamento de Saneamento e Vigilância Sanitária, 1986. 122p.

_____. Relatórios de investigações de doenças transmitidas por alimentos. Curitiba: Secretaria de Saúde e do Bem-Estar do Paraná, Fundação de Saúde Caetano Munhoz da Rocha, 1984.

TODD, E. Foodborne illness. Epidemiology of foodborne illness: North America. Lancet, v. 336, p. 788-93, 1990.

TRANTER, H.S. Foodborne illness. Foodborne staphylococcal illness. Lancet, v. 336, p. 1044-6, 1990.

[WHO] WORLD HEALTH ORGANIZATION. Food safety: a worldwide public health issue. Geneva: WHO, 1991, p.7.

Anexo 27.1 – Inquérito epidemiológico – comensais.

SERVIÇO DE VIGILÂNCIA SANITÁRIA
INQUÉRITO EPIDEMIOLÓGICO – COMENSAIS
Nome e endereço do estabelecimento: _____

Surto nº: _____
Data do Surto: _____

ANEXOS

Identificação		Entrevistado			Tempo					Alimentos consumidos na refeição suspeita					Sintomas/sinais S/N								Exames laboratoriais		
Número	Nome do entrevistado/ comensal	Idade	Doente S/N	Hospital S/N	Ref. susp. Dia	Ref. susp. Hora	1os. sint. Dia	1os. sint. Hora	Incubação						Diarreia	Diar. c/ sangue	Náuseas	Vômitos	Cólicas	Tonturas	Febre	Cefaleia	Data	Tipo	Resultado

Data: _____ Nome do entrevistador: _____ Assinatura: _____

Anexo 27.2 – Inquérito epidemiológico – manipuladores.

SERVIÇO DE VIGILÂNCIA SANITÁRIA
INQUÉRITO EPIDEMIOLÓGICO – MANIPULADORES   Surto nº: _____
Nome e endereço do estabelecimento: _____ Data do Surto: _____

Número	Nome do manipulador	Tempo que trabalha no local	História de doença recente. Absenteísmo. Lesões.	Cargo ou função	Tipo ou participação na refeição suspeita	Exames laboratoriais		
						Data	Tipo	Resultados

Observações _____

Data: _____ Nome do entrevistador: _____ Assinatura: _____

Anexo 27.3 – Roteiro de vigilância sanitária de serviços de refeições coletivas.

Investigação do local de preparação ou elaboração de alimentos

1. Manipuladores
    1.1. Asseio pessoal:
    - apresentação;
    - asseio corporal;
    - mãos limpas, livres de adornos;
    - unhas curtas, sem esmalte;
    - uniforme de trabalho completo, claro, em bom estado e limpo.

    1.2. Hábitos de higiene:
    - higienização das mãos antes de manipular os alimentos e após utilizar os sanitários;
    - não espirrar sobre os alimentos;
    - não cuspir no chão ou em pias de lavagem de alimentos ou utensílios;
    - não fumar nas dependências de preparo e manipulação dos alimentos;
    - não manusear jornais, revistas, dinheiro e outros objetos que possam macular as mãos ou mesmo balcões;
    - não executar tarefas que possam levar à contaminação dos alimentos.

    1.3. Condição de saúde:
    - ausência de afecções cutâneas, ferimentos, micoses;
    - ausência de sintomas de processos infecciosos respiratórios, manifestados por aumento das secreções, coriza, espirros e tosse.

2. Alimentos
    2.1. Características sensoriais.
    2.2. Origem:
    - fornecedores credenciados e confiáveis;
    - nota fiscal de aquisição;
    - embalagens e rótulos;
    - prazo de validade;
    - registro nos órgãos de fiscalização.

    2.3. Proteção contra contaminação:
    - por insetos, roedores e pó;
    - por substâncias tóxicas como detergentes, desinfetantes e inseticidas;
    - pelos próprios manipuladores ao falar, tossir e espirrar.

2.4. Proteção contra alteração:

- no tratamento pelo frio nas câmaras frigoríficas, refrigeradores e congeladores;
- no tratamento pelo calor.

2.5. Manipulação:

- mínimo de operação manual com máximo de higiene;
- utilização de utensílios adequados, higienizados e em bom estado de conservação.

2.6. Destinação das sobras.

3. Equipamentos

3.1. Maquinaria:

- estado de conservação e funcionamento;
- quantidade e modelo adequados às tarefas;
- revestimento das superfícies e isolamento de partes contaminantes;
- facilidade de higienização.

3.2. Móveis:

- estado de conservação de balcões, mesas, armários;
- quantidade e modelo adequados às tarefas;
- superfície de contato com alimentos lisa e impermeável;
- facilidade de higienização.

3.3. Utensílios:

- estado de conservação;
- tamanho e forma adequados às tarefas;
- superfície de contato com alimentos não contaminante;
- facilidade de higienização.

3.4. Instalações:

- dimensões adequadas;
- ventilação, iluminação, vedação e proteção;
- piso, balcões e pias;
- rede de água, luz e esgoto;
- estado de conservação;
- funcionalidade;
- facilidade de higienização.

28

Características dos métodos diagnósticos

Pedro Manuel Leal Germano

INTRODUÇÃO

A vigilância sanitária dos alimentos (VSA) no comércio varejista é de fundamental importância para a saúde pública. A detecção de alterações na qualidade dos alimentos e sua posterior apreensão contribui decisivamente para a diminuição dos riscos de doenças transmitidas por alimentos (DTA) na população. Por essa razão, os profissionais das equipes de vigilância sanitária devem ter experiência e bom senso suficientes para, no primeiro contato com o produto alimentício, suspeitar de alguma alteração.

O exame sensorial, a mais simples de todas as provas de avaliação de alimentos, é complexo na medida em que o grau de subjetividade pode interferir nos resultados, principalmente quando se comparar as observações de diferentes profissionais. Todavia, representa a prova mais importante em qualquer julgamento de alimentos, possibilitando identificar os produtos que não são para consumo, bem como avaliar as qualidades gastronômicas e comparar produtos semelhantes. Durante sua realização, são pesquisados principalmente a aparência, a textura, o odor e o sabor do produto.

A partir das suspeitas fundamentadas nas alterações das propriedades de um alimento, parte-se para os exames de laboratório propriamente ditos. As provas laboratoriais possibilitam não só a confirmação das suspeitas levantadas pelos exames sensoriais, como também fornecem subsídios legais para as ações das autoridades de saúde.

Levando em consideração a importância de que se revestem os resultados de laboratório para a decisão final de julgamento, é imperativo que o profissional da VSA conheça as características gerais dos métodos diagnósticos.

CARACTERÍSTICAS DOS MÉTODOS

Quando se tem por objetivo identificar alterações em um alimento, não detectáveis pelo exame sensorial ou muito tênues para confirmar a suspeita, faz-se necessária a realização de provas laboratoriais, qualitativas ou quantitativas, capazes de comprovar, com relativa margem de segurança, a boa ou má qualidade do produto em questionamento.

As provas laboratoriais de triagem de qualidade dos alimentos, realizadas de modo geral em unidades volantes, devem apresentar as características a seguir.

Sensibilidade e especificidade

Os métodos empregados no laboratório devem ser capazes de detectar o maior número possível de amostras alteradas entre os alimentos impróprios para o consumo, ou seja, devem apresentar um grau de sensibilidade elevado. Todavia, nem sempre a técnica é capaz de identificar uma alteração, principalmente quando esta estiver muito próxima ao limiar de normalidade. Isso significa que, embora o alimento esteja impróprio para o consumo, o resultado da prova o considerou adequado. Nesse caso particular, o resultado é considerado falso-negativo.

Outra característica que os métodos devem apresentar é a de identificar a substância resultante da degradação ou o contaminante pesquisados, ou seja, devem apresentar especificidade elevada. Contudo, se o método apresentar especificidade muito baixa, poderá conduzir a resultados falsos-positivos, isso porque a prova não é capaz de distinguir, por exemplo, radicais quimicamente próximos, e então o produto passa a ser considerado impróprio para o consumo, embora seja adequado.

Concordância

O verdadeiro valor do método diagnóstico é sempre relativo a um outro de referência incontestável quanto à veracidade de resultados. Desse modo, a aplicação de uma prova laboratorial, em levantamentos amostrais, deve considerar sua concordância com outra prova padrão.

Exatidão e precisão

Uma determinada técnica de laboratório é considerada exata quando a média dos valores obtidos em sucessivas determinações estiver próxima ao verdadeiro valor da amostra. Ao passo que o teste é considerado preciso quando os resultados obtidos sucessivas vezes, sobre uma mesma amostra, são muito próximos entre si.

As provas diagnósticas poderão ser exatas sem precisão, sem exatidão mas precisas, exatas e precisas e não exatas e não precisas (Figura 28.1).

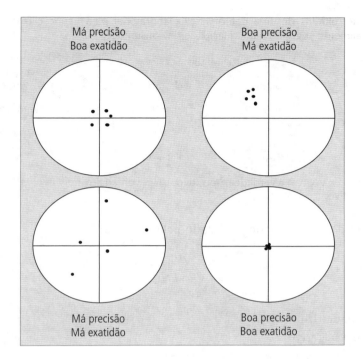

Figura 28.1 Exemplos de exatidão e precisão ante um mesmo valor de amostra.

Praticidade e exequibilidade econômica

É muito importante considerar que as provas de laboratório utilizadas principalmente para fins de triagem em unidades volantes devem ser práticas, ou seja, de simples execução. Devem também possibilitar a obtenção de resultados em curto prazo de tempo e ter baixo custo operacional.

A sofisticação de provas diagnósticas deve ser reservada para pesquisas que exijam apurar elementos de difícil detecção ou em quantidades tão pequenas que os métodos de rotina não são capazes de identificar. Técnicas mais elaboradas, além de trabalhosas, geralmente são muito caras e exigem equipamentos e técnicas especiais.

AVALIAÇÃO QUANTITATIVA DOS MÉTODOS

A Tabela 28.1 apresenta os resultados obtidos por uma determinada prova de laboratório utilizada na análise de qualidade de um dado número de produtos de origem animal. Os resultados foram tabulados levando-se em consideração a verdadeira qualidade determinada por uma prova padrão.

Tabela 28.1 Resultados de uma determinação laboratorial para verificação da qualidade de determinado alimento segundo a adequacidade de consumo

Alimento	Resultado		Total
	Positivo	Negativo	
Alterado	VP	FN	VP + FN
Adequado	FP	VN	FP + VN
Total	VP + FP	FN + VN	N

N = VP + FN + FP + VN; VP = verdadeiro-positivo; VN = verdadeiro-negativo; FP = falso-positivo; FN = falso-negativo.

O cálculo da sensibilidade (S) é dado pela fórmula:

$$S = \frac{VP}{VP + FN} . 100$$

Em que:
VP = verdadeiro-positivo
FN = falso-negativo

O cálculo da especificidade (E) é dado por:

$$E = \frac{VN}{VN + FP} . 100$$

Em que:
VN = verdadeiro-negativo
FP = falso-positivo

Deve-se ressaltar que os FP são complementares à especificidade, enquanto os FN são complementares em relação à sensibilidade.

Como pode ser constatado, sensibilidade e especificidade são antagônicas, mas não complementares, embora métodos muito sensíveis possam perder, de alguma forma, um pouco de sua especificidade.

Reações de baixa sensibilidade subestimam o verdadeiro valor de amostra, registrando-se grande número de amostras falso-negativas. Se em um estabelecimento comercial houver 10% de latas contaminadas, e a sensibilidade da prova diagnóstica for de 90%, para cada 100 amostras colhidas, dez serão falso-negativas. Do mesmo modo, a baixa especificidade também subestima o valor de amostra. No mesmo estabelecimento, uma prova de 80% de especificidade detectará 20% de falsos-positivos.

Em condições particulares de grandes quantidades de amostras, o mais indicado é a utilização de métodos menos sensíveis, porém, mais práticos e menos onerosos com obtenção rápida de resultados.

Ainda, a partir da Tabela 28.1 pode-se calcular o valor preditivo do resultado positivo (VPR+), o qual indica a real proporção de amostras que, identificadas pelo método diagnóstico como positivas, estão efetivamente alteradas. Para efeito de cálculo, leva-se em consideração o número de resultados positivos concordantes e o número total de amostras identificadas pelo método em julgamento. Assim, tem-se:

$$VPR+ = \frac{VP}{VP+FP}.100$$

De modo análogo, pode-se calcular o valor preditivo do resultado negativo (VPR–), o qual indica a real proporção de amostras que, identificadas pelo método diagnóstico como negativas, são efetivamente adequadas para o consumo. Nesse cálculo, leva-se em consideração o número de resultados negativos concordantes, simultaneamente a ambas as provas, e o número total de amostras negativas determinadas pelo método em questionamento. A fórmula para o cálculo é expressa da seguinte forma:

$$VPR- = \frac{VP}{VP+FP}.100$$

Com base na mesma Tabela 28.1, pode-se determinar a concordância (C) que é dada por:

$$C = \frac{VP+VN}{VP+FN+FP+VN}.100 \qquad ou \qquad C = \frac{VP+VN}{n}.1000$$

Para efeito do cálculo da concordância, leva-se em consideração o número de amostras alteradas positivas, o número de amostras normais negativas e o total de amostras examinadas (n). Portanto, quanto menor o número de falsos-positivos e falsos-negativos, detectados simultaneamente por ambas as provas, maior será o valor da concordância.

AVALIAÇÃO QUANTITATIVA DAS INTERPRETAÇÕES DAS PROVAS DIAGNÓSTICAS

A avaliação dos alimentos no comércio varejista por meio do exame das propriedades sensoriais constitui uma prova segura e de grande valor prático, principalmente quando realizada por profissional de boa experiência. Contudo, é necessário estabelecer um critério de julgamento quando vários técnicos estão envolvidos nesse serviço e principalmente quando eles estão na fase de treinamento.

HIGIENE E VIGILÂNCIA SANITÁRIA DE ALIMENTOS

Quando se realiza um exame sensorial, um elevado grau de subjetividade e percepção individual pode influenciar o resultado da análise. É importante ressaltar que, geralmente, as provas são realizadas diante dos comerciantes envolvidos, sob uma forte dose de pressão psicológica. Por esse motivo, o técnico deve trabalhar dentro de padrões preestabelecidos para que os resultados de seu julgamento possam estar de acordo com o de seus colegas. O aprendizado pode não só ser avaliado com exames práticos, como mensurado pelo Coeficiente de Correlação Intragrupal (K). Esse coeficiente permite correlacionar os resultados obtidos por dois profissionais, simultaneamente, sobre as mesmas amostras de alimentos examinadas, considerando a concordância desses resultados (Tabela 28.2).

Tabela 28.2 Resultados obtidos simultaneamente por dois técnicos (A e B) sobre amostras dos mesmos alimentos, submetidos ao exame sensorial, utilizando três critérios de julgamento: normal (0), alterado (+) e em decomposição (++)

Técnico A	Resultados do Técnico B			Total
	Normal (0)	Alterada (+)	Decomposição (++)	
0	a	b	c	A_1
+	d	e	f	A_2
++	g	h	i	A_3
Total	B_1	B_2	B_3	n

A partir dos resultados da Tabela 28.2, será possível calcular o valor de K pelas seguintes etapas:

- inicialmente, calcula-se o valor da concordância observada (Co),

$$Co = \frac{a+e+i}{n}.100$$

- em seguida, determina-se o valor da concordância esperada (Ce),

$$Ce = \frac{A_1.B_1 + A_2.B_2 + A_3.B_3}{n}.100$$

- finalmente, calcula-se K,

$$K = \frac{Co+Ce}{1-Ce}.100$$

O valor de K varia de −1 (desacordo absoluto), passando por 0 (acordo devido ao acaso) até 1 (acordo absoluto entre os resultados). Esse coeficiente, na verdade, avalia a reprodutibilidade do teste ou a fidelidade dos resultados obtidos.

CONCLUSÕES

Os exames laboratoriais para avaliação de alterações da composição ou do estado de conservação dos alimentos na grande maioria das vezes são onerosos, contudo contribuem de modo significativo para a redução da ocorrência de doenças por eles transmitidas.

O exame sensorial, todavia, continua a ser a grande arma de que dispõe o profissional da VSA na rotina diária da fiscalização do comércio varejista de produtos alimentícios. É uma prova simples, que exige prática e experiência, além de muita ponderação. É a partir desse exame que o técnico solicitará provas complementares, inicialmente, com o auxílio de um laboratório móvel, até porque o número de provas que podem elucidar o caso é facilmente transportado pela equipe.

Na unidade, a maioria dos exames é de natureza qualitativa, portanto sob a influência da subjetividade. Somente a partir dessa etapa, ou quando o exame sensorial assim o orientar, que as amostras são encaminhadas para o laboratório central para serem submetidas a provas mais complexas e sofisticadas, geralmente exigindo equipamento apropriado e pessoal técnico qualificado.

É importante que o profissional da área de alimentos conheça não só seu próprio trabalho, mas também possa decidir sobre o valor de uma determinada prova diagnóstica; as características das provas diagnósticas devem ser revistas periodicamente, à luz dos resultados obtidos, a fim de propiciar o controle de toda a equipe e avaliar o desempenho do próprio serviço de VSA, sobretudo no que concerne à prevenção das DTAs em saúde pública.

REFERÊNCIAS

FORATTINI, O.P. Epidemiologia geral. São Paulo: Artes Médicas, 1980.
GERMANO, P.M.L. Características dos métodos diagnósticos aplicados pela vigilância sanitária na área de alimentos. Comum Cient Fac Med Vet Zootec Univ S. Paulo, v. 13, n. 2, p. 75-9, 1989.
JENICEK, M.; CLEROUX, R. Epidémiologie: principes, techniques, applications. 2. ed. Quebec: Edisen, 1983.
RIEDEL, G. Controle sanitário dos alimentos. São Paulo: Loyola, 1987.
SCHWABE, C.W. Veterinary medicine and human health. 3. ed. Baltimore: Willians & Wilkins, 1984.
SCHWABE, C.W.; RIEMANN, H.P.; FRANTI, C.E. Epidemiology in veterinary practice. Philadelphia: Lea & Febiger, 1977.

29

Princípios gerais de higienização

Stela Scaglione Quarentei
Simone Aquino
Maria Izabel Simões Germano
Pedro Manuel Leal Germano

INTRODUÇÃO

Todos os setores de produção enfrentam o desafio da garantia da qualidade de seus produtos, envolvendo, para este fim, diferentes procedimentos. Particularmente, na indústria de alimentos, os procedimentos de higienização são fundamentais, ou seja, higiene é a base para a qualidade e segurança dos alimentos.

No setor alimentício a qualidade também se refere à inocuidade, além da ausência de perigos (físicos, químicos e biológicos) que possam ocasionar algum dano à saúde do consumidor, reforçando a importância da adoção de técnicas e produtos adequados nos procedimentos de higienização, tornando-os eficazes.

É importante ressaltar que os procedimentos de higienização não interfiram nas propriedades nutricionais e sensoriais dos alimentos e, ao mesmo tempo, garantam a preservação de sua pureza e de suas características microbiológicas, dentro de parâmetros aceitáveis para o consumo.

Uma grave consequência da incorreta higienização é a ocorrência de doenças transmitidas por alimentos, desde uma intoxicação alimentar até uma infecção generalizada grave. Este é um dos problemas que mais preocupam os responsáveis pela qualidade dos alimentos comercializados. Assim, procedimentos rigorosos de higienização garantem o controle de qualidade, viabilizando os custos de produção, além de satisfazer os consumidores (sem riscos à sua saúde) e de respeitar normas e padrões microbiológicos recomendados pela legislação vigente.

PRINCÍPIOS BÁSICOS DA HIGIENIZAÇÃO

A higienização visa eliminar ou reduzir a contaminação microbiológica, diminuindo a probabilidade de transmissão de agentes causadores de doenças (micro-organismos patogênicos), além dos deteriorantes de alimentos, como bactérias e fungos. Do ponto de vista conceitual, a higienização divide-se em duas etapas distintas: limpeza e desinfecção. Na limpeza, visa-se à remoção de resíduos orgânicos e minerais, como as proteínas, gorduras e sais minerais, ou seja, sujidades de modo geral. Na desinfecção, procura-se eliminar micro-organismos patogênicos e reduzir o número de micro-organismos deteriorantes a quantidades insignificantes até um nível de segurança ou aceitável para o consumo.

Para procedimentos de higienização eficiente (HE) nas indústrias de alimentos, é fundamental a escolha correta dos agentes de limpeza e desinfecção. Deve-se analisar o tipo e grau dos resíduos aderidos na superfície, a qualidade da água empregada, a natureza da superfície a ser higienizada, o método de higienização aplicado e os tipos e níveis de contaminação microbiológica. Além disso, pode-se considerar a HE o resultado da inter-relação entre as energias química, mecânica e térmica, além do tempo de duração do procedimento, ou seja:

HE = Energia química × Energia mecânica × Energia térmica × Tempo

A energia química se refere à ação de agentes alcalinos, ácidos ou mesmo agentes sanificantes ou de higienização, que eliminam substâncias orgânicas, minerais e micro-organismos, respectivamente. A ação química é necessária para a remoção de resíduos aderidos às superfícies, particularmente aqueles insolúveis na água. A energia mecânica é responsável pelo contato eficiente entre os resíduos e os micro-organismos com os agentes de higienização, o que pode ser obtido por fricção, esfregando-se os agentes contra as superfícies, como ocorre em limpezas manuais com esponjas ou imprimindo velocidade às soluções, como no processo chamado *Cleaning In Place* (CIP), aplicado em plantas industriais com equipamentos tubulares, como em indústrias de bebidas.

A energia térmica propicia uma maior eficiência da higienização, à medida que aumenta a temperatura das soluções. Porém, a temperatura máxima utilizada é limitada por outros fatores como o método de higienização e o resíduo a ser removido. Finalmente, em princípio, quanto maior o tempo de contato ou duração do procedimento, mais eficiente será a higienização; entretanto, quando se considera a utilização de agentes químicos, as reações ocorrem com maior eficiência nos minutos iniciais da aplicação desses produtos, pois à medida que o tempo passa, as soluções tornam-se saturadas com o material originado das reações.

Sabe-se que a alteração de um dos fatores acima descritos implica na alteração do outro para manter o mesmo nível de eficiência. Por outro lado, etapas de higienização muito prolongadas aumentam o custo do procedimento. Em suma, a otimização desses fatores implicará numa maior eficiência da higienização e, de modo geral, a limpeza e a desinfecção estão baseadas em quatro operações:

Pré-lavagem → Limpeza com detergentes → Enxágue → Desinfecção

PRÉ-LAVAGEM

A pré-lavagem visa à redução da quantidade de resíduos presentes nas superfícies dos equipamentos e utensílios. Usando apenas água, esse processo geralmente promove a remoção de aproximadamente 90% dos resíduos solúveis em água. A temperatura ideal para a utilização da água é aproximadamente 40°C, pois, quando excessivamente quente, desnatura proteínas, e quando fria, pode provocar a solidificação de gorduras.

Recomenda-se que a temperatura mínima esteja 5°C acima do ponto de liquefação das gorduras, já a máxima depende do ponto de desnaturação da proteína constituinte do alimento. A ação mecânica da água é responsável pela remoção de resíduos não solúveis e diminuição da carga microbiana das superfícies. Em certos casos, quando não é possível o uso da água para esse fim, pode-se realizar a redução de resíduos mais grosseiros com uma simples raspagem (ação mecânica) da superfície.

LIMPEZA COM DETERGENTES

O uso de solução detergente em contato direto com as sujidades tem como objetivo separá-las das superfícies a serem higienizadas, dispersá-las no solvente e prevenir nova deposição sobre as superfícies.

Para alcançar a eficácia desejada na limpeza, é necessário conhecer as características dos detergentes, bem como suas condições de emprego, como: o tipo de sujidade a ser removida, a superfície em que a sujidade se encontra, a forma de aplicação do detergente, se é possível para o processo em questão. Assim, um bom detergente deve ser:

- Emulsificador, para dispersar as gorduras.
- Solvente, para dissolver resíduos de alimentos, sobretudo proteínas.
- Emoliente, para umedecer os utensílios que serão limpos.
- Agente de dispersão, para lavar tanto em água branda como em dura.
- Muito solúvel, para ser eliminado completamente na água de enxágue.
- Inofensivo para o homem, atóxico, não corrosivo e econômico.

Tipos de detergentes

DETERGENTES ALCALINOS

Promovem o deslocamento de resíduos por emulsificação, saponificação e peptização. Removem os resíduos proteicos e gordurosos das superfícies, além de ter propriedades germicidas. Sua aplicação é sempre efetuada na concentração de 1 a 2% em água a 80°C.

O hidróxido de sódio (soda cáustica) é o mais importante representante desse tipo de detergentes, sendo muito usado na lavagem de garrafas e em processos automáticos, como em máquinas de lavar pratos, em que não há contato com os manipuladores. Durante o preparo da solução, a elevação brusca da temperatura pode causar ebulição, e a consequente projeção de gotas pode atingir a pele e as mucosas dos manipuladores.

Outros exemplos de detergentes alcalinos são o hidróxido de potássio, metassilicato, ortossilicato e sesquissilicato de sódio. O carbonato e bicarbonato de sódio são exemplos de álcalis fracos (fornecem ânions OH^-) e são usados para remover resíduos orgânicos.

Detergentes ácidos

A aplicação de agentes ácidos é efetuada quando existe a possibilidade de formação de incrustações minerais como as de água dura, depósitos calcários ocasionados por álcalis, entre outros, os quais não são removidos por detergentes alcalinos. As soluções ácidas são produtos compostos de ácidos orgânicos e inorgânicos que podem ser usados individualmente ou em combinações. O íon hidrogênio (H^+) confere atividade aos ácidos, no entanto é extremamente corrosivo para metais, particularmente ferro galvanizado e aço inoxidável.

Entre os ácidos fortes, incluem-se os inorgânicos e os orgânicos. Entre os inorgânicos, destacam-se: clorídrico, sulfúrico, nítrico e fosfórico. São exemplos de ácidos orgânicos: lático, glucônico, cítrico, tartárico, levulínico e hidroxiacético.

Deve-se ressaltar que os ácidos orgânicos são produtos caros. Os ácidos fortes são usados somente em condições especiais, como no caso de superfícies muito incrustadas, mas sempre tomando precauções de manuseio.

Detergentes tensoativos

São aqueles que modificam a tensão superficial em interfaces líquido-líquido, líquido-gás e sólido-líquido. Apresentam geralmente em sua fórmula grupos polares hidrofílicos, ou seja, com afinidade pela água, e grupos não polares lipofílicos, ou seja, com afinidade por óleos e gorduras, que os torna agentes capazes de reduzir a tensão superficial. Assim, os tensoativos são conhecidos também como detergentes sintéticos, umectantes, umedecedores, emulsificantes ou agentes de molhagem, entre outros.

Os agentes emulsificantes permitem a dispersão de dois líquidos não miscíveis e os molhantes, uma melhor penetração de líquidos em resíduos sólidos.

Os detergentes tensoativos (surfactantes) são classificados em aniônicos, catiônicos, não iônicos e anfóteros.

- Detergentes tensoativos aniônicos.
  São aqueles que se dissociam em solução, sendo o íon negativo a forma ativa. Nesse grupo está incluída a maioria dos detergentes comerciais. Na indústria de alimentos são utilizados principalmente os derivados de ácido sulfônico (acil isotionatos, alquilaril sulfonados, alquil sulfonados e sulfosuccinatos). Também são usados ésteres de ácido sulfúrico. A parte hidrofóbica é constituída pelos grupos alquil, aril e alquil-aril, o que facilita a incorporação da gordura, enquanto a parte hidrofílica é constituída por sulfonato e sulfato.

- Detergentes tensoativos catiônicos.
  São aqueles que, ao se dissociarem em solução, apresentam um íon positivo ativo. São compostos mais eficientes como germicidas que como detergentes. Os compostos de amônio quaternário são seus principais representantes, devendo sua ação ao fato de o átomo de nitrogênio possuir um par de elétrons não emparelhados, permitindo assim um ataque eletrofílico.

- Detergentes tensoativos não iônicos.
  São detergentes que não se ionizam em soluções aquosas, sendo obtidos pela combinação de óxido de etileno com compostos hidrofóbicos, contêm grupamentos do tipo carboxila, hidroxila ou amino, originando, dessa forma, diferentes tipos de éteres, ésteres ou alcoóis. Entre eles, incluem-se alcoóis e ácidos carboxílicos etoxilados e amidas etoxiladas.
  Alguns desses compostos formam pouca espuma, podendo ser usados para melhorar a molhagem dos detergentes ácidos; são compatíveis com tensoativos aniônicos e catiônicos, participando de diversas formulações. No entanto, muitos se apresentam na forma pastosa ou de líquido denso, o que dificulta sua utilização nas formulações de detergentes.

- Anfóteros.
  Substâncias com características de liberar carga elétrica positiva ou negativa dependendo do pH do meio. Têm carga positiva em pH ácido e negativa em meio básico. Entre os anfóteros, incluem-se acil-dialquil-etileno, diaminas e derivados, e ácidos N-alquilaminos.

- Agentes sequestrantes e quelantes.
  Os polifosfatos são os maiores representantes dos sequestrantes. São usados na formulação de detergentes após a descoberta de que formam complexos solúveis com cálcio e magnésio, evitando assim a precipitação de sais que poderiam interferir na operação de limpeza. Sua ação sequestrante é geralmente reversível. Compreendem uma série de complexos de fosfato de sódio, obtidos pelo aquecimento, isoladamente ou misturados com álcalis. São exemplos

o polifosfato tetrassódico, o hexametafosfato de sódio (Calgon) e o tetrafosfato de sódio (Quadrofos). Alguns ácidos orgânicos (cítrico, glucônico e outros) também são sequestrantes, mas não de tanta importância quanto os polifosfatos. Com relação aos agentes quelantes, o ácido etilenodiamino tetracético (EDTA), com seus sais de sódio e potássio, é o mais importante, sendo capaz de remover Ca^{++}, Mg^{++} e Fe^{++} de soluções com efeito similar aos polifosfatos. Os agentes quelantes são estáveis ao calor e compatíveis com compostos de amônio quaternário.

Formulações de detergentes na indústria de alimentos

Para obter um bom efeito de higienização, geralmente há necessidade de usar uma mistura de substâncias químicas. Quanto mais eficiente se deseja tornar a higienização, mais complicada é a composição do produto a ser usado, nas diversas aplicações específicas. Nas Tabelas 29.1 a 29.8 constam sugestões de formulações para aplicações específicas, na área de alimentos, de acordo com Tamplim (1980) apud Andrade e Macêdo (1996).

Tabela 29.1 Detergentes para higienização manual.

Agente químico	Concentração (%)
Dodecilbenzeno sulfonado de sódio (LAS) 40%	10
Tensoativo não iônico	4
Tripolifosfato de sódio	25
Metassilicato de sódio	10
Bórax ou sulfato de sódio	51

Tabela 29.2 Detergentes para higienização de garrafas.

Agente químico	Concentração (%)
Hidróxido de sódio	68
Fosfato trissódico	4
Carbonato de sódio	14
Pirofosfato tetrassódico	8
Metassilicato de sódio	6

532 ■ HIGIENE E VIGILÂNCIA SANITÁRIA DE ALIMENTOS

Tabela 29.3 Detergente para limpeza, *cleaning in place* (CIP) ou limpeza no lugar.

Agente químico	Concentração (%)
Gluconato de sódio	5
Soda cáustica	95

Tabela 29.4 Detergente para higienização de tubulações de aço inoxidável.

Agente químico	Concentração (%)
Tensoativo não iônico	3
Tripolifosfato de sódio	25
Metassilicato de sódio	10
Carbonato de sódio	30
Sulfato de sódio	32

Tabela 29.5 Detergente para remoção de minerais.

Agente químico	Concentração (%)
Tensoativo não iônico	0,3
Ácido fosfórico	31,0
Água	68,0

Tabela 29.6 Detergente para higienização de tanques de armazenamento de leite.

Agente químico	Concentração (%)
Metassilicato de sódio	35
Tripolifosfato de sódio	30
Carbonato de sódio	35

Tabela 29.7 Detergente para higienização de recipientes de alumínio para transporte de leite.

Agente químico	Concentração (%)
Metassilicato de sódio	60
Tripolifosfato de sódio	35
Dodecilbenzeno sulfonato de sódio	5

Princípios gerais de higienização ■ 533

Tabela 29.8 Detergente para higienização de recipientes de ferro estanhado para transporte de leite.

Agente químico	Concentração (%)
Metassilicato de sódio	60
Tripolifosfato de sódio	35
Dodecilbenzeno sulfonato de sódio	5

ENXÁGUE

Depois da lavagem com detergentes, os equipamentos devem ser enxaguados com água limpa para remover resíduos suspensos e traços dos componentes de limpeza, caso contrário, esses resíduos interferirão na etapa subsequente, a desinfecção. Após o uso de alcalinos, a remoção completa do detergente pode ser garantida tomando-se uma amostra da água de enxágue e adicionando gotas de fenoftaleína como indicador de pH. A água de enxágue deve permanecer incolor, indicando pH abaixo de 8,3. A remoção de detergentes ácidos pode ser avaliada, usando-se como indicador o metilorange: nesse caso, a cor da água de enxágue deve ficar amarela após a adição do indicador, caracterizando pH próximo à neutralidade.

Quando possível, o enxágue deve ser efetuado com a temperatura elevada (acima de 70°C). Isso favorece a eliminação de micro-organismos e facilita a evaporação da água das superfícies.

DESINFECÇÃO

É a última e indispensável etapa de um fluxograma geral de higienização. Visa à eliminação de micro-organismos patogênicos e redução de alteradores, até níveis considerados seguros, nas superfícies de equipamentos e utensílios. As etapas anteriores do procedimento de higienização, de modo geral, reduzem a carga microbiana, mas não a índices considerados satisfatórios.

Um equipamento que não tenha sido adequadamente limpo não poderá ser desinfetado com eficiência, pois resíduos remanescentes protegerão os micro-organismos da ação do agente desinfetante, ou seja, este de *per si* não é capaz de corrigir falhas das etapas anteriores do processo de higienização. Resíduos orgânicos inativam a maioria dos princípios ativos utilizados nas formulações dos desinfetantes, reduzindo a ação antimicrobiana destes, o que equivale dizer que o resultado da desinfecção tem uma relação direta com a qualidade da limpeza.

Outros fatores influenciam a eficácia dos desinfetantes e devem ser considerados: concentração de uso, qualidade da água, tempo de contato, temperatura, pH, espécies de micro-organismos, grau de contaminação, tolerância ou resistência do micro-organismo ao desinfetante e tipo de superfície. Em razão disso, os melhores resultados de desinfecção muitas vezes são obtidos com o uso de mais de um tipo de desinfetante, cada um adequado para cada situação, ou com sua utilização alternada (rodízio). A desinfecção pode ser realizada por meios físicos e químicos, sendo a última a mais comum.

Meios físicos

CALOR

- Vapor: jatos de vapor a 77°C durante 15 minutos, a 93°C durante cinco minutos ou ainda pelo uso do vapor direto durante um minuto.
- Água quente: recomendada uma exposição de dois minutos a 77°C no caso de xícaras e utensílios e de cinco minutos a 77°C no caso de equipamentos de processamento de alimentos.
- Ar quente: exposição durante 20 minutos a 90°C.

RADIAÇÃO ULTRAVIOLETA

Usada para a redução de micro-organismos em áreas de processamento, laboratórios, câmaras e fluxos laminares para microbiologia e em plástico para embalagens de leite. Encontram-se dois tipos de lâmpadas especiais, de argônio-mercúrio, indicadas para pequenas áreas e de mercúrio-quartzo recomendadas para instalações maiores e funcionamento sob pressão.

Essas lâmpadas emitem radiação na faixa de comprimento de onda de 900 a 3.800 Å, sendo a zona mais letal em torno de 2.600 Å. Contudo, são de custo elevado por causa do consumo de energia elétrica e sua eficiência decresce com o tempo de utilização, devendo ser substituídas a cada seis meses de utilização. Como vantagens, não conferem sabores indesejáveis aos alimentos nem apresentam efeito residual, atuam somente de modo superficial.

Meios químicos

São muito usados na prática, principalmente por razões econômicas, destacando-se o uso dos compostos clorados, iodados e quaternários de amônio, como agentes químicos ativos, ou biocidas, presentes nos produtos desinfetantes.

COMPOSTOS CLORADOS

O cloro é o desinfetante mais usado, devendo sua atividade germicida à combinação com radicais oxidáveis, principalmente -SH das enzimas. Nas Tabelas 29.9 e 29.10, são apresentados os principais compostos clorados e, na Tabela 29.11, a utilização do cloro na indústria.

Princípios gerais de higienização ■ 535

Para minimizar a instabilidade dos compostos clorados, particularmente dos inorgânicos, a indústria de alimentos deve armazenar os produtos comerciais em recipientes escuros, bem fechados, em locais bem ventilados e de temperaturas não elevadas para que não haja diminuição do teor de cloro residual. O contato com a luz decompõe os produtos clorados, e a temperatura elevada provoca sua volatilização. Tanto os compostos clorados inorgânicos quanto os orgânicos podem participar de formulações com substâncias detergentes, desde que haja compatibilidade entre eles, ou seja, não haja inativação ou redução da eficiência dos princípios ativos. Tais formulações originam os detergentes-desinfetantes à base de cloro.

Tabela 29.9 Relação dos principais compostos clorados inorgânicos.

Compostos clorados	% de cloro residual total
Hipoclorito de sódio	1-10
Hipoclorito de cálcio	70-72
Hipoclorito de lítio	30-35
Cloro gás	100
Dióxido de cloro	17

Fonte: Dychala (1977) apud Andrade e Macêdo (1996).

Tabela 29.10 Relação dos principais compostos clorados orgânicos.

Compostos clorados	% de cloro residual total
Cloramina T	24-26
Dicloramina T	56-60
Dicloro dimetil hidantoína	66
Ácido tricloroisocianúrico	89-90
Ácido dicloroisocianúrico	70

Fonte: Dychala (1977) apud Andrade e Macêdo (1996).

Tabela 29.11 Uso de cloro na indústria de alimentos.

Aplicação	Concentração mg/L CRT	pH	Temperatura °C	Contato (min)
Abastecimento público	0,1-1,0	6,8-7,0	20-25	15

(continua)

HIGIENE E VIGILÂNCIA SANITÁRIA DE ALIMENTOS

Tabela 29.11 Uso de cloro na indústria de alimentos. (*continuação*)

Aplicação	Concentração mg/L CRT	pH	Temperatura °C	Contato (min)
Cloração industrial	5,0-7,0	6,8-7,0	20-25	15
Resfriamento de enlatados	5,0-7,0	6,8-7,0	20-25	5
Desinfecção de equipamentos				
Imersão/circulação	100	7,5-8,5	20-25	15-30
Aspersão/nebulização	200	7,5-8,5	20-25	1-2
Redução microbiana das superfícies de alimentos	50-200	7,5-8,5	20-25	30

Fonte: Adaptado de Katsuyama e Strachan (1980) apud Andrade e Macêdo (1996).

A ação germicida do cloro e seus derivados, excetuando-se o dióxido de cloro, ocorre por meio do ácido hipocloroso, cuja tendência à dissociação acarreta a formação de íon H^+ e íon hipoclorito.

$$HClO \rightarrow H^+ + OCl^-$$

Essa reação é reversível e forma HOCl quando em presença de íons H^+. O íon hipoclorito pode sofrer hidrólise.

$$OCl^- + H_2O \rightarrow HOCl + OH^-$$

Em água clorada, o cloro molecular (Cl_2) está presente em uma faixa de pH igual ou inferior a 2. O ácido hipocloroso predomina entre os valores de pH 4 e 7,5, enquanto na faixa de pH 7,5 e 9,5 predomina o íon hipoclorito.

Uma vez que o ácido hipocloroso é considerado a forma ativa do cloro com ação antimicrobiana, verifica-se que a quantidade desse composto depende do pH da solução. As hipóteses dos mecanismos de ação dos compostos clorados são:

- Destruição da síntese proteica.
- Descarboxilação oxidativa de aminoácidos a nitrilas e aldeídos.
- Reações com ácidos nucleicos, purinas e pirimidinas.
- Desequilíbrio metabólico após destruição de enzimas essenciais.
- Indução de lesões no DNA acompanhada da capacidade de autoduplicação.
- Inibição da absorção de oxigênio e fosforilação oxidativa conjugada à quebra de macromoléculas.
- Formação de derivados nitroclorados de citosina.

O dióxido de cloro não se hidrolisa em soluções aquosas, sendo a molécula intacta responsável pela atividade antimicrobiana, tendo atuação mais eficaz sob pH 8,5. O Quadro 29.1 refere-se à utilização dos hipocloritos como desinfetantes.

Ainda dentro do grupo dos clorados, existem os clorados orgânicos, ou as cloraminas, caracterizados por possuírem um ou mais átomos de hidrogênio substituídos pelo cloro em seu grupamento amino. O mais simples é a monocloramina (NH_2Cl), os mais conhecidos são os derivados do ácido isocianúrico, o dicloroisocianurato e o tricloroisocianurato de sódio.

As cloraminas têm como vantagem serem mais estáveis do que os hipocloritos em termos de liberação prolongada de cloro. Os clorados orgânicos podem atingir prazos de validade cerca de dez vezes maiores que os hipocloritos, que atingem apenas quatro meses. Na solução de uso, a liberação mais lenta do ácido hipocloroso garante um tempo maior de efetividade e, além disso, são menos reativos com matéria orgânica.

Quadro 29.1 Vantagens e desvantagens dos hipocloritos como desinfetantes.

Vantagens	Desvantagens
Relativamente baratos	Instáveis ao armazenamento
Agem rapidamente	Inativados pela matéria orgânica
Não afetados pela dureza da água	Corrosivos quando não usados corretamente
Efetivos contra uma grande variedade de micro- -organismos	Irritantes à pele
Efetivos em baixas concentrações	Podem provocar odores indesejáveis
Relativamente não tóxicos nas condições de uso	Precipitam em água que contenha ferro
Fáceis de preparar e aplicar em equipamentos	Menor eficiência com aumento de pH da solução
Concentrações facilmente determinadas	Removem carbono da borracha
Podem ser usados em tratamento de água	
Concentrações de 50 mg/L geralmente são aprovadas no teste de suspensão	
Os equipamentos não precisam ser rinsados após a sanificação	

Fonte: Dychala (1977) apud Andrade e Macêdo (1996).

Outra grande vantagem desses compostos é o fato de não formarem tri-halometanos (THM) – substâncias cancerígenas – como subproduto do processo de desinfecção, ao contrário dos clorados inorgânicos, que podem formar. O hipoclorito de sódio é o desinfetante de excelência em estações de tratamento de água para o abastecimento público; esse fato é absolutamente relevante e vem sendo cada vez mais considerado e estudado em razão do impacto dos THMs no meio ambiente e na saúde da população.

COMPOSTOS IODADOS

São aplicados como desinfetantes há mais de um século, nas formas de tintura de iodo, solução de iodo alcoólico e soluções contendo iodo metálico mais iodeto. São ligeiramente solúveis em soluções alcoólicas e de iodeto de potássio. Por causa de sua baixa solubilidade em água, é comum fazer-se a mistura do iodo com um agente tensoativo não iônico, o qual funciona como carreador e solvente desse elemento. Nessas soluções, o iodo é liberado de forma lenta e gradual a partir desses compostos, comumente chamados de iodóforos, que, além de solúveis em água, mantêm a capacidade germicida e não apresentam as características indesejáveis dos outros iodados por serem inodoros e não irritantes à pele (Quadro 29.2).

Quadro 29.2 Vantagens e desvantagens dos iodóforos como desinfetantes.

Vantagens	Desvantagens
Boa estabilidade	Eficiência diminui com o aumento do pH
Ação de molhagem	Menos eficientes que o cloro sobre esporos bacterianos e bacteriófagos
Eficientes contra todos os micro-organismos, exceto sobre esporos bacterianos e bacteriófagos	Podem causar odores desagradáveis em alguns produtos
Não devem ser usados à temperatura acima de 49 °C	Podem provocar descoloração
Eliminam células de leveduras mais rápido que o hipoclorito	Mais caros que o cloro
Não são afetados pela água dura	Causam coloração de alguns materiais como o plástico
Relativamente não tóxicos	Não devem ser empregados a temperaturas acima de 43°C, pois sublimam
Não corrosivos e não penetrantes à pele	Não devem ser empregados em plantas de amido
Boa penetração e propriedades de espalhamento	
Previnem formação de incrustações minerais por serem de natureza ácida	

(continua)

Princípios gerais de higienização ■ 539

Quadro 29.2 Vantagens e desvantagens dos iodóforos como desinfetantes. (*continuação*)

Vantagens	Desvantagens
Sua coloração é indicativa de níveis de concentração	
Facilmente preparados	
Menos sensíveis à matéria orgânica que o cloro	
Sua concentração é facilmente determinada	

Fonte: Adaptado de Andrade e Macêdo (1996).

A ação bactericida dos compostos iodados deve-se principalmente ao I_2 liberado pelas soluções aquosas e pelos complexos com agentes tensoativos. Em relação às células vegetativas, pressupõe-se que o I_2 penetre na parede celular, ocasionando a destruição da estrutura proteica. Além disso, haveria uma ação no protoplasma em que o I_2 inibiria sistemas enzimáticos-chave por meio da oxidação do aminoácido tirosina, formando di-iodotirosina. Essa reação alteraria a estrutura da enzima, afetando sua atividade.

Verifica-se que o iodo é eficiente sobre células bacterianas, sejam Gram-positivas ou negativas, e é moderadamente eficiente sobre fungos, leveduras e vírus. O iodo é tão eficiente quanto o cloro sobre células vegetativas, mas apresenta uma ação muito menor quando se trata de esporos bacterianos.

Uma parte do iodo livre equivale a 3-6 partes de cloro livre. O I_2 é menos ativo do que o cloro, por isso tem maior dificuldade em reagir com matéria orgânica, além de não formar haloaminas como o cloro; portanto, deve ser aplicado às superfícies previamente limpas, onde a matéria orgânica já tenha sido removida. As soluções de iodo são principalmente empregadas na antissepsia da pele (uso por manipuladores), mas também são usadas no ambiente, sob a forma de nebulização.

Biguanida

Tem sido recomendada como agente desinfetante na indústria de alimentos, utilizada por manipuladores e em equipamentos, utensílios e, ainda, recomendada para controle microbiológico de salmouras no processamento de queijos.

As biguanidas são polímeros catiônicos, e uma das mais conhecidas é a clorexidina, que pode ser inativada por precipitação de sais minerais, inclusive aqueles que compõem a dureza da água. As soluções aquosas desse germicida não possuem cor nem odor, mas têm pouco efeito de molhagem, por isso podem ser utilizados tensoativos catiônicos e não iônicos para melhorar essa característica.

O derivado da bisbiguanida, a clorexidina, parece apresentar baixa toxicidade em animais, além de não provocar danos à pele, a membranas e mucosas de manipuladores nas concentrações que apresentam efeito germicida. O mecanismo de ação da clorexidina caracteriza-se pela rápida absorção pelas células bacterianas, resultando em diversas modificações citológicas que afetam a permeabilidade. A quantidade do agente químico absorvida é proporcional à sua concentração, à densidade da célula bacteriana, à composição e ao pH do meio.

A solução comercial de digluconato de clorexidina a 20%, com diluição de 1:2.000, é utilizada para a redução da microbiota de manipuladores de restaurantes industriais que atuam nas áreas de carnes, saladas e cocção. Tal desinfetante também é eficiente em tratamentos de salmoura, nas superfícies de queijos curados, e empregado, ainda, na desinfecção de equipamentos e utensílios, com diluição de 1:3.000 a 20%.

Uma das principais utilizações da clorexidina é como antisséptico de mãos, enquanto a biguanida polimérica, ou poli-hexametileno biguanida (PHMB), é mais utilizada em formulações de desinfetantes de superfícies (pisos, paredes, equipamentos e outros), sozinha ou em combinações com outros agentes antimicrobianos, geralmente contendo 20% de princípio ativo.

Como características positivas desse polímero, o PHMB, é possível citar: efetiva ação contra bactérias Gram-positivas e negativas, baixas toxicidade e formação de espuma, baixo odor, atividade minimamente afetada na presença de água dura ou resíduos orgânicos, além de poder ser utilizado em procedimentos de higienização manuais e/ou automatizados. Seu mecanismo de ação também está relacionado a: alteração de permeabilidade da parede celular, perda de conteúdo citoplasmático e ruptura da membrana citoplasmática.

ÁCIDO PERACÉTICO

É o princípio ativo de diversos desinfetantes comerciais, produtos constituídos de uma mistura estabilizada de ácido peracético, peróxido de hidrogênio, ácido acético e um veículo estabilizante. O estado de equilíbrio em solução é representado pela seguinte mistura:

$$CH_3CO.OH + H_2O_2 \rightarrow CH_3COOOH + H_2O$$
$$\text{Ácido acético} \qquad \text{Ácido peracético}$$

A grande capacidade de oxidação dos componentes celulares torna o ácido peracético um excelente desinfetante, pois o oxigênio liberado pelo peróxido reage imediatamente com os sistemas enzimáticos, inativando-os. Esse agente não existe como uma entidade química única, precisa estar em equilíbrio na solução com o peróxido de hidrogênio e ácido acético.

Embora as recomendações dos fabricantes sejam baseadas na concentração do ácido peracético, não há dúvida de que a ação sobre células vegetativas, esporos, fungos, leveduras e vírus é, também, decorrente do teor de peróxido de hidrogênio

Princípios gerais de higienização ■ 541

presente nas formulações comerciais. Quanto ao seu emprego, o setor cervejeiro tem sido um dos mais citados, sendo indicado também para uso nos laticínios, no tratamento de esgotos e na esterilização de materiais cirúrgicos. Em estudos recentes, foi utilizado em abatedouros, sobre carcaças de frango, em substituição ao cloro, com excelentes resultados. Efeitos semelhantes foram obtidos como esterilizador de embalagens. No Quadro 29.3 são apresentadas as vantagens e as desvantagens da utilização do ácido peracético.

No mercado encontram-se soluções comerciais que contêm concentrações de ácido peracético a 2 e 4% e de peróxido de hidrogênio a 7 e 20%, respectivamente. Contudo, para sua utilização, têm sido recomendadas soluções diluídas cuja concentração final de ácido peracético varie de 300 a 700 mg/L. Vale ressaltar que a maior eficiência do produto é atingida a temperaturas abaixo de 35°C e em pH entre 2 e 4.

O ácido peracético é irritante para pele e mucosas, havendo necessidade de cuidados especiais no manuseio do produto concentrado, como roupas protetoras, luvas de PVC, máscaras providas de filtro contra gases tóxicos e proteção ocular. Quando ocorrer a aplicação desse ácido, deve-se tomar precauções para evitar sua ação corrosiva, pois ataca ferro, cobre, níquel, titânio, cromo, prata, zinco, alumínio e suas respectivas ligas. Da mesma forma, como ataca tanto borracha natural quanto sintética, deve-se evitar o uso em equipamentos que tenham gaxetas de borracha. Por outro lado, não ataca vidro, porcelana, PVC, polietileno, polipropileno, Teflon® e aço inoxidável AISI 316 e 316L.

Quadro 29.3 Vantagens e desvantagens do ácido peracético como desinfetante.

Vantagens	Desvantagens
Excelente ação sanificante	Irritante à pele
Excelente atividade antimicrobiana e largo espectro de ação (células vegetativas, fungos, esporos e vírus)	Vapores são irritantes
Baixo efeito residual e toxicidade	Baixa estabilidade à estocagem
Concentração facilmente determinada	Requer cuidados no manuseio
Seguro para o uso em filtros de éster-celulose, usados nas cervejarias Age em baixas temperaturas	O composto concentrado tem odor pungente de vinagre, além de ser incompatível com ácidos e álcalis concentrados, borrachas naturais e sintéticas
Não corante e não afetado pela dureza da água	Incompatível com ferro, cobre e alumínio
Não corrosivo ao aço inox e alumínio, nas concentrações de uso recomendado	

(continua)

Quadro 29.3 Vantagens e desvantagens do ácido peracético como desinfetante. (*continuação*)

Vantagens	Desvantagens
Não espumante dentro das concentrações recomendadas de uso	
Rápida decomposição após uso em ácido acético, oxigênio e água, dispensando um enxágue final	
Baixa concentração de uso e praticamente inodoro na forma diluída	

Fonte: adaptado de Andrade e Macêdo (1996).

Compostos quaternários de amônio (CQA)

São compostos tensoativos, catiônicos, que apresentam pouca atividade como detergentes, mas boa atividade germicida. Vários mecanismos de ação associados dão origem à atividade germicida nos CQA, como inibição enzimática, desnaturação proteica e lesão da membrana citoplasmática com o consequente vazamento dos constituintes celulares.

Os CQA formam um filme bacteriostático sobre as superfícies, mas atuam com menos eficiência sobre bactérias Gram-negativas (coliformes e psicrotróficos) do que sobre as Gram-positivas (*Staphylococcus* spp. e *Streptococcus* spp.). A atividade sobre bactérias Gram-negativas pode ser aumentada com o uso do EDTA, pois este atua como quelante para algumas estruturas da parede celular, facilitando a penetração do composto pela membrana. São ativos tanto em meio ácido quanto alcalino, tendo evidências de melhores resultados neste último, o aumento da temperatura tem um resultado positivo sobre sua ação e alguns são menos reativos com resíduos orgânicos.

Esses desinfetantes não são eficientes contra bacteriófagos e não apresentam atividade esporicida, embora possam ser esporostáticos. Por outro lado, apresentam boa atividade sobre bolores e leveduras. A fórmula geral desses compostos é:

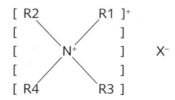

em que:
R1: grupamentos longos (C8 a C18)
R2, R3, R4: hidrogênio, grupos alquila, arila ou heterocíclicos X: cloreto ou brometo

Os CQA, também chamados de *quats*, são muito usados na desinfecção de ambientes, equipamentos e utensílios (Quadro 29.4). As condições de uso mais comuns são na concentração de 200 a 400 mg/L, em pH entre 9,5 e 10,5, exigindo-se um contato mínimo por 10 a 15 minutos à temperatura ambiente. Por diminuir a tensão superficial da água, os CQA apresentam boas características de penetração, tornando-se eficientes mesmo em superfícies porosas. Como são incompatíveis com agentes tensoativos aniônicos, tornando-se inativos, não devem ser adicionados em soluções para a formulação de detergentes-desinfetantes com esse tipo de tensoativo. No entanto, com agentes tensoativos não iônicos apresentam boa eficiência, em condições alcalinas, em pH entre 9,5 e 10,5.

Quadro 29.4 Vantagens e desvantagens dos compostos quaternários de amônio como desinfetantes.

Vantagens	Desvantagens
Pouco afetados por matéria orgânica	Incompatíveis com agentes tensoativos aniônicos
Inodores, incolores, não corrosivos e não irritantes	Caros
Efeito bacteriostático residual	Baixa atividade em água dura
Não irritante à pele quando em limpeza mecânica	Pouco efetivos contra esporos bacterianos, bacteriófagos, coliformes e psicrotróficos
Facilmente controlados	É necessário efetuar a rinsagem do equipamento
Estáveis ao armazenamento	Problemas com formação de espumas e sabores estranhos em laticínios
Vida de prateleira longa	Atividade reduzida na presença de Ca^{++}, Mg^{++} e Fe^{++}
Controlam odores desagradáveis	Mais caros que os compostos clorados
Não tóxicos	
Compatíveis com tensoativos não iônicos em formulações de detergentes	
Ativos em ampla faixa de pH (melhor acima de 6)	
Estáveis à temperatura ambiente e mesmo à temperaturas mais elevadas	
Eficazes contra bactérias Gram-positivas	
Solúveis em água e boa penetração	

(continua)

HIGIENE E VIGILÂNCIA SANITÁRIA DE ALIMENTOS

Quadro 29.4 Vantagens e desvantagens dos compostos quaternários de amônio como desinfetantes. (*continuação*)

Vantagens	Desvantagens
Efetivos contra micro-organismos termodúricos	
Estáveis à mudança de temperatura	
Efetivos em condições alcalinas	

Fonte: adaptado de Andrade e Macêdo (1996).

O cloreto de benzalcônio é o representante da primeira geração dos *quats*. Mudanças na estrutura molecular associadas a combinações desses princípios ativos já produziram sete gerações desses compostos, com maior atividade antimicrobiana, menor toxicidade e melhor desempenho em condições adversas de dureza de água e presença de resíduos orgânicos, porém com certo impacto no custo. Comercialmente, para o segmento alimentício, os CQAs mais utilizados são os de quarta geração, porém também existem no mercado produtos à base de *quats* de quinta geração.

PERÓXIDO DE HIDROGÊNIO

É um forte oxidante em razão da liberação do oxigênio, há décadas usado como agente bactericida e esporicida. Tem sido aplicado na esterilização de embalagens de produtos assepticamente embalados e na desinfecção de equipamentos e utensílios na indústria de alimentos (Quadro 29.5). Também é componente de algumas formulações de desinfetantes, particularmente em equilíbrio com ácido acético, dando origem ao ácido peracético.

Quadro 29.5 Vantagens e desvantagens do peróxido de hidrogênio como desinfetante.

Vantagens	Desvantagens
Baixa toxicidade	Corrosivo para cobre, zinco e bronze
Baixo efeito residual	Sob baixas temperaturas, requer longo tempo de contato
Não requer enxágue	Requer controle do oxigênio ativo na utilização
	Requer precaução no manuseio e dosagem

Fonte: Dychala (1977) apud Andrade e Macêdo (1996).

Em concentrações baixas, atua sobre células vegetativas por meio de um processo de oxidação enérgica dos componentes celulares. Em concentrações elevadas, atua como esporicida, por exemplo: para esterilização de embalagens destinadas a produtos esterilizados, deve-se usar o peróxido a 30%, concentração esta com eficiente e rápida ação esporicida. Nas indústrias de alimentos, pode ser utilizado na concentração de 0,3 a 30%, em pH 4, desde que com temperatura ambiente até 80°C, com contato de 5 a 20 minutos.

Apesar de forte oxidante, esse desinfetante é capaz de gerar radicais hidroxilas sob radiação ultravioleta. Foi observada ação sinérgica entre o peróxido de hidrogênio e a radiação UV. Também alguns sais inorgânicos, especialmente sais de cobre, aumentam a atividade bactericida e esporicida desse desinfetante.

DETERGENTES-DESINFETANTES

Existem alguns produtos cujas formulações combinam agentes de limpeza com um agente antimicrobiano e que são utilizados para realizar a higienização em uma única etapa – a limpeza e a desinfecção ocorrem ao mesmo tempo. Apesar de parecer vantajoso e mais econômico, o uso desses produtos possui limitações e condições que devem ser bem entendidas antes da escolha, mesmo havendo compatibilidade química entre os agentes, pois suas capacidades tanto de limpeza quanto de desinfecção ficam comprometidas porque são ainda mais afetadas pela presença de resíduos orgânicos. São produtos mais indicados para superfícies lisas e com teor de sujidade baixo, e o custo-benefício da operação deve ser dimensionado.

Aspectos legais

A Agência Nacional de Vigilância Sanitária (ANVISA) prevê uma série de normas técnicas que englobam os mais variados assuntos referentes à vigilância em saúde e, dentre eles, estão as Boas Práticas de Fabricação (BPF) na produção de alimentos e o uso de saneantes. Como exemplo, as BPF são regulamentadas pela Portaria n. 326 de 30.07.1997, os Procedimentos Padrões de Higiene Operacional (PPHO) estão estabelecidos na Resolução da Diretoria Colegiada (RDC) n. 275 de 21.02.2002 e os padrões microbiológicos sanitários de alimentos estão estabelecidos na RDC n. 12 de 2001.

Detergentes e desinfetantes, também chamados de saneantes domissanitários – produtos para limpeza e higienização de ambientes domésticos e coletivos, públicos ou privados, são regulamentados pelas Resoluções RDC n. 14/07 e RDC n. 40/07 da ANVISA, sendo que a legislação referente a esses produtos, foi harmonizada com os Estados Unidos, União Europeia e Mercosul. Além de normas, resoluções e legislações, o uso de saneantes também está regularizado por meio de informes técnicos, disponíveis para consulta no site da ANVISA: www.anvisa.gov.br.

Os desinfetantes e os detergentes-desinfetantes devem ter sua ação antimicrobiana comprovada e, obrigatoriamente, devem ser registrados, bem como os detergentes extremamente ácidos ou alcalinos. Os produtos antimicrobianos são registrados dentro de categorias, em razão de sua aplicação ou finalidade, como: "desinfetantes para indústria de alimentos afins". Por outro lado, os detergentes que não estão dentro das condições citadas anteriormente, após a avaliação da ANVISA, são notificados e só podem ser comercializados após a publicação da notificação no site desta agência. As informações referentes ao registro – "Registro no MS 3.XXX.XXX" – e à notificação – "Produto notificado na Anvisa/ MS" – devem constar nos rótulos.

Características das substâncias

Biocidas são agentes químicos de amplo espectro de ação que inativam os micro-organismos por agirem em vários pontos das células microbianas, provocando uma somatória de danos, tanto na organização e estrutura das células (parede celular e membrana citoplasmática), quanto nos seus constituintes intracelulares (lipídios, proteínas/enzimas e DNA); geralmente, são utilizados em concentrações elevadas e aplicados sobre superfícies. Por outro lado, os antibióticos são substâncias com espectro de ação mais reduzido, se comparados aos biocidas, que agem em sítios específicos da célula bacteriana, como na síntese de ácidos nucleicos ou na replicação celular, sendo utilizados para controlar infecções em seres vivos.

Tanto os biocidas quanto os antibióticos podem apresentar o efeito de inibição do crescimento dos micro-organismos. São os bacteriostáticos, os fungistáticos, entre outros. Também podem apresentar o efeito de eliminação (morte) das células, como os bactericidas, os fungicidas, os viricidas e os esporocidas.

Os produtos desinfetantes podem conter em suas formulações um ou mais agentes químicos ativos (biocida) e até mesmo aditivos – outras substâncias químicas com a finalidade de aumentar a performance do desinfetante, o que pode gerar uma variedade considerável de possibilidades de atividade antimicrobiana.

Mecanismo de ação e atividade dos desinfetantes

A primeira etapa da ação dos biocidas/desinfetantes sobre os micro-organismos é a interação com a superfície da célula, em seguida penetram na célula microbiana e, então, atingem seus componentes intracelulares. É nesse processo que ocorre uma série de reações químicas que acabam por inativar os micro-organismos.

A sensibilidade ou suscetibilidade dos micro-organismos aos biocidas/desinfetantes é influenciada de maneira significativa pelas camadas ultraperiféricas das células microbianas, o que explica a importância da natureza e da composição da superfície da bactéria na ação dos biocidas/desinfetantes. A natureza e a composição da estrutura bacteriana variam conforme o micro-organismo (Gram-positivo ou Gram-negativo), mas também são influenciadas pelo ambiente, gerando adaptações que possibilitam a sobrevivência das bactérias em condições adversas.

A atividade do biocida/desinfetante depende de fatores como: tipo de micro-organismo (procarioto, eucarioto, acelular), a estrutura celular (composição da parede), metabolismo e fisiologia, número de células microbianas, formulações de produtos químicos, concentrações de ativos, concentrações de soluções de uso, presença de matéria orgânica (como sujidade), pH do meio, temperatura e método analítico utilizado para a avaliação de sua eficácia.

Resistência bacteriana aos desinfetantes

O uso indiscriminado de produtos desinfetantes levou ao surgimento de especulações e de pesquisas entre os anos de 1997 e 2002, sobre o desenvolvimento de resistência microbiana aos agentes ativos (biocidas), presentes nesses produtos, como exemplo da diminuição da sensibilidade de *Mycobacterium chelonae* ao glutaraldeído, sugerindo que os componentes arabinogalactano e arabinomanano da parede celular estavam associados à resistência. Foram isoladas bactérias sobreviventes em plantas industriais onde triclosan e paraclorometaxilenol eram fabricados. A prevalência de bactérias com susceptibilidade reduzida ao cloreto de benzalcônio foi detectada no efluente de uma estação municipal de tratamento de esgoto nos Estados Unidos.

Anos depois, algumas correlações foram relatadas, como a pesquisa realizada na Universidade Nacional da Irlanda, em 2010, que demonstrou o aumento de resistência da bactéria Gram-negativa *Pseudomonas aeruginosa* ao antibiótico ciprofloxacina, quando a cultura era submetida às concentrações residuais de cloreto de benzalcônio em meios de cultura com restrições de magnésio. O mesmo efeito não foi observado quando a restrição nutricional era de glicose, o que indica a relevância das condições ambientais na adaptação do micro-organismo ao biocida.

Mecanismo de resistência

A resposta de micro-organismos à ação de agentes antimicrobianos e, consequentemente, a resistência a eles, pode estar relacionada a uma característica natural e intrínseca do micro-organismo, ou ser adquirida por mecanismos genéticos como mutação, aquisição de material genético por meio de conjugação entre bactérias (transferência de plasmídeos) ou mesmo por transposons, que são segmentos de DNA que se deslocam de um sítio a outro dentro do genoma (genes saltitantes).

Resistência intrínseca

Entre os mecanismos pesquisados para demonstrar a resistência das bactérias aos biocidas/desinfetantes, os mais significativos foram os claramente intrínsecos, sendo, portanto, "tolerância" o termo mais aplicável a esses casos. Tolerância é definida como o desenvolvimento ou os efeitos protetores que possibilitam a sobrevivência de micro-organismos em presença de um agente químico ativo.

Bactérias Gram-negativas tendem a ser mais resistentes aos biocidas/desinfetantes do que as bactérias Gram-positivas, uma vez que suas membranas externas de natureza lipopolissacarídica (LPS) funcionam como uma barreira hidrofóbica à entrada de agentes químicos. A *Pseudomona aeruginosa* é uma bactéria Gram-negativa, não fermentadora de carboidratos, cujos mecanismos de resistência são bastante estudados, sendo considerada uma bactéria resistente a antibióticos. Por outro lado, a composição química da parede celular dos estafilococos (Gram-positivos) explica a sensibilidade desses micro-organismos aos biocidas/desinfetantes, uma vez que não possuem a membrana externa (LPS). Já os micro-organismos formadores de esporos como os gêneros *Bacillus* e *Clostridium* são considerados os mais resistentes entre todas as bactérias, embora a forma vegetativa (não esporulada) de *Bacillus* spp. seja mais suscetível ao ataque de biocidas e desinfetantes em relação ao esporo (estrutura de resistência bacteriana). Vale destacar que o termo esporo bacteriano se refere à estrutura de resistência aos efeitos adversos do ambiente, enquanto esporo de fungos filamentosos são as estruturas assexuadas reprodutivas, também chamadas de conídios.

Resistência adquirida

A resistência genética bacteriana pode ser adquirida pela transmissão de plasmídeos ou plasmídios, que são moléculas circulares de DNA extracromossômico e que podem expressar mecanismos de resistência aos biocidas. A transferência de plasmídeos ocorre por meio de conjugação (troca de material genético entre bactérias) e está mais associada a biocidas/desinfetantes mercuriais ou à base de outros metais, porém eles não são permitidos para uso em áreas de alimentos. Estudos na área hospitalar indicam resistência adquirida a outros ativos químicos, por meio de plasmídeo de resistência em estafilococos e entre bacilos Gram-negativos.

BIOFILMES

Ainda dentro do universo do controle de micro-organismos, nos ambientes de produção e manipulação de alimentos, por meio da higienização, há que se considerar os biofilmes.

Biofilmes são comunidades microbianas com alto grau de organização e complexidade que se desenvolvem espontaneamente em qualquer superfície e em qualquer ambiente, por meio da fixação dos micro-organismos à superfície com a segregação de uma matriz extracelular adesiva e protetora, constituída de polímeros e polissacarídeos. Para tal, basta a convergência de condições adequadas, como: nutrientes, tipo de superfície, umidade, capacidade de adesão do micro-organismo e tempo – a aderência à superfície pode levar duas horas e a fixação dos micro-organismos com a produção da matriz protetora completando o biofilme leva, no mínimo, 48 horas. Esse tipo de formação confere aos micro-organismos envolvidos a capacidade de sobreviverem em condições adversas e maior resistência, por exemplo, à ação de detergentes e desinfetantes. Os micro-organismos (bactérias e leveduras), quando inseridos em biofilmes, se comportam de maneira diferente se comparados com células individuais ou com as tradicionais colônias, dificultando o controle sobre eles.

Nos últimos anos, tem sido publicada uma série de trabalhos relatando a persistência de patógenos sobre as superfícies de contato com os alimentos, em função da formação de biofilmes por estes micro-organismos, além de demonstrarem o aumento da probabilidade de sobrevivência e disseminação destes contaminantes/perigos durante o processo produtivo, sendo considerados "fonte de contaminação reincidente". Afora o sensível comprometimento da qualidade e/ou segurança do alimento, os biofilmes também acarretam sérios problemas econômicos, uma vez que podem danificar e/ou corroer as superfícies às quais estão aderidos. Os principais micro-organismos patogênicos citados são: *Yersinia enterocolitica, Campilobacter jejuni, Salmonella* spp., *Staphylococcus* spp., *Escherichia coli* O157:H7, *Listeria monocytogenes* e *Bacillus cereus*. É importante citar que outros micro-organismos deterioradores também são capazes de formar biofilmes, como fungos (em especial as leveduras do gênero *Candida*).

Os biofilmes são importantes devido à sua formação em alimentos, utensílios e superfícies e à dificuldade encontrada em sua remoção. Se formados em materiais da linha de produção da indústria de alimentos, podem acarretar risco à saúde do consumidor e prejuízo financeiro à indústria, principalmente na linha de produção da indústria de laticínios, onde a formação de biofilmes eleva a carga microbiana e, muitas vezes, contamina com patógenos os alimentos, devido ao eventual desprendimento de porções aderidas. Dessa forma, podem constituir risco à saúde do consumidor, além de ocasionar prejuízos financeiros em virtude da diminuição da vida de prateleira dos produtos.

Os processos de produção de alimentos mais comumente afetados por biofilmes são cervejarias, indústrias de leites e derivados, processadores de carnes bovinas e processadores de aves, porém nos pontos de manipulação de alimentos para o preparo de refeições é possível encontrar esta formação – ralos, forçadores de ar frio em ambientes refrigerados, tábuas de altileno etc.

Um aspecto bastante interessante na formação dos biofilmes está diretamente relacionado aos procedimentos de higienização adotados. A escolha equivocada de produtos químicos, tanto detergentes quanto desinfetantes, a baixa ação mecânica imprimida durante a limpeza, a realização da higienização num intervalo de tempo muito amplo e a presença de resíduos alimentares, permitem a aderência dos micro-organismos às superfícies e a formação dos biofilmes. Em contrapartida, a seleção de produtos químicos coerentemente escolhidos em função da superfície a ser limpa, sujidade a ser removida e micro-organismos a serem controlados e o uso destes de maneira assertiva – forma de aplicação e, principalmente, frequência – são a melhor maneira de evitar a formação de um biofilme.

É preciso ressaltar que, uma vez instalado o biofilme, a eliminação deste e o controle dos micro-organismos é bastante difícil, já que este tipo de formação os protege. Portanto, a melhor ação contra os biofilmes é a prevenção por meio da aplicação adequada de produtos químicos, métodos e frequência adequados, ou seja, procedimentos de higienização adequados.

RESISTÊNCIA DE VÍRUS E FUNGOS

Pereira e colaboradores (2015) ressaltaram (em um trabalho de revisão sobre desinfetantes) que vírus secos permaneceram infecciosos por longos períodos em superfícies e, por isso, discutiram sobre a persistência de diversos vírus secos em superfícies e o efeito de desinfetantes na inativação viral em condições secas e úmidas. Vírus lipídicos e não lipídicos envelopados transmissíveis pelo sangue humano e não humano foram testados em superfícies secas e em plasma. Foi observado que, todos os desinfetantes testados (hipoclorito de sódio 9,1%; etanol 80%, NaOH 0,1N) reduziram significativamente a sobrevivência dos vírus secos.

Hipoclorito de sódio a partir da concentração de 0,1% testado *in vitro* resultou em uma redução de 4 ciclos logarítmicos para todos os vírus em condições secas, mas foi observada uma limitação quando reidratados em plasma, ou seja, a reidratação em plasma ofereceu efeito protetor, diminuindo as ações microbiocidas. Isso demonstra que a matéria orgânica úmida presente, na forma de resquícios de sujidades, influencia na eficácia dos desinfetantes.

De acordo com Bundgaard-Nielsen e Nielsen (1995) a resistência de bolores e leveduras depende fortemente das linhagens e espécies dos isolados e dos componentes ativos dos desinfetantes. Diferentes isolados de uma mesma espécie podem demonstrar diferentes respostas ao mesmo desinfetante, resultando em um efeito germicida em um caso e quase nenhum efeito em outro.

Segundo os pesquisadores, para obter uma higienização apropriada em uma área de manipulação, é necessário conhecer a resistência de fungos deterioradores presentes nos processos e produtos, bem como a apropriada seleção de desinfetantes. O uso de apenas um desinfetante não é suficiente, sendo necessário um plano de desinfecção onde no mínimo dois diferentes desinfetantes, contendo componentes ativos distintos, são usados em rotatividade, durante uma semana a fim de manter o controle da contaminação de bolores e leveduras e evitar a seleção de isolados resistentes.

Estudos sobre a resistência de fungos filamentosos e leveduras aos desinfetantes foram reportados desde a década de 1960. A relação entre tempo de exposição e concentração dos produtos parece ser determinante na sobrevivência ou não, frente aos tratamentos de desinfecção. Warcup e Baker demonstraram, desde o ano de 1963, que etanol 60% selecionava ascomicetos de fungos contaminantes do solo, visto que muitos ascósporos (estruturas de reprodução assexuada de ascomicetos) sobreviveram ao tratamento com etanol. Aliás, o etanol 90% foi mais eficaz em relação às concentrações de 70 e 80%, quando testados em *Penicillium expansum*.

Na década de 70, Beuchen e Marth estudaram o tempo de ação fungicida de peróxido de hidrogênio a 4%, constatando que entre 18 e 120 minutos ocorreu uma redução de 99,9% de *A. parasiticus e A. flavus*. Eles também demonstraram que a idade das culturas influenciou a sobrevivência dos fungos, visto que conídios ou esporos assexuados de culturas de 14 e 10 dias de idade de dois isolados de *A. flavus*, foram mais resistentes a 4% de peróxido de hidrogênio do que os conídios de culturas de 7 dias. De acordo com Cheng e Levin (1970) hidróxido de sódio a 4% destruiu conídios de *A. niger* de forma eficiente em temperatura de 60°C.

Nos anos 80 Andrews observou que hipoclorito de sódio na concentração de 0,37% com tempo de contato de 2 minutos, eliminou eficientemente *Aspergillus flavus, A. niger e P. chrysogenum*. Porém, foi demonstrado que ascósporos de *Eurotium repens* foram resistentes a hipoclorito de sódio a 0,37%; peróxido de hidrogênio a 3% e; etanol a 75%. Para obter a morte de *E. repens*, foi necessária a concentração de 3% de hipoclorito.

Pereira e colaboradores em 2011 observaram a resistência de leveduras em vegetais minimamente processados frente a todas as concentrações testadas de hipoclorito de sódio (50, 100, 200 e 400 ppm) demonstrando que as concentrações utilizadas no processamento mínimo são ineficientes para diminuir ou eliminar tais micro-organismos.

Um estudo realizado por Mostafa, Naby e Mohame no Egito em 2014 demonstrou que uma fórmula baseada numa mistura de ácido peracético e hidrogênio 2% (v/v) foi significativamente eficaz como agente fungicida após 5 a 10 minutos para *Aspergillus brasiliensis,* porém a 1% (v/v) não apresentou redução logarítmica, mesmo após 20 minutos de exposição à solução em superfície de vinil.

Considerações finais

Muitos dos estudos identificaram deficiências relacionadas à limpeza inadequada, ao uso incorreto do produto desinfetante e à ineficácia em medidas de controle de infecções. Medidas simples como a escolha adequada do agente químico, em razão do tipo de micro-organismo, são relevantes quando se trata de resultados de higienização.

Apesar de níveis semelhantes de um mesmo biocida, as formulações dos desinfetantes podem variar muito, o que evidencia a necessidade de uma avaliação de eficácia mais aprofundada com o uso de metodologias mais adequadas.

Mesmo com todas as dificuldades apresentadas, e com o muito que ainda se tem a aprender, o conhecimento dos mecanismos de ação dos biocidas e da resistência

552 ■ HIGIENE E VIGILÂNCIA SANITÁRIA DE ALIMENTOS

microbiana aos agentes químicos, além da importância acadêmica, contribui sobremaneira para o desenvolvimento de produtos desinfetantes mais eficazes e com menores impactos e/ou riscos durante seu uso.

MÉTODOS DE HIGIENIZAÇÃO

No setor alimentício, para que um programa de higienização seja eficiente e alcance o sucesso, é necessário que os métodos adotados considerem múltiplos fatores como as instalações, os equipamentos, utensílios e manipuladores.

Higienização manual

Usada onde a higienização mecânica não é aplicável ou quando é necessária uma abrasão adicional. Devem ser utilizados detergentes de média ou baixa alcalinidade, a temperaturas de no máximo 45°C. Recomenda-se que, ao final da limpeza, esses utensílios sejam adequadamente enxaguados e imersos em solução desinfetante. A escolha adequada de escovas, raspadores e esponjas é importante, uma vez que podem provocar ranhuras nas superfícies dos equipamentos, onde se instalarão micro--organismos, dificultando sua remoção.

Higienização por imersão

Método utilizado para utensílios, partes desmontáveis de equipamentos e tubulações (válvulas, conexões, tachos e tanques, entre outros). Devem ser utilizados detergentes de baixa e de média alcalinidade; também se pode usar detergentes--desinfetantes à base de cloro e iodo.

Higienização por meio de máquinas lava-jato tipo túnel

Processo aplicado na higienização de bandejas, talheres e em latões para transporte de leite. São recomendados detergentes de elevada alcalinidade, como hidróxido de sódio, ou ácidos como o nítrico ou o fosfórico, pois não há contato manual durante a higienização. Além disso, essas máquinas podem utilizar água entre 70 e 80°C, ou vapor direto, como agente desinfetante.

Higienização por meio de equipamentos *spray*

Pode ser efetuada a baixas ou altas pressões. O aparelho é dotado de uma pistola por meio da qual a água é aspergida para pré-lavagem e enxágue e, ainda, soluções detergentes e desinfetantes. Os agentes químicos usados não devem afetar os manipuladores. Soluções a baixas pressões, entre 5 e 10 Kgf/cm², devem ser aplicadas em superfícies externas de equipamentos, tanques, pisos, paredes, entre outros. Altas pressões (40 a 60 Kgf/cm^2) devem ser recomendadas para a lavagem de caminhões de transporte e nas áreas de processamento. Sempre é necessário pessoal especializado, pois o uso incorreto do equipamento pode danificar partes elétricas ou eletrônicas de aparelhos ou instalações.

Higienização por nebulização ou atomização

A principal aplicação é na remoção de micro-organismos contaminantes de ambientes. Os equipamentos produzem uma névoa da solução desinfetante, como amônio quaternário, que reduz a contaminação para padrões aceitáveis. Faz-se necessária a utilização de agentes químicos seguros para manipuladores, eficientes a baixas concentrações.

Higienização por circulação

Sistema automático e permanente (*cleaning in place* – CIP) no qual os equipamentos e tubulações são higienizados sem desmontagem e a partir de tanques com soluções de limpeza; podem ser empregados agentes alcalinos e ácidos mais fortes a temperaturas mais elevadas que aqueles utilizados por outros processos de higienização. Pode ser usado para linhas completas ou etapas do processamento. Por meio de circulação das soluções, podem ser higienizados tubulações, válvulas, bombas, centrífugas, pasteurizadores e evaporadores, entre outros. Por meio de aspersores fixos ou rotativos, são higienizados silos e tanques. Sua instalação deve ser feita por empresas especializadas, de acordo com as necessidades da indústria.

Higienização por espuma e por gel

São largamente aplicadas a pisos, paredes, veículos, partes externas de equipamentos e locais de difícil acesso; baseiam-se no mesmo princípio: a adição de um agente espumante ou um formador de gel às formulações, de tal forma que os produtos finais tenham maior tempo de contato com as sujidades e superfícies a serem higienizadas, aumentando a eficácia do processo. Uma das vantagens do processo por espuma consiste em possibilitar a visualização das áreas em que a higienização aconteceu; por outro lado, a necessidade de um aparelho gerador de pressão e o controle da umidade da espuma são fatores apontados como desvantagens.

Utensílios de higienização

Escovas, esfregões, esponjas e até mesmo equipamentos utilizados para a limpeza, quando negligenciados no seu estado de conservação e de higiene, ou até mesmo quando não são separados por finalidade, podem se transformar em fontes de contaminação e comprometer o resultado final da higienização. Esses utensílios devem, portanto, ser separados por finalidade ou local de uso (utensílios para higienização ambiental distintos daqueles para higienização de superfícies de contato com alimentos), mantidos em boas condições de uso, higienizados e guardados em local adequado.

Qualidade da água

O fornecimento de água de boa qualidade é essencial ao funcionamento das empresas alimentícias, sendo usada não só na operação de limpeza e desinfecção, mas também no processamento, na transferência de calor, produção de vapor, entre outros.

A dureza da água utilizada para limpeza é muito importante. Na dependência dos sais dissolvidos, a dureza pode ser:

- Temporária: presença de carbonatos e bicarbonatos de cálcio e magnésio, a qual pode ser eliminada por aquecimento, ebulição.
- Permanente: presença de cloretos, sulfatos e nitratos de cálcio e magnésio, que necessita de tratamentos especiais para serem eliminados.

A dureza total da água é obtida pela soma dos dois tipos anteriores. Em relação à dureza, a água pode ser assim classificada:

- Água mole → 0 a 60 ppm.
- Água moderadamente dura → 60 a 120 ppm.
- Água dura → 120 a 180 ppm.
- Água muito dura → mais que 180 ppm.

Além da necessidade de diminuição da dureza, outros tratamentos podem ser recomendados para a água utilizada nos procedimentos de higienização. Dependendo do tipo de utilização, ela deve ter características como potabilidade, teor de metais tóxicos e contagem microbiológica dentro de padrões estabelecidos na legislação vigente, controle do pH, dos teores de ferro e de matéria orgânica, para que não ocorram inativações dos detergentes e/ou dos desinfetantes, problemas de escurecimento de superfície e outros, além da ausência de odor e sabor indesejáveis.

Atualmente, é grande a preocupação com a presença de matéria orgânica – substâncias orgânicas como ácidos húmicos e fúlvicos – na água, porque, juntamente ao hipoclorito usado para a sua desinfecção, é formadora dos THM. O problema veio à tona após a segunda metade da década de 1970, quando estudos correlacionaram a alta incidência de câncer em certas populações com a elevada taxa de THM na água de abastecimento público que as atendia. Mesmo com os estudos que estão sendo realizados, ainda não existe um consenso, e os países estão adotando diferentes valores para o limite máximo de THM permitido na água potável.

É recomendável que a indústria de alimentos, sempre que possível, tenha seu próprio tratamento de água, por causa dos possíveis problemas com a fonte fornecedora e, notadamente, ao uso final da água.

Natureza da superfície

A natureza da superfície é fundamental para a eficiência do procedimento de higienização (Quadro 29.6).

Quadro 29.6 Tipos de superfícies, características e cuidados específicos.

Superfície	Características	Cuidados
Madeira	Permeável à umidade, gordura e óleo; difícil manutenção; é destruída por alcalinos	Difícil de higienizar
Aço carbono	Detergentes ácidos e alcalinos clorados causam corrosão	Devem ser galvanizados ou estanhados; usar detergentes neutros
Estanho	Corroído por alcalinos e ácidos	Superfícies estanhadas não devem entrar em contato com alimentos
Concreto	Danificado por alimentos ácidos e agentes de limpeza	Deve ser denso e resistente a ácidos
Vidro	Liso e impermeável. Danificado por alcalinos fortes e outros agentes de limpeza	Deve ser limpo com detergente neutro ou de média alcalinidade
Tinta	Depende da técnica de aplicação; danificada por agentes alcalinos fortes	Algumas tintas são adequadas à indústria de alimentos
Borracha	Não deve ser porosa; não esponjosa. Não afetada por alcalinos fortes; não atacada por solventes orgânicos e ácidos fortes	Pode apresentar danos quando se usam soluções de ácido nítrico a temperaturas superiores a 70°C
Aço inoxidável	Geralmente resistente à corrosão; superfície lisa e impermeável resistente à oxidação a altas temperaturas; facilmente higienizado	É caro. Certos tipos podem ser corroídos por halogênios

Fonte: Marriot (1989) apud Andrade e Macêdo (1996).

Programa de higienização

A elaboração e implementação de um bom programa de higienização garantem às empresas alimentícias o controle necessário sobre os contaminantes, principalmente micro-organismos, dentro de um nível seguro à saúde do consumidor.

Elaboração

Engloba a escolha dos produtos químicos adequados, da forma de aplicação e utilização compatíveis, e a determinação da frequência das operações de limpeza e desinfecção. Além das considerações feitas anteriormente, deve-se destacar que: todos os produtos utilizados, detergentes e desinfetantes, devem ser regularizados pelos órgãos competentes e seguir a legislação vigente para saneantes domissanitários, é preciso ter certeza da aprovação dos produtos químicos para as finalidades pretendidas e se são seguros e eficientes, quais as indicações de aplicação de enxágue com água potável após o uso de desinfetante e, ainda, conhecer as orientações sobre concentrações de uso; a frequência da limpeza e desinfecção deve levar em consideração paradas da produção, período de uso e não uso dos equipamentos e utensílios e a maior ou menor probabilidade de ocorrer contaminação do alimento, seja por ambiente, equipamento ou utensílio.

Implementação

A aplicação prática do que foi planejado na etapa de elaboração deve contemplar, em primeiro lugar, a devida capacitação dos executores dos procedimentos; em seguida, medidas de avaliação e monitoração da higienização devem ser adotadas para que a efetividade seja mensurada. Uma observação visual da superfície, análises microbiológicas dessa superfície ou até dos alimentos, realizadas com critério e por meio de metodologia adequada, podem fornecer dados para tal.

As causas de resultados insatisfatórios devem ser identificadas, e medidas corretivas precisam ser aplicadas. Na maioria das vezes, os problemas ocorrem por falhas humanas e deficiências de capacitação e conscientização, pessoal não treinado de forma adequada, falta de acompanhamento por parte de supervisores, equipe desmotivada e sem o devido reconhecimento da importância de seu trabalho. Depois, estão os problemas com água, qualidade ou temperatura, equipamentos mal dimensionados e/ou mal posicionados, dificultando as operações de limpeza e desinfecção, com acessórios de limpeza inadequados e ainda a falta de tempo para realizar as operações de limpeza e desinfecção da forma estipulada.

Padronização do procedimento de higienização

Os estabelecimentos de produtos de origem animal homologados para exportação, com a publicação das Circulares n. 272/97 e n. 369/03, bem como os estabelecimentos de leite e derivados, por força da Resolução n. 10/03, publicadas pelo Ministério da Agricultura Pecuária e Abastecimento (MAPA), são obrigados a adotar os Procedimentos Padrão de Higiene Operacional (PPHOs). De maneira semelhante, as indústrias de alimentos, a partir da Resolução RDC n. 275/02, e o varejo de alimentos, mais especificamente, os serviços de alimentação, depois da publicação da RDC n. 216/04, ambas da ANVISA, são obrigados a adotar os Procedimentos Operacionais Padronizados (POPs). Em todas essas legislações, a higienização do ambiente, dos equipamentos e utensílios utilizados na manipulação dos alimentos aparece como um procedimento a ser padronizado.

Os POPs e os PPHOs são definidos como a descrição clara e objetiva de procedimentos rotineiros, contendo as instruções sequenciais de uma operação, para que qualquer pessoa saiba realizá-la com perfeição. Esses procedimentos são ferramentas baseadas em princípios de sistema de gestão, onde a empresa padroniza, documenta e avalia constantemente seus procedimentos, implementa melhorias e, assim, garante que seus objetivos sejam atingidos de maneira eficaz. O POP de higienização e os PPHOs têm como objetivo garantir o controle das contaminações microbiológicas do ambiente, equipamentos e utensílios, por meio da adoção e execução de procedimentos de higienização adequados.

Considerando que esses procedimentos estão embasados nos conceitos de sistema de gestão, é ideal que, além da descrição detalhada de como a higienização é realizada (superfície, produto químico, concentração de produto, método utilizado, frequência, temperatura, executor etc.), também descrevam: como é efetuado e registrado o monitoramento da higienização; nos casos de desvios, quais são as ações corretivas adotadas para conduzir a higienização à normalidade; como é conduzida e registrada a verificação do que está estipulado no procedimento; de que forma a eficácia da higienização é avaliada; e, por fim, quando necessário, deve ser realizada uma revisão do procedimento. Para tanto, a devida capacitação dos funcionários deve ser comprovada.

A adoção do POP de higienização e dos PPHOs é a melhor forma de implementar um procedimento de higienização adequado e garantir alimentos seguros aos clientes e/ou consumidores.

CONCLUSÕES

Uma das consequências mais graves da má higienização nas indústrias de alimentos é a possível ocorrência de doenças de origem alimentar. Por outro lado, a busca da qualidade nesse setor torna-se cada vez mais prioritária, o que tem levado os especialistas a pesquisar sobre novos produtos e aprimoramentos de técnicas dos sistemas de higienização.

É importante destacar que os agentes ou técnicas de higienização utilizadas durante os diversos processos industriais nas instalações e nos equipamentos possuem características próprias que devem ser conhecidas e compreendidas, ao lado de fatores relevantes como pH, temperatura, dureza da água, tempo de exposição, além dos tipos e espécies de micro-organismos predominantes. Todos esses fatores, de *per si* ou associados, podem influir na eficiência dos desinfetantes.

A higienização, com o objetivo de obter os melhores resultados, deve ser orientada de acordo com a avaliação dos produtos disponíveis e suas limitações, bem como a combinação de todas as características físico-químicas de cada situação.

E, finalmente, é preciso que haja gerenciamento da higienização, estudos de custo-benefício precisam ser levados em conta e correções devem ser efetuadas, quando o monitoramento ou a avaliação indicarem desvios nos padrões estabelecidos. Independentemente da exigência legal quanto à descrição e à gestão dos procedimentos de higienização, é responsabilidade dos estabelecimentos que manipulam alimentos adotarem as melhores práticas de higiene e produzirem alimentos seguros.

REFERÊNCIAS

ANDRADE, N.J.; MACÊDO, J.A.B. *Higienização na indústria de alimentos*. São Paulo: Varela, 1996.
ANDREWS, S. Optimization of conditions for the surface disinfection of sorghum and sultanas using sodium hypochlorite solutions, p. 28-30. In: KING, A. D. Jr.; PITT, J. I.; BEUCHAT, L. R.; CORRY, J. E. L. (ed.). *Methods for the mycological examination of food*. *Plenum Press*, New York, 1986.
BEUCHEN, S. Y.; MARTH, E. H. Sporicidal action of hydrogen peroxide on conidia from toxigenic strains of *Aspergillus flavus* and *Aspergillus parasiticus*. *Journal of Food Protection*, v.40, p. 617-621, 1977.
BLOCK, S.S. *Desinfection, sterelization and preservation*. 4.ed. Filadélfia: Lea & Feibiger, 1990/1991.
BUNDGAARD-NIELSEN K.; NIELSEN, P.V. Fungicidal effect of 15 disinfectants against 25 fungal contaminants commonly found in bread and cheese manufacturing. *Journal of Food Protection*. v. 59, n. 3, p. 268-275, 1996.
CHENG, K. C.; LEVIN, R. F. Chemical destruction of *Aspergillus niger* conidiospores. *Journal of Food Science*, v. 35, p. 62-66, 1970.
[CAC] CODEX ALIMENTARIUS COMMISSION. *General principles of food hygiene*. 2.ed. 3.res. Roma: FAO/OMS, 1997. (CAC/RPP1-1969, Rev. 4-2003)
_____. Ministério da Saúde. Secretaria de Vigilância Sanitária. Portaria n.89, de 25/8/94. *Diário Oficial da União*, Brasília, 26/8/94.
_____. Ministério da Agricultura, Pecuária e Abastecimento. Portaria n.368, de 4/9/97. *Regulamento técnico sobre condições higiênico-sanitárias e BPF em estabelecimentos elaboradores e industrializadores.*
_____. Ministério da Agricultura e do Abastecimento. Secretaria de Defesa Agropecuária. Departamento de inspeção de produtos de origem animal. Circular n.272/97 de 22/12/97.
_____. Ministério da Saúde/Anvisa. Portaria n.326, de 30/7/97. *Regulamento técnico sobre condições higiênico-sanitárias e BPF em estabelecimentos produtores e industrializadores.*
_____. Ministério da Agricultura e do Abastecimento. Secretaria de Defesa Agropecuária. Departamento de inspeção de produtos de origem animal. Circular n.369/03 de 02/06/2003.
_____. Resolução RDC n 59 de 17 de dezembro de 2010. Diário Oficial da União, Brasília, 22/12/2012.
_____. Ministério da Saúde/Anvisa. Resolução RDC n.275, de 21/10/2002. Regulamento técnico de procedimentos operacionais padronizados para estabelecimentos produtores e industrializadores de alimentos e lista de verificação de BPF.
_____. Ministério da Agricultura e do Abastecimento. Secretaria de Defesa Agropecuária. Departamento de Inspeção de Produtos de origem animal. Resolução Dipoa/SDA n.10, de 22/5/2003. Institui o Programa genérico de Procedimentos – padrão de higiene operacional – (PPHO), a ser utilizado nos estabelecimentos de leite e derivados que funcionam sob regime de inspeção federal, como etapa preliminar e essencial dos Programas de Segurança Alimentar do tipo Análise de perigos e pontos críticos de controle (APPCC). Diário Oficial da União (DOU) de 28/5/2003. Seção 1, p.4.
_____. Ministério da Saúde/Anvisa. Resolução RDC n.216, de 15/9/2004. Regulamento técnico de boas práticas para serviços de alimentação.
_____. Ministério da Saúde/Anvisa. Resolução RDC n.40, 05/06/2007. Regulamento técnico para produtos de limpeza e afins harmonizado no âmbito do Mercosul por meio da Resolução GMC n.47/07.

PRINCÍPIOS GERAIS DE HIGIENIZAÇÃO ■ **559**

_____. Ministério da Saúde/Anvisa. Resolução RDC n. 14 de 28/2/2007. Regulamento técnico para produtos saneantes com ação antimicrobiana harmonizado no âmbito do Mercosul por meio da Resolução GMC n. 50/06.

CAY, H.Mc; ALAIN, A; SOSA, O. et al. Effect of subinhibitory concentrations of benzalkonium chloride on the competitiveness of Pseudomonas aeruginosa grown in continuous culture. *Microbiology*. v. 156, p. 30-38, 2010.

DONNELL, G.Mc; RUSSEL, D.A. Antiseptics and Desinfectants: Active, Action and Resistance. *Clinical Microbiology Reviwes*, v. 12, p. 147-179, 1999.

FLACH, J.; KARNOPP, C; CORÇÃO, G. Biofilmes formados em matéria-prima em contato com leite: fatores de virulência envolvidos. Acta Scientiae Veterinariae, v. 33, n. 3, p, 291-296, 2005.

FRANZIN, M. Biguanida polimérica: versatilidade e diversificação em um só produto. In: 5º Seminário e ExpoInternacional Household. São Paulo, 2002. Disponível em: http://www.freedom.inf.br/artigos_tecnicos/artigosHH2002.asp. Acessado em: mar. 2007.

GAVA, A.J. *Princípios de tecnologia de alimentos*. São Paulo: Nobel, 1997.

GRIFFTHS, P.A.; BABB, J.R.; BRADLEY, C.R.; FRAISE, A.P. Glutaraldehyde – resistant *Micobacterium chelonae* from endoscope washer disinfectors. *Journal of Applied Bacteriology*, v. 82, p. 519-526, 1997.

HINGST, V.; KLIPPEL, K.M.; SONTAG, H.G. Epidemiology of microbial resistance to biocides. *Zentralblatt für* **Hygiene** *und Umweltmedizin*, v. 197, p. 232-251, 1995.

[ICMSF] INTERNACIONAL COMMISSION ON MIROBIOLOGICAL SPECIFICATIONS FOR FOODS. APPCC – *Na qualidade e segurança microbiológica de alimentos*. Acribia, 1997. p.85-123.

KASNOWSKI, M.C.; MANTILLA, S.P.S.; OLIVEIRA, L.A.T.; FRANCO, R.M. Formação de biofilme na indústria de alimentos e métodos de validação de superfícies. *Revista Científica Eletrônica de Medicina Veterinária*, ano VIII, n. 15, 2010.

KATSUYAMA, A.M.; STRACHAN, J.P. *Principles of food processing sanitation*. Washington: The Food Processors Institute, 1980.

LEAR, J.C.; MAILLARD, J.Y.; DETTMAR, P.W.; GODDARD, P.A.; RUSSELL, A.D. Chloroxylenol and triclosan-tolerant bacteria from industrial sources. *Journal of Industrial Microbiology* and *Biotechnology*, v. 29, n. 5, p. 238-242, 2002.

MACÊDO, J.A.B.; BARRA, M.M. Derivados clorados de origem orgânica para desinfecção de indústrias. *Rev Controle de Contaminação*. RPA, v. 33, p. 36-41 e v. 34, p. 26-8, 2001.

_____. Derivados clorados de origem orgânica uma solução para o processo de desinfecção de água potável e para desinfecção de indústria. (Apresentado no VI Simpósio Ítalo Brasileiro de Engenharia Sanitária e Ambiental. 2002, Vitória).

MANZOOR, S.E.; LAMBERT, P.A.; GRIFFITHS, P.A.; GILL, M.J.; FRAISE, A.P. Reduced glutaraldehyde susceptibility in *Mycobacterium chelonae* associated with altered cell wall polysaccharides. *Journal of Antimicrobial Chemotherapy*., v. 43, n. 6, p. 759-765, 1999.

MARRIOT, N.G. Cleaning compounds. In: MARRIOT, N.G. (ed.) *Principles of food sanitation*. Nova York: AVI, 1989, p.65-8.

MARTINS, E.C.; KUAYE, A.Y. Emprego do ácido peracético e outros sanitizantes na indústria de alimentos. *Higiene Alimentar*, v. 10, n. 43, p. 5-8, 1996.

MOSTAFA, E.E; NABY, M.A.E.; MOHAME, M.B. Bacterial vs. fungal spore resistance to peroxygen biocide on inanimate surfaces. *Bulletin of Faculty of Pharmacy*, Cairo University, v. 52, p. 219–224, 2014.

PEREIRA, A.P.M.; WERLE, C. H.; GONÇALVES, T.M.V.; HOFFMANN, F. L. Identificação e avaliação da resistência antimicrobiana de leveduras em vegetais minimamente processados. *Revista do Instituto Adolfo Lutz*, v. 70, n. 2, p. 139-43, 2011.

PEREIRA, S.S.P.; OLIVEIRA, H.M.; TURRINI, R.N.T.; LACERDA, R. A. Desinfecção com hipoclorito de sódio em superfícies ambientais hospitalares na redução de contaminação e prevenção de infecção: revisão sistemática. *Revista da Escola de Enfermagem da USP*, v. 49, n. 4, p. 681-688, 2015.

PRATI, P.; HENRIQUE, C.M.; PARISI, M.M.C. Importância da higienização na indústria de alimentos. *Pesquisa & Tecnologia*, v, 12, n. 1, p. 1-4, 2015.

SÃO PAULO. Centro de Vigilância Sanitária. Secretaria de Estado de Saúde de São Paulo. Portaria CVS-6, de 10/3/99. Regulamento técnico sobre parâmetros e critérios para o controle higiênico-sanitário em estabelecimentos de alimentos.

_____. Centro de Vigilância Sanitária. Secretaria de Estado de Saúde de São Paulo. Portaria CVS-18, de 9/9/2008. Aprovar alteração do item 4. Controle de saúde de funcionários, do item 16. Higiene

Ambiental e do sub-item 16.3 da portaria CVS6, de 10 de março de 1999, que dispõe sobre o regulamento técnico sobre parâmetros e critérios para o controle higiênico-sanitário em estabelecimentos de alimentos.

_____. Secretaria Municipal de Saúde da cidade de São Paulo. Portaria n. 2619 SMS de 6/12/2011. Regulamento de boas práticas e de Controle de condições sanitárias e técnicas das atividades relacionadas à importação, exportação, extração, produção, manipulação, beneficiamento, acondicionamento, transporte, armazenamento, distribuição, embalagem e reembalagem, fracionamento, comercialização e uso de alimentos, incluindo águas minerais, águas de fontes e bebidas, aditivos e embalagens para alimentos e bebidas.

SILVA Jr., E.A. *Manual de controle higiênico-sanitário em alimentos*. 3.ed. São Paulo: Varela, 1999.

SIMÕES, M.; SIMÕES, L.C.; VIEIRA, M.J. A review of current and emergent biofilm control strategies. *Food Science and Tecnology*, 2010; 43: 573-583. Disponível em: http://repositorium.sdum.uminho.pt/bitstream/1822/10419/1/Simoes_LWT.pdf. Acessado em: dez. 2012.

QUARENTEI, S.S. *Avaliação dos procedimentos de limpeza e desinfecção de superfícies realizados em restaurantes comerciais self-service do município de São Paulo*. São Paulo, 2009. Dissertação (mestrado). Faculdade de Saúde Pública da USP.

TAMPLIN, T.C. CIP technology detergents and sanitizers. In: JOVIT, R. (ed.). *Hygienic design and operation of food plant*. Westport: AVI, 1980, p.183-224.

WARCUP, J. H.; K. F. BAKER. Occurrence of dormant ascospores in soil. *Nature*, v. 197, p. 1317-1318, 1963.

Irradiação de alimentos

30

Simone Aquino
Celina Mara Soares
Maria Izabel Simões Germano
Pedro Manuel Leal Germano

INTRODUÇÃO

Apesar das medidas de segurança na fabricação e preparação dos produtos alimentícios fornecidos para consumo, os perigos e riscos microbiológicos continuam a existir, resultando em números expressivos nas estatísticas de incidência de doenças transmitidas por alimentos. Existem aproximadamente 250 tipos de doenças alimentares e, dentre elas, muitas são causadas por micro-organismos patogênicos, as quais são responsáveis por sérios problemas de saúde pública em nível mundial. Não são apenas em países pobres ou em desenvolvimento que ocorrem doenças de origem alimentar.

Dados epidemiológicos disponibilizados por órgãos de controle sanitário dos Estados Unidos (EUA) demonstram esses fatos. Estima-se que 76 milhões de casos de doenças de origem alimentar ocorram nos EUA a cada ano, resultando em 325 mil hospitalizações e aproximadamente 5 mil óbitos. De acordo com a Organização Mundial da Saúde (OMS), os distúrbios diarreicos são responsáveis por aproximadamente 25% das causas de mortalidade em países em desenvolvimento, sendo que em até 70% dos casos os alimentos são incriminados como veículos de transmissão dessas doenças. Dentre os 2.167 surtos registrados nos EUA, com etiologia conhecida, 55% foram causados por bactérias, 33% por vírus e 1% por parasitas, de 1998 a 2002. Já no Brasil, entre 1999 a 2008, 84% dos surtos foram causados por bactérias, enquanto os vírus foram implicados em 14% do total de casos.

Um estudo realizado por Hughes et al. (2007) demonstrou que na Inglaterra e País de Gales, a maioria dos surtos alimentares ocorreu no comércio de alimentos – cantinas, hotéis, restaurantes e bares – e em locais com produção de alimentos para coletividades, como residências para grupos coletivos, colônias de férias, casas de cuidado e bases militares. Much e colaboradores em 2007 reportaram que na Áustria, em 2005, o comércio também foi considerado o primeiro lugar de ocorrência de surtos alimentares, incluindo restaurantes e cafeterias, seguido das festas familiares e depois as creches.

A maioria dos surtos está relacionada à ingestão de alimentos com aparência, sabor e odor normais, sem qualquer alteração organoléptica visível. Isso ocorre porque a dose infectante de patógenos alimentares geralmente é menor que a quantidade de micro-organismos necessária para degradar os alimentos. Não apenas as doenças veiculadas por alimentos são um problema causado por micro-organismos, as perdas de alimentos em grandes quantidades, por causa da deterioração microbiana, também representam um importante problema e que atinge principalmente países em desenvolvimento. Estima-se que cerca de 50% dos produtos perecíveis como carne, frango e pescado, frutas e vegetais sejam perdidos antes de atingirem o consumidor final.

Vilela, Lana e Makishima (2003) apontaram que as perdas podem ser quantitativas e qualitativas. As perdas quantitativas são as perdas visíveis, podendo ser medidas na quantidade de produtos desperdiçados e as qualitativas se revelam na redução da qualidade do produto, ocasionando uma perda no preço de comercialização e no potencial de competitividade do comerciante. Ambas acabam reduzindo a renda de quem produz ou comercializa esses produtos agrícolas.

Segundo a *Food and Agriculture Organization* (FAO, 2013), a perda de alimentos é a redução não intencional de alimentos disponíveis para o consumo humano que resulta de ineficiências na cadeia de produção e abastecimento: infraestrutura e logística deficiente, falta de tecnologia, insuficiência nas competências, conhecimentos e capacidade de gerenciamento. Ainda de acordo com a FAO, 54% do desperdício alimentar no mundo ocorre na fase inicial da produção, manipulação pós--colheita e armazenagem. Os restantes 46% ocorrem nas etapas de processamento, distribuição e consumo.

Grande parte das perdas de alimentos ocorre em razão de infestações por insetos, que, até recentemente, eram combatidos pela fumigação de compostos químicos, como: dibrometo de etileno, metilbrometo e óxido de etileno. Contudo, em decorrência dos efeitos deletérios de tais substâncias à saúde humana e ao ambiente, alguns desses compostos foram proibidos na década de 1980, e outros tendem a ser banidos. Outras perdas também ocorrem por deterioração, amadurecimento natural e alterações fisiológicas de certos alimentos, como o brotamento de tubérculos.

Portanto, os motivos que despertam o interesse da irradiação de alimentos estão relacionados com as grandes perdas de alimentos, que ocorrem constantemente em decorrência da infestação, contaminação microbiana e decomposição dos alimentos, além da preocupação com o meio ambiente, evitando técnicas de fumigação, controle e prevenção das doenças transmitidas por alimentos (DTA) e do comércio internacional de produtos alimentícios, sujeito às normas fitossanitárias.

O processo de tratamento de alimentos por irradiação é um método mundialmente reconhecido como efetivo para o controle microbiano em alimentos, sejam estes frescos, na forma de grãos ou mesmo industrializados. O tratamento por radiação ionizante consiste em um processo físico (energia ionizante), que pode ser utilizado para o controle do desenvolvimento microbiano em alimentos, bem como para o controle fisiológico de vegetais, inibindo o brotamento e o amadurecimento desses produtos.

Cabe ressaltar que a irradiação não substitui a adoção das Boas Práticas de Fabricação (BPF), devendo ser utilizada em associação a essas normas, como qualquer outro processo de conservação de alimentos. Ante essa situação, esse processo constitui importante método capaz de diminuir as perdas econômicas provenientes da deterioração e eliminação de patógenos, aumentando o nível de segurança dos alimentos e favorecendo a aceitação dos produtos exportados pelos países em desenvolvimento.

No Brasil, o uso da radiação em alimentos está respaldado em legislação específica, publicada pela Agência Nacional de Vigilância Sanitária (ANVISA), que adotou as normas internacionais propostas pelo *Codex Alimentarius* da Organização das Nações Unidas (ONU), pela *World Health Organization* (WHO), FAO e pela *International Atomic Energy Agency* (IAEA).

O TRATAMENTO POR RADIAÇÃO IONIZANTE

O termo radiação refere-se aos processos físicos de emissão e propagação de energia, seja por ondas eletromagnéticas, seja por partículas dotadas de energia cinética. De uma forma mais simples, é a energia que se propaga de um ponto a outro no espaço, interagindo com o meio material. Há dois tipos de radiação: *não ionizante* como a luz branca, luz ultravioleta e micro-ondas e; *ionizante* a exemplo dos raios X, radiação gama e emissão de elétrons.

A característica da radiação de alta energia é causar ionização no meio em que é absorvida, ou seja, é capaz de remover elétrons das órbitas de átomos ou moléculas onde interage. Por esta razão é denominada de radiação ionizante e cede sua energia ao meio no qual se difundem, mediante múltiplos processos de interação. A dose absorvida, ou simplesmente dose (D), é a quantidade de energia absorvida por unidade de massa do material irradiado. A unidade atualmente utilizada denomina-se Gray (Gy), onde 1 Gy é equivalente à energia de 1 joule absorvido por 1 kg de material. A dose de 1 Gy equivale, na antiga unidade de *radiation absorbed dose* ou *rad*, 100 ($1Gy = 100$ rad ou $100 \times D_{Gy} = D_{rad}$).

De acordo com Diehl (1995), quando a radiação ionizante é absorvida por um material biológico, esta irá agir diretamente nos alvos críticos na célula, como as moléculas de ácido desoxirribonucleico (DNA) que ao serem ionizadas irão sofrer mudanças biológicas levando à morte celular, como quebra das pontes de hidrogênio, quebra da dupla fita, perda de açúcares, formação de pontes de timina etc. Este é o *efeito direto* da radiação, o qual é o processo dominante quando esporos secos de micro-organismos são irradiados. Alternativamente e de forma indireta, a radiação pode interagir com outros átomos ou moléculas na célula como a água intracelular, produzindo o efeito da radiólise (quebra de moléculas de água) formando os chamados radicais livres, os quais são tóxicos e podem interferir nas funções celulares normais, como o transporte da membrana celular. Este *efeito indireto* da radiação é importante em células vegetativas, onde o citoplasma contém cerca de 80% de água.

Segundo a FAO, IAEA e OMS as radiações utilizadas no processamento de alimentos não possuem energia suficiente para provocar qualquer reação nuclear na matéria e, portanto, não deixam nenhum resíduo radioativo no material após a irradiação. Por esta razão, o alimento ou qualquer outro material submetido a esse tipo de radiação não se torna radioativo. Além disso, as fontes de irradiação utilizadas no tratamento de alimentos são aquelas autorizadas pela Comissão Nacional de Energia Nuclear (CNEN) e IAEA.

O processamento de alimentos por radiação requer uma exposição controlada da radiação ionizante, para produzir um resultado desejado, como a eliminação de micro--organismos ou parasitas, evitando ao mesmo tempo a degradação do alimento. O tipo de radiação utilizado no tratamento de alimentos se limita às radiações provenientes dos raios gama de alta energia, os raios X e os elétrons acelerados (WHO, 1994).

A radiação gama é a mais utilizada no processo de conservação de alimentos, emitida por fontes radioativas, seguida em menor escala os raios X e feixes de elétrons (esses gerados por meio de equipamentos emissores). Em resumo, as fontes de radiação utilizadas para a irradiação de alimentos são: os raios gama dos radionuclídeos Cobalto 60 (^{60}Co) ou Césio 137 (^{137}Cs); raios X gerados por máquinas com energia máxima de 5 MeV e feixes de elétrons com uma energia máxima de 10 MeV. Dos radionuclídeos o ^{137}Cs praticamente não é mais utilizado, devido à sua baixa disponibilidade. Portanto, o ^{60}Co é a fonte de raios gama de interesse prático.

No estado de São Paulo existem duas companhias que irradiam produtos em escala industrial, a EMBRARAD (Empresa Brasileira de Radiações) e a CBE (Companhia Brasileira de Esterilização). A EMBRARAD foi a primeira planta instalada nos anos 80 em Cotia, São Paulo, cuja receita é gerada em 58% na irradiação de material médico-cirúrgico, 12% de fitoterápico e ervas e, 10% em irradiação de cosméticos. A CBE foi fundada em 1999 e detém tecnologia 100% nacional, localizada em Jarinu, interior paulista. Em 2004, o Centro de Tecnologia das Radiações (CTR) do Instituto de Pesquisas Energéticas e Nucleares (IPEN), inaugurou o terceiro irradiador, com dimensões menores sendo, por isso, considerado um equipamento multipropósito de caráter semi-industrial. O equipamento do IPEN com tecnologia 100% nacional utiliza como fonte o ^{60}Co.

Nas plantas de tratamento por radiação, os alimentos são dispostos em caixas de alumínio e, em seguida, são conduzidos para o interior da câmara de irradiação por um monotrilho, sendo todo o processo automatizado. A radiação gama emitida do ^{60}Co penetra no alimento sem deixar resíduos, não convertendo o alimento nem sua embalagem em materiais radioativos. A vantagem do processo de tratamento por radiação é que não há grandes variações de temperatura, permitindo que o produto seja irradiado em sua embalagem final, a exemplo de embalagens plásticas ou de papel (Figura 1).

Figura 30.1 Irradiador multipropósito do IPEN/CNEN.
Fonte: Acervo dos autores.

A duração da exposição à energia gama, a densidade do alimento e a quantidade de energia emitida pelo irradiador determinam a quantidade ou dose de irradiação a que o alimento foi submetido, sendo um processo controlado por meio de dosímetros. O tratamento dos alimentos por irradiação deve ser realizado em instalações licenciadas pelas autoridades competentes após a autorização da Comissão Nacional de Energia Nuclear (CNEN).

Segundo o *International Consultative Group on Food Irradiation* (ICGFI, 1999), os custos líquidos da irradiação oscilam entre 10 e 15 dólares americanos por tonelada, no caso da aplicação de uma dose baixa (por exemplo, para inibir germinações nas batatas e nas cebolas) e, entre 100 e 250 dólares por tonelada, no caso de aplicação de uma dose alta (por exemplo, para garantir a qualidade higiênica das especiarias). Em alguns casos, a irradiação pode ser muito menos custosa ou, como na maioria dos casos, o preço final do produto não aumenta somente pelo fato de que um produto tenha sido tratado pelo processo de radiação ionizante.

HISTÓRICO DA IRRADIAÇÃO DE ALIMENTOS

Desde a década de 1950, são realizadas pesquisas científicas sobre a irradiação de alimentos nos Estados Unidos. No Brasil, as primeiras pesquisas com irradiação de alimentos foram feitas da década de 50, pelo Centro de Energia Nuclear na Agricultura (CENA), em Piracicaba (SP). Em 1955, o Departamento Médico do Exército Americano avaliou a segurança de alimentos comumente irradiados na dieta americana. Em 1958, o Congresso Americano deu ao FDA autoridade sobre a regulamentação do processo de irradiação de alimentos, na Emenda de Aditivos Alimentares junto à Lei de Alimentos, Medicamentos e Cosméticos. Após diversas investigações, a *Food and Drug Administration* (FDA), em meados da década de 1960, autorizou pela primeira vez o emprego da irradiação em batatas e trigo.

No Brasil foi publicado, no ano de 1969, o Decreto lei n. 986 de 21 de outubro de 1969 que *estabelecia normas gerais sobre alimentos* e já incluía o tema sobre *irradiação de alimento*. Em 1970, *a National Aeronautics and Space Administration* (NASA) adotou o processo de esterilização de carnes para o consumo de astronautas no espaço, prática que se estende até os dias atuais. O Decreto lei n. 72.718, de 29 de agosto de 1973 estabelecia normas gerais sobre irradiação de alimentos no Brasil, como estocagem, transporte, importação e exportação, venda e consumo de alimentos irradiados. Estabeleceu o logo da Radura no Rótulo do produto irradiado.

Em 1980, seguiram-se as aprovações da irradiação de especiarias e temperos, frutas frescas, carne suína, substâncias secas e desidratadas. O histórico das aprovações do FDA e *United States Department of Agriculture* (USDA) para irradiação de alimentos está representado no Quadro 30.1.

Quadro 30.1 Regulamentação para irradiação aprovada pelo FDA e USDA.

Ano	Alimento	Propósito
1963 – FDA	Farinha de trigo	Controle de fungos
1964 – FDA	Batata	Inibição de brotamento
1986 – FDA	Carne de porco	Eliminar *Triquinella spiralis*
1986 – FDA	Frutas e vegetais	Controle de insetos e aumento da vida de prateleira
1986 – FDA	Ervas e especiarias	Esterilização
1990 – FDA 1992 – USDA	Carne de frango	Redução da contagem bacteriana
1997 – FDA 1999 – USDA	Carne vermelha	Redução da contagem bacteriana

Fonte: FDA (2016).

O propósito da aplicação e as doses de irradiação utilizadas em alimentos foram determinados com base em inúmeras pesquisas realizadas por diferentes e importantes instituições internacionais, entre elas a WHO e a FDA. Em 1980, a FAO, IAEA e WHO criaram um comitê de especialistas (*Expert Committee on Wholesomeness of Irradiated Food*) e concluíram que os alimentos irradiados até 10 kGy (quilo Gray) seriam considerados seguros, sem necessidade de estudos adicionais.

As aplicações e estudos sobre a irradiação de alimentos no Brasil, no ano de 1985, se restringiram quase que exclusivamente às instituições de pesquisas, uma

IRRADIAÇÃO DE ALIMENTOS ■ 567

vez que o país contava com um número restrito de especialistas, plantas autorizadas e fontes de emissão de radiação, mesmo com a permissão concedida neste ano. Entre os anos de 1985 a 1989 no Brasil, os alimentos, os propósitos da irradiação e doses médias recomendadas, eram determinadas de acordo com a Portaria Dinal/MS n. 09 publicada em 8 de março de 1985 e Portaria Dinal/MS n. 30 de 25 de setembro de 1989 do Ministério da Saúde (Quadro 30.2).

Quadro 30.2 Alimentos e limites de doses autorizadas pela Portaria Dinal/MS n. 09 e Dinal/MS n. 30.

Alimento	Propósito	Dose média
Abacate, abacaxi, banana, caqui, goiaba, laranja, limão, manga, melão, tomate, mamão	Controlar a infestação por insetos, melhorar a conservação pelo retardamento do amadurecimento e redução da carga microbiana.	até 1 kGy
Arroz, feijão, trigo, farinha de trigo	Controlar a infestação por insetos durante o armazenamento.	1 kGy
Cebola, batata	Inibir a brotação durante o armazenamento.	0,15 kGy
Milho	Controlar a infestação por insetos durante o armazenamento.	0,5 kGy
Especiarias	Controlar a infestação por insetos, reduzir a carga microbiana, bem como o número de micro-organismos patogênicos.	10 kGy
Morango	Prolongar o período de armazenamento de morangos frescos, eliminação parcial de organismos deterioradores.	3 kGy
Filé de peixe, peixes salgados, defumados, dessecados, secos e desidratados	Controlar a infestação por insetos em peixes salgados e dessecados, reduzir a carga microbiana e micro-organismos patogênicos em filé de peixe e em peixes salgados, defumados e dessecados.	Filé de peixe (1 kGy), peixes salgados e defumados (2,2 kGy)
Aves	Reduzir os micro-organismos patogênicos em produtos armazenados abaixo de 10 °C e aumentar o período de armazenamento.	7 kGy

Em 1990, o FDA aprovou o uso da irradiação em carne de frango e carne vermelha, bem como o USDA, em 1992 e 1999, respectivamente. No Brasil, a partir do ano de 2001, passou a vigorar a Resolução da Diretoria Colegiada (RDC) n. 21, publicada pela ANVISA em 26 de janeiro. As Portarias n. 09/1985 e Portaria Dinal/MS n. 30/1989 foram revogadas pela RDC 21, não havendo mais o limite de dose para cada tipo de produto e ainda instituiu o Regulamento Técnico para Irradiação de Alimentos e estabeleceu (de acordo com o item 4.3) que qualquer alimento poderá ser tratado por radiação desde que sejam observadas as seguintes condições: a) a dose mínima absorvida deve ser suficiente para alcançar a finalidade pretendida; b) a dose máxima absorvida deve ser inferior àquela que comprometeria as propriedades funcionais e/ou os atributos sensoriais do alimento.

Atualmente, 40 países possuem legislação que permite o uso da irradiação na conservação de alimentos, o que corresponde a mais de 28 bilhões de libras (61,7 milhões de toneladas) de produtos irradiados anualmente na Europa. Cerca de 27 países usam tal tecnologia para fins comerciais, incluindo África do Sul, Argélia, Argentina, Bangladesh, Bélgica, Brasil, Canadá, Croácia, Coreia, Chile, Cuba, Dinamarca, Estados Unidos, Filipinas, França, Finlândia, Holanda, Hungria, Índia, Indonésia, Irã, Israel, Iugoslávia, Japão, México, Polônia, Reino Unido e Tailândia. Temperos vegetais secos e especiarias constituem os alimentos mais comumente tratados com a irradiação. Segundo o relatório da Comissão Europeia, até 2015 havia 25 instalações de irradiação aprovadas na União Europeia, situadas em 13 Estados-Membros. O documento CFR n. 21 (*Code of Federal Regulations Title 21*) do FDA atualizado até 2016 estabelece as seguintes doses para diferentes proposições de tratamento para alimentos (Quadro 30.3).

Quadro 30.3 Finalidade e doses de irradiação em alimentos do CFR n. 21.

Finalidade	Dose limite
Para o controle de *Trichinella spiralis* em carcaças de suínos ou cortes frescos, não processados termicamente.	Dose mínima de 0.3 kGy; dose máxima de 1 kGy.
Para inibição de crescimento e maturação de alimentos frescos.	Dose máxima de 1 kGy.
Para a desinfecção microbiana de preparações enzimáticas secas ou desidratadas.	Dose máxima de 1 kGy.
Para a desinfecção microbiana de vegetais aromáticos secos ou desidratados: ervas culinárias, sementes, especiarias, temperos vegetais que são utilizados para conferir sabor. A cúrcuma e a páprica quando usadas como aditivos de cor. As misturas podem conter cloreto de sódio e pequenas quantidades de ingredientes alimentares secos normalmente utilizados nestas misturas.	Dose máxima de 30 kGy.
Para o controle de patógenos transmitidos em carne de frango fresca (refrigerada ou não) ou congelados crus, que sejam: (1) Carcaças inteiras ou porções "prontas para cozinhar" (2) produtos separados mecanicamente de carcaças.	Dose máxima de 4.5 kGy para produtos não congelados; máximo de 7 kGy para produtos congelados.
Para a esterilização de carnes congeladas e embaladas utilizadas exclusivamente nos programas de voo espacial da NASA.	Dose mínima de 44 kGy.
Para o controle de agentes patogênicos transmitidos pelos alimentos e prolongamento da vida útil de produtos refrigerados ou congelados, não cozidos de carne e subprodutos de carne, com ou sem temperos não fluidos, que, de outra forma, sejam exclusivamente compostos por carne íntegra ou moída.	Máximo de 4.5 kGy para produto refrigerado; máximo de 7 kGy para produtos congelados.

(continua)

IRRADIAÇÃO DE ALIMENTOS ■ 569

Quadro 30.3 Finalidade e doses de irradiação em alimentos do CFR n. 21. (*continuação*)

Finalidade	Dose limite
Controle de *Salmonella* em cascas de ovos frescos	Máximo de 3 kGy.
Para o controle de agentes patogênicos nas sementes para germinação.	Máximo de 8 kGy.
Para o controle de *Vibrio* e outros micro-organismos alimentares em moluscos frescos ou congelados.	Máximo de 5.5 kGy.
Para o controle de agentes patogênicos e aumento da vida de prateleira em alface e espinafres frescos.	Máximo de 4 kGy.
Para o controle de agentes patogênicos e aumento da vida de prateleira em carne não cozida (e refrigerada) e subprodutos de carne não cozida.	Máximo de 4.5 kGy.
Para o controle de agentes patogênicos e prolongamento da duração de conservação dos crustáceos crus, cozidos ou congelados ou crustáceos secos, refrigerados ou congelados (atividade de água inferior a 0,85), com ou sem especiarias, sais minerais, sais inorgânicos, citratos, ácido cítrico e / ou EDTA de cálcio dissódico.	Máximo de 6 kGy.

Fonte: FDA, 2016.

APLICAÇÕES DO TRATAMENTO POR IRRADIAÇÃO

No tratamento dos alimentos pela irradiação, as doses aplicadas não devem comprometer as características sensoriais dos produtos. A dosagem de radiação está ligada à quantidade de energia absorvida durante a exposição. Essa dosagem de alimentos irradiados é caracterizada por baixas (menores de 1kGy), médias (1-10 kGy) e altas doses (maiores que 10 kGy). Ainda de acordo com as doses empregadas, os termos *radurização*, *radicidação* e *radapertização* também são empregados, podendo estar associados a outros métodos de conservação de alimentos, como demonstrado no quadro 30.4:

Quadro 30.4 Definições e dose de radurização, radicidação e radapertização.

Processo	Definição e finalidade
Radurização	Tratamentos de baixa intensidade, com a aplicação de doses que variam entre 1 e 2 kGy. Tratamentos combinados como refrigeração. Inibição de brotamentos, retardar a maturação e deterioração de vegetais, além de controlar a infestação por insetos e ácaros.

(*continua*)

Quadro 30.4 Definições e dose de radurização, radicidação e radapertização. (*continuação*)

Processo	Definição e finalidade
Radicidação ou Radiopasteurização	Tratamento com doses intermediárias entre 2,5 e 6 kGy (alguns autores citam até 10 kGy). Tratamentos combinados como refrigeração, salga, cura, aquecimento. Controlar ou eliminar determinados patógenos nos alimentos. Similar à pasteurização.
Radapertização	Tratamento com doses elevadas de irradiação acima de 10 kGy. Tratamentos combinados como congelamento a -30°C e ausência de O_2 (embalagens à vácuo). Esterilidade comercial dos alimentos. Aplicada em produtos cárneos e em pescados enlatados.

IRRADIAÇÃO DE PRODUTOS VEGETAIS

A aplicação da irradiação em produtos vegetais frescos limita-se, de modo geral, a doses baixas, evitando-se o surgimento de alterações indesejáveis. Produtos vegetais secos ou desidratados requerem doses mais elevadas, pelo fato da baixa atividade de água do substrato, dependendo mais do efeito direto da radiação ionizante. Além disso, os efeitos do tratamento dependem de fatores como o tipo e a variedade do produto, o grau de amadurecimento, a contaminação microbiana inicial e o tratamento aplicado após a colheita.

Ervas aromáticas, plantas medicinais e chás

Mesmo sendo utilizadas em pequenas quantidades como ingredientes de produtos alimentícios industrializados, as especiarias e ervas aromáticas, apresentam elevada contaminação microbiológica, acarretando na contaminação dos alimentos nos quais serão adicionadas. Especiarias, chás e ervas aromáticas estão entre os produtos mais irradiados, devido à elevada contaminação microbiana presente na produção, muitas vezes de forma artesanal e logo após a secagem no pós-colheita. Tal preocupação com a qualidade das especiarias ou temperos vegetais se dá pelo fato de que as indústrias as utilizam como ingredientes primários no processamento de alimentos. Isso ocorre porque as especiarias são originárias e importadas principalmente da Índia, China e Egito, onde a colheita e as condições de armazenagem não são devidamente monitoradas e até mesmo produzidas em condições sanitárias precárias. As plantas medicinais têm seu consumo aumentado no mercado brasileiro e, assim como as ervas aromáticas, especiarias e chás, também são importadas e apresentam o mesmo tipo de contaminação microbiana, principalmente por fungos do ambiente.

Estudos já indicaram a elevada contaminação de especiarias e chás por fungos, bactérias mesófilas, coliformes fecais e esporos bacterianos, dentre eles os de grande preocupação em saúde pública, como *Salmonella* spp., *Escherichia coli, Clostridium perfringens, Bacillus cereus* e fungos como leveduras e os fungos filamentosos produtores de micotoxinas como *Aspergillus flavus*. Contagens de 10^7 a 10^8 unidades formadoras de colônias por grama (UFC/g) de produto comumente são encontrados. O ideal é que chás e especiarias não excedam a contagem de 10^3 UFC/g de bactérias e fungos.

De acordo com a WHO (1998) as Boas Práticas de Fabricação de processamento durante a colheita poderiam melhorar a qualidade higiênica das especiarias, mas não seria o suficiente para obter um grau aceitável de pureza microbiológica. Especiarias, ervas e vegetais secos para infusão são atualmente tratados com radiação ionizante para eliminação da contaminação microbiana, sendo eficaz para produtos desidratados, por ser um processo físico sem causar elevação de temperatura, ao contrário do calor úmido. Normalmente as especiarias são tratadas com dose de radiação variando de 5 a 17 kGy. Ademais, as especiarias são usualmente irradiadas na embalagem final para prevenir contaminação posterior. O Relatório da *Comissão ao Parlamento Europeu e ao Conselho Sobre Alimentos e Ingredientes Alimentares Tratados por Radiação Ionizante* reportou que os produtos mais irradiados no ano de 2013 foram especiarias, chás e ervas aromáticas (Quadro 30.5).

Quadro 30.5 Dose e percentual (%) de ervas aromáticas, especiarias e chás em relação ao total de produtos irradiados em países da comunidade europeia (CE) em 2013.

País da CE	Dose em kGy	Total de produtos irradiados	Ervas e especiarias
Bélgica	4-7,9	123	35 (28,4%)
República Tcheca	5,66-9,92	30	10 (33,3%)
Alemanha	5-10	2886	1321 (45,7%)
Espanha	9,31	162	55 (33,9%)
França	5-10	174	44 (25,3%)
Hungria	2-10	81	81 (100%)
Países Baixos	4-8	360	83 (23%)
Polônia	5-10	308	64 (20,7%)

Fonte: Adaptado do Relatório da CE (2015).

Em um estudo realizado por Aquino e colaboradores (2010), foi demonstrado que em 100 amostras coletadas do comércio varejista de plantas medicinais como boldo, espinheira-santa, sene e chá verde, 93,7% estavam contaminados com diversos gêneros fúngicos e 75% com valores acima do limite de 10^3 CFU/g preconizado por WHO (1998), para fungos em plantas destinadas para preparação de chás e infusões. As contagens variaram entre 10^2 a 10^6 CFU/g, porém o tratamento por radiação gama, com a dose de 10 kGy, foi eficiente na completa eliminação dos fungos contaminantes, dentre eles *Aspergillus flavus*, fungo toxigênico produtor de aflatoxinas. Após serem embaladas e irradiadas as amostras mantiveram a esterilidade após 30 dias e não houve alterações nas propriedades fitoquímicas das plantas medicinais.

Legumes, hortaliças e frutas

O tratamento de legumes, frutas e hortaliças com radiações ionizantes tem como principal objetivo o aumento do tempo de conservação e comercialização do alimento por meio da destruição de micro-organismos, inibição da maturação e desinfestação. A aplicação de doses elevadas pode promover o aparecimento de efeitos indesejáveis, entre eles o enegrecimento, a diminuição do teor de vitaminas, a rancidez ou a decomposição acelerada durante o armazenamento.

A dose de 0,15 kGy permite controlar satisfatoriamente a germinação dos tubérculos como batatas, cebolas e alho pela inibição da divisão celular. As batatas tratadas desse modo, por exemplo, podem ser conservadas por até um ano a temperaturas em torno de 15°C, sem que haja diminuição significativa da qualidade. A inibição da germinação é máxima quando as batatas são irradiadas logo após a colheita, quando os tubérculos estão ainda latentes; à medida que o tempo passa, são necessárias doses mais altas para obter o mesmo grau de inibição.

Em doses superiores a 0,25 kGy a maioria das frutas e hortaliças não sofre danos aparentes. O tratamento com radiação gama de bananas, com doses de até 0,5 kGy, ajudou a atrasar o amadurecimento por 20 dias. As alfaces, alcachofras e outras hortaliças sem frutos são mais sensíveis às irradiações do que determinadas frutas e hortaliças com frutos. As frutas e hortaliças com frutos foram classificadas em três grupos, de acordo com a sensibilidade à irradiação:

- Pequena: maçã, cereja, melão, nectarina, mamão, pêssego, framboesa, morango e tomate.
- Variável: banana, figo, laranja, pera, abacaxi, ameixa e pomelo (*grapefruit*).
- Considerável: abacate, pepino, uva, vagem, limão, azeitona e pimentão.

As frutas irradiadas ficam mais doces do que as frutas não irradiadas, o que favorece a aceitabilidade do consumidor, visto que os açúcares complexos são quebrados em açúcares simples com o tratamento por radiação. Tal fenômeno foi observado também em estudos com salada de frutas irradiadas. Outras pesquisas demonstraram a melhoria na qualidade de maçãs minimamente processadas irradiadas com a dose de 2 kGy, bem como beterraba, kiwi, frutas tropicais, bananas, manga e mamão. Em cenouras minimamente processadas e irradiadas houve melhoria na cor e sabor e um estudo com alface minimamente processada demonstrou que a dose de 0,5 kGy não afetou a qualidade do produto.

Alguns pesquisadores relatam os efeitos promissores da combinação entre os processos de irradiação, tratamento térmico e refrigeração para frutas, sucos de frutas e vegetais. Melões irradiados com as doses de 0,7 a 1,4 kGy embalados em atmosfera modificada apresentaram resultados positivos no aumento da vida de prateleira, cor e textura. Essas associações permitem o aproveitamento de efeitos sinérgicos dos diferentes tratamentos, sem a promoção de alterações sensoriais importantes ao longo do armazenamento dos alimentos.

Cereais

A infestação por insetos é o principal problema dos cereais. O método de controle mais utilizado consiste na fumigação de praguicidas, como dibrometo de etileno, óxido de etileno, brometo de etileno e fosfina, apesar de muitos desses produtos químicos terem sido proibidos em vários países. Tais praguicidas são altamente tóxicos e sua aplicação constitui risco considerável para os trabalhadores. Por outro lado, como uma das condições do tratamento é não manipular os grãos durante vários dias, certos praguicidas não são capazes de penetrar uniformemente no produto, possibilitando a sobrevivência de algumas pragas, bem como o desenvolvimento de resistência.

Pelas razões apontadas, a irradiação é uma opção importante que deve ser considerada no controle de pragas em cereais e pode tornar-se tratamento de eleição, no caso de proibição dos fumigantes químicos. Para irradiar grãos são necessárias técnicas especiais, uma vez que são armazenados somente em grandes quantidades. Quando são utilizados os aceleradores de elétrons, os grãos devem passar por um túnel em alta velocidade. Os raios X e os raios gama têm um poder de penetração mais elevado do que os elétrons acelerados, evitando que o produto seja disposto em finas camadas. Como os cereais são descarregados dos veículos através de túneis, os três tipos de irradiação podem ser utilizados nessa fase. Deve-se destacar que o tratamento com elétrons acelerados é o mais econômico, principalmente quando são manipulados grandes volumes de cereais. A dose requerida para controlar os insetos é baixa, geralmente menor do que 1 kGy.

IRRADIAÇÃO DE PRODUTOS DE ORIGEM ANIMAL

Carne de aves

O tempo de conservação da carne de aves refrigerada é de 8 a 17 dias, dependendo das condições higiênicas durante o processamento. O trato digestivo das aves pode albergar um variado número de micro-organismos patogênicos para o homem. Apesar da evisceração reduzir os riscos de contaminação, as superfícies externa e interna das carcaças podem apresentar níveis relativamente elevados de bactérias. Estima-se que 60 a 80% da carne de aves vendida no Reino Unido possam estar contaminadas por *Salmonella* spp. e, até 100% por *Campylobacter* spp. É muito difícil prevenir a infecção subclínica das aves por *Salmonella* spp., porém a enfermidade no homem poderia ser evitada, na maioria dos casos, pela irradiação do produto final.

Várias pesquisas comprovaram a eficácia da irradiação com a finalidade de eliminar, além das mencionadas bactérias, outros micro-organismos patogênicos, presentes nos alimentos de origem animal, como *Staphylococcus aureus, Clostridium perfringens, Yersinia enterocolitica* e *Listeria monocytogenes*.

Como já mencionado, o FDA aprovou desde 1990 a dose de 3 kGy para o controle de bactérias patogênicas em carne de aves. Além do efeito sobre os patógenos, essa dose reduz a contaminação por alguns micro-organismos deterioradores, propiciando o aumento do tempo de conservação desses produtos em 1 a 2 semanas. Desde 1981, comprovou-se que era possível prevenir eficazmente as salmoneloses no Canadá, usando doses de 3 kGy. Em 1987, uma empresa francesa iniciou a irradiação comercial de frangos desossados congelados mediante um acelerador de elétrons, processando 7 mil toneladas anuais com doses de 3 kGy. Desde setembro de 1993, um pequeno número de supermercados nos Estados Unidos tem vendido carne de aves irradiada. Deve-se destacar que as propriedades nutritivas e sensoriais dessas carnes não são afetadas pela irradiação.

Carnes de mamíferos domésticos

As carnes bovina, suína e ovina são transportadas, geralmente, em grandes peças mantidas sob refrigeração. O tempo de conservação da maioria destes produtos é breve, aproximadamente 72 horas, e a deterioração deve-se sobretudo à ação de micro-organismos ou à ocorrência de processos químicos e enzimáticos.

A contaminação microbiana das carnes pode ocorrer ao longo das diversas fases de obtenção e processamento desses alimentos. A maioria dos micro-organismos deterioradores, assim como as bactérias patogênicas, é eliminada com doses subesterilizantes de radiações ionizantes (mecanismo semelhante ao da pasteurização), o que prolonga o tempo de conservação dos produtos. Entretanto, a irradiação não é capaz de evitar alterações sensoriais, como a mudança de cor e aquelas observadas em decorrência da rancidez oxidativa. Algumas precauções devem ser adotadas para minimizar as possíveis alterações sensoriais causadas pela exposição de carnes a doses mais elevadas de irradiação, aplicadas na esterilização dos produtos. Assim, antes da aplicação da irradiação, deve-se inativar as enzimas autolíticas, por meio de tratamento térmico, além de eliminar o oxigênio, mediante o envase a vácuo em latas ou embalagens plásticas, evitando, assim, o surgimento de sabores e odores desagradáveis.

Nos países em que a *Trichinella spiralis* é endêmica na população suína, a carne fresca de porco deve ser bem cozida; mesmo assim, continuam sendo notificados, na população humana, casos de triquinelose, enfermidade que às vezes pode levar os doentes ao óbito. Contudo, as larvas desse parasita perdem sua capacidade infectante quando se irradia a carne com uma dose de 0,3 kGy. A teníase humana provocada pela *Taenia saginata*, parasitose transmitida pela ingestão de carne de vaca malcozida contendo cistos de *Cysticercus bovis*, pode ser prevenida mediante a aplicação de energia ionizante em uma dose de 0,4 kGy. Existem outros protozoários e helmintos, de grande repercussão sanitária, nas regiões tropicais, que são destruídos por doses baixas de irradiação, não superiores a 1 kGy, sem afetar o sabor do alimento.

Ovos frescos

Aves infectadas por *Salmonella* spp. podem produzir ovos contaminados, sendo frequente, em vários países, a associação entre o consumo desses alimentos e a ocorrência de surtos de salmonelose humana. Alguns pesquisadores relatam que doses de 2 kGy são capazes de reduzir em até 1.000 vezes o número de salmonelas em ovos em pó e nas gemas dos ovos sólidos, sem alterar as propriedades sensoriais e o valor nutricional desses alimentos.

A irradiação de ovos com casca, a fim de controlar a contaminação por *Salmonella* spp., pode produzir alguns efeitos indesejáveis, visto que a dose requerida (entre 2 e 4 kGy) pode afetar várias características do produto, como a viscosidade da clara ou a integridade da membrana da gema, bem como aumentar a fragilidade da casca.

Produtos lácteos

Muitos produtos lácteos apresentam alterações desfavoráveis de sabor, odor e cor ao serem irradiados, mesmo que com doses de 0,5 kGy, devido à oxidação da gordura do leite, que pode ocorrer também por mecanismos fotoxidativos. Estudos demonstraram que análise sensorial de leite *in natura* irradiado com as doses de 1, 2 e 3 kGy demonstraram que o ranço foi detectado pelos provadores em todas as doses e, devido a isso, não houve aprovação do leite por estes. O queijo Camembert, elaborado com leite cru, entretanto, pode ser irradiado eficazmente com uma dose de até 2,5 kGy para controlar a contagem de *Listeria monocytogenes*.

Pescado

O pescado representa um grupo de alimentos perecíveis que rapidamente sofre o processo de deterioração. Além dos micro-organismos deterioradores, inúmeros patógenos são detectados nesse alimento, entre eles, destacam-se algumas bactérias (*Clostridium botulinum* do tipo E, *Vibrio parahaemolyticus* e o *Vibrio vulnificus* em pescado marinho, *Salmonella* spp., *Staphylococcus aureus*, *Clostridium perfringens* e cepas patogênicas de *Escherichia coli*); vírus (como o vírus da hepatite A) e alguns parasitas (como o *Anisakis* spp. e espécies do gênero *Diphyllobothrium*). A contaminação do alimento pode ocorrer em seu ambiente de origem ou durante seu processamento, por meio de manipulação e armazenamento inadequados.

De modo geral, a aplicação de baixas doses de irradiação em pescado elimina tanto os deterioradores como a maioria dos patógenos, aumentando o tempo de comercialização e diminuindo os riscos associados ao seu consumo. É recomendado que o pescado seja submetido ao tratamento com radiações ionizantes logo após sua captura, podendo-se duplicar ou triplicar o tempo de estocagem. Em países como Bélgica, França e Holanda, pode-se observar a irradiação de camarões congelados para fins comerciais.

Benefícios resultantes da irradiação

A irradiação pode controlar o desenvolvimento microbiano em alimentos sem acarretar alterações sensoriais sensíveis. O efeito térmico durante o tratamento é desprezível, viabilizando sua aplicação em diversos produtos, inclusive em congelados. Além do efeito letal sobre os micro-organismos, a irradiação inibe o brotamento de raízes e tubérculos, elimina a infestação de grãos, frutas e vegetais e retarda a decomposição dos alimentos. O tratamento pode aumentar o tempo de estocagem dos produtos sem ocorrer a formação de resíduos, representando uma importante alternativa ao uso de substâncias químicas e fumigantes que, geralmente, originam resíduos indesejáveis.

Essas características favorecem a produção e comercialização dos produtos irradiados, inclusive para mercados internacionais, pois além da garantia de segurança dos alimentos, a qualidade nutricional não é afetada, uma vez que o uso de produtos químicos prejudiciais à saúde humana e responsáveis por alterações sensoriais é desprezível, em especial quando comparado com os métodos tradicionais de controle biológico. Como resultado da melhor qualidade higiênico-sanitária, constata-se a redução dos custos médico-hospitalares, decorrentes da queda de produtividade devida ao absenteísmo por doença transmitida por alimentos. Do ponto de vista econômico, há redução dos custos com refrigeração.

Limitações

É importante destacar que a irradiação dos alimentos não substitui a manipulação adequada dos produtos, pois não é capaz de melhorar a qualidade de um produto que não é fresco: não devolve suas propriedades sensoriais normais, ou seja, não elimina odores e sabores desagradáveis, bem como o mau aspecto dos alimentos decompostos. Também não é capaz de prevenir a contaminação que pode ocorrer durante a estocagem ou preparação do alimento irradiado.

Assim como outras técnicas de processamento de alimentos, a irradiação pode provocar alterações sensoriais e nutricionais. Eventualmente, podem ser observadas: formação de odores e sabores estranhos, oxidação lipídica e perda de alguns nutrientes (principalmente de vitaminas). A intensidade e natureza dessas alterações estão relacionadas ao tipo, à variedade e à composição dos alimentos, à dose de radiação aplicada e às condições de armazenamento após o tratamento.

Outro aspecto que deve ser considerado no processo de irradiação é a necessidade da aplicação de medidas rigorosas de segurança durante o tratamento dos alimentos. Sabe-se que as doses capazes de destruir os micro-organismos são muito maiores que as que afetam o homem.

SEGURANÇA DOS ALIMENTOS IRRADIADOS

Segurança do consumidor

Pequenos compostos são formados durante a irradiação, assim como o que ocorre nos alimentos expostos ao calor. Esses compostos foram descritos recentemente como "produtos radiolíticos" por serem identificados após a irradiação. Investigações subsequentes determinaram que os radicais livres e outros compostos produzidos são idênticos aos formados durante o cozimento, a pasteurização, o congelamento e outras formas de preparo e processamento. Entretanto, não existem evidências de que tais radicais sejam tóxicos, carcinogênicos, mutagênicos ou teratogênicos. Além disso, voluntários humanos consumiram dietas 100% irradiadas, não sendo constatados efeitos deletérios.

Com relação ao valor nutritivo dos alimentos irradiados, as perdas de nutrientes são pequenas e, com frequência, menores do que aquelas associadas a outros métodos de preservação, como o enlatamento, a desidratação, a pasteurização pelo calor e a esterilização. Isso se deve ao fato de a irradiação não elevar substancialmente a temperatura do alimento.

As alterações nutricionais caracterizam-se quase que por uma relação de linearidade com a dose utilizada. Em baixas doses (até 1 kGy), a perda de nutrientes é insignificante. Em doses intermediárias (1 a 10 kGy) não existem perdas significativas até 3 kGy; acima deste nível, recomenda-se que a irradiação seja realizada a baixas temperaturas (–20 a –40°C) e/ou com exclusão de ar. Em altas doses (> 10 kGy), é necessário irradiar os alimentos umedecidos e a baixas temperaturas com exclusão de ar para manter a qualidade nutricional e sensorial do produto. Proteínas, gorduras e carboidratos não são, notavelmente, alterados.

O valor nutricional das proteínas não é significativamente afetado mesmo para altas doses, assim como os aminoácidos essenciais e não essenciais, valor biológico e digestibilidade. O mesmo aplica-se para as gorduras, não havendo registro de alterações relativas à digestão e à absorção.

Os principais efeitos sobre os carboidratos são a degradação oxidativa e a hidrólise, sendo os carboidratos complexos convertidos em compostos simples, sem comprometimento nutricional significativo. Alguns alimentos com altos teores de sacarina podem se tornar não palatáveis e com menor qualidade nutricional.

As vitaminas são menos vulneráveis à irradiação em alimentos do que em soluções puras, por causa do efeito de proteção de seus constituintes. Riboflavina, niacina e vitamina D são estáveis, enquanto as vitaminas A, E, K e tiamina são mais facilmente destruídas e precisam ser protegidas de médias e altas doses, pelo uso de baixas temperaturas e por exclusão de oxigênio. Com relação à vitamina C, em particular, os resultados são conflitantes por causa da conversão para ácido deidroascórbico, pois essa vitamina é a soma das atividades dos ácidos ascórbico e deidroascórbico. Não há dúvida de que a irradiação pode dar lugar a um aumento do ácido deidroascórbico e, paralelamente, uma redução do ascórbico, porém é irrelevante sob o ponto de vista nutricional, pois essas substâncias têm idêntica atividade biológica.

Em 1992, a OMS e a *American Medical Association* afirmaram que o alimento irradiado, produzido sob BPF, deve ser considerado seguro e nutricionalmente adequado, pois:

- Não induz alterações na composição do alimento, que do ponto de vista toxicológico poderiam levar a efeitos adversos à saúde humana.
- Não introduz alterações na microflora do alimento, que poderiam aumentar o risco microbiológico para o consumidor.
- Não leva a perdas nutritivas, que poderiam impor efeitos adversos ao estado nutricional individual ou populacional.

ROTULAGEM

Conforme a RDC n. 21, na rotulagem dos alimentos irradiados deve ser apresentada a seguinte informação: "Alimento tratado por processo de irradiação". No caso de utilização de produto irradiado como ingrediente de outro alimento, a declaração dessa circunstância deve constar na lista de ingredientes, entre parênteses, após o nome do elemento irradiado. Com relação aos produtos irradiados vendidos a granel, avisos em cartazes ou placas devem ser afixados no local, informando que se trata de "Alimento tratado por processo de irradiação". Essas informações, além de estarem em acordo com a legislação nacional, são valorizadas positivamente pelo consumidor.

Alimentos destinados à exportação devem estar devidamente identificados por meio de informações como o lote e a dose utilizada no tratamento. Os termos "irradiado" ou "tratado por radiação ionizante" devem constar na embalagem do produto ou possuir impresso na embalagem o símbolo internacional para alimentos irradiados, a Radura (Figura 2).

Figura 30.2 Símbolo internacional para alimentos irradiados – Radura.
Fonte: FDA (2016).

Embora existam no Brasil algumas empresas com infraestrutura física, licença para irradiar alimentos e em franca atividade, o que se vê na prática é que a maioria da demanda é a irradiação de chás importados, especiarias ou ervas aromáticas, que são irradiados antes de serem adicionados em produtos industrializados. Um estudo recente apontou que somente duas indústrias de alimentos no país declaram irradiar ingredientes, com informação nos dizeres dos rótulos (*tratado por radiação ionizante*) de nove produtos encontrados no mercado (salgadinhos de milho, batata frita e biscoito salgado).

ACEITABILIDADE E SEGURANÇA PARA O CONSUMIDOR

A indústria de alimentos e as próprias organizações governamentais acreditavam que existiria uma tendência por parte dos consumidores em rejeitar a compra de produtos irradiados; algumas pesquisas de consumo, realizadas em meados da década de 1980, confirmaram esse fato. Entretanto, sabe-se que esses consumidores foram expostos a informações desvirtuadas por grupos contrários ao uso da irradiação, veiculadas inclusive por meios de comunicação de maneira sensacionalista. Além disso, no ano de 1986, ocorreu o acidente nuclear de Chernobyl, gerando ainda mais dúvidas entre a contaminação radioativa de alimentos e o uso da irradiação como processo de preservação.

A campanha informativa sobre a segurança e os benefícios trazidos por tal tecnologia felizmente foi bem-sucedida, pelo menos em países desenvolvidos, resultando na boa aceitabilidade dos produtos irradiados. Em alguns casos, os consumidores não só estão dispostos a comprar alimentos irradiados como preferem esses produtos, influenciados principalmente pelos fatores qualidade e segurança.

Estudos realizados em mercados de comércio de alimentos irradiados, em mais de 20 países, revelaram que, em 58% dos casos, os consumidores são indiferentes à irradiação, estando muito mais interessados na qualidade dos produtos que no processo a que foram submetidos. Em 42% dos casos, os consumidores realmente preferem o alimento irradiado em virtude da qualidade do produto.

A possível toxicidade das substâncias formadas após a irradiação dos alimentos (substâncias radiolíticas) também tem suscitado preocupações, embora a probabilidade de formação dessas substâncias seja realmente baixa. A maioria dos produtos detectados nos alimentos irradiados é encontrada em alimentos não irradiados. A composição de macronutrientes de um determinado alimento é crucial para determinar que tipo de composto químico se formou no final; contudo, seria impossível realizar uma análise e a evolução toxicológica de cada componente em separado.

Com os anos, tem-se desenvolvido um programa de análises baseado em química analítica e toxicologia experimental. Os estudos realizados em animais com produtos alimentícios e macronutrientes irradiados e os estudos de mutagenicidade *in vitro*, efetuados com misturas e determinados produtos químicos irradiados, aliados aos conhecimentos disponíveis sobre as estruturas químicas, sua presença e reatividade, comprovam a inocuidade do método.

É válida a observação da *Joint* FAO/IAEA/WHO *Expert Committee on Wholesomeness of Irradiated Food* de que a irradiação de qualquer alimento a uma dose média de até 10 kGy é irrelevante do ponto de vista toxicológico e de que, portanto, não é necessário submeter tal alimento a novas análises. O Comitê também examinou os estudos que envolviam colônias de animais criados com dietas irradiadas, incluindo alguns estudos de comparação de dietas esterilizadas mediante autoclave ou irradiação (25-44 kGy), ou tratadas a 15 kGy para destruir organismos patogênicos. Do mesmo modo, considerou estudos realizados por institutos da Áustria, Dinamarca, França, Hungria, Holanda e Reino Unido. O Comitê concluiu que não havia diferença clara entre as dietas irradiadas e as não irradiadas nesses estudos em que haviam sido empregados entre 5 mil e 500 mil animais.

A maioria das investigações toxicológicas sobre alimentos irradiados centra seus interesses em doses de irradiação inferiores a 10 kGy, sobretudo na margem de 0,1 a 2 kGy. Isso se deve ao fato de que muitos alimentos, como as frutas e o pescado, não toleram doses superiores, mesmo porque, segundo os estudos, não existe necessidade de utilizar doses tão altas para conservar os alimentos. Os resultados obtidos em pesquisas mostram, com segurança, que a irradiação adequada dos alimentos não produz substâncias nocivas à saúde, sendo praticamente inexistentes os riscos toxicológicos associados ao consumo de produtos irradiados.

Ação sobre os micro-organismos

Alguns estudos científicos sugeriram que os micro-organismos resistentes poderiam ser produtos de seleção ou mutação quando submetidos a tratamentos que reduzem a carga microbiana dos alimentos. Porém, quando expostos à irradiação, seriam menos resistentes do que os micro-organismos naturais. Por outro lado, não há razão para supor que os micro-organismos resistentes possam ser um obstáculo para a irradiação de alimentos.

A principal ação direta da radiação ionizante sobre os micro-organismos ocorre por meio de alterações do material genético microbiano. Alterações de outras estruturas, como ruptura da membrana celular e desnaturação de enzimas, também são decorrentes da ação indireta da radiólise, efeito químico dos radicais livres gerados pela radiação na água disponível no meio intracelular.

O comportamento microbiano ante a radiação é variável, dependendo principalmente da intensidade do tratamento e do tipo de micro-organismo. Sabe-se que as bactérias Gram-positivas, os esporos bacterianos, os vírus e as leveduras são, de modo geral, mais tolerantes à irradiação do que as bactérias Gram-negativas e os fungos filamentosos (bolores). Estima-se que os micro-organismos mais sensíveis sejam destruídos com doses de aproximadamente 2 kGy, enquanto os mais resistentes, como os vírus, necessitem de exposição a doses bem superiores (cerca de 50 kGy) para serem inativados.

Alguns fatores podem influenciar a resistência ou sensibilidade microbiana ante a irradiação, protegendo ou favorecendo a destruição dos micro-organismos. A formação de esporos bacterianos, presença de metabólitos, proteínas, lipídeos, pigmentos, polissacarídeos na estrutura celular de fungos e bactérias e as baixas temperaturas protegem os micro-organismos das radiações ionizantes, enquanto a presença de oxigênio e água potencializam os efeitos das radiações, sendo evidente a inativação de micro-organismos em determinadas condições.

Efeitos sensoriais

Questiona-se a hipótese de a irradiação provocar efeitos sensoriais indesejáveis aos alimentos, alterações de sabor, odor e textura. Não há dúvidas quanto ao fato de que, se aplicada de forma inadequada, a irradiação pode afetar as características sensoriais do produto, ou mesmo não ser indicada pelos efeitos já conhecidos em determinados alimentos com elevado teor de gorduras e óleos, a exemplo do amendoim e do leite *in natura*, já discutido, ou mesmo pela alteração sensorial do suco de laranja.

O tratamento dos alimentos por irradiação é considerado um processo "a frio", visto que a temperatura da irradiação é baixa. Sendo assim, as alterações sensoriais para alguns alimentos são mínimas. A irradiação pode, inclusive, ser aplicada em alimentos congelados sem acarretar alterações sensoriais significativas, mas para cada tipo de alimento, as análises sensoriais devem ser aplicadas, a fim de certificar que se em diferentes doses não haverá mudanças, inclusive na viscosidade de gelatinas e mel, por exemplo.

Reirradiação

A Norma Geral do *Codex* para Alimentos Irradiados (FAO, 1984) permite a reirradiação dos alimentos com baixa atividade de água, como os cereais, legumes e alimentos desidratados, com o objetivo de controlar as infestações por insetos. A reirradiação desses produtos seria comparável à fumigação, método frequentemente utilizado com a mesma finalidade pela indústria e pelo comércio alimentício.

Conforme a legislação federal vigente determinada pela RDC n. 21 da ANVISA, exceto para os alimentos de baixo conteúdo hídrico, irradiados com a finalidade de combater a reinfestação por insetos, os alimentos irradiados não devem ser submetidos à reirradiação. Algumas situações que envolvem os alimentos não são consideradas reirradiação, entre elas: a irradiação, com outra finalidade tecnológica, de alimentos preparados a partir de materiais que foram irradiados; a irradiação de alimentos que contêm ingredientes previamente irradiados (desde que em quantidade inferior a 5% do conteúdo total em massa); e quando a dose total de radiação ionizante é aplicada de modo fracionado, como parte de um processo tecnológico específico.

CONCLUSÕES

O processo de irradiação de alimentos surgiu como resposta à necessidade de produtos alimentares seguros, em razão da crescente demanda da população mundial, reduzindo as perdas por deterioração e prevenindo as enfermidades veiculadas por alimentos. Além disso, com o envelhecimento da população e a presença de indivíduos imunodeprimidos, a segurança alimentar é uma questão ainda mais relevante, principalmente em nutrições especiais para grupos específicos, como as dietas hospitalares, sem afetar as propriedades nutricionais.

No entanto, para garantir a inocuidade dos alimentos, é necessária a interação entre o tratamento por radiação ionizante e as Boas Práticas de Fabricação, ressaltando a importância principalmente da manipulação higiênica e adequada dos produtos, visto que a irradiação deve ser aplicada a produtos de boa qualidade e nunca empregada para "maquiar" um produto deteriorado. Para os casos em que a produção de alimentos ocorra em condições inadequadas, como as especiarias, o processo garante um produto em níveis aceitáveis da carga microbiana para o consumo.

É possível garantir o armazenamento prolongado dos alimentos, mantendo as embalagens íntegras, visto que a técnica permite a irradiação de produtos embalados e dispensa o uso de conservantes químicos. Com isso a irradiação de alimentos também atende às medidas de preservação do meio ambiente, com redução de gastos energéticos e dos riscos sanitários.

REFERÊNCIAS

AQUINO, S. et al. Evaluation of Fungal Burden and Aflatoxin Presence in Packed Medicinal Plants Treated by Gamma Radiation. *Journal of Food Protection*, v. 73, n. 5, p. 932–937, 2010.

AMERICAN DIETETIC ASSOCIATION. Position of the American Dietetic Association: food irradiation. *J of Amer Diet Assoc*, v. 96, n. 1, p. 69-72, 1996.

BRASIL. Agência Nacional de Vigilância Sanitária – ANVISA. Resolução n° 21, de 26 janeiro 2001. Disponível em: <http://anvisa.gov.Br/legis/resol/ 21_01rdc.htm>. Acessado em: abril, 2017.

BRUHN, C.M. Consumer attitudes and market responses to irradiated food. *J Food Prot*, v. 58, n. 2, p. 157-81, 1995.

CAST. Ionizing energy in food processing and pest control: II. Aplications. Report 115. Ames, Iowa. USA *Council for Agricultural Science and Technology*, 1989.

[CAC] CODEX ALIMENTARIUS COMISSION. *Codex general standard for Irradiated foods*. CODEX STAN 106=1983, 2003.

[CE] COMISSÃO EUROPEIA. *Relatório da comissão ao parlamento europeu e ao conselho sobre alimentos e ingredientes alimentares tratados por radiação ionizante relativo a 2013*. Bruxelas: COM (2015) 69. 2015.

CORNELL UNIVERSITY. College of Agriculture and Life Sciences. *Food safety begins on the farm*. Disponível em: http://www.hort.cornell.edu/. Acessado em: nov. 2002.

DICKSON, J. S. Radurization: the pasteurization of foods by ionizing radiation. *J Food Prot.*, v. 58, Suppl. 58, p. 1-70, 1995.

DIEHL, J.F. *Safety of irradiated foods*. Nova York: Marcel Dekker, 1995.

[FAO] Food and Agriculture Organization. Norma general del Codex para alimentos irradiados. Roma: Organización de las Naciones Unidas para la Agricultura y la Alimentación (Codex Alimentarius, v. XV), 1984.

_____. *O desperdício alimentar tem consequências ao nível do clima, da água, da terra e da biodiversidade – novo estudo da FAO*. Disponível em: http://www.fao.org/news/story/pt/item/204029/icode/. Acessado em: maio, 2017.

FABBRI, A. D. T. *Avaliação microbiológica físico-química e sensorial de salada de frutas irradiada pronta para o consumo de imunocomprometidos*. Tese de doutorado. Instituto de Pesquisas Energéticas e Nucleares, São Paulo, SP. Disponível em: <file:///C:/Users/Simone/Downloads/2014FabbriAvaliacao.pdf.>. Acessado em: maio, 2017.

FARKAS, J. *Irradiation for better foods. Trends in food science & technology*, v. 17, p. 148-154, 2006.

FAO/IAEA/WHO. *Study group on high dose irradiation*. WER (Workshop on Requirements Engineering), v. 73, n. 3, p. 9-11, 1998.

FORSYTHE, S.J. *Microbiology of Safe Food*. 2 ed. Oxford: Blackwell Publishing Ltd, 2010.

HUGHES, C.; GILLESPIE, I.A.; O'BRIEN, S.J. Foodborne transmission of infectious intestinal disease in England and Wales, 1992–2003. *Food Control*, v. 18, n. 18, p. 766–72, 2007.

[ICGFI] INTERNATIONAL CONSULTATIVE GROUP ON FOOD IRRADIATION. *Facts about food irradiation*, p. 32-33, 1999. Vienna.

JOSEPHSON, E. Health Aspects of food irradiation. *Food and Nutrition Bulletin*, v. 13, n. 1, p. 40-2, 1991.

KAREL, M. The future of irradiation applications on earth and in space. *Food Technol.*, v. 41, n. 7, p. 95-7, 1989.

LOAHARANU, P. Food irradiation in developing countries: a practical alternative. *IAEA Bulletin*, v. 1, p. 30-5, 1994a.

_____. Status and prospects of food irradiation. *Food Technol.*, v. 48, n. 5, p. 124-30, 1994b.

MESQUITA, C.H. Alimentos irradiados. Metodologia e aplicações de radioisótopos. Disciplina FBA 0430, Faculdade de Ciências Farmacêuticas da Universidade de São Paulo (FCF/USP). Disponível em: http://www.fcf.usp.br/Ensino/Graduacao/Disciplina/ LinkAula/My-files/index.htm. Acessado em: jul. 2007.

MUCH, P.; PICHLER, J.; ALLERBERGER, F. *Foodborne infectious outbreaks*, Austria 2005. Wien Klin Wochenschr, v. 119, p. 150–7, 2007.

NAGAI, N.Y.; MOY, J.H. Quality of gamma irradiated california valencia oranges. *Journal of Food Science*, v. 50, p. 215-9, 1985.

NASCIMENTO, E. S.; QUINTAES, K. D. *Produção e comercialização de alimentos irradiados no Brasil.* Nutrição Brasil, v. 5, n. 2, p. 99-104, 2006.

NUNES, P. et al. Os mitos e as verdades da irradiação de alimentos. *Radiologia ciências biológicas e da saúde,* v. 1, n.3, p. 103-110, 2014.

OLIVEIRA, A.B.A et al. Doenças transmitidas por alimentos, principais agentes etiológicos e aspectos gerais: uma revisão. *Rev HCPA,* v. 30, n. 3, p. 279-285, 2010.

[OMS] Organização Mundial da Saúde. *Food irradiation: a technique for preserving the safety of food.* Genebra, 1988.

_____. *Inocuidad e idoneidad nutricional de los alimentos irradiados.* Genebra: Ediciones de la OMS, 1995. 172p.

PAULI, G.H.; TARANTINO, L.M. FDA regulatory aspects of food irradiation. *J. Food Prot.,* v. 58, n. 2, p. 209-212, 1995.

RADOMYSKI, T. et al. Elimination of pathogens of significance in food by low dose irradiation: A Review. *J of Food Prot.,* v. 57, n. 1, p. 73-86, 1994.

ROBERTS, T.; UNNEVERH, L. New approaches to regulating food safety. *Food Review,* v. 17, n. 2, p. 2-8, 1994.

SILVA, A. C. O. *Efeito da radiação gama sobre lipídios, microbiota contaminante e validade comercial do leite cru integral refrigerado e sobre características sensoriais do leite pasteurizado integral refrigerado.* Tese de doutorado. Universidade Federal Fluminense. Niterói-RJ, 2008.

SILVA, K. D. et al. *Conhecimento e atitudes sobre alimentos irradiados de nutricionistas que atuam na docência.* Ciênc. Tecnol. Aliment., Campinas, v. 30, n. 3, p. 645-651, 2010.

THAYER, D. Wholesomeness of irradiated food. *Food Technol,* v. 48, n. 5, p. 132-5, 1994.

THORNE, S. *Food irradiation.* Nova York: Elsevier Science Publishers, 1991.

[WHO] World Health Organization. *Safety and nutritional adequacy of irradiated food,* p.1-17, World Health Organization, Geneva, 1994.

_____. *Quality control methods for medicinal plant materials. (ISBN 92 4 154510 0). Printed in England. Geneva 1998.*

VILELA, N.J.; LANA, M.M.; MAKISHIMA, N. O *peso da perda de alimentos para a sociedade: o caso das hortaliças.* Horticultura Brasileira, Brasília, v. 21, n. 2, p. 141-143, 2003.

31

Forno de micro-ondas

Iolanda Aparecida Nunes
Maria Izabel Simões Germano
Pedro Manuel Leal Germano

INTRODUÇÃO

O forno de micro-ondas, comercializado desde 1967, tornou-se um utensílio padrão presente nas residências em quase todas as partes do mundo, sendo encontrado em mais de 90% das habitações nos Estados Unidos. No Brasil, registrou-se grande aumento do número de unidades comercializadas, incorporando os bens de consumo, em especial das classes sociais A e B. Após 2007, constatou-se uma procura maior por parte dos consumidores da classe C, em parte como reflexo do aumento do salário mínimo sobre as compras desse segmento da população.

A viabilidade econômica de produção e consumo dos fornos de micro-ondas tem sido impulsionada pelo aumento do custo dos combustíveis, como gás e óleo. Por outro lado, o crescimento de projetos modulares de fornos industriais, utilizando magnetrons de alta resolução, concorreram para a redução nos custos de fabricação dos produtos. Atualmente, as micro-ondas são utilizadas como fonte de calor em indústrias de polímeros, cerâmica e farmacêutica. No setor de alimentos, a utilização desses fornos é crescente e cada vez mais popular.

A indústria alimentícia, em razão do aumento crescente no número de possuidores de fornos de micro-ondas e das modificações no estilo de vida e nas atitudes dos consumidores, tem direcionado sua produção para alimentos passíveis de serem submetidos à energia micro-ondas. Todavia, o grande sucesso comercial desses fornos reside em sua capacidade de aquecer rapidamente os alimentos. Essa particularidade, contudo, pode interferir na qualidade final do alimento, uma vez que os distintos métodos de processamento nada mais são do que sistemas físico-químicos complexos. Assim, requerem calor para iniciar e acelerar as reações, que devem ocorrer em sequência própria, exigindo condições adequadas de tempo e temperatura para que se obtenham o amaciamento necessário e o realce das características sensoriais inerentes a cada produto.

Do mesmo modo, o tempo e a temperatura são imprescindíveis para a qualidade e segurança dos produtos processados, tanto no que concerne à microbiota deteriorante, quanto à ocorrência de patógenos. Entretanto, os efeitos letais das micro-ondas sobre os micro-organismos são controversos, situação atribuída, sobretudo, à distribuição desuniforme da energia micro-ondas durante sua aplicação.

Outro aspecto relevante sobre o uso do forno de micro-ondas no processamento de alimentos consiste na possibilidade de contaminação dos produtos devido à migração de substâncias dos materiais plásticos utilizados em embalagens submetidas ao aquecimento, notando-se que muitos produtos comercializados nessas embalagens são destinados ao aquecimento direto.

PROPRIEDADES DAS MICRO-ONDAS

As micro-ondas consistem em ondas eletromagnéticas compreendidas entre o infravermelho e as ondas de rádio do espectro eletromagnético, cujas frequências específicas podem ser encontradas a 915 ou 2.450 MHz. São geradas por magnetrons, que convertem e energia elétrica abaixas frequências, 60 Hz, em campo eletromagnético com centros de cargas positivas e negativas, que mudam de direção bilhões de vezes por segundo.

O aquecimento provocado pelas micro-ondas resulta da interação entre o campo eletromagnético e os componentes do produto, gerando calor instantâneo por meio da fricção entre as moléculas. À medida que as micro-ondas penetram no produto, interagem com os dipolos elétricos das moléculas de água, principal fonte para as interações desta natureza. Forças de atração e repulsão entre regiões opostamente carregadas promovem a rotação de solventes polares no campo elétrico. Íons positivos e negativos dos sais dissolvidos nos alimentos geram aquecimento adicional pela interação com o campo elétrico, pela migração entre as regiões carregadas do campo.

No processamento térmico convencional, a energia é transferida para o material por meio de gradientes térmicos por convecção, condução ou radiação do calor a partir da superfície do alimento. No caso das micro-ondas, a energia é produzida a partir do produto e, segundo alguns pesquisadores, a transferência de calor e a esterilização de alimentos sofrem influência de fatores como a forma, o tamanho e a composição do produto, além da frequência da radiação utilizada.

APLICAÇÕES NO PROCESSAMENTO DE ALIMENTOS

A crescente utilização dos fornos de micro-ondas no processamento de alimentos pode ser justificada por sua maior rapidez e conveniência, quando comparado aos métodos convencionais de processamento. Diferentes setores alimentícios, como as indústrias, os estabelecimentos de "*fast-food*" e instituições públicas e particulares, têm usufruído cada vez mais dessa tecnologia em operações que incluem descongelamento, aquecimento, cocção e desidratação de alimentos.

Entre as vantagens da utilização dos fornos de micro-ondas, incluem-se os aspectos associados ao processamento contínuo, à ampliação da automação, à redução da mão de obra, ao aumento da vida de prateleira, aos menores custos de distribuição e de manutenção de equipamentos, bem como à economia de energia. Por outro lado, sabe-se que a aplicação das micro-ondas pode resultar em aquecimento desuniforme do produto, dependendo de suas propriedades elétricas e físicas.

Essas propriedades são representadas pela constante e pelo fator de perda dielétrica. Enquanto a constante dielétrica reflete a capacidade de um produto de armazenar energia elétrica, o fator de perda dielétrica representa a capacidade de dissipá-la como calor. Outros fatores, como o calor específico e a densidade, também são relevantes para o aquecimento. O conjunto de propriedades determina a profundidade de penetração das micro-ondas, a transferência térmica convencional e a taxa global de aquecimento do produto.

O nível de força e a taxa de aquecimento necessários para promover o aquecimento uniforme dependem, em grande parte, da composição, temperatura inicial, forma, estrutura e do tamanho do alimento, assim como da frequência do forno. A profundidade de penetração e a uniformidade do aquecimento são reguladas pelos conteúdos em umidade, sólidos e sais, determinantes das propriedades dielétricas do produto.

A absorção de energia pelos constituintes sólidos dos alimentos está condicionada ao teor de umidade; em produtos com teores elevados ou intermediários não há absorção de energia micro-ondas, o contrário ocorre com produtos desidratados. Assim, os alimentos pobres em umidade, por possuírem baixa capacidade térmica, aquecem-se mais uniformemente. De forma equivalente, o grau de umidade e a temperatura afetam a condução interna e a convecção superficial, influenciando as taxas de transferência de calor no processo convencional, que são determinadas pela difusibilidade térmica.

A evaporação da água provoca o resfriamento superficial do alimento, levando-o a perder calor para o forno. A temperatura fria do ar no interior dos fornos de micro-ondas, ao lado dos efeitos resfriantes da evaporação da umidade superficial dos alimentos, é responsável pela incapacidade das micro-ondas corarem os produtos cozidos ou assados, constituindo-se esta característica na principal diferença entre os fornos convencional e de micro-ondas.

As interações entre o alimento e a fonte de potência das micro-ondas são decisivas na absorção e transferência de energia nos produtos, afetando a uniformidade da distribuição do calor durante o aquecimento. Normalmente, há reflexão de energia a partir das superfícies do produto, sem que ela seja absorvida, o que ocasiona oscilação nos níveis de força incidentes no interior do forno, resultando em distribuição irregular na superfície e originando pontos quentes e frios no interior do alimento. A energia não refletida é absorvida por interações com os constituintes ativos do produto, diminuindo em seu interior à medida que a penetração se acentua.

A frequência do forno constitui outro fator capaz de influenciar na penetração das micro-ondas. Nos fornos com frequência de 915 MHz (uso industrial), a profundidade alcançada é de duas a três vezes superior aos de 2.450 MHz (uso doméstico).

Em geral, a espessura do alimento pode ser limitada em razão da força de penetração da energia, a fim de se obter maior uniformidade no aquecimento por micro-ondas. Diferenças na espessura ocasionam falta de uniformidade no aquecimento, principalmente em produtos com formato irregular. Sabe-se que quanto mais próximo da força da profundidade de penetração a espessura estiver, mais uniforme será a distribuição do calor. Assim, é possível observar o aquecimento desigual nas bordas da superfície, nos cantos e na região central dos alimentos.

No caso particular de carnes não desossadas, a presença de ossos contribui para o aquecimento irregular, uma vez que o cálcio e outros minerais refletem as micro-ondas à medida que penetram o produto, favorecendo o maior aquecimento da superfície óssea.

O superaquecimento superficial, típico da frequência de 2.450 MHz, tem origem na maior absorção de energia pela superfície, com o consequente aumento de temperatura nessa área; já o padrão de aquecimento observado no centro do produto depende da forma, do tamanho e do conteúdo salino, ocorrendo mais comumente com 915 MHz. Esses padrões são obtidos em produtos esféricos e cilíndricos, de diâmetro pequeno e pobres em cloreto de sódio. A falta de uniformidade no aquecimento ocorre em alimentos com regiões de atividade dielétrica diferentes, que absorvem energia em taxas distintas.

Produtos congelados podem apresentar problemas de aquecimento relacionados à penetração de energia e à capacidade diferenciada de absorção apresentada pela água, pelo gelo e pelo líquido resultante da mistura de água e componentes do alimento. Embora a penetração seja maior no gelo, as taxas de absorção são maiores na água, sendo seus efeitos mais pronunciados do que os da penetração. Desta forma, as áreas descongeladas absorverão mais energia, apresentando supercozimento, enquanto as outras não estarão suficientemente cozidas. No caso da formação de acúmulos de água misturada com componentes do alimento, decorrentes da concentração salina e da capacidade de absorção de energia maiores, pode-se constatar o superaquecimento ou o supercozimento das áreas vizinhas ou adjacentes, antes do total descongelamento.

Nas indústrias, as micro-ondas são utilizadas em processos de panificação, cozimento, desidratação, pasteurização, esterilização e têmpera. Geralmente, são utilizadas em associação aos métodos convencionais de aquecimento para alcançar mais rapidamente a temperatura interna, e o aquecimento convencional confere a tonalidade superficial corada desejável, além de reduzir as contagens bacterianas na superfície do produto.

Os processos de pasteurização e esterilização dos alimentos por micro-ondas oferecem os mesmos benefícios dos métodos convencionais, principalmente diante dos aspectos de qualidade nutricional e sensorial dos produtos. Em muitos casos, pode ocorrer, inclusive, uma melhor preservação dessas características. De modo geral, como o alimento é submetido a altas temperaturas por um tempo significativamente reduzido, os aspectos relacionados a cor, sabor, textura e aparência podem sofrer alterações pouco pronunciadas. Nessas circunstâncias, os teores de vitaminas e outros nutrientes termolábeis são pouco afetados. Contudo, os teores dessas substâncias podem variar conforme o tempo de cozimento, a temperatura interna e a composição do produto. O tipo, o tamanho e a potência do forno empregado podem influenciar nas características. Algumas associações entre as taxas de aquecimento e as propriedades termofísicas dos alimentos podem, eventualmente, tornar as micro--ondas mais termodegradantes que o tratamento térmico convencional.

Os efeitos das micro-ondas sobre certas propriedades do leite, como os teores de lactose, vitaminas, proteínas do soro, enzimas e a ocorrência da reação de Maillard foram estudados por alguns pesquisadores. Os resultados relatados levam à conclusão de que a composição do leite, após a aplicação das micro-ondas, é similar à observada no produto aquecido por métodos convencionais. Essa semelhança também foi observada com relação aos compostos voláteis do produto, embora diferenças quantitativas tenham sido apontadas.

Em pesquisa sobre os efeitos das micro-ondas e do cozimento sob pressão sobre a retenção de nutrientes de alguns tipos de legumes, pesquisadores concluíram que o cozimento por micro-ondas não exerceu efeito deteriorante sobre os nutrientes, excetuando-se os compostos termossensíveis, como a tiamina e o ácido ascórbico.

EFEITOS DA ENERGIA MICRO-ONDAS NA MICROBIOTA DOS ALIMENTOS

A inativação de micro-organismos pela energia micro-ondas deve-se à desnaturação de proteínas e ácidos nucleicos promovida pelos mecanismos térmicos convencionais, conforme comprovado por inúmeras pesquisas comparando a sobrevivência de células vegetativas e esporos expostos a tratamento térmico em fornos micro-ondas e a processos convencionais de aquecimento. O envolvimento de efeitos não térmicos das micro-ondas nos sistemas biológicos também é mencionado com frequência em artigos especializados, embora haja divergências de resultados entre muitos autores. A literatura ressalta, também, a dependência das relações de tempo e temperatura, de forma equivalente à descrita no processamento convencional.

De acordo com trabalhos experimentais, os efeitos da irradiação de células de *Staphylococcus aureus* foram atribuídos à ação das micro-ondas sobre a atividade metabólica bacteriana, provavelmente por efeitos térmicos e não térmicos. Os autores compararam os efeitos da irradiação em níveis subletais com aqueles provocados pelo aquecimento convencional sobre as células de *S. aureus*, verificando ações diferenciadas das micro-ondas sobre vários sistemas enzimáticos. Essas ações incluíram redução na capacidade metabólica, com acentuado efeito na atividade da termonuclease, e inibição da síntese de enterotoxina A.

Investigações sobre a natureza do estresse subletal induzido pelas micro-ondas sobre células de *S. aureus* demonstraram que as aquecidas em micro-ondas sofreram maior grau de injúria e aumento da sensibilidade ao cloreto de sódio, tendo sido estes efeitos atribuídos à capacidade das micro-ondas distribuírem instantaneamente a energia térmica aos componentes subcelulares sensíveis ao calor. Complementarmente, os autores notaram o prolongamento da fase lag pelo dobro do tempo observado no aquecimento convencional, a perda da integridade da membrana citoplasmática, cujas lesões foram mais extensas com as micro-ondas, a diminuição da capacidade de retomar a síntese de enterotoxina, com produção mais lenta e em menor quantidade após a recuperação da injúria, observando-se necessidade de um período mais longo de reparo para o início da produção, o aumento significativo na quebra de lipídeos e a formação de ácidos graxos livres.

Outras pesquisas sugerem o rompimento da membrana e/ou estrutura subcelular, com liberação de lipídeos, transformando-se em substratos para reações oxidativas e enzimáticas, além da possibilidade de sofrerem superaquecimento, concorrendo, desta forma, para aumentar o grau de injúria. As evidências demonstram que as micro-ondas participam como catalizadoras das reações oxidativas de lipídeos de membrana, cujos produtos afetam as células durante a fase de aquecimento subletal, uma vez que se obtém maior número de sobreviventes quando o tratamento térmico é realizado em condições de anaerobiose.

O envolvimento dos efeitos não térmicos na destruição de esporos de *Bacillus stearothermophilus* em cultura já havia sido proposto por alguns autores, que enfatizaram as diferenças na atividade enzimática específica e na viabilidade celular após o tratamento térmico em micro-ondas, quando da utilização de temperaturas subletais. Tais efeitos resultariam da absorção seletiva da energia micro-ondas pelos componentes intracelulares bacterianos, de elevada condutividade térmica, favorecendo sua absorção em meios de cultura de baixa condutividade.

Apesar da persistência de relatos sobre a existência de interações das micro-ondas com DNA e proteínas, de modo semelhante às descritas para as radiações ionizantes, conhece-se apenas o papel dos efeitos térmicos na inativação microbiana. As controvérsias quanto à existência dos efeitos não térmicos foram atribuídas, por alguns autores, às dificuldades experimentais evidenciadas na literatura: ausência de metodologia para determinação "online" da temperatura no campo das micro-ondas; distribuição irregular do campo, ocasionando a falta de uniformidade no aquecimento; incapacidade de controle das temperaturas das amostras aquecidas e falta de controle das concentrações de solutos em razão de perdas por evaporação.

A redução microbiana, pela utilização de micro-ondas, tem sido constatada em diferentes produtos de origens animal e vegetal: carnes e derivados; aves, ovos e derivados; peixes e frutos do mar; frutas em conserva e sucos de frutas; cereais, amido e leite de soja; leite e derivados; pães, bolos e pudins; concentrados proteicos; alimentos congelados e uma infinidade de alimentos prontos para o consumo.

Ao longo dos anos, pesquisas tem sido realizadas para avaliar os efeitos das micro-ondas sobre patógenos inoculados em alimentos. Os resultados são conflitantes e evidenciam importantes variações na destruição microbiana, conforme a composição do alimento, o micro-organismo avaliado e sua fase de crescimento. Alguns autores afirmam que os efeitos das micro-ondas são equivalentes aos provocados por tratamentos térmicos convencionais, outros relatam diferenças nas taxas de morte celular entre os micro-organismos expostos.

De acordo com alguns pesquisadores, a sobrevivência de patógenos em alimentos submetidos ao tratamento por micro-ondas é atribuída, principalmente, à não uniformidade de aquecimento do produto. No caso de certos patógenos, como *Salmonella* spp., *Escherichia coli* O157:H7 e *Listeria monocytogenes*, esses resultados devem ser considerados com cautela, visto que poucas células viáveis são suficientes para causar enfermidades pelo consumo de alimentos contaminados, tendo sido relatados surtos de salmonelose associados ao consumo de alimentos previamente aquecidos em fornos de micro-ondas.

Alguns autores avaliaram a sobrevivência de *E. coli* O157:H7 inoculada experimentalmente em carne e submetida a diferentes tempos de cocção em fornos de micro-ondas. Verificou-se que o número de bactérias sofreu redução à medida que aumentavam o tempo e a temperatura do processo. Os resultados evidenciaram que a efetividade das micro-ondas na destruição bacteriana foi inversamente proporcional à contagem inicial do micro-organismo no alimento e que os efeitos deletérios do tratamento sobre a bactéria variaram segundo a dose de irradiação e a temperatura alcançada no interior do produto.

A termorresistência dos micro-organismos parece não variar conforme o método de aquecimento, considerando-se os tratamentos convencionais e por micro-ondas. Em geral, bolores, leveduras e vírus são mais sensíveis às altas temperaturas que bactérias, sobretudo na forma esporulada. As micro-ondas são capazes de inativar esporos, desde que a temperatura e o tempo de aquecimento sejam suficientes. Entretanto, o reaquecimento de carnes pré-cozidas, em particular, é citado como sendo responsável pela estimulação da germinação de esporos bacterianos e consequente aumento nas contagens de células vegetativas após o processamento.

A sobrevivência de um maior número de micro-organismos em alimentos tratados por micro-ondas pode ocorrer em razão do breve período de aquecimento, acarretando menores taxas de destruição microbiana. Essa possível redução pode ser atribuída à falta de uniformidade de aquecimento do alimento tratado, quando é possível observar pontos com diferentes temperaturas.

Pesquisadores verificaram redução na contagem inicial de *Salmonella enterica* subsp.. *enterica* sorovar Senftenberg, de 10^6 células/g para menos que 10^0 em 120 segundos, com temperatura final da carne de 95°C, enquanto outros autores observaram a morte de todas as células vegetativas de *Clostridium perfringens* em carne de frango inoculada com 3×10^5 células/g e submetida à temperatura final de 70°C em 90 segundos. Entretanto, ao serem comparadas com o tratamento térmico em micro-ondas, as técnicas de aquecimento e cozimento convencionais proporcionaram contagens inferiores de colônias, com diferenças de até 1 e 2 expoentes decimais.

Produtos industrializados, próprios para preparação em micro-ondas, também podem apresentar riscos à saúde humana, se não se atentar ao método de preparo e à higiene na produção e estocagem. A sobrevivência de *Salmonella* foi descrita em pipocas de micro-ondas e para preparo tradicional inoculadas experimentalmente. Embora o milho para pipoca seja um produto com baixa atividade de água (a_W entre 0,86 e 0,89), o produto apresenta grande quantidade de gordura, o que pode favorecer a sobrevivência dos micro-organismos presentes.

Suspensões de *S. enterica* em concentrações de 1×10^3 a 1×10 foram inoculadas de forma asséptica, para representar produtos com contaminação inicial existente, tanto na embalagem de pipoca de micro-ondas como pipoca de preparo tradicional, acondicionada em embalagem estéril de polietileno e subsequentemente dividida em porções de 25g. Nas amostras de pipocas de micro-ondas, inoculadas com dose superior a 2×10 células/g, foi possível a identificação de *Salmonella* viável após o tratamento, já nas de pipoca de cozimento tradicional, células viáveis foram detectadas nas amostras inoculadas com mais de 9×10. Os resultados mostraram que, mesmo com um menor tempo de cozimento, na pipoca de micro-ondas o patógeno foi eliminado com maior eficiência, quando comparado ao cozimento tradicional. Uma explicação, além do efeito termal na cocção do produto, seria sua embalagem, uma vez que a embalagem da pipoca de micro-ondas possibilita que sais iônicos, gordura vegetal, flavorizantes e antioxidantes interajam com o campo magnético gerado pelas micro-ondas, aumentando a temperatura dentro da embalagem, bem como a eliminação da *Salmonella*. Já na pipoca convencional, que é livre de conservantes, o efeito térmico só existe em razão do calor de condução, através do material metálico, possibilitando a sobrevivência da bactéria em tratamentos térmicos subletais.

APLICAÇÃO DAS MICRO-ONDAS NO TRATAMENTO DE EFLUENTES DE INDÚSTRIAS DE ALIMENTOS

A preocupação com o meio ambiente e a crescente necessidade de se utilizarem combustíveis renováveis está levando a humanidade a um período de ampla utilização de resíduos como fonte de energia. Como exemplo disso, tem-se a obtenção de energia pelo biogás gerado de efluentes da indústria e também do sistema de esgoto convencional das cidades, uma vez que a matéria-prima utilizada na obtenção dessa energia é barata e acarreta ganhos ambientais.

As tecnologias de purificação da água de efluentes produzem, em grande escala, o chamado "lodo de esgoto" ou "lama de esgoto", que consiste na fração sólida ou semissólida restante após a retirada da água, durante o tratamento.

O tratamento da água consiste em três processos – tratamentos primário, secundário e terciário, dependendo do país e da capacidade da estação de tratamento. Primeiramente, os poluentes suspensos se sedimentam e a matéria orgânica é parcialmente removida por precipitação química. A falta ou ineficiência de processos de purificação biológica torna alta a demanda química de oxigênio dos efluentes. Para minimizar o fluxo residual de "lodo de esgoto" existem três estratégias principais, que implicam em reduzir esta demanda: via adição de oxidantes, adoção de medidas de pré-tratamento do efluente em estado natural e facilitação da estabilização biológica no fim da linha de tratamento.

Algumas bactérias são capazes de sintetizar as substâncias poliméricas extracelulares (SPE), estruturas exteriores à própria parede celular, compreendidas por cápsula, camada mucosa e camada S. As substâncias poliméricas extracelulares têm função de reservar água e nutrientes para a célula bacteriana, aumentar a capacidade invasiva, de aderência, e resistência a biocidas. Os efluentes apresentam grande potencial para formação de biogás, mas essas SPE, contidas no efluente, principalmente advindas da indústria de leite e carne, possuem hidrólise lenta e incompleta, dificultando também a hidrólise de bactérias e a biodegradação das mesmas, além de outros componentes não biodegradáveis, que limitam a taxa e a quantidade de biogás produzido. Essa alta quantidade de SPE é vista facilmente nos efluentes de indústrias de carnes e de leites e derivados.

O pré-tratamento desses efluentes já foi descrito de diversas formas, utilizando métodos químicos, termoquímicos, oxidantes, visando a aumentar a eficiência de solubilização e a degradação de macromoléculas e componentes de baixo peso molecular. Os tratamentos termais têm sua eficiência, principalmente aumentando a taxa de desidratabilidade do efluente, promovendo rompimentos da parede celular bacteriana e tornando as proteínas mais acessíveis à degradação biológica. Por outro lado, as radiações micro-ondas já são amplamente estudadas, por exemplo, em tratamento de resíduos como método analítico, redução da carga microbiana em produtos cárneos, tratamento de solos e degradação da celulose para produção de biomassa (o valor calorífero do carbono obtido no processamento por micro-ondas é 10% maior que nos tratamentos térmicos convencionais).

Os efluentes são meios multifásicos, com grandes quantidades de água, logo, a absorção das micro-ondas é altamente eficaz. A temperatura ideal, desejada para o tratamento desses efluentes, é mais facilmente atingida com a utilização das micro--ondas, quando comparada ao método de aquecimento convencional, podendo, então, diminuir a energia demandada no processo, aumentando sua viabilidade econômica. A produção de biogás se mostra mais eficiente nos efluentes pré-tratados com micro-ondas do que naqueles tratados com aquecimento convencional. A aplicação das micro-ondas no pré-tratamento dos efluentes pode diminuir a fase lag inicial da degradação anaeróbica.

Além dos efeitos térmicos, gerados pela interação das micro-ondas com o efluente, também são demonstrados os efeitos não térmicos, ou seja, efeitos que seriam provenientes da radiação micro-ondas em si. Campos eletromagnéticos de alta frequência podem se manifestar quando há mudança na orientação dipolo das moléculas, podendo gerar macromoléculas com cadeias laterais polarizadas e quebra de pontes de hidrogênio, que tem efeito sobre a biodegradabilidade, eficiência da degradação anaeróbica e habilidade de desinfecção. Os efeitos termais e não termais da radiação micro-ondas foram observados em altas temperaturas.

Os efeitos da radiação micro-ondas no tratamento dos efluentes estão ligados à temperatura atingida no pré-tratamento, mas, além disso, relacionam-se com a intensidade da radiação e o tempo de exposição. Resultados obtidos com aquecimento convencional a 95°C/60 min. e por micro-ondas nas intensidades de radiação de 0,5, 1,5, 2,5 e 5 W/g, durante 30 minutos, mostraram que nos efluentes tratados com micro-ondas de maior intensidade, a produção de biogás chegou a ser aproximadamente 15% maior, quando comparada àquela obtida com efluente de indústria de leite tratado com aquecimento convencional.

EMBALAGENS DE ALIMENTOS PARA FORNOS DE MICRO-ONDAS

A utilização dos fornos de micro-ondas no processamento de alimentos contribuiu para o desenvolvimento de embalagens, sobretudo aquelas utilizadas para os alimentos semiprontos ou prontos para o consumo. Os atuais conceitos de praticidade e rapidez atrelados a esse mercado consumidor que, muitas vezes, busca produtos destinados ao aquecimento direto em fornos de micro-ondas, dão suporte à utilização de novas tecnologias em embalagens.

Quando considerada a forma como as micro-ondas agem no aquecimento do produto, observa-se que ela difere totalmente do processo tradicional. O princípio das micro-ondas, como já mencionado neste capítulo, baseia-se em um campo elétrico que interage com os constituintes do próprio alimento. A questão é que, às vezes, esse campo elétrico interage com a embalagem. Os materiais das embalagens agem não só no acondicionamento dos alimentos, mas podem, também, auxiliar na cocção ou no aquecimento do produto, podendo transmitir, refletir ou absorver a radiação, portanto, entram nas classificações descritas a seguir.

De acordo com os pesquisadores, é imperativo que as embalagens utilizadas em alimentos para o aquecimento direto em fornos de micro-ondas não sofram alterações, evitando-se a formação de compostos adicionais e as possíveis interações com o alimento. Essas substâncias, se formadas, não devem ser voláteis ou passíveis de migração por contato com o alimento durante a aplicação das micro-ondas e consequente exposição ao calor.

Os materiais para embalagens para aquecimento em micro-ondas classificam-se em diferentes categorias, dependendo de como reagem às mesmas dentro dos fornos. Dois tipos mais comuns de materiais são os plásticos transparentes às micro-ondas e os *susceptors*. Os primeiros são referidos como embalagens passivas e não reagem às micro-ondas. Os plásticos mais comuns utilizados para embalar os alimentos são o polipropileno (PP), ou polietileno tereftalato (PET).

As embalagens transparentes ou passivas, geralmente representadas por plásticos, vidros e papel, permitem a passagem da radiação, sem interferência, atingindo diretamente o alimento que, a partir da interação com o campo elétrico, produzirá o calor de aquecimento. Ao utilizar essas embalagens, deve-se levar em conta o material, sua resistência ao calor e ao frio (armazenamento) e o custo.

Embalagens com material refletivo consistem em materiais de estrutura metálica, que podem refletir as micro-ondas da mesma forma que as paredes do forno o fazem. Esse tipo de embalagem é utilizado na tentativa de impedir o aquecimento do alimento, uma vez que as micro-ondas não são capazes de penetrar a parede metálica e atingir o produto. Como exemplo, tem-se a folha de alumínio, laminados em camadas como plástico/alumínio, plástico/papel/alumínio.

Essas embalagens são geralmente utilizadas quando se deseja proteger uma parte do produto do aquecimento, no caso de alimentos compostos por tipos diferentes, com tempos de cocção diferenciados, evitando super cozimento ou queimaduras.

O alumínio também é utilizado na modificação do campo eletromagnético, redirecionando as micro-ondas para uma otimização do aquecimento, agindo como intensificador de energia de modo localizado ou redirecionando-a para pontos da embalagem que normalmente não receberiam tamanha exposição, um exemplo seriam as lasanhas congeladas, onde esse redirecionamento seria no sentido das laterais para o centro.

A utilização desse tipo de material deve ser cautelosa, tomando precauções para prevenir a formação de arcos voltaicos, que ocorrem entre a embalagem e a parede do forno. Medidas como colocar o produto no centro do aparelho ou laminar a parte metálica com plástico ou cartão podem ser úteis. Sua utilização requer tempo de exposição mais prolongado, já que o tempo de aquecimento será demorado.

Também chamados de *susceptors*, os materiais absorventes são utilizados para provocar efeitos como crocância e/ou escurecimento desejável (*browning*), conferindo características de produtos aquecidos no método convencional. Esses materiais absorvem a energia das micro-ondas transformando-as em energia térmica, criando uma temperatura superficial no alimento que não seria atingida sem sua utilização.

Em geral são embalagens constituídas por uma camada extremamente fina de metal, como o alumínio, aplicada em um filme de poliéster ou em outros substratos que forneçam resistência térmica compatível. São utilizados em produtos como batatas fritas, *waffles*, tortas e pizzas, mas sua maior utilização é em pipocas.

Entre os materiais utilizados nas embalagens, destacam-se os plásticos, amplamente empregados em envases de alimentos. Entretanto, sabe-se que estes não são substâncias inertes e que seus monômeros residuais, componentes e aditivos, podem migrar para o alimento contactante, principalmente quando expostos às altas temperaturas.

Nos Estados Unidos, o FDA (*Food and Drug Administration*) regula os materiais de embalagens para contato com os alimentos e, tanto a regulação norte-americana, quanto a Comunidade Europeia (EC) possuem regras muito complexas para controle de substâncias migratórias potencialmente perigosas dos materiais das embalagens para o alimento. Apesar disso, não existem requerimentos específicos para esses envases em contato direto com os produtos.

Alguns estudos sobre a migração de substâncias de embalagens plásticas para alimentos aquecidos em fornos de micro-ondas têm sido desenvolvidos, no entanto, informações sobre a toxicidade desses compostos são relativamente escassas.

Resultados de pesquisas evidenciam que a migração é maior em temperaturas elevadas, favorecendo a possível contaminação e o surgimento de modificações organolépticas no produto, muitas vezes associada à rejeição pelo consumidor. Além de provável toxicidade, a migração conduz à presença de substâncias indesejáveis nos alimentos, gerando perda de qualidade e prejuízos. O processo de migração é controlado por difusão dos componentes por meio da matriz polimérica até atingir a interface com o alimento. Como o processo é termodinâmico, a difusão é maior em altas temperaturas e, consequentemente, maior é o risco de contaminação dos alimentos.

É essencial que as embalagens utilizadas em alimentos para aquecimento direto em fornos de micro-ondas não sofram alterações, evitando-se a formação de compostos adicionais e as possíveis interações com o alimento. Essas substâncias, se formadas, não devem ser voláteis ou passíveis de migração por contato com o alimento durante a aplicação das micro-ondas e consequente exposição ao calor.

CONCLUSÕES

Na sociedade moderna, cujo ritmo de vida é intenso, o forno de micro-ondas é um utensílio doméstico indispensável na cozinha, capaz de agilizar e racionalizar o preparo, o descongelamento e o aquecimento de alimentos. Com a redução nos custos de fabricação e a elevada demanda, foi possível a colocação de fornos de micro-ondas no comércio varejista a preços acessíveis, principalmente à classe média. Quanto às indústrias de alimentos e cozinhas industriais, esses fornos ocupam lugar de destaque, substituindo, com vantagem, os sistemas convencionais de aquecimento em muitas operações. Mesmo assim, parece oportuno destacar alguns aspectos importantes mencionados na literatura e que comprovam sua eficiência no processamento de alimentos, se utilizados com critério e dentro de sua verdadeira finalidade. Assim, tem-se:

- O processamento industrial de alimentos por energia micro-ondas permite a obtenção de produtos de qualidades nutricional e microbiológica superiores àqueles preparados em fornos de micro-ondas domésticos;
- As taxas de destruição microbiana são tão eficientes quanto as verificadas no aquecimento convencional para muitos pesquisadores, embora para outros essa redução seja questionável;
- O binômio tempo e temperatura do processamento, além das características intrínsecas do produto, afeta as taxas de inativação microbiana;
- As dificuldades experimentais, concernentes à repetibilidade das pesquisas, concorrem para as divergências existentes entre os autores, sobretudo no que se refere à segurança microbiológica dos alimentos tratados com energia micro--ondas, tanto em relação à presença de patógenos, quanto de deteriorantes;
- Os efeitos térmicos convencionais são considerados responsáveis pela inativação microbiana, embora inúmeros trabalhos apontem a participação de efeitos não térmicos na ação das micro-ondas;
- As especificações impróprias das condições de processamento dos pratos disponíveis no comércio, aliadas às características ainda insatisfatórias dos fornos domésticos, principalmente em termos de distribuição interna de energia, constituem importantes elementos a serem considerados pelas indústrias de produtos alimentícios e pelos próprios fabricantes de fornos de micro-ondas.

REFERÊNCIAS

ANAYA, I.; AGUIRREZABAL, A.; VENTURA, M.; COMELLAS, L.; AGUT, M. Survivability of *Salmonella* cells in popcorn after microwave oven and conventional cooking. Microbiol. Research, v. 163, p. 73-79, 2008.

APOSTOLOU, I. et al. The effect of short-time microwave exposures on *Escherichia coli* O157:H7 inoculated onto chicken meat portions and whole chickens. Int. J. Food Microbiol., v. 101, n. 1, p. 105-110, 2005.

BAKANOWSKY, S.M.; ZOLLER, J.M. Endpoint temperature distributions in microwave and conventionally cooked pork. Food Technol., v. 38, n. 2, p. 45, 1984.

BATES, C.J.; SPENCER, R.C. Survival of *Salmonella* species in eggs poached in a microwave oven. J. Hosp. Infect., v. 29, p. 121-127, 1995.

BELCHER, J. N. Industrial packaging developments for the global meat market. Meat Sci., v. 74, n. 1, p. 143-148, 2006.

BLANCO, J.F.; DAWSON, L.E. Survival of *Cl. perfringens* on chicken with microwave energy. Poultry Sci., v. 53, p. 1823, 1974.

CAI, R. Effect of Microwave Heating on The Migration of Additives From PS, PP and PET Container Into Food Simulants. Thesis. Rochester Institute of Technology, Rochester, New York, 2013.

CASTLE, L. et al. Migration of the plasticizer acetyltributyl citrate from plastic film into foods during microwave cooking and other domestic use. J. Food Prot., v. 51, n. 12, p. 916-9, 1988.

CHANDRASEKARAN, S.; RAMANATHAN, S.; BASAK, T. Microwave food processing – A review. Food Res. International, v. 52, p. 243-261, 2013.

CRAVEN, S.E.; LILLARD, H.S. Effect of microwave heating of precooked chicken on *Cl. perfringens*. J Food Sci., v. 39, p. 211-2,1974.

CULKIN, K.A.; FUNG, Y.C. Destruction of *E. coli* and *S. typhimurium* in microwave-cooked soups. J Food Milk Technol., v. 38, n. 1, p. 8-15, 1975.

DECAREAU, R.V.; PETERSON, R.A. Microwave process engineering. Chischester: Ellis Horwood, 1986.

DESSEL, M.M.; BOWERSOX, E.M.; JETER, W.S. Bacteria in electrically cooked foods. J Am Diet Assoc., v. 37, p. 230-3, 1960.

DREYFUSS, M.S.; CHIPLEY, J.R. Comparison of effects of sublethal microwave radiation and conventional heating on the metabolic activity of S. aureus. Appl. Environ. Microbiol., v. 39, n. 1, p. 13-6, 1980.

GÉCZI, G.; HORVÁTH, M.; KASZAB, T.; ALEMANY, G. G. No major differences found between the effects of microwave-based and conventional heat treatment methods on two different liquid foods. PLOS ONE, V. 8, Issue 1, p. 1-12, 2013.

GESSNER, B. D.; BELLER, M. Protective effect of conventional cooking versus use of microwave ovens in an outbreak of salmonellosis. Am J Epidemiol., v.139, p. 903-9, 1994.

GRECZ, N.; WALKER, A. A.; ANELLIS, A. Effect of radio frequency energy (2450 mc) on bacterial spores. Bacteriol Proc., 1964, p.145.

HARLFINGER, L. Microwave sterilization. Food Technol., v. 46, n. 12, p. 57-61, 1992.

HEDDLESON, R.A.; DOORES, S. Factors affecting microwave heating of foods and microwave induced destruction of foodborne pathogens – a review. J. Food Prot., v. 57, p. 1025-37, 1994.

HUANG, L.; SITES, J. New Automated Microwave Heating Process for Cooking and Pasteurization of Microwaveable Foods Containing Raw Meats. J. Food Sci., v. 75, n.2, E110-E115, 2010.

ITO, D. Desenvolvimento de Materiais de Embalagens para forno de micro-ondas. Boletim de tecnologia e desenvolvimento de Embalagens, v. 21, n. 2, p. 1-3,2009.

JEONG, J. Y.; LIM, S. T.; KIM, C. J. The Quality Characteristics of Salted Graund Pork Patties Containing Various Fat Levels by Microwave Cooking. Korean J. Food Sci. An., v. 36, n. 4, p. 538-546, 2016.

JOYNER, H. S.; JONES, K.E.; RASCO, B. A. Microwave pasteurization of cooked pasta: effect of process parameters on texture and quality for heat-and-eat and ready-to-eat meals. J Food Sci, v. 81, n. 6, p. E1447-E1456, 2016.

KE, P.J.;LINKE, A.B.; ACKM, R.G. Acceleration of lipid oxidarion in frozen mackerel fillet by pretreatment with microwave heating. J. Food Sci., v. 43, p. 38-40, 1978.

KHATOON, N.; PRAKASH, J. Nutritional quality of microwave-cooked and pressure-cooked legumes. Int J Food Sci Nut, v. 55, n. 6, p. 441-8, 2004.

KHRAISHEH, M.A.M.; McMINN, W.A.M.; MAGEE, T.R.A. Quality and structural changes in starchy foods during microwave and convective drying. Food Res Int., v. 37, n. 5, p. 497-503, 2004.

LÁSZLÓ, Z.; HORVÁTH, Z.; SZABÓ, G.; HODÚR, C. Comparison of the effects of microwave irradiation with different intensities on the biodegrability of sludge from dairy-and meatindustry. Bioresource Technol., v. 102, p. 814-821, 2011.

MERMELSTEIN, N.H. How food technology covered microwaves over the years. Food Technol., v. 51, n. 5, p. 82-4, 1997.

MUDGETT, R.E. Dieletric properties of frozen meats. J. Microwave Power, v. 14, p. 70, 1979.

NERÍN, C.; ACOSTA, D. Behavior of some food simulants in contact with several plastics used in microwave ovens. J. Agric. Food Chem., v. 50 n. 25, p. 7488-92, 2002.

NERÍN, C.; ACOSTA, D.; RUBIO, C. Potential migration release of volatile compounds from plastic containers destined for food use in microwave ovens. Food Addit. Contam., v. 19, n. 6, p. 594-601, 2002.

OLIVEIRA, M. E. C.; FRANCA, A. S. Microwave heating of foodstuffs. J. Food Engineering, v. 53, p. 347-59, 2002.

QUESADA, O.; ARIAS, M. L.; CHAVES, C. Efecto del horno de micro-ondas sobre el crecimiento y sobrevivencia de *Escherichia coli* O157:H7 inoculada en tortas de carnes de res. Arch. Lat. Nut., v. 53, n. 1, p. 65-9, 2003.

ROEBUCK, B. D.; GOLDBLITH, S. A.; WESTPHAL, W. B. Dieletric properties of carbohydrate-water mixtures at microwave frequencies. J. Food Sci., v. 37, p. 199, 1972.

ROSENBERG, U.; BÖGL, W. Microwave pasteurization, sterilization, blanching and pest control in the food industry. Food Technol., v. 41, n. 6, p. 92-9, 1987.

SCHIFFMANN, R. F. Food product development for microwave processing. Food Technol, v. 40, n. 6, p. 94-8, 1986.

SCHIFFMANN, R. F. Microwave ovens and food safety preparation of not-ready-to-eat products in standard and smart ovens. Ingenierias, v. XVII, n. 64, p. 38-54, 2014.

SCHLEGEL, W. Commercial pasteurization and sterilization of food products using microwave technology. Food Technol., v. 46, n. 12, p. 62-3, 1992.

SENISE, J. T. Efeitos biológicos das radiações não-ionizantes: normas de segurança para a exposição a campos de rádio-frequências e microondas. Ver. Bras. de Telecomunicações, v. 11, n. 1, p. 81-88, 1996.

TANG, J. Unlocking Potentials of Microwaves for Food Safety and Quality. J. Food Sci., v. 80, n. 8, p. E1776-1793, 2015.

TASSINARI, A. R. Sobrevivência de *Salmonella* Typhimurium em alimentos inoculados experimentalmente e aquecidos por micro-ondas. São Paulo, 1995. Dissertação (Mestrado). Faculdade de Ciências Farmacêuticas, Universidade de São Paulo.

VALERO, E.; SANZ, J.; MARTINEZ-CASTRO, I. Volatile components in microwave and conventionally heated milk. Food Chem., v. 66, n. 3, p. 333-8, 1999.

VENKATESH, M. S.; RAGHAVAN, G. S. V. An overview of microwave processing and dieletric properties of agrifood materials. Biosystems Engineering, v. 88, n. 1, p. 1-18, 2004.

WAYLAND, J. R.; BRANNEN, J. P.; MORRIS, M. E. On the interdependence of thermal and electromagnetic effects in the response of Bacillus subtilis spores to microwave exposure. Radiat. Res., v. 71, p. 251-8,1977.

WELT, B. A. Effect of microwave radiation on inactivation of Cl. sporogenes (PA 3679) spores. Appl and Environ Microbiol, v. 60, n. 2, p. 78-83, 1994.

WOJCIECHIWSKA, E. Application of microwaves for sewage sludge conditioning. Water Res., v. 39, p. 4749-54, 2005.

WOO, I.; RHEE, I.; HEUI-DONG, P. Differential damage in bacterial cells by microwave radiation on the basis of cell wall structure. Appl. Environ. Microbiol., v. 66, p. 2243-7, 2000.

WOODBURN, M.; BENNION, M.; VAIL, G.E. Destruction of Salmonella and Staphylococci in precooked poultry products by heat treatment before freezing. Food Technol., v. 16, n. 6, p. 98-100, 1962.

YADAV, D. N.; ANAND, M. S.; SHARMA, M.; GUPTA, R. K. Microwave technology for disinfestition of cereals and pulses: an overview. J Food Sci Technol, v. 51, n. 12, p. 3568-3570, 2014.

ZHANG, H. et al. Eletromagnetics, heat transfer, and thermokinetics in microwave sterilization. AIChE Journal, v. 47, n. 9, p. 1957-68, 2001.

ZHANG, M.; TANG, J.; MUJUMDAR, A. S.; WANG, S. Trends in microwave-related drying of fruits and vegetables. Trends in Food Sci. & Technol., v. 17, p. 524-534, 2006.

32
Embalagens destinadas a alimentos

Lucia Tieco Fukushima Murata
Maria Cecília Depieri Nunes
Maria Rosa da Silva de Alcântara
Neus Sadocco Pascuet
Paulo Eduardo Masselli Bernardo

INTRODUÇÃO

A utilização de embalagens remonta ao início da história dos homens. Enquanto, como qualquer outro animal, o homem consumiu seus alimentos no próprio local de origem, sobre um arbusto ou penhasco e enquanto não precisou de cuidados especiais com vestimentas ou armas, não houve necessidade de proteção especial nem para suas coisas nem para si próprio.

A necessidade da embalagem começou a aparecer à medida que a vida do homem tornou-se gradativamente mais complexa. Quando amadureceu a consciência de que passou a ser preciso armazenar; quando aumentou a distância entre sua moradia permanente ou semipermanente e suas fontes de abastecimento; quando surgiu a divisão do trabalho dentro do próprio núcleo familiar, depois no clã e na tribo, ou mesmo entre tribos; à medida que o homem foi se especializando e tornando-se caçador, plantador de sementes, pescador e assim por diante. É assim que foram sendo manufaturados os primeiros tipos de embalagens, como o cesto, o alforje, a trouxa de peles, bexigas de animais e outras.

Há mais de 4 mil anos, os egípcios produziam garrafas de vidro e os fenícios desenvolviam barricas de madeira.

O papel foi a primeira matéria-prima de embalagem feita pelo homem, inicialmente à mão. Apenas em meados do século XIX, passou a ser fabricado à máquina.

As latas de folha-de-flandres surgiram na época de Napoleão, mas não eram muito eficientes. Ele tinha dificuldade de preservar alimentos para a provisão de seus exércitos, uma vez que a esquadra da Inglaterra privou a França do fornecimento de açúcar, naquela época indispensável para a preservação das frutas. Napoleão, então, ofereceu um grande prêmio para quem desenvolvesse um método adequado para a preservação dos alimentos. Este prêmio foi dado, em 1810, a Nicolas Appert, pela apresentação de um processo de acondicionamento no qual se utilizavam potes de vidro. Já a lata, como a conhecemos hoje, foi inventada pelo inglês Peter Durant, também em 1810.

Quanto ao plástico, o primeiro polímero, ele foi sintetizado em 1868, por John Hyatt, obtendo nitrato de celulose a partir da reação da piroxilina do algodão e do ácido nítrico, além de cânfora sólida. O objetivo desta síntese era obter um material que substituísse o marfim. Este primeiro polímero sintético foi denominado celuloide e muito usado para filmes fotográficos e cinematográficos.

Em 1907, com as experiências de Leo H. Bakeland, em Nova York, foi desenvolvida outra resina sintética, à base de fenol-formaldeído, que recebeu o nome de baquelite, utilizada até hoje.

Nos Estados Unidos, um grande desenvolvimento na área de embalagens ocorreu na época da Grande Marcha para o Oeste, quando os pioneiros tinham de preservar os alimentos que dispunham até a primeira colheita.

Mais do que as distâncias, foi a velocidade de circulação das mercadorias que mais exigiu proteção e cuidado no transporte e na distribuição de alimentos, redobrando a importância da embalagem.

A agricultura representou o primeiro setor de produção a utilizar embalagens no transporte a grande distância, sendo que os envoltórios inicialmente mais usados no acondicionamento de produtos agrícolas foram de couro, madeira, juta e algodão.

Estes exemplos dos primeiros usos das embalagens dizem respeito à sobrevivência, mas ilustram princípios básicos. O alimento deve estar disponível onde quer que haja gente e, com os modernos padrões de população, isso raramente ocorre onde ele é produzido. O alimento, em sua enorme variedade, deve estar presente durante todo o ano, a despeito da estação de sua colheita, e deve ser apresentado de modo conveniente para a compra e uso, e, exposto isto, significa que, na maioria das vezes, ele deve ser embalado.

Nas últimas décadas ocorreram inúmeras inovações no campo das embalagens, em razão da presença de novos materiais, como plásticos, que estão em permanente evolução, e com o desenvolvimento de novas técnicas e novos aditivos para materiais tradicionalmente usados.

FUNÇÕES DA EMBALAGEM

O entendimento da razão de ser da embalagem está intimamente ligado às funções que ela desempenha. A primeira função da embalagem é conter, isto é, guardar ou armazenar um produto qualquer, desde a fase de sua produção até o momento do uso pelo consumidor final. Não menos importante é sua função de informar o consumidor sobre o produto, como: composição, aditivos, informações sobre a conservação e prazo de validade. Do ponto de vista mercadológico, a embalagem é o cartão de visita do produto, sendo muitas vezes responsável por vender o produto. Entretanto, a principal função da embalagem do ponto de vista de Saúde Pública é a de proteger o produto nela contido.

O homem tem muitos competidores para o alimento que ele produz. Animais, particularmente roedores, insetos e micro-organismos, causam perdas em vários estágios da produção de alimentos: no plantio, na colheita, no processamento, na estocagem, no transporte e na comercialização. Na maioria destes estágios, a embalagem tem um papel decisivo na segurança e na diminuição das perdas.

É uma ironia que o desperdício de alimentos seja maior nos países em desenvolvimento, onde se faz sentir mais sua necessidade, pois muitas vezes perde-se acima de 25% da colheita de alimentos por falta de higiene e refrigeração, e, frequentemente, por falta de embalagens adequadas e por condições de estocagem ineficientes. Além disso, nos países em desenvolvimento, as redes de distribuição são deficientes, e o transporte de alimentos ocorre em grande escala em meios de transporte lentos, tornando necessária, mais do que nunca, a transformação dos produtos frescos em "produtos frescos de longa duração", por meio de processos de acondicionamento.

Baseando-se em todas estas considerações, pode-se verificar que uma das principais funções da embalagem é entregar ao consumidor um alimento com o mesmo nível de qualidade dos produtos recém-preparados, por sua capacidade de protegê--los contra agentes deteriorantes, infectantes e sujidades.

O ataque de insetos e roedores durante a estocagem de alimentos é, entretanto, difícil de ser eliminado pelo uso de embalagens especiais, pois a resistência à penetração em grande número de materiais de embalagem é baixa.

Com base na proteção da embalagem contra micro-organismos, a questão é bastante complexa, pois a conservação depende da flora bacteriana do alimento no momento do envase. Em razão da permeabilidade da embalagem aos gases e vapores, a atmosfera criada por elas será elemento essencial da estabilidade do alimento assim acondicionado.

Existem três eventualidades possíveis:

- As embalagens permeáveis ao oxigênio favorecem o crescimento de micro-organismos aeróbicos.
- As embalagens pouco permeáveis ao oxigênio favorecem o crescimento de micro--organismos microaerófilos (como os lactobacilos).
- As embalagens impermeáveis aos gases (em especial ao oxigênio) proporcionam uma anaerobiose, que favorece o desenvolvimento dos anaeróbios (como os clostrídios) em latas e embalagens a vácuo.

A embalagem também deve proteger o produto de outras condições ambientais adversas, como luz, ar, umidade e temperatura.

O tempo de vida de prateleira dos alimentos é bastante afetado pela temperatura; normalmente a cada acréscimo de 10°C duplica-se a velocidade de reação nos alimentos. O calor pode, além disso, provocar descoloração, derretimento ou decomposição do produto. Por outro lado, temperaturas baixas podem produzir rachaduras ou congelar a mercadoria. O controle da temperatura, entretanto, é difícil de ser feito pela embalagem.

A deterioração de alimentos embalados depende muito das transferências que podem ocorrer entre o meio interno, dentro do material de embalagem, e externo, no qual ele é exposto aos danos na estocagem e distribuição. A noção de permeabilidade à umidade, luz e aos gases é de grande importância para o estudo da embalagem em função do tempo de vida útil do alimento.

A umidade é um dos fatores que comprometem a eficiência de um sistema de alimentos. Substâncias higroscópicas podem entumecer ou liquefazer, além de favorecer a flora microbiana. É importante lembrar que embalagens à prova d'água não são necessariamente à prova de umidade, pois o vapor d'água é muito mais penetrante do que a água líquida.

A transmissão de gases é caracterizada por dois tipos básicos de permeação. A permeabilidade verdadeira consiste em um processo de solução e difusão. O gás dissolve-se no material, em uma das faces, e difunde-se através da superfície até a outra face. Se microfuros ou rasgos estiverem presentes, a porosidade ocorrerá e o gás fluirá diretamente por meio destas fendas, o que caracteriza a principal diferença entre porosidade e permeabilidade. Muitos filmes orgânicos possuem permeabilidade e porosidade em espessuras muito finas. A folha de alumínio não exibe permeabilidade a gases, mas em folhas muito finas ela apresenta porosidade. Já que a permeabilidade não é uma propriedade fundamental de um polímero específico, ela depende de diversas variáveis: o tipo de gás, de polímero, as condições de pressão e temperatura e a interação entre o gás e o filme.

Plastificantes, cargas inertes e pigmentos tendem a aumentar a permeabilidade. Polímeros contendo duplas ligações são mais permeáveis do que aqueles que possuem apenas simples ligações. Quanto maior o peso molecular do polímero, menor sua permeabilidade.

A permeabilidade de uma embalagem interfere na absorção, pelo alimento, dos odores do meio ambiente. No caso de alimentos com significativo teor de gordura o caso é mais crítico, uma vez que a gordura é mais suscetível à absorção de odores.

Pode, também, acontecer o caso inverso, isto é, a perda de aroma do produto após algum tempo de acondicionamento, em razão da permeabilidade da embalagem. Os óleos essenciais de alguns alimentos podem penetrar no material de embalagem e ficar retidos ou migrar para o meio ambiente, causando perda das características sensoriais do produto.

O oxigênio tem um grande efeito na diminuição da qualidade de um alimento: provoca o ranço nas gorduras, alterando significativamente seu sabor; atua no escurecimento enzimático; diminui o valor nutricional de um alimento pela oxidação das vitaminas, entre outros. Por outro lado, nas carnes frescas, atua positivamente, oxidando o pigmento da carne para a oximioglobulina, que possui a cor vermelha desejável. Carnes embaladas a vácuo têm menos aceitação, pois a mioglobulina em sua forma reduzida tem uma cor púrpura não associada à boa qualidade da carne.

Na maioria dos casos, deseja-se uma embalagem que atue como uma barreira a gases e vapores.

A luz exerce influência sensível na oxidação de vitaminas e lipídios presentes nos alimentos, e seus efeitos podem ser evitados pela utilização de embalagens adequadas.

A implantação do sistema de autosserviço nos estabelecimentos comerciais proporcionou a maior mudança no sistema de vendas ao varejo e a consolidação de uma indústria específica de embalagens. Embora os supermercados tenham sido responsáveis pelo grande desenvolvimento da embalagem, atualmente são completamente dependentes dela. A embalagem passou a substituir o vendedor e tornou-se elemento vital para as vendas por impulso.

Do ponto de vista mercadológico, o objetivo da embalagem é acelerar e estimular a compra por impulso. Para se ter uma ideia da importância da embalagem para o consumidor, é bom ter conhecimento de que a dona de casa permanece, em média, 27 minutos em um supermercado, olha 3 mil produtos diferentes e compra 30, sendo 17 por impulso. Isso significa que mais de 50% de suas compras não foram planejadas e realizaram-se por atuação direta da embalagem. Pode-se também mencionar que a embalagem é o veículo de comunicação entre a indústria e o consumidor, pois este é informado sobre o conteúdo líquido, instruções corretas de uso e composição do alimento pelos dizeres existentes na embalagem.

RISCOS DAS EMBALAGENS

À medida que os alimentos embalados passaram a ter uma maior importância na dieta de grande parte das populações, a ênfase dada aos problemas toxicológicos advindos da interação da embalagem com o alimento foi aumentada.

As embalagens inadequadas ou mal processadas podem contaminar os alimentos quando apresentam baixa resistência mecânica e incompatibilidade com o conteúdo.

Muitas vezes, as embalagens são reutilizadas nos domicílios para guardar alimentos distintos daqueles para os quais foram processadas.

As embalagens recicladas podem conter sujidades que passam para o alimento; sacos de lixo elaborados com material reciclado, por exemplo, podem ser utilizados para conter alimentos, geralmente frutas e hortaliças, ocasionando risco de contaminação.

As retornáveis passam por um processo de seleção e lavagem que, se não for eficiente, pode contaminar o produto com micro-organismos ou por contaminantes químicos se elas forem utilizadas indevidamente pelo consumidor.

O critério usado para garantir a segurança de produtos alimentícios embalados está relacionado às interações embalagem/produto durante o período de tempo anterior ao uso final pelo consumidor.

Nas três últimas décadas, a comunidade científica internacional tem voltado sua atenção para os aspectos toxicológicos decorrentes da utilização de materiais de síntese química em embalagens de alimentos, surgindo a necessidade de estabelecer uma legislação específica para controlar estes produtos.

Muitas são as substâncias que se utilizam na elaboração de embalagens para alimentos. De um modo geral, é possível classificá-las em:

- Substâncias presentes nos processos de obtenção de polímeros, como: catalisadores, solventes, monômeros, oligômeros etc.
- Aditivos utilizados na produção de embalagens, como: lubrificantes, plastificantes, estabilizantes, cargas, corantes etc.
- Outras substâncias, como: solventes de impressão, adesivos, lubrificantes de máquinas etc.

A embalagem pode contaminar o alimento pela migração de elementos de sua composição, como monômeros, aditivos, corantes, tintas de impressão, vernizes, entre outros. A migração de componentes da embalagem pode ser tão pequena que não se observará resposta biológica nos organismos expostos a curto prazo. Entretanto, após longos períodos de ingestão de alimentos contaminados, manifestações tóxicas sutis e de difícil detecção poderão ocorrer.

MONÔMEROS

Certas macromoléculas absolutamente inócuas provêm da polimerização ou policondensação de monômeros tóxicos. Como a polimerização dos monômeros para a fabricação do plástico não tem conversão com 100% de rendimento, o produto de reação apresenta, como resultado do limite de tecnologia de fabricação, monômero residual. Quando o processamento é correto, a quantidade de monômero residual é mínima, porém existem casos de solubilidade recíproca entre o monômero e o polímero (estireno-poliestireno) ou de equilíbrio durante a polimerização (caprolactama-nylon 6) e, nestes casos, fica retida uma quantidade significativa de monômero residual no polímero. A degradação da macromolécula também pode conduzir à produção de monômeros, mas este caso é mais raro.

Na classe de monômeros de interesse em Saúde Pública, pode-se citar: o cloreto de vinila, o estireno, o ácido tereftálico e a acrilonitrila, entre outros.

Cloreto de vinila

O cloreto de vinila é uma substância gasosa, usada na fabricação do policloreto de vinila (PVC) e de outros copolímeros vinílicos. Já há muito tempo, o cloreto de vinila é reconhecido como carcinógeno para animais de experimentação, em sua forma epóxido.

Um grave episódio de contaminação ocupacional em trabalhadores que limpavam os reatores após a polimerização do PVC, com três casos de morte por angiossarcoma no fígado, alertou as autoridades quanto à toxicidade do cloreto de vinila. Até então, este monômero era considerado inócuo e utilizado inclusive como propelente em aerossóis para pesticidas, medicamentos e cosméticos.

Durante o processo de conversão do cloreto de vinila em resina, uma parte permanece em sua forma original. Cálculos indicam que menos de 90% do gás é realmente convertido em resina. Uma parte remanescente é dissipada para a atmosfera e outra é retida no plástico, podendo migrar gradualmente para o produto com o qual entrará em contato.

O cloreto de vinila é um carcinógeno para o homem (exposição ocupacional), sendo que o fígado é o principal órgão atingido. Baixas concentrações de cloreto de vinila foram administradas a animais de laboratório e verificou-se que ele é eliminado pela urina. Em altas concentrações, ele é eliminado sem transformação pelo pulmão. Sua biotransformação depende da concentração introduzida no organismo.

O policloreto de vinila é muito usado em embalagens para alimentos, advindo daí a grande possibilidade de migração do monômero correspondente. O fato de o cloreto de vinila não ter sido sequer suspeito de produzir câncer, como migrante de embalagens, não o libera como substância cuja presença seja segura nos alimentos.

Os dados avaliados pelo Joint Expert Committee on Food Additives (JECFA) sobre o cloreto de vinila incluíram estudos de farmacocinética, metabolismo, reprodução, teratogenicidade, mutagenicidade, carcinogenicidade, assim como observações em humanos. O comitê levou em consideração que a provável ingestão de cloreto de vinila, resultante de sua migração da embalagem para o alimento, seja de 0,1 µg/dia. O comitê solicitou que as justificativas para o uso de tais embalagens fossem examinadas e recomendou que o cloreto de vinila fosse mantido sob contínua revisão a respeito de sua segurança de uso.

A legislação brasileira e o Mercosul estabelecem para cloreto de vinila um limite de composição de 1,0 mg/kg de matéria plástica.

Estireno

O estireno é um composto orgânico, líquido, de baixo peso molecular, volátil, com um odor característico, forte e indesejável, utilizado como monômero na elaboração de polímeros e elastômeros de importância comercial, sendo um dos monômeros mais utilizados em embalagens para entrar em contato com alimentos (água mineral, produtos lácteos etc.).

Além disso, o calor usado no processamento do polímero causa degradação e formação de estireno adicional. É, portanto, razoável suspeitar que embalagens para alimentos elaboradas com poliestireno contenham este monômero.

O estireno é usado, também, como solvente de vários outros polímeros, por exemplo, o poliéster.

O poliestireno interage com os óleos essenciais das frutas cítricas, que dissolvem este polímero. Nos recipientes de poliestireno que são utilizados para acondicionar sucos de frutas cítricas, ocorre o ataque principalmente na superfície da borda do recipiente, quando em repouso por tempo suficiente para que os óleos essenciais, em razão de sua densidade, depositem-se na superfície do suco. Normalmente, as embalagens de poliestireno utilizadas para tal finalidade são apresentadas na forma de copos descartáveis, cuja espessura é relativamente fina, favorecendo sua perfuração.

A molécula de estireno é composta por um anel benzênico e um radical vinila. A exemplo e semelhança com o cloreto de vinila, acredita-se que seja biotransformado, em humanos, por um epóxido como intermediário. Isso foi demonstrado in vitro, com a formação de um epóxido por meio das enzimas microssomais do fígado. Compostos que produzem intermediários epóxido in vitro são suspeitos de atividade carcinogênica. Vários estudos que têm sido conduzidos com o estireno confirmam esta teoria. O óxido de estireno tem atividade mutagênica em bactérias, assim como em humanos e certos tipos de células estudadas in vitro.

Estudos em animais de laboratório mostraram que o estireno é prontamente absorvido pelo trato gastrointestinal, após administração por via oral. Testes na pele de ratos forneceram indicação de que ele pode ser um carcinógeno fraco. Uma alta incidência de aberrações cromossômicas tem sido observada em trabalhadores expostos ao estireno.

A migração do monômero de estireno para produtos alimentícios, embalados em recipientes de poliestireno e resina acrilonitrila-butadieno-estireno (ABS), foi detectada em 1967 por Finley e White, em creme de leite fermentado. Entretanto, o monômero não foi encontrado em leite armazenado até oito dias em recipiente de poliestireno (Withey e Collins) em 1978. Água, chá e café acondicionados em copos descartáveis apresentam teores do monômero da ordem de 0,25 mg/kg.

A legislação brasileira e os regulamentos do Mercosul estabelecem um limite de composição para o estireno de 0,25% no plástico.

O JECFA foi informado de que a provável ingestão de estireno proveniente da embalagem de alimentos seja de 4 µg/dia. Consequentemente, o Comitê recomendou que a ingestão de estireno proveniente do material de embalagem de alimentos seja restrito ao mais baixo nível tecnologicamente viável. A relação causa/efeito de sua presença em alimentos não foi determinada, nem para animais de experimentação nem para humanos.

Acrilonitrila

A acrilonitrila é um líquido volátil, incolor, inflamável e com um odor doce característico. Os vapores são explosivos, sendo produzido gás cianídrico. Pode ser usada como agente fumigante e monômero na elaboração de fibras acrílicas, resina ABS, resina acrilonitrila-estireno (SAN), celofane e elastômeros nitrílicos.

A contaminação de alimentos pelo monômero acrilonitrila tem sido relatada por vários pesquisadores. A migração de acrilonitrila a partir de resinas ABS e SAN foi estudada, em 1979, por Tatsuno et al. Estes autores concluíram que, após o armazenamento de alimentos naqueles tipos de resina, por tempo prolongado, os teores de acrilonitrila chegavam a 0,05 mg/kg. Em estudos posteriores, os mesmos autores concluíram que alimentos que contêm álcool em sua composição não podem ser armazenados em recipientes à base de resina contendo acrilonitrila, em níveis maiores do que 10 mg/kg.

A acrilonitrila pode induzir efeitos teratogênicos e embriotóxicos, quando em altas doses, em animais de experimentação. Ela é metabolizada parcialmente ao cianeto e tem sido demonstrado que as ações tóxicas agudas da acrilonitrila não são somente devidas ao cianeto, como se acreditava no início. Estudos prolongados, nos quais a acrilonitrila foi administrada em ratos, por via oral ou inalação, demonstraram a indução de tumores malignos. Não existe indicação de que a acrilonitrila seja acumulada no organismo em exposição prolongada nem estudos conclusivos para humanos.

O JECFA recomendou que a exposição humana à acrilonitrila, resultante da migração da embalagem para o alimento, seja reduzida ao mais baixo nível tecnologicamente possível e recomendou que a mesma seja mantida sob contínua revisão a respeito de sua segurança de uso.

Ácido tereftálico

Estudos de migração em embalagens de polietileno tereftalato (PET) constataram que o ácido tereftálico e seu éster dimetílico possuem um potencial genotóxico, além de ser moderadamente irritante para os tecidos epiteliais e causar cálculos renais. Apesar de os estudos com células He-La e de os testes de Ames não serem conclusivos, o ácido tereftálico é ativamente acumulado em tecidos de ratos e humanos.

A legislação brasileira e os regulamentos do Mercosul estabelecem um limite de migração específica de ácido tereftálico de 7,5 mg/kg.

Bisfenol A

O bisfenol-A [2,2-bis (4-hidroxifenil) propano] (BPA) é um monômero empregado na fabricação do policarbonato, um tipo de plástico rígido e transparente, utilizado em embalagens e utensílios destinados a entrar em contato com alimentos. O BPA é também um dos componentes da resina epóxi, presente, por exemplo, no revestimento interno de embalagens metálicas.

Estudos realizados associaram o bisfenol-A a uma maior incidência de obesidade, problemas cardíacos, diabetes, câncer de próstata e mama, puberdade precoce ou tardia, abortos, anormalidades no fígado em adultos e, também, problemas cerebrais e no desenvolvimento hormonal em crianças e recém-nascidos.

A substância é proibida na União Europeia, em países como Canadá, China e Costa Rica, bem como em alguns estados norte-americanos. No Brasil, seu uso também está proibido para fabricação de mamadeiras e artigos similares destinados à alimentação de lactentes (crianças menores de 12 meses de idade).

ADITIVOS

Quanto aos aditivos empregados na formulação dos plásticos, têm importância toxicológica os plastificantes como os ésteres ftálicos, os agentes de vulcanização, do tipo ditiocarbamatos e tiuramas, os metais pesados eventualmente presentes nos pigmentos e corantes e o 3,4-benzopireno, contaminantes do negro de fumo, entre outros.

Ésteres ftálicos: ftalato de di-2-etil-hexila

Entre os plastificantes, o di-2-etil-hexilftalato, mais comumente conhecido como DEHP, é o composto mais conhecido e estudado do ponto de vista toxicológico. Ele corresponde a cerca de 40% do peso final do material polimérico e é geralmente utilizado para dar flexibilidade ao policloreto de vinila e a poliésteres. Sua toxicidade aguda é muito baixa e ele foi por um longo tempo considerado seguro. Somente na década de 1980, com a execução de testes de carcinogenicidade por período prolongado, foi notado que sua administração oral pode causar tumores no fígado de ratos e camundongos. É acumulado no fígado, causando danos a este pela alteração dos hepatócitos.

O JECFA recomendou que a exposição humana ao DEHP, como consequência da ingestão de alimentos, seja reduzida ao menor nível possível. Considerou também que isso poderia ser obtido pelo uso de plastificantes alternativos que sejam aceitáveis do ponto de vista toxicológico ou pelo uso de material plástico alternativo àquele que contenha o DEHP.

Agentes de vulcanização

Compostos de ditiocarbamatos e tiuramas são os principais agentes de vulcanização para a borracha, inclusive para bicos de mamadeiras. A maior parte deste tipo de aditivo é decomposta em aminas secundárias e em outros compostos nitrosos não identificados. A origem de nitrosaminas em borracha é, provavelmente, uma nitrosação durante a produção ou estocagem de produtos de borracha.

Estudos recentes demonstraram que N-nitrosaminas migraram de bicos de mamadeiras elaborados com borracha para o leite ou a saliva da criança. Uma observação interessante é que, mesmo após repetidas esterilizações desses bicos, ainda são detectados traços de N-nitrosaminas passíveis de migrar.

A legislação brasileira estabelece um limite de migração específica expresso em sulfeto de carbono de 0,2mg/dm² ou 1mg/kg.

Metais pesados

Entre os corantes, os inorgânicos contendo metais pesados podem causar contaminação nos alimentos, por meio da migração, quando incorporados diretamente ao plástico ou quando utilizados em tintas de impressão, na face externa de filmes plásticos. Estes filmes são contidos em bobinas, cuja impressão externa fica em contato direto com a face interna do mesmo. Os metais pesados mais comumente encontrados como corantes de embalagens são o chumbo e o cádmio, que constituem um sério risco à Saúde Pública, mesmo em pequenas quantidades, em razão de seu acúmulo progressivo no organismo.

O chumbo, uma vez absorvido pelo organismo, é distribuído entre o sangue, os tecidos moles e o sistema esquelético, que constitui o compartimento de alta retenção, sendo a meia-vida biológica no osso humano de aproximadamente dez anos.

O cádmio, entretanto, concentra-se preferencialmente nos rins e fígado, sendo que estes órgãos desempenham uma função importante no acúmulo do metal por períodos prolongados. A meia-vida biológica deste elemento em rins de humanos é superior a dez anos.

Uma atenção especial tem sido dada recentemente às crianças, diante do grande risco que provém da maior suscetibilidade destas aos metais pesados, pela imaturidade de seu sistema nervoso central. Estudos comprovam que elas excretam, pela via renal, proporcionalmente, quantidades menores de chumbo e cádmio do que os adultos. Por esta razão, é essencial que as crianças não sejam expostas a materiais com quantidades significativas desses metais.

Negro de fumo

O negro de fumo, utilizado como corante e para absorver ultravioleta, pode conter fortemente absorvido o 3,4 benzopireno, carcinógeno que pode migrar da embalagem para o alimento.

Óxido de cromo VI

O óxido de cromo VI é usado como aditivo nos revestimentos de politetrafluoretileno (Teflon®) utilizados na manufatura de utensílios de cozinha antiaderentes. A legislação brasileira estabelece um limite de 0,05 mg/kg para sua migração.

Solventes residuais

Solventes orgânicos são geralmente utilizados na fabricação de materiais de embalagem, nos processos de laminação, impressão e recobrimento de substratos. Resíduos de tais solventes, se presentes no material, podem migrar para o produto alimentício acondicionado na embalagem, nele se acumulando e, mesmo estando presente em quantidades abaixo dos níveis toxicologicamente significativos, podem provocar alterações sensoriais indesejáveis nos alimentos.

Os solventes orgânicos mais utilizados pela indústria de embalagens flexíveis são: acetona, acetato de etila, etanol, isobutanol, n-butanol, isopropanol, tolueno e hexano. Tendo em vista os problemas que os solventes podem acarretar, é de grande importância o conhecimento dos níveis residuais desses produtos nos materiais de embalagem para que um controle de qualidade adequado possa ser exercido tanto pelos fabricantes quanto pelos usuários dos filmes flexíveis.

Outras substâncias

Além dos compostos citados, devem ser pesquisadas as seguintes substâncias como passíveis de migrar para os alimentos: formaldeído, em resina melamínica; álcool polivinílico, em copolímeros contendo esse álcool; monoetilenoglicol, em poliésteres; dietilenoglicol e isocianatos, em poliuretanos, entre outros.

À medida que avançam os conhecimentos na área de toxicologia e que são sintetizados novos compostos para embalagens de alimentos, outras substâncias poderão e deverão ser pesquisadas.

PRINCIPAIS TIPOS DE MATERIAIS DE EMBALAGEM

Materiais naturais

As embalagens de fibras vegetais e de madeira encontram-se entre as mais antigas, e ainda hoje são muito usadas. Pode-se citar o uso da palha de milho para envolver pamonhas ou rapaduras e as folhas de bananeira para certos tipos de queijo como a ricota. Elas servem como solução para produtos de rápido consumo, já que transmitem ao produto o arejamento e o grau de umidade corretos para a conservação de seu sabor natural. Entretanto, não é possível considerá-las boas para médios ou longos períodos, pois podem abrigar ou desenvolver insetos e fungos que representam sérios contaminantes do alimento.

O armazenamento de produtos a granel pode ser realizado com sacas de diversos tipos de tecidos, mas estas protegem o produto apenas parcialmente, pois não constituem uma barreira adequada para insetos, roedores e micro-organismos.

A madeira, muito utilizada várias décadas atrás na fabricação de barris, caixas e outros recipientes de grande capacidade, deixou de ser um atrativo em razão de sua dificuldade de obtenção, moldagem e por seu alto custo. Ainda hoje, os tonéis de carvalho são muito importantes para o envelhecimento de bebidas alcoólicas, como o uísque, mas esta é uma aplicação especial que depende da capacidade de tal madeira absorver substâncias indesejáveis presentes na bebida recentemente preparada.

O uso de madeiras resinosas pode gerar contaminações nos alimentos embalados pela absorção do odor e sabor próprios destas resinas.

As embalagens de madeira são, ainda hoje, muito utilizadas para o transporte de frutas e vegetais, junto com a palha e a serragem, que servem de proteção contra choques no acondicionamento destes tipos de produtos.

Papel e papelão

Papel é um termo genérico que engloba um largo espectro de materiais derivados de fibras celulósicas. É o mais antigo material de embalagem e o mais versátil. O papel comum para impressão ou embalagem, comercializado em folhas, bobinas ou rolos, é fabricado a partir de fibras vegetais. A principal matéria-prima na indústria de papel é a polpa, uma mistura de fibras obtida por processos mecânicos ou químicos do tratamento da madeira.

A polpa consiste de celulose com várias quantidades de outros materiais, como a hemicelulose e a lignina que, em uma posterior operação, passa por uma série de tratamentos: lavagem, alvejamento, prensagem e polimento até sua transformação final em papel, que é caracterizado por uma folha fina e seca.

A distinção entre papel e papelão não é sempre muito clara, mas o papelão é mais pesado e mais rígido do que o papel e é formado de pasta triturada, amassada, colada e seca sob pressão.

Mediante a adição de uma grande variedade de substâncias químicas, durante o processo de fabricação, muitas das propriedades necessárias em papéis destinados a usos especiais podem melhorar. Pela adição de caseína e derivados da celulose solúveis em água (como a metilcelulose ou carboximetilcelulose), do algodão ou alginato, pode-se aumentar a resistência do papel. Podem, também, ser adicionados diversos produtos químicos para otimizar a superfície da folha de papel; assim, a impermeabilidade à água é obtida por dispersões de ceras, e a impermeabilidade a óleos e gorduras pode ser obtida pela adição de carboximetilcelulose.

Os papéis utilizados em embalagens, sob a forma de folhas, sacos, sachês ou outras formas, devem possuir certas qualidades de resistência à rasgadura, ao dobramento, à perfuração, ao esmagamento, à tração, ao arrebentamento, a óleos e gorduras, para evitar a perda e contaminação dos produtos. Devem, igualmente, estar de acordo com a regulamentação técnica específica utilizada no controle desses materiais quando em contato com produtos alimentícios.

Celulose regenerada

A celulose, um polímero natural, é a matéria-prima mais comum na superfície da terra e é encontrada em quase todos os tipos de vegetais. Entretanto, as fontes comerciais de celulose limitam-se ao línter de algodão e à polpa de madeira que sofre uma série de transformações e depois é regenerada. A película de celulose regenerada é conhecida como celofane.

O sucesso comercial do celofane deu-se por sua adaptabilidade, sendo que uma grande variedade deste material é comercializada para várias aplicações. O uso dos filmes a princípio ficou restrito, por causa de sua elevada taxa de transmissão de vapor d'água, mas, a partir de 1927, foram desenvolvidos processos para impermeabilização do filme, desde então a demanda deste produto cresceu tremendamente.

A celulose em si não é termoplástica, impedindo a soldagem a quente e, somente após sofrer um tratamento, melhora estas características.

As películas de celulose regenerada com um recobrimento plástico são as de qualidade superior e as indicadas, quando se requer um cuidado especial no aspecto do envase e uma excelente proteção contra umidade e/ou um controle máximo da permeabilidade ante os gases e transmissão de aromas, além de retardarem a migração de oxigênio. Para que o filme de celulose regenerada tenha um comportamento apropriado, é indispensável que seu manejo, armazenamento e suas condições de fabricação sejam adequados, e devem, também, ser consideradas as condições a que serão submetidas a embalagem e a longa cadeia de distribuição.

Cerâmica

Cerâmica é um produto obtido com matéria-prima inorgânica (certas argilas), moldado a frio e endurecido pelo calor. Existem cerâmicas porosas e impermeáveis. As porosas têm massa permeável aos gases, líquidos e gorduras, e as impermeáveis são vitrificadas sob alta temperatura.

Os utensílios cerâmicos destinados a entrar em contato com alimentos são revestidos internamente por uma camada vitrificada conhecida como verniz cerâmico, cuja finalidade é a de impermeabilização aos líquidos e gases, impedindo a absorção de substâncias orgânicas. Este revestimento interno proporciona uma superfície dura e resistente aos desgastes, facilitando, acima de tudo, a limpeza, além de obter cores especiais ou efeitos decorativos e uma superfície atraente do ponto de vista estético.

O verniz cerâmico possui em sua formulação compostos à base de silicatos e chumbo, principalmente óxidos. O uso do óxido de chumbo confere ao utensílio uma superfície lisa, de alto brilho e sem rachaduras ou outros defeitos. A camada vitrificada dos utensílios cerâmicos poderá receber decorações em que pigmentos de metais, como sulfeto de cádmio, são usados na obtenção de cores vivas.

Os utensílios cerâmicos vitrificados podem tornar-se fontes potenciais de contaminação por metais tóxicos, como chumbo, cádmio e outros, sendo o risco maior nos produtos em que são utilizados vernizes cerâmicos mal formulados ou produzidos artesanalmente.

Alimentos ácidos em contato com esses recipientes na preparação, estocagem ou no momento de serem servidos podem ser contaminados pelos metais pesados presentes e migrados dos utensílios, tornando-se um problema potencial para a Saúde Pública.

Vidro

A composição básica do vidro é a areia com grande proporção de sílica, ou óxido de silício, que apresenta as características exigidas no processo de vitrificação. Por causa do seu elevado ponto de fusão e à sua alta viscosidade, a fabricação dos vidros com alto teor de sílica ou sílica fundida é muito dispendiosa, reservando-se seu uso para fins especiais. Por essa razão, os tipos de vidro mais comuns contêm, além de areia, outras substâncias, as quais variam segundo suas aplicações. Na composição dos vidros de garrafa, vidraças e bulbos de lâmpadas, de largo consumo e custo mais baixo, entram o carbonato de sódio (barrilha) e a cal.

Os vidros empregados na confecção de utensílios de laboratório e no vasilhame de cozinha, resistentes ao calor e ao fogo, contêm borossilicato; os vidros de alta resistência a choques, altas temperaturas e os destinados a janelas de aviões contêm aluminossilicato. Os vidros de elevados grau de transparência e índice de refração, conhecidos frequentemente pela designação de cristais ou vidro-cristais, são fabricados à base de chumbo e álcalis.

A adição de outros elementos químicos à sílica, soda, potassa e cal aumenta enormemente a variedade de tipos de vidro. Notáveis alterações nos índices de refração e na densidade são produzidos pela adição de bário, na forma de carbonato precipitado. Os vidros coloridos são obtidos com a adição de manganês, cobalto, ferro, níquel, antimônio ou outros componentes metálicos.

O vidro é o material mais utilizado em embalagens para produtos farmacêuticos, em razão de sua grande resistência hidrolítica e inércia química.

Apesar dos inúmeros materiais de embalagem mais recentes, o vidro ainda é um material utilizado em larga escala na indústria de alimentos pelas seguintes propriedades: inércia química, impermeabilidade, rigidez, resistência a pressões internas e ótimas propriedades óticas. A transparência do vidro é um importante fator de vendas, principalmente nas embalagens de supermercados.

A água e as soluções aquosas reagem com o vidro à temperatura ambiente a uma velocidade extremamente baixa. A reação é uma substituição de algum hidrogênio da água por uma quantidade equivalente de sódio, originando então hidróxido de sódio e proporcionando uma alcalinidade muito pequena na água, que pode ser negligenciada nas condições normais, mesmo para períodos bastante prolongados.

A reação é acelerada a temperaturas altas, e repetidas esterilizações podem retirar quantidades significativas de sódio do vidro.

Quando se deseja preservar a forma do alimento embalado durante todas as fases de distribuição, o vidro, por sua rigidez, apresenta-se como material ideal. Ele quase não modifica seu volume sob pressão; isto é particularmente importante sob condições de vácuo que podem causar problemas em embalagens menos rígidas. A resistência a pressões internas é imprescindível em embalagens de produtos carbonatados e aerossóis, desde que a superfície do recipiente não tenha defeitos. A resistência a altas temperaturas é muito importante para a indústria de alimentos. Ela é desejada principalmente nas seguintes situações: enchimento a quente, que pode ser necessário quando o produto é viscoso à temperatura ambiente (manteiga, pasta de amendoim) ou deve ser efetuado para que a esterilização seja mantida (geleias); cozimento e esterilização na embalagem, em que é típico o uso de recipientes de vidro para a preservação de frutas e vegetais, ou para o engarrafamento de cerveja, pois esta será pasteurizada na garrafa e, por fim, esterilização de embalagens vazias por vapor ou calor seco, especialmente importante no caso de embalagens reutilizáveis para bebidas, que devem ser lavadas e esterilizadas antes de enchidas novamente.

Por outro lado, como deficiência, é possível citar o peso significativo da embalagem, o alto custo, as perdas por quebra e a dificuldade no desenvolvimento de tampas adaptáveis. A fragilidade é uma das maiores desvantagens do vidro. A força de impacto do vidro é um fator importante durante toda a vida do recipiente, mas particularmente no enchimento (especialmente em máquinas de alta velocidade), no transcorrer da distribuição e quando nas mãos do consumidor.

Durante o enchimento, não é somente a quebra da embalagem que causa prejuízos, mas também a perda de um produto caro e a interrupção na máquina. Um dano mais perigoso ocorre quando o vidro fica lascado, devido a um grande número de impactos, nenhum deles tão severo ao ponto de causar quebra. Tais fagulhas no vidro podem cair no conteúdo e são, então, muito difíceis de se detectar. No caso de um produto que seja aplicado na pele, pode haver risco de cortes; porém, na situação de um alimento infantil, o risco é muito maior, pois o vidro poderá ser ingerido pela criança.

Metais

A grande vantagem da utilização de embalagens metálicas é que o alimento pode ser processado e esterilizado na própria embalagem, como no caso do vidro, com a vantagem do custo reduzido e de ser ideal para alimentos fotossensíveis.

O aspecto mais negativo de sua utilização é a facilidade de corrosão, com posterior contaminação do alimento pelos metais da liga. O grau de corrosão que um alimento provoca sobre uma embalagem metálica depende de vários fatores: natureza do alimento, temperatura de estocagem, qualidade do revestimento metálico e camada de verniz protetor (caso exista).

O oxigênio desempenha um papel importante na corrosão das embalagens metálicas, sendo responsável por perfurações e estufamentos, além de favorecer a dissolução dos metais por causa de seu efeito despolarizante nas reações galvânicas de corrosão. O oxigênio pode ser evitado empregando-se temperaturas elevadas no enchimento da embalagem.

Os principais metais utilizados para embalagem são: alumínio e suas ligas, aço revestido com estanho (folha-de-flandres), cromo, ferro galvanizado e aço inoxidável. Na costura lateral do corpo das embalagens metálicas podem ser utilizadas resinas termoplásticas ou, simplesmente, processo de soldagem elétrica.

Normalmente, as embalagens metálicas recebem um revestimento de verniz orgânico, com o objetivo de evitar o contato do metal com o produto alimentício, minimizando a reação de corrosão e prevenindo, assim, a dissolução do estanho pela interposição de uma barreira física entre o metal e o líquido corrosivo. Além disso, protege o conteúdo da ação descorante do estanho sobre alguns pigmentos de frutas, melhorando também a apresentação interna do produto embalado. Existem, entretanto, situações em que danos mecânicos removem o filme de verniz e expõem a camada metálica, comprometendo a qualidade do produto embalado.

Por mais bem aplicado que esteja um verniz, uma certa porosidade não pode ser evitada, em razão da aspereza da folha metálica e da não homogeneidade perfeita do verniz líquido. Os microfuros formados na aplicação dão fragilidade à barreira de proteção do verniz. Para que um verniz exerça sua função de proteção de uma superfície metálica, deve-se observar alguns fatores: a necessidade de boa aderência sobre a folha, não conter substâncias tóxicas, não conferir sabor e/ou odor estranho ao produto e resistir ao tratamento térmico no processamento de cada alimento e à sua agressividade. A fim de atender esses requisitos, os vernizes internos que podem ser utilizados são pouco numerosos.

As resinas básicas utilizadas na composição dos vernizes empregados como revestimento interno de embalagens metálicas pertencem às seguintes classes: oleorresinosas, fenólicas, epóxi-fenólicas, vinílicas e acrílicas.

Para produtos alimentícios, as embalagens metálicas mais utilizadas são as elaboradas com alumínio e suas ligas e folha-de-flandres ou cromadas.

ALUMÍNIO

As embalagens de alumínio podem ser elaboradas com alumínio puro ou ligas de alumínio. Quanto mais puro for o alumínio mais resistente à corrosão. Por outro lado, as ligas fornecem algumas propriedades desejadas para as embalagens, principalmente resistência mecânica e química. Os elementos mais utilizados nas ligas com alumínio são: cobre, magnésio, silício e manganês.

O alumínio vem sendo usado como material de embalagem devido a algumas características, como: leveza, dutilidade, facilidade de manipulação dos processos de corte e bobinamento, aspecto brilhante e atrativo, condutividade térmica elevada e facilidade de reciclagem.

A grande maleabilidade do alumínio faz com que ele possa ser moldado nas formas mais diversas, como: cilindros para aerossóis, folhas finas simples ou associadas a outros materiais de embalagem, como papel, papelão, filmes plásticos e bisnagas deformáveis.

FOLHA-DE-FLANDRES

É uma folha de aço de baixo teor de carbono, recoberta nas duas faces por uma camada de estanho comercialmente puro, o que torna sua resistência mais alta, permitindo o dobramento e a estampagem da placa sem riscos de ruptura.

As principais propriedades que devem ser observadas para a aprovação de uma folha-de-flandres para embalagens de alimentos estão condicionadas a fatores estruturais e ao tipo de alimento embalado. Devem ser observados: dureza, espessura, quantidade de estanho no revestimento, teor da camada de liga e aplicação ou não de vernizes.

As embalagens confeccionadas com folhas-de-flandres podem contaminar os alimentos por corrosão ácida, dissolvendo parte do ferro e estanho que constituem a maior superfície de exposição.

FOLHAS CROMADAS

As folhas cromadas foram desenvolvidas no Japão, no início da década de 1960, como resultado da pesquisa para se encontrar um substituto para a folha-de-flandres, uma vez que a escassez de oferta de estanho elevou muito o custo deste material.

Essas folhas contêm aço, um filme de cromo e um de óxido de cromo e sobre este último um filme lubrificante de óleo. Possuem uma cor cinza metálica e aparência agradável, que varia com a rugosidade do aço, uma vez que é um revestimento muito fino e depende essencialmente dos compostos de cromo depositados.

Entre as vantagens apresentadas pelas folhas cromadas, tem-se: ótima aderência de vernizes e tintas; boa resistência à corrosão; resistência ao ataque de compostos de enxofre presentes em alimentos, como no caso de carnes; boas propriedades mecânicas para conformações diversas; mínima porosidade do revestimento.

Quando utilizadas para embalagem de produtos alimentícios, não podem ser empregadas sem verniz. A principal aplicação das folhas cromadas é em tampas e fundos dos diversos tipos de embalagens metálicas.

Polímeros e resinas

Polímeros podem ser definidos como compostos de alto peso molecular cuja estrutura é formada pela repetição de unidades químicas relativamente simples.

Podem ser naturais ou sintéticos. O amido e a celulose são exemplos de polímeros naturais, sendo formados por um grande número de moléculas de glicose; a borracha natural tem em sua estrutura o isopreno como unidade de repetição.

Resinas são uma classe especial de produtos naturais ou sintéticos, geralmente de alto peso molecular, sem ponto de fusão definido. Muitas resinas são polímeros.

Os plásticos constituem um amplo grupo de materiais sólidos, compostos eminentemente orgânicos, usualmente tendo por base resinas sintéticas ou polímeros naturais modificados, e possuem, em geral, apreciável resistência mecânica. Podem ser fundidos, moldados ou polimerizados diretamente na forma final em um determinado estágio de sua preparação ou manufatura. Atualmente, existem ao redor de 40 famílias básicas de plásticos com importância comercial, cada uma diferente da outra e com diferentes características, de modo que praticamente sempre se pode encontrar um plástico que reúna qualquer propriedade desejada. Os plásticos podem ser macios (espuma de poliuretano) ou duros (melamina), transparentes (acrílicos) ou opacos (fenólicos), resistentes ao calor (siliconas) ou deformáveis por água quente (polietileno de baixa densidade), mais leves do que a água (polipropileno) ou tão pesados quanto o ferro (resinas fenólicas reforçadas com chumbo). Dividem-se em dois grandes grupos: os termoplásticos e os termofixos.

Os termoplásticos possuem cadeias moleculares lineares, as quais podem deslizar umas sobre as outras quando aquecidas e solidificar em novas formas quando resfriadas, sem que se apresente uma significativa ruptura destas cadeias.

Os termofixos necessitam de calor para tomar a forma permanente e não podem ser novamente fundidos e moldados. Quando se aquece pela primeira vez um termofixo, há a formação de ligações cruzadas permanentes entre as cadeias lineares do polímero, dando origem a uma estrutura tridimensional muito rígida, que não pode deslizar novamente quando aquecida pela segunda vez. O aumento da temperatura iria romper as cadeias, alterando suas propriedades.

A rápida expansão alcançada pelos plásticos como matéria-prima básica de milhares de produtos de largo consumo é um dos mais extraordinários feitos da moderna tecnologia industrial. No campo da embalagem, o plástico substituiu em muitas aplicações a madeira, o vidro, a folha-de-flandres, o alumínio, o papel e o papelão. Garrafas, caixas, sacos, frascos e envoltórios dos mais diversos são produzidos a partir de material plástico. Entre os plásticos mais usados para embalar alimentos, encontram-se: o polietileno (PE), o polipropileno (PP), o poliestireno (PS), o policloreto de vinila (PVC), o polietileno tereftalato (PET) e a poliamida (náilon).

Polietileno

O polietileno é obtido a partir do gás etileno que, uma vez polimerizado, possui uma estrutura tridimensional em que os átomos de carbono estão dispostos em zigue-zague. Sua estrutura molecular é complexa. As ramificações presentes na estrutura são responsáveis pela variação das propriedades, entre elas densidade, dureza, flexibilidade, viscosidade e transparência.

A variação no processo de fabricação determina dois tipos de polietileno. No polietileno de baixa pressão ou alta densidade, as moléculas têm mais características lineares, por possuírem poucas ramificações. Isto permite que se comprimam mais entre si, dando lugar a um polímero de maior grau de cristalinidade. O polietileno de alta pressão ou baixa densidade possui um número elevado de ramificações e um menor grau de cristalinidade.

Na formulação do polietileno, dependendo de sua utilização, costuma-se adicionar lubrificantes, aditivos antibloqueio e compostos antiestáticos.

O polietileno de baixa densidade é a película plástica mais utilizada em embalagens. É resistente, transparente e tem uma permeabilidade relativamente baixa ao vapor d'água. É quimicamente inerte e praticamente não possui odor e sabor. Uma de suas principais vantagens é a facilidade com que pode se fechar termicamente. Possui uma grande resistência ao rasgo e ao impacto. Pode ser utilizado em uma ampla faixa de temperatura. Entretanto, possui uma permeabilidade relativamente alta a gases como o oxigênio e o gás carbônico, não sendo, portanto, aconselhável sua utilização no acondicionamento de alimentos oxidáveis ou para embalagens a vácuo. Também é permeável a muitos óleos essenciais, o que significa perda gradual do aroma para alguns produtos.

O polietileno de alta densidade é 2 ou 3 vezes mais impermeável ao vapor d'água ou a gases e oferece maior resistência à tensão, porém menos ao impacto. Em razão de seu elevado ponto de amolecimento e de sua grande impermeabilidade, a película de polietileno de alta densidade é muito utilizada para acondicionar pratos preparados que requeiram cozimento no próprio recipiente de utilização.

POLIPROPILENO

O polipropileno é obtido pela polimerização esterioespecífica do propileno. A molécula do propileno é assimétrica e, por isso, ao ser polimerizada origina polímeros com características diferentes: atático, isotático e sindiotático.

O polipropileno tem condições de substituir vários outros plásticos, principalmente no acondicionamento de alimentos. Sua permeabilidade aos gases e ao vapor d'água é superior à do polietileno de alta densidade. Sua temperatura de amolecimento é mais elevada do que a do polietileno. Sua alta cristalinidade lhe confere elevada resistência mecânica, rigidez e dureza, que se mantêm a temperaturas relativamente elevadas. Existe a necessidade de emprego de aditivos em sua formulação, porque o polipropileno puro é rapidamente degradável em presença de luz e oxigênio.

O polipropileno na forma de filme, o qual é de maior interesse para a indústria, tem espessura variável, apresentando maior rigidez e transparência do que o polietileno de espessuras análogas. Pode ser fabricado sob a forma de filme por extrusão, dando um produto brilhante, transparente e forte.

A demanda está crescendo muito para uso em embalagens, devido à fidelidade na transmissão de cor e ao melhor acabamento. Pode ser trabalhado em máquina de extrusão e depois estirado a frio para a obtenção de monofilamentos de baixa densidade, alta tenacidade e boa resistência à abrasão. Cordas feitas com este monofilamento têm a vantagem de flutuar na água mesmo após prolongada imersão, e são à prova de deterioração.

Na sacaria industrial, o polipropileno é o melhor substituto da juta, embora o polietileno de alta densidade também seja usado.

A densidade do polipropileno é de 0,9 g/cm³, o que o torna o mais leve dos plásticos. Observa-se seu emprego em laticínios, produtos desidratados e alimentos gordurosos como batata frita e outros da linha de salgadinhos. Também as bolachas são passíveis de acondicionamento em polipropileno, do mesmo modo que os alimentos que necessitam de conservação de aroma, caso específico do café.

A maior dificuldade do emprego em escala industrial do polipropileno reside na termossoldagem. O calor aplicado ao filme, principal responsável pelo fechamento de pacotes, por exemplo, funde o material nas proximidades da soldagem, fazendo com que ele perca a orientação. Deste modo, obtém-se uma soldagem pouco resistente à tração.

POLIESTIRENO

Dos numerosos plásticos derivados do estireno, os que mais se destacam são:

- Poliestireno convencional ou comum – formado exclusivamente a partir do estireno com um pequeno conjunto de aditivos (lubrificantes e corantes);
- Poliestireno endurecido ou de alto impacto – obtido pela polimerização de "enxerto" de moléculas de estireno sobre moléculas de elastômeros, que têm propriedades de absorver a energia dos impactos sem sofrer ruptura;
- Poliestireno expandido – formado como consequência do processo de expansão que sofre o poliestireno obtendo-se, nestes casos, estruturas fechadas que recebem o nome de espuma de poliestireno;
- SAN – obtido pela reação química conjunta (copolimerização) de estireno e acrilonitrila, com propriedades térmicas e químicas superiores;
- ABS – obtido por polimerização de "enxerto" de estireno e acrilonitrila sobre moléculas de elastômero (butadieno), com excelentes propriedades mecânicas.

Os poliestirenos dos tipos convencional e SAN apresentam excelentes propriedades óticas. O polímero incolor é denominado "cristal" porque possui um alto grau de transparência. Os polímeros de estireno de alto impacto, assim como o ABS, são translúcidos e esbranquiçados em seu estado natural. O poliestireno expandido é muito usado por causa de sua grande capacidade como isolante térmico e amortecedor de impactos. A permeabilidade dos plásticos de estireno a diversos gases e vapores é relativamente alta, o que é uma vantagem para o acondicionamento de alimentos que necessitam trocar gases com o ambiente.

POLICLORETO DE VINILA

Os plásticos vinílicos pertencem ao grupo dos materiais termoplásticos e, dentro dessa importante família, destaca-se o policloreto de vinila, obtido da polimerização do cloreto de vinila. A molécula de PVC é estereoquimicamente irregular e, de acordo com a disposição dos átomos de cloro no polímero, têm-se os seguintes tipos: isotático, atático e sindiotático. As diferentes distribuições espaciais explicam algumas propriedades do PVC.

Em geral, a maioria dos termoplásticos são vendidos em formas diretamente utilizáveis ou em formas que possam ser facilmente processadas; isto não acontece com o PVC, que é processado após mistura com aditivos. A composição é necessária por causa da estabilidade térmica relativamente baixa do polímero e de sua alta viscosidade à fusão. Geralmente os aditivos são plastificantes, estabilizantes, lubrificantes, cargas e pigmentos. De acordo com o produto final desejado são escolhidos os componentes da mistura.

O PVC rígido possui estabilidade dimensional. É transparente, brilhante e satisfatoriamente impermeável a gases. Entretanto, é frágil, resiste mal a temperaturas baixas e altas. Necessita de estabilizantes térmicos para evitar o envelhecimento e não é inflamável.

O PVC flexível é comparável com a borracha por sua flexibilidade e é impermeável à umidade, mas necessita de precauções para evitar a migração de certos aditivos, como os plastificantes e estabilizantes.

Dentro do grupo dos polímeros vinílicos, também deve ser considerado o policloreto de vinilideno (PVDC), o qual se forma a partir do cloreto de vinilideno. Possui uma boa barreira a gases e vapor d'água sendo muito usado em combinação com outros materiais.

POLIETILENO TEREFTALATO

O polietileno tereftalato é classificado quimicamente como um polímero poliéster termoplástico e produzido industrialmente por duas vias químicas: esterificação direta do ácido tereftálico purificado com etileno glicol e transesterificação do dimetil tereftalato com etileno glicol. É um polímero cristalino e, como tal, tem suas propriedades dependentes do grau de cristalinidade que atinge após a transformação: quanto maior o grau, maior a rigidez (menor resistência ao impacto), maior resistência térmica e menor a transparência.

O polietileno tereftalato é hoje uma resina com uma das maiores taxas de crescimento em aplicação como material de embalagem. Isso se deve, sem dúvida, a suas excelentes propriedades, como elevada resistência mecânica, brilho e transparência, ser uma barreira a gases, entre outras.

Os copoliésteres são fabricados a partir de mais de um ácido dibásico e etileno-glicol. Os copolímeros melhoram as propriedades físicas a altas temperaturas e evitam limitações do processo. Um dos materiais comerciais especialmente usado para a fabricação de garrafas retornáveis é o PET, modificado com ciclo-hexano dimetanol (tecnicamente um copolímero de ciclo-hexileno dimetileno tereftalato).

Esses copolímeros são usados para reduzir a velocidade e o grau de cristalização em uma proporção que depende de sua concentração. As possibilidades tecnológicas nas máquinas de fabricação de garrafas por injeção-sopro ou injeção-estiramento-sopro são ampliadas.

O PET orientado oferece uma excelente resistência aos testes de choques repetidos e à quebra sob pressão. Apresenta uma grande resistência às pressões internas e é menos permeável ao oxigênio do que a maioria dos termoplásticos utilizados correntemente.

O polietileno tereftalato existe há mais de 40 anos, e suas primeiras aplicações foram no setor de filamentos e fibras têxteis. Está disponível no mercado para fabricação de embalagens desde o final dos anos 1970. Este produto pode ser transformado por extrusão e injeção para a fabricação de produtos semiacabados, como as pré-formas que serão em seguida sopradas para a obtenção de garrafas.

O aparecimento das embalagens de PET, no Brasil, ocorreu praticamente no início de 1989. Aproximadamente 70 a 80% do consumo de resina de PET está destinado à fabricação de embalagens para bebidas carbonatadas não alcoólicas. As embalagens de PET para um único uso (*one way*) são utilizadas também para licores, vinhos, água mineral, óleos comestíveis, bebidas não carbonatadas, sucos, vinagre e cerveja, além de mostardas e molhos.

POLIAMIDAS

Os polímeros sintéticos termoplásticos, caracterizados pelo nome de poliamidas, são popularmente conhecidos como náilons.

As poliamidas são produzidas por condensação de diaminas e ácidos dibásicos (p. ex.: ácido adípico), e polimerização de w-aminoácidos. São estáveis dimensionalmente, resistem a muitos agentes químicos, exceto fenóis e ácidos minerais.

Em embalagens para alimentos são usados para carnes embaladas a vácuo, embalagens *boil in bag*, produtos esterilizados e cozidos na própria embalagem.

OUTROS POLÍMEROS

Vários outros plásticos são comumente usados na elaboração de embalagens para alimentos. Dentre eles, podem-se citar: policarbonatos, siliconas, politetrafluoretileno e poliuretanos.

Associação de materiais plásticos

Os filmes compostos ou "sanduíches" procuram aliar algumas vantagens individuais dos filmes simples para que a embalagem final possua mais vantagens do que cada filme separadamente, havendo, entretanto, sempre um compromisso entre a qualidade do produto e o custo.

Quando se examinam as propriedades físicas e químicas de materiais como papel, cartão, folha metálica, película de celulose regenerada e películas plásticas, quase nenhuma pode reunir por si só as condições que se exigem para uma boa embalagem.

A escolha da estrutura de uma embalagem está intimamente ligada a um correto exame das condições exigidas pelo produto que será embalado e é resultante dos ensaios realizados pelo usuário e pelo fabricante do material de embalagem. Atualmente, pode-se considerar que qualquer associação ou complexo multilaminar pode ser fabricado conforme os requisitos do produto a ser embalado e as exigências da maquinaria a ser utilizada para enchimento, fabricação e fechamento. Em outras palavras, pode-se confeccionar uma embalagem composta "sob medida".

As folhas de alumínio, acetato de celulose, celulose regenerada, papel, poliamida, polietileno, poliéster, polipropileno, policloreto de vinila e policloreto de vinilideno são os materiais de maior uso nas embalagens que utilizam associação de materiais.

Aditivos para resinas e polímeros

Um polímero envelhece pela ação do calor, da luz, do ataque químico, da exposição às bactérias ou mesmo com o armazenamento. Suas propriedades mudam em maior ou menor grau com alteração visível de algumas de suas propriedades físicas. Este processo de degradação não pode ser inteiramente eliminado, mas apenas retardado.

Resumidamente, os aditivos podem ser definidos como materiais orgânicos ou inorgânicos utilizados para eliminar, diminuir ou fornecer características às propriedades dos plásticos, necessárias ou não para sua utilização. O acréscimo de aditivos normalmente é realizado no processo de fabricação da resina, objetivando uma homogeneização perfeita do material para que as propriedades deste permaneçam constantes. Em alguns casos, a adição pode ser feita posteriormente, por meio de concentrados (masterbatch), contendo em sua composição os aditivos desejados. Tais concentrados possuem um veículo em sua composição, que normalmente é a resina base do plástico, em que o aditivo ou aditivos são incorporados em concentrações elevadas para depois serem dispersados na resina final a que se destinam.

Os aditivos para as resinas e polímeros constituem uma enorme classe que inclui: antioxidantes, lubrificantes, plastificantes, retardadores de combustão, corantes e pigmentos, aceleradores de vulcanização, antiestáticos, antifúngicos, protetores de raios ultravioleta, branqueadores óticos e outros.

Os principais aditivos são:

- Plastificantes – seu uso permite um fácil manuseio da matéria plástica, dando-lhe flexibilidade e diminuindo sua fragilidade. Atuam enfraquecendo as forças de atração entre as moléculas, facilitando o deslizamento entre elas.
- Lubrificantes – podem ser externos ou internos. Os externos impedem a aderência de compostos do molde às diferentes partes do equipamento, os internos são os que lubrificam as cadeias poliméricas entre si.
- Estabilizantes – impedem que ocorra a degradação do material em função da temperatura e da luz.
- Antioxidantes – são os estabilizantes das poliolefinas e dos elastômeros; previnem a oxidação por agentes externos.
- Pigmentos – permitem que o plástico adquira colorações em toda a gama do espectro.
- Cargas – atuam absorvendo excessos de plastificante e aumentam a dureza.
- Extensores – reforçam algumas propriedades dos plásticos; podem ser misturados ao plastificante.
- Absorvedores de radiações ultravioleta – absorvem as radiações ultravioleta no lugar do polímero e, ao mesmo tempo, resistem à decomposição, graças à sua constituição química.

Polímeros e elastômeros (borrachas)

Material polimérico, que pode ser extraído do látex de vegetais ou obtido sinteticamente pela transformação química de outras substâncias, a borracha é classificada, de acordo com as fontes de obtenção, em natural e sintética.

Borracha natural

Uma infinidade de espécies diferentes de vegetais são capazes de produzir borracha. Dentre elas, a mais importante é a *hevea brasiliensis* (seringueira). A borracha é obtida em forma de látex, que é extraído dos vasos capilares que se encontram entre a casca e o tronco da árvore, trata-se de uma emulsão de borracha natural em água. Após a extração o látex é filtrado grosseiramente, diluído e, posteriormente é feita a coagulação por meio de ácido fórmico ou acético. A borracha assim obtida é então desidratada, seca e armazenada. A borracha natural somente é utilizável depois de misturada com substâncias químicas e vulcanizada ou curada. Suas propriedades dependem muito do grau de cura, do tipo de aditivos adicionados e da carga de reforço usada.

Borracha sintética

A borracha sintética é obtida da transformação química do carvão ou do gás natural, de alguns alcoóis vegetais, do petróleo e de outras substâncias. Denomina-se Buna S a borracha sintética mais parecida com a natural, que é elaborada a partir do butadieno/estireno. Além da Buna S, há outras borrachas sintéticas, todas destinadas a usos especiais, o que significa que só substituem a natural na fabricação de certos artigos e em certos usos. São exemplos o polibutadieno, o poli-isopreno, a borracha butílica, o policloropreno e a borracha nitrílica.

O homem tenta produzir uma borracha sintética com a melhor qualidade possível, mas, em vez de procurar obter uma borracha exatamente igual à natural, cria novas substâncias que se prestam melhor para certos fins do que o modelo criado pela natureza. Deste modo, a borracha sintética acaba por se referir não a um só material, mas abrange uma infinidade de produtos criados pelo homem.

LEGISLAÇÃO BRASILEIRA

O desenvolvimento de materiais plásticos para fabricação de embalagens fez com que, na década de 1950, muitos países começassem a se preocupar com o uso desses materiais para embalagens de alimentos. Referências específicas, porém, eram feitas somente a metais pesados, principalmente o chumbo e, às vezes, à coloração após contato com o alimento.

No Brasil, os primeiros trabalhos sobre o emprego de materiais plásticos para esses tipos de embalagens surgiram em meados de 1950, quando o Instituto Adolfo Lutz iniciou, com a Seção de Química Biológica – Espectrografia, uma série de pesquisas com relação a este assunto, tendo por base os trabalhos publicados por pesquisadores italianos. Naquela época, levava-se em conta a mudança na cor e no odor do alimento embalado. Eram feitas pesquisas de metais pesados no próprio material de embalagem e verificava-se, também, a compatibilidade física dos alimentos com elas. Era verificada, ainda, a presença de pigmentos à base de metais tóxicos na formulação. A partir desse estudo, pensou-se em regulamentar o assunto, mas apenas em 1967 a Comissão Permanente de Aditivos para Alimentos do Ministério da Saúde fez publicar a Resolução n. 8/67, em 28 de junho.

Posteriormente à regulamentação, as embalagens para alimentos elaboradas com materiais plásticos só poderiam ser utilizadas se devidamente registradas no órgão competente do Ministério da Saúde e após comprovadas inocuidade e compatibilidade com o alimento pelos ensaios de migração. Com o passar dos anos, novas substâncias foram desenvolvidas e tornou-se necessária uma revisão da legislação em vigor. O assunto foi debatido na Câmara Técnica de Alimentos e resultou na publicação da Resolução n. 45/77 da Comissão Nacional de Normas e Padrões para Alimentos (CNNPA), que possuía, em seus anexos, listas positivas de substâncias que podiam ser empregadas na elaboração de embalagens e equipamentos destinados a entrar em contato com alimentos.

Em março de 1991, por meio do Tratado de Assunção, foi criado o Mercosul, tendo como participantes: Brasil, Paraguai, Uruguai e Argentina. Posteriormente, o tratado foi complementado pelo Protocolo de Ouro Preto.

Existem dois principais órgãos no Mercosul: o Conselho do Mercado Comum (CMC), que possui caráter político e é constituído pelos presidentes e ministros das relações exteriores e da economia dos quatro países, e o Grupo Mercado Comum (GMC), que possui caráter decisório-executivo, sendo constituído por representantes dos ministérios que compõe o CMC, acrescidos do Ministério da Indústria e Comércio e do Banco Central dos Estados Partes.

O GMC pode constituir Subgrupos de Trabalho (SGT), que realizam acordos sobre os temas de sua competência, encaminhados ao GMC sob a forma de recomendações. Cabe ao GMC aprovar estas recomendações como Resoluções GMC.

Esses SGTs têm a incumbência de obter a harmonização de leis, procedimentos, regulamentos e normas técnicas entre os países, a fim de eliminar todas as barreiras não tarifárias para a realização do livre comércio.

Dentro do SGT-03 (Regulamentos Técnicos e Avaliação de Conformidade), encontra-se a Comissão de Alimentos que, por sua vez, possui o Grupo adhoc de Embalagens e Equipamentos em contato com alimentos, cujo objetivo é a elaboração de regulamentos técnicos pertinentes ao controle, do ponto de vista de Saúde Pública, das embalagens e equipamentos elaborados com diferentes tipos de materiais, destinados a entrar em contato com alimentos.

Como resultado desse esforço conjunto, a legislação brasileira de embalagens está sendo revisada e ampliada, e novas metodologias analíticas necessárias para o controle de materiais estão sendo estabelecidas.

Desde 1996, os Regulamentos Técnicos aprovados pelo GMC na área de embalagens estão sendo internalizados como legislação brasileira, estando atualmente em vigor:

- Portaria n. 27, da Secretaria de Vigilância Sanitária, de 18.3.96, publicada no Diário Oficial da União (DOU) de 20.3.96, Seção I, p. 4691-2, que trata das embalagens e equipamentos de vidro e cerâmica, destinados a entrar em contato com alimentos.
- Portaria n. 987, da Secretaria de Vigilância Sanitária, de 8.12.98, republicada no DOU de 31.3.99, Seção I, p. 30-1, que regulamenta as embalagens descartáveis de polietileno tereftalato (PET) multicamada, destinadas ao acondicionamento de bebidas não alcoólicas carbonatadas.
- Resolução n. 105 (antigas Resolução n. 45/77, Portaria n. 26/96 e Portaria n. 912/98), da Anvisa, de 19.5.99, publicada no DOU de 20.5.99, Seção I, p.21-34. Aprova os Regulamentos Técnicos: Disposições Gerais para Embalagens e Equipamentos Plásticos em contato com Alimentos.

Embalagens destinadas a alimentos ■ 627

- Lei n. 9.832, de 14.9.99, publicada no DOU de 15.9.99, Seção I, p. 1. Proíbe o uso industrial de embalagens metálicas soldadas com liga de chumbo e estanho para acondicionamento de gêneros alimentícios, exceto para produtos secos ou desidratados.
- Resolução da Diretoria Colegiada RDC n. 91, que revoga a Portaria n. 30/96, da Anvisa, de 11.5.2001, republicada no DOU de 13.6.2001, Seção I, p. 60-1. Critérios Gerais para Embalagens e Equipamentos em contato com Alimentos.
- Resolução da Diretoria Colegiada RDC n. 122, da Anvisa, de 19.6.2001, publicada no DOU de 26.6.2001, Seção I, p. 83-4. Regulamento Técnico sobre Ceras e Parafinas em contato com Alimentos.
- Resolução da Diretoria Colegiada RDC n. 123, da Anvisa, de 19.6.2001, publicada no DOU de 26.6.2001, Seção I, p. 84-7. Disposições Gerais sobre Embalagens e Equipamentos Elastoméricos em contato com Alimentos.
- Resolução da Diretoria Colegiada RDC n. 124 (que revoga a Resolução n. 8/78 da CNNPA), da Anvisa, de 19.6.2001, publicada no DOU de 26.6.2001, Seção I, p. 87-8. Regulamento Técnico sobre preparados formadores de película à base de resinas e/ou polímeros destinados a entrar em contato com alimentos.
- Resolução da Diretoria Colegiada RDC n. 146, da Anvisa, de 6.8.2001, publicada no DOU de 8.8.2001, Seção I, p. 143, que aprova o processo de deposição de camada interna de carbono amorfo em garrafas de PET virgem via plasma.
- Resolução da Diretoria Colegiada RDC n. 217, da Anvisa, de 1.8.2002, publicada no DOU de 12.8.2002, Seção I, p. 37-9. Aprova o Regulamento Técnico sobre películas de celulose regenerada em contato com alimentos.
- Resolução da Diretoria Colegiada RDC n. 218, da Anvisa, de 1.8.2002, publicada no DOU de 5.8.2002, Seção I, p. 37-8. Aprova o Regulamento Técnico sobre tripas sintéticas de celulose regenerada em contato com alimentos.
- Instrução Normativa Conjunta n. 9, da Secretaria de Apoio Rural e Cooperativismo de 12.11.2002, publicada no DOU de 14.11.2002, Seção I, p. 30. Dispõe sobre embalagens destinadas ao acondicionamento de produtos hortícolas in natura.
- Resolução da Diretoria Colegiada RDC n. 20 (antiga Portaria n. 28/96), da Anvisa, de 22.3.2007, publicada no DOU de 26.3.2007, Suplemento n. 58, p. 55-6. Aprova o Regulamento Técnico sobre disposições para embalagens, revestimentos, utensílios, tampas e equipamentos metálicos em contato com alimentos.
- Resolução da Diretoria Colegiada RDC n. 20, da Anvisa, de 26.3.2008, publicada no DOU de 27.3.2008, Seção I, p. 41-2. Aprova o Regulamento Técnico sobre embalagens de PET pós-consumo reciclado grau alimentício (PET-PCR grau alimentício) destinadas a entrar em contato com alimentos.
- Resolução da Diretoria Colegiada RDC n. 17, da Anvisa, de 17.3.2008, publicada no DOU de 18.3.2008, Seção I, p. 42-51. Aprova o Regulamento Técnico sobre lista positiva de aditivos para materiais plásticos destinados à elaboração de embalagens e equipamentos em contato com alimentos.

- Resolução da Diretoria Colegiada RDC n. 51, da Anvisa, de 26.11.2010, publicada no DOU de 22.12.2010, Seção I, p. 75-9. Dispõe sobre migração em materiais, embalagens e equipamentos plásticos destinados a entrar em contato com alimentos.
- Resolução da Diretoria Colegiada RDC n. 52, da Anvisa, de 26.11.2010, publicada no DOU de 22.12.2010, Seção I, p. 79-80. Dispõe sobre corantes em embalagens e equipamentos plásticos destinados a entrar em contato com alimentos.
- Resolução da Diretoria Colegiada RDC n. 41, da Anvisa, de 16.09.2011, publicada no DOU de 19.09.2011, Seção I, p. 54. Dispõe sobre a proibição de uso do bisfenol A em mamadeiras destinadas a alimentação de lactentes e dá outras providências.
- Resolução da Diretoria Colegiada RDC n. 56, da Anvisa, de 16.11.2012, publicada no DOU de 21.11.2012, Seção I, p. 66-77. Dispõe sobre a lista positiva de monômeros, outras substâncias iniciadoras e polímeros autorizados para a elaboração de embalagens e equipamentos plásticos em contato com alimentos.
- Resolução da Diretoria Colegiada RDC n. 88 (revogou os anexos I, II, III e IV da Portaria n. 177, de 04 de março de 1999), da Anvisa, de 29.06.2016, publicada no DOU de 30.06.2016, Seção I, p. 53-62. Aprova o regulamento técnico sobre materiais, embalagens e equipamentos celulósicos destinados a entrar em contato com alimentos e dá outras providências.
- Resolução da Diretoria Colegiada RDC n. 89 (revogou o anexo V da Portaria n. 177, de 04 de março de 1999), da Anvisa, de 29.06.2016, publicada no DOU de 30.06.2016, Seção I, p. 62-63. Aprova o regulamento técnico sobre materiais celulósicos para cocção e filtração a quente e dá outras providências.
- Resolução da Diretoria Colegiada RDC n. 90, da Anvisa, de 29.06.2016, publicada no DOU de 30.06.2016, Seção I, p. 63-65. Aprova o regulamento técnico sobre materiais, embalagens e equipamentos celulósicos destinados a entrar em contato com alimentos durante cocção ou aquecimento em forno e dá outras providências.

As vantagens dessa harmonização são as seguintes:

- Atualização das listas positivas, que não eram revisadas desde 1977, apenas com algumas inclusões por meio de portarias do Ministério da Saúde.
- Ampliação da legislação brasileira, que não tinha normas para embalagens metálicas, celulósicas e de celulose regenerada, nem para embalagens plásticas retornáveis.
- Metodologias de controle mais adequadas e com maior sensibilidade.
- Número maior de controles por meio de migrações específicas.
- Aproximação com a legislação internacional, como às das Normas Diretivas da Comunidade Econômica Europeia (CEE) e às disposições da Food and Drug Administration (FDA).

A Anvisa publicou no DOU de 16.3.2000, Seção I, p. 17-23, a Resolução n. 23 de 15.3.2000, que dispõe sobre o manual de procedimentos básicos para registro e dispensa da obrigatoriedade de registro de produtos pertinentes à área de alimentos. Esse manual aplica-se a todos os setores envolvidos com o trâmite de processos de registro ou dispensa da obrigatoriedade de registro de alimentos, aditivos, coadjuvantes de tecnologia e embalagens nacionais e importadas.

Os produtos do Anexo I desta resolução, em que se incluem as embalagens, estão dispensados de registro, enquanto os produtos do Anexo II, em que estão compreendidas as embalagens recicladas, devem ser registrados no órgão competente do Ministério da Saúde.

A publicação dessa Resolução pela Anvisa visa a reduzir a burocracia exigida para o registro de alimentos e embalagens com o intuito de modernizar sua atuação em relação às normas e aos padrões técnicos, sendo mais exigente em suas ações de inspeção sanitária e análise de controle. A dispensa do registro, no entanto, não implica que as embalagens não devam mais atender aos critérios de qualidade estabelecidos na legislação vigente. Ao contrário, com essa decisão, a Agência atribui exclusivamente ao produtor de embalagens a responsabilidade de garantir a qualidade e segurança dos produtos que fabrica, o que passa necessariamente por um controle sanitário eficiente da produção, pelo atendimento aos critérios de identidade e qualidade estabelecidos na legislação de embalagens e pela demonstração efetiva de responsabilidade técnica no desenvolvimento de novos produtos.

Considerando a necessidade de constante aperfeiçoamento das ações de controle sanitário na área de alimentos e a atualização dos padrões de identidade e qualidade de alimentos, a Diretoria Colegiada da Anvisa publicou a Resolução RDC n. 27, de 06.8.2010 (DOU de 9.8.2010, Seção I, p. 63-4), que dispõe sobre as categorias de alimentos e embalagens isentos e com obrigatoriedade de registro sanitário, conforme Anexos I e II desta Resolução.

À medida que novas tecnologias de fabricação de embalagens e equipamentos vão sendo desenvolvidos e novas matérias-primas e aditivos vão sendo utilizados, as empresas, mediante apresentação de estudos toxicológicos, solicitam a inclusão de novas substâncias nas listas positivas e a Anvisa, quando for o caso, publicará resoluções de inclusão dessas substâncias na legislação correspondente.

METODOLOGIA DE CONTROLE

A maioria dos testes efetuados em embalagens para alimentos é denominada provas de cessão ou testes de migração, que são determinações cuja finalidade é avaliar a quantidade de substâncias passíveis de migrar da embalagem para o alimento. A importância de tais determinações prende-se ao fato de que esses migrantes, além de potencialmente tóxicos ao homem, podem alterar as características do alimento.

Na medida do possível, as provas tentam simular as condições a que tanto a embalagem quanto o alimento serão submetidos, em função do tipo de alimento, tempo de contato e da temperatura. Estes ensaios deveriam ser feitos colocando-se a embalagem em contato com o alimento que se pretende embalar. Entretanto, isto torna-se impraticável, uma vez que a concentração de migrantes é normalmente baixa, e a complexidade química da maioria dos alimentos interferiria em sua dosagem. Em razão da impossibilidade, recorreu-se ao uso de solventes simulantes de alimentos, que tentam reproduzir o pH, o teor de gordura dos alimentos e sua eventual graduação alcoólica.

Os ensaios de migração e os estudos sobre materiais de embalagens são relativamente novos para a maioria dos laboratórios de controle. Estes ensaios necessitam de pessoal treinado e especializado. Como os níveis de migrantes são da ordem de traços, é preciso a utilização de equipamento sofisticado na maioria dos casos.

Os ensaios realizados para avaliar a migração são de dois tipos:

- Ensaios de migração global, nos quais se determina o conjunto de substâncias migrantes. A migração global possui limite estabelecido pela legislação brasileira e pelos regulamentos técnicos do Mercosul de 8 mg/dm^2 ou 50 mg/kg. Este ensaio é extensivamente usado por causa das dificuldades técnicas para a identificação dos migrantes. Um laboratório de embalagens analisa centenas de tipos diferentes de produtos, cada qual com uma gama enorme de aditivos e é impraticável a determinação de cada um deles isoladamente. Por outro lado, a migração global dá uma ideia da qualidade da embalagem, mesmo que qualitativamente. Outro problema que também deve ser considerado é que os aditivos presentes na formulação podem sofrer transformações químicas durante o processo de fabricação, tornando ainda mais difícil sua identificação.
- Ensaios de migração específica, efetuados quando na formulação da embalagem entra uma substância com toxicidade reconhecida e que, por limite de migração na legislação, deve ser dosada.

No Brasil, existem poucos laboratórios que controlam embalagens para alimentos quanto à Saúde Pública. O Instituto Adolfo Lutz é um deles, trabalhando na área desde 1977, por meio da Seção de Embalagens e Correlatos, tendo armazenado um número considerável de dados quanto à qualidade das embalagens.

EMBALAGENS PLÁSTICAS RECICLADAS PÓS-CONSUMO E O CONTATO DIRETO COM ALIMENTOS

Na última década, os debates sobre meio ambiente têm atingido, principalmente, as indústrias de embalagens, uma vez que estas são consideradas prejudiciais para o meio ambiente, não só durante as etapas de transformação de matéria-prima e produção, mas principalmente pelo volume de resíduo sólido gerado por elas. Assim, o incentivo à recuperação e reciclagem de materiais e minimização do volume de resíduos encaminhados para os aterros, fazem parte de inúmeras legislações e projetos de lei em todo o mundo.

Neste sentido, vem crescendo o interesse de fabricantes de alimentos e de embalagens, pelo uso de material plástico reciclado pós-consumo para a fabricação de novas embalagens destinadas a entrar em contato com alimentos.

Existem três tipos de materiais plásticos reciclados:

- O primário, que é aquele que se realiza na fábrica, anterior ao primeiro consumo, constituído por recortes, fragmentos e peças defeituosas, adicionados ao granulado virgem em diferentes proporções.

  As embalagens obtidas por esse processo são consideradas como polímero virgem.
- O secundário, de natureza físico-mecânica, que consiste no reprocessamento da embalagem plástica pós-consumo, implica na fragmentação, lavagem, fusão e formação do novo material de embalagem. É importante salientar que para a obtenção deste novo material de embalagem o material reciclado deve sempre ser adicionado a uma certa quantidade de resina virgem. Este tipo de reciclagem só é aplicável a polímeros termoplásticos, que são os mais utilizados para embalagens de alimentos. Neste processo não acontece alteração do polímero base. Antes de fundir e reprocessar o polímero, os fragmentos ou a resina peletizada são lavados para eliminar os contaminantes. A efetividade desta etapa de lavagem é muito influenciada pelo tamanho dos fragmentos ou pelets. De fato, quanto menor o fragmento, mais efetiva será a lavagem, pois possui uma maior superfície de contato com o agente de lavagem.
- O reciclado terciário, também chamado de reciclado químico, consiste na despolimerização do material plástico pós-consumo, mediante um processo químico, com a finalidade de obter o monômero original. Este monômero volta a ser polimerizado para reconstituir o polímero e formar um novo material de embalagem. O monômero regenerado, o polímero, ou ambos podem misturar-se com material virgem. O processo de repolimerização pode compreender várias etapas de purificação, além das lavagens, tais como: destilação, cristalização e reações químicas adicionais. Todas estas etapas fazem com que esse processo, apesar de apresentar-se mais seguro em relação a riscos toxicológicos para a saúde humana, seja economicamente menos viável.

O interesse dos fabricantes de embalagens é o do uso de materiais plásticos provenientes do reciclado pós-consumo secundário ou mecânico, por ser mais barato. Entretanto, esse procedimento deve ser exaustivamente discutido, uma vez que o uso desse material pode conter uma série de compostos e contaminar os alimentos que vierem a entrar em contato com ele. Esse fato pode ocorrer em razão do reúso indevido da embalagem após o consumo do alimento nela embalado, ou seja, essa embalagem pode ter sido reutilizada para embalar produtos como: gasolina, pesticidas, desinfetantes, produtos de limpeza em geral etc., que absorvidos pelo plástico podem vir a migrar para o alimento quando essas embalagens, provenientes de material reciclado mecânico, forem utilizadas para embalar alimentos, uma vez que esse tipo de reciclagem não garante a eliminação desse tipo de contaminação.

Para minimizar este risco ao consumidor, pela utilização deste tipo de material reciclado quando da elaboração de embalagens para alimentos, são necessárias algumas medidas, como: conscientizar o consumidor em relação ao reuso e descarte da embalagem para finalidade alimentícia; elaborar um programa de coleta seletiva específico e efetivo; garantir que a qualidade do material reciclado seja compatível com as propriedades exigidas para a elaboração de embalagens destinadas a entrar em contato com alimentos; demonstrar por meio de estudos analíticos que os níveis dos possíveis contaminantes químicos presentes no material reciclado estejam dentro de limites seguros para o uso desses materiais em contato direto com alimentos.

No Brasil, o único material plástico reciclado permitido para a elaboração de embalagens destinadas a entrar em contato direto com alimentos é o previsto na Resolução da Diretoria Colegiada RDC n. 20, da Anvisa, de 26.3.2008, que aprova o uso de embalagens fabricadas com proporções variáveis de PET virgem e de PET-PCR destinadas a entrar em contato com alimentos.

Resumidamente, os requisitos estabelecidos por esta Resolução para o uso de PET-PCR em embalagens de alimentos são:

- Os estabelecimentos produtores de embalagens de PET–PCR grau alimentício deverão estar habilitados e registrados pela Autoridade Sanitária Nacional Competente.
- As embalagens de PET-PCR grau alimentício devem satisfazer os requisitos de adequação sanitária estabelecidos na Regulamentação Mercosul sobre embalagens de material plástico e devem ser compatíveis com o alimento que irão conter.
- As embalagens deverão ser aprovadas, autorizadas e registradas perante a Autoridade Sanitária Nacional Competente.
- Os estabelecimentos produtores de embalagens de PET–PCR grau alimentício, deverão utilizar uma tecnologia de reciclagem física e/ou química autorizada e registrada em cada caso particular pela Autoridade Sanitária Nacional Competente.
- Programas de monitoramento analítico que asseguram a continuidade da qualidade do PET-PCR grau alimentício deverão ser apresentados pelos estabelecimentos produtores destas embalagens.
- Os estabelecimentos produtores de embalagens de PET–PCR grau alimentício deverão dispor de procedimentos escritos e seus registros de aplicação sobre Boas Práticas de Fabricação.

- Na embalagem final deverá ser identificado de forma indelével: o produtor, o número de lote ou codificação que permita sua rastreabilidade e a embalagem deverá conter a expressão PET-PCR.
- Os estabelecimentos produtores de embalagens de PET–PCR grau alimentício deverão garantir a remoção de substâncias contaminantes potencialmente presentes, obtida pela aplicação dos processos de descontaminação das tecnologias de reciclagem física e/ou química validadas, a tais níveis que seu uso não implique em risco sanitário para o consumidor, nem modifiquem a qualidade sensorial dos alimentos.

Espera-se que com a publicação desta Resolução, a Anvisa organize programas ostensivos de fiscalização junto aos estabelecimentos produtores deste tipo de embalagem, garantindo a proteção da saúde da população.

TERMINOLOGIA

Catalisador – substância usada para modificar a velocidade de reação química.

Copolímero – polimerização por adição entre dois monômeros (ou mais) diferentes entre si, sendo o polímero resultante (copolímero) portador de propriedades diferentes das que seriam obtidas pela simples mistura mecânica dos polímeros dos monômeros diferentes, polimerizados em separado.

Embalagens de PET-PCR grau alimentício – embalagens fabricadas com proporções variáveis de PET virgem e de PET-PCR, destinadas a entrar em contato direto com alimentos.

Equipamento para alimentos – é todo artigo em contato direto com alimentos, que se utiliza durante a elaboração, o fracionamento, armazenamento, a comercialização e o consumo de alimentos. Estão incluídos nesta classificação: recipientes, máquinas, correias transportadoras, tubulações, aparelhagens, acessórios, válvulas, utensílios e similares.

Limite de composição – é a quantidade máxima permitida de um componente particular de interesse toxicológico no material em contato com alimentos.

Limite de migração específica – é a quantidade máxima admissível de um componente específico do material em contato com alimentos transferida aos simulantes sob condições de ensaio.

Limite de migração global – é a quantidade máxima admissível de componentes de material em contato com alimentos transferida aos simulantes sob as condições de ensaio.

Migração – é a transferência de componentes do material da embalagem para os alimentos, decorrente de fenômenos físico-químicos.

Migração específica – é a quantidade de um componente não polimérico particular de interesse toxicológico transferida dos materiais em contato com alimentos para tais materiais ou seus simulantes, nas condições equivalentes de ensaio.

Migração global – é a quantidade de componentes transferida dos materiais em contato com alimentos ou seus simulantes, nas condições usuais de emprego, elaboração e armazenamento ou nas condições equivalentes de ensaio.

Monômeros – são compostos químicos que reagem para formar polímeros.

Oligômeros – são polímeros de baixo peso molecular.

Revestimento – é uma substância ou um produto aplicado sobre a superfície de embalagens ou equipamentos para alimentos com a finalidade de protegê-los e prolongar sua vida útil.

Simulante – é um produto que imita o comportamento de um grupo de alimentos que têm características semelhantes.

CONCLUSÕES

A escolha de uma embalagem para alimentos deve levar em conta dois pontos importantes: o tecnológico e o de saúde pública.

Do ponto de vista tecnológico, deve-se avaliar a embalagem em função de vários fatores: sua resistência mecânica ao empilhamento, transporte, manuseio e estocagem.

A embalagem deve ser projetada de tal modo que facilite a moldagem e a alimentação na máquina de enchimento.

O formato da embalagem não é somente uma questão estética, mas também econômica, pois ela deve ser de tal forma que evite desperdícios de material, permita uma boa resistência mecânica e ocupe o menor lugar possível nos depósitos. O formato deve, ainda, considerar sua funcionalidade para o consumidor. O fator custo é um dos mais importantes, pois muitas vezes a embalagem chega a ser mais cara do que o alimento nela contido.

O consumidor dá preferência às embalagens que proporcionem:

- Facilidade de abertura e "refechamento", no caso de produtos que não são utilizados de uma só vez, além da comodidade de retirada do produto (mais crítico quando este é denso e pastoso);
- Facilidade de traslado do ponto de venda até o local de consumo, tanto em termos de peso quanto à presença de alças ou outro tipo de dispositivo que facilite seu transporte;
- Possibilidade de reaproveitamento para uso doméstico;
- Boa apresentação do produto (estética da embalagem).

Do ponto de vista de saúde pública, o aspecto mais relevante da embalagem é o de proteção do alimento contra insetos, roedores, micro-organismos e fatores ambientais.

Em um primeiro momento, pode-se classificar as embalagens para alimentos em dois grandes grupos: as primárias, que têm contato direto com o alimento, interagindo ou não com ele, e as secundárias, que são as embalagens das embalagens primárias.

Como o enfoque deste trabalho é o voltado para a saúde pública, sempre que houver referência às embalagens, será sobre as embalagens primárias.

REFERÊNCIAS

ALVES, R.M.V. et al. Embalagem para produtos de laticínios. Campinas: Ital/Cetea, 1994. 85p.

ARDITO, E.F.G. et al. Embalagens de papel, cartão e papelão ondulado. Campinas: Ital/Cetea, 1996. 259p.

AUTIAN, J. Toxicology of plastics. In: CASARETT, L.J. & DOULL, L. (ed.). Toxicology the basic science of poison. Nova York: Macmillan, 1975. p. 604-25.

BAYER, F. L. Polyethylene terephthalate recycling for food – contact applications: testing, safety and technologies: a global perspective. Food Additives and Contaminants, v. 19, p. 111-34, 2002.

BERNARDO, P.E.M. et al. Bisfenol A: o uso em embalagens para alimentos, exposição e toxicidade – uma revisão. Rev Inst Adolfo Lutz, v. 74, n.1 , p. 1-11, 2015.

BRODY, A.L. Flexible packaging of foods. Cleveland: CRC Press, 2001. 103p.

BROWN, W.E. Plastics in food packaging. Properties, design, and fabrication. Nova York, 1992. 539p.

COMMISSION DIRECTIVE 2011/8/EU, of 28 January 2011, amending Directive 2002/72/EC as regards the restriction of use of Bisphenol A in plastic infant feeding bottles. Official Journal of the European Communities, L 26:11-4.

COMYN, J. Polymer permeability. Belfast: Elsevier, 1986. 383p.

CRITERIA (dose/effect relationships) for cadmium. Commission of the European communities. Report of a Working Group of Experts. Oxford: Pergamon Press, 1978, p.15-120.

DANTAS, S.T. et al. Avaliação da qualidade de embalagens metálicas: aço e alumínio. Campinas: Ital/Cetea, 1996. 306p.

ENVIRONMENTAL HEALTH CRITERIA 18. Arsenic. Genebra: WHO, 1981. 174p.

[FDA] FOOD AND DRUG ADMINISTRATION. Points to consider for the use recycled plastics in food packaging: chemistry considerations. Washington: FDA, Center for Food Safety and Applied Nutrition, 1992. 9p.

FINLEY, J.W. &WHITE, J.C. Two methods to determine if styrene monomer is present in milk. Bull. Environm. Contam. Toxicol., Nova York, v. 1, n. 2, p. 41-6, 1967.

FRANZ, R. et al. Recycling of post – consumer poly (ethylene terephthalate) for direct food contact application – a feasibility study using a simplified. Deutsche Lebensmittel – Rundschau, v. 94, p. 303-8, 1998.

FRIBERG, L. et al. Handbook on the toxicology of metals. Amsterdã, Elsevier, 1979.

GARCIA, E.E.C. Dispensa do registro de embalagens. Informativo Cetea, Campinas. v. 12, n. 2, p. 9-11, 2000.

GARLANDA, T. Migration des matières colorantes. Ann. Inst. Super Sanitá., v. 8, p. 461-73, 1972.

GARRIDO, N.S. et al. Determinação de chumbo e cádmio em artigos escolares. Rev. Inst. Adolfo Lutz, v. 50, n. 1/2, p. 291-6, 1990.

_____. Avaliação dos níveis de arsênio, chumbo e cádmio em corantes e pigmentos utilizados em embalagens para alimentos no período de 1982 a 1989. Rev Inst Adolfo Lutz, v. 51, n. 1/2, p. 63-8, 1991.

_____. Controle da adequação de embalagens metálicas revestidas para alimentos ácidos. Rev Inst Adolfo Lutz, v. 55, n. 2, p. 67-72, 1995.

JOINT FAO/WHO. In: Expert Meeting to Review Toxicological and health Aspects of Bisphenol A. Ottawa. 2010;1-5november. Disponível em <http://www.who.int/ foodsafety/chem/chemicals/bisphenol_release/en/index.html> Acessado em: nov. 2012.

MADI, L.F.C. Influência da embalagem na contaminação de produtos alimentícios. Bol. ITAL, v. 18, n. 3, p. 283-352, 1981.

McGUINESS, J.D. Migration from packaging materials – a need for more fundamental information. Food additives and contaminants, v. 3, n. 2, p. 95-102, 1986.

_____. The control of food contact plastics – the next ten years. Food additives and contaminants, 1986; 3(2):103-12.

MILES, D.C. Tecnologia dos polímeros. São Paulo: Polígono, Edusp, 1975. 573p.

MING, C. Embalagem e economia. In: Embalagem, arte e técnica de um povo: um estudo da embalagem brasileira. São Paulo: Toga, 1985, p.25-8.

MURATA, L.T.F. et al. Metodologias para controle da adequação de embalagens para água mineral. Rev Inst Adolfo Lutz, v. 54, n. 2, p. 102-6, 1994.

_____. A embalagem e o meio ambiente. Pack tecnologia de embalagem, logística e design, v. 40, p. 30, 2000.

_____. Embalagens e Equipamentos em Contato com Alimentos. In: ZENEBON, O. & PASCUET, N.S. (coords.). Métodos físico-químicos para análise de alimentos. 4.ed. Instituto Adolfo Lutz. São Paulo: Prol, 2005, p.533-66.

NAZARIO, G. Embalagem e saúde pública. In: Embalagem, arte e técnica de um povo: um estudo da embalagem brasileira. São Paulo: Toga, 1985, p.32-7.

NUNES, M.C.D. et al. Embalagens plásticas recicladas pós-consumo e o contato direto com alimentos. Bol. Inst. Adolfo Lutz, 2003; 13(2):10-1.

OLIVEIRA, L.M. Ensaios para avaliação de embalagens plásticas flexíveis. Campinas: Ital/Cetea, 1996. 219p.

PAINE, F.A. & PAINE, H.Y. A handbook of food packaging. Glasgow: Leonard Hill, 1983. 394p.

PIOTROWSKI, J.K. & COLEMAN, D.O. Environmental hazards of heavy metals: summary evaluation of lead, cadminum and mercury. Londres, Marc/Gems, Marc Report, v. 20, p. 1-18, 1980.

REYES, F.G.R. Aspectos toxicológicos sobre migração de substâncias químicas da embalagem para o alimento. In: Curso intensivo – materiais plásticos em contato com alimentos. Campinas: Cetea/Ital, Anais, 1995.

SADLER, G.D. Recycling of polymers for food use: a current perspective. In: Plastics, rubber and paper recycling: a programatic approach. American Chemical Society, Washington, v. 31, p. 380-8, 1995.

SANTOS, C.F. Registro de embalagens – proposta de modernização. In: Seminário internacional: legislação de embalagem & comércio internacional. Anais... Campinas, 2000.

SAX, N.I. Dangerous properties of industrial materials. 5.ed. Nova York: Van Nostrand/Reinhold, 1979, p. 388-90, 455-9, 765-71.

SCHWARTZ, P.S. Food packaging regulation in the United States. Food Additives and Contaminants, v. 5, n. 1, p. 537-41, 1988.

SERAGINI, L. Como desenvolver embalagem lucrativamente. São Paulo. 46p. (apostila)

TATSUNO, T.; INOUE, T.; TANIMURA, A. Hygienic chemical studies on plastics (II). Residual acrylonitrile in ABS resin or AS resin and its migration into water (author's transl) Eisel Shikenjo Hokoku, n. 97, p. 93-7, 1979.

WITHEY, J.R. & COLLINS, P.G. Styrene monomer in foods. A limited Canadian survey. Bull. Environm. Contam. Toxicol., Nova York, v. 19, n. 1, p. 86-94, 1978.

ZENEBON, O. Migração de chumbo e de cádmio de recipientes cerâmicos. Estudo visando sua regulamentação bromatológica. São Paulo, 1986. Tese (Mestrado). Faculdade de Ciências Farmacêuticas, Universidade de São Paulo.

ZIEGLER, E.E. et. al. Absorption and retention of lead by infants. Pediatr. Res., v. 12, p. 29-34, 1978.

Análise comparativa de legislação de alimentos funcionais

Marcia Abrahão Silva Ferreira
Pedro Manuel Leal Germano
Maria Izabel Simões Germano

ALIMENTOS FUNCIONAIS: DEFINIÇÕES, REGULAMENTAÇÃO E ASPECTOS RELEVANTES PARA O CONSUMIDOR

Os consumidores estão mais conscientes do papel da alimentação em sua saúde, pois sabem que, por meio dela, podem reduzir o risco de doenças e aumentar seu bem-estar.

A utilização de certos alimentos na redução do risco de doenças é considerada desde Hipócrates, por volta de 500 a.C., o qual dizia que "o alimento está para a medicina assim como a medicina está para o alimento". A partir de 1990, no entanto, renovou-se o interesse no assunto: houve uma combinação de desejos dos consumidores por um estilo de vida e uma dieta saudáveis; e, por menor risco de doenças, por um lado, e avanços da tecnologia na área de alimentos, por outro.

Sabe-se hoje que muitos compostos encontrados nos alimentos são responsáveis por efeitos benéficos observados nos indivíduos que os consomem. A partir de dados epidemiológicos, ensaios clínicos e conhecimentos modernos da bioquímica nutricional, chegou-se ao estabelecimento de uma conexão entre dieta e saúde, em que certos constituintes particulares dos alimentos – nutrientes e não nutrientes (como as fibras) – apresentam capacidade de afetar diversos fatores de risco para doenças. São substâncias chamadas nutracêuticas ou funcionais.

O conceito de alimentos funcionais surgiu no Japão, na década de 1980, como resultado de esforços para desenvolver alimentos que possibilitassem a redução dos gastos com saúde pública, considerando-se a elevada expectativa de vida no país. Refere-se tal conceito a alimentos processados (com ingredientes que, além de nutrir, auxiliam funções específicas do corpo), conhecidos como "alimentos para uso específico de saúde" (em inglês, *foods for specified health use*, ou Foshu).

No Brasil, o alimento funcional foi definido pela Secretaria de Vigilância Sanitária, do Ministério da Saúde, como aquele "alimento ou ingrediente que, além das funções nutritivas básicas, quando consumido como parte da dieta usual, produza efeitos metabólicos e/ou fisiológicos e/ou efeitos benéficos à saúde, devendo ser seguro para consumo sem supervisão médica" (Brasil, 2010).

A ausência de uma legislação que padronize mundialmente o termo fez com que surgissem várias denominações, como nutracêuticos, farma-alimentos e alimentos medicinais. O mercado mundial para esse tipo de alimento – que é responsável por mais da metade dos investimentos publicitários na área alimentícia e tem expectativas de crescimento da ordem de 5% ao ano – movimentou cerca de US$ 70 bilhões, em 2001. Segundo pesquisa realizada pelo Instituto Euromonitor, em 2004, o faturamento brasileiro foi de US$ 8,5 bilhões, chegando a US$ 15,5 bilhões em 2009, o que representa um pico de desenvolvimento de 82% em apenas cinco anos.

Um outro estudo, o "Health and Wellness Food na Beverages in Brazil" ("Alimentos e Bebidas para Saúde e Bem-Estar no Brasil"), mostra um crescimento de 82,4% desse mercado entre 2004 e 2009 no país. Neste período, o volume movimentado passou de R$ 15 bilhões para R$ 27,2 bilhões.

A pesquisa de 2015 da Euromonitor revela que o mercado mundial de comidas e bebidas orgânicas, funcionais e ligadas à saúde e ao bem-estar gerou receitas de 726 bilhões de dólares. O Brasil é o quinto maior mercado de alimentos saudáveis, movimentando 27,5 bilhões de dólares. No período entre 2010 e 2015, o crescimento acumulado brasileiro foi de 44%, quase o triplo da média mundial (15%). O Instituto ainda prevê uma estimativa de média de crescimento de 14,8% até 2018.

Trata-se, portanto, de um segmento de grande interesse para as indústrias alimentícias e farmacêuticas, que têm buscado explorar a relação entre o consumo de determinados alimentos e a redução de fatores de risco a doenças específicas.

Sabe-se que metade das doenças cardiovasculares e um terço dos casos de câncer podem estar associados à dieta. Em vista disso, os governos de vários países incentivam universidades e pesquisadores no desenvolvimento de estudos a respeito de alimentos que apresentem efeitos benéficos, além dos fatores nutricionais básicos.

A regulamentação também tem contribuído para o avanço das vendas dos alimentos funcionais, uma vez que os órgãos responsáveis pela regulamentação e aprovação de novos alimentos, em cada país, estão reconhecendo a importância desse setor da indústria alimentícia e aprimorando sua legislação. As indústrias e os órgãos governamentais devem estar atentos à segurança alimentar, à qualidade das pesquisas e ao direito do consumidor.

Cabe ressaltar que a capacidade de influência dos alimentos funcionais na saúde depende de vários fatores: interação com outros componentes da dieta, estado físico, fatores comportamentais e genética do indivíduo.

Foi elaborado um apanhado das definições utilizadas em países onde a regulamentação é efetiva e pioneira, proporcionando uma diretriz para as indústrias de alimentos, sendo eles: Brasil, Estados Unidos da América, União Europeia, Austrália, Nova Zelândia, Canadá e Japão. As considerações do Codex Alimentarius (comissão criada em 1963 pela Food and Agriculture Organization of the United Nations –FAO – e pela Organização Mundial da Saúde – OMS) também foram consideradas, pois a Comissão tem por objetivo orientar e promover a elaboração de definições e o

DEFINIÇÕES

Alimento funcional

O Decreto-lei n. 986, de 21.10.1969, define alimento como "toda substância ou mistura de substâncias, no estado líquido, pastoso ou qualquer outra forma adequada, destinada a fornecer ao organismo humano os elementos normais à sua formação, manutenção e desenvolvimento".

A Resolução RDC n. 40/01, da Agência Nacional de Vigilância Sanitária (Anvisa), autarquia do Ministério da Saúde, define nutriente como "qualquer substância química consumida normalmente como componente de um alimento, que proporcione energia e/ou seja necessária para o crescimento, desenvolvimento e manutenção da saúde e da vida, e/ou cuja carência faz com que se produzam mudanças químicas ou fisiológicas características". Complementarmente, a Resolução RDC n. 259/02 da Anvisa define alimento como "toda substância que se ingere no estado natural, semielaborada ou elaborada, destinada ao consumo humano, incluídas as bebidas e qualquer outra substância utilizada em sua elaboração, preparo ou tratamento, excluídos os cosméticos, o tabaco e as substâncias utilizadas unicamente como medicamentos".

Alimento funcional é aquele que, em razão do "conhecimento da relação entre alimentos e seus componentes e saúde, apresente benefícios à saúde, e ao qual foi permitido apresentar uma declaração (*claim*) do efeito que se espera obter com o consumo diário. Deve ser consumido como alimento e como parte de uma dieta saudável".

Naturalmente, todos os alimentos são funcionais no aspecto nutricional, mas o termo está sendo aplicado a alimentos que agreguem um benefício fisiológico adicional, visando à promoção da saúde e à redução do risco de certas doenças. Considera-se alimento funcional todos os alimentos e bebidas que, consumidos na alimentação cotidiana, podem trazer benefícios fisiológicos específicos.

Os alimentos funcionais apresentam as seguintes características: devem ser alimentos convencionais consumidos na dieta usual; devem ser compostos por componentes naturais, em concentração maior do que em alimentos que normalmente não os supririam; devem ter efeitos positivos além do valor básico nutritivo, promovendo benefícios à saúde; a alegação da propriedade funcional deve ter embasamento científico; podem ser alimentos naturais ou um alimento do qual um componente tenha sido removido; podem ser alimentos dos quais componente(s) ou bioatividade(s) tenham sido modificado(s).

A Food and Nutrition Board (FNB), da Academia Nacional de Ciências (em inglês, National Academy of Sciences) dos Estados Unidos, define alimento funcional como "algum alimento modificado ou ingrediente alimentar que possa produzir um benefício à saúde, além dos nutrientes que ele contém".

A American Dietetic Association (ADA) considera alimentos funcionais os alimentos fortificados e modificados, alegando-se seus efeitos potencialmente benéficos quando consumidos como parte de uma dieta variada.

A Comissão Europeia, coordenada pelo International Life Science Institute Europe (Ilsi Europe), define alimento funcional como aquele que contenha nutriente (componente ou não) que beneficie o organismo e seja relevante para o bem-estar e a saúde, além de seu efeito nutricional.

A Australia New Zealand Food Authority (ANZFA), entidade que antecedeu o Food Standards Australia New Zealand (FSANZ) na regulamentação de alimentos, define alimento funcional como alimento similar ao convencional na aparência, consumido na dieta normal, mas modificado para desempenhar papéis fisiológicos além do simples fornecimento de nutrientes.

A Agência Nacional de Ciências Nutricionais do Canadá (Health Canada) define alimento funcional como similar, em aparência, a um alimento convencional consumido como parte da dieta usual, que demonstre benefícios e/ou redução do risco de doenças, além de suas funções nutricionais básicas.

O Japão define alimento funcional, "alimento para uso específico de saúde", como aquele que é composto por ingredientes funcionais que afetam uma estrutura ou função do organismo e é utilizado para manter ou regular uma condição específica de saúde.

O Codex Alimentarius, órgão criado na década de 1960, pela FAO e pela OMS, tem a finalidade de desenvolver normas, guias e recomendações de boas práticas de produção e comércio de alimentos e, ainda, promover a coordenação de trabalhos para estabelecimento de padrões para alimentos, desenvolvidos por organismos internacionais, governamentais ou não. O Codex não trata de alimento funcional, pois seus documentos definem apenas alegações.

De acordo com a Portaria n. 398/99 e Resolução n. 18/99 da Anvisa, entende-se alimento funcional como "todo aquele alimento ou ingrediente que, além das funções nutricionais básicas, quando consumido como parte da dieta usual, produza efeitos metabólicos e/ou fisiológicos e/ou efeitos benéficos à saúde, devendo ser seguro para consumo sem supervisão médica". A Anvisa, porém, não define alimento funcional, apenas suas alegações.

Nutracêutico

É um alimento, ou parte de um, que proporciona benefícios médicos à saúde, incluindo a prevenção e/ou tratamento de doenças. Pode abranger desde nutrientes isolados e suplementos dietéticos, sob a forma de cápsulas e dietas, até produtos ou alimentos processados. O termo nutracêutico refere-se à substância bioativa, isolada ou adicionada aos alimentos como ingrediente funcional, ou sob a forma medicamentosa, contribuindo para o aumento do valor agregado.

Nos Estados Unidos, substâncias com propriedades funcionais, apresentadas de forma concentrada, em cápsulas, comprimidos, entre outros, são consideradas suplementos dietéticos pelo Dietary Supplement Health and Education Act (DSHEA) e classificadas como nutracêuticos.

O Canadá reconhece como nutracêuticos os suplementos dietéticos, com alegação de saúde, porém sem pretensão de cura de doenças, apresentados em dosagens farmacológicas.

No Brasil, pode-se utilizar a definição de substâncias bioativas para conceituar nutracêutico, conforme a Resolução RDC n. 2/02, que o define como nutriente ou não nutriente, presente em fontes alimentares, que possui ação metabólica ou fisiológica específica no organismo. Pode ser de origem natural ou sintética, desde que comprovada sua segurança para o consumo humano. Não pode ter finalidade medicamentosa ou terapêutica, qualquer que seja a forma de apresentação ou o modo como é ministrado. Excluem-se dessa categoria produtos cuja finalidade de uso indique ação terapêutica ou medicamentosa, mesmo sendo de origem natural. Portanto, nutracêuticos são produtos que possuem uma forma concentrada de um ingrediente bioativo. Contudo, não se trata de um alimento, mas de um ingrediente apresentado sob forma não alimentar, para ser utilizado em doses superiores às encontradas nos alimentos usuais.

Diferenciam-se nutracêuticos de alimentos funcionais pelos seus objetivos: os nutracêuticos levam em conta a prevenção e o tratamento de doenças (apelo médico), enquanto os funcionais visam à redução do risco da doença; nutracêuticos incluem suplementos dietéticos e outros tipos de alimentos, enquanto os funcionais devem estar sob a forma de um alimento comum.

Farma-alimentos

Define-se medicamento como substância reconhecida pela farmacopeia oficial, usada intencionalmente no diagnóstico, cura, alívio, tratamento ou prevenção de doenças no ser humano e nos animais; substância (não alimentícia) que pode alterar alguma estrutura ou função do organismo humano ou de animais. Segundo a OMS, "medicamento é toda substância contida em um produto farmacêutico, utilizado para modificar ou investigar sistemas fisiológicos ou estados patológicos, em benefício da pessoa em que se administra".

O medicamento deve ser usado basicamente sob diagnóstico médico, para tratamento e prevenção de doenças, com a função de restauração, correção ou modificação de funções fisiológicas. Os alimentos funcionais (Quadro 33.1) podem ser usados para o tratamento e a prevenção de doenças, visando à restauração, à correção ou à modificação de funções fisiológicas. Em alguns casos, é difícil a diferenciação de medicamento e nutracêutico, uma vez que ambos atuam sobre funções fisiológicas, e um nutracêutico pode ser apresentado sob a forma de pó, comprimido ou líquido.

Quadro 33.1 Alimentos funcionais *versus* medicamentos

Alimento e componentes alimentares	Medicamento
Fornecem energia e a nutrição necessária	Tratamento de uma doença
Uso prolongado com benefícios	Efeito imediato
Para toda a população	Para uma população específica
Seguros	Benefício/risco
Escolha do consumidor	Prescrito por profissional da saúde

Fonte: Institute of Food Technologists (IFT-2005), Functional Foods: Opportunities and Challenges.

O Brasil não define farma-alimentos, porém considera – conforme a Portaria SVS/MS n. 19, de 15.03.1995, revisada pela Portaria SVS/MS n. 59/95 – complemento nutricional como produto elaborado com a finalidade de complementar a dieta cotidiana de uma pessoa saudável, que deseja compensar um possível déficit de nutrientes, a fim de alcançar os valores da Dose Diária Recomendada (DDR). O complemento nutricional não substitui o alimento, não podendo ser utilizado como dieta exclusiva. Pode ser apresentado em diversas formas, como tabletes, drágeas, pós, cápsulas, granulados, pastilhas mastigáveis e líquidos. Nutrientes isolados são definidos como suplemento nutricional. Substitui os termos complemento nutricional e suplemento nutricional por complemento alimentar e suplemento alimentar e atualiza e detalha a legislação específica por meio da Resolução RDC n. 253, de 15.09.2005.

Nos Estados Unidos e na União Europeia, o conceito de farma-alimentos coincide com o de produtos prescritos por médicos para pacientes que possuam necessidade nutricional especial. São utilizados com o objetivo de prevenir ou tratar uma condição de saúde e devem ser prescritos por médicos.

O Codex define farma-alimentos como alimentos com propósitos médicos especiais, que fazem parte dos alimentos de uso específico para a saúde e devem ser usados somente com supervisão médica. São destinados à alimentação parcial ou exclusiva de pacientes com capacidade limitada ou prejudicada de ingerir, digerir, absorver ou metabolizar alimentos comuns ou seus nutrientes, ou àqueles que têm outras necessidades nutricionais especiais, cujo controle não pode ser realizado somente por modificações da dieta normal, por outros alimentos para uso em dietas especiais, tampouco por uma combinação dos dois. São elaborados na forma de pós para reidratação ou soluções estéreis convenientemente embaladas.

A dificuldade de definição dos alimentos funcionais (Quadro 33.2) não ocorre apenas no Brasil. Um relatório canadense de 2001, disponível no site do Ministério de Agricultura do Canadá, mostra o mesmo problema. O relatório analisa a inclusão, por alguns autores, de bebidas energéticas, alimentos enriquecidos, alimentos orgânicos e suplementos como funcionais. O relatório cita também uma previsão do Nutrition Business Journal de que, até 2010, os alimentos funcionais ocuparão 5,5% do total do mercado norte-americano de alimentos e de que, em comparação com os alimentos normais, aumentarão 25%. Aponta ainda que têm sido feitos grandes investimentos pela indústria farmacêutica e que a funcionalidade dos alimentos, na visão de empresários da indústria de alimentos, agrega valor aos produtos assim rotulados.

Quadro 33.2 Definições de alimento funcional, nutracêutico e farma-alimentos em países selecionados

País/Agência	Alimento funcional	Nutracêutico	Farma-alimento
Austrália	Alimento similar ao convencional na aparência, consumido na dieta normal, mas modificado para desempenhar papéis fisiológicos além do simples fornecimento de nutrientes (Anzfa)	SD	SD
Brasil	Alimento ou ingrediente que, além das funções nutricionais básicas, quando consumido como parte da dieta usual, produz efeitos metabólicos e/ou fisiológicos e/ou efeitos benéficos à saúde, devendo ser seguro para consumo sem supervisão médica (Anvisa)	Nutriente ou não nutriente, presente em fontes alimentares, que possui ação metabólica ou fisiológica específica no organismo, podendo ser de origem natural ou sintética, desde que comprovada sua segurança para o consumo humano. Não pode ter finalidade medicamentosa ou terapêutica, qualquer que seja a forma de apresentação ou o modo como é ministrado (Anvisa)	SD
Canadá	Alimento similar em aparência a um alimento convencional, consumido como parte da dieta usual, que demonstre benefícios e/ou redução do risco de doenças, além de suas funções nutricionais básicas (Health Canada)	Produtos isolados ou purificados de alimentos, considerados suplementos dietéticos, com alegação de saúde, porém sem pretensão de cura de doenças, apresentados em dosagens farmacológicas	SD

(continua)

644 ■ HIGIENE E VIGILÂNCIA SANITÁRIA DE ALIMENTOS

Quadro 33.2 Definições de alimento funcional, nutracêutico e farma-alimentos em países selecionados (*continuação*)

País/Agência	Alimento funcional	Nutracêutico	Farma-alimento
Estados Unidos	Alimento fortificado e modificado, alegando-se seus efeitos potencialmente benéficos quando consumidos como parte de uma dieta variada (ADA)	Substâncias com propriedades funcionais apresentadas de forma concentrada, em cápsulas, comprimidos etc., também considerados suplementos dietéticos (DSHEA)	Produtos prescritos por médicos para pacientes que possuam uma necessidade nutricional especial
Japão	Alimento composto por ingredientes funcionais, que afetam uma estrutura ou função do organismo e é utilizado para manter ou regular uma condição específica de saúde (Foshu)	SD	SD
União Europeia	Alimento que contenha nutriente (componente ou não), que beneficie o organismo e seja relevante para o bem-estar e a saúde, além de seu efeito nutricional (Ilsi Europe)	SD	Produtos prescritos por médicos para pacientes que possuam uma necessidade nutricional especial
Codex Alimentarius	SD	SD	Alimentos com propósitos médicos especiais, que fazem parte dos alimentos de uso específico para a saúde e devem ser usados somente com supervisão Médica

Fontes: Franco (2006); Santiago e Machado (2006); Portaria n. 398/1999; Resolução RDC n. 2/2002. SD = sem definição.

Um relatório de 2009 revelou que os canadenses não buscam por alimentos funcionais, com exceção dos conhecidos ingredientes existentes naturalmente no alimento, como o cálcio e o ômega-3. Isso sugere que muitos dos alimentos funcionais não atingiram a comunicação esperada pelas indústrias e que as comunicações públicas serão obrigadas a aumentar essa consciência.

ASPECTOS REGULATÓRIOS

Com a abertura de novos mercados e o avanço tecnológico na área de alimentos, surgiram novos conceitos para alimentos e a ação de organismos internacionais reguladores tornou-se necessária, a fim de harmonizar o mercado, prevenir fraudes e garantir a qualidade dos alimentos.

O Codex Alimentarius tem essa responsabilidade, porém a situação normativa sobre os alimentos funcionais varia em função da diversidade de conceitos e/ou definições, nomenclatura, classificação de acordo com a legislação de cada país. Coube ao Codex estabelecer diretrizes para o uso de declarações de propriedades nutricionais e salutares (*health claims*), sendo qualquer declaração que afirme, sugira ou implique a existência de relação entre um alimento, nutriente ou outra substância contida no alimento e uma enfermidade ou condição relacionada à saúde, incluindo: efeitos relacionados à saúde do organismo atribuídos ao alimento, nutriente ou substância; prevenção de enfermidades atribuída aos nutrientes ou à substância contida no alimento; prevenção de enfermidades ou efeitos relacionados com a saúde derivados da alimentação.

Estados Unidos

Nos Estados Unidos, a Food and Drug Administration (FDA) regula os alimentos funcionais, baseando-se no uso do produto, na descrição de rotulagem ou dos ingredientes presentes no alimento. A partir desses critérios, os alimentos funcionais são classificados em cinco categorias: alimento, suplemento alimentar, alimento para uso dietético especial, alimento-medicamento ou droga.

Atualmente, o Center for Food Safety and Applied Nutrition (CFSAN) regulamenta a rotulagem nutricional de produtos e aprova 12 tipos de alegações de saúde genéricas, que se referem à relação entre ingestão de alimentos ou nutrientes e o aumento do risco de desenvolvimento de algumas doenças. As diversas formas de alegações de saúde envolvem as seguintes combinações: cálcio/osteoporose; sódio/hipertensão; gordura dietética/câncer; gordura saturada/colesterol, doenças do coração; grãos ricos em fibras, frutas e vegetais/câncer; frutas, vegetais e produtos ricos em grãos que contenham fibras solúveis/doenças do coração; fibras e vegetais/câncer; ácido fólico/doenças do tubo neural; açúcar/cárie dentária; fibras solúveis de algumas fontes alimentares/doenças do coração; proteína de soja/doenças do coração; plantas esteróis/doenças do coração. É importante ressaltar que, para todas essas combinações, há orientações sobre o requerimento específico de cada nutriente no produto e sobre como a mensagem deve ser declarada nos rótulos dos alimentos.

Canadá

A partir de 2001, o Ministério da Saúde do Canadá propôs cinco alegações de saúde genéricas, baseadas no Codex, a fim de proporcionar maiores informações aos consumidores, por meio da rotulagem dos produtos, sobre os benefícios e o papel da alimentação nos riscos de desenvolvimento de certas doenças. As alegações tratam basicamente das relações de: níveis de sódio e potássio versus doenças do coração; níveis de cálcio e vitamina D versus osteoporose; gordura saturada versus doenças do coração; frutas e hortaliças versus câncer; e alimentos versus cárie dentária.

Seis oficinas regionais foram realizadas no Canadá entre janeiro e fevereiro de 2008, como parte de consulta para revisão e modernização do quadro de alegações de Saúde para Alimentos. Destas oficinas resultaram novos dados do Ministério de Agricultura em 2009, que classificam os alimentos funcionais em quatro categorias: alimentos básicos (que contêm naturalmente o ingrediente, por exemplo, o betacaroteno na cenoura); alimentos com adição de ingredientes; alimentos aprimorados (com adição de ingredientes por engenharia genética ou fortificação); e alimentos isolados (com preparações purificadas de ingredientes alimentares).

União Europeia

Na União Europeia, todos os alimentos funcionais ou produtos que contenham componentes nutracêuticos devem seguir as exigências gerais das diretrizes de embalagens de alimentos denominados Parnuts (acrônimo, em inglês, para "usos nutricionais específicos ou particulares").

As alegações de prevenção, tratamento ou cura de doença ou condição de saúde são proibidas, para não induzir o consumidor a erro.

Em 2007, a European Food Safety Authority (EFSA), órgão responsável, no âmbito da União Europeia, pela regulamentação de alimentos, rotulagem e alegação de saúde, disponibilizou para consulta pública eletrônica uma proposta de autorização das alegações de saúde no que se refere à redução dos riscos de doenças. Em maio de 2012 foi publicado no Jornal Oficial da União Europeia o Regulamento (UE) N. 432/2012 da Comissão que estabelece uma lista de alegações de saúde permitidas relativas a alimentos que não referem a redução de um risco de doença ou o desenvolvimento e a saúde das crianças. Em outubro de 2012, a DGAV (Direção Geral de Alimentação e Veterinária) emitiu o Despacho n. 3788/2012, que determina que a partir de 14.12.2012, apenas podem ser colocados no mercado produtos que se encontrem em conformidade com o disposto no Regulamento (UE) n. 432/2012, da Comissão de 16.5.2012 e que autoriza o esgotamento dos estoques até 14.6.2013.

Paralelamente, existem iniciativas nacionais de regulamentação na Suécia, no Reino Unido, na França, na Bélgica, na Holanda, na Espanha e na Finlândia; entretanto, a indústria requer uma harmonização das normas vigentes nos diversos programas.

Austrália

Desde 2005, a FSANZ desenvolve padrões para regulamentar as alegações de saúde, mediante consultas públicas e revisões legais.

Em novembro de 2012 foi aprovada a Norma Standard 1.2.7 (Saúde, Nutrição e Reivindicações relacionadas), para regular as alegações de conteúdo nutricional e alegações de saúde em rótulos de alimentos e em propagandas. A Norma será submetida à aprovação pelos ministros responsáveis pela regulamentação em alimentos e se tornou lei em janeiro de 2013. A partir daí, as empresas do setor terão três anos para atender os requisitos da nova norma.

As alegações de conteúdo nutricional são afirmações sobre o conteúdo de certos nutrientes ou substâncias em um alimento, como "baixo teor de gordura" ou "boa fonte de cálcio". Estas reivindicações terão de cumprir determinados critérios estabelecidos na Norma.

As alegações de saúde referem-se a uma relação entre um alimento e saúde, e podem ser de dois tipos: alegações de saúde em geral referem-se ao nível de um nutriente ou substância em um alimento e seu efeito sobre a função de saúde (não devem se referir a uma doença grave ou a um biomarcador de uma doença grave); alegações de saúde de alto nível que determinam um nutriente ou substância em alimentos e sua relação com uma doença grave ou um biomarcador de uma doença grave (devem ser baseadas em uma relação de alimentos de saúde pré-aprovados pelo FSANZ). Existem atualmente 13 alegações pré-aprovadas que devem ser apoiadas em estudos científicos. Foram consideradas para a elaboração da Norma as alegações aprovadas na União Europeia, no Canadá e nos EUA.

Japão

O Japão foi o primeiro país a desenvolver legislação específica para alimentos funcionais (Foshu), em 1991, os quais são regulamentados pelas leis de alimentos administradas pelo Ministry of Health, Labour and Welfare (MHLW), o Ministério da Saúde, do Trabalho e da Previdência do Japão.

Os Foshu foram vinculados a uma categoria de alimentos subordinada à lei de melhoramento nutricional (Nutrition Improvement Law), que agrega alimentos com propriedades medicinais e leite fortificado para gestantes, mulheres que estão amamentando, crianças e idosos. Os Foshu são classificados como de uso específico para melhora das condições gastrointestinais, redução dos níveis de colesterol, de pressão arterial e de glicose sanguínea, entre outros. Essa classificação é semelhante à categoria de alegação de função do Codex Alimentarius. Atualmente, o país reconhece 12 classes de alimentos como favorecedores da saúde, entre eles estão as fibras dietéticas, os oligossacarídeos, os peptídeos e as proteínas, os minerais, as vitaminas, os ácidos graxos poli-insaturados, a colina e as bactérias acidoláticas.

Brasil

No Brasil, não existe definição oficial ou legal para alimentos funcionais. Desde 1999, a Anvisa regulamenta, por meio da Portaria n. 398/99, o uso de alegações de propriedades funcionais de nutrientes e de saúde nos rótulos dos alimentos.

São considerados alimentos para fins especiais aqueles especialmente formulados ou processados para satisfazer uma necessidade dietética particular que ocorre em razão de uma condição física ou um distúrbio comum a vários tipos de patologias.

São suplementos os alimentos não convencionais que fornecem componentes suplementares à dieta: vitaminas, minerais, ervas, extratos de plantas sob a forma de cápsulas, pós, géis e outros.

São alimentos fortificados os adicionados de um ou mais nutrientes essenciais, presentes ou não no alimento original, que visam à prevenção ou à correção de uma deficiência comprovada em determinado grupo populacional.

Entende-se por dietas enterais e parenterais alimentos especialmente processados ou formulados para alimentação de pacientes sob supervisão médica.

Segundo Areas, do Departamento de Nutrição da Faculdade de Saúde Pública da Universidade de São Paulo, citado por Kanashiro, o conceito de alimentos funcionais no Brasil é um pouco confuso e a indefinição do conceito se deve, em parte, pela excessiva abrangência da regulamentação elaborada em 1999, pela Anvisa. Todavia, a legislação brasileira, segundo a Anvisa, é semelhante ao Codex Alimentarius, que trabalha com a ideia de alegações funcionais ou de saúde, e está de acordo com as exigências da FDA e da OMS.

No Brasil, para regulamentar o mercado e orientar a indústria, a Anvisa emitiu a Resolução n. 17/99 (que trata das diretrizes básicas para avaliação de risco e segurança dos alimentos), a Resolução n. 16/99 (procedimentos para registro de alimentos e/ou novos ingredientes), a Resolução n. 18/99 e a Portaria n. 398/99 (que estabelecem diretrizes básicas para análise e comprovação de prioridades funcionais e/ou de saúde alegadas nas rotulagens dos alimentos) e a Resolução n. 19/99 (que aborda os procedimentos para registro de alimentos com alegação de propriedades funcionais e/ou de saúde).

As Resoluções n. 18/99 e 19/99 distinguem alegação de propriedade funcional e propriedade de saúde. A alegação de propriedade funcional é relativa ao papel metabólico ou fisiológico que uma substância (nutriente ou não) tem no crescimento, no desenvolvimento, na manutenção e em outras funções normais do organismo humano. A alegação de propriedade de saúde é aquela que afirma, sugere ou subentende a existência de relação entre o alimento ou ingrediente e a doença ou condição relacionada à saúde. Não são permitidas alegações de saúde que façam referência à cura ou a prevenção de doenças.

A análise de alimentos passou a considerar o risco como critério e, para a tomada de decisões relacionadas ao tema, foi constituída pela Anvisa, mediante a Portaria n. 15/99, a Comissão de Assessoramento Tecnocientífico em Alimentos Funcionais e Novos Alimentos (CTCAF), denominação depois alterada pela Portaria n. 386/05 para Comissão de Assessoramento Tecnocientífico em Alimentos com Alegação de Propriedade Funcional e/ou de Saúde e Novos Alimentos.

ANÁLISE COMPARATIVA DE LEGISLAÇÃO DE ALIMENTOS FUNCIONAIS ■ 649

A CTCAF utiliza os seguintes princípios: avaliação de segurança e análise de risco, com base em critérios científicos; avaliação de eficácia científica; avaliação caso a caso, com base em conhecimentos científicos atuais; a empresa é responsável pela comprovação da segurança do produto e da eficácia da alegação; produtos e alegações devem estar em consonância com as políticas do Ministério da Saúde; decisões já tomadas podem ser reavaliadas com base em novas evidências científicas; as alegações não podem fazer referência à prevenção, tratamento e cura de doenças, conforme o Decreto-Lei n. 986/69 e a Resolução RDC n. 259/02, item 3.1(f); e as alegações devem ser de fácil entendimento e compreensão pelos consumidores.

De acordo com a Anvisa, após 5 anos foram reavaliados os produtos com alegações de propriedades funcionais e/ou de saúde, aprovados desde o ano de 1999 (Quadro 33.3). Utilizaram-se como base os conhecimentos científicos atualizados e relatos de pesquisas que demonstraram as dificuldades encontradas pelos consumidores em entender o verdadeiro significado da característica anunciada para determinados produtos que apresentavam alegações.

Os alimentos que apresentam em seus dizeres de rotulagem e/ou material publicitário as alegações listadas a seguir devem ser registrados na categoria de "alimentos com alegações de propriedade funcional e/ou de saúde" (Quadro 33.4). Portanto, devem ter registro prévio à comercialização, conforme o anexo II da Resolução RDC n. 278/05. O registro de alimentos com alegações e a avaliação de novas alegações são realizados mediante a comprovação científica da eficácia de tais alegações, atendendo-se aos critérios estabelecidos nas Resoluções n. 18/99 e n. 19/99.

Quadro 33.3 Alegações de propriedades funcionais e de saúde aprovadas pela Anvisa

Componente	Alegação
Ácidos graxos	
Ômega-3	"O consumo de ácidos graxos ômega-3 auxilia na manutenção de níveis saudáveis de triglicérides, desde que associado a uma dieta equilibrada e hábitos de vida saudáveis."
Carotenoides	
Licopeno	"O licopeno tem ação antioxidante que protege as células contra os radicais livres. Seu consumo deve estar associado a uma dieta equilibrada e hábitos de vida saudáveis."
Luteína	"A luteína tem ação antioxidante que protege as células contra os radicais livres. Seu consumo deve estar associado a uma dieta equilibrada e hábitos de vida saudáveis."
Zeaxantina	"A zeaxantina tem ação antioxidante que protege as células contra os radicais livres. Seu consumo deve estar associado a uma alimentação equilibrada e hábitos de vida saudáveis."

(continua)

650 ■ HIGIENE E VIGILÂNCIA SANITÁRIA DE ALIMENTOS

Quadro 33.3 Alegações de propriedades funcionais e de saúde aprovadas pela Anvisa (*continuação*)

Componente	Alegação
Fibras alimentares	
Fibras alimentares	"As fibras alimentares auxiliam o funcionamento do intestino. Seu consumo deve estar associado a uma dieta equilibrada e hábitos de vida saudáveis."
Beta glucana	"A beta glucana (fibra alimentar) auxilia na redução da absorção de colesterol. Seu consumo deve estar associado a uma dieta equilibrada e hábitos de vida saudáveis."
Dextrina resistente	"As fibras alimentares auxiliam o funcionamento do intestino. Seu consumo deve estar associado a uma alimentação equilibrada e hábitos de vida saudáveis."
Fruto-oligossacarídeos	"Os fruto-oligossacarídeos (FOS) contribuem para o equilíbrio da flora intestinal. Seu consumo deve estar associado a uma dieta equilibrada e hábitos de vida saudáveis."
Goma guar parcialmente hidrolisada	"As fibras alimentares auxiliam o funcionamento do intestino. Seu consumo deve estar associado a uma alimentação equilibrada e hábitos de vida saudáveis."
Inulina	"A inulina contribui para o equilíbrio da flora intestinal. Seu consumo deve estar associado a uma dieta equilibrada e hábitos de vida saudáveis."
Lactulose	"A lactulose auxilia o funcionamento do intestino. Seu consumo deve estar associado a uma dieta equilibrada e hábitos de vida saudáveis."
Polidextrose	"As fibras alimentares auxiliam o funcionamento do intestino. Seu consumo deve estar associado a uma alimentação equilibrada e hábitos de vida saudáveis."
Psyllium ou *psillium*	"O *psillium* (fibra alimentar) auxilia na redução da absorção de gordura. Seu consumo deve estar associado a uma dieta equilibrada e hábitos de vida saudáveis."
Quitosana	"A quitosana auxilia na redução da absorção de gordura e colesterol. Seu consumo deve estar associado a uma dieta equilibrada e hábitos de vida saudáveis."
Fitoesteróis	
Fitoesteróis	"Os fitoesteróis auxiliam na redução da absorção de colesterol. Seu consumo deve estar associado a uma dieta equilibrada e hábitos de vida saudáveis."
Polióis	
Manitol/xilitol/sorbitol	"Manitol/xilitol/sorbitol não produz ácidos que danificam os dentes. O consumo do produto não substitui hábitos adequados de higiene bucal e de alimentação."

(*continua*)

Análise comparativa de legislação de alimentos funcionais ■ 651

Quadro 33.3 Alegações de propriedades funcionais e de saúde aprovadas pela Anvisa
(*continuação*)

Componente	Alegação
Probióticos	
Lactobacillus acidophilus; *Lactobacillus casei shirota*; *Lactobacillus casei* variedade *rhamnosus*; *Lactobacillus casei* variedade *defensis*; *Lactobacillus paracasei*; *Lactococcus lactis*; *Bifidobacterium bifidum*; *Bifidobacterium animallis* (incluindo a subespécie *B. lactis*); *Bifidobacterium longum*; *Enterococcus faecium*	"O (indicar a espécie do micro-organismo) (probiótico) contribui para o equilíbrio da flora intestinal. Seu consumo deve estar associado a uma dieta equilibrada e hábitos de vida saudáveis."
Proteína de soja	
Proteína de soja	"O consumo diário de no mínimo 25 g de proteína de soja pode ajudar a reduzir o colesterol. Seu consumo deve estar associado a uma alimentação equilibrada e hábitos de vida saudáveis".

Fonte: http://www.anvisa.gov.br/alimentos/comissoes/tecno_lista_alega.htm. Atualizado em julho/ 2008.

Quadro 33.4 Requisitos específicos para alegações exigidos pela Anvisa

Componente	Requisitos específicos
Ácidos graxos	
Ômega-3	Essa alegação somente deve ser utilizada para os ácidos graxos ômega-3 de cadeia longa provenientes de óleos de peixe (EPA, ácido eicosapentaenoico, e DHA, ácido docosa-hexaenoico). O produto deve apresentar no mínimo 0,1 g de EPA e/ou DHA na porção ou em 100g ou 100mL do produto pronto para o consumo, caso a porção seja superior a 100g ou 100mL. No caso de produtos nas formas de cápsulas, tabletes, comprimidos e similares, os requisitos acima devem ser atendidos na recomendação diária do produto pronto para o consumo, conforme indicação do fabricante. A tabela de informação nutricional deve conter os três tipos de gorduras: saturadas, monoinsaturadas e poli-insaturadas, discriminando abaixo das poli-insaturadas o conteúdo de ômega-3 (EPA e DHA). No rótulo do produto deve ser incluída a advertência em destaque e em negrito: "Pessoas que apresentem doenças ou alterações fisiológicas, mulheres grávidas ou amamentando (nutrizes) deverão consultar o médico antes de usar o produto".

(*continua*)

652 ■ HIGIENE E VIGILÂNCIA SANITÁRIA DE ALIMENTOS

Quadro 33.4 Requisitos específicos para alegações exigidos pela Anvisa (*continuação*)

Componente	Requisitos específicos
Carotenoides	
Licopeno	A quantidade de licopeno contida na porção do produto pronto para consumo deve ser declarada no rótulo, próximo à alegação. No caso de produtos nas formas de cápsulas, tabletes, comprimidos e similares, deve-se declarar a quantidade de licopeno na recomendação diária do produto pronto para o consumo, conforme indicação do fabricante. Apresentar o processo detalhado de obtenção e padronização da substância, incluindo solventes e outros compostos utilizados. Apresentar laudo com o teor do(s) resíduo(s) do(s) solvente(s) utilizado(s). Apresentar laudo com o grau de pureza do produto.
Luteína	A quantidade de luteína contida na porção do produto pronto para consumo deve ser declarada no rótulo, próximo à alegação. No caso de produtos nas formas de cápsulas, tabletes, comprimidos e similares, deve-se declarar a quantidade de luteína na recomendação diária do produto pronto para o consumo, conforme indicação do fabricante. Apresentar o processo detalhado de obtenção e padronização da substância, incluindo solventes e outros compostos utilizados. Apresentar laudo com o teor do(s) resíduo(s) do(s) solvente(s) utilizado(s). Apresentar laudo com o grau de pureza do produto.
Zeaxantina	A quantidade de zeaxantina contida na porção do produto pronto para consumo deve ser declarada no rótulo, próximo à alegação. No caso de produtos nas formas de cápsulas, tabletes, comprimidos e similares, deve-se declarar a quantidade de zeaxantina na recomendação diária do produto pronto para o consumo, conforme indicação do fabricante. Apresentar o processo detalhado de obtenção e padronização da substância, incluindo solventes e outros compostos utilizados. Apresentar laudo com o teor do(s) resíduo(s) do(s) solvente(s) utilizado(s). Apresentar laudo com o grau de pureza do produto.
Fibras alimentares	
Fibras alimentares	Essa alegação pode ser utilizada desde que a porção do produto pronto para consumo forneça no mínimo 3g de fibras se o alimento for sólido ou 1,5g de fibras se o alimento for líquido. Na tabela de informação nutricional deve ser declarada a quantidade de fibras alimentares. No caso de produtos nas formas de cápsulas, tabletes, comprimidos e similares, os requisitos mencionados anteriormente devem ser atendidos na recomendação diária do produto pronto para o consumo, conforme indicação do fabricante. Quando apresentada isolada em cápsulas, tabletes, comprimidos, pós e similares, a seguinte informação, em destaque e em negrito, deve constar no rótulo do produto: "O consumo deste produto deve ser acompanhado da ingestão de líquidos".

(*continua*)

Análise comparativa de legislação de alimentos funcionais ■ 653

Quadro 33.4 Requisitos específicos para alegações exigidos pela Anvisa (*continuação*)

Componente	Requisitos específicos
Fibras alimentares	
Beta glucana	Essa alegação pode ser utilizada desde que a porção do produto pronto para consumo forneça no mínimo 3g de beta glucana, se o alimento for sólido, ou 1,5g se o alimento for líquido. A alegação só está aprovada para a beta glucana presente na aveia. Na tabela de informação nutricional deve ser declarada a quantidade de beta glucana, abaixo de fibras alimentares. Quando apresentada isolada em cápsulas, tabletes, comprimidos, pós e similares, a seguinte informação, em destaque e em negrito, deve constar no rótulo do produto: "O consumo deste produto deve ser acompanhado da ingestão de líquidos".
Dextrina resistente	Essa alegação pode ser utilizada desde que a porção do produto pronto para consumo forneça no mínimo 3g de dextrina resistente se o alimento for sólido, ou 1,5g se o alimento for líquido. No caso de produtos nas formas de cápsulas, tabletes, comprimidos e similares, os requisitos acima devem ser atendidos na recomendação diária do produto pronto para o consumo, conforme indicação do fabricante. O uso do ingrediente não deve ultrapassar 30g na recomendação diária do produto pronto para consumo, conforme indicação do fabricante. Na tabela de informação nutricional deve ser declarada a quantidade de dextrina resistente abaixo de fibras alimentares. Quando apresentada isolada em cápsulas, tabletes, comprimidos, pós e similares, a seguinte informação, em destaque e em negrito, deve constar no rótulo do produto: "O consumo deste produto deve ser acompanhado da ingestão de líquidos".
Fruto-oligossacárídeos	Essa alegação pode ser utilizada desde que a porção do produto pronto para consumo forneça no mínimo 3g de FOS se o alimento for sólido ou 1,5g se o alimento for líquido. No caso de produtos nas formas de cápsulas, tabletes, comprimidos e similares, os requisitos acima devem ser atendidos na recomendação diária do produto pronto para o consumo, conforme indicação do fabricante. Na tabela de informação nutricional deve ser declarada a quantidade de fruto-oligossacarídeo, abaixo de fibras alimentares. O uso do ingrediente não deve ultrapassar 30g na recomendação diária do produto pronto para consumo, conforme indicação do fabricante. Quando apresentada isolada em cápsulas, tabletes, comprimidos, pós e similares, a seguinte informação, em destaque e em negrito, deve constar no rótulo do produto: "O consumo deste produto deve ser acompanhado da ingestão de líquidos".

(*continua*)

654 ■ HIGIENE E VIGILÂNCIA SANITÁRIA DE ALIMENTOS

Quadro 33.4 Requisitos específicos para alegações exigidos pela Anvisa (*continuação*)

Componente	Requisitos específicos
Fibras alimentares	
Goma guar parcialmente hidrolisada	Essa alegação pode ser utilizada desde que a porção do produto pronto para consumo forneça no mínimo 3g de goma guar parcialmente hidrolisada se o alimento for sólido ou 1,5g de fibra se o alimento for líquido. No caso de produtos nas formas de cápsulas, tabletes, comprimidos e similares, os requisitos mencionados anteriormente devem ser atendidos na recomendação diária do produto pronto para o consumo, conforme indicação do fabricante. A alegação só está aprovada para a goma guar parcialmente hidrolisada obtida da espécie vegetal. Na tabela de informação nutricional deve ser declarada a quantidade de goma guar parcialmente hidrolisada, abaixo de fibras alimentares. Caso o produto seja comercializado na forma isolada, por exemplo, em sachê ou pó, a empresa deve informar no rótulo a quantidade mínima de líquido em que o produto deve ser dissolvido. Quando apresentada isolada em cápsulas, tabletes, comprimidos, pós e similares, a seguinte informação, em destaque e em negrito, deve constar no rótulo do produto: "O consumo deste produto deve ser acompanhado da ingestão de líquidos".
Inulina	Essa alegação pode ser utilizada desde que a porção do produto pronto para consumo forneça no mínimo 3g de inulina se o alimento for sólido ou 1,5g se o alimento for líquido. No caso de produtos nas formas de cápsulas, tabletes, comprimidos e similares, os requisitos acima devem ser atendidos na recomendação diária do produto pronto para o consumo, conforme indicação do fabricante. Na tabela de informação nutricional deve ser declarada a quantidade de inulina, abaixo de fibras alimentares. O uso do ingrediente não deve ultrapassar 30g na recomendação diária do produto pronto para consumo, conforme indicação do fabricante. Quando apresentada isolada em cápsulas, tabletes, comprimidos, pós e similares, a seguinte informação, em destaque e em negrito, deve constar no rótulo do produto: "O consumo deste produto deve ser acompanhado da ingestão de líquidos".
Lactulose	Essa alegação pode ser utilizada desde que a porção do produto pronto para consumo forneça no mínimo 3g de lactulose se o alimento for sólido ou 1,5 g se o alimento for líquido. No caso de produtos nas formas de cápsulas, tabletes, comprimidos e similares, os requisitos mencionados anteriormente devem ser atendidos na recomendação diária do produto pronto para o consumo, conforme indicação do fabricante. Na tabela de informação nutricional deve ser declarada a quantidade de lactulose abaixo de fibras alimentares. Quando apresentada isolada em cápsulas, tabletes, comprimidos, pós e similares, a seguinte informação, em destaque e em negrito, deve constar no rótulo do produto: "O consumo deste produto deve ser acompanhado da ingestão de líquidos".

(*continua*)

ANÁLISE COMPARATIVA DE LEGISLAÇÃO DE ALIMENTOS FUNCIONAIS ■ 655

Quadro 33.4 Requisitos específicos para alegações exigidos pela Anvisa (*continuação*)

Componente	Requisitos específicos
Fibras alimentares	
Polidextrose	Esta alegação pode ser utilizada desde que a porção do produto pronto para consumo forneça no mínimo 3g de polidextrose se o alimento for sólido ou 1,5g de fibras se o alimento for líquido. No caso de produtos nas formas de cápsulas, tabletes, comprimidos e similares, os requisitos mencionados anteriormente devem ser atendidos na recomendação diária do produto pronto para o consumo, conforme indicação do fabricante. Na tabela de informação nutricional deve ser declarada a quantidade de polidextrose, abaixo de fibras alimentares. Quando apresentada isolada em cápsulas, tabletes, comprimidos, pós e similares, a seguinte informação, em destaque e em negrito, deve constar no rótulo do produto: "O consumo deste produto deve ser acompanhado da ingestão de líquidos".
Psyllium ou *psillium*	Essa alegação pode ser utilizada desde que a porção diária do produto pronto para consumo forneça no mínimo 3g de *psillium* se o alimento for sólido ou 1,5g se o alimento for líquido. No caso de produtos nas formas de cápsulas, tabletes, comprimidos e similares, os requisitos mencionados anteriormente devem ser atendidos na recomendação diária do produto pronto para o consumo, conforme indicação do fabricante. A única espécie já avaliada é a *Plantago ovata*. Qualquer outra espécie deve ser avaliada quanto à segurança de uso. Na tabela de informação nutricional deve ser declarada a quantidade de *Psillium* abaixo de fibras alimentares. Quando apresentada isolada em cápsulas, tabletes, comprimidos, pós e similares, a seguinte informação, em destaque e em negrito, deve constar no rótulo do produto: "O consumo deste produto deve ser acompanhado da ingestão de líquidos".
Quitosana	Essa alegação pode ser utilizada desde que a porção do produto pronto para consumo forneça no mínimo 3g de quitosana se o alimento for sólido ou 1,5 g se o alimento for líquido. No caso de produtos nas formas de cápsulas, tabletes, comprimidos e similares, os requisitos mencionados anteriormente devem ser atendidos na recomendação diária do produto pronto para o consumo, conforme indicação do fabricante. Os processos devem apresentar laudo de análise, utilizando metodologia reconhecida, com o teor dos contaminantes inorgânicos em ppm: mercúrio, chumbo, cádmio e arsênio. Utilizar como referência o Decreto n. 55.871/65, categoria de outros alimentos. Deve ser apresentado laudo de análise com a composição físico-química, incluindo o teor de fibras e de cinzas. Na tabela de informação nutricional deve ser declarada a quantidade de quitosana abaixo de fibras alimentares. No rótulo deve constar a frase de advertência em destaque e negrito: "Pessoas alérgicas a peixes e crustáceos devem evitar o consumo deste produto". Quando apresentada isolada em cápsulas, tabletes, comprimidos, pós e similares, a seguinte informação, em destaque e em negrito, deve constar no rótulo do produto: "O consumo deste produto deve ser acompanhado da ingestão de líquidos".

(*continua*)

656 ■ HIGIENE E VIGILÂNCIA SANITÁRIA DE ALIMENTOS

Quadro 33.4 Requisitos específicos para alegações exigidos pela Anvisa (*continuação*)

Componente	Requisitos específicos
Fitoesteróis	
Fitoesteróis	A porção do produto pronto para consumo deve fornecer no mínimo 0,8g de fitoesteróis livres. Quantidades inferiores poderão ser utilizadas desde que comprovadas na matriz alimentar. A recomendação diária do produto, que deve estar entre 1 a 3 porções/dia, deve garantir uma ingestão entre 1 a 3 gramas de fitoesteróis livres por dia. Na designação do produto deve ser incluída a informação "com fitoesteróis". A quantidade de fitoesteróis contida na porção do produto pronto para consumo deve ser declarada no rótulo, próximo à alegação. Os fitoesteróis referem-se tanto aos esteróis e estanóis livres quanto aos esterificados. Apresentar o processo detalhado de obtenção e padronização da substância, incluindo solventes e outros compostos utilizados. Apresentar laudo com o teor do(s) resíduo(s) do(s) solvente(s) utilizado(s). Apresentar laudo com o grau de pureza do produto e a caracterização dos fitoesteróis/fitoestanóis presentes. No rótulo devem constar as seguintes frases de advertência em destaque e em negrito: "Pessoas com níveis elevados de colesterol devem procurar orientação médica"; "Os fitoesteróis não fornecem benefícios adicionais quando consumidos acima de 3 g/dia"; "O produto não é adequado para crianças abaixo de cinco anos, gestantes e lactentes".
Componente	**Requisitos específicos**
Polióis	
Manitol/Xilitol/ Sorbitol	Alegação aprovada somente para gomas de mascar sem açúcar.
Probióticos	
Lactobacillus acidophilus; *Lactobacillus casei shirota*; *Lactobacillus casei* variedade *rhamnosus*	A quantidade mínima viável para os probióticos deve estar situada na faixa de 108 a 109 Unidades Formadoras de Colônias (UFC) na recomendação diária do produto pronto para o consumo, conforme indicação do fabricante. Valores menores podem ser aceitos, desde que a empresa comprove sua eficácia.

(*continua*)

ANÁLISE COMPARATIVA DE LEGISLAÇÃO DE ALIMENTOS FUNCIONAIS ■ 657

Quadro 33.4 Requisitos específicos para alegações exigidos pela Anvisa (*continuação*)

Componente	Requisitos específicos
Probióticos	
Lactobacillus casei variedade *defensis*; *Lactobacillus paracasei*; *Lactococcus lactis*; *Bifidobacterium bifidum*; *Bifidobacterium animallis* (incluindo a subespécie *B. lactis*); *Bifidobacterium longum*; *Enterococcus faecium*	A documentação referente à comprovação de eficácia deve incluir: – Laudo de análise do produto que comprove a quantidade mínima viável do micro-organismo até o final do prazo de validade. – Teste de resistência da cultura utilizada no produto à acidez gástrica e aos sais biliares. A quantidade do probiótico em UFC contida na recomendação diária do produto pronto para consumo deve ser declarada no rótulo, próximo à alegação. Os micro-organismos *Lactobacillus delbrueckii* (subespécie *bulgaricus*) e *Streptococcus salivarius* (subespécie *thermophillus*) foram retirados da lista tendo em vista que além de serem espécies necessárias para produção de iogurte, não possuem efeito probiótico cientificamente comprovado.
Proteína de soja	
Proteína de soja	A quantidade de proteína de soja contida na porção do produto pronto para consumo deve ser declarada no rótulo, próximo à alegação. No caso de produtos nas formas de cápsulas, tabletes, comprimidos e similares, deve-se declarar a quantidade de proteína de soja na recomendação diária do produto pronto para o consumo, conforme indicação do fabricante. Os dizeres de rotulagem e o material publicitário dos produtos à base de soja não podem veicular qualquer alegação em razão das isoflavonas, seja de conteúdo ("contém"), funcional, de saúde e terapêutica (prevenção, tratamento e cura de doenças).

Fonte: http://portal.anvisa.gov.br/wps/content/Anvisa+Portal/Anvisa/Inicio/Alimentos/Assuntos+de+Interesse/Alimentos+Com+Alegacoes+de+Propriedades+Funcionais+e+ou+de+Saude/Alegacoes+de+propriedade+f uncional+aprovadas. Atualizado em novembro/2012.

Para registro de alimentos funcionais, exige-se um relatório técnico com as seguintes informações: denominação do produto; finalidade de uso; recomendação de consumo indicada pelo fabricante; descrição científica dos ingredientes dos produtos, segundo espécie de origem botânica, animal ou mineral, quando for o caso; composição química com caracterização molecular, quando for o caso e/ou formulação do produto; descrição da metodologia analítica para avaliação do alimento ou ingrediente objeto da petição de registro; texto e cópia do layout dos dizeres de rotulagem do produto, de acordo com os regulamentos de rotulagem e a Resolução n. 18/99.

Em 2002, a Anvisa publicou a Resolução n. 2/02, regulamentando as alegações funcionais que envolvem compostos bioativos em cápsulas, tabletes, drágeas, pós, granulados, pastilhas, suspensões e soluções.

Em 2004, foi publicado o Informe Técnico n. 9/04 para esclarecer o item 3.3 da Resolução n. 18/99, o qual, por sua vez, estabelece que, para nutrientes cujas funções são plenamente reconhecidas pela comunidade científica, não é necessária a demonstração de eficácia ou análise para alegação funcional de rotulagem. Dessa forma, a Resolução n. 18/99 estava sendo usada por determinados fabricantes de alimentos como "brecha legal", uma vez que usavam informações de nutrição nos rótulos de seus produtos sem necessidade de aprovação da Anvisa, considerando que se tratava de "alegações reconhecidas pela comunidade científica". O Informe Técnico n. 9 conseguiu restringir e controlar melhor as alegações de funções nos alimentos, seguindo os moldes da proposta europeia, para que não sejam realizados claims em produtos com aspectos nutricionais negativos.

Para facilitar, agilizar e normatizar as alegações em alimentos funcionais, a Anvisa estabeleceu, por meio do Informe Técnico n. 11/05, que as alegações horizontais não podem ser utilizadas na rotulagem – isso com base em conhecimentos científicos atualizados e relatos de pesquisas que demonstraram as dificuldades encontradas pelos consumidores em compreender o significado real da característica anunciada para determinado produto que contivesse alegações (Quadro 33.5).

Qualquer informação de propriedade funcional ou de saúde de um alimento ou ingrediente, veiculada por qualquer meio de comunicação, não poderá ser diferente, em seu significado, daquela aprovada para constar em sua rotulagem. Portanto, de acordo com a legislação vigente no Brasil, as alegações são permitidas, em caráter opcional, desde que o alimento que alegar propriedades funcionais ou de saúde, além das funções nutricionais básicas, produza efeitos metabólicos, fisiológicos ou benefícios à saúde comprovados. Tais alegações podem fazer referência à manutenção geral da saúde, ao papel fisiológico dos nutrientes e não nutrientes e à redução de risco de doenças. Contudo, não são permitidas alegações de saúde que façam referência à cura e à prevenção de doenças. No Brasil ainda não existem avaliações para compostos funcionais presentes em alimentos geneticamente modificados. A Comissão Técnica Nacional de Biossegurança (CTNBio), que analisa os pedidos e registros de alimentos geneticamente modificados, também não tem aprovações desse tipo. Todavia, existem estudos na Empresa Brasileira de Pesquisa Agropecuária (Embrapa) que visam, por meio de cultivares melhoradas geneticamente, a aumentar os teores de compostos funcionais em hortaliças, principalmente cenoura e tomate.

Como país membro do Mercado Comum do Sul (Mercosul), o Brasil deve respeitar as resoluções harmonizadas e aprovadas pelo Grupo Mercado Comum (GMC). Essas resoluções devem ser incorporadas aos ordenamentos jurídicos nacionais por intermédio dos organismos competentes de cada país.

As principais agências reguladoras do mundo têm a função de: proteger o consumidor de dano, inclusive suprimindo declarações enganosas quanto à saúde; garantir segurança dos produtos, particularmente em relação a altas concentrações de constituintes específicos; e minimizar o impacto negativo potencial desses produtos sobre a manutenção de uma dieta nutritiva. O controle de segurança e eficácia impostos pelas agências reguladoras a esses produtos é o que garante a confiança do consumidor e, consequentemente, a promoção da qualidade do produto pela indústria.

A Codex Alimentarius Commission vem trabalhando na regulamentação internacional das "declarações de propriedades saudáveis", pois elas, no sentido de regulamentar a rotulagem, devem beneficiar os consumidores, reduzindo o potencial de confusão e indução ao erro.

Quadro 33.5 Componentes funcionais em alimentos

Classe/Componente	Fonte	Benefício
Carotenoides		
Alfacaroteno	Cenoura	Combate radicais livres, reduz o risco de câncer
Betacaroteno	Frutas e vegetais variados	Combatem radicais livres, reduzem o risco de arteriosclerose
Luteína	Vegetais verdes	Saúde da visão
Licopeno	Tomates e derivados	Contribuem para reduzir o risco de câncer de próstata
Zeaxantina	Ovos e milho	Saúde da visão
Colágeno		
Colágeno	Gelatina	Auxilia na melhora de alguns sintomas da osteoartrite
Fibras Dietéticas		
Fibra insolúvel	Trigo	Contribui para reduzir o risco de câncer de cólon e mama
Beta glucana	Aveia	Reduz o risco de doenças cardiovasculares
Fibra solúvel	*Psyllium*	Reduz o risco de doenças cardiovasculares, contribui para melhorar a função gastrointestinal
Fibra solúvel	Quitosana	Reduz o risco de doenças cardiovasculares, contribui para melhorar a função gastrointestinal
Fruto-oligossacarídeo	Alcachofra, banana, alho, chicória, cebola	Auxiliam a microflora intestinal aumentando a função imune, diminuem o risco de diabetes tipo II, reduzem o risco de obesidade, osteoporose, doenças cardiovasculares e câncer
Ácidos Graxos		
Ômega-3	Peixes, óleos marinhos, ovos	Contribuem para reduzir o risco de doenças cardiovasculares, melhoram as funções visuais e mentais
Ácido linoleico	Queijo e carne	Auxiliam na redução de alguns tipos de câncer

(continua)

660 ■ HIGIENE E VIGILÂNCIA SANITÁRIA DE ALIMENTOS

Quadro 33.5 Componentes funcionais em alimentos (*continuação*)

Classe/ Componente	Fonte	Benefício
Flavonoides		
Antocianinas	Frutas	Combatem os radicais livres e reduzem o risco de câncer
Catequinas	Chá verde	Combatem os radicais livres e reduzem o risco de câncer
Flavonoides		
Flavanonas	Frutas cítricas	Combatem os radicais livres e reduzem o risco de câncer
Flavonas	Frutas e vegetais	Combatem os radicais livres e reduzem o risco de câncer
Fenóis		
Ácido cafeico	Frutas e vegetais	Atividade antioxidante; reduzem o risco de doenças degenerativas
Esteróis de plantas		
Estanol éster	Milho, soja, óleos vegetais	Reduzem os níveis de colesterol
Beta sitosterol	Soja, óleos vegetais	Reduzem os níveis de colesterol
Probióticos		
Fruto-oligossaca-rídeos	Pó de cebola, *shallots*	Contribuem para melhorar a função gastrointestinal
Lactobacilos	Iogurte e derivados	Melhoram a função gastrointestinal
Saponinas		
Saponinas	Soja e derivados	Auxiliam na redução do colesterol
Fitoestrógenos		
Isoflavonas	Soja e derivados	Auxiliam na redução dos sintomas da menopausa
Lignanas	Vegetais	Têm efeitos protetores contra cânceres de mama, ovário e útero
Taninos		
Proantocianidinas	Chocolate, cereja	Auxiliam na redução de doenças cardiovasculares e do trato urinário

Fonte: Torres (2002), Craveiro e Craveiro (2003).

Atualmente, estudos comprovaram a eficiência de componentes específicos dos alimentos que conferem à dieta adequada a prevenção e o tratamento de algumas doenças. Esses componentes, também chamados fitoquímicos, estão associados ao combate dos radicais livres, à supressão de danos celulares, à redução no tamanho de tumores, ao aumento da função imunológica, ao aumento na produção de enzimas que auxiliam a secreção de substâncias cancerígenas e à redução do nível do colesterol sérico. Cabe enfatizar que os níveis seguros para ingestão diária desses componentes específicos ainda não estão estabelecidos, o que pode gerar dúvidas quanto ao consumo adequado.

O leite enriquecido com ácidos graxos ômega-3, por exemplo, apresenta baixo teor de adição, portanto seria necessário consumir até dois litros de leite por dia para que o consumidor pudesse se beneficiar dos efeitos positivos. O consumo em excesso de alguns componentes funcionais pode prejudicar a saúde se a ingestão ultrapassar a dose diária recomendada. Isso é importante, se considerarmos todos os segmentos vulneráveis da sociedade. Pesquisas mostram que o consumo elevado da soja reduz o risco de doença coronariana e câncer, porém alguns estudos sugerem efeitos prejudiciais. O limite máximo de consumo de cada alimento ainda precisa ser estabelecido.

Existem cinco segmentos de mercado em que estão inseridos os alimentos funcionais: bebidas, produtos lácteos, produtos para lanches, produtos de panificação e cereais matinais. Estudos recentes – como o apresentado por Elizabeth Torres, no 2º Simpósio SBAF, 2008 – comprovaram a eficácia do uso de subprodutos de frutas, hortaliças e vegetais, por meio da recuperação de compostos bioativos, na elaboração de outros alimentos.

SITUAÇÃO DO CONSUMIDOR

A alimentação correta e adequada tornou-se aliada da medicina e da saúde pública na prevenção e no tratamento de doenças. O consumidor deveria ficar ciente desses benefícios por intermédio da informação clara, objetiva e coerente que chega até ele, principalmente via marketing de alimentos, promovido pelas indústrias e projetos educacionais do governo. Porém, o marketing de alimentos deve ser constantemente fiscalizado, não só pelos órgãos de regulamentação, como pelo consumidor.

Sabe-se que a rotulagem é a ligação entre o produto e o consumidor, a partir da qual pode-se cobrar responsabilidade civil das empresas, embora ela não tenha a capacidade de garantir o direito à alimentação adequada. O interesse por alegações de saúde nos rótulos contribui para o aumento de venda de produtos considerados saudáveis, o que pode ser útil na promoção da orientação da alimentação saudável.

O direito à informação ao consumidor é assegurado pelo Código de Defesa do Consumidor, que se baseia no princípio da transparência. O interesse específico do consumidor por alimentos que ofereçam algum benefício à saúde pode variar de acordo com hábitos, crenças, valores, educação, classe socioeconômica ou pela incidência de determinada doença em certo grupo populacional; entretanto, é de conhecimento que o setor de embalagem é um dos poucos que consegue mudar os hábitos da população, tendo uma ação determinante sobre seu comportamento.

Nos últimos anos, o consumidor tem sido mais exigente ao analisar o tipo de linguagem dos rótulos dos alimentos. Esse comportamento reflete a preocupação de consumir produtos que possuam atributos relacionados a um estilo de vida considerado saudável.

A apresentação de propaganda de produtos com alegações medicinais relativas à cura, à redução ou à atenuação de doenças é proibida no Brasil. Só podem ser utilizados termos padronizados, que evitam confusão ou erro na intenção do consumo. Todo alimento pode ser considerado funcional. Deve-se tomar cuidado com a intenção subliminar dos rótulos que apresentam o produto com alegações de saúde sem adequado embasamento científico. Assim, o produto é registrado como alimento e vendido como remédio. As várias designações existentes para alimentos funcionais e nutracêuticos abrem espaço às indústrias farmacêuticas na abordagem com enfoque medicinal e para as indústrias alimentícias no enfoque nutricional, em suas definições de produto e campanhas de marketing.

Os alimentos funcionais têm sido um forte estímulo à indústria, para inovações radicais de produtos baseadas na ciência, o que acaba aproximando o alimento da indústria farmacêutica. Por outro lado, novos conhecimentos acerca das vantagens para a saúde, de certos produtos tradicionais, podem levar categorias inteiras de produtos a assumirem o status de produtos substitutos dos alimentos funcionais, como é o caso da aveia na redução do colesterol, do licopeno dos tomates contra o câncer e os grãos integrais contra doenças do coração.

CONSIDERAÇÕES SOBRE OS TERMOS *LIGHT* E *DIET* E A LEGISLAÇÃO PERTINENTE

As enfermidades crônicas representam a principal causa de mortalidade e incapacidade no mundo, principalmente as doenças cardiovasculares e respiratórias, a diabetes, a obesidade e o câncer. Isso reflete as grandes mudanças que vêm ocorrendo no estilo de vida das pessoas, sobretudo nos hábitos alimentares, nos níveis de atividade física e no uso do tabaco. As novas rotinas adotadas por homens e mulheres são fruto dos processos de industrialização, urbanização, desenvolvimento econômico e crescente globalização do mercado de alimentos.

Essas enfermidades (agravos não transmissíveis) são responsáveis por 59% dos óbitos anuais e 45,9% da carga global de doença. Boa parte dos óbitos (17 milhões) é causada por doenças cardiovasculares, sobretudo cardiopatias e acidentes vasculares cerebrais. De acordo com a OMS, os principais fatores de risco são obesidade, hipertensão arterial, alto nível de colesterol, consumo de álcool e tabaco. A OMS

Análise comparativa de legislação de alimentos funcionais ■ 663

considera a obesidade uma das dez maiores ameaças à saúde no mundo, pois aumenta a incidência de risco às doenças não transmissíveis.

De 1976 a 1991, de acordo com o Ministério da Saúde do Brasil, o número de homens obesos cresceu 30% e o de mulheres 43%. Em 2006, quando foi apresentada a primeira edição do estudo Vigilância de Fatores de Risco e Proteção para Doenças Crônicas (Tabela 33.1) por Inquérito Telefônico (Vigitel), 11,4% dos brasileiros de ambos os sexos eram obesos. Em 2007, esse índice subiu para 12,9%. Em pesquisa realizada pelo mesmo órgão publicada em 2009 (Tabela 33.2), constatou-se que, no Brasil, 13% dos adultos são obesos, sendo o índice maior entre as mulheres (13,6%) do que entre os homens (12,4%). Por outro lado, o índice de brasileiros com excesso de peso manteve-se estável, mostrando que entre os adultos, 43,3% estão acima do peso (47,3% de homens e 39,5% das mulheres). Dados recentes da última pesquisa da Vigitel (2011) apontam que a proporção de pessoas acima do peso no Brasil avançou de 43,3%, em 2006, para 48,5%, em 2011. No mesmo período, o percentual de obesos subiu de 11,4% para 15,8%, sendo 52,6% de homens e 44,7% de mulheres.

O excesso de peso é diagnosticado a partir do Índice de Massa Corporal (IMC), obtido pela razão entre o peso e o quadrado da altura. Se esse índice alcança valor igual ou superior a $25kg/m^2$, há excesso de peso. A obesidade é diagnosticada quando o índice atinge ou supera os $30kg/m^2$.

Tabela 33.1 Distribuição de indivíduos expostos a fatores de risco, por ano (em porcentagem da população) – Brasil – 2006-2011

Fatores de risco	2006	2007	2008	2011
Obesidade (total)	11,4	12,9	13,0	15,8
Excesso de peso (total)	43,0	43,4	43,3	48,5

Fonte: Brasil, Ministério da Saúde (7.4.2009 e 10.4.2012).

Tabela 33.2 Distribuição de indivíduos expostos à obesidade, segundo o gênero, por ano (em porcentagem da população) – Brasil – 2006-2011

Gênero	2006	2007	2008	2011
Mulheres	11,5	12	13,6	16
Homens	11,3	13,7	12,4	15,6

Fonte: Brasil, Ministério da Saúde (7.4.2009 e 10.4.2012).

Recentes mudanças de hábitos (maior consumo de alimentos industrializados e rotina mais sedentária) contribuíram para o crescimento da obesidade entre os mais jovens. Os reflexos desse processo sobre a saúde de crianças e de adolescentes são motivo de preocupação. O aumento de peso das crianças pode incrementar o risco da obesidade nos adultos, além da possibilidade de doenças crônicas não transmissíveis.

Em busca de alimentos mais saudáveis, que proporcionem redução de peso e melhoria nas condições de saúde, ou de dieta restritiva ao açúcar, os consumidores acabam seduzidos por produtos que utilizam, em sua rotulagem, os termos *light* ou *diet*. Esses alimentos tornam-se, assim, possível solução para as necessidades dos consumidores. A demanda por tais produtos tem crescido muito. Nos últimos dez anos, o mercado de produtos *diet* e *light* cresceu 870%, segundo a Associação Brasileira da Indústria de Alimentos Dietéticos e para Fins Especiais (Abiad). Em 2004, o crescimento foi de 25%; em 2005, de 30%, de acordo com a mesma fonte.

A oferta de produtos dessa categoria tem aumentado e se diversificado ano a ano. Fabricantes tradicionais de alimentos começaram a modificar seus ingredientes para atender ao consumidor preocupado com a saúde.

Segundo pesquisa da Abiad, 35% dos domicílios brasileiros consomem algum tipo de produto *diet/light*, 61% por questões de saúde, 48% por controle de peso e 13% por hábito. Em relação à frequência, 47% consomem sempre; 23%, frequentemente; 30%, ocasionalmente (ao menos duas vezes por mês). Os principais segmentos de substituição de açúcar são refrigerantes, adoçantes, iogurtes, sobremesas em pó, sucos em pó e sorvetes. Porém, a gama de produtos tem aumentado muito, e o consumo de sucos *diet/light* já é equivalente ao de refrigerantes *diet/light*.

Os alimentos para praticantes de atividade física também expressam um aumento significativo no consumo. Nos Estados Unidos, observa-se o crescimento desse segmento em 12,5% ao ano, em um mercado que movimenta US$ 4,5 bilhões. Os consumidores veem nesses produtos alternativas saudáveis e convenientes. Vale ressaltar que esse mercado não se restringe a atletas. Todavia, a falta de esclarecimento sobre os termos utilizados na rotulagem dos alimentos gera erro e indução equivocada de propósito de consumo, causando eventuais prejuízos à saúde.

O crescimento desse mercado tem motivado investimentos no setor e preocupado os órgãos de defesa do consumidor, como o Instituto de Defesa do Consumidor (Idec), no Brasil, e órgãos públicos normalizadores e fiscalizadores.

Definição de termos

Em 1995, uma unidade dos Laboratórios Pfizer, no Brasil, fez um levantamento sobre os hábitos e atitudes do consumidor brasileiro em relação a produtos dietéticos. Essa pesquisa apontou que os produtos dietéticos (*diet*) são vistos como alimentos que não contêm açúcar, têm baixa caloria e são destinados a quem faz dieta para manter o peso. Segundo a mesma pesquisa, os alimentos *light*, com baixo teor de gordura, foram associados ao combate do colesterol e a questões de saúde. Os alimentos *light* apresentavam menos restrições ao consumo quanto ao sabor, mas eram percebidos como produtos que perdem o valor nutritivo. Os alimentos *diet* apresentavam maior restrição quanto ao sabor.

Outra pesquisa, mais recente, realizada em 2004 pela Abiad e pelo Instituto Brasileiro de Educação para o Consumo de Alimentos e Congêneres (IBCA), acerca da percepção do consumidor quanto aos produtos *light* e *diet* revelou que os consumidores de todas as classes sociais haviam notado aumento na oferta de tais produtos nos supermercados e outros estabelecimentos. Quanto a suas definições, 65% dos entrevistados consideravam *diet* os alimentos sem açúcar; para 42% dos entrevistados, *light* seriam os alimentos com menos calorias que o normal. O fator preço não interferia na compra de 47% dos entrevistados, o que demonstra claramente o grande filão mercadológico para as indústrias alimentícias.

Apesar do crescimento no consumo, os produtos dessa categoria não são utilizados para a função correta a que se destinam. A atual "ditadura da magreza" e o aumento significativo do número de cirurgias plásticas espelham a transformação dos hábitos alimentares e de consumo que desde a década de 1980 vem ocorrendo, em relação a esse tipo de alimentos.

Codex Alimentarius

Conforme mencionado previamente, o Codex tem a responsabilidade de acompanhar e revisar os avanços científicos, a formulação de recomendações e as referências técnicas e científicas quanto ao risco na ingestão de determinadas substâncias. Portanto, cabe a ele a elaboração de definições de padrões e limites de uso de substâncias alimentares, a fim de proteger a saúde do consumidor e orientar o mercado.

Com base no princípio de que nenhum alimento deve ser descrito ou apresentado de maneira falsa, errônea ou enganosa, as recomendações adotadas pelo Codex para as declarações (*claims*) de rotulagem nutricional de alimentos aplicam-se, em âmbito internacional, à rotulagem de todos os alimentos pré-embalados comercializados. O Codex também define as funções da declaração de propriedades nutricionais (*nutrition claims*) e da declaração de propriedades de saúde (*health claims*). A declaração de propriedades nutricionais é qualquer representação que afirme, sugira ou implique que dado alimento possui propriedades nutricionais particulares especiais, não só em relação a seu valor calórico e seu conteúdo de proteína, lipídeos e carboidratos, bem como vitaminas e minerais. A declaração de propriedades de saúde, por sua vez, é qualquer representação que afirme, sugira ou implique a existência de relação entre um alimento, um nutriente – ou outra substância contida em um alimento – e uma enfermidade ou condição relacionada à saúde.

O Codex define ainda alimentos para fins especiais como aqueles processados ou formulados para satisfazer exigências dietéticas resultantes de uma condição física ou fisiológica particular e/ou de doenças e distúrbios específicos. A composição

666 ■ HIGIENE E VIGILÂNCIA SANITÁRIA DE ALIMENTOS

desses alimentos deve diferir significativamente do alimento similar convencional, se este existir.

Brasil

No Brasil, até 1988, os produtos *diet* e *light* eram comercializados apenas em farmácias, em geral sob a forma de adoçantes dietéticos, sendo considerados medicamentos e controlados pela Divisão Nacional de Vigilância Sanitária de Medicamentos (Dimep). A partir daquele ano, esses produtos passaram a ser considerados alimentos e seu controle passou para a Anvisa.

A legislação brasileira nos últimos anos tem tentado definir a grande categoria de produtos alimentícios para fins especiais, baseando-se em normas do Codex Alimentarius.

A Portaria n. 29, de 13.1.1998, publicada pela Secretaria de Vigilância Sanitária do Ministério da Saúde, definiu alimentos para fins específicos como aqueles especialmente formulados ou processados, nos quais se introduzem modificações no conteúdo de nutrientes, adequados para a utilização em dietas diferenciadas e/ou opcionais, atendendo às necessidades de pessoas em condições metabólicas e fisiológicas específicas.

Para a legislação brasileira, os alimentos para fins especiais classificam-se em: alimentos para dietas com restrição de nutrientes (carboidratos, gorduras, proteínas, sódio e/ou outros alimentos destinados a fins específicos); alimentos para ingestão controlada de nutrientes (para controle de peso, para praticantes de atividade física, para dietas com nutrição enteral, para dietas com ingestão controlada de açúcares e/ou outros alimentos destinados a fins específicos); alimentos para grupos populacionais específicos (alimentos de transição para lactentes e crianças de primeira infância, para gestantes e nutrizes, à base de cereais para alimentação infantil, fórmulas infantis, para idosos e/ou outros alimentos destinados aos demais grupos populacionais específicos). Determinou-se, igualmente, que a denominação dos alimentos para fins especiais deve ser a designação do alimento convencional seguida da finalidade a que se destina, exceto para adoçantes para dietas com restrição a sacarose, glicose (dextrose) e/ou frutose (adoçantes dietéticos); e alimentos para praticantes de atividade física.

Visando à proteção da saúde do consumidor, a Secretaria de Vigilância Sanitária do Ministério da Saúde emitiu ainda a Portaria n. 27, de 13.1.1998, que estabeleceu o Regulamento Técnico referente à Informação Nutricional Complementar, que se refere à informação nutricional complementar, de caráter opcional, desde que não induza o consumidor a interpretação errônea ou engano. Contudo, essa Portaria foi revogada e atualizada pela resolução RDC 54, de 12.11.2012, que define informação complementar como qualquer representação que afirme, sugira ou implique que um alimento possui propriedades nutricionais particulares, especialmente, mas não somente, em relação a seu valor energético e/ou a seu conteúdo de proteínas, gorduras, carboidratos e fibra alimentar, assim como a seu conteúdo de vitaminas e minerais. Não se considera informação nutricional complementar a menção a substâncias na lista de ingredientes, a menção a nutrientes que sejam parte obrigatória da rotulagem nutricional e a declaração quantitativa ou qualitativa de alguns nutrientes ou ingredientes ou do valor energético na rotulagem.

As declarações relacionadas ao conteúdo de nutrientes compreendem o conteúdo em si, ou seja, o nível ou quantidade de nutriente e/ou valor energético contido no alimento. A declaração comparativa considera os níveis de nutrientes e/ou valor energético do alimento objeto da alegação com o alimento de referência. Entende-se como alimento de referência a versão convencional do mesmo alimento que serve de comparação para realizar e destacar uma modificação nutricional relacionada, especificamente, ao atributo comparativo "reduzido" ou "aumentado".

Existem alguns critérios para utilização da informação nutricional complementar. Em princípio, tal informação é permitida, em caráter opcional, nos alimentos em geral, com exceção das bebidas alcoólicas, aditivos alimentares e coadjuvantes de tecnologia, especiarias, vinagres, café, erva mate e vegetais para preparo de chás e outras ervas. Todo alimento que apresente a informação nutricional complementar deve conter a informação nutricional obrigatória e a quantidade de qualquer nutriente a qual se faça uma declaração complementar deve ser obrigatoriamente declarada na tabela de informação nutricional. Deve-se referir ao alimento pronto para consumo, preparado, quando for o caso, de acordo com as instruções de rotulagem; deve ser expressa por 100mg ou por 100mL do alimento pronto para o consumo, e não deve levar a interpretação errônea, incentivar o consumo excessivo de determinado alimento ou sugerir que o alimento seja nutricionalmente completo. Deve-se levar em conta, ainda, que quando a informação nutricional complementar for baseada em características inerentes ao alimento, será preciso haver esclarecimento em lugar próximo à declaração, com caracteres de igual realce e visibilidade, de que todos os alimentos daquele tipo também possuem tais características.

Quando o alimento possuir mais de um atributo, definido pela Quadro 33.6, poderá constar no rótulo cada uma das informações nutricionais complementares correspondentes.

Para a utilização da informação nutricional complementar comparativa, o alimento deve ser comparado a um alimento de referência do mesmo fabricante em iguais porções, considerando-se o produto pronto para consumo. Caso o fabricante não possua produto de referência, deve ser utilizado o valor médio do conteúdo de três alimentos de referência comercializados no país. No caso de não existir alimento de referência, não se pode utilizar a informação nutricional comparativa. A diferença comparativa expressa deve ser feita em porcentagem, fração ou quantidade absoluta.

668 ■ HIGIENE E VIGILÂNCIA SANITÁRIA DE ALIMENTOS

Quadro 33.6 Condições de uso dos termos "baixo" e "não contém" na rotulagem das declarações nutricionais complementares relacionadas ao conteúdo de nutrientes (conteúdo absoluto) e/ou valor energético

NUTRIENTE	BAIXO	NÃO CONTÉM
	Baixo em..., pouco..., baixo teor de..., leve em... Termo estrangeiro correspondente: bajo, leve, ligero, pobre, liviano	Livre de..., zero (0 ou 0%), sem, isento de... Termo estrangeiro correspondente: no contiene, libre de..., zero (0 ou 0%), no aporta, free, zero
Valor energético	Máx. 40kcal (170kJ) por 100g ou 100mL ou porção (para porções maiores que 30g ou 30mL); por 50g ou 50mL ou porção (para porções menores ou iguais a 30g ou 30mL)	Máx. 4kcal (17kJ) por 100g ou 100mL ou porção
Açúcares	Máx. 5g por 100g ou 100mL ou porção (para porções maiores que 30g ou 30mL); ou por 50g ou 50mL (para porções menores ou iguais a 30g ou 30mL)	Máx. 0,5g por 100g ou 100mL ou porção*
	Se não atender as condições para "baixo ou reduzido em valor energético" deve constar a frase "Este não é um alimento baixo ou reduzido em valor energético"	
Gorduras totais	Máx. 3g por 100g ou 100mL ou porção (para porções maiores que 30g ou 30mL); ou por 50g ou 50mL (para porções menores ou iguais a 30g ou 30mL)	Máx. 0,5g por 100mL ou porção
	Se não atender as condições para "baixo ou reduzido em valor energético" deve constar a frase "Este não é um alimento baixo ou reduzido em valor energético"	
Gorduras saturadas	Máx. 1,5g da soma de gorduras saturada e trans por 100g ou 100mL ou porção (para porções maiores que 30g ou 30mL); ou por 50g ou 50mL (para porções menores ou iguais a 30g ou 30mL). A energia fornecida não deve ser superior a 10% do valor energético total do alimento	Máx. 0,1g por 100g ou 100mL ou porção, exceto leites e queijos desnatados e fermentados (máx. 0,2g)
	Cumpre com as condições estabelecidas para o atributo "não contém" gordura trans	

(continua)

Análise comparativa de legislação de alimentos funcionais ■ 669

Quadro 33.6 Condições de uso dos termos "baixo" e "não contém" na rotulagem das declarações nutricionais complementares relacionadas ao conteúdo de nutrientes (conteúdo absoluto) e/ou valor energético (*continuação*)

NUTRIENTE	BAIXO	NÃO CONTÉM
Gorduras trans	–	Máx. 0,1g por 100g ou 100mL ou porção
Colesterol	Cumpre com as condições de baixo conteúdo para gordura saturada	
Colesterol	Máx. 20mg por 100g ou 100mL ou porção (para porções maiores que 30g ou 30mL); ou por 50g ou 50mL (para porções menores ou iguais a 30g ou 30mL)	Máx. 5mg por 100g ou 100mL ou porção
Sódio	Cumpre com as condições para o atributo "baixo em gorduras saturadas"	
Sódio	Máx. 80mg por 100g ou 100mL ou porção (para porções maiores que 30g ou 30mL); ou por 50g ou 50mL (para porções menores ou iguais a 30g ou 30mL (sólidos) Para o atributo "muito baixo" – máx. 40mg por 100g ou 100mL de porção (para porções maiores que 30g ou 30mL) ou por 50g ou 50mL (para porções menores ou iguais a 30g ou 30mL em sólidos)	Máx. 5mg por 100g ou 100mL ou porção**

Fonte: RDC 54, de 12.11.2012.

* Para o uso do atributo "sem adição de açúcar", o alimento não deve conter açúcares ou ingredientes com açúcares adicionados; não deve ser utilizado no processamento nenhum meio ou enzima que possa aumentar o conteúdo de açúcares no produto final. O alimento de referência normalmente deve ser elaborado com açúcares adicionados.
** Para o uso do atributo "sem adição de sal", o alimento não deve conter sal (cloreto de sódio) ou outros sais de sódio adicionados; o alimento de referência não deve atender ao atributo "baixo em sódio".

Nota: máx. = máximo.

O uso do termo *diet* não foi discutido na nova Resolução, porém, o que estão definidos são os termos "baixo" e "não contém" ou "zero" em açúcares, o que não implica necessariamente em redução do valor energético do alimento. No entanto, acredita-se que as novas alegações facilitarão o entendimento do consumidor quanto a alimentos específicos para diabéticos e aqueles que apresentam teor reduzido ou ausente de determinado nutriente específico (Quadros 33.7 e 33.8).

670 ■ HIGIENE E VIGILÂNCIA SANITÁRIA DE ALIMENTOS

Quadro 33.7 Condições de uso dos termos "fonte" e "alto conteúdo" na rotulagem das declarações nutricionais complementares relacionadas ao conteúdo de nutrientes (conteúdo absoluto) e/ou valor energético

NUTRIENTE	FONTE	ALTO CONTEÚDO
	Fonte de..., com..., contém... Termo estrangeiro correspondente: *fuente de..., con..., contiene...*	Rico em..., alto teor de... Termo estrangeiro correspondente: *alto contenido, rico em..., alto tenor...*
Ácidos graxos ômega-3	Mín. 300mg de ácido alfalinolênico ou 40mg da soma de EPA e DHA por 100g ou 100mL ou porção	Mín. 600mg de ácido alfa-linolênico ou 80mg da soma de EPA e DHA por 100g ou 100mL ou porção
	Se não atender as condições para "baixo ou reduzido em gorduras saturadas" deve constar a frase "Este não é um alimento baixo ou reduzido em gorduras saturadas"	
Ácidos graxos ômega-6	Mín. 1,5g de ácido linoleico por 100g ou 100mL ou porção	Mín. 3g de ácido linoleico por 100g ou 100mL ou porção
	Pelo menos 45% dos ácidos graxos presentes no alimento devem corresponder ao ácido graxo linoleico e a energia proveniente desse ácido deve ser superior a 20% do valor energético total do alimento.	
	Se não atender as condições para "baixo ou reduzido em gorduras saturadas" deve constar a frase "Este não é um alimento baixo ou reduzido em gorduras saturadas"	
Ácidos graxos ômega-9	Mín. 2g de ácido oleico por 100g ou 100mL ou porção	Mín. 4g de ácido oleico por 100g ou 100mL ou porção
	Pelo menos 45% dos ácidos graxos presentes no alimento devem corresponder ao ácido graxo oleico e a energia proveniente desse ácido deve ser superior a 20% do valor energético total do alimento.	
	Se não atender as condições para "baixo ou reduzido em gorduras saturadas" deve constar a frase "Este não é um alimento baixo ou reduzido em gorduras saturadas"	
Proteínas	Mín. 6g por 100g ou 100mL ou porção	Mín. 12g por 100g ou 100mL ou porção
	As quantidades de aminoácidos essenciais no alimento devem atender as recomendações da FAO/WHO (histidina 15mg/g de proteína; isoleucina 30mg/g de proteína; leucina 59mg/g de proteína; lisina 45mg/g de proteína; metionina + cisteína 22mg/g de proteína; fenilalanina + tirosina 38mg/g de proteína; treonina 23mg/g de proteína; triptofano 6mg/g de proteína; valina 39mg/g de proteína)	

(continua)

Análise comparativa de legislação de alimentos funcionais ■ 671

Quadro 33.7 Condições de uso dos termos "fonte" e "alto conteúdo" na rotulagem das declarações nutricionais complementares relacionadas ao conteúdo de nutrientes (conteúdo absoluto) e/ou valor energético (*continuação*)

NUTRIENTE	FONTE	ALTO CONTEÚDO
Fibra alimentar	Mín. 3g por 100g ou 100mL ou 2,5g por porção	Mín. 3g por 100g ou 100mL ou 2,5g por porção
	Não é permitido realizar Informação Nutricional Complementar sobre fibras alimentares específicas.	
Vitaminas e minerais	Mín. de 15% da IDR g por 100g ou 100mL ou porção	Mín. de 30% da IDR g por 100g ou 100mL ou porção

Fonte: RDC 54, de 12.11.2012

Nota: mín. = mínimo.

Quadro 33.8 Condições de uso dos termos "reduzido" e "aumentado" na rotulagem das declarações nutricionais complementares relacionadas ao conteúdo de nutrientes (conteúdo comparativo)

NUTRIENTE	REDUZIDO	AUMENTADO
	Menos..., menor teor de..., *light* Termo estrangeiro correspondente: *light, reducido em..., menor contenido de..., menos que...*	Mais... Termo estrangeiro correspondente: *aumentado en..., más de...*
Valor energético	Redução mín. de 25%	–
	O alimento de referência não pode atender as condições para o atributo "baixo em valor energético"	
Açúcares	Redução mín. de 25% no conteúdo e valor absoluto da diferença deve ser de no mín. 5g por 100g ou 100mL ou porção comparada	–
	Se não atender as condições para "baixo ou reduzido em valor energético" deve constar a frase "Este não é um alimento baixo ou reduzido em valor energético". Não é permitido realizar Informação Nutricional Complementar relativa a açúcares específicos.	
Gorduras totais	Redução mín. de 25% no conteúdo	–
	O alimento de referência não pode atender as condições estabelecidas para o atributo "baixo em gorduras totais". Se não atender as condições para "baixo ou reduzido em valor energético" deve constar a frase "Este não é um alimento baixo ou reduzido em valor energético"	

(*continua*)

672 ■ HIGIENE E VIGILÂNCIA SANITÁRIA DE ALIMENTOS

Quadro 33.8 Condições de uso dos termos "reduzido" e "aumentado" na rotulagem das declarações nutricionais complementares relacionadas ao conteúdo de nutrientes (conteúdo comparativo) (*continuação*)

NUTRIENTE	REDUZIDO	AUMENTADO
Gorduras saturadas	Redução mín. de 25% no conteúdo e a redução não deve resultar em aumento de ácidos graxos trans	–
	O alimento de referência não pode atender as condições estabelecidas para o atributo "baixo em gorduras saturadas". A energia proveniente das gorduras saturadas não deve representar mais de 10% do valor energético total do alimento	
Colesterol	Redução mín. de 25% no conteúdo	–
	O alimento deve atender as condições estabelecidas para o atributo "baixo em gorduras saturadas". O alimento de referência não pode atender as condições estabelecidas para o atributo "baixo em colesterol".	
Sódio	Redução mín. de 25% no conteúdo	–
	O alimento de referência não pode atender as condições estabelecidas para o atributo "baixo em sódio".	
Proteínas	–	Aumento mín. de 25% no conteúdo
	O alimento deve atender as condições estabelecidas para o atributo "fonte de proteínas". As quantidades de aminoácidos essenciais no alimento devem atender as recomendações da FAO/WHO (histidina 15mg/g de proteína; isoleucina 30mg/g de proteína; leucina 59mg/g de proteína; lisina 45mg/g de proteína; metionina + cisteína 22mg/g de proteína; fenilalanina + tirosina 38mg/g de proteína; treonina 23mg/g de proteína; triptofano 6mg/g de proteína; valina 39mg/g de proteína)	
Fibra Alimentar	–	Aumento mín. de 25% no conteúdo
	O alimento deve atender as condições estabelecidas para o atributo "fonte de fibra alimentar". Não é permitido realizar Informação Nutricional Complementar sobre fibras alimentares específicas.	
Vitaminas e Minerais	–	Aumento mín. de 10% no conteúdo
	O alimento deve atender as condições estabelecidas para o atributo "fonte de vitamina ou mineral", conforme o caso.	

Fonte: RDC 54, de 12.11.2012

Nota: mín. = mínimo.

De acordo com a legislação atual, o termo *light* serve para denominar alimentos com propriedades nutricionais diversificadas. Pode-se utilizá-lo quando o atributo é reduzido, em pelo menos 25%, para valor energético, açúcar, gordura total, gordura saturada, colesterol e/ou sódio. Portanto, se apenas um desses componentes recebe esse atributo, o alimento é considerado *light*.

Normalmente, associa-se o termo *light* à redução de açúcar, lipídeos ou energia. No entanto, de acordo com a legislação brasileira, *light* pode ser um alimento com baixo teor de sódio, por exemplo, ou de outro nutriente que não represente necessariamente redução energética.

Todos os esclarecimentos ou advertências exigidos em função da informação nutricional complementar devem ser declarados junto a esta alegação e seguir o mesmo tipo de letra, com pelo menos 50% do tamanho da informação nutricional complementar, de cor contrastante ao fundo do rótulo, de forma que garanta a visibilidade e a legibilidade da informação.

A utilização da informação nutricional comparativa define que a identidade do alimento a que se compara (de referência) deve ser definida e este deve ser do mesmo fabricante. A diferença obtida da comparação (valor energético e/ou conteúdo de nutrientes) deve ser expressa quantitativamente no rótulo em porcentagem, fração ou quantidade absoluta.

Com a publicação da Resolução RDC 54 /2012, o Brasil harmoniza os regulamentos técnicos relacionados à rotulagem nutricional no âmbito do Mercosul a fim de facilitar a livre circulação dos alimentos, evitar obstáculos técnicos ao comércio e melhorar a informação para o consumidor.

Nos casos em que existam textos em outros idiomas relacionados com a informação nutricional complementar que não cumpram com o estabelecido na RDC n. 54/2012, estes não devem estar visíveis no rótulo. Caso estejam em outro idioma, devem ser traduzidos.

O único termo em inglês autorizado para uso em alimentos comercializados no Brasil é *light*. No entanto, o uso dessa expressão requer informações complementares sobre a quantidade que foi reduzida do nutriente ou valor energético, permitindo que o consumidor tenha acesso a uma informação completa e padronizada.

São oito as novas alegações criadas pela nova regulamentação, no entanto, conforme o Quadro 33.9, foram desenvolvidos critérios para: não contém gorduras trans; fonte de ácidos graxos ômega-3; alto conteúdo de ácidos graxos ômega 3; fonte de ácidos graxos ômega-6; alto conteúdo de ácidos graxos ômega-6; fonte de ácidos graxos ômega-9; alto conteúdo de ácidos graxos ômega-9; e sem adição de sal.

Essas novas alegações foram estabelecidas com o intuito de estimular a reformulação e o desenvolvimento de produtos industrializados mais adequados nutricionalmente, e permitirem um maior entendimento por parte dos consumidores.

Em termos comparativos, é importante que seja avaliada a composição química dos produtos considerados *light* e seus similares tradicionais. A escolha de um produto, levando-se em conta apenas a redução percentual no rótulo, não leva a uma escolha correta por parte do consumidor.

PARÂMETROS INTERNACIONAIS

Internacionalmente, não existe, ainda, uma uniformidade na utilização dos termos que sugiram alteração de um ou mais componentes do alimento.

Estados Unidos

É muito ampla a regulamentação para a declaração do termo *light* na rotulagem de produtos norte-americanos, de responsabilidade da FDA, que define alimentos para fins dietéticos especiais (*foods for special dietary use*) como aqueles que têm a função de suplementar necessidades dietéticas particulares decorrentes de condições físicas, patológicas ou outras (doença, convalescença, gravidez, lactação, hipersensibilidade alérgica, baixo peso ou sobrepeso) e suplementar necessidades dietéticas em razão da idade, além da suplementar ou fortificar a dieta usual adicionada de vitaminas ou outras propriedades dietéticas, com edulcorantes artificiais destinados a controlar a ingestão calórica e de carboidratos ou para uso em dietas de diabéticos. Considera-se que o alimento possa atender um dos seguintes requisitos: se menos de 50% das calorias que contém são provenientes de gordura, a redução deve ser de no mínimo 33% das calorias ou de 50% da gordura; se 50% ou mais das calorias são provenientes de gordura, a redução deve ser de no mínimo 50% da gordura. Pode-se, ainda, descrever atributos físicos e organolépticos, como textura ou cor, não representando declaração de conteúdo de um nutriente.

O termo *low* é utilizado, nos Estados Unidos, para designar baixo teor de calorias, gorduras, gorduras saturadas, colesterol e sódio, e quantificam-se esses limites de acordo com o Quadro 33.9, mais adiante. O termo no *added*, ou seu sinônimo *without added*, é utilizado apenas em alimentos sem adição de açúcares ou alimentos que os contenham, mas sem adição de sal. No caso de redução da quantidade de calorias, açúcar, gorduras, gordura saturada, colesterol ou sódio, é utilizado o termo *reduced* ou *less*, quando existe redução de 25% de um nutriente ou das calorias e com limites regulamentados para componentes específicos (ver Quadro 33.9). O termo *free* (ou seus sinônimos *no, zero, without*) é utilizado para calorias, açúcares, gorduras, gorduras saturadas, colesterol ou sódio de um alimento, quando reduzido nas quantidades especificadas no Quadro 33.9.

Canadá

As Food and Drug Regulations (FDR), do Health Canada, determinam as seguintes categorias de alimentos para uso especial na dieta: alimentos com teor reduzido de carboidratos, alimentos sem açúcar, alimentos com valor calórico reduzido, alimentos com baixo valor calórico, alimentos com baixo teor de sódio, dietas líquidas, alimentos para dietas com restrição proteica, alimentos para dieta com baixo teor de aminoácidos, alimentos para dietas de gorduras modificadas, alimentos para dietas com restrição de glúten e substitutos de refeição. Cabe à Canadian Food Inspection Agency a responsabilidade pela fiscalização das determinações a respeito da rotulagem nutricional dos alimentos.

Os termos utilizados na rotulagem de alimentos seguem orientações das FDR, que determinam a utilização do termo *light* ou lite para descrever os atributos nutricionais de um alimento. Um alimento dessa categoria pode ser *low* ou de teor reduzido de calorias ou nutrientes. Entretanto, para a utilização do termo *low*, são estabelecidos parâmetros de diminuição para os seguintes componentes: calorias, gorduras, gorduras saturadas, colesterol e sódio. Esses limites estão quantificados no Quadro 33.9. A utilização dos termos *reduced* ou *less* para caracterizar o teor reduzido de determinado componente alimentar também segue parâmetros quantitativos para redução de no mínimo 25% do componente. O termo *free* só é utilizado para indicar o nível máximo permitido de colesterol no alimento.

Comunidade Econômica Europeia

A Comunidade Europeia definiu, por meio do Regulamento CE n. 1924, do Parlamento Europeu e do Conselho, de 20.12.2006 (relativo a alegações nutricionais e de saúde sobre os alimentos), as alegações para rotulagem de alimentos com valores precisos e quantificáveis, para os termos: "baixo valor energético", "sem adição de açúcares", "fraco/*light*" e "alto teor em fibra". A legislação sobre as alegações nutricionais e de saúde protege o consumidor, proibindo todas as informações que sejam falsas, ambíguas ou enganosas, que gerem dúvidas acerca da segurança ou da adequação nutricional de outros alimentos, que estimulem ou justifiquem o consumo excessivo de dado alimento, que estimulem a consumir um produto, declarando ou sugerindo, direta ou indiretamente, que um regime alimentar equilibrado não fornece todos os nutrientes necessários ou que façam referência a alterações das funções orgânicas que possam gerar receios no consumidor.

Austrália e Nova Zelândia

Na Austrália e na Nova Zelândia, o órgão responsável pela regulamentação e padronização de rotulagem de alimentos é o FSANZ. Ele estabelece diretrizes para alegações nutricionais de rotulagem para alguns componentes do alimento.

Quadro 33.9 Declarações utilizadas para termos referentes à alteração de energia, nutrientes, ingredientes ou substâncias não nutritivas do alimento

Termo (tradução)	EUA	Canadá	CEE	Austrália e Nova Zelândia
Light ou *lite* (leve)	Se menos de 50% das calorias forem provenientes de gordura, a redução deve ser de no mínimo 33% das calorias da gordura; se 50% ou mais das calorias forem provenientes de gordura, a redução deve ser no mínimo de 50% da gordura. Pode descrever atributos físicos e organolépticos como textura ou cor.	Descreve atributos nutricionais de um alimento que pode ser de teor reduzido de calorias ou nutrientes.	Deve preencher as condições estabelecidas para a alegação "teor de [...] reduzido"; a alegação deve também ser acompanhada de uma indicação da(s) característica(s) que torna(m) o produto leve ou *light*.	SD
Low (baixo teor)	Valor energético: máx. 40kcal por 100g. Gorduras: máx. 3g por porção ou 100g. Gorduras saturadas: máx. 1g por porção e máx. 15% das calorias provenientes de gorduras saturadas. Colesterol: máx. 13g de gordura total por porção; máx. 20g de colesterol por porção ou 100g; máx. 2g de gordura saturada por porção. Sódio: máx. 140mg por porção.	Valor energético: redução mín. 50% e máx. 15kcal por porção. Gorduras: 3g por porção ou 0,15g por g de peso seco. Gorduras saturadas: máx. 2g por porção. Colesterol: máx. 20mg por porção ou 100g, devendo apresentar baixo teor de saturados. Sódio: redução de 50%.	Valor energético: máx. 40kcal (170kJ) por 100g (sólidos) e máx. 20kcal (80kJ) por 100mL (líquidos). Gorduras: máx. 3g por 100g (sólidos) ou 1,5g por 100mL (líquidos). Gorduras saturadas: 1,5g por 100g (sólidos) ou 0,75g por 100mL (líquidos); em qualquer dos casos, a soma dos ácidos graxos saturados e dos ácidos graxos trans não pode fornecer mais de 10% do valor energético.	Valor energético: máx. 80kJ por 100mL (líquidos) e 170kJ por 100g (sólidos). Lactose: máx. 0,3g de lactose por 100g do alimento. Glúten: máx. 3g por kg. Álcool: máx.5mL. Sódio: 120mg de sódio por 100g do alimento.

(continua)

Quadro 33.9 Declarações utilizadas para termos referentes à alteração de energia, nutrientes, ingredientes ou substâncias não nutritivas do alimento (*continuação*)

Termo (tradução)	EUA	Canadá	CEE	Austrália e Nova Zelândia
Low (baixo teor)			Açúcar: 5g por 100g (sólidos) ou 2,5g por 100mL (líquidos). Sal: máx. 0,12g por 100g ou por 100mL; para águas minerais naturais, máx. 2mg por 100mL.	
No added (*sem adição de*)	Açúcares: sem adição de açúcar ou ingredientes que o contenham. Sódio: sem adição de sal.	SD	Gorduras: 0,5 g por 100 g ou por 100 mL. Gordura saturada: 0,1g por 100g ou por 100mL. Açúcar: 0,5g por 100g ou por 100mL ou quando o produto não contiver quaisquer monossacáridos ou dissacáridos adicionados, nem qualquer outro alimento utilizado por suas propriedades edulcorantes; caso os açúcares estejam naturalmente presentes no alimento, o rótulo deve também ostentar a seguinte indicação: "contém açúcares naturalmente presentes". Sal: 0,005g, ou o valor equivalente de sal, por 100g.	Açúcares: alimento não adicionado de açúcar (mono ou dissacarídeo) ou correlatos. Sódio: alimento não adicionado de compostos de sódio e sal.

(*continua*)

Quadro 33.9 Declarações utilizadas para termos referentes à alteração de energia, nutrientes, ingredientes ou substâncias não nutritivas do alimento (*continuação*)

Termo (tradução)	EUA	Canadá	CEE	Austrália e Nova Zelândia
Reduced ou *less* (teor reduzido, menos)	Valor energético: redução mín. 25% das calorias. Açúcares: redução mín. 25% de açúcar por porção. Gorduras: redução mín. 25% de gordura por porção. Gorduras saturadas: redução mín. 25%. Colesterol: redução mín. 25% de colesterol; máx. 13g de gordura total por porção, máx. 2g gordura por porção. Sódio: redução mín. 25% do teor de sódio.	Valor energético: redução mín. de 50% da energia do alimento similar. Gorduras: redução mín. de 25% do teor de gordura. Colesterol: redução mín. de 25%. Sódio: redução mín. de 25%.	Quando a redução do teor for, no mínimo, de 30% em relação a um produto semelhante, exceto no caso dos micronutrientes, para os quais é aceitável uma diferença de 10% em relação aos valores de referência estabelecidos na Directiva 90/496/CEE do Conselho, e do sódio, ou do valor equivalente de sal, para o qual é aceitável uma diferença de 25%.	Valor energético: máx. 40kJ por porção. Gorduras: máx. 1g por porção. Açúcares: máx. 1g por porção. Sódio: máx. 5mg por porção.

(*continua*)

Quadro 33.9 Declarações utilizadas para termos referentes à alteração de energia, nutrientes, ingredientes ou substâncias não nutritivas do alimento (*continuação*)

Termo (tradução)	EUA	Canadá	CEE	Austrália e Nova Zelândia
Free (*pobre em, isento de*)	Valor energético: máx. 5kcal por porção. Açúcares: máx. 0,5g de açúcar por porção ou não contém açúcares ou adoçantes calóricos. Gorduras: máx. 0,5g de gordura total por porção. Gorduras saturadas: máx. 0,5g de gordura total por porção e máx. 0,5g de ácidos graxos trans por porção. Colesterol: máx. 13g de gordura total por porção; máx. 2mg de colesterol por porção; máx. 2g de gordura saturada por porção. Sódio: máx. 5mg de sódio por porção.	Colesterol: máx. 3mg por 100g e baixos teores de ácidos graxos saturados.	Valor energético: máx. 4kcal (17 kJ) por 100mL. Gorduras: máx. 0,5g por 100g ou por 100mL. Gorduras saturadas: a soma dos ácidos graxos saturados e dos ácidos graxos trans não pode exceder 0,1g de gorduras saturadas por 100g ou por 100mL. Açúcares: máx. 0,5g por 100g ou por 100mL. Sódio: máx. 0,005g de sódio por 100g.	SD

Fonte: Candido e Campos (1995); CEE (2006).

Nota: SD = sem definição máx. = máximo

mín. = mínimo

CONCLUSÕES

Os alimentos funcionais, os nutracêuticos e os farma-alimentos têm importância determinante no aumento da expectativa de vida da população mediante a prevenção de certas doenças. A definição oficial de alimentos funcionais propicia o entendimento dessa categoria de alimentos, facilitando tanto para o meio científico, como para as indústrias e consumidores a diferenciação entre os conceitos, favorecendo o controle regulatório adequado e facilitando projeções de mercado para os produtos.

As indústrias e órgãos reguladores exercem papel fundamental na orientação do consumidor para um hábito de alimentação saudável. Faltam ainda campanhas esclarecedoras, que evitem a indução a erro de conceituação do produto, pois é necessário fornecer ao consumidor uma noção exata a respeito dos alimentos funcionais, bem como sobre os riscos existentes decorrentes do consumo inadequado de certos produtos. Dessa forma, evidencia-se a importância do papel das indústrias, por meio de sua propaganda, para cumprir essa função de forma ética.

A criação do CTCAF, pela Anvisa, constituiu um marco importante na regulamentação do setor no Brasil para, por meio de avaliações científicas, garantir o consumo correto desse tipo de alimento, exigindo da indústria a responsabilidade pelas alegações em seus produtos. Somente a implementação e o contínuo aperfeiçoamento da legislação poderão tornar o mercado de alimentos funcionais isento de propagandas enganosas, falsas alegações e risco à saúde do consumidor.

O potencial de crescimento da introdução dos alimentos funcionais no mercado é enorme, mas cabe à indústria mostrar-se adequada aos padrões de exigência do consumidor e coerente com relação à regulamentação, acompanhando as constantes atualizações legais e científicas. A oferta de produtos *diet* ou *light* pode gerar confusões quanto a seu consumo, pois as definições e os critérios para uso dos respectivos termos exigem conhecimento amplo e específico, tanto da legislação, quanto da importância da ingestão de nutrientes de determinado alimento.

O setor de alimentos é caracterizado por "ondas de desenvolvimento": a primeira grande onda ocorreu no período pós-guerra e marcou o surgimento e a popularização dos industrializados; após 1970, surgiu a segunda onda, a dos alimentos para grupos específicos (diabéticos, celíacos, entre outros). Principalmente após 1990, iniciou-se a terceira grande onda, a dos alimentos *diet* e *light*. Em paralelo à terceira onda, surgiu a quarta, marcada pelo aparecimento dos alimentos funcionais. O mercado *diet* e *light* constitui um nicho ainda em expansão; suas linhas de produto têm alto valor agregado e, portanto, propiciam grande lucratividade à indústria. Hoje, o conceito de alimentação saudável tornou-se amplo e envolve mais do que práticas de manipulação seguras e estudos científicos. O consumidor tem papel fundamental na construção desse conceito.

É importante salientar que a legislação brasileira atual não menciona o termo *diet* e nem todos os produtos assim denominados apresentam diminuição significativa na quantidade de calorias e, portanto, devem ser evitados pelas pessoas que querem emagrecer. A denominação *diet* também não é obrigatoriamente sinônimo de um produto para diabéticos. Embora essa relação seja tradicional no mercado, o diabético deve ficar atento ao rótulo e verificar sempre as informações da rotulagem.

Avaliações de mercado, a respeito das rotulagens, realizadas pelo Instituto Nacional de Metrologia, Normalização e Qualidade Industrial (Inmetro), revelaram a existência de diversas marcas de produtos *diet* e *light* que não têm as características básicas para que mereçam essa classificação. Esse órgão, com a divulgação de suas análises, mantém o consumidor brasileiro informado sobre a adequação dos produtos e serviços aos regulamentos e às normas técnicas, contribuindo para que se façam escolhas mais bem fundamentadas, tornando o consumidor mais consciente de seus direitos e responsabilidades.

De acordo com o Código de Defesa do Consumidor, o princípio da transparência e o direito à informação devem ter relevância para a indústria. A informação deve ser clara e objetiva, minimizando-se quaisquer riscos à segurança e à saúde do consumidor: as informações prestadas devem ser adequadas e suficientes para evitar engano ou dúvidas relativas ao produto. A rotulagem do alimento deve trazer informações obrigatórias e em linguagem clara, não induzindo o consumidor a erros e danos à sua saúde.

Os órgãos de regulamentação no Brasil viram a necessidade de alinhar os critérios para uso da informação nutricional complementar às estratégias e políticas de saúde, especialmente a Política Nacional de Alimentação e Nutrição (PNAN) do Ministério da Saúde e observaram que critérios claros e objetivos para o uso da informação nutricional complementar facilitam as ações de fiscalização e monitoramento dessas informações pelo Sistema Nacional de Vigilância Sanitária. A nova Resolução RDC 54/2012, portanto, favorece o acesso do consumidor a informações relevantes sobre o conteúdo nutricional dos alimentos, uma vez que passa a exigir o uso correto e padronizado dessas informações, a fim de não induzi-lo ao engano.

Cabe, finalmente, destacar o papel dos profissionais, sobretudo da indústria de alimentos para fins especiais, no sentido de manterem-se informados em relação às constantes revisões da legislação vigente, a fim de implantarem parâmetros que garantam a segurança dos alimentos e a saúde dos consumidores.

REFERÊNCIAS

[ABIAD] ASSOCIAÇÃO BRASILEIRA DA INDÚSTRIA DE ALIMENTOS DIETÉTICOS E PARA FINS ESPECIAIS. O consumidor e os produtos *diet* e light São Paulo. Disponível em: http://www.abiad.org.br/pdf/consumidor_e_*diet*_light. pdf. Acessado em: fev. 2010.

AGRICULTURE AND AGRI-FOOD CANADA Functional Foods and Nutraceuticals. Disponível em: http://www4.agr.gc.ca/AAFC-AAC/display-afficher.do?id= 1170856376710. Acessado em: jun. 2012.

Amcham Brasi. Alimentos saudáveis fazem bem ao corpo, a natureza e aos negócios. Estadão, 14/09/2016. Disponivel em: http://economia.estadao.com.br/blogs/ecoando/alimentos-saudaveis-fazem-bem-ao--corpo-a-natureza-e-aos-negocios/. Acessado em: 21/02/2017.

682 ■ HIGIENE E VIGILÂNCIA SANITÁRIA DE ALIMENTOS

ANJO, D.FC. Alimentos funcionais em angiologia e cirurgia vascular. J Vasc Bras., v. 3, n.2, 2004. Disponível em: http://jornalvascularbrasileiro.com.br/04-03-02/04- 03-02-145/04-03-02-145.pdf>. Acessado em: nov. 2012.

_____. O mercado diet e light. 2004 Disponível em: http://www.abiad.org.br/pdf/ mercado_diet_light_ novo.pdf. Acessado em: fev. 2010.

BRASIL. Lei nº 986, de 21 de outubro de 1969 (Institui normas básicas sobre alimentos).

_____. Ministério da Saúde. 13% dos brasileiros adultos são obesos. Brasília: Ministério da Saúde, 7 abr. 2009. Disponível em: http://portal.saude.gov.br/portal/ aplicacoes/reportagensEspeciais/default. cfm?pg=dspDetalhes&id_area=124&CO_ NOTICIA=10078. Acessado em: jan. 2010.

_____. Ministério da Saúde. Agência Nacional de Vigilância Sanitária (Anvisa). Resolução RDC nº 18, de 30 de abril de 1999 (Aprova o Regulamento Técnico que estabelece as diretrizes básicas para análise e comprovação de propriedades funcionais e ou de saúde alegadas em rotulagem de alimentos).

_____. Ministério da Saúde. Agência Nacional de Vigilância Sanitária (Anvisa). Resolução RDC nº 40, de 21 de março de 2001 (Aprova o Regulamento Técnico para rotulagem nutricional obrigatória de alimentos e bebidas embalados, constante do anexo desta Resolução).

_____. Ministério da Saúde. Agência Nacional de Vigilância Sanitária (Anvisa). Resolução RDC nº 259, de 20 de setembro de 2002 (Aprova o Regulamento Técnico sobre rotulagem de alimentos embalados).

_____. Ministério da Saúde. Agência Nacional de Vigilância Sanitária (Anvisa). Portaria nº 398, de 30 de abril de 1999 (Aprova o Regulamento técnico que estabelece as diretrizes básicas para análise e comprovação de propriedades funcionais e ou de saúde alegadas em rotulagem de alimentos).

_____. Ministério da Saúde. Agência Nacional de Vigilância Sanitária (Anvisa). Resolução RDC nº 2, de 7 de janeiro de 2002 (Aprova o Regulamento Técnico de substâncias bioativas e probióticos isolados com alegação de propriedades funcional e ou de saúde).

_____. Ministério da Saúde. Agência Nacional de Vigilância Sanitária (Anvisa). Portaria nº 19, de 15 de março de 1995 (Aprova a Norma Técnica para Complemento Nutricional).

_____. Ministério da Saúde. Agência Nacional de Vigilância Sanitária (Anvisa). Portaria nº 59, de 13 de julho de 1995 (Aprova a Norma Técnica para Complemento Nutricional).

_____. Ministério da Saúde. Agência Nacional de Vigilância Sanitária (Anvisa). Resolução RDC nº 253, de 15 de setembro de 2005 (Revoga as Resoluções, Portarias e Comunicados listados no Anexo, tendo em vista as atualizações efetuadas na legislação de alimentos).

_____. Ministério da Saúde. Agência Nacional de Vigilância Sanitária (Anvisa). Resolução RDC nº 19, de 30 de abril de 1999 (Aprova o Regulamento Técnico de procedimentos para registro de alimento com alegação de propriedades funcionais e ou de saúde em sua rotulagem).

_____. Ministério da Saúde. Agência Nacional de Vigilância Sanitária (Anvisa). Resolução RDC nº 17, de 30 de abril de 1999 (Aprova o Regulamento Técnico que estabelece as diretrizes básicas para a avaliação de risco e segurança dos alimentos).

_____. Ministério da Saúde. Agência Nacional de Vigilância Sanitária (Anvisa). Resolução RDC nº 16, de 30 de abril de 1999 (Aprova o Regulamento Técnico de procedimentos para registro de alimentos e ou novos ingredientes, constante do anexo desta Portaria).

_____. Ministério da Saúde. Agência Nacional de Vigilância Sanitária (Anvisa). Resolução RDC nº 278, de 22 de setembro de 2005 (Aprova as categorias de alimentos e embalagens dispensados e com obrigatoriedade de registro).

_____. Ministério da Saúde. Agência Nacional de Vigilância Sanitária (Anvisa). Resolução RDC nº 2, de 7 de janeiro de 2002 (Aprova o Regulamento Técnico de substâncias bioativas e probióticos isolados com alegação de propriedades funcional e ou de saúde).

_____. Ministério da Saúde. Agência Nacional de Vigilância Sanitária (Anvisa). Informe Técnico nº 9, de 21 de maio de 2004 (Orientação para utilização, em rótulos de alimentos, de alegações de propriedades funcionais de nutrientes com funções plenamente reconhecidas pela comunidade científica, Item 3.3 da Resolução ANVS/ MS nº 18/99).

_____. Ministério da Saúde. Agência Nacional de Vigilância Sanitária (Anvisa). Portaria nº 29, de 13 de janeiro de 1998 (Aprova o Regulamento Técnico referente a Alimentos para Fins Especiais).

_____. Ministério da Saúde. Agência Nacional de Vigilância Sanitária (Anvisa). Portaria nº 27, de 13 de janeiro de 1998 (Aprova o Regulamento Técnico referente à informação nutricional complementar).

_____. Ministério da Saúde. Agência Nacional de Vigilância Sanitária (Anvisa). Resolução RDC nº 54, de 12 de novembro de 2012 (Dispõe sobre o Regulamento Técnico referente à informação nutricional complementar).

AnÁlise comparativa de legislação de alimentos funcionais ■ 683

_____. Ministério da Saúde. Obesidade tem crescido entre crianças e adolescentes. Brasília: Ministério da Saúde. Disponível em: http://portal.saude.gov.br/portal/ saude/visualizar_texto.cfm?idtxt=25077. Acessado em: jan. 2010.

_____. Ministério do Desenvolvimento, Indústria e Comercio Exterior. Inmetro (Instituto Nacional de Metrologia, Normalização e Qualidade Industrial). Produtos Diet e Light – Parte I – Produtos Diet. Disponível em: http://www.inmetro.gov.br/ consumidor/produtos/prodLigthDiet1.asp. Acessado em: jan. 2010.

CANADA. Ministery of Health. Regulations Amending the Food and Drug Regulations (Nutrition Labelling, Nutrient Content Claims and Health Claims). 12/12/2002. Disponível em: http://gazette.gc.ca/ archives/p2/2003/2003-01-01/html/sor-dors11-eng. html. Acessado em: fev. 2010 e http://www.hc-sc. gc.ca/fn-an/pubs/label-etiquet/_claims-
-reclam/2009-atelier-region-wrkshop/index-eng.php. Acessado em: nov. 2012.

CANDIDO, L.M.B.; CAMPOS, A.M. Alimentos para fins especiais: dietéticos. São Paulo: Varela, 1995.

CARVALHO, L.E.C.; MOURA, M.R.L. Nutracêuticos: um desafio normativo. Disponível em: http:// acd.ufrj.br/consumo/leituras/ld_lec_nutraceuticos.htm. Acessado em: abr. 2008.

CARVALHO, P.G.B.; MACHADO, C.M.M.; MORETTI, C.L. et al. Hortaliças como alimentos funcionais. Hortic. Bras. Dez. 200624(4):397-404. Disponível em: http:// www.scielo.br/ scielo.php?script=sci_arttext&pid=S0102-05362006000400001&lng= en.doi: 10.1590/S0102-05362006000400001. Acessado em: ago. 2008.

CASTRO, I.A. Desenvolvimento de alimentos funcionais. Disponível em: http:// people.ufpr.br/~erscta8/ FUNCIONAIS.pdf. Acessado em: jul. 2008.

CASTRO, V.M.F. Visão sistêmica da embalagem de alimentos no processo da comunicação: um estudo exploratório sobre a visão empresarial e a do consumidor. São Paulo: 1994. Dissertação (mestrado). Faculdade de Saúde Publica da Universidade de São Paulo.

[CEE] COMUNIDADE ECONÔMICA EUROPEIA. Regulamento (CE) nº 1924/2006 do Parlamento Europeu e do Conselho, de 20 de dezembro de 2006, relativo às alegações nutricionais e de saúde sobre os alimentos. 20 dez. 2006. Disponível em: http://eur-lex.europa.eu/LexUriServ/LexUriServ. do?uri=OJ:L:2006:4 04:0009:01:PT:HTML. Acessado em: fev. 2010.

CODEX ALIMENTARIUS. Higiene dos Alimentos. Textos básicos. Programa Conjunto da FAO/OMS Sobre Normas Alimentares. Comissão Codex Alimentarius. Disponível em: <http://www.anvisa.gov.br/ divulga/public/alimentos/codex_alimen- tarius.pdf> Acessado em: jun. 2012.

COSTA, N.M.B.; ROSA, C.O.B. Alimentos funcionais. Viçosa, 2006.

COUTINHO, J.G.; RECINE, E. Experiências internacionais de regulamentação das alegações de saúde em rótulos de alimentos. Rev Panam Salud Publica, dez. 2007; 22(6): 432-437. Disponível em: http:// www.scielosp.org/scielo.php?script=sci_arttext& pid=S1020-49892007001100012&lng=en. doi: 10.1590/ S1020-49892007001100012. Acessado em: ago. 2008.

CRAVEIRO, A.C.; CRAVEIRO, A.A. Alimentos funcionais: a nova revolução. Fortaleza: Padetec, 2003.

EUROMONITOR INTERNATIONAL. Disponível em: http://www.euromonitor. com/brazil. Acessado em: jun. 2012.

FRANCO, R.C. Análise comparativa de legislações internacionais referente aos alimentos funcionais. São Paulo, 2006. Dissertação (mestrado). São Paulo: Programa de Pós-Graduação Interunidades em Nutrição Humana Aplicada (Pronut), FCF/ FEA/FSP/USP [FSANZ] FOOD STANDARDS AUSTRALIA NEW ZEALAND. Australia New Zealand Food Standards Act. Disponível em: http://www.foodstandards. gov.au/ foodstandards/foodstandardscode/. Acessado em: nov. 2012.

GERMANO, P.M.L.; BITTENCOURT, L.K.S.; CÂNDIDO, L.M.B. Legislação de alimentos para fins especiais. In: GERMANO, P.M.L.; GERMANO, M.I.S. Higiene e vigilância sanitária de alimentos. 3. ed. Barueri: Manole, 2008.

HALL, R.J. Fatores que influenciam o consumo de produtos diet e light no Brasil. Campo Grande, 2006. Dissertação (mestrado). Universidade Federal de Mato Grosso do Sul, Universidade de Brasília e Universidade de Goiás. Disponível em: http://www. cbc.ufms.br/tedesimplificado/tde_arquivos/7/TDE-2006-08-08T054458Z-41/ Publico/Rosemar %20DEA.pdf. Acessado em: fev. 2010.

INSTITUTO RACINE. Mercado de Alimentos Funcionais, Naturais e orgânicos cresce 82% em 5 anos. Disponível em: <http://www.racine.com.br/alimentacao-e-nutricao/portal-racine/noticias/alimentacao-
-e-nutricao/mercado-de-alimentos-funcionais-naturais-e-organicos-cresce-82-em-5-anos> Acessado em: jun. 2012

JORNAL OFICIAL DA UNIÃO EUROPEIA. REGULAMENTOS .REGULAMENTO (UE) N. o 432/2012 DA COMISSÃO de 16 de maio de 2012 que estabelece uma lista de alegações de saúde permitidas relativas a alimentos que não referem a redução de um risco de doença ou o desenvolvimento e a saúde das crianças. Disponível em: http://eur-lex.europa.eu/LexUriServ/LexUriServ.do?uri=OJ:L:2012:136:0001:00 40:PT:PDF. Acessado em nov. 2012.

KANASHIRO, M. Nutracêuticos: um desafio normativo. Disponível em: http://acd. ufrj.br/consumo/ leituras/ld_lec_nutraceuticos.htm. Acessado em: set. 2005.

LAJOLO, F.M. Avaliação crítica da legislação vigente e metas alcançadas pela comissão. In: [ANVISA] AGÊNCIA NACIONAL DE VIGILÂNCIA SANITÁRIA.

Alimentos com alegações de propriedades funcionais e de saúde: II Seminário. Brasília: Anvisa, 2001, p. 21-44.

LAJOLO, F.M. Functional food legislation in Brasil. In: Regulation of functional foods and nutraceuticals: a global perspective. Iowa: Clare M. Hasler, 2005, p. 367-375.

Marketsandmarkets. Mercado de Ingredientes nutraceuticos. DCI – Diário Comercio Industria e Serviços. Disponível em: http://www.dci.com.br/pr-newswire/mercado-de-ingredientes-nutraceuticos-valera-$33,6- -bilhoes-ate-2018-id381778.html. Acessado em 21/02/2017.

MORAES, F.P.; COLLA, L.M. Alimentos funcionais e nutracêuticos: definições, legislação e benefícios à saúde. Rev Eletr de Farm. v. 3, n. 2, p. 109-122, 2006. Disponível em: http://revistas.ufg.br/index.php/ REF/article/view/2082/2024. Acessado em: ago. 2008.

MORAES, V.H.F. Alegações sobre as propriedades funcionais do licopeno: um estudo com consumidores do município de Campinas/SP. Campinas, 2007. Dissertação (mestrado). Universidade Estadual de Campinas.

MURADIAN, L.B.A. et al. Legislação e Fiscalização de Alimentos. In: MURADIAN, L.B.A.; PENTEADO, M.D.V.C. Vigilância sanitaria: tópicos sobre legislação e análise de alimentos. Rio de Janeiro: Guanabara Koogan, 2007, p. 2-13.

NEUMANN, A.I.C.P.; ABREU, E.S.; TORRES, E.A.F.S. Alimentos saudáveis, alimentos funcionais, fármaco-alimentos, nutracêuticos... você já ouviu falar? Rev Hig Alim. v. 14, n. 71, p. 19-23, 2000.

[OPAS] ORGANIZAÇÃO PAN-AMERICANA DA SAÚDE. Doenças crônico-degenerativas e obesidade: estratégia mundial sobre alimentação saudável, atividade física e saúde. Brasília, 2003. Disponível em: http://www.opas.org.br/sistema/ arquivos/d_cronic.pdf. Acessado em: jan. 2010.

PEREIRA, C.A.S.P.; LOPES, M.L.M.; COELHO, A.I.M. et al. Alimentos light e diet: informação nutricional. Viçosa: UFV, 2003.

SALGADO, J.M.; ALMEIDA, M.A. Mercado de alimentos funcionais desafios e tendências. Disponível em: http://www.sbaf.org.br/_artigos/200806_Mercado_Alimentos_ Funcionais_Desafios_Tendencias. pdf. Acessado em: maio 2008.

SANTIAGO, V.R.; MACHADO, F.M.S. Os benefícios do consumo de alimentos funcionais. In: TORRES, E.A.F.S.; MACHADO, F.M.S. Alimentos em questão. Vol. II. São Paulo: Ponto Crítico, 2006, p. 62-77.

SCARBIERI, V.C.; PACHECO, M.T.B. Revisão: alimentos funcionais fisiológicos. Braz. J. Food Technol. v. 2, n. 1/2, p. 7-19, 1999.

STRINGHETA, P.C. et al. Políticas de saúde e alegações de propriedades funcionais e de saúde para alimentos no Brasil. Rev. Bras. Cienc. Farm. v. 43, n. 2, p. 191-194, 2007. Disponível em: http://www. scielo.br/pdf/rbcf/v43n2/03.pdf. Acessado em: maio 2008.

TORRES, E.A.F.S. Alimentos do milênio: a importância dos transgênicos, funcionais e fitoterápicos para a saúde. São Paulo: Signus, 2002.

VIEIRA, A.C.P.; CORNÉLIO, A.R.; SALGADO, J.M. Alimentos funcionais: aspectos relevantes para o consumidor. Disponível em: http://jus2.uol.com.br/doutrina/ texto.asp?id=8702. Acessado em: set. 2008.

VIEIRA, A.C.P.; CORNÉLIO, A.R. Produtos light e diet: o direito a informação ao consumidor. Jus Navigandi, 19/12/2004, 9(530). Disponível em: http://jus2.uol.com. br/doutrina/texto.asp?id=6066. Acessado em: jan. 2010.

WILKINSON, J. Os gigantes da indústria alimentar entre a grande distribuição e os novos clusters a montante. Estudos Sociedade e Agricultura. 18/12/2002: 147-174. Disponível em: http://bibliotecavirtual. clacso.org.ar/ar/libros/brasil/cpda/estudos/ dezoito/john18.htm. Acessado em: ago. 2008.

Alimentos transgênicos

34

Regina Sorrentino Minazzi Rodrigues

INTRODUÇÃO

O advento da engenharia genética, na década de 1970, permitiu o desenvolvimento da chamada biotecnologia moderna e trouxe, também, novas preocupações com as questões de biossegurança e bioética, tanto no âmbito laboratorial, quanto no que diz respeito a potenciais danos ecológicos, diante da perspectiva da liberação no meio ambiente de organismos transgênicos.

A engenharia genética, este importante ramo da biotecnologia, tem permitido combinar os genomas de plantas, animais e micro-organismos, ou seja, genes de organismos distantes filogeneticamente e, portanto, antes incompatíveis. Em outras palavras, tem permitido superar as barreiras naturais entre as espécies. Este fato, novo para a biologia, provocou em princípio uma forte reação nas comunidades científica e tecnológica, e na sociedade em geral.

Passadas algumas décadas do advento da engenharia genética, já se produziram resultados extremamente relevantes nas áreas da saúde, agricultura, microbiologia industrial e ambiental.

A biotecnologia se apresenta como uma nova ferramenta do sistema agroalimentar. Vegetais modificados geneticamente para resistir a herbicidas ou pragas, plantas imunizadas contra doenças e frutos com melhor qualidade nutricional e tecnológica são alguns dos exemplos que a engenharia genética ja vem produzindo.

Entretanto, com os organismos geneticamente modificados e o potencial destes para causar certos efeitos adversos, como resultado dos genes altamente alienígenas inseridos em seus genomas, clamam por estratégia preventiva, que é a base das regulamentações de biossegurança.

A adoção de diretrizes ou legislações específicas para a prática da engenharia genética passou a ser condição fundamental para a utilização desta tecnologia.

Vários países – incluindo na América Latina, Brasil, Argentina, Chile, México e Venezuela, entre outros – estabeleceram, por meio de legislações específicas, normas de biossegurança para regular o uso da engenharia genética e a liberação no meio ambiente de organismos modificados por essa técnica.

Sendo a produção de alimentos geneticamente modificados uma tecnologia demasiadamente nova, ainda não é possível prever seus impactos de longo prazo no meio ambiente e na saúde humana; o conhecimento de riscos ainda é limitado.

A liberação para o plantio de organismos geneticamente modificados (OGMs) ainda sofre o objeções significativas da opinião pública em muitos países, principalmente os europeus.

No que se refere à saúde humana, teme-se que estes alimentos possam conter níveis de substâncias tóxicas naturalmente presentes aumentados, provocar novas alergias e gerar resistência a antibióticos, por exemplo.

Por essas razões, entidades que representam consumidores, ambientalistas e outros discutiram a necessidade de regulamentação específica para a rotulagem dos alimentos transgênicos, no sentido de garantir o direito de escolha do consumidor. No Brasil, já estão regulamentados os dizeres de rotulagem pertinentes a estes tipos de alimentos, já tendo sido aprovados, para plantio e comercialização, a soja, o milho e o feijão geneticamente modificados.

Enfim, muitos avanços na qualidade e oferta dos alimentos já são possíveis pelo uso da engenharia genética. Contudo, essa tecnologia ainda gera discussões acerca de riscos potenciais relacionados à segurança alimentar, sendo necessária a adoção de medidas para assegurar a saúde do consumidor.

BIOTECNOLOGIA: HISTÓRICO E EVOLUÇÃO

O termo biotecnologia, em seu sentido clássico, refere-se a qualquer técnica que usa organismos vivos (ou parte deles) para elaborar ou modificar produtos, para melhorar plantas ou animais, ou ainda desenvolver micro-organismos para uso específico (Anexo 34.1).

Com base nesta definição, pode-se dizer que a biotecnologia tem sido praticada há séculos, desde que o homem começou a utilizar lêvedo para produção de cerveja, quando descobriu como fazer pão fermentado, como transformar leite em iogurte, como usar o mofo na elaboração de queijos, e como fabricar o vinho por meio da fermentação (Anexo 34.2).

Entretanto, atualmente, o termo biotecnologia é empregado no sentido de descrever a utilização de métodos que modificam o material genético de células vivas para produzir novas substâncias ou o desempenho de novas funções.

As técnicas e os processos que viabilizam a manipulação do código genético, da molécula de DNA, constituem hoje um ramo importante da biotecnologia – a engenharia genética.

As regras que regem a transmissão de características genéticas permaneceram um mistério até aproximadamente 150 anos atrás, quando Gregor Mendel começou a estudar a hereditariedade em plantas de jardim.

Utilizando experimentos cuidadosamente planejados e cálculos matemáticos, Mendel concluiu que certas partículas "não visíveis" transportavam as características hereditárias, e que estas características eram transmitidas de geração a geração. O reconhecimento do significado das descobertas de Mendel só aconteceu muito depois de sua morte; seu trabalho serviu de base para a biotecnologia moderna.

Desde o tempo dos estudos de Gregor Mendel com plantas, pesquisadores têm trabalhado para decifrar como as características são passadas de uma geração para a próxima. Por volta de 1944, demonstrou-se que a herança genética era transmitida por ácidos nucleicos – o DNA – presente no núcleo de cada célula. Em 1953, James Watson e Francis Crick descreveram a estrutura em dupla hélice do ácido desoxirribonucleico (DNA), entendendo como a informação é duplicada e como ela é passada de geração a geração. Na década de 1970, pesquisadores desenvolveram a habilidade de isolar genes, o que foi possível após a descoberta de enzimas que podem ser utilizadas como "tesouras moleculares" para cortar ou remover um segmento de gene de uma cadeia de DNA. Existem várias dessas enzimas, muitas das quais foram catalogadas de acordo com o ponto no qual elas cortam a molécula de DNA. Estas enzimas, denominadas "de restrição", também podem ser utilizadas para abrir um plasmídeo – um anel de DNA normalmente encontrado em bactérias. Os plasmídeos podem passar entre algumas células bacterianas e trocar informação genética.

Para transferir informação genética de uma célula para outra, uma enzima faz uma abertura em um plasmídeo bacteriano. Um segmento de DNA doador é então colocado no plasmídeo. Como as extremidades livres, tanto do plasmídeo como do doador, são quimicamente adesivas, elas ligam-se umas às outras – recombinam-se – para formar um plasmídeo contendo o novo gene. Esta técnica é chamada de clonagem de genes ou tecnologia do DNA recombinante (rDNA). O novo plasmídeo agora carrega instruções genéticas, permitindo que, quando inserido em uma bactéria, esta produza uma nova proteína que leva a expressão da nova característica.

A primeira aplicação comercial desse processo foi desenvolvida em 1982, quando se produziu insulina humana em quantidades necessárias para uso médico. O gene que codifica para produção de insulina, em humanos, foi transferido para uma bactéria. Estas bactérias são cultivadas em um tanque de fermentação, produzindo a proteína. A insulina é então isolada e purificada para o tratamento de diabetes (Figura 34.1).

Usando a técnica do DNA recombinante foram desenvolvidas as primeiras plantas transgênicas, em 1983, quando um gene codificante para a resistência contra o antibiótico canamicina foi introduzido em plantas de fumo. Já em 1985, plantas geneticamente alteradas para resistir a pragas foram testadas em plantio de campo.

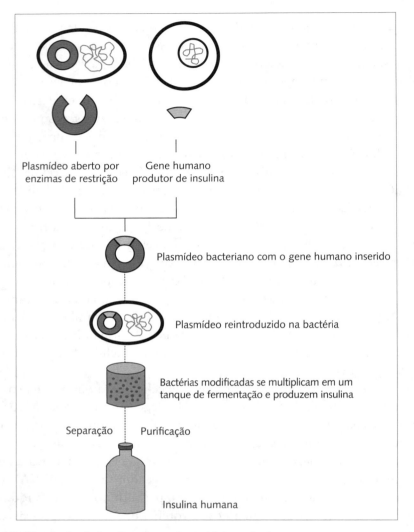

Figura 34.1 Produção de insulina por meio da biotecnologia.

APLICAÇÕES DA BIOTECNOLOGIA

Na produção de alimentos de origem vegetal

Desde o início da agricultura, os objetivos dos agricultores têm sido: aumentar a produtividade de determinadas culturas pela seleção de variedades que apresentem resistência a doenças e pragas; resistência a condições ambientais hostis como solos ácidos e/ou alcalinos; encharcamentos e seca; maior resposta de independência a fertilizantes; aumentar o valor de culturas de interesse socioeconômico, selecionando características como maior conteúdo de óleo, maior valor nutritivo, maior facilidade de colheita e armazenagem e independência da proteção por produtos químicos. Até alguns anos atrás, alguns desses objetivos eram alcançados por meio de métodos clássicos de cruzamento e cultivo selecionado, ou seja, da genética mendeliana. Estes métodos não permitem ultrapassar as barreiras naturais de cruzamento, e até que uma variedade com características novas possa ser lançada no mercado, 5 a 15 anos podem transcorrer.

A biotecnologia vegetal é uma extensão deste melhoramento tradicional de plantas, com uma diferença importante: ela permite a transferência de informação genética de forma mais precisa e controlada. Portanto, com os métodos da biologia molecular moderna, é possível isolar e manipular genes específicos, o que não acontece no melhoramento clássico, em que o pesquisador é obrigado a trabalhar com genomas inteiros (Figura 34.2).

Além disso, os métodos da biotecnologia permitem não somente reduzir o tempo de obtenção de variedades com novas características, mas também transmitir propriedades de espécies que, normalmente, são sexualmente incompatíveis, o que oferece um enriquecimento de variedades realmente novas em forma de plantas transgênicas.

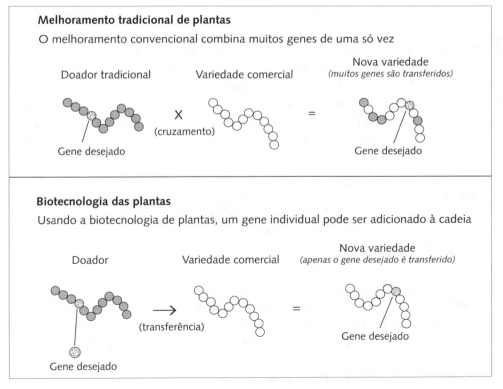

Figura 34.2 Melhoramento tradicional de plantas versus biotecnologia.
Fonte: Monsanto do Brasil (1997).

O Quadro 34.1 mostra uma série de vegetais que têm sido transformados por engenharia genética com sucesso. Alguns já se encontram disponíveis no mercado consumidor de alguns países, outros somente estarão dentro de alguns anos.

Entre as características desejáveis em novas variedades de plantas, citam-se:

Quadro 34.1 Vegetais que têm sido modificados por técnicas de engenharia genética

Alface	Canola	Kiwi	Pêssego
Maçã	Cenoura	Milho	Arroz
Aspargo	Salsão	Batata	Cevada
Couve-flor	Limão	Soja	Brócolis
Chicória	Aveia	Morango	Repolho
Algodão	Laranja	Girassol	Batata-doce
Uva	Papaia	Abóbora	
Tomate	Trigo	Ervilha	

Fonte: Critical Reviews (1996).

- No que se refere à melhoria e ao desempenho no campo – resistência a insetos e nematoides, resistência e infecções por vírus, tolerância a herbicidas e inseticidas e tolerância a fatores ambientais hostis.
- No que se refere à melhoria das características nutricionais e de processamento, vegetais com novas características de senescência, cor, sabor e textura, com a composição de carboidratos modificada, com alteração na composição e teor de óleo.

As informações evidenciam que a maior parte da biotecnologia vegetal tem concentrado esforços na melhoria do desempenho das culturas.

TOLERÂNCIA A HERBICIDAS

Culturas tolerantes a herbicidas são capazes de resistir à aplicação do produto que passa a ser letal somente para as ervas daninhas. Os genes que conferem essa tolerância são obtidos tanto de plantas como de bactérias e introduzidos em diversas culturas. Exemplos de plantas transgênicas resistentes a herbicidas incluem:

- A soja resistente ao glicofostato (Round up®), conhecida como soja Round up® Ready, desenvolvida pela empresa Monsanto. O herbicida Round up®, hoje usado em mais de 100 países, controla efetivamente uma grande variedade de gramíneas e plantas de folhas largas por meio de inibição da EPSP sintetase, uma enzima essencial ao crescimento das plantas. Os genes inseridos nessas culturas tolerantes ao herbicida aumentam a quantidade de EPSP sintetase nas plantas, fornecendo um desvio ao redor do bloqueio.

- Algodão (BXNR da Calgene e Round up® Ready da Monsanto).
- Milho (Liberty Link® – da AgrEvo).

Os produtos mencionados nesses três exemplos já se encontram comercialmente disponíveis no mercado americano. No Brasil, a soja Round up® Ready já obteve permissão legal para plantio e comercialização, bem como alguns eventos de modificação genética para milho e algodão.

RESISTÊNCIA A INSETOS, NEMATOIDES, FUNGOS E VÍRUS

O *Bacillus thuringiensis* (Bt), uma das bactérias que ocorrem naturalmente no solo, é conhecido por sua habilidade de controlar insetos e por isso tem sido utilizado por décadas como inseticida biológico. Esta bactéria produz uma proteína (delta endotoxina) que destrói o sistema digestivo dos insetos. Por meio da biotecnologia, os genes que codificam para a produção da delta endotoxina têm sido introduzidos em vegetais como a batata (New Leaf® da Monsanto), algodão (Bollgard® da Monsanto) e milho (Yeld Gard® da Monsanto e Maximizer® da CIBA).

Culturas resistentes a certos tipos de vírus podem ser obtidas com a introdução de parte do DNA do vírus na composição genética da planta.

A observação de que a parede celular de muitos fungos patogênicos contém quitina e que algumas plantas infectadas respondem à infecção produzindo quitina-se tem servido de base para a produção de plantas transgênicas que expressem esta enzima constitutivamente. Genes que codificam para a produção de quitinase podem ser encontrados no feijão e em bactérias como a *Serratia marcescens*.

Utilizando a biotecnologia, os pesquisadores estão trabalhando para proteger vegetais como alfafa, canola, melão, milho, pepino, uva, batata, soja, abóbora e tomate de doenças causadas por vírus, e ainda pimenta e tomate de doenças causadas por fungos. Um exemplo é a abóbora Freedom II® desenvolvida pela Asgrow Seed Co, disponível no mercado norte-americano desde 1995.

CARACTERÍSTICAS SENSORIAIS E PROCESSAMENTO

A tecnologia do DNA recombinante pode ser usada para estender a vida de prateleira dos alimentos, modificar seus atributos sensoriais ou ainda melhorar suas características de processamento.

A seguir são citados alguns exemplos de vegetais geneticamente modificados que ilustram esses avanços:

- Tomate – há mais de quatro anos os consumidores norte-americanos já conhecem tomates de vida mais longa, que duram até 40 dias for a da geladeira. Esses tomates geneticamente modificados contêm níveis reduzidos da enzima poligalacturonase (PG), que atua sobre a pectina, um polissacarídeo estrutural presente no fruto. Normalmente, esse polissacarídeo é degradado durante o estágio de amadurecimento do fruto pela poligalacturonase, o que leva a seu amolecimento. A manutenção da integridade da pectina e, portanto, retardo no amolecimento do fruto durante o amadurecimento proporciona diversas vantagens, como: permite que o fruto permaneça mais tempo na planta, favorecendo o desenvolvimento de melhor sabor; menor suscetibilidade a perdas no processamento da colheita, transporte e armazenamento. Além disso, a pectina é um componente importante na obtenção de pastas ou purês com melhor textura ou consistência; o uso industrial desses tomates geneticamente modificados tem grandes vantagens, pois eles fornecem polpas mais consistentes, assim, menos energia é despendida nas etapas de concentração do purê. Os níveis de poligalacturose podem ser reduzidos até 99% por engenharia genética, usando a técnica do gene com orientação reversa (gene antisenso) que codifica a produção de PG. Comercialmente, este tomate é denominado Flavr Davr® e foi desenvolvido pela Calgene Inc., de Davis, na Califórnia. Ainda nesta linha de controle de amadurecimento, pesquisadores têm trabalhado com a técnica do gene antissenso ou genes de bactérias, inibidores da produção de etileno, o hormônio vegetal que coordena o processo de amadurecimento. Genes que codificam proteínas responsáveis por sabor adocicado, presentes em alguns tipos de frutos africanos, também têm sido transferidos, por meio de técnicas do DNA recombinante para tomates e alface com o intuito de obter melhor sabor, embora ainda não estejam disponíveis comercialmente.
- Canola – o óleo de canola Laurical®, desenvolvido pela Calgene, já está disponível no mercado norte-americano desde 1995. O óleo desta canola, que recebeu um gene que codifica para uma nova tioesterase proveniente de outro vegetal, contém 38% de ácido láurico. As propriedades deste óleo, modificado na estrutura de seu triglicerídeo, têm aplicações, nas indústrias de sabão, detergentes e alimentícia. Óleos ricos em ácido láurico até então só eram provenientes de coco e palmiste.
- Soja – já está disponível desde 1997, no comércio norte-americano, a soja com alto teor de ácido oleico, denominada Optimum®, desenvolvida pela Dupont. Em razão da grande importância das sementes oleaginosas na economia mundial e na alimentação humana e animal, as pesquisas em biotecnologia acerca desses vegetais têm sido intensas, principalmente no sentido de isolar os genes envolvidos na síntese de ácidos graxos. A partir desses experimentos espera-se obter genótipos com maior concentração de proteína e/ou óleo e genótipos com composição do óleo significativamente alterado, permitindo a produção de óleos mais saudáveis e/ou menos suscetíveis à oxidação.

ALIMENTOS TRANSGÊNICOS ■ 693

- Batata – assim como o tomate, batatas com maior teor de sólidos possibilitam uma redução nos custos de processamento, pois requerem menos energia para retirar água quando da produção de derivados. O maior teor de sólidos tem ainda o potencial de fornecer ao consumidor batatas fritas com menos gordura, pois estas absorvem menos óleo.

  O metabólito chave na síntese de amido é a glicose adenosina difosfato (ADPG), cuja síntese é catalizada pela ADP glicose pirofosforilase. Para aumentar o nível de ADPG nas batatas, os pesquisadores isolaram um gene mutante que codifica para ADP glicose pirofosforilase de *Escherichia coli*. A enzima bacteriana é insensível aos mecanismos que regulam a atividade enzimática da ADP glicose pirofosforilase da batata e que, portanto, limitaria a produção de ADPG. Como consequência, ocorre um aumento do conteúdo de amido no tubérculo. Também com relação a batatas, pesquisadores usando a tecnologia do RNA antissenso, têm obtido tubérculos com atividade da enzima sacarose sintetase diminuída, o resultado é melhor tolerância ao armazenamento sob refrigeração e retardo no brotamento. Essas pesquisas têm sido realizadas pela empresa Monsanto.

- Trigo – pesquisadores da Universidade da Califórnia, em parceria com a empresa Monsanto, têm desenvolvido uma variedade de trigo com alto teor de glutenina, por meio da introdução de cópias extras de genes que codificam para subunidades de glutenina de alto peso molecular em variedades comuns. Como resultado, obtém-se um trigo cuja farinha confere melhor extensibilidade à massa de pães.

Pela introdução de um ou mais genes em uma cultura agrícola, outras características vantajosas podem ser possíveis. Outro tipo de melhoramento envolve, por exemplo, a manipulação da expressão de genes de proteínas de reserva com teor otimizado de aminoácidos essenciais para a nutrição humana e animal.

As leguminosas geralmente contêm baixos níveis de metionina, cisteína e triptofano, enquanto os cereais são deficientes em lisina, treonina e triptofano. Pesquisadores introduziram na soja e na canola um gene da castanha-do-pará que codifica para uma albumina rica em metionina (esta proteína de armazenamento contém 18% de metionina), resultando em um melhoramento significativo da qualidade nutricional dessas sementes transgênicas, entretanto, como esta proteína é alergênica para alguns indivíduos suscetíveis, o desenvolvimento comercial desses produtos necessita de estudos complementares.

Outra aplicação da biotecnologia, no que se refere à presença de proteínas alergênicas em muitos vegetais como amendoim, soja e castanha-do-pará e algumas variedades de arroz, diz respeito à realização de estudos usando a técnica do gene antissenso para minimizar este problema nestas sementes.

Além de poder minimizar a ocorrência de componentes alergênicos, também vislumbra-se a possibilidade de diminuir ou eliminar nos vegetais substâncias tóxicas naturalmente presentes, como glicoalcaloides e lectinas, por exemplo, embora as pesquisas nesse campo estejam apenas no início.

A tecnologia do gene antissenso pode, ainda, ser utilizada para prevenir o escurecimento de frutas e hortaliças, por ação de enzimas como as polifenoloxidases, diminuindo a necessidade do uso de antioxidantes como sulfitos ou ácido cítrico.

Pesquisadores japoneses já conseguiram desenvolver uma variedade de café com redução no teor de cafeína em cerca de 80%, ou seja, um café naturalmente descafeinado.

Contudo, as plantas transgênicas não são promissoras somente para a indústria alimentícia. Alguns pesquisadores estão atualmente investigando a possibilidade de usar plantas transgênicas na produção de vacinas contra doenças humanas e de animais.

Na produção de alimentos de origem animal

A biotecnologia também está melhorando a eficiência da produção de alimentos de origem animal. Um exemplo desta aplicação é a somatotropina bovina (BST), uma proteína hormonal, produzida naturalmente pelas vacas, que ajuda no crescimento de bezerros e novilhos e na lactação de vacas adultas. Ela sempre esteve presente no leite em baixos níveis. No homem, a BST não é ativa e é digerida como qualquer outra proteína.

A biotecnologia tornou possível a produção em larga escala da proteína para que esta possa ser fornecida aos produtores de leite. No Brasil, ela vem sendo comercializada desde 1992 com o nome comercial de Lactotropin®.

A biotecnologia pode produzir animais resistentes à contaminação microbiana, por exemplo, galinhas que não produzem ovos contaminados ou vacas que não produzem leite contaminado.

Entretanto, as tecnologias de modificação genética, pelo DNA recombinante, só serão possíveis após o mapeamento ou melhor conhecimento dos genomas de animais, o que vem sendo amplamente incrementado atualmente.

Pesquisas com ratos, vacas e cabras transgênicas parecem ser promissoras para a produção de leite com maior teor de lactoalbumina e lactoferrina, assemelhando-se ao leite humano; essas proteínas melhoram a função do sistema imunológico, auxiliando no combate a doenças.

Produção de enzimas, coadjuvantes de tecnologia de produção de alimentos e outros ingredientes produzidos por culturas de células

A cultura de células e tecidos representa um método alternativo para a produção de ingredientes alimentícios. Esses ingredientes, provenientes de plantas e micro-organismos geneticamente modificados, apresentam como vantagens: estereoespecificidade de reação, reações em múltiplo estágio, evitam condições desfavoráveis e fornecem produtos uniformes.

A biotecnologia e, em particular, a engenharia genética têm sido utilizadas para aumentar o suprimento de enzimas para a indústria alimentícia. Esta tecnologia permite que enzimas sejam sintetizadas em grandes quantidades, a partir de sistemas que são comercialmente viáveis. Um exemplo de aplicação é a produção de quimosima, usada na produção de queijos, a partir de micro-organismos recombinantes em substituição à sua fonte tradicional, o estômago de bezerros.

A sequência do DNA que codifica para a produção da enzima foi isolada e clonada em micro-organismos como leveduras (*Aspergillus niger*) e bactérias (*Escherichia coli*). Uma célula de *E. coli* pode produzir cerca de 300 mil moléculas de enzima. O produto final é idêntico ao obtido do estômago de bovinos, da mesma forma que o queijo produzido.

O uso dessas enzimas provenientes de micro-organismos já tem aprovação em mais de 20 países, onde são comercializadas sob diferentes marcas (Maxiren®, Chymogen® e Climax®).

ENGENHARIA GENÉTICA E A PRODUÇÃO DE ALIMENTOS – RISCOS E BENEFÍCIOS

Benefícios

Com base nos aspectos mencionados, pode-se reconhecer que muitos avanços na qualidade e oferta de alimentos são possíveis pelo uso da engenharia genética. Muitas das características desejáveis em novas variedades de plantas fornecem melhorias de qualidade, vantagens para o processamento, aprimoramento nutricional e práticas agrícolas mais sustentáveis. Melhorias como essas podem ajudar a fornecer um suprimento de alimentos mais abundante e saudável, além de proteger o meio ambiente para as gerações futuras.

Culturas protegidas de insetos, por exemplo, oferecem benefícios agrícolas e ambientais; quando os agricultores reduzem o uso de inseticidas químicos, insetos benéficos podem sobreviver e auxiliar no controle de insetos-pragas. Também existe menor potencial de exposição de trabalhadores e dos lençóis freáticos a produtos químicos e maior compatibilidade com o manejo integrado de pragas.

A biotecnologia permite o desenvolvimento de culturas protegidas de certos tipos de vírus, fungos e bactérias, oferecendo benefícios agrícolas, econômicos e ambientais. Os produtores podem reduzir recursos utilizados, como os gastos com mão de obra, combustível, defensivos, sementes e equipamentos para plantar áreas extras.

Culturas tolerantes a herbicidas, além de oferecerem aos produtores uma ferramenta importante para o combate às plantas daninhas, são compatíveis com os métodos de plantio direto, que ajudam na conservação do solo. Culturas tolerantes a herbicidas permitem ao agricultor aplicá-los somente quando as plantas daninhas constituem problema efetivo (tradicionalmente os agricultores têm aplicado herbicidas, com efeito residual que permanece no solo, antes e depois da emergência das culturas).

A biotecnologia associada ao melhoramento genético tradicional, além de melhorar o rendimento das colheitas, pode estender as áreas úteis de plantio por permitir o desenvolvimento de vegetais resistentes a ambientes hostis em termos de solo e clima.

Por meio da biotecnologia, vislumbra-se a possibilidade de produzir alimentos com atividade medicamentosa, como a obtenção de farinha de trigo com maior conteúdo de beta-glucan; essa substância promove menor absorção de colesterol e controla a absorção e hidrólise de carboidratos.

A engenharia genética, por meio da técnica de supressão da expressão de genes, pode representar uma ferramenta importante na obtenção de alimentos modificados com teores reduzidos de proteínas alergênicas específicas, o que já tem sido obtido, por exemplo, com proteína alergênica 16-KDa, presente em arroz.

Riscos

No último século, a tecnologia de alimentos vem apresentando um desenvolvimento expressivo, sobretudo com a introdução do uso de substâncias químicas na produção, na industrialização e na conservação dos produtos. Apesar da importância de se buscar novas tecnologias para aumentar a oferta e a qualidade dos alimentos, tem-se presenciado também a adição contínua de novos riscos para os consumidores. Foi assim com os aditivos, com os praguicidas, com os anabolizantes utilizados no gado, com os antibióticos, com a irradiação e, parece ser agora, com a engenharia genética.

Como para toda inovação, convém avaliar com rigor as vantagens e os inconvenientes associados aos OGMs, caso a caso, sem generalizações. Observando um controle estrito de todas as etapas envolvidas com essa nova tecnologia, considera-se que um período de 5 a 10 anos possa permitir com segurança confirmar a inocuidade desses produtos para o homem e o meio ambiente. Obviamente, a capacidade de prever os riscos associados ao uso da engenharia genética limita-se ao estágio de conhecimento de fisiologia, genética e nutrição.

No que se refere à segurança alimentar, alguns potenciais perigos apontados com relação aos OGMs são: presença de substâncias que conferem resistência a antibióticos, presença de novas proteínas alergênicas, aumento do teor de substâncias tóxicas naturalmente ou não presentes, modificações indesejáveis no conteúdo de nutrientes.

Resistência a antibióticos

Com a finalidade de evidenciar, facilmente, se a introdução do gene de interesse em determinado genoma foi ou não bem-sucedida, associava-se ao material que estava sendo inserido um gene denominado "marcador", cuja presença é de fácil detecção. Esse gene geralmente codifica para uma determinada proteína que confere resistência a uma substância tóxica para as células não transformadas, que pode, por exemplo, ser um antibiótico ou um herbicida.

Diversos genes marcadores eram disponíveis, sendo os mais usados o gene que codifica para neomicina fosfotransferase (nptII), que confere resistência ao antibiótico canamicina e o gene fosfonotricina aciltransferase (bar), que confere resistência aos herbicidas Basta e Bialafós. Assim, utilizando-se um meio seletivo apropriado, é possível verificar facilmente o crescimento da planta geneticamente modificada, diferenciando-a das não modificadas, que não sobrevivem.

Apesar dessa associação ter razões puramente metodológicas, isto é, o gene marcador não tem interesse, ele continua a se expressar no tecido vegetal. Por esse motivo, muitos vegetais geneticamente modificados "carregam" o gene que confere resistência a antibióticos.

A presença de genes que conferem resistência a antibióticos em alimentos, pode ter dois efeitos adversos:

- A ingestão desse alimento, que contém as enzimas que destroem o antibiótico, concomitante com o antibiótico por via oral, reduz a eficácia do medicamento;
- Existe possibilidade de transferência do gene marcador e sua subsequente expressão para micro-organismos presentes no trato intestinal, por meio de recombinações entre o genoma dos micro-organismos e o genoma obtido por engenharia genética, uma vez que esses marcadores são de origem bacteriana. Dessa forma, a resistência poderia ser conferida a micro-organismos como *E. coli* patogênica, *Enterobacter*, *Salmonella* ou *Shigella*.

Entretanto, essa transferência de material genético entre plantas e micro-organismos é discutida como pouco provável. Há que se considerar, ainda sob este aspecto, se o DNA do OGM ingerido está ou não intacto quando ele entra em contato com a flora intestinal; o DNA é geralmente hidrolizado durante o processo digestivo (embora alguns autores mencionem possibilidade de resistência a esse processo). Tratamento químico ou aquecimento desnatura a molécula de DNA. Assim, a ingestão de alimentos não processados seria mais preocupante.

Essas considerações têm levado à adoção de medidas como a do governo britânico, que recomenda que micro-organismos utilizados como alimento, por exemplo bactérias lácticas, que serão ingeridas vivas, não devem conter genes marcadores de resistência a antibióticos.

Várias empresas (Asgrow, Monsanto, Northrup King) nos Estados Unidos não utilizam mais genes marcadores para resistência a antibióticos. Como alternativa, usam genes para tolerância a herbicidas.

O aumento de resistência a antibióticos também pode ocorrer de forma indireta, no caso do uso de BSTr (somatropina recombinante) em vacas leiteiras, que diminui a resistência dos animais. Dessa forma, ocorre maior número de infecções bacterianas (mastite), o que obriga os produtores a utilizarem mais antibióticos. Consequentemente, há um aumento dos resíduos desses antibióticos no leite para o consumo humano e a possibilidade de desenvolvimento de resistência bacteriana para tais antibióticos.

ALERGIAS

Os alimentos geneticamente modificados podem ser causa de alergias, pois pela engenharia genética é possível transferir para os vegetais proteínas de organismos que nunca tenham sido consumidos como alimento. Algumas dessas proteínas podem atuar como alérgenos, uma vez que se sabe que a maioria das substâncias que possuem esse efeito são proteínas.

A produção de uma determinada proteína pode ser o objetivo desejado da modificação genética. Como exemplo, pode-se citar novas proteínas com melhor balanceamento de seu conteúdo de aminoácidos ou aquelas que previnem a atividade de patógenos em uma cultura. Entretanto, a maioria das proteínas introduzidas em vegetais são enzimas, as quais desempenham funções metabólicas específicas, como a hidrólise de um herbicida, o enriquecimento de um óleo em um ácido graxo desejado ou, ainda, a produção de um amido modificado.

Exemplos de novas proteínas introduzidas em vegetais comestíveis incluem proteínas microbianas com atividade inseticida (por exemplo, as delta endotoxinas de *Bacillus turingiensis* – Bt); enzimas microbianas que degradam herbicidas (por exemplo, a nitralase de *Klebsiella ozaenae*); ou proteínas "marcadoras" que permitem selecionar células vegetais transformadas (por exemplo, a proteína NptII).

Entre as recomendações da United States Food and Drug Administration (FDA), um fator importante a ser considerado na avaliação da segurança de uma nova proteína presente em alimentos transgênicos é sua fonte. Presume-se que uma proteína derivada de uma fonte vegetal, animal ou outra, normalmente consumida como alimento, deva, a princípio, ser segura, a menos que na fonte já tenha propriedades antinutricionais, alergênicas ou outras características adversas.

Estudos com soja transgênica, contendo uma nova proteína de alto valor biológico codificada por um gene de castanha-do-pará introduzido, mostraram que pessoas alérgicas a castanha-do-pará também o eram para essa soja.

O FDA preconiza, ainda, que se uma proteína for derivada de uma fonte não alimentar, como uma variedade vegetal selvagem ou um micro-organismo, mas for estrutural e funcionalmente idêntica (ou similar) à proteína de uma fonte tradicional, não traz maiores preocupações com relação à segurança. Esse conceito presume que a inserção do gene não resultou em efeitos não específicos ou imprevisíveis. Caso isso aconteça, há necessidade de estudos adicionais. Trata-se do conceito de segurança denominado Safety Assessment of Food by Equivalence and Similarity Targeting (Safest), desenvolvido pelo grupo de trabalho em segurança alimentar da Organization for Economic Cooperation and Development (OECD), em 1990.

Em abril de 1993, o Departamento Americano de Agricultura (USDA), a Agência de Proteção Ambiental dos Estados Unidos (EPA) e a FDA realizaram uma conferência sobre Potencial Alergênico em Alimentos Transgênicos. Tornou-se claro nesta conferência que os conhecimentos sobre alergenicidade de alimentos são insuficientes para embasar ou prever se um alimento obtido por engenharia genética causará ou não reações alérgicas.

As sugestões para prever se o alimento terá ou não efeitos alergênicos, como comparação da sequência de aminoácidos da proteína como alérgenos conhecidos, propriedades físicas, químicas e biológicas, podem não ser conclusivos ou não corresponder à prática. O único meio seguro para testar se uma proteína é alergênica ou não é usar o soro de indivíduos alérgicos aos alimentos a partir dos quais a proteína é derivada, isso se a fonte for conhecida como alergênica.

Do exposto, é possível dizer que a alergenicidade de OGMs representa um problema complexo de segurança para os consumidores, por sua dificuldade de avaliação segura a curto e longo prazos.

Produção de substâncias tóxicas

Um dos primeiros produtos disponíveis comercialmente, obtido a partir de uma bactéria geneticamente modificada, foi um suplemento alimentar à base de triptofano. Este suplemento causou, em 1989, uma verdadeira tragédia no Japão, com dezenas de mortes. A empresa Showa Denko alterou geneticamente uma bactéria para que produzisse maior quantidade de triptofano. Entretanto, juntamente com o triptofano deve ter havido a produção de uma substância altamente tóxica, que só foi detectada quando o produto já estava no mercado.

Hoje, sabe-se que, além da mensagem codificada pelo gene, o ambiente celular no qual aquela mensagem é expressa pode afetar o comportamento da proteína resultante. Uma vez que não é possível prever com exatidão se a proteína terá um comportamento diferente quando em um novo organismo, é prudente supor que alguma diferença possa ocorrer.

Algumas enzimas isoladas de fontes não vegetais podem causar a formação de compostos que, normalmente, não ocorreriam nas plantas. Por exemplo, um vegetal geneticamente modificado para produzir uma enzima para hidrolizar determinado herbicida poderá conter produtos de decomposição do metabolismo do herbicida. A inocuidade dessas substâncias deverá ser considerada se o vegetal for de uso alimentício.

Finalmente, muitos organismos têm a capacidade de produzir substâncias tóxicas. No caso de vegetais, tais substâncias têm atividade protetora ou de defesa como alcaloides, taninos, inibidores enzimáticos etc. Com a manipulação genética, pode haver exacerbação ou repressão dessas vias metabólicas. Essas substâncias podem ser de baixa toxicidade nos níveis encontrados naturalmente nos alimentos, porém podem facilmente ter seus riscos toxicológicos aumentados. Algumas delas já têm seu mecanismo de ação bem definido, mas outras não, como algumas proteínas (por exemplo, a taumatina presente em tomates).

ALTERAÇÕES DO VALOR NUTRICIONAL

A engenharia genética pode alterar o valor dos nutrientes de um alimento, como um efeito secundário a algum outro propósito. O local de inserção (local do cromossomo do vegetal receptor) não pode ser controlado nas técnicas atuais do rDNA, isto é, a posição da inserção ocorre ao acaso ou semiacaso na melhor das hipóteses. Essa incapacidade de controlar o local da inserção pode acarretar uma série de consequências imprevisíveis e potencialmente negativas.

Dependendo da posição de inserção no cromossomo, o gene pode ou não ter expressão, bem como podem ocorrer outros efeitos associados a esse processo (movimento de genes intra e inter cromossomos).

Ressalta-se, com relação à possibilidade de se obter novos ácidos graxos na composição do alimento, a importância de se considerar principalmente a presença de ácidos graxos com cadeia superior a 22 átomos de carbono, ácidos graxos com grupos substituintes cíclicos, normalmente ausentes de óleos e gorduras da dieta.

As técnicas do rDNA também possibilitam a produção de carboidratos que não ocorrem naturalmente como alfa, beta ou gama ciclodextrinas. A segurança desses carboidratos para alimentação humana ainda necessita de vários estudos.

Tanto a literatura científica como manifestações de diversas organizações não governamentais elencam, ainda, riscos relacionados ao meio ambiente; entre esses, aquele que pode afetar diretamente a segurança alimentar refere-se ao uso de herbicidas. Plantas geneticamente modificadas com características de resistência a herbicidas podem levar ao uso indiscriminado dessas substâncias e a uma consequente contaminação do alimento e da água.

AVALIAÇÃO DA SEGURANÇA DE ALIMENTOS GENETICAMENTE MODIFICADOS

Os procedimentos de avaliação de segurança alimentar de organismos (plantas, animais, micro-organismos) geneticamente modificados são hoje objeto de discussão no plano internacional com a finalidade de obter-se uma harmonização de metodologias.

Atualmente, a avaliação do risco desses novos alimentos, sob os aspectos nutricionais e toxicológicos, está baseada no conceito de Equivalência de Substancial, ou, ainda, o conceito Safest como já mencionado anteriormente, acordado entre a Food and Agricultural Organization (FAO)/World Health Organization (WHO) e a OECD (Organização para Cooperação Econômica e Desenvolvimento).

Esse conceito fundamenta-se na ideia de que os organismos existentes ou seus produtos derivados, já utilizados como alimento, podem servir como parâmetro de comparação para avaliar a segurança para o consumo humano de um alimento ou ingrediente alimentício obtido por engenharia genética. Essa comparação entre o alimento modificado e um alimento de referência tradicionalmente consumido, sem efeitos indesejáveis ou que já tenha passado por testes de inocuidade, permite determinar se são equivalentes ou não.

Sob o prisma da engenharia genética, duas categorias de alimentos ou ingredientes alimentícios podem ser distinguidas:

- Os alimentos e ingredientes que contêm ou consistem em um OGM;
- Alimento ou ingrediente alimentício produzido a partir de, mas que não contenha um OGM.

Para determinar a Equivalência Substancial, vários parâmetros importantes devem ser identificados preliminarmente:

1. Denominação do produto (nome trivial, científico ou químico);
2. Fonte (planta, animal, micro-organismo – classificação taxonômica completa);
3. Origem (caracterização do organismo receptor ou parental, dos genes vetor/inserto e do organismo recombinante):
   - Quanto ao organismo receptor ou parental deve-se considerar características genotípicas e fenotípicas, histórico de patogenicidade no caso de micro-organismos, presença de metabólitos secundários ou outros componentes, potencialmente tóxicos ou com atividade antinutricional, bem como histórico de utilização em produção de alimentos.
   - Quanto ao gene vetor/inserto: caracterização de sua sequência, tamanho, estabilidade e mobilidade, presença de marcadores resistentes, histórico de uso em produção de alimentos e potencial alergênico dos produtos codificados pelo gene.
   - Organismo recombinante: estabilidade genética, especificidade da expressão do novo gene, efeitos secundários previsíveis, níveis de expressão de substâncias tóxicas conhecidas, com atividade antinutricional e nutrientes potencialmente significativos, comparação fenotípica (características de produtividade, crescimento, metabolismo, valor nutritivo etc.) com o organismo receptor e com outras variedades daquela espécie que sejam comercialmente importantes.

4. Método de produção – deve ser suficientemente detalhado para permitir considerações sobre efeitos potenciais sobre a composição do OGM.
5. Histórico – detalhes sobre qualquer uso prévio como alimento ou ração, ou medicamento devem ser incluídos.
6. Especificações quanto a sua composição química:
   - Proteína – perfil dos aminoácidos, nitrogênio não proteico e presença de aminoácidos não convencionais;
   - Gordura – perfil de ácidos graxos, incluindo ácidos graxos trans, densidade energética, compostos insaponificáveis e possíveis efeitos sobre vitaminas lipossolúveis;
   - Carboidratos – estrutura química, peso molecular, digestão in vitro e características fermentativas, conteúdo de fibra alimentar;
   - Vitaminas e minerais;
   - Outras substâncias tóxicas, fatores antinutricionais e ácidos nucleicos.
7. Finalidade de uso: por razões tecnológicas, para melhorar a qualidade nutricional entre outros.
8. Uso esperado deve incluir detalhes de como se espera que o produto seja processado, preparado e usado. Incluir ainda frequência e nível de uso pela população em geral ou grupos específicos, bem como se substituirá algum outro alimento ou ingrediente.

A partir dessas informações preliminares e estudos comparativos, três classes de produtos podem ser identificadas, bem como a necessidade, ou não, de estudos nutricionais e toxicológicos complementares:

- Alimentos ou ingredientes que são substancialmente equivalentes a um alimento ou ingrediente tradicional de referência: significa identidade bioquímica com o alimento de referência, dentro dos limites dos desvios esperados. Neste caso, nenhuma informação adicional é necessária para estabelecer sua segurança. Exemplo: os metabólitos (enzimas) produzidos por micro-organismos geneticamente modificados.
- Alimentos ou ingredientes que são suficientemente similares ao alimento tradicional de referência: caracteriza-se a presença de novos compostos ou novas propriedades, bem como ausência de um determinado componente ou propriedade (incluindo, no caso de micro-organismos, patogenicidade). Para esses componentes, serão necessárias avaliações complementares quanto à segurança, como avaliação da toxicidade, potencial alergênico e avaliação nutricional, incluindo estudos em humanos voluntários. Mesmo assim, obviamente o registro da ocorrência de qualquer efeito adverso relatado por consumidores após sua comercialização pode levar a testes adicionais. A maioria dos OGMs enquadram-se nessa classificação, pois no mínimo carregam o gene de interesse juntamente com um gene marcador, que codifica

para uma característica diferenciada ou uma nova proteína. Por exemplo, soja e milho geneticamente modificados.

- Alimentos ou ingredientes que não são substancialmente equivalentes nem suficientemente similares ao tradicional de referência: ou seja, não há evidência de equivalência. Por exemplo, um alimento ou ingrediente que contém um carboidrato estruturalmente diverso daqueles normalmente encontrados nas fontes alimentares. Deverão ser submetidos a uma avaliação toxicológica completa, como para uma nova substância química.

Todos esses quesitos precisam ser respondidos e elucidados antes que alimentos ou ingredientes geneticamente modificados cheguem ao mercado; os quesitos básicos, de uma forma ou de outra, estão preconizados nas legislações de biossegurança de diversos países, incluindo o Brasil.

BIOTECNOLOGIA E SEGURANÇA: INSTRUMENTOS LEGAIS

As questões legais, relativas aos organismos geneticamente modificados, encontram-se ligadas à ética e à biossegurança.

A regulamentação da biotecnologia moderna data dos primórdios de seu surgimento. Na década de 1970, instituições como o National Institute of Health (NIH) elaboraram guias de biossegurança que rapidamente foram adotados em todo mundo, inclusive no Brasil, garantindo um grau satisfatório de segurança laboratorial. Paralelamente, outras instituições nos Estados Unidos e na Europa estabeleceram mecanismos, já em uso em um grande número de países, que permitem avaliar e gerenciar satisfatoriamente o potencial de risco envolvido na liberação de organismos geneticamente modificados no ambiente.

Em 1983, a OECD decidiu criar um Grupo ad hoc em biossegurança de biotecnologias. O trabalho deste grupo levou à publicação, em 1986, de um relatório intitulado "Recombinant DNA Safety Considerations", o qual veio a ser conhecido como "Livro Azul". Desde a publicação desse relatório, um número significativo de países membros incorporaram normas e regulamentações às considerações e conceitos sobre biossegurança da OECD. Todos os países membros da Comunidade Comum Europeia (CCE) começaram a operar sob a diretiva CCE 90/220, que foi revista e atualizada em 1994, sobre a introdução planejada no meio ambiente de OGMs. Nos Estados Unidos, várias agências governamentais (FDA, USDA, Animal and Phytosanitary Inspection Service [APHIS], Environmental Protection Agency [EPA]) dividem a responsabilidade primária pela regulamentação da liberação no meio ambiente de organismos transgênicos. Várias ações de harmonização de legislações foram iniciadas, com a OECD exercendo papel importante de coordenação entre seus países membros, em conjunto com a WHO e a FAO, contribuindo para a aplicação de procedimentos comuns para países em desenvolvimento.

Em 1992, vários governos assinaram a "Agenda 21" na Conferência das Nações Unidas para o Meio Ambiente e o Desenvolvimento (Unced), realizada no Rio de Janeiro. Uma parte desse acordo compromete os signatários a considerarem a necessidade e modalidades de um protocolo internacional de biossegurança, para garantir o manejo ambientalmente seguro de biotecnologias.

A Conferência das Partes (COP) da Convenção da Diversidade Biológica aprovou em reunião realizada na Argentina, em 1996, o uso das Normas Técnicas em Biossegurança do Programa das Nações Unidas para o Meio Ambiente (Pnuma), como instrumento regulamentar internacional provisório. Essas normas levam em consideração a saúde humana e a segurança ambiental de todos os tipos de aplicações da biotecnologia, desde a pesquisa e desenvolvimento até a comercialização de produtos biotecnológicos que contenham ou consistam em organismos nos quais foram inseridas novas características.

Com o aumento do nível de familiaridade, há uma tendência entre os instrumentos regulamentares de identificar categorias de OGMs de baixo risco. Isso levou ao desenvolvimento de procedimentos simplificados de notificações para certos grupos de plantas modificadas. As diretrizes da Comunidade Europeia, também foram simplificadas para alguns OGMs. Os Estados Unidos introduziram, ainda, um procedimento para a classificação de certos OGMs como "não regulamentados", o qual permite sua produção sem restrição, quando for demonstrado que não apresentam riscos ao meio ambiente e à saúde pública. O tomate "Flavr Savr®", da Calgene, foi o primeiro exemplo de uma planta liberada do controle do Departamento de Agricultura dos Estados Unidos.

No Brasil, a Constituição Federal em seu artigo 225 incumbe ao poder público preservar a diversidade e a integridade do patrimônio genético do país e fiscalizar as entidades dedicadas à pesquisa e à manipulação de material genético, bem como controlar a produção, a comercialização e o emprego de técnicas, métodos e substâncias que comportem risco para a vida, a qualidade de vida e o meio ambiente. Esse artigo da Constituição foi, primeiramente, regulamentado pela Lei n. 8.974 de 05.01.1995, conhecida como Lei de Biossegurança, que estabelecia normas para o uso das técnicas de engenharia genética e liberação no meio ambiente de OGMs, assim como autorizava o poder público executivo a criar a Comissão Técnica Nacional de Biossegurança (CTNBio).

Em 20.12.1995, o Decreto 1.752 regulamentou por sua vez a Lei n. 8.974, dispondo sobre vinculação, competência e composição da CTNBio.

Foi assim estabelecida no Brasil a infraestrutura legal e institucional para o exercício dos princípios que deviam regular a biossegurança, relativa ao uso e liberação no meio ambiente de produtos transgênicos.

A CTNBio vinculava-se à Secretaria Executiva do Ministério da Ciência e Tecnologia e a ela competia:

- Estabelecer normas e regulamentos relativos às atividades e projetos que contemplem construção, cultivo, manipulação, uso, transporte, armazenamento, comercialização, consumo, liberação e descarte de OGMs; e,
- Emitir parecer técnico prévio conclusivo sobre registro, uso, transporte, armazenamento, comercialização, consumo, liberação e descarte de produto contendo OGMs ou derivados, encaminhando-o ao órgão de fiscalização competente, entre outros.

A Comissão é constituída por especialistas de notório saber, em exercício no segmento de biotecnologia, incluindo representantes de cada um dos Ministérios – da Ciência e Tecnologia, da Saúde, do Meio Ambiente, da Educação e do Desporto, das Relações Exteriores, dois representantes do Ministério da Agricultura, Pecuária e Abastecimento (sendo um da área vegetal e outro da área animal), um representante de Órgão de Defesa do Consumidor, um representante de associações representativas do setor empresarial de biotecnologia e um representante de órgão de proteção à saúde do trabalhador.

Desde sua instalação, a CTNBio publicou diversas Instruções Normativas e aprovou centenas de solicitações para liberação planejada de OGMs no meio ambiente, entendendo-se liberação planejada como aquela fase de experimentação em que o OGM é testado em campo, sob condições controladas. Ressalta-se que para uma instituição ou empresa poder realizar experimentos ou manipular variedades transgênicas, devia requerer à CTNBio um Certificado de Qualidade em Biossegurança (CQB), após cumprir uma série de requisitos. O CQB era emitido especialmente para a atividade ou projeto descrito pela instituição/empresa, levando em consideração a competência e a adequação do quadro funcional e a infraestrutura disponível. Esse controle governamental era uma maneira de garantir riscos mínimos para as pessoas e o meio ambiente, praticamente mapeando o país em termos de entidades e tipo de OGM manipulado.

O Ministério da Agricultura, Pecuária e Abastecimento, no âmbito de sua competência, já autorizou vários pedidos de importação de produtos transgênicos. Os principais produtos autorizados, com base em parecer da CTNBio, foram: milho (Bt), algodão (Bt), soja, milho e arroz com resistência a herbicida; batata e tabaco resistentes a vírus (todos para liberação planejada no meio ambiente, e não plantio comercial). Em relação à soja transgênica Round up Ready®, em 1998, recebeu parecer técnico favorável da CTNBio para plantio comercial (Comunicado CTNBio n. 54 de 29.09.98). Essa liberação significa que os experimentos já cumpriram todas as etapas anteriores necessárias a um parecer técnico conclusivo a respeito de sua segurança.

Entretanto, por razões de ordem jurídica relativas à rotulagem, permaneceu pendente a autorização para plantio comercial desta soja por muitos anos. O plantio só foi autorizado a partir de 2003, sendo liberado ano a ano, safra a safra, até a publicação da nova Lei de Biossegurança no Brasil.

Assim, a Lei n. 11.105, de 24.03.2005, regulamentou os incisos II, IV e V do § 1º do artigo 225 da Constituição Federal, estabelecendo normas de segurança e mecanismos de fiscalização de atividades que envolvam OGM e seus derivados, criou o Conselho Nacional de Biossegurança (CNBS), reestruturou a CTNBio e dispôs sobre a Política Nacional de Biossegurança (PNB), revogando a Lei n. 8.974/1995.

Esta Lei veio estabelecer normas de segurança e mecanismos de fiscalização sobre a construção, o cultivo, a produção, a manipulação, o transporte, a transferência, a importação, a exportação, o armazenamento, a pesquisa, a comercialização, o consumo, a liberação no meio ambiente e o descarte de OGM e seus derivados, tendo como diretrizes: o estímulo ao avanço científico na área de biossegurança e biotecnologia; a proteção à vida e à saúde humana, animal e vegetal; e a observância do princípio da precaução para a proteção do meio ambiente.

De acordo com o artigo 12 da referida lei, o funcionamento da CTNBio deveria ser definido por regulamentação específica. Portanto, as atividades da CTNBio são: reuniões mensais, emissão de pareceres técnicos; análises de pleitos relacionados com atividades envolvendo OGM e/ou derivados ficaram por um período suspensas, aguardando a publicação do decreto regulamentador. Assim, em 23.11.2005 foi publicado o Decreto n. 5.591, de 22.11.2005, regulamentando os dispositivos da Lei n. 11.105/2005 e, por conseguinte, as atividades da CTNBio.

O uso da biotecnologia despertou a atenção de consumidores do mundo todo. Diversas pesquisas de opinião têm revelado que eles se recusariam a consumir alimentos geneticamente modificados, se soubessem o que são ou o que contêm.

Em relação às associações de consumidores, há vários pontos de consenso entre as entidades de diversos países, que vêm procurando sensibilizar as autoridades e as empresas de alimentos, em relação aos aspectos de risco à saúde, principalmente quanto ao potencial alergênico.

No Brasil, entidades de defesa do consumidor, como o Instituto Brasileiro de Defesa do Consumidor (Idec), defendem que todo alimento produzido com a utilização de modificação genética deve ser adequadamente identificado e rotulado, e aqueles com potencial alergênico deveriam ter sua comercialização proibida. De fato, pode haver situações em que o produto transgênico é utilizado como ingrediente para o preparo de outro alimento. Por exemplo, um tomate pode até apresentar uma etiqueta de identificação, mas e o sanduiche preparado com carne, alface e este tomate? Nesse caso como seria realizada a rotulagem?

Mesmo assim, a informação na rotulagem ainda é o único elemento que possibilita aos consumidores exercerem plenamente seu direito de escolha em relação aos alimentos geneticamente modificados. A União Europeia, por exemplo, impõe rotulagem, já Estados Unidos, Canadá e Nova Zelândia não exigem. As recomendações do Codex Alimentarius adotam o princípio de Equivalência de Substancial, isto é, recomenda-se que somente no caso de haver risco de reações alérgicas ou diferença substancial deverá constar indicação no rótulo.

No Brasil, o Decreto n. 4.680, de 24.04.2003, disciplinou a rotulagem de alimentos embalados que contenham ou sejam produzidos com OGMs, e deu outras providências, com base no artigo 84, inciso IV, da Constituição (Anexo 34.3). A partir desse Decreto, a informação sobre a presença de ingrediente geneticamente modificado na composição de um alimento deve ser realizada a partir do limite de 1% no produto. Complementando essa regulamentação, a Portaria do Ministério da Justiça n. 2.658, de 22.12.2003, definiu o símbolo a ser utilizado no rótulo de alimento que consista de ou contenha acima de 1% de organismo geneticamente modificado.

De qualquer forma, mesmo com a aprovação de normas de rotulagem, há necessidade de se continuar desenvolvendo e/ou aprimorando métodos de detecção para alimentos geneticamente modificados.

Considerando a alta sensibilidade, especificidade e rapidez, a reação da polimerase em cadeia (PCR) constitui um dos métodos válidos para identificar se um material é transgênico ou não. Este método já é utilizado para caracterizar micro-organismos patogênicos e fraudes em alimentos. Entretanto, deve-se ressaltar que esse método, quando aplicado a alimentos, pode sofrer interferências que podem provocar inibição da reação ou diminuição da sensibilidade. Deve-se considerar a possibilidade de dificuldades relacionadas com o tipo de alimento, se in natura ou processado.

CONCLUSÕES E RECOMENDAÇÕES

A qualidade dos alimentos é uma das maiores preocupações dos consumidores em todo o mundo. No Brasil, ainda existem problemas básicos em relação à qualidade e à sanidade de alimentos, como contaminações químicas, microbiológicas, fraudes e informação deficiente nos rótulos, embora disponha-se de algumas legislações bastante avançadas e rigorosas, como o Código de Defesa do Consumidor e a própria Lei de Biossegurança. Entretanto, sabe-se que não é só a legislação que garante segurança. A informação, a conscientização e o amadurecimento do consumidor são fatores relevantes para que a população exerça seu papel: o controle social.

Parece pouco provável que a humanidade renuncie aos benefícios da biotecnologia, entretanto é necessário considerar eventuais riscos. Alterar a estrutura genética é assunto sério, merecendo uma reflexão profunda por parte da sociedade e abertura dos debates para além dos foros acadêmicos e de comissões técnicas, por meio da divulgação dos conhecimentos.

Se por um lado é fato que os avanços da biotecnologia para produção de alimentos transgênicos abrem perspectivas para a melhoria da qualidade alimentar, além de resultados econômicos, por outro, a liberação desses produtos não deve ocorrer antes que se realizem os testes necessários para garantir a saúde humana e a qualidade ambiental.

Existe também a preocupação em relação à disponibilidade de testes e laboratórios que possam avaliar a inocuidade dos alimentos transgênicos. Sob este aspecto, é importante considerar a necessidade de implementação de programas de capacitação nacional no campo de biossegurança e biotecnologia, a fim de assegurar a avaliação de produtos provenientes de engenharia genética que serão colocados no mercado brasileiro. O país ainda necessita desenvolver mais pesquisas nesse sentido, que permitam avaliar a utilização dessas inovações tecnológicas.

Um dos mais sérios perigos da engenharia genética é o fato de que uma vez obtido o efeito, não há mais como revertê-lo, isto é, uma vez que o OGM é liberado para o meio ambiente, ele se multiplicará. Se algum problema não for detectado ainda no âmbito laboratorial (ou do experimento), ele persistirá no meio, pois não há como capturar ou destruir todos esses OGMs liberados.

O tema exige atitude crítica e imparcial diante dos riscos e das potencialidades, ambos em princípio enormes, praticando uma sabedoria "prudencial" tanto quanto uma prevenção eficaz, quando necessária.

Lembra-se, mais uma vez, que a adoção de recomendações, legislações, códigos ou protocolos de conduta não garantem por si só a segurança. Deve-se dispor de mecanismos para avaliar segurança, identificando perigos e medidas preventivas, como monitoramento apropriado, pesquisa e troca de informações, as quais contribuem para a melhor aplicação da biotecnologia.

REFERÊNCIAS

AHSON, K. What is actually happening in agro-food biotechnology? Nutr. & Food Sci., v. 1, p. 26-31, 1997.
BRASIL. Leis, etc. Lei n° 8.974, de 5 de janeiro de 1995: regulamenta os incisos II e V do parágrafo 1° do art. 225 da Constituição Federal, estabelece normas para uso das técnicas de engenharia genética e liberação no meio ambiente de organismos geneticamente modificados, autoriza o Poder Executivo a criar, no âmbito da Presidência da República, a Comissão Técnica Nacional de Biossegurança. Diário Oficial da República Federativa do Brasil. Brasília, 6 jan. 1995. Seção 1, p.337-339.
_____. Leis, etc. Decreto n°4.680, de 24 de abril de 2003: Regulamenta o direito à informação, assegurado pela Lei no 8.078, de 11 de setembro de 1990, quanto aos alimentos e ingredientes alimentares destinados ao consumo humano ou animal que contenham ou sejam produzidos a partir de organismos geneticamente modificados, sem prejuízo do cumprimento das demais normas aplicáveis. Diário Oficial da República Federativa do Brasil. Brasília, 28 abr. 2003. Seção 1, p.1.
_____. Leis, etc. Portaria n° 2.658, de 22 de dezembro de 2003 do Ministério da Justiça: Define o símbolo de que trata o art. 2°, § 1°, do Decreto 4.680, de 24 de abril de 2003, na forma do anexo à presente portaria. Diário Oficial da República Federativa do Brasil. Brasília.
_____. Leis, etc. Lei n° 11.105, de 24 de março de 2005: regulamenta os incisos II e V do parágrafo 1° do art. 225 da Constituição Federal, estabelece normas para uso das técnicas de engenharia genética e liberação no meio ambiente de organismos geneticamente modificados. Diário Oficial da República Federativa do Brasil. Brasília, 28 mar. 2005. Seção 1, p.337-339.
_____. Leis, etc. Decreto n°5.591, de 22 de novembro de 2005: Regulamenta dispositivos da Lei n° 11.105, de 24 de março de 2005, que regulamenta os incisos II, IV e V do § 1° do art. 225 da Constituição, e dá outras providências. Diário Oficial da República Federativa do Brasil. Brasília, 23 nov. 2005. Seção 1, p.1.
_____. Leis, etc. Decreto n° 1.752 de 20 de dezembro de 1995: regulamenta a Lei n° 8.974, dispõe sobre a vinculação, competência e composição da Comissão Técnica Nacional de Biossegurança – CTNBio. Diário Oficial da República Federativa do Brasil. Brasília 21 dez.1995. Seção 1, p. 21. 648-21, 649.

ALIMENTOS TRANSGÊNICOS ■ 709

_____. Leis, etc. Comunicado n° 54, de 29 de setembro de 1998: decisão do processo de liberação comercial da soja transgênica resistente ao herbicida Roundup. Diário Oficial da República Federativa do Brasil. Brasília, 1° out. 1998. Seção 3, p. 56.

BOREMA. Biotecnologia Simplificada. Aluízio Borém, Fabrício Rodrigues dos Santos – 2ª ed., Viçosa, Universidade Federal de Viçosa, 2003. 302p.

BOTTERMAN, J. & LEEMANS, J. Engineering herbicide resistance in plants. Trends in Genetics, v. 4, n. 8, p. 219-222, 1988.

BULFIELD, G. Genetic modification of farm animals. British Food J., v. 98, n. 4/5, p. 10-13,1996.

BURNQUIST, H.L. Biotecnologia agrícola e os impactos socioeconômicos na economia brasileira. [on line] Biotecnologia Ciência e Desenvolvimento, n° 1. Disponível em: http://www.biotecnologia.com.br. Acessado em: nov. 1998.

CASTRO, L.A.B. de Editorial. [on line] Boletim Informativo da CTNBio. Disponível em: http://www. mct.gov.br/ctnbio. Acessado em: set. 1998.

COSTA, N.M.B. Biotecnologia e Nutrição: saiba como o DNA pode enriquecer os alimentos. Neuza Maria Brunoro Costa, Aluízio Borém. São Paulo: Nobel, 2003. 214p.

DAY, P.R. Genetic modification of proteins in food. Crit. Rev. in Food Sci. And Nutr., v. 36, n. S, p. 549-567, 1996.

DE LUMEN, B.O.; KRENZ, D.C.; REVILLEZA, J. Molecular strategies to improve the protein quality of legumes. Food Technol., v. 51, n. 5, p. 67-70, 1997.

FONTES, E.M.G. Biossegurança de biotecnologias – breve histórico. [on line] Boletim Informativo da CTNBio. Disponível em: http://www.mct.gov.br/ctnbio. Acessado em: set. 1998.

GANDER, E.S. & MARCELINO, L.H. Plantas transgênicas. [on line] Biotecnologia Ciência e Desenvolvimento, n° 1, Disponível em: http://www.biotecnologia.com.br. Acessado em: nov. 1998.

GENÉTICA – Biologia desenha a cara do século 21. Suplemento Especial Folha de São Paulo. São Paulo, 06/08/1998,10p.

HANSEN, M. Health and safety concerns of genetically engineered foods, In: Consumers International Biotechnology Conference, Oud Poelgeest, 1995.

HIGLEY, N. & HALLAGAN, J.B. Safety and regulation of ingredients produced by plant cell and tissue culture. Food Technol., v. 51, n. 11, p. 72-74, 1997.

HOBAN, T. How japanese consumers view biotechnology. Food Technol., v. 50, n. 7, p. 85-88, 1996.

IDEC. Governo pode autorizar transgênicos no Brasil. Consumidor S.A, v. 34, p. 22-23, 1998.

IDEC. O risco dos alimentos geneticamente modificados. [on line] Disponível em: http://www.uol.com. br/idec/news. Acessado em: dez. 1998.

JONAS, D.A.; et al. The safety assessment of novel foods. Food and Chem. Tox., v. 34, p. 931-940,1996.

JONES, L. Food biotechnology: current developments and need for awareness. Nutr. & Food Sci., v. 6, p. 5-11, 1996.

KATZ, F. Biotechnology – new tools in food technology's toolbox. Food Technol., v. 50, n. 11, p. 63-65, 1996.

KENDALL, P. Food Biotechnology: boon or threat? J. Nutr. Educ., v. 29, n. 3, p. 112-115, 1997.

KONIETZNY, U. & GREINER, R. Model systems for developing detection methods for foods deriving from genetic engineering. J. Food Composition and Analysis, v. 10, p. 28-35, 1997.

KUZNESOF, S. & RITSON, C. Consumer acceptability of genetically modified foods with special reference to farmed salmon. British Food J., v. 98, n. 4/5, p. 39-47, 1996.

LABUZA, T.P. Food Technology and food law. Food Technol., 50(3):102-105, 1996. LAJOLO, F.M. Transgênicos: Bases Científicas da sua Segurança. Franco Maria Lajolo, Marília Nutti. São Paulo: SBAN, 2003. 112p.

LIU, K. & BROWN, E.A. Enghancing vegetable oil quality through plant breeding and genetic engineering. Food Technol., v. 50, n. 11, p. 67-71, 1996.

LOUISOT, P. Le génie, génétique appliqué aux végétaux. Cah. Nutr. Diet., v. 32, n. 1, p. 14-18, 1997.

MANSUR, A.; IACOMINI, F. Sementes que valem bilhões. Veja, v. 27, p. 102-103, 1998.

METCALFE, D.D.; ASTWOOD, J.D.; TOWNSEND, R.; SAMPSON, H.A.; TAYLOR, S.L. & FUCHS, R.L. Assessment of the allergenic potential of foods derived from genetically engineered crop plants. Critical Reviews in Food Sci and Nutr., v. 36, n. S, p. S165-S186, 1996.

MONSANTO do Brasil Ltda. Biotecnologia: soluções para o mundo de amanhã. 28p. nov. 1997.

OLEMPSKA, Z. S.; KUZNESOF, P.M.; Di NOVI, M. & SMITH, M.J. Plant biotechnology and food safety. Food Technol., v. 47, n. 12, p. 64-72, 1993.

PASCAL, G. L'evaluation de la sécurité alimentaire. Cah. Nutr. Diét., v. 32, p. 1, p. 17-18, 1997.

ROBINSON, C. Genetically modified foods ans consumer choice. Trends in Food Sci. and Technol., v. 8, p. 84-88, 1997.

SHEWRY, P.R. & LAZZERI, P. Genetic manipulation of crops. British Food J., v. 98, n. 4/5, p. 5-9, 1996.

SOARES, B.E.C. Perspectivas da biotecnologia aplicada à saúde no Brasil. [on line] Boletim Informativo da CTNBio. Disponível em: http://www.mct.gov.br/ctnbio. Acessado em: set. 1998.

TORREY, J.G. The development of plant biotechnology. Am. Scient., v. 73, n. 4, p. 354-363, 1985.

TUCKER, G. Biotechnology and enzymes in the food industry. British Food J., v. 98, n. 4/5, p. 14-19, 1996.

UNION OF CONCERNED SCIENTISTS. Potential harms to health from genetic engineering. [on line]. Disponível em: http://www.ucsusa.org/agriculture/gen.risks. health.html. Acessado em: fev. 2014.

WILKINSON, J.Q. Biotech plants: from lab bench to supermarket shelf. Food Technol., v. 51, n. 12, p. 37-42, 1997.

WILSON, R.F. Practical biotechnological strategies for improving the quality and value of soybeans. INFORM, v. 4, n. 2, p. 193-200, 1993.

WODICKA, V.O. Regulation of food: where have we bee? Food Technol., v. 50, n. 3, p. 106-108, 1996.

ZAHLER, P.M. A importação de OGM – fiscalização e monitoramento do Ministério da Agricultura e do Abastecimento. [on line] Biotecnologia Ciência e Desenvolvimento. Disponível em: http://www. biotecnologia.com.br. Acessado em: nov. 1998.

ANEXOS

Anexo 34.1 – Glossário.

Alimentos transgênicos
Produtos que sofreram alteração genética com o objetivo de melhorar a qualidade.

Biotecnologia
Aplicação de organismos vivos ou parte deles para desenvolver ou modificar produtos.

Biotecnologia moderna
Uso de métodos biotecnológicos para modificar o material genético de células vivas, produzindo novas substâncias ou desempenho de novas funções.

Biotecnologia vegetal
Adição de características selecionadas a plantas, por via da engenharia genética, para o desenvolvimento de novas variedades.

DNA recombinante
DNA obtido do corte e recombinação de moléculas de DNA de diferentes fontes.

Engenharia genética
Técnica de remover, modificar ou adicionar genes em um organismo vivo. Também chamada de clonagem de genes, tecnologia do DNA recombinante ou modificação gênica.

Gene antissenso
Gene com orientação reversa em relação a sua sequência regulatória.

Organismo geneticamente modificado (OGM)
Organismo cujo material genético (DNA) tenha sido modificado por qualquer técnica de engenharia genética.

Plasmídeo
Pequeno DNA circular extracromossômico capaz de autorreplicação.

Transgênico
Organismo que contém um gene "estrangeiro".

712 ■ HIGIENE E VIGILÂNCIA SANITÁRIA DE ALIMENTOS

Anexo 34.2 – Histórico.

6000 a.C. –	Babilônios e sumérios utilizam lêvedo para produzir cerveja.
4000 a.C. –	Egípcios descobrem como fazer pão fermentado. Transformação do leite em iogurte, uso do mofo na elaboração de queijos, fabricação e fermentação do vinho.
400 a.C. –	Hipócrates observa que o sêmen transfere as características do homem para os filhos.
1630 –	William Harvey conclui que plantas e animais se reproduzem por meio do sexo: machos contribuem com pólen ou esperma, e as fêmeas, com óvulos.
1724 –	Descoberta do método de fecundação cruzada do milho para produzir híbridos.
1863 –	Anton de Bary prova que um fungo causa doença nas batatas.
1865 –	O monge Gregor Mendel apresenta suas leis sobre hereditariedade na Sociedade de Ciência Natural, na Áustria. Mendel sustentava que fatores internos (posteriormente identificados como genes) passam de uma geração a outra.
1910 –	Thomas Hunt Morgan prova que os genes são transmitidos pelos cromossomos (estudo com moscas drosófilas).
1944 –	Oswald Avery, Colin MacLeod e Maclyn MacCarty mostram que a herança genética é transmitida por ácidos nucleicos.
1946 –	Max Delbruck e Alfred Dau Hershey descobrem que os materiais genéticos de vírus diferentes podem ser combinados para formar um novo tipo de vírus.
1953 –	Francis Crick e James Watson descobrem a estrutura helicoidal do DNA.
1965 –	Harris e Watkins conseguem fundir células humanas e de ratos.
1970 –	Hamilton Smith isola uma enzima que corta os filamentos de DNA. Essa "tesoura molecular" permite a recombinação do DNA.
1973 –	Stanley Cohen, Annie Chang e Herbert Boyer tranferem o DNA de uma forma de vida (vírus) para outra (bactéria), produzindo o primeiro organismo com DNA recombinado.
1978 –	Pesquisadores da Universidade de Harvard utilizam técnicas de engenharia genética para produzir insulina em ratos.
1981 –	Cientistas da Universidade de Ohio produzem os primeiros animais transgênicos mediante a transferência de genes de outros animais em ratos.
1983 –	Primeiras plantas transgênicas são desenvolvidas em laboratórios da Europa, China e Estados Unidos – quando um gene codificante para a resistência contra o antibiótico canamicina foi introduzido em plantas de fumo.
1985 –	Plantas geneticamente alteradas para resistir a pragas são testadas em campo.
–	Descoberta da técnica da Reação em Cadeia da Polimerase (PCR), que permite produzir bilhões de cópias de um fragmento de DNA.
1994 –	O primeiro alimento geneticamente modificado, o tomate Flavr Savr®, chega aos supermercados dos Estados Unidos. O tomate tem amadurecimento mais lento que as variedades convencionais, resistindo ao transporte.

(continua)

Alimentos transgênicos ■ 713

Anexo 34.2 – Histórico. (*continuação*)

1996	– A soja e a canola resistentes a herbicidas são comercialmente cultivadas nos Estados Unidos. – O Parlamento Europeu aprova as diretrizes para a rotulagem de alimentos geneticamente modificados.
2005	– Nova Lei de Biossegurança aprovada no Brasil, com liberação da soja resistente ao glifosato para plantio e comercialização.

Anexo 34.3 – Decreto n. 4.680, de 24.4.2003.

Regulamenta o direito à informação, assegurado pela Lei n. 8.078, de 11 de setembro de 1990, quanto aos alimentos e ingredientes alimentares destinados ao consumo humano ou animal que contenham ou sejam produzidos a partir de organismos geneticamente modificados, sem prejuízo do cumprimento das demais normas aplicáveis.

O PRESIDENTE DA REPÚBLICA, no uso da atribuição que lhe confere o art. 84, inciso IV, da Constituição,

DECRETA:

Art. 1º Este Decreto regulamenta o direito à informação, assegurado pela Lei n. 8.078, de 11 de setembro de 1990, quanto aos alimentos e ingredientes alimentares destinados ao consumo humano ou animal que contenham ou sejam produzidos a partir de organismos geneticamente modificados, sem prejuízo do cumprimento das demais normas aplicáveis.

Art. 2º Na comercialização de alimentos e ingredientes alimentares destinados ao consumo humano ou animal que contenham ou sejam produzidos a partir de organismos geneticamente modificados, com presença acima do limite de um por cento do produto, o consumidor deverá ser informado da natureza transgênica desse produto.

§ 1º Tanto nos produtos embalados como nos vendidos a granel ou in natura, o rótulo da embalagem ou do recipiente em que estão contidos deverá constar, em destaque, no painel principal e em conjunto com o símbolo a ser definido mediante ato do Ministério da Justiça, uma das seguintes expressões, dependendo do caso: "(nome do produto) transgênico", "contém (nome do ingrediente ou ingredientes) transgênico(s)" ou "produto produzido a partir de (nome do produto) transgênico".

§ 2º O consumidor deverá ser informado sobre a espécie doadora do gene no local reservado para a identificação dos ingredientes.

§ 3º A informação determinada no § 1º deste artigo também deverá constar do documento fiscal, de modo que essa informação acompanhe o produto ou ingrediente em todas as etapas da cadeia produtiva.

(*continua*)

714 ■ HIGIENE E VIGILÂNCIA SANITÁRIA DE ALIMENTOS

Anexo 34.3 – Decreto n. 4.680, de 24.4.2003. (*continuação*)

§ 4º O percentual referido no caput poderá ser reduzido por decisão da Comissão Técnica Nacional de Biossegurança – CTNBio.

Art. 3º Os alimentos e ingredientes produzidos a partir de animais alimentados com ração que contenha ingredientes transgênicos deverão trazer no painel principal, em tamanho e destaque previstos no art. 2º, a seguinte expressão: "(nome do animal) alimentado com ração que continha ingrediente transgênico" ou "(nome do ingrediente) produzido a partir de animal alimentado com ração que continha ingrediente transgênico".

Art. 4º Aos alimentos e ingredientes alimentares que não contenham nem sejam produzidos a partir de organismos geneticamente modificados será facultada a rotulagem "(nome do produto ou ingrediente) livre de transgênicos", desde que tenham similares transgênicos no mercado brasileiro.

Art. 5º As disposições dos §§ 1º, 2º e 3º do art. 2º e do art. 3º deste Decreto não se aplicam à comercialização de alimentos destinados ao consumo humano ou animal que contenham ou tenham sido produzidos a partir de soja da safra colhida em 2003.

§ 1º As expressões "pode conter soja transgênica" e "pode conter ingrediente produzido a partir de soja transgênica" deverão, conforme o caso, constar no rótulo, bem como da documentação fiscal, dos produtos a que se refere o caput, independentemente do percentual da presença de soja transgênica, exceto se:

I – a soja ou o ingrediente a partir dela produzido for oriundo de região excluída pelo Ministério da Agricultura, Pecuária e Abastecimento do regime de que trata a Medida Provisória n. 113, de 26 de março de 2003, de conformidade com o disposto no § 5º do seu art. 1º; ou

II – a soja ou o ingrediente a partir dela produzido for oriundo de produtores que obtenham o certificado de que trata o art. 4º da Medida Provisória nº 113, de 2003, devendo, nesse caso, ser aplicadas as disposições do art. 4º deste Decreto.

§ 2º A informação referida no § 1º pode ser inserida por meio de adesivos ou qualquer forma de impressão.

§ 3º Os alimentos a que se refere o caput poderão ser comercializados após 31 de janeiro de 2004, desde que a soja a partir da qual foram produzidos tenha sido alienada pelo produtor até essa data.

Art. 6º À infração ao disposto neste Decreto aplica-se as penalidades previstas no Código de Defesa do Consumidor e demais normas aplicáveis.

(*continua*)

Anexo 34.3 – Decreto n. 4.680, de 24.4.2003. (*continuação*)

Art. 7° Este Decreto entra em vigor na data de sua publicação.

Art. 8° Revoga-se o Decreto n° 3.871, de 18 de julho de 2001.

Brasília, 24 de abril de 2003; 182° da Independência e 115° da República.

LUIZ INÁCIO LULA DA SILVA
Márcio Thomaz Bastos
José Amauri Dimarzio
Humberto Sérgio Costa Lima
Luiz Fernando Furlan
Roberto Átila Amaral Vieira
Maria Silva
Miguel Soldatelli Rossetto
José Dirceu de Oliveira e Silva
José Graziano da Silva

Publicado no D.O.U. de 25/04/2003, Seção I, p. 2.
Republicado no D.O.U. de 28/04/2003, Seção I, p. 1.

35 | Auditoria

Pedro Manuel Leal Germano
Maria Izabel Simões Germano

INTRODUÇÃO

Entende-se auditoria, de maneira geral, como uma atividade de avaliação independente, de assessoramento à gestão da empresa, que visa à avaliação dos sistemas de controle e verificação dos procedimentos e das normas alocadas no desenvolvimento de um negócio. Deve levar em conta planos de metas, objetivos e políticas definidas pela organização. Resumindo, a auditoria vai medir o desempenho da empresa ou área auditada.

O termo auditor, e por extensão a atividade de auditoria, originou-se na área financeira. Os pesquisadores do assunto pressupõem que a auditoria surgiu como profissão na Itália, no século XV ou XVI, quando um especialista em contabilidade passou a assessorar outros profissionais e mercadores. Entretanto, existem evidências que há mais de 4.000 anos, na Babilônia, essa atividade já ocorria. Da mesma forma, no fim do século XIII os trabalhos executados por associações profissionais, na Europa, sofriam auditorias, sendo que, em 1314, foi criado o cargo de auditor, na Inglaterra. A Revolução Industrial parece ter dado um passo decisivo para o desenvolvimento da atividade, inicialmente com ênfase no setor público.

No Brasil, o primeiro parecer de que se tem conhecimento data de 1903 e refere-se ao exame dos livros da São Paulo Tramway, Light and Power Company. Em relação às empresas que prestam esse serviço, salienta-se que a pioneira a instalar-se no Brasil foi a atualmente nomeada Arthur Andersen S.C., seguida da Price Waterhouse.

Em 1985, o Banco Central do Brasil emitiu a Resolução 1.007 – Normas Gerais de Auditoria com o auxílio do Instituto Brasileiro de Contadores (Ibracon) e do Conselho Federal de Contabilidade.

Na área de alimentos, a auditoria relaciona-se aos programas de qualidade e à certificação International Organization for Standardization (ISO)[1] – organização não

---

[1] Como o termo International Organization for Standardization teria abreviaturas diferentes em cada língua, optou-se por usar a palavra grega iso, que significa igualdade. Dessa forma, não importa o país ou o idioma, a forma abreviada da organização é sempre ISO.

governamental com sede na Suíça –, visando às normas sobre garantia da qualidade. Assim, ressalta-se a atuação junto aos fornecedores com a finalidade de intervir na cadeia de produção o mais anteriormente possível para assegurar a qualidade e, em última instância, a segurança alimentar.

Os programas da qualidade constituem instrumento importante para a competitividade das organizações, inclusive para auxiliar a diminuir o preço final dos produtos.

INFORMAÇÕES GERAIS REFERENTES ÀS ISO

Constitui objetivo das ISO estabelecer normas que representem e traduzam o consenso de diferentes países, em relação a um conjunto de requisitos relacionados à qualidade, ao longo do ciclo de trabalho das organizações.

As normas genéricas de sistemas de gerenciamento das famílias ISO 9000 e ISO 14000 estão entre as mais conhecidas e são colocadas em prática por mais de 700 mil organismos distribuídos por 154 países. A ISO 9000 tornou-se referência internacional em razão de suas exigências de gerenciamento da qualidade nas relações interempresariais, de modo a responder aos anseios da clientela e às instâncias regulamentares exequíveis, visando aumentar a satisfação do cliente e contribuir para o melhoramento contínuo de seu desempenho, na busca desses objetivos. Por sua vez, a ISO 14000, tão ou mais bem-sucedida que a anterior, permite às empresas aceitar os desafios no âmbito do gerenciamento ambiental, para reduzir ao mínimo os efeitos deletérios de suas atividades e realizar o aperfeiçoamento contínuo de seus desempenhos no que concerne ao meio ambiente.

Destaca-se, ainda, a ISO 22000, BRC – Global Standart For Food Safety (Norma Global para Segurança de Alimentos) de 2005, que aborda o sistema de gestão da segurança de alimentos: requisitos para qualquer organização na cadeia produtiva desses produtos. Destaca-se que esta ISO foi alinhada à ISO 9000, além de poder ser certificada. Os maiores destaques desta norma dizem respeito ao controle de perigos físicos, químicos e microbiológicos, mediante a definição de pontos críticos de controle, estabelecendo níveis aceitáveis de perigos e um programa de monitoramento e melhorias.

As normas genéricas podem ser aplicadas a qualquer organismo – grande ou pequeno, industrial ou comercial, público ou privado – não importando o que produza – incluindo a prestação de serviços –, nem o setor de atividade. Por outro lado, o termo sistema de gerenciamento diz respeito à estrutura que o organismo dispõe para gerir seus processos ou atividades, que transformam as fontes de entrada em produtos ou serviços, os quais respondem a seus objetivos, refletidos pela satisfação às exigências de qualidade dos clientes, pela conformidade aos regulamentos ou pela realização de suas metas de ordem ambiental.

- ISO 9001 e 9002 – auditoria interna do sistema de garantia da qualidade de fornecedor.
- ISO 9004 – conceito de auditoria da qualidade, implica avaliação periódica do sistema de qualidade para verificar a eficácia de seus elementos.
- ISO 10011 – detalhamento aprofundado das três primeiras, centrada na definição de conceitos, objetivos, responsabilidades, características das práticas, critérios para qualificação de auditores e gestão de programas de auditoria da qualidade (diretrizes para sistemas da qualidade).
  - 10011-1 – condução da auditoria – diretrizes para verificar: existência e implantação dos elementos do sistema da qualidade, bem como a capacidade do sistema de atingir os objetivos definidos para a qualidade.
  - 10011-2 – critérios para qualificação de auditores de sistemas de qualidade – baseados em educação/treinamento, experiência, outros atributos pessoais e capacidade de gerenciamento.
  - 10011-3 – gestão de programas de auditoria – diretrizes para o projeto de auditoria da qualidade.
- ISO 9000, visão 2000 – também compreende as três primeiras, revisa a série ISO 9000 com modificações de formas e conteúdos para o âmbito empresarial – características que geram informações para a análise crítica e para ações corretivas, que propiciam confiabilidade aos fornecedores e à cadeia de clientes.
- ISO 10013 – define as informações sobre os manuais da qualidade.
- ISO 14000 – voltada para o meio ambiente.
- ISO 18000 – refere-se aos colaboradores.
- ISO 22000 – normatiza os sistemas de gerenciamento da segurança de gêneros alimentícios, estabelecendo exigências para todo o organismo pertencente à cadeia alimentar.

O plano estratégico de ISO para 2005-2010 descreve a visão global para as normas em 2010, bem como os sete objetivos definidos, para atender às expectativas de seus membros e das partes interessadas, descritos a seguir:

1. Desenvolver uma coleção coerente e multissetorial de normas internacionais pertinentes em escala mundial.
2. Assegurar o engajamento das partes interessadas.
3. Aumentar a sensibilização das capacidades dos países em desenvolvimento.
4. Propiciar maior grau de abertura aos associados, para a elaboração de normas internacionais eficientes.
5. Promover o recurso de normas de aplicação voluntária como alternativa ou apoio à regulamentação técnica.
6. Ser o fornecedor reconhecido de normas internacionais e de guias concernentes às avaliações de conformidades.

7. Fornecer procedimentos e ferramentas úteis eficientes para a elaboração de uma gama coerente e completa de produtos.

Em relação à NBR ISO 9001, destaca-se a versão 2015, que introduz o conceito de riscos e oportunidades. Risco representa a função da probabilidade da ocorrência de um efeito adverso à saúde e da gravidade desse efeito, causado por um perigo ou perigos existentes no alimento, para efeito desse texto. A mentalidade de risco é essencial para se conseguir um sistema de gestão da qualidade eficaz, incluindo, por exemplo, realizar ações preventivas para eliminar não conformidades potenciais, analisar quaisquer não conformidades que ocorram e tomar ação para prevenir recorrências que sejam apropriadas aos efeitos da não conformidade.

Por outro lado, oportunidades podem surgir como resultado de uma situação favorável ao atingimento de um resultado pretendido, por exemplo, um conjunto de circunstâncias que possibilite à organização atrair clientes, desenvolver novos produtos e serviços, reduzir desperdício ou melhorar a produtividade. Ações para abordar oportunidades podem também incluir a consideração de riscos associados.

- ISO 31000 é a norma internacional para gestão de risco. Ao fornecer princípios e diretivas abrangentes, esta norma ajuda organizações (públicas, privadas ou comunitárias) em suas análises e avaliações de riscos. Apesar de todas as organizações gerenciarem riscos de alguma maneira, as recomendações de melhores práticas dessa norma internacional foram desenvolvidas para melhorar as técnicas de gestão e garantir a segurança no local de trabalho em todos os momentos. Dentre seus principais benefícios, pode-se citar:
- Melhora proativamente a eficiência operacional e a governança;
- Constrói a confiança das partes interessadas na sua utilização de técnicas de risco;
- Aplica controles de sistema de gestão à análise de riscos para minimizar perdas;
- Melhora o desempenho e a resiliência do sistema de gestão;
- Responde às mudanças de forma eficaz e protege a sua empresa conforme ela cresce.
- ISO 37500 (2014) foi desenvolvida por especialistas da indústria e da normalização e se destina às organizações que tomam a decisão de contratar *outsourcing* (que se pode traduzir por "terceirização"), direcionando os processos e as melhores práticas necessárias para o seu sucesso, colocando a gestão no centro das atenções, visando beneficiar o cliente e a própria empresa.

A certificação de uma empresa passa pela avaliação e reconhecimento formal de seu sistema de qualidade por uma entidade externa de acordo com normas ou especificações preestabelecidas.

No Brasil, a Associação Brasileira de Normas Técnicas (ABNT) é o principal órgão que normatiza parâmetros da qualidade no âmbito nacional. O Instituto Nacional de Metrologia, Normalização e Qualidade Industrial (Inmetro) tem como função padronizar medidas, normas industriais e credenciamento para certificação e auditoria da qualidade.

As principais vantagens da certificação estão enumeradas a seguir:

- Melhoria da organização interna.
- Melhoria da imagem da organização.
- Aumento da satisfação e confiança dos clientes.
- Aumento da motivação e envolvimento dos colaboradores.
- Melhoria da competitividade em relação aos concorrentes.
- Aumento da produtividade.
- Redução dos custos.
- Acesso a mercados privilegiados abertos apenas aos certificados.
- Possibilidade de participação em concursos internacionais.
- Facilidade de acesso a informações.

A auditoria efetuada por agências de regulação abrange:

- Revisão do plano Hazard Analysis and Critical Control Points (HACCP) – ou Sistema de Análise de Perigos e Pontos Críticos de Controle (APPCC) – e suas modificações.
- Revisão dos registros de monitoramento dos Pontos Críticos de Controle (PCCs).
- Revisão dos registros de ações corretivas.
- Revisão dos registros de verificação.
- Inspeção das operações para determinar se o plano APPCC está sendo seguido e se os registros se efetuam adequadamente.
- Coleta de amostras para análise laboratorial.

Para maiores informações sobre normas aplicáveis à área de alimentos, sugere-se a leitura do capítulo sobre "Sistema de gestão e padrões normativos aplicáveis ao segmento alimentício", do livro "Sistema de gestão: qualidade e segurança dos alimentos".

QUALIDADE TOTAL

Qualidade total inclui satisfação de clientes internos e externos, fornecedores, sociedade como um todo e acionistas (Figura 35.1). Alguns aspectos primordiais na busca contínua de melhoria de resultados referem-se a:

- Qualidade intrínseca do produto – mínimo para atender às exigências legais ou mais.
- Custo de produção.
- Prazo – entrega conforme o preestabelecido ou combinado.
- Moral da equipe de produção.
- Segurança – do trabalhador, do ambiente de trabalho e do produto, bem como alimentar.

Mundialmente, observa-se uma procura por melhores alternativas de gestão das organizações, buscando agregar qualidade à matéria-prima e pensar no cliente como a parte mais importante do processo de produção, fomentando entre os colaboradores o orgulho pelo trabalho bem feito e perseguindo o aperfeiçoamento constante: por melhor que esteja um processo, ele ainda pode ser aperfeiçoado.

Um dos principais responsáveis pelos programas de qualidade total, que tomaram conta do mercado a partir de meados da década de 1980, foi W. Edwards Deming, o qual preconizou os 14 pontos discriminados a seguir:

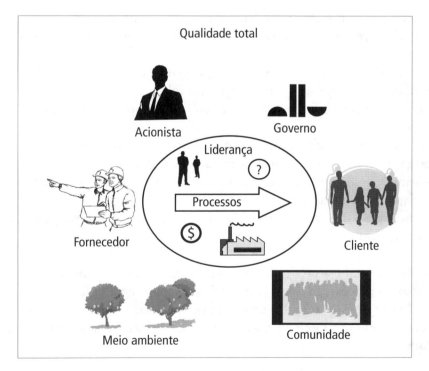

Figura 35.1 Qualidade total como instrumento de satisfação.

1. Estabelecer constância de propósito, ou seja, constante busca de melhoria.
2. Adotar a nova filosofia da qualidade.

3. Acabar com a dependência da inspeção em massa.
4. Cessar a prática de selecionar fornecedores com base no menor preço.
5. Melhorar constantemente o sistema de produção e de serviço – identificar os problemas e definir as causas.
6. Instituir o treinamento em serviço.
7. Introduzir métodos modernos de supervisão.
8. Afastar o medo.
9. Eliminar as barreiras entre as áreas ou departamentos.
10. Eliminar slogans, exortações e metas para os colaboradores.
11. Eliminar as cotas numéricas.
12. Remover as barreiras ao orgulho da execução.
13. Instituir um sólido programa de educação, reciclagem e aperfeiçoamento.
14. Agir no sentido de concretizar a transformação.

Por outro lado, o Serviço Brasileiro de Apoio às Micro e Pequenas Empresas (Sebrae) identifica dez mandamentos ou princípios para a qualidade:

1. Satisfação total dos clientes – razão da empresa existir.
2. Gerência participativa – abrange interação com clientes, fornecedores e comunidade.
3. Desenvolvimento humano – evolução pessoal e profissional dos colaboradores.
4. Constância de propósitos – mudança cultural.
5. Aperfeiçoamento contínuo – utilizando indicadores de qualidade e produtividade.
6. Gerência de processos – função de cada funcionário da organização.
7. Delegação – visando à rapidez na tomada de decisões.
8. Disseminação de informações – a informação deve circular em todos os níveis.
9. Garantia da qualidade.
10. Não aceitação de erros – fazendo certo não será necessário corrigir, evitando a perda de tempo.

Qualidade total é a preocupação com a segurança e a qualidade do produto a cada passo do processo, desde a entrada dos insumos até a utilização pelo cliente e verificação de sua satisfação. Dentro dessa perspectiva, qualidade e quantidade não são inversamente proporcionais. Pode-se resumir cinco passos para se alcançar a qualidade:

1. Controle da qualidade das matérias-primas.
2. Adequação e disponibilidade de equipamentos, materiais e locais na ocasião em que se necessita utilizá-los.
3. Manutenção preventiva e conservação de máquinas e equipamentos.

4. Treinamento de todas as pessoas envolvidas nos processos de produção dos alimentos.
5. Controle de cada processo, visando analisar a conformidade aos padrões estabelecidos.

Deming estabeleceu ainda um ciclo que visa garantir a qualidade, cuja sigla é PDCA, ou seja:

P – Plan – planeje a mudança.
D – Do – faça, promova a mudança.
C – Check – confira, verifique, controle.
A – Act – atue, realize a ação corretiva.

Finalizando, lembra-se que qualidade gera qualidade.

O PROCESSO DE MUDANÇA

O mundo globalizado está em constante mudança e apenas as organizações capazes de promover constantes adaptações conseguirão sobreviver. A mudança faz parte da vida do ser humano – nascer, crescer, multiplicar-se e morrer. Para as organizações, mudar significa crescer, ser competitiva e conseguir manter-se no mercado. A manutenção do status quo para uma empresa pode significar sua extinção, da mesma maneira que a imobilidade por medo, preguiça ou conformismo pode custar caro para os colaboradores que assumem tal postura.

As transformações, de uma maneira geral, abrangem as áreas tecnológicas, econômicas e sociais, e podem ocorrer gradual ou bruscamente.

No entanto, o mais importante constitui-se no fato de se procurar ter uma atitude favorável às mudanças e, se possível, administrá-las para que ocorram de maneira planejada. Muitas vezes, nas organizações, as mudanças são necessárias para atender aos clientes, daí a importância de se manter sempre abertos os canais de comunicação, para verificar a satisfação do cliente e para que ele sirva de feedback nas mudanças que estão sendo implementadas, acompanhando passo a passo sua satisfação.

CONCEITUAÇÃO

Auditor – pessoa com competência para realizar uma auditoria, é aquele que ouve (ouvidor).

Cliente da auditoria – organização, área de uma organização ou pessoa que solicita uma auditoria.

Auditado(a) – organização, ou área de uma organização, que está passando por uma auditoria.

Auditoria – processo sistemático, documentado e independente, com a finalidade de obter evidência objetiva que permita avaliar uma organização, ou parte dela, tendo em vista critérios estabelecidos anteriormente. Refere-se a um exame analítico e pericial. Auditoria é um instrumento de transformação com viés positivo em busca de conformidade, otimização e constante combate a fraudes.

Auditoria interna – aquela cuja função é alavancar e manter a melhoria contínua dos sistemas de gestão e de garantia da qualidade. É a auditoria conduzida por unidade que esteja sob controle direto e dentro da estrutura da organização da empresa a ser auditada, ou realizada por terceiros em nome e com critérios estabelecidos pela empresa. A auditoria interna é influenciada por múltiplos fatores: financeiros, distância das áreas ou filiais da empresa, disponibilidade de recursos humanos para realizá-la, entre outros.

Auditoria externa – conduzida por organização que não esteja sob controle direto, nem dentro da estrutura da organização da empresa a ser auditada. Permite julgar a efetividade de processos e procedimentos de uma área ou empresa. Eventualmente, constitui auditoria de fornecedor (Quadro 35.1).

Lembra-se, ainda, que a auditoria pode ser conduzida por organismo certificador.

Critério de auditoria – conjunto de políticas, procedimentos ou requisitos usados como referência para realizar uma auditoria.

Evidência da auditoria – registro, apresentação de fatos e outras informações (podem ser quantitativas ou qualitativas), pertinentes ao critério de auditoria e que sejam verificáveis objetivamente.

Procedimento – descrição das etapas realmente necessárias para executar uma determinada atividade.

Quadro 35.1 Auditoria interna *versus* externa

Interna	Externa
Tem por objetivo a proteção da organização	Visa à proteção do consumidor/investidor
Atua constantemente	Desenvolve atividade pontual
Grau de independência limitado	Grau de independência elevado
Acompanha o cumprimento de políticas, normas e procedimentos para o melhor alcance dos objetivos da organização	Analisa normas e procedimentos buscando identificar ocorrências que prejudiquem ou comprometam a qualidade de serviços e produtos
Atividade com caráter predominantemente preventivo	Atividade com caráter predominantemente orientador e corretivo

Em relação aos procedimentos, faz-se necessário desenvolver alguns pontos de interesse:

- No que concerne à linguagem, deve ser redigido em linguagem simples, acessível para todo e qualquer usuário, de fácil compreensão e deve abranger todos os pontos imprescindíveis à correta execução da tarefa.
- Em relação à sua função, deve buscar garantir que as tarefas sejam executadas sempre da mesma maneira, independentemente de quem as executa.
- Sobre os aspectos que devem especificar: O quê? Quem? Quando? Onde? Como? Por quê?

Todavia, procedimentos devem ser revistos periodicamente, como parte do processo de melhoria contínua e qualidade. Ao ser substituído, total ou parcialmente, deve-se pensar em:

- Comunicar a todos os interessados.
- Estabelecer uma rotina que permita identificar qual a versão mais atual daquele procedimento.
- Treinar as pessoas que exercem a tarefa da qual o procedimento faz parte, antes de implantar um novo procedimento.

Três conceitos importantes devem orientar a realização de auditorias:

Efetivo – aquilo que se manifesta por um efeito real, positivo, que merece confiança, seguro, firme.

Eficaz – que produz o efeito desejado, que dá bom resultado.

Eficiente – condição do fenômeno que produz outro fenômeno, que produz um efeito.

TIPOS DE AUDITORIA

Auditoria de sistema – avaliação do grau de adequação e efetividade de implementação do sistema da qualidade.

Auditoria de processo – avaliação de instrumentos e procedimentos operacionais específicos. Tem por objetivo verificar se o procedimento está atingindo o nível de qualidade esperada.

Auditoria de produto – avaliação de conformidade do produto com suas especificações, após as inspeções e controles realizados pelos setores competentes. Tem por objetivo verificar a eficácia do Sistema de Inspeção e Controle da Qualidade da empresa.

OBJETIVOS DA AUDITORIA

Destacam-se, a seguir, os principais objetivos de uma auditoria:

- Aperfeiçoar constantemente o sistema da qualidade.
- Determinar conformidades e não conformidades do sistema da qualidade e os requisitos especificados.
- Determinar a eficácia do sistema da qualidade no atendimento aos objetivos da qualidade.
- Avaliar o sistema da qualidade da própria organização.
- Verificar se o sistema da qualidade da própria organização continua a atender aos requisitos especificados.
- Avaliar fornecedores.

Compete ainda aos auditores verificar:

- A exatidão da descrição do produto e o diagrama de fluxo de processo.
- Se o monitoramento dos PCCs está sendo executado conforme o especificado no plano.
- Se os diversos processos estão operando dentro dos limites críticos estabelecidos.
- Se os registros foram feitos com precisão e nos intervalos de tempo estabelecidos.

ETAPAS DA AUDITORIA

Grosso modo, pode-se identificar três etapas da auditoria: planejamento, trabalho de campo e revisão final. A seguir, essas etapas estão desmembradas com o objetivo de esclarecê-las. Deve-se ter sempre em mente que cada auditoria é única e específica para aquela área ou empresa.

ETAPA DE PLANEJAMENTO – refere-se ao período de preparação ou planejamento e compreende:

- Contato com o auditado.
- Identificação do contexto da área ou organização a ser auditada.
- Ambientação com a organização auditada, fundamental para obter resultados positivos. Cabe lembrar que se deve estabelecer um clima favorável para a realização da auditoria, esclarecer o plano de auditoria, apresentar o auditor e sua equipe, confirmar os canais de comunicação e programar a condução da auditoria.
- Notificação da auditoria.
- Formação da equipe auditora, composta no mínimo por duas pessoas.

- O estudo da documentação, para subsidiar a elaboração do plano de auditoria, permite visualizar o sistema a ser auditado. Os documentos necessários ou desejáveis compreendem: Manual de Boas Práticas de Fabricação (BPF), Procedimentos Operacionais Padronizados (POPs), Manual de Controle Integrado de Pragas e outros.
- Elaboração da lista de verificação, com o objetivo de uniformizar a atuação do auditor e da equipe, garantir a abordagem de todos os pontos necessários, garantir o gerenciamento do tempo para realização da auditoria, facilitar o registro das observações, facilitar o treinamento da equipe de auditores.

ETAPA DE TRABALHO DE CAMPO OU AUDITORIA PROPRIAMENTE DITA – compreende ainda a emissão de relatórios que demonstrem as seguintes características: rigor, independência, consistência, clareza, concisão e objetividade; e a definição das ações corretivas. Para sua realização, a equipe auditora utiliza listas de verificação, a fim de buscar evidências objetivas que fundamentem as constatações dos auditores.

Nessa fase, algumas habilidades de cada membro da equipe serão testadas, como a capacidade de comunicação para saber ouvir e saber falar/comunicar-se de maneira eficaz, para comunicar passo a passo as falhas encontradas, evitando dar conselhos ou constranger o auditado. É importante manter a imparcialidade – não julgar e não prescrever.

Considera-se evidência objetiva algo que o auditor veja ou que lhe seja dito por um funcionário da organização ou área auditada, além da própria documentação da área sob auditoria.

No que concerne às declarações de não conformidade, deve-se comunicá-las verbalmente ao auditado e, posteriormente, por escrito no Relatório de Auditoria. Devem ser expressas de maneira clara e precisa, informando o(s) local(ais) em que ocorreu(ram), a(s) pessoa(s) entrevistada(s) – cargo/função –, identificar os documentos a que se refere(m), assim como o(s) produto(s) relacionado(s).

No transcorrer da auditoria, a equipe deve realizar reuniões periódicas para trocar informações, analisar as não conformidades encontradas e verificar se correspondem efetivamente a evidências objetivas.

No que diz respeito à organização auditada, deve-se realizar imediatamente após o encerramento da auditoria, uma reunião para se obter a concordância em relação às não conformidades encontradas, discutir prazos para realização das ações corretivas que se fizerem necessárias, estabelecer critérios de acompanhamento de implantação dessas ações e elaborar um esboço do relatório que será apresentado.

REVISÃO FINAL – engloba o acompanhamento da implementação das ações corretivas, visando ao processo de melhoria contínua, avalia as ações corretivas

HIGIENE E VIGILÂNCIA SANITÁRIA DE ALIMENTOS

implantadas e origina relatórios parciais semelhantes ao da auditoria, bem como o relatório final. Esse documento deve ser o mais fidedigno possível às informações prestadas na reunião pós-auditoria. Deve ser claro, objetivo e positivo, além de basear-se nas evidências encontradas, evitando identificar "culpados".

ATRIBUTOS DO AUDITOR

Ao abordar a formação da equipe auditora, um tópico importante diz respeito ao treinamento dos membros, visando a sistematizar as normas de conduta dos auditores, bem como homogeneizar as formas de comunicação e padrões éticos de comportamento (Quadro 35.2).

Quanto ao perfil ideal, salienta-se que o auditor, além de ser experiente e bem qualificado, deve:

- Ser um facilitador, manter um diálogo aberto com sua equipe, bem como com a organização auditada e seus representantes.
- Ser independente para realizar a auditoria, mesmo no caso de auditoria interna.
- Ter habilidade de comunicação; de análise, para julgar as informações, para relacionamento interpessoal; e de organizar ações e tempo.
- Possuir capacidade de negociação, principalmente para demonstrar as não conformidades detectadas e para estabelecer prazos para cumprimento das melhorias solicitadas.
- Possuir maturidade pessoal e profissional.
- Ter condições técnicas e profissionais – qualificação e raciocínio lógico.
- Ter capacidade de trabalhar em equipe.

Quadro 35.2 Papel dos auditores *versus* papel dos auditados

Auditores	Auditados
Planejam a auditoria	Contratam auditores ou recebem os auditores contratados por terceiros
Selecionam e treinam a equipe de auditores	Disponibilizam documentação para auditores
Realizam ambientação com a organização auditada	Dão anuência ao cronograma proposto
Criam/elaboram instrumentos para a auditoria	Disponibilizam áreas para realização da auditoria conforme cronograma
Estabelecem cronograma para realização da auditoria	Recebem relatório das não conformidades

(continua)

Quadro 35.2 Papel dos auditores *versus* papel dos auditados (*continuação*)

Auditores	Auditados
Estabelecem critérios para evidência objetiva	Providenciam a implementação das ações corretivas para suprimir as não conformidades
Realizam auditoria	Discutem plano e cronograma para implantação das ações corretivas
Apontam não conformidades	Administram o projeto de implantação das ações corretivas
Comunicam ao auditado as não conformidades	Recebem o relatório final da auditoria
Realizam relatório da auditoria com recomendações	
Acompanham a implantação das ações corretivas	
Fazem o relatório final	

- Ter capacidade para documentar todas as atividades da auditoria, inclusive a elaboração de relatórios e a descrição de procedimentos.
- Ser ético, sobretudo no que concerne ao sigilo profissional.

CONCLUSÕES

Toda auditoria implica mudança organizacional. É uma forma de buscar o aperfeiçoamento constante das organizações (Figura 35.2).

O resultado da auditoria deve ser levado ao conhecimento do pessoal que tenha responsabilidade pela área auditada e as ações corretivas devem ser tomadas por sua administração em tempo hábil. Não é recomendável que a auditoria seja atribuição da gerência ou supervisão da área a ser auditada, quanto mais independente for o auditor, menos julgamentos tendenciosos serão emitidos.

O auditor deve, ainda, ser qualificado profissionalmente, ser treinado, ter independência em relação à área auditada e trabalhar em equipe de, no mínimo, duas pessoas. O auditor vai verificar, não cabe a ele implementar melhorias ou solucionar problemas encontrados. Ele vai apontar as possíveis falhas do auditado, não resolvê-las.

O processo de auditoria nas empresas de alimentos, se bem conduzido, proporciona um benefício inestimável para a qualidade dos produtos e segurança alimentar dos consumidores.

Figura 35.2 Auditoria e ferramentas para a qualidade nas organizações.

REFERÊNCIAS

[AEP]. Associação Empresarial de Portugal. Qualidade. Disponível em: http://www. aeportugal.pt. Atualizado em: nov. 2001.
[Anvisa]. Agência Nacional de Vigilância Sanitária. Visalegis. Sistema de Legislação em Vigilância Sanitária. Disponível em: http://www.anvisa.gov.br/legis/index.htm. Acessado em: out. 2005.
[Bsigroup] BR/ISO 31000 – Gestão de Risco, disponível em httpp://www.bsigroup.com/pt. Acessado em 23/07/2017.
CARTIER, F. Réussir ma première mission de consultant. Levallois-Peret (France): Studyrama Pro – Gestion de Carrière et Efficacité Professionelle, 2013.
DIAS, S.V. dos S. Auditoria de Processos Organizacionais. 2.ed. São Paulo: Atlas, 2008. FLOSI, D. Procedimento Operacional Padronizado. In: GERMANO, P.M.L.; GERMANO, M.I.S. (org). Sistema de gestão: qualidade e segurança dos alimentos. Barueri: Manole, 2012
FOOD DESIGN. Sistemas de gestão da qualidade em alimentos, treinamento para formação de auditor interno em alimentos. São Paulo, 2001. (Apostila).
GERMANO, P.M.L.; GERMANO, M.I.S. (org). Sistema de gestão: qualidade e segurança dos alimentos. Barueri: Manole, 2012.
Germano, M.I.S. Gestão de pessoas para a qualidade e segurança dos alimentos. In: GERMANO, P.M.L.; GERMANO, M.I.S.(org). Sistema de gestão: qualidade e segurança dos alimentos. Barueri: Manole, 2012, p. 476-522.
GERMANO, M.I.S. Metodologia para análise e diagnóstico de situações na gestão de pessoas. In: GERMANO, P.M.L.; GERMANO, M.I.S. (org). Sistema de gestão: qualidade e segurança dos alimentos. Barueri: Manole, 2012, p. 476-522.

GIL, A de L. Auditoria de negócios. São Paulo: Atlas, 2000.

HELLER, R. Como gerenciar equipes. Série Sucesso Profissional. São Paulo: PubliFolha, 1999.

_____. Como gerenciar mudanças. Série Sucesso Profissional. São Paulo: PubliFolha, 1999. [ISO] Organisation Internationale de Normalisation. Plan stratégique de l`ISO 2005-2010: des normes pour un monde durable. Disponível em: http://www.iso.org/ iso/fr/aboutiso/strategies/isostrategies_2004-fr.pdf. Acessado em: out. 2005.

[LogFácil] Norma NBR ISSO 9001, 2015 – Sistema de Gestão da Qualidade – Requisitos. Disponível em httpp://logfacilba.com.br/isoiso2015 – versão completa.pdf. Acessado em 23/07/2017.

LOPES, E. Guia para elaboração dos procedimentos operacionais padronizados exigidos pela RDC n. 275 da Anvisa. São Paulo: Varela, 2004.

MAGALHÃES, A. de D.F.; LUNKES, I.C.; MÜLLER, A.N. Auditoria das organizações. São Paulo: Atlas, 2001.

MARTINS, E.A., QUARENTEI, S.S. Sistema de gestão e padrões normativos aplicáveis ao segmento alimentício. In: GERMANO, P.M.L.; GERMANO, M.I.S. (org). Sistema de gestão: qualidade e segurança dos alimentos. Barueri: Manole, 2012.

MARTINS, E.A., GERMANO, M.I.S., GERMANO, P.M.L. Análise de Perigos e
Pontos Críticos de Controle. In: GERMANO, P.M.L.; GERMANO, M.I.S. (org). Sistema de gestão: qualidade e segurança dos alimentos. Barueri: Manole, 2012 MONTEIRO, J.A. Qualidade total no serviço público. Brasília: QA&T Consultores Associados, 1991.

Oliveira, L.M.; Diniz, F.A.; Alves, P.S.L. da G. et al. Curso básico de auditoria. São Paulo: Atlas, 2008.

QUALIDADE. FAQ ISO 9000. Disponível em: http://www.qualitas.com.br/faq_ ql.htm. Acessado em: nov. 2001.

QUALIDADE TOTAL. Disponível em: http://www.qualidade.com/glos-01.htm#Top. Acessado em: maio 2007.

QUARENTEI, S.S. Boas Práticas de Fabricação. In: GERMANO, P.M.L.; GERMANO, M.I.S. (org). Sistema de gestão: qualidade e segurança dos alimentos. Barueri: Manole, 2012

36

Consultoria em unidades de alimentação

Maria Izabel Simões Germano
Pedro Manuel Leal Germano

INTRODUÇÃO

O número de estabelecimentos comerciais destinados à alimentação aumentou muito nos últimos anos, em especial na última década do século XX. De um lado, a necessidade de fugir do desemprego estimulou um grande número de profissionais que nunca haviam trabalhado no setor de alimentação a montar seu próprio negócio, a partir de economias acumuladas ao longo dos anos, de indenizações recebidas por tempo de serviço ou mesmo às custas da venda dos próprios bens. Sempre com a ingênua ilusão de que para ser bem-sucedido bastava contratar alguém para fazer a comida, acreditando que quem cozinha para si mesmo pode cozinhar para os outros. Outro fator que deve ser apontado como responsável pelo crescimento numérico desses estabelecimentos é o aumento do consumo por parte da população: sem tempo para preparar suas refeições, ou em razão da distância entre a casa e o local de trabalho, ficou mais simples usufruir do vale-refeição, fornecido por grande parte das empresas, e comer em restaurantes, lanchonetes, bares ou *fast-foods*. Aliás, esse fator também foi o grande impulsionador do bem-sucedido sistema de alimentação "por quilo", no qual, além da rapidez, há variedade de pratos e a possibilidade de consumir apenas o que se deseja pagar.

Com o crescimento do número de estabelecimentos especializados no comércio de refeições, o setor passou a contar com forte concorrência, para a qual só a diferença de preço não é suficiente para aumentar a freguesia. Os mais atentos notaram, de imediato, que era preciso proporcionar um serviço de boa qualidade, apoiado não só na variedade de pratos oferecidos e no esmero das instalações, mas sobretudo na segurança dos alimentos. Afinal, notícias sobre toxinfecções alimentares, ocasionadas após o consumo de refeições, espalham-se com facilidade e são veículo de propaganda negativa, a qual pode decretar a falência do estabelecimento. Essas razões, entre outras, proporcionaram força e prestígio ao papel do consultor da área de alimentos em unidades de refeições coletivas comerciais e industriais. Todo profissional de nível superior que domine as técnicas fundamentais sobre higiene e vigilância sanitária de alimentos está apto a desempenhar tal função.

Atualmente, existem inúmeras empresas especializadas em consultoria de cozinhas prestando serviços na área do controle higiênicossanitário de alimentos. Assim, dada a complexidade da problemática concernente às consultorias, consideram-se, a seguir, os principais aspectos que norteiam o trabalho desses especialistas, à luz de conceitos administrativos e da própria legislação em vigor.

O QUE FAZ O CONSULTOR

O consultor é um profissional que está em posição de exercer alguma influência sobre um indivíduo, grupo ou organização, mas que não tem poder direto para produzir mudanças ou implementação de programas. O consultor sugere, recomenda, orienta, mas não deve assumir o controle direto das ações, as quais são da competência dos gerentes e proprietários.

Os chamados clientes da consultoria são todas as pessoas que recebem sua orientação, podendo ser um determinado indivíduo, um grupo de trabalho, um departamento ou setor, ou a organização como um todo. Dessa maneira, pode-se definir o cliente como a pessoa ou as pessoas que o consultor quer influenciar, sem exercer controle direto.

O produto final da consultoria é alguma espécie de mudança – alterar o *status quo*. Pode ser no âmbito da estrutura funcional ou de procedimentos técnicos, mas a mais significativa é a que evidencia que muitas pessoas na empresa aprenderam algo de novo. Seu objetivo é engajar-se em atividades bem-sucedidas que levem as pessoas ou organizações a gerenciarem a si mesmas de forma diferente.

A consultoria, no sentido mais amplo, é definida como qualquer ação que o consultor adota em relação a um sistema do qual ele não faz parte. Na consultoria externa, o profissional é contratado e não pertence ao *staff* da empresa, sendo reconhecido por sua competência, no presente caso, especificamente na área de alimentos. Na consultoria interna, um elemento da própria empresa, em função de sua competência pessoal, presta assistência a outras áreas, sempre buscando melhorar a qualidade dos produtos e serviços.

O trabalho de consultoria necessita de subsídios da área de ciências humanas, principalmente da psicologia, da sociologia e da pedagogia. Segundo Simon Sinek: "100% dos clientes são pessoas; 100% dos empregados são pessoas. Se você não entende de pessoas, não entende de negócios".

Assim, alguns conceitos importantes para se trabalhar com pessoas – clientes e funcionários – serão analisados mais adiante, bem como algumas características importantes para o consultor exercer sua atividade.

Destaca-se que cada trabalho de consultoria é único e específico e deve compreender um processo de planejamento que vise à consecução de objetivos definidos em comum com o cliente, utilizando instrumentos e metodologia adaptada a cada local, dentro de prazos fixados em comum acordo (cliente-consultor). Assim, é importante adaptar-se às especificidades da organização para a qual você vai prestar serviço, quer atue como pessoa física, quer faça parte de uma empresa de consultoria.

OBJETIVOS DA CONSULTORIA

Em relação às instalações físicas

- Avaliar o desenho (*layout*) das instalações e os equipamentos disponíveis.
- Elaborar projeto de redimensionamento das instalações, avaliando a relação custo-benefício.
- Supervisionar a obra de reforma/construção parcial ou total.
- Propor a aquisição de novos equipamentos/utensílios em substituição aos defeituosos/obsoletos.
- Estabelecer mecanismos de controle de consumo de eletricidade, água e outras fontes de energia.
- Opinar sobre a decoração, de modo a adequá-la aos princípios higiênicossanitários do estabelecimento e da legislação vigente.

Para a consecução desses objetivos, é importante que o consultor estabeleça parceria com escritório de engenharia ou arquitetura, se possível com experiência na área de construções para comércio de alimentos, a fim de proporcionar ao cliente um melhor suporte técnico.

Em relação aos manipuladores

- Capacitar mão de obra.
- Padronizar conteúdo programático dos treinamentos e condutas dos manipuladores de alimentos, adaptando-as às exigências da legislação.
- Propor medidas para melhoria das condições de trabalho.
- Enfatizar a necessidade de cumprir a legislação pertinente a exames de saúde dos funcionários.
- Auxiliar na implantação dos instrumentos para a gestão da qualidade dos serviços de alimentação (Boas Práticas de Fabricação, Procedimentos Operacionais Padronizados, Análise de Perigos e Pontos Críticos de Controle, entre outros).
- Desenvolver valores de ética e responsabilidade dos manipuladores de alimentos.

Esses objetivos são plenamente alcançados mediante a realização de treinamentos e outras atividades com fins didáticos. O treinamento deve ser estendido a todos os funcionários, antigos e novos, do mais alto nível aos funcionários operacionais, garantindo uma linguagem única no estabelecimento e o comprometimento de todos com a inocuidade dos alimentos; a reciclagem constante dos conteúdos abordados é importante, pois a acomodação leva à inevitável criação de vícios. Cabe destacar que os programas educativos devem ser elaborados sob medida para cada empresa, para evitar o risco de não propiciarem as mudanças de comportamento esperadas.

Em relação aos alimentos

- Indicar e controlar fornecedores de matérias-primas, acreditados junto aos órgãos públicos de vigilância sanitária (estadual ou municipal).
- Monitorar as diferentes etapas de produção dos alimentos, desde o recebimento da matéria-prima, passando pela armazenagem, tempo e temperatura do pré-preparo e do preparo, distribuição e eventual reaproveitamento de sobras.
- Acompanhar, sempre que possível, os procedimentos dos manipuladores com o objetivo de avaliar a conduta higiênicossanitária.
- Verificar, periodicamente, o grau de higienização de mesas, balcões, pias, utensílios e equipamentos, grandes responsáveis pela contaminação cruzada de alimentos.
- Estabelecer rotina de colheita de amostras de alimentos preparados e encaminhá-las para exames microbiológicos em laboratórios especializados.
- Preparar o Manual de Boas Práticas de Fabricação (BPF) e implantá-lo na rotina da cozinha.
- Introduzir, quando possível, o Sistema de Análise de Perigos e Pontos Críticos de Controle (APPCC).
- Conhecer os padrões normativos referentes à garantia da qualidade e inocuidade dos produtos na área de alimentos.

É importante para o consultor ter um laboratório de análises especializado em microbiologia de alimentos, para dar o suporte necessário na área de segurança dos alimentos.

ETAPAS DE TRABALHO DO CONSULTOR

Para o desenvolvimento dos trabalhos, a consultoria precisa estabelecer com o cliente canais de comunicação formais e informais. Os formais são estabelecidos no contrato de prestação de serviços e os informais vão sendo definidos à medida que se desenvolvem as diferentes etapas de trabalho. É mediante esses canais que a consultoria recebe dados e informações da realidade do cliente e, após o devido estudo, retorna uma maneira de solucioná-los. Tudo gira em torno da compreensão mútua. O trabalho de consultoria compreende as seguintes etapas: diagnóstico, estabelecimento de prioridades, implementação, acompanhamento/ monitoramento, avaliação e desligamento.

Diagnóstico

O levantamento dos problemas ou das necessidades do estabelecimento é o primeiro passo a ser executado pelo consultor.

Para ter êxito, o consultor deve captar a necessidade do cliente identificando o que motivou a contratação da consultoria; elaborar um diagnóstico da situação para melhor especificar a situação – diferenciando sintomas de problemas reais utilizando toda a documentação disponível, assim como entrevistas com os membros da equipe-alvo da consultoria, lembrando que cada pessoa pode ter uma percepção "pessoal" do problema.

É a partir da detecção de eventuais erros técnicos de procedimentos, mau funcionamento dos equipamentos, inadequação das instalações e incapacidade dos recursos humanos que a consultoria poderá avaliar a real situação do estabelecimento e propor soluções ao cliente. Para a realização de um diagnóstico acurado, é importante que o consultor elabore instrumentos adequados que propiciem, inclusive, elementos para demonstrar a evolução das condições higiênicossanitárias dos locais e dos manipuladores, tornando evidente para o cliente a vantagem do investimento na consultoria.

O diagnóstico deve contemplar uma inspeção pormenorizada das instalações, avaliando-se o estado de conservação e as condições higiênicossanitárias relativas ao revestimento das paredes e piso, forro/teto, telas de proteção contra insetos, ralos de esgoto, pias, torneiras de água quente e fria, mesas e balcões e aos sinais aparentes da presença de pragas.

Do mesmo modo, deve-se examinar os equipamentos, atentando para seu funcionamento adequado e também para o grau de higienização. Assim, deve-se verificar a temperatura das câmaras de refrigeração ou geladeiras e congeladores (*freezers*), bem como seu estado de conservação, além das condições sanitárias e da natureza do conteúdo estocado. O mesmo se aplica para fogões, fritadeiras e coifas, merecendo especial atenção os filtros e os dutos. É importante examinar as partes externas e internas das batedeiras, liquidificadores, moedores, espremedores e raladores. Também faz-se necessário verificar a adequação dos recipientes de lixo e a utilização de sacos plásticos impermeáveis. Um aspecto relevante é averiguar a rede elétrica para verificar se existem ligações irregulares ou sobrecarga de eletricidade decorrente de vários aparelhos ligados no mesmo ponto ou com fios aparentes.

Os utensílios também devem merecer a consideração do consultor, o qual examinará o estado de conservação e de higiene dos diferentes tipos de talheres utilizados na produção e dos vários modelos de recipientes. Deve-se ressaltar a importância da organização dos utensílios, em locais apropriados e livres de pragas.

É de extrema importância a avaliação do pessoal no posto de trabalho, da indumentária, de adornos, hábitos e/ou vícios de conduta e da higiene pessoal. Da mesma maneira, deve-se inspecionar as instalações de apoio ao pessoal no que tange à conservação, à adequação e à higiene. Elas devem contar com vestiário equipado com chuveiros e armários individuais para que os funcionários guardem seus pertences, além de vaso sanitário e lavatório equipados com papel higiênico, toalhas de papel não reciclado descartáveis e sabão líquido, preferencialmente bactericida.

O diagnóstico da situação inclui ainda a verificação de toda a mercadoria estocada, principalmente em relação à origem e aos prazos de validade. O acondicionamento de produtos pré-preparados ou pré-cozidos, molhos e sobras de alimentos preparados devem ser inspecionados com rigor, verificando os modos e os locais de armazenamento. É importante que essa inspeção seja realizada confrontando a situação real do estabelecimento com aquilo que a legislação preconiza.

O diagnóstico das condições do estabelecimento deve basear-se nos requisitos da legislação do município em que a empresa presta serviço. Caso não exista legislação municipal, deve ater-se à legislação estadual ou federal, na ausência daquela. Ressalta-se ainda a conferência dos documentos que regularizam a situação legal do próprio estabelecimento, como: alvará de funcionamento, caderneta de controle sanitário, Cadastro de Contribuintes Mobiliários, documentação dos funcionários referente ao Programa de Controle Médico e Saúde Operacional, entre outros.

Por fim, o consultor deve entrevistar as pessoas que estão envolvidas nas diferentes operações da empresa, para auscultar suas dificuldades pessoais, por falta de maior capacitação ou por falta de apoio material da administração. Alguns funcionários são mais prolixos que outros, mas, no conjunto, o grupo possibilita informações importantes para compor o quadro da situação. Cabe ressaltar a relevância do consultor estar preparado para utilizar a técnica de entrevista, devendo estar munido de instrumento próprio que permita padronizar os dados obtidos. Para tanto, sugere-se a leitura do capítulo sobre "Metodologia para análise e diagnóstico de situações na gestão de pessoas", do livro "Sistema de gestão: qualidade e segurança dos alimentos".

Para completar o diagnóstico é necessária a execução de um relatório detalhado sobre todas as irregularidades detectadas, se possível acompanhado de uma reportagem fotográfica dos principais problemas, para ser encaminhado aos responsáveis pela empresa. Esse relatório deve ser discutido com a(s) pessoa(s) que contratou(aram) a consultoria para se estabelecer as prioridades na solução dos problemas encontrados.

Estabelecimento de prioridades

Após a entrega do relatório com o diagnóstico da situação do estabelecimento, é necessário planejar as ações a serem tomadas, estabelecendo as prioridades. Encontrar as que melhor se adaptam às necessidades do cliente depende da sensibilidade do consultor e da qualidade de sua relação com o estabelecimento. Deve-se levar em consideração que todas as eventuais mudanças propostas acarretam um ônus para a empresa. É preciso considerar que algumas ações devem ser tomadas de imediato, por exemplo, para possibilitar a desinterdição do estabelecimento.

Salienta-se que a contratação de uma consultoria não corresponde à obtenção de imunidade em relação aos órgãos oficiais de vigilância sanitária – as eventuais penalidades que o estabelecimento vier a sofrer não são de responsabilidade do consultor. Vale lembrar que, na maior parte das vezes, é muito difícil propor o fechamento do estabelecimento, mesmo por poucos dias, para fazer uma reforma. Geralmente, é necessário fazer as mudanças com o local em pleno funcionamento.

Todas as alterações devem ser amplamente discutidas com o cliente, ao qual deverá ser demonstrado, em termos práticos, a relação custo-benefício das ações propostas. Não se deve esquecer, a essa altura, o poder de convencimento das multas decorrentes da não conformidade com a legislação vigente. Por outro lado, a possibilidade de as mudanças aumentarem o nível de qualidade dos produtos oferecidos e, em consequência, atraírem maior número de consumidores é outro motivo convincente para o cliente.

Implementação

É chegado o momento de pôr o planejamento em prática, uma vez estabelecidas as prioridades; este é o propósito da consultoria. Para isso, há necessidade de o consultor desempenhar sua liderança.

Entre as ações planejadas, deve-se:

- Iniciar os processos de educação/treinamento dos recursos humanos, com vistas à capacitação técnica na área de produção e nos princípios higiênicossanitários que norteiam o pessoal, as instalações, os equipamentos, os utensílios e os próprios alimentos.
- Colocar em execução a reforma/construção das instalações para adequar o estabelecimento, entre outras exigências, à facilitação do fluxo para a manipulação correta de alimentos e proporcionar condições higiênicas de trabalho para os funcionários.
- Estabelecer os fornecedores de matérias-primas alimentícias e ingredientes, bem como os de produtos domissaneantes.
- Determinar os equipamentos com necessidade de manutenção/substituição, do mesmo modo que utensílios danificados/desgastados pelo uso.
- Implantar as normas de boas práticas de higiene e fabricação.
- Criar a rotina de colher amostras de alimentos preparados ou de matéria-prima estocada para provas diagnósticas em laboratório especializado em análises parasitológicas, microbiológicas e toxicológicas.

Acompanhamento/monitoramento

Há que se acompanhar de perto os colaboradores, estar disponível para ilustrar novas técnicas, reforçar o treinamento já ministrado. Visitar o local de trabalho periodicamente é uma tarefa das mais importantes que o consultor deve cumprir, sem aviso prévio para o cliente nem para os funcionários.

Durante as visitas, é possível constatar se os princípios de higiene pessoal e geral, relacionados com o ambiente de trabalho e com os próprios alimentos, estão sendo utilizados. Podem-se observar os cuidados com os controles de tempo e temperatura, de cocção e de refrigeração, os fluxos de funcionamento dentro da cozinha – área quente, pré-preparo, preparo, lavagem, secagem e estocagem. Muito importante, também, é a verificação da organização do ambiente de trabalho, sobretudo em relação ao acúmulo de detritos, lixo descoberto e presença de insetos. A utilização de substâncias desinfetantes deve ser objeto de contínua fiscalização, pois o hábito de exagerar nas concentrações é frequente e pode propiciar a presença de resíduos tóxicos nos alimentos.

Para essa atividade, pode-se utilizar o sistema de aplicação de auditorias, em uma área específica ou no estabelecimento como um todo. Essa auditoria pode ser realizada pelo consultor ou por um elemento da empresa treinado para executar essa tarefa, sempre utilizando um instrumento para anotar as não conformidades encontradas. Lembra-se, igualmente, a importância de fornecer um retorno (*feedback*) aos responsáveis pela empresa, assim como aos funcionários, sobre a qualidade de seu desempenho, a fim de motivá-los nas boas práticas implantadas ou chamar a atenção para os pontos que necessitam ser melhorados.

Avaliação

É o relato do que ocorreu durante a etapa de implementação. De acordo com os resultados obtidos, decide-se se o processo deve ou não ser modificado. Se a consultoria foi bem-sucedida, significa que se criaram novas realidades, agregaram-se novos conhecimentos e mudaram-se comportamentos. Houve um salto de qualidade. Caso contrário, há necessidade de recomeçar o processo determinando os fatores dificultadores das ações.

A avaliação de resultados é uma constante durante todo o processo de consultoria, com a participação de todos os envolvidos. Ao final do processo, é preciso avaliar, além dos resultados, a capacidade da empresa de seguir adiante e ter condições, com o seu próprio *staff*, de diagnosticar os problemas, propor alternativas e agir para sua solução. Na realidade, o processo é de tal modo dinâmico que, se o trabalho estiver sendo adequadamente realizado, o *staff* estará tão envolvido em alcançar novas etapas de crescimento que a consultoria não terá mais o que fazer – não será mais necessária.

Desligamento

A consultoria e o cliente beneficiam-se do trabalho realizado. O desligamento deve ser planejado com a administração do estabelecimento e executado de forma gradual. Todo o investimento do consultor no processo é do cliente, que passa a fazer dele o que quer. A partir desse momento, cessa toda e qualquer responsabilidade do consultor por problemas que o cliente possa vir a ter com relação a consumidores, funcionários e, sobretudo, órgãos públicos de fiscalização – o cliente está por sua conta e risco. Entretanto, quando as partes estão interessadas, pode perdurar um vínculo de manutenção, de intensidade variável, de acordo com o combinado, estabelecendo-se em contrato quais as atividades a serem desenvolvidas, especificando a abrangência e o nível de decisão estratégico, tático ou operacional.

DIFICULDADES ENFRENTADAS PELO CONSULTOR

Um dos maiores problemas das consultorias na área de estabelecimentos de refeições coletivas comerciais é a instalação física da cozinha propriamente dita, frequentemente inadequada para os fins propostos. Em geral, são residências comuns adaptadas para servir como restaurante, escolhidas por causa de sua localização comercial, sem que se considerem aspectos de ordem sanitária, sobretudo saneamento ambiental.

As adaptações do imóvel, por outro lado, ignoram pura e simplesmente a legislação, não havendo qualquer preocupação em compatibilizar o desenho (*layout*) da reforma com o fluxo necessário para a manipulação correta de alimentos. Depois de acabada a reforma é que se "descobrem" os problemas, principalmente quando a fiscalização autua ou interdita o estabelecimento por falta de conformidade com a legislação. Geralmente, este é o momento em que os proprietários resolvem contratar uma consultoria especializada.

Outro problema de máxima importância diz respeito ao pessoal da cozinha ou manipuladores de alimentos. Essa função é exercida, quase sempre, por pessoas com carência educacional, muitas vezes oriundas de atividades que não exigem nenhuma qualificação profissional, e não têm o menor preparo para trabalhar com alimentos, além do desconhecimento de princípios mínimos de higiene. Seu treinamento ocorre em serviço, paralelamente às atividades de rotina: o aprendizado segue a orientação de tentativa e erro. Enquanto isso, a segurança dos alimentos está definitivamente comprometida. O mau desempenho dos manipuladores é outro fator penalizado severamente pelos órgãos fiscalizadores.

Tais problemas estão presentes, também, nos centros comerciais, nas chamadas praças de alimentação – onde são agrupados os *fast-foods*, cujas instalações são minúsculas e os manipuladores se acotovelam num espaço exíguo compartilhado com equipamentos, utensílios e matérias-primas. Em relação ao pessoal, os manipuladores são mais bem preparados cultural e tecnicamente, sendo o treinamento, em geral, executado pelo proprietário da franquia ou por empresa especializada.

Deve-se destacar que a associação entre planta física inadequada e mão de obra deficiente contribui diretamente para a degradação das instalações, traduzida por: entupimentos/vazamentos de pias, ralos e esgotos; ligações elétricas irregulares sujeitas a curtos-circuitos; estocagem de produtos sem atender às especificações dos fabricantes; acúmulo de lixo e detritos nos pisos; contaminação cruzada e comprometimento da cadeia do frio, entre muitos outros. Como fator complicador, há o surgimento de pragas, principalmente baratas e roedores, sem contar moscas e formigas. Todos esses problemas acontecem simultaneamente, e o consultor deve atacá--los de modo a provocar a recuperação das instalações, na medida do possível, e preservar os melhores empregados, de modo a evitar demissões em massa e criar problemas trabalhistas para o cliente, além de agravar o problema social.

Em síntese, o consultor deve procurar enquadrar o estabelecimento à legislação vigente, educar o pessoal sobre as principais condutas higiênicossanitárias de utilização em cozinhas, garantir a qualidade e a segurança dos alimentos disponíveis para consumo e evitar o desperdício de alimentos, seja por produção excessiva, por processamento falho ou por conservação inadequada.

PERFIL DO CONSULTOR

O consultor da área de alimentos, de modo geral, deve apresentar capacitação profissional condizente com a especialidade. Muitas são as profissões envolvidas, em maior ou menor grau. Disciplinas curriculares que abranjam patologia animal, bromatologia, nutrição, higiene dos alimentos, vigilância sanitária, microbiologia, parasitologia e toxicologia, entre outras, constituem suporte suficiente para desempenhar o papel de consultor, no mínimo, no âmbito iminentemente técnico. Destaca--se a relevância de o consultor manter apresentação pessoal e asseio, na medida em que deverá servir de exemplo para todos os que atuam no estabelecimento. Entretanto, a consultoria exige outras aptidões, sobretudo relacionadas à área de ciências humanas, e que serão amplamente discutidas nos tópicos a seguir.

CONTRIBUIÇÃO DAS CIÊNCIAS HUMANAS PARA A FORMAÇÃO DO CONSULTOR

O indivíduo e o grupo social humano

Sabe-se que cada indivíduo é diferente dos demais. Indivíduo significa uno, indiviso, a pessoa considerada em suas características particulares, físicas e psíquicas. É importante respeitar as diferenças individuais das pessoas com as quais se entra em contato, tanto no âmbito pessoal como profissional.

742 ■ HIGIENE E VIGILÂNCIA SANITÁRIA DE ALIMENTOS

Indivíduo é a unidade de que se compõem os grupos humanos ou sociedade. Grupos não são ajuntamentos casuais de indivíduos. Assim, em um vagão do metrô tem-se um ajuntamento, mas quando os colaboradores de uma repartição pública ou empresa resolvem fazer uma paralisação reivindicando melhores salários, aí existe um grupo. Portanto, os colaboradores de uma unidade formam um grupo de trabalho, ou seja, um grupo de pessoas interagindo entre si e com um objetivo comum.

Nos grupos existem normas, ou modelos, que regem o comportamento. Alguns padrões são sempre válidos, como dar "Bom dia!", pedir desculpas, dizer "Obrigado!". Outros são específicos, como fazer o sinal da cruz, para os cristãos, ou bater continência, para os militares.

Em cada grupo ao qual pertence, o indivíduo deve agir conforme os padrões que lhe são devidos, visto existir uma meta comum a ser atingida. Há a necessidade de se abdicar parcialmente da individualidade, da liberdade pessoal, para o bem do grupo. Em uma sala de aula, é preciso que os alunos prestem atenção, mesmo quando a aula é monótona. Por outro lado, é necessário que o professor esclareça as dúvidas, mesmo quando está desestimulado com sua profissão ou com problemas particulares.

Entretanto, não se deve ignorar as diferenças individuais decorrentes das variáveis inatas, características de cada um – estatura, peso, sistema glandular, sistema nervoso e outros –, assim como as experiências adquiridas no percurso da vida. Tais diferenças não podem ser consideradas boas ou más em si; no entanto, nas relações interpessoais, em especial no ambiente de trabalho, podem causar divergências de opinião e conduzir a discussões, tensões, insatisfação e conflitos.

Relações humanas

Todas as atividades humanas são condicionadas pelo fato de que os homens vivem juntos, mas a ação é a única que não pode sequer ser imaginada fora da sociedade dos homens. A atividade do labor não requer a presença de outros, mas um ser que laborasse em completa solidão não seria humano e sim um animal laborans no sentido mais literal da expressão [...] Só a ação é prerrogativa exclusiva do homem: nem um animal, nem um deus é capaz de ação e só a ação depende inteiramente da constante presença dos outros. (Hannah Arendt)

Os seres humanos entram continuamente em contato com objetos animados e inanimados e com as pessoas que os cercam. O que mais chama a atenção no mundo que os rodeia são justamente os outros seres humanos, pois eles também se relacionam com tudo e com todos. Pode-se dizer que cada indivíduo é um ponto para o qual converge uma série de relacionamentos e do qual partem inúmeras relações. Ninguém está sozinho nem pode viver isolado. Portanto, entende-se relações humanas como relações interpessoais, ou seja, a maneira pela qual o homem se relaciona com os outros homens.

Como exemplos de relações interpessoais, citam-se:

- Pessoa a pessoa (marido e mulher; superior e subordinado).
- Membros de um grupo (pai, mãe e filhos no lar; colaboradores, supervisores e gerente em uma empresa).
- Grupos na sociedade ou na organização (por exemplo, as famílias Souza e Aguiar de Ribeirão Preto; os colaboradores de uma empresa e o representante de uma consultoria).

Como o homem se relaciona com os outros homens? Ele se relaciona por meio:

- Do pensamento: durante as aulas do curso de Ética, ouço o professor e me identifico com suas propostas, em minha atuação profissional vou procurar pautar meu comportamento por esses princípios.
- Do sentimento: sei que meu colega não se sente bem ouvindo sobre acidentes violentos, pois perdeu um ente querido nessas circunstâncias. Assim, evito relatar um acidente que presenciei a caminho do trabalho perto dele.
- Da ação: ao assumir uma consultoria em uma determinada unidade, solicito que os colaboradores expliquem as rotinas do trabalho e proponho um novo fluxo de atividades.

No ambiente de trabalho, o indivíduo mantém contato com seus superiores, com seus subordinados, com os colegas de mesmo nível, além de fornecedores, visitantes e clientes. Deve-se estar atento à forma como essas trocas ocorrem, pois podem ser a origem de problemas de desempenho.

FORMAS DE MINIMIZAR CONFLITOS

Sabe-se que nas relações com o outro surgem conflitos. Para minimizá-los deve-se procurar:

- Colocar-se no lugar do outro, procurando pensar e sentir como ele, ou seja, ter empatia. O próprio significado da palavra empatia – tendência a sentir-se como se estivesse na situação e circunstâncias experimentadas por outra pessoa – já fornece a dimensão de sua importância. É essa capacidade que predispõe a evitar os preconceitos e estereótipos, enfim, propicia que não se tenha, para com o outro, reações baseadas nos rótulos que lhe são atribuídos. Os estereótipos inviabilizam todo o processo de comunicação e, consequentemente, qualquer tipo de relacionamento interpessoal – entende-se por estereótipo uma afirmação generalizada sobre pessoas ou coisas a partir de um caso particular, ou ideias preconcebidas.

- Ter flexibilidade de comportamento, isto é, conduzir-se de maneira adequada à situação.

Para ter empatia e flexibilidade de comportamento é necessário:

- Desenvolver um melhor conhecimento de si mesmo, procurando entender por que se adotam determinados comportamentos ou atitudes diante de uma situação.
- Desenvolver um melhor conhecimento dos outros, por meio da observação do comportamento do próximo, sobretudo das diferentes maneiras de pensar, sentir e agir.
- Desenvolver uma melhor convivência em grupo, por meio da compreensão dos diferentes papéis que os indivíduos desempenham. Todos os indivíduos participam de diferentes grupos e, em cada um desses grupos, assumem papéis que auxiliam as relações interpessoais, como: colaborador, incentivador, informador, ou papéis bloqueadores – agressivo, trocista, adulador.
- Desenvolver aptidões para um relacionamento mais eficiente com os outros, isto é, uma maneira mais eficiente de se comunicar. Basicamente, a comunicação é melhor quando o indivíduo sabe ouvir (para de falar e concentra sua atenção no outro) e sabe receber as mensagens objetivamente, sem filtrá-las (ouve o que o outro disse e não o que quer ouvir). O assunto comunicação será mais bem explorado adiante.

As relações interpessoais levam em conta seres humanos e é vital para um bom relacionamento perceber o comportamento do outro. Cabe salientar que, ao entrar em contato com alguém, forma-se uma imagem dessa pessoa pela observação de suas ações, tom de voz, gestos e postura. No futuro, as interações com essa pessoa estarão de acordo com a experiência comum.

Nos relacionamentos pessoais e profissionais, além de atender aos princípios éticos, deve-se procurar atingir uma relação autêntica, ganhando a confiança dos amigos, parceiros, usuários e colegas, pautando seu próprio comportamento pela sinceridade.

Relações interpessoais com clientes

O conhecimento dos tipos psicológicos de clientes mais frequentes pode ser de grande valia para um consultor. Pode-se expressar o resultado de um negócio por meio da seguinte fórmula:

$$\text{Resultado do negócio} = \frac{\textit{Impulso para adquirir um bem ou um serviço}}{\textit{Restrições experimentadas}}$$

Consultoria em unidades de alimentação ■ 745

É importante que os prestadores de serviços tenham uma rápida percepção das mudanças de atitudes psicológicas por parte dos clientes e saibam como minimizar os empecilhos à sua atuação. Dois importantes fatores concorrem para diminuir as restrições do cliente: a aparência do prestador de serviços e sua afabilidade e comunicação.

Ao argumentar com um cliente, é válido lembrar de:

- Deixá-lo à vontade.
- Estimulá-lo a discorrer sobre seus problemas relacionados à consultoria.
- Ouvi-lo com atenção e sem interrompê-lo.
- Evitar contradizê-lo.
- Ser paciente.
- Aproveitar os próprios argumentos do cliente para convencê-lo.
- Enfatizar os aspectos que mais o interessam.

O Quadro 36.1 procura caracterizar alguns tipos de clientes e sugere como atendê-los, ressalvando que não se pretende rotulá-los, mas salientar traços particulares de personalidade que permitem diferenciá-los.

Quadro 36.1 Tipos psicológicos de clientes.

TIPO	CARACTERÍSTICAS	FORMA DE ATENDIMENTO
Normal	Ouve com naturalidade, pensa, pondera, analisa e decide	Expor claramente, ser minucioso, calmo, ouvir atentamente, aceitar observações contrárias às propostas e procurar rebatê-las com lógica
Agressivo	Fala alto, é muito sensível	Expor claramente, ser calmo e compreensivo, procurar seu ponto fraco para convencê-lo
Meticuloso	Exigente, gosta de minúcias, é sistemático, demora a tomar decisões	Expor claramente, solicitar sua opinião, fornecer todos os detalhes solicitados
Sabe-tudo	Vaidoso, autossuficiente, julga-se muito inteligente e conhecedor do assunto	Ouvi-lo com atenção, lisonjeá-lo, pedir sua opinião
Ocupado	Preocupado com seu tempo, decide de forma rápida e nem sempre favorável	Expor clara e rapidamente, mostrar que compreende a preciosidade de seu tempo
Desconfiado	Dificilmente se expõe, já sofreu desenganos com outros profissionais	Ser meticuloso, comprovar com fatos
Calado	Não expressa seus pontos de vista, ouve e não se manifesta	Ser claro e honesto, provocar o diálogo fazendo perguntas
Indeciso	É reticente, ouve, gosta, mas não decide	Expor claramente e ajudá-lo a se decidir

746 ■ HIGIENE E VIGILÂNCIA SANITÁRIA DE ALIMENTOS

Conceito de qualidade nas relações humanas

O trabalho do consultor tem por finalidade agregar qualidade à empresa. Segundo Claus Möller, a qualidade pessoal é a base para todas as outras qualidades. Pode-se entender essa afirmação ao se analisar o que pretende a Qualidade Total:

- Eficiência, no sentido de organização racional dos processos.
- Eficácia ou resultados e sobrevivência – quer pessoal, quer da instituição.
- Efetividade, significando perpetuidade. No caso de instituições, a efetividade propicia clientes plenamente satisfeitos em suas necessidades presentes e futuras e requer colaboradores competentes, motivados e comprometidos com os objetivos da instituição.

Em termos de empresa, a Qualidade Total envolve:

- Aspectos humanos relativos à educação para a qualidade, à qualidade de vida, à postura de servir.
- Aspectos técnicos ligados aos métodos e processos de trabalho, aos resultados dos produtos e serviços e à satisfação dos clientes.

Em resumo, a Qualidade Total é a busca pela excelência e o futuro de qualquer organização, e depende da visão da necessidade de satisfação do cliente. Para garantir sua existência, deve-se evitar o que para os teóricos do assunto ficou conhecido como os "5 Ds": defeito, desordem, demora, displicência e desperdício; e priorizar os "5 Ss" (senso de): arrumação e organização; limpeza e higiene; tempo certo; responsabilidade e disciplina; utilização.

O processo de mudanças

Tomando a ideia de Edward De Bono (apud Monteiro, 1991):

Quanto mais mudanças houver: maior será o caos, pois o caos é causado por diferentes taxas de mudança em diferentes partes do sistema. Por exemplo, a medicina permite mais bebês viverem e pessoas viverem mais. Então, haverá o caos até que um melhor suprimento de alimentos e controle de natalidade apareçam. Alimento mais barato significa mecanização da lavoura, o que é igual a êxodo, causa de problemas, até que sejam compensados pela organização urbana. Não se pode deter o futuro revertendo a medicina e deixando mais pessoas morrerem ou tornando a agricultura ineficiente para fixar o homem à terra.

Toda consultoria pretende implementar mudanças na empresa cliente, visando a adaptá-la à conformidade legal ou aperfeiçoar a qualidade dos serviços e produtos. Sabe-se que toda mudança representa um movimento, sendo a resistência a força, individual ou coletiva, que se opõe ao movimento. Algumas mudanças constituem em pequenos ajustes na maneira de fazer ou de organizar o trabalho; outras exigem o abandono de práticas existentes para a adoção de novas formas de executar o trabalho, por exemplo adotar novas tecnologias; e, finalmente as mudanças mais radicais são aquelas que exigem abdicar totalmente de práticas ou tecnologias utilizadas até então.

As mudanças atualmente processam-se em uma velocidade gigantesca, porque qualquer invenção ou descoberta feita hoje tornar-se-á de imediato de domínio público pelas facilidades de comunicação, de transmissão de informações pela internet, por exemplo, e pela rapidez de atuação do *marketing*. Todavia, toda mudança pressupõe algo novo que causa incerteza e afeta psicologicamente as pessoas, provocando medo e gerando resistência. Tais fatos devem ser levados em consideração sempre que se pretende introduzir mudanças em processos, métodos de trabalho e, sobretudo, no comportamento dos indivíduos. É necessário planejar as mudanças. Assim, deve-se definir estratégias para a mudança, entendendo-se estratégia como a capacidade de trabalhar contínua e sistematicamente o ajustamento da empresa às condições macro (sociais) e micro (da própria empresa) ambientais em constante mutação, tendo-se em mente a visão de futuro da direção da empresa e a perspectiva organizacional. É por meio de uma estratégia adequada que se torna possível promover o equilíbrio entre a visão de futuro ou ideal a ser atingido e o necessário no presente para obter os resultados desejados.

O desenvolvimento tecnológico é praticamente irreversível e está diretamente relacionado ao aumento de qualidade. Deve-se ter em mente que a tecnologia não substitui pessoas, pois as máquinas não têm criatividade. As pessoas precisam estar preparadas para dominar as máquinas e dirigir o processo de mudanças. Como disse Teilhard de Chardin (apud Monteiro, 1991) "O homem, não centro estático do mundo – como ele se julgou muito tempo –, mas eixo e flecha da evolução – o que é muito mais belo!"

Chama-se a atenção para o fato de que um terço da vida adulta é gasto no trabalho, portanto, boas relações interpessoais neste ambiente são essenciais. Assim, é necessário buscar a perfeição no que se faz. Embora não se possa relegar a segundo plano as pressões econômico-financeiras e sociais a que todos estão sujeitos, a satisfação e a certeza do trabalho bem feito e o reconhecimento daqueles com os quais se interage também servem de estímulo e ajudam a continuar no caminho. Finalizando, como disse Gandhi (1999):

Se nos sentirmos incapazes de atingir um objetivo, realmente seremos incapazes, porém, se nos sentirmos capazes de atingi-lo, mesmo que fracassemos nas primeiras tentativas, fatalmente conseguiremos atingi-lo.

CAPACIDADE DE COMUNICAÇÃO

A capacidade de se comunicar é um dos principais instrumentos de um consultor, senão o principal. O fato de viver em sociedade e de se comunicar diferencia o homem dos outros animais.

Conceito de comunicação

O mais primário, profundo e multiforme instinto do homem é seu instinto de comunicação. Dele depende sua vida e sua realização enquanto ser humano. (João Ubaldo Ribeiro)

Entende-se comunicação como o processo de troca de estímulos com a finalidade de mudar comportamentos, buscar entendimento, chegar à compreensão. É o processo que o homem dispõe para transmitir ideias, sentimentos, experiências, informações, entre outros. Para comunicar utiliza-se um código verbal, isto é, uma língua. Além do código verbal, existem os códigos não verbais (expressões faciais, gestos, mímica e outros).

Para que se estabeleça o processo de comunicação, em sua forma mais simples, é preciso haver um emissor, um receptor e uma mensagem. O emissor – também conhecido como codificador, fonte, remetente ou comunicador – é o elemento que formula a mensagem mediante a palavra oral ou escrita, gestos, desenhos e outros. O receptor, decodificador ou destinatário, é o elemento que interpreta a mensagem transmitida pelo emissor. Quando se trata de um grupo, chama-se público. A mensagem é tudo aquilo que o emissor leva ao receptor. Pode ser visual, auditiva, audiovisual, entre outras. O emissor só atinge seus objetivos quando utiliza um código conhecido do receptor. No ato de comunicação, o comunicador transforma as ideias que deseja transmitir em uma mensagem capaz de ser interpretada e aceita pelo destinatário.

A comunicação pode ser feita de indivíduo para indivíduo, de indivíduo para grupo e de indivíduo para a massa. Cada uma dessas comunicações exige do emissor experiência, conhecimentos, agilidade mental, ponderação, firmeza, capacidade de codificar e decodificar mensagens e capacidade para analisar e sintetizar. Portanto, é necessário planejar a comunicação para que ela seja eficiente. Há decisões sobre os objetivos (quando, por quê e o quê você pode fazer para atingi-los), como agir para realizar a tarefa e a quem você deseja comunicar (público).

Existem, no mínimo, seis mensagens envolvidas na comunicação:

1. O que queremos dizer.
2. O que realmente dizemos.
3. O que a outra pessoa ouve.
4. O que a outra pessoa pensa que ouviu.

5. O que a outra pessoa responde.
6. O que pensamos que a outra pessoa respondeu.

Barreiras à comunicação

Os fatos enunciados anteriormente levam a considerações que se referem ao saber ouvir e falar. Para que não ocorram problemas, ou para que sejam minimizados, o comunicador deve procurar colocar-se no lugar do outro, isto é, ter empatia. É necessário também que esteja sensível ao comportamento de seu receptor, ou às respostas que ele dá às mensagens que o emissor pretende transmitir. Assim, existe uma retroalimentação (*feedback*) constante no processo de comunicação, que nem sempre é expressa em palavras. Ela pode, por exemplo, estar refletida na plateia adormecida diante de um orador.

As barreiras à comunicação podem ser físicas e psíquicas. No primeiro caso, um objeto se interpõe para que o processo não ocorra ou quando não se sabe utilizar adequadamente o meio para tornar efetiva a comunicação, muitas vezes em razão da falha no meio utilizado, por exemplo, quando uma ligação telefônica é interrompida ou quando em um restaurante não se consegue fazer o pedido porque a música está muito alta. Todavia, quando existem barreiras psíquicas à comunicação, o problema torna-se mais difícil de ser resolvido, é necessário chegar às causas para saná-las e reiniciar o processo. Assim, é comum falar em barreiras de comunicação entre pessoas de gerações diferentes ou de origens sociais muito díspares. São comuns os problemas originados por ideias preconcebidas, bem como aqueles decorrentes da ausência de credibilidade da fonte de informação.

Tudo o que prejudica a transmissão de uma mensagem é considerado ruído. São geralmente causa de ruído: a má transmissão do emissor; a falta de atenção do receptor; o conhecimento insatisfatório do código ou linguagem utilizados. Uma buzina alta durante um diálogo é um ruído, da mesma forma que o emprego de um termo da gíria ou a utilização de palavras que não fazem parte do repertório do receptor, como siglas e abreviaturas.

A comunicação está envolvida em todas as fases da consultoria, da contratação ao treinamento, sem esquecer a elaboração de relatórios. Cabe salientar a importância de o consultor desenvolver o que se chama de escuta ativa, a qual pressupõe uma abertura mental para colocar em palavras os sentimentos e as emoções expressas de maneira tácita ou implícita pelo cliente. Assim, escutar ativamente implica em:

- Excluir suas próprias ideias e toda tentativa de interpretação *a priori*;
- Deixar o outro exprimir-se sem interrompê-lo;
- Questioná-lo, usando questões abertas;
- Manifestar interesse por suas colocações mediante acenos com a cabeça ou palavras de encorajamento;

Elaboração de relatórios

Certa é a frase que, obedecidos o espírito da língua e as circunstâncias do discurso, comunique com a precisão possível, pronto. (João Ubaldo Ribeiro)

Entre as habilidades para o exercício da atividade de consultor, a elaboração de relatórios reveste-se de primordial importância, tendo em vista que a apresentação escrita tanto da avaliação inicial das condições do estabelecimento (diagnóstico) alvo da consultoria como dos relatórios de acompanhamento da implantação das sugestões oferecidas e dos resultados decorrentes podem influenciar e convencer o cliente da qualidade dos serviços oferecidos.

Alguns pontos relevantes para uma boa comunicação escrita referem-se a:

- Fixar o objetivo da comunicação.
- Analisar o contexto: pode ser comunicado? Deve ser comunicado? Convém ser comunicado?
- Escolher a forma.
- Ter clareza (dizer o que se pretende de forma inteligível, nítida, transparente).
- Ser conciso (utilizar apenas as palavras necessárias para expressar as ideias, ser sucinto, breve).
- Ser objetivo (ir direto ao ponto que pretende expressar).
- Articular as partes do texto visando à coerência.
- Selecionar o canal adequado à mensagem.
- Identificar o público ao qual a mensagem se destina, respeitando-o em termos do referencial que possui sobre o assunto.
- Se possível, posteriormente verificar os resultados da comunicação junto ao receptor/público.

Em um relatório, deve-se levar em conta os seguintes aspectos relativos à linguagem:

- Sintaxe das palavras, com ênfase na acentuação, em especial no uso da crase.
- Concordância verbal – acordo entre o sujeito (substantivo ou pronome) e o verbo. Exemplo: depois as coisas mudaram.
- Concordância nominal – relações entre substantivos ou pronomes e adjetivos. Exemplo: bons trabalhos (substantivos e adjetivos concordam em gênero, feminino/masculino, e número, singular/plural).

CONSULTORIA EM UNIDADES DE ALIMENTAÇÃO ■ 751

- Pontuação.
- Tempo verbal (voz ativa e terceira pessoa).
- Evitar modismos e estrangeirismos.

É de primordial importância ter sempre à mão um dicionário e uma gramática, e consultá-los sempre que houver qualquer dúvida.
Deve-se evitar:

- Utilizar palavras e expressões quando não se conhece o seu significado preciso.
- Redigir parágrafos muito longos.
- Usar metáforas – figura de linguagem que consiste em transpor o significado de um termo para outro em virtude de uma analogia ou de uma comparação subentendida – por exemplo, os membros da equipe são feras no trabalho, quando se quer dizer que dominam a atividade que exercem.
- Usar eufemismos – atenuação de sentido desagradável de uma expressão – por exemplo, o líder do grupo delega muitas atividades, quando se pretende afirmar que o líder, na verdade, não lidera ao grupo.
- Empregar advérbios.
- Empregar substantivos abstratos.
- Usar plural para abreviar unidades de medida, tais como metros (m), horas (h) etc.
- Iniciar a frase com algarismos.

Em termos de estrutura do relatório, constituem as partes mais importantes:

- Folha de rosto, contendo a identificação do relatório, autor e empresa/instituição.
- Resumo, principalmente quando se trata de empresas/instituições muito grandes, em que o relatório deverá ser encaminhado para várias áreas.
- Apresentação, onde se deve explicitar os antecedentes que justificaram a solicitação de consultoria, os procedimentos utilizados pelo consultor (ou equipe, se for o caso) no transcorrer do processo, objetivos pretendidos e os resultados alcançados até o presente momento. Eventualmente, sugestões ou procedimentos a serem implantados nas fases posteriores.
- Anexos, se for o caso – fotos, legislação, entre outros.

Quando o relatório estiver pronto, sugere-se que seja feita a releitura, com os seguintes objetivos:

- Verificar as informações contidas no texto, com ênfase especial nos números fornecidos.
- Corrigir erros de digitação, grafia e acentuação.
- Eliminar as repetições.

HIGIENE E VIGILÂNCIA SANITÁRIA DE ALIMENTOS

- Excluir tudo que for desnecessário. Para tal, recomenda-se riscar a lápis palavras, frases e mesmo parágrafos que se suspeite que sejam redundantes. Em seguida, comparar o texto antes e depois de riscado e escolher a versão mais adequada.

Finalizando, pode-se lembrar dois tipos caricaturais de escritores:

- Lacônico demais – telegráfico.
- Explícito demais – proustiano.

A comunicação oral é efêmera e atinge um número pequeno de pessoas, pode também criar mal-entendidos perniciosos ao desenvolvimento de qualquer trabalho. Por outro lado, a comunicação escrita demanda tempo e requer considerável esforço intelectual. Cabe lembrar que não basta escrever, é preciso comunicar.

OUTRAS CARACTERÍSTICAS DESEJÁVEIS EM UM CONSULTOR

Salienta-se que o consultor deve trabalhar de maneira autônoma, para gerenciar seu tempo pois, frequentemente, ocupa-se de mais de uma empresa concomitantemente, necessitando adaptar-se a diferentes locais. Neste contexto, faz-se necessário que ele desenvolva uma capacidade de discernimento para captar as diferenças entre seus interlocutores nas empresas onde presta consultoria; além disso, deve fazer prova de humildade e perseverança não se desencorajando quando as medidas que sugeriu não forem adotadas de pronto, portanto deve ter muita paciência e ser diplomático, quando os resultados esperados não forem plenamente alcançados, mostrando-se confiante nas soluções propostas aos clientes.

Destacam-se, ainda, as características a seguir:

Liderança

É a capacidade de ter uma visão do futuro e conseguir compartilhá-la com as pessoas diretamente envolvidas. A liderança está relacionada ao desenvolvimento de competências do próprio indivíduo (autodesenvolvimento) e daqueles com os quais se relaciona (educação/treinamento); com a capacidade de motivar ou seduzir os indivíduos levando-os a adotar novos métodos e novas posturas e, finalmente, ao comprometimento na consecução dos objetivos ou metas da empresa.

O consultor que busca a qualidade conquista clientes fiéis na medida em que satisfaz suas necessidades e consegue mesmo antecipá-las, bem como consegue tornar os colaboradores mais competentes, mais motivados e mais comprometidos.

É importante ter em mente que nem sempre liderança e gerência estão concentradas na mesma pessoa em um grupo. Perceber quem é o verdadeiro líder pode evitar problemas e confrontos para o consultor.

Ética

A preocupação com aspectos éticos constitui um dos pontos de destaque da atuação dos profissionais nas empresas; entretanto, muito resta a ser feito para tornar essa preocupação realidade. O consultor, como pessoa externa à empresa ou à área em que está atuando, deve pautar seu comportamento profissional dentro dos princípios da discrição e do absoluto sigilo. Em geral, ele tem acesso a informações confidenciais, tanto relativas aos colaboradores quanto aos processos de fabricação que podem, inclusive, ser alvo de espionagem, portanto todo cuidado é pouco: evitar comentar com colegas ou amigos a respeito das empresas em que atua é um dos cuidados primordiais. Outro cuidado relevante se refere aos relatórios de trabalho que devem ter cópias limitadas ao cliente e ao arquivo sigiloso da consultoria, bem como evitar manter os textos, por exemplo, no disco rígido do computador, onde qualquer pessoa pode acessá-lo.

Outro aspecto ético significativo, no que concerne ao papel de consultor, diz respeito aos elogios exagerados sobre determinados clientes, que podem gerar reações adversas nos demais ou especulações sobre o envolvimento pessoal do consultor com a empresa; portanto, sobre sua moral profissional.

Criatividade

É a capacidade de fazer o inesperado, é pensar no impossível e buscar torná-lo viável e adequado à situação. Para ser criativo, um consultor precisa dispor de tempo, deve aguçar sua percepção para descobrir necessidades, ser ousado porém lúcido. Em resumo, consiste em encontrar soluções onde todos só veem problemas, é desenvolver uma visão crítica do mundo valorizando o que cada um tem de mais humano.

Ações educativas/Treinamento

Nas organizações, cabe aos responsáveis pelas unidades a função de treinar seus subordinados. Nas grandes empresas, públicas ou particulares, essa atividade pode ser delegada a outras pessoas habilitadas, quer da própria organização, quer de consultoria externa. Todavia, são os responsáveis ou chefes (aqueles dos quais outras pessoas dependem em situações de trabalho), que estão em contato com os colaboradores no dia a dia, que devem fornecer os subsídios para o planejamento do treinamento, bem como realizar o acompanhamento e a avaliação do programa desenvolvido em conjunto com o consultor. Todas as atividades de cunho educativo, como o treinamento, requerem preparação especial para planejá-las, desenvolvê-las e avaliá-las a curto, médio e longo prazos. O consultor que se envolve em atividades de cunho educativo precisa de conhecimentos de didática e metodologia de ensino, bem como de elaboração e utilização de recursos audiovisuais. Trata-se de uma atividade complexa que é alvo de outro capítulo desta obra.

LEGISLAÇÃO

No exercício de sua atividade, deve o consultor ter pleno conhecimento da legislação vigente, concernente à área de alimentos. Assim, entre os inúmeros documentos legais, há uma profusão de Leis, Decretos, Decretos-lei, Portarias, projetos de Lei e Resoluções exarados pelos diferentes níveis de governo (federal, estadual e municipal). Dentro da hierarquia do poder público, todas as leis no âmbito federal têm precedência sobre as demais, o mesmo princípio se aplica para as do âmbito estadual em relação às do nível municipal. Portanto, é imprescindível que o consultor domine a legislação, no âmbito dos três poderes e, sobretudo, aquela específica para o município onde se encontra o estabelecimento de seu cliente. Vale lembrar que é com base nos documentos legais que o poder público exerce a fiscalização e aplica sanções quando é constatada não conformidade com o disposto nas leis vigentes.

Como conhecimento geral, é importante que o consultor tenha acesso ao *Codex Alimentarius*, publicado pela *Food and Agriculture Organization* (FAO), órgão das Nações Unidas, sendo utilizado na maioria dos países-membros como referência e suporte para a elaboração das leis na área alimentar. Constitui documento essencial para consumidores, produtores e processadores de alimentos, agências nacionais de controle de alimentos, bem como para o comércio internacional de produtos alimentícios. Contém informações e esclarecimentos sempre pertinentes, podendo esclarecer dúvidas, principalmente em casos de legislação dúbia ou omissa.

No Brasil, a inspeção industrial e sanitária de produtos de origem animal tem seus fundamentos técnico-científicos e jurídicos, procedimentos e mandamentos administrativos inseridos em lei específica, mais precisamente na Lei n. 1.283, de 18.12.50, a qual forneceu lastros ao Decreto n. 30.691, de 20.3.52, tendo sido substituído e devidamente regulamentado pelo Decreto n. 9.013, de 29 de março de 2017.

Ao longo dos anos essa legislação tinha absorvido os seguintes documentos legais: Lei n. 5.760, de 3.12.71; Decreto n. 73.116, de 8.11.73; Lei n. 6.275, de 1.12.75; e Decreto n. 78.713, de 11.11.76.

Deste modo, o referido Decreto n. 9.013/2017 determina que as atividades de competência da União, serão executadas pelo Ministério da Agricultura, Pecuária e Abastecimento e devem observar as competências e as normas prescritas pelo Sistema Nacional de Vigilância Sanitária (SNVS). Assim, este Decreto, bem como as normas que o complementarem deverão ser orientadas pelos princípios constitucionais do federalismo, da promoção das microempresas e das empresas de pequeno porte, do desenvolvimento científico e da inovação tecnológica, do respeito ao direito internacional, aos tratados pactuados pela República Federativa do Brasil e aos acordos bilaterais e multilaterais de equivalência, entre outros princípios constitucionais, e deverão ter por objetivo a racionalização, a simplificação e a virtualização de processos e procedimentos.

Com base, no artigo 541 deste Decreto ficam revogados os seguintes documentos legais:

I   – o Decreto n. 30.691, de 29 de março de 1952;
II   – o Decreto n. 39.093, de 30 de abril de 1956;
III – o Decreto n. 1.255, de 25 de junho de 1962;
IV   – o Decreto n. 56.585, de 20 de julho de 1965;
V   – o Decreto n. 1.236, de 2 de setembro de 1994;
VI   – o Decreto n. 1.812, de 8 de fevereiro de 1996;
VII – o Decreto n. 2.244, de 4 de junho de 1997;
VIII – o Decreto n. 6.385, de 27 de fevereiro de 2008;
IX   – o art. 3º do Decreto n. 7.216, de 17 de junho de 2010;
X   – o Decreto n. 8.444, de 6 de maio de 2015; e XI – o Decreto n. 8.681, de 23 de fevereiro de 2016.

É importante destacar que o Decreto n. 78.713 que dispõe sobre convênios dos estados, Distrito Federal e territórios com a União, para a realização de inspeção industrial e sanitária dos produtos de origem animal em pequenas e médias empresas que não se dediquem ao comércio interestadual ou internacional. A Lei n. 7.889, de 23.11.89, por sua vez, além de disciplinar as sanções relativas à legislação de produtos de origem animal, veio redefinir as áreas de competência da União, dos estados e dos municípios na fiscalização desses produtos. Conforme dispõem essas leis, a União, mais especificamente o Ministério da Agricultura, por meio do seu órgão especializado (Departamento de Inspeção de Produtos de Origem Animal – Dipoa), tem a competência da inspeção industrial e sanitária dos produtos de origem animal nos estabelecimentos que realizam o comércio interestadual e internacional, enquanto, para os estabelecimentos que realizam o comércio intermunicipal e municipal, a competência dessa inspeção é, respectivamente, das unidades da Federação e dos municípios.

Nesse contexto de ordem legal, participa também ativamente o Ministério da Saúde, de início por meio da Secretaria Nacional de Vigilância Sanitária e, a partir de janeiro de 1999, da Agência Nacional de Vigilância Sanitária (Anvisa), criada pela Lei n. 9.782, de 26.1.99, e cujo regulamento foi aprovado pelo Decreto n. 3.029, de 16.4.99. Essa autarquia especial é caracterizada pela independência administrativa, estabilidade de seus dirigentes e autonomia financeira, tendo como finalidade institucional promover a proteção da saúde da população, por intermédio do controle sanitário da produção e da comercialização de produtos e de serviços submetidos à vigilância sanitária, inclusive dos ambientes, dos processos, dos insumos e das tecnologias a eles relacionados, bem como o controle de portos, aeroportos e fronteiras. Como pode ser constatado, a Agência, no âmbito do Ministério da Saúde, passa a

756 ■ HIGIENE E VIGILÂNCIA SANITÁRIA DE ALIMENTOS

ter amplo poder sobre o Sistema Nacional de Vigilância Sanitária, estando tudo o que se relaciona a alimentos sob sua alçada.

Entre os vários documentos legais vigentes na esfera federal, portanto válidos para todo o território brasileiro, concernentes à área de alimentos, têm-se:

- Portaria n. 1, de 28.1.87, do Ministério da Saúde, que dispõe sobre padrões microbiológicos para avaliação de alimentos que não exijam padrões específicos/interpretação de análises, onde são fornecidas as situações microbiológicas/interpretação para as quais não existem padrões específicos.
- Lei n. 8.137, de 27.12.90, que define crimes contra a ordem tributária, econômica e as relações de consumo, na qual se refere que constitui crime vender ou expor à venda mercadorias (aí compreendidos os produtos alimentícios) cuja embalagem, tipo, especificação, peso ou composição esteja em desacordo com as prescrições legais, ou que não corresponda à respectiva classificação oficial. Esta lei, na verdade, preocupa-se com a segurança dos alimentos, procurando combater as fraudes, a clandestinidade dos produtos e as falhas técnicas decorrentes da falta de conhecimento ou da incúria dos responsáveis pelos estabelecimentos.
- Portaria n. 1.428, de 26.11.93, do Ministério da Saúde, Regulamentada pela RDC n. 175, de 8 de julho de 2003, que aprova: o "Regulamento Técnico de Avaliação de Matérias Macroscópicas e Microscópicas Prejudiciais à Saúde Humana em Alimentos Embalados".

A antiga Portaria n. 1.428 revelava grande preocupação do poder público com a segurança dos alimentos, visando à defesa da saúde, tendo em vista o número de documentos legais e sua relevância no contexto nacional que lhe deram amparo. Assim, para sua elaboração foi considerada a Lei n. 8.080, de 19.9.90, também do Ministério da Saúde, que instituiu o Sistema Único de Saúde (SUS) e que estabeleceu a necessidade da melhoria da qualidade de vida decorrente da utilização de bens, serviços e ambientes oferecidos à população na área de alimentos. Essa lei é de extrema importância porque estabeleceu o redirecionamento das ações de vigilância sanitária, com vistas à sua descentralização para os demais níveis das esferas de governo. Consideraram-se ainda para a elaboração dessa portaria, a Lei n. 6.437, de 20.8.77, e o Decreto n. 77.052, de 19.1.76, os quais estabeleceram a necessidade da Responsabilidade Técnica. Complementarmente, considerou-se o Código de Defesa do Consumidor, Lei n. 8.078, de 11.9.90, que dispõe sobre a proteção do consumidor e dá outras providências e estabelece, com vistas à proteção da saúde do consumidor, a responsabilidade dos prestadores de serviços e produtores sobre o produto e o serviço.

- Portarias do Ministério da Agricultura e da Reforma Agrária, n. 384, de 22.1.96, e de n. 494, de 14.8.96, dispõem, respectivamente, sobre a comercialização de carnes bovina, bubalina e suína, e sobre as temperaturas de entrega dessas carnes.

- Portaria n. 326, de 30.7.97, da Secretaria de Vigilância Sanitária do Ministério da Saúde, que considerando a necessidade do constante aperfeiçoamento das ações de controle sanitário na área de alimentos visando à proteção da saúde da população e a importância de compatibilizar a legislação brasileira com base nos instrumentos harmonizados no Mercosul, relacionados às condições higiênicos-sanitárias dos estabelecimentos produtores/industrializadores e Boas Práticas de Fabricação de Alimentos – Resolução GMC n. 80/96 –, aprova o Regulamento Técnico Sobre as Condições Higiênicossanitárias e de Boas Práticas de Fabricação para Estabelecimentos Produtores/ Industrializadores de Alimentos. No Anexo 1 desta Portaria é apresentado o Regulamento propriamente dito onde se destacam, após a apresentação do objetivo, âmbito da aplicação e definições concernentes ao objeto do documento, os seguintes tópicos:
- Princípios gerais higiênicossanitários das matérias-primas para alimentos produzidos/industrializados.
- Condições higiênicossanitárias dos estabelecimentos produtores/ industrializadores de alimentos.
- Requisitos de higiene do estabelecimento.
- Higiene pessoal e requisitos sanitários.
- Requisitos de higiene na produção.
- Controle de alimentos.

O Regulamento detalha cada um desses tópicos, possibilitando sua compreensão e, o que é mais importante, sua aplicação prática, não só por parte das autoridades de saúde, mas também pelos próprios estabelecimentos.

- Portaria n. 368, de 4.9.97, do Ministério da Agricultura, que aprova o Regulamento Técnico sobre as Condições Higiênicossanitárias e de Boas Práticas de Fabricação para Estabelecimentos Elaboradores/ Industrializadores de Alimentos, com base nos termos do disposto no Regulamento da Inspeção Industrial e Sanitária de Produtos de Origem Animal, aprovado pelo Decreto n. 30.691, de 29.3.52, e na Resolução Mercosul GMC n. 80/96, que aprovou o Regulamento Técnico sobre as Condições Higiênicossanitárias e de Boas Práticas de Fabricação para Estabelecimentos Elaboradores/Industrializadores de Alimentos, no âmbito dos países-membros, e considerando a necessidade de padronizar os processos de elaboração dos produtos de origem animal.

Destacam-se, nesse documento legal, os seguintes itens:

- Definições dos principais tópicos concernentes à área de alimentos.
- Princípios gerais higiênicossanitários das matérias-primas para alimentos elaborados/industrializados.

758 ■ HIGIENE E VIGILÂNCIA SANITÁRIA DE ALIMENTOS

- Condições higiênicossanitárias dos estabelecimentos elaboradores/industrializadores de alimentos.
- Saneamento dos estabelecimentos – requisitos de higiene.
- Higiene pessoal e requisitos sanitários.
- Requisitos sanitários na elaboração.
- Armazenamento e transporte das matérias-primas e produtos acabados.
- Controle de alimentos.

Como pode ser constatado nessa breve apresentação, a Portaria n. 368 é similar à de n. 326 do Ministério da Saúde e também procura abranger todos os aspectos que envolvem a elaboração/industrialização de alimentos, desde a origem até sua distribuição, considerando inclusive aspectos ligados à manipulação e aos manipuladores.

- Portaria n. 46, de 10.2.98, do Ministério da Agricultura, do Abastecimento e da Reforma Agrária, que institui o Sistema de Análise de Perigos e Pontos Críticos de Controle (APPCC), a ser implantado, gradativamente, nas indústrias de produtos de origem animal sob o regime do Serviço de Inspeção Federal (SIF), de acordo com o Manual Genérico de Procedimentos, anexo ao documento legal. No segundo artigo desta Portaria, incumbe-se a Secretaria da Defesa Agropecuária (SDA) de instituir comitês técnicos com a finalidade de coordenar e orientar a execução das atividades de implantação do APPCC nos estabelecimentos de carne, leite, ovos, mel e produtos derivados. Os Comitês Técnicos Intersetoriais (CTI), anteriormente instituídos nos estabelecimentos de pescados e derivados, são convidados a participar do processo.

Diversos documentos legais do Ministério da Agricultura, do Abastecimento e da Reforma Agrária, dispondo sobre os produtos de origem animal, foram expedidos ao longo dos últimos anos, entre eles citam-se as Portarias:

- n. 371, de 4.9.97, sobre a padronização dos métodos de rotulação e acondicionamento de produtos de origem animal.
- n. 22, de 9.3.98, sobre o Programa de Controle de Resíduos Biológicos em Carnes (PCRBC/1998).
- n. 210, de 10.12.98, sobre padronização dos métodos de elaboração de produtos de origem animal.
- n. 1.002, de 11.12.98, sobre lista de produtos comercializados no Brasil – carne e produtos cárneos.

Outras Portarias, no âmbito do Ministério da Saúde, contemplam limpeza e higiene (n. 15, de 23.8.88, e n. 930, de 28.8.92), água (n. 36, de 19.1.90, e n. 1.006, de 15.12.98) e qualidade nutricional, categoria e composição dos alimentos (n. 19, de 15.3.95, e n. 41, de 14.1.98). Já a Resolução n. 22, de 15.3.2000, da Anvisa, por sua vez, dispõe sobre os Procedimentos Básicos de Registro de Produtos Importados Pertinentes à Área de Alimentos e aprova o Regulamento Técnico sobre a matéria.

Para atender aos requisitos de inocuidade alimentar, as empresas de alimentação encontram ampla guarida nas Resoluções RDC n. 216/2004 e RDC n. 218/2005, sobre Boas Práticas de Fabricação e/ou Manipulação, para serviços da área de alimentos e bebidas preparadas com vegetais. Essas resoluções complementam-se e constituem importantes documentos legais, pois contemplam, entre outros, a capacitação profissional, a supervisão da higiene e a saúde dos manipuladores.

A RDC n. 216 foi elaborada com base em Leis, Decretos-lei, Decretos, Portarias, RDCs, Artigos Científicos, Normas, Manuais Técnicos, Recomendações e Códigos Internacionais, pertencentes ao arquivo jurídico do Ministério da Saúde, conforme demonstrado, a seguir, por objetivos selecionados que fornecem a dimensão e a complexidade da legislação vigente, assim como a necessidade de boa interpretação dos consultores, no momento de melhor aconselhar seus clientes.

Após mais de 10 anos de espera pelas atualizações na famosa RDC 216/04, finalmente a ANVISA se pronunciou e fez pequenas alterações, tais como as citadas abaixo na RDC 175, de 08 de julho de 2003.

A alteração foi no item CAMPO DE APLICAÇÃO e houve a inclusão do ARTIGO 07, que diz o seguinte:

Art. 7º O atendimento aos padrões sanitários estabelecidos por este Regulamento Técnico não isenta os serviços de alimentação dos serviços de saúde do cumprimento dos demais instrumentos normativos aplicáveis.

No item campo de aplicação continuam excluídos os lactários, as unidades de Terapia de Nutrição Enteral, bancos de leite humano e estabelecimentos industriais abrangidos no âmbito do Regulamento Técnico sobre as Condições Higiênicossanitárias e de Boas Práticas de Fabricação para Estabelecimentos Produtores/Industrializadores de Alimentos. Consta na nova norma, no entanto, que estes devem seguir legislação específica (nova redação dada pela CP 40/2014).

Ainda no campo de aplicação foram excluídas as comissárias instaladas em Portos, Aeroportos, Fronteiras e Terminais.

Art. 2º A presente Resolução pode ser complementada pelos órgãos de vigilância sanitária estaduais, distrital e municipais visando abranger requisitos inerentes às realidades locais e promover a melhoria das condições higiênicossanitárias dos serviços de alimentação.

Com base na mesma RDC 175 ficam revogados os seguintes documentos legais:

- Anexo I e II da Resolução n. 38, de 21 de dezembro de 1977
- O item 5.1 da Resolução Normativa n. 13, de 15 de julho de 1977

760 ■ HIGIENE E VIGILÂNCIA SANITÁRIA DE ALIMENTOS

- Item 5.1 da Resolução Normativa n. 14, de 15 de julho de 1977
- Item 5.1 da Resolução Normativa n. 15, de 15 de julho de 1977
- Item 5.1 da Resolução Normativa n. 9 de outubro de 1978
- Resolução n. 12 de 1978
- Item 5a da Resolução n. 5 de 1979
- Portaria n. 1, de 04 de abril de 1986
- Portaria n. 74, de 04 de agosto de 1994
- Item 6.4 da Portaria n. 519, de 26 de junho de 1998
- Item 7.3 da Portaria n. 377, de 26 de abril de 1999
- Decreto-Lei n. 986, de 21.10.69. Institui Normas Básicas sobre Alimentos.
- Lei n. 6437, de 20.8.77, e suas alterações. Configura infrações à legislação sanitária federal, estabelece as sanções respectivas e dá outras providências.
- Portaria n. 1.428, de 26.11.93, SVS. Regulamentos Técnicos sobre Inspeção Sanitária, Boas Práticas de Produção/Prestação de Serviços e Padrão de Identidade e Qualidade na Área de Alimento.
- Portaria n. 152, de 26.2.99, SVS. Regulamento Técnico para Produtos destinados à Desinfecção de Água para o Consumo Humano e de Produtos Algicidas e Fungicidas para Piscinas.
- Portaria n. 3.523, de 28.8.98, MS. Regulamento Técnico contendo Medidas Básicas referentes aos Procedimentos de Verificação Visual do Estado de Limpeza, Remoção de Sujidades por Métodos Físicos e Manutenção do Estado de Integridade e Eficiência de todos os Componentes dos Sistemas de Climatização, para garantir a Qualidade do Ar de Interiores e Prevenção de Riscos à Saúde dos Ocupantes de Ambientes Climatizados.
- Resolução n. 211, de 18.6.99, Anvisa. Altera os dispositivos das Normas para Registro dos Saneantes Domissanitários com Ação Antimicrobiana.
- Resolução-RDC n. 18, de 29.02.2000. Dispõe sobre Normas Gerais para Funcionamento de Empresas Especializadas na Prestação de Serviços de Controle de Vetores e Pragas Urbanas.
- Resolução-RDC n. 277, de 16.4.2001. Altera os dispositivos do Regulamento Técnico para Produtos destinados à Desinfecção de Água para o Consumo Humano e de Produtos Algicidas e Fungicidas para Piscinas.
- Resolução-RDC n. 91, de 11.5.2001. Aprova o Regulamento Técnico
  - ▸ Critérios Gerais e Classificação de Materiais para Embalagens e Equipamentos em Contato com Alimentos constante do Anexo desta Resolução.
- Portaria n. 518, de 25.3.2004, MS. Estabelece os Procedimentos e as Responsabilidades relativos ao Controle e Vigilância da Qualidade da Água para Consumo Humano e seu Padrão de Potabilidade.
- *Codex Alimentarius*. CAC/RCP 1-1969, Rev. 4, 2003. *Recommended International Code of Practice General Principles of Food Hygiene.*

- *Codex Alimentarius*. CAC/RCP 39-1993. *Code of Hygienic Practice for Precooked and Cooked Foods in Mass Catering.*
- *World Health Organization*. Genebra, 1999. *Basic Food Safety for Health Workers.*

O consultor deve ter uma preocupação constante com a avaliação das condições do estabelecimento de seu cliente. Para tanto, é comum a utilização de fichas que abranjam o maior número de aspectos pertinentes às instalações e aos recursos materiais e humanos, não somente com a finalidade de diagnosticar eventuais problemas, mas, sobretudo, para avaliação das medidas introduzidas. Assim, a Resolução SS-196, de 29.12.98, da Secretaria de Estado da Saúde de São Paulo, dispõe sobre Ficha de Inspeção de Estabelecimentos na Área de Alimentos, com o objetivo de padronizar as atividades desenvolvidas pelas Equipes Regionais de Vigilância Sanitária da Secretaria da Saúde. Essas equipes, complementarmente, devem disponibilizar os Roteiros e Guias de Inspeção em Vigilância Sanitária aos municípios sob sua supervisão e orientá-los em sua aplicação quando solicitados. Essa ficha permite a pontuação global do estabelecimento a partir do preenchimento de observações referentes a:

- Situação e condições da edificação.
- Equipamentos e utensílios.
- Pessoal na área de produção, manipulação e venda.
- Matérias-primas/produtos expostos à venda.
- Fluxo de produção/manipulação/venda e controle de qualidade.

Em 1999, o Centro de Vigilância Sanitária da Secretaria de Estado da Saúde de São Paulo colocou em execução o Regulamento Técnico sobre os Parâmetros e Critérios para o Controle Higiênicossanitário em Estabelecimentos de Alimentos. Em 9 de abril de 2013 o mesmo centro criou a CVS 5 e revogou por meio do art. 4º as Portaria CVS n. 6, de 10 de março de 1999 e a Portaria CVS n. 18, de 9 de setembro de 2008.

No art. 5º Este Regulamento refere que tem como objetivo estabelecer os requisitos essenciais de Boas Práticas e de Procedimentos Operacionais Padronizados para os estabelecimentos comerciais de alimentos e para os serviços de alimentação, a fim de garantir as condições higiênicossanitárias dos alimentos. No art. 6º este Regulamento refere que se aplica aos estabelecimentos comerciais de alimentos e serviços de alimentação.

O art. 7º por sua vez refere que para efeito deste Regulamento Técnico são adotadas inúmeras definições, todas elas pertinentes à inocuidade de alimentos.

Secretaria de Estado da Saúde, Coordenadoria de Controle de Doenças, Centro de Vigilância Sanitária, Divisão de Produtos Relacionados à Saúde, Portaria CVS 5, de 9 de abril de 2013, DOE de 19/04/2013 – nº 73 – Poder Executivo – Seção I – p. 32-35.

Em relação aos manipuladores, em particular, peça das mais importantes nos estabelecimentos de alimentos, tem-se a Lei Federal n. 6.514, de 22.12.77, que estabelece que as empresas estão obrigadas a manter serviços especializados em segurança e medicina do trabalho e a Portaria n. 3.214, de 8.6.78, do Ministério da Saúde, que estabelece Normas Regulamentadoras (NR) relativas à Segurança e Medicina do Trabalho, destacando-se a NR7 que dispõe sobre o Atestado de Saúde Ocupacional. No caso específico do município de São Paulo, dispõe-se da Portaria 2.619, de 6.12.2011 – SMS, referente ao Regulamento de Boas Práticas e de Controle de condições sanitárias e técnicas das atividades relacionadas a: importação, exportação, extração, produção, manipulação, beneficiamento, acondicionamento, transporte, armazenamento, distribuição, embalagem e reembalagem, fracionamento, comercialização e uso de alimentos – incluindo águas minerais, águas de fontes e bebidas, aditivos e embalagens para alimentos. Os estabelecimentos que realizam quaisquer das atividades descritas no artigo 1º desta legislação ficam obrigados a cumprir as boas práticas, bem como os procedimentos operacionais padronizados, estabelecidos no Regulamento aprovado por esta Portaria, além dos preceitos exigidos nos níveis estadual e federal.

Como se pode depreender do exposto, o consultor da área de alimentos deve estar atento e atualizado em relação à legislação, buscando sistemática e periodicamente tomar ciência dos documentos legais vigentes.

Essa tarefa, na atualidade, está facilitada na medida em que os órgãos maiores da administração pública estão incorporando as novas tecnologias na área da informática e disponibilizando a maior parte de seus documentos legais via internet. Como exemplos maiores, pode-se mencionar os casos do Mapa e do MS, por meio do Sistema de Legislação Agrícola Federal (Sislegis) e do Sistema de Legislação em Vigilância Sanitária (Visalegis). O primeiro dotou a pasta da Agricultura, Pecuária e Abastecimento de uma fonte única de consulta à Legislação, disponibilizando o maior acervo em meio digital, recuperando textos legais atualizados, de forma fácil, rápida e confiável, trazendo, ainda, por meio das consultas pelas árvores temáticas, facilidades para a recuperação da Legislação por Assuntos Indexados. O segundo, cujo sistema tem como ferramenta principal um banco de dados, possui textos completos para pesquisa e consolidação das normas vigentes no país.

CONCLUSÕES

Uma vez superadas as dificuldades iniciais e alcançados os objetivos propostos, espera-se obter as seguintes vantagens:

- Para o proprietário: menor desperdício de mercadorias, prevenção a autuações e multas, valorização da imagem do estabelecimento diante do público e menor rotatividade de colaboradores.

- Para o colaborador: a qualificação leva à profissionalização e, portanto, a melhores salários e maior competitividade na busca de novas vagas no mercado.
- Para a segurança do trabalhador: em um ambiente adequado em que os indivíduos são corretamente treinados e as condições do local de trabalho, equipamentos e utensílios são apropriados, o número de riscos de acidentes será menor.
- Para os consumidores: aumento da oferta de alimentos seguros e com melhor qualidade.
- Para a sociedade: a menor ocorrência de toxinfecções alimentares, reduzindo gastos públicos com atendimento hospitalar, medicamentos e perda de produtividade decorrente do afastamento do trabalhador. Além disso, previnem-se as doenças de origem alimentar, que podem, muitas vezes, provocar sequelas e até o óbito.

Finalmente, pode-se afirmar que as melhores recomendações do consultor são aquelas que levam em conta o contexto e a cultura da empresa ou área-alvo da consultoria, tendo em mente que nada é certo definitivamente. Cabe ao consultor fazer-se respeitar pelos clientes, tanto para dar continuidade à prestação de serviço para a empresa na qual está atuando, quanto para que esta possa indicá-lo para outros clientes.

REFERÊNCIAS

[ANVISA] AGÊNCIA NACIONAL DE VIGILÂNCIA SANITÁRIA. Visalegis. Sistema de Legislação em Vigilância Sanitária. Disponível em: http://www.anvisa. gov.br/legis/index.htm. Acessado em: out. 2005.

ARCHANJO, J.L. *Treinamento integrado para chefias administrativas: relações humanas I e II.* Grupo de seleção e treinamento de recursos humanos. Coordenadoria de Recursos Humanos do Estado. Secretaria de Estado dos Negócios da Administração de São Paulo. (Apostila)

ARRUDA, G.A. *Legislação sobre boas práticas de fabricação.* São Paulo: Ponto Crítico, 1999. (Apostila)

BASTOS, M.I.P.L. *O direito e o avesso da consultoria.* São Paulo: Makron Books, 1999.

BICA, I.M. Análise crítica sobre o papel do consultor de unidades de alimentação comercial. São Paulo, 1999. Monografia (especialização em Vigilância Sanitária de Alimentos). Faculdade de Saúde Pública da USP.

BOANOVA, A.B. Segurança dos Alimentos no segmento comercial. In: GERMANO, P.M.L.; GERMANO, M.I.S. (org). *Sistema de gestão: qualidade e segurança dos alimentos.* Barueri: Manole, 2012.

BLOCK, P. *Consultoria o desafio da liberdade.* 2.ed. São Paulo: Makron Books, 2000.

_____. *Consultoria infalível: um guia prático, inspirador e estratégico.* 3 ed. São Paulo: M. BBooks do Brasil Editora Ltda, 2013.

BOOG, G.G. *Desenvolvimento de recursos humanos: investimento com retorno?* São Paulo: McGraw-Hill do Brasil, 1980.

BOULOS, M.E.M.S.; BUNHO, R.M. *Guia de leis e normas para profissionais e empresas da área de alimentos.* São Paulo: Varela, 1999.

CARLIER, F. *Réussir ma première mission de consultant. StudyramaPro-Getion de Carrière&Efficacité Professionnelle.* Levallois-Peret (France), 2013.

CHIAVENATO, I. *Administração de recursos humanos.* 2.ed. São Paulo: Atlas, 1981.

CÓDIGO DE DEFESA DO CONSUMIDOR AO SEU ALCANCE – Anotado e exemplificado pelo Idec. São Paulo: Idec, 1997.

764 ■ HIGIENE E VIGILÂNCIA SANITÁRIA DE ALIMENTOS

CÓDIGO SANITÁRIO DO ESTADO DE SÃO PAULO. Lei n. 10.083, de 23/9/98. Decreto n. 12.342, de 27/9/78 (Regulamento da promoção, preservação e recuperação da saúde no campo da competência da Secretaria de Estado da Saúde). Normas técnicas e legislação complementar. 3.ed. São Paulo: Edipro, 2000. (Série Legislação) FEITOSA, V.C. Redação de textos científicos. 2.ed. Campinas: Papirus, 1995.

FERREIRA, P.P. *Administração de pessoal: relações industriais*. 6.ed. São Paulo: Atlas, 1983.

FLOSI, D. Procedimento Operacional Padronizado. In: GERMANO, P.M.L.; GERMANO, M.I.S. (org). *Sistema de gestão: qualidade e segurança dos alimentos*. Barueri: Manole, 2012.

GANDHI, M. *Somos todos irmãos: reflexões autobiográficas*. São Paulo: Paulus, 1999.

GERMANO, M.I.S. *Tipos psicológicos de clientes e personalidade e motivação*. São Paulo: Senac Escritório, 1985. (Apostilas)

_____. *Relações humanas*. Disciplina HSP-742, Riscos e consequências em saúde pública das doenças transmitidas por animais de estimação. São Paulo: FSP/USP, 1999. (Apostila)

_____. *Comunicação*. Curso de pós-graduação lato senso Especialização e Vigilância Sanitária de Alimentos. São Paulo: FSP/USP, 2000. (Apostila).

GERMANO, P.M.L.; GERMANO, M.I.S.(org). *Sistema de gestão: qualidade e segurança dos alimentos*. Barueri: Manole, 2012.

GERMANO, M.I.S. Metodologia para análise e diagnóstico de situações na gestão de pessoas. In: GERMANO, P.M.L.; GERMANO, M.I.S.(org). *Sistema de gestão: qualidade e segurança dos alimentos*. Barueri: Manole, 2012, p. 476-522.

GIL, A.C. *Administração de recursos humanos: um enfoque profissional*. São Paulo: Atlas, 1994.

LOBO, R.J.H. *Psicologia aplicada à administração*. 4.ed. São Paulo: Atlas, 1980.

LUFT, C.P. *Novo manual de português: gramática, ortografia oficial, redação, literatura, textos e testes*. 4.ed. Rio de Janeiro: Globo, 1988.

MANUAL DE ESTILO EDITORA ABRIL. 6.ed. Rio de Janeiro: Nova Fronteira, 1990.

MANUAL GERAL DE REDAÇÃO. 2.ed. Folha de São Paulo, 1987.

MARTINS, E.A., QUARENTEI, S.S. Sistema de gestão e padrões normativos aplicáveis ao segmento alimentício. In: GERMANO, P.M.L.; GERMANO, M.I.S.(org). *Sistema de gestão: qualidade e segurança dos alimentos*. Barueri: Manole, 2012.

MARTINS, E.A., GERMANO, M.I.S., GERMANO, P.M.L. Análise de Perigos e Pontos Críticos de Controle. In: GERMANO, P.M.L.; GERMANO, M.I.S.(org). *Sistema de gestão: qualidade e segurança dos alimentos*. *Barueri*: Manole, 2012

MARTINS FILHO, E.L. *Manual de redação e estilo de O Estado de São Paulo*. 3.ed. O Estado de São Paulo, 1997.

MÖLLER, C. *O lado humano da qualidade*. 12.ed. São Paulo: Thomson Pioneira, 1997.

MONTEIRO, J.A. *Qualidade total no serviço público: questionamento e recomendações segundo os quatorze pontos de W.E. Deming*. Brasília: QA&T Consultores Associados, 1991.

OLIVEIRA J.P.M. de; MOTTA C.A.P. *Como escrever melhor*. São Paulo: Publifolha. 2000. Série Sucesso Profissional.

PENTEADO, J.R.W. *Relações públicas nas empresas modernas*. 2.ed. São Paulo: Pioneira, 1978.

PINK D. *La verité sur ce qui nous motive*. Traduzido para o francês por Marc Rozenbaum. Roubaix (France): Clé des Champs-Flammarion, 2016.

SACONI, L.A. *Nossa gramática: teoria e prática*. São Paulo: Atual, 1994.

SINEK S. *Start With Why: How Great Leaders Inspire Everyone to Take Action*. New York (USA): Portfolio-Pinguin Group, 2009.

SILVEIRA Jr., A.; VIVACQUA, G. *Planejamento estratégico como instrumento de mudança organizacional*. 2.ed. São Paulo: Atlas, 1999.

TEMPLAR R. *Les 110 règles d'or du management: um autre point de vue*. Traduzido para o francês por Valérie Gaillar e Tina Calogirou. France: Marabout, 2016.

URBIETES, C. *Comunicação: seus problemas e soluções*. São Paulo: Senac – Cedep Raphael Ferraz, 1979. (Apostila)

WEIL, P. *Relações humanas na família e no trabalho*. 37.ed. Petrópolis: Vozes, 1971. WEIL, P.; TOMPAKOW, R. *O corpo fala*. 40.ed. Petrópolis: Vozes, 1996.

Ações educativas/treinamento de pessoas

Maria Izabel Simões Germano

PARTE 1 – REFLEXÕES

INTRODUÇÃO

O presente texto busca propiciar, a princípio, o "pensar" a respeito de alguns temas importantes para a educação/treinamento dos recursos humanos de empresas/instituições, dentro de uma visão voltada para a educação em saúde pública.

Destaca-se que a educação de adultos, a partir da década de 1970, com os estudos de Knowles, particularmente, tem seguido um novo enfoque, conhecido como andragogia, a qual se baseia em seis princípios de aprendizagem:

1. Necessidade do aprendiz de saber:	Entender o porquê, o quê, o como, visando a aumentar a eficácia de seu desempenho mediante experiências reais ou simuladas.
2. Autoconceito do aprendiz:	Ser responsável por suas ações, ou seja, ser capaz de se autodirigir.
3. Experiência anterior do aprendiz:	A experiência é a fonte mais rica de aprendizagem para o adulto, ressaltando-se as diferenças individuais de formação, motivação, interesses, necessidades, objetivos que não podem ser ignorados no planejamento dos programas de capacitação.
4. Prontidão para aprender:	Relacionada à capacidade do indivíduo de realizar ações, de se posicionar para enfrentar as situações com que se depara no transcorrer da vida.
5. Orientação para aprendizagem:	Contextual, centrada na vida, ou para executar tarefas e solucionar problemas com os quais o indivíduo se depara.
6. Motivação para aprender:	Centrada em necessidades e interesses que a aprendizagem poderá satisfazer. Fatores motivacionais externos: promoção, salário, entre outros. Fatores motivacionais internos (mais importantes para o indivíduo): satisfação no trabalho, autoestima, qualidade de vida, entre outros.

Optou-se por uma abordagem que contempla aspectos mais amplos que o treinamento propriamente dito para propiciar a reflexão daqueles que pretendem se envolver nessa atividade. Destina-se a profissionais que irão desenvolver atividades de ensino-aprendizagem/treinamento, independentemente de terem formação específica na área da educação. Contudo, não pretende esgotar o assunto, mas instigar o pensamento e levar os leitores a buscarem outras obras, mais completas, sobre cada um dos temas abordados, de acordo com suas necessidades, interesses, formação profissional ou, ainda, com o tipo de atividade que pretendem desenvolver.

Destaca-se que cada vez mais, no Brasil, as organizações sentem a necessidade de preencher as lacunas deixadas pela escola formal, mediante processos educativos. Frequentemente, os colaboradores são portadores da escolaridade necessária para ocupar determinada função, entretanto têm falhas de entendimento/conteúdo que precisam ser superadas para garantir o bom desempenho no trabalho.

Na segunda parte deste capítulo, relativa às considerações gerais, apresentam-se sugestões que de maneira nenhuma constituem-se em expressão única da verdade ou receitas prontas para se aplicar em qualquer realidade. Em particular, no que concerne às estratégias de ensino-aprendizagem, foram enfatizadas aquelas mais passíveis de serem realizadas em sala de aula, tendo em vista uma relação entre docente e alunos. Outras metodologias podem e devem ser utilizadas, como visitas, estágios ou atividades artísticas – peça teatral, jogral e outras – com o intuito de propor temas para discussão ou mesmo veicular conteúdos. Salienta-se que todas as atividades que envolvem ativamente os participantes são extremamente relevantes para a fixação da aprendizagem de forma mais permanente.

Na experiência da autora, o treinamento de recursos humanos constitui uma ação sempre inserida em um contexto, devendo, portanto, adaptar-se a ele; deve ser pensado, planejado, executado, monitorado e avaliado nessa realidade particular. Não existem modelos prontos que atendam às necessidades de todas as empresas, as atividades educativas devem ser desenhadas a partir do diagnóstico de cada local e das pessoas que deverão ser alvo dessas ações.

CONCEITO DE EDUCAÇÃO

Segundo o Dicionário Aurélio, os principais significados do termo **educação** são os que seguem (grifos da autora):

"[Do lat. *educatione*.] Substantivo feminino.
1. Ato ou efeito de educar(-se).
2. Processo de desenvolvimento da capacidade física, intelectual e moral da criança e do ser humano em geral, visando à sua melhor integração individual e social: *educação da juventude*;

educação de adultos;

educação de excepcionais.

3. Os conhecimentos ou as aptidões resultantes de tal processo; preparo:

*É um autodidata: sua **educação** resultou de sério esforço pessoal.*

4. O cabedal científico e os métodos empregados na obtenção de tais resultados; instrução, ensino:

*É uma autoridade em **educação**, sendo seus livros largamente adotados.*

5. Nível ou tipo de ensino:

educação primária;

educação musical;

educação sexual;

educação religiosa;

educação física.

6. Aperfeiçoamento integral de todas as faculdades humanas.

7. Conhecimento e prática dos usos de sociedade; civilidade, delicadeza, polidez, cortesia:

*Vê-se que é pessoa de muita **educação**.*

8. Arte de ensinar e adestrar animais; adestramento:

*a **educação** de um cão, de uma foca.*

9. Arte de cultivar as plantas e de fazê-las reproduzir nas melhores condições possíveis para se auferirem bons resultados.

Educação a distância. 1. V. teleducação.

Educação especial. 1. Modalidade de educação escolar, oferecida preferencialmente na rede regular de ensino, para educandos portadores de necessidades especiais (v. *portador de necessidades especiais*)."

Assim, neste texto, conceitua-se educação como um processo contínuo de desenvolvimento de conhecimentos, habilidades e atitudes do indivíduo por meio de experiências informais, na família, na igreja e em outros grupos sociais, assim como em situações formais planejadas, na escola ou outras entidades, propiciando condições para o acúmulo de conhecimentos científicos, tecnológicos e práticos, para que o homem transforme sua realidade, transformando-se a si mesmo. Constitui uma busca constante pela excelência e o papel primordial de todo docente é propiciar condições para que o indivíduo, mediante o processo educativo bem conduzido, em que se privilegie o reconhecimento do esforço, o elogio e a valorização da pessoa, pela capacidade de corrigir as falhas, sem humilhar o educando, permita que as pessoas se modifiquem sem se acomodar ao *status quo*.

Um conceito importante, diretamente relacionado à educação na área da saúde, é o da promoção da saúde, o qual decorre da necessidade de se propor um paradigma que atenda às necessidades de saúde do indivíduo e de sua comunidade, assim como dos sistemas de saúde existentes nos diferentes países. A ideia de saúde, base para tal conceito, como ausência de doença, hoje é vista como resultante de um conjunto de fatores biológicos, psicológicos, sociais, culturais, econômicos e políticos, entre outros. No transcorrer de sua existência, portanto, o ser humano vive diferentes níveis de saúde/doença.

Nesse texto, entende-se promoção da saúde como as intervenções que visam à melhoria do nível de saúde do indivíduo e da população, estando a educação em saúde incluída nesse contexto, na medida em que o apoio e a aceitação de modificações ou inovações dependem da preparação dos cidadãos mediante processos educativos; e, por educação em saúde, entende-se o processo de desenvolver a capacidade crítica das pessoas, individual ou coletivamente, para tomar decisões fundamentadas nos assuntos relativos à sua saúde, da sua família ou da comunidade.

Os conceitos anteriormente expressos estão diretamente relacionados à Vigilância Sanitária de Alimentos, na medida em que uma população saudável necessita de alimentos com qualidade, e a educação da população, por meio da divulgação do Código de Defesa do Consumidor, por exemplo, volta-se para o objetivo de reforçar a ação comunitária.

Sintetizando o que foi dito, chama-se a atenção para a Figura 37.1, que propõe a ideia do treinamento preocupado com os conhecimentos, habilidades e atitudes do indivíduo, estando indivíduo e treinamento inseridos em um sistema mais abrangente, que constitui a educação. Esta, por sua vez, faz parte de um sistema social determinado e, nesse caso específico, mediado por uma empresa/instituição na qual o indivíduo está inserido.

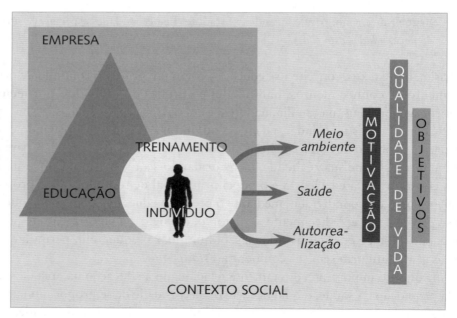

Figura 37.1 Inserção social do treinamento.

As preocupações que norteiam a inter-relação indivíduo/treinamento têm como objeto o meio ambiente, tanto da própria empresa quanto da sociedade como um todo, a saúde no sentido do bem-estar social e igualmente dentro da empresa – exames médicos periódicos, equipamentos de proteção individual, procedimentos que visem a manter a saúde dos usuários/consumidores dos produtos daquela empresa/instituição – e a autorrealização da empresa, para que ela sobreviva diante das premências sociais e do indivíduo pela satisfação no trabalho, eficiência e qualidade.

Esses fatores relacionam-se diretamente à motivação para o trabalho e à qualidade de vida, por um lado, do indivíduo – sujeito/participante do treinamento –, e por outro, da comunidade que utiliza os serviços daquela empresa/instituição específica. A coordenação de todos os elementos anteriormente relacionados conduz ao alcance dos objetivos do indivíduo, da empresa/instituição e, finalmente, da própria sociedade.

CONCEITO DE TREINAMENTO

As pessoas não fazem somente parte da vida produtiva das organizações. Elas constituem o princípio essencial de sua dinâmica, conferem vitalidade às atividades e processos, inovam, criam, *recriam contextos e situações que podem levar a organização a posicionar- -se de maneira competitiva, cooperativa e diferenciada com clientes, outras organizações e no ambiente de negócios em geral.* (Davel e Vergara, 2001)

As pessoas constituem o cerne de todas as organizações. Na verdade, sem as pessoas (clientes e funcionários) que as constituem, estas não existem. Todavia, cada organização, em particular, necessita de pessoas com características específicas para desenvolverem as atividades a que a empresa se propõe, a fim de atuarem com competência e, sobretudo, propiciando competitividade diante de um mercado cada vez mais exigente.

Faz-se necessário que os indivíduos ajam com competência em todos os níveis hierárquicos da empresa – do mais alto ao mais operacional – a fim de obter êxito. Frequentemente, nos níveis superiores, a preparação para o exercício das atividades ocorre nos meios acadêmicos tradicionais – cursos técnicos, faculdades (graduação e pós-graduação), estágios, cursos de aperfeiçoamento, no país e até mesmo no exterior. Em relação aos níveis operacionais, entretanto, os selecionadores nem sempre dispõem no mercado de pessoas com os conhecimentos e habilidades exigidos. Assim, a melhor maneira de preparar os colaboradores é mediante programas de educação/capacitação/treinamentos delineados para aquela organização e tendo em vista as pessoas que nela trabalham.

Lembre-se que:

- Eficiente: é o que faz corretamente.
- Eficaz: é o que faz o que tem que ser feito.
- Efetivo: é o que faz corretamente o que tem que ser feito.

O treinamento é um dos subsistemas da área de recursos humanos. Atualmente, a maioria das empresas/instituições, acompanhando a tendência internacional de buscar diminuir custos e maximizar produtividade/lucros, prefere compartilhar a responsabilidade do treinamento entre todos os setores da organização e, em casos especiais, contratar terceiros para atividades específicas de seleção, avaliação de desempenho e mesmo de treinamento.

No que concerne especificamente ao treinamento, adota-se a conduta de atribuí-lo aos supervisores, chefes ou responsáveis técnicos por unidades. Esse procedimento justifica-se à medida que essa pessoa geralmente está inteirada dos problemas, dificuldades e necessidades mais prementes de seus subordinados. Entretanto, nem sempre esse indivíduo está preparado para planejar, executar e avaliar programas de capacitação de pessoas. Esses três passos são essenciais quando se pretende demonstrar o benefício que a atividade de treinamento pode trazer para a empresa/instituição em termos de ambiente produtivo – satisfação de clientes e empregados – e qualidade dos produtos.

Quando se faz a terceirização do treinamento, mediante a contratação de consultoria ou empresa especializada, cabe lembrar a importância de a pessoa de contato na organização estar atenta à proposta de planejamento apresentado, a fim de contar com elementos que possibilitem verificar os resultados alcançados.

Na abordagem tradicional, o treinamento de recursos humanos era atribuição da área de administração de recursos humanos (ARH) ou da área de pessoal. Atualmente, vários autores veem a ARH como responsabilidade de todos dentro da empresa e propõem um novo conceito, o de competência, caracterizado como um conjunto de habilidades e comportamentos dos indivíduos passíveis de treinamento. Pensa-se o indivíduo como um todo – em que profissional e cidadão se complementam – não havendo separação entre educação para a sociedade e para a empresa. Esse novo paradigma relaciona-se à necessidade de mudança contínua para atender cada vez mais a um mundo globalizado e à sobrevivência das empresas. Faz-se necessário também trabalhar e vencer a resistência à mudança dentro dos próprios quadros das empresas/instituições, que estão mais interessadas na manutenção do *status quo* ou têm medo do novo. Todos se sentem confortáveis com as situações que conhecem. É natural temer o desconhecido e querer preservar os valores culturais em vigor.

Mudar comportamentos, padrões ou valores é difícil, porque existe uma associação entre mudanças e perdas. Dessa forma, as pessoas rejeitam a mudança como o corpo pode rejeitar um transplante de órgão!

Ações educativas/treinamento de pessoas ■ 771

O motivo refere-se ao interesse que conduz ao alcance de um objetivo, com base em um incentivo natural, que orienta e seleciona a opção de um comportamento. A seguir estão listados alguns motivos para a resistência à mudança:

1. Satisfação com a situação presente.
2. Acomodação.
3. Falta de amadurecimento.
4. Interesses pessoais.
5. Falta de confiança.
6. Falta de conhecimento.
7. Rebeldia.
8. Pensamento a curto prazo.
9. Condicionamento.
10. Incerteza econômica.
11. Hábito.
12. Medo do desconhecido.
13. Medo do futuro.

Algumas formas de implementar as mudanças dos indivíduos, nas empresas, dizem respeito a demonstrar a necessidade dessas mudanças; mostrar os benefícios da mudança para o indivíduo, para a própria empresa e para a comunidade; e, se possível, oferecer algum tipo de "ganho" para quem deve mudar. Vale destacar, ainda, que as mudanças culturais são difíceis de serem produzidas no interior das organizações e nas pessoas. Para se inserir nesse novo modelo de mudanças contínuas e aceleradas, que faz parte da sociedade atual, é necessário estar preparado para as mudanças. O grande desafio atual, sobretudo para os profissionais que atuam nas empresas, refere-se a obter a completa adesão de todos os colaboradores – da cúpula aos operacionais – para alcançar os objetivos estratégicos da empresa que permitam sua sobrevivência.

Nesse paradigma surgem as organizações cuja aprendizagem é contínua, cumulativa e distribuída para todos os membros – compartilhamento de ideias, não apenas "vestir a camisa". Assim, pretende-se aprimorar as pessoas e tornar as empresas competitivas – desenvolver as pessoas para enfrentarem a realidade dentro da empresa e fora dela – em um mundo instável e em transformação.

> Lembre-se: as competências não são eternas, devem sofrer revisões frequentes e devem ser legitimadas pela cúpula da empresa que define as políticas da organização.

Mas como definir treinamento?

Treinamento caracteriza-se como o conjunto de ações educativas organizadas com uma finalidade específica – competência ou conjunto de competências particulares –, as quais podem ser alvo de um:

1. Treinamento introdutório, de integração ou admissional – busca apresentar a empresa/instituição para um ou mais elementos que acaba(m) de ingressar, integrando-o(s). Esse tipo de treinamento pode abranger aspectos como:
   - Significado social da empresa.
   - Objetivos e metas.
   - Hierarquia e fluxo de trabalho.
   - Direitos e deveres.
   - Normas e regulamentos.
   - Relações interpessoais.
   - Outras informações necessárias para o desempenho das funções na empresa/instituição.
2. Treinamento para exercer cargo/função – visa desenvolver conhecimentos, habilidades e atitudes (CHA) relacionadas ao desempenho de um posto de trabalho. Esse tipo de treinamento ocorre sempre que é detectada alguma não conformidade, passível de ser corrigida mediante uma ação educativa. Cabe ressaltar a importância do treinamento de atitudes, no qual é imprescindível que se reforcem constantemente os comportamentos positivos desejados, bem como que se realize supervisão/monitoramento, a fim de que as atitudes se mantenham no transcorrer do tempo.
3. Treinamento para mudança tecnológica – tem por objetivo adaptar o(s) colaborador(es) a uma nova rotina ou equipamento que será introduzido no processo de trabalho.
4. Treinamento para assumir tarefas de maior complexidade, ou ampliação das potencialidades, que alguns caracterizam como desenvolvimento – visa a preparar o(s) indivíduo(s) para um novo cargo/função de maior complexidade/responsabilidade na empresa/instituição.

Para finalizar, ressalta-se que treinar competências significa que as pessoas precisam saber como fazer e também o porquê do como fazer, conhecer e estar envolvido com os objetivos e metas da empresa – não só treinar, mas ensinar a pensar.

> Lembre-se: o treinamento é uma atividade fundamental, chave da produtividade e da qualidade.

CARACTERÍSTICAS DO DOCENTE

A pessoa que assume as atividades de educação/treinamento tem uma grande responsabilidade diante da empresa/instituição, e deve nortear-se pelo princípio de constante atualização de conhecimentos, técnicas de ensino-aprendizagem, recursos de ensino e outros. Para exercer esse papel, algumas características pessoais são necessárias. Contudo, cabe salientar que nenhum indivíduo possui todas as características que serão mencionadas a seguir, e mesmo aqueles que as detêm não podem considerar-se instrutores/professores já prontos. Ressalta-se ainda que parte desses aspectos podem ser desenvolvidos pela pessoa interessada, que deve ter consciência de seus pontos fortes, para usá-los a seu favor, e de seus pontos fracos, para tentar superá-los ou minimizá-los no desenvolvimento de seu trabalho.

Um lembrete de suma importância refere-se ao fato de que as atividades voltadas para a capacitação de adultos deve considerar que o **adulto** – indivíduo responsável por seus atos diante da sociedade – tem um cabedal de experiências de vida e, cada vez mais, possibilidade de buscar informações em diferentes fontes, não necessariamente em uma "**aula**". Assim torna-se primordial explicitar a importância prática (utilidade) daquilo que se pretende desenvolver durante (a)s aula(s) e motivar os treinandos.

Aspectos físicos

Entre os atributos físicos desejáveis, lembram-se os relacionados a seguir:

- Resistência à fadiga, pois o docente geralmente permanece várias horas em pé, falando, andando e assistindo a todos os treinandos.
- Clareza vocal. O apresentador deve falar devagar, articulando bem as palavras para garantir que todos possam ouvi-lo, inclusive aqueles sentados no fundo do auditório; é importante que varie o tom e a velocidade de sua fala para evitar a monotonia, "pôr a plateia para dormir"; bem como utilizar pausas para enfatizar os pontos relevantes de sua fala.
- Acuidade visual.
- Acuidade auditiva.
- Coordenação motora, desejável principalmente na utilização dos recursos multissensoriais, como escrever na lousa ou coordenar uso de projetor de slides e retroprojetor.
- Capacidade funcional do sistema respiratório, para não aparentar estar ofegante e preocupar desnecessariamente o público.

> Lesmbre-se: para melhorar a voz, treine mudar a entonação de algumas frases da apresentação e dê atenção à sua respiração – respire devagar e profundamente para melhorar o fluxo de oxigênio. Se necessário, chupe uma bala de menta ou mel antes da apresentação. Procure fazer alguns exercícios para reduzir a tensão antes de se apresentar.

Aspectos psicológicos

Em relação aos aspectos psicológicos, enfatiza-se:

- Estabilidade emocional, para não perder o controle ou gritar. Caso isso venha a acontecer, o docente deve desculpar-se, imediatamente, com o grupo para minimizar os danos.
- Versatilidade, para adaptar-se a situações adversas, como um grupo refratário e não cooperativo ou a falta de recursos multissensoriais previstos para sua apresentação.
- Iniciativa.
- Disciplina, no sentido de organização prévia da atividade, sobretudo quando se deve repetir o mesmo treinamento para mais de um grupo.
- Paciência, relacionada à estabilidade emocional, para responder mesmo às questões e dúvidas que considerar menos lógicas ou significativas para o grupo.
- Cooperação, em especial quando trabalha em parceria com outros profissionais, bem como no sentido de envolver a plateia na apresentação; relaciona-se à disposição para manter diálogo com as pessoas-alvo da ação educativa.
- Criatividade, ao elaborar o programa.
- Empatia, no sentido de tratar os alunos e os colaboradores da maneira que gostaria de ser tratado, facilitando a troca de experiências.
- Autoconfiança.
- Humildade para admitir que não conhece absolutamente tudo, nem é o dono da verdade.

> Lembre-se: a preparação anterior é essencial para seu sucesso.
>
> - Ensaie sua palestra/aula de preferência na frente do espelho.
> - Fale em voz normal e alta, alternando o ritmo da fala.
> - Peça a um amigo/colega, com o qual você tenha bastante intimidade e que conheça o assunto, para assistir sua apresentação e criticá-la.
> - Procure ter pensamentos positivos.

Aspectos intelectuais

De certa maneira óbvios e comuns à maioria das pessoas:

- Inteligência.
- Memória.
- Observação.
- Lógica.
- Rapidez de raciocínio.
- Capacidade crítica.

Aspectos técnicos

Aqueles que dizem respeito a:

- Preparo especializado na matéria que pretende desenvolver.
- Cultura geral, para ter assunto e estar preparado para exemplificar em mais de uma área.

Aspectos pedagógicos

O docente não nasce pronto, é necessário tempo, investimento e preparo para adquirir uma boa didática. Lembra-se que, cada vez mais, o docente precisa atuar como um facilitador da aprendizagem – aquele que apresenta as informações e cria um clima/ambiente propício para que ela ocorra, ou seja, que trocas de conhecimentos, habilidades e atitudes aconteçam. Deve-se ter em mente que em uma boa apresentação é necessário:

- Ensinar alguma coisa nova aos alunos.
- Respeitar os alunos.
- Ser democrático.
- Criar um ambiente confortável para que a aprendizagem ocorra.
- Ter um discurso agradável.
- Deixar claro para o público todas as passagens da fala/discurso.
- Resumir cada um dos itens principais em uma frase.
- Estar disponível para solucionar dúvidas e responder perguntas.

Uma apresentação cuidadosa envolve:

- Introdução: em que se dá uma noção geral do que será desenvolvido.
- Desenvolvimento do conteúdo ou das ideias, nos quais é necessário utilizar analogias ilustrativas e exemplos, e reforçar as ideias principais, se possível usando

diferentes maneiras de dizer as mesmas coisas. Na medida do possível, quanto mais próxima da realidade que se quer apresentar, melhor será o aproveitamento dos alunos

- Conclusão e espaço para perguntas e dúvidas.

Deve-se preparar fichas, contendo as ideias que serão desenvolvidas na apresentação, para o caso de "dar branco". Os aspectos listados a seguir auxiliam a aperfeiçoar a didática:

- Planejamento de ensino.
- Psicologia da aprendizagem.
- Métodos de ensino.
- Recursos multissensoriais.
- Técnicas de avaliação.

> Observação: a maior parte dos itens anteriormente relacionados será alvo de detalhamento em textos subsequentes.

Aspectos gerais

São importantes para o sucesso de uma aula:

- Apresentação pessoal – "o hábito não faz o monge", todavia, a forma como você se veste diz muito a seu respeito e a primeira impressão que você causa é dada por sua maneira de se vestir:
  - ▸ Se muito rico/sofisticado, pode afastar o público.
  - ▸ Se pobre/despojado, pode perder a credibilidade, sobretudo diante de um público de executivos/diretores, por exemplo.
  - ▸ Se muito informal, pode parecer amador.
  - ▸ Se desleixado, pode dar impressão de falta de respeito com o público.
- Deve-se ainda lembrar de olhar nos olhos das pessoas, evitando dirigir-se a um só participante, o qual pode tanto sentir-se lisonjeado quanto perseguido pelo docente. Evite ser pegajoso para não constranger o participante – por exemplo, impondo sua presença durante o cafezinho –, não se deve ultrapassar a "zona de conforto" do participante e, finalmente, evitar comer, mascar balas e chicletes, cigarro, palito, roer unhas e levar qualquer outro objeto à boca.

> Lembre-se, em relação à aparência pessoal e à postura:
>
> ▶ A primeira impressão é a que fica e é muito difícil modificá-la.
>
> ▶ Não vista nada que possa distrair a plateia.
>
> ▶ Seu estilo de se vestir comunica uma mensagem para a plateia.
>
> ▶ Mantenha suas mãos fora dos bolsos.
>
> ▶ Sua postura e linguagem corporal devem refletir o que está sendo dito.
>
> ▶ A postura ideal é aquela em que você fica ereto com os pés ligeiramente afastados, o peso do corpo distribuído entre eles, braços relaxados e soltos ao lado do corpo.
>
> ▶ Calce sapatos confortáveis.
>
> ▶ Não permita que o cabelo caia em seu rosto.
>
> ▶ Nunca fique de costas para o público, principalmente se estiver falando, pois causa má impressão.
>
> ▶ Não olhe para baixo, pois além de esconder sua voz você perde o contato visual com o público.

- Organização: anteriormente mencionada no item referente à disciplina, que engloba: listar as providências a serem tomadas antes da atividade educativa, providenciar medidas de segurança, como proteger fios para evitar que alguém tropece e outros acidentes conforme o ambiente em que a apresentação será feita.

- Higiene pessoal do docente e das instalações em que o programa será desenvolvido: como lixeiras, retirar copinhos de café e outros após o intervalo, entre uma turma e outra, ou, no caso de várias apresentações simultâneas, verificar sanitários – abastecimento de papel toalha, papel higiênico, sabão etc. – pessoalmente ou com o auxílio de um colaborador responsável.

- Comunicação: um cuidado a mais no que concerne a esse item refere-se ao uso de frases, siglas e abreviaturas que possam ter mais de um significado, cuidando para que elas sejam claramente definidas no contexto da aula/palestra. Por exemplo: PC pode significar *personnal computer* ou Partido Comunista; ABIA pode ser Associação Brasileira Interdisciplinar de Aids ou Associação Brasileira das Indústrias de Alimentos, e inúmeros outros. Lembre-se que ao usá-los você presume que todos estão entendendo, quando podem não estar – tanto quando você os utiliza oralmente como por escrito. Portanto, use a palavra ou frase por inteiro e tenha em mente que os significados estão nas pessoas e não nas palavras. Destaca-se ainda que comunicar envolve: pensamentos (conteúdos, ideias, conceitos), emoções (amor, raiva, desinteresse, entre outros) e os sentidos (audição, olfato, visão, paladar e tato).

- Outro aspecto relevante refere-se aos vícios de linguagem: né, tá, sabe, tudo bem etc. – procure reconhecer seus vícios e treine para eliminá-los, com um amigo ou gravando sua própria fala.

> Lembre-se: comunicar-se significa saber falar, mas também saber ouvir. Ouça com atenção as perguntas que lhe são dirigidas, não ridicularize o participante por mais tolas que elas lhe pareçam. Repita o que lhe foi perguntado para verificar se você entendeu exatamente o que o participante perguntou.

NOÇÕES DE PLANEJAMENTO

Para melhor corresponder a imperativos e compreender a vida em sociedade, o homem precisa, basicamente, de reflexão e planejamento. Pela reflexão o homem desenvolve níveis cada vez mais aprimorados de discernimento, compreensão e julgamento da realidade, favorecendo assim a conduta inteligente em situações novas de vida. Pelo planejamento o homem organiza e disciplina a sua ação, partindo sempre para realizações mais complexas e requintadas.

(TURRA et al., 1985)

Introdução

A análise de sistemas tem um valor inestimável na abordagem do planejamento. Entende-se por sistema um conjunto de elementos integrados ou uma relação de interdependência voltada para a consecução de uma atividade. Todos os sistemas possuem três características fundamentais: seus objetivos, ou propósitos, que determinam um conteúdo ou componentes do sistema que, interagindo, definem um processo. A partir dos objetivos são definidos os conteúdos, as características particulares do processo (metodologia) e os padrões para se avaliar os resultados.

Os elementos fundamentais do sistema são: entrada (*input*), processamento e saída (*output*). A entrada constitui o aporte do meio externo, o processamento refere-se às operações e transformações que se efetuam dentro do sistema, e a saída veicula o produto ou resultado da ação de processamento (Figura 37.2). Cabe lembrar que o produto é controlado por critérios estabelecidos previamente nos objetivos, permitindo avaliar o quanto foi alcançado – essa é a tarefa do *feedback*. Todo sistema pertence a um sistema maior, do qual recebe e também exerce influências por meio de seus *outputs*; no caso dos sistemas de educação, eles se inserem no sistema social de uma determinada comunidade.

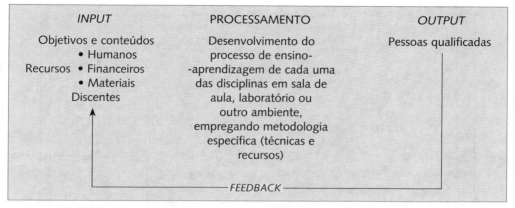

Figura 37.2 Modelo de sistema de ensino-aprendizagem.

Planejamento

> *Os erros devem ser diagnosticados para que não se repitam.*
> (THORNDIKE, apud KNOWLES et al., 2009, p. 81)

Planejamento é a fase que antecede toda ação. É um processo de tomada de decisões visando a atingir os resultados previstos de forma mais eficiente e econômica.

Esse processo envolve três fases específicas, porém inter-relacionadas: a fase de preparação, a de desenvolvimento e a de aperfeiçoamento (Figura 37.3). Todo planejamento exige conhecimento do assunto a ser tratado.

FASE DE PREPARAÇÃO

A fase de preparação deve prever:

- Diagnóstico ou conhecimento da realidade, que consiste no processo de avaliar o funcionamento da organização, assim como seus recursos humanos, para descobrir fontes de problemas e áreas de melhoramento. Tem como objetivo possibilitar o entendimento sistemático da organização, para que se tenha uma base para o desenvolvimento de intervenções consistentes e, assim, orientar o rumo das ações, apontar soluções para os problemas encontrados e indicar as melhores formas e procedimentos para remediá-los. Salienta-se a importância de utilizar métodos e instrumentos adequados para a realização do diagnóstico. Assim, Germano (2012) ressalta que a utilização destes confere credibilidade ao diagnóstico, além de propiciar a documentação dos processos e indícios para a avaliação dos resultados alcançados.
- Levantamento das necessidades e das características do público ou população-alvo (colaboradores), a quem se destina a ação, sendo essa população-alvo pensada em suas três dimensões:

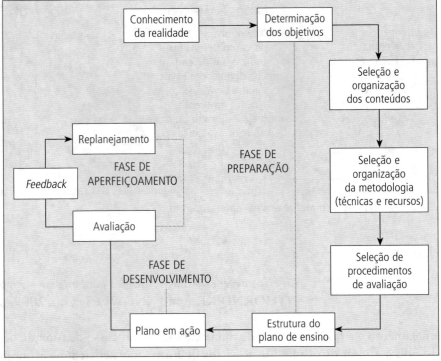

Figura 37.3 Fluxograma do planejamento.
Fonte: Turra et al. (1985).

- ▶ Conhecimentos (domínio cognitivo ou de capacidades intelectuais).
- ▶ Habilidades (domínio psicomotor, que enfatiza o uso e a coordenação dos músculos).
- ▶ Atitudes (domínio afetivo, relacionado aos sentimentos, valores, emoções e gostos).
- Previsão de recursos:
  - ▶ Humanos (pessoal de apoio administrativo, técnicos, docentes etc.).
  - ▶ Materiais (necessários para a elaboração e montagem de recursos multissensoriais, sala/auditório, equipamentos etc.).
  - ▶ Financeiros (custo do pessoal de apoio, despesas para aquisição de equipamentos e materiais etc.).
- Previsão de tempo (para preparação e para execução), em termos de duração (cronograma).

Em seguida, passa-se à elaboração do plano propriamente dito (Anexo 37.1) ou instrumento de trabalho, comportando os seguintes itens:

Ações educativas/treinamento de pessoas ■ 781

- Determinação de objetivos – o que se pretende – sempre que possível em termos de metas mensuráveis, visando atender às necessidades identificadas. Quando não existem metas definidas é impossível avaliar um curso, não existe uma base sólida para a seleção dos conteúdos, métodos, técnicas e recursos instrucionais. Dois requisitos são imprescindíveis na formulação de objetivos:
  - ▶ Clareza de comunicação: quando os objetivos são vagos, indefinidos, dando margem a várias interpretações, o docente trabalha sem rumo e a percepção do aluno é incompleta. A ambiguidade revela ausência de comunicação entre docente e discente.
  - ▶ Comportamento observável: deve-se, sempre que possível, expressar o resultado esperado em termos do que o aluno será capaz de realizar após o aprendizado. Quando são traçados objetivos que visam aos conhecimentos e habilidades é mais fácil prever o comportamento que o aluno deverá adotar – no caso de atitudes desejáveis, torna-se mais difícil observar o comportamento.

Ao utilizar os três domínios explicitados anteriormente (cognitivo, psicomotor e afetivo), deve-se lembrar a taxonomia de objetivos de Bloom et al., conforme o Quadro 37.1.

Quadro 37.1 Domínios da taxonomia.

Domínio	Vinculação*	Ênfase**
Cognitivo	Objetivos vinculados à memória e ao desenvolvimento de capacidades e habilidades intelectuais.	"Os objetivos do domínio cognitivo enfatizam a recordação ou a reprodução de alguma coisa que presumivelmente foi aprendida, os que envolvem a resolução de alguma tarefa intelectual para a qual o indivíduo tem de determinar o problema essencial e, então, reordenar o dito material, ou combiná-lo com ideias, métodos ou procedimentos previamente aprendidos. Variam desde a simples evocação do material até maneiras altamente originais e criadoras de combinar e sintetizar novas ideias e materiais. Descobriu-se que a maior proporção de objetivos recai neste domínio."
Afetivo	Objetivos que descrevem mudanças de interesse, atitudes, valores e o desenvolvimento de apreciações e ajustamento adequado. Envolve satisfação, emoções, gostos.	"Os objetivos do domínio afetivo enfatizam uma tonalidade de sentimento, uma emoção ou um grau de aceitação ou de rejeição. Variam desde a atenção simples até fenômenos selecionados, até qualidades de caráter e de consciência complexas, mas internamente consistentes. Descobriu-se grande número de tais objetivos na literatura, expressos como interesses, atitudes, apreciações, valores, disposições ou tendências emocionais."

(continua)

782 ■ HIGIENE E VIGILÂNCIA SANITÁRIA DE ALIMENTOS

Quadro 37.1 Domínios da taxonomia. (*continuação*)

Domínio	Vinculação*	Ênfase**
Psicomotor	Objetivos vinculados à área de habilidades manipulativas ou motoras, uso e coordenação dos músculos.	"Os objetivos do domínio psicomotor enfatizam alguma habilidade muscular ou motora, alguma manipulação de material e objetos ou algum ato que requer coordenação neuromuscular. Na literatura, descobriu-se poucos de tais objetivos. Quando encontrados, frequentemente relacionam-se à caligrafia e fala, à educação física, arte mecânica e cursos técnicos."

* Bloom et al. (1977, p. 6).
** Bloom et al. (1974, p. 5-6).

Fonte: Adaptado de Turra et al. (1985, p. 78).

Esses três domínios estão mais bem explicitados no Quadro 37.2, em termos da capacidade envolvida a partir do nível mais simples para o de maior complexidade em cada domínio.

> Observação: os domínios de taxonomia estudados por Bloom – cognitivo e afetivo – estão mais detalhados no Quadro 37.2 que o domínio psicomotor, proposto por Olson mas detalhado por Harrow (Olson apud Harrow, 1972).

Os objetivos podem ser classificados em gerais – resultados da atividade – e específicos – aqueles que explicitam desempenhos observáveis, em termos operacionais – e preveem:

■ Comportamento final, que será aceito como prova de que o público aprendeu – o quê.
■ Condição na qual ocorrerá o comportamento – com o quê.
■ Critério de realização aceitável – qual o rendimento. Por exemplo:

1. Dadas as instalações adequadas (pia e torneira com água, sabão/produto para desinfecção e papel toalha) o treinando deverá proceder à lavagem das mãos corretamente, conforme demonstrado pelo instrutor.
2. Dada uma lista de matérias-primas, o treinando deverá assinalar aquelas que devem ser mantidas sob refrigeração entre 4 e 8°C, obtendo 100% de acerto.

Os objetivos específicos são importantes nas atividades didáticas, sobretudo voltadas para conhecimentos e habilidades.

AÇÕES EDUCATIVAS/TREINAMENTO DE PESSOAS ■ 783

A seguir, sugerem-se alguns verbos mais utilizados para elaborar objetivos do domínio cognitivo:

- Conhecimento: calcular, enumerar, escrever, definir, selecionar, marcar, listar.
- Compreensão: exemplificar, classificar, explicar, ilustrar, relatar, reformular, traduzir.
- Aplicação: demonstrar, construir, determinar, produzir, relatar, desenvolver, transferir, resolver.
- Análise: caracterizar, deduzir, examinar, diferenciar, resumir, identificar, comparar, distinguir.
- Síntese: organizar, sintetizar, combinar, substituir, criar, inventar, aplicar.
- Avaliação: avaliar, argumentar, comentar, definir, justificar, julgar, priorizar, criticar.

Quadro 37.2 Taxonomia dos objetivos educacionais.

AVALIAÇÃO (desenvolver julgamentos, decisões)	COMUNICAÇÃO NÃO DISCURSIVA	CARACTERIZAÇÃO POR UM VALOR OU COMPLEXO DE VALORES
• Julgamento a partir de observações internas. • Julgamento a partir de critérios externos. ↑		
SÍNTESE (combinar ideias para formar um novo conceito) • Produção de um conhecimento pessoal. • Elaboração de um plano, projeto ou sequência de operações. • Elaboração por dedução de uma série de relações abstratas. ↑	MOVIMENTOS DE HABILIDADE	• Generalização. • Caracterização. ↑ ORGANIZAÇÃO • Conceptualização de um valor. • Organização de um sistema de valores.
ANÁLISE (separar o todo em partes) • Dos elementos. • Das relações. • Das estruturas. ↑	↑ HABILIDADES FÍSICAS ↑ HABILIDADES PERCEPTIVAS	↑ VALORIZAÇÃO • Aceitação de um valor. • Preferência concedida a um valor. • Engajamento.
APLICAÇÃO (utilizar fatos, regras e princípios) ↑ COMPREENSÃO (organizar e selecionar fatos e ideias) • Expressão. • Interpretação. • Extrapolação. ↑	↑ MOVIMENTOS BÁSICOS FUNDAMENTAIS	↑ RESPOSTA (REAÇÃO) • Aceitação. • Vontade de reagir. • Satisfação proporcionada pela reação.
CONHECIMENTO (memorização, identificar e evocar informações) • Dos dados concretos. • Dos meios de tratar os dados concretos. • Dos dados universais e das abstrações em um domínio particular. ↑	↑ MOVIMENTOS DE REFLEXOS	↑ ACOLHIMENTO (ATENÇÃO) RECEPTIVIDADE • Tomada de consciência. • Desejo de receber. • Atenção espontânea ou voluntária.
DOMÍNIO COGNITIVO*	↑ DOMÍNIO PSICOMOTOR**	↑ DOMÍNIO AFETIVO***

Fonte: Adaptado de Gil (1990) e Bellan (2005).
* Bloom et al. (1983).
** Harrow (1972).
*** Bloom et al. (1974).

No que concerne às habilidades, constituem-se em objetivos por si, por exemplo, lavar os produtos de hortifrúti utilizando solução clorada; medir a temperatura das preparações no balcão térmico; fracionar os alimentos para serem congelados, entre outros.

- Seleção e organização dos conteúdos – o que vou ensinar. Os conteúdos devem ser organizados seguindo os critérios de:
  ▸ Lógica – do mais simples para o mais complexo.
  ▸ Gradualidade – em quantidades que possam ser assimiladas pelo público.
  ▸ Continuidade – no tempo e no espaço – sequências de operações.
  ▸ Unidade – dar a noção do todo, mesmo quando o público for trabalhar com um detalhe ou tiver interesse em apenas um aspecto do tema.

A Figura 37.4 representa essa ideia.

A partir de conhecimentos básicos, que constituem o eixo imaginário da espiral, pode-se progressivamente aumentar a complexidade das informações. Assim, cada volta retoma e amplia os conteúdos desenvolvidos, mas nunca repete a mesma informação.

Figura 37.4 Espiral de conhecimento cumulativo.

- Seleção da metodologia – como vou ensinar. Subdivide-se em:
  ▸ Técnicas – maneiras de organizar a atividade didática, visando a facilitar e dinamizar a aprendizagem: aula expositiva; dramatização; demonstração; trabalho individual; trabalho em grupo etc.
  ▸ Recursos didáticos – incluem todos os materiais e equipamentos utilizados para facilitar a aprendizagem: quadro de giz, apostilas, transparências, livros, filmes, slides, modelos, fitas de vídeo, entre outros.

> Para alguns autores, não há diferença entre método e técnica, seus objetivos comuns são melhorar a eficiência da aprendizagem. Neste texto considera-se método o caminho para se chegar a um fim, e técnica a maneira de percorrê-lo. Salienta-se que os métodos e as técnicas não são bons ou maus em si mesmos, mas devem adequar-se a uma determinada realidade.

O Quadro 37.3 (ver página seguinte) exemplifica qual recurso mais se adapta a determinados objetivos de ensino.

- Seleção dos procedimentos de avaliação – como e quando vou avaliar. Deve-se salientar que a avaliação é um processo contínuo, que tem por objetivo acompanhar o desenvolvimento quantitativo e qualitativo dos alunos. O aspecto quantitativo pode ser avaliado individualmente ou em grupos por meio de provas e outros trabalhos escritos. Os qualitativos são avaliados pela observação dos alunos quanto à participação nas atividades propostas, ao interesse, à responsabilidade, à assiduidade, à pontualidade e a outros aspectos.

Cabe fazer uma observação de grande relevância para a aprendizagem de adultos: o mais valioso recurso na educação de adultos diz respeito à experiência do treinando, assim, sempre que possível, deve-se aproveitar sua realidade/local de trabalho e sua prática de vida.

O "como" engloba:

- Critério:
  - ▶ Notas.
  - ▶ Conceitos.
  - ▶ Mudanças de comportamentos observáveis; entre outros.
- Instrumento:
  - ▶ Prova.
  - ▶ Apresentação de trabalho escrito, protótipo ou outro tipo de trabalho prático.
  - ▶ Demonstração.
  - ▶ Ficha de observação do desempenho; entre outros.

No que concerne às provas objetivas (testes), salienta-se que, em relação aos tipos de itens apresentados, pode-se ter resposta curta (resposta simples, completamento, falso/verdadeiro e associação) ou múltipla escolha (resposta única, resposta múltipla, associação, afirmação incompleta, lacuna, interpretação e asserção/razão).

786 ■ HIGIENE E VIGILÂNCIA SANITÁRIA DE ALIMENTOS

Quadro 37.3 Recursos multissensoriais que se adaptam aos objetivos de ensino.

PONTOS-CHAVE	TEORIZAÇÃO	HIPÓTESES DE SOLUÇÃO E TESTE DE APLICABILIDADE
→		→
Construir um modelo simplificado de problema e destacar sua estrutura	Analisar teorias e pesquisas e formular uma explanação lógica	Derivar soluções e discuti-las contra o modelo
Quadro-negro	Livros e revistas técnicas	Quadro-negro
Diagramas	Mapas e gráficos	Mapas e planos
Organogramas	Slides	Gráficos
Gráficos	Quadro-negro	Retroprojetor
Modelos em escala (maquete)	Filmes	
Álbum seriado	Álbum seriado	
	Flanelógrafo	
	Retroprojetor	
	TV e vídeo	
↑		↓
OBSERVAÇÃO DA REALIDADE		**APLICAÇÃO À REALIDADE**
Trazer descrição de realidade à sala de aulas		Implementar soluções e praticar as ações necessárias
Fotografias		Mapas e planos
Maquetes		Álbum seriado
Espécimes		Objetos reais
Filmes		Modelos e maquetes
Slides		Cartazes e lâminas
Casos escritos		Relatório de projeto
Cartazes		Instrução programada
Visitas		A própria realidade/local de trabalho
Coleções		
TV e vídeo		
Microcomputador e programas de multimídia		
A própria realidade/local de trabalho		

Fonte: Adaptado de Bordenave e Pereira (1980).

O Quadro 37.4 (ver página seguinte) faz a comparação entre os dois tipos de provas mais utilizados: provas objetivas (de julgamento impessoal) e dissertativas (de resposta livre).

O "quando" pode prever:

- Antes e depois da atividade (pré e pós-teste).
- Avaliação contínua (monitoramento, acompanhamento).
- Avaliação de resultados a curto, médio e longo prazos.

AÇÕES EDUCATIVAS/TREINAMENTO DE PESSOAS ■ 787

Quadro 37.4 Tipos de provas mais utilizados.

	PROVA OBJETIVA	DISSERTAÇÃO
Preparo das questões	Difícil e demorado	Difícil, porém, menos demorado. Vantajoso com poucos alunos
Julgamento das respostas	Simples, objetivo, preciso. Vantajoso quando há muitos alunos	Difícil, penoso, subjetivo e menos preciso
Fatores que interferem nas notas obtidas	Habilidade de leitura e acerto por acaso	Capacidade de redação, habilidade de contornar o problema principal e os tópicos que desconhece
Habilidades mais solicitadas dos alunos	Domínio de conhecimentos, apoiado na habilidade de ler, interpretar e criticar (tempo gasto em leitura)	Domínio do conhecimento apoiado na habilidade de ler e na de redigir (tempo gasto na organização de ideias e redação)
Resultados verificados	Domínio de conhecimentos nos níveis de compreensão, análise e aplicação; pouco adequadas para síntese, criação e julgamento de valor	Pouco adequada para medir domínio de conhecimento, boa para compreensão, aplicação, exemplificação e análise, melhor para habilidade de síntese e de julgamento de valor
Âmbito alcançado pela prova	Muitas questões de resposta breve podem abranger dilatado campo e dar boa amostragem da prova	Com poucas questões de resposta longa cobre terreno limitado, sendo impraticável a amostragem representativa do todo
Elaboração das questões e atribuição das notas	Subjetivismo na construção, fundamental a competência de quem prepara a prova	Subjetivismo na preparação e julgamento; fundamental a competência de quem julga as respostas
Oportunidades oferecidas ao professor e ao aluno	Liberdade ao professor de exigir cada ponto; maior controle por parte do professor e mais limitação para o aluno	Liberdade ao aluno para mostrar sua individualidade; mais ocasiões para o professor se deixar levar por opiniões pessoais
Efeitos prováveis na aprendizagem	Estimulam o aluno a lembrar, interpretar e analisar ideias alheias	Encorajam o aluno a organizar, integrar e exprimir as próprias ideias

Fonte: Medeiros (1971, p. 174).

O passo seguinte refere-se à estruturação do plano, que compreende a redação de um documento que contenha todos os itens mencionados: objetivos, conteúdos, metodologia e avaliação. Pode incluir uma justificativa e deve conter toda a identificação do programa (título, público/população-alvo, responsável, local de realização, duração etc.), dados que personalizam o plano (Anexo 37.1).

A utilização de provas ou testes é muito difundida entre os profissionais que desenvolvem programas de educação/treinamento de pessoas, sobretudo como resultado de uma opção frequente das escolas em que estes profissionais baseiam seu trabalho de docente. Esta autora acredita que esse tipo de avaliação, apesar de poder ser utilizado em situações particulares, não é o mais propício para avaliar as competências para a realização de funções operacionais. Para avaliar se um colaborador domina uma habilidade ou atitude desejável em seu trabalho, particularmente no que concerne aos manipuladores de alimentos, as melhores estratégias metodológicas dizem respeito à demonstração e à avaliação no próprio ambiente de trabalho pós programa educativo.

FASE DE DESENVOLVIMENTO

A seguir, executa-se o plano, ou seja, realizam-se as ações:

- Em sala de aula/auditório.
- Em laboratório.
- No próprio local de trabalho.

Nessa fase, a ênfase recai na interação do aluno com o professor. Cabe salientar a importância de adaptar o plano às necessidades e interesses dos alunos. O plano nunca deve funcionar como uma camisa de força, todavia, se constantemente existe a necessidade de reformulá-lo, deve-se prever essa reformulação, pois provavelmente não foram levadas em conta as reais condições do público-alvo.

FASE DE APERFEIÇOAMENTO

Finalmente, é realizada a avaliação que engloba os procedimentos de:

- Avaliação, propriamente dita.
- *Feedback* (descritivo, sem qualquer juízo de valor).
- Replanejamento.
- Elaboração de relatório final para a empresa/instituição.

É importante salientar que a avaliação permeia todo o planejamento. Está presente desde a elaboração dos objetivos, indicando os parâmetros que serão aceitos como adequados.

Alguns aspectos importantes a serem lembrados no que concerne à avaliação referem-se ao fato de que ela deve ser contínua e não ocorrer somente ao final do processo de ensino-aprendizagem. Deve estar relacionada aos objetivos que se pretende alcançar nesse processo; deve ser objetiva, procurando evitar pré-julgamentos de determinados alunos considerados bons ou maus; deve abranger os três domínios (cognitivo, afetivo e psicomotor); e, sempre que possível, deve envolver o julgamento dos alunos tanto no aspecto de sua autoavaliação como a respeito do programa desenvolvido.

Salienta-se que nenhum planejamento deve ser rígido ao ponto de não se adaptar a uma situação particular.

Finalizando, algumas condições essenciais a serem lembradas quando se pretende treinar pessoas referem-se:

- À incorporação pela equipe (docentes e discentes) da importância da ação educativa/treinamento para o trabalho.
- Ao perfil profissional do(s) docente(s) para trabalhar(em) com um grupo em particular.
- Ao entendimento que o docente deverá ter da visão dos discentes sobre a questão a ser tratada.
- À aplicação de técnicas adequadas aos conteúdos a serem desenvolvidos, para que propiciem a incorporação dos novos conhecimentos, habilidades e atitudes.
- Ao emprego de termos de fácil compreensão pelos discentes, evitando nomenclaturas muito técnicas.
- À necessidade de criatividade do docente no dia a dia, evitando rotinas repetitivas.
- À concepção de fazer de cada discente um multiplicador das ideias e conceitos desenvolvidos e um aliado no trabalho.
- À manutenção dos conhecimentos desenvolvidos por meio de técnicas de reforço adequadas aos diferentes conteúdos veiculados.
- Ao compromisso de retornar ao grupo os resultados da ação educativa/treinamento, discutindo as possíveis falhas e buscando formas de aperfeiçoamento.
- Ao fato de que todo indivíduo está potencialmente apto a aprender. Existem diferenças sociais, culturais e de escolaridade que devem ser levadas em consideração. Deve-se ainda atentar para as experiências anteriores dos indivíduos.

Apresenta-se a seguir uma linha do tempo que resume as atividades de um projeto de educação voltado para capacitar recursos humanos (Figura 37.5).

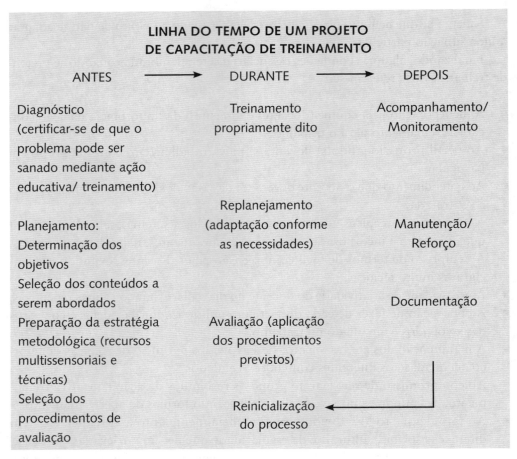

Figura 37.5   Linha do tempo de um projeto de capacitação de treinamento.

PARTE 2 – CONSIDERAÇÕES GERAIS

TÉCNICAS DE ENSINO-APRENDIZAGEM

> *Ouço e esqueço,*
> *Vejo e me lembro,*
> *Faço e aprendo.*
> (Confúcio)

As técnicas de ensino-aprendizagem representam maneiras particulares de organizar as condições externas à aprendizagem, com a finalidade de provocar as modificações desejadas. Elas devem sempre ser pensadas em razão de uma situação específica, com objetivos próprios e dirigidas a uma população em particular. Ao optar por uma técnica, o docente deve estar certo de que saberá aplicá-la e deve sentir-se confiante e à vontade. Não é adequado usar técnicas variadas apenas para chamar a atenção dos alunos, todavia, a criatividade do docente e o conhecimento de algumas técnicas são úteis para motivar a turma e auxiliar na consecução dos objetivos. Lembre-se que adultos aprendem quando participam.

Técnicas de autoapresentação

OBJETIVO

Estabelecer um clima informal entre os participantes e o docente, a fim de facilitar e estimular a participação no decorrer das atividades.

• TÉCNICA 1 – GOSTO/NÃO GOSTO

PROCESSAMENTO

1. Agrupam-se os participantes em um círculo.
2. O professor volta-se para a pessoa que está à sua direita, cumprimenta-a dizendo: "Eu me chamo ... e gosto muito de ...", e assim fazem, sucessivamente, os demais participantes.
   Depois de duas ou três rodadas, de acordo com o número de participantes e com o clima do grupo, muda-se a frase, da seguinte maneira: "Eu me chamo ... e não gosto de ...".

792 ■ HIGIENE E VIGILÂNCIA SANITÁRIA DE ALIMENTOS

- ## TÉCNICA 2 – HISTÓRIA DO NOME

PROCESSAMENTO

1. Agrupam-se os participantes em um círculo.
2. O professor solicita a cada um que relate um fato a respeito de seu nome ou do nome pelo qual gosta de ser chamado.
3. A seguir, distribui cartões e pincéis atômicos para que os participantes escrevam seus nomes.
4. Recolhe os cartões, embaralha e distribui entre os participantes, solicitando que cada um identifique o nome da pessoa com a história relatada.

- ## TÉCNICA 3 – DADOS NÃO DEMOGRÁFICOS

PROCESSAMENTO

1. Agrupam-se os participantes em um círculo.
2. O professor solicita a cada um que responda oralmente algumas questões previamente anotadas na lousa como:
   - ▶ Qual seu nome?
   - ▶ Qual seu objetivo na vida?
   - ▶ Narre uma lembrança do passado.
   - ▶ O que você faria se ganhasse sozinho na loteria?
   - ▶ Quais seus passatempos prediletos?
   - ▶ Qual a pessoa que você mais admira e por quê?
   - ▶ Qual seu animal favorito?
3. Sugere-se evitar dados de censo (idade, número de filhos, bairro em que mora etc.).

- ## TÉCNICA 4 – "QUEM SOU EU?"

PROCESSAMENTO

1. Agrupam-se os participantes em um círculo.
2. O professor solicita a cada um que responda oralmente à questão "Quem sou eu?".

> Observação: em caso de grupo muito numeroso, pode-se distribuir os partici-
> pantes em pequenos subgrupos.

- ## TÉCNICA 5 – COSME E DAMIÃO

PROCESSAMENTO

1. Divide-se o grupo em duplas.

2. O objetivo é que cada elemento apresente seu parceiro.
3. As duplas devem decidir as questões que o parceiro deve responder.
4. Depois de um tempo estipulado (cerca de 15 minutos), dispõem-se os participantes em círculo e cada membro das duplas deverá apresentar o companheiro. Assim, na dupla X e Y, X dirá:
"Eu sou Y, ... etc."

Técnicas para desenvolver conteúdos

- ### Técnica 1 – Exposição oral

Objetivos

Transmitir informações aos alunos, introduzir um tema novo, sintetizar e concluir uma unidade ou tema.

Observação: não tem limite de público; deve ser bem planejada e contemplar as fases discriminadas a seguir.

Processamento

1. O docente faz uma introdução motivadora do tema – objetivo/apresentação do conteúdo a ser desenvolvido.
2. Desenvolve-se o assunto de maneira lógica, com cuidados especiais para o tom de voz, clareza e objetividade das ideias expostas, adequação do assunto ao público e à linguagem particular deste grupo, apresentação em uma sequência lógica; mantém-se atento à reação do público; permite a participação do público por meio de perguntas e outras formas de interação.
3. Faz a síntese das ideias expostas.
4. Conclui/revisa o tema apresentado.
5. Avalia o resultado.

Lembre-se, para tornar uma exposição mais ativa:

- ▶ Não exponha por mais de 5 minutos sem interrupção.
- ▶ Explore as vivências do público.
- ▶ Interrogue a plateia para assegurar-se de que estejam acompanhando o exposto.
- ▶ Proponha questões que exijam reflexão dos alunos.
- ▶ Intercale a exposição com projeções de transparências, slides ou utilize outros recursos audiovisuais.
- ▶ Recapitule constantemente.

794 ■ HIGIENE E VIGILÂNCIA SANITÁRIA DE ALIMENTOS

- ## TÉCNICA 2 – PAINEL

OBJETIVOS

Discutir em pequenos grupos um assunto, responder questões, propor soluções.

PROCESSAMENTO

1. O docente divide a turma em grupos de no máximo oito elementos.
2. Estipula o tempo para discussão em grupo.
3. Solicita que cada grupo escolha um coordenador (para orientar as discussões e apresentar os resultados do grupo) e um redator (para anotar as conclusões).
4. Decorrido o tempo, os participantes dispõem-se em círculo e cada grupo expõe suas conclusões.
5. O docente faz a síntese final do painel.

- ## TÉCNICA 3 – PAINEL INTEGRADO

OBJETIVOS

Discutir em pequenos grupos um assunto, responder questões, propor soluções, sintetizar ideias.

PROCESSAMENTO

1. Divide-se a turma em grupos de oito elementos, no máximo.
2. Pode-se dividir o tema ou propor questões diferentes para cada grupo.
3. Estipula-se o tempo para a discussão.
4. Solicita-se que cada grupo escolha um coordenador (para orientar as discussões) e que todos os participantes anotem as conclusões do grupo.
5. Decorrido o tempo, os participantes são redistribuídos e deverão apresentar as conclusões ao novo grupo.
6. O docente faz a síntese, sendo optativo os representantes do grupo exporem as conclusões do segundo grupo.

- ## TÉCNICA 4 – GRUPO DE OBSERVAÇÃO/GRUPO DE VERBALIZAÇÃO (GO/GV)

OBJETIVOS

Discutir em pequenos grupos um assunto, responder questões, propor soluções e analisar participação.

PROCESSAMENTO

1. O docente divide a classe em dois grupos e dispõe os participantes em dois círculos concêntricos.

2. O grupo de verbalização (GV) deverá discutir o assunto proposto no tempo determinado.
3. O grupo de observação (GO) analisará o desempenho do outro grupo.
4. O docente estipula o tempo para realização da tarefa.
5. Determina-se que cada aluno observe um colega.
6. Pode-se prever uma ficha de observação, organizada pelo docente, com os aspectos que ele julgar mais relevantes a serem observados.
7. Em uma segunda etapa, pode-se inverter as posições dos grupos.
8. Em seguida, o GO analisa os aspectos que observou e o GV faz suas considerações.
9. Por fim, o docente faz a síntese e conclui a atividade.

• TÉCNICA 5 – ESTUDO DE CASO

OBJETIVOS

Analisar situações, propor soluções. Identificar princípios relativos a um dado tema.

PROCESSAMENTO

1. O docente traz uma situação que pode ou não ser real (texto da literatura, de jornais ou revistas, entre outros) e distribui aos participantes.
2. Estipula o tempo para realização da tarefa.
3. Pode ou não dividir os participantes em subgrupos.
4. As soluções encontradas são discutidas de forma crítica pelo grupo, escolhendo-se as mais viáveis.
5. O docente faz a síntese.

• TÉCNICA 6 – DRAMATIZAÇÃO

OBJETIVOS

Identificar problemas, propor soluções, analisar/vivenciar situações, desenvolver atitudes, sistematizar conhecimentos.

PROCESSAMENTO

1. O docente propõe um tema ou situação e organiza os participantes, preferencialmente com participação voluntária.
2. Define os papéis de cada participante.
3. Estipula o tempo para a atividade.
4. Os participantes fazem a representação.
5. O docente analisa a dramatização com a participação do grupo.
6. O docente sintetiza as conclusões.

796 ■ HIGIENE E VIGILÂNCIA SANITÁRIA DE ALIMENTOS

- ## TÉCNICA 7 – DEMONSTRAÇÃO

OBJETIVOS

Realizar uma exibição prática de como funciona uma teoria ou aparelho ou, ainda, uma operação. Suplementar e esclarecer uma exposição oral. Ilustrar fatos físicos ou intelectuais.

PROCESSAMENTO

1. O docente exibe o fato, teoria ou equipamento, salientando passo a passo os procedimentos.
2. Solicita que cada treinando realize os procedimentos.
3. Corrige os erros individualmente e, se for necessário, pede que repita até executar de modo correto.
4. Eventualmente, demonstra como executar os procedimentos.

- ## TÉCNICA 8 – JÚRI SIMULADO

OBJETIVOS

Discutir aspectos positivos e negativos ou argumentos favoráveis e desfavoráveis em relação a um tema escolhido. Desenvolver a capacidade de discussão e persuasão.

PROCESSAMENTO

1. Dividir a classe em três grupos, com igual número de participantes: grupos A, B e C.
2. Explicar que será realizado um julgamento sobre o assunto selecionado e que cada grupo terá uma tarefa diferente: defesa, acusação e juiz/jurados.
3. Instruções para o grupo A:
   - Escolher um coordenador que deverá apresentar as conclusões do grupo diante do júri.
   - Escolher um relator que deverá tomar notas das conclusões do grupo, para que o coordenador tenha por escrito o material que irá apresentar diante do júri.
   - Identificar argumentos desfavoráveis ou negativos do tema (acusação).
   - O docente deve estabelecer tempo para execução da tarefa.
4. Instruções para o grupo B:
   - Escolher um coordenador que deverá apresentar as conclusões do grupo diante do júri.
   - Escolher um relator que deverá tomar notas das conclusões do grupo para que o coordenador tenha por escrito o material que irá apresentar diante do júri.
   - Identificar argumentos favoráveis ou positivos do tema (defesa).
   - O docente deve estabelecer tempo para execução da tarefa.

ACÕES EDUCATIVAS/TREINAMENTO DE PESSOAS ■ 797

5. Instruções para o grupo C:
   - Escolher um coordenador que desempenhará a função de juiz do júri simulado, coordenando as apresentações da acusação e da defesa.
   - Os demais membros do grupo representarão os jurados que irão, com base nas apresentações da defesa e da acusação, "inocentar" ou "condenar" o assunto estudado.
   - Todos os membros do grupo lerão o texto-base distribuído para se prepararem para suas funções.
   - O juiz deverá coordenar as apresentações e estipular o tempo máximo para acusação e defesa apresentarem seus argumentos.
6. Após as apresentações, os jurados terão um tempo para apresentarem seu veredicto.
7. Por fim, será feita uma discussão geral sobre o tema com a coordenação do docente.

Pode-se utilizar esta técnica adaptando-a à especificidade do tema (prós e contras, argumentos de diferentes teorias sobre o assunto etc.) ou ao número de participantes (reservando o papel de juiz para o docente, por exemplo).

Técnicas para dividir grupos

OBJETIVO
Dividir um grupo em subgrupos; quebrar "panelinhas".

● TÉCNICA 1

PROCESSAMENTO
Dividir os participantes de acordo com um dos seguintes critérios:
- Iniciais do primeiro nome.
- Time de futebol.
- Mês do ano em que nasceram.
- Signo do zodíaco.
- Cores*.
- Naipes de cartas do baralho*.
- Formas geométricas*.
- Letras do alfabeto*.
- Números*.

* Levar cartões de cartolina com o motivo selecionado.

TÉCNICA 2

PROCESSAMENTO

1. Dispõem-se os participantes em círculo.
2. O docente explica que os participantes deverão dizer os números em ordem crescente a partir do número um, todavia, não poderão mencionar o sete e seus múltiplos. Estes deverão ser substituídos pela palavra "pi".
3. Cada vez que um participante errar, sai do círculo, e a contagem reinicia do um.
4. Quando metade do grupo tiver errado, estarão constituídos dois grupos.

Observação: Essa técnica propicia também o aquecimento do grupo e pode ser empregada para iniciar o trabalho ou quando o grupo estiver cansado de uma atividade.

Outros jogos infantis podem ser adaptados a essas finalidades, dependendo da criatividade do docente.

Técnicas para avaliação de reação dos participantes

OBJETIVO

Identificar o sentimento ou opinião dos participantes em relação ao programa desenvolvido, ou a uma atividade específica.

TÉCNICA 1 – TÉCNICA DAS CARINHAS

PROCESSAMENTO
1. Afixar na parede um cartaz contendo três carinhas: uma feliz, uma indiferente e uma triste.
2. Pedir aos participantes que façam um "x" abaixo daquela que representa seu sentimento ou opinião sobre o programa ou sobre uma atividade em particular.

Observação: pode-se, também, distribuir uma folha para os participantes se manifestarem com maior independência, bem como para que cada membro do grupo não seja influenciado pela maioria.

TÉCNICA 2 – TÉCNICA DO TERMÔMETRO

1. Entregar para cada participante uma folha contendo um termômetro.
2. Pedir para que assinalem a temperatura que representa sua avaliação sobre o programa ou atividade realizada.
3. Informar que quanto maior a temperatura, maior o grau de satisfação.

• TÉCNICA 3 – TÉCNICA DAS CORES

1. Pedir a cada participante que diga a cor que para ele representa a atividade realizada ou o programa desenvolvido.
2. Depois de todos terem mencionado a cor de sua escolha, solicitar que expliquem o porquê da escolha.
3. Finalizar dizendo a cor que o coordenador do grupo escolhe e relacioná-la a uma mensagem de otimismo, ou mensagem positiva.

> Observação: essa técnica facilita às pessoas verbalizarem seus sentimentos, opiniões, entre outros. Pode-se, em lugar de pedir que digam uma cor, solicitar um objeto, um alimento, um lugar, um animal e assim por diante, de acordo com a criatividade do docente.

RECURSOS MULTISSENSORIAIS

Meios ou recursos multissensoriais (RMS) são os equipamentos, objetos e materiais utilizados para apresentar estímulos físicos que, percebidos pelos diversos órgãos sensoriais de uma pessoa, ou de um grupo de pessoas, atuam como complemento da comunicação verbal. Existem recursos puramente visuais, apenas auditivos e também audiovisuais. Mas existem ainda recursos que utilizam os sentidos do olfato, do tato e do paladar. É importante salientar que, ao fazer uma apresentação, utilizando ou não RMS, ela deve ser endereçada para o público e não para o próprio apresentador; portanto, é primordial conhecer o perfil do grupo com o qual se vai trabalhar, de maneira a adaptar a linguagem e toda a apresentação a esse grupo. Deve-se, igualmente, ter em mente a relação entre o número de participantes e o local de realização do evento, para melhor adequar os recursos que serão empregados.

Cabe salientar que o melhor recurso é a própria realidade, por exemplo: se eu quero mostrar como mensurar a temperatura de um produto, devo utilizar um termômetro – no caso, este constitui meu recurso multissensorial – mas se não disponho desse equipamento, posso mostrar um filme; se o filme não estiver disponível, posso apresentar um slide e assim sucessivamente. Todavia, devo ter em mente que o mais eficiente é mostrar o termômetro.

> Lembre-se: RMS são melhores que palavras para ilustrar um conceito difícil.

Esses recursos deixaram de ser considerados como meros complementos da figura do docente, em razão dos fatores a seguir considerados:

1. O processo de aprendizagem passou a ser orientado por uma preocupação com a eficácia.
2. Os RMS não são mais recursos de ensino, mas assumiram a posição de recursos de aprendizagem, isto é, são usados e manipulados pelos alunos.
3. Multiplicaram-se os RMS a ponto de existir um adequado a cada objetivo que se pretende atingir no processo educativo.
4. Os RMS abrangem inúmeros objetos e aparelhos que anteriormente não eram utilizados para fins de ensino-aprendizagem.

> Lembre-se: ao utilizar ponteiras e indicadores evite ficar brincando com eles, deixe-os de lado assim que terminar de utilizá-los para não distrair o público.

Na seleção dos RMS, deve-se ter em mente quatro critérios:

1. Adequação: a contribuição do recurso na apresentação.
2. Economia: a relação entre o tempo necessário para a elaboração do recurso e o objetivo pretendido.
3. Disponibilidade: o recurso estará disponível no momento da apresentação?
4. Precisão: o recurso proporcionará a informação mais exata possível?

Se você puder contar com o auxílio de um especialista na confecção de RMS não deixe de aproveitar, pois nem todo mundo é dotado das mesmas habilidades que um profissional, além do que, ele conhece as melhores técnicas para elaboração de materiais.

Atualmente, com o alto grau de tecnologia, pode-se usufruir de recursos cada vez mais sofisticados, como programas de multimídia em microcomputadores, internet, videoconferência e até realidade virtual. Entretanto, cabe lembrar uma afirmação da maior importância a respeito dos recursos multissensoriais, retirada do livro Estratégias de Ensino-aprendizagem (BORDENAVE E PEREIRA, 1980): "muitos não os usam quando deveriam usá-los... muitos os usam mal". É essencial que o recurso que se pretende utilizar seja adequado ao objetivo da apresentação e se preste ao tipo de informação que se pretende transmitir e, ainda mais, é necessário dominar a técnica de utilização do recurso para que se faça uso adequado. Deve-se utilizar os RMS parcimoniosamente, para não transformar a apresentação em um espetáculo pirotécnico. Lembre-se de que o recurso não existe para fazê-lo descansar ou para substituí-lo, nem é utilizado para causar prazer ou impressionar o público.

A grande importância dos RMS se prende à sua capacidade de auxiliar a reter as informações, permitem ao apresentador ordenar e esquematizar sua apresentação, esclarecendo e reforçando as informações mais importantes.

Os dados do quadro a seguir, sobre aprendizagem, demonstram a importância da utilização de RMS.

Aprendemos	Retemos
1% pelo paladar	10% do que lemos
1,5% pelo tato	20% do que escutamos
3,5% pelo olfato	30% do que vemos
11% pela audição	50% do que vemos e escutamos
83% pela visão	70% do que ouvimos e logo discutimos
	90% do que ouvimos e logo realizamos

Algumas pesquisas indicam ainda:

Tipo de exposição	Dados retidos depois de 3 horas	Dados retidos depois de 3 dias
Somente oral	70%	10%
Somente visual	72%	20%
Visual e oral simultaneamente	85%	65%

A seguir estão enumeradas algumas características dos RMS:

- Proporcionam eficiência e clareza à mensagem que se quer transmitir.
- Aproximam o público da realidade que se quer apresentar.
- Adaptam-se ao objetivo da apresentação, à habilidade e à preferência do apresentador.
- Possibilitam que todos os membros do grupo partilhem os conceitos apresentados.
- Concentram a atenção do público.
- Auxiliam a compreender melhor a relação das partes com o todo.
- Superam barreiras de tempo e espaço, podendo transportar para o aqui e agora fatos de interesse do público alvo.
- Facilitam a recapitulação de qualquer ponto da apresentação.
- Servem de roteiro para a apresentação, racionalizando a utilização do tempo.
- Quase todos podem ser utilizados mais de uma vez, inclusive por diferentes apresentadores.

Um bom RMS, portanto, deve:

- Ser apropriado à circunstância.
- Estar visível para todo o público.
- Esclarecer o assunto do qual se trata.

- Ser claro, limpo e objetivo.
- Ser preciso e eficiente.

As regras básicas para a produção de um bom visual são as seguintes:

- Coloque um título.
- Faça legendas.
- Use letras legíveis (você saberá que estão legíveis se conseguir enxergá-las, a olho nu, a 3 metros de distância).
- Limite a quantidade de tamanhos de letras utilizadas a, no máximo, três.
- Use frases curtas ou palavras-chaves, em média 6 a 7 palavras por linha.
- Empregue poucas linhas por tela, em torno de 7 ou 8.
- Empregue cores, evitando o excesso, cerca de quatro por tela.
- Apresente apenas uma ideia em cada visual.
- Use apenas uma ilustração em cada visual.
- Faça um rascunho do visual que pretende.
- Tire tudo que for supérfluo à mensagem.

> Lembre-se de que quanto mais sofisticado o RMS, maior o tempo de preparação necessário.
>
> ▶ Caso você não domine bem a tecnologia para utilizar um RMS, peça auxílio a um especialista.
> ▶ Previna-se com outros recursos de menor complexidade como folhetos, apostilas e álbum seriado para situações de emergência ou falha de recursos mais complexos.
> ▶ Mantenha à mão: folhas sobressalentes para *flip-chart*, transparências, canetas para transparência, cópias das fitas de vídeo, fios e cabos para conexão, lâmpada para retroprojetor, ponteira, giz, apagador e pincéis para quadro branco.

A seguir são feitas algumas considerações sobre os RMS mais comumente utilizados em apresentações. Optou-se por apresentar todos os RMS possíveis, sabendo-se que muitos deles não são mais utilizados com frequência, todavia, dependendo da localidade, podem ser os únicos disponíveis.

Quadro de giz e quadro branco

O quadro de giz é uma superfície plana pintada de preto ou verde, sendo tais cores consideradas mais estéticas e repousantes para a vista. Trata-se de um dos recursos mais antigos e mais utilizados em qualquer tipo de apresentação. Pode-se empregar giz branco ou colorido para expressar mensagens escritas, gráficos, desenhos etc., de acordo com a habilidade do apresentador.

Alguns cuidados importantes no seu uso referem-se à utilização da esquerda para a direita, ao tamanho da letra em relação ao público e ao tamanho do ambiente, e ao emprego correto do apagador para evitar poeira. Cabe mencionar que apagar com a mão ou com a própria roupa causa uma péssima impressão de falta de higiene e compostura.

Quando mudar de assunto, durante a exposição, apague as informações referentes ao tema anterior para não desviar a atenção do público. Outra observação pertinente é evitar escrever e expor simultaneamente, ficando de costas para o auditório por um período prolongado, perdendo assim todo contato visual com o grupo.

No quadro branco, utilizam-se pincéis/canetas na cor preta ou coloridos em lugar do giz, e necessita-se de um apagador especial, que pode ser substituído por um pano com álcool. Sua manutenção, com cera própria, deve ser feita periodicamente, para eliminar todos os resquícios de tinta. Seu custo é um pouco mais elevado do que o quadro de giz, por causa dos pincéis/canetas, todavia é bastante confortável para o apresentador. As observações relativas ao quadro de giz aplicam-se igualmente ao quadro branco.

Tanto o quadro de giz como o quadro branco podem servir de suporte para fixar materiais preparados previamente.

VANTAGENS

- Baixo custo.
- Facilmente encontrado.
- Pouca dificuldade no uso.
- É utilizado no decorrer da apresentação, permitindo que o público acompanhe passo a passo.

DESVANTAGENS

- Consome tempo durante a apresentação.
- Tem um visual efêmero, pois geralmente apagam-se as informações pouco tempo depois de elas serem feitas.
- É mais bem utilizado em ambientes pequenos.
- Requer habilidade do apresentador para desenhar e escrever de forma legível.
- O quadro de giz produz poeira.

Cartaz, pôster e fotografia

O cartaz é um meio visual, confeccionado de cartão ou papel semelhante, que transmite mensagens escritas, desenhos, figuras, gráficos, entre outros. Pode-se utilizar inúmeros materiais na sua confecção, todavia, deve-se atentar para a escolha das letras, para que fiquem visíveis, e das ilustrações, de forma que não fique visualmente poluído.

Quando for utilizado em uma apresentação oral, dê tempo ao público para observar o cartaz antes de fazer qualquer explicação e, ao encerrá-la, retire-o ou cubra-o de forma a não desviar a atenção da plateia das informações que se seguirão.

O pôster costuma ser utilizado para apresentação de resumos de trabalhos em congressos e outros tipos de reuniões científicas. Constitui-se de um ou mais cartazes e deve estar de acordo com as normas da entidade organizadora do evento. Além disso, deve ter uma apresentação impecável no que tange aos aspectos técnicos e estéticos, pois estará representando o pesquisador e a entidade a que ele pertence diante da comunidade científica.

A fotografia é uma representação da natureza ou do objeto, pode ser utilizada para compor cartazes e pôsteres e, se ampliada, pode ser utilizada sozinha.

Vantagens
- Baixo custo de produção.
- Durabilidade (podem ser reutilizados).
- Facilidade de transporte.

Desvantagens
- Limitam-se a pequenos auditórios, quando tratar-se de apresentações orais.
- Caso o evento ocorra em outro município ou país, pode haver alguma dificuldade de transporte, sobretudo se for pelo correio.

Flip-chart e álbum seriado

O *flip-chart* tem sido muito utilizado nos últimos anos em apresentações para pequenos grupos, sobretudo nas empresas. É constituído de um cavalete que serve de suporte para um bloco de folhas de grande dimensão, as quais são fixadas na extremidade superior.

Algumas pessoas utilizam-no como se fosse um quadro branco, escrevendo com caneta ou pincel. Nesse caso, deve obedecer aos mesmos critérios de uso do quadro de giz e do quadro branco. O *flip-chart* é vantajoso, na medida em que se pode voltar as folhas para recuperar uma informação que, no quadro, já teria sido apagada.

Pode também ser preparado com antecedência, sobretudo quando se pretende apresentar gráficos, tabelas e desenhos.

O álbum seriado utiliza exatamente o mesmo material, todavia é preparado previamente e traz uma sequência de informações. É muito utilizado para explicações didáticas.

Deve-se sempre atentar para a qualidade do papel utilizado, para que não se rasgue ao virar as páginas e para que, quando o apresentador utilizar canetas para escrever, a tinta não vaze de uma folha para outra.

Vantagens

- Custo relativamente pequeno.
- Economizam tempo na apresentação, quando já vêm prontos.
- Podem ser transportados com bastante facilidade.

Desvantagens

- São melhor utilizados em pequenos auditórios.
- Quando comportam muitas folhas, seu transporte torna-se mais difícil.
- Exigem treino para utilizá-los.
- Exigem habilidade, quando se pretende escrever durante a exposição.
- O álbum seriado exige tempo de preparação.

Folhetos e outros materiais impressos

Os folhetos são materiais impressos com informações relativas a um ponto ou a todo um assunto. São muito utilizados em apresentações de vendas. Em geral, compõem-se de poucas folhas (uma ou duas, frente e verso) e podem ou não conter ilustrações.

Quando for utilizado de um *copyboard*, aparelho que permite fazer cópias das informações que o apresentador escreve em um quadro, deve-se prever tempo para fazer as cópias e distribuí-las para todo o auditório ou para aqueles que as solicitaram.

Textos mais extensos exigem grande dispêndio de tempo para sua preparação, todavia garantem que os participantes do evento recebam todas as informações apresentadas, podendo tomar a forma de um resumo ou do conteúdo integral da palestra. Adaptam-se mais às exposições sobre conhecimentos e devem ter uma linguagem adequada ao público.

Deve-se prever um número de exemplares suficiente para todo o público, selecionar o momento mais adequado para distribuí-los (antes, durante ou depois da apresentação), e levar em conta a necessidade de auxiliares no momento da distribuição, de acordo com o número de pessoas. Salienta-se ainda que é essencial referir-se ao conteúdo do material impresso durante a apresentação, para que ele tenha um objetivo concreto para o público e não sirva simplesmente de brinde.

Para redigir qualquer tipo de folheto ou texto, deve-se ter à mão uma gramática, um dicionário de conjugação de verbos e um dicionário de português, a fim de tirar todas as dúvidas. Caso alguma dificuldade persista, é indicado consultar um especialista.

Vantagens

- Facilitam a apreensão das informações.
- Podem ser utilizados para plateias de qualquer tamanho.
- Servem de lembrete/recordação da apresentação.

Desvantagens

- Custo elevado e diretamente proporcional à qualidade do material.
- Exigem um grande tempo de preparação.

> Sugere-se manter cópia do material em outro meio; por exemplo, impresso, para o caso de falta de energia elétrica ou pane do sistema.

Livros, revistas, manuais, apostilas e cartilhas

Constituem, igualmente, materiais impressos que podem ser utilizados nas atividades didáticas. Esclarece-se que esse tipo de documento requer habilidade do usuário para ler, compreender, interpretar e transferir as informações nele contidas.

Em relação aos livros, eventualmente pode-se empregar textos literários, todavia, os mais utilizados são os livros didáticos que abordam temas relativos a pontos específicos de um programa de estudo.

As revistas são publicações periódicas de formato variado, em que se veiculam artigos originais, reportagens, entre outros, sobre temas diversos ou ainda em que se divulgam, condensadamente, trabalhos sobre assuntos variados já abordados em livros e em outras publicações. Frequentemente as revistas trazem figuras – fotos, desenhos, esquemas, entre outros.

No âmbito das revistas, destacam-se as revistas em quadrinhos (ou gibis), que constituem uma forma de facilitar o entendimento de procedimentos que devem ser aplicados, na medida em que esse tipo de publicação é todo ilustrado, mostrando verdadeiramente o que deve ou não ser feito. Destaca-se que as figuras, além de captarem a atenção do leitor, são mais fáceis de serem retidas na memória do que as palavras.

Na área de alimentos, é comum o emprego de manuais, como o Manual de Boas Práticas de Fabricação ou Produção e os Procedimentos Operacionais Padronizados (POPs). Esses documentos devem ser elaborados tendo em vista a escolaridade dos usuários, de maneira que qualquer colaborador do estabelecimento tenha condições de ler e entender os procedimentos nele contidos. Muitos manuais acompanham equipamentos, sendo às vezes em idioma estrangeiro. Quando for o caso, deve-se providenciar a tradução desses manuais, de maneira a torná-los inteligíveis para aqueles que forem utilizá-los. É muito importante que qualquer manual seja alvo de treinamento, para que os colaboradores possam dominar sua utilização no dia a dia da empresa/instituição.

O responsável pelo treinamento pode ainda utilizar apostilas de sua autoria, abordando aspectos relevantes do conteúdo que irá desenvolver durante o treinamento. Essas apostilas podem até mesmo conter exercícios que os treinandos deverão solucionar no transcorrer do programa. Todavia, faz-se necessária muita atenção para que o texto seja claro, conciso, objetivo e acessível para todos os usuários, principalmente os de menor escolaridade. Se possível, a apostila deve ser ilustrada com figuras ou esquemas, para tornar mais compreensíveis as informações.

No que concerne aos materiais impressos, pode-se finalmente destacar a elaboração e utilização de cartilhas. Em geral, relaciona-se cartilha ao livro de primeiras letras que se utiliza para aprender a ler. No caso presente, pensa-se a cartilha como uma forma simplificada de expor informações básicas sobre um determinado assunto, de maneira a torná-lo o mais evidente possível. As cartilhas, assim como os gibis, devem ser amplamente ilustradas para prender a atenção do usuário. Ambos devem ter formato que facilite o manuseio e conter poucas informações e, preferencialmente, abordar apenas um assunto. Dessa forma, pode-se elaborar várias cartilhas quando o assunto for muito extenso. Na elaboração desse tipo de material impresso deve-se ter muita atenção no que concerne à correção linguística, ao emprego de vocabulário condizente com a escolaridade do público para o qual se destina e à utilização de figuras que representem com exatidão as ideias que se pretende veicular. Todo o cuidado é pouco para evitar qualquer tipo de discriminação racial, sexual, profissional, entre outras.

Vantagens
- Facilitam a apreensão das informações.
- Podem ser utilizados para grupos de qualquer tamanho.
- Podem ser distribuídos aos participantes que poderão consultá-los sempre que tiverem alguma dúvida.

Desvantagens
- Os livros e revistas nem sempre têm linguagem de fácil compreensão (tendo em vista a escolaridade de diferentes usuários).
- Custo elevado, sobretudo para elaboração de cartilhas e gibis, e diretamente proporcional à qualidade do material.
- Exigem um grande tempo de preparação.

Modelos, maquetes e objetos

Apresentam a realidade diante do público, podendo algumas vezes ser manipulados por ele.

Vantagens
- Permitem observar o próprio objeto.
- Não há custo quando já se dispõe do objeto.
- Não exige preparação, no caso do objeto.

Desvantagens

- Dificuldade de se utilizar em grandes grupos.
- Dificuldade de transporte, quando muito grandes.
- Custo para elaboração de modelos e maquetes.

Retroprojetor e projetor de multimídia

O retroprojetor teve seu uso generalizado a partir da década de 1980. Permite projetar em uma tela branca ou na parede as informações contidas em uma folha de acetato transparente. De acordo com o tamanho do ambiente, amplia a imagem. É um aparelho bastante sensível, devendo ser manipulado cuidadosamente, mesmo os modelos portáteis. Nunca deve ser movido com a lâmpada acesa, a fim de evitar que ela se queime.

Na utilização de transparências, deve-se lembrar de numerá-las em sequência para evitar perda de tempo durante a apresentação. As margens brancas ou molduras são excelentes para numerar a ordem de apresentação, bem como para escrever observações úteis que não devem ser esquecidas. Na troca das lâminas, é interessante desligar o aparelho ou colocar uma folha de papel sobre a transparência, para não desviar a atenção do público. Não se deve manter o equipamento ligado com uma transparência já utilizada ou sem nada na tela de projeção quando não se estiver utilizando as informações.

Para manter uma sequência agradável de transparências, deve-se seguir os critérios anteriormente mencionados – ter uma letra legível e tomar cuidado para não poluir a transparência com muitas ilustrações, conforme a orientação para confecção de cartazes. Atualmente, pode-se fazer bons originais com máquina copiadora, em especial cópias coloridas, assim como utilizando microcomputadores. Entretanto, é importante frisar que transparências em branco e preto, sobretudo cópia de página de livro, não oferecem nada que estimule o público, pois não têm vida.

É possível escrever sobre lâminas virgens ou acrescentar detalhes às transparências já prontas, utilizando uma caneta própria. Todavia, deve-se ter cuidado para escrever com caligrafia legível, por causa da posição incômoda do aparelho. Quando houver necessidade de indicar uma informação, o mais adequado é posicionar uma caneta sobre a transparência, com o retroprojetor desligado, em vez de utilizar ponteiras na tela, para não encobrir a visualização da plateia.

É interessante prever a presença de um operador para propiciar maior liberdade ao palestrante. Outro sistema congênere é aquele que utiliza um laptop acoplado ao equipamento mais conhecido como projetor de multimídia ou *datashow*, com a vantagem que pode incorporar movimento e som. Nesses casos, utilizam-se *pen drives*, CDs ou DVDs em lugar de transparências. Tais equipamentos necessitam que se domine sua utilização para o sucesso da apresentação.

Cabe ressaltar a importância de testar todo o equipamento antes da apresentação para evitar surpresas de última hora, mantendo-se sempre lâmpadas de reposição para o retroprojetor. Esses equipamentos, para sua correta utilização, devem estar adequadamente posicionados no ambiente. Ao final do capítulo, você encontrará algumas sugestões de arranjo físico para utilizar retroprojetor e painel de projeção.

Vantagens

- Custo relativamente baixo das transparências.
- Podem ser utilizados com as luzes acesas.
- Permitem projeções a cores.
- Agilizam a utilização das informações.
- Podem ser utilizados em grandes auditórios.
- Permitem a técnica de superposição de transparências.
- O apresentador fica face a face com o público, podendo perceber suas reações.
- As transparências podem ser reaproveitadas.
- Quando forem utilizados pen drives e CDs regraváveis, é possível fazer atualizações sem ônus adicional.

Lembre-se que salas totalmente escuras para projeção proporcionam condições ideais para que:

- Os participantes NÃO prestem atenção, correndo-se o risco de que eles tirem uma soneca.
- Ocorram acidentes com fios e outros materiais.
- Haja maior dificuldade de operar o equipamento.

Todavia, se for imprescindível diminuir a intensidade da iluminação, prefira fazê-lo pelo menor tempo possível e evite o horário seguinte a uma refeição.

Desvantagens

- Custo elevado do painel de projeção, do *laptop* e projetor de multimídia.
- Exigem treino do apresentador para uso adequado.
- Dificuldade de substituir o material caso seja danificado durante a apresentação ou ocorra falta de energia elétrica.
- Exigem tempo de preparação.

Projetor de *slides*

Permite ampliar na tela imagens reais, mostrar detalhes de objetos que não se veem a olho nu, além de paralisar uma cena, o que é impraticável em situação real. Deve ser utilizado, sobretudo, para objetos e situações que não se pode trazer para o auditório. Podem ser organizados no carrossel, na sequência desejada para a apresentação. Exigem uma ponteira ou raio *laser* para indicar detalhes na tela durante a palestra. Deve-se prever um operador para auxiliar o apresentador. Existe a possibilidade de se acoplar um sistema de som e utilizar mais de um projetor de *slides* simultaneamente. Atente para os problemas mencionados no item referente ao retroprojetor. *Slides* que contenham texto só devem ser utilizados excepcionalmente.

VANTAGENS
- Adapta-se a qualquer ambiente que possa ser escurecido.
- Permite preparar a sequência anteriormente.
- Fácil produção.
- Transporte relativamente fácil.
- Pode ser reutilizado.
- Economiza tempo de exposição.

DESVANTAGENS
- Necessita ambiente escuro para projeção.
- Manuseio delicado.
- Necessita energia elétrica.
- Custo relativamente elevado.

Projetor de originais ou de opacos (episcópio)

É um projetor que amplia e projeta qualquer tipo de original – folha de livro, fotografia, desenho e outros materiais impressos.

VANTAGENS
- Economiza tempo.
- Não exige preparação.
- Não tem custo, quando já se possui o aparelho.
- Pode ser usado em qualquer ambiente que possa ser escurecido.
- Mostra as informações reais.

DESVANTAGENS
- Necessita de sala escura.
- O aparelho tem aquecimento excessivo.
- Há um certo grau de dificuldade de projetar apenas parte das informações; por exemplo, de uma folha de livro.

Televisão

É um recurso com possibilidades pedagógicas em três domínios:

- Mostrar coisas que sem ela não poderiam ser comunicadas, em razão de suas dimensões (excessivas), de seu afastamento ou de sua complexidade.
- Transcender os limites de espaço e tempo (emissão normal, circuito fechado, gravação).
- Pode ser utilizada para o exame crítico de um desempenho (acoplada a um sistema de filmagem – grava-se o indivíduo no exercício de sua atividade e apresenta-se para o interessado ou para terceiros, a fim de identificar e corrigir falhas).

Vantagens
- Pode substituir parte de uma exposição.
- Quando gravado, o programa pode ser reaproveitado.
- Apresenta realidade de imagens.
- Atualmente, encontra-se praticamente em qualquer lugar.

Desvantagens
- Necessita, em geral, de pequenos auditórios.
- Produção demorada.
- Dificuldade de transporte do equipamento.
- Necessita energia elétrica.

> Lembre-se: a televisão serve também de suporte para a apresentação de DVDs. Atualmente, graças ao acesso à Internet, tem-se a facilidade de conectar à TV provedores pagos de transmissão de filmes, séries e documentários que podem ser agregados às TVs por assinatura, ou como a NETFLIX/CLAROVideo, ou, ainda, como o YouTube (gratuito).

Projetor de filmes e DVDs

São recursos que aliam movimento, cor, som e a facilidade de acrescentar ou suprimir imagens. Podem ser confeccionados sob medida ou pode-se aproveitar material já existente, reduzindo o custo de preparação. Necessitam de um operador para manipulá-los.

É preciso certificar-se de que o DVD não tenha defeitos antes da apresentação, assim como o funcionamento de todo o equipamento.

Vantagens
- Economia no desenvolvimento de um assunto.

- Podem substituir parte de uma exposição.
- Podem ser reaproveitados.
- Apresentam realidade de imagens.

Desvantagens
- Alto custo de produção de um DVD de boa qualidade.
- Necessita, em geral, de pequenos auditórios (vídeo).
- Produção demorada.
- Dificuldade de transporte dos equipamentos.
- Necessitam energia elétrica.

Microcomputador

No ensino assistido por computador (EAC), o sistema é programado para executar as estratégias instrucionais e manter uma forma de interação conversacional entre os alunos e o sistema.

> Lembre-se: o computador propicia grande velocidade nos cálculos e tratamento de dados e pode mostrar coisas de difícil acesso ou impossíveis de serem trazidas para uma apresentação.
>
> Hoje, as tecnologias computacionais mais empregadas utilizam imagens tridimensionais (3D) e multiusuários, além de diversos equipamentos (capacete de imersão, teclado, óculos, e outros dispositivos que permitem até sensações tácteis). A realidade virtual constitui uma tecnologia de interface avançada entre um usuário e um sistema operacional com o objetivo de recriar ao máximo a sensação de realidade. Pode servir para simulação (parece o mundo real mas é virtual), projeção (o usuário está fora do mundo virtual mas se comunica com objetos e personagens); e, a realidade aumentada, que combina imagens do mundo real com o mundo virtual, em geral utilizando um capacete específico, propiciando imersão, interação e envolvimento do usuário.

Alguns usos do EAC referem-se ao tipo de exercício e prática-reforço e repetição de conceitos ou técnicas já abordados por outros meios, aplicáveis a numerosas matérias (exemplos: treino de tabuada, conjugação de verbos e outros); aos programas de tutoria, que apresentam o material ao aluno, dão exemplos e avaliam continuamente seu processo – o computador atua como um tutor paciente para ensinar os conceitos e habilidades ao aluno; aos programas de simulação, que reproduzem situações reais, nas quais os aprendizes devem propor respostas adequadas à realidade em pauta (exemplos: estudos de mercados, dinâmica de populações, jogos de empresa e outros); e aos *softwares* de investigação, projetados para induzir os alunos a formularem perguntas e estabelecerem as próprias estratégias de respostas (exemplo: programas de aventura).

Atualmente utiliza-se também multimídia e CDs com imagens, com movimento e trilha sonora acoplada. O custo desses equipamentos ainda é caro e necessita de pessoal especializado tanto para sua elaboração quanto para instalação e manuseio.

Vantagens
- Economia no desenvolvimento de um assunto.
- Substitui parte de uma exposição.
- Podem ser reaproveitados (os programas).
- Apresentam realidade de imagens.
- Possibilidade de respeitar as diferenças e o ritmo individual de cada aluno.
- Fornece *feedback* imediato aos alunos.
- As novas tecnologias que utilizam realidade virtual ou realidade aumentada permitem, cada vez mais, que as pessoas interajam e tenham a possibilidade de interferir em situações e manipular objetos a que dificilmente teriam acesso.

Desvantagens
- Alto custo do equipamento (*hardware)* e de alguns programas (*software*), especialmente quando feitos sob medida para uma atividade.
- Necessita, em geral, de ambiente próprio.
- Produção demorada de *software*.
- Dificuldade de transporte do equipamento.
- Dificuldade de substituir o material, caso seja danificado durante a apresentação ou ocorra falta de energia elétrica.
- Exigem tempo de preparação e treino para uso adequado.

OUTRAS FERRAMENTAS PARA ATUAR NA ÁREA DE TREINAMENTO

"O caminho se faz ao andar"
(Antonio Machado – poeta)

Além das técnicas de ensino-aprendizagem e dos RMS já mencionados, atualmente destacam-se outras ferramentas cuja utilização traz resultados importantes no processo de desenvolvimento dos recursos humanos nas empresas/instituições, como cinema, teatro e jogos.

Lembra-se ainda que outros tipos de artes podem também ser utilizados na disseminação de conteúdos educativos relacionados à saúde, como artes visuais, música, artes têxteis, literatura etc. Servem igualmente para identificar os conhecimentos e a linguagem do grupo alvo do projeto educativo.

Combinar educação e entretenimento, em virtude da natureza participativa do processo de criação, constitui aliado valioso para educadores e participantes. Essas formas de expressão cultural da comunidade dão voz às preocupações e aos temas que se pretende desenvolver.

Sabe-se que o mais importante para que haja fixação da aprendizagem é que ela seja participativa e que sensibilize as pessoas envolvidas. Cinema e teatro contemplam esse objetivo porque, indo além do aspecto plástico – que poderia ser chamado de belo – propiciam refletir sobre as situações apresentadas, fazendo com que os indivíduos se identifiquem com os personagens e, até mesmo, imaginem formas de auxiliá-los a resolver os problemas propostos. Provocam sentimento, raciocínio e identificação do público.

Cinema

O cinema traz algumas vantagens. Na medida em que se popularizaram os aparelhos de DVD, e ainda graças à proliferação de discos e à sua disponibilidade no mercado, praticamente os únicos requisitos para uma exibição são energia elétrica, um aparelho de televisão e leitor de DVD ou computador acoplado a um projetor de multimídia e a locação ou aquisição do filme selecionado. No caso de disponibilidade de provedoras por assinatura de filmes, séries e documentários ou do YouTube, ampliam-se as possibilidades para se fazer uso de um material extremamente rico.

Frequentemente utilizam-se filmes ditos comerciais em lugar de filmes didático-instrucionais porque os primeiros são mais abrangentes, abordando situações e fenômenos da vida cotidiana – relacionamentos, tomada de decisão, ética, conflitos psicológicos, mudanças, diferenças individuais, entre outros. Não trazem algo pronto para o público, mas fazem-no pensar – ter ideias – e comparar as situações do filme com o seu dia a dia. Entretanto, caso a preferência recaia sobre os filmes didático-instrucionais, deve-se ter o cuidado de verificar se as situações e locais que aparecem no filme condizem com a empresa/instituição em que o material será empregado, dando-se primazia a produções realizadas no país.

Ao empregar essa ferramenta sugere-se a adoção de alguns cuidados:

- Escolher o filme de acordo com a temática.
- O apresentador deve assistir ao filme previamente, anotando os pontos importantes. Antes da apresentação, pode-se explicar brevemente o filme, procurando não influenciar os participantes para que a experiência seja a mais rica possível.
- O filme deve adequar-se ao perfil dos alunos, inclusive no que concerne à escolha da versão legendada ou dublada, de acordo com as dificuldades do grupo.
- Após a exibição, deve-se fazer uma pequena exposição sobre o tema principal de interesse, alvo do treinamento, antes de se iniciar o debate.
- Deve-se prever tempo suficiente para filme, exposição e, sobretudo, para o debate.
- Sugere-se fazer, posteriormente, uma síntese dos pontos debatidos para ser distribuída aos participantes.

Teatro

No transcorrer do tempo, o teatro foi um importante instrumento educacional, pois disseminava o conhecimento e representava, para o povo, o único prazer literário disponível. Projetos educativos que se utilizam dessa metodologia estão sendo retomados com finalidade transformadora – reconhecendo a si e a seu grupo o espectador tem a possibilidade de mudar. De acordo com Pupo (1999),

> o aprendizado de teatro, mediante abordagem lúdica, diz respeito a todos os seres humanos, ultrapassando a diversidade de padrões culturais e demolindo qualquer prerrogativa de dom especial como pré-requisito.

Por outro lado, a utilização de alternativas lúdicas e outras formas de comunicação, que não simplesmente a leitura e escrita, estimulam práticas que não só levam à informação, mas que também permitem decodificar, analisar, avaliar e produzir comunicação em uma multiplicidade de formas, tornando os participantes mais críticos e mais envolvidos. Assim, o teatro constitui um meio efetivo para comunicar informações e reduzir falhas ou falta de conhecimento, principalmente entre as pessoas que possuem baixa escolaridade. O desenvolvimento de uma peça permite transmitir informações de forma não convencional, inclusive aquelas de caráter socioemocional ou assuntos delicados para serem abordados face a face em sala de aula, por exemplo.

O teatro é uma atividade feita ao vivo, de grande impacto nos espectadores e, como atividade educativa, pode ensejar um debate público, envolvendo os próprios atores após a encenação do espetáculo. Entretanto, apesar de ser possível a utilização de peças em cartaz no circuito, isso só é viável nos grandes centros urbanos. O ideal, ao empregar essa ferramenta, constitui na elaboração de um texto visando abordar assuntos selecionados dentre as necessidades da população a ser treinada. Existem no mercado alguns grupos que vêm se especializando nesse segmento, particularmente na área de alimentos. A elaboração de espetáculos sob medida para determinada empresa tem, certamente, um custo elevado, mas se justifica na possibilidade de um público numeroso e, em especial, pelos resultados que propicia.

Vantagens da utilização desse instrumento:

- Pode ser apresentado em diferentes espaços, desde um teatro até uma rua.
- As mensagens veiculadas são fáceis de lembrar e, assim, propiciam disseminação das informações.
- Em termos de custo-benefício, uma única apresentação pode abranger muitas pessoas.
- Propicia contato interpessoal entre público e atores e pode ser complementado com outras técnicas ou instrumentos para reforçar as mensagens.

816 ■ HIGIENE E VIGILÂNCIA SANITÁRIA DE ALIMENTOS

- Não requer público com alto nível de escolaridade.
- Pode expor informações padronizadas para diferentes níveis de participantes, em termos de hierarquia na empresa e escolaridade. Pode-se mesmo afirmar que diminui as diferenças de informações entre pessoas de diferentes níveis de escolaridade sobre um determinado tema.
- É apropriado para trabalhar concepções erradas ou equivocadas sobre determinado assunto sem ferir a suscetibilidade do público.
- Útil para trabalhar mudanças de atitudes – discute problemas que eventualmente seriam difíceis de tratar em sala de aula. Por exemplo, para manipuladores de alimentos, discutir problemas relacionados a maus odores pessoais.

A utilização do teatro pode apresentar algumas das desvantagens a seguir relacionadas:

- Custo para desenvolver e implementar um texto e o espetáculo correspondente.
- Tempo para desenvolvimento do texto e da apresentação.
- A efetividade da peça dependerá da habilidade dos atores e do produtor.

Jogos

Huizinga (2001) classifica o homem como *homo ludens* e afirma que a cultura surgiu sob a forma de jogo. Para o autor, a caça, por exemplo, satisfaz uma necessidade básica – prover alimento –, mas nas sociedades primitivas assume igualmente uma forma lúdica. Esse caráter lúdico encontra-se também na sociedade contemporânea, nos jogos e em outras atividades.

Assim, pode-se utilizar jogos para dinamizar as atividades de treinamento nas empresas/instituições. Segundo Courtney (1980), os jogos podem ser competitivos e não competitivos. Os primeiros podem colocar frente a frente indivíduos ou grupos e podem ter um caráter físico, como nos combates pessoais, ou mentais, como nos jogos de sociedade.

Os jogos não competitivos podem subdividir-se em:

- Caça física ou intelectual, como palavras cruzadas.
- Curiosidade, como os quebra-cabeças.
- Vagueação – movimentos.
- Criativo, usando objetos materiais (artes e ofícios), e não materiais (teatro, música, poesia, estórias).
- Vicário – faz de conta, filmes.
- Imitativo:
  - ▸ Jogo livre: aproxima-se da maneira apropriada de fazer as coisas.
  - ▸ Imitação simples: seguir o mestre.

ACÕES EDUCATIVAS/TREINAMENTO DE PESSOAS ■ 817

- ▸ Jogos de histórias, criados a partir do conhecido com imitação de movimentos reais.
- ▸ Jogos cantados e danças populares.
- ▸ Exercícios miméticos: o líder demonstra o movimento e é imitado pelo grupo.
- ■ Aquisitivo – coleções.
- ■ Social – conversa, festas, danças e jogos de salão.
- ■ Estético: musical (ouvir, cantar, compor); arte aplicada; religioso (ritual e adoração); apreciação da natureza; atividades dramáticas (festas pomposas, rituais da sociedade e da residência); literatura (leitura e composição); jogo rítmico (jogos cantados e danças).

Lembre-se também que existem no mínimo três níveis no jogo:

- ■ Participação, interação, envolvimento.
- ■ Solução de problemas.
- ■ Ação catalisadora, dando abertura para novas opções, novos conhecimentos, criatividade.

Todas as pessoas possuem um repertório de jogos, em geral proveniente de suas experiências de vida, que podem ser adaptados para desenvolver as mais variadas atividades de treinamento.

Comentário final sobre outras ferramentas para atuar na área de treinamento

Essas ferramentas propiciam a participação ativa do grupo, desenvolvem a criatividade dos participantes, propiciam integração, sobretudo na discussão dos assuntos propostos, representam longos intervalos de tempo num curto período, assim como os eventos ocorridos levantam problemas a serem discutidos, provocam reflexão, são motivadores e lúdicos.

Particularmente, o uso da arte para ensinar campos não ligados à arte é uma forma de catalisar a mudança. Os educadores em saúde necessitam igualmente familiarizar-se com a expressão cultural das pessoas como parte do trabalho com a comunidade.

Considera-se que a característica essencial do homem seja sua imaginação criativa. É esta que o capacita a dominar seu meio de modo tal que ele supere as limitações de seu cérebro, de seu corpo e do universo material. É esse "algo mais" que o distingue dos primatas superiores. A imaginação criativa é essencialmente dramática em sua natureza. É a habilidade para perceber as possibilidades imaginativas, compreender as relações entre dois conceitos e captar a força dinâmica entre eles.

INOVAÇÕES PARA ATUAR NA ÁREA DE EDUCAÇÃO VOLTADA PARA O TRABALHO

Coaching

O termo *coaching* designa um processo sistemático e colaborativo que pode ocorrer ao nível pessoal e profissional, buscando o desenvolvimento humano. Baseia-se em diversas áreas do conhecimento e procura auxiliar as pessoas/empresas no alcance de seus objetivos, acelerando seu desenvolvimento, voltado para a evolução contínua.

O papel do *coach*/treinador é de estimular as pessoas para o pleno desenvolvimento de suas potencialidades e alcance de seus objetivos, pessoais ou dentro da empresa em que atua, ele pode atuar ao nível individual ou da equipe.

O foco dos processos de coaching é a solução de problemas, o bem-estar e a evolução do desempenho, conduzindo as pessoas a aprenderem a aprender.

Entre as técnicas utilizadas nesse processo, destacam-se: motivação, *feedback* e questionamentos eficazes que propiciem a maximização das potencialidades das pessoas. Nas empresas, orienta-se o colaborador enquanto ele pratica o comportamento ou realiza a atividade sob sua responsabilidade. O *coach*/treinador estabelece um diálogo em que ambos colaboram para efetivar as mudanças necessárias.

Os supervisores e gerentes podem assumir essa função, ou pode-se optar pela contratação de uma pessoa especializada/consultor para desenvolver esse processo de busca de novas respostas para a solução de problemas.

EDUCAÇÃO A DISTÂNCIA (EAD)

A multiplicação dos equipamentos eletrônicos (*desktop*, *laptop*, *tablet*, celular) e sua vulgarização, bem como o acesso à internet, criaram a possibilidade de se desenvolver atividades educativas não presenciais, facilitando a obtenção de informações para pessoas em qualquer lugar do planeta.

Para as atividades/cargos de maior complexidade constitui um investimento de alta qualidade para as empresas que se beneficiam do contato/experiência com profissionais qualificados, embora esse recurso possa ser utilizado para qualquer função, desde que exista a disponibilidade de equipamento e cursos.

Lembra-se, ainda, que em geral, faz-se uso de programas disponíveis no mercado e não desenhados sob medida para a empresa, em função do elevado custo para produção de um programa de EAD, no momento.

Na educação a distância, o aluno gerencia sua própria aprendizagem, seu horário para estudar, com completa autonomia de seu tempo. Apesar de constituir um benefício dessa forma de educação, pode transformar-se em um obstáculo se a pessoa não souber se organizar, não for comprometida, para caminhar em consonância com os conteúdos e atividades propostas no curso.

No Brasil, EAD está regulamentada pelo Decreto-Lei n. 2494/98, do Ministério da Educação.

CONCLUSÕES

A finalidade última de toda ação educativa é fazer com que as pessoas aprendam a aprender, para que possam adaptar-se com flexibilidade a novas situações.

Cada vez mais a área da educação vem lançando mão de novas tecnologias que propiciam vantagens, conforme mencionado anteriormente neste capítulo. Salienta-se a importância de escolher as melhores fontes onde colher as informações que serão utilizadas, assim como a relevância de tratar e utilizar adequadamente as informações obtidas. Essas tecnologias exigem que o docente seja crítico e criativo e, se bem utilizadas, podem favorecer o desenvolvimento da capacidade de aprender a aprender, a construção do conhecimento, o desenvolvimento de competências (em especial para o trabalho) o autodesenvolvimento dos discentes e, até mesmo, sua capacidade de trabalhar em grupo, de solução de problemas e de adaptação às mudanças.

Alguns procedimentos comentados a seguir podem auxiliar na obtenção dessa meta:

- Valorizar sempre seus recursos humanos.
- Ouvir dúvidas, problemas, reclamações, pois quem lida com o dia a dia de uma atividade é quem está mais apto a detectar não conformidades.
- Dar *feedback* dos erros e dos acertos de cada colaborador.
- Dizer sempre o porquê, pois dessa forma demonstra-se a importância do comprometimento de todos para o alcance dos objetivos da empresa e que todos são considerados essenciais para o alcance de resultados, segundo Hegel (filósofo alemão), citado por Cortella, alienação se refere a tudo aquilo que eu produzo, mas não compreendo a razão .
- Promover sempre que possível, valorizando as pessoas que investiram tempo e trabalho na empresa.
- Treinar ou retreinar – dentro da filosofia de aperfeiçoamento contínuo.
- Supervisionar/monitorar, para detectar onde, quando, como estão ocorrendo, ainda, não conformidades.
- Elogiar sempre, tendo em vista que o elogio constitui fator de motivação para os colaboradores.
- Comprometer toda a equipe – toda hierarquia da empresa, pois, se não houver uma linguagem comum, a empresa não terá competitividade.
- Inserir atividades de reforço para recordar os pontos principais da intervenção educativa, assim como os pontos mais difíceis de serem internalizados pelos treinandos.

Programas de capacitação de pessoas podem ser uma das respostas para inúmeros problemas nas organizações, quando desenvolvidos tendo em vista as pessoas envolvidas, suas experiências e as necessidades ou *gaps* diagnosticados, tanto da empresa quanto dos próprios indivíduos.

Muito resta a fazer no que concerne ao desenvolvimento desses programas de educação de adultos. Cabe a cada docente, seja ele consultor ou colaborador da organização (chefe, supervisor ou outro), se preparar para esse desafio. Segundo Deci, citado por Pink (2016), o ser humano apresenta uma tendência inerente a buscar as novidades e os desafios, a desenvolver e exercer sua capacidade, a explorar e aprender.

Lembra-se, ainda, que desenvolver uma ação educativa/treinamento não planejado, sem base nas necessidades da empresa/instituição e dos colaboradores, pode ser PIOR do que não fazer nada; e, finalmente, capacitar os colaboradores é mais BARATO do que arcar com os custos da falta de competência, dos erros e do desperdício. Vale destacar que programas educativos vêm ganhando importância nas organizações, que passaram a considerá-los não como custo, mas com investimento, pois as pessoas são responsáveis pelo sucesso do negócio.

REFERÊNCIAS

ALLES, M. A. Dicccionario de competencias: la trilogia. *Las 60 competencias más utilizadas*. Buenos Aires: Granica, 2012

ANTUNES, C. *Manual de técnicas de dinâmica de grupo de sensibilização de ludopedagogia*. 15.ed. Petrópolis: Vozes, 1998.

BELLAN, Z.S. *Andragogia em ação – como ensinar adultos sem se tornar maçante*. Santa Bárbara d'Oeste: SOCEP Editora, 2005.

BELLIZZI, A. et al. *Treinamento de manipuladores de alimentos: uma revisão de literatura*. Rev Hig Alim., v. 133, p. 36-48, 2005.

BERGOMAS, G. Comunicação/educação na formação profissional. *Comunicação e Educação*, v. 15, p. 55-61, 1999.

BLOOM, B.S. et al. *Taxonomia de objetivos educacionais: domínio afetivo*. Porto Alegre: Globo, 1974, p.4-6.

_____. *Taxonomia dos objetivos educacionais: domínio cognitivo*. 6.ed. Porto Alegre: Globo, 1977.

_____. *Taxonomia dos objetivos educacionais: domínio cognitivo*. 8.ed. Porto Alegre: Globo, 1983.

BLUMER, E.A.M.A, GERMANO, M.I.S. Modelo de implantação de projeto de capacitação de manipuladores de alimentos em unidade hospitalar. *Revista Higiene Alimentar*, v.26, n.206/207, mar-abr/2012

BORDENAVE, J.D.; PEREIRA, A.M. *Estratégias de ensino-aprendizagem*. 3.ed. Petrópolis: Vozes, 1980.

BRANDÃO, M.S. *Leve seu gerente ao cinema: filmes que ensinam*. Rio de Janeiro: Qualitymark, 2004.

BRIGGS, L.J. *Manual de planejamento de ensino*. Rio de Janeiro: Cultrix, 1976.

CADERNOS DE PESQUISA NÚMERO 7. São Paulo: Fundação Carlos Chagas, 1973.

CHIAVENATO, I. *Administração de recursos humanos*. 2.ed. São Paulo: Atlas, 1985.

_____. *Gestão de pessoas: o novo papel dos recursos humanos nas organizações* . 3. ed Rio de Janeiro: Elsevier, 2010.

CORTELLA, M.S. *Por que fazemos o que fazemos?: aflições vitais sobre trabalho, carreira e realizações*. 6.ed. São Paulo: Planeta, 2016.

COURTNEY, R. *Jogo, teatro & pensamento: as bases intelectuais do teatro na educação*. Trad. Karen Astrid Müller e Silvana Garcia. São Paulo: Perspectiva, 1980. (Coleção Estudos)

DAVEL, E.; VERGARA, S.C. Gestão com Pessoas, Subjetividade e Objetividade nas organizações. In:

DAVEL, E.; VERGARA, S.C. (org.). *Gestão com Pessoas e Subjetividade*. São Paulo: Atlas, 2001.
DECLARAÇÃO DE JACARTA sobre Promoção da Saúde no Século XXI, julho de 1997. (Apostila)
EDUCAÇÃO EM SAÚDE – COLETÂNEA DE TÉCNICAS. Secretaria de Estado da Saúde, São Paulo, 1993.
ESTEVES, O.P. *Objetivos educacionais*. Rio de Janeiro: Arte & Indústria, 1968.
FERREIRA, A.B. de H. *Novo Aurélio século XXI: o dicionário da língua portuguesa*. 3.ed. Rio de Janeiro: Nova Fronteira, 1999.
FOCESI, E. *Educação em saúde – campos de atuação na área escolar*. s.l., 1989.
FRITZEN, S.J. *Jogos dirigidos para grupos, recreação e aulas*. Petrópolis: Vozes, 1981.
_____. Dinâmicas de recreação e jogos. Petrópolis: Vozes, 2001.
_____. *Exercícios práticos de dinâmica de grupo* – v.1. 35.ed. Petrópolis: Vozes, 2001.
_____. *Exercícios práticos de dinâmica de grupo* – v.2. 34.ed. Petrópolis: Vozes, 2004.
GERMANO, M.I.S. *Ações de promoção da saúde relacionadas à prevenção da Aids em unidades do sistema estadual de ensino de São Paulo*. São Paulo, 1998. Dissertação (Mestrado). Faculdade de Saúde Pública, USP.
_____. *Treinamento de manipuladores de alimentos: fator de segurança alimentar e promoção da saúde*. São Paulo: Varela, 2003.
GERMANO, P.M.L.; GERMANO, M.I.S. A vigilância sanitária de alimentos como fator de promoção da saúde. *O mundo da saúde*, v. 24, p. 59-66, 2000.
GERMANO, P.M.L.; GERMANO, M.I.S. (org). *Sistema de gestão: qualidade e segurança dos alimentos*. Barueri: Manole, 2012.
Germano, M.I.S. Gestão de pessoas para a qualidade e segurança dos alimentos. In: GERMANO, P.M.L.; GERMANO, M.I.S. (org). *Sistema de gestão: qualidade e segurança dos alimentos*. Barueri: Manole, 2012, p. 476-522.
GERMANO, M.I.S. Metodologia para análise e diagnóstico de situações na gestão de pessoas. In: GERMANO, P.M.L.; GERMANO, M.I.S. (org). *Sistema de gestão: qualidade e segurança dos alimentos*. Barueri: Manole, 2012, p. 476-522.
GERMANO, M. I. S. Segurança alimentar: a arma pode estar nas suas mãos. Higiene das mãos um trabalho de construção e desconstrução. *Hig Alim.*, v. 21, p. 16-17, 2007.
GIL, A.C. Metodologia do ensino superior. São Paulo, Atlas, 1990.
_____. *Administração de recursos humanos: um enfoque profissional*. São Paulo: Atlas, 1994.
GONÇALVES, A.M.; PERPÉTUO, S.C. *Dinâmica de grupos na formação de lideranças*. 4.ed. Rio de Janeiro: DP&A, 1998.
GURGEL, A.O.C. *RH positivo – novo mundo do trabalho*. Rio de Janeiro: Qualitymark, 2001.
HARROW, A.J. *A taxonomy of the psychomotor domain*. Nova York: McKay, 1972.
HINDLE, T. Como fazer apresentações. Seu guia de estratégia pessoal. *Série Sucesso Profissional*. São Paulo: Publifolha, 1999.
HOCKING, J. *O computador na escola – não somente mais uma invenção mecânica*. São Paulo, 1987. (Apostila)
HUIZINGA, J. *Homo ludens*. São Paulo: Perspectiva, 2001. (Coleção Estudos)
KIRBY, A. *150 jogos de treinamento*. São Paulo: T&Q, 1995.
KNOWLES, M.S., HOLTON III, E.F., SWANSON R.A. *Aprendizagem de resultados: uma abordagem prática para aumentar a efetividade da educação corporativa*. Rio de Janeiro: Elsevier, 2009.
MACKENZIE, N.; ERAUT, M.; JONES, H.C. *Arte de ensinar e arte de aprender. Introdução aos novos métodos e materiais utilizados no ensino superior*. 2.ed. Rio de Janeiro: Fundação Getúlio Vargas, 1985.
MAGER, R.F.; BEACH Jr, K.M. *O planejamento do ensino profissional*. Porto Alegre: Globo, 1976.
MARIANO, N. *Utilização de recursos audiovisuais*. s.n.t. (Apostila)
McDONALD, M.; ANTUNEZ, G.; GOTTEMOELLER, M. Using the arts and literature in health education. *International Quarterly of Community Health Education*, v. 18, p. 269-82, 1998/99.
MEDEIROS, E.B. *Provas objetivas*. Rio de Janeiro: Fundação Getúlio Vargas, 1971.
MILITÃO, A.; MILITÃO, R. *Jogos, dinâmicas e vivências grupais*. Rio de Janeiro: Qualitymark, 2000.
MONTEIRO, S.S.; REBELLO, S.M.; SCHALL, V.T. Zig-Zaids: an educational game about aids for children. *Hygie*, v. X, n. 4, p. 32-5, 1991.
MORIN, E. Educação e complexidade: os sete saberes e outros ensaios. 2.ed. São Paulo: Cortez, 2004.
NERI, A.A. (org.). *Gestão de RH por competências e a empregabilidade*. Campinas: Papirus, 1999.

822 ■ HIGIENE E VIGILÂNCIA SANITÁRIA DE ALIMENTOS

NÉRICI, I.G. *Metodologia do ensino superior*. Brasil/Portugal: Fundo de Cultura, 1967.

Novo Dicionário Eletrônico Aurélio versão 6.0. 4.ed. de O novo dicionário Aurélio da língua portuguesa.

PINK D. *La verité sur ce qui nous motive*. Traduzido para o francês por Marc Rozenbaum. Roubaix (France): Clé des Champs-Flammarion, 2016.

PODER V. *Diagnósticos e soluções em RH: fazendo o que precisa ser feito*. Rio de Janeiro: Qualitymark, 2006.

POLITO, R. *Recursos audiovisuais nas apresentações de sucesso*. São Paulo: Saraiva, 1995.

POPHAM, W.J.; BAKER, E.L. *Como planejar a sequência de ensino*. Porto Alegre: Globo, 1978.

PUPO, M.L. de S.B. Entre o Mediterrâneo e o Atlântico, uma aventura teatral. *Comunicação e Educação*, v. 15, p. 45-54, 1999.

SALGADO, E.M. et al. *Educação para o futuro*. São Paulo: Senac Informática, s.d.

SANTOS, M.H.P.; GERMANO, M.I.S. *Manual sobre planejamento em treinamento*. Seção de Apoio Técnico ao Desenvolvimento de Recursos Humanos da Secretaria de Estado dos Negócios da Administração de São Paulo, 1978. (Apostila)

SENAC. *O texto como recurso de aprendizagem*. São Paulo: Senac, 1980.

SENGE, P. *Escolas que aprendem: um guia da Quinta Disciplina para educadores, pais e todos que se interessam pela educação*. Porto Alegre: Artmed, 2005.

SHARP, A. *A empresa na era do ser*. Rio de Janeiro: Rocco, 2000.

SILVEIRA Jr., A.; VIVACQUA, G. *Planejamento estratégico como instrumento de mudança organizacional*. São Paulo: Atlas, 1999.

SOUZA, R.R. de; GERMANO, P.M.L.; GERMANO, M.I.S. Técnica da simulação aplicada ao treinamento de manipuladores de alimentos como recurso para a segurança alimentar de refeições transportadas. *Hig Alim*. v. 18, p. 21-5, 2004.

SPOLIN, V. *O fichário de Viola Spolin*. São Paulo: Perspectiva, 2001.

STERN, N.; PAYMENT, M. *101 segredos para ser um profissional da área de treinamento bem-sucedido*. São Paulo: Futura, 1998.

TEMPLAR R. *Les 110 règles d'or du management: um autre point de vue*. Traduzido para o francês por Valérie Gaillar e Tina Calogirou. France: Marabout, 2016.

TURRA, C.M.G. et al. *Planejamento de ensino e avaliação*. 10.ed. Porto Alegre: Sagra, 1985.

VALENTE, T.W.; BHARATH, U. An evaluation of the use of drama to communicate HIV/aids information. *Aids education and prevention*, v. 11, p. 203-11, 1999.

VILA, M.; SANTANDER, M. *Jogos cooperativos no processo de aprendizagem acelerada*. Rio de Janeiro: Qualitymark, 2003.

WATTS, N. *Doze usos do computador no ensino*. São Paulo, 1987. (Apostila).

WEISS, A. *Coach de Ouro: Como alcançar o sucesso em uma atividade atraente e rentável*. Porto Alegre: Bookman, 2012

WEY, J.F.; PAULA Jr., O.M. *Seleção dos meios audiovisuais*. São Paulo, 1979. (Apostila)

ANEXOS

Anexo 37.1   Plano de treinamento.

Treinamento (título): _____

Público/população-alvo: _____

Local de realização: _____

Data:_____   Horário:_____   Carga horária total:_____

Responsável(is): _____

Justificativa: _____

_____

_____

_____

Objetivo geral: _____

_____

_____

_____

OBJETIVOS ESPECÍFICOS	CONTEÚDOS	METODOLOGIA	AVALIAÇÃO

Anexo 37.2 Disposição de sala de aula para retroprojetores.

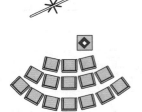

Arranjo tipo anfiteatro

É a disposição ideal para médias apresentações seguidas de perguntas e respostas, sobretudo se as cadeiras estiverem dispostas em degraus, pois oferece a todos uma visão clara, sem obstruções ao que está sendo projetado na tela.

Arranjo tipo "U"

Este é o melhor arranjo para apresentações em que se deseja promover debate entre os participantes porque permite a comunicação face a face e a interação do grupo.

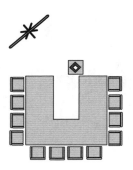

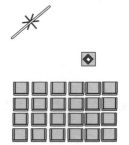

Arranjo tipo auditório

Eficiente para grandes grupos, todavia desencoraja discussões e a interação do grupo. Procure certificar-se que a tela seja suficientemente ampla e visível de todos os pontos da sala.

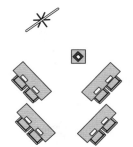

Arranjo em forma de espinha

Ideal para grupos com muitos participantes. Não há limite de audiência, é indicado para aulas.

Arranjo com mesa central

Ideal para grupos limitados, é o único arranjo possível em salas pequenas.

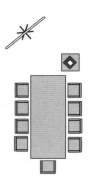

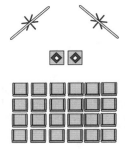

Reuniões com projeção dupla

Sistema sofisticado e que requer grande habilidade do(s) apresentador(es), com dois retroprojetores e duas telas. O(s) apresentador(es) pode(m) usar um retroprojetor para introduzir os tópicos chaves e o outro para detalhar cada ponto. Pode ser usado também para mostrar duas versões do mesmo assunto ou duas soluções para um problema.

Sobre os autores

Pedro Manuel Leal Germano

Médico Veterinário, formado pela Faculdade de Medicina Veterinária e Zootecnia da Universidade de São Paulo (FMVZ-USP). Especialização em Saúde Pública, mestrado e doutorado pela Faculdade de Saúde Pública (FSP) da USP; pós-doutorado na França, no Instituto Pasteur de Paris; livre-docência em Epidemiologia e Saneamento Ambiental pela FMVZ-USP; professor titular de Saúde Pública Veterinária junto ao Departamento de Prática de Saúde Pública da FSP-USP (aposentado). Coordenador do Curso de Extensão Universitária de Especialização em Vigilância Sanitária de Alimentos da FSP-USP (1998-2014).

Na área de Vigilância Sanitária, exerceu a coordenação geral junto à Comissão de Cultura e Extensão da FSP-USP, com o apoio da Agência Nacional de Vigilância Sanitária (Anvisa), do Ministério da Saúde, e da Organização Pan-Americana da Saúde (Opas), dos seguintes cursos com ênfase em Vigilância Sanitária: Correlatos, Alimentos, Radiações Ionizantes, Serviços de Saúde e de Medicamentos, Cosméticos e Domissaneantes.

Membro da Câmara Técnica de Alimentos da Gerência Geral de Alimentos da Anvisa (2004-2012).

Coautor do livro Sistema de Gestão: qualidade e segurança dos alimentos, também editado pela Editora Manole.

Maria Izabel Simões Germano

Bacharel e licenciada em Pedagogia pela Pontifícia Universidade Católica de São Paulo (PUC-SP), com habilitação em Orientação Educacional e Supervisão Escolar; habilitação em Administração Escolar pelas Faculdades Associadas do Ipiranga; mestrado e doutorado em Saúde Pública pela Faculdade de Saúde Pública (FSP) da

Universidade de São Paulo (USP). Responsável pelo apoio pedagógico do curso de extensão universitária de Especialização em Vigilância Sanitária de Alimentos da FSP-USP (1998-2014).

Atuou na área de Treinamento de Recursos Humanos em empresas públicas e privadas, assim como na área de formação profissional.

Autora do livro *Treinamento de manipuladores de alimentos: fator de segurança alimentar e promoção da saúde*.

Coautora do livro Sistema de Gestão: qualidade e segurança dos alimentos, também editado pela Editora Manole

Para contato com os autores:
E-mail: hivisa@uol.com.br

Sobre os colaboradores

Carlos Augusto Fernandes de Oliveira, Médico Veterinário, formado pela Faculdade de Medicina Veterinária e Zootecnia da Universidade de São Paulo (FMVZ-USP). Especialização em Saúde Pública pela Faculdade São Camilo de Administração Hospitalar. Mestrado e doutorado pela Faculdade de Saúde Pública da USP. Livre-docente em Tecnologia de Produtos de Origem Animal pela Faculdade de Zootecnia e Engenharia de Alimentos (FZEA) da USP, *campus* de Pirassununga. Professor titular do Departamento de Engenharia de Alimentos da FZEA/USP.

Cássia Maria Lobanco, Biomédica, formada pela Universidade de Santo Amaro. Mestrado em Saúde Pública – área de Nutrição, pela Faculdade de Saúde Pública da Universidade de São Paulo (USP). Pesquisadora Científica III na área de Análise Físico-química de Alimentos, do Instituto Adolfo Lutz da Secretaria de Estado da Saúde de São Paulo.

Emy Takemoto, Química, formada pela Faculdade de Química da Universidade Estadual Paulista Júlio de Mesquita Filho (Unesp), *campus* de Araraquara. Mestrado em Ciências de Alimentos pela Faculdade de Engenharia de Alimentos da Universidade Estadual de Campinas (Unicamp). Pesquisadora Científica do Instituto Adolfo Lutz da Secretaria de Estado da Saúde de São Paulo. Doutoranda em Ciência da Engenharia de Alimentos pela Faculdade de Zootecnia e Engenharia de Alimentos da USP.

Iolanda Aparecida Nunes, Médica Veterinária, formada pela Universidade Federal de Goiás (UFG). Mestrado em Medicina Veterinária pela Universidade Estadual Paulista Júlio de Mesquita Filho (Unesp), *campus* de Jaboticabal. Doutorado em Ciências Biológicas e Microbiologia pelo Instituto de Ciências Biomédicas da Universidade de São Paulo (USP). Professora adjunta na área de Ciência e Tecnologia de Alimentos, com ênfase em Microbiologia de Alimentos da UFG.

Iracema de Albuquerque Kimura, Engenheira Química, graduada pela Fundação Armando Álvares Penteado (Faap-SP). Mestrado em Engenharia de Alimentos pelo

Departamento de Engenharia Química da Escola Politécnica da Universidade de São Paulo (USP). Pesquisadora Científica (aposentada) na área de Química, com ênfase em Química Analítica, do Instituto Adolfo Lutz da Secretaria de Estado da Saúde de São Paulo.

Jacira Hiroko Saruwtari, Química Industrial, formada pelas Faculdades Oswaldo Cruz. Especialista *lato sensu* em Qualidade de Alimentos pela Faculdade CBES. Química (aposentada) do Instituto Adolfo Lutz da Secretaria de Estado da Saúde de São Paulo.

Lucia Tieco Fukushima Murata, Química, formada pelas Faculdades Osvaldo Cruz. Pesquisadora Científica do Instituto Adolfo Lutz da Secretaria de Estado da Saúde de São Paulo.

Luís Augusto Nero, Médico Veterinário, formado pela Universidade Estadual de Londrina (UEL). Mestrado em Ciência Animal pela UEL. Doutorado em Ciências dos Alimentos pela Faculdade de Ciências Farmacêuticas da Universidade de São Paulo (USP). Professor adjunto do Departamento de Veterinária da Universidade Federal de Viçosa. Pesquisador nas áreas de Microbiologia de Alimentos de Origem Animal e de Ciência e Tecnologia de Alimentos.

Marcia Abrahão Silva Ferreira, Farmacêutica Bioquímica de Alimentos, formada pela Faculdade de Ciências Farmacêuticas da Universidade de São Paulo (USP). Especialização em Vigilância Sanitária de Alimentos pela Faculdade de Saúde Pública (FSP) da USP e Direito Sanitário também pela FSP-USP. Especialista em Saúde da Prefeitura de São Paulo, atuando na subgerência de vigilância de alimentos e da gerência de vigilância sanitária de produtos e serviços de interesse à saúde (Covisa).

Maria Cecília Depieri Nunes, Química, com licenciatura e bacharelado pela Universidade Presbiteriana Mackenzie. Pesquisadora Científica (aposentada) na área de Química, com ênfase em Físico-química, do Instituto Adolfo Lutz da Secretaria de Estado da Saúde de São Paulo.

Maria Rosa da Silva de Alcântara, Química Industrial, graduada pelas Faculdades Oswaldo Cruz. Pesquisadora Científica (aposentada) na área de Química, com ênfase em Físico-química, do Instituto Adolfo Lutz da Secretaria de Estado da Saúde de São Paulo.

Neus Sadocco Pascuet, Bacharel em Química com Atribuições Tecnológicas pelo Instituto de Química da Universidade de São Paulo (USP). Pesquisadora Científica (aposentada) do Instituto Adolfo Lutz da Secretaria de Estado da Saúde de São Paulo.

Paulo Eduardo Masselli Bernardo, Engenheiro Químico, formado pela Escola de Engenharia de Lorena, da Universidade de São Paulo (EEL/USP). Mestrado em Materiais para a Engenharia pela Universidade Federal de Itajubá (Unifei-MG).

Pesquisador Científico do Instituto Adolfo Lutz da Secretaria de Estado da Saúde de São Paulo.

Paulo Sérgio de Arruda Pinto, Médico Veterinário, formado pela Universidade Federal de Viçosa (UFV-MG). Mestrado na área de Processamento Tecnológico de Produtos de Origem Animal pela Faculdade de Veterinária da Universidade Federal Fluminense (UFF-RJ). Doutorado pela Faculdade de Saúde Pública da Universidade de São Paulo (USP). Professor Associado na área de Inspeção de Carnes junto ao Departamento de Veterinária da UFV-MG

Regina Sorrentino Minazzi Rodrigues, Farmacêutica Bioquímica, na modalidade alimentos, formada pela Faculdade de Ciências Farmacêuticas da Universidade de São Paulo (USP). Especialização em Vigilância Sanitária de Alimentos e em Direito Sanitário pela Faculdade de Saúde Pública da USP. Mestrado em Ciências dos Alimentos pela Faculdade de Ciências Farmacêuticas da USP. Pesquisador Científico do Instituto Adolfo Lutz da Secretaria de Estado da Saúde de São Paulo.

Silvia Müller Gentil, Médica Veterinária, formada pelas Faculdades Metropolitanas Unidas (FMU). Especialização em Tecnologia de Carnes pelo Instituto de Tecnologia de Alimentos (ITAL) e Especialização em Vigilância Sanitária de Alimentos pela Faculdade de Saúde Pública da Universidade de São Paulo (USP). Mestranda em Saúde Ambiental pelas Faculdades Metropolitanas Unidas (FMU). Sócia e Consultora em Segurança de Alimentos da empresa Safe Kitchen.

Simone Aquino, Médica Veterinária graduada pela Universidade Estadual Paulista Júlio de Mesquita Filho - UNESP (Botucatu) em 1990. Especialista em Vigilância Sanitária de Alimentos e em Processos Industriais de Produtos Alimentares (1998) e em Física de Radiações Ionizantes, aplicada à Vigilância Sanitária, pela Faculdade de Saúde Pública da USP (1999). Mestrado e doutorado pelo Instituto de Pesquisas Energéticas e Nucleares (IPEN/CNEN-USP) (2004 a 2007), em Tecnologia Nuclear Aplicações (área de microbiologia). Atuou como Médica Veterinária Sanitarista no controle de qualidade de empresas do ramo alimentício (1997 a 2000) e trabalhou na área de fiscalização de alimentos em vigilância sanitária e como diretora de vigilância em saúde, nos municípios de Caieiras e Francisco Morato (2001-2005). Atuou como micologista no Instituto Adolfo Lutz de São Paulo, de 2006 a 2009 e como Médica Veterinária na Coordenadoria de Defesa Animal da Secretaria da Agricultura do Estado de São Paulo, no departamento de Proteção Ambiental e Vegetal do Instituto Biológico de São Paulo (2009 a 2011). Professora Universitária em Tempo Integral (TI) e Dedicação Exclusiva (DE) da Universidade Nove de Julho (UNINOVE), ministrando a disciplina de Microbiologia e Micologia do curso de farmácia e também é Professora Doutora do Programa de Mestrado Profissional em Gestão Ambiental e Sustentabilidade (PMPA-GeAS) da UNINOVE. Foi editora adjunta da Revista de

Gestão em Sistemas de Saúde (RGSS) e atualmente é Editora Acadêmica do *Journal of Advances in Microbiology*.

Stela Scaglione Quarentei, Farmacêutica Bioquímica de Alimentos, formada pela Faculdade de Ciências Farmacêuticas da Universidade de São Paulo (USP). Mestrado em Saúde Pública pela Faculdade de Saúde Pública (FSP) da USP. Auditora Líder da ISO 22000. Auditora Líder de ISO 9001. Gerente de treinamentos da Food Design Treinamentos Ltda. Atua como instrutora, consultora e auditora da qualidade, segurança e proteção de alimentos. Colaboradora dos cursos de Especialização em Vigilância Sanitária de Alimentos (1998-12014) e graduação em Nutrição da FSP-USP desde 1998.

Tarcila Neves Lange, Médica Veterinária graduada pela Universidade Metodista de São Paulo (2005). Especialista em Vigilância Sanitária de Alimentos pela Faculdade de Saúde Pública (FSP) da Universidade de São Paulo (USP)(2007). Mestrado e Doutorado em Saúde Pública pela FSP/USP (2010 e 2015, respectivamente). Coordenadora da Vigilância Sanitária do município de Rio Grande da Serra no período de 2006 a 2008. Analista de Vigilância Sanitária dos Supermercados DIA% de 2010 a 2014. Professora colaboradora do curso de especialização em Vigilância Sanitária de Alimentos da Faculdade de Saúde Pública da USP de 2011 a 2014. Professora do Centro Universitário Senac no curso de especialização EAD em Gestão da Segurança de Alimentos de março de 2014 a junho de 2017. Atualmente é Consultora autônoma em segurança de alimentos.

Índice remissivo

A

Ácidos graxos 175, 659, 661
  ômega-3 661, 670, 673
  ômega-6 670, 673
  ômega-9 670, 673
Ácidos graxos insaturados 180
Ácidos graxos livres 177
Ácidos graxos saturados 179, 199
Ácidos graxos trans 214
  consumo 214
Ações da vigilância sanitária 155
Ações educativas 765
Açougues 42
Aditivos 209
Adoçantes dietéticos 666
Aeromonas hydrophila 310
Aflatoxina b1
  biotransformação 116
Aflatoxina M1
  ocorrência 118
Aflatoxina M1 em leite e derivados 116
Aflatoxinas 201
  aspectos da legislação para 120

Agência Nacional de Saúde Suplementar
  (ANS) 4
Agência Nacional de Vigilância Sanitária
  (Anvisa) 3, 4, 28, 567
"Agenda 21" 704
Agentes bacterianos de toxinfecções 250
  Bacillus Cereus 252
  Campylobacter spp 257
  Clostridium Botulinum 262
  Clostridium Perfringens 268
  Escherichia Coli 272
Agricultura orgânica 165
Agrotóxicos em alimentos vegetais 168
Água 207, 208
Alcoóis graxos 177
Alimentos de origem animal, 33, 35, 50, 694
Alimentos de origem vegetal 688
Alimentos funcionais 637, 639, 642, 647,
  680
  aspectos regulatórios 644
  consumidor 661
  definições 637, 639, 643, 644
  parâmetros internacionais 674
  regulamentação 637

834 ■ Índice remissivo

Alimentos geneticamente modificados 698, 700
  alergias 698
  produção de substâncias tóxicas 699
  segurança 700
  valor nutricional 700
Alimentos *in natura* 73
  preservação de 78
Alimentos mais frequentemente envolvidos em surtos 66
Alimentos transgênicos 685, 711
Amebíase 339
Anisakidae 390, 391
Anisakis simplex 385
Anisaquíase 385
  diagnóstico 393
  distribuição geográfica 390
  infecção no homem 391
  infecção nos animais 391
  lesões 392
  prevenção 394
  sintomas 392
  tratamento 393
Aromatizantes
  quadro geral 239
Ascaridíase 378, 380
  alimentos envolvidos 380
  aspectos epidemiológicos 378
  ciclo biológico 380
  controle 382
  diagnóstico 382
  tratamento 382
Ascaris lumbricoides 378, 383
Aspectos ligados à higiene 73
Associação Brasileira de Normas Técnicas (ABNT) 720

Atividade aquosa (aw) 55
Auditados 728
Auditor 728
  atributos 728
Auditores 728
Auditoria 716, 725, 730
  conceituação 723
  etapas 726
  ferramentas 730
  interna 724
  objetivos 726
  qualidade total 720
  tipos 725

B

Bacilos Gram-negativos 285, 291, 301
Bactérias resistentes a antibióticos 312
Bioética 685
Biossegurança 685
Biotecnologia 685, 686, 703, 711
  alimentos de origem animal 694
  aplicações 688
  evolução 686
  histórico 686
  moderna 711
  segurança 703
  vegetal 689, 711
Botulismo 264
Brucelose 25, 320, 325
  controle e prevenção 325
  diagnóstico 324
  .modo de contágio 322
  nos animais 323
  ocorrência no homem 321
  tratamento 325

C

Campylobacter jejuni 138

Características fundamentais dos alimentos 48

Carotenoides 178, 659

Ciclosporose 341
 diagnóstico 343
 tratamento 344

Cisticercose 25, 403, 422
 formas clínicas 417

Cisticercose bovina 399
 controle 406
 distribuição geográfica 402
 prevenção 403
 tratamento 406

Cisticercose suína 411
 diagnóstico laboratorial 415
 distribuição geográfica 416
 legislação 420
 patogenia 414
 prevenção 419
 tratamento 420

Cloro 535, 536

Clorofilas 178

Clostridium perfringens 138

Coaching 818

Cocção 71

Codex Alimentarius 27, 28, 645, 659, 665, 760, 761

Código de Defesa do Consumidor 661, 681

Colágeno 659

Colesterol 672

Comissão Técnica Nacional de Biossegurança (CTNBio) 658

Complexo equinococose-hidatidose 433
 características morfológicas 434
 diagnóstico 441

distribuição geográfica 439
epidemiologia 438
ocorrência no Brasil 439
prevenção e controle 442
sinais clínicos 440
tratamento 441

Componentes funcionais em alimentos 659

Compostos iodados 538

Compostos quaternários de amônio (CQA) 542

Conferência das Nações Unidas para o Meio Ambiente e o Desenvolvimento (Unced) 704

Conservação de alimentos, 54
 cadeias de temperatura 78
 dissecação 54
 secagem 54

Conservação pelo calor 72

Constituintes antimicrobianos 61

Consultor 733, 735, 752, 761
 características desejáveis 752
 dificuldades enfrentadas 740
 etapas de trabalho 735
 perfil 741

Consultoria 734
 capacidade de comunicação 748
 elaboração de relatórios 750
 formas de minimizar conflitos 743
 legislação 754
 objetivos 734

Consultoria em unidades de alimentação 732

Contaminação por micro-organismos 50

Controle higiênico-sanitário 113

Controle sanitário 35, 36, 37

Coxiella burnetii 138

Criptosporidiose 344
 diagnóstico 346

epidemiologia 345

tratamento 347

Cuidados com os vegetais 170

D

Descongelamento de alimentos 70

Detergentes 528, 531

tipos de 528

Deterioração microbiológica 194

Diacilgliceróis 176

Diet 662, 664, 665, 669, 680

considerações sobre o termo 662

legislação 662

Difilobotríase 425, 430

agente etiológico 425

diagnóstico 429

distribuição geográfica 427

infecção no homem 428

tratamento 429

Diphyllobothrium 425

Disenteria bacilar 289

"Ditadura da magreza" 665

DNA recombinante 711

Doença de Chagas 354

diagnóstico 359

epidemiologia 355

formas clínicas 358

mecanismos de transmissão 356

transmissível por alimentos 354

tratamento 360

E

Echinococcus 436

Educação 766, 818

a distância 818

características do docente 773

conceito 766

inovações 818

Embalagens 35

Embalagens destinadas a alimentos 600

aditivos 609

funções 601

legislação brasileira 625

monômeros 605

principais tipos de materiais 611

riscos 604

Embalagens plásticas recicladas pós-consumo 630

Encefalopatia espongiforme bovina 470

aspectos gerais 470

dificuldades para o controle 481

epidemiologia 475

medidas preventivas 478, 480

patogenia 474

Patologia clínica no gado 474

situação no Brasil 481

Encefalopatias Espongiformes Transmissíveis (EET) 471

Engenharia genética 685, 695, 711

produção de alimentos 695

Enterococcus spp 311

Equinococose 437

Ervas aromáticas 570

Escherichia coli 136

Especiarias

aspectos de hipersensibilidade 234

aspectos microbiológicos 232

finalidades 232

importância 232

quadro geral 239

qualidade 231

riscos em saúde pública 234

tratamento 235

Esteróis 177

Estocagem 36

Estocagem 34

F

Fagicolose 451

  agente etiológico 453

  diagnóstico 454

  infecção no homem 454

  prevenção 455

  tratamento 455

Farma-alimentos 641, 643, 644, 680

Fast-foods 42, 732

Fibras dietéticas 659

Fiscalização 42

Food and Agricultural Organization (FAO)
  701

Food and Drug Administration (FDA) 472,
  596, 645

Forno de micro-ondas 585

  aplicações no processamento de alimentos
    586

  Efeitos da energia na microbiota dos
    alimentos 589

  embalagens de alimentos 594

  propriedades 586

Fosfatídios 177

G

Giardíase 347

  diagnóstico 349

  epidemiologia 347

  tratamento 350

Gorduras 175

Gorduras animais 199

Gorduras saturadas 672

Gorduras vegetais hidrogenadas 207, 208

Gordura vegetal

  vantagens e desvantagens 199

Graus de acidez de diversos tipos de
  alimentos 52

H

Hepatite A 460

Hepatite E 461

Herbicidas 204, 690, 695

Hidatidose 437, 439, 440

Hidatidose animal 445

  consequências 445

Hidatidose humana 444

  consequências 444

Hidrocarbonetos aromáticos policíclicos
  (HPA) 202

Higienização 526

  biofilmes 548

  desinfecção 533

  detergentes-desinfetantes 545

  enxágue 533

  limpeza com detergentes 528

  métodos 552

  pré-lavagem 528

  princípios gerais 526

  resistência de vírus e fungos 550

HIV/Aids 333

I

Índice de Massa Corporal (IMC) 663

Indústria de laticínios 124

Infecções 251

Inquérito epidemiológico 515, 516

Inspeção de carnes 406

Instituto Nacional de Metrologia, Normalização e Qualidade Industrial (Inmetro) 681, 720

Intoxicações 49, 251

Investigação de surtos 490

Irradiação de alimentos 561
  aceitabilidade 579
  aplicações do tratamento 569
  histórico 565
  produtos de origem animal 573
  produtos vegetais 570
  rotulagem 578
  segurança 577
  segurança para o consumidor 579

ISO 717, 718
  Informações gerais 717

L

Laboratório de vigilância sanitária 156

Legislação 37

Legislação de alimentos funcionais 637
  análise comparativa 637

Legislação para óleo de fritura 198

Legislação para óleos e gorduras 194

Leite 91, 207, 208
  classificação 110
  consumo 104, 105
  elaboração de derivados 106
  industrialização do 104
  qualidade industrial 109

Light 662, 664, 665, 672, 673, 680
  considerações sobre o termo 662
  legislação 662

Listeriose 278

M

Macronutrientes 59

Maioneses e molhos cremosos 219
  alterações que podem ocorrer 221
  características 219
  legislação 222

Manipulação e processamento 71

Manipulação pós-cocção 72

Margarinas 206
  composição 207
  contendo fitosteróis 217
  controle de qualidade 209
  legislação pertinente 213
  processamento 210
  qualidade 211

Mastigophora 354

Mastites 92, 93
  prevenção 97
  tipos de 97

Matéria-prima *in natura* 43, 155

Matérias-primas 738

Mecanismo da auto-oxidação lipídica 192

Mecanismo de ação dos antioxidantes 193

Medicamentos 642

Medidas de segurança 561

Métodos diagnósticos 519
  avaliação quantitativa 521
  características 519
  concordância 520
  exatidão e precisão 520
  sensibilidade e especificidade 520

Micotoxinas 201

Micro-ondas 589, 592, 593, 595, 596
  no tratamento de efluentes
      de indústrias de alimentos 592

Micro-organismos , 62, 55

fontes importantes para os alimentos 88, 89

segundo a capacidade de captar oxigênio 65

temperatura de desenvolvimento 62

Micro-organismos psicrotróficos 63, 64

Ministério da Agricultura, Pecuária e Abastecimento 705

Ministério da Saúde (MS) 3, 28, 649, 663, 681

Monoacilgliceróis 176

Mudanças de hábitos 663

N

Noções de planejamento 778

Norovírus 463

Nutracêutico 640, 643, 644, 680

Nutrientes orgânicos 59

O

Obesidade 663

Óleos 174, 175

aspectos nutricionais 188

aspectos toxicológicos 191

composição 175

contaminantes 201

estrutura 178

processamento da soja 180

traços de metais 205

Óleos de fritura 195

Óleos vegetais 207, 208

Ordenha 113

Organismos geneticamente modificados (OGMs) 686

Organismos internacionais de saúde pública 28

Organização das Nações Unidas (ONU) 25

Organização Mundial da Saúde (OMS) 65, 329, 403, 561

regras 74

Organização Mundial para a Saúde Animal (OIE) 472

Origem do alimento 70

Oxidação

etapas de reação 192

P

Padarias 42

Parasitose 383, 440

Peixe

biotoxinas 151

endoparasitas 151

importância na alimentação 148

manipulação 152

micro-organismos 149

riscos à saúde 152

serviço de inspeção 154

Peróxido de hidrogênio 544

Pesticidas 204

Plano de treinamento 823

Plantas medicinais 570

Plesiomonas shigelloides 311

Poliestireno 620

Polietileno 618

Polipropileno 595, 619

Potencial de oxidorredução 57, 58, 59

Tipos de micro-organismos 57

Prevenção 35

Principais patógenos em produtos vegetais 162

bactérias 163

helmintos e protozoários 162

outros patógenos transmissíveis por
vegetais 165

Principais reservatórios de nutrientes
inorgânicos 60

Principais vegetais oleaginosos 175

Produção de leite e derivados no Brasil 105

Produção de pescado 147

Produtos industrializados 44

Programa das Nações Unidas para o Meio
Ambiente (Pnuma) 704

Promoção da saúde pública 6

Propriedades físicas e químicas dos ácidos
graxos 190

Protozooses 338

epidemiologia 339

relatadas como de menor incidência 350

tratamento 341

Pseudomonas aeruginosa 311

Pseudoterranova decipiens 385

Q

Qualidade da ordenha 91

Qualidade das matérias-primas 25

Qualidade do leite no processamento de
derivados 103

Qualidade do pescado 147

Qualidade dos óleos, gorduras e similares
174

Qualidade dos vegetais 160

Queijo

alterações físico-químicas 128

contaminação microbiológica 130

fatores que favorecem a contaminação 127

minas 141

minas frescal 124

qualidade do 124

toxinfecções no Brasil 139

Queijos

presença de *Salmonella* em 137

R

Radapertização 569

Radiação ionizante 563

Radicidação 569

Radurização 569

Reaquecimento 73

Recursos humanos 738

Redutase 110, 112

Regras básicas de higiene 284

Relações humanas 746

Relações interpessoais com clientes 744

Resfriamento 73

Rotavírus 462

S

Sal 208

Salmonelas 285, 287

Salmonella spp 138

Salmonelose, 284

alimentos envolvidos 287

Saúde pública 160

Secretaria de Vigilância em Saúde (SVS) 66

Secretaria de Vigilância Sanitária do
Ministério da Saúde 637, 666

Secretaria Especial de Aquicultura e Pesca
da Presidência da República (SEAP/
PR) 147

Shigella 289, 291

Shigelose 289, 290

Síndrome da "vaca louca" 470

Sistema Nacional de Vigilância Sanitária (SNVS) 681, 754

Staphylococcus Aureus 26, 294
  alimentos envolvidos 296
  pessoas expostas 297

Staphylococcus spp 136

Streptococcus pyogenes 312

Substitutos de gordura 223
  produtos utilizados 223
  tipos 225

Supermercados 42

Surto 492
  investigação de campo 494
  medidas de controle finais 511
  períodos de incubação 503
  processamento e análise de dados 500
  processamento laboratorial 501
  relatório final 511
  relatório preliminar 510

T

Taenia saginata 399

Taenia solium 411

Taenia solium e *saginata*
  principais diferenças 412

Taxonomia 781, 783

Técnicas de ensino-aprendizagem 791, 813
  recursos multissensoriais 799
  técnicas para desenvolver conteúdos 793
  técnicas para dividir grupos 797

Tecnologia de alimentos 696

Tênias
  ciclo 414

Tênias bovina e suína 400
  ciclo 400

Teníase 399, 403
  no homem 413

Tocoferóis 178

Toxinfecções 50
  prevenção de 77, 78
  procedimentos que favorecem as 69

Toxoplasma gondii 369, 375

Toxoplasmose 25, 369
  adquirida 372
  adquirida por imunodeficientes 373
  alimentos envolvidos 371
  congênita 371
  diagnóstico 373
  epidemiologia 370
  quadro clínico 371
  tratamento 374

Transporte 32

Tratamento industrial 33

Trato gastrointestinal 323

Treinamento 753, 769, 790, 813, 817
  características do docente 773
  conceito 769
  outras ferramentas 813
  projeto de capacitação 790

Treinamento de pessoas 765

Trichuris trichiura 383

Tricuríase 378, 381
  alimentos envolvidos 380
  aspectos epidemiológicos 378
  ciclo biológico 381
  controle 382
  diagnóstico 382
  tratamento 382

Trypanosoma Cruzi 354
  ciclo biológico 357

Tuberculose 25, 325, 328, 333
  grupos de risco 333
  manipuladores de alimentos 333
  modo de transmissão 331
  tratamento 334

U

Umidade 55
Umidade do alimento 54
União Europeia (UE) 29
United States Food and Drug Administration (FDA) 29

V

Vaca louca 483
Vegetais 160
 características do abastecimento na região metropolitana de São Paulo 161
 características do cultivo 160
 hidropônicos 166
 minimamente processados 167
Vibrio spp 298, 302
 alimentos envolvidos 301
Vigilância epidemiológica 2
Vigilância sanitária 1, 2, 3, 42
 ações sobre o meio ambiente 6
 aspectos gerais 1
 circulação de bens-produtos relacionados à saúde 9
 de POAs 42

laboratório de 78
 produção – serviços de saúde 15
Vigilância Sanitária
 competências 5
Vigilância sanitária dos alimentos (VSA) 519
Vigilância sanitária do trabalho 19
Viroses 457
 aspectos epidemiológicos 458
 controle 466
 tratamento 466
Vitaminas 178

W

World Health Organization (WHO) 701

Y

Yersinia Enterocolitica 138, 305
 alimentos envolvidos 306

Z

Zoonose 433, 434, 438

COMÉRCIO VAREJISTA DE PESCADO

As condições higiênico-sanitárias do comércio varejista de peixes e frutos do mar, na maioria das cidades praianas do Brasil, são extremamente precárias, como pode ser constatado nas fotografias apresentadas a seguir.

Foto 1. No primeiro plano, observam-se um balde e uma caixa de plástico em péssimo estado de conservação e sujos; no fundo, o "balcão de trabalho" improvisado, caixas plásticas contendo pescado mantidas diretamente sobre o piso, à temperatura ambiente, e inúmeras caixas de isopor, em mau estado de conservação e sujas, servindo para estocar peixes. Apenas um dos comerciantes usa avental, enquanto os demais trajam roupas comuns ou apenas bermudas.

Foto 2. O pescado está disposto ao ar livre na rua, diante do boxe comercial, sobre superfícies improvisadas na calçada, à temperatura ambiente, sem qualquer cuidado higiênico. As paredes externas do boxe estão mofadas e o piso – na verdade, a calçada –, além de mal conservado, está sujo.

Foto 3. Mostra com mais detalhes os problemas descritos na Foto 2, destacando-se um saco de sal utilizado para a conservação de alguns peixes.

Foto 4. Veem-se peixes inteiros e retalhados sobre um balcão sujo, forrado com cartolinas de diferentes origens, misturados com mandiocas (aipim) inteiras e cortadas, além de outros objetos estranhos. Note-se o estado da bacia plástica ao fundo e a precária higiene dos peixeiros.

Foto 5. Diretamente sobre a grama observam-se lonas "fixadas" com cocos, utilizadas para secagem de camarão.

Foto 6. Boxe que comercializa frutos do mar em ponto de venda junto à beira-mar, em uma cidade nordestina. Chama-se a atenção à falsa boa aparência do local, pois as bacias que contêm camarões em quantidade não estão sob nenhum tipo de refrigeração.

Foto 7. Boxe destinado à comercialização de frutos do mar. O produto é previamente embalado em sacos plásticos e mantido à temperatura ambiente até ser vendido. Chama-se atenção para a confusão reinante dentro do boxe e para a sujeira das instalações. Destacam-se, ainda, os mariscos mantidos em uma cesta de vime.

Foto 8. Outro aspecto da falta de higiene observado na venda de frutos do mar. O balde dentro da cesta com crustáceos contém água servida. As condições higiênico-sanitárias desse boxe são ainda piores que as dos anteriores.

COMÉRCIO VAREJISTA DE ANIMAIS

Nas feiras do nordeste do país, é comum a venda de animais vivos, pequenos ruminantes, suínos e aves. Na maioria das vezes os animais são abatidos no próprio local de venda, sem qualquer tipo de cuidado higiênico. Nesses locais não existem serviços de inspeção sanitária e nem mesmo abatedouros adequados.

Foto 9. Observa-se um boxe destinado, sobretudo, à venda de aves, em condições higiênico-sanitárias inadequadas; do lado direito tem-se uma gaiola com quatro "andares", na qual se amontoam galinhas e frangos. Há uma gaiola "especial" para pombos pendurada na parte externa da gaiola maior e três aves estão no piso do boxe (lado esquerdo) aguardando o "abate". Nota-se também dois caprinos presos à gaiola maior aguardando comprador.

Foto 10. Em plena rua, duas grandes gaiolas, superpovoadas com galinhas, sobre as quais se observam aves soltas, inclusive um peru. Outras aves acumulam-se em pequenas gaiolas. As lonas "enroladas" são utilizadas para cobrir as gaiolas à noite ou quando chove.

Foto 11. Um mesmo recinto é compartilhado, promiscuamente, entre caprinos de diferentes idades e um suíno, todos à espera de um comprador.

COMÉRCIO VAREJISTA DE VEGETAIS

O maior problema com o comércio de vegetais no país, sobretudo folhosas, diz respeito à origem e aos tipos de irrigação e "adubação" utilizados. Nas feiras livres, o hábito de molhar as verduras, os legumes e as frutas com águas constitui perigo para o consumidor.

Foto 12. Misturam-se diferentes tipos de ervas, temperos e sucos de fabricação artesanal, além de alguns produtos industrializados. Tudo fica misturado e amontoado ou pendurado, em boxe aberto, exposto no ambiente sem qualquer proteção.

Foto 13. Tem-se um boxe com cestas de amendoim expostas no ambiente. Vale destacar o perigo que esse produto oferece aos consumidores em relação aos fungos, em geral, e às micotoxinas, em particular.

Foto 14. A maioria dos produtos está exposta ao sol; o vendedor de limões segura uma vasilha de plástico com água para aspergir, constantemente, as frutas. Os toldos ao fundo têm a finalidade de proteger do sol os vendedores e não os produtos à venda.

COMÉRCIO VAREJISTA DE CARNES

Na região nordeste do Brasil é comum o abate de animais nas feiras, sobretudo bovinos e suínos. A venda de carnes frescas ou secas constitui um comércio importante, bastante procurado pela população. Contudo, as condições higiênico-sanitárias de comercialização deixam a desejar, particularmente no que concerne à cadeia de frio dos produtos frescos, que é ignorada em virtude da falta de conhecimento dos comerciantes e dos consumidores e da falta de fiscalização.

Foto 15. Barraca de vísceras com diferentes peças de bovinos mergulhadas no próprio sangue, sem refrigeração e sem higiene.

Foto 16. Barracas com peças de carnes, de origem não identificada, sobre balcões improvisados, em condições caóticas de higiene.

Foto 17. Outra perspectiva de barraca de carnes onde impera a falta de higiene.

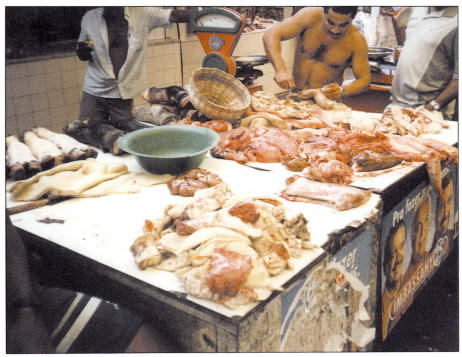

Foto 18. Destacam-se a ausência de vestimenta do vendedor e a promiscuidade entre vísceras internas e extremidades dos animais, ainda recobertas com pele e pelos.

Foto 19. Constatam-se os mesmos problemas observados nas fotos anteriores (15 a 18), além de uma sucessão de objetos que não deveriam estar dispostos sobre a extensão do "balcão".

Foto 20. Carne moída (à esquerda) e peças de carne fracionadas (à direita) sobre bandejas de alumínio, armazenadas em gôndola horizontal aberta. Destaca-se a mudança da coloração da carne moída, que apresenta aspecto escurecido, além de a venda desses produtos fracionados contrariar a legislação vigente.

Foto 21. Observam-se peças de carnes salgadas sobre superfícies improvisadas e totalmente inadequadas do ponto de vista higiênico.

Fotos 22. Têm-se os boxes de carnes de sol, toucinho, embutidos e outros produtos salgados, todos amontoados ou pendurados, sem qualquer proteção contra insetos.

Fotos 23. Vitrine com diferentes variedades de carnes secas e embutidos expostos. Na parte de cima, observa-se que todas estão fracionadas, para ajudar o consumidor no momento de selecionar sua opção. Na parte de baixo, observam-se inúmeras peças de carnes amontoadas sem qualquer tipo de identificação. No extremo direito da imagem, duas peças de carne fracionadas. Todo o conjunto de produtos expostos está em desacordo com a legislação e pode comprometer a saúde dos consumidores.

Foto 24. Na entrada de um açougue, suporte com carnes de sol e salgadas, além de embutidos, pendurados e expostos ao ambiente. Para afastar as moscas e, assim, evitar a contaminação dos produtos com larvas, é comum a aspersão de inseticidas.

Fotos 25 e 26. Aspectos da secagem das carnes ao sol, sem nenhum procedimento higiênico-sanitário.

UNIDADES DE ALIMENTAÇÃO E NUTRIÇÃO (UANS)

Muitos estabelecimentos que oferecem refeições coletivas à população são casas improvisadas como locais para preparo de alimentos. Os espaços geralmente são exíguos, mal permitindo o fluxo dos colaboradores. Frequentemente, são realizadas reformas, os famosos puxadinhos, criando verdadeiras áreas de risco, em função de ligações elétricas clandestinas, escassez de água, iluminação insuficiente, às vezes sem qualquer tipo de ventilação (circulação de ar), criando ambientes inóspitos para a preparação de alimentos, assim como, para a saúde dos colaboradores.

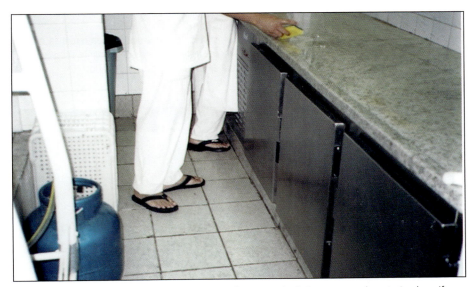

Foto 27. Balcão de uma cozinha sendo higienizado por manipuladores que, embora trajando uniforme branco, usam sandálias como calçado, as quais não fornecem qualquer tipo de proteção aos portadores, constituindo risco à segurança do trabalho, além de permitir contaminação dos alimentos por dermatites ou fungos nos pés e unhas dos manipuladores.
Destaca-se, no primeiro plano da foto à esquerda, um botijão de gáz armazenado no chão ao lado de uma caixa plástica branca, provavelmente utilizada para transporte e armazenamento de produtos e que, portanto, não deveria estar em contato direto com o piso. Observa-se, no fundo, ainda, um recipiente com saco de lixo, aparentemente sem tampa, contrariando a legislação.
Finalmente, nota-se na extremidade do balcão, à direita, o cabo de um utensílio que deveria estar guardado no momento da higienização.

Foto 28. Embalagens de alimentos dentro de recipientes plásticos expostas à temperatura ambiente, apesar de suas características sugerirem produtos que exigem conservação pelo frio.
Alguns desses produtos são identificados através da rotulagem impressa na embalagem, mas aqueles contidos na caixa central não têm qualquer identificação. O mesmo se aplica para as embalagens contidas na caixa vermelha, a qual repousa sobre uma caixa branca diminuindo a circulação de ar da parte interna da caixa branca.
Outra não conformidade observada refere-se à manutenção destes produtos diretamente sobre o piso, o qual apresenta resíduos espalhados.

Foto 29. Lixeira de uma UAN com a proteção de saco de plástico preto e sem a correspondente tampa para evitar eventuais pragas, principalmente moscas e baratas, assim como contaminação do ambiente e disseminação de odores. Equilibrada de maneira precária, sobre a lixeira, encontra-se uma pá de lixo. Do lado direito, observa-se, ainda, um cabo de madeira com um pano semelhante a um esfregão e um balde de plástico vazio.
Sem sombra de dúvida, esta área, além de contrariar as exigências legais vigentes, não constitui um bonito cartão de visita para o programa Visite nossa Cozinha.

Foto 30. A foto desta UAN demonstra a falta total de compromisso dos proprietários, gerentes e manipuladores do estabelecimento com as normas básicas de higiene das instalações e, consequentemente, com a segurança das refeições servidas. Pode-se destacar a presença de lixeira sem tampa; a presença de embalagem de produto alimentar no chão (aparentemente vinagre, mas podendo referir-se a uma embalagem reaproveitada); e o armazenamento de utensílios para serem higienizados no chão.

Foto 31. UAN, instalada na orla marítima, oferece aos banhistas produtos processados "conservados" numa estufa elétrica, todavia desligada, sem o vidro traseiro, exposta à temperatura ambiente. Aparentemente, o aquecimento dos alimentos é garantido pelos raios solares e o tempero adicional, pelos resíduos de areia soprados pelo vento. A estufa está apoiada sobre o fundo de uma caixa de bebidas vazia, a qual não garante sua estabilidade, podendo provocar acidentes.

O consumo deste tipo de produto, oferecido por estabelecimentos ou ambulantes, constitui hábito cultural bastante difundido entre pessoas de todas as idades, o qual pode acarretar casos graves de doenças transmitidas por alimentos (DTAs).

Foto 32. Freezer de uma UAN superlotado com produtos alimentícios, amontoados uns sobre os outros, sem qualquer identificação e desorganizados.

Mais grave, ainda, notam-se sinais aparentes de sujidades na superfície externa do equipamento, o que permite inferir a ausência das boas práticas de manipulação (BPMs) no estabelecimento.

Nestas condições de armazenamento, a utilidade do equipamento, de prolongar o tempo de vida útil das matérias-primas, está comprometida, pois a circulação de ar no interior do freezer encontra-se prejudicada, não permitindo que o centro geométrico da massa armazenada mantenha a temperatura ideal de congelamento.

Foto 33. Sabe-se que uma das razões para o sucesso de qualquer empresa refere-se ao respeito com que os colaboradores são tratados. Nesta UAN este princípio básico não é respeitado. Assim, observa-se um minúsculo "vestiário", se assim pode ser denominado, sem divisões ou prateleiras para guarda dos pertences individuais dos colaboradores, situado dentro de um depósito da empresa. Na dependência da localização do sanitário ou do hábito dos colaboradores, poderá ocorrer a promiscuidade entre os próprios colaboradores e os produtos que se encontram no mesmo ambiente, além da contaminação por produtos de higiene e beleza que os colaboradores façam uso.

Nota-se, nesta foto, que o armário está ladeado à direita por prateleiras contendo produtos variados em suas embalagens ou em embalagens secudárias, bem como produtos em caixas de papelão que podem trazer para o ambiente pragas como baratas, por exemplo. Do lado esquerdo, observa-se um verdadeiro depósito de bebidas da unidade. O local, como um todo, está desorganizado e, dado o volume de produtos armazenados, permite supor dificuldade para execução dos procedimentos de limpeza e higienização.

Foto 34. Fritadeira de uma UAN com as bordas das superfícies com gordura coagulada evidenciando falta de higiene e segurança dos alimentos nela processados.
Além da ausência de procedimentos de limpeza e higienização, pode-se questionar a qualidade dos óleos empregados na fritadeira.
Vale considerar que, durante o processo de fritura, são eliminados os compostos voláteis, responsáveis pelas características sensoriais do óleo e do alimento que está sendo frito.
Mudanças nestas particularidades, caracterizadas pelo desenvolvimento de odores e sabores típicos de óleos aquecidos a altas temperaturas ou dos alimentos neles fritos, podem ser prejudiciais à saúde.

Foto 35. Peças de um de moedor de carne sujas, com detritos de moagens anteriores aderidos, evidenciando que o colaborador e o responsável pelo estabelecimento desconhecem os procedimentos adequados de limpeza e higienização, assim como, a periodicidade de execução destes procedimentos. Nas condições em que este equipamento se encontra, ele pode constituir ambiente propício aos micro-organismos, sobretudo agentes bacterianos, favorecendo a contaminação cruzada quando novas peças de matérias-primas forem moídas.

Foto 36. Utensílios de uma UAN guardados sobre um estrado rente ao solo.
No primeito plano, à direita, nota-se a presença de dois recipientes de madeira, considerados inadequados devido à dificuldade de higienizá-los.
Na porção média da foto, observa-se uma panela virada de ponta cabeça com o fundo totalmente consumido pelas chamas do fogão.
Na parte posterior da foto, há uma panela que está com aspecto aceitável, porém guardada com a boca para cima.
Este tipo de desorganização, misturando recipientes condenados com outros ainda em condição de uso, todos eles dispostos próximo ao solo, caracterizam não conformidade inaceitável pela fiscalização. Evidentemente, a foto não permite avaliar a presença de pragas, contudo esta situação leva a crer que o ambiente apresenta condições favoráveis à sua proliferação.

Foto 37. Tudo o que não tem espaço para acomodação na cozinha ou até mesmo no salão de refeições, fica armazenado nos fundos do estabelecimento, longe dos olhares indiscretos dos consumidores. Nesta foto, tem-se um pouco de tudo, até uma geladeira para sorvetes. A desorganização é total, beirando o caos.

À direita, há uma porta como de garagem, parcialmente aberta, para permitir a aeração e a iluminação do ambiente, até porque a janela ao fundo não é suficiente para cumprir esta tarefa, entretanto, como esta porta permite acesso a uma área externa, constitui um convite para animais e pragas adentrarem ao ambiente.

Sujeira e desorganização contrariam o Manual de Boas Práticas e são um sinal de falta de comprometimento com a segurança dos alimentos comercializados e a saúde dos consumidores.

Foto 38. Forno de panificadora com bandejas, para assar os pães, amolgadas e incrustadas de detritos, comprovando que tais bandejas não têm sido higienizadas adequadamente.

Embora saiba-se que a cocção elimina grande parte dos micro-organismos patogênicos, este fato não autoriza a desconsiderar os Procedimentos Operacionais Padronizados e o Manual de Boas Práticas.

Os riscos biológicos de adquirir uma toxinfecção por consumo de pão seco ou de forma é muito raro, porém, o consumidor tem o direito de comprar um produto fabricado de acordo com as exigências legais que lhes asseguram a segurança e a qualidade do alimento.

Por outro lado, uma situação como a exibida nesta foto permite inúmeras conclusões prejudiciais à idoneidade do estabelecimento.

Foto 39. A falta de organização gera o caos em qualquer UAN e compromete seriamente a idoneidade do estabelecimento, prejudica a segurança dos alimentos, podendo constituir risco à saúde dos usuários do serviço. A desorganização crônica facilita o acúmulo de objetos, papéis, embalagens, garrafas, caixas de papelão, recipientes de várias destinações, pastas arquivo de plástico com papéis e, até mesmo, um pão doce coberto de glacê, conforme pode-se visualizar nesta foto.

Em conclusão, tem-se um ambiente altamente favorável ao abrigo das mais variadas pragas, e de contaminação cruzada, sendo passível de interdição por parte de fiscalização.

PROBLEMAS DE SEGURANÇA NAS INSTALAÇÕES QUE PODEM CONSTITUIR RISCO

A higiene das instalações constitui ponto primordial para a qualidade dos alimentos fornecidos aos consumidores, entretanto, outros fatores relacionados ao local onde são preparados os produtos são de interesse, tanto para as autoridades sanitárias e consultores na área, quanto para os manipuladores que trabalham nesses locais, os quais podem se tornar vítimas de graves acidentes do trabalho. Assim, as fotos a seguir irão ilustrar algumas falhas comuns em unidades de alimentação e nutrição (UANs) que englobam aspectos da segurança (condição insegura + ato inseguro = acidente).

Foto 40 e 41 Equipamentos elétricos instalados em locais inapropriados ou improvisados – popularmente conhecidos como "gambiarras"- , sobretudo fios descobertos, podem provocar choques de diferentes intensidades nos manipuladores e, até mesmo, incêndios nas instalações. O uso de tomadas deve ser adequado aos equipamentos que serão a elas conectados, uma vez que sua utilização de forma incorreta pode causar sérios problemas para todos os que estiverem na UAN.

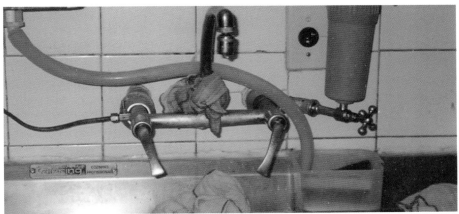

Foto 42 A manutenção dos encanamentos constitui ponto de destaque nas UANs, devendo-se evitar toda forma de improvisação para conter vazamentos ou outros problemas dos equipamentos. Destaca-se a importância da utilização de materiais adequados (policloreto de vinila ou policloreto de vinila clorado), em substituição às antigas tubulações de ferro, para evitar problemas de saúde dos consumidores e dos manipuladores, além do desperdício de água.

Foto 43 O armazenamento e a instalação de bujões de gás no ambiente de manipulação de alimentos, na proximidade de outros equipamentos/utensílios da UAN, podem dificultar a circulação de pessoas e criar condições inóspitas para os manipuladores. Deve-se evitar utilizar esses equipamentos como superfície de suporte para qualquer tipo de insumo a ser utilizado para o preparo de alimentos ou para higienização das instalações

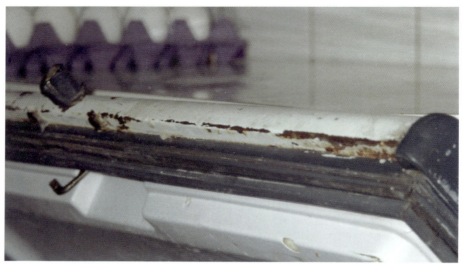

Foto 44 Superfícies ou bordas de equipamentos, mesas ou balcões, independente do material que sejam feitos, podem apresentar farpas, rugosidades e crostas enferrujadas passíveis de causar ferimentos nas mãos dos manipuladores, pelo simples manuseio ou durante manobras de higienização, estejam eles usando ou não luvas de proteção, além de poderem contaminar os alimentos manipulados nesses locais.

Foto 45 Em geral, nas UANs, há intensa movimentação de pessoas para atender ao fluxo de produção e, frequentemente, o ambiente é exíguo; assim, as quinas de determinados móveis ou equipamentos podem expor os manipuladores a diferentes tipos de lesões ou contusões, podendo ocasionar acidentes do trabalho de diferentes gravidades.

Foto 46 A qualidade dos pisos, também, pode oferecer risco aos manipuladores, facilitando quedas e outros acidentes, seja por acúmulo de substâncias oleosas ou pedaços de frutas e/ou vegetais no entorno de mesas e balcões, seja devido à falta de conservação do revestimento. Pisos escorregadios ou molhados por líquidos extravasados de torneiras ou pias oferecem perigo de acidentes para os colaboradores da UAN.

Foto 47 Nas UANs deve haver local adequado e devidamente identificado para os equipamentos de combate ao fogo, de modo a facilitar a utilização de extintores ou mangueiras de combate a incêndio. Destacam-se os locais onde fornos e fogões são os principais utensílios como passíveis de acidentes graves. Cabe aos estabelecimentos preparar os manipuladores para a correta utilização dos equipamentos de combate a incêndio, de acordo com a legislação pertinente.

Foto 48 A circulação dos colaboradores não deve ser comprometida pelo acúmulo de caixas de papelão ou plástico, sacos de papel ou plástico, latas com diferentes conteúdos tóxicos ou não, lâmpadas e refletores sem uso, além de móveis para descarte. Muito comum a guarda de rodos, vassouras e pedaços de madeira de diferentes tamanhos que podem dificultar o deslocamento dos manipuladores, favorecendo quedas, traumatismos, ferimentos e contusões.

Foto 49 Ambientes em que ocorre acúmulo de materiais de diferentes naturezas, além da falta de vedação das paredes ou teto, são favoráveis ao abrigo e proliferação de pragas, sobretudo baratas e ratos, e podem, igualmente, dificultar a rota de fuga quando da ocorrência de incêndios ou outros acidentes.